U1003145

圖書在版編目（CIP）數據

論語會箋 /（日）竹添光鴻箋注. -- 南京 : 鳳凰出版社，2012.4 （2022.9重印）
ISBN 978-7-5506-1260-0

Ⅰ. ①論… Ⅱ. ①竹… Ⅲ. ①儒家②論語－注釋
Ⅳ. ①B222.22

中國版本圖書館CIP數據核字(2012)第052748號

書　　名	論語會箋
箋 注 者	(日)竹添光鴻
責任編輯	孫思賢
出版發行	鳳凰出版社(原江蘇古籍出版社) 發行部電話025-83223462
出版社地址	江蘇省南京市中央路165號,郵編:210009
印　　刷	金壇古籍印刷廠有限公司 江蘇省金壇市晨風路186號,郵編:213200
開　　本	718毫米×1005毫米　1/16
印　　張	77
版　　次	2012年4月第1版
印　　次	2022年9月第8次印刷
標準書號	ISBN 978-7-5506-1260-0
定　　價	420.00圓(全二册)

(本書凡印裝錯誤可向承印廠調換,電話:0519-82338389)

（日）竹添光鴻 箋注

論語會箋

壹

鳳凰出版社

目録

第一册

第二册

論語會箋解説

王曉平

《論語會箋》為明治時代竹添光鴻所撰，既是日本《論語》舊注疏的終篇，也是近代《論語》研究的伏筆。雖然這部書在中日兩國的名聲遠不如其《棧雲峽雨日記並詩抄》，卻是研究日本論語學和經學不可不讀的一本書。

竹添光鴻（一八四二—一九一七），字漸卿，號井井，肥後天草人，文學博士。父光强，號筍園，為江戸時代的名儒廣瀨淡窗門人。光鴻從四歲開始跟隨父親讀《孝經》，五歲讀《論語》，七歲學讀《資治通鑑》，還曾跟隨著名漢學者森槐南學習過詩文。

竹添光鴻曾任日駐天津領事、朝鮮公使，東京大學教授。一八七七年曾將胡秉樞的《茶務僉載》譯出，由內務省勸農局刊行。竹添前半生活躍於政治舞臺，在杭州會見俞樾時朦朧中對『政治讓書生走開』似有所悟。即使從政歲月，也以治學為樂。在天津擔任領事的一八八二年，還手録《孟子論文》，由東京奎文堂刊行。著述甚多，編有《元遺山文選》（奎文堂，一八八三），手抄《元遺山詩選》（奎文堂，一八八三），參評《清大家詩選》（五卷五册，奎文堂，一八八三），編有《評注歷代古文抄》，包括《左傳抄》、《國語抄》、《國策抄》、《史記抄》、《漢書抄》（奎文堂，一八八四　一八八五），有《獨抱樓詩文稿》（平野彦次郎校，吉川弘文館，一九一二）。他對經學的態度，不太附和明治時期用鼓吹儒教乃『皇道之羽翼』來論證經學有用的舊學派，也和急於搬用西方文學史觀來整理中國文學材料的早期新派保持了距離，而是注重打通漢唐宋明清代注疏之學與日本注疏之學的聯繫，樂於利用日本自古以來保存的抄本與和刻本資料，來為舊經學作修補總結，力圖以純學術的操作，重返歷史現場，還原孔子及《論語》的原貌，避開讀經實用效益的議論，把功夫切實下到了對文本的解讀之上。

竹添所著《左氏會箋》、《毛詩會箋》、《論語會箋》，合稱三《會箋》，是他晚年最重要的成果。這三種書，相互為用，互相闡發。在《毛詩會箋》和《論語會箋》中多融入他對《左氏春秋》方面的知識。他主張讀經而力行，在本書中説：『蓋聖賢之修己治人，其盛德大業如此，而其言皆非徒言也，其學非徒學也。後世學者，談孔孟，説仁義，而少力行之實。』

由於對詩文的愛好，他對《論語》的解讀不止步於文字的考辨和語句疏通，不僅力求捕捉和重現孔子及其弟子言談的文化語境，而且注重體察現場氛圍和氣場特徵。他的箋注文字，有些是從文學角度去解説文句的，某些地方可以看出大正時期『支那學』中的文學研究手法的萌芽。

對於《論語會箋》的寫作來説，除了中國學者俞樾之外，有兩個人值得一提。一是安井息軒。安井的考證專在經書，從這一點來看，竹添光鴻可以説是安井遺志的繼承者。竹添雖沒有直接師事安井，但安井所著《北潛日抄》等出現了竹添的名字，竹添一定會見過安井。竹添完成了《論語會箋》、《左氏會箋》這些經書的精要注釋，而《左氏會箋》收進了《漢文大系》，且《左氏會箋》總論一開頭近乎全文引用了安井的《左氏輯釋・總論》中的『衡案』内容。安井息軒是德川時代最後的大儒，以古學任昌平黌儒官，聲望頗高。所著《論語集説》六卷，受到清代學人重視，稱其學術博深，識見高明。安井雜取皇侃《義疏》、刑昺《正義》、朱熹《集注》、清儒考證、仁齋《古義》、荻生徂徠《論語徵》等，以古注為本，矯正朱熹高遠不實之説，補訂清人考證忽略義理之弊，采古今所長，言己見論斷慎重，作為《論語》注釋頗有價值。從俞樾記述的與竹添光鴻的談話來看，竹添也以自己為安井的學生和晚輩自命。另一個就是木下韡村。竹添在熊本時曾師從木下，故在本書中唯對其尊稱『韡村先生』。木下韡村（一八〇五——一八六七），名真太郎，犀潭，號韡村。竹添還編有《韡村先生遺稿》（奎文堂，一八八四年），校勘《孟子不動心章講義——山窗閒話》（木下真太郎著，木下重三刊，一九一六年，附録韡村先生遺稿拾遺）。

《論語會箋》以朱注為本，網羅漢唐宋明清各家學説及日人解釋，博搜約取，點校矜慎。日人豐田穰稱許其勝於劉寶楠氏《論語正義》。為『闡明經旨』，竹添對清儒漢學派傳注派著述如劉寶楠《論語正義》、俞樾《論語鄭義》、潘維城《論語古注集箋》的鑽研，超過了江戶時期的學者，在同期的日本學者中也堪稱用功最深。對於考證類學者如毛奇齡、江永、桂文燦、方觀旭等的著述，今文經學學者劉逢禄，以及阮元等人的著述也都加以參照。不僅如此，對於崔述以及許多學者，包括一些非著名學者的著述中自己認為於理解文義文情有益的一得之見，也廣為引述，以朱子《論語集注》為本，仿照乾嘉學派以來清儒為各經作新注的方法，對《論語》作會箋。《論語會箋》之出，也就宣告了江戶時代以來的日本《論語》注疏之學完美落幕。

對於今天的《論語》學來説，《論語會箋》的價值還在於竹添光鴻利用日本所傳各種《論語》版本文獻加以考核論斷的成績，該書核校日本流傳的古版本有皇本、皇疏、引皇侃語、正平本、南宗本、足利古本、菅氏本、菅家本。這裏特別值得一提的是正平本、足利古本和菅家本。正平本是日本最早翻刻的儒家經典，保存了《論語》昔日風貌，傳入中國後最初被當做高麗本倍受學人青睞，清末翻刻收入《古逸叢書》，還是《四部叢刊》選用的珍本。足利古本包括多種寫本，足利學校有日本最早建立的孔廟，歷來重視《論語》教育，至今仍有『論語素讀運營會』，提倡高聲誦讀《論語》。江戶時代山井鼎、物觀編撰《七經孟子考文並補遺》曾用足利古本參校。山井昆侖（一六八〇—一七二七）和根本遜志（一六九九—一七六四）利用足利學校所藏宋版《五經正義》舊抄本對《論語》所作的校勘，後經荻生徂徠之弟物觀（一六七三—一七五四）補遺，收入《七經孟子考文》。根本還在足利學校藏本中發現久已散佚的皇侃撰《論語義疏》，並親自抄寫，參照宋人邢昺所撰《正義》予以整理，於一七五〇年刊出。此書由武林人汪鵬購回，和刻本皇侃《義疏》為北京文淵閣收藏。日本經學以學官世襲的方式傳承，菅家是最重要的明經家之一，世代校核傳授的寫本，極為珍貴。不僅與竹添同時的晚清學人，很難見到這些文獻的原件，就是今天，仍有一些未在中國學人面前現身。竹添得日本資料之利，為《論語》諸本研究做了有益的工作。據阿部隆一《本邦現存漢籍古寫本類所在目録》，現存從唐寫本到近世日本《論語》寫本凡一百一十九種，利用這些寫本展開《論語》文獻研究，乃是今後的課題。

竹添光鴻對日本學人的《論語》研究成果，與漢唐宋明清學人一視同仁，甚至更為留意。根據豐田穰所編《日本人研究論語著作目録》，從林羅山的《語論八佾諺解》到林泰輔《論語年譜》，共九十種（一九三七年東京春陽堂刊《論語講座研究篇》），幾乎都是江戸時代的書，諸橋轍次《大漢和辭典》選録日人的論語著作共四十三種，是採録豐田穰目録中較重要的。近年研究，江戸時代的《論語》著述要多於這個數目。

竹添光鴻援引江戸先儒近三十人，包括古學派、朱子學派、折衷學派等各家之説。不過，由於《論語會箋》沿襲古人做法，引用時舉學者之名而不標書名，舉學者之名時，又時舉其名，時舉其字或號，今天不熟悉日本經學史的學者頗感不便。兹將其所引學者簡況簡列於下，大體以其援引次數多寡為序：

中井履軒（一七三二—一八一七），名積德，朱子學派。撰《論語逢原》二十卷（《四書注釋全書四・論語部四》，東洋圖書）。

佐藤一齋（一七七二—一八五九），名信行，又名坦，號一齋，朱子學派，又治陽明學。著《論語欄外書》二卷。

伊藤東涯（一六七〇—一七三六），名長胤，號東涯，著有《論語古義》，又編訂《論語集解標記》一册，東京千鍾房，一七七八年（和刻本）。

古賀精里（一七五〇—一八一七），名樸，字淳風，朱子學派。撰《詩四書集釋》十卷、《經語摘粹》一卷。

古賀侗庵（一七八八—一八四七），名煜，號侗庵，古賀精里第三子，朱子學派。撰《論語管窺記》一卷、《論語問答》二十卷、《論語問答備考》一卷。

荻生徂徠（一六六六—一七二八）字茂卿，故亦稱物茂卿，號徂徠，本書中亦稱物氏。荻生徂徠撰《論語徵》，劉寶楠《論語正義》曾引用其説。

伊藤仁齋（一六二七—一七〇五），名維禎，假名（通稱）源佐，號仁齋，古義學派。伊藤仁齋撰《論語古義》十卷。

安井息軒（一七九九—一八七六），名衡，號息軒，撰《論語集説》。

木下韡村（一八〇五—一八六七），名真太郎、犀潭，號韡村，為光鴻之師。

龜井南冥（一七四三—一八一四），諱魯，號南冥，古學派。撰《論語語由》十卷，『語由』為發語之由來之意，探究解釋《論語》中孔子及其門弟子發語之由來。收於《四書注釋全書》第四卷；龜井南冥《論語語由·同補遺》（《龜井南冥·昭陽全集》），葦書房，一九七八年。

龜井昭陽（一七七三—一八三六），名昱，號昭陽，南冥之子，著《論語語由述志》，尚有《論語語内述志》十卷（寫本）。

龜田鵬齋（一七五二—一八二六），名長興，故亦仿中國略稱龜田興，折衷學派。撰有《論語集注異説》二十卷。

海保漁村（一七九八—一八六六），名元備，號漁村。著《論語通解》十卷。

太田錦城（一七六五—一八二五），名元貞，號錦城，折衷考證學派，著《論語大疏》二十卷。

豬飼敬所（一七六一—一八四五），名彦博，號敬所，折衷學派，著有《論語考文》一卷。

尾藤二洲（一七四五—一八一四），别號約山，朱子學派，撰《論孟衍旨》二卷。

齋藤拙堂（一七九七—一八六五），諱正謙，字有終，朱子學派，著有《拙堂文話》、《續拙堂文話》等。

慊堂松崎，即松崎慊堂（一七七一—一八四四），在異文考辨方面多有成就，撰有《九經字樣審定》一册、《五經字樣審定》、《四書劄記》一卷、《審定石經十三經》三十文本等。

關於孔子和《論語》，竹添光鴻尚發表《孔子之世》（《漢學》第一編三號，第一至第六頁一九一〇年七月）。《孔子之學》（《漢學》第二編一號，第七六至八一頁，一九一一年十一月）。

竹添光鴻《論語會箋》最初是由其養子竹添履信刻板刊行，為十卷十册，後收入崇文叢書第二輯第二十二至三十七册，綫裝二十卷十六册，一九三四年刊行。臺北廣文書局二册一九六一年刊。本書據崇文叢書本影印，底本是東京崇文院從一九三〇年至一九三四年八月分數次印製發行而最終完成的。

竹添光鴻在政治和學術兩種舞臺上秀出了雙面人生，而這兩個舞臺都與中國和中國文化相關。就學術而言，俞樾在自己的《春在堂隨筆》中曾經記述了竹添的到訪與兩人的交談，後來陳衍的《石遺室詩話》也談到：

『彥楨所師為竹添君，名光鴻，字井井，著有《左傳會箋》、《論語會箋》、《棧雲峽雨日記》，自尊人篁村先生，名重禮，學兼漢宋，平生無他嗜好，但愛書籍。』竹添的著述先是在臺灣翻刻影印，近年也現身大陸讀書界。繼《左氏會箋》由岳麓書社影印出版之後，《棧雲峽雨日記並詩草》也由中華書局出版。在日本，二〇〇〇年岩城秀夫校注並譯成現代日語的《棧雲峽雨日記》收入東洋文庫，町田三郎等學者也對竹添光鴻的作品展開了研究。

近年來，竹添光鴻的學術成就逐漸引起中日兩國學者的關注。臺灣學者金培懿撰《復原與發明——竹添光鴻〈論語會箋〉之注經途徑兼論其於日本漢學發展史上之意義》（《中國文史研究集刊》第三十期）認為：『《論語會箋》乃近世日本《論語》注釋轉為近代日本《論語》研究，由舊學轉新學之過渡，竹添光鴻三《會箋》之作業，基本上可視為日本傳統注疏學的總結，就誠如孫詒讓《周禮正義》等經注著作，乃中國傳統注疏學之總結。而此《會箋》的作成也預告着：日本漢學的舊時代即將結束，而新時代即將來臨。另外，由竹添仿清儒為群經作新疏這一作為，更可以看出京都支那學中，清朝考證學成分所以存在的這一學術發展的內在一貫連續性。而此即竹添光鴻三《會箋》於近代日本漢學發展史上之定位。』

應當說，關於竹添光鴻及其著述的研究，首先關係到對中日學術史上經學位置的認定，其次還涉及到對近代中日文學觀念的演變與異同，還牽扯到竹添光鴻個人的觀念與個性。值得探討的問題既多且複雜。不過，作為後世學人，對待包括《論語》在內的古代文化遺產，我們首先該是尊重、學習，把它讀懂，而後才能談得上其他。如果只講『急用』，恐怕就難對《論語會箋》這樣的著述作出公允評價，而且或許會有一天，我們能『用』的那塊天空越來越狹小。而在日本，學人依靠訓讀和現代日語譯文來研究中國古典，幾成學界常態，有竹添光鴻這樣漢文原典閱讀速度和理解能力的學者實已不多見。由於本書的影印發行，可以預料，竹添光鴻《論語會箋》最大的讀者群，就此便從日本轉到了今日的中國。

論語會箋首卷

竹添光鴻箋

論語序

劉恭冕曰。經典釋文・唐石經。標題如此。必是何晏等原式。

叙曰。漢中壘校尉劉向言。魯論語二十篇。皆孔子弟子記諸善言也。太子太傅夏侯勝・前將軍蕭望之・丞相韋賢。及子玄成等傳之。

魯論語二十篇者。言魯人所傳論語有此篇。漢書藝文志。漢興有齊魯之說。明齊人魯人所傳論語始於漢興時也。藝文志又云。論語魯二十篇。魯王駿說二十篇。是二十篇爲魯論也。漢書武帝紀著之于篇。顏師古注。篇謂竹簡也。竹簡用以寫書。故說文訓篇爲書。實則書成。竹簡編連之。方名篇也。漢書傳云。夏侯勝字長公。

東平人。少好學。爲學精熟。善說禮服。徵爲博士。宣帝立。太后省政。勝以尚書授太后。遷長信少府。坐議廟樂事。下獄繫。再更冬會赦。出爲諫大夫。上知勝素直。復爲長信少府。遷太子太傅。受詔撰尚書論語說。賜黃金百斤。年九十卒。蕭望之字長倩。東海蘭陵人也。好學齊詩。事同縣后倉。又從夏侯勝問論語禮服。以射策甲科爲郎。累遷諫大夫。後代丙吉爲御史大夫。左遷爲太子太傅。及宣帝寢疾。選大臣可屬者。引至禁中。拜望之爲前將軍。元帝卽位。爲弘恭石顯等所害。飮鴆自殺。韋賢字長孺。魯國鄒人也。賢爲人質朴少欲。篤志於學。兼通禮·尚書。以詩教授。號稱鄒魯大儒。徵爲博士給事中。進授昭帝詩。稍遷光祿大夫。及宣帝卽位。以先帝師。甚見尊重。本始三年。代蔡義爲丞相。封扶陽侯。年七十餘爲相五歲。地節三年。以老病乞骸骨。賜黃金百斤罷歸。加賜第一區。丞相致仕自賢始。年八十二薨。謚曰節侯。少子玄成。字少翁。復以明經。歷位至丞相。鄒魯諺曰。遺子黃金滿籯。不如一經。玄成爲相七年。建昭三年薨。謚曰共侯。此四人皆傳魯論。東平·蘭陵·鄒。皆屬魯。故漢儒林瑕丘江公傳言。韋賢·夏侯勝皆魯人也。又漢志魯論語家傳十九篇。當是傳魯論語者所作。古人釋經。經與傳說。俱各篇兩行。故經二十篇。而傳說之篇。或十九。或二十一也。

齊論語二十二篇。其二十篇中。章句頗多於魯論。瑯琊王卿及膠東庸生·昌邑中尉王吉。皆以教授之。

齊論語者。齊人所傳。與魯不同。故多二篇。章句者。說文云。章。樂竟爲一章。從音從十。十數之終也。本言樂竟。故文字每節已終。則謂之章。詩關睢疏云。句者局也。聯字分疆。所以局言者也。趙岐孟子敘言。論四百八十六章。漢石經。釋文敘錄。每篇亦載章數。自是漢經師所傳有之。惟不言句數。或久失傳。或但有章。連言句耳。今惟毛詩有章句舊題也。此文所云章句。專指訓釋之詞。若下言周氏。包氏章句者也。章句聯綴於本文。故言二十篇中章句也。邢疏云。王卿。天漢元年。由濟南太守爲御史大夫。庸生名譚生。葢古謂有德者也。七略曰。論語家。近有琅邪王卿。不審名。葢卿非王氏名。據七略此文。不言王卿居何官。又漢志及釋文敘錄。亦不詳庸生之名。邢疏當別有所本。漢書王吉傳。王吉字子陽。琅邪皋虞人也。少好學明經。以郡吏舉孝廉爲郎。補若盧右丞。遷雲陽令。舉賢良。爲昌邑中尉。王卿所敎授。今無可考。王吉傳。初吉兼通五經。能爲騶氏春秋。以詩論語敎授。張禹傳。禹先事王陽。後從庸生。王陽卽王吉。是庸生。王吉皆以齊論敎授於人也。

故有魯論。有齊論。

論語亦單稱論。故有魯論。齊論及古論之名。董仲舒春秋繁露。趙岐孟子章句。凡引論語。多直稱論。史游急就章。宦學諷誦孝經論。張禹傳。欲爲論念張文。是也。亦有單稱語者。後漢書邳彤傳引語曰。一言可以興邦。橋玄傳引語曰。三軍可奪帥。匹夫不可奪志。崔駰傳引語曰。不患無位。患所以立。是也。

魯共王時。嘗欲以孔子宅爲宮。壞得古文論語。

邢疏云。傳曰。魯共王餘。景帝子。程姬所生。以孝景前二年。立爲淮陽王。前三年。徙王魯。二十八年薨。謚曰共。初好治宮室。壞孔子舊宅。以廣其宮。聞鐘磬琴瑟之音。遂不敢復壞。於其壁中得古文經傳。卽謂此論語及孝經。爲傳論衡佚文篇。恭王壞孔子宅。以爲宮。聞弦歌之聲。懼復封塗。上言武帝。武帝遣吏發取古經論語。然則恭王始壞孔宅。而復封塗。未竟壞也。武帝乃更毀壁。發取古文。則古文非共王所得。此序以壞宅得論語屬之共王者。本以共王始事故也。漢藝文志言。武帝末。魯恭王壞孔子宅。案恭王初封淮陽。後封魯。在位二十八年薨。當元朔元年。其壞孔子宅事。又在其前。則爲武帝初年。漢志以爲武帝末。未審也。志又云。得古文尙書及禮記論語孝經。凡數十篇。皆古字也。段玉裁說文序注云。古文出於壁中。故謂之壁中書。晉人謂之科斗文。王隱曰。科斗文者周時古文也。其字頭麤尾細。似科斗之蟲。故俗名之焉。

齊論有問王。知道。多於魯論二篇。古論亦無此二篇。分堯曰下章子張問。以爲一篇。有兩子張。凡二十一篇。篇次不與齊魯論同。

漢藝文志。齊二十二篇。多問王。知道。如淳曰。問王。知道。皆篇名也。朱彝尊經義考謂。竊疑。齊論所逸二篇。其一乃問玉。非問王也。考之篆文。三畫正均者爲王。中畫近上者爲玉。初無大異。因譌玉爲王耳。案說文引逸論語玉粲之瑑兮。其瑮猛也。如玉之瑩。今家語亦有問玉篇。當是依用論語篇名。然則問王之爲問玉。其說信不誣也。漢志云。論語古二十一篇。出孔子壁中。有兩子張。蓋古論分堯曰下章子張問從政別爲一篇。而題以子張問。與第十九篇之子張篇題略同。故有兩子張。皇侃義疏敘曰。古論篇次。以鄉黨爲第二篇。雍也爲第三篇。內倒錯不可具說。是古論篇次。不與齊魯論同。隋書經籍志。古論語章句煩省。與魯論不異。然學而篇未若貧而樂。古論樂下有道字。鄉黨篇車中內顧。古論作不內顧。衞靈公篇子曰父在觀其志。父沒觀其行。鄭云。古皆無此章。堯曰篇知命章。鄭云。魯論無此章。則古齊魯章句。本有不同。而隋志謂其煩省不異。亦大略言之爾。經典敘錄。引桓譚新論說古論云。文異者四百餘字。今略見史記說文並鄭注中。

安昌侯張禹。本受魯論。兼講齊說。善者從之。號曰張侯論。爲世所貴。

漢書傳云。張禹字子文。河內軹人也。從沛郡施讎受易。琅邪王陽膠東庸生問論語。既皆明習。有徒衆。舉爲郡文學。甘露中諸儒薦禹。有詔太子太傅蕭望之問禹對易及論語大義。望之善焉。奏禹經學精習。有師法可試事。奏寢罷歸故官。久之試爲博士。初元中立皇太子。而博士鄭寬中以尚書授太子。薦言禹善論語。詔令禹授太子論語。由是遷光祿大夫。數歲。出爲東平內史。成帝即位。徵禹寬中。皆以師賜爵關內侯給事中領尚書事。河平四年。代王商爲丞相。封安昌侯。爲相六歲。

鴻嘉元年。以老病乞骸骨就第。建平二年薨。謚曰節侯。始魯扶卿及夏侯勝・王陽・蕭望之・韋玄成。皆說論語。篇第或異。禹先事王陽。後從庸生。采獲所安。最後出而尊貴。諸儒爲之語曰。欲爲論念張文。由是學者多從張氏。餘家寖微。宋翔鳳師法表。張論合齊魯兩家之學。特其篇章與魯論同。故多以張論爲魯論。後漢熹平石經。卽用張論。案藝文志。魯安昌侯說二十一篇。師古曰張禹也。考禹傳云。初禹爲師。以上難數對已問經。爲論語章句獻之。意此卽二十一篇說也。隋書經籍志。張氏晚講齊說。後遂合而考之。刪其繁惑。除去問王・知道二篇。從魯論二十篇爲定。是張論本二十篇。而漢志言禹有二十一篇說者。疑一字誤衍。或是經二十篇。說一篇。志連經言之。得有二十一篇也。

苞氏・周氏章句出焉。

後漢儒林傳。包咸字子良。會稽曲阿人也。少爲諸生。受業長安。師事博士右師細君。習魯詩論語。王莽末。去歸鄉里。光武卽位。舉孝廉。除郎中。建武中。入授皇太子論語。又爲其章句。拜諫議大夫。永平五年。遷大鴻臚。經傳有疑。輒遣小黃門。就舍卽問。年七十卒於官。邢疏云。周氏不詳何人。趙岐孟子題辭。孝文欲廣遊學之路。論語・孝經・孟子・爾雅皆置博士。劉歆移讓太常書。孝文時。尚書初出屋壁。詩始萌芽。天下衆書。往往頗出。皆諸子傳說。猶立於學官。爲置博士。時所稱傳。卽論語・孟子類也。唐書薛放傳。漢時論語首立於學官。則論語西漢時已立。至後漢百官志。太常博士凡十四人。不及論語。然後漢徐防傳云。防疏謂博士及甲乙試策。宜從其家章句。開五十難以試之。五經各取上第六人。論語不宜射策。雖所失或久。差可矯革。詔書下公卿。皆從防言。通典載漢小郡都尉博士督郵板狀曰。通易・尚書・詩・禮・春秋・孝經・論語。兼綜載籍。窮微闡奧。都尉博士猶講授論語。太常博士詎轉不講授。與此正可與徐防事。互爲發明。蓋其時諸經皆兼論語。故不復設專官耳。論語惟立博士。故得立石大學。

古論。唯博士孔安國爲之訓說。而世不傳。至順帝時。南郡太守馬融亦爲之訓說。

古論者。古字論語也。史記孔子世家。安國孔子十一世孫。爲武帝博士。漢書孔光傳言。安國爲武帝博士。至臨淮太守。世家但言博士者。當是史公就目見時言之。此序本世家。故亦祇言博士。未詳其後所居之官耳。世家又云。時魯共王壞孔子舊宅。壁中得古文虞夏商周之書及傳・論語・孝經。悉還孔氏。漢書藝文志云。魯共王壞孔子宅。而得古文尚書及禮記・論語・孝經凡數十篇。皆古字也。孔安國者孔子後也。悉得其書。是古文論語爲安國所得也。然漢志不言安國注論語。案漢藝文志列論語十二家。於齊魯論傳說皆備載之。而於古論不言有孔氏說。劉向雅博爲世通儒。倘及見安國古文訓。豈有廢置之不使名家乎。安國以今文讀古文。而司馬遷正從安國問故。其孔子世家・弟子列傳所載論語文。必是安國之學。今校之孔注。如在陳絕糧。敘孔子去衛如曹。又之宋之陳。佛肸爲趙簡子邑宰。顯與史記不合。其他差謬。遠失經旨者甚多。是此注必非安國所作。今所傳尚書傳・孝經傳。往時儒者皆知其僞。而論語因爲集解所采。無敢異議。丁晏著論語孔注證僞。以爲王肅所作。蓋王肅好與鄭難。故論者以尚書傳爲肅作。則此論語注必亦出肅之手。而特於家語序互證成之。丁氏此說爲得。後漢紀。孝順皇帝諱保。安帝之子也。後漢書傳云。馬融字季長。扶風茂陵人也。有俊才。初京兆摯恂。以儒術教授。隱於南山。融從其遊學。博通經籍。永初四年。拜爲校書郎中。詣東觀典校秘書。陽嘉二年。拜議郎。大將軍梁商表爲從事中郎。轉武都太守。三遷。桓帝時。爲南郡太守。融才高博洽。爲世通儒。註孝經・論語・詩・易・三禮・尚書。年八十八。延熹九年卒於家。據融傳。但言註論語。而此序以爲古論者。以融注他經。多爲古文。故意所注論語亦是古論。其後康成取古論校正魯論。當亦受之融者也。皇侃疏。隋經籍志。謂馬融亦注魯論。似未然。

漢末。大司農鄭玄。就魯論篇章。考之齊古。以爲之注。

康成生當靈獻時。故曰漢末。後漢書傳云。鄭玄字康成。北海高密人也。受業師事京兆第五元先。始通京氏易・公羊春秋・三統歷・九章算術。又從東郡張恭祖受周官・禮記・左氏春秋・韓詩・古文尚書。目山東無足問者。迺西入關。因涿郡盧植。事扶風馬融。融素驕貴。玄在門下。三年不得見。迺使高業弟子傳受於玄。玄日夜尋誦。未嘗怠倦。會融集諸生考論圖緯。聞玄善算。迺召見於樓上。玄因從質諸疑義。問畢辭歸。融喟然謂門人曰。鄭生今去。吾道東矣。玄自遊學。十餘年。迺歸鄉里。家貧。

客耕東萊。學徒相隨。已數百千人。及黨事起。迺與同郡孫嵩等四十餘人。俱被禁錮。遂隱修經業。杜門不出。建安元年。自徐州還高密。玄後嘗疾篤。自慮以書戒子益恩云云。時大將軍袁紹總兵冀州。遣使邀玄。擧玄茂才。表爲左中郎將。皆不就。公車徵爲大司農。給安車一乘。所過長吏送迎。迺以病自乞還家。卒年七十四。隋經籍志。論語注十卷鄭玄注。經典敘錄同。隋志又言。梁陳之時。惟鄭玄・何晏立於國學。而鄭氏甚微。周齊。鄭學獨立。至隋。何鄭並行。鄭氏盛於人間。攷著錄家說論語者。康成以前。俱已久佚。至鄭氏大抵佚於五季之亂。略存於何解陸音。楊守敬曰。漢書藝文志有魯論・齊論・古論三家。何晏集解叙云。漢末大司農鄭玄就魯論篇章。考之齊古。以爲之注。而今之論語獨稱魯論。此第就其篇第名之耳。漢志稱。魯論二十篇。齊論二十二篇。古論二十一篇。張禹參合齊魯。而篇從魯論。故張論仍稱魯論。康成本就張論。而集解云就魯論者。亦職斯故。至釋文敘錄云。鄭玄就魯論張包周之篇章。考之齊古。此則合而著之。張侯論之仍稱魯論。益明矣。康成雖兼校古論。而篇仍從魯論。故自康成之後。仍以魯論目之。釋文於傳不習乎下云。鄭校周之本。以齊古讀正。凡五十事。此釋文因集解云康成攷之齊古而誤也。其實。康成未見齊魯原本。第就張論攷之古論耳。按漢志云。張氏最後出。而行於世。禹本傳亦云。學者多從張氏。餘家浸廢。則是張禹參合之後。齊魯之專行本已微。故王充論衡云。武帝得古文二十一篇。齊魯河間九篇。本三十篇。今時稱論語二十篇。又失齊魯河間九篇。按充說。唯河間論語無可考。而齊魯論至充時已亡。其確證也。又許氏說文已有所謂逸論語者。王伯厚謂。卽齊論問玉篇之文。無論確否。而其爲張禹刪削之餘無疑。不然漢志並無逸論之目。許氏從何處得而稱引之。且鄭氏如果親見齊魯原本。或齊魯同而古異。從古者。則當云齊魯讀某今從古。從齊魯者。則當云古讀某今從齊魯。今第云魯讀某今從古。絕不與齊並說。豈有三本合校之事乎。又釋文載孔子曰不知命無以爲君子也。魯論無此章。第著魯論不著所從。明夫爲古論也。桓譚新論曰。古論文異者四百餘字。所云異者。異於張侯魯論耳。若桓譚時齊論尚存。則桓譚著古論異文。何以不著齊論。此又桓譚未見齊論之一徵也。推集解之意。不過以康成本就張論。張論之中。自有齊論。故云然。若據實而言。當云鄭玄就張論篇章。攷之古論。斯爲愜耳。晁公武郡齋讀書志云。齊論問王・知道兩篇。詳其名義。審是內聖外王之道。未必非夫子之最致意者。不知何說而張禹獨遺之。王伯厚漢志考證云。問王疑問玉也。篆文相似。朱錫鬯引說文・初學記・文選注・太平御覽等書所引逸論語皆詮玉之屬爲證。不知論語二十篇皆取章首二字名篇。無包括通篇之義。安得此二篇獨異其例。則二說皆非也。張禹參合齊魯之後。包氏周氏章句出焉。卽鄭氏亦就其篇章。已無問王・知道二篇。則隋書經籍志謂此二篇爲張禹所刪信矣。且古論亦無此二篇。則禹之刪此。亦未爲非是。趙岐可刪孟子。張禹獨不可刪論語乎。案禹本傳。甘露中。諸儒薦禹。詔蕭望之問禹。對易及論語大義。望之善焉。奏其經學精習有師法。初元中博士鄭寬中薦言禹善論語。詔授太子論語。禹爲諸儒所推若此。豈盡無識受其惑亂者耶。且蕭望之爲傳論語名家之人。薦禹於未達時。又豈關其勢位之軒輊哉。然則謂禹立朝無衎衎之節可也。謂非經學名家不可也。余猶恨二十篇中。厚誣聖人。明明爲後人所羼入者。公山弗擾・佛肸二章。而禹之識不及此。不爲盡刪之。爲可惜耳。至初學記所引逸論語。璠璵魯之寶玉也云云。見於說文璠字下。瑳・玉色也云云。見於說文各字下。並未稱逸論語。翟晴江考異謂因說文玉部中有引逸論語二條。後人遂附會之。誠通論也。惟說文所引玉粲之璱兮其瑮猛也一條。翟晴江謂與論語文不類。如玉之瑩一條。翟氏謂見於法言。爲許氏誤傳。其說雖辨。但許氏不應誤法言爲論語。且不應謬纂逸論語之目。案論衡有河閒論語。是則齊魯古之外。當時固有別本。或許氏所引爲河閒之所佚與。抑卽爲問王。知道篇之遺文與。但不得謂問王皆詮玉之屬耳。吾烏知張禹非因其文不類論語而刪之乎。果爾。張禹猶有識矣。宋洪慶善云。季氏篇或以爲齊論。以其皆稱孔子曰。金仁山謂齊論章句頗多於魯論。季氏首章句語甚多。後章亦然。故疑其文從齊論。又馮椅曰。子張問仁於孔子。諸弟子無稱問於孔子者。抑齊論與。陳梓四書質疑曰。凡子曰是魯論。加孔字是齊論。此所謂不揣其本而齊其末。羌無故實。案齊論之多於魯古者。問王・知道二篇而已。此見於蓺文志及集解序。甚明也。不聞更有季氏一篇。果爾則魯論僅十九篇矣。善乎翟晴江之言曰。統觀此一經。凡對時君及執政大夫。例多用孔子。雖於鄰國大夫如葉公陳司敗蘧伯玉猶然。說者謂稱族所以示謹也。至於陽貨欲見孔子。孔子不見。則於陪臣有然。孺悲欲見孔子。接輿歌而過孔子。沮溺耦耕孔子過之。則於常人有然。孔子於鄉黨。孔子曰才難。孔子曰殷有三仁焉。則泛錄言行有然。例若不可泥矣。卽專以子張論。堯曰篇記其從政之問。亦云問孔子。若此之類。例無可通。欲斷問仁章爲齊論。則問政章亦齊論矣。斷子張二章爲齊論。則南容二章亦齊論矣。齊論之雜出各篇者。何若是之紛耶。蓋論語之書。記者既非一手。其閒體例自有不能盡泯參差之處。不得因之爲口實也。

近故司空陳群・太常王肅・博士周生烈皆爲之義說。前世傳授師說。雖有異同。不爲之訓解。中間爲之訓解。至于今多矣。所見不同。互有得失。今集諸家之善說。記其姓名。有不安者。頗爲改易。名曰論語集解。

光祿大夫關內侯臣孫邕・光祿大夫臣鄭沖・散騎常侍中領軍安鄉亭侯臣曹羲・侍中臣荀顗・尚書駙馬都尉關內侯臣何晏等上。

唐宋時。臣下上表結銜。皆尊者居後。此序末列銜。亦是由下逆數。蓋平叔官最顯要。故最居後。專集解之名也。經典釋文。載論語舊題。止集解二字在學而第一之下。自注。一本作何晏集解。可見陸氏所見正本。未嘗以集解專屬何晏。然裴松之注曹眞傳。卽稱何晏論語集解。裴爲此注。在宋文帝時。是其誤久矣。蔡邕獨斷。凡羣臣上書于天子者有四名。一曰章。二曰奏。三曰表。四曰駁議。此文稱上。則奏類也。經典敍錄。正始中上之。盛行于世。曹羲何晏以齊王嘉平元年。爲司馬宣王所殺。上此集解。則在正始三年後也。晉書禮志。魏齊王正始二年。帝講論語通。使太子釋奠。則意當時諸臣。亦以帝通論語故。撰集訓說。以獻之爾。羣臣上書不書姓。而此稱姓者。著述之體。所以紀實也。結銜當別爲一行。獨斷所云。左方下附曰某官臣某甲上也。今連綴序末。亦後人所合併。

論語會箋首卷　崇文院

論語序說

朱熹集註

論只是辨論。凡言有條理者皆是。不必訓爲撰次爲經綸。語只是談說。如國語家語及新語之語。謂孔子之語也。雖間有弟子之語。是附記已。非題號所指。古人名書淺易。深求之失古意。衞靈公篇載。子張問行。夫子告以言忠信行篤敬。而子張書諸紳。則諸弟子於夫子之一言一動。必無不謹書而備錄之也。可知矣。錢大昕曰。藝文志云。論語者孔子應答弟子時人及弟子相與言而接聞於夫子之語也。云接聞於夫子。則其言皆孔子所取矣。故漢人引論語。雖弟子之言皆歸之孔子。非由記憶之誤。學庸章句。朱子皆自作序。而論孟集注則不然。但引史記。敘孔孟事歷者。蓋聖賢之脩己治人。其盛德大業如此。而其言皆非徒言也。其學非徒學也。後世學者。談孔孟說仁義。而少力行之實。故朱子舉孔孟事歷。使學者有所矜式而實踐是務焉。又舉諸說得孔孟之旨者。以爲讀其書之法。名曰序說。是朱子創意。從前無此體。發端以書傳之說。故稱序說耳。

史記世家曰。孔子名丘。字仲尼。

朱子欲擧夫子履歷。無他可據。姑就史記世家。删其太可疑者。蓋取其大概耳。遷史固多妄誕。如夫子名字。有何詭怪。乃欲奇其事。曰禱於尼山。曰妊於野合。曰項圩禱應。何其誕也。凡此等說。假令前乎漢已有之。亦屬齊東野語。朱子盡删除之。殊爲有斷矣。聖師之所以爲孔氏。實由孔父嘉。始孔父字也。嘉名也。春秋時。有身後賜族者。亦有生時卽稱氏族者。孔父嘉之後爲孔氏。蓋其子以父之字爲氏也。恐非生時所賜也。

其先宋人。父叔梁紇。母顏氏。以魯襄公二十二年庚戌之歲十一月庚子。生孔子於魯昌平鄕陬邑。

十一月庚子。朱子依公羊傳補之。亦大概耳。二十二年。公穀並作二十一年。十一月穀梁作十月。先儒謂十月有庚子。十一月無庚子。當從穀梁爲定。此說是也。予所著左氏會箋哀十六年詳之。母顏氏。似後人之附會。

爲兒嬉戲。常陳俎豆。設禮容。及長爲委吏。料量平。爲司職吏。畜蕃息。

爲委吏。世家作嘗爲季氏史。索隱曰。有本作委吏。吳英曰。委吏爲周禮地官廩人舍人之類也。廩人職曰。掌九穀之數。以待國之匪頒賙賜稍食。以歲之上下數邦用。以知足否。以詔穀食。以治年之凶豐。凡萬民之食。食者人四鬴。上也。人三鬴。中也。人二鬴。下也。若食不能人二鬴。則令邦移民就穀。詔王殺邦用。凡邦有會同師役之事。則治其糧與其食。據此知廩人須算術也。此雖有下大夫主其職。然其米數之積散。必有助其核算者。故其職又有上中下士也。委吏或下士矣。舍人職曰。

掌平宮中之政。分其財守。以廩掌其出入。歲終則會計其政。注曰。分其財守者。計其用穀之數。米出于廩人。有空缺則計之還入。政用穀之多少。疏曰。平謂給米多少。財即米也。據此知周禮廩人舍人。或在春秋時稱委吏也。小司馬氏猶得見作委吏之本。則季氏史誤可知也。說文第十四曰。料量也。从斗米在其中。據此知委吏主倉廩米穀之事者也。司職吏者。牛人職曰。掌養國之公牛。凡祭祀共其享牛•求牛。以授職人而芻之。注曰。職讀爲樴。樴人者牧人充人。牧人職曰。掌牧六牲。而阜蕃其物。以共祭祀之牲牷。以授充人繫之。充人職曰。掌繫祭祀之牲牷。祀五帝則繫于牢。芻之三月。享先王亦如之。凡散祭祀之牲。繫于國門。使養之。據此知職人即樴人。即牧人充人也。又夏官羊人職曰。掌羊牲。蓋王朝官備。惟牧人爲樴人。若侯國則人有兼職。牛人牧人充人羊人之事。其總皆司職吏之所掌歟。

適周問禮於老子。既反。而弟子益進。

崔述曰。世家云。南宮敬叔言於魯君。請與孔子適周。魯君與之一車•兩馬•一豎子。適周問禮。見老子。余按老聃之學。經傳未有言者。獨戴記曾子問篇孔子論禮頻及之。然亦非有詭言異論。如世俗所傳云云也。戰國之時。楊墨並起。皆託古人以自尊其說。儒者方崇孔子。爲楊氏說者因託諸老聃以詘孔子。儒者方崇堯舜。爲楊氏說者。因託諸黃帝。以詘堯舜。今史記之所載老聃之言。皆楊朱之說耳。其文亦似戰國諸子。與論語春秋傳之文。絕不類也。昭公二十四年。孟僖子始卒。敬叔在衰經中。不應適周。敬叔以昭公十二年生。至是年僅十三。亦不能從孔子適周。至明年。而孔子已不在魯。魯亦無君之可請矣。由是言之。謂敬叔從孔子適周而魯君與之車馬者亦妄也。道德五千言者，不知何人所作，要必楊朱之徒之所僞託。猶之乎言兵者之以陰符託之黃帝、六韜託之太公也。猶之乎言醫者之以素問靈樞託之於黃帝岐伯也。是以孟子但距楊墨，不距黃老。爲黃老之說者，非黃老，皆楊氏也。猶之乎不闢神農而闢許行也。如使其說果出老聃，老聃在楊墨前，孟子何以反無一言闢之，而獨歸罪於楊朱乎。孔子學官於郯子，入太廟每事問。孔子之學，亦頗得諸四方考訂之功。詩曰，先民有言，詢於芻蕘。太廟駿奔之人，豈必皆嘗聞道者乎。然則孔子卽果適周，因問禮於老聃，此亦尋常事耳。謂足供聖人之采擇則可矣。烏有以爲己師而往從之者哉。夫孔子之道大矣。豈一見老聃之所能尊。而是時孔子年僅三十有五，弟子安得遂至於三千乎。

齊藤拙堂曰，孔子問禮於老子，此好事者之假託也。夫孔子所欲問者何事邪。彼骫人世，蔑禮法。雖淺智者，必知其不可問以事。夫子獨不能知，果遇不遜之對，惡在其爲聖也。而俄繼以猶龍之嘆。何所見而尊崇如此。殆如婦女子遇老比丘，隨喜渴仰，不自解其所以然。且夫子平生所稱道，上從二帝三王，下及夷惠管晏子產之徒，汲汲如不及，矧其所親炙，宜稱揚不容口。而無一言及老子者。孟子學孔子者也。以老子爲賢，必以稱夷惠者稱之。若以爲邪，必以距楊墨者距之。今又無一言及老子者。論道莫大於語孟，紀事莫洽於左氏，皆不少概見。是知老子非春秋以前之人，必不先於孟子，況於孔子乎。蓋此事本出於莊周。周之爲學，尊老抑孔，爲此誕妄，不過謂孔子吾師之弟子，猶佛家謂孔子爲儒童菩薩，本不足相校耳。而遷拾其唾餘，厚誣聖人，亦無識之甚也。又曰，戴記夫子說禮，屢稱聞諸聃，是誣罔之所由起也。然據列傳。孔子問禮於老子。老子唯有譏禮之言。未肯言其他。夫子不復得問而去。安得他日謂聞諸老聃邪。且老子姓李。名耳。字伯陽。稱其書曰老子。如老聃老彭。自是一人姓名。不得混爲一。遷又以聃爲老子諡。然未聞諡法有聃字也。戴記所載老聃。博識典禮。是誠爲述而不作。誠爲信而好古。蓋聃其名。彭其字。恐與論語所稱一人矣。

昭公二十五年甲申。孔子年三十五。而昭公奔齊。魯亂。於是適齊。爲高昭子家臣。以通乎景公。公欲封以尼谿之田。晏嬰不可。公惑之。孔子遂行。反乎魯。

古賀侗庵曰。晏平仲善與人交。久而敬之。孟子載晏子諫景公之語。數百言。其忠誠懇至之意可掬。其他見左傳諸書。讜言善行甚多。在於春秋賢者。實屬巨擘。世家乃曰。景公說孔子。將欲以尼谿田封孔子。晏嬰沮止之。極其醜詆。今朱子不說晏子之言。而猶載景公欲封孔子。晏嬰沮之。景公惑之。蓋本於太史公之誤。而太史公之誤。又本於墨子。墨子非儒篇曰。孔丘之齊見景公。景公說。欲封之以尼谿。以告晏子。晏子曰不可。孔丘盛容修飾以蠱世。弦歌鼓舞以聚徒。繁登降之禮以示儀。務趨翔之節以觀衆。纍壽不能盡其學。當年不能行其禮。其道不可以期世。其學不可以導衆。今君封之以利齊俗。非所以導國先衆。景公曰善。於此。禮留其封。敬見而不問其道。孔丘乃恚志。怒於景公與晏子。乃樹鴟夷子皮於田常之門。告南郭惠子以所欲爲歸於魯。有頃聞齊將伐魯。乃遣子貢之齊。因南郭惠子以見田常。勸之伐吳。以敎高國鮑晏。使毋得害田常之亂。勸越伐吳。三年之內。齊吳破國之難。伏尸。晏子之言如此。其慢聖悖理。固不待辨。而其事實舛錯尤可哂。夫鴟夷子皮卽范蠡也・范蠡既滅吳。去而之齊。號鴟夷子皮。事見史記。范蠡去越。上距孔子卒七年。而曰孔子樹鴟夷子皮於田常。誣亦甚矣。史記晏子之言。與墨子所載大同小異。可見太史公誤本于墨子。夫儒墨異道。墨氏搆虛辭以詆排聖人。固無足怪。太史公遽信而載之于史。其不別朱紫甚矣。若夫墨子所以必引晏子者。孔子同時之賢。齒德俱尊者。未有愈於晏子。非儒詆聖之言。一旦出于己。恐人未肯便尊信。故且借晏子以自重。其用意亦險巧矣。柳子厚以爲晏子春秋出于墨子之徒。今案。如問上篇云。墨子聞之曰。晏子知道。道在爲人而不爲己。雜上篇云。墨子聞之曰。晏子知道。景公知窮矣。作者之意了然。子厚之言得之。夫晏子既成於墨子之徒。則其與墨子之說。脗合固當。乃以是謂晏子時已有墨子之說。此亦朱子所謂爾雅是取傳註以作。後人却以爾雅證傳註之類耳。且墨子雖艱澁難讀。要自古文口氣。應出於墨子弟子之手。乃晏子則文氣卑冗。絕無精采。不但不出于晏子。併不出于墨子之弟子。蓋後來主張墨家者爲之也・

崔述曰。余按。春秋傳高昭子名張。唁魯昭公。稱爲主君。阿景公意。輔孺子荼。卒爲陳氏所逐。其不肖如是。孟子曰。觀遠臣以其所主。況於爲之臣乎。百里奚賢人耳。或謂其食牛以要秦穆公。孟子猶辭而闢之。況聖人而爲小人之家臣。以干時君乎。子禽問於子貢曰。夫子至於是邦也。必聞其政。求之與。抑與之與。子貢曰。夫子温良恭儉讓以得之。若孔子果爲家臣。以通乎時君。則是非但求之。且卑身以求之矣。且此篇前云。景公與晏嬰來適魯。問孔子云云。景公說。果如所言。孔子已早通乎景公晏子矣。亦何待於爲高氏之家臣乎。其自相刺謬也如此。此必無之事。又世家云。景公將以尼谿之田封孔子。晏嬰進曰。夫儒者滑稽。而不可軌法。倨傲自順。不可以爲下。崇喪遂哀。破産厚葬。不可以爲俗。游說乞貸。不可以爲國。自大賢之息。周室既衰。禮樂缺有間。今孔子盛容飾。繁登降之禮。趨詳之節。累世不能殫其學。當年不能究其禮。君欲用之以移齊俗。非所以先細民也。余按。晏嬰齊之賢大夫也。孔子之有益於人國。晏子必無有不知者。藉使景公不用孔子。晏子猶當薦之。況景公自欲用孔子。而晏子乃反沮之乎。以爲孔子將奪己之權耶。則嬰之在齊。固無權。嬰卽不肖。亦斷不至是。嬰何爲而沮孔子哉。孔子曰。先進於禮樂野人也。後進於禮樂君子也。如用之。則吾從先進。曰禮云禮云。玉帛云乎哉。林放問禮之本。曰禮與其奢也寧儉。喪與其易也寧戚。孔子豈盛容飾。繁登降之禮。趨詳之節者哉。伯魚顏淵之葬。雖皆後日之事。要必生平類然。破産厚葬之譏。爲不倫矣。至於滑稽倨傲游說乞貸云云。尤與儒者不類。況孔子耶。凡譖人者。雖非其實。要必取其近似之迹。而附會之。以取信於世主。今晏子之所言。事事皆與孔子相反。天下有如是之譖人者乎。春秋傳中。記晏子言多矣。曰禮之可以爲國也久矣。與天地並。曰先生之濟五味。和五聲也。以平其心。成其政也。大抵皆述禮樂。稱先王。以規當世之失。孟子所記亦然。今此世家之文。獨是今而非古。蔑禮而棄樂。不但所言皆與孔子平生之事相反。卽與晏子平生之言見於左傳孟子者。亦無一不相反。且春秋之世。固無有所謂滑稽倨傲游說乞貸者也。自戰國時淳于髠愼到・莊周・顏觸・張儀・蘇秦之徒並起。然後有以滑稽倨傲游說乞貸著者。其人雖非儒。然以其處士也。或有儒之者。而破產厚葬之譏。亦自墨氏敎行之後始有之。然則此言出於戰國時人之口明甚。而其文之淺陋。亦似戰國秦漢。絕不類左傳孟子所述者。乃戰國以後墨氏之徒之所僞撰以攻吾儒者。以晏子之儉故託之。而撰晏子者。又從而妄採之耳。又按。晏子之立。至昭公二十五年孫齊之時。四十年矣。次年以論彗星見於傳。自是以後無聞焉。而彗星不書於經。其文又附於十二月之後。尙不敢必爲本年之事。然則孔子至齊之時。晏子或猶存。若去齊之日。則晏子必已卒。不待言也。

定公元年壬辰。孔子年四十三。季氏彊僭。其臣陽虎作亂專政。故孔子不仕。而退修詩書禮樂。弟子彌衆。

講明詩書禮樂。是孔子之恒事已。此特稱修者。史遷之意。蓋謂退而講學而已。不得與刪詩正樂相礙。上文云弟子益進。此又云彌衆。並是臆度。無證左。

九年庚子。孔子年五十一。公山弗擾以費畔季氏。召孔子。欲往而卒不行。

公山弗擾章。出於戰國人僞託。說詳本章下。

定公以孔子爲中都宰。一年四方則之。遂爲司空。又爲大司寇。

戴記有夫子制於中都之文。然未足以證焉。說者或謂。侯國本無大稱。世家作大司寇非也。此說未必然。審察夫子爾時舉動。明是命卿。非是大夫。宋司馬子魚。大司馬固皆大司馬也。而或加大或去大。原不甚拘拘。又邊卬爲大司徒。樂輓爲大司寇。晉士蔿爲大司空。皆見左傳。是侯國亦有大稱。昭然有可據者。者詳于左傳會箋定元年。崔述曰。桉孟子稱。孔子嘗爲委吏乘田。考其時皆在昭公世。陽虎作亂。孔子不仕。定八年冬。陽虎始敗。九年始奔。十年孔子已相吾於會。中間爲時無幾。安得爲宰二年始爲司空。由司空乃爲司寇乎。又桉。左傳魯之孟孫世爲司空。未嘗失職。而都邑之宰。其職甚卑。乃委吏乘田之流。孔子在定公世。名益崇望益重。是以或人有奚不爲政之問。陽貨有懷寶迷邦之譏。魯人固欲得孔子爲大夫。但孔子以魯亂故不仕耳。陽虎既去。召而用之。乃事之常。不當僅以爲宰也。然則孔子卽有爲中都宰之事。亦當在昭公之世。不得如世家之說也。又桉。春秋經傳皆不言。有所謂中都者。既謂之都。不宜泯泯無聞如此。

十年辛丑。相定公。會齊侯于夾谷。齊人歸魯侵地。十二年癸卯。使仲由爲季氏宰。墮三都。收其甲兵。孟氏不肯墮成。圍之不克。

據左傳年表魯世家。墮郈墮費在于孔子行之前。而圍成在于孔子行之後十二月。則此文謬爾。

十四年乙巳。孔子年五十六。攝行相事。誅少正卯。與聞國政。三月魯國大治。

夾谷之會。孔子嘗爲相。是輔相會禮而已。後人因作宰相之相以誣焉。荀子宥坐篇。孔子爲魯攝相。朝七日而誅少正卯。門人進問曰。夫少正卯魯之聞人也。夫子爲政而始誅之。得無失乎。孔子曰。人有惡者五。而盜竊不與焉。一曰心達而險。二曰行辟而堅。三曰言僞而辨。四曰記醜而博。五曰順非而澤。此五者有一於人。則不得免於君子之誅。而少正卯兼有之。故居處足以聚徒成羣。言談足以飾邪營衆。强足以反是獨立。此小人之桀雄也。不可不誅也。荀子紀孔子誅少正卯之言。明襲論語子張問達章文。而甚之者。其曰言僞而辨・記醜而博。卽所謂色取也。其曰心逆而險行僻而堅。卽所爲行違也。其曰順非而澤。卽所爲居之不疑也。然少正卯之事。論語所不載。孟子左氏所不言。乃獨荀況言之。是必齊魯陋儒。憤聖人失職。故爲此說以誇其權耳。襄二十二年杜注。少正。鄭卿官也。魯無此官。何稱少正。且五大惡當不止于聞。以爲聞人。亦何至于殺。荀子之說謬已。崔述曰。余桉孟子及春秋傳。孔子但爲司寇。未嘗爲相。公羊傳云。孔子行乎季孫。三月不違。孟子云。於季桓子見行可之仕也。然則是季孫爲魯相。而能行孔子之言耳。非孔子爲魯相也。春秋之時。無以相名官者。秉政之卿。謂之相某君。非官之名。不可云攝。蓋夾谷之會。當使上卿相禮。以孔子之知禮也。越次而使之。如狐偃之讓趙衰者然。故謂之攝相。傳聞者不知。遂誤以爲相國之相耳。又桉。論語。季康子問政於孔子曰。如殺無道以就有道如何。孔子曰。子爲政。焉用殺。聖人之不貴殺也如是。烏有秉政而殺一大夫者哉。三桓之橫。臧文中之不仁不知。論語・春秋傳言之詳矣。賤至於陽虎・不狃。細至於微生高。猶不遺焉。而未嘗一言及於卯。使卯果嘗亂政。史官何得不載其一事。非但不載其事而已。亦並未有其名。然則其人之有無。蓋不可知。縱使果有其人。亦必碌碌無聞者耳。豈足以當聖人之斧鉞乎。春秋之時。誅一大夫非易事也。況以大夫而誅大夫乎。孔子得君不及子產遠甚。子產猶不能誅公孫黑。況孔子耶。

齊人歸女樂以沮。季桓子受之。郊又不致膰俎於大夫。孔子行。適衞主於子路妻兄顏濁鄒家。適陳過匡。匡人以爲陽虎而拘之。既解。還衞。主蘧伯玉家。見南子。去適宋。司馬桓魋欲殺之。又去適陳。主司城貞子家。居三歲而反于衛。靈公不能用。晉趙氏家臣佛肸以中牟畔。召孔子。欲往亦不果。將西見趙簡子。至河而反。

崔述曰。世家。孔子於靈公時。凡四去衛。而再適陳。其二皆未出境而反。其初適陳也。以定公卒之歲。乃定公十五年適宋。遭桓司馬之難。至陳主於司城貞子。蓋本之於孟子。其再適陳也。以靈公卒之春。乃魯哀公二年。因靈公問陳而遂行。蓋本之於論語。余桉。論語孟子所記。乃一時事。論語記其去衛之故。而孟子敍其道路所經與在陳所主。非再去也。世家誤分爲二。遂謂孔子至陳三歲而反乎衛。由衛而再適陳以實之。不思定公卒之歲距靈公之卒僅二年。而孔子居陳三歲。幷在衛臨河之日計之。當不可四五年。如此則靈公之卒。固已久矣。尙安得問陳事乎。其謬一也。論語云。子在陳曰。歸與歸與。吾黨之小子。狂簡斐然成章。不知所以裁之。孟子云。孔子在陳曰。盍歸乎來。吾黨之士。狂簡進取。不忘其初。此兩章亦一時之語。而所傳異詞。世家分以爲二。遂謂孔子凡兩發歎。一屬之初至陳。一屬之再至陳。夫旣思狂簡而反衛矣。而又至陳奚爲者。至陳而又思歸以裁狂簡。何其行止之無常乎。其謬二也。過匡之役。以恐獲罪而去。未出境也。無故而反。臨河之役。無故而去。亦未出境也。聞竇鳴特・舜華之死。不得已而復反。孔子之去就。若是之苟然已乎。孟子曰。古之君子。言將行其言也則就之。言弗行也則去之。其次迎之致敬以有禮則就之。禮貌衰則去之。去果是也。則不當不召而自反。如可反也。則毋寧始之不去之爲愈乎。而何爲乎僕僕於道途而不憚其煩也。其謬三也。且世家以定十四年適衛。而年表已於是年至陳。世家以定十五年遭宋桓魋之難。而年表乃在哀之三年。世家以哀六年再反衛。而年表乃在十年。世家自陳反衛。自衛復至陳之事。年表皆無之。卽其所自爲說。已自改之。而學者反皆遵之。謂孔子三至衛而三至陳。甚不可解也。今取孟子過宋之文論語問陳之事。合而爲一。在陳之嘆。論語・孟子所記。亦取而合之。則事理曉然明白。孔子并無由衛而再適陳由陳而再返衛之事矣。至其去衛之年。雖無可考。然衛靈以哀二年夏卒。則孔子之去。非定之末。卽哀之初。世家所謂魯定公卒之歲去衛者。近是。由此過宋。至陳而主貞子。正與孟子合。但無自陳反衛而再適陳之事耳。吳英曰。孔子初適衛。衛靈不知孔子。故有擊磬之聲也。乃世家于初適衛。卽云致粟六萬。而其叙問陳遂行。與致粟不相接。二謬也。叙將適陳過匡于前。而問陳遂行反在後。三謬也。叙遭桓魋于過匡之後。亦誤。而適宋反在問陳遂行之前。四謬也。此行之後乃居陳。而世家又叙居陳三歲于問陳遂行之前。五謬也。又謂去陳遂適衛。而不知去陳適衛乃出公時事。非靈公時事也。六謬也。靈公聞孔子來。喜郊迎。不用孔子。孔子行。此正孔子仕衛之終始也。但郊迎二字之下。當接致粟六萬云云。不用孔子四字之下。當接他日問兵陳云云。其所謂孔子行。卽明日遂行也。而俱不相接。七謬也。叙荷蕢事于郊迎致粟之後。八謬也。此行之前。未嘗一至陳。而謂問陳遂行復如陳。九謬也。孔子仕衛。其年爲魯哀元年衛靈之四十一年也。郊迎當在是年之春。問陳遂行。當在是年之秋。是秋吳王伐陳。故孔子絕糧。而世家既曰孔子遂行。又曰夏衛靈公卒。則叙此行于衛靈卒之年矣。而不知衛靈卒于魯哀二年。是年無伐陳事也。十謬也。世家于衛靈時。孔子凡四適衛。而終至一言不合明日遂行。則前此之戀戀不舍。毋乃不智。而不知衞靈時。惟兩適。其初適意不在衞。其後則來聘也。若非來聘。衞靈安知孔子來。而郊迎乎。而何嘗有四適衞耶。孔子既不頻至衞。則史記兩謂主伯玉家。又何足信乎。又曰。孔子居陳三歲。此說是也。魯哀六年春。楚昭已出而救陳。則楚之聘孔子于陳。必在魯哀之五年。自哀元年之秋至哀五年。其間孔子嘗適蔡。則適蔡當必在哀四年。居陳之日。果有三歲之久。而爲公養之仕也。歸與之歎。必在魯哀六年。楚又不用。而自楚反陳之後。自陳反衞之前。要之。孔子自以司寇去魯。至道終不行而歸。其間反魯者不及一年。去魯者定公時二年有餘。哀公時六年有餘。合計不及九年。并前適齊者。統共實計不過十年有餘。而世家謂凡十四年。然深考左傳之文。則所云十四年。何敢信歟。

崔述曰。按春秋經傳。定八年趙鞅使涉佗盟衞侯。捘其手及腕。十三年入於晉陽以叛。哀三年殺周萇宏。弱王室。侮諸侯。而叛其君。春秋之大夫。罪未有大於鞅者也。其他黨奸釀亂之事。史不絕書。不知孔子何敢於鞅而欲見之。且鞅衞之仇讎也。孔子雖未受職于衞。然曰際可之仕。則亦有賓主之義焉。無故去之。而往見其讎。于義似亦有未安者。佛肸趙氏之叛臣也。趙氏衞之仇國也。或召而欲往。或不召而自往。忽而衞。忽而中牟。忽而晉。忽而復返乎衞。其仇與叛。皆不計焉。亦何異於朝秦暮楚者乎。此必戰國時人之所僞托。非孔子之事。匡人之難。即桓魋之難也。史遷以爲陽虎而拘之。杜撰之甚。佛肸一章。亦出於僞托。世家此一段。尤多謬妄。

又主蘧伯玉家。靈公問陳。不對而行。復如陳。季桓子卒。遺言謂康子。必召孔子。其臣止之。康子乃召冉求。孔子如蔡及葉。楚昭王將以書社地封孔子。令尹子西不可。乃止。

閻若璩曰。集注引荀子與之書社三百。而富人莫之敢距。以證駢邑三百。而三百字。爲數方明。孔子世家索隱曰。古者二十五家爲里。里各立社。書社者書其社之人名於籍。楚以七百里書社之人封孔子也。則書社三百乃七千五百家。駢邑今臨朐縣。是管仲所食之邑。不止於此。此特其一爾。余因悟昭王將以書社地七百封孔子。朱子疑七百里恐無此理。不知里也社也一也。二十五家耳。七百里乃萬七千五百家。非如古者路程以三百步爲里之里。今論語序說節其文。爲以書社地封孔子。去七百字。書社將何所著。然則哀公十五年。齊與衛地書社五百。晏子。昔先君桓公以書社五百封管仲。呂氏春秋。越以書社三百封墨子。荀去卻五百三百字。其可得通乎。

又反乎衛。時靈公已卒。衛君輒欲得孔子爲政。而冉求爲季氏將。與齊戰有功。康子乃召孔子。而孔子歸魯。實哀公之十一年丁巳。而孔子年六十八矣。然魯終不能用孔子。孔子亦不求仕。乃叙書傳禮記。删詩正樂。序易彖繫象說卦文言。

禮記非今二戴之書。書曰傳。禮曰記。蓋古人熟語。只是謂其爲傳古之書記禮之書耳。删詩。謂删三千爲三百。是妄說也。說詳于爲政篇。易十翼傳皆非孔子之筆也。史記作晚而喜易序彖繫象說卦文言。史遷本意。序彖是一事。繫象是一事。說卦文言亦各一事。朱子今删晚而喜易四字。於序彖間補插一易字。覺文理不順。

弟子蓋三千焉。身通六藝者七十二人。

崔述曰。史記仲尼弟子列傳。凡七十有七人。據司馬氏謂弟子籍出於孔氏古文。其有事蹟或年歲者三十有五人。而見於論語者二十有七人。然確有明徵。決知其非誤者。顏淵・閔子騫・冉伯牛・仲弓・子路・曾哲・子貢・原思・有子・曾子・宰我・冉有・公西華・子游・子夏・子張・樊遲・子羔・漆雕開・司馬牛僅二十人而已。其七人者。顏路以請車一見。公冶長以孔子妻之一見。子賤・澹臺滅明以孔子與子游稱之。而各一見。巫馬期則以陳司敗之故而附見。皆無他事。亦無問答之語。考之他傳記。惟子賤多言爲孔子弟子者。其餘皆無由而決知其爲弟子與否。且巫馬期在昭公世。已與孔子同朝司敗揖之以譏孔子。頗不似嘗受業也者。而子游爲武城宰。孔子始知滅明。是時孔子年已老矣。滅明又將何時受業於孔子乎。列傳又稱其南游至江。從弟子三百人。孔子曰。吾以貌取人。失之子羽。則其說益舛。而其年亦益不符矣。故謂子賤爲弟子近是。謂顏路等三人爲弟子或然。謂期與滅明爲弟子則恐不然也。至於公伯寮者更無餘事。但以愬子路見是明孔子爲魯司寇。子路爲季氏宰。方相倚以行道。愬子路卽所以撼孔子。烏有七十子而肯爲是者哉。其無事跡年歲者四十有二人。皆不見於論語。而有見於左傳者二人。然確有明徵者秦丕茲一人而已。顏高雖見於左傳。然觀其事。殊不類孔子之弟子也。其餘共四十有八人。皆不見於經傳。然商瞿季次。其事跡猶粗具於本傳。其名字復間見於他篇。或當不誤。而自梁鱣以下六人。自冉季以下。秦商顏高以外四十人。幷無事跡可考。則固無從而知其誠然與否也。由是觀之。孔氏古文。或非當時之書。不則孔氏古文不誤。而司馬氏誤焉。亦未可知。觀於史記所引尙書・左傳中事。亦往往有舛者。則是篇豈可以盡信乎哉。家語弟子解篇。其數與史記同。而名字或與史記異。且刪史記三人。別有琴張・陳亢・縣亶。以合其數。余桉。琴張見於孟子・左傳。補之良是。但謂琴張卽牢。未知所本。縣亶亦無所考。若陳亢乃尊子貢而輕視孔子者。孟子所謂中心悅而誠服者。必不如是。且論語中亢凡兩問子貢。一問伯魚。而絕未嘗一問孔子。論語中門人。未有相稱以子者。而亢稱伯魚・子貢皆以子。則亢乃子貢・伯魚之後輩。非孔子弟子也明矣。又有文翁圖者。所載弟子止七十有二人。而中有申棖・林放・申堂・蘧伯玉。桉申棖見於論語。其前後章皆論弟子爲人。而孔子名之。亦如諸弟子。補之近是。申堂不見於經傳。林放雖見於論語。而無明文。皆難懸定。至蘧伯玉。其出近關。在魯襄公之十四年。是時已爲大夫。齒長矣。後八年而孔子始生。比孔子之冠也。則伯玉已老矣。夫安得列之於弟子內乎。又有見於孟子。而三家皆不之載者。一人曰牧皮。大抵諸家皆各據其所傳。而史記爲近古。家語文翁圖。又似參以己意而去取之者。尤不足以爲據。

又曰。弟子列傳。有年歲者凡二十有三人。其文蓋有所本。然亦不能無悞。何者。孔子稱子賤。君子哉若人。魯無君子者。斯焉取斯。則是子賤已成德矣。其親師取友。已歷有年矣。而列傳謂其少孔子四十九歲。則當孔子卒時。年僅二十有五。成德安能如是速乎。吳之伐魯也。微虎欲宵攻王舍。有若踊於幕庭。當是少壯時事。而列傳謂其少孔子十三歲。則當伐魯之時。年已五十有四。力已衰矣。又不應孔子存時無所表見。至孔子沒後。而與諸弟子問答甚多也。論語多以子路冉有並稱。季康子之問從政也。以由賜求。孟武伯之問仁也。以由求赤。其年皆似不甚遠者。而列傳謂子路少孔子九歲。冉有少孔子二十九歲。子貢少孔子三十一歲。公西華少孔子四十二歲。年之相隔太遠。恐未必盡然也。由是言之。史記弟子之年。不過得其彷彿而已。不可盡指爲實。

十四年庚申。魯西狩獲麟。孔子作春秋。明年辛酉。子路死於衛。十六年壬戌四月己丑。孔子卒。年七十三。葬魯城北泗上。弟子皆服心喪。三年而去。惟子貢廬於冢上凡六年。孔子生鯉。字伯魚。先卒。伯魚生伋。字子思。作中庸。

中庸發揮性命之理。要非常人所能爲。其出於孔氏之徒必矣。然舊傳子思所作。未見必然。説具于中庸會箋。

何氏曰。魯論語二十篇云云。程子曰。論語之書成於有子曾子之門人。故其書獨二子以子稱。

楊守敬曰。桉柳宗元論語辨曰。諸儒皆以論語爲孔子弟子所記。不然也。孔子弟子曾參最少。又老且死。而是書記其將死之言。則去孔子之時甚遠。而當時弟子略無存者矣。余則謂非特不成於諸弟子。直以爲出於思孟之後。案中庸之作。世屬子思。而中庸引孔子之言二十一。惟中庸之爲德也一章見於論語。夫子思雖親炙杏壇。其年齒自應後於諸子。若使諸子纂錄遺經。子思不容不見。孟子書中引孔子語者二十九。惟里仁爲美章與論語同。若大哉堯之爲君。萬章曰孔子在陳惡似而非者。鄉原德之賊。學不厭而教不倦。君薨聽於冢宰。求也爲季氏宰等章。皆與論語小異。而其餘俱不見於論語。引諸弟子語者十有二。而生事之以禮云云。據論語。爲夫子告樊遲之言。孟子以爲曾子。若使子輿親見論語。何外誤若斯。況孔子之作春秋也。事關王迹。垂範千載。故曰與其託之空言。不如見之行事之深切著明。然則述聖人之言行者。孰大於斯。而竊取之義。知我罪我之辭。若非孟子。竟從闕如。語其疏漏。可勝道哉。蓋聖人既沒。其遺言遺行。雖未著於竹帛。而七十子之徒。傳聞不絕。迨數傳之後。各尊所聞。遂有參差。亦其勢使然。於是有私淑吾黨者。懼聖言之永絕。相與裒集此書。其中大義微言。爭光日月。必非後人所能假託。但自孟子而後。去聖愈遠。其智皆不足以知聖人。采之者既非一家。定之者又少決擇。轉經喪亂。此脫彼複。故魯人所傳謂之魯論。齊人所傳謂之齊論。壁中所得謂之古論。篇第既異。章句復殊。而謂毫無依附得乎。程子曰。論語。曾子有子弟子撰。所以知者。惟二子名。此說本之柳子厚。其實亦非也。桉葉氏愛日齋叢抄曰。鶴山魏氏記常熟縣學。有曰。柳宗元謂。論語惟曾子有子不字。遂謂是書出於曾有二門。蓋以字輕而子重也。及考諸孔門之訓。則字爲至貴。蓋字與子皆得兼稱。如門人之於孔子。進而稱子不敢氏。退而稱仲尼不言子。其次或既子且字如閔子騫等。不一二人。若淵弓至游夏。字而不得子也。有子。曾子。子而不得字也。就二者而論。則字爲尊。蓋子雖有師道之稱。然繫於氏者。不過男子之美稱耳。故孝經字仲尼。而子曾子。禮運字仲尼。而名言偃。至於游夏之門人。皆字其師。子思字其祖。孟子字其師之祖。相傳至今人之字仲尼者。無敢以爲疑也。愚謂。稱子稱字。在古人似無甚輕重。如中庸既稱子曰。又稱仲尼曰。孟子既稱孔子曰。又稱仲尼曰。此豈有例可說乎。

程子曰。讀論語。有讀了全然無事者。有讀了後。其中得一兩句喜者。有讀了後。知好之者。有讀了後。直有不知手之舞之足之蹈之者。

程子曰。今人不會讀書。如讀論語。未讀時。是此等人。讀了後。又只是此等人。便是不曾讀。

程子曰。頤自十七八讀論語。當時已曉文義。讀之愈久。但覺意味深長。

荻生徂徠曰。矢口之與涉筆。有間也。論語者聖人之言。而門人之辭也。謂之聖人之文者惑矣。門人一時以意錄之。以備忽忘焉耳。豈有意傳之後世哉。○佐藤一齋曰。論語編次。蓋成於戰國之季。何以言之。孟子所願學獨在夫子。而七篇中引詩引書。不一而足。而未嘗引論語。不特孟子不引。而擧戰國間諸子。亦未嘗一語及之。至坊記始引之。然出於漢文博士。是知孟子之時。特傳聞其語而已。論語猶未成編也。苟有其書。孟子豈得不讀乎。蓋戰國之季。嘗有推尊夫子者。以爲去聖漸遠。遺言幾佚。不及今輯之。恐遂泯滅。是時夫子門人之子孫。散在四方者。猶能藏其祖先所筆記。或三四策。或五六策。於是多方探索。於彼得若干。於此得若干。遂能裒輯成編。卽論語是也。但其人則不可指名爾。及編之成也。孟子前後人所未知之語亦居多。以類言之。猶程朱之有語錄也。門人各筆記其口授。不必相傳觀。至元儒亦傳師授而已。及至於明。則語錄・語類並極大全。然後儒者皆於程朱之說盡知之。論語蓋亦如此。故知其成於孟子已後無疑矣。至篇內稱有子・曾子・閔子・冉子。則出於其徒之記可知矣。如稱憲・牢・有若・陳亢。則亦其爲自記可知矣。但皆係於其章。而不係於一篇。乃先儒援此以指作者。則可謂誤矣。龜田興曰。桉曾子少於孔子四十六歲。死年八十餘。其死距孔子之死五十餘年。是時孔門弟子略無存者。而論語擧曾子死。則此編之成。距孔子死實遠矣。於是門弟子之遺老。若從七十子承其業者。或懼孔子沒後各唱道久而有差也。是以假各家所藏記。輯集之以編二十篇。故雖有重複。不復私刪之。姓名字號。就其所記而存之。不復改焉。又不敢妄加筆削者。蓋尊先輩也。如邦君之妻。周公謂魯公。周有八士章。無判語。蓋其人或所覩它書。或所聞它人者。輙直采以記之耳。故編論語者。亦存置之篇末。唯學而篇。開卷第一章。言出之於首者。編者微意。有深義之存。其餘篇次。全無意義。正義强爲之說。附會轇戾。吾弗取也。論語一編。孔夫子之言。終於第十七陽貨篇。而微子篇則編論語者。擧微子・柳下惠・逸民・及長沮・楚狂・荷杖老人。以述其出處。而明孔子出處之異乎是。故無孔子判語者。亦直擧其人而列之。柳下惠・大師摯是也。群弟子之言。重裒以爲一篇。退置第十九篇。第二十篇。秖明孔子祖述堯舜禹湯之道。憲章文武之法。而五美四惡・知命・知禮二章。附記以終焉。

語類曰。論語不說心。只說實事。孟子說心。後來遂有求心之病。又曰。孟子言存心養性。便說得虛。至孔子教人居處恭。執事敬。與人忠。雖之夷狄不可棄也等語。則

就實行處做工夫。如此存心養性自在。

論語會箋首卷終

論語會箋卷第一

竹添光鴻箋

學而第一

此爲書之首篇。故所記多務本之意。乃入道之門。積德之基。學者之先務也。凡十六章。

箋曰。論語者帙上之標題。學而第一者。卷上之籤題。古者非如今人連書于篇首也。又古人以漆書竹簡。約當一篇。即爲編列。以韋束之。孔子讀易。韋編三絕是也。

凡十六章 箋曰。釋文舊有此題。其所據即集解本。今皇邢疏無凡幾章之題者。當由所見本已刪之也。漢石經則每卷後有此題。蓋昔章句家所記之數。統計釋文各篇四百九十二章。趙岐孟子篇敍曰。論語四百八十六章。較釋文少六章。然釋文先進篇二十三章。依集解宜爲二十四章。衛靈篇四十九章。依集解實爲四十三章。又陽貨篇二十四章。漢石經作二十六章。凡皆所據本異。故多寡迥殊。今但依釋文。以存集解之舊。其有離合錯誤。各記當篇之下。

楊守敬曰。皇疏自學而至堯曰。首末相次。皆有義說。邢疏沿之。郝氏敬更欲於篇中各章次第相承。此附會牽強之弊也。然亦有可說者。至如學而至賢賢易色章。集註引吳氏。謂以上皆務本之學。不爲無見。又如孟懿子問孝次以孟武伯・子游・子夏。顏淵問仁次仲弓・司馬牛。此皆以類相從者也。然樊遲問仁何以三處分見。

雍也篇先難章。先進篇愛人章。子路篇居處章。子疾病。何以兩處分見。述而篇請禱章。子罕篇爲臣章。子畏於匡。又何以兩處分見。子罕篇文王既沒章。先進篇顏淵後章。此又不可以例說者也。推而論之。子罕言利子絕四。子不語。子以四教。子所雅言。子之所慎。何以各處分見。道不行乘桴浮於海。在公冶篇。何以子欲居九夷。在子罕篇。子禽問於子貢。在學而篇。何以陳子禽問於子貢。在子張篇。吾與回言終日。在爲政篇。何以語之而不惰者。在子罕篇。回也非助。在先進篇。又如子貢問士章。與子路問士章。爲一類。何以中隔七章。子夏之門人問交於子張。與子游曰子夏之門人。爲一類。何以中隔八章。八佾篇皆言禮樂。唯夷狄之有君。及儀封人章。爲不類。公冶長篇。多言門弟子及列國諸賢之事。唯道不行。及末二章爲不類。憲問篇自爲命至衛靈公之無道。皆論列國諸臣之事。唯中隔貧而無怨難章。爲不類。又如子與人歌。子食於有喪者之側。子釣而不綱。子之燕居。子溫而厲之類。何以不入鄉黨篇。蓋論語之書。本不出一人之手。各以所聞記之。如後世隨筆札記之類。或人得一篇。或人得數篇。或人不及一篇。在初記之人。其中章節未必毫無意義。其後篇章既繁。則門目難分。家數既多。則文辭亦不一。故合諸人所記。定爲二十篇。其分篇之意。亦不過因其簡策之多寡相等。非必別有義例。

子曰。學而時習之。不亦說乎。○說・悅同。學之爲言效也。人性皆善。而覺有先後。後覺者必效先覺之所爲。乃可以明善而復其初也。習・鳥數飛也。學之不已。如鳥數飛也。說・喜意也。既學而又時時習之。則所學者熟。而中心喜說。其進自不能已矣。程子曰。習・重習也。時復思繹。浹洽於中。則說也。又曰。學者將以行之也。時習之。則所學者在我。故說。謝氏曰。時習者。無時而不習。坐如尸。坐時習也。立如齊。立時習也。**有朋自遠**

方來。不亦樂乎。樂音洛。○朋同類也。自遠方來則近者可知。程子曰。以善及人而信從者衆。故可樂。又曰。說在心。樂主發散在外。

人不知而不慍。不亦君子乎。慍紆問反。○慍含怒意。君子成德之名。尹氏曰。學在己。知不知在人。何慍之有。

程子曰。雖樂於及人。不見是而無悶。乃所謂君子。愚謂及人而樂者順而易。不知而不慍者逆而難。故惟成德者能之。然德之所以成。亦由學之正。習之熟。說之深。而不已焉耳。○程子曰。樂由說而後得。非樂不足以語君子。

箋曰。子本人君之稱也。非大夫之稱也。周初大夫生死稱以伯叔。至于春秋列國之卿當小國之君。凡爲大夫自敵以下皆稱之曰夫子。夫者人所指名也。春秋傳。夫固謂君。夫豈不知服虔云。夫謂鬬伯比。夫不惡女乎。服云。夫謂大子。以夫配子。所謂取足以成辭爾。孟獻子穆伯之孫。穆伯之二子。親爲其諸父。而曰夫子。崔成•崔彊稱其父亦曰夫子。故知當時爲大夫者。例稱夫子。不以親別也。孔子爲魯司寇。其門人稱之曰子。曰夫子。此一變也。至春秋季。則凡爲人所宗者亦皆稱子。如有子•曾子•閔子•冉子。皆是也。於是子爲師長之通稱。此又一變也。降至戰國。同列稱子。又至稱弟子稱子。孟子稱公孫丑曰子。誠齊人也。稱樂正子曰子亦來見我乎。是也。於是子又爲男子稱。此又一變也。古者稱諸侯曰君曰后。故天子曰大君。曰元后。而後人凡稱其所尊敬。皆曰君。又公•三公之稱也。卿•六卿之稱也。而後世皆爲凡尊者之通稱。子之爲尊稱。而又爲美稱。亦猶是也。其不言孔子者。此書所記。皆出於孔子諸弟子之手。則孔氏之書也。故直曰子則爲孔子可知矣。猶春秋稱魯侯單曰公。春秋魯國之史。故直言公則爲魯公可知也。然則孔子稱子者內辭也。故對他人則稱孔子。○學而時習之。一齋曰。學字。說文訓覺。尙書大傳訓效。集注雖訓本伏生。而以覺有先後言之則意不遺。許愼覺是學之主意。效是學之工夫。兩意相待。不可偏廢。中井履軒曰。學與習同類而異事。學是從人受指導焉。或考之書傳。擇古人言行而師法之也。未著於行矣。習則駸駸入乎行。不當以學之不已爲習。說文。習。鳥數飛也。鳥雛稍長。欲飛而未能。且尋樹枝作咫尺之飛。頻上下左右焉。謂之習。習宜在脩行上著解而已。時如時措之時。謂當其時而脩行嘗學者。譬如學禮。進劍左首。受玉以掬。旣嘗學焉。則當授受之時。而脩行其所學之左首以掬是也。其他柔色怡聲。唯而不諾。不敢疾惡。起敬起孝之類。莫不皆然。未可以時時解。古無以時作時時用者。又非十二時之時。謝說。坐時習。立時習。得之。但無時而不習句失之。○不亦說乎。皇侃曰。懷抱欣暢之謂也。得之悅與喜稍不同。喜者發揚於外。悅者自得於內。孟子。理義之悅我心。猶芻豢之悅我口。又云。中心悅而誠服。左傳。文公聞子玉死。而後喜可知。注云。喜見顏色。漢書。沾沾自喜。孟子曰。欣欣然有喜色。是悅者在心。喜者見於顏色也。皇本。正平本。說作悅。古喜說・論說。同字。漢後增从心字別之。然毛詩說懌女美。陸氏釋文。又作悅。爾雅釋詁。悅。樂也。悅・服也。皆作悅。而孟子但用悅字。則二字通寫已久矣。亦是語詞。非旁及。熟語有不亦乎。有亦不乎。意少異。亦不之亦是旁及。如商頌亦不夷懌。孟子亦不足弔乎。是也。不亦之亦是語助。如此章是也。乎字含決意於疑辭。不亦乎。是使人領會之詞。玩三不亦字。便想見他循循善誘之意。周官大司徒。以鄉三物敎萬民。一曰六德。二曰六行。三曰六藝。大司樂以樂德敎國子。子以四敎。文行忠信。夫敎者以德行。則學者亦不外之矣。孔門弟子。問仁知。問孝。問事君。問政。問爲邦。皆無非道。亦無非學也。以是觀之。古之所謂學者。不唯道藝也。德行經濟亦在其中焉。

說文無朋字。而有古文鳳字。曰鳳飛羣鳥從以萬數。故以爲朋黨字。凡共事者。同類者。皆可謂朋也。彖傳。西南得朋。乃與類行。是以類釋朋。而洛誥孺子其朋則謂羣臣爲朋。以其共事也。古者兩貝亦爲朋。見漢書食貨志。又詩菁菁者莪箋云。古者貨貝。五貝爲朋。兩樽亦爲朋。詩七月朋酒斯饗。傳云。兩樽曰朋。故因謂儕輩亦爲朋。重言則曰朋友。單言則曰朋曰友。其義一也。孔子於門人。亦每稱朋。朋友死無所歸。是也。此類亦多。孟子。子濯孺子曰。其取友必端矣。亦指友爲弟子。孟子曰。君子有三樂。王天下不與存焉。乃以得天下英才而教育之。爲三樂之一。此章卽是也。閔子侍側。誾誾如也。子路行行如也。冉有子貢侃侃如也。子樂。樂字當爲如是觀。〇程子曰。說在心。樂主發散在外。一齋曰。在外。正與在心對。單言樂。有指在心者。顏子不改其樂。是也。此樂字與說字對。則耑指在外耳。故着主發散三字。〇人不知而不慍者。人謂在上之人。孟子盡心篇。人知之亦囂囂。人不知亦囂囂。人不知與此同。知者謂知而用之也。書皐陶謨曰。知人則哲。能官人。先進篇居則曰不吾知也。如或知爾。則何以哉。知字皆與此同。慍・蘊・縕通。謂怒氣蘊畜于胸中。南風之薰兮。可以解吾民之慍兮。是也。徂來曰。慍謂心有所怫鬱也。朱注含怒意。亦同其義。如古義直訓怒。則非是。君子者古稱天子・諸侯・卿大夫・士。皆曰君子。君者羣也。言羣下之所歸心也。非有位而亦稱君子者。以其人有道德可任在位也。故曰成德之名。此章三節三平。不得相紐連。朱注學之正習之熟等。並非正意。又說樂元非工夫。亦非難事。程說非樂不足以語君子。失之。樂由說而得。亦紐連之失。

雷學淇曰。學中心得之境。非已得者不能知。亦不能言。論語首章。是夫子教人。卽夫子自道。以易理言之。首章是窮理學以聚之。問以辨之。受以漸。受以恒。此習坎之所以常德行也。次節是盡性。能盡其性。則能盡人之性。同聲相應。同氣相求。此同人所以通天下之志也。末節是知命。不易乎世。不成乎名。確乎其不可拔。此大過之所以獨立不懼遯世無悶也。以夫子一身言之。首節是十五志學以後事。所謂好古敏求。發憤忘食。樂以忘憂也。次節是三十而立以後事。史謂孔子年三十而弟子益進。末節是五十知命以後事。所如不合。退而修詩書禮樂也。

鴻按。此章描出一個成德君子來與人看。其旨深矣。學者深體切求。涵養之久。有得于中。則心德玲瓏。四面照徹。在順境則光風霽月。在逆境亦止水平衡。莫不往而安命樂天之地。孔門之學。用力於仁。亦所以求詣此也。而孔子一生遭遇。實不出於此。故編論語者。以此章冠之一部之首。

又按。學屬知。習屬行。譬之學知猶按地圖。習行猶身踐其地。知而不能行。非眞知也。故知行分說固可。而知行合一之論。亦無不可。要之其歸一而已矣。獨奈學者不求諸心得躬行。而徒以口舌爭其是非。於是乎漢唐宋明。分派殊塗。而無復問洙泗之津梁者矣。崔述曰。聖人之教人學。欲何爲乎。學爲仁而已矣。故首章言學。次二三章卽言仁也。仁也者天所以與我之德也。然仁不專在心。而兼在事。仁之取數多矣。然最要者。莫過於孝弟。最有害於仁者。莫甚於粉飾。故第二章卽言孝弟爲本。第三章卽以巧言令色爲戒。所以著仁之實也。然仁非但家庭而已。忠信以待人亦仁也。敬愛以治國亦仁也。故四五兩章。以曾子之自省。孔子之論政。繼之。但觀此首七章。而學之道・仁之事。已得其大端矣。推而言之。忠信威重・敏事愼言・擇交改過・就正有道。亦莫非學之道也。聖人之溫良恭儉讓・賢人之愼終追遠。孝子之三年無改。亦莫非仁之事也。豈但此而已。卽先王所制之禮。亦仁之所著也。富貴貧賤之間。亦仁之所見端也。學禮者。知和之爲貴。知信之當近義。恭之當近禮。學詩者。能告往知來。而不以無諂無驕自足。則學之事全。而仁之道得矣。然爲己也。非爲人也。知人者學之餘事。故猶以爲患。若人之不我知。則君子不患矣。學而一篇。示人以學之道仁之事。深切著明。莫過於此。

有子曰。其爲人也孝弟。而好犯上者鮮矣。不好犯上。而好作亂者。未之有也。弟・好皆去聲。鮮上聲。下同。○有子。孔子弟子。名若。善事父母爲孝。善事兄長爲弟。犯上謂干犯在上之人。鮮。少也。作亂則爲悖逆爭鬭之事矣。此言人能孝弟。則其心和順。少好犯上。必不好作亂也。君子務本。本立而道生。孝弟也者。其爲仁之本與。與平聲。○務專力也。本猶根也。仁者。愛之理・心之德也。爲仁猶曰行仁。與者疑辭。謙退不敢質言也。言君子凡事專用力於根本。根本既立。則其道自生。若上文所謂孝弟。乃是爲仁之本。學者務此。則仁道自此而生也。○程子曰。孝弟順德也。故不好犯上。豈復有逆理亂常之事。德有本。本立則其道充大。孝弟行於家。而後仁愛及於物。所謂親親而仁民也。故爲仁以孝弟爲本。論性則以仁爲孝弟之本。或問。孝弟爲仁之本。此是由孝弟可以至仁否。曰非也。謂行仁自孝弟始。孝弟是仁之一事。謂之行仁之本則可。謂孝弟之本則不可。蓋仁是性也。孝弟是用也。性中只有箇仁義禮智四者而已。曷嘗有孝弟來。然仁主於愛。愛莫大於愛親。故曰。孝弟也者其爲仁之本與。

箋曰。史記仲尼弟子列傳。有若少孔子三十三歲。論語邢疏。及禮檀弓疏。引作四十三歲。裴駰史記集解引鄭玄云。魯人。此出鄭氏孔子弟子目錄。今佚不傳。○其爲人也孝弟。六字連讀。說文。孝善事父母者。从老省从子。子承老也。曲禮正義云。弟者事長次弟之名。漢書惠帝紀師古注。弟者言能以順道事其兄也。論語釋文云。弟本作悌。皇本・正平本亦作悌。說文無悌字。近儒因謂弟正字。悌俗字。未必然也。將上下兩孝弟。分質學者。非也。下節孝弟卽上節孝弟。何所見而分一質一學。乎。彼蓋以下節言君子務本。便以爲學。而謂上節之爲人爲質。不知君子務本。乃泛言以起下二句。非以孝弟屬君子言也。二節總一孝弟。犯上作亂不仁之事也。孝弟則自不爲不仁之事。既不爲不仁則所爲在仁可知。爲仁之本卽從上節不好犯亂看出。咏嘆滛佚。意味深長。何得妄分質學。使二節脉絡不貫也。

○好犯上者鮮矣云云。二者字。俱指事。鮮矣對下文未之有也。未有決無有的意。上者君長之通號。凡在己上者皆是。犯侵也。干也。犯上者陵犯長上也。好字當求之於隱微。有一點快意的便是好。作亂者。謂爲悖逆無道之事也。凡古人曰作亂者。皆言大惡之辭。犯上其惡小。故曰鮮矣。作亂其惡大。故曰未之有也。○君子務本者。根土爲本。是對末而言也。若對枝而言者。指榦爲本。非此章之義。本立而道生。本者孝弟也。道者仁也。下文可以徵矣。道生者謂道自是出也。曰本曰生。以木爲喩。猶云根本立而枝葉生焉。言孝弟之行成立。而衆善由此而生也。程說。本立則其道充大。此句太迫。夫充大之亦自有工夫。非本立卽成者。○孝弟也者。其爲仁之本與。仁字與上文犯上作亂相照。是謂施行於外者。意頗汎。非在性中討論。其爲人也孝弟。有子豈論性乎哉。孝弟行也。仁亦行也。行有遠近。故有本末之說。若論性。孝弟與仁。有綱目之差而已。無本末可指。孝弟元是行之名。而能得之於身者。因稱之爲德。孟子言惻隱之心仁之端也。此爲本語。謂擴充其端可以成仁德也。又言。惻隱之心仁也。是推窮之言。而意有緩急也。爲字輕。古者言德者政之本也。或言德者爲政之本也。兩言其義同也。然則仁之本與爲仁之本。亦有何別。說文。仁。親也。從人从二。夫仁者人也。接人之道也。聖人之道。莫非接人者也。父子之親。君臣之義。夫婦之別。長幼之序。朋友之信。皆生於相接之際。凡百之道。莫非接人者也。接人無相愛之心。則五倫斁焉。人道滅焉。故以仁爲愛也。孫詒仲曰。仁之發見。其切近而精實者。莫先於孝弟。故孝弟亦可謂仁之本。譬之樹焉。仁猶樹也。樹之根猶仁之孝弟也。樹之枝葉猶仁之仁民愛物也。樹之根與枝葉。皆樹也。仁之孝弟與仁民愛物皆仁也。與・歟之借字。詞之舒也。也者其與四字。低徊倡歎。無限提撕。此章是爲治人者說法。不是爲治身者說法。故桉以犯上作亂等語。猶孟子所謂人人親其親長其長而天下平也。所謂務本。言敎孝弟之爲務也。敎孝弟於此。而百行之美。乃興於彼。謂之本立而道生也。有子傷時俗衰亂。有臣而弑君。子弟而賊父兄者。所以有此語也。在當日。嚴亂臣賊子之防。在後世。垂敎本明倫之敎。可謂善學夫子矣。○注。仁者愛之理。心之德也。精里曰。夫人得天地生物之心以爲己心。全天地生物之理於我。而無一點私心間之。心之德。卽愛之理。愛之理。卽心之德。非可分析。但心之德。就其全體渾然者言之。故無復高下偏全之可言。愛之理。揭其要處。故隨時有大小廣狹之異。猶仁與聖本同一理。而仁通乎上下。聖指其極也。諸儒以此章註有愛之理語。斷其爲偏言。謬也。此章誠有愛之理語。而下又有心之德語。將以爲偏言乎。爲專言乎。大抵聖經獨擧仁者。多係專言。四德中有所對者。則屬偏言。孟子仁對義而言。然猶爲專言之仁者。雖仁義對說。其所重實在仁。故解從專言之義也。此章集註。以在之理在前者。以從孝弟說來。故就其所重言之也。孟子集註。以心之德在前者。承上文何以利吾國之問。以循理無私荅之。就其所主言之也。愛之理。心之德。二語相須。義始周備。猶以義爲心之制。事之宜。禮爲天理之節文。人事之儀則。非可以二句分偏言專言。朱子以爲愛之理是偏言。則一事。心之德是專言。則包四者。此言未盡。世儒墨守此說。卑視愛之理太甚。重心之德太過。二者各自成義。不相關。而不知愛之理。心之德。二而一。一而二也。又曰。心之德。係專言。自無容疑。愛之理。專言偏言兼用。不可不隨處殊解。○外注程子曰。性中只有仁義禮智四者而已。曷嘗有孝弟來。一齊曰。余嘗疑之。仁是統名。孝弟是子目。故言仁。則孝弟包在其中。而言孝弟。則未盡於仁。至論性。則仁義禮智亦皆表德。性只是一箇降衷無聲無臭。未有仁義禮智之可名。況有孝弟乎。以其有此理言之。則不獨仁義禮智。而衆美萬善皆不遺。況遺孝弟乎。程意以四德爲性。而以孝弟爲行。故曰曷嘗有孝弟。余既以仁爲性之表德。則孝弟亦表德。但爲有統名與子目之別耳。

子曰。巧言令色。鮮矣仁。 巧。好。令。善也。好其言。善其色。致飾於外。務以悅人。則人欲肆。而本心之德亡矣。聖人辭不迫切。

專言鮮則絕無可知。學者所當深戒也。○程子曰。知巧言令色之非仁。則知仁矣。

箋曰。巧言者。甘美悅人之言。令色者。喜狎悅人之色。內懷深險之人。外貌往往如此。巧宜就本字看出其便佞機變之意。令色本非醜辭。詩云。令儀令色。是也。然此與巧言駢舉。則可知其便嬖巧詐。務中於人意矣。李林甫好以甘言陷人。此巧言也。而有陰中傷之之機阱在焉。李義府與人語。必嬉怡微笑。此令色也。而有狡險忌克之機阱在焉。若王莽以謙恭篡漢。武后以卑屈禍唐。此又言色巧令之尤者也。古今天下之人。爲此巧言令色。而無陰險害物之心者。蓋希矣。故大禹謂之巧言令色孔壬。而與驩兜有苗同爲一類。甚哉其可畏也。鮮字就一人心上辨之。非於一世辨之也。矣字乃警戒學者之辭。非藻鑒人品之辭也。一齊曰。不曰仁鮮矣。而曰鮮矣仁。與甚矣吾衰也久矣。吾不復夢見周公同一例。倒裝語。寓慨嘆。又曰。人心耑形於言與色。所以察言而觀色。就其巧令處。卽便見不仁之不可掩。注耑主警戒。餘意兼慨世。履軒曰。鮮字與寡字少字不同。又與無字有別。是難得難有之類。古人用鮮字。例皆如此。不獨聖人爲然。亦是言語之道耳。大田錦城曰。尙書論語巧言令色。惡事也。大雅令儀令色。美事也。詩書論語巧言。惡事也。左傳能言巧言。美事也。中庸索隱行怪。惡事也。係辭索隱探頤。美事也。孟子動心忍性。美事也。養氣章動心。惡事也。論語孟子言必信。惡事也。盡心之末言語必信。美事也。表記獻身。美事也。坊記獻身。惡事也。尙書口實。言誹謗之資也。周易口實。言飮食之養也。公羊口實。言死人舍玉也。論語不知肉味。聖人之事。大學食不知味。狂夫之事也。孟子不失赤子之心。大孝之事。左傳猶有童心。愚騃之事。驕泰之泰。或爲吉德。或爲凶德。比周之周。或爲吉德。或爲凶德。毅勇二德。尚書論語以爲吉德。國語以爲凶德。大雅綣繾。爲小人結君。左傳綣繾。爲忠臣愛君。凡此類不勝枚擧。學經者。先知此義。而破拘泥之見。然後義理可講也。○程說。知字重。木下韡村先生曰。仁之發於慈愛惻隱者。梁惠齊宣猶能悅之。仁之存於剛毅木訥者。非實體認之者。不能知之。故程子曰。知巧言令色之非仁。則知仁。皇本。仁上有有字。包注云。少能有仁也。似包所見本亦作有仁。

曾子曰。吾日三省吾身。爲人謀而不忠乎。與朋友交。而不信乎。傳不習乎。省。悉井反。爲。去聲。傳。平聲。○曾子。孔子弟子。名參。字子輿。盡己之謂忠。以實之謂信。傳謂受之於師。習謂熟之於己。曾子以此三者日省其身。有則改之。無則加勉。其自治誠切如此。可謂得爲學之本矣。而三者之序。則又以忠信爲傳習之本也。○尹氏曰。曾子守約。故動必求諸身。謝氏曰。諸子之學。皆出於聖人。其後愈遠而愈失其眞。獨曾子學。專用心於內。故傳之無弊。觀於子思孟子可見矣。惜乎其嘉言善行不盡傳於世也。其幸存而未泯者。學者其可不盡心乎。

箋曰。省猶撿討也。曾子一生臨深履薄光景。都在這省字。三省言其省察不翅一再也。古人凡事之不可以一二盡者。皆以三槪之。是計其多之辭。虛數耳。如易近利市三倍。詩如賈三倍。左傳三折肱爲良醫。皆是也。三仕。三已。三黜。三省。三嗅。三思。三復。三以天下讓。集注唯音三黜。三思。三復爲去聲。而不音其餘。蓋無義例。其

實音義同也。孟子三使往聘。三失伍。亦無音。韓村先生曰。三省之三。說者以爲下
文所省之三者誤矣。若然。使所省者或二焉或四焉。亦將以二省四省言之乎。是
不成文也。事先揭數而言之者。經曰子以四教。文行忠信。必用以字成文。其法可
知也。雖有音義紛紛之說。文理確不可易。○集注。曾子以此三者日省其身。三字
指不忠・不信・不習。非經文三字也。故揭三者於日省上。三省易知。故省三字。但云
日省其身。若朱子以經文三字爲不忠不信不習。當云日以此三者省其身。而今
不然。非經文三字可知矣。吾身二字最眞切。此曾子毋自欺之學。爲人謀而不忠
乎。與朋友交而不信乎。爲人謀而不忠。是就一事言。與朋友交而不信。是泛說。韓
村先生曰。發己無一毫之不盡忠也。接物無一毫之不實信也。以此求之諸書。未
見其所乖戾。然朱子采解不一。於文言曰。忠信主於心者。無一念之不誠也。於大
學。采伯子之說曰。發己自盡。循物無違。於論語。采叔子之語乃曰。盡己以實。何也。
今竊求之。文言以進德言。故不用剖解。而曰一念之不誠。因說能實其爲善之意。
自是仕不得。德不期進而自進。猶飢之欲食。又云。破釜竈。燒廬舍。持三日糧。示士
卒必死無還心。如此方會厮殺。忠信便是有這心。如此方會進德。可見一身投向。
無復顧念。德於是進也。故在己在物。不復須說。大學以絜知之本言。發己自盡。則
能以一人之心。爲千萬人之心。循物無違。我之愛惡取舍。皆循物理。自然無一毫
違其實。則有使上下四方截然各得其分也。此君子立天下之中。推之四方八面
萬事萬物。則循物二字。尤不可無矣。論語則以人我兩相交言。凡人於自謀。未有
不盡其心者。惟爲人謀。便不能視猶己之事。己者獨知之。非人所知。則屏藏亦可
爲也。謀人之事。猶己之事。而不遺一髮於獨知之地。此謂盡己。朋友相接之道。表

裡如一。許諾必踐。許多精神徃久之間。無不以夫實致之于彼。則可以相助進道。此謂以實。此乃兩兩相交之間。而循物之解非所切。而進說之說不可直下。由此視之。三者各有所當。置解不同。然發己無一毫不盡。接物無一毫不實之意。則一也。但語君子爲學進德之本。在一實心。則不待剖解。而如主忠信。忠信如丘忠信可必學禮。皆是也。○皇本正平本。交下有言字。然皇疏云。朋友交會。本主於信。豈可與人交而不爲信乎。是本無言字也。

○傳不習乎。何晏曰。言凡所傳之事。無素不講習而傳之乎。如朱注。文例傳下宜有而字。今無之。足以見語勢不同。傳者傳于門弟子也。師授我。我授人。而未嘗身體力行。則我之傳者非實學也。曾子每將有所傳。卽自省其習焉否也。何注謂所傳之事。則知非徒以文傳矣。上文爲人謀而不忠乎。與朋友交而不信乎。並在與人。上而獨於傳則謂爲師傳于我。文意不順。且三省之事。但有師友之誼。而無家人親戚之情。可知曾子言此之時。孔子曾皙當倶已歿。曾子爲師也父兄也之年矣。謂傳爲受教。不合。履軒曰。傳者謂得之左而致之右。受之上而授之下之類。如傳國傳盃。可以見字義矣。左傳顏高之弓六鈞。皆取而傳觀之。此必參合而後成文義。者不當單謂受作傳。亦不當單謂授作傳。曾子嘗所聞於孔子者。其躬未習熟。而輙授予于門人。此爲傳不習也。譬如以未試之藥方授人服之也。其能不傷乎哉。○三乎字。是自撿討之辭。正所謂省也。注。三者之序。不必言。又引謝氏曰云云。黃震曰。用心於內者無形。動求諸身。躬行也。其所指之一虛一實。已不同。蓋心所以具萬理而應萬事。正其心者。正欲施之治國平天下。孔門未有專用心於內之說也。釋文引鄭注云。省。思察己之所行也。陸稼書謂省兼內外。內不欺於心。外不謬於事。皆當省諸身。專用心於內。非經旨也。諸書言。子夏之流有田子方。而流爲莊周。子貢之徒有鬼谷子。而流爲蘇秦張儀。卽信有之。將陳相之過。必咎陳良乎。謝說過矣。

子曰。道千乘之國。敬事而信。節用而愛人。使民以時。道。乘。皆去聲。○道。治也。千乘。諸侯之國。其地可出兵車千乘者也。敬者主一無適之謂。敬事而信者。敬其事而信於民也。時。謂農隙之時。治國之要在此五者。亦務本之意也。○程子曰。此言至淺。然當時諸侯果能此。亦足以治其國矣。聖人言雖至近。上下皆通。此三言者。若推其極。堯舜之治亦不過此。若常人之言近則淺近而已矣。楊氏曰。上不敬則下慢。不信則下疑。下慢而疑。事不立矣。敬事而信。以身先之也。易曰節以制度。不傷財。不害民。蓋侈用則傷財。傷財必至於害民。故愛民必先於節用。然使之不以其時。則力本者不獲自盡。雖有愛人之心。而人不被其澤矣。然此特論其所存而已。未及爲政也。苟無是心。則雖有政不行焉。胡氏曰。凡此數者。又皆以敬爲主。愚謂。五者反復相因。各有次弟。讀者宜細推之。

箋曰。道。正平本皇本作導。釋文云。本或作導。漢書地理志。九河既道。維淄其道。沱灊既道。顏注皆云。道讀曰導。治也。後漢書朱景王杜馬劉傳。堅馬傳論。又杜林傳。皆引導之以政。文選二十八將傳論。導之以法。注引論語亦作導。一切經音義卷六。卷八。皆引導之以政。是古本並作導矣。萬乘千乘百乘。夏殷之時未聞有其稱。

則蓋自周始矣。諸侯不必千乘。然稱諸侯。小大並以千乘。而春秋時。千乘則其小者。浴沂章子路之言可見已。當是時。大夫之邑。其大或與小國等。故孟公綽爲趙魏老則優。不可以爲滕薛大夫。蓋大夫之邑。雖大事簡。諸侯之國。雖小事多。公羊傳或謂季孫爲千乘之主。亦以其大也。此章千乘之國。言諸侯之國耳。萬乘以稱天子之富也。千乘以稱諸侯之富也。百乘以稱卿大夫之富也。非分田制祿以有實數。大小強弱非所論也。古注引馬融包咸二說。以求合千乘之數。似精確而其實拘。自古國邑。非如棋局之均齊。亦止絕長補短。約有此數。加之山澤之國。賦入必不及沃饒。勤儉之邦。供給必減于大國。殷索周索戎索既異。故王畿侯國車乘之法。未可泥以一偏之見也。至於包咸二說之優劣。則近儒已辨之矣。金鶚曰。孟子言。天子千里。大國百里。次國七十里。小國五十里。又言。萬乘之國。千乘之家。千乘之國。百乘之家。萬取千焉。千取百焉。是千里出車萬乘。百里出車千乘。十里出車百乘也。子產言。天子一圻。列國一同。圻方千里。同方百里。亦如孟子之說。以開方之法計之。方里而井。百里之國。計有萬井。萬井而出車千乘。則十井出一乘矣。若馬氏說。百井出一乘。則百里之國止有百乘。必三百一十六里有奇乃有千乘。與孟子不合。包氏合於孟子。是包氏爲可據矣。哀十二年公羊傳注言。軍賦十井。不過一乘。此一證也。馬氏之說則據司馬法。案司馬法一書所言。與孟子子產皆不合。信司馬法。何如信孟子耶。坊記云。制國不過千乘。家富不過百乘。今謂大夫百乘。地方百里。等于大國諸侯。必不然矣。或謂。司馬法車乘有兩法。一云。兵車一乘。士十人。徒二十人。一云。兵車一乘。甲士三人。步卒七十二人。賈公彥以甲士三人步卒七十二人。爲畿外邦國法。此言千乘之國。是畿外邦國也。一乘車士卒共七十五人又有炊家子十人固守衣裝五人廄養五人樵汲五人共一百人馬牛芻茭具備此豈八十家所能給哉不知天子六軍出于六鄉大國三軍出于三鄉蓋家出一人爲兵也又三遂亦有三軍三鄉爲正卒三遂爲副卒鄉遂出軍而不出車都鄙出車而不出兵孔仲達成元年丘甲疏云古者天子用兵先用六鄉六鄉不足取六遂六遂不足取都鄙及諸侯若諸侯出兵先盡三鄉三遂鄉遂不足然後偏徵境內賈公彥小司徒疏亦云大國三軍次國二軍小國一軍皆出于鄉遂猶不止偏境出之是爲千乘之賦然則都鄙固不出兵也江愼修云七十五人者丘乘之本法三十人者調發之通制魯頌公車千乘公徒三萬正與司馬法合此說得之然則都鄙即至出兵而調發之數惟用三十人豈八十家所不能給哉至丘乘之法八十家而具七十五人無過家一人耳此但備而不用惟蒐田講武乃行又何不給之有農隙講武正當人人訓練家出一人不爲厲民也若夫車馬之費亦自不多古者材木取之公家山林而無禁則造車不難馬牛畜之民間可給民用不過暫出以供蒐田之用耳芻茭則尤野人所易得者也且以八十家而出一車四馬又何患其不給乎或又謂百里之國山川林麓城廓宮室塗巷園囿三分去一三鄉三遂又不出車又不易一易再易通率三夫受六夫之地則三百乘且不足安得有千乘乎不知百里之國以出稅之田言非以封域言也孟子言頒祿正是言田其曰地方百里者地與田通稱故井地即井田也百里以田言則山川林麓以及涂巷園囿等固已除去矣頒祿必均若不去山川山川天下不同則祿不均矣苟境內山川甚多而封域止百里田稅所出安足以給用乎故知大國百里其封疆必不止此周禮所以有五百里四百里之說蓋兼山川附庸而言

也。孟子則專言穀土耳。城郭宮室涂巷等。雖有定數。然亦非穀土。則亦不在百里之內也。先儒三分去一之說。亦未必然矣。孟子言方里而井。百里七十里五十里。皆以井計數。方里不必其形正方。以方里之法算之。有九百畝則曰方里。地方百里等方字。皆如是也。然則百里之國。不謂封疆。其里亦非廣長之里矣。孟子言一夫百畝。而周禮有不易百畝。一易二百畝。再易三百畝之說。蓋孟子言其略。周禮則詳言之也。分田必均。周禮以三等均之。其說至當。左傳井衍沃牧隰皋。鄭氏謂隰皋九夫爲牧。二牧而當一井。是也。是則一井不必九百畝。百里之國。亦不必九百萬畝。以通率二井當一井。當有一千八百萬畝矣。孟子但擧不易之田。故曰一夫百畝。大國百里也。鄕遂之民皆受田。則亦有車乘。但其作之之財。受于官府。故曰不出車。非無車也。夫如是。百里之國。豈不足於千乘哉。包氏之說可無疑矣。聶鎬敏曰。考地官大司徒。五家爲比。二十五家爲閭。百家爲族。五百家爲黨。二千五百家爲州。萬二千五百家爲鄕。小司徒五人爲伍。二十五人爲兩。百人爲卒。五百人爲旅。二千五百人爲師。萬二千五百人爲軍。小司徒。上地家七人。可任也者家三人。中地家六人。可任也者二家五人。下地家五人。可任也者家二人。此敎練之數。寓兵於農者也。凡起徒役。無過家一人。此調發之數。因田制賦者也。今賦雖千乘。而兵不過三軍。三軍五百乘而已。則千乘闔境之所出也。五百乘三鄕之所出也。萬二千五百家爲鄕。合三鄕爲三萬七千五百家。萬二千五百人爲軍。合三軍爲三萬七千五百人。而論者廼又以國地不盡井。井地不盡賦爲疑。不知山陵·林麓·川澤·溝瀆·城郭·宮室·塗巷·與附庸。皆在方百里之外也。商頌曰。邦畿千里。可知天子一圻。地方千里之制不自周始也。王用兵止六鄕六軍。蓋古者畿內之兵不出。所以重內也。卒有四方之役。大則有方伯。小則有連率。徵兵諸侯。如臂使指。故諸侯出賦。不得不重。賦重則田祿之數。卽關車徒之數。王制曰。公侯田方百里。三分去一之田也。實計之也。渾之曰地。質之則曰田也。曰圻曰同曰萬井曰百萬井。皆以田言。皆此義也。愚觀賈公彥・班固・馬融諸人。皆泥於四邱爲乘一語。不知四邱爲乘之制。出小司徒。上文云。頒比法於六鄉之大夫。使各登其鄉之六畜車輦。則六鄉明非諸侯所有。與遂人帥六遂之役同指。天子六軍出六鄉。故歲時頒比法。三年大比。會卒伍而用之。甸車制當止爲畿內之法。不得以侯國彊爲牽合。而大國地方百里。提封萬井。賦車千乘。則包氏所據公羊十井一乘之說。確不可易矣。吳英曰。坊記曰。制國不過千乘。孔子謂道千乘之國。猶謂治大國云爾。意固不在出車之多寡。但此章馬氏引司馬法所云。六尺爲步者。上不合王制古者以周尺八尺爲步之制。下不合王制今以六尺四寸爲步之制。原屬進退無據。卽其計成出車。成方十里。與小司徒注。計甸出車甸方八里者。又不合。其三百十六里。與王制百里。不合與職方千里・封五百里四公・四百里五侯・公侯地不同者。又不合。且其步卒牛重。與春秋戰國時事。又不合。則司馬法之文。尤不足以釋論語。經問曰。尙書列爵惟五。分土惟三。正與王制孟子。公侯百里・伯七十里・子男五十里三等並同。故易曰震象建侯。雷震地止百里。而春秋傳亦明曰列國一同者百里也。此說是也。古人以百里爲極多之數。故大雅召旻篇謂先王受命。有如召公。日辟國百里。今也日蹙國百里。論語詳解曰。孟子云周公太公封方百里。魯至戰國。地方五百里。孟子謂王者起。在所損。則千乘爲方百里甚明。曾子論君子可以寄百里之命。言其國大也。古國大不過百里。此說是也。當時侯國大者多數圻矣。而曾子稱大國不過百里者。所謂必則古昔稱先王也。此不可以當世之地方相爲證。然足以證周先王制禮之初其數如此也。至于魯地加多。則已在成王時矣。然明堂位謂七百里。必有虛數者矣。若果實有七百里。則以地出車。當亦不止于千乘。何以閟宮極口侈張。究未云公車數千邪。則明堂位之所稱七百里。固屬附庸爲多。故閟宮詩謂錫之山川土田附庸。王制亦謂諸侯之附庸。不與名山大澤不以朌也。以此推之。周禮公侯五百四百里者。連名山大澤及附庸言之。孟子王制除名山大澤及附庸而言。殆爲可以兩相合。崔述曰。魯頌云。公車千乘。朱英綠縢。二矛重弓。公徒三萬。然則古之徒兵。率多十其甲士之數。是以車稱千乘。徒號三萬。車徒原不必通國而計之也。若夫都鄙之地。則私邑以供卿大夫之役使。而公邑以守境。兼以待倉卒之調發。故論語云。陳文子有馬十乘。孟子云孟獻子百乘之家也。此隸於卿大夫者也。春秋傳齊侯伐晉。趙勝帥東陽之師以追之。晉欒書伐楚敗申息之師於桑隧。此守境以待倉卒之調發者也。凡此皆不以參於國之正賦。不容通一國而統計之爲千乘也。先儒惑於司馬法之文。以爲一乘之卒七十有二人。遂致魯頌之言。先後牴牾。乃謂車計通國之賦。徒指出軍之賦。以曲解之。不知司馬法乃戰國時人所撰。原不足據也。且傳又有之。衛文公元年革車三十乘。季年乃三百乘。晉城濮之戰。全軍皆出。僅七百乘。鞌之戰。軍師半行。乃八百乘。平邱之會。有甲車四千乘。衛地與民。非能十倍其初。晉地雖闢。豈能數倍於文公之世。然則貧故車少。富故車多。不盡稱徒以造車。亦不盡計民以賦車也。晉之伐鄭也。敗其徒兵於洧上。車與徒分道以禦敵。而初不必相參。則車之多寡。固不必盡準乎其徒之數。則亦不必盡準乎其民之數。惟是地廣則國富。國富則車多。故大國曰千乘。乃大略言之耳。夫安得拘拘焉以八百家或八十家出車一乘。爲一成之例也。○敬事而信者。敬自有死活之異。其活用者。有所愼重崇奉。而不敢輕忽之意。子路篇。居處恭。執事敬。衛靈公篇。事君。敬其事而後其食。季氏篇。君子九思。事思敬。孝經。敬親者不敢慢於人。荀子議兵。凡百事之成也。必在敬之。其敗也。必在慢之。故敬勝怠則吉。怠勝敬則滅。是敬怠慢之反也。恭者倨傲之反。有自卑之意。而與謙相似。自卑自降。不伉不侮。是謂之恭。恭敬之別可以見矣。信者不用權詐。不朝更夕改。出一政。堅如金石。行一令。信如四時。是也。集注。事以信於民。爲言。於義似未足。凡經文懸空所用之字。俱不可偏屬。此信字。宜兼臣民言。愛人人字。兼臣民講亦然。注主一無適者。謂所主者專一無他適也。程子曰。主一之謂敬。無適之謂一。朱子合以爲釋。曰主一無適。本文敬字是活用。主動而言。但以論語是處始出敬字。故朱子揭全體釋之。猶前章爲仁注。舉愛之理心之德。精里曰。一只是一二三四之一。主一語極淺而義甚精。就靜時言。則其心湛然清明。安其所而不他適。是主一也。在動時說。則宰事接物。戰戰兢兢以事爲之。而念慮不分。是主一也。然動時之主一易見。而靜時之主一易悟。靜時本心安然不動。安于所可居之一處。非主一而何。卽動時之主一。所遇止於一事。則易知。不止於一事。而後人或疑其有礙。如吾方拯朋友之灾患。未及免。而昆弟遇難。不得不急扞昆弟。未至濟。而父母有禍。奚可不力救。然一時三事並至。而吾所以救父母扞昆弟拯朋友。皆以臨深履薄爲之。不少輕慢。此動時主一之最費力者也。主一則必誠一。然是主一後之效。直以誠一解主一。失於太深。主一固用專一工夫。語類。論敬亦有故。程子說。學到專一時方好。只是收拾自家精神專一在此等語。然亦惟說用功當如此。直解主一以主專一。則不文矣。主一心之說。明儒喜道之。然以主一心爲主一。則程子之言乃歇後語也。又曰。王陽明曰。好色則一心在好色上。好貨則一心在好貨上。可以爲主一乎。是所謂逐物。非主也。此尤可嗤。以主一爲一心。其謬上文已辨之矣。兢兢主一。而其心不貳不他。則貫動靜。該有事無事。敬之工夫。莫所不至。又何患乎其一之或不善。惟精惟一。不必云一於善。而知一之爲善。主一無適。不必云主一箇天理。而知一之非惡。陽明之吹毛索瘢亦甚矣。○節用而愛人者。說文云。節。竹約也。引申爲節儉之義。賈子道術云。費弗過適謂之節。天地生財。止有此數。王制謂。冢宰制國用。量入以爲出。此尤節用之要領也。夫汰侈無度。則財用不得不匱。財用匱則雖有愛人之心。而欲爲愛人之實政。而不可得也。故必先節用。然後愛人之政舉矣。郎或節用。而無愛人之實。亦徒爲儲蓄。其亦何益。顏淵篇。樊遲問仁。子曰愛人。凡言人者皆衆辭。兼臣民。陸隴其曰。節用非纖嗇之謂也。因事制費。我不爲侈。愛人非姑息之謂也。因情制法。我不爲刻。○敬事而信。是一項。節用而愛人。是一項。使民以時。是一項。就一項中。敬信相關。節愛相關。故用而字襯之。○使民以時者。時者謂可使之時。學記曰。當其可之謂時。是也。使民字。與事字・用字・人字一例。討字與敬信節愛一例。古者國家工役。無一不用民力。故聖人愼之又愼。農隙講武。乃教民之常。不在使民內。計使民。謂凡有興作也。出兵一事。則不必俟時。禦寇討賊。非可遲誤者。薛村先生曰。孔子論治國之要。曰敬事而信。節用而愛人。夫既愛人。稅斂必薄之。刑罰必省之。凡其所以愛養庶民者。亦應無所不至焉。而又特以一言益之曰使民以時。何也。蓋上之取於下。布帛泉穀。各有數量。獨用民之力。不可制其數。古先王之時。治城郭溝渠宮廟之類。用民之力。豐歲不過三日。然至軍旅會同之役。不可豫計。軍旅之作。衆。毋過家一人。然田與追胥竭作者。亦無定數。迨李唐氏。兵農已判。民不服師役。故用力歲二十日。而有事則加役。亦其勢也。故春秋時作師旅。於其毋過家一人者。必慮其勞弊。土功之事。於其不過三日者。苟失其時。必書之策。以垂誡後世。聖人之於民惜其力者如是。雖李唐之制。加役十五日者免調。三十日租調皆免。猶有先王重民力之意矣。世降政衰。繇役繁起。城郭溝渠經常之役。既無限制。而師旅田獵之外。大者師行糧食。小者比徵撿蹈。官吏之轄。遍於里巷。其財力皆資之於民。古人有言曰一日不作。百日不食。起一人之役。百畝不舉。播種之候。收獲之時。所以應風雨霜雪之變。機會存於頃刻。而豐歉飢飽繫焉。猶不暇顧。起而服畚築運輸之事。往來宿頓。動經數日。耒耜廢於中。糧資費於外。其傷誠可恤焉。今夫牧民之吏。犯其則例。斗粟尺布。私賦之民。必坐贓論之。至於役則從意起之。無敢言其非者。不唯不言其非。非此上或視以爲不共。下亦自視以爲不勉。其弊至乎公起民丁。私供權貴。塗有睊睊怨懟之聲。官吏恝焉不顧。稅歛雖薄矣。刑罰雖省矣。欲本之不蹶。國之不病得乎。聖人以時一言。其有豫知千載之後也歟。○是章不必下務本解。又引楊氏論其所存。未及爲政之說。不是。本文道字包許多經畫設施實事。敬信節愛時乃道之要領。先王以仁心行仁政。全部尙書周禮本末盡揭於此矣。何云只論所存未及爲政。敬信有全體之敬信。有隨時隨事之敬信。經明屬事言。又言用言人言使民。明皆政之所及。何云未及。然大全辨曰。集注引語多自加刪改。此所集楊氏語乃龜山崇寧時事論也。其文尙煩。然此特以下一段。則朱子所補。非楊氏語也。據此則楊氏未始謬也。又上不敬則下慢之說。似乎臨之以莊則敬。非本經正意。又曰。侈用則傷財。傷財必至於害民。則兩事幾似爲一事看了。五者反復相因各有次第者。其意蓋云。聖人雖泛舉六事。其實各相因。而不可相無。又其次序。前後井然不紊。以上因乎下言。則敬了又須信。信了又須節用。徒敬・徒信・必不濟事。以下因乎上言。則節用必先須信。信必先須敬。徒節用徒信・決不成治。是反復相因也。敬了方可信。信了方可節用。不得未敬而信・未信而節用。節用必本於信。信必本於敬。不得節用直本於敬。愛人直本於信。是各有次節也。然非本文正意。不必講。

子曰。弟子入則孝。出則弟。謹而信。汎愛衆・親仁。行有餘力。則以學文。

弟子之弟上聲。則弟之弟去聲。○謹者行之有常也。信者言之有實也。汎廣也。衆・謂衆人。親近也。仁謂仁者。餘力猶言暇日。以・用也。文・謂詩書六藝文。○程子曰。爲弟子之職。力有餘則學文。不脩其職而先文。非爲己之學也。尹氏曰。德行・本也。文藝末也。窮其本末。知所先後。可以入德矣。洪氏曰。未有餘力而學文。則文滅其質。有餘力而不學文。則質勝而野。愚謂。力行而不學文。則無以考聖賢之成法識事理當然。而所行或出於私意。非但失之於野而已。

箋曰。弟子猶子弟也。爲政篇有事弟子服其勞。弟子與此同。非門弟子也。此章以弟子起語。全是責成爲父兄者。第須說得淺。方切弟子身上。○入則孝出則弟者。子罕篇・出則事公卿。入則事父兄。彼父兄皆曰入。對公卿在外而言也。此則對父母在內。故兄長稱出。則者急辭也。三則字有須臾不容怠荒之意。入在家庭之內。

要善事父母以盡其孝。出在宗族鄉黨之間。要善事兄長。言其善事宗族鄉黨之長者。見弟道之周至。則其善事眞兄弟可知矣。皇本正平本弟作悌。○謹而信者。謹謂行之不肆。能自謹愼其行。勿有過失也。信謂言之不欺。乾文言曰。庸言之信。庸行之謹。信屬言。謹屬行。可以證也。○汎愛衆而親仁者。說文。汎浮貌。引申爲普遍之義。邶風。汎彼柏舟。又汎其流。小雅。汎汎楊舟。載沉載浮。汎者汎汎乎無所繫著限局也。汎愛之義亦猶此。愛人之廣。無有方向定所之謂也。周語。人三爲衆。引申之人在衆中。無以表異於人。亦得稱衆。仁言有善行者。仁字須活看。子曰。居是邦也。事其大夫之賢者。友其士之仁者。親仁之仁與此同。若以有道德講仁。恐孔門顏曾閔冉而外。未可多得。況外此乎。且此節孝弟謹節等。俱宜切弟子深講。闊講便失之。夫親近仁人。如霧露中行。雖不濕衣。時時有潤。然少壯習於放逸。敬之憚之。則必踈之遠之。故以親仁爲難也。謹與信相關。愛與親相關。故兩句用而字襯之。○行有餘力則以學文者。行者總括上之孝謹弟信愛親之六行。不是行完了方有餘力。餘力與左傳餘勇同。言行前六事。其力猶有餘。足以及他事。則宜學文。凡每日間。或非奉事父兄之時。或不及言行之時。或不與人交接之時。都是餘力。集注謂猶暇日。未悉。此文字較博文字稍淺。以其爲弟子言也。馬融以爲古之遺文是也。集注。文謂詩書六藝之文。不古。古所謂六藝。皆指禮樂射御書數。六經之名。見莊子天運篇。而孔子經解。有詩教書教易教禮教樂教春秋教。共六教。史記謂學者載籍極博。猶考信于六藝。淮南泰俗訓云。六藝異科而同道。六藝即六經也。劉向校簡編。歆輯成之。名六藝略。鄭玄有六藝論。而漢儒林傳。博學乎六藝之文。淮南三術訓。孔子通六藝之論。皆指六經言之。史記孔子世家。孔子以詩書禮樂教弟子。蓋三千焉。身通六藝者七十有二人。蓋古者樂正崇四術。立四教。順先王詩書禮樂以造士。故孔子亦曰。興於詩。立於禮。成於樂。又子所雅言詩書執禮。如是四者而已。至周易者。卜筮之繇辭。春秋者侯國之史記。掌於太卜。職於太史。非士子之所肄習。惟孔子晚年喜讃周易。懼修春秋。始合詩書禮樂而成六經。一名六藝。故曰。言六藝者。折衷於夫子。當日之時教。只以正業。正業者詩書禮樂。其能兼通易春秋二經者。七十有二子耳。弟子列傳首引孔子曰。受業身通者。七十有七人。皆異能之士。若周官之六藝。則禮樂射御書數。司徒以之教萬民。保氏以之養國子。豈必異能之士哉。此注謂詩書六藝之文。六藝本屬射御等。而以此爲文加於詩書之後非也。○履軒曰。不考成法。不識事理。則雖爲善而有弗可得者。猶持無星之稱。欲以定物之輕重也。縱令其人篤實公道。毫無私情。亦無益也。

此其智不足故耳。豈可一概貶以私意哉。宋代天理人欲之說盛。苟不合於道理者。皆歸罪於私意。恐未允。

子夏曰。賢賢易色。事父母能竭其力。事君能致其身。與朋友交。言而有信。雖曰未學。吾必謂之學矣。

子夏。孔子弟子。姓卜名商。賢人之賢而易其好色之心。好善有誠也。致。猶委也。委致其身。謂不有其身也。四者皆人倫之大者。而行之必盡其誠。學求如是而已。故子夏言有能如是之人。苟非生質之美。必其務學之至。雖或以爲未嘗爲學。我必謂之已學也。○游氏曰。三代之學。皆所以明人倫也。能是四者。則於人倫厚矣。學之爲道。何以加此。子夏以文學名。而其言如此則古人之所謂學者可知矣。故學而一篇。大抵皆在於務本。吳氏曰。子夏之言。其意善矣。然詞氣之間。抑揚太過。其流之弊。將或至於廢學。必若上章夫子之言。然後爲無弊也。

箋曰。梁玉繩曰。子夏少孔子四十四歲。孔子卒時。子夏年二十九。而授經于魏文侯。蓋年幾百歲矣。又按皇疏・廣韻並云姓卜。恐未深考也。古人唯婦人稱姓。而男子則稱族。秦漢以來。姓氏不別。司馬遷敘古人。遂謂族爲姓矣。○賢賢者。謂於人之賢者賢之。猶言親親長長也。首揭賢賢。便是學者之風標矣。子曰吾未見好德如好色者也。德色對文。色是女色。夫子曰。少之時血氣未定。戒之在色。中庸去讒遠色。色字與此同。易色。是換易非變易。此經云賢賢。是以賢換色。不必添好字而意自明。注家言好者。原其心解釋之耳。好德如好色。彼唯好之如好色耳。此則猶言只有一箇心。而今好德。恰似將好色之心換易了。更無纖毫掛帶。○事父母能竭其力。事君能致其身者。竭是水涸之名。淮南本經。竭澤而漁。竭字與此同。謂盡其身力所及無所惜也。致其身者。謂委致身命於其君。不爲己有也。故古人致仕曰乞骸骨。春秋繁露。爲人臣者。委身致命。表記云。事君拜自獻其身。曰致身・曰委身・曰獻身。一也。履軒曰。父母曰竭力。君曰致身者。蓋人情大抵於父母不患其不致身。以其至親天屬也。唯患其不竭力。以其狎恩恃愛而無爵祿榮辱之期也。於君不患其不竭力。以其爵祿榮辱切於身也。唯患其不致身。以其義合非天屬之親也。愚則謂父子天屬也。吾身是父母之身。故小箠則受。大箠則逃。以全天倫之愛。而凡其力所能爲者。皆竭盡而無餘。以供爲子之職焉。君臣義合也。故聞命直赴。菹醢之戮甘如薺。在於盡義合之道。而不暇顧慮其身焉。古人言語。透理如此。○雖曰未學吾必謂之學矣者。雖曰。須兼自他。在他人則譏貶。在其人則自謙也。游吳二氏之謬。以閑了曰字也。雖字未字虛看。只是假設之詞。必謂者。深信之辭。上章六事。說道理不宜太大。太大便不是弟子職。此章四事。說道理不宜太深。太深恐無以爲下二句章本也。禮記曰。小孝用力。中孝用勞。大孝不匱。則竭力非大孝也。荀子言。上臣事君以人。中臣事君以身。下臣事君以貨。則致身非上臣也。故邢疏於事父母。補一語云。雖未能不匱。事君句補一語云。雖未能將順其美匡救其惡。朋友句補一語云。雖未能切磋琢磨。俱降一格說。陸隴其曰。子夏子游。文學之士也。而一則取敦倫之士。一則取行不由徑之士。聖門所謂文學可知矣。○學之爲道。固亦多端。而所主在盡人倫之道而已。有人焉。生質甚美。克盡人倫。則雖未嘗讀書窮理。其所爲自脗合學之本旨。豈可不謂之已學邪。子夏特病世之學者無行。惟以讀書講古爲務。而未始切己。故砭以此語。令之棄浮薄不根之學。而趨實踐之學。其意殊篤摯。吳氏議其抑揚大過。流之弊將或至於廢學。可謂妄駁矣。

子曰。君子不重則不威。學則不固。重。厚重。威。威嚴。固。堅固也。輕乎外者必不能堅乎內。故不厚重則無威嚴。而所學亦不堅固也。**主忠信。**人不忠信則事皆無實。爲惡則易。爲善則難。故學者必以是爲主焉。○程子曰。人道唯在忠信。不誠則無物。且出入無時。莫知其鄉者。人心也。若無忠信。豈復有物乎也。**無友不如己者。**無。毋通。禁止辭也。友所以輔仁。不如己則無益而有損。

過則勿憚改。勿。亦禁止之辭。憚。畏難也。自治不勇。則惡日長。故有過則當速改。不可畏難而苟安也。程子曰。學問之道。無他也。知其不善。則速改以從善而已。○程子曰。君子自脩之道當如是也。游氏曰。君子之道。以威重爲質。而學以成之。學之道。必以忠信爲主。而以勝己者輔之。然或吝於改過。則終無以入德。而賢者亦未必樂告以善道。故以過勿憚改終焉。

箋曰。此章君子以位而言。非指德。重。莊重也。謂有威儀而擧動不輕率也。正其衣冠。尊其瞻視。是重字注脚。有威可畏。謂之威。○一齋曰。外重如山。則內威如火。在易山下有火賁。是也。若火在山上則爲旅。輕躁無威耳。古者章服。山繪諸衣。火繡於裳。亦偶合。○則學不固者。孔注。固。蔽也。邢疏。當學先王之道以致博聞彊識。則不固蔽也。從孔邢爲是。朱子蓋疑文勢之反戾。然主忠信。無友不如己者。過則勿憚改。各自爲一事。句法又不侔。何故於首二句。必欲貫穿爲一事。令之整比。如孟子竭力以事大國。則不得免焉。陸賈傳。天下雖有變則權不分。韓愈與崔群書。賢者雖得卑位則旋而死。則字皆如亦字用。然在此章決不然也。固有固陋堅固二義。而古書所載。固陋之義居多。如儉則固。疾固也。固哉高叟之爲詩。是也。不學之人。其病多端。而固滯之失爲最甚。一陷固滯。其末弊奚所底止。今獨擧其不固。而學之爲益自見。人而不固。智慮洞達。改過徙義。其進也駸駸不可量矣。○主忠信者。主字極重。謂凡事靠他爲主。主與賓對。賓是外入。出入不常。主常在屋裡。而一家之所由立。萬事之所由總也。主忠信三字。蓋一章命脈。君子之重。根於忠信。而忠信乃爲學之質。故當以忠信爲主。既忠信則自能擇友改過矣。○無友不如己者者。友本有相助之義。即有親暱之意。孟子云。古千乘之君。萬乘之君皆友士。然則賢者。人君所師事友交者。又古者臣亦曰友。酒誥曰。大史友內史友是也。無友。釋文作毋友。云本亦作無。毋毋不同。毋以女中二點。象兩乳之形。毋本內有一畫。象姦之形。奸女爲毋。禁止之也。通作無。武倶切。○過則勿憚改者。鄭注。憚訓難。明知宜改而心有所難。或自慮表暴。或苟爲因循。雖夜覺曉非。今悔昨失。而終不改也。人君每吝於改過。是古今之通弊。陸隴其曰。克己工夫全在勿憚。斬釘截鐵。用力無一毫姑息放過之意。如吝者執之。怠者安之。皆憚也。勿憚有破釜沈舟之意。○四項各自說。不用牽連過文。亦不可以首節爲一截。游氏總注。未必是夫子本意。

曾子曰。愼終追遠。民德歸厚矣。愼終者。喪盡其禮。追遠者。祭盡其誠。民德歸厚。謂下民化之。其德亦歸於厚。蓋終者人之所易忽也。而能謹之。遠者人之所易忘也。而能追之。厚之道也。故以此自爲。則己之德厚。下民化之。則其德亦歸於厚也。

箋曰。孔安國曰。喪盡其哀。祭盡其敬。朱注換哀以禮。換敬以誠。正纔見本文愼追字意義最精。民是對君之稱。民德猶云民心。歸者趣向也。如水之歸下。有不煩驅迫之意。厚指所化民俗而言。不止喪祭。

○曾子傷喪祭之禮廢。民情嶮薄。語先王重喪祭之禮之意也。蓋先王禮制之行。民皆由之。如水有坊。不可踰越。喪也哀戚。祭也思慕。相率入德。仁厚成俗。傳曰。納民軌物。是也。據下句有民德。知上句是人君之事。○皇疏。一說。及熊埋說。愼終如始。不忘久遠。然觀追字厚字。喪祭之說爲是。履軒曰。後世厚葬之風盛矣。皆是奢侈與風水之惑而已。並非愼終之謂。尤所當明辨。

子禽問於子貢曰。夫子至於是邦也。必聞其政。求之與。抑與之與。之與之與平聲。下同。○子禽姓陳名亢。子貢姓端木名賜。皆孔子弟子。或曰亢子貢弟子。未知孰是。抑反語辭。**子貢曰。夫子溫良恭儉讓以得之。夫子之求之也。其諸異乎人之求之與。**溫和厚也。良易直也。恭莊敬也。儉節制也。讓謙遜也。五者夫子之盛德光輝接於人者也。其諸語辭也。人他人也。言夫子未嘗求之。但其德容如是。故時君敬信。自以其政就而問之耳。非若他人必求之而後得也。聖人過化存神之妙。未易窺測。然卽此而觀。則其德盛禮恭而不願乎外。亦可見矣。學者所當潛心而勉學也。○謝氏曰。學者觀於聖人威儀之間。亦可以進德矣。若子貢亦可謂善觀聖人矣。亦可謂善言德行矣。今去聖人千五百年。以此五者想見其形容。尙能使人興起。而況於親炙之者乎。張敬夫曰。夫子至是邦必聞其政。而未有能委國而授之以政者。蓋見聖人之義刑。而樂告之者。秉彝好德之良心也。而私欲害之。是以終不能用耳。

箋曰。古人名與字義必相連。如商則字夏。耕則字牛。參則字輿。皆是也。陳亢字子禽者。亢・兗迹也。逐兗者。躡其迹則得禽矣。禽如田無禽・逐禽左之禽。獸也。非鳥也。亢迹之亢。音胡郎切。讀如杭。其音古郎切者。喉也。音苦浪切者。高極也。皆於子禽命字之義無取。釋文。貢本亦作贛。音同。隷釋載漢石經論語殘碑。凡子貢皆作子贛。說文貝部。貢・獻功也。从貝工聲。贛賜也。从貝。贛省聲。是貢贛不同。子貢名賜。故字子贛。作貢者字之省借耳。今禮記樂記。子贛見師乙而問焉。祭義。子贛問曰。子之言祭。尚存古本。左傳定十五年春。邾隱公來朝。子貢觀焉。杜本亦作省借字。五行志中上。載古文左傳作子贛。○至於是邦也。必聞其政。者。是邦是字。虛指辭。與於是日哭則不歌事。是君則爲容悅之。是同。凡所至之國皆是也。○求之與。抑與之與者。猶言求而聞之與抑與而聞之與。二句皆省聞字。承上句故也。漢石經。抑與作意。詩十月之交。抑此皇父。箋從魯詩。讀抑爲意。同聲借字也。如先言客文。而後轉入主意。則當作意。此則子禽先言主意。而後用抑字。轉入客文。爾當作抑。若能知非求。子貢亦何必迂其辭乎。天下只有求與二路。非求則與。非與則求。無非求非與而別自懸空孤立者。與中又有等差。人君賢明。克別白賢否而與之。亦是與。未至賢明。特感於聖德之盛而與之。亦是與。其優劣迥殊。而與之名則一也。夫子所到必與聞國政。子禽雖汙。固亦知夫子必不爲榮利求。而其心謂此必欲求焉以行道濟民。如後世韓文公之爲。抑與之與句。特帶說。不過疑其或出於人君之敬信。故子貢專辨其非求。擧夫子不求之求。以打破其求字。蓋人有得必本於本。在夫子未始有一毫求之之心。而五德之盛。自致時君感而與政。是由他人評之。直謂五德爲求政之具可也。斯義明。則夫子之事果是與。又不待時君之賢明。唯本於聖德過化之妙也。灼灼矣○溫良恭儉讓五者。通乎動止言語。亦主邦君接見之時而言。非論其平日。溫者冷熱得中之稱。如春氣然。故假名和氣可親之德也。說文云。良。善也。賈子道術篇。安柔不苛謂之良。良。謂心之善也。慈良易良之良。與此同。平易坦直。無許多艱深纖巧也。朱注解爲易直。易乃樂易坦易之易。直如白直之直。所謂開口見心是也。恭者倨傲之反。謙與恭相似。但恭不自高也。有卑意。謙。不敢當也。有退意。賈誼曰。接遇慎容謂之恭。是謂夫子接人之恭也。儉者奢侈汰侈之反。是收斂之意。宗廟之美。百官之富。發越於外者。易失不儉。顏子有若無。實若虛。近於五德之儉也。左傳。儉。德之共也。儉古音檢。通用於財於行。皆檢束不自肆之意。恭儉二字。見其絕無矜伐夸張之氣。讓者爭之反。推人後己之德也。與遜相似。遜不爭也。有柔順意。多以出言言之。其言柔順。不與物忤也。如遜位揖遜。則讓也。大抵溫良謂睟盎乎面背者。恭儉謂見於周旋威儀者。讓字正言接遇交際之實。是言之叙也。五德雖殊。而皆有不言而飲人以和之意。故人皆親信而樂告之。夫忘機可以狎鷗。而至誠可以孚豚魚。況於人乎。凡曰彼異國人不可告以國虛實。此起於方寸之中彼疆此界也。聖人方寸之中。無彼疆此界。故見於外者。自溫自良自恭自儉自讓。邦君接之者。胸中雖原有彼疆此界。亦一時消融。以遊於聖人之天矣。雖欲不聞其政。豈可得哉。以得之以字。不著力。只是子貢從旁摹擬之詞。子禽之疑在一必字。子貢一得字。答子禽明非求。意既足。而更補夫子之求之也二句。語意猶言夫子所以求。異乎他人所以求也。借子禽求字。而明其不求之意。是子貢言語巧處。讀者唯在意解。語類云。最要看溫是如何氣象。良是如何氣象。恭儉讓又是如何。深體之於我。則見得聖人有不求人而人自卽之底意思。熊伯甘曰。後世如儀衍軼雎。却以不温不良不恭不儉不讓得聞人政。○集注。未有以莊敬解恭字者。前後唯此一章矣。蓋五德皆和柔粹美而已。絕無嚴恪之氣。是以故轉訓詁以補之。而不知五德最切於邦君接見之時也。○夫子之求之也。正平本求下無之字。○其諸異乎人之求之與。其諸・猜度詞。諸・語助也。公羊桓六年傳。其諸以病桓與。閔元年傳。其諸吾仲孫與。僖二十四年。其諸此之謂與。宣五年。其諸爲其雙雙至者與。十五年。其諸則宜于此焉變矣。其諸是齊魯間語。皇本章末與下有也字。○履軒曰。張說良心私欲兩言斷之。若無所失。然不得事情矣。大抵邦君蓋心醉於孔子之儀刑。皆有願用之心矣。其卿大夫則皆不欲焉。能勸其君用之者。千百中僅一二而已。願用之心不堅。而沮之衆且銳。其弗果用也亦宜矣。仕途之險。唯嘗經歷者知之。非兩言所能決矣。

子曰。父在觀其志。父沒觀其行。三年無改於父之道。可謂孝矣。行・去聲。○父在子不得自專。而志則可知。父沒然後其行可見。故觀此足以知其人之善惡。然又必能三年無改於父之道。乃見其孝。不然則所行雖善。亦不得爲孝矣。○尹氏曰。如其道。雖終身無改可也。如其非道。何待三年。然則三年無改者。孝子之心有所不忍故也。游氏曰。三年無改。亦謂在所當改而可以未改者耳。

箋曰。上二句觀其人之善不善。下一句就其善中。專討論子道。若其不善。非此所論。此章借觀人之法以論孝。豈特止於觀人子而判其孝不孝。其所歸趣。寧在使人子不失其不忍之心。以全孝之道。其言主於觀人子。而其意主於教人子。大學人之視己。如視其肺肝然。則何益矣。此謂君子之觀小人。而其實在痛戒小人之虛僞無實。此章亦然也。首二句。兼善惡說。但下文有三年無改於父之道可謂孝矣二句。然後見首二句言外有志行之善。子曰。人之過也各於其黨。觀過斯知仁矣。各於其黨。兼說厚薄忠愛。下有觀過斯知仁句。則上句言外見有觀過知仁之君子。此章之旨亦猶是。又舊說解觀志觀行。爲觀父之志行。非也。人子於父母。曰視。不曰觀。視直而觀兼偏曲也。父可稱觀耶。況歿則遺行可思。更何從追而觀之邪。又以其字指父。則何不云三年無改于其道。而必曰於父之道邪。○三年無改於父之道。道字輕。謂其父平生所常行者。俗言家格之類。此章歸重在三年無改。三年無改。實爲觀志行之最緊切處。既觀其志矣。又觀其行。三折跌下。趨到可謂孝矣句來。從大概志行。推到用心之厚薄。意重不忍忘親之心上。龔元玠曰。所謂道者。治家之條例。如冠昏喪祭之經費。婚姻戚故之饋問。飲食衣服之豐儉。歲時伏臘之常式。諸無關於典禮之大者。皆道也。曰。冠昏祭。三年內可行乎。曰。雜記云。以喪冠者。雖三年之喪可也。又云。大功之末。可以冠子。可以嫁子。則子之子冠昏之事有矣。喪三年不祭。方氏以爲不親祭。則有攝祭者矣。曰。冠昏喪祭品物儀節。皆有一定等差。何得又各有道乎。曰。曲禮有禮從宜之說。夫子有與奢寧儉之說。則固各有其道矣。安井息軒曰。父政惡而子不改之。必至於喪國亡家。故自皇侃既疑其義。設問以發之。然此章兼天下之爲人子者而言之。而皇唯辨君與大夫之事。其義有所未盡也。至趙宋歐陽脩。遂疑此語失孔子本旨。葉適因以三年無改爲句。云終三年之間。而不改其在喪之意。則於事父之道可謂之孝。其謬益甚。

大氐後儒欲以一言該萬事。故紛紛至此。夫亡國家陷不義者。當父在時。子猶爭之。父怒笞之。號泣而隨之。以必改爲期。況父既沒。安得踵行其惡。以覆國家賊民生哉。此則別有其道。非此章所得該也。

有子曰。禮之用。和爲貴。先王之道斯爲美。小大由之。禮者。天理之節文。人事之儀則也。和者。從容不迫之意。蓋禮之爲體雖嚴。然皆出於自然之理。故其爲用。必從容而不迫。乃爲可貴。先王之道。此其所以爲美。而小事大事無不由之也。**有所不行。知和而和。不以禮節之。亦不可行也。**承上文而言。如之而復有所不行者。以其徒知和之爲貴。而一於和。不復以禮節之。則亦非復禮之本然矣。所以流蕩忘返。而亦不可行也。○程子曰。禮勝則離。故禮之用和爲貴。先王之道以斯爲美。而小大由之。樂勝則流。故有所不行者。知和而和。不以禮節之亦不可行。范氏曰。凡禮之體主於敬。而其用則以和爲貴。敬者禮之所以立也。和者。樂之所由生也。若有子可謂達禮樂之本矣。愚謂嚴而泰。和而節。此理之自然。禮之全體也。毫釐有差。則失其中正。而各倚於一偏。其不可行均矣。

箋曰。一齋曰。和字句屬下。意屬上。詞例與困而不學。民斯爲下矣同。漢文亦用此法。馬援傳曰。春秋之義。罪以功除。聖王之祀。臣有五義。臣字屬下。意則屬上。燕義曰。和寧禮之用也。本文正與此意同。一齋說是也。史記外戚世家序曰。禮之用唯婚姻爲兢兢。據此宜以禮之用爲句。從容圓滑。彼此順便。是和字之本義。注從容

不迫無不可。然亦當就本義求焉。和是禮中所有。或以和爲樂非也。樂記云。禮勝
則離。鄭注。離。謂析居不和也。又易繫辭履以和行。虞翻注。禮之用和爲貴。故以和
行。和是言禮。非謂樂審矣。禮之用。非人之用。禮乃禮之爲用如此。用是五官運用
之用。繫辭曰。大衍之數五十。其用四十有九。老子曰。大盈如沖。其用無窮。燕義曰。
和寧禮之用也。用字義與此相同。又繫辭曰。顯於化藏於用。又曰。革之時用大矣
哉。是等用字。皆應用機活之義。非體用之用也。先王制禮。因人情而爲之節文。蓋
由天理之良有不能自遂者。故爲禮以導之。太過則節之。如是則安。不如是則不
安。天良自然浹洽處。卽所謂和也。春秋之世。務煩文而無實德。非拘則蕩。故有子
云然。上下兩節。一反一正。所以明過不及之皆非。而使人適中。用字先儒對體字
說。非也。此章首言禮之用和爲貴。承之以先王之道斯爲美小大由之。極言和之
貴。又論知和而和者之不可行。見和而流者之害。通章反覆。只是見禮中之和眞
可貴耳。蓋天下之人皆知禮之重。行之者動失之拘迫矯强。有子憂之。以爲此秖
所以致禮之不行。故詳論禮中之和。以立萬世通行無弊之準。知和而和者。雖有
流蕩之失。實知禮和之貴。以行之而差者。亦君子之過。與世之縱肆廢禮者不同
日而論也。〇注。天理之節文人事之儀則。朱子注中言理。至此凡四見。皆以事理
言也。言天理自此注始。樂記始言天理。鄭注。理。猶性也。凡訓詁義隔而通之曰猶。
鄭注云猶性。謂人性合天然之條理也。朱子注屢言天理。又言天理渾然。其荅何
叔京書曰。天理既渾然。然既謂之理。卽是一有條理者之名字。不可以一理言是
謂之渾然。須知天理秖是仁義禮智之總名。朱子以天理爲仁義禮智之總名。故
言仁曰愛之理。言禮曰天理之節文。以其分者言之也。儀謂凡百人事中自有一

定之儀型。秩然可遵依。天理節文。便是人事儀則。非二也。天理是源頭。人事是繼起。惟天理有自然之節文。故人事有當然之儀則。注又云。禮之爲體雖嚴云云。凡集注下體用字。大抵以內與本爲體。外與末爲用。此章則稍不同。就其形制之截然一定不可犯者而言。謂之體。就其施行之從容自然無所矯強而言。謂之用。朱子以見君父自然用嚴敬。如入公門鞠躬。須是如是方安。解體用。可見其專就形而上言也。若論其本。則集注所云皆出於自然之理者卽此。蓋禮之爲體者猶在外。而自然之理存乎中。
者。又爲體中之體也。

先王之道斯爲美。小大由之。先王者。謂堯舜禹湯文武。卽孔子之所祖述憲章也。先王之道。承上文而言。惟先王爲克行之。其律身型家。善世化民。莫一非禮中之和。所以爲至美也。爾雅。斯此也。尙書多言茲。論語多言斯。大學以後之書多言此。日知錄云。論語之言斯者七十。而不言此。檀弓之言斯者五十有三。而言此者一。而已。大學一卷之中。言此者十有九。語音輕重之閒。而世代之別。從可知已。

先王之道斯爲美。小大由之。二事各自開說。若云先王之道所以爲美。固在此。而小大不得不由者亦在此。方見和之貴矣。有子開口便說禮之用和爲貴。當以一和貫之。由之者由和也。○有所不行。舊說以小大由之句連此句讀。誤也。此文本當作小大由之。小大由之有所不行。古文貴簡省一句耳。有所不行。是疑亦不可行也。是決。○知和而和。不以禮節之。亦不可行也者。有子原要人知和。可見知和自是要緊。若云不要人知和。有子何爲說和爲貴乎。但所病者。徒知和之爲貴。而

一於和耳。病在而和上。有子特揭禮中之和以示之。見禮用和所以能範圍小大
之事。而外禮者之和失。其和矣。其謂以禮節之者。禮貴得中。知所節則知所中。中
庸云。和而不流。強哉矯。中立而不倚。強哉矯。和而不流。則禮以節之也。則禮之中
也。要其所以不行。正惟未得和之實。非和之不貴。而亦非和之不可行也。下節特
擧禮外之和。防遏其流弊。以申明上節禮中之和。此節之餘意。今乃以下節爲上
節主意。顚倒本末。互換賓主。其失有子之旨也遠矣。皇本。末句無可字。隷釋漢石
經。亦無可字。與有所不行句相應。當從之。上云有所不行。此云亦不行也。兩不行
之義。彼此貫通。上無可字。則此亦無可字。蓋涉馬注而衍。馬注云。不以禮爲節亦
不可行。此自用以足句。非其所據經文有可字也。○和字亦在行禮上而言。未嘗
與禮對。程注以禮樂對說。失之。范說同。履軒曰。宋諸賢喜論毫釐之差。其言有當
有不當。若君子喩於義。古之學者爲己之類。毫釐千里允當。如此章未得當者。易
曰。行過乎恭。喪過乎哀。用過乎儉。過猶有可者。豈事事而咎毫釐哉。如禮之和節。
乃討毫釐之差。是無全人也。如各倚於一偏。豈以毫釐之差。遽至於此哉。禮者君
臣上下之別。親踈遠近之等。衣服宮室之制。進退動作之儀。燦然節文。秩然條理。
是謂之禮。夫高下散殊。天地之禮也。周流同化。天地之和也。觀此而禮和之說可
知矣。如君臣上下之森然。父子兄弟之無瀆。嚴然後君臣上下之情不通。斯森然
者爲美。父子兄弟之愛不洽。斯
不瀆者爲美。而乖睽而已矣。

有子曰。信近於義。言可復也。恭近於禮。遠恥辱也。因不

失其親。亦可宗也。近遠。皆去聲。○信約信也。義者事之宜也。復踐言也。恭致敬也。禮節文也。因猶依也。宗猶主也。言約信而合其宜。則言必可踐矣。致恭而中其節。則能遠恥辱矣。所依者不失其可親之人。則亦可以宗而主之矣。此言人之言行交際。皆當謹之於始。而慮其所終。不然則因仍苟且之間。將有不勝其自失之悔者矣。

箋曰。近遠字指其定體。則俱上聲。近之遠之俱去聲。如斯近信矣。近之則不孫。皆音附近之近。去聲也。能近取譬。固而近於費。皆如字讀。其謹切。上聲也。釋文以此近爲音附近之近。誼人所宜也。義己之威儀也。二字義別。今經傳通作義。復履之本字。踐也。左傳荀息曰。吾與先君言矣。不可以貳。能欲復言而愛身乎。集注。踐言。據此。恭者自卑以待人。不敢倨傲侮人之謂。近於義者合於義也。近於禮者不離於禮也。遠耻辱者不被恥辱也。但語氣較寬。近遠相影。優揚成文。不當着急迫解。復言信之效也。遠恥辱恭之效也。恥自內生。辱自外至。恭主卑孫而言。與致敬稍不同。因不失其親者。因猶依也。如樂正子從子敖之齊便是。暫時依他。宗猶主也。在野則有道德之宗。如七十子之宗孔子。在朝則有事功之宗。如十亂之宗周公。皇本宗下有敬字。此有子就人情相與易於失足者立之防也。輕約過恭。及一時傾蓋不愼。皆自貽慷慨。只在情貌上周旋者。一時非不可喜。却至後來不勝自失之悔。故君子審焉。一曰陳書列傳。王元規八歲而孤。兄弟三人隨母依舅氏。往臨海郡。時年十二。郡土豪劉瑱者。貲財巨萬。以女妻之。元規母以其兄弟幼弱。欲結强援。元規泣請曰。姻不失親。古人所重。豈得苟安異壤。輒婚非類。母感其言而止。

張說之碑亦曰。姻不失親。官復其舊。皆因作姻。說文繫傳通論引禮曰。姻不失其親。據此則因卽姻之省。左傳襄四年伯因。史記夏本紀正義引世紀作伯姻。此可以證。詩我行其野。不思舊姻。白虎通嫁娶。作不惟舊因。亦其證也。姻不失其親。如夫子於公冶長南容。是也。亦可宗也。言其爲德亦可尊敬也。詩鳧鷖公尸來燕來宗。傳。公劉君之宗之。箋並云。宗尊也。左氏成五年。晉伯宗。穀梁作伯尊。是宗尊同義。宗又作崇。書牧誓是崇是長。漢書谷永傳。崇作宗。祭統崇事宗廟社稷。注云。崇猶尊也。是也。此章皆有韻文。古無四聲。復與辱固韻。義與禮亦韻也。宗古訓尊。當有尊音。春秋傳伯尊或作伯宗。故與親爲韻。易林大壯之兌。嵩高岱宗。峻直且神。是其證矣。

因姻嫻相通。周禮大司徒六行。孝友睦嫻任恤。鄭注。姻親於外親。是因爲六行之一。亦德名。與恭信一類。人情親外族。本屬易離。今能親外戚而不失其本屬之親。乃可以爲宗子也。一曰。詩皇矣因心則友。毛傳云。因親也。儀禮喪服傳。繼母之配父與因母同。注云。猶親也。據義禮謂生己之母爲因母。則因是親戚之德。中庸孟子所謂親親也。不必爲親於外親。不失其親。謂不失其親族之心也。孟子。桀紂之失天下。失其民也。失其民者。失其心也。語意與此一例。他如失諸侯。謂諸侯離叛也。失百姓。謂百姓之叛也。言人能有親親之德。不爲親戚所離叛。則亦可尊敬也。

子曰。君子食無求飽。居無求安。敏於事。而愼於言。就有

道而正焉。可謂好學也已。好去聲。○不求安飽者。志有在而不暇及也。敏於事者。勉其所不足。愼於言者。不敢盡其所有餘也。然猶不敢自是。而必就有道之人。以正其是非。則可謂好學矣。凡言道者。皆謂事物當然之理。人之所共由者也。○尹氏曰。君子之學。能是四者。可謂篤志力行者矣。然不取正於有道。未免有差。如楊墨學仁義而差者也。其流至於無父無君。謂之好學可乎。

箋曰。是章是訓君子。不是贊君子。飠从亼从皀。或从皀非。此時言下無未必果得之意。祇是求飽求安。非纔思卽得。必有用心力者。然勢不兩立。求飽安則志荒矣。有志則無暇求飽安矣。君子志在于天下後世。何暇及于一身一家之飽安邪。

說文。尻處也。從尸几。尸得几而安也。居蹲也。二字義別。今經傳皆叚居爲尻。

○敏於事而愼於言者。事易怠慢。故以敏爲美。言易安發。故以愼爲功。俱自修之急務矣。不必挾有餘不足作說。此與里仁篇訥於言敏於行意同。履軒曰。敏者怠之反對。愼者不忽也。合無求就正。見其汲汲之狀。卽是好學矣。尹氏專歸重于就正。未圓。且兩無求因好學而然耳。非好學之目。尹氏四者句未允。可謂好學也已。

已助語。論語多例。皇本正平本南宗本已下有矣字。漢石經也已作已矣。劉沅曰。聖人之言。道理四通八達。而立言之意則各有所指。宜審其命意所在。不可一概潤論。如此章食飽居安。乃常情所共。非謂學者必饑寒而後可爲好學。特以事勢所趨有易以此擾其心者耳。周之宮室制度。與今不同。士庶人有分以限之。不惟不敢。力亦不能。春秋中原。卽今北五省地。版屋垣墉。儉於他處。居食所需亦多樸野。士生其間。厭苦而求豐。適惟干祿一途。乃能易貧賤爲富貴。故嗜欲之念濃。身心之業淡矣。子故言不求安飽。而惟敏事且愼於言。又求益無已。此則眞可謂好學也已。

子貢問曰。貧而無諂。富而無驕。何如。子曰。可也。未若貧而樂。富而好禮者也。樂・音洛。好・去聲。○諂・卑屈也。驕・矜肆也。常人溺於貧富之中。而不知所以自守。故必有二者之病。無諂無驕。則知自守矣。而未能超乎貧富之外也。凡曰可者。僅可而有所不盡之辭也。樂則心廣體胖。而忘其貧。好禮則安處善。樂循理。亦不自知其富矣。子貢貨殖。蓋先貧後富。而嘗用力於自守者。故以此爲問。而夫子答之如此。蓋許其所已能。而勉其所未至也。

子貢曰。詩云。如切如磋。如琢如磨。其斯之謂與。磋・七多反。與・平聲。○詩・衛風淇澳之篇。言治骨角者。既切之而復磋之。治玉石者。既琢之而復磨之。治之已精。而益求其精也。子貢自以無諂無驕爲至矣。聞夫子之言。又知義理之無窮。雖有得焉。而未可遽自足也。故引是詩以明之。

子曰。賜也。始可與言詩已矣。告諸往而知來者。往者其所已言者。來者其所未言者。○愚按。此章問答。其淺深高下。固不待辨說而明矣。然不切則磋無所施。不琢則磨無所措。故學者雖不可安於小成。而不求造道之極致。亦不可騖於虛遠。而不察切己之實病也。

箋曰。子貢問曰。邢本無問字。據皇邢兩疏。有問字似是。今從皇本。莊子漁父篇。希意道言謂之諂。鬼谷子權篇。諂先意承欲者也。驕者馬高六尺之名。人自高大。故亦稱驕。子貢方人。又嘗問賜也何如。則此章之言。蓋亦以其所嘗自用者爲問。朱注云。子貢貨殖。蓋先貧後富。而嘗用力於自守者。故以此爲問是也。○可也。可者略許之之辭。雖非十分圓滿之義。亦不當露不滿之意。注僅可而有所未盡之辭。出於南華郭注。然犯語氣。且在他章多不通。○未若貧而樂道富而好禮者也。邢本樂下無道字。皇本正平本南宗本並有。唐石經亦旁注道字。史記弟子傳亦作貧而樂道。後漢東平王傳論亦同。據此知樂字下原有道字。無道字者所傳之本脫也。貧言道者。道雖貧而常在。故可樂也。若樂下無道字。則詩之樂飢。春秋傳之賀貧邪。缺道字實不成文。若夫下篇樂亦在其中矣。回也不改其樂。皆徒言樂。與此大異矣。曰樂亦在其中。則隱然於疏水曲肱之外。別有所樂。故曰亦在其中。曰不改其樂。尤顯然自有其所樂。故曰不改。此章道字不可缺也。凡人貧而諂者。出於希富貴之私心。而驕者亦出於恃富貴之俗情。天性之崛强者。亦能貧而不諂。天性降挹者。亦能富而不驕。則此二者天質之美。可得而能焉。若夫樂道好禮。是學問之效。心深知禮之美而禮之不可離。故能樂之終身。而動必由禮也。故能至於樂道。則不諂不足言矣。能好行道。動必由禮。則不驕不足道矣。故曰未若也。說者或視無驕太淺。故以好禮爲外貌之恭謹謙讓。便勝無驕。而不知禮之所謂恭敬撙節退讓者。在本不在末。在大不在細。講明于大本。原非易也。集注云。好禮則安處善。樂循理亦不自知其富。此說未是。禮亦道也。道言禮。富言禮。各以處境異名爾。孔子言此。蓋亦有見于世之貧者。自不知有道。反誤認富者之所爲。爲己不能。故不覺卑屈。子貢但知卑屈非士所宜。故以無諂自多。而孔子謂貧者有道。樂之且有餘。寧肯諂乎。孔子有見于世之富者。全不知有禮。反誤認貧者之所不爲。爲己獨能爲之。故不覺矜肆。子貢但知矜肆非士大夫所宜。故以無驕自多。而孔子謂富者有禮以限制。好之若不足。豈敢驕乎。孔子告孟孫之孝曰。生事之以禮。死葬之以禮。祭之以禮。孔子警三家者如此。則所謂富而好禮者。從可推已。者字以無諂無驕與道樂好禮。分爲兩人。然聖人意欲誘勵子貢。令進於樂道好禮之域。其指歸在論德之高下。而不在判兩人優劣也。○子貢曰。詩云云。子貢引詩。是感悟詞。非問詞。詩淇澳正義引鄭注云。切磋琢磨。以成寶器。爾雅釋器。骨謂之切。象謂之磋。玉謂之琢。石謂之磨。又釋訓云。如切如磋。道學也。如琢如磨。自修也。此本大學文。毛詩傳云。道其學而成也。聽其規諫以自修。如玉石之見琢磨也。荀子大略云。人之於文學也。猶玉之於琢磨也。詩曰。如切如磋。如琢如磨。謂學問也。並同爾雅之義。衛武公天性之美。加以學問之功。故能成其德。切磋琢磨者。治玉石象骨。使能成器之名也。集注。以切與琢。比無諂無驕。以磋與磨。比樂道禮好。然大學以切磋比學問。以琢磨比修德。荀卿以四者比學問。考諸爾雅。四者皆成器之名。治樸則別自有名。釋器。象謂之鵠。角謂之觷。犀謂之剒。木謂之剫。玉謂之雕。注。左傳曰。山有木。工則剫之。五者皆治樸之名。是也。然則剫可以切琢。比小成。以磋磨比極致乎。○其斯之謂與者。凡經引詩。而結之以斯之謂者。斯字緊承上文所言事與理而言。非泛然無所指者。中庸詩云。既明且哲。以保其身。其斯之謂與。孟子。書曰。天作孽猶可違。自作孽不可活。此之謂也。可以爲證。此章斯字。亦承上。言詩之切磋琢磨。卽樂道好禮之謂也。陳伯玉曰。凡人學問。有如行路。山窮水盡處。須別覓一蹊徑。夫子拈一未字可味。悟到時。樂道與好禮非往處。切磋琢磨非往處。更進亦非往處。陳霜亦曰。只義理無窮四字。便可括盡通章之旨。皇本與下有也字。○始可與言詩已矣者。此夫子稱揚子貢之語。始字作方字看。不是說賜前此不可與言。今日方可與言詩。漢書宣帝紀注云。已語終辭也。已爲語終辭。則與矣同義。連言之則曰已矣。猶乎與哉同義。連言之則曰乎哉也。○告諸往而知來者。者諸猶之也。諸字本合之乎二字義。然古人或偏用一義。或之或乎。往來二字對言者。往是既往。來是將來。楚狂接輿曰。往者不可諫。來者猶可追。儒行曰。往者不悔。來者不豫。管子曰。疑今者察之古。不知來者視之往。墨子曰。以往知來。以見知隱。楚辭曰。往者余弗及。來者不聞。淮南子曰。猩猩知往而不知來。乾鵲知來而不知往。往來之字可見焉。但往來二字是借言。夫子所未言。而子貢能解悟。所以謂之知來。來字有多少無窮道理。知字有多少無窮會悟。詩之比興婉微而深遠。必待聰明穎悟之人。始能明之。告往知來。即子貢之聞一以知二也。此夫子之所以嘆子貢可言詩。皇本來者下有也字。正平本同。夫富不與驕期而驕自至。貧不與諂期而諂自至。子貢不受命而貨殖。其富有也。結駟連騎遊說諸侯。爲奔輳之友於夫子。豈不卓犖盛行乎。是問答所由來也。古所謂富者。多兼貴言之。何則聖人制民之產。耕田而食。仰以事父母。俯以養妻子。保生送死無憾。繞康衢而居者。無貧乏不聊生者。亦無富厚不安分者。其有之。蓋在春秋政亂之際乎。鄭商人弦高將市於周。遇秦師。以乘韋先牛十二。以犒秦師。豈非子貢貨殖連騎之比耶。既有陶朱公猗頓輩。至呂不韋居奇貨而極矣。劉沅曰。無諂無驕。樂道好禮。俱在心性內。自家審量實踐處說。非僅以外貌也。此章未有透快發揮者。因未知當時貧富實際耳。周制計口授田，量能授職。文武成康盛時，君子在位，小人在野，貧富相安而不相耀。春秋法制漸壞，諸侯卿大夫族大勢強，侵陵兼并，而鄉擧里選之法亦隳。是以士多貧賤。故曰爲貧而仕。又曰祿足以代其耕。蓋當時士之富也必由位祿。孟獻子曰，畜馬乘不察於雞豚，伐氷之家不畜牛羊。非如後世買賣民田。科擧取士，農工商賈各有富人也。周禮繁重，富貴之禮，貧賤非惟不敢爲，亦不能爲。而春秋富者往往踰制。故曰好也。不然貧者獨不好禮乎。子貢平日自問已實能無諂無驕，及聞子言，又恍然於樂道與好禮氣象迥不侔也。故引詩言精益求精之意。蓋已悟實在境地，非徒在可也。未若言詞間比量也。

子曰。不患人之不己知。患不知人也。尹子曰，君子求在我者。故不患人之不己知，不知人。則是非邪正或不能辨。故以爲患也。

箋曰，皇本己知下有也字。正平本、南宗本、下患下有己字。皇本同。釋文作患不知也。云本或作患己不知人也。俗本妄加字。說者因謂古本作患不知也。蓋與里仁不患莫己知，求爲可知也語意同。人字亦淺人所加。此說非也。不自足于內，而又無慕外，故不患人之不己知也。己欲知人者，非爲人也，亦爲己進德地也。故患不知人也。一本多己字。己字可省。一本無人字，而只云患不知也，則所謂不知者何指邪。若以求爲可知爲例，則此當曰患無可知也。不然則不成文義。○知人與己知對。當就好邊說，非辨人是非邪正之謂。在知人上用功，要看他主意。若主意在品題，便是方人。主意在資益，便是爲己。○熊伯甘曰，不知人病根正坐先有一己橫於胸中。不特斗山自命喜曹譽之共歸。抑亦典型自居。樂時流之倣傚。其任意者。安石見蔽於惠卿。其任理者。子瞻不容於君實。以至奸佞乘間。梟冒黨名。正氣銷磨。桐先棘折。空虛之禍。國家受之。

論語會箋卷第一　終

論語會箋卷第二

竹添光鴻箋

爲政第二　凡二十四章

子曰。爲政以德。譬如北辰居其所。而衆星共之。共音拱。亦作拱。政之爲言正也。所以正人之不正也。德之爲言得也。行道而有得於心也。北辰北極。天之樞也。居其所不動也。共向也。言衆星四面旋繞而歸向之也。爲政以德。則無爲而天下歸之。其象如此。程子曰。爲政以德。然後無爲。范氏曰。爲政以德。則不動而化。不言而信。無爲而成。所守者至簡而能御煩。所處者至靜而能制動。所務者至寡而能服衆。

箋曰。集注云。政之爲言正也。所以正人之不正也。上正字是中正之義。與下正人之匡正殊義。此就政之本而言。不指法制禁令之末。所謂君正莫不正。一正君而國定者也。正也之正。指中正之準。君上立中正之準。爲人所取。則是可以正人之不正者。若從匡正之解。則徒就末言。而所以二字義頗難通。夫子曰。政者正也。子率以正。孰敢不正。率以正猶以率天下以仁。率天下以暴。此可以參看語勢。又集注。德之爲言得也。行道而有得於心也。朱子初稾。心作身。後改作心。最後定本作得於心而不失。吳志忠附考詳之。韡村先生曰。附考辨建安祝氏附錄之。不知有定本。與新安倪子輯釋之承附錄。胡氏永樂大全之勦襲輯釋。而後世坊本之所以非後改本者甚詳。其論精當可從矣。按德有以修爲言者。有以性有言者。有不判修爲性有以得於心言者。據於德以修爲言。上文云志於道。下文曰依於仁。道德遞串成義。故注接上文云德則行於道而有得於心者也。宋本作德者。得其道於心而不失之謂也。可謂鐵案。若爲政以德。不分修爲性有。以有得於心言之。其所爲卽其所以。何必揷行道二字於其間乎。中井積德曰。集注初本。行道而有得於身。蓋本於戴記云德也者得於身也。又云。禮樂得於身謂之德。後改身爲心。其義似精。然所謂身。豈軀殼之謂哉。亦猶言我也。身字包心與百體。則理與事皆在其中。心不兼百體。則獨存理而不及事。恐弗若初本周匝也。

譬如北辰居其所而衆星共之。說者墨守邵子辰無星之說。謂以衆星環向闇然無星之地。形容君有不顯之德而天下平。此說不可從。北辰極星也。晉志曰。三光迭耀。而極星不移。是也。此章借天象之灼然者。以明德政之治。必指昭昭之極星。方爲至當。考工記匠人職。晝參之日中之景。夜考之極星。以正朝夕。注云。極星謂北辰。是鄭亦北辰爲極星也。謂之北辰者。以此星常居北極之所。故名之曰北辰。亦名天極星也。惟北辰卽北極。故與爲政相關。漢書天文志云。中宮天極星。其一明者。泰乙之常居也。旁三星三公。或曰子屬。後句四星。末大星正妃。餘三星後宮之屬也。環之匡衛十二星藩臣。皆曰紫宮。前列直斗口三星。隨北耑銳。若見若不見。曰陰德。或曰天一。紫宮左三星曰天槍。右四星曰天棓。後十七星絕漢抵營室曰閣道。據此知天樞一星謂之泰乙。此統馭周天之星。故居其所。而衆星拱之也。北極亦非不運動。但居其所而不移耳。宋人以磨心車轂譬北辰。非是。磨心與磨上之運轉者不屬。車轂與車輪之運轉者不屬。且磨心・車轂眞不動矣。與爲字・以字・及北辰之衆。皆不合。古人惟以樞取譬。最爲切合。蓋樞在受樞處。受樞處。爾雅謂之落時。亦謂之扂。與扉扇一同運轉。但居其所而不移耳。星名辰者。辰時也。觀之可以知時。故曰據於五辰。卽四時也。火星謂之大辰。水星謂之辰。日月所會謂之辰。左傳尚書所載甚明。何用將此辰字另改。又邢疏論語。北極北斗並擧。及疏爾雅。直取斗杓以當之。殆不知斗離北極甚遠。天文志曰。斗爲帝車。運于中央。建四時。均五行。移節度。定諸紀。皆繫于斗。既曰車。則非德之象也。且尤非居矣。既曰運。則非居其所者顯然矣。以斗爲極。何其謬之甚乎。

陳澧曰。北辰者北極五星之總名也。爾雅釋天。北極謂之北辰。春秋合誠圖云。北辰其星五。在紫微中。史記天官書索隱引此最古最確之說也。公羊昭十七年傳云。大火爲大辰。伐爲大辰。北辰亦爲大辰。何注云。迷惑不知東西者。須視北辰以別心伐所在。大火與伐。皆星名。則北辰亦必爲星名。且北辰是星。故可視。若無星何從視之。又北辰五星。大端指心。小端指參伐。故可視而別之。若僅爲一星。則了無向背。何從別之乎。故楚詞遠逝王注直云。北辰北極星也。續漢書天文志則直謂之北辰星。皆合於爾雅星名之義。然北極五星。亦自旋轉。而論語云居其所者。居其所非不動之謂。謂動而不出其位耳。衆星旋轉皆離其位。惟北極五星雖旋轉而仍在中央。且衆星皆繞北極而行。北極不繞衆星而行。不可謂之居其所乎。邵康節云。地無石處皆土。天無星處皆辰。朱子云。北辰是中間些子不動處。辰非星。只是中間界分。夫爾雅明明題曰星名。安得以爲無星。且辰者時也。郭璞注爾雅云。北極天之中。以正四時。然則北辰之名。爲辰以此。他如日月之會謂之辰。日月星爲三辰。大火爲大辰。伐爲大辰。房心尾爲大辰。日月列宿。皆所以定四時十二月之節。故皆名爲辰。若無星之處。蒼蒼然無物可見。何以正時。何得名爲辰乎。尙書作服十二章。星辰爲一章。若辰非星。則別爲一物。當爲十三章矣。且無形無質。如何繪畫乎。又論語云居其所。北辰之星居不動之地。故云北辰居其所。若北辰無星。則北辰卽是所。而何云居之乎。又如中庸云。今夫天日月星辰繫焉。孟子云。天之高也。星辰之遠也。若辰爲無星處。則直是天矣。孟子何爲與天分言之。而中庸直謂天繫於天。豈可通乎。又或以北極第五星爲北辰。亦非也。北極惟第五星最小。公羊何以謂之大辰。史記天官書云。中宮天極星。其一明者太一常居也。旁三星三公。而不及第五星。如第五星是北辰。則太史公記盈天之星。而獨遺北辰。有是理乎。

經明言爲政。而集注稱無爲。是大失準矣。且如不言而信。無爲而成等。所以稱贊盛德之至也。非論工夫者。則與此章固無干係。唐虞以來。唯稱舜爲無爲之治。別有意義。非所以通稱於衆聖賢也。衆星共之。以喩彼之順服耳。亦未有見於此之無爲。孔子望於人以德。不以無爲也。

共。釋文曰鄭本作拱。孟子盡心篇注。呂覽有始覽注。文選曲水詩序注。運命論注。俱引作拱。拱與子路共之同。猶曰向也。言環遶而向之也。

子曰。詩三百。一言以蔽之。曰。思無邪。詩三百十一篇。言三百者。擧大數也。蔽猶蓋也。思無邪魯頌駉篇之辭。凡詩之言。善者可以感發人之善心。惡者可以懲創人之逸志。其用歸於使人得其情性之正而已。然其言微婉。且或各因一事而發。求其直指全體。則未有若此之明且盡者。故夫子言。詩三百篇。而惟此一言足以盡蓋其義。其示人之意。亦深切矣。○程子曰。思無邪者誠也。范氏曰。學者必務知要。則能守約。守約則足以盡博矣。經禮三百。曲禮三千。亦可以一言以蔽之曰毋不敬。

箋曰。三百者詩之原數。孔子以前。止有三百也。夫子述而不作。信而好古。豈有據其一手刪定之篇數。而一則曰詩三百。再則曰誦詩三百。若出于現成公行。世已久者。三百言多也。故夫子嘗曰。雖多亦奚以爲。果如史遷云。刪三千爲三百。則存其什一。惡在其爲多也。左傳季札觀周樂。其次叙約略與今詩合。是知詩三百。舊本如是。非經刪定者。然則其有逸詩何也。夫當時之詩何限。其體皆同耳。世既受欺史遷。且見其體之同。輒謂是逸詩也。豈果逸也哉。

一言以蔽之者。秦漢以來。始有句稱。古者謂之爲言。左傳臣之業在揚之水卒章之四言。趙簡子稱子大叔遺我以九言。皆以一句爲一言也。蔽猶斷也。大禹謨。官占惟先蔽志。昆命于元龜。周禮大宰職。官計以蔽邦治。大司寇職。凡庶民之獄訟。以邦成蔽之。左傳曰。叔魚蔽罪邢侯。晉語曰。及蔽獄之日。叔魚抑邢侯。皆同。思無邪者。言詩三百皆出於性情之正也。論語之言詩獨詳。曰誦。曰學。曰爲。皆主於讀詩者也。今直曰詩三百。何以必謂之詩之教。承之云思無邪而已。何以不指詩而指讀詩者。集注非也。又注中直指全體。謂直指示其全體也。佛書亦有直指人心語。可證。馬端臨曰。夫芣苢之序。以婦人樂有子爲后妃之美也。而其詩語不過形容采掇芣苢之情狀而已。黍離之序。以爲閔周室宮廟之顚覆也。而其詩語不過慨歎禾黍之苗穗而已。此詩之不言所作之意。而賴序以明者也。若捨序以求之。則其所以采掇者爲何事。而慨歎者爲何說乎。叔于田之二詩。序以爲刺鄭莊公也。而其詩語則鄭人愛叔段之辭耳。揚之水・椒聊二詩。序以爲刺晉昭公也。而其詩語則晉人愛桓叔之辭耳。此詩之序其事以諷。初不言刺之之意。而賴序以明者也。若捨序求之。則知四詩也。非子雲美新之賦。則袁宏九錫之文耳。鴇羽・陟岵之詩見於變風。序以爲征役者不堪命而作也。四牡・采薇之詩見於正雅。序以爲勞使臣遣戍役而作也。而深味四詩之旨。則歎行役之勞苦。叙饑渴之情狀。憂孝養之不遂。憚歸休之無期。其辭語一耳。此詩之辭同意異。而賴序以明者也。若捨序以求之。則文王之臣民。亦怨其上。而四牡・采薇不得爲正雅矣。卽是數端而觀之。則知序之不可廢。序不可廢。則桑中溱洧何嫌其爲刺奔乎。且夫子所取於關雎者。謂其樂而不淫耳。則夫詩之可刪。孰有大於淫者。今以文公詩傳攷之。其指以爲男子淫泆奔誘。而自作詩以叙其事者。凡二十有四。如桑中・東門之墠・溱洧・東方之日・東門之池・東門之楊・月出。則序以爲刺淫。而文公以爲淫者所自作也。如靜女・木瓜・采葛・丘中有麻・將仲子・遵大路・有女同車・山有扶蘇・蘀兮・狡童・褰裳・丰・風雨・子衿・揚之水・出其東門・野有蔓艸。則序本別指它事。而文公亦以爲淫者所自作也。夫以淫昏不檢之人。發而爲放蕩無耻之辭。而其詩篇之繁多如此。夫子猶存之。則不知所刪何等一篇也。或曰。文公之說謂。春秋所記。無非亂臣賊子之事。蓋不知是無以見當時事變之實。而垂鑒於後世。故不得已而存之。所謂並行而不相悖也。愚以爲未然。夫春秋史也。詩文詞也。史所以紀事。世之有治不能無亂。則固不容存禹湯。而廢桀紂。錄文武而棄幽厲也。至於文辭。則其淫哇不經者。直爲削之而已。而夫子猶存之。則必其意不出於此。而序者之說是也。或又曰。文公又嘗云。此等之人。安於爲惡。其於此等之詩。計其平日。固已自其口出而無慚矣。又何待吾之鋪陳。而後始知其如此。亦復豈吾人閔惜。而遂幡然遽有懲創之心耶。愚又以爲不然。夫羞惡之心。人皆有之。而況淫泆之行。所謂不可對人言者。市井小人至不才也。今與之語者。能道其宣淫之狀。指其行淫之地。則未有不面頸發赤。且諱者。未聞其揚言於人曰。我能姦我能淫也。且夫人之爲惡也。禁之使不得爲。不若愧之而使之自知其不可爲。此鋪張揄揚之中。所以爲閔惜懲創之至也。夫子謂宰我曰。汝安則爲之。夫豈眞以居喪食稻衣錦爲是乎。萬石君謂子慶曰。內史貴人。坐車中自如固當。夫豈眞以不下車爲是乎。而二人既聞是言也。卒爲之羞愧改行。有甚於彼譙讓者。蓋以非爲是而使之求吾言外之意。則自反而不勝其愧悔矣。此詩之訓也。或曰。序者之序詩。與文公之釋詩。但非得於作詩之人。新傳面命也。序求詩意於辭之外。文公求詩意於辭之中。而子何以定其是非乎。曰。愚非敢苟同序說。而妄議先儒也。蓋嘗以孔子孟子之所以說詩者讀詩。而後知序說之不謬。而文公之說多可疑也。孔子之說曰。誦詩三百。一言以蔽之。曰思無邪。孟子之說曰。說詩者不以文害辭。不以辭害意。以意逆志。是爲得之。夫經非所以誨邪也。而戒其無邪。辭所以達意也。而戒其害意何也。噫。聖賢之慮遠矣。夫詩發乎情者也。而情之所發。其辭不能無過。故其於男女夫婦之間。多憂思感傷之意。而君臣上下之際。不能無怨懟激發之辭。十五國風。爲詩百五十有七篇。其爲婦人而作者。男女相說之辭。幾及其半。雖以二南之詩如關雎・桃夭諸篇爲正風之首。然其所反覆詠歎者。不過情慾燕私之事耳。漢儒嘗以關雎爲刺詩矣。此皆昧於無邪之訓。而以辭害意之過也。故其怨曠之悲。遇合之喜。雖有人心者所不能免。而其志切。其辭哀。習其讀而不知其旨。易以動盪人之邪情泆志。而況以鋪張揄揚之辭。而序淫佚流盪之行乎。然詩人之意。則非以爲是而勸之也。蓋知詩人之意者。莫如孔孟。慮學者讀詩而不得其意者。亦莫如孔孟。是以有無邪之訓焉。則以其辭之不能不隣乎邪也。使篇篇如文王・大明。則奚邪之可閑乎。是以有害意之戒焉。則以其辭之不能不戾其意也。使章章如清廟・臣工。則奚意之難明乎。以是觀之。則知刺奔果出於作詩者之本意。而其詩決非淫泆人所自賦也。賀貽孫曰。子曰。詩三百一言以蔽之曰思無邪。蓋言詩有美刺正變。所以勸善而懲惡。則作者三百篇之思。皆歸無邪。又能使天下後世之凡有思者。同歸於無邪者也。故東萊呂氏以爲。詩人以無邪之思作之。而吾亦以無邪之思讀之。獨朱紫陽駁之曰。否。詩三百篇。有善有惡。彼以有邪之思作之。而吾以無邪之思讀之。紫陽之意以爲。詩有鄭衛。此孔子所惡而放之者也。烏得無邪乎。不知鄭衛之有桑間・濮上。此則聲也。鄭衛之有桑中・溱洧。此則詩也。鄭衛之聲。孔子放之。鄭衛之詩。諷一勸百。所謂無邪之思者也。孔子烏得而放之乎。夫聖人之所以立教者。則思無邪而已。故三百篇。爲天下之中人而作也。彼二南者。非文王大姒之詩乎。使人皆文王大姒。則不獨無桑中・溱洧。亦幷無關雎・麟趾矣。使人皆宣姜・文姜。則不獨無關雎・麟趾。亦幷無牆茨・載驅矣。蓋上焉者。非待詩而後勸。而最下者。又非詩之所能懲也。惟其不必盡然。所以美刺生焉。是故詩之有正風。非以勸夫能爲大姒者。乃以勸夫耻爲宣姜文姜者也。而其有變風也。非以懲夫宣姜文姜。乃以懲夫不能爲大姒者也。詩之正雅。非以勸夫能爲文武成康者。乃以勸夫耻爲幽厲者也。而其有變雅也。非以懲夫幽厲。乃以懲夫不能爲文武成康者也。今夫鑑以照妍媸。不能使天下之人皆妍也。然修容者。不以媸而憎鑑。知設鑑之意。固欲使之無媸也。繩以準曲直。不能使天下之物皆直。然準物者。不以曲而毀繩。知設繩之意。固欲使其無曲也。詩以謹邪正。不能使天下之思皆正也。然作詩者。不以邪而廢詩。知作詩之意。固欲使之無邪也。無邪者詩人之思。而使人無邪者。詩人以其思坊天下後世之思者也。夫人之去正而趨於邪。非一日矣。吾欲驅之爲正。禁之爲邪。此不得之數也。有道於此。不必驅之爲正。但以其善者。歌之咏之。使民鼓舞而自趨於正。不待禁之爲邪。但以其惡者。諷之刺之。使民慚媿而自去於邪。其爲力也寡。而其收功也多。此三百篇所由作。而思無邪一語。孔子所獨揭之以蔽三百篇者。其或在斯乎。

王崧曰。漢書藝文志。古有采詩之官。王者所以觀風俗知得失。自考正也。孔子純取周詩。上采殷。下取魯。凡三百五篇。遭秦而全者。以其諷誦。不獨在竹帛故也。自司馬遷有三千餘篇之說。儒者遂謂三百十一篇外皆孔子所删。有非之者。有信之者。近人朱彝尊・趙翼・崔述則力辨删詩之非。朱氏曰。詩者掌之王朝。頒之侯服。小學大學之所諷誦。冬夏之所教。故盟會聘問燕享。列國之大夫賦詩見志。不盡操其土風。使孔子以一人之見取而删之。王朝列國之臣。其孰信而從之者。詩至

於三千篇。則輶軒之所采。定不止於十三國。矣。而季札觀樂於魯所歌風詩。無出
十三國之外者。又子所雅言。一則曰詩三百。再則曰誦詩三百。未必定屬刪後之
言。況多至三千。樂師蒙叟。安能偏爲諷誦。竊疑當日掌之王朝。頒之侯服者。亦止
於三百餘篇而已。至歐陽子謂刪詩云者。非止全篇刪去。或篇刪其章。或章刪其
句。或句刪其字。此又不然。詩云。唐棣之華。偏其反而。豈不爾思。室是遠而。惟其詩。
孔子未嘗刪。故爲弟子雅言之也。詩曰。衣錦尙絅。文之著也。惟其詩孔子亦未嘗
刪。故子思子舉而述之也。詩云。誰能秉國成。今本無能字。猶夫殷鑒不遠。在于夏
后之世。今本無于字。非孔子去之也。流傳既久。偶脫去耳。昔子夏親受詩於孔子
矣。其稱詩曰。巧笑倩兮。美目盼兮。素以爲絢兮。惟其句孔子亦未嘗刪。故子夏所
受之詩。存其辭以相質。而孔子亟許其可與言詩。初未以素絢之語。有害於義而
斥之也。由是觀之。詩之逸也。非孔子刪之可信已。趙氏曰。孔穎達・朱彝尊皆疑古
詩本無三千。今以國語左傳二書所引之詩校之。國語引詩凡三十一條。惟衞彪
傒引武王飫歌。及公子重耳賦河水。二條是逸詩。而河水一詩。韋昭注以爲河當
作沔。卽沔彼流水。取朝宗于海之義。然則國語所引逸詩僅一條。而三十條皆刪
存之詩。是逸詩僅刪存詩三十之一也。左傳引詩共二百十七條。其間有邱明自
引以證其義。論者猶曰邱明在孔子後。或據刪定之詩爲本也。然邱明所述。仍有
逸詩。則非專守刪後之本也。至如列國公卿所引。及宴享所賦。則皆在孔子未刪
以前也。況史遷謂古詩自后稷以及殷周之盛。幽厲之衰。則其爲家絃戶誦久矣。
豈有反刪之。而轉取株林・車鄰之近事。以充數耶。崔氏曰。國風自二南豳以外。多
衰世之音。小雅大半作於宣幽之世。夷王以前。寥寥無幾。如果每君皆有詩。孔子

不應盡刪其盛而獨存其衰。且武丁以前之頌。豈遽不如周。而六百年之風雅。豈當無一二可取。孔子何爲而盡刪之乎。子曰詩三百。又曰誦詩三百。玩其詞意。乃當孔子時已止此數。非自孔子刪之而後爲三百也。吳公子札來聘。所歌之風。無在今十五國外者。是十五國外。本無風可采。由此觀之。孔子原無刪詩之事。古者風尚簡質。作者本不多。而又以竹寫之。其傳不廣。是以傳者少而逸者多。國語云。正考父校商之名頌十二篇於周大師。以那爲首。鄭司農云。自考父至孔子。又亡其七篇。是正考父以前。頌之逸者已多。至孔子二百餘年。而又逸其七。是故世愈近則詩愈多。世愈遠則詩愈少。孔子所得。止有此數。或此外雖有。而闕略不全。則遂取是而釐正次第之。以教門人。非刪之也。宋葉適習學記言。近人王士禎池北偶談所論。大略相同。然於事理。皆有所未安。朱氏推原詩逸之故。但可解章句之闕略者耳。三百五篇外。逸詩甚多。何以不盡遺忘。趙氏備列羣書所引逸詩。謂不及刪存詩二三十分之一。此但就現存之書計之也。古詩之著錄於漢書藝文志。而不傳於今者。其中豈遂無之。則二三十分之一。未足盡逸詩之數。既不采於太史。孔子豈能錄之。崔氏謂孔子無刪詩之事。所得止有此數。然則三百五篇外。何以復有逸詩。惟此外闕略不全之說。於事理宜然。大抵世儒所論。皆以孔子於詩。一似昭明太子之文選。但因其辭意爲去取。不知古人之詩皆樂之辭。君卿大夫之所作無論矣。卽里巷之歌謠。矢口而出。苟和之以器。無非樂也。雖不和之以器。亦可云無器之樂也。史記之書。謬誤固多。皆有因而然。從無鑿空妄說者。考漢書食貨志。孟春之月。行人振木鐸徇於路。以采詩獻之太師。比其音律。以聞於天子。云云。史記所謂古詩三千餘篇者。蓋太師所采之數。迨比其音律。聞於天子。不過三百餘篇。何以知之。采詩非徒存其辭。乃用以爲樂章也。音律之不協者棄之。卽協者尙多。而此三百餘篇。於用已足。其餘但存之太史。以備所用之或闕。詩三百。誦詩三百。皆孔子之言。前此未有綜計其數者。蓋古詩不止三百五篇。東遷以後。禮壞樂崩。孔子自衛反魯而正樂。釐訂汰黜。定爲此數。以敎門人。於是授受不絶。設無孔子。三百五篇。亦胥歸泯滅矣。太師所采旣多。其原作流傳誦習。後人得以引之。是則古詩三千餘篇。去其重。取其可施於禮義。乃太師所爲。司馬遷遂以歸之孔子耳。然謂孔子皆絃歌之。以求合韶武雅頌之音。可知非獨取其辭意。已通志樂略第一。樂以詩爲本。詩以聲爲用。八音六律。爲之羽翼耳。仲尼編詩。爲燕享祀之時。用以歌。而非用以說義也。古之詩。今之辭曲也。若不能歌之。但能誦其文。而說其義。可乎。當漢之初。去三代未遠。雖經生學者不識詩。而太樂氏以聲歌肄業。往往仲尼三百篇。瞽史之徒。例能歌也。奈義理之說旣勝。則聲歌之學日微。東漢之末。禮樂蕭條。雖東觀石渠。議論紛紜。無補於事。曹孟德平劉表。得漢雅樂郞杜夔。夔老矣。久不肄習。所得於三百篇者。惟鹿鳴・騶虞・伐檀・文王四篇而已。餘聲不傳。太和末。又失其三。左延年所得。惟鹿鳴一篇。每正旦大會群臣。行禮東廂雅樂常作。是也。古者歌鹿鳴。必歌四牡・皇皇者華。三詩同節。故曰工歌鹿鳴之三。而用南陔・白華・華黍三笙以贊之。然後首尾相承。節奏有屬。今得一詩。而如此用之可乎。應知古詩之聲爲可貴也。至晉室。鹿鳴一篇又無傳矣。按三百篇。在成周之時。亦無所紀繫。有季札之賢。而不別國風所在。有仲尼之聖。而不知雅頌之分。仲尼爲此患。故自衛反魯。問於太師氏。然後取而正焉。列十五國風。以明風土之音不同。分大小二雅。以明朝廷之音有間。陳周魯商三頌之音。所以侑祭也。嵩竊以爲。

詩必兼辭聲義三端而始全。先有意而後能爲辭。有意則義在其中。徒有辭而不能叶之於聲。則是記序議論之文。而非樂章矣。太師及孔子所錄。則三端皆全者也。史記謂。取其可施於禮義。皆弦歌之。以求合韶武雅頌之音。參以鄭氏所言。則於事理允協。三百篇後。變而爲離騷。又變而爲樂府。爲詩餘。爲詞曲。其初亦三端皆全而爲樂也。久之而音律盡失。後之效爲諸體者。亦如作詩之徒有其辭。而無關於樂。惟南北各曲。以優人演爲戲劇之故。辭與聲協。愈出愈奇。而義不可訓。樂之遷流。一至於此。而孔子所正者。遂不可復考。猶幸三百五篇具在。誦而法之。學者其可忽諸。

子曰。道之以政。齊之以刑。民免而無恥。道音導。下同。道猶引導。謂先之也。政謂法制禁令也。齊所以一之也。道之不從者。有刑以一之也。免而無恥。謂苟免刑罰。而無所羞愧。蓋雖不敢爲惡。而爲惡之心未嘗亡也。**道之以德。齊之以禮。有恥且格。**禮謂制度品節也。格至也。言躬行以率之。則民固有所觀感而興起矣。而其淺深厚薄之不一者。又有禮以一之。則民恥於不善。而又有以至於善也。一說。格。正也。書曰。格其非心。○愚謂。政者爲治之具。刑者輔治之法。德禮則所以出治之本。而德又禮之本也。此其相爲終始。雖不可以偏廢。然政刑能使民遠罪而已。德禮之效。則有以使民日遷善而不自知。故治民者。不可徒恃其末。又當深探其本也。

箋曰。道之以政。下道之以德。兩道字。皇本・正平本・南宗本皆作導。導謂誘引也。史記漢書酷吏傳序。漢書刑法志。後漢書杜林傳。二十八將傳論。董仲舒對賢良策。

王符潛夫論德化篇。皆引作導。蓋漢至六朝。古本皆作導也。四之字皆指民。政者謂法制禁令也。導之以政者。先示之以法制禁令。而使民一由此也。廣雅釋言。齊整也。是齊者。齊整之。使均一齊等也。

集注。訓齊字不曰一也。而曰所以一之也者。齊與一有別。凡事物參差不齊。必齊之而後一。欲致一。故齊之。不可直以一字訓之耳。刑者自鞭杖上當於死罪。皆謂之刑。此言先立法制。使民守之。而間有怠惰失法。狠戾不守制。則又施之以刑。以齊整也。民免而無恥者。免。不獨刑罰。如凡不觸法憲。皆是。緇衣曰。教之以政。齊之以刑。則民有遯心。說文。遯逃也。逃有巧避之意。卽免而無恥也。

有恥且格。有字蒙到格字。此不獨云有恥。而進以且格。可知到得有恥時。自有不格不休之勢。原非兩截。且字須善會。

曾國藩曰。說文。格。木長貌。按凡木之兩枝相交而午錯者。謂之格。以其枝條交互。故格字有相交之義焉。以其兩枝禁架。故格字有相拒之義焉。以其長條直暢。疏密成理。故格字又有規制整齊之義焉。是三者皆以本義引申之者也。朋友曰交游。男女曰交媾。商賈相通曰交易。陰陽相合曰交孚。木之枝格兩相交際。亦猶是也。論語有恥且格。謂民之心。與上相交孚也。大學致知在格物。謂吾心之知。必與萬物相麗相交。不可離物以求知也。書曰。格於上下。格於皇天。詩曰。神之格思。皆訓至也。皆交孚之義也。書曰。格汝舜。詩曰。神保是格。皆訓來也。皆引之來相交接也。舟與舟相觸則必忤。枝與枝相拒則不入。素問。陰厥且格。注。格。拒也。荀子議兵篇。格者不舍。注謂相捍拒也。通鑑。王貢攻齊。莫敢格者。驅羣羊而攻猛虎。不格明矣。皆謂莫能拒禦也。凡謂扞格不勝曰格。格不入曰廢格。不行曰沮格不進。皆相拒之義也。至於枝格相交。長短合度。疏密停勻。儼然若有規矩。木工爲窗格。有曰冰梅格。有曰卍字格。卽取象於樹條之格也。曰禮格。曰風格。曰格律。曰格式。皆從此而引申之也。孟子。惟大人爲能格君心之非。注。格正也。家語。口不吐訓格之言。注。格法也。禮緇衣言有物而行有格。注。格舊法也。後漢書傅燮傳注。猶標準也。凡皆規格之義也。書冏命。格其非心。是亦取格正爲義。至大學格物之說。愚以爲心當麗事物以求知。不可舍事物而言知。朱子曰至也是也。其曰窮至事物之理。欲其極處無不到。則於格字。求之太深。反多一障耳。

黃式三曰。此所謂德以躳行無虧言。禮者制度之顯著于行事。秩然不可變亂者也。民之貪邪侈僭。由於不知足。而禮之等貴賤辨長幼者。俾惕於分之不敢踰。民之畔離悖逆。由于不相愛。而禮之重喪紀聯族黨者。俾感於情之所難已感於情。而仁慈之德廣。惕于分。而敬讓之德昭。禮之輔德而行者如此。昔漢文帝有恭儉之德。而禮多所闕。俗乃大不敬。至亡等至冒上。俗吏恬不知怪。賈子言之。漢宣帝綜核名實。俗吏所以牧民者。非有理義科指可通行。獨設刑法以守之。弊至於百里不同風。千里不同俗。戶異政。人殊服。詐僞萠生。刑罰无極。王子陽言之。史記禮書言。周衰禮廢。大小相踰。循法守正者見侮於世。奢溢僭差者謂之顯榮。又言。子夏初學。聖門猶云出見紛華盛麗而說。入聞夫子之道而樂。二者心戰。未能自決。況中庸以下。漸漬於失教。被服於成俗者。凡若此。可以明禮教不興之害矣。禮在衰季。或轉移于一人之好尚。而不能返。或駁襍于諸儒之議論。而不能定。馴至禮敎陵夷。有一二人堅守禮。而物議沸騰。爭相阻執。使賢者有無時不行之歎。齊之以禮。則天下仰軌物焉。大小戴禮言。禮云禮云者。貴絕惡于未萌。而起敎于微眇。使民日從善遠罪。而不自知。又言。法禁于已然之後。而禮化於將然之前。則禮敎之修爲要也。或曰。禮有不能齊者。能不以刑齊之乎。曰以禮爲先王驅率之術。必用刑以督責之者。申韓之不知禮也。禮原於人情之所安。而小大由之。禮敎行。而刑可幾于措矣。

子曰。吾十有五而志于學。古者十五而入大學。心之所之謂之志。此所謂學。卽大學之道也。志乎此。則念念在此。而爲之不厭矣。**三十而立。**有以自立。則守之固而無所事志矣。**四十而不惑。**於事物之所當然。皆無所疑。則知之明。而無所事守矣。**五十而知天命。**天命。卽天道之流行而賦於物者。乃事物所以當然之故也。知此。則知極其精。而不惑。又不足言矣。**六十而耳順。**聲入心通。無所違逆。知之之至。不思而得也。**七十而從心所欲。不踰矩。**從如字。從。隨也。矩。法度之器。所以爲方者也。隨其心之所欲。而自不過於法度。安而行之。不勉而中也。○程子曰。孔子生而知者也。言亦由學而至。所以勉進後人也。立。能自立於斯道也。不惑。則無所疑矣。知天命。窮理盡性也。耳順。所聞皆通也。從心所欲不踰矩。則不勉而中矣。又曰。孔子自言其進德之序如此者。

聖人未必然。但爲學者立法。使之盈科而後進。成章而後達耳。胡子曰。聖人之教亦多術。然其要使人不失其本心而已。欲得此心者。惟志乎聖人所示之學。循其序而進焉。至於一疵不存。萬理明盡之後。則其日用之間。本心瑩然。隨所意欲。莫非至理。蓋心卽體。欲卽用。體卽道。用卽義。聲爲律。而身爲度矣。又曰。聖人言此。一以示學者當優游涵泳。不可躐等而進。二以示學者當日就月進。不可半塗而廢也。愚謂。聖人生知安行。固無積累之漸。然其心未嘗自謂已至此也。是其日用之間。必有獨覺其進。而人不及知者。故因其近似以自名。欲學者以是爲則而自勉。非心實自聖而姑爲是退託也。後凡言謙辭之屬。意皆放此。

箋曰。十有五而志於學。有之言又也。志字从之。非从在。心之所之。是正解。不可易者。集注念念在此。仍用在心解也。恐不可從。詩序所謂在心爲志。發言爲詩。以內外設說也。非訓詁。且志者以其趣向而言。非論日常工夫。注爲之不厭失。竅韡村先生曰。周衰。學校之政廢。孔子未必十五入大學。若謂聖人志行。恰合古者升學之年。則古者人不必皆十五入大學。十五入大學之說。出于白虎通。然是大子之禮。王子以下則異矣。注古者云云。不講可也。皇本于作於。正平本·南宗本作乎。漢石經。論衡實知篇。引作乎。此經自引詩書文外。例用於字。今此獨變體爲于。疑傳寫誤。

三十而立。漢石經。唐石經。三十二字。并書作卅。廿卅卌字。皆載說文。自古經典。及制勅表狀。皆通用之。自唐睿宗先天二年詔。凡制勅表狀書奏箋牒。年月等數。作二十三十四十字。見舊唐書本紀。立謂卓然自立。基趾既定也。不可以守論焉。古言立者。植立也。言不爲變移搖動也。有所立卓爾。可與立。於禮。不學禮無以立。不知禮無以立也。左傳。無禮無以立。孝經。立身行道。學記。強立不反。中庸。中立而不倚。強哉矯。荀子。君子愼其所立焉。皆植立不動之義也。不患無位。患所以立。己欲立而立人。知柳下惠之賢而不與立也。古詩。立身苦不早。此皆起身而貴顯之義也。夫士之窮。流離顚倒。困阨屈辱。何由而植立。故榮顯得志。亦有立身之稱。所指各殊。

四十而不惑者。前此無不有見解。然猶未瑩澈。或不免於疑惑。至此分明瑩明。無復疑惑矣。子曰。知者不惑。孟子所謂四十不動心。亦造此境也。君子所學所守自大。豈事事物物之理也哉。

五十而知天命者。蓋知天職在傳道也。左傳文十三年。邾文公卒。君子曰。知命。成四年。夫晉侯之命。在諸侯矣。可不敬乎。命字皆以命分言之。與此同。書召誥云。今天其命哲。命吉凶。命歷年。哲與愚對。是生質之貴。而皆可以爲善。則德命也。吉凶歷年。則祿命也。君子修其德命。自能安處祿命。韓詩外傳。子曰。不知命無以爲君子。言天之所生。皆有仁義禮智順善之心。不知天之所以命生。則無仁義禮智順善之心。謂之小人。漢書董仲舒傳。對策曰。天令之謂命。人受命於天。固超然異於羣生。貴於物也。故曰。天地之性。人爲貴。明於天性。知自貴於物。然後知仁義禮智。安處善。樂循理。謂之君子。故孔子曰。不知命無以爲君子。此之謂也。二文皆主德命。意以知德命。必能知祿命矣。易繫辭云。樂天知命。故不憂。是知字與樂對用。然則知者深知天命之所在。心安之。其在貧賤困阨之間。一毫無憂悶之心。是聖人仁熟之所致。所謂仁者不憂也。四十不惑知也。五十知命仁也。○集注。事物所以當然。不必言。大抵事物之理。聖賢唯其在職事而料理者。皆其用處。如禹之水。夔之樂。棄之稼穡。是也。黍稷何以秋熟。麥何以夏熟。雖后稷不能知其所以然。他並類此。

六十而耳順。史記留侯世家曰。忠言逆耳。利於行。所謂逆耳。卽耳順之反。順者不違也。舍己從人。故言入於耳無所違也。所謂善與人同。樂取於人以爲善也。學者自是其所知聞。他人之言。多違於耳。聖人之一心貫之。故耳順也。耳依篆當作耳。隷相承作耳。俗作耳。

七十而從心所欲。不踰矩。矩者。周髀算經商高曰。數之法出于方圓。圓出于方。方出于矩。荀子不苟篇。五寸之矩。盡天下之方也。楊倞注。矩正方之器也。中庸所謂不勉而中。不思而得。從容中道。與此無異者。然不勉三句。是後人稱贊聖人之語矣。若孔子之言。無是夸大。唯言耳順。謂耳無逆忤者而已。唯言不踰矩。謂無違於規矩而已。孔子以謙讓自持。人有稱己者。遜不敢當。此章既老之後。自述十五至七十之事。必不炫燿其德以示諸人。後儒解此章。率過高妙。非孔子之意也。正平本。南宗本。從心作縱心。

此夫子追憶前此經歷處約略次第說出。非自譽。非自謙。俱是一生切實說話。其意在誘迪後進。非是欲誘後進。而憑虛造學問之說也。夫以生知安行之質。而極問學之功者。孔子也。論語中夫子自叙力學之功。如好古敏以求之。吾學而不厭。學之不講是吾憂也之屬。不暇一一縷擧。古來勉學之至。孰有尙於夫子。乃謂之

不藉學之力邪。金仁山曰。聖人固是有聖人之資。然聖人又自有聖人之學。又自
有聖人之進。葛屺瞻曰。生知。如明眼人。亦必要將眼歷歷看過。方纔見得。不謂眼
明便可一覽俱盡也。安行。如健足人。亦必要將足步步行去。方纔到得。不謂足健
便可一超直至也。夫子繇志學至不踰距。其用功當亦如是。○韡村先生曰。程子
之學。主知而包行。如學而首章二說。亦可以此意求之。既主知。故謂聖人生知。無
積累之漸。其自言進德之序。爲學者立法耳。朱子闇闇爭之。因明謙辭之義。然後
聖人始爲吾無隱于汝也。予謂二程之後無朱子。則
天下之學。變爲金谿姚江。古人於其所師之道如此。

孟懿子問孝。子曰。無違。（孟懿子魯大夫。仲孫氏。名何忌。無違。謂不背於理。）樊遲御。子告之曰。孟孫問孝於我。我對曰無違。（樊遲孔子弟子。名須。御。爲孔子御車也。孟孫卽仲孫也。夫子以懿子未達而不能問。恐其失指。而以從親之令爲孝。故語樊遲以發之。）樊遲曰。何謂也。子曰。生事之以禮。死葬之以禮。祭之以禮。（生事葬祭。事親之始終具矣。禮卽理之節文也。人之事親。自始至終。一於禮而不苟。）

其尊親也至矣。是時三家僭禮。故夫子以是警之。然語意渾然。又若不專爲三家發。
者。所以爲聖人之言也。胡氏曰。人之欲孝其親。心雖無窮。而分則有限。得爲而不爲。
與不得爲而爲之。均於不孝。所謂
以禮者。爲其所得爲者而已矣。

箋曰。左昭七年傳。初僖子從昭公如楚。不能相禮。及歸乃講學之。其將死也。召其大夫曰。禮人之幹也。無禮無以立。吾聞將有達者。孔丘聖人之後也。我若獲沒。必屬說與何忌於夫子。使師事之而學禮。故孟懿子與南宮敬叔。師事仲尼。孟僖子即仲孫貜。昭十一年。孟僖子反自祲祥。生懿子。昭二十四年。僖子卒。懿子年纔十四歲。樊遲少孔子四十六歲。其生也後僖子卒三年。樊遲能御。則又多歷年所。先儒謂在魯人以幣召還夫子之後。魯人之召。在哀十一年冬。清之戰。樊遲爲右。亦哀十一年也。懿子嘗師事孔子。而弟子傳不列其人何也。孔子用魯。使子路爲季氏宰墮三都。於是叔孫墮郈。季氏墮費。此正聖人行道之會。獨孟懿子聽小人公斂陽之謀。不肯墮成。是孔子不得卒行其道於魯者。懿子實沮之。負其師並負其父矣。此誠宜在擯棄之列耳。

無違者。無違於親之心也。僖子沒已久。而何忌乃問孝。夫子云無違。不過即其父垂沒所命。以敎其子。爾順親之心。非必生事之日也。即親不在而無能改于其命。亦是順親之心矣。否則僖子墓木已拱。夫子亦不當言死葬矣。說者或因下有事之以禮三句。於無違二字。一味含糊。果然夫子當日與孟孫面語。毫無落着。孟孫豈有不問之理。漢石經作毋違。論衡問孔篇。亦作毋違。士昏禮注。古文毋作無。

樊遲御。樊遲齊人。蓋以邑爲氏者也。家語。樊遲少孔子四十六歲。史記。少孔子三十六歲。當以家語爲是。樊遲事於經籍不多載。惟左氏清之役一見而已。季孫曰。須也弱。有子曰。就用命焉。以曲禮二十曰弱例之。樊遲之齒尚少。孔子卒於哀公十六年。三刻踰溝。乃十一年事。孔子年六十九歲矣。遲少四十六歲。則是時二十三歲。故曰弱也。史記作三係。三字之誤。四十字古作卌。三十字古作卅。形相近。故往往相訛。御猶曲禮御食于君之側之御。御車之說。不如侍御之說安。詩行葦。授几有緝御。箋云。御侍也。六月。飲御諸友。箋同。儀禮大射儀。士御於大夫。注。御猶侍也。韓非子內儲說。王與鄭袖美女三人坐。袖因先誡御者曰。王適有言。必亟聽從王言。又齊中大夫有夷射者。御飲於王。又曰。吳起出遇故人。而止之食。故人曰諾。令返而御。左傳。寡君乏使。使鍼御持矛。杜注。御侍也。呂覽月令。三公九卿諸侯大夫皆御。高誘注。御侍也。愛士篇。董安于御於側。知士篇。於是舍之上舍。令長子御。高注。御御侍也。新序。召衛鞅。甘龍。杜摯三大夫。御於君。古書中其證極多。

孟孫問孝於我。說文。孟長也。魯孟氏爲桓公子。公子慶父之後。又稱仲孫者。

死葬之以禮。說文。死澌也。人所離也。葬臧也。從死在茻中。一其中。所以藉之。今隷變作死作葬。以禮。意主裁抑當時三家僭禮。故告之以此。

崔述曰。集註云。無違謂不悖於理。又云。夫子以懿子未達而不能問。恐其誤會而以從親之令爲孝。故語樊遲以發之。余按。聖人之告人。無不盡心者。旣恐懿子誤會無違之義。則何不直告以生事之以禮云云。而故藏而不發。以待再問。及不能問。又語樊遲以啓其問。而暢其旨。冀樊遲之轉以告懿子。一何其不憚煩乎。懿子魯大夫也。齊師在淸。季康子欲使其宰冉求與二子言。使俟於黨氏之溝。蓋家臣與大夫言。若斯之難也。況於樊遲年益少位益卑。何由得見懿子而告之乎。子曰。事父母幾諫。見志不從。又敬不違。謂不違於親也。恐此章之所謂無違者。卽謂體親之心。成親之志。非有他也。蓋僖子生平好禮者也。不能相禮則病之。苟能禮則從之。及其將沒。尙諄諄焉屬其大夫。使其二子學禮於孔子。爲之子者。但體此心。成此志。而無違焉。於生事葬祭。無一不合於禮。以妥其神而慰其意。是之謂孝焉已耳。故曰。孝者善繼人之志。善述人之事者也。然則孔子此言。已無不發之蘊。懿子不必再問。孔子亦不必申言也。行之焉已耳。

俞樾曰。正義云。不卽告孟孫者。初時意在簡略。欲使思而得之也。必告樊遲者。恐孟孫以爲從父之令是無違。故告於樊遲。將使復告孟孫也。愚按。此非聖人之意。夫聖人敎人。自宜詳盡。豈有故示簡略。使人尋繹其言外之旨。如晉人之淸談者乎。孟孫不能復問於夫子。安能更問於樊遲。夫子不能直達於孟孫。樊遲安能轉達於孟孫。以愚言之。孟懿子問孝。子曰無違。此正是敎懿子以從親之令。蓋懿子是僖子之子。孟僖子是魯賢大夫。懿子嗣立。必有不能謹守僖子之敎者。故夫子以無違告之。果使懿子終身不改其父之臣父之政。是亦可爲保家之主矣。然此爲懿子一人言也。聖賢垂訓。必爲天下萬世計。天下之爲人子者。豈能皆有賢父乎。若槪以從父爲孝。而聖人此言轉有流弊矣。故語樊遲。而發生事死祭葬之論。使知無違。謂不違禮也。此爲天下萬世言也。然聖人之言。理本一貫。其父果賢。所爲必無不合禮。則不違父亦仍是不違禮。初非兩橛也。

龔元玠曰。考孟僖子於昭公七年。從公如楚。過鄭不能相儀。及楚不能答郊勞。九月歸。以不能相禮爲病。乃講學之。苟能禮者從之。至二十四年。懿子與敬叔年十三。僖子將卒。召其大夫。屬二子。學禮於孔子。以定其位。懿子嗣爲大夫。喪中未命。昭公出奔。連年在外。亦未及命。定公元年。懿子城成周。還。年二十二歲。定公始命爲卿。偕其弟敬叔。遵父遺命。師事孔子。問孝應在此年。孔子稱僖子能補過。可則效。則於伊子問孝。勉以無違。乃父學禮之命。所必然也。況末節三禮字。正與僖子所言禮相應乎。故無違。斷指無違僖子之命言。非不背於理之謂也。曰生事葬祭之禮。願言其目。曰生事能如曲禮內則。人子之儀節。則已合禮矣。更能盡幾諫之道。使其親不少違禮。則更盡禮矣。葬則不設撥。不僭桓楹。及如栢椁一重。遣包五个。遣車五乘。二綍二碑之類。祭則如五鼎四佾。不以雍徹之類。教其無違。乃父學禮之命。儆叔季二家之僭在其中矣。

孟武伯問孝。子曰。父母唯其疾之憂。武伯。懿子之子。名彘。言父母愛子之心。無所不至。唯恐其有疾病。常以爲憂也。人子體此。而以父母之心爲心。則凡所以守其身者。自不容於不謹矣。豈不可以爲孝乎。舊說。人子能使父母不以其陷於不義爲憂。而獨以其疾爲憂。乃可謂孝。亦通。

箋曰。武伯懿子之子仲孫彘也。武謚也。伯長也。武伯於兄弟次爲長。故稱伯也。說文。𢝊愁也。憂和之行也。二字義別。經典多叚憂爲𢝊。又隸變作憂。馬融曰。言孝子不妄爲非。唯疾病然後使父母憂。此是正面。朱注言。父母愛子之心。無所不至。唯恐其有疾病。常以爲憂也。此是對面。然此是言孝。不是言慈。乃單言親愛子之心何也。豈不以事孰爲大。事親爲大。守孰爲大。守身爲大。彼紈袴之子。淫酗之習。安能知此意。第既來問孝。則尙知有親。而夫子即此一隙通之也。

一齋曰。父母逗住。其字指父母言。人子於父母。唯其疾之可憂。在平時能防護之。凡有孝養。無不從而舉也。試推言之。一衣不給。足以致疾。一食不調。足以致疾。一動一靜之不節。一寢一興之不時。皆足以致疾。不但此也。爲子者操行不慎。貽累父母。使其勞念不已。亦足以致疾矣。故人子常以父母致疾爲深憂。則其於溫凊奉養。必皆得其宜。而其平日所以守其身者。亦自不容於不愼矣。此說亦通。

尹彥明曰。父母唯其疾之憂者。疾病人所不免。其遺父母憂者。不得已也。張欽夫曰。人子以父母之心爲心。舍有疾之外。其他無以憂其親。則其一舉足一出言之不敢忘可知矣。然而不幸而遇疾可也。若所以衞養者不謹。自取疾疢。以貽親憂。則亦爲非孝也。金履祥曰。左氏云。哀公與三家始有惡。遇武伯於塗。問之曰。吾得死乎。曰予不知。武伯之爲人。其傲暴之氣如此。於君猶然。況他事乎。夫子答之曰。使父母但以其疾爲憂焉。斯亦孝矣。其辭氣之閒。自有餘味。所謂舉一隅之教。初非不了之語。吳英曰。人子欲孝于親。先常知父母憂子之心。而能使父母之心以爲此子可無憂其妄爲不義。而但憂其有疾。可謂孝矣。然則謹疾之意。自在其中。而不待言矣。凡不待言而自在其中者。人亦自能曉喩我意也。不煩明言也。然不妄爲非。既已不使父母憂矣。而于疾病。則猶獨憂此。而孔子不謂幷此無使憂者。不妄爲非。可自主者也。疾病雖謹疾。而難自主者也。故曰唯其疾之憂也。然疾病固非人所及。而既能不妄爲非。自必無不能謹疾。然則孔子何不直曰能使父母。無憂其陷于不義。乃可謂孝。而必隱約其辭。曰唯其疾之憂云者。亦只言之道也。武伯雖後生小子。然爲本國之貴戚大臣之胄。未可遽斥之。謂妄爲不義也。侗庵曰。子游問孝。子曰。今之孝者是謂能養。繼之以不敬何以別乎。子夏問孝。子曰。色難。繼之以曾是以爲孝乎。其他答問。莫不詳明周匝。今告武伯。惟止於父母愛子之一偏。而未嘗及子愛父母之事。殆類歇後語。惟是明敏聰悟之士。方能了其深旨。恐非武伯粗苯所克辨。聖人誨豈如是之迂廻乎。此諸說皆祖馬氏者也。父母愛子無所不至。他可憂者莫不憂。而不比於憂疾之尤切。武伯生長於富驕。縱欲不自檢節。每自招疾病之人矣。故告之以此也。若稟受虛弱而多病者。孔子亦不必不以此爲教。況於才學者乎。

子游問孝。子曰。今之孝者是謂能養。至於犬馬。皆能有養。不敬何以別乎。養去聲。別彼列反。子游。孔子弟子。姓言名偃。養謂飲食供奉也。犬馬待人而食。亦若養然。言人畜犬馬。皆能有以養之。若能養其親而敬不至。則與養犬馬者何異。甚言不敬之罪。所以深警之也。○胡氏曰。世俗事親。能養足矣。狎恩恃愛。而不知其漸流於不敬。則非小失也。子游聖門高弟。未必至此。聖人直恐其愛踰於敬。故以是深警發之也。

箋曰。下篇子夏稱言游。又子游答夫子。稱偃之室。是姓言。名偃也。說文。游旌旗之流。從㫃汓聲。漢石經。於子張篇作子斿。斿即游省。游從㫃。說文。㫃旌旗之游。㫃蹇之皃。從屮曲而垂下。㫃相出入也。讀若偃。是㫃偃聲同。古人名㫃字游。若晉籍偃。荀偃。鄭駟偃。及此言偃。皆字游。本皆作㫃。叚偃字爲之。今之孝者是謂能養者。今

之孝。雖如泛指、而意實切子游身上。是字斷辭。猶言今之所謂孝者。名之曰能養
也。祭義云、亨孰羶薌、嘗而進之、非孝也。養也。又曰、衆之本教曰孝。其行之曰養。養
可能也。敬爲難。此皆明飲食奉養之不足爲孝也。當孔子時、禮敬之道日衰、人唯
知進飲食養其親、以爲能孝於其親、而不知此特養其身體耳。故曰、今日世人所
稱爲孝者、此可爲能養其親、而不足爲孝也。至於犬馬皆能有養者、至於二字、只
是以犬馬之至賤、別乎人之辭。下句皆字、獨繫犬馬、而不包他。毛奇齡曰、今第以
養爲能事。若論養、匪特子能之、卽犬馬皆能之也。彼所不足者、獨敬耳。或疑、犬馬
焉能養人。舊註犬以守禦、馬以負乘、皆養人者。逸書云、諸橫生盡以養諸縱生。橫
生指畜、縱生指人。養者服侍之謂也。先仲氏曰、養有二義。一是飲食、一是服侍。曾
子養曾皙、必有酒肉。此飲食也。若儀禮既夕禮、養者皆齋。文王世子、豎言疾則世
子齋。玄而養。此侍疾也。世無疾困饗飲食者。至檀弓事親左右就養、註作扶持。及
事君事師、亦曰就養、則未聞君就食于臣、師可往教。如近世延師供饍者。然從知
養之爲奉侍、非飲食也。故鄭康成註、就養有方、謂不侵官。而孔穎達引春秋欒鍼
御晉侯、事以明之。謂欒書帥師、雖君車陷淖、而代御救君、謂之侵官。此正釋養最
親切處。若孝經親生之膝下、以養父母、則初生孩幼、豈供菽水。所謂承歡、卽養也。
故養上有二義、飲食與奉侍是也。養下亦有二義、撫育與乳哺是也。未有學養子、
乳哺也。以善養人、中也養不中。非乳哺也。養物亦然。食而弗
愛、餵飼也。莊生養木雞、孟子養貳棘、非餵飼也。史厮養、都養、皆作服侍解。
徐仲山曰、犬馬能事人、故曰能。若人養犬馬、何能之有。幾見有人而不能餵畜者
乎。唐李嶠爲獨孤氏請陪昭陵合葬母表云、犬馬含識、烏鳥有情。寧懷反哺、豈曰

能養。則在唐時。皆以犬馬比人子。以能養爲能奉侍親。故馬周上疏有云。臣少失父母。犬馬之養。已無所施。此皆釋經之顯見于章疏者。張南士曰。古罕譬曲喩。皆有倫類。儗非其倫。古人所禁。豈有斥親爲犬馬。而可以出口語立文字者。鄭子家以畜老比君。遂成弑逆。齊鮑牧斥先君豎牛。終是奸黨。豈聖人告人。而肯出此。不敬何以別乎。敬本在養外。就養內有一段眞意崇奉。視無形。聽無聲。便是敬。何以別乎。言孝之與養不可別也。坊記子云。小人皆能養其親。君子不敬何以辨。注云。辨。別也。與此經相發。漢石經。別下無乎字。句法亦與坊記合。蓋今之孝者。坊記所謂小人。謂世俗庸衆也。言世之所謂孝者。不過養其親。君子孝親之道。須當以敬爲主。至於犬馬皆能有養。則今之僅能養父母。不足以爲孝明矣。故君子事親。而不敬之。何以與小人唯養其親相別異乎。別下宜補今之孝者四字看。

子夏問孝。子曰。色難。有事弟子服其勞。有酒食先生饌。曾是以爲孝乎。食音嗣。色難。謂事親之際惟色爲難也。食。飯也。先生。父母也。饌。飮食之也。曾。猶嘗也。蓋孝子之有深愛者。必有和氣。有和氣者。必有愉色。有愉色者。必有婉容。故事親之際。惟色爲難耳。服勞奉養。未足爲孝也。舊說承順父母之色爲難。亦通。○程子曰。告懿子。告衆人者也。告武伯者。以其人多可憂之事。子游能養。而或失於敬。子夏能直義。而或少溫潤之色。各因其材之高下。與其所失。而告之。故不同也。

箋曰。色難。猶曰色爲難也。色見於面者。祭義云。孝子之有深愛者。必有和氣。有和氣者。必有愉色。注云。愉。顏色和貌也。呂覽孝行篇云。和顏色。說言語。敬進退。養志之道也。此其義也。色難。不說色應如何。應如何便有摹擬。可摹擬便未爲難矣。隨時易地。其道無方。舜之齊慄。有齊慄之難。老萊之嬉笑。有嬉笑之難。中有一分孝。外便有一分之色。自然流露。無可揜著。難處原不在色。不在色。色之所以難也。溫寶忠。母夫人。舉此句爲訓。曰。性急人烈烈轟轟。凡事無不敏捷。只父母前。一味自張。自主氣質。使父母難當。性慢人落落托托。凡事好占便宜。只父母前。一副不痛不痒面孔。亦使父母難當。此言雖淺。可以喩深。上章主敬。此章主愛。二德足以盡孝矣。包注。承順父母顏色。乃爲難。此說非也。孔子之荅。卽接問辭。故直曰色難。則自見其爲人子之色矣。言人子之色。則承順之意。自在其中。而不待言矣。若單言承順父母之色。則與問辭逆。從對面相接。豈可直曰色難。豈能使聞者知其謂承順父母之色邪。皇疏引顏延之云。夫氣色和則情志通。善養親之志者。必先和其色。故曰難也。此顏氏所謂色。亦正言人子之色。爾而皇氏則以爲亦指父母之色。原其意。殆以爲人子之色子自爲主。不當言難。父母之色。雖孝子不可必。故曰難也。然惟子自爲主。故爲孝者之所當自盡。惟父母之色不可必。故人子有養志之道。如但曰承順而已。保毋有違道阿意。爲世俗之孝者歟。

有事弟子服其勞。此以下。是人子之常事。未足爲孝也。有事者。言家中有役使之事也。服。如詩噫嘻亦服爾耕之服。謂服役其勞苦之事。謂之服者。如衣服之在身。任其事不去身也。年幼者爲弟子。年長者爲先生。皆屬人子言之。憲問篇見其與先生並行也。包注。先生成人。皇疏謂先己之生。可互證。饌具也。說文。籑。具食也。或作饌。从巽。有事則幼者服其勞。有酒食則長者共具之。言若有酒食滋味可進者。則長者必先供之於父母也。內則曰。男女未冠笄者。昧爽而朝。問何食飲矣。若已食則退。若未食則佐長者視具。鄭注。訓具爲饌。長者卽先生也。論語言弟子者七。其二皆年幼者。其五謂門人。言先生者二。皆謂年長者。服勞卽奉侍之養也。酒食。卽飲食之養也。

曾是以爲孝乎。說文。曾詞之舒也。季子然問章。曾由與求之問。集注。曾猶乃也。可以爲據。曾從嘗義。則汝前此嘗是以爲孝乎。以時言。從乃義。則乃是以如斯之行爲孝乎。以理言。其旨的切。大雅曰。曾是彊禦。曾是掊克。曾是在位。曾是在服。皆與本文同一語氣。而皆從乃義。不可解爲嘗。尤爲確證。曾謂泰山不如林放乎。孟子。爾何曾比予於管仲。亦與此同義。趙注孟子曰。何曾猶何乃也。是也。

孔門之學。耑在躬行。門人問目。皆擧己所當爲質之。非如後人執經叩問。故夫子之答之。亦人人異。大抵皆矯偏救弊。裁長補短。以歸諸正而已。譬猶良醫對症處劑。症人人異。故劑亦人人異。懿子・武伯・子游・子夏所問同而答各不同。亦可以想當時之學。

子曰。吾與回言。終日不違如愚。退而省其私。亦足以發。回也不愚。回。孔子弟子。姓顏。字子淵。不違者。意不相背。聽受而無問難也。私。謂燕居獨處。非進見請問之時。發。謂發明所言之理。愚聞之師曰。顏子深潛純粹。其於聖人。體段已具。其聞夫子之言。默識心融。觸處洞然。自有條理。故終日言。但見其不違。如愚人而已。及退省其私。則見其日用動靜語默之間。皆足以發明夫子道。坦然由之而無疑。然後知其不愚也。

箋曰。吾與回言爲句。此章重回之不違。不重夫子之言。暫時不違。自他弟子固有之。惟終日不違。方疑於愚。參觀終日不食。終夜不寢等語。當以終日不違如愚爲句。或引群居終日。言不及義。飽食終日。無所用心爲證。終日二字屬上爲句。然彼亦謂飽食群居。終日之久。而言不及義。無所用心。與此章終日之久。而不違如愚。語氣全同。仲尼弟子列傳。顏回者魯人也。說文。𥅡下云。回古文囘。囘淵水也。淵下云。囘水也。從水象形。左右岸也。中象水貌。此顏子名字所取義。

終日不違如愚。違者有所違難也。於孔子之言。聞而卽解。故唯有聽受。而無所復怪問疑難也。終日二字。下面神理俱從此生。若謂夫子與言時。非卽心異顏子。天下豈有對愚人。而終日與言者。然謂夫子與言。便早已知其足發。則不但退省無庸。卽如愚二字。亦成剩語矣。

退而省其私。省察也。退猶罷也。董仲舒傳。臨淵羡魚。不如退而結網。臨政願治。不如退而更化。用字例可見。此謂去其座之後。不全係孔子。然省者從孔子省也。則退亦屬孔子可也。私爲私語。左傳文四年。使行人私焉。襄十六年。國子使晏平仲私於叔向。私字與此同。不必言燕居獨處。其在門下。與諸子講明討論者。皆是私矣。如子夏告樊遲。舜選於衆。舉皋陶。曾子告門人忠恕而已矣。是其類也。

亦足以發。者。發明所言之理。固是發。發揮言外之理。亦是發。

回也不愚。皇本愚下有也字。如愚不愚二句。如初實不知而後來乃知之者。此是言語之道。卽是文章之抑揚矣。古人言語與文章不相遠。春秋傳可徵。通是贊詞。不是疑詞。退省是師門定理。燕私是學者常事。並非疑其愚而後爲此。此顏子始學於孔子。孔子歎其銳敏而稱之也。或以爲論顏子終身之業。非此章之旨也。

子曰。視其所以。以爲也。爲善者爲君子。爲惡者爲小人。觀其所由。觀比視爲詳矣。由從也。事雖爲善。而意之所從來者有未善焉。則亦不得爲君子矣。或曰。由行也。謂所以行其所爲者也。察其所安。察則又加詳矣。安所樂也。所由雖善。而心之所樂者。不在於是。則亦僞耳。豈能久而不變哉。人焉廋哉。人焉廋哉。焉於虔反。廋所留反。焉何也。廋匿也。重言以深明之。○程子曰。在己者能知言窮理。則能以此察人如聖人也。

箋曰。視其所以。以用也。如則何以哉之以。以者。人之所挾而用也。春秋傳曰。左右之曰。以亦同。凡人行事。君子有君子作用。小人有小人作用。程伯子沿古注曰。視其所以。以用也。所爲也。集注蓋本於程子。然程子釋以爲用。一轉爲所爲。良無間然。集注直解以爲爲。恐不免牽強。漢書東方朔傳。董偃懼曰。憂之久矣。不知所以。注。師古曰。以用也。不知用何計也。此又一證。

觀其所由。視直視也。觀廣瞻也。觀比視爲周遍。察比觀爲精細。由是由戶由道之由。以者。即日所爲之事是也。由者。其人平素所由而行之道是也。蓋一時所爲。不可以概其平生。故既先視其所爲。而又觀驗之於其所由也。集注。釋由爲意之所從來。恐不然。

察其所安。察者精細伺察也。如中庸文理密察之察。安者謂意之所安也。蓋其人平生之所由。或有出於不得已而矯已之爲。其迹有所避。而不得行用。故又察其所安之微也。夫人行一善。有不爲利疚。不爲威惕者。有畏首畏尾。身其餘幾者。有既行而無怨悔者。有既行而旋已自悔。且尤人者。人同此一過。有寢不安席。食不甘味者。有自訟者。有自悔者。有因而自棄者。有自以爲得者。有恬然不以爲事者。不安於善則不保其往矣。行善而安之。則善日進。有過而安之。則惡日積。不在小大。在其所安。不可不察也。集注。釋視所以。兼言善惡。而所由所安。單就善上觀察。恐不妥。所以既兼善惡。則所由所安。亦必有善惡可觀察。

人焉廋哉。人焉廋哉。廋。方言隱也。說文作庾。隸變廋。廋匿義。即倉庾字之引申。古同音同字。重言之者。見不特眞僞之情不能遁。即安勉之分。亦不得遁也。不特浮淺之人不能逃。即深沈之輩。亦不容逃也。孟子稱觀人之法。亦曰。聽其言也。觀其眸子。人焉廋哉。謂不能掩蔽其心情也。漢石經。人焉廋哉下句無哉字。當是連上爲句。與禮乎禮。微乎微。同一句法。

三其字。是兩人字現相處。三所字是兩廋字藏身處。

聖人於待人處。便極盡長厚。於觀人處。便極盡詳審。

子曰。溫故而知新。可以爲師矣。

溫尋繹也。故者。舊所聞。新者。今所得。言學能時習舊聞。而每有新得。則所學在我。而其應不窮。故可以爲人師。若夫記問之學。則無得於心。而所知有限。故學記譏其不足以爲人師。正與此意互相發也。

箋曰。中庸溫故而知新。鄭注。溫讀如燖溫之溫。儀禮有司徹。乃燅尸俎。鄭注。燅溫也。古文燅皆作尋。記或作燖。春秋傳曰。若可尋也。亦可寒也。廣雅釋詁。溫煗也。山海經。大荒東經。有谷曰溫源谷。郭注。卽湯谷也。鄭注中庸。讀溫如燖溫者。燖有重義。言重用火爚之。卽爲溫也。說文。尋繹理也。謂紬繹理治之也。此尋讀本字。故集注以尋繹連文。然溫無繹理之訓。溫爲尋者。尋與燖同。卽與燖同。不謂繹理也。故訓古者。說文。古故也。詩烝民之古訓。卽詩傳之故訓。孔氏禮記叙曰。博物通人。知今溫古。攷前代之憲章。參當時之得失。則故亦作古矣。鴻按。溫故與知新兩事而一理。故以以字串之。知新固有從溫故中得也。夫博通典籍。而不能溫之。則其所得冷炙耳。殘肴耳。古人之糟粕耳。但能溫之。去生就熟。化腐爲新。揆諸今日。而弗悖焉。通時務。而適世用。是之謂活用之學。其然。乃可以爲師。而無賊夫人之子矣。論衡謝短篇曰。知古不知今。謂之陸沈。知今不知古。謂之盲瞽。溫故知新。可以爲師。古今不知。稱師如何。又別通篇云。守信一學。不能廣觀。無溫故知新之明。漢書成帝紀陽朔元年詔云。儒林之官。宜皆明於古今。溫故知新。百官表云。以通古今。備溫故知新之義。以上四文。以通知古今爲說。此意亦須兼講。

可以爲師矣。文王世子云。師也者。教之以事。而喩諸德者也。古者家塾黨庠。師無定立。伏生書傳謂。大夫士年七十致事。大夫爲父師。士爲少師。以其爵爲之差。卽是以其德爲之差也。孔子時。大夫士不必有德。故致事後。有不爲師。或有不學而安居師位者矣。學記云。記問之學。不足以爲人師。問聞通。大雅宣昭義問。亦不隕厥問。皆是也。故解者或釋爲記聞之學。然問答之問。與聞見之聞不同。不必以記問爲記聞。記是記憶。記憶其所已知也。問是請問其所未知也。記者記憶一事。不能推之他事。問者請問一事。不復及他事。所以固滯狹陋。而不足爲人師也。若夫中庸之審問。論語之切問。則皆就己身心上發問。故其進益無窮。不可與記問之問同日而語也。

子曰。君子不器。器者。各適其用。而不能相通。成德之士。體無不具。故用無不周。非特爲一材一藝而已。

箋曰。君子成德之稱。才德兼備。能運用所學。不至於固滯。其於世用。無所不適。不似器物之僅充一偏之用。故云不器。言不如器之不得相通也。學記。大道不器。注云。聖人之道。不如器施於一物。正義曰。器謂物堪用者。夫器各施其用。而聖人之道弘大。無所不施。故云不器。

子貢問君子。子曰。先行其言。而後從之。周氏曰。先行其言者。行之於未言之前。而後從之者。言之於既行之後。○范氏曰。子貢之患。非言之難。而行之難。故告之以此。

箋曰。漢石經。貢作贛。其言。即君子之言。以既從後追言之耳。本文將言字縮入行字。正見君子先行其所言。下句不說言。只說從之。以言字已見上句了。從之之字。

卽行字。正見君子而後言其所行。夫子之言。專爲砭子貢多言而發。故極其嚴。蓋欲說忠信孝弟。必先行忠信孝弟於身。說齊家治國。必先奏齊家治國之功。其他百事皆然。先有急意。後有緩意。非後必言之。

子貢問君子之人。夫子卻言君子之言。最重其言二字。故須提出其言二字。然後先行後從。有着落也。

子曰。君子周而不比。小人比而不周。比必二反。周普徧也。比偏黨也。皆與人親厚之意。但周公而比私耳。○君子小人所爲不同。如陰陽晝夜。每每相反。然究其所以分。則在公私之際。毫釐之差耳。故聖人於周比和同驕泰之屬。常對舉而互言之。欲學者察乎兩間。而審其取舍之幾也。

箋曰。經傳言小人有二義。一謂微賤之人。一謂無德之人。此則無德者也。但論語中小人。皆非很壞。此小人亦勿說很壞。故困勉錄云。忘富貴而不能忘功名。則附和之說起。尙聲華而不尙恬靜。則標榜之局成。甚說得細也。夫子惡似是而非。故於周比和同泰驕及巧言令色足恭鄉原。皆必辨之。所以正人心。而凡知人之術。官人之方。皆必辨乎此矣。

忠信爲周。見于左傳及魯語。毛詩皇皇者華。都人士傳用之。但謂忠信以爲周之本。則可謂周卽忠信。卽與此章不相涉。君子愛一人而衆人得其利。惡一人而衆人免其害。小人愛一人而衆人受其害。惡一人而衆人失其利。故周字訓普偏也。忠信則能親愛人。故周又訓爲親。爲密。爲合。哀十六年周仁之謂信。杜注。周親也。文十八年。是與比周。杜注。周密也。離騷。雖不周於今之人兮。王逸章句。周合也。是也。說文。比密也。夏官大司馬。比小事大。以和邦國。鄭注。比猶親也。吳語。今王播棄黎老。而孩童焉比謀。韋注。比合也。是周與比皆訓爲親。爲密。爲合。但周者惟善之取。而不論所趨之異同。便是普偏。比者惟合之與。而不觀所由之是非。便是偏黨矣。周比從接物上見。和同從共事上見。驕泰從處己上見。

此章以比周之別。爲君子小人之辨。周爲吉德。比爲凶德。而易比卦。里仁篇。君子之於天下也。義之與比。則比又爲吉德。文十八年左傳。帝鴻氏有不才子。好行凶德。醜類惡物。頑嚚不友。是與比周。及荀子儒效。强國。韓非有度。備比所謂比周。則又比周並爲凶德。蓋無一定也。

子曰。學而不思則罔。思而不學則殆。不求諸心。故昏而無得。不習其事。故危而不安。○程子曰。博學。審問。愼思。明辨。篤行。五者廢其一。非學也。

箋曰。學者。規則乎先哲。效其所爲也。讀書講求。亦皆此物也。荀子勸學。誦數以貫之。思索以通之。若唯學而無思。索其義。則罔然無所得。而事竟不明暢。學不爲之用矣。思而不學。雖竭心力爲之。而不能符乎先哲中正之道。無知妄作。智巧百出。動則易生蹉跌。恐或危身。夫子嘗言。不食不寐以思。無益。不若學也。徒學徒思皆無益於事也。子夏言博學近思。中庸言博學愼思。是學思不可偏廢。故此章兩言其失。

少儀云。衣服在躬而不知其名爲罔。鄭注。罔猶罔罔無知貌。列子周穆王篇。秦人逢氏有子。壯而有迷罔之疾。文選東京賦。罔然若醒。薛注。罔然猶惘惘然也。正平本・南宗本罔作冈。

子曰。攻乎異端。斯害也已。

范氏曰。攻。專治也。故治木石金玉之工曰攻。異端非聖人之道。而別爲一端。如揚墨是也。其率天下至於無父無君。專治而欲精之。爲害甚矣。○程子曰。佛氏之言。比之楊墨尤爲近理。所以其害爲尤甚。學者當如淫聲美色以遠之。不爾則駸駸然入於其中矣。

箋曰。說文。攻擊也。攻其惡。無攻人之惡。先進篇。小子鳴鼓而攻之可也。皆攻擊之義。說文。耑物初生之題也。端直也。二字義別。今經傳多叚端爲耑。耑頭也。凡事有兩頭。謂之異端。司馬相如封禪文曰。五三六經載籍之傳。維是可觀也。豈不善始善終哉。然無異端。愼所由於前。謹遺教於後耳。董仲舒傳賢良策曰。或曰良玉不瑑。又曰。非文無以輔德。二端異焉。韓詩外傳曰。別殊類。使不相害。序異端。使不相悖。蓋異端者各爲一端。彼此互異。漢世儒者以異己者爲異端。尙書令韓歆上疏。欲立費氏易・左氏春秋。范升曰。費左二學。無有本師。而多反異。孔氏曰。攻乎異端。斯害也已。此以習左氏者爲攻乎異端。陳欽稱左氏孤學少與。遂爲異家之所覆冒。升以習左氏者爲異端。欽又以仟左氏者爲異端。惟賈逵通五經之說。奏曰。三代異物。損益隨時。故先帝博觀異家。各有所採。易有施孟。復立梁邱。尚書歐陽復有大小夏侯。今三傳之異。亦猶是也。又袁紹客多豪俊。並有才說。見鄭康成儒者。未以通人許之。競設異端。百家互起。康成依方辨對。咸出問表。皆得所未聞。莫不嗟服。可以爲證。已助語。學而篇。可謂好學也已。雍也篇。可謂仁之方也已。述而篇。其餘不足觀也已。陽貨篇。其終也已。子罕篇。雖欲從之。末由也已。皆一例語詞。皇本已下有矣字。正平本南宗本同。郝敬曰。小知之士。不能通方。偏執爾我。分頭別緒。自謂防微杜漸。動而相攻。彼端方隱。我先駭異。彼見我異。甘心異我。毫釐之罅。遂成大隙。矛盾冰炭。而世道瓦裂矣。大抵天下無不同之道。而其端起于自異。天下有不必同之端。而其害生于相攻。曰斯曰已者。言其速而甚也。夫善養而潛移之。猶可以化異而爲同。易道尚包荒。聖人不爲已甚。如南子互鄉陽貨原壤輩。豈曰不異。彼注其耳目。則聖人皆孩之。故曰鳥獸不可同群。吾非斯人之徒而誰與。小人有才。小道可觀。用之則皆吾資。而攻之則皆吾敵矣。此義不明。漢唐以下儒者。動以攻異端爲正學。其流弊至于黨錮禍起。宗社生靈受殃。經術不明。所係大哉。

子曰。由。誨女知之乎。知之爲知之。不知爲不知。是知也。

女音汝。由。孔子弟子。姓仲。字子路。子路好勇。蓋有強其所不知以爲知者。故夫子告之曰。我敎女以知之之道乎。但所知者則以爲知。所不知者則以爲不知。如此則雖

或不能盡知。而無自欺之蔽。亦不害其爲
知矣。況由此而求之。又有可知之理矣。

箋曰。由弟子。姓仲名由。字子路。皇本。女皆作汝。凡之字指辭。而所指率在上。獨論語上無所指而用焉者甚多。如雍也篇。以約失之者鮮矣。知之者不如好之者。述而篇。我非生而知之者。蓋有不知而作者。泰伯篇。民可使由之。不可使知之。子罕篇。仰之彌高。鑽之彌堅。語之而不惰者。子路篇。鄉人皆好之何如。衛靈公篇。衆惡之必察焉。知及之仁不能守之。季氏篇。生而知之者上也。皆是。皇本。不知下有之字。

是知也。知平聲。能知其不知。亦知之也。吳英曰。集注云。如此則雖或不能盡知。而無自欺之蔽。亦不害其爲知矣。況由此而求之。又有可知之理乎。此說非也。啓口卽曰誨汝知之。則此章爲求知之方可知也。求知之方。秖在不强不知爲知。而先云知之爲知之者。猶謂不必謙讓。欲以剖別于所不知者爾。是知也。直接上文。與是丘也是禮也。文法正同。則集注由此而求之。有可知之理云云。正當直接則以爲不知之下。縱使欲插入無欺之義。亦宜云此於無自欺之道固然。而求知之法。卽此而在矣。安得有亦不害其爲知矣一語。又安得有況字又字歟。以不害其爲知矣而言。此章敎子路。敎其新知。而集注謂守其已知。毋乃適成其終身誦之歟。以況又而言。明明曰誨汝知之。則進學在致知。是此章本旨。而集注反以爲餘意。毋乃不合歟。

如子路使門人爲臣。及有民人焉有社稷焉。何必讀書然後爲學。有是哉子之迂也。奚其正之類。皆子路以不知爲知之事也。仲氏之賢。猶以不知爲知者。秖是自信之過。據此章。誠意之功。竟在致知之先。而大學不然者。蓋人若不致知。而第誠意。則其不欺處。卽自欺處而不覺也。解此則子路之病。夫子之藥。皆有着落矣。

子張學干祿。子張孔子弟子。姓顓孫。名師。干求也。祿仕者之奉也。**子曰。多聞闕疑。愼言其餘。則寡尤。多見闕殆。愼行其餘。則寡悔。言寡尤。行寡悔。祿在其中矣。**行寡之行。去聲。呂氏曰。疑者所未信。殆者所未安。程氏曰。尤。罪自外至者也。悔理自內出者也。愚謂。多聞見者學之博。闕疑殆者擇之精。愼言行者守之約。凡言在其中者。皆不求而自至之辭。言此以救子張之失而進之也。○程氏曰。修天爵則人爵至。君子言行能謹。得祿之道也。子張學干祿。故告之以此。使定其心而不爲利祿動。若顏閔則無此問矣。或疑如此亦有不得祿者。孔子蓋曰。耕也餒在其中。惟理可爲者爲之而已矣。

箋曰。弟子姓顓孫。名師。字子張。學干祿者。問干祿之方也。海保漁村曰。蓋問學一事。故問亦謂之學。學亦謂之問。中庸好學近乎知。說苑建本篇。漢書公孫閎傳。並作好問近乎知。列子說符篇。嚴恢曰。所爲問道者爲富。張湛注云。問猶學也。可見問學二字。互相通用。此經學卽問也。故史記弟子傳正作問。可以證焉。干祿原是詩語。子張蓋讀詩。因請學之。與南容之復子路之誦同一類。不必斥爲陋問。至於夫子答之。則因其所失以救之耳。祿猶福也。爵祿則單指仕者之俸。福祿則非指仕者之俸。旱麓詩云。干祿豈弟。假樂詩云。干祿百福。干固訓求。祿不訓奉。蓋卽受祿于天之祿也。士君子在下。可云求俸祿。王君公極貴。求誰之俸祿。可知此章之干祿。卽詩詞之干祿。皆以福祿言。不以爵祿言矣。孟子言。愛人不親反其仁。治人不治反其智。禮人不答反其敬。而引詩云。永言配命。自求多福。又云。禍福無不自己求之者。求福二字。正切己之事。何必爲子張諱乎。又孟子言。經德不回。非以干祿也。言語必信。非以正行也。干祿二字。貼性之一面。則是堯舜鑒人。干仕者之倖亦不合。斯必指受天之祐無疑矣。

多聞闕疑云云。愼行其餘則寡悔者。易象傳。君子多識前言往行。以畜其德。畜者積也。厚也。以所識言行。爲己言行之。則言屬聞。行屬見者。錯綜之辭。疑者說文惑也。謂其於所聞之事。心仍有所疑惑未信者也。餘者謂所疑之餘。心所自信者是也。大戴曾子立事。君子疑則不言。未問則不言。闕疑。卽疑則闕而不言也。愼言其餘者。謂於無所疑者。猶愼重言之。中庸所云。有餘不敢盡也。尤詩載馳。許人尤之之尤。謂受他人非責也。殆危也。謂心之所未安者也。寡尤。寡悔。亦互文。左傳曰。尤而傚之。此尤悔與周易咎悔義全同。小象尤咎二字錯用。隨韻而已。非有別義。

祿在其中矣。凡言在其中者。論語中更有直在其中。樂在其中。仁在其中等語。易有八卦成列。象在其中矣。因而重之。爻在其中矣。剛柔相推。變在其中矣。繫辭焉而命之。動在其中矣等語。莫非如此必如此之順辭。如行善而蒙天祐。施惠而來人悅之類。獨餒在其中。爲如此却不如此之反辭。爲行善而罹天禍。施惠而來人怨之義。必不然也。祿在其中等語。本不可引餒在其中以爲證。餒在其中別有說。於本章詳辨之。或問乃曰。在其中。皆本爲此而反得彼之辭。語類。論語凡言在其中。皆是與邪事相背。此說失之。夫有爲而爲者皆私。則不可因干祿而愼言行。若乃言行寡尤悔而祿自至。此自然之理。固非爲此而反得彼。又非與邪事相背。其他云在其中者。可以類推。蓋一意汲汲於寡尤悔。而自然合得祿之道。此聖賢之行也。夫子之求之也。其諸異於人之求之與。夫子未始有求之之心。以其有溫良恭儉讓之德。故時君敬信。就而問政。自他人評之。謂溫良儉讓爲求聞政之道可也。吾聞其以堯舜之道要湯。未聞以割烹也。伊尹未嘗有要仕之心。以其樂堯舜之道。故湯聘而用之。自後世觀之。謂堯舜之道爲要仕之道可也。經文謂如此必如此。竟是夫子教子張干祿之妙法。

子張爲人。與子夏相反。子曰。師也過。商也不及。是也。故夫子居恒進子夏勉大德。抑子張以愼細行。論語載子張之問。凡十有一條。而其對之。未嘗出於愼言行之際。蓋恐其略細行而累大德也。

哀公問曰。何爲則民服。孔子對曰。舉直錯諸枉。則民服。舉枉錯諸直。則民不服。哀公魯君。名蔣。凡君問皆稱孔子對曰者。尊君也。錯捨置也。諸衆也。程子曰。舉錯得義。則人心服。○謝氏曰。好直而惡枉。天下之至情也。順之則服。逆之則去。必然之理也。然或無道以照之。則以直爲枉。以枉爲直者多矣。是以君子大居敬而貴窮理也。

箋曰。夫子魯人。故哀公不稱魯。哀公定公子。名蔣。公出孫越。故謚哀。

何爲則民服。皇本。服下有也字。

孔子對曰。是記者之異耳。不必拘尊君。如季康子問亦稱。釋文云。錯鄭本作措。漢費鳳碑亦作舉直措枉。詩閔予小子正義。後漢書梁鴻傳注。文選關中詩注。皆引作措。措正字。錯叚借字。錯有捨置設施二義。而經典中從設施之義者居多。小爾雅廣訓曰。諸之乎也。王引之云。諸。之乎二字之合聲。急言之曰諸。徐言之曰之乎。是也。錯諸連言。與祭義孝以事親。順以聽命。錯諸天下無所不行同。今此章有諸字。益見其非捨置也。仲尼燕居君子明禮樂。舉而錯之而已。易繫辭。舉而措之天下之民。謂之事業。荀子强國篇。舉錯則時。愛利則形。天論。政令不明。舉錯不時。韓非亾徵篇。舉錯羇旅者可亡也。皆與此同義。蓋枉與曲不同。枉者材之反張者也。直者材之良者也。蓋以積材之道。爲喩積材之道。以直者置於枉者之上。則枉者爲直者壓而自直矣。故他日語樊遲曰。能使枉者直。此言化道也。子夏釋之。但言舜舉皐陶。湯舉伊尹。而不仁者遠矣。亦未始言屏棄不仁者。其義尤可見矣。黃東發曰。舉直錯枉而民服。詞義曉然。自不待註。所不可曉者諸字耳。兩語交互歸宿。正在諸字。今集註以諸字作衆字說。如諸侯之諸。是云衆枉衆直也。然晚學亦未易曉。疑諸者卽之於二字之連聲。錯者置也。如賈誼置諸安處則安之類。錯諸者。猶云舉而加之也。舉直者而置之於枉者之上。是君子在上。此民所以服。或舉枉者而置之於直者之上。是小人得志。此民所以不服。庶幾此章兩下相形之意方明。若如舊說。則舉者用也。錯者不用也。二字相背。若如今說。則舉者舉斯加彼之舉也。錯者置之於此之名也。二字相因。其義訓皆不同矣。春秋時。世卿持祿。多不稱職。賢者隱處。雖有仕者。亦在下位。故此告哀公以舉措之道。直者居於上。而枉者置之下位。使賢者得盡其才。而不肖者有所受治。亦且卑之以位。未甚決絶。俾知所感奮。而猶可以大用。故下篇告樊遲。以舉直錯諸枉。能使枉者直。卽此義也。包注。以邪枉之人不當復用。故以錯爲廢置。然自非人君剛明有才。不克爲此。荀子王制篇。賢能不待次而舉。罷不能。不待須而廢。卽包義也。與夫子尊賢容衆之德。似不甚合。且哀公與三桓。釁隙已深。夫子必不爲此激論也。

合人心則服。不合人心則不服。只就當下之義不義而決之。未說到蒙其利被其害上。

季康子問。使民敬忠以勸。如之何。子曰。臨之以莊則敬。孝慈則忠。舉善而教不能則勸。季康子。魯大夫。季孫氏。名肥。莊謂容貌端嚴也。臨民以莊。則民敬於己。孝於親。慈於衆。則民忠於己。善者舉之而不能者教之。則民有所勸而樂於爲善。○張敬夫曰。此皆在我所當爲。非爲欲使民敬忠以勸而爲之也。然能如是。則其應蓋有不期然而然者矣。

箋曰。季康子。桓子之子。名肥。康謚也。敬忠者。謂下事上致敬且盡忠也。勸者下相勸勉趨事。奉上之有誠也。說文。勸勉也。左昭元年。去煩宥善。莫不競勸。中庸。子庶民則百姓勸。亦謂勸勉。與此同。集注以爲勸善。必加善字始通。恐不是。

臨之以莊。臨者在上臨下之名。之字指民。莊是禮容端嚴之名。堯曰篇。君子正其衣冠。尊其瞻視。儼然人望而畏之。然則莊是上好禮之效。見於容貌。威儼然。使人可望而畏。故民敬服之也。

孝慈則忠者。中心爲忠。孝慈非盡中心之誠者不能。上既能盡中心之誠。故下化之亦忠矣。慈與孝對說。必是慈幼之慈。尚書曰。父不慈。子不孝。大學曰。爲人子止於孝。爲人父止於慈。晏子曰。父慈子孝。其他不遑縷數。大學有慈者所以使衆也一語。亦此推衍家國一理之旨。上與孝者所以事君。弟者所以事長對。則慈仍慈幼。其理與使衆一致耳。此章夫子之言。亦深明治家馭民無二道。以爲在上者克孝慈于家。則民自忠于上。自然之理也。夫孝慈而至於民忠。孝慈亦必極其盛。其慈之施。至於惠化滂流。可想。然此特於言外見之。本文慈字惟作慈幼解。方穩。海保漁村云。孝慈連文。慈亦孝也。謂愛親之德。故孝經曰。慈愛恭敬。齊語。慈孝於父母。孟子離婁篇。雖孝子慈孫。百世不能改也。慈孫卽孝孫。孝孫見祭統。曲禮。不勝喪。乃比於不慈不孝。墨子尙賢。入則不慈孝父母。管子山權數篇。君不高慈孝。則民簡其親。莊子漁父篇。事親則慈孝。是其證也。然則孝慈則忠者。謂上之人。慈孝其親。則民瞻而感化之。能盡忠於其上。江熙引求忠臣於孝子之門。蓋謂此也。此則孝德化下之效。自然感召民之忠也。鴻按。此說辨矣。然慈孝與孝慈自有別。故孝與慈對說者。孝字在上。其謂愛親之德者。孝字在下。所引諸書皆然。則此說恐未易從。

舉善而敎不能者。言下民之中。有德行善美者。則舉而進用之。能者才能也。藝能也。下民之不能。則敎育之。使其有所成立。則下民感其德。必相勸勉。趨上事也。此章宜與康子殺無道以就有道之問參看。康子之爲人。蓋略己而求於人者也。他日康子問政。對曰。政者正也。子帥以正。孰敢不正。其患盜而問也。則曰。苟子之不欲。雖賞之不竊。是其人可槩見也。康子魯上卿而爲政者。所謂民之表也。表已不直。而求其影不曲。必不可得矣。己則不莊。而欲民之敬之。己則不慈不孝。而欲民之忠之。是何以異於建曲表而求直影者哉。

此章雖王君公所同。但爲卿大夫說法。則須切身分。勿妄塡綴。皇本臨下敬上。皆有民字。皇本・正平本。勸上並有民字。

注張敬夫曰云云。陳天祥曰。此過高之論。無已以及物之念。聖人之道。本所以維持天下國家。事皆在三綱五常之內。無非在我所當爲者。然亦以成物之實效爲期。天下國家。遵以爲治。何嘗有不期而然者哉。況此章明是康子問使民敬忠以勸之道。夫子一一指示如此。則未有一字意不在民者。若從張說。則愼終追遠。君子篤於親。故舊不遺。亦皆在我所當爲。不當更言民德歸厚。民興於仁。則民不偸也。

或謂孔子曰。子奚不爲政。定公初年。孔子不仕。故或人疑其不爲政也。子曰。書云。孝乎惟孝。友于兄弟。施於有政。是亦爲政也。奚其爲爲政。

書周書君陳篇。書云孝乎者。言書之言孝如此也。善兄弟曰友。書云。君陳能孝於親。友於兄弟。又能推廣此心。以爲一家之政。孔子引之。言如此則是亦爲政矣。何必居位乃爲爲政乎。蓋孔子之不仕。有難以語或人者。故託此以告之。要之至理。亦不外是。

箋曰。王夫之曰。集注言。定公初年孔子不仕。又云。蓋孔子之不仕。有難以語或人者。意謂。定公爲逐其君兄者所立。孔子恥爲之臣。而託孝友之言以譏之。果然則孝友爲借詞。而父兄祗爲口實矣。後世士大夫不合於時。託言歸養。乃不誠於君親之大者。豈聖人而爲此哉。夫子言孝友。必有所致其孝友者。則此言之發。必於母兄尙在時矣。定公初年。孔子年四十有餘。而定公中載。孔子出仕。以後周流列國。更未聞有宅憂之事。伯兄早卒。故嫁子而孔子爲之主。則母兄之喪。皆當在昭公之末。孝友之言。亦豈不言及而心愴乎。抑定公九年孔子爲魯司寇。明年相公於夾谷。豈九年以前爲不孝不友之定公。九年以後爲孝友之定公乎。意此問答在昭公之世。而孝友之論。則集注所謂至理不外是者。誠爲韙論。勿容他爲之說也。

書云句。孝乎惟孝句。孝乎惟孝。贊孝之辭也。仲尼燕居。禮乎禮。楊子學行篇。習乎習。問神篇。襍乎襍。淵騫篇。才乎才。靈樞經。神乎神。公羊。賤乎賤。爾雅。微乎微。素問。形乎形。神乎神。漢語。肆乎其肆。韓文。醇乎其醇。句法相同。漢石經乎作于。白虎通義五經篇。御覽載華嶠後漢書劉平。江革傳引同。古于乎通用。呂氏春秋審應覽曰。然則先生聖于。高誘注。于乎也。莊子人間世。不爲社且幾有翦乎。釋文。乎崔本作于。列子黃帝篇。今女之鄙至此乎。釋文。乎本又作于。莊列二文。以于爲乎。與呂

覽同。此文孝于字雖是于義則乎也。釋文云。孝于如字。一本作孝乎。晉夏侯湛昆
弟誥。潘岳閒居賦序。梁元帝劉孝綽墓志。唐徐堅初學記人事。李善注文選與陳
伯之書。獨孤及李府君墓志。王利貞幽州石浮圖頌。皆用孝乎惟孝句。唐石經遂
定作乎。皇本乎作于。友于兄弟。施於有政。爾雅。善兄弟曰友。包注。孝乎惟孝。美大
孝之辭。得之矣。說下二句未明。蓋下二句並承孝字而言。惟孝於父母。故能友于
兄弟。施于有政。是三句皆贊美大孝之辭也。有政只是政事。有字語助。與周官亂
爾有政同。施於有政。謂施諸國政也。家之有事。猶國之有政。故後來有家政語。然
政字本義。只是國政矣。施移也。孝經曰。君子事親孝。故忠可移於君。事兄弟。故順
可移於長。居家理。故治可移於官。又曰。閨門之內。具禮矣乎。嚴父嚴兄。妻子臣妾。
繇百姓徒役也。此孝友施於有政之義也。施於有政。三國志魏武紀注。於作于。合
尚書體例。是亦爲政也。邢本政下無也字。今從皇本。後
漢書孝子傳。郅惲傳。引此文。並有也字。正平本亦有。
奚其爲爲政。上爲虛字。下爲實字。左傳。子產聞子皮卒。哭且曰。吾已無爲爲善矣。
爲爲二字同例。此句正答上不爲政之問。夫子引書。謂孝友爲政之本。而爲政孝
友之推也。其本既在於我。則居家亦是爲政。復謂何者爲爲政乎。集注言。何必居
位乃爲爲政。然奚其與爲爲政之間。本無安下居位二字之處矣。釋文云。奚其爲
爲政也。一本不重爲字。然則一本句
末亦有也字。正平本。南宗本俱有。
毛奇齡曰。孝乎二句。舊註引包咸云。孝乎惟孝。美大孝之詞。則孝乎不句。而惟孝
句。此雖本君陳篇文。而自爲詞句。與說命高宗亮陰三祀既免喪其惟弗言改作

高宗諒陰三年不言。湯誥。爾有善。朕不敢蔽。惟簡在上帝之心。改作帝臣不蔽。簡其在帝心。正同。此論語引書之例。或謂古文君陳。非孔壁舊本。則雖不立學官。然其書仍藏內府。故西漢之末。言古文者。劉歆尙能出內府所藏。參對同異。何嘗有僞。惟論語文句不同。故蔡邕書石經。直以孝乎作孝于。明非斷句助字。而班固作白虎通。則儼然有孝乎惟孝四字。與包註同。降此而潘岳閒賦。孝乎惟孝。是亦拙者之爲政也。夏侯湛昆弟誥。孝乎惟孝。友于兄弟。以至陶潛明卿大夫孝傳贊。張耒淮陽郡黃氏友于泉銘。皆有孝乎惟孝句。此皆明引論語。見于篇章之顯然者。集註誤以孝乎作句。則未有既出書云。而可以攙口語二字于經文上者。況或問爲政。未嘗問孝。而陡以孝乎二字詰之。此皆義例之必無者也。若謂晉後爲僞書。乘是時播遷之後。內府所藏。久已散滅。因採羣書中所引古文。雜湊成書。故有異同。則在晉祕府。原有古文尙書。經文未嘗毀滅。其在豫章內史梅賾所上。是孔安國傳。並非尙書。蓋尙書無僞本。祇文與論語稍不同。卽論語疏引尙書解包註。亦未嘗以包讀爲非。所謂兩存之以備參考者。不謂今之知彼讀不知此讀也。

子曰。人而無信。不知其可也。大車無輗。小車無軏。其何以行之哉。

輗五兮反。軏音月。大車謂平地任載之車。輗。轅端橫木。縛軛以駕牛者。小車謂田車兵車乘車。軏。轅端上曲。鉤衡以駕馬者。車無此二者。則不可以行。人而無信。亦猶是也。

箋曰信爲信乎之信兼統言行不知者不許之辭何以行句雖就車說然須緊向人上看不知與何以口氣一猜度一詰問緊相呼應大車如易大車以載及小雅大車謂載物之車也箱大有兩轅駕以牛春秋時之車名大小者以載物而名大載人而名小也卽以尺寸之大小名之也考工綰人云是故大車登阤不伏其轅。必縊其牛及其下阤也不援其邸必縊其牛是大車駕牛也大車二轅小車一轅。釋名云轅援也車之大援也又謂之綰綰人注綰車轅也今謂之車杠包注輗者轅端橫木以縛軛軏者轅端上曲鉤衡集注沿之非是說文輗大車轅端持衡者。或體作輨作棿軏車轅端持衡者今論語作軏張參五經文字以爲隸省是也許與鄭合與包異近世戴震阮元皆言包之非而莫詳於凌煥所著古今車制圖考。其略云據許鄭說則輗非轅端橫木軏非轅端上曲木自明顯戴侗六書故曰轅端橫木卽衡也輗乃持衡者不爲包咸說所誤亦是卓見戴震曰韓非子外儲說墨子曰吾不如爲車輗者巧也用咫尺之木不爲一朝之事而引三十石之任案大車鬲以駕牛小車衡以駕馬其關鍵則名輗軏轅所以引車必施輗軏而後行。信之在人亦交接相持之關鍵故以輗軏喻信阮又引太玄經云閑次三關無鍵。盜入門也拔我輗軏貴以伸也伸卽古信字此卽子雲用論語之義其曰拔則爲衡上之鍵可知且與上關鍵同一義煥案衡鬲橫縛轅端則非兩材相合釘殺可知若釘殺則加槷焉卽可無事輗軏之持又不必加縛矣且轅端圍僅九寸餘衡鬲圍亦必如之若兩材牝牡相穿鑿損當三四寸加輗軏之橫穿鑿損又二三寸。轅端之恃以能引重者所存幾何兩服馬稍有左右則轅頸與衡鬲必振折矣然則其制柰何曰今之异棺用獨龍杠杠端鑿孔橫木爲小杠鑿孔相對以長釘貫而縛之。其橫木可隨昇夫左右轉折。竊意。衡。鬲亦當如此。說文。軶衡三束也。徐鍇曰。乘車曲輈。木爲衡。別鑽孔縛之。說文又云。軥大車縛軛靼。靼柔革也。釋名。鞧懸也。所以懸縛軛也。徐氏此說。實合古制。今定轅端與橫木之中。俱鑿圜孔相對。以軏直貫而縛之。是爲一束。橫木下左右縛軛。是爲衡三束。是說文之軶。統指衡之束轅束軶言之。衡軶既活。服馬卽有轉折。無傷轅端。車亦弗左右搖。軥人所謂和則安也。又云。軏之用與轄同。轄爲鍵。軏亦爲鍵。鍵從金。則輗軏當以金爲事在金工。故車人不箸矣。凌博通說文。及戴阮之說甚確。其謂輗軏用金。與韓非子用木之說異。而於情事卻合。竊疑當是木質用金爲裹。如車輪之制。宋翔鳳過庭錄云。尸子云。文軒六駃。是無四寸之鍵。則車不行。小者亾則大者不成也。此四寸謂小車之軏。鄭論語注。軏因轅端著之。因。就也。謂就軥衡之大小以著軏。衡圍一尺二寸八分。其直徑三分之一。則中穿以受軏者。不過四寸。知軏之修亦四寸也。韓子言。咫尺爲大車之輗。鄭注。輗穿轅端著之云。穿。當是兩頭穿出。考工不詳鬲圍之數。意大車任重。其鬲圍當倍於衡圍。輗又穿出著之。故得有咫尺之度。戴東原謂。輗軏同是咫尺者誤。鄭珍輪輿私箋。亦據鄭義解之云。因者蓋軏植定在轅上。駕時但以衡中孔就而著之。若牛車兩轅兩輗。駕時乃旋以輗穿鬲貫轅。太玄經。拔我輗軏。足明著時是自上而下也。宋鄭二說略同。其分別輗軏之制。亦得鄭意。許宗彥鑑止水齋集曰。衡者橫也。軶者厄也。以其橫輈下也。謂之衡。以其厄牛馬之領也。謂之軶。大車兩轅。牛在轅前。軶曲而下。當牛之領骨低處。軶上繫繩引而縛之轅端之橫木。橫木者衡也。考工記謂之鬲。小車。衡長六尺六寸。大車。鬲長六尺。考工記。小車言衡。大車言鬲。同一物也。其不言軶者。略也。劉熙以鬲爲軶。鄭仲師謂鬲壓牛領，非也。小爾雅釋衡爲軛，亦誤。一牛之領，幾何需此六尺之軛哉。今之牛車可以證古制矣。若轅端持衡者輗，咫尺之木，墨子所歎爲巧也，包注以輗爲橫木，誤。然其言縛軛以駕牛則良是。戴震謂橫木卽軛，失之。小車一轅，馬在轅外，兩服馬各有軛。軛之兩邊下曲叉馬頸者謂之軥。曲禮注，屈中曰軥。軥亦指軛之曲處。衡承於轅之曲中，而軛在轅前。說文，軛，轅前也。衡兩端有環，以載服馬之轡，而驂馬之脅驅亦繫焉。爾雅，載轡謂之轙。說文，轙，車衡載轡者。郭注，車軛上環，轡所貫也。案軛在馬前，以轡貫之，則馬首常仰，不便控縱，郭注誤，當从說文。衡雖承轅，而轅不能鉤衡而使之固，故別有軏以持之。要之衡繫於車，軛繫於牛馬。鄭康成謂衡在兩軛之閒，未嘗謂衡卽軛，而後之釋者混而失之。夫以一木而上負轅，下制兩馬進退牽制，雖在大車，且不可行，而況馬之奔逸馳驟者乎。此辨衡軛之異極是。阮元車制圖解又曰，衡長六尺六寸，直木也。鬲長六尺，亦直木也。別有曲木縛于衡鬲之下，以扼馬牛之頸，謂之軶。急就篇曰，軜衡曰軶縛。莊子馬蹄篇曰，加之以衡扼。儀禮既夕曰，楔貌如軶上兩末。詩韓奕曰，鞗革金厄。厄卽軶，毛傳訓爲烏蠋。爾雅蚅烏啄，卽詩所謂蜎蜎者蠋。蟲行屈中，卽名厄也。蜎蜎，蠋曲貌。鬲下駕牛，祇用一軶，衡下駕馬，則用兩軶，故兩軶又名兩軥。軥亦以其曲句名之也。左襄十四年射兩軥而還，昭廿六年中楯尾，繇朐汰輈。服虔曰，軥，車軶兩邊叉馬頸者。據此知鬲衡下又有軶以駕牛馬之頸也。軶卽扼，又名烏啄，上合而下開，狀如烏開口啄物，縛之衡，以開處扼馬頸，故名扼。衡長六尺六寸，但容二服馬，其驂則別以靷牽之也。

蘇轍曰，我與物爲二，君子之交於物也，非信無由入矣。車輪既具，牛馬既設，然而判然二物也，將何以行之。惟爲之輗軏以交之，而後輪輿得藉於牛馬，故車與牛馬。得輗軏而交。我與物。得信而交。金石之堅。天地之遠。苟有誠信。無所不通。然後知信之爲輗軏也。

子張問。十世可知也。陸氏曰。也一作乎。○王者易姓受命爲一世。子張問。自此以後。十世之事。可前知乎。**子曰。殷因於夏禮。所損益可知也。周因於殷禮。所損益可知也。其或繼周者。雖百世可知也。**馬氏曰。所因謂三綱五常。所損益謂文質三統。愚按。三綱。謂君爲臣綱。父爲子綱。夫爲妻綱。五常。謂仁義禮智信。文質。謂夏尚忠。商尙質。周尙文。三統。謂夏正建寅爲人統。商正建丑爲地統。周正建子爲天統。三綱五常。禮之大體。三代相繼。皆因之而不能變。其所損益。不過文章制度小過不及之間。而其已然之迹。今皆可見。則自今以往。或有繼周而王者。雖百世之遠。所由所革。亦不過此。豈但十世而已乎。聖人所以知來者。蓋如此。非若後世讖緯術數之學也。○胡氏曰。子張之問。蓋欲知來。而聖人言其旣往者以明之也。夫自脩身以至於爲天下。不可一日而無禮。天敘天秩。人所共由。禮之本也。商不能改乎夏。周不能改乎商。所謂天地之常經也。若乃制度文爲。或太過則當損。或不足則當益。益之損之。與時宜之。而所因者不壞。是古今之通義也。因往推來。雖百世之遠。不過如此而已矣。

箋曰。父子相受爲一世。說文世作卋。云三十年爲一世。代者王者革命更姓之名。古書世代通用者有之。左傳曰。孔子六代之祖孔父嘉。此章則不然。問一代中之十世也。自現在今日之君。而至後日十君之間。可預前知也否。孔子反以夏殷周三代所沿所革之禮而答之周之末世。其或有王者繼周而作者。則又損益周禮。以建一代之制。然則繼周後王。一代之中。雖長祚百世之間。其禮可準知也。何唯當代十世而已。所謂百世非謂百代也。公羊傳曰。遠祖者幾世乎。九世矣。猶可以復譬乎。雖百世可也。百世卽是義也。句末也字。不必從釋文本作乎。古書間有此例。說者或以爲子張擧古語以問焉。未必然。

殷因於夏禮。四句。夏殷周者。三代有天下之號。呂氏春秋本味篇。和之美者。大夏之鹽。水經涑水注。涑水西南過安邑縣西。安邑禹所都也。又引地理志。鹽池在安邑西南。則夏是地名。殷本稱商。在今商州。及盤庚遷殷。遂亦稱殷。或殷商並稱。如詩言殷商之旅是也。釋名釋州國。周地在岐山之陽。其山四周也。三代皆以所都地爲國號。如唐虞之比。白虎通號篇謂夏爲大。殷爲中。周爲至。皆望文爲義。非也。因損益。專指禮制也。殷繼夏。卽因襲夏家之制作。其間少加損益。而其所變革之迹。至今亦可從而見。故云可知也。周繼殷亦然。夏禮殷禮者。謂夏之禮殷之禮也。禮者燕享・會同・冠昏・喪祭・巡狩・朝聘。行之朝廷。達之邦國。所因者其大綱。所損益者其細目。孔子之言如斯而已矣。

其或繼周者云云。或之言有也。此言依古以推後帝王之禮制。不過相因襲。則其或者有繼周家而王者。亦猶是也耳。則雖百世之遠。亦可豫知也。說文。繼續也。從糸䜌。一曰反㡭。㡭卽斷字。皇本百世下有亦字。正平本・南宗本同。

息軒曰。春秋之末。天下大亂。子張才大。有意於制作一代之禮法。謂制禮法。以維持後世者。非預知十世之後。不能。故欲知其所宜沿革。而周室猶存。難於發言。故問十世可知也。孔子知其意。故以殷周所損益荅之。凡孔門諸子。無不切之問。其或有之。孔子不爲置對。故子路問事鬼神。得未能事人之誚。樊遲請學稼。遇我不如老農之譏。若子張徒使知十代後之情狀。其爲不切之問大矣。宜在所不荅。而孔子告之。詳悉無遺。且繼周者一代而已矣。而承之云雖百代可知也。於文爲不詞。於事爲不切。故知其爲制作發也。顏子問爲邦。子曰。行夏之時。乘殷之輅。服周之冕。樂則韶舞。放鄭聲。遠佞人。或曰。先進於禮樂野人也。後進於禮樂君子也。如用之則吾從先進。豈皆示制作之緒者非耶。繇是觀之。夫子之所損益於禮可知。集注引馬氏三綱五常文質三統。並創于戰國秦漢之際。其實周時無此標目耳。按白虎通。三綱。父子君臣夫婦也。六紀。諸父母兄弟族人諸舅師長朋友也。據六紀例。三綱之文可推。皇疏。三事爲人生之綱領。故云三綱。是也。豈容言父爲子綱。夫爲妻綱哉。又若三綱絕矣之語。謂父子君臣夫婦之道滅耳。豈謂父君夫之道滅哉。仁義禮智。添信爲五常。非古。且仁義禮智信性也。天命之性。存於心而無形迹。如何說得因字。且五常人心所固有。無待於因也。又子丑寅。是偶然。非天地人之謂。建寅之善。不容議矣。建子亦有一理。至建丑全無意義。與秦人建亥無以異也。後人不議建丑。而罵建亥者。吠聲之見耳。餘見于衛靈公篇。

侗庵曰。損益皆因中事所損益。指井田封建祿爵車服之屬。決不指文質三統無用之事。忠質文。特三代政俗之體爲然。非三代迭尙。如漢儒循環之說。三統正政之末務。初無關於治亂。無道之君。變更正朔。究何救乎衰滅。以三正之迭用。推度後世正朔之同異。果有何意味。聖人諄諄。舉此沒緊用之事。以爲言。無乃流於迂乎。馬或舉二事。以槩其他。然專舉無用之事。而遺緊要事。可乎。後來如漢祖唐宗。洵有愧聖王。然其所損益。必有補乎治道。不牽於忠質文迭尙之謬論。三統無益之制。矧三代盛王乎。

陳天祥曰。夏尙忠。殷尙質。周尙文。參考舊註。初无此說。所因謂三綱五常。所損益謂文質三統。馬氏本文止此而已。疏云。夏尙文。殷則損文而益質。又曰。王者必一質一文。質法天。文法地而已。亦不言其有尙忠者。董仲舒云。夏尙忠。殷尙敬。周尙文。註文與此亦不盡同。當是別有所據。然其義實不通。文與質。固有分言之理。忠與文質。何可分邪。尋繹經文。因與損益之間。實亦无該三綱五常文質三統之處。自馬融引此爲說。襲傳既久。今又因之。而尙忠一說。又出馬融所引之外。學者不得无惑也。大抵此章止是言禮。蓋禮之大體。萬世不改。所損益者。禮之時宜。故雖百世可知也。

蘇轍曰。傳曰。夏之政尙忠。商之政尙質。周之政尙文。而仲尼亦云。周監於二代。郁郁乎文哉。吾從周。予讀詩書。歷觀唐虞。至於夏商。以爲自生民以來。天下未嘗一日而不趨於文也。文之爲言。猶曰萬物各得其理云爾。父子君臣之間。兄弟夫婦之際。此文之所由起也。昔者生民之初。父子無義。君臣無禮。兄弟不相愛。夫婦不相保。天下紛然而淆亂。忿鬪而相苦。文理不着。而人倫不明。生不相養。而死不相葬。天下之人。舉皆戚然不寧於中。然後反而求其所安。屬其父子。而列其君臣。聯其兄弟。而正其夫婦云云。故凡世之所謂文者。皆所以安夫人所不安。而人之所安者。事之所當然也。仲尼區區於衰周之末。收先王之遺文。而與曾子推論禮之所難處。至於毫釐纖悉。蓋以爲王道之盛。其文理當極於此焉耳。及周之亡。天下大壞。强凌弱。衆暴寡。而後世乃以爲用文之弊。夫自唐虞以至於商。漸而入於文。至周而文極於天下。當唐虞夏商之世。蓋將求周之文。而其勢有所未至。非有所謂質與忠也。自周而下。天下習於文。非文則無以安天下之所不足。此其勢然也。今夫冠婚喪祭。而不爲之禮。墓祭而不廟室。祭而無所。仁人君子。有所不安於其中。而曰不文以學唐虞夏商之質。夫唐虞夏商之質。蓋將以求周之文而未至者。非所以爲法也。問周監於二代。郁郁乎文哉。吾從周。謂何。高中玄曰。禮至周始備。監於二代。則既備而又善。故夫子美其文而從之。曰周尚文。其卽謂是歟。曰。文安可尚。周安得尚文。曰夏尚忠。商尚質。周尚文。自古記之矣。不然乎。曰不然也。尚者有心以崇尚之也。質與文猶可尚也。忠本於心。則何以尚。使忠可尚而能也。則其誰不願忠者。乃又變而爲質。又變而爲文乎。然則何如。曰夏接唐虞之世。民心之淳。實猶在焉。自後世視之。則見其忠也。而遂謂之尚忠。乃夏人不知也。知有忠則不可以爲忠也。至殷則民心有不同矣。然繁文縟禮未生。其風之朴略猶在焉。自後世視之。則見其質也。而遂以爲尚質。乃殷人不知也。知其質則不可以爲質也。至周則人心又不同矣。又不同則禮有不得不備者矣。是故有交際焉。則有禮以節之。懼其或瀆也。有儀物焉。則有禮以制之。懼其或繁也。人心有僞。則防之以禮。使不得爲僞也。人心有離。則聯之以禮。使不得爲離也。諸若此者。委到周至。無所不致其詳。皆所以綱維世道焉耳。人但見其禮之備也。而遂以爲尚文。而不知時之所至。蓋有不得已者也。曰三代異尚。非聖人言歟。曰非也。後人之言也。子云。虞夏之質。殷周之文至矣。虞夏之文。不勝其質。殷周之質。不勝其文。卽是而觀。不止商質。夏未嘗不質。卽虞亦未嘗不質也。不止周文。卽商亦未嘗不文也。皆時之變爲之。而何以尚爲也。曰其得失大較何如。曰。子云。夏道未瀆辭。不求備。不大望於民。民未厭其親。殷人未瀆禮而求備於民。周人強民。未瀆神而爵賞刑罰窮矣。又曰。虞夏之道寡怨於民。殷周之道。不勝其敝。則其理可識矣。曰此眞孔子歟。曰亦未可知也。理則近之矣。曰然則孔子何以美周之文而從之。

曰孔子周人也。吾學周禮。今用之。吾從之。爲下不倍之義也。

袁了凡曰。夏尚忠。殷尚質。周尚文。乃漢儒附會之詞。天下自質而日趨於文。唐虞視結繩已爲文。夏商視唐虞則又文。周公制禮作樂。經制大備。豈以繁文縟節導天下哉。因天下日趨於文。故事爲之制。曲爲之防。蓋酌文之中。以救質之漓也。曰監。則斟酌損益之謂。非加增添節之謂也。曰郁郁。則文質合宜之謂。非以文滅質之謂也。故孔子從周。卽從先進之意。豈從其繁文縟節哉。

崔述曰。馬氏注云。所因謂三綱五常。所損益謂文質三統。朱子集註全采其說。余按君臣父子夫婦。人道之大者也。自生民之初而已然。故易傳曰。有男女而後有夫婦。有夫婦而後有父子。有父子而後有君臣。不得以爲夏禮而殷周因之也。至於五常云者。考之經傳。三代以上。從未有此名目。不過漢儒強而命之耳。孔子多專言仁。間有兼言知者。若安仁利仁。樂山樂水之類。從未有與義禮並列者也。而顏淵問仁章。且以循禮爲仁之事。孟子始多兼言仁義。間有一二兼及於禮智者。不忍人性無善兩章。於四端之外。復益以樂。（仁之實章。）與聖人者。（口之於味章。）有之矣。然從未有與信並列爲五者也。至漢好談術數。欲以之配五行。始有五常之說。禹湯之世。豈知有此。而乃以爲殷因於夏。周因於殷也哉。夏商之尚忠質。周之尚文。不過風會漸開。人文漸盛。時勢之所趨耳。非湯不欲尚忠。改而尚質。武王不欲尚質。改而尚文也。至以三正分爲三統。義亦牽强。甘誓曰。有扈氏威侮五行。怠棄三正。是知虞夏以前。三正已並行於天下。非至湯然後建丑。至武王然後建子也。蓋歷之初興。必履端於始。歲之始於南至。猶月之始於朔也。但冰堅水凅。非發令布政之時。而四時之節候亦不均。故其後或改而建丑。而堯又改而建寅耳。初非以天地人分之。而命爲三統也。且易忠而質。而文。雖無所損。尚可以謂之益。若易寅而丑。而子。於前代之建寅建丑。初無所損。亦無所益。而乃以此當損益乎。細玩語意。所因與所損益。當指一事而言。所謂禮者。亦當指設官建國。制祿分田。祭祀朝聘諸大政言之。蓋前代之善政。本不當改。而時所之殊。有不能悉仍其舊制者。則量爲之增減。以適時宜。不得以所因別爲一事。所損益又別爲一事也。但夏殷之禮皆亡。而周制亦缺略不全。後之人無從而詳考耳。孟子曰。夏后氏五十而貢。殷人七十而助。周人百畝而徹。其實皆什一也。余竊謂。此卽所因所損益之一端。何者分田以賦民。而不使有畸多畸少之患。定制以取民。而不肯重之輕之於堯舜之道。此其所因者也。爲五十。爲七十。爲百畝。爲貢。爲助。爲徹。田與制亦不盡同。此其所損益者也。他經制亦當類此。但不見經傳。無可考耳。孔子曰。夏禮吾能言之。杞不足徵也。殷禮吾能言之。宋不足徵也。文獻不足故也。若不過三綱五常文質三統。不惟無待杞宋之徵。而亦人人所知。不必聖人始能言之矣。

崔述曰。西漢末。周官一書出。向•歆之徒。皆崇尚之。然猶以爲記。未以爲經也。迄東漢末。鄭康成註之。名曰周禮。與禮經戴記並行。於是世之學者。咸以周官爲經。且以爲周公所作。余按。此書條理詳備。誠有可觀。然遂以爲周公所作周一代之制。則非也。九州之內。約方三千餘里。外盡四海。不過五千里。故孟子曰。海內之地。方千里者九。記曰。四海之內九州。州方千里。書曰。弼成五服。至于五千。州十有二師。外薄四海。咸建五長。今周官封國之制。諸公方五百里。侯方四百里。伯三百里。子二百里。男百里。天子邦畿之外。分九畿。畿每面五百里。通計爲方萬里。四海之內。安所得如許地而封之而畿之。今自洛陽東際海。西踰積石。而西亦不過五千餘里。經傳之文。較然可徵。周官之誣。亦已明矣。國家之建。必本大而末小。天子於諸侯君臣也。公侯伯子男伯仲也。故天子之地百諸侯。公侯倍伯。伯倍子男。本末之別也。今周官。天子之地僅四諸公。而諸公之地。乃二十五倍於男邦。正賈誼所謂。脛大如腰。指大如股者。豈先王辨上下。定民志之大法乎。且春秋時。列國吞併之餘。宋魯猶不過二三百里。鄭許猶不過一二百里。其故墟具在而可按也。故孟子曰。今魯方百里者五。當封國之初。必小於是。不大於是明矣。魯卽今曲阜。若果方四百里。則曹郲滕薛皆在境內。何容復有此四國乎。春秋宣十五年初稅畝。公羊傳曰。古者什一而藉。又曰。什一者天下之中正也。多乎什一。大桀小桀。孟子曰。夏后氏五十而貢。殷人七十而助。周人百畝而徹。其實皆什一也。是三代取民之制。未有過於十一者也。今周官乃云。遠郊二十而三。甸稍縣都。皆無過十二。其非周公之法。明矣。孟子曰。廛無夫里之布。則天下之旅。皆悅而願爲之氓矣。是三代正賦之外。未有絲毫課於民也。今周官乃云。宅不毛者有里布。民無職事者出夫家之征。其非周公之法。又明矣。蓋此書撰於戰國之時。彼固見當時有此法。而遂以爲其初固然耳。書云。越三日丁巳。用牲于郊。牛二。越翼日戊午。乃社于新邑。牛一。羊一。豕一。記云。郊特牲。而社稷太牢。又云。帝牛不吉。以爲稷牛。又云。郊社之禮。所以事上帝也。是古者止有一郊。祭天乃於郊。而祭地則於社也。今周官乃云。冬至祭天於南郊。夏至祭地於北郊。果爾。則周公於洛。何以止一郊。卽兼祭天地。亦不當同日而郊。況如此鉅典。記禮者尤不應竟無一人知之也。則其說之出於後人所臆度明矣。統言之則曰朝。切指之則曰覲。故書曰。羣后四朝。詩曰。君子來朝。春秋曰。公朝於王所。覲猶見也。故書曰。乃日覲四岳群牧。詩曰。以其介圭。入覲于王。春秋傳曰。王覲爲可。又曰。受策以出。出入三覲。朝之外別無所謂覲也。遇者不期而值之謂。故春秋曰。公及宋公遇于淸。諸侯修歲事於天子。不可謂之過也。書曰。江漢朝宗於海。朝卽朝廷之朝。宗卽宗子之宗。記所謂宗人莫之宗。史記所謂學者宗之是也。朝者君臣之事。宗者族姓之事。以人喩水。故謂之朝宗。非諸侯于天子。又有所謂宗者也。今周官之文。乃以爲春朝・夏宗・秋覲・冬過。經傳有此事乎。有此文乎。若夫土圭之法。景朝景夕之言。尤爲乖謬。蓋景但有長短之殊。並無朝夕之異。今東去數百里。則日出入先一刻。西去數百里。則日出入後一刻。無論何地。置表待晝漏之半。日莫不在正南。安得有所謂景朝景夕者。此必不通歷法者之所爲。寧周公之才之美。而有是言乎。至於史記所稱周公作周官。作立政者。乃指周書中周官篇而言。書序所謂成王還歸在豐。作周官者。與此書無涉也。嗟夫自周官一書出。漢人據之而釋經。其有不合。則穿鑿附會。以致離經而畔道者不少矣。乃儒者猶奉此以爲周公之書。而反疑諸經孟子之悞。亦可謂倒行而逆施矣。

或以爲劉歆所僞作。固不其然。然必非周公之書。則明甚也。

子曰。非其鬼而祭之。諂也。 非其鬼。謂非其所當祭之鬼。諂求媚也。 **見義不爲。無勇也。** 知而不爲。是無勇也。

箋曰。此章集注引季氏旅泰山。固爲非類。而毛奇齡謂。鬼是人鬼。專指祖考。故曰其鬼。引周禮大宗伯之文爲證。謂泰山之神。不可稱泰山之鬼。其說亦辨。然宋襄公。左僖十九年。用鄫子於次睢之社。司馬子魚曰。用諸淫昏之鬼。將以求霸。不亦難乎。則外神亦可以鬼稱之。按祭法。王立七廟一段。言祖考也。立七祀一段。言室神也。又云。聖王之制祭祀也。法施于民則祀之。以死勤事則祀之。以勞定國則祀之。能禦大菑則祀之。能捍大患則祀之。而下則有厲山氏共工氏。以及帝嚳帝堯帝舜。下至文王武王功。皆人家鬼也。而皆爲天下神。又繼之曰。非此族也。不在祀典。左傳僖十年。神不歆非類。民不祀非族。孔疏即引此文爲說曰。若棄爲農稷后土爲社功被天下。率土報之。則非獨歆已之族。若功不被於下民。名不載于祀典。唯其子孫祀之而已。據此所言。雖曰太神。亦是人鬼。非其鬼。須兼不在祀典言之。乃盡非其鬼之義。義謂節義之類。與務民之義稍不同。一是不當爲而爲。一是當爲而不爲。惑於禨祥。而怵於利害也。此孔子有所譏而言之。但未詳其爲何人也。非其鬼而祭之。見義不爲二語。是舉實事。諂也。無勇也。此孔子斷案。魯侯之祭鍾巫。晉侯之祀夏郊。衞之命祀后相。皆非其鬼。秦作雍畤。季氏旅泰山。此僭也。非諂也。

通謂之淫祀無福。正平本・南宗本。勇下無也字。

論語會箋卷第二終

論語會箋卷第三

竹添光鴻會箋

論語八佾第三 凡二十六章。通前篇末二章。皆論禮樂之事。

孔子謂季氏。八佾舞於庭。是可忍也。孰不可忍也。 佾音逸。季氏。魯大夫季孫氏也。佾。舞列也。天子八。諸侯六。大夫四。士二。每佾人數。如其佾數。或曰。每佾八人。未詳孰是。季氏以大夫而僭用天子之禮樂。孔子言。其此事尚忍爲之。則何事不可忍爲。或曰。忍。容忍也。蓋深疾之之辭。○范氏曰。樂舞之數。自上而下。降殺以兩而已。故兩之間。不可以毫髮僭差也。孔子爲政。先正禮樂。則季氏之罪不容誅矣。謝氏曰。君子於其所不當爲。不敢須臾處。不忍故也。而季氏忍此矣。則雖弑父與君。亦何所憚而不爲乎。

箋曰。謂季氏。謂者評論之詞。下篇子謂公冶長。子謂南容。並同。謂季氏至于庭八字。當作一句讀。記者語也。是可忍也九字。方是孔子語。孔子口中未嘗說他舞八佾。但是痛恨指此。故記者繫之。左傳昭公二十五年曰。將禘於襄公。萬者二人。其衆萬於季氏。臧孫曰。此之謂不能庸先君之廟。八佾舞於庭。言此年事也。其衆萬於季氏所謂八佾耳。漢書劉向傳。季氏八佾舞于庭云云。卒逐昭公。是季氏指平子意如。呂氏春秋察微篇高注。亦作平子。馬融以爲桓子。未知所據。孔子此言。正在昭公未出奔之前。見幾而發也。傳謂其衆萬于季氏。於此始見于傳爾。前乎此不知始于何年也。孔子已知平子將有亂軌。特於其舞八佾證之。故有是可忍也孰不可忍也之言。若止爲八佾。尚不云忍不忍爾。至于及桓子時。孔子既仕。行乎季孫。此等僭制。必且革之矣。

八佾舞於庭。佾。集注後說爲長。是服虔解。前說本杜元凱。終是不妥。說文無佾字。肉部。肸振肸也。从肉八聲。疑古止省作肸。肸字从八。以八爲義。而集韻謂佾古文作佾。必以八人著於形。則未有六四二可稱佾者。春秋傳。有鄭賂晉侯女樂二八之文。卽秦賜由余亦曰女樂二八。向使佾數如人數。則二八者四四耳。其不稱四四。而必稱二八。則舞列必八。而舞數之必不如人數。斷可識矣。餘詳于左傳會箋。

庭。堂下地。古宮室制。堂下曰庭。室卽堂之後半。堂五架。正中曰棟。次架曰楣。儀禮疏。棟北楣下爲室。是也。朱子宮室考。堂下至門。謂之庭。是也。古制。碑在堂下三分庭一。在北設碑。而碑如堂深。則庭蓋三堂之深也。季子之庭。其舞八佾處。在堂之下。而庭碑以北也。毛奇齡乃謂。庭寢皆割堂之前後半爲之。故同一堂。而中堂與前庭分焉。豈有宮縣列舞在露地者。殊不思庭卽堂之前屋。則堂止五架。而庭反得十五架也。豈其然乎。曾子問。諸侯旅見天子。入門不得終禮。雨霑服失容則廢。是庭非堂屋。斷可知矣。但天子諸侯。堂下之庭。地步深廣。故天子之樂宮縣。諸侯之樂軒縣。大夫士之庭淺狹。而八佾有八八六十四人。大夫廟中之庭。何以容之。則知三桓之廟制亦侈。其流敝至季平子時。有無君之心。妄于魯禮。以爲周公有功于周。季友亦有功于魯。而不知魯君亦不得歌雍舞八佾也。孔子則更於他事。別有知意如之不臣。將有無所不至之患。借此爲危言。曰孰不可忍。卽後日逐君事。成名。其機發動于此爾。若不因他事。則當先責魯君。何特責季氏邪。

忍包敢忍容忍二義。春秋傳所謂。君其忍之。此容忍之義。所謂忍人。此敢忍之義。楚語所謂強忍犯義者也。與此章忍義正同。可忍不可忍。卽易文言所謂。其所由來者漸矣。由辨之不早辨也之意。下章。奚取于三家之堂。則止于所謂譏其無知妄作。以取僭竊之罪而已。編者因類連及。未必一時之言也。

人人各知守分。然後家齊天下平。反之則其害洪水猛獸矣。故孔子治國以禮。而達衆拜乎下矣。善乎。東萊呂氏之論曰。儒者之議禮。每力爭於毫釐尺寸之間。如天子之席五重。諸侯之席三重。所爭者纔二尺耳。天子之堂九尺。諸侯之堂七尺。所爭者纔二尺耳。由庸人而觀。天子諸侯之分。豈再重之席。二尺之堂所能抑揚。何儒者之迂耶。大堤雲橫。屹如山岳。其視尺寸之土。若不能爲堤之損益。然水潦大至。勢與堤平。苟有尺寸之土未沒。則瀕水之人。可恃無恐。當是時。百萬生靈之命。係於尺寸之土焉。尺寸之土。可以遏昏墊之害。尺寸之禮。可以遏僭亂之源。然則儒者力爭於毫釐尺寸之間。非迂也。勢也。

三家者以雍徹。子曰。相維辟公。天子穆穆。奚取於三家之堂。

徹。直列反。相。去聲。三家。魯大夫。孟孫叔孫季孫之家也。雍。周頌篇名。徹。祭畢而收其俎也。天子宗廟之祭。則歌雍以徹。是時三家僭而用之。相。助也。

此辟公。諸侯也。穆穆。深遠之意。天子之容也。此雍詩之辭。孔子引之。言三家之堂非有此事。亦何取於此義而歌之乎。譏其無知妄作。以取僭竊之罪。○程子曰。周公之功固大矣。皆臣子之分所當爲。魯安得獨用天子禮樂哉。成王之賜。伯禽之受。皆非也。其因襲之弊。遂使季氏僭八佾。三家僭雍徹。故仲尼譏之。

箋曰。三家。孟孫叔孫季孫也。又曰三桓。易師開國承家。荀注。承家。立大夫也。左傳桓二年。諸侯立家。杜注。卿大夫稱家。三家皆桓族。季氏假別子爲宗之義。立桓廟於家而令孟孫叔孫宗之。故以氏族言。則稱三家。以三家分三氏而統爲桓族。故也。上章稱季氏。此章稱三家。文互見。先進三子者之撰。三子者出。檀弓云三臣者。者字與是同。雍詩周頌篇名。

徹者。祭畢而收其俎也。

相。助祭也。辟公。謂諸侯。辟法也。言爲人所取法也。穆穆。深遠之意。揚雄甘泉賦。天子穆然。張銑曰。穆然。靜默貌。蓋天子宗廟之中。群辟相之。駿奔走執豆籩。則天子之容。唯穆穆然靜密。一如無所爲者。然是此章之義也。穆穆美。別是一義。引此於此非也。皇本穆下有矣字。取者。取義也。奚取字是冷覷口氣。意轉深。堂者。檀弓注。堂形四方而高。玉篇。堂土爲屋基也。聘禮疏云。後楣以南曰堂。凡祭樂歌在堂。舞在堂下。雍徹是樂歌。故以堂言之。三家之堂。桓公廟也。呂祖謙論宗法云。假如國君有兄弟四人。一嫡三庶。而一嫡者君之同母弟。公子既不敢宗君。則君命同母弟爲之宗。使庶兄弟宗焉。由此說推之。季友爲桓公之次嫡。莊公同母弟。得爲大宗。因而立桓公之廟于其家。記所謂公廟設于私家。是也。以三家並桓出。故稱三家之堂。以季氏爲大宗。故又獨稱季氏。俗說謂八佾季氏所獨。雍徹三家所同。非是。

雍。爲周人禘太祖之詩。而徹則古人所通行之禮。豈古人無歌。周人乃有歌。且此詩作於成王告祭之年。則其前文王之祭。先公武王之祭。先王必不歌此以徹其俎。明矣。周禮樂師職。有帥學士而歌徹之文。鄭注。卽實徹者歌雍之語。及考賈疏。亦止引論語文以爲證。則別無所本。顧有徹祭俎者。有徹祭器者。有徹祭豆者。天官膳夫職云。凡王祭祀。賓客食。則徹王之胙俎。注云。膳夫親徹胙俎。胙俎最尊也。其餘則其屬徹之。此徹俎也。又九嬪職云。凡祭祀贊玉齍。贊后薦徹豆籩。疏云。凡祭祀之時。男子進俎。婦人設豆籩。據此二職。正分二事。故楚茨詩箋云。諸宰徹去諸饌。君婦籩豆而已。然考春官樂師及徹條下賈疏曰。徹祭器。太祝令徹條下。賈疏亦曰。徹祭器。則亦有渾舉俎豆在內者。然此數條皆言徹而不及歌。想其詩之作。始本用於禘後。乃定爲徹云。

郊特牲曰。諸侯不敢祖天子。大夫不敢祖諸侯。而公廟之設于私家。非禮也。由三桓始也。吳英曰。雍徹之僭。原因效尤。然魯之僭雍徹。則有至便者。而三家更便也。仲尼燕居曰。兩君相見。揖讓而升堂。客出以雍。徹以振羽。升歌清廟。下管象舞。據此知諸侯之堂。固嘗樂奏雍之音節。用之于賓矣。賓祭原相爲用者也。至便者一也。明堂位曰。季夏六月。以禘禮祀周公于太廟。升歌清廟。下管象。據此知魯禘已歌清廟。清廟固文王詩矣。若增之以雍。至便者二也。但與周廟則無涉也。左襄十年傳曰。宋公享晉侯于楚邱。請以桑林。荀罃辭。荀偃士匄曰。諸侯宋魯。於是觀禮。魯有禘樂。賓祭用之。宋以桑林享君。不亦可乎。據此則可以知仲尼燕居篇所謂客出以雍。夏籥序興等禮。殆非周初之制也。然則三家者。既因魯有周廟。而三桓立桓廟。亦必因魯禘用文王詩。而三家公廟。亦用文王詩。上行下效。亦偪肖亦徑捷者也。既三桓宗季氏。季氏爲太宗。孟叔爲小宗。則公廟必獨在季氏之家。可知。後日意如死。將以璵璠斂。叔孫穆子卒。幾不得以命服斂。則三家之堂以雍徹。其必一公廟。而三家合祭之。季如天子。叔孟如辟公助祭。可知也。蓋仲尼燕居一篇。非盡孔子之言也。若以論語之文相證。則此似當作徹以雍。客出以振鷺也。然以論語之義相證。則無論爲徹爲客出。要皆無以雍之理。三家用雍。孔子謂奚取于三家之堂。若此。大饗歌雍。則兩君相見。安得有天子穆穆之容。將毋謂奚取于兩君之堂邪。豈大夫不可僭。而諸侯則可僭邪。借謂大饗客出以雍。爲周公所制之禮。則孔子亦不譏三家謂奚取矣。論語之文。明著如此。而猶謂兩君相見歌雍邪。不寧惟是。卽振鷺止言在彼無惡。在此無斁。庶幾夙夜。以永終譽。幷無可斷章取義。蓋振鷺乃在上褒下之辭。非同等交譽之辭也。此必諸侯朝天子。客出歌振鷺可知也。安得用之于兩君相見邪。然則決非周初之禮也。時至春秋。諸侯僭竊日甚。沿及數世。幷忘其爲僭。而居然以爲禮在則然。故有如此篇所云。而漢儒不知。又想當然。以爲孔子與及門雅言也。卽當時三家之以雍徹。亦因習見諸侯之堂。或用于祭之徹俎。或用于賓之徹器。莫有嫌其歌詩不類。但覺其有燕及皇天。克昌厥後。綏我眉壽。介以繁祉。爲頌禱之辭。於是轉相仿效。而不自慚矣。孔子誦詩辭云。卽當時諸侯。如大饗歌雍者。亦震不於其身。於其鄰矣。況三家歌徹。猶自誦欺其祖。若兩君相見。而歌相維辟公。天子穆穆。豈不得罪于來朝之鄰君邪。集注曰。天子宗廟之祭。則歌雍以徹。據此知。凡以雍徹者。必皆斷章歌句。不歌全章也。雖大射鄉飲升歌。往往取意而不拘于辭。然以雍之全章。而歌于后稷之廟。意亦何取。如云假哉皇考。綏予孝子。豈皇祖不綏孝孫乎。既右烈考。亦右文母。豈竟不設饌于始祖高曾乎。故知。必但歌有來雝雝。至止肅肅。相維辟公。天子穆穆。於薦廣牡。相予肆祀。及兼歌燕及皇天。克昌厥後。綏我眉壽。介以繁祉。共四十字者也。三家當亦然也。蓋周祭宗廟。雖非遠方靡至之期。亦必有王朝卿大夫。卽諸侯也。三家之歌此。既無辟公。又無天子。而欲昌後壽祉。其可得乎。且以此推之。仲尼燕居篇。客出以雍。孔子豈有是語邪。

佪庵曰。魯用天子禮樂。程子斷爲成王之賜。伯禽之受。皆非也。然周公者人臣。不能爲之勳。故魯得用人臣所不能用之禮樂。此王安石之說。程子意在駁安石。故言微傷於激烈。所謂仲尼譏之者。殆似因三家因襲之弊。追譏成王伯禽。恐未然也。夫周公以大聖之德。齊父之親。其勳勞又冠絶千古。迨其既沒。成王追慕不已。命魯以天子禮樂祀周公。人臣斷不容用天子禮樂。經也。天子以不得已之至情。特許人臣用天子禮樂。權也。所謂禮可以義起者。不必譏斥。卽勳勞冠世。人臣固不可以此自恃。人主豈可不思所以酬之耶。後世如唐德宗尊建寧王。清世祖尊攝政王爲皇帝。心固不同。事則相類。但成王特命祀周公。而魯遂偏用之群廟。則伯禽以後之失也。夫子亦譏三家之僭耳。必不譏成王伯禽。啓僭亂之源。天下小人自有差等。有所因襲而始爲僭越。是小人稍知懼名義者也。肆意猖狂。敢行篡奪。是小人極其兇逆者也。三家驕橫。削弱公室。逐出其君。且不顧。雍徹八佾。特恣睢之餘耳。其惡實不止于此。烏可因此追罪成王伯禽。當時齊田常。晉六卿。皆篡奪之徒。何曾待先君啓因襲之弊。而後始動於惡耶。程說雖極嚴正。頗不切事情。

黃式三曰。據馬氏文獻通攷云。成王所賜。止用禘祭之籩豆樂舞於周公廟。明堂位祭統等篇所言。非盡無本也。尙書金縢言王郊迎周公。洛誥。王拜手稽首於周公。知成王之待周公。不拘臣子之禮。公之死後。成王以烝祭配食常典。不足以尊公。於是盛禮以賜之。稽之古今祀典。人以神貴。薦享由此增隆。名器不可假於生前。而猶可賜於身後。成王時。知禮者多。其有以議定之矣。古者。學校。禮。周公爲先聖。孔子爲先師。今孔子用天子之禮樂。後儒以爲宜。獨於周公之賜。深非之乎。

孫詒仲曰。明堂位之言。固不足盡信。然楊用修之辨。雖反覆證佐。終無確據。究未有以見其非出於成王也。成王賜魯。以天子禮樂祀周公。而後遂用之羣廟。蓋相沿襲不覺也。若成王未嘗賜。則以晉齊之强大。尙不敢僭天子禮樂。魯素微弱。閔僖何敢僭用乎。且楊氏以春秋而斷郊禘之始於閔僖。愚正以春秋而斷郊禘之不始於閔僖也。春秋凡創始之事。則書曰初。初獻六羽。初稅畝。是也。若郊禘始於閔僖。則當特書曰初。以著其僭禮之始。今書閔僖之郊禘。與書他公之郊禘無異辭。則郊禘不始於閔僖也。隱桓莊閔。不書郊者。魯之郊禘。歲不勝書。必失禮焉而後書之。故隱桓莊閔不書郊也。不然。由僖至哀。百數十年。豈僅九郊而已乎。閟宮本爲僖公作。故頌僖公郊廟之事。未嘗云郊始於僖公也。觀其詩曰。春秋匪解。享祀不忒。但美其致敬。而無一言見其創始之意。豈非郊廟由來已久。而僖獨致敬。故美之與。若云詩之頌僖。正以著其僭之始。則閟宮四章云。秋而載嘗。亦以著嘗之始與。其乃命魯公四句。不及賜以重祭者。敘其開國之始。故止及命以爵土。其他禮物。不能一一臚列也。若以詩之不言爲疑。則魯受封之初。其寵命賜物。如祝鮀所言者。詩無一言及之。亦謂其無有乎。臨江劉氏。以成王周之盛王。未必過賜。

魯之有郊。惠公請之。而引史角事爲據。陳氏用其說。而以祝鮀學成王命魯之辭。不及郊祀爲證。楊氏之說。蓋本於此。然明堂位不足憑。而呂氏春秋亦未足以爲據也。且呂氏春秋云。魯惠公使宰讓請郊廟之禮於天子。桓王使史角往。惠公止之。其後在於魯。墨子學焉。按此文則魯惠之請郊禮。未必如晉文之請隧也。當時文獻盡在京師。如舘蒸之禮等。天子言之甚詳。列國所不能悉者。往往就京師求之。魯惠之請。或亦考其文。詢其義。桓王使史角往。以此禮告之。惠公見其習於禮。故留之。而其後遂在魯耳。本文並不見有惠公請郊。天子不允之意也。晉文之請隧。挾其定王之功也。魯孱主也。惠又無功於周。其何所恃。而敢求此大禮乎。若以祝鮀未嘗言。則酬對之際。或偶有未及。何足引以爲證。且廬陵季氏有云。祝鮀之言。亦有備物典冊語。則又安知其非指郊禘言乎。若子家駒之斥昭公以僭。蓋以成王本命祀周公。而今用之群廟也。祭統之既曰成王。而又曰康王。蓋或以賜出於成王。而康王因之。且成康並言。連類及之。猶孟子三過不入。而並言禹稷耳。

吳英曰。呂氏當染篇謂。魯惠公使宰讓請郊廟之禮于天子。呂氏之所謂郊者。固郊天也。其所謂廟者。蓋必謂禘。其下句即云。桓王使史角往。上稱魯惠公。下稱周桓王。則呂氏忘魯惠與周桓不並世也。然則呂氏請郊廟之說。何可信耶。若請郊廟在周桓之世。則何以不見于春秋。晉文有功而請隧。襄王猶有辭矣。未有無端而一請一與者也。則魯之郊禘。其爲成王賜而伯禽受。可知也。但生前賜之。則必不受。故祭統曰。昔者周公旦有勳勞于天下。周公既沒。成王康王追念周公之所以勳勞者。而欲尊魯。故賜之以重祭。外祭則郊社是也。內祭則大嘗禘是也。夫大嘗禘。升歌清廟。下而管象。朱干玉戚以舞大武。八佾以舞大夏。此天子之樂也。康周公。故以賜魯也。據此。則其舞大武者。以武功之成。歸功于周公也。曰成王康王者。蓋成王命之。康王成之也。至于史記魯世家之文。成王命魯得郊祭文王。本是成王命魯得郊六字爲句。祭文王三字爲句。言命以得郊。又命以得祭文王也。若將郊祭文王四字作一句讀之。則似魯郊以文王配天矣。而明堂位謂祀帝于郊。配以后稷者。其又何說耶。明堂位明言魯郊以后稷配也。則史記之謂得郊。祭文王者。郊自郊。祭自祭。截然兩事。不可并爲一。斷然無疑也。春秋經文。自僖公之世。始書郊禘。推原所以謂郊禘自僖公之故。實由于此。然而春秋之作。古書皆謂孔子脩春秋。未有謂補春秋。脩者刪之改之也。苟魯春秋原本所無。孔子安得而增之。閔公以前。魯史未書郊禘。豈得謂其時魯未僭郊禘耶。且僖時果賜郊禘。亦宜見于春秋。豈有賜郊禘如此大事。而春秋亦不書。并詩書禮春秋三傳。俱無言及之者耶。春秋傳。楚公子設服離衛。鄭子羽以爲譏矣。而何以魯有禘樂。賓祭用之。彼晉荀偃與宋以桑林饗晉君。比例則魯可比二王後矣。此豈魯僖以後僭竊之事。而鄭國能習爲故常如是乎。又安肯諸侯宋魯。于是觀禮乎。

然則謂魯之郊禘。起于春秋僖公季孫行父之所爲。毋乃謬歟。

子曰。人而不仁。如禮何。人而不仁。如樂何。 游氏曰。人而不仁。則人心亡矣。其如禮樂何哉。言雖欲用之。而禮樂不爲之用也。○程子曰。仁者。天下之正理。失正理。則無序而不和。季氏曰。禮樂待人而後行。苟非其人。則雖玉帛交錯。鐘鼓鏗鏘。亦將如之何哉。然記者序此於八佾雍徹之後。疑其爲僭禮樂者發也。

箋曰。如何。難辭。此禮樂不就禮樂之本言。卽是說玉帛鐘鼓之禮樂者是也。吾行玉帛之禮。而君臣上下秩然有序。吾用禮樂。而禮樂爲之用也。吾行玉帛鐘鼓之禮樂。而君臣賓主。泛然漠然。與不行禮樂一般。是所謂吾用禮樂而禮樂不爲之用也。儒行篇。禮節者仁之貌也。歌樂者仁之和也。禮樂所以飾仁。故惟仁者能行禮樂。仲尼燕居云。子曰。制度在禮。文爲在禮。行之其在人乎。翼注曰。人而不仁。包得廣。不敬不和。各具一端。又曰。欲發如禮何。如樂何。只在從中流出。與襲取於外上體認。蓋自其心之中正者流出。便爲禮。自其心之和樂者流出。便爲樂。禮樂雖在外面。却全是一段眞心發見。若不仁的人。則雖用禮樂。却是襲取於外的。不是從中流出的。其奈禮樂何哉。譬如穀種完固。方生出枝葉。若穀種朽壞。如何生枝葉。雖剪綵爲之。終不是眞的。又曰。人誰無心。如何說人心亡矣。蓋心如穀種。仁則其生理也。若穀種無生意。不成穀種。了便是穀種亡矣。

林放問禮之本。林放。魯人。見世之爲禮者。專事繁文。而疑其本之不在是也。故以爲問。**子曰。大哉問。**孔子以時方逐末。而放獨有志於本。故大其問。蓋得其本。則禮之全體。無不在其中矣。

與其奢也寧儉。喪與其易也寧戚。易。去聲。易。治也。孟子曰。易其田疇。在喪禮則節文習熟。而無哀痛慘怛之實者也。戚則一於哀。而文不足耳。禮貴得中。奢易則過於文。儉戚則不及而質。二者皆未合禮。然凡物之理。必先有質而後有文。則質乃禮之本也。○范氏曰。夫祭與其敬不足而禮有餘也。不若禮不足而敬有餘也。喪與其哀不足而禮有餘也。不若禮不足而哀有餘也。禮失之奢。喪失之易。皆不能反本而隨其末故也。禮奢而備。不若儉而不備之愈也。喪易而文。不若戚而不文之愈也。儉者。物之質。戚者。心之誠。故爲禮之本。楊氏曰。禮始諸飲食。故汙尊而抔飲。爲之簠簋籩豆罍爵之飾。所以文之也。則其本儉而已。喪不可以徑情而直行。爲之衰麻哭踊之數。所以節之也。則其本戚而已。周衰。世方以文滅質。而林放獨能問禮之本。故夫子大之而告之以此。

箋曰。昭二十八年左傳。有林雍。定八年傳。有林楚。哀十一年傳。有林不狃。皆魯人。則放或其族歟。問禮之本。只是問禮之根原。不必討到放疑世專事繁文上。

大哉問。林放非其人而有此問。故曰大哉。與大哉堯之爲君異矣。穀梁哀十二年。孔子曰。大哉夫差。未能言冠而欲冠也。語例相類。觀泰山不如一語。放蓋一魯男子耳。今問及禮本。頗溢分量。故夫子大之。至其答之。則亦就本人分量所可及耳。

禮與其奢也寧儉。爾雅釋詁。奢。勝也。說文。奢。張也。勝張。皆夸大之意。喪與其易也寧戚。白虎通崩薨篇。喪者亡也。人死謂之喪。何言其喪亡。不可復見也。易。治也。孟子易其田疇。荀子王制。易道路之易。品節喪具。無不盡其分也。易字本無哀痛無實之意。戚亦無文不足之意。但易戚交錯爲文。且與上文奢儉對。乃見此意耳。然不得以此爲訓詁矣。就禮中抽出喪禮。何也。凡禮以儉爲本。而於喪則君子不儉其親。因又指示人子至情。唯戚之爲本耳。蓋放之問。不在疑繁文。而夫子之答。則欲其知討源還本。不效世之繁文虛禮也。夫本有天下大本之本。有末是大本。對末而稱本之本。猶溪澗之水。未及濫觴之極清。對末流之黃濁。自可謂之本也。儉戚。即非至中極正之本。對彼繁文之澆俗。焉得不稱本乎。說者或以爲。謂之本則斷指禮之大本。不僅對繁文以爲本。拘矣。且禮者節文儀數之禮。故惟忠信可以爲之本。儉戚距忠信不遠。自可稱爲禮之本耳。

龜井南溟曰。按論語文例。不足存姓名者。皆以或稱之。林放他無所見。例當以或稱之。而特具姓名者。獨以後章有泰山不如林放之語。而已。夫禮之大本。豈林放之所能辨知乎。但夫子善誘。未嘗拒人之問。故嘆而大之。而告以其知之所及也。若不然也。則既歎大哉。乃告以邇言。何其語之偸。古來說者見不出於此。故喋喋費辨。豈不左乎。禮與其奢也寧儉。喪與其易也寧戚。與與其不孫寧固。大氏一意。是林放之知所及。何足以難其說。費許多辨哉。然聖人善誘之語。辟諸春風吹物。物無大小。燁燁光澤。各遂其生。而融混無迹。所以不易窺也。故讀論語者。要先體其人與事物。而知其語之所由出焉爾。集注不及而質。質字以質朴說。然有文而後有質之名。未有文者。亦無質之名。故質非本也。集注。質乃禮之本。誤。辟之樹。本是根。儉戚是幹。奢易是枝葉。儉戚去本近。奢易去本遠。然是義不明言。玩與其字。寧字。乃就中較量。而本自見。圈外楊氏徑情直行。當作直情徑行。是檀弓字面。蓋偶然之誤。或傳寫之譌。

子曰。夷狄之有君。不如諸夏之亡也。吳氏曰。亡古無字。通用。程子曰。夷狄且有君長。不如諸夏之僭亂。反無上下之分也。○尹氏曰。孔子傷時之亂而歎之也。亡非實亡也。雖有之不能盡其道爾。

箋曰。老子十四章。視之不見。名曰夷。此以無色爲夷。言無禮儀文明之可見也。狄。易也。列子天瑞。視之不見。聽之不聞。循之不得。故曰易也。易無形埒。亦與夷同義。不如。猶不同。召旻。維昔之富。不如時。維今之疚。不如茲。武安君傳。不如魏其灌夫。日夜聚天下豪傑壯士。皆同。諸者非一之辭。夏明也。文明之謂也。襄四年左傳。諸華必叛。杜云。諸華中國。蓋夏之爲言華也。禹貢。羽畎夏翟。師曠禽經。五采備曰翬。亦曰夏翟。染人。秋染夏。鄭注。染五色也。據此知夏五采之稱。言禮儀文章之華也。說文。亡。逃也。從人從亡。亡本謂人逃匿。引申爲亡有之義。伊藤仁齋曰。聖人崇實而不崇文。後之說春秋者。甚嚴華夷之辨。大失聖人之旨矣。得之。夫所爲賤夷而貴華者。以其貴於夷者存也。若使其不如夷。則奚取於華。明之末季。其於外國。專以侮蔑爲務。或與之角。百敗不支。而誇張之意自若。殆如病熱幾死之人。譫語狂走。不可制。亦可憫嘆。先民有言。貧與富交。强者必忮。弱者必求。夫務罵戎。如禽獸然。與彼媚事戎虜而不恥者。所嚮雖異。其無遠識則一也。凡物之窮也有變。事之極也必革。此自天地之至理。夏既有變於夷之機。而庸人不能察其機。而盡區畫之術。見其窮且變。方始驚惶騷擾。何補於事。智士則不然。事之機萌。固能洞察。且有隨時挽回之方。顧不處有爲之位。則亦坐視其潰決。而莫之克拯。此禍敗之所以相尋於世也。哀哉。曾鏞曰。春秋時。自魯昭公二十二年六月。景王崩。王室亂。王猛出居皇。猛卒。敬王立。居狄泉。東王西王。位未有定。至昭公二十六年十月。子朝奔楚。敬王始入成周。周無天子者。前後凡五年。自昭公二十五年。昭公奔齊。淹恤在外。齊晉弗納。至定公元年六月。定公始卽位。魯無國君者。前後凡九年。子曰。夷狄之有君。不如諸夏之無也。非直無上下之分也。諸夏無君也。夫子言之。慨然遙憶其時。蓋方昭之二十五六年間。有是言也。

季氏旅於泰山。子謂冉有曰。女弗能救與。對曰。不能。子曰。嗚呼。曾謂泰山不如林放乎。

女音汝。與平聲。旅。祭名。泰山。山名。在魯地。禮。諸侯祭封內山川。季氏祭之。僭也。冉有。孔子弟子。名求。時爲季氏宰。救。謂救其陷於僭竊之罪。嗚呼。歎辭。言神不享非禮。欲季氏知其無益而自止。又進林放以厲冉有也。○范氏曰。冉有從季氏。夫子豈不知其不可告也。然而聖人不輕絕人。盡己之心。安知冉有之不能救。季氏之不可諫也。既不能正。則美林放以明泰山之不可誣。是亦教誨之道也。

箋曰。左哀七年傳曰。公會吳于鄫。太宰嚭召季康子。康子使子貢辭。十一年傳曰。季孫謂其宰冉求曰云云。十二年傳曰。公會吳于橐皋。吳子使太宰嚭請尋盟。公不欲。使子貢辭。據此知此季氏季康子也。孔子獨問冉有能救。則非季平子桓子時也。康子立于哀公三年。時孔子在陳。猶未歸魯也。孔子之歸。在于哀七年。孔子聞季氏將旅而發此歎。則亦既歸魯之後矣。泰山在齊魯境上。其陽則魯。其陰則齊。二國皆以爲望。禮器云。齊人將有事於泰山。必先有事於配林。其爲兩屬可知。則矣。天子祭天下之名山大川。諸侯祭境內之名山大川。魯有淮有海有岱。春秋曰三望是也。此是常祭。主者魯公。强如季氏不敢僭也。季氏欲旅之者。旅祭名。爾雅曰。旅。陳也。陳其所禳之事。欲其消禍致福也。周官之言旅者不一。掌次。司尊彝。典瑞。眡瞭。笙師。職金所言是也。天子所次之位。則張氈案。設皇邸。所奠之主。則四圭有邸。所用之版。則金版。至于陳樂而不縣。歛樂而不鼓。則旅是凶災。而非常祭也。周官有言旅四望者。大宗伯。國有大故。則旅上帝及四望。典瑞。兩圭有邸。以祀地旅四望。鄭注大宗伯云。旅陳也。陳其祭事以祈焉。禮不如祀之備也。此則凡所遭大故。皆凶災之類耳。季氏之旅。仿舊禮而僭行之。冉有不能救者。禳禍祈福徼幸之心勝。非口舌所能爭也。

女不能救與。皇本作汝不能救與。邢本不能作弗能。下仍作不能。一問一答。義無輕重。不字不宜岐出。今從皇本。嗚呼曾謂泰山不如林放乎。曾乃也。義見前。謂字泛說。非季氏謂之如此也。此問答。蓋與林放問禮一時矣。卽不同日。亦必不踰旬者。故夫子偶擧林放。以明神之不可誣耳。非進林放勵冉有之謂。亦非欲季氏知其無益而自止之謂。

圈外范說。大委曲失正意。蓋冉有以不能救對。則夫子無如之何。是嘆之所以發也。又范氏似謂冉有旣仕於季氏。便是失義。不足與議者。然仕於季氏。未爲非義。若其非義。夫子何不止之于筮仕之初也。宋諸先生深稱顏閔不仕於大夫之爲高。故遂有此等說。高不高。與義不義。自當有辨。

子曰。君子無所爭。必也射乎。揖讓而升。下而飲。其爭也君子。

飲。去聲。揖讓而升者。大射之禮。耦進三揖而後升堂也。下而飲。謂射畢揖降。以俟衆耦皆降。勝者乃揖不勝者。升取觶立飲也。言君子恭遜。不與人爭。惟於射而後有爭。然其爭也雍容揖遜。乃如此。則其爭也君子。而非若小人之爭矣。

箋曰。爭者。爭得失。較勝負之謂也。君子於事理之得失。則辨而不爭。而於才藝之勝負。則謙不較量也。惟射則明明較量矣。故曰無所爭。故曰必也射乎。蓋必也字。乎字之意。原非以射爲君子之有爭也。如不得已而必欲謂君子有爭。則惟射似之。必非必君子乃是必人之論君子者也。正言其有似于爭。而實非爭也。故曰其爭也君子。與子貢謂夫子之求之也。反語口氣正同。如謂於射而後有爭。則亦可謂夫子溫良恭儉讓。卽是夫子之有求邪。揖讓而升下。而飲。射禮之揖讓盛矣。是經文以揖讓冠升下飲三項。而升下一句。而飲一句。猶曰揖讓而升。揖讓而下。揖讓而飲云爾。此文見論語禮記二處。禮記鄭注云。飲射爵者。亦揖讓而升降。釋文。揖讓而升下絕句。而飲爲句。此孔子所言者飲也。謂既以禮升降而飲。此罰爵。其事可慚。是以射必爭中。却非言揖讓而升射。故鄭注禮記曰。亦以明之。惟鄭箋詩賓之初筵。引論語。作下而飲。與禮注異。今從詩箋。則揖讓升下。與飲射爵。時事兩相隔越。而於上下爭字。亦並放空。且如其說。以揖讓屬升射。下爲射畢揖降。尙是揖讓而升下。不可以升字絕句也。既引大射禮升飲事。則明是升而飲。又何得曰下而飲乎。推手曰揖。升是由階至堂。下是降堂。禮經言射有四。一曰大射。二曰賓射。三曰燕射。四曰鄉射。先儒據射義。謂大射。爲將祭而擇與祭者之禮。數中者。得與于祭。不數中者。不得與于祭。然以周官司裘射人諸職攷之。自天子以至諸侯卿大夫。皆有大射。夫大夫之臣。能有幾何。乃將祭而行大射之禮。以擇之乎。卽天子之祭。六卿以下。至于祝史。皆有常職。五等諸侯入覲。當祭之時。無不助祭之禮。如必射中者。乃得與于祭。則太宰不必贊玉幣。而大司徒不必奉牛牲。大宗伯不必奉玉齍。而肆師不必誅怠慢也。蓋射義。原屬漢人傅會。欲鋪張射事之重大。而不覺其言過耳。獨敖氏繼公不用舊解。以爲此諸侯與其羣臣飲酒。而習射之禮。言大射者。別于賓射燕射也。但據陳祥道謂人之賢不肖。不能逃于威儀揖讓之間。而好惡趨舍。常見于行同能偶之際。故射而飾之以禮樂。以觀其德。比之以偶。以觀其類。則將有祭祀。君與諸公卿大夫士。舉行此射。以習禮樂。理亦有之。而非必擇焉而有所去取也。儀禮他篇言禮。大射乃言儀者。賈氏以射禮盛。威儀多。敖氏以其儀多于他篇。故特顯之。禮者總名。儀則其節文也。論語所言。是大射儀。其言升言下言飲。凡三節。則是大射儀三耦再射之禮。按鄉射無次。大射設次。在堂下東南隅。其始司射命三耦。取弓矢于次。司射入于次。搢三挾一个。出于次。西面揖。當階北面揖。及階揖。所謂堂下三揖也。升堂揖。當物北面揖。及物揖。所謂堂上三揖也。射次在堂東。故惟出次西面揖。餘俱北面。卒射北面揖。及階揖。降如升射。此司射誘射之儀。卒射揖如升時。則前所揖處皆揖。堂上下亦各三揖也。其既司射適次。作上耦射。司射反位。上耦出次。西面揖進。上射在左。並行。當階北面揖。及階揖。堂下之揖三。上射先升三等。下射從之中等。上射升堂少左。下射升。上射揖。並行。皆當其物北面揖。及物揖。堂上之揖亦三。卒射北面揖。揖如升射。上射降三等。下射少右從之。中等並行。上射于左。與升射者相左。交于階前。相揖。三耦卒射亦如之。此三耦初射之儀也。射者升降凡六揖。揖進之揖。始發于位而揖也。升堂之揖。復發于階而揖也。當階與當物同義。及階與及物同義。經言卒射揖。及階揖。則堂上止二揖。豈升堂時。堂物揖處可不揖耶。文省耳。特誘射教弟子以射儀。未主于中。故不去旌。初射學司射之射儀。未揖。主於勝負。故未釋獲。二者皆無飲射爵之禮。由是請再射。三耦取矢于楅。出次揖。當楅及楅揖。挾乘內還揖。退與進者相左揖。此諸揖皆在未射時。及司射作射三耦。自出次以至及階之揖禮師初。而堂下亦各三揖。則以爲揖而升也有然。卒射自出物以至及階之揖禮師初。而堂上亦各三揖。則以爲揖而下也有然。于是小臣師執中。而獲者有左賢右賢之告也。于是司宮士奉豐。而射者有執張執弛之命也。于是勝者之弟子洗觶。一僕人師。繼酌射爵而升。飲者有取觶卒觶之文也。小射正作升飲射爵者。如作射。一耦出揖。如升射及階。勝者先升。升堂少右。不勝者進。北面坐。取豐上之觶與少退。立卒觶。進坐奠于豐下。與揖。不勝者先降。與升飲者相左。交于階前相揖。是即一飲。而升亦揖。下亦揖。則以爲揖而飲也有然。由是適次釋弓。射爵辯。乃徹豐與觶。而射儀以成。儀禮誘射初射。皆有升下而無飲。論語兼飲言。故斷以爲再射之禮。凡射以讓爲容。而讓以揖爲節。自升而下。而飲其揖也皆其讓也。故子曰揖讓而升下。而飲。讀論語者。當取大射儀文。兼鄉射禮節圖。參攷之而得其說也。

君子尙義。往往負氣。其有爭也亦害事。故提出無所二字。作標準。觀宋時臣爭於朝。而蜀洛分。儒爭於野。而朱陸分。皆君子人也。而卒以亡國。此莊子所謂臧讀書。博塞。其於亡羊均也。

南溟曰。或問。君子果皆無所爭乎。士有爭友何謂也。曰然。有斯言也。不曰忠告而善道之乎。若有子論葬喪以詰曾子。子夏辨教誨之術以折子游。皆是也。孔門之

士。同道相成。同義相親。各守其所聞。不敢偏黨。其責善有如斯者。曾謂有夏游
好忿爭乎。孔門士爭友責善。謹聽命矣。敢問孟子拒楊墨。絀覇道。辟猶居父之讎
必不共戴天。而自慊者與。卽後世師儒。祖述孔氏者。率皆惡視佛老諸家。而痛斥
之。如唐韓愈。蓋其魁也。及至輓近。則不獨仇佛老諸家。雖同冠解果。號稱闕里徒
者。聞見不同。趨舍少異。則互相齮齕。圓鑿而方枘。氷炭不相容。至乃洛蜀結黨。朱
陸成隟。於是乎天下之目一丁。吻三語者。非朱陸之子。則洛蜀之孫。徒詆父祖之
餕餘。饐餲不自辨。踵踵繼肩肩摩。而滔滔者。仇怨皆是。以今觀之。唐虞三代之道
變爲一大爭論。爭謂之學。不爭莫以爲君子也。小子惑矣。敢請所安。余聞之憮然
久之。

子夏問曰。巧笑倩兮。美目盼兮。素以爲絢兮。何謂也。七倩。
陳反。盼。普莧反。絢。呼縣反。此逸詩也。倩。好口輔也。盼。目黑白分也。素。粉地。畫之質也。
絢。采色。畫之飾也。言人有此倩盼之美質。而又加以華采之飾。如有素地而加采色
也。子夏疑其反。謂以素爲飾。故問之。**子曰。繪事後素。**繪。胡對反。繪事。繪畫之事也。後素。後
於素也。考工記曰。繪畫之事。後素功。
謂先以粉地爲質。而後施五采。猶人有美質。然後可加文飾。**曰。禮後乎。子曰。起予者商也。始可
與言詩已矣。**禮必以忠信爲質。猶繪事必以粉素爲先。起。猶發也。起予。言能
起發我之志意。謝氏曰。子貢因論學而知詩。子夏因論詩而知

學。故皆可與言詩。○楊氏曰。甘受和。白受采。忠信之人。可以學禮。苟無其質。禮不虛行。此繪事後素之說也。孔子曰。繪事後素。而子貢曰禮後乎。可謂能繼其志矣。非得之言意之表者能之乎。商賜可與言詩者以此。若夫玩心於章句之末。則其爲詩固而已矣。所謂起予。則亦相長之義也。

箋曰。巧笑倩兮四句。倩盼絢皆韻。兮者語助。詩毛傳。倩好口輔。輔者頰也。人笑則口頰必張動也。倩以言巧。巧即好也。馬注謂笑貌者。倩是形容之辭。意亦與毛同矣。楚辭大招。靨輔奇牙。宜笑嘕只。王逸注。嘕笑貌。倩與嘕一聲之轉。毛傳云。好口輔。卽靨輔也。盼从目分聲。以分詁盼。此同聲爲訓之例。皇本正平本南宗本作盻非。盻胡計切。恨視也。素以爲絢。下篇義以爲質。禮運人情以爲田。句法一例。子夏之意謂。天下莫絢於天然。何用又加粧飾。故疑詩人之素絢也。言笑之巧。倩目之美盼。已見其美。況華服盛飾。益見其美也。馬注以末一句爲逸詩。集注統謂三句皆逸詩。朱子是也。但謂碩人四章皆七句。不應此章多一句。則不然。卽如君子偕老三章。一章七句。一章八句。一章九句。葛屨二章。亦一章六句。一章五句。則凡多一一句者常耳。特此三句。確非碩人詩。衣錦句亦非碩人詩。否則夫子爲改詩爲竄詩。豈所以垂敎。邪雷學淇曰。素以爲絢兮。集註于此句。卽以繪事言之。大誤。小爾雅云。縞之精者曰素。說文曰。素白緻繒也。禮雜記注云。素生帛也。此句素字。指婦人所著之縞衣。卽詩所謂瑳兮瑳兮。其之展也。展衣色白。古禮凡后夫人見君及見賓客。皆服之。亦大夫妻之上服也。言人既有此倩盼之美。又服此縞素之衣。益覺其光輝絢著。子夏未喻其意。夫子借繪事來署一證明。故子夏恍然悟。出禮後乎三字。若詩詞本是說繪事。是夫子一答反死煞句下。何以啓子夏之悟。○繪事後素。卽考工記之繢畫之事。後素功。集註解此二語亦誤。周秦以前。無以絹素作畫者。繢畫之事。或施于衣服。則以玄爲質。唯施于旗常。則絳纁爲質。或施于器皿。則以漆爲質。唯施于正鵠。有白質者。有赤質者。此白質亦事之僅有。非繢事必皆粉地也。故禮云。五色六章。施相爲質。禮後者。禮以義起。承乎時變。故三王之世。不相襲禮。其原雖本于太一。其品節儀度。却是聖人于治定之後。本于天理。察于人情。制此三百三千。以敎中。敎和。敎讓。敎親。所以防其逸。而受之節。飾其朴。而受之文者也。自有此禮。而一代之治。燦然大著。與素功之彰。五色相倣。故夫子以繪素喩衣素。子夏卽因素後。悟禮後。集注以絢繪喩禮。不如以素喩禮。尤爲確切。人本有孝弟忠信諸美德。而後聖人爲制之禮。孝有孝之禮。忠有忠之禮。而粲然爲文。凡孝弟恭讓。內雖有其美。非禮以行之。則不粲然發於外矣。其以素比禮者。自立分辨而言之。非取於素之無色也。此說可從。

繪事後素。皇侃云。刺縫成文。謂之繡。畫之成文。謂之爲繪也。後素者。集注引考工記。是也。但考工記此語。承文章黼黻。則所謂素。似指絹素。凡絹帛未經染色者。生曰縞。熟曰素。通而言之。生熟皆謂之素。說文。素。白緻繒也。諸書並未有謂白采爲素者。而考工記注曰。素白采也。後布之。爲其易漬汙也。論語注曰。凡畫繢。先布衆采。然後以素分其間。以成其文。此說非也。古人重繪而輕繡。凡繪不必盡在白繒白布也。如最重者冕衣。而冕衣之色緇也。緇。黑繒色也。其繪之之法。非用黑繒而繪之也。先用白繒爲衣。而別用他繒。膠他繒使剛。乃翦所欲繪之形。如龍則角爪皆縷。如雉則趾距皆鏤。各貼于白本繒衣之上。於是加凡無采空隙處。悉以黑色。

先爲塡滿。而其餘無繒處。盡以黑色刷到。然後去其所貼之他繒。則其所留未染。白繒本質。藻火分明。體段已具。但少采色。於是以五采施焉。如此則於采色之嬌嫩者無礙。卽於繒之著采。亦久不落也。此之謂素功。此之謂繪事後素也。若以禮譬喩。則先王制禮。因人之情。而爲之節文。吉禮凶禮嘉禮。皆先有親親九族之殺。賓禮軍禮。皆先有尊賢大小上下之等。分寸自天而定。聖人因而飾之以禮樂云爾。如鄭氏以素爲粉。恐易涬。故後。然采色何一非易涬者。又云。白采分其間。則如日月星辰。何用粉之有。以素爲粉。可謂謬矣。集注。易其說。乃謂先以粉地爲質。而後施五采。此法固亦有之。然但施于靜而罕動之物乃可。若衣則時著時脫。動而不靜。徑於旣染成之帛上。塗粉作地。乃令受采。不久卽零落斑剝矣。豈可用此法邪。

禮後乎。是悟語。不是問語。鄭注。子夏聞而知以素喩禮。此說非也。此詩辭賦體也。非比體也。且詩意並無言禮之意也。不惟詩無言禮之意。卽孔子言繪事後素。亦一時意。不及于論禮也。惟一時意所不及。而子夏因之有悟。故孔子亦欣然謂起予也。若詩辭原自以素喩禮。則孔子直告問者矣。何以又用譬喩。又不盡言而匿其旨乎。

起予者商也。包注。言發明者。訓起爲發也。顏子亦足以發。亦發明之意。然不若朱注能起發我之志意之妥當。

子曰。夏禮吾能言之。杞不足徵也。殷禮吾能言之。宋不

足徵也。文獻不足故也。足則吾能徵之矣。杞。夏之後。宋。殷之後。徵。證也。文。典籍也。獻。賢也。言二代之禮。我能言之。而二國不足取以爲證。以其文獻不足故也。文獻若足。我能取之。以證吾言矣。

箋曰。禮運。孔子曰。我欲觀夏道。是故之杞。而不足徵也。吾得夏時焉。我欲觀殷道。是故之宋。而不足徵也。吾得坤乾焉。王棥据此文。謂當於言字上點句。之字連下爲句。然中庸亦同此文。宋不足徵也。作有宋存焉。則上不連之字可知。夫立言各有當。此經之字。當上屬爲句。王說拘矣。不足徵。言不以足爲信驗也。胤征。聖有謨訓。明徵定保。孔傳。徵證。左傳隱十一年。不徵辭。僖二十七年。明徵其辭。昭八年。君子之言。信而有徵。小人之言。僭而無徵。故集注。訓徵爲證。以經中徵證多通借也。

正平本。南宗本。徵下無也字。

獻賢通。益稷。萬邦黎獻。共惟帝臣。大誥。民獻有十夫。洛誥。其大惇典殷獻民。酒誥。獻臣。孔傳。獻賢也。是獻謂秉禮之賢士大夫。子貢所謂賢者識其大者。謂獻也。鄭注。獻猶賢也者。鄭以獻爲儀之叚借。故曰猶賢。爾雅釋詁。儀善也。

書大誥。民獻有十夫。伏生傳作民儀。周官司尊彝注。獻讀爲犧。又讀爲儀。皐陶謨。萬邦黎獻。漢孔宙碑。費鳳碑。斥彰長田君碑。皆用黎儀字。皆獻儀通用之證。儀。廣雅釋言云。賢也。獻可作儀。故可訓賢。或謂。獻憲通。謂法度也。此說於不足字爲愜。

宋自微子至戴公。凡十君。其間禮樂廢壞。正考父爲孔子七世祖。得商頌十二篇於周之太師。自夫子錄詩。已亡其七篇。可見典籍不足徵矣。杞則此時非復周武王。初封東樓公之杞國也。初封杞卽今開封杞縣。索隱云。至春秋時。杞已遷東國。雖未知的都何所。要隱四年。莒人伐杞。取牟婁。桓二年七月。杞侯來朝。九月伐杞入之。與今之莒州及曲阜縣相鄰也。可知僖十四年。杞辟淮夷。諸侯爲城焉。杜注。又遷於陽陵。襄二十九年。晉合諸侯以城杞。卽昭元年祁午數趙文子之功云城淳于者。杜注。杞又遷都淳于。淳于漢置縣。屬北海郡。其故城一名杞城。在今青州安丘縣東北三十里。其遺址宛然。緣陵。杜止注杞邑。臣瓚曰。漢北海之營陵縣。春秋謂之緣陵。殆今昌樂縣東南五十里。營丘城是。蓋杞當春秋時。去初封已千有餘里。而顚沛流離。賴人之力以圖存。此文獻所以無徵之故也。

夏殷之禮。夫子非不能言焉。然杞宋文獻。無足以徵其言者。故不得述而傳諸後世。中庸曰。上焉者。雖善無徵。無徵不信。不信民弗從。又曰。索隱行怪。後世有述焉。吾弗爲之矣。吁言而世爲天下則。民莫不信。莫不尊親。有以哉。足則吾能徵之矣。此句慨歎之意無窮。蓋文獻若足。則禹湯經世之模。夫子自能一一論著。與周禮並傳。爲百王損益之大法。而竟無如其不足何。此其所以歎惜不已也。然此亦夫子晚年道不行。叙禮正樂時語。使其得時有作。可以義起者。固必有以處之。豈專歎二國之無徵而已哉。嗚呼典籍淪亡。賢人凋喪。夫子覽觀世道。所感多矣。讀者當得之於言外也。

龔元玠曰。周公監二代作周禮。則二代之禮固存。且應與既成之周禮。並藏金匱石室。今夫子云云何也。蓋自黃帝至夏初。皆萬國。各頒夏禮。至商初四百餘年。札爛簡缺。夏禮多亡。而夏之後。必應修補。商初三千國。各頒殷禮。至周初六百餘年。札爛簡缺。殷禮多亡。而殷之後。必應修補。情也。周初封同異姓等國。以封抵滅。仍計千八百餘國。舊封國應居十之六七。商封國十之一二。周封國十之一二。各頒周禮。至東周末易姓。則周禮札爛簡缺。均應修補。而杞宋得用其前代禮樂。雖再爛缺。仍應修補。不忍聽其亡。又情也。乃杞則避難再遷。宋則有易子析骸之慘。及華氏數年之亂。而二家之典籍不保矣。然杞宋之典籍雖不保。周則天下共主。二代之禮。與周禮。並藏金匱石室者。固無恙也。乃昭二十六年。王子朝以周之典籍奔楚。燬於栢舉之役。而二代之禮之在周者。如泥牛入海矣。孔子於定元年適周。大史氏典籍既失。古禮不復存。哀六年至楚。王子朝所攜之典籍已亡十餘年。坐是不得見二代之禮。所爲言二代之禮。必致望於杞宋之足徵也。杞宋不足徵。所爲。無復望於二代之禮之能成書也。曰周及杞宋。既無二代之禮。夫子何以能言。曰周初封魯衛。啓以商政。晉啓以夏政。聖人聰明天縱。至是邦有所聞見。觸類旁通。久之自然貫穿洞達。而能言杞宋不足徵。他國雖間有可徵。更不如杞宋。故言之無益。此蓋在哀公十一年。自衛反魯後。定禮樂時之言。其時求如向戌之能獻公合諸侯之禮六者。亦無之矣。曰。今何以仍有周禮。曰。今之周禮。周官也。唐以後乃名周禮。周初頒發各國。俾知遵守。故雖闕冬官。仍存五官。周禮與周官異。春秋傳云。先君周公作周禮。其所稱引。周官所無。

孔子定禮。必有成書。蓋俱亡於秦火楚炬矣。

困勉錄云。文武之政。布在方策。賢者識其大者。不賢者識其小者。周之文獻自足也。夫子何致惜於二代之無徵也。雙峰以爲。百王損益之大法。一句最妙。蓋一代自有一代之禮。而非合三代之禮。不足見損益之妙。苟文獻俱足。而夫子論定三代之禮。則知忠後之必以質。質後之必以文。文後之當復用忠。百王之損益準此矣。單說夫子欲挽文勝之弊則偏。

子曰。禘自既灌而往者。吾不欲觀之矣。

禘。大計反。趙伯循曰。禘。王者之大祭也。王者既立始祖之廟。又推始祖所自出之帝。祀之於始祖之廟。而以始祖配之也。成王以周公有大勳勞。賜魯重祭。故得禘於周公之廟。以文王爲所出之帝。而周公配之。然非禮矣。灌者。方祭之始。用鬱鬯之酒灌地。以降神也。魯之君臣。當此之時。誠意未散。猶有可觀。自此以後。則浸以懈怠。而無足觀矣。蓋魯祭非禮。孔子本不欲觀。至此而失禮之中又失禮焉。故發此歎也。○謝氏曰。夫子嘗曰。我欲觀夏道。是故之杞。而不足徵也。我欲觀商道。是故之宋。而不足徵也。又曰。我觀周道。幽厲傷之。吾舍魯何適矣。魯之郊禘非禮也。周公其衰矣。考之杞宋。已如彼。考之當今。又如此。孔子所以深歎也。

箋曰。而往者。如易繫辭。過此以往。未之或知也。故訓後。禘禮之說。千古聚訟。今求之禮經。參以諸儒之論。爲之說曰。夫禘禮起于虞夏。豈豫爲後世辨昭穆之地。卽周之禘禮。武王時已定。此時豈有文武以下之昭穆。故禘審昭穆之說。非也。禘本天子之大祭。故禘字从示帝聲。凡祭之大者。皆謂之禘。於是諸侯之大祭。因僭名禘矣。春秋傳所云是也。故爾雅釋天曰。禘大祭也。廟制。天子七。諸侯五。祭之日。自迎尸至徹俎。非彌日不能給。以一日徧祭。此必無之理。若日祭一廟。則散齋七日。

致齋三日。共十日。祭前夕牲。祭後有繹。祭七廟者。前節已移後節。是天子諸侯四時之祭。皆合祭於始祖廟。少牢篇曰。敢用來日丁巳。用薦歲事于皇祖某甫。以某妃配。大夫三廟。云皇祖則祖禰統矣。曾子問。祫祭於廟。則祝迎四廟之主。又曰。當七廟五廟無虛主。虛主者。惟祫祭於廟。爲無主耳。然則曾子問何以言祫祭。王制云。天子犆礿。諸侯礿犆。禘必祫。亦有犆。故曰。天子祫禘。祫嘗。祫烝。諸侯禘。一犆一祫。嘗祫烝祫。孔廣森曰。一或也。非一年犆一年祫之謂。穀梁云。一有一無曰爾雅云。泉一見一否。夏小正。一則在本。一則在末。其義皆爲或。謂礿則犆。嘗烝必祫。禘則或犆或祫。孔說是也。僖三十三年左傳云。特祀於主。烝嘗禘於廟。襄六年晉人答穆叔云。以寡君之未禘祀。是皆以喪畢言之。故康成元凱以禘祫爲三年喪畢之大祭。蓋嗣君卽位。三年之喪既畢。遠主將遷。新主將入。嗣君於是又初行廟享之禮。其不可以四時常祭行之明甚。然則喪畢而祭。先行禘祫之禮。固知其必然。惟以禘爲三年喪畢之祭名則非也。禘之時月。王制與祭統皆謂春礿夏禘秋嘗冬烝。周禮大宗伯及司尊彝。與春秋公羊傳。與爾雅皆謂春祠夏礿秋嘗冬烝。而不復有禘之名也。詩天保亦謂禴祠烝嘗。以烝嘗例文推禴祠。則亦春祠夏禴也。但詩與周禮。礿作禴爾。王制注曰。此夏殷祭名。然則夏后之春祭曰禘。殷人之夏祭曰禘。此二代時祭之異名。周則春曰祠。夏曰礿。無時禘也。先儒固無以周天子之大禘。爲在何時者。卽以魯禘而言。則明堂位謂季夏六月以禘禮祀周公于太廟。周之六月。乃夏正之四月。建巳之月也。則猶仍夏曰禘之名也。雜記謂七月日至。可以有事于祖。周之七月。乃夏正之五月。建午之月也。祭統獨稱大嘗禘。嘗在秋時。則與明堂位雜記皆不合也。夫禘祭原不在時祭之外。蓋以大禘禮行之於嘗。則謂之大嘗禘。曾子問曰。天子嘗禘。中庸亦言禘嘗之義。穀梁傳曰。著祫嘗。然則謂禘祭不在時祭之外則可。謂禘祭卽時祭之一則不可。

崔述曰。禘祭見於春秋經文者二。一太廟。一羣廟。皆非以祭始祖之父。如集注所云者。吉禘于莊公。禘既於莊公。則非以祭文王可知也。蓋春秋之所譏。乃以未三年而吉祭。故不但曰禘于莊公。而必曰吉禘于莊公。書法甚明。非以於莊公爲譏也。正如僖之禘於太廟。乃譏其致夫人。非譏其於太廟也。但係以太廟。則亦但禘於周公。而非禘於文王可知也。春秋書禘者二。書烝者二。書嘗者一。烝嘗皆不書其廟。而禘獨書者。蓋烝嘗同日而祭。不僅一廟。而禘或犆或祫。不係以廟。則不可知其爲誰何。由是言之。太廟群廟皆有禘祭。而非特制此以祭始祖所自出之帝也明矣。子曰。禘自既灌而往者。吾不欲觀之矣。果以魯禘非禮之故。亦當如祭統明堂位所言。其僭天子禮樂。皆在既灌以往。然後此言可通。若如趙氏之說。以祭始祖之所自出爲僭。則當禘之初。孔子卽已不欲觀。何待既灌以往乎。禘之文見於左傳者三。其詞甚明。亦初無祭始祖之文。及五年一禘。不王不禘之說。僖三十三年。凡君薨。祔而作主。特祀於主。烝嘗禘於廟。禘與烝嘗同擧。亦不當爲王者五年之大祭也。襄十年。宋公享晉侯於楚丘。請以桑林。荀偃士匄曰。諸侯宋魯。於是觀禮。魯有禘樂。賓祭用之。宋以桑林享君。不亦可乎。按襄十六年傳。晉亦有禘。則禘乃諸侯皆僭用之。此文以魯之禘樂。比宋之桑林。則魯禘所用之樂。非諸侯通用之樂矣。然則魯之禘。蓋用天子之祭器樂章。爲僭。其實禘乃當時諸侯祭群廟之通禮。不必禘爲天子獨有之祭也。且云賓祭用之。則此樂魯亦以之娛賓矣。王制。天子犆礿。祫禘。祫嘗。祫烝。諸侯礿犆。禘一犆一祫。嘗祫。烝祫。按此文。則是礿禘烝嘗乃祭之名。而犆與祫。乃分合之謂。非祭之名也。分祭則謂之犆。合祭則謂之祫。犆卽直也。專之義也。祫卽合也。後人加示於合旁耳。至其犆祫之制。實本春秋經傳而來。所謂禘之犆者。卽春秋之禘于襄公也。所謂禘之祫者。卽春秋之大事于太廟也。所謂嘗祫烝祫者。卽春秋之但書己卯烝。乙亥嘗。而不書所祭之廟也。由是言之。禘之與祫。不得平列爲二祭。而以三年五年分屬之也明矣。且禘旣有犆有祫。則非以祭始祖之父矣。云諸侯禘。一犆一祫。則亦以禘爲諸侯通用之祭。禮記中專記魯禘之制者三。但以爲用天子器樂。亦但有祭周公之文。絕無祭始祖之父之說。祭統。大嘗禘升歌淸廟。下而管象。朱干玉戚。以舞大武。八佾以舞大夏。此天子之樂也。明堂位。季夏六月。以禘禮祀周公于太廟。牲用白牡。尊用犧象山罍。鬱尊用黃目。灌用玉瓚大圭。薦用玉豆雕篹。爵用玉琖仍雕。加以璧散璧角。俎用梡嶡。升歌淸廟。下管象。朱干玉戚。冕而舞大武。皮弁素積。裼而舞大夏。按此二篇之文。則是魯禘之所以爲僭者。專於祭器樂章見之。非以禘其太祖之所自出爲僭也。黃目玉瓚。皆灌時所用。與論語旣灌之言合。大夏大武。皆天子之樂。與春秋傳魯有禘樂之言合。魯禘之僭。可以互證而無疑矣。王制等三篇泛言禘禮。而禮運祭統明堂位三篇。專言魯禘。則皆以爲天子之禮。然則是魯禘爲天子之禮。非禘卽爲天子之禮。明矣。蓋禮所謂非禮。卽祭統明堂位所云黃目玉瓚大夏大武之屬。非以禘爲天子始得行也。自春秋說文。始有五年一禘之說。乃因公羊傳及爾雅之文而誤。其實公羊傳未嘗以禘爲五年之殷祭。公羊傳桓八年。春曰祠。夏曰礿。秋曰嘗。冬曰烝。文二年。大祫者何。合祭也。其合祭奈何。毀廟之主。陳于太祖。未毀廟之主。皆升合食于太祖。五年而再殷祭。爾雅釋天。春祭曰祠。夏祭曰礿秋祭曰嘗冬祭曰烝禘大祭也接傳之本文但五年再祫耳非謂一禘而一祫也傳曰大祫者何合祭也是合祭即大祫也曰其合祭奈何毀廟之主陳於大祖未毀廟之主皆升合食於太祖五年而再殷祭是殷祭即合祭也然則五年而再殷祭云者即五年而再大祫也何嘗謂別有一禘與祫相間以祭於五年之中而爲再殷祭哉假使殷祭果兼禘祫則上文亦當有一言及禘何得獨言祫乎左傳云烝嘗禘於廟至紀祭時則云始殺而嘗閉蟄而烝獨不言禘是禘無定時也故禘於經有五月七月之異於傳有二月十月之殊或者公羊氏以禘無定時故不分係於四時耳安得因此文之未言禘而遂强入之於五年殷祭之數也爾雅四時祭名全錄公羊傳文以傳之未言禘也故別出禘大祭之文以補之然揆其意亦但謂禘祭較祠礿烝嘗爲大耳非以此當傳文五年再殷祭之數也若果以禘祫相間爲五年之殷祭則文當云禘祫皆大祭也何得獨言禘而偏遺祫乎祫也者即合也三年之祫卽合祭之禘也是以經傳無祫祭之名而但有祫嘗祫禘之文若五年之禘不合祭則非殷祭矣若亦合祭則仍是大祫耳豈得分彼爲祫而此爲禘也哉由是言之五年一禘之說亦漢儒之誤解而誤采焉耳爲禘始祖所自出之說者皆引喪服小記大傳爲據然觀二篇之文實大不然喪服小記王者禘其祖之所自出以其祖配之而立四廟庶子王亦如之按此文義甚明所謂其祖即高曾祖考也所謂其祖之所自出即始祖也所謂禘其祖之所自出以其祖配之即王制之祫禘也高曾祖考天子之所獨祖故曰其祖始祖同姓諸侯之所同祖而高曾祖考亦由此人而後有故不謂之其祖而謂之其祖所自出天子之祫禘高曾祖考之主皆與始祖之主同陳於太廟故曰禘其祖之所自出以其祖

配之何當有禘其始祖之所自出而以其始祖配之說哉且其下文云立四廟庶子王亦如之則其意尤顯然何者九廟之說始於劉歆自歆以前儒者多謂天子諸侯皆止立高曾祖考四廟諸侯則與太廟而爲五周則加文武世室而爲七此篇蓋漢儒所記故不言立六廟而言立四廟曰以其祖配之而立四廟則其祖之爲高曾祖考而非始祖也不待言矣其祖即謂始祖則當云以其祖配之而立太廟不得云立四廟矣此篇本記喪服所以言此者欲以明適庶之分言王者世適相傳然後得祭及其始祖而以其祖配之其他支庶小宗則不得祭其祖或但祭其祖而不得及始祖如周昭王之時以后稷爲其祖之所自出而禘之以文武成康爲其祖而立四廟配之主魯與衛則皆周之支庶但祭其祖周公魯公康叔康伯而皆不得上推其祖之所自出而禘后稷也若無適子或適子有他故而庶子立爲王則當奉大宗之統而祭與適子同其子孫皆得溯其祖之所自出而禘后稷而不僅祭及於其祖之爲庶子者而止故曰庶子王亦如之庶子云者兼庶子之子孫而命之也猶下文之云庶子不祭祖也鄭氏所謂正體在上下正猶爲庶者是也然則此章之意止以但祭其祖與兼祭其祖之所自出爲適庶之別若其祖即爲后稷而所自出者爲嚳則祭稷者即祭嚳適庶原無分別何故複其文曰庶子王亦如之乎大傳王者禘其祖之所自出以其祖配之諸侯及其太祖大夫士有大事省於其君干祫及其高祖按大傳文即采之於小記諸侯以下其意亦與小記無異何者高祖者四世之祖故大夫士皆得祭之太祖者始封之君比於高祖爲遠故諸侯乃得祭之祖之所自出則始祖也最遠故唯天子乃得祭之然則大傳之意亦謂其祖之所自出爲始祖耳以禘爲祭嚳以嚳爲稷所自出之

帝者。皆本魯語祭法。爲言。然此二篇之文。本不足據。且與小記大傳。禘其祖所自出之語無涉也。

灌乃祼字之假借。祼爲酌鬯初獻之名。文王詩。殷士膚敏。祼將于京。毛傳。祼灌鬯也。周人尚臭。小宰職。凡祭祀贊王祼將之事。鄭注。將送也。祼送送祼。謂替王酌鬱鬯以獻尸。謂之祼。祼之言。灌也。明不爲飮。主以後祀。唯人道宗廟有祼。天地大神至尊不祼。莫稱焉。祭統云。君執圭瓚灌尸。大宗執璋瓚亞灌。鄭注。天子諸侯之祭禮。先有灌尸之事。乃後迎牲。郊特牲云。周人尚臭。灌用鬯臭。鬱合鬯臭陰達於淵泉。灌以圭璋。用玉氣也。既灌。然後迎牲。致陰氣也。鄭注。灌謂以圭瓚酌鬯。始獻神也。皆可以爲證。集注誤采灌地降神之說。而家禮注引張子曰。奠酒。奠安置也。若言奠贄奠枕是也。則張子已知酒必灌於地之說之非矣。乃楊復又曰。家禮初獻取盞祭之茅者。代神祭也。則說尤支離。夫家禮之擧盞灌於茅上。其所取法則祖白虎通之說。以擬禘之灌鬯耳。今云代神祭。則禘之灌鬯。亦代神祭乎。雖朱子嘗曰。酹酒有兩說。一用鬱鬯灌地以降神。一以古者飮食必祭。神不能自祭。故代之。乃不知飮食而祭者于豆間。人之祭也。不以茅。何獨代神祭之用茅也。用茅者。以左傳包茅縮酒。誤爲酹酒。因雜引以成乎非禮耳。不知灌非虛置之筵上。乃置之尸前也。既獻之尸。則尸擧之。尸祭之。奚有別降之神。而又何代爲祭耶。且所謂灌地降神者。必以爲尸之自降其魂魄也。夫尸者神象也。既以爲神象。而神乃自求其魂魄。此可謂知幽明之故者耶。即使謂尸秖虛象。而其神必求之天地間。則亦當主其祭者求之。豈有主酌酒獻尸。使尸自取己神耶。○周人尚臭。灌禮特重。司尊彝。春祠夏禴。祼用雞彝鳥彝。秋嘗冬烝。祼用斝彝黃彝。凡四時之間祀追享朝享。祼用虎彝蜼彝。明堂位。灌用黃目。是魯不純用天子禮。而用天子冬烝之斝彝。也。朱子謂灌在祭始者。祭統獻之屬。莫重于灌。是灌在九獻之內。九獻之禮。灌二獻。朝踐禮二獻。饋食禮二獻。朝獻禮一獻。再獻禮兩獻。灌在祭之始也。凡祭之禮。初獻王灌尸。二獻后灌尸。是謂二始。由是而行朝踐之禮于堂。以血腥薦於神。王以玉爵酌醴齊以獻尸。爲三獻。后以玉爵酌醴齊以獻尸。爲四獻。周官所謂朝踐用兩獻尊也。由是而行饋食之禮于室。從饌薦熟。王酌盎齊以獻尸。爲五獻。后酌壺尊醴齊以獻尸。爲六獻。周官所謂饋獻用兩壺尊也。次行朝獻。謂尸卒食。王以玉爵因朝踐之尊以酳尸。爲七獻。周官所謂朝獻用兩著尊。祭統尸飮五。鄭君注指爲七獻之事。正義謂灌之二獻。奠而不飮。故七獻尸止飮其五也。次行再獻禮。王酳尸之後。后因饋食之尊以酳尸。爲八獻。諸臣爲賓者。以瑤爵獻尸。爲九獻。周官所謂兩獻用兩象尊。祭統所謂尸飮七者也。自此以後。長賓長兄弟更爲加爵。尸又飮二。祭統所謂尸飮九。不在九獻之內。鬱鬯者。郊特牲云。鬱合鬯與下蕭合黍稷。皆謂二物。春官肆師。祭之日。表齍盛。告絜。展器陳。告備。及果。築鬻。果卽祼。鬻同煮。春官鬱人。凡祭祀賓客之祼事。和鬱鬯以實彝而陳之。蓋肆師築鬻之鬱人則鬻而和之。以實彝而陳之也。鬯則鬯人所專掌。宗廟以鬱和鬯而祼。外神則直以鬯。不和鬱。而亦用以降神。鄭衆曰。鬱爲草。若蘭。十葉爲貫。百二十貫爲築。以煮之鐎中。詩毛傳。鬯。香草也。築煮合而鬱之曰鬯。是混鬯與鬱爲一。孔穎達則謂。黑黍之酒自名鬯。不待和鬱也。鬯人掌秬鬯。鬱人掌和鬱鬯。明鬯人所掌。未和鬱也。故孫毓云。鬱是草名。今之鬱金。煮以和酒者也。鬯是酒名。以黑黍和一秠二米作之。芬香條鬯。故名曰鬯。鬯非草名。古今書傳。香草無稱鬯者。案鬱鬯二者。細分之則別。其已和鬱者。亦可通以秬鬯名之。故書洛誥。予以秬鬯二卣曰。明禋。孔疏云。以黑黍爲酒。煮鬱金之草築而和之。是也。但灌亦不得槪用鬱鬯。王度記云。天子以鬯。諸侯以薰。大夫以蘭芝。士以蘭。庶人以艾。皆以和酒。諸侯以薰。謂未賜圭瓚者。得賜則鬱。而文侯之命。江漢之詩。又皆以秬鬯爲特賜。然則魯之得用鬱鬯者。誠哉其爲重祭也。祭求諸陰陽之義。殷人先求諸陽。周人先求諸陰。郊特牲所謂。鬱合鬯。臭陰達於淵泉者。以形魄歸於地而求諸陰也。所謂蕭合黍稷。臭陽達於牆屋者。以魂氣歸於天而求諸陽也。又謂既奠然後焫蕭者。蓋上只言其節而不言行禮之侯。故又申明之。奠。奠灌爵也。謂既奠灌爵。然後迎牲而焫蕭也。陳澔集說所謂。既奠以下。是明上文焫蕭之時。非再焫是也。鄭康成見記文兩言焫蕭求之。遂謂薦孰時亦焫。而以既奠爲卽特牲饋食禮所云鉶南之奠。以爲再焫之證。非也。祭義。二端既立。報以二禮。鄭謂二端。氣也魄也。二禮。朝事與薦黍稷也。孔氏亦以報氣爲朝踐之節。報魄爲饋孰之節。但据周官司尊彝。無論春祠夏禴秋嘗冬烝時祭。皆序祼于朝獻饋獻之上。卽如間祀追享。祼用虎彝蜼彝。皆有舟。其朝踐用兩大尊。其再獻用兩山尊。皆有罍。則二禮之在灌後明甚。乃祭義置鬱鬯于朝二禮之末者。記本錯綜言之。蓋以灌鬯求神于陰。故併歸報魄條內。言非但薦孰是報魄。祭初所加鬱鬯。亦是報魄也。朝事饋食並有黍稷。但朝事時用黍稷以燔燎。未用以薦。至饋孰時乃薦。孔疏因饋孰有黍稷。遂謂郊特牲之蕭合黍稷。既奠然後焫蕭者。是饋孰之節。則仍鄭氏再焫之說也。亦非也。○特繫辭下。過此以往。未之或知也。左傳隱九年。凡雨自三日以往爲霖。而往與以往同。下章既往不咎。自與此別。集注云。魯之君臣。當此之時。誠意未散。猶有可觀。自此以後。則浸以懈怠。

而無足觀矣。此說非也。僭天子之禮樂。其罪重矣。而誠意之散。特係一時之失。聖人薄責于此。而反厚責于彼。是放飯流歠。而問無齒決也。況君臣之意。誠與不誠。前祭懈怠。則後祭可誠。孔子安能決其終不能誠。而曰不欲觀矣乎。孔注云。既灌之後。列尊卑。序昭穆。而魯逆祀。躋僖公。亂昭穆。故不欲觀之。此說尤非也。以諸侯五廟計之。閔僖之主。至昭定之時。已在祧壇之列。又且夫子仕魯。在定十年。而陽虎順祀在定元年。又安得有逆祀之事哉。

襄十二年左傳。吳子壽夢卒。臨于周廟。杜注以爲文王廟。是魯有文王廟矣。有廟則必有祭。魯世家。成王命魯得祭文王。其證也。或以他經無明文爲疑。不知他經自有之。周禮夏官祭僕。凡祭祀王之所不與。則賜之禽。都家亦如之。鄭注。王所不與。謂同姓有先王之廟。疏云。畿外同姓諸侯。魯衞之屬是也。此證之見於經者也。宋立帝乙廟。鄭立厲王廟。魯立文王廟。此於始封時。準情度理。在所必然者。但葬從死者。祭從生者。是正禮。而魯則得以天子之禘樂。祭文王廟也。成王命魯公。世世祀周公以天子之禘樂者。非追享文王配以周公也。何則成王以周公有大勳勞。賜以天子禮樂。尊周公以示不敢臣之意耳。若追所出。而及文王。不足以爲周公重。而祭文王於諸侯之太廟。適足以卑文王耳。故文王周公二廟。用天子禘樂。非僭也。但魯之後世。漸而群公之廟。雜用便屬非禮。故夫子不欲觀之也。若專主譏魯僭禮。則豈必待既灌而後不欲觀邪。

或問禘之說。子曰。不知也。知其說者之於天下也。其如

示諸斯乎。指其掌。先王報本追遠之意。莫深於禘。非仁孝誠敬之至。不足以與此。非或人之所及也。而不王不禘之法。又魯之所當諱者。故以不知答之。示。與視同。指其掌。弟子記夫子言此而自指其掌。言其明且易也。蓋知禘之說。則理無不明。誠無不格。而治天下不難矣。聖人於此。豈眞有不知也哉。

箋曰。中庸曰。宗廟之禮。所以序昭穆也。序爵所以辨貴賤也。序事所以辨賢也。旅酬下爲上。所以逮賤也。燕毛。所以序齒也。又曰。郊社之禮。所以事上帝也。宗廟之禮。所以祀乎其先也。明乎郊社之禮。禘嘗之義。治國其如示諸掌乎。卽此章注脚也。只寫周禘之難知而魯禘之當諱。自可於言外見之。因此兩章相次在是。自然相承而下。未可竟拋魯禘單說周禘也。示眎。相通視也。示諸斯。如視天下於掌也。孟子曰。武丁朝諸侯。有天下。猶運之掌也。語勢相同。包注如指示掌中之物。非是。爾雅釋詁。指。示也。謂人指有所向。以告人也。說文。掌。掌中也。指其掌。是記者之辭。經傳之言禘者不一。有專指祭天言者。如祭法之禘。及國語以禘郊對宗廟烝嘗言者是。有專指廟祭言者。如禘自既灌而往。灌是廟祭。中庸以禘嘗對郊社。言亦指廟祭。又左傳所言。皆廟禘也。爾雅曰。禘。大祭也。是天神人鬼合言也。史記封禪書。引此經以證。是漢儒以此經爲祭天之禘。要之渾稱曰禘。禘天禘廟。於義皆該。唐制。天寶時禘于太淸宮。以李聃爲始祖所自出。趙氏因此有追譽配稷之說。朱子援以入經注矣。古無是說也。祭法。禘在郊上。趙氏謂禘之所及最遠。故先言之。申趙者謂。鄭君讀祭法不熟。見禘在郊上。遂以圜丘之祭釋之。然周語。禘郊之事。

則有全烝。魯語。天子日入監九御。使潔奉禘郊之粢盛。楚語。禘郊不過繭栗。烝嘗不過把握。又曰。天子禘郊之事。必自射其牲。諸侯宗廟之事。必自射其牛。刲羊擊豕。又曰。天子親春禘郊之盛。諸文皆禘在郊上。且與宗廟烝嘗對文。趙氏將何以解之。鄭君以祭法本于國語展禽之言。不徒解祭法以爲通。趙說求通於祭法而不通於國語。其謬一也。虞夏非同出黃帝。后稷非帝嚳之子。前儒已有定論。祭法言虞夏禘黃帝殷周禘嚳。祗以五帝配天。實非追所自出。國語復云商人禘舜。商一代之祀。或嚳或舜。不妨更制。如必謂追祖所自出。禘舜又何以解之。其謬二也。以圜丘之祀不可配嚳。而必配稷。於經無所證。趙氏以意言之。不知嚳之配天。理未必悖。如嚳既廟祭。不爲立廟。而屈尊就卑。以稷廟享之。於理未合。其謬三也。王制。祭天地之牛角繭栗。宗廟之牛角握。與國語禘郊繭栗。烝嘗把持之文相合。趙氏於此自知其不能通。云凡禘皆及五帝。如太皞等以其功高歷代兆於四郊以祭之。次于天帝。牛不得不爾。前既駁鄭君混禘於郊。此又與所駁之說自相伐。其謬四也。

長發序曰。大禘也。商有四時之禘。故曰大禘以別之。功臣皆祭也。周則功臣皆祭者。惟明堂之宗祀有之。夏官司勳曰。凡有功者。祭于大烝。春秋傳曰。周志有之。勇則害上。不登于明堂。蔡氏明堂月令論曰。禮士大夫學于聖人善人。祭于明堂。凡此皆明堂之祭。所稱宗祀者也。宗祀者。天子朝諸侯于明堂。因朝而祭其祖宗之有功德者。以爲諸侯之師法。謂之宗祀。於是而以其功臣從祭。故功臣皆祭也。漢儒誤以宗廟稱明堂。遂以爲宗廟中有功臣從享。如長發序曰大禘也。以宗祀爲大禘。毋乃謬歟。春官大宗伯曰。以肆獻祼享先王。以饋食享先王。以祠春享先王。凡廟享有六。一曰祼享。大禘也。二曰食享。祈禱及忌日與月吉告朔之類也。以食爲主。有饋而無灌。故曰以饋也。三曰春享。四曰夏享。五曰秋享。六曰冬享。每歲四時皆祭也。四時分言。而不省文者。以春行羔豚膳膏香。夏行腒鱐膳膏臊之類。不得合言也。春官司尊彝職曰。凡四時之間祀。追享朝享。追享者。大祫之毀廟主。本非所享。而猶必追而享之。以順祖考之心。故曰追享。朝享有二。一則會同于明堂。而祭文王。及宗祀文武于明堂。以及功臣。皆因朝而祭者。一則諸侯來覲于廟之常禮。亦因朝而祭者。故曰朝享也。其先言四時之間祀者。承上祠禴嘗烝而言。若以追享爲禱請。則既曰禱請。自義不主于追遠矣。何足以當追享邪。至于閏月猶朝于廟。則以月計之事矣。何得以月計者。言乎以時計者邪。

翼注曰。說字深看。在禮文禮器之外。又曰。知其說二句。若但云通幽者。必能達明。格神者必能感人。則凡祭鬼皆然。不獨禘也。要切知禘之說。裕於治處。蓋祖禰猶曰吾所逮事。至於始祖遠矣。始祖所出之帝。遠之又遠。音容不相接。世代不相近。乃能知其精神一脈之相聯。而聚吾精神以格之。則豈不知宇宙民物。皆我一體。皆可以精神聯。而皆可以格之也哉。故曰如視諸斯也。

祭如在。祭神如神在。 程子曰。祭。祭先祖也。祭神。祭外神也。祭先主於孝。祭神主於敬。愚謂。此門人記孔子祭祀之誠意。

子曰。吾不與祭。如不祭。 與去聲。又記孔子言以明之。言己當祭之時。或有故不得與。而使他人攝之。則不得致其如在之誠。故雖已祭。而此心缺然。如未嘗祭也。○范氏曰。君子之祭。七日戒。三日齊。必見所祭者。誠之至也。是故郊則天神格。廟則人鬼享。皆由己以致之也。有其誠則有其神。無其誠則無其神。可不謹乎。吾不與祭。如不祭。誠爲實。禮者爲虛也。

箋曰。祭如在。是經。祭神如神在。是傳。物氏之說是也。二句蓋古經傳之語。祭神如神在句。覆解上句。二句只一意。此將欲記孔子語。故先述古語。爲之張本也。下注云。又記孔子之言。恐失文之主客。又引程說。祭神爲祭外神。尤非。凡祭者皆神也。祭義云。建國之神位。右社稷而左宗廟。未嘗謂社稷之神爲神。宗廟之神非神也。祭統云。敬盡。然後可以事神明。此祭之道也。蓋皆祭先祖而言。合先祖父母及山川社稷五祀之類。皆可謂之神。安見祭如在句。專屬先祖。祭神句。專屬外神乎。豈先祖不謂之神。而外神獨謂之神乎。觀中庸鬼神章。洋洋如在其上。如在其左右。一概指鬼神。不分屬外神先祖。則程子之說。窒礙不通矣。如字。以孝子誠敬之心言。如神在者。孝子之心如神在也。祭法云。文王之祭也。事死者如事生。稱諱如見親。如見親之所愛。祭義云。致齊於內。散齊於外。齊之日。思其居處。思其笑語。思其志意。思其所樂。思其所嗜。齊三日。乃見其所爲齊者。祭之日。入室僾然必有見乎其位。周還出戶。肅然必有聞乎其容聲。出戶而聽。愾然必有聞乎其歎息之聲。商頌那。湯孫奏假。綏我思成。思成之言最妙。鬼神思則有之。敬則降之。不敬則散。祭義云。進退必敬。如親聽命。則或使之也。注云。如居父母前。將受命而使之。諸書所言皆如在之義也。

子曰。吾不與祭如不祭。大宗伯職。若王不與祭祀。則攝位。凡大祭祀。王后不與。則攝而薦豆籩。此與祭。言親祭也。或謂。凡與字。事有其主。而參之之辭。雜記。大夫士將與祭於公。魯語。文伯祭悼子。康子與焉。皆言助祭也。拘矣。既不與祭。吾之典禮。人可得而攝之。吾之精神。人不得而攝之。只想他如不祭時。精神何等鬱結。可見如不祭之心。即如在之心。

三如字。如枘鑿之相應。

公羊桓八年傳。春曰祠。夏曰礿。秋曰嘗。冬曰烝。士不及茲四者。則冬不裘。夏不葛。何注。士有公事。不得及此四時祭者。則不敢美其衣服。蓋思念親之至也。故孔子曰。吾不與祭如不祭。公羊以士職卑。有公事。不能使人攝祭。則廢祭也。何注引論語者。謂孔子仕爲大夫。有事。故使人攝祭。己未致其思念。如不祭然。則與士廢祭同也。特牲饋食禮云。特牲饋食之禮。不諏日。注。士賤職褻。時至事暇可以祭。則筮其日矣。不如少牢大夫先與有司於廟門諏丁巳之日。賈疏。鄭云。時至事暇可以祭者。若祭時至。有事不得暇。則不可以私廢公故也。若大夫以上。時至唯有喪故不祭。自餘吉事。皆不廢祭。若有公事及病。使人攝祭。

祭祀之說。如在二字盡矣。學者宜潛心熟玩焉。范說大快。又以三日齊。必見所祭者爲實際。失戴記文意。又乖如在之義。

王孫賈問曰。與其媚於奧。寧媚於竈。何謂也。王孫賈。衛大夫。媚。親順也。

室西南隅爲奧。竈者。五祀之一。夏所祭也。凡祭五祀。皆先設主而祭於其所。然後迎尸而祭於奧。略如祭宗廟之儀。如祀竈則設主於竈陘。祭畢而更設饌於奧。以迎尸也。故時俗之語。因以奧有常尊而非祭之主。竈雖卑賤。而當時用事。喻自結於君。不如阿附權臣也。賈衛之權臣。故以此諷孔子。

子曰。不然。獲罪於天。無所禱也。

天即理也。其尊無對。非奧竈之可比也。逆理。則獲罪於天矣。豈媚於奧竈所能禱而免乎。言但當順理。非特不當媚竈。亦不可媚於奧也。○謝氏曰。聖人言。遜而不迫。使王孫賈而知此意。不爲無益。使其不知。亦非所以取禍。

箋曰。賈。康叔子王孫牟之後。以王孫爲氏。本爲衛人。非自周出仕者。媚是親順求愛顧之義。猶諂也。爾雅。西南隅謂之奧。郭曰。室中隱奧之處。邢曰。古者爲室。戶不當中而近東。則西南隅最爲深隱。故謂之奧。朱注沿之。孔注則曰。奧內也。釋名釋宮室。竈。造也。造創物食也。日用飲食之竈。其地經無明文。若祭竈則在廟門外也。孔注。以奧喻近臣。以竈喻執政。並不以祭爲言也。夫奧何神哉。如祀竈則迎尸而祭於奧。此即竈之神矣。集注未合語意。奧與竈自是兩件。非一祭之終始。此二句當以地言。不當以神言也。羅整菴云。子見南子。子路不悅。蓋疑夫子欲因南子以求仕也。然當是時。不獨子路疑之。王孫賈亦疑之矣。媚奧之諷。殆指南子而言也。後人所謂奧援。蓋出于此。觀夫子所謂天厭之者。即獲罪于天之意。亦可見其曲折矣。此說得之。奧者室中深隱之地。以比南子。竈是明處。蓋謂借援于宮闈之中。不如求合于朝廷之上耳。奧與竈。明暗之喻。猶言暗求不若明求也。此必有爲而發。不然。賈亦何遽唐突乃爾。此章因集注有賈權臣。諷孔子二句。人皆以權奸目之。非也。靈公與賈謀叛晉。國人同欲。皆曰五伐我。我猶能戰。則賈與後世挾權震主者異。孔子論靈公無道。許賈能治軍旅。稍無貶詞。是時孔圉執政。權歸圉。不歸買。則買待孔子與陽貨彌子瑕自別。

集注以五祀言。則此奧謂廟門外西室之奧也。凡祭五祀。必先設席于奧。祀戶中霤。在廟室中。則設席在廟堂之奧。祀竈門行。在廟門外。則設席在廟門之奧。逸中霤。禮說。如是。吳英曰。尙書大傳。鴻範五行傳曰。仲春之月。設主于戶。仲夏之月。設主于竈。季夏之月。設主于中霤。仲秋之月。設主于門。仲冬之月。祀主于井。白虎通。設五祀篇曰。大夫以上祭之。故春祭戶。戶者人所出入也。夏祭竈。竈者人所以自養也。秋祭門。門以閉藏自固也。冬祭井。井者水之生。藏在地中。六月祭中霤。中霤者象土之在中央也。故月令。春言其祀戶。夏言其祀竈。秋言其祀門。冬言其祀井。吳英云。據此知月令其祀行。行本作井也。祭法。惟庶士庶人立一祀。或立戶。或立竈。門戶二字之義。大者爲門。小者爲戶。兩戶爲門。一門爲戶。惟庶士庶人之家。雖或有兩戶之門。而形制狹小。僅得謂之戶。有寢而無堂。故無中霤。數家同井。故無井。惟竈有之。故或立竈也。冬當祀井。而誤作祀行。於是注謂軷祭行神于廟門外矣。殊不知此五祀皆家中之神。與周禮軷祭行神者何涉邪。若歲時之祀。而行爲道路行神。則門亦城門郭門邪。祭法已明云國門國行。當別有使人攝祭之典。如下文使有司祈祀四海名源川澤井泉之類。若五祀則王所自祭者也。但當一時一祀。一歲五祀。而月令謂十三祀則謬爾。又曰。禮器曰。臧文仲安知禮。夏父弗忌逆祀而弗止也。燔柴于奧。夫奧者老婦之祭也。盛于盆。尊于瓶。注曰。奧當爲爨。字之誤也。或作竈。禮尸卒食而祭饎爨饔爨也。時人以爲祭火神。乃燔柴。老婦。先炊者也。明此祭先炊。非祭火神燔柴者失之。吳英云。此說作爨是也。作竈非也。逆祀指弗忌若燔柴失禮。與弗止逆祀。則專指文仲。文仲既誤以爨神爲竈神爲火神。而不知其爲老婦也。故有燔柴之失。祭義甚明。而後世猶有以祝融爲竈神。而不知如果祝融。則何以謂臧文仲安知禮乎。又有或作竈者。而不知如果是竈神。則何以盛于盆。尊于瓶乎。所以鄭氏改小戴之奧。而不從大戴之竈也。而陳福州以爲。竈亦可稱老婦之祭。然稱名以尊者爲主。不得以所配稱。且疏謂祀竈以老婦配之。則竈神未必是女子。苟非女子。則其配食者。何得以老婦。豈男女有別。幽明異理邪。此疏之誤。何反用之以證大戴作竈之義邪。蓋此所謂先炊老婦者。即特牲饋食記所謂饎爨者也。特牲注曰。舊說云。宗婦祭饎爨。烹者祭雍爨。用黍肉而已。無籩豆俎。據此則可以知饎爨惟其爲老婦。故宗婦獨祭之。然其神甚卑。未可配竈神。而竈神亦卑。不應有配食。況配以老婦乎。

獲罪於天。無所禱也。墨子經上。辠犯禁也。說文。辠犯法也。從辛從自。言罪人蹙鼻苦辛之憂。秦以辠似皇字。改爲罪。獲罪字不應推開。就平生說。只宜就媚上見出。集注。訓天爲理。謂天不外于理則可。謂天即理則未瑩。天字隨處殊義。此章之天。有獲罪無禱之言。明是天帝之天。就主宰說。與天將以夫子爲木鐸。吾誰欺。欺天乎。噫天喪予。天生德於我之天同。彼皆解爲理。寧可通乎。此章言吾所行少戾理。則必得禍於天。非可禱祠而免。專以禍福立說耳。賈所引之諺。奧竈相韻。故孔子以無所禱答之。亦賡其韻也。孟子梁惠王下篇。晏子引夏諺。以答景公。下仍續以韻語。古人言語之道爲爾。但語意自然。人不覺其爲韻語焉爾。王孫賈長軍旅。語亦有兵機。夫子纔口便將不然二字折倒。陳之以獲罪於天無所禱。何等森嚴。

圖外謝說。未必然。聖人德大量洪。其言自遜而不迫。固有之。然施於此章。則不可通。賈以奧竈爲問。而夫子直以天壓伏之。賈亦非蒙昧之人。必不至不能察聖言之指歸。謝氏論賈不知此意。亦不至取禍之旨。謬矣。聖人於八佾曰。是可忍也孰不可忍。於雍徹曰。奚取於三家之堂。於季氏將伐顓臾曰。吾恐季孫之憂。不在顓臾。而在蕭墻之中。於季子然問仲由冉求曰。弑父與君。亦不從也。聖言固自有嚴厲之時。不一於渾然無忤遜而不迫也。

子曰。周監於二代。郁郁乎文哉。吾從周。郁於六反。監。視也。二代。夏商也。言其視二代之禮而損益之。郁郁。文盛貌。○尹氏曰。三代之禮。至周大備。夫子美其文而從之。

箋曰。監。鑑同。言觀而取法焉。有比擬參伍而斟酌損益之意。監而折衷。是以備矣。說文。代。更也。言世相更變也。汗簡云。古論語作彧。說文。𢽩。有文章也。从有𢽩聲。彧即𢽩之省。漢石經作郁。曰郁郁則文質合宜之謂。非以文滅質之謂也。時王之禮。天下所循守。而特言吾從周者。亦述制作取舍之意。非今日所行也。

夫子稱從周。蓋嘆美中寓慨世。自古天下無日不趨於文。夏商之時。皆自謂文於前世。而不知後人更以爲質爲忠。及周之興。而王道之盛。其文乃大備焉。必如此而後得乎人心之所安。合乎事理當然。然文既已極矣。而更日趨而不已。則過乎文矣。故當周之衰。患其文極而弊。有聖人作。必將去其末流之弊。而復遵文武成康之舊焉。夫子言吾從周。卽從先進之意。豈從其繁文縟節哉。此章還是夫子自表其憲章之心。困勉錄曰。不是但贊周之盛。是推原其所以盛。要著眼在監字上。監字有起衰剔弊之力。無矯枉過正之失。秦始監周弱而廢封建。宋祖監五代而廢藩鎭。此皆不善監者。仇滄柱曰。郁郁文盛。是贊其禮制盡善。此文字乃是活字。時文與忠質對言。謂周家尙文以致治。却非題意。

龔元玠曰。夫子生周之世。爲周之臣民。應無不從周之理。今乃兩曰吾從周。何也。曰。夫子之祖。弗父何爲宋大宗。自啓聖王以前。皆如宋用殷禮。觀儒行稱長居宋。冠章甫之冠。則知夫子固亦服殷冠矣。此時因學周禮。深嘆其文之盛。又爲司寇。於是如決意從周。記載徙居他國者之行禮。有云君子行禮。不求變俗。祭祀之禮。居喪之服。哭泣之位。皆如其國之故。謹修其法。而審行之。又云。去國三世。爵祿無列於朝。出入無詔於國。唯興之日。從新國之法。夫子以前用殷禮。所謂不求變俗。皆如其國之故者也。此時既過三世。又爲司寇。舍殷從周。所謂唯興之日。從新國之法也。

子入太廟。每事問。或曰。孰謂鄹人之子知禮乎。入太廟每事問。子聞之曰。是禮也。

太。音泰。鄹。側留反。太廟。魯周公廟。此蓋孔子始仕之時。入而助祭也。鄹。魯邑名。孔子父叔梁紇。嘗爲其邑大夫。孔子自少以知禮聞。故或人因此而譏之。孔子言是禮者。敬謹之至。乃所以爲禮也。○尹氏曰。禮者敬而已矣。雖知亦問。謹之至也。其爲敬。莫大於此。謂之不知禮者。豈足以知孔子哉。

箋曰。大。漢石經作太。皇本正平本同。漢書韋元成傳。禮王者始受命。諸侯始封之君。皆爲太祖。以下五廟而迭毀。周公是魯始封。爲魯太祖。故廟曰太廟也。三蒼云。每。非一之辭也。事謂儀牲服器。及禮儀諸事也。夫子每事問之。以示審愼。說者或謂。魯祭非禮。此問卽簿正祭器之事。不斥言其僭。爲不知而問之。若曰此事昉於何時。其義何居。以示天子之事。魯不當有也。殊不知魯僭禮在羣公廟。不在太廟。或說。非也。每事問。當在宿齊時。若正祭。雍雍肅肅。無容得每事問也。

龔元玠曰。祭祀之禮文禮器。夫子雖講求有素。未能一一目覩。故每事之問。凡以映證所知也。其問與不知而問者。正自不同。或人心粗。未及細審。故反以爲譏耳。

又此乃祭前宿戒。君未入廟之時。非嚮祭之晨也。且係爲委吏乘田之時。應入太廟執事。非爲中都宰時事也。

翼注曰。夫子非爲己辯。爲禮辯也。又曰。以我爲不知禮可也。以我之問爲不知禮不可也。若雖知亦問。與器數必問。此是人看聖人則然。非口氣中正意。

沈無回曰。聖人渾身是禮。初不自知。因或人之譏。始自回想。亦覺不錯。故曰是禮也。然師冕章。節節是道。然亦不覺。因子張拈出。便見是道耳。

金鶚曰。漢儒皆言。廟在中門之外。近戴東原始辨其非。以爲在中門內。足正千古之繆。鶚請列五證以申明之。周官司儀。凡諸公相爲賓。及將幣。交擯。每門止一相。及廟惟上相入。又云。諸侯之臣。相爲國客。及將幣。旅擯。每門止一相。及廟惟君相入。聘禮亦云。公迎賓于大門內。每門每曲揖。及廟門。公揖入。夫惟廟在中門內。賓客之入。必歷外門中門。而後及廟。故得有每門。若在中門外。則入大門。卽得及廟。何以有每門乎。賈公彥周官儀禮疏皆謂。諸侯五廟。大祖居中。二昭居東。二穆居西。廟皆別門。門外兩邊皆有隔牆。東行經三閤門。乃至大祖廟。每門皆有曲。有曲卽相揖。鵠竊以爲不然。大祖之廟百世不遷。當特尊於群廟。故禘祫之禮。必合食於大祖。大祖東向自如。羣昭羣穆。列於南北。則知大祖之廟。必不與羣廟並列也。若與群廟並列。何以見大廟之尊乎。且左昭右穆。必分爲東西二列。其義乃明。若並列一處。何以見其爲左右。何以見其爲昭穆。經典凡言左右。多不與居中者爲一列。贊幣自左。詔辭自右。贊詔者不與君並列也。食居人之左。羹居人之右。羹食不與人並列也。然則群廟必不與大祖並列矣。安得有隔牆與閤門乎。假有閤門。其門甚小。而賓客之人必由三閤門。而至大廟。毋乃不便乎。晉孫毓謂。大祖在北。左昭右穆。以次而南。朱子從之。其說固至當也。禮經每門之文。承大門入門而言。其非閤門可知。鄭注引玉藻君入門介拂闑。大夫中棖與闑之間。士介拂棖。注周官亦引之。鄭君初不以每門爲閤門也。哀十四年左傳。攻闈與大門。宣二年公羊傳。入其大門則無人。入其閨則無人。闈與閨卽閤門也。必別之於門。是知經典所稱門者。皆指庫雉路諸門而言。閨閤不得混稱門也。曲禮每門讓於客。周官閽人。王宮每門四人。與此每門文同。其爲庫雉二門甚明。賈以爲閤門誤矣。每曲者。謂入雉門之後。折而向東。是爲一曲。直廟門又折而北。是又一曲。曲不屬于門。賈以爲門皆有曲。抑亦誤矣。每門每曲。既非閤門。則廟在中門內可知。其證一也。覲禮。侯氏乘墨車。載龍旂弧韣。乃朝。下卽承言天子負斧依。侯氏入門右。坐奠圭。再拜稽首。夫朝者路門外之治朝。所謂宁也。門者廟門也。朝畢卽入廟行覲。則廟在路門外中門內可知。其證二也。周官閽人。掌守王宮中門之禁。鄭注。以中門爲雉門。古者天子縣法於象魏。使萬民觀之。則自中門以外。萬民皆得至。故外門不設禁。宗廟社稷。國所最重。豈可置於中門之外而不設禁乎。其證三也。周語有日祭文。韋注謂。上食于祖考。蓋宗廟每日必祭。此事死如事生之禮。故廟必在寢傍以示親祖之意。君在中門外則疏遠。其證四也。古者女子十歲。即不出中門。士冠禮。適東壁。北面見于母。鄭注。母在闈門外。婦人入廟由闈門。夫婦女有助祭之禮。宗廟必時至。廟門尚不敢入。況可出中門乎。其證五也。有此五證。學者可以無疑矣。金說是也。

吳英曰。入者前此未始入。而今始入之辭也。祭前一日之辭也。若非未始入。則不得每事問。若非祭前之日。則鄉黨嘗記祭于公矣。何以此則言入歟。但祭前之入。正爲助祭之故。故集注謂入而助祭也。春官大宗伯之職曰。凡享大鬼。帥執事而卜日。宿眡滌濯。涖玉鬯。省牲鑊。奉玉齍。小宗伯之職曰。大祭祀省牲。眡滌濯。肆師職曰。凡祭祀之卜日。宿爲期詔相其禮。眡滌濯亦如之。據此知侯國祭其先公。當亦于前日入廟也。侯國五廟。而此言太廟者。入廟自太廟始也。故孔子之問。或人之言。皆于太廟見之也。

孰謂鄹人之子知禮乎。孔子自少以知禮聞。家語觀周。孟僖子曰。孔子少而好禮。孔子世家同。左傳襄十年。齊黎彌曰。孔丘知禮而無勇。稱鄹人之子。是輕蔑之詞。桓五年左傳。仍叔之子弱也。繫辭顏氏之子。其殆庶幾乎。孟子。臧氏之子。焉能使予不遇哉。指少年辭。故輕侮人者。亦以此稱之。鄹人是舉所居之地。左傳孔疏云。

古稱邑大夫。多以邑冠人。說者引成二年左傳。新築人仲叔于奚。昭二十一年厨人濮。證之。未必然也。說文云。郰魯下邑。孔子鄉。史記世家。孔子生魯昌平鄉陬邑。陬與郰。偏旁互易。論語作鄹。當是或體。杜注左傳云。郰邑。在魯縣東南莝城。莝城在今曲阜。與鄒縣界。水經泗水注。漷水又逕魯國鄒山。而西南流。春秋傳所謂嶧山也。邾文公之所遷。叔梁紇之邑也。孔子生於此。昭九年左傳疏。引論語作鄒人。此由鄒郰聲近。地又相接。故以鄒爲郰叔梁紇邑。實則說文郰是孔子鄉。而鄒下但言魯縣古邾國。不爲孔子鄉。則鄒郰地異。文亦異矣。

是禮也。夫子語意。不辯我知與不知。只是把禮來說。猶云我問處就是禮。語意最要渾融。若雖知亦問。與器數必問。此是人看聖人則然。非口氣中正意。

子曰。射不主皮。爲力不同科。古之道也。爲。去聲。射不主皮。鄉射禮文。爲力不同科。孔子解禮之意如此也。皮。革也。布侯而棲革於其中。以爲的。所謂鵠也。科。等也。古者射以觀德。但主於中。而不主於貫革。蓋以人之力有強弱。不同等也。記曰。武王克商。散軍郊射而貫革之射息。正謂此也。周衰禮廢。列國兵爭。復尙貫革。故孔子歎之。○楊氏曰。中可以學而能。力不可以強而至。聖人言古之道。所以正今之失。

箋曰。閻若璩曰。陳氏禮書。有主皮之射。有貫革之射。析爲二。主皮之射四字。見儀禮鄉射禮記。貫革之射四字。見禮記樂記。各不相蒙。而集注以貫革解主皮。恐非。蓋周禮鄉大夫。以鄉射五物詢衆庶。三曰主皮。果如集註之解。則是以軍士武射陷堅穿札之才。而興賢能矣。豈其然。何不考至此。因考鄉射禮記曰。禮射不主皮。

主皮之射者。勝者又射。不勝者降。鄭注。禮射謂以禮樂射也。大射賓射燕射是矣。不主皮者。貴其容體比於禮。其節比於樂。不待中爲雋也。言不勝者降。則不復升射也。主皮者。庶人無侯。張獸皮而射之。主於獲也。

沈無回曰。較射性情發越之際也。而卽以不尙力爲閑情正性之方。古人作一事便寓一深意。夫子所以嘆想之。

馬注。射有五善焉。一曰和。志體和。二曰和容。有容儀。三曰主皮。能中質。四曰和頌。合雅頌。五曰興武。與舞同也。天子有三侯。以熊虎豹皮爲之。言射者不但以中皮爲善。亦兼取和容也。馬此注。據鄉射言。鄉射者行射於鄉。所以賓興賢能。至射之明日。鄉大夫復以鄉射之禮五物詢衆庶。詢其稍能習者。以備後次之賓興。此見周官鄉大夫之職。五物者。五事也。馬云五善。謂五物爲善也。云二曰和容有容儀者。和容和字當衍。云三曰主皮能中質者。賓之初筵詩。發彼有的。毛傳。的質也。荀子勸學篇。質的張而弓矢至焉。質的二名一物也。云五曰興武與舞同也者。左氏春秋以蔡侯獻舞歸。穀梁作獻武。又禮器詔侑武方。注云。武當爲舞。聲之誤也。鄭彼注以武爲聲誤。馬此注以武與舞同。則以二字通用。與鄭異也。

夫射雖主於禮主於樂。何嘗不主於中。大射儀一篇。鄉射禮一篇。皆始釋算。終數獲。若不主於中何有算。不貴其中何有獲。而所謂勝者執張弓。不勝者執弛弓。皆無從分。豈理之所有哉。

吳英曰。主者猶云專尚也。皮者猶云矢鏑到皮也。主皮者。猶云專尚矢鏑到皮也。凡事有質有文。射而矢鏑到皮。乃謂之中。射之質也。射而容體比於禮。其節比於樂。而後求中。射之文也。主皮之射。有質無文。射不主皮。文質彬彬者也。禮經釋例曰。大射之侯有皮。鄉射之侯無皮。何故謂之主皮。言皮者謂不失正鵠也。布侯謂之正。皮侯謂之鵠。鄉射用布侯。而云主皮者。舉皮以該布。亦散文則通之義。經例往往如此也。此說是也。蓋此射字。不惟不拘于大射鄉射。亦不拘于賓射燕射。以及州長以禮屬民于州序之射。鄉大夫以五物詢衆庶之射。又如王制命鄉論秀士。升之司徒。司徒論選士之秀者。而升之學。大樂正論造士之秀者。以告于王。而升之司馬。諸事之射。皆無有不用。虞廷侯以明之之法。總可於射不主皮一言以蔽之也。孔子之言。固必引古禮文。而鄉射記偶與之合。孔子豈專爲鄉射言之歟。主皮與不主皮。統計經傳所言。約略各皆有三。如鄉射大射之誘射。非射之正也。至司射請不貫不釋。是卽所謂主皮也。然尚非禮之所重也。至司射請奏樂。曰不鼓不釋。則全是不主皮。禮射之所重在此矣。推之賓射燕射。當亦如鄉射大射二禮文矣。故燕禮曰。若射則大射正爲司射。如鄉射之禮。外此又如王制命鄉論秀士。升之司徒。司徒論選士之秀者。而升之學。大樂正論造士之秀者。以告于王。而升之司馬。必有射以及鄉大夫以五物詢衆庶。州長以禮屬民于序。諸射雖輕于大射賓射燕射。然鄉大夫五物。亦曰和容興舞。則其義亦不甚異。可知也。凡此禮射。皆於不主皮之中。而有不廢主皮之節。然實以不主皮爲禮之正義。孔子射不主皮一語。可爲一言以蔽之者也。鄉射記之所謂主皮。蓋直以試功習武之射言之。舉一皮以該革甲椹質之屬者也。所以知者。以其謂勝者又射。不勝者降。而知之也。若夫頒禽之射者惠下也。惠下宜均。若勝者又射。不勝者不得又射。則禽皆爲多中者所取。而不勝者不得取一禽而歸矣。則惠皆反于有力者。不少及于無力者矣。沾惠何不均邪。所謂頒禽隆諸長者。其若是邪。是可知鄉射記所云。乃專指習武之射。故不勝者降。而不得復升射。將以使退而重自習練。俟下次再試之也。勝者復射。將以較彼此所中之多少也。鄭氏混合。而引以相證。毋乃謬歟。蓋凡三禮之所謂禮射者。皆本乎虞廷侯以明之之法也。自漢以來。殆未明所謂禮射不主皮者。專指禮射之正義。而言其概也。若論其事。則不主皮之禮。其間亦不廢主皮也。若非不主皮。則有質而無文。若廢主皮。則有文而無質。文質彬彬。然後君子。虞廷以此取人。即以此教民者也。頒禽之射。不備禮樂。而猶必以揖讓行之者。此之謂道之以德。齊之以禮也。戰鬬雖不可不習。然而戰鬬者亂之端也。揖讓者禮樂之精意也。能以禮讓爲國乎何有。貴揖讓而賤勇力。制治而靖亂之道也。禮射之所以不主皮者。以射者兵器而尚力之事也。因弧矢之利而飾之以禮樂。使化力而爲德。化兵爭之氣。而爲詩書禮樂之氣也。天下有不久安長治者哉。然則頒禽之射。豈不與鄉射記之主皮。正相反。而與不主皮之意。適相近歟。集注既謂鄉射禮文。則鄉射有布無革。既云所謂鵠也。則唯大射有鵠。而大射用皮。非革也。何得謂革邪。樂記貫革注。射穿甲革。疏革甲鎧也。所謂軍射也。軍中不習容儀。又無別物。但取甲鎧張之而射。穿多爲善。是知貫革如春秋傳養由基射甲徹七札之類。原非於禮射之時。有革而使貫也。何得謂尚貫革邪。鄉射禮不貫不釋。注曰。貫猶中也。古文貫作關。案中者矢鏑到正鵠而已矣。大射鄉射二禮同文。皆曰不貫不釋。則此二貫字。與樂記貫革之射貫字。其義絕異。樂記貫字。謂穿革而徹之。

此二貫字之意。謂矢鏑直指侯之中心。如綫之欲貫錢孔者然也。故二注亦皆曰。貫猶中也。○凡言革者。如中庸衽金革。孟子兵革堅利。皆謂甲冑。故貫革者。謂穿甲札。豈主皮之義乎。觀德者。宜以其禮容樂節何如也。而曰主中者何邪。不貫不釋。司射所命也。而曰禮射不主於貫者何邪。集注皆不通。

爲力不同科。馬注。爲力。爲力役之事也。亦有上中下設三科焉。故曰不同科也。馬說不可易。爲力。與爲政之爲同。云亦有上中下設三科焉者。亦。亦射有五善。說文。科程也。廣雅釋言。科條也。科品也。周官小司徒。因地之美惡以均力役。上地家七人。可任也者家三人。中地家六人。可任也者二家五人。下地家五人。可任也者家二人。注云。可任。謂丁强任力役之事也。是上地中地下地。有三科。又均人。因歲之上下。以行力役。豐年則公旬用三日焉。中年則公旬用二日焉。無年則公旬用一日焉。亦以年分三科。皆馬注義所具也。夫執弓矢而射於堂者。不貫則猶不射而已矣。皮侯豈設於人力不及處乎。集注斷不通。○一則敎民以禮。一則使民以義。古之道也者。春秋時。列國兵爭。不知禮射爲何物。盛古射以觀德。侯以明之之風。人未嘗夢睹。而徵發頻仍。興築無已。不復循三科之制。故孔子言古以傷今。猶風雅之例。

子貢欲去告朔之餼羊。去。起呂反。告。古篤反。餼。許氣反。告朔之禮。古者天子常以季冬。頒來歲十二月之朔于諸侯。諸侯受而藏之祖廟。月朔則以特羊告廟。請而行之。餼。生牲也。魯自文公始不視朔。而有司猶供此羊。故子貢欲去之。**子曰。賜也。爾愛**

其羊。我愛其禮。愛。猶惜也。子貢蓋惜其無實而妄費。然禮雖廢。羊存猶得以識之而可復焉。若併去其羊。則此禮遂亡矣。孔子所以惜之。○楊氏曰。告朔。諸侯所以稟命於君親。禮之大者。魯不視朔矣。然羊存則告朔之名未泯。而其實因可舉。此夫子所以惜之也。

箋曰。玉藻。天子玄端。聽朔於南門之外。諸侯皮弁。以聽朔於大廟。周官太宰職。正月之吉。始和布治于邦國都鄙。乃縣治象之法于象魏。使萬民觀治象。浹日而斂之。賈疏。縣治象之法于雉門象魏。使萬民共觀。凡十日。藏之于明堂。於後月月受而行之。謂之告朔。又大史職。正歲年以序事。頒之於官府及都鄙。頒告朔於邦國。據此。則告朔之頒。是頒治象之法。如月令夏小正之類。集注。謂以季冬頒朔。似認告朔爲頒曆。恐失考。諸侯皆自爲曆。故晉用夏正。宋用殷正。而魯亦有歷。左氏言魯曆失閏。又言司歷過。是天子無頒曆事矣。告朔者。使有司讀之也。不曰頒朔。而曰頒告朔者。每月所行之政令。布告於臣民也。春秋文六年閏月不告月。猶朝於廟。既朝於廟。而不告月。則爲是月之政令。告於臣民審矣。告朔與視朝不同。集注沿集解混之。非也。諸侯朝于祖廟。用餼羊饗之。於是視朔于祖廟中。春秋所謂視朔也。視此朔而布告于下。則當時大夫或有所復逆。故又稱聽朔。玉藻所謂皮弁以聽朔于太廟也。春秋兩書于經。而於文六年則曰不告月。於文十六年則曰不視朔。其曰告月。罔即告朔之義。勿論已。而其不曰不告朔。而曰不視朔者。豈謂告朔即視朔之事。而變文書視朔哉。視朔禮之文也。蓋其實則必有別藏之副本者。否則上旬之事。非既至斯月所能及也。鄭注。牲生曰餼。禮。人君每月告朔於廟。有祭謂之朝享。魯自文公始不視朔。集注沿之。鄭此注多誤。其云禮人君每月告朔於廟有祭。謂之朝享也者。此鄭以意說禮。非禮本文有如此也。廟者太廟。玉藻。諸侯聽朔於太廟。鄭注周禮。何休注公羊。皆云祖廟。卽謂太祖廟。卽如鄭說。告朔後有祭。廟之禮。此直是祭廟。魯廢告朔。不必廢祭。祭法言。天子月祭。從祖廟下至考廟。諸侯月祭。自皇考以下。此則月祭宗廟之禮。而爲薦新之祭。與告朔用羊何與。告朔則專行之太祖廟耳。且薦者倣乎祭禮而爲之。而與祭異者也。祭必卜日。薦不卜日。祭有尸。薦則無尸。祭有牲。薦則無牲。祭有樂。薦則無樂。此其異也。月令云。仲春之月。天子乃鮮羔開氷。先薦寢廟。季春薦鮪於寢廟。孟夏以彘嘗麥。仲夏以雛嘗黍。孟秋嘗穀。仲秋以犬嘗麻。季秋以犬嘗稻。季冬嘗魚。皆先薦寢廟。凡薦新。皆必物之新熟者。又必以穀爲主。此一定之理也。鄭注仲夏以雛嘗黍云。此嘗雛也。然以雛嘗黍。文法與以彘嘗麥。以犬嘗麻。以羔嘗稻一例。明是嘗黍。非嘗雛也。雛蓋鷄也。鷄豈必薦於仲夏乎。薦本無牲。而天子薦新用羔彘犬。似亦有牲矣。然天子祭以太牢。牛羊豕三牲具備。而薦新僅用一牲。且羔異于羊。彘異于豕。犬非宗廟正祭所用。則亦可謂無牲也。雛與魚不必言矣。諸侯薦新。當與天子畧同。薦本非祭。而云祭者。散文通也。中庸云。薦其時食。是時祭亦通言薦。故月薦亦通言祭也。鄭又云。魯自文公始不視朔。視朔之禮已後遂廢者。據文十六年夏五月。公四不視朔之文言之也。夫四不視朔而謂之始不視朔可乎。四不視朔。曠也。始不視朔。廢也。曠之與廢。則必有分矣。曠四月不視朔。猶必詳其月數而具書之。而況其廢乎。竊以爲此禮魯實未廢也。鄉黨記孔子吉月必朝服而朝。吉月月朔也。使魯君不視朔。孔子何爲吉月必朝服而朝。玉藻記孔子曰。朝服而朝。卒朔然後服之。言告朔之時服皮弁。卒朔視朝然後服朝服也。使非卒朔視朝。孔子又何爲吉月必朝服而朝。乎夫變古易常。春秋之所謹也。初稅畝。作丘甲。用田賦。皆謹而書之。始不視朔。豈得不書。鄭此言出於公羊。彼欲遷就其大惡諱小惡書之例。因虛造此言爾。如其說。自十六年二月公有疾。至十八年公薨。並閏月數之。其爲不視朔者二十有六。而春秋横以已意爲之限斷。書於前而諱於後。存其少而沒其多。何以爲信史乎。○白虎通四時篇。朔之言蘇也。明消更生。故言朔。說文。朔月一日始蘇也。言月之魄已滿明皆盡至晦日而死。月之一日。明乃復生。是死而復蘇也。稱北方爲朔方。亦取萬物蘇生之義。餼本作氣。自後人以氣爲气。別作餼字。

爾愛其羊。皇本正平本爾作汝。唐石經作女。漢書律歷志注引亦作汝。愛與孟子吾何愛一牛之愛同。子貢欲去。亦私議評論。非實謀去留也。子貢豈有去留之權哉。子貢謂。既無其實。虛禮何益。固不若併去其羊之爲愈也。夫子以名實兩存。固禮之幸。縱使無實。猶愈於并去其名。餼羊若在。此禮存影響。故曰羊存猶得以識之。

金鶚曰。論語駢枝謂。告朔是天子頒朔。餼羊所以待王使者也。鶚竊以爲不然。考之左傳春秋時天子無頒朔之事。諸侯皆自爲厤。故晉用夏正。宋用殷正。與周正異。又左氏言魯厤失閏。又言司厤過。可見天子不頒厤也。安得有頒朔之使乎。周官太史。正歲年以序事。頒之于官府及都鄙。頒告朔于邦國。案歲年卽朔也。本云頒之于官府都鄙邦國。而言頒告朔于邦國。疊用二頒字。蓋以官府都鄙無告朔禮。而諸侯有告朔。故又用頒字別爲一句。頒告朔者。謂頒其所當告之朔也。若云告朔卽頒朔以告爲自上告下之告則頒之卽所以告之何必言頒又言告且邦國言告而官府都鄙不言告又何義邪邦國與官府都鄙無異何必又言頒告朔邪。告朔三見于經一見于周官一見于春秋一見于論語春秋文六年經閏月不告月。左傳云。閏月不告朔。非禮也。公羊傳云。不告月者何。不告朔也。是告朔爲諸侯告廟。論語文與春秋傳同。不當別生異義也。且諸侯待鄰國聘使。飧一牢。饔餼五牢。上介飧一牢。饔餼三牢。一牢牛羊豕皆具。待之之隆如此。論語言餼羊明是特羊。何待王使之甚薄。降于列國十數倍乎。必無此理明矣。先儒以爲告廟之羊。此則宜用特羊。凡告祭與常祭不同。虞書王制皆言天子巡守反告于祖禰用特謂特牛也。故天子告朔亦用特牛。諸侯降用特羊宜也春秋時。天子雖不頒朔。諸侯亦行告朔之禮。蓋當時侯國固自爲厤。而每月之令。猶月朔以特羊告廟請而行之。因以此日視朔。列國未必皆然。魯爲周公後。能守周禮。故尙行之也。自文公始怠于禮。以閏月一不告朔。以疾四不視朔。然此外皆行之可知。鄭氏竟謂文公不視朔誤也。子貢欲去羊之事。想當哀公之時。此時餼羊猶供。則告朔之廢。必不始于文公可知也。孔子當定公九年至十三年與聞國政時。告朔必行。迨孔子去魯以後。漸至于廢。哀公十一年以後。孔子反魯。始與子貢議此事歟。劉廣文特以餼字爲待賓之禮。故創此解。不知經文有正稱。亦有通稱。如牲本祭祀所用。而周官王膳用六牲。公食大夫禮言三牲之肺。是常食與待賓亦可言牲。聘禮有饔。而周官內外饔掌祭祀之割亨。是祭祀亦可言饔。國語言馬餼不過稂莠。是馬食料亦可言餼。安見餼必爲待賓之禮乎。告朔非正祭。可不言牲。且言牲無以見其爲羊。故必言羊。以見其費少而係于禮者也。言餼以見其爲生羊。故可得而去也。

餼羊猶言生羊耳。何可泥此而謂待王使之羊乎。

王宇泰曰。此一羊也。在子貢見以爲羊。在夫子見以爲禮。以羊爲羊。是禮在羊之外而禮亡。以羊爲禮。是禮在羊之中而禮存。

困勉錄曰。子貢惜費之意。亦不是無關係。蓋此一羊也。供之有司必派之百姓。其間胥吏之誅求。豈能不騷擾乎民間。子貢去之。亦自有識見。

曾鏞曰。文公十六年夏五月。公四不視朔。是其爲公有疾不視朔。抑爲公懼齊使季孫行父會齊侯。因託不視朔以自明。有疾。皆未可知。然直自二月至于五月。四不視朔耳。猶之自正月不雨。至于秋七月。是必至于七月雨。否則八月雨。不可謂七月後亦不雨也。自公羊傳謂是後公不復視朔而後儒且謂子貢欲去告朔之餼羊。必爲其羊徒存。其禮久廢。而其禮之廢。必自文公不告月不視朔。故謂此後不復告朔也。

子曰。事君盡禮。人以爲諂也。

黃氏曰。孔子於事君之禮。非有所加也。如是而後盡爾。時人不能。反以爲諂。故孔子言之。以明禮之當然也。○程子曰。聖人事君盡禮。當時以爲諂。若他人言之。必曰我事君盡禮。小人以爲諂。而孔子之言。止於如此。聖人道大德宏。此亦可見。

箋曰。夫子自道也。鄉黨曰。君在踧踖如也。君賜食。必正席先嘗之。侍食於君。君祭先飯。疾君視之。東首加朝服拖紳。君命召。不俟駕行矣。子罕曰。拜下禮也。今拜乎上泰也。雖違衆吾從下。此皆夫子盡禮之事。於斯時也。三桓四分公室。季氏有其二。孟叔各一。民食於他。君拱默受制。魯人驕僭相承。習以爲常。唯夫子恭敬。盡爲臣之禮。其實以身抑三桓也。與下答定公章。其義喚應。凡章旨不明者。編輯者輙以章次明之。讀論語者。以此求之。思過半矣。

程說不當采入。夫言各有所當。而所爲發自不同。雖非聖人。未必皆如程子之言也。乃以此論聖人之大道宏德。抑末也。當時禮壞。而君弱臣強。君臣之際。不循禮者亦多。如今拜上是也。因仍之弊。世人皆以爲禮。固如此也。非特小人爲然。袁了凡曰。當時不是諛君子爲諂。他心裡實見得事君之禮不必如此。禮之泯於人心。豈不重可慨哉。正平本南宗本。詔下無也字。

定公問。君使臣。臣事君。如之何。孔子對曰。君使臣以禮。臣事君以忠。

定公。魯君。名宋。二者皆理之當然。各欲自盡而已。〇呂氏曰。使臣不患其不忠。患禮之不至。事君不患其無禮。患忠之不足。尹子曰。君臣以義合者也。故君使臣以禮。則臣事君以忠。

箋曰。以尊臨卑。易以簡。以下事上。易以欺。禮忠俱要兼內外說。情文兼至。纔盡得禮字。心職兼至。纔盡得忠字。古者忠字未爲臣職之定名。非若後世忠孝並稱者。其意專在忠信不欺上也。不然。夫子之言亦大板。若謂子事父以孝。豈成語哉。君使臣以禮。宜在定公身上切論焉。臣事君以忠。魯臣三家以下必用之良藥矣。並不當作汎論。當時祿去公室。三家擅權。急爲之則亂。棄而不爲則亡。國勢至此。唯禮可以裁之。君既使臣以禮。權臣知所畏敬。自不能不事君以忠。孔子直告君使臣。臣事君之道。而運用之妙。有如此者。所以爲聖人之言也。晏平仲答齊景公。以抑陳氏之術。亦曰唯禮可以已之。深得此意矣。

呂說。特就常情。判其難易。君之於臣。忠常至而禮每不足。臣卑可親狎故也。臣之於君。禮無不備。而忠或有闕。君尊可畏敬故也。使臣而禮。則其忠可知。事君而忠。則其禮可知。呂氏之旨只如此。尹注下一則字。便失正意。恐不當采入。

此章。夫子有上下交責之意。有明良交泰之思。使不是役使。只作服馭看。困勉錄云。熊伯甘曰。或以三家僭越。禮字當從裁制看。非正義。孔子告哀公也。明白說敬大臣。

子曰。關雎樂而不淫。哀而不傷。樂音洛。關雎。周南國風。詩之首篇也。淫者。樂之過而失其正者也。傷者。哀之過而害於和者也。關雎之詩。言后妃之德宜配君子。求之未得。則不能無寤寐反側之憂。求而得之。則宜其有琴瑟鐘鼓之樂。蓋其憂雖深而不害於和。其樂雖盛而不失其正。故夫子稱之如此。欲學者玩其辭。審其音。而有以識其性情之正也。

箋曰。孔注。言其和也。是以音言之。李充據毛詩序釋之。則專主乎詞矣。李說可從。

吳英曰。序曰。關雎后妃之德也。據此知論語哀樂字。非哀不得太姒。樂得太姒之謂也。文王受命惟中身。厥享國五十年。則文王之即諸侯位。其年齒必四十餘矣。

回遡親迎天妹之年。當有二十餘載矣。太姒雖少于文王。且寧王母弟八人。然至作關雎之日。君之齒半百。國母非復少年矣。詩人何乃言男女之事。以瀆之乎。若以始至時言。世子妃。不得言采荇菜。不得言樂鐘鼓。如已在君位。則既奉以君母之尊。安可以淑女稱之。是可知關雎言男女之事者。指嬪妾也。序所謂德者。雖曰自得于身。然此德字。實兼功效而言。與中庸鬼神之爲德。德字正同。在君子。卽輔助之功。在宗社生民。卽恩澤之被也。世子卽諸侯位。有增多內官之典。當斯之時。內職何患不脩。豈太姒之所憂哉。正以文王大聖。外有賢臣。內有賢后。而衆嬪侍御。亦不可不賢。雖聖人之德。非傾城哲婦之所能損。然自古女禍。有出于人情意料之外者。其潛移默奪。有勝天之力焉。人心易危。道心易微。文王而後宮多賢。不能有加益于聖德。而侍御不賢。不得謂必無累于聖德也。此太姒之所以爲憂。不必憂。而不敢泰然不以爲憂者。正以爲后妃之道。宜如是也。此序之所以謂后妃之德也。言內助君德。澤被生民。莫非后妃之德也。關雎詩。未言文王。而爲文王之風者。陰陽之道。陽倡而後陰和。太姒助養聖德。正以見文王之刑于寡妻也。堯舜之聖。虞廷之上。猶君臣交儆。關雎正夫婦以風天下。其義一也。此其所以房中之樂。而可以爲諸侯燕羣臣。鄕大夫賓賢能。如此大典。而必歌其詩。奏其音也。正惟以文王之聖德。而后妃猶必進不自淫色之賢女。故必歌于主賓燕樂之時。猶夫朋友箴規。正在相視莫逆之間。尤易入也。則關雎詩義。獨得有燕禮鄕飲儀禮經文。隱然作證據矣。而詩序又顯揭鄕人邦國。其義更不煩言矣。序又曰。關雎樂得淑女以配君子。因此配字。而不信序者。以淑女爲大姒。然頌謂殷之未喪師。克配上帝。契配郊天。不過旁侍。何曾與天並位而同尊。況序所以用配字者。正以三宮衆妾。當夕有期。不得不用配字。況下文將言不淫其色。則尤嫌不逮下也。序又曰。憂在進賢。不淫其色。據此知孔子所謂樂而不淫者也。樂指后妃之心。淫字則指宮中之風也。上以色選爲樂。則下以色寵成風矣。上以進賢爲樂。則下以貞靜成風矣。志在求賢。賢何以見。賢者不自有其色者也。凡女子能令家道窮乖。以至喪邦。惟自淫其色之故。故孔子謂樂之風易于淫。關雎以進賢爲樂。而下乃能以不淫其色爲風也。然則此關雎詩序。豈非本孔子之言以立說者歟。序又曰。哀窈窕。思賢才。而無傷善之心焉。據此知孔子所謂哀而不傷者。哀指后妃之心。傷字則指宮中之風也。上有賢賢易色之意。則下有嫁德不嫁色之風矣。上有我見猶憐之事。則下有女無妍媸入宮見妬之風矣。其所以哀窈窕者。正是思賢才之故。所以宮中無傷善之心。傷善猶謂謠啄蛾眉也。故孔子謂哀之風易于傷。關雎以思賢爲哀。而下乃能以無傷善之心爲風也。以是風行天下。風俗安得而不美乎。漢書匡衡傳曰。元帝崩。成帝卽位。衡上疏戒妃匹。有云。臣又聞之。師曰云云。據此知匡氏之言。原非說詩也。人臣一時規諫其君。其志專在君國生民。欲扶危于禍幾未形。不得不借文王后妃以爲說。而後儒每以史事亂經義。誤矣。

哀公問社於宰我。宰我對曰。夏后氏以松。殷人以柏。周人以栗。曰使民戰栗。

宰我。孔子弟子。名予。三代之社不同者。古者立社。各樹其土之所宜木。以爲主也。戰栗。恐懼貌。宰我又言。周所以用栗之意如此。豈以古者戮人於社。故附會其說與。

子聞之。曰。成事不說。遂事不諫。

既往不咎。遂事。謂事雖未成而勢不能已者。孔子曰。宰我所對。非立社之本意。又啓時君殺伐之心。而其言已出。不可復救。故歷言此以深責之。欲使謹其後也。○尹氏曰。古者各以所宜木名其社。非取義於木也。宰我不知而妄對。故夫子責之。

箋曰。問社。鄭本作問主。見釋文。據邢疏張包周本皆作主。據公羊傳疏。古論語作社。今本从古論也。以左傳家語史記考之。哀公三年魯廟災。孔子在陳聞之。歎曰。其桓僖乎。是年季桓子卒。遺言召孔子。季康子不可。僅召冉求。四年亳社災。哀公之問。應在此年。是時夫子猶在陳也。故下有子聞之句。

問社。問社主也。禮運注。社。土地之主也。白虎通社稷篇。社者土地之神也。若論社之主。所用何物。則以廟主推之。當亦必用木者也。大宗伯曰。若大師則帥有司而立軍社。注曰。社主曰軍社。社之主。蓋用石爲之。疏曰。以石爲之。無正文。故云蓋以疑之也。據此知用石固鄭氏之疑義。不足證也。左傳襄廿八年。陳侯免擁社。注曰。免喪服。擁社抱社主。示服。此傳並無石主之文。小宗伯。太師立軍社。肆師師田祭社宗。社宗者。社主與遷主。皆載於齊車者也。秦漢以後。載主未聞。陳侯擁社者。抱主以示服。若後世五尺之石主。埋其半於地。卽不便於載。亦不可抱而持。然則社主。春秋以前皆用木。秦漢以後。或用石也。周禮大司徒。設其社稷之壇。是社壇有土埓。圍繞四面。只是有壇無屋。郊特牲言。大社必受霜露風雨。以達天地之氣。故藏主於壇中石匱。後世埋石不爲匱。號之爲主矣。尹彥明始造社樹之說。而朱子仍之。其意謂。古以樹爲社主。使神棲息凭依。如後世神樹之類。而宋之櫟社。豐之枌楡社。皆以樹名。殊不知枌楡只是鄉名。非樹也。莊子櫟社見夢。事甚怪。此蓋社有一大櫟樹。流俗習傳。以爲神所依。遂以名社。蓋社中木主。固已儼存。而又遂呼爲社耳。韓非子外儲說。管仲對曰。君亦見夫爲社者乎。樹木而塗之。鼠穿其間。掘穴託其中。燻之則恐焚木。灌之則恐塗阤。是但以泥塗木。作爲神主。庶民之社也。而此章所問所對。則是國社侯社。皆諸侯爲百姓立社。諸侯自爲立社者也。所以宰我得以使民戰栗之說爾。夫祭祀必有主。以寓誠敬。社若無主。將徒祭其壇乎。殊非制禮之意。尙書逸篇。有大社惟松。東社惟柏。南社惟梓。西社惟栗。北社惟槐之文。見於白虎通社稷篇。周禮大司徒職云。樹之田主。各以其野所宜木。以名其野與田。則古有植木爲田主之事。以其同主地。逸尙書亦謂之社。與此主刻木爲之者自別。後儒混而一之。而大社無主之說起。此不可不正矣。

夏后氏以松者。周語。皇天嘉之。胙以天下。賜姓曰姒。氏曰有夏。則夏是禹之氏也。夏時諸侯以上稱后。而夏爲天子。故尊稱夏后氏。與陶唐氏有虞氏同一例。當時沿襲有此稱。孟子曰。唐虞禪。夏后殷周繼。可以證焉。後單稱夏。蓋畧也。殷周稱人。乃其常耳。以者。社主所用木也。下皆同。陸隴其曰。或言后。或言人。宰我特因常稱以爲辭。非如春秋書人書爵之例。以此推尊夏王。貶損湯武也。況此語爲問社而發。初非與哀公尙論帝王。安得從征讓起見。而謂有所軒輊乎。檀弓記夫子夢奠之詞。曰夏后氏殯於東階。殷人殯於兩楹。周人殯於西階。此與宰予稱后稱人何異。然釋禮者未聞以國祚源流立論。而程氏復心必謂禹揖遜故稱后。湯武征伐故稱人。何其悖謬之甚。且卽其言亦有不可通者。如曰言后所以別於帝。然湯武亦王也。宜與禹同。

使民戰栗。爾雅釋詁。戰慄。懼也。栗慄古止一字。故說文有栗無慄。詩秦風。惴惴其慄。孟子公孫丑注引作栗。戰栗者。猶云戰悚恐懼。不當形容解之。皇本正平本南宗本。戰栗下有也字。

成事不說三句。成事。初成之事也。遂事。已竟之事也。既往者。過去也。說。謂陳其是非。諫。謂申其匡救。咎。謂指其愆尤。言各有所當。而其實一意。唯是重言以深責宰我也。集注失於詳矣。鴻按。社陰主。殺甘誓云。不用命戮于社。大司寇云。大軍旅。涖戮于社。是哀公忿三桓之不臣。有聲罪致討之志。而難於明言之。因借社主以問其可否於宰我也。宰我跅跎之才。能爲人所不能爲。觀晝寢問喪諸章。其氣銳膽壯。睥睨一世。可以見。故哀公之問。精神契合。戰栗之對。所以鼓厲哀公。欲令其斷行其事也。然祿去公室。政在大夫。已非一朝一夕之故。卽使宰我任之。猶且難於成功。況以哀公之疏才淺智。今遽欲逞威洩忿。冀以收已去之權勢。必不能徒速其亡耳。故孔子歷言以責之。蓋深悲其言之已出不可救耳。俞樾曰。哀公之爲君。當魯國積弱政在三家之日。而頗有意振興。欲張公室。故屢問於孔子。其問何爲則民服。以民皆服於三家也。意必以昭公舊事爲恥。慨然有大有爲之志。然魯以相忍爲國。由來久矣。昭公時晉霸未衰。尙不能借其力以去季氏。況哀公之時乎。其後欲以越伐魯。而卒不克。終以客死。效可覩矣。孔子遂不復明言。但云成事不說。遂事不諫。既往不咎。見得祿去公室。政逮大夫。非一世矣。未可憤憤於一朝之問而反以速禍也。曾鏞曰。宰我聖門言語之選也。問社之對。蓋欲魯君立威以强公室也。雖然。天下勢而已矣。勢重難反。自非大有爲之君。驟將反之。適以亂之。智者不言也。魯自文公而後。政逮大夫。陵夷至于昭公。卒有乾侯之辱。至乎定哀。大夫專諸侯。陪臣專大夫。其所由來者漸矣。我夫子于魯。寧不欲撥亂而反之正。乃觀其所以告二公者。若定公問君使臣。則對之以禮。問一言可興邦。則對之以爲君難。問一言可喪邦。則對之以如不善而莫予違之一言。若哀公問政。則曰取人以身。修身以道。問何爲則民服。則曰擧直錯諸枉則民服從。未聞有以脅服臣民之意告之者。易曰。有孚威如。書曰。德威維畏。則亦反之以正而已矣。宰我第知公室之不振。由于威福之下移。曾不思。此其事勢。已成而不可說。已遂而不可諫。既往而不可咎。一旦欲以維辟作威之說正之。此所謂驟將反之。適以亂之也。夫子聞之。以事之不說不諫不咎者。警之。殆亦爲魯事而言。非爲所對虛妄。而其言既出。無如之何。故歷言此也。爲所對虛妄。胡爲而曰成事。曰遂事。曰既往也。其後哀公欲以越伐魯。去三桓。終至孫邾。如越。魯迎之復歸。卒于有山氏。噫此雖非必卽問社之對啓之。宰我至此。夫亦愈知失言矣。

鄭目錄云。宰予魯人。史記仲尼弟子列傳。宰予字子我。與齊闞止字同。故史公誤爲一人。言宰我爲臨淄大夫。與田常作亂。以夷其族。夫賢于堯舜之語見孟子。此在孔子身後可知。況有一大左證在左傳乎。哀五年。齊公子陽生奔魯。六年陳乞使召陽生。闞止知之。先待諸外。公子曰。事未可知。反與壬也處。陽生遂至齊。陳乞立之。是爲悼公。十年悼公卒。子簡公壬立。簡公之在魯也。闞止有寵焉。及卽位使爲政。十四年陳恒殺子我。而弒簡公。按史記孔子陳蔡之阨。宰我與焉。子西曰。王之官尹有如宰予者乎。此哀公六年事也。是年宰予從孔子于陳蔡。不在魯。安得有先待陽生反與壬處之事。則闕止之非宰予。不待辨而明矣。

民社之名。始見月令。則秦制也。里社之名。始見封禪書。則漢制也。其祭社也。一鄉之人無不會集。三國志注。蔣濟爲太尉。嘗與桓範會社下。是也。後人聚徒結會。亦謂之社。宋史薛顏傳。耀州豪姓李申結客數十人。號沒命社。曾鞏傳。章丘民聚黨村落間。號霸王社。石公弼傳。楊州群不逞爲俠於閭里。號亡命社。而隋末譙郡賊。有黑社白社之名。元至元間。浦江吳渭有月泉吟社。明萬歷末。人相會課文。各立名號。亦曰某社某社。天啓以後。士子書刺往來。社字猶以爲汎。而曰盟。曰社盟。此遼史之所謂刺血友也。又南宋時。百戲皆以社名。如雜劇曰緋綠社。蹴毬曰齊雲社。唱賺曰遏雲社。行院曰翠錦社。撮弄曰雲機社之類。見武林舊事。

子曰。管仲之器小哉。 管仲。齊大夫。名夷吾。相桓公霸諸侯。器小。言其不知聖賢大學之道。故局量褊淺。規模卑狹。不能正身脩德。以致主於王道。 或曰。管仲儉乎。曰。管氏有三歸。官事不攝。焉得儉。 焉。於虔反。或人蓋疑器小之爲儉。三歸。臺名。事見說苑。攝。兼也。家臣不能具官。一人常兼數事。管仲不然。皆言其侈。 然則管仲知禮乎。曰。邦君樹塞門。管氏亦樹塞門。邦君爲兩君之好。有反坫。管氏亦有反坫。管氏而知禮。孰不知禮。 好。去聲。坫丁念反。或人又疑不儉爲知禮。屏謂之樹。塞猶蔽也。設屏於門以蔽內外也。好謂好會。坫在兩楹之間。獻酬飲畢。則反爵於其上。此皆諸侯之禮。而管仲僭之。不知禮也。○愚謂孔子譏管仲之器小。其旨深矣。或人不知而疑其儉。故斥其奢以明其非儉。或又疑其知禮。故又斥其僭以明其不知禮。蓋雖不復明言小器之所以然。而其所以小者。於此亦可見矣。故程子曰。奢而犯禮。其器之小可知。蓋器大則自知禮而無此失矣。此言當深味也。蘇氏曰。自脩身齊家以及於國。則其本深。其及者遠。是謂大器。揚雄所謂大器猶規矩準繩。先自治而後治人者是也。管仲三歸。反坫。桓公內嬖六人。而霸天下。其本固已淺矣。管仲死。桓公薨。天下不復宗齊。楊氏曰。夫子大管仲之功。而小其器。蓋非王佐之才。雖能合諸侯正天下。其器不足稱也。道學不明。而王霸之略。混爲一途。故聞管仲之器小。則疑其爲儉。以不儉告之。則又疑其知禮。蓋世方以詭遇爲功。而不知爲之範。則不悟其小宜哉。

箋曰。管氏謚敬。名夷吾。仲其行也。管子小匡篇。施伯謂魯侯曰。管仲者天下之賢人也。大器也。當時品目如此。故夫子辨之小哉者。是嘆惜管仲不是鄙夷管仲器字須要體認。譬如升合斗斛皆器也。然合不能受升。升不能受斗。斗不能受斛。所受多者。施出去亦不易竭。所受寡者。施出去亦易竭。據此看。則器字當兼所受所施言。而所受所施。又自相承。管仲尙功名。任權力。唯務富强之利。欲速給其家。急足其兵而已。不導之以德而以政。不齊之以禮而以刑。是以國民勇於公戰。而給於私蓄。遂糾合諸侯。霸于天下。雖然桓公死。其霸遷他人。國亂而民苦者何哉。管仲厭百世維持之緩。而事富國給民之急也。若使管仲大其器。當能一變而至於道。是孔子所以惜器小也。非以管仲霸齊而小之也。夫人之矜能伐功。皆由器小也。器小而易滿。故有小善小功。其器先滿。所以自矜伐。其功大者。其伐益驕。塞門反坫。越禮犯分。以驕其功。蓋不能容其事功矣。於管仲之不知禮。而器小之說。益可得焉。享富貴者。必有容富貴之量。舜禹之有天下而不與。蓋舜禹之德亦如天。亦卽以天爲其器。器小者。未有不富貴而淫者也。其富貴愈顯者。其淫益張。三歸具官。窮奢極侈。以張其富。蓋不能容其富貴矣。於管仲之不儉。而器小之說。益可得焉。蔡虛齋曰。器小二字。包括管仲一生。奢而犯禮。正是器小中發出來的病症。夫子非直以二事證器小也。但從此二事看。亦見他器小處。得之。○是章只論局量之大小。不言及王霸之辨。且不知道與器之大小。元不相干。人固有知道而後局量隨而大者。又有雖未知道。而局量自大者。又有已知道而局量仍舊褊小者。未可以器小爲不知道之故也。大學二字亦大鶻突。注皆不中窾。

或曰。管仲儉乎。凡事有相似而實相懸者。儉美德也。器小非美德也。知禮懿行也。不儉非懿行也。而儉似器小。知禮似不儉。或人篤信管仲。以爲知禮。故聞夫子之言。疑其未必得實。故云。仲惟百度收斂。而不開濶。故世人旁看。覺其器小耳。仲惟通達禮制。事事要盛大得體。故世人旁看。疑其不儉耳。如是解去。纔得或人發問之口氣。

管氏有三歸。俞樾曰。包注。三歸娶三姓女。按就婦人言之。謂之歸。自管仲言之。當謂之娶。乃諸書多言三歸。無言三娶者。且如其說。亦是不知禮之事。而非不儉之事。則其說非也。朱注據說苑管仲築三歸之臺。以自傷於民。故以三歸爲臺名。然管仲築臺之事。不見于他書。戰國策周策曰。宋君奪民時以爲臺。而民非之。無忠臣以掩蓋之也。子罕釋相爲司空。民非子罕。而善其君。齊桓公宮中七市。女閭七百。國人非之。管仲故爲三歸之家。以掩桓公非。自傷于民也。說苑所謂自傷於民者。疑卽本此。涉上文子罕事。而誤爲築臺耳。古事若此者。往往有之。未足據也。然則三歸當作何解。韓非子外儲說篇曰。管仲相齊。曰臣貴矣。然而臣貧。桓公曰。使子有三歸之家。一曰。管仲父出。朱蓋青衣。置鼓而歸。庭有陳鼎。家有三歸。韓非子先秦古書。足可依據。先云置鼓而歸。後云家有三歸。是所謂歸者。卽以管仲言。謂管仲自朝而歸。其家有三處也。家有三處。則鐘鼓帷帳。不移而具。從可知矣。故足見其奢。且美女之充下陳者。亦必三處如一。故足爲女閭七百分謗。而娶三姓之說。亦或從此出也。晏子春秋雜篇曰。昔吾先君桓公有管仲。恤勞齊國。身老。賞之以三歸。澤及子孫。是又以三歸爲桓公所賜。蓋猶漢世賜甲第一區之比。賞之以三歸。猶云賞之以甲第三區耳。故因晏子辭邑。而景公擧此事以止之也。其賞之在身老之後。則取三姓女之說。可知其非矣。近人或因此謂三歸是邑名。則又不然。若是邑名。不得云使子有三歸之家。亦不得云家有三歸也。合諸書參之。三歸之義可見。下云官事不攝。亦卽承此而言。管仲家有三處。一處有一處之官。不相兼攝。是謂官事不攝。但謂家臣具官。猶未見其奢矣。

官事不攝。禮運云。大夫具官非禮也。是謂亂國。鄭注。臣之奢富。儗於國君。敗亂之國也。孟子告子下。言齊桓葵丘之令。曰官事無攝。是諸侯之臣。不得攝矣。攝與兼稍不同。一人兼數事者。是謂者一人而兼行人職。又帶巡邏之職。皆前定者也。攝則非前定。譬家中唯有室老舍人食官數人。會有使命。室老亦往焉。食官亦往焉。會有賓客。舍人亦佐庖。室老亦典謁行酒。此之謂攝。皇本。焉得儉下。有乎字。

然則管仲知禮乎。然則二字。口氣極急。或人胸中有成見。故先以管仲儉乎探之。管仲不儉。或亦知之。待夫子說他不儉。卽以知禮歸之。時人以奢爲禮。上章孔子之言。禮與其奢也寧儉。可以相證矣。蓋知禮則不器小。此或解管仲之意也。皇本。然則上有曰字。邦君樹塞門。爾雅釋宮。屏謂之樹。舍人注云。以垣當門蔽爲樹。郭璞注云。小牆當門中。皇疏。卿大夫以簾。士以帷。又並不得施之門。正當在庭階之處耳。

金鶚曰。說屏制者。其誤有六。一曰。天子外屏。諸侯內屏。此本出禮緯。鄭君注禮記引其說。而不知其大謬也。說文云。屏蔽也。論語云。邦君樹塞門。鄭注云。人君別內外。於門樹屏以蔽之。是設屏所以蔽門。凡蔽塞者。必在內而蔽外。屏在門內。雖不切近於門。亦足以蔽。若在門外。切近於門。則人不可出入。稍遠於門。卽不足以蔽矣。詩大雅云。大邦維屏。書顧命云。建侯樹屏。六服諸侯皆在九州之內。爲天子捍禦四夷。與屏相似。故謂之屏。此屏在門內蔽外之證也。星經云。大微垣屏四星。在端門內。帝座南。近右執法。所以擁蔽帝庭也。此又天子亦內屏之證也。且路門外爲治朝。若門外有屏。何以行朝禮乎。治朝無堂而卽門爲位。亦有朝堂之象。若天子出至屏外。立於廷中。殊無體統。反不如諸侯之朝位。有是理乎。若立於屏內。則諸臣皆爲屏所蔽。而不得見矣。苟屏與門相距甚遠。豈塞門之義乎。觀禮侯氏右。

肉袒于廟門之東。乃入門右。北面立。告聽事。天子辭。侯氏再拜稽首。出自屏南。適
門西。襲。遂入門左。此文當以出自屏南爲句。謂自屏南而出也。屏若在門外。稍遠
於門。侯氏何必南行繞出屏外。而轉北行以適門西乎。惟屏本在門內。天子雖辭。
侯氏。侯氏尙不敢遽出。隱於屏南。立而少待。天子既無後命。侯氏乃自屏南而出。
適門西而襲。門西有次。故襲於其中。肉袒于門東。亦在次。鄭乃謂隱於屏而襲。不
知屏南非襲之所。且既襲於屏南。又何必適門西乎。敖繼公云。適門西爲襲也。此
說得之。夫出自屏南。正可爲天子亦內屏之證。而鄭反以證天子外屏。其亦異矣。
又按。大戴禮武王踐阼篇云。師尙父奉書而入。負屏而立。入門而負屏。屏在門內
甚明。是天子朝廟皆內屏也。一曰。屏設於路門。而中門無屏。其說更謬。爾雅釋宮
云。門屏之間謂之宁。此言路門之外。屏之內。其間爲君臣佇立之地。故謂之宁也。
爾雅通言天子諸侯之制。卽此可知天子亦內屏。而屏設於應門內。更可知矣。諸
侯屏設於雉門內。若但設於路門內。何得云門屏之間謂之宁乎。然則正門內亦
有屏無疑矣。正門卽中門也。論語在蕭牆之內。鄭注。蕭之言肅也。牆。屏也。君臣相
見之禮。至屏而加肅敬焉。是以謂之蕭牆。君臣相見。謂每日常朝。朝在路門外。人
臣至屏而加肅敬。屏在正門內甚明。三門惟外門無屏。中門以內。庶民不得入。故
當設屏以蔽內外。且外門無朝。其內二門皆有朝。人君立於門外兩塾間。後須有
屏。若堂上負依然。方成朝儀。苟中門內無屏。則外朝之位。君當空而立。不成體統
矣。一曰。屏惟設於正門內外。路門無之。不知屏設於門內。不切近於門。與門相去。
約當丈餘。故可出入。路門內豈不可有屏。若謂礙人出入。則雉門內亦不可設屏
矣。且廟門內有屏。見於覲禮。路門內何不可有屏乎。禮經言出入廟門者。不知凡

幾。惟觀禮見一屏。餘皆不見。何獨于燕禮入路門者不言屏。遂疑其無屏乎。蓋凡入廟者。皆無事於屏。故屏可不言。觀禮。侯氏少立于屏南。故特著其文也。吳語云。越王乃入命夫人。王背屏而立。夫人向屏。韋昭注云。屏。寢門內屏也。夫人正寢門內有屏。則王路寢門內。亦必有屏可知矣。廣雅云。罘罳謂之屏。罘復也。罳思也。臣將入請事。於此復重思之也。古者每日朝罷卽退。臣若有請事。則入路門而升堂。屏在路門內。至此必復思之。因有罘罳之名。又一證也。一曰。屏設於門宁之中。案郊特牲云。臺門而旅樹反坫。旅。道也。屏謂之樹。是屏不設於門宁之中可知。論語言樹塞門。蓋屏爲蔽門而設。鄭君謂蔽行道。非也。蓋當道樹屏。故曰旅樹。又近於門。故曰塞門。非必正當門中。而後可言塞門也。屏設於路門閾內外。其地甚狹。不可以爲朝位。何得云門屏之間謂之宁乎。且屏廣如門。則不可出入。若半於門。安足以蔽內外乎。一曰。屏可設可去。殊不足據。屏有蕭牆之名。明是小牆。又設於道。風雨漂搖。不宜用木。惟宜築土。爾雅釋宮。屏謂之樹。舍人云。以垣當門蔽爲樹。郭璞注云。小牆當門中。淮南子主術訓。高誘注云。屏。樹垣也。諸說皆以屏爲牆。則屏常設而不可去矣。屏亦有可設可去者。月令季秋之月。天子乃教於田獵。命僕及七騶咸駕。載旌旐。授車以級。整設於屏外。鄭注云。屏。所田之地。門外之蔽。孔疏云。車入之時則去屏。無事之時則設屏。此屏蓋以木爲之。故可移動也。楚語云。屏攝之位。韋昭注云。屏。屏風也。攝。形如今要扇。皆所以分別尊卑。爲祭祀之位。此屏亦以木爲之。可設可去也。至若朝門之屏。固非以木爲之也。明堂位。以疏屏。爲天子之廟飾。鄭注云。刻之爲雲氣蟲獸。如今闕上爲之矣。孔疏云。屏上亦爲屋以覆屏牆。刻爲雲氣蟲獸。是疏屏亦非以木爲之也。若朝之屏。則且不疏。而諸侯更無論矣。

漢石經。邦作國。邦君爲兩君之好。有反坫。公羊傳曰。一有一無曰有。經曰。爲兩君之好則有反坫。則平常無之可知矣。蓋爲兩君之好則設之。否則徹之也。堂上有東西兩楹。楹。柱也。兩楹之間。當堂之中。而外近廉也。主酌酒以進賓。謂之獻。賓飲畢。酌酒以進主人。謂之酢。主人飲畢。復自飲而後酌以勸賓。謂之酬。國君相見之禮。賓主飲畢。皆反此虚爵於坫上。然後拜。大夫則無坫。凡土臺可庋物者。皆謂之坫。不惟其用不同。卽其處亦異。且惟好會之坫。乃名反坫也。而好會之尊。既在兩楹之間。則坫亦必在兩楹間。而不在堂阿矣。若士冠大射士喪既夕諸禮之坫。但名爲坫。而不名反坫也。猶夫崇坫之不稱反坫。庋食坫之但名坫也。注謂飲畢則反爵於其上者。主君獻賓。賓筵前受爵。飲畢反此虚爵於坫上。於西階上拜。主人於阼階上答拜。賓於坫取爵。酌以酢主人。主人受爵飲畢。反此虚爵於坫上。主人阼階上拜。賓答拜。是賓主飲畢。反爵於坫上也。以鄉飲酒禮考之。凡奠爵皆于篚。卽君與臣燕。亦但設二篚以承爵。且皆在堂下。不在堂上。是大夫不有反坫。今管仲則僭爲之也。

金鶚曰。坫有四。一曰堂隅之坫。士冠禮云。爵弁皮弁緇布冠各一匴。執以待于西坫南。大射儀云。大師及少師上工。皆東坫之東南。西面北上坐。士虞禮云。苴刌茅長五寸。東之實于篚。饌于西坫上。鄭注云。坫在堂角。是亦必築土以爲之矣。爾雅釋宮云。垝謂之坫。郭注云。在堂隅。坫墆也。釋文云。墆高貌也。坫有高貌。明是累土。

且爾雅以坫釋坫。其下句云。牆謂之墉。墉與坫連文對擧。牆築土而成。則坫亦築土。又何疑乎。郭注不第云堂隅。而云在堂隅。著一在字。可知其築土而別爲一物矣。蓋堂隅設坫。一以爲堂上奠物之處。一以爲堂下佇立及設物相直之準。一曰反爵之坫。論語云。邦君爲兩君之好。有反坫。鄭注云。反坫反爵之坫。在兩楹之間。人君與鄰國爲好會。其獻酢之禮更酌。酌畢。則各反爵於其上。案兩楹之間。古人以爲行禮之節。士昏禮納采・問名・納吉・納徵・請期。皆用鴈授于楹間。鄉飲酒禮。介授主人爵于兩楹間。司正立于楹間以相拜。此固大夫士之禮。然諸侯若行昏禮。及兩君燕飲。亦必如是矣。以鄉飲酒禮考之。主人獻賓。賓奠爵于西階上。賓酢主人。主人奠爵于東序端。主人酬賓。賓奠觶于薦東。主人獻介。介奠爵于西階上。介酢主人。主人奠爵于西楹南。此皆奠爵。非反爵。鄉飲酒禮設篚在禁南。在堂上。此上篚也。又云。篚在洗西。在堂下。此下篚也。記又云。獻工與笙。取爵于上篚。既獻奠于下篚。則不得謂反爵矣。奠爵于篚。是又無坫也。又以燕禮考之。設篚在洗西。設膳篚在其北。膳篚。君象觚所奠之篚。二篚皆在堂下。夫象觚爲君之觚。奠于膳篚。其餘悉奠于洗西之篚。是取于此者。亦奠于此。固可謂反爵。然有篚無坫。又在堂下。而不在堂上也。蓋鄉飲賓主雖敵。而爲大夫士之禮。燕雖諸侯之事。而賓主不敵。故皆無反坫。惟兩君好會。賓主敵體。乃有反坫。在堂上。反者。反其故處也。知反爵非覆爵者。爵有兩柱。不可覆也。且經典未有以覆爲反者。曲禮。毋反魚肉。亦以還爲反也。兩君之坫。猶鄉飲之篚。篚設于尊南。與尊同處。則坫亦必與尊同處可知。尊以盛酒。爵以酌酒。其事一類。故所設之處同也。又案阮逸三禮圖。謂坫以木爲之。高八寸。其說亦非。坫字从土。明是以土爲之。若謂制之以木。則與字義不合。

其高八寸。亦太卑矣。聶崇義謂。坫卽豐。然豐字从豆。其制當如豆而高。豐以奠觶。高則便于取也。以木爲之。非築土也。且反坫非大夫所有。而鄉射爲大夫士之禮。亦得設豐。坫之非豐明矣。又逸周書有四阿反坫。此坫乃堂隅之坫。謂屋四隅之檐阿反起于坫之上也。坫在堂角。反猶反宇之反。班固東都賦。上反宇而蓋戴。太子賢注。反宇謂飛檐上反也。然則謂之反坫者。外向而反。故以名之。孔晁注以爲外向室。誤矣。一曰。康圭之坫。明堂位云。崇坫康圭。天子之廟飾也。案覲禮云。侯氏入門右。坐奠圭。圭是重物。必不奠于地上。有坫以康之宜矣。入門卽言奠圭。則康圭之坫。在堂下可知。入門右而奠圭。則坫在庭之東可知。坐而奠圭。則坫不高可知。而云崇坫者。以其奠圭。故特稱崇以尊之。非高於諸坫也。一曰。庋食之坫。內則云。天子之閣。左達五。右達五。鄭注。閣以板爲之。庋食物。達。夾室也。公侯伯于房中五。大夫于閣三。士于坫一。然則士但築土爲坫。以庋食物。食物非坫可藏。必別有器藏之。而庋于坫也。總而論之。康圭之坫。惟天子有之。庋食之坫。惟士有之。反爵有之坫。諸侯以上斯有之。堂隅之坫。則通上下皆有之也。堂隅之坫。其制必方。斯兩面可觀。且可以奠物。則諸坫皆方可知矣。康圭之坫。坐而奠之。其坫之高不過三四尺。諸坫奠物。皆欲其便于取。亦不過三四尺也。

熊朋來曰。後人爲酒案以置尊而反爵。乃坫之遺制也。周禮司尊彝職。六彝皆有舟。鄭云。舟尊下臺。毛奇齡以爲今酒盃下托子。卽古之舟也。是傳會之說。已資暇集云。托子起建中初。蜀相崔寧女。阮葵生茶餘客話。引資暇集茶托子事。以爲盃托本于此。似是事文類聚。彝有舟。爵有坫。卽今俗稱臺琖之類也。

管氏亦有反坫者。當時齊覇。而管仲當國。諸侯朝齊者。必私覿於管仲家。故設此延之。孰不知禮。皇本。禮下有也字。

龜田鵬齋曰。自荀孟有王覇之辨以來。學者尊王卑覇之論興。遂以管仲爲三王之罪人。嗟是何言哉。夫天下喪道。王道衰微。而諸侯賢明之主佐之。合諸侯率天下而朝之者。稱之曰覇。天下有道。則禮樂征伐自天子出。又何假覇哉。天下無道。諸侯無賢明之主則已。苟有之則不能不輔之以爲覇也。天下無道而覇主不出。則諸侯力爭。夷狄猾夏。百姓陷塗炭。而天下終亡。東周之時。幸有齊桓晉文出而崇王室。合諸侯攘夷狄。匡天下。百姓受其賜。免被髮左衽之風俗矣。其功德豈不大哉。孔子未毀覇道。又顯稱覇道。而不恥言之。時人亦或憂夷狄猾夏。云中國無覇也。故孔子作春秋。專稱齊桓晉文之覇。蓋喜王道不絕。雖綫綫乎中國賴齊桓晉文之覇而維持之也。覇道較之王道。則卑矣。用其卑者。乃王道之降也。王道降則不可無覇主也。有覇主者。汚世之幸也。又何絀之爲。七雄之後。項羽佐義帝自稱西楚覇王。六朝之間。齊王梁王佐天子。皆自稱其居曰覇府。其名義自正矣。未聞恥之者也。宋儒徵荀孟之言。不取證於孔子。不攷言於春秋。何其戾也。

子語魯大師樂。曰。樂其可知也。始作翕如也。從之純如也。皦如也。繹如也。以成。語去聲。大音泰。從音縱。語。告也。大師。樂官名。時音樂廢缺。故孔子教之。翕。合也。從。放也。純。和也。皦。明也。繹。相續不絕也。成。樂之一終也。○謝氏曰。五音六律不具。不足以爲樂。翕如。言其合也。五音合矣。清濁高下。如五味之相濟而後和。故曰純如。合而和矣。欲其無相奪倫。故曰皦如。然豈宮自宮。而商自商乎。不相反而相連。如貫珠可也。故曰繹如也以成。

箋曰。周官。太師下大夫二人。小師上士四人。注云。凡樂之歌。必使瞽矇爲焉。命其賢知者。爲太師小師。疏云。以其無目。無所覩見則心不移於音聲。故不使有目者爲之也。案諸侯樂官。太師當止一人。此所語大師。應指師摯。即師摯之始關雎之亂之師摯。而微子篇適齊之師摯。則是殷人。其名同而其人異矣。

樂其可知也。猶云樂亦不難知也。皇本。知也下有已字。正平本南宗本。也上有已字。始作翕如也。至繹如也。翕如者。如草木之生意翕聚而向榮也。舊說。八音齊作。恐未是。樂音自有先後之序。無一時俱作之理。翕純皦繹。逐音內俱有。從如字亦通。不必讀爲縱。純。一也。衆音和諧若一。故謂之純。如書所謂八音克諧也。皦如其音節清別明亮。所謂無相奪倫也。繹如者。一清一濁之相爲終始。一高一下之相爲起伏。而無間斷也。翕合之餘有純和。純和之中有明白。明白之中無間斷。是天地間自然之節奏矣。說文。翕起也。玉篇。翕合也。字从羽。謂鳥初飛而羽合舉也。皦者玉石之白。甚明也。純者不雜之絲。繹者不絕之絲。皆設諭之辭。故四言如也。儀禮燕禮。笙入三成。鄭注。三成謂三終也。以成者。承翕純皦繹來。蓋音節之妙。俱已完備。乃其所以成。若夫衆聲歸寂則成也。而非所以成耳。皇本成下有矣字。

一齋曰。雅樂奧旨秘訣。在聲音節奏之外。尋常伶工固不及知。唯大師或可與語。故語之。案子貢曰。聞其樂而知其德。聖人之德。寓諸聲音者。乃樂也。聖人以天地萬物爲一體。故其所作之樂。亦自與天地同流。春氣始至。萬物向榮。見諸翕如。暢茂條達。大和畢呈。見諸純如。結實成形。條理明整。見諸皦如。剝落於外。胎孕於內。

見諸繹如。蓋雅樂之妙。自有與四時合其序者如是。唯夫子知之。故語以洩
其秘。不然大師既已大師矣。聲音節奏。彼所熟講。雖夫子烏能倒誨之邪。

子自衛反魯。雅頌各得
其所。此語蓋其時所告。

儀封人請見。曰。君子之至於斯也。吾未嘗不得見也。從者見之。出曰。二三子何患於喪乎。天下之無道也久矣。天將以夫子爲木鐸。

請見。見之之見。賢遍反。從喪。皆去聲。儀。衛邑。封人。掌封疆之官。蓋賢而隱於下位者也。君子。謂當時賢者。至此皆得見之。自言其平日不見絕於賢者。而求以自通也。見之。謂通使得見。喪。謂失位去國。禮曰。喪欲速貧。是也。木鐸。金口木舌。施政教時所振以警衆者也。言亂極當治。天必將使夫子得位設教。不久失位也。封人一見夫子。而遽以是稱之。其所得於觀感之間者深矣。或曰。木鐸所以徇于道路。言天使夫子失位。周流四方以行其教。如木鐸之徇于道路也。

箋曰。吳英曰。四書釋地云。衛儀邑城。在今開封府蘭陽縣西北二十里。乃衛西南境。要爲孔子第一次適衛時事。此說非也。衛之疆界。東近于魯。西近于晉。西南則近楚宋陳鄭矣。如果儀在衛西南。則惟去衛時。或謂道經西南。猶近似爾。然孔子生平。未嘗去衛適陳也。始則自衛反魯。又由魯而仕衛。斯時道路所經。皆魯之西。

衛之東。與衛西南何涉邪。謂必是第一次適衛。則魯豈在衛西南邪。仕衛而去。卽自衛適宋。於是微服過宋。在陳絕糧。斯時徑自宋適陳。其道所經者。鄭則有之。若言衛則孔子正因不見悅于衛。以致有此遭難。豈有復過衛地之理。然則以去衛而言。是去衛適宋也。非去衛適陳也。以適陳而言。是自宋適陳也。非自衛適陳也。自衛適陳之說。固謬。卽使借謂自衛適陳。亦與儀封人語氣不合也。計孔子所行於陳衛之間。惟厥後出公時。孔子自陳返衛。自衛歸魯。當其自陳返衛之日。或一經儀邑。然斯時孔子轍跡半天下。顯然如木鐸之徇于道路矣。又何將之云乎。如封人非料之于事前。而僅歎之于事後。何足異而記之邪。春秋大事表曰。襄二十五年衛侯入于夷儀。杜注。本邢地。衛滅邢而爲衛邑。晉慼衛衎失國。使衛分之一邑。又定九年。齊伐晉夷儀。爲衛討也。則又爲晉地。蓋實衛之邊邑。與齊晉皆聯壤。今直隸順德府西南四十里有夷儀城。據此知儀爲衛之西北境也。蓋孔子去魯適衛。衛靈未知孔子。亦未有薦孔子者。溫溫無試。將西見趙宣子。乃去衛適晉。臨河而反。其去衛適晉時。路經西北儀邑。故儀封人得以請見也。孔子之始去魯而適衛也。望魯復召也。本無意于仕衛。其後之仕衛者。孔子返魯。而衛靈始聘之于魯。故孔子復適衛。而仕衛也。當其魯既不見復用。而衛亦莫已知也。所以有西見趙宣之行。所以封人有何患于喪之云也。喪者。指失魯司寇。然若使衛卽迎而用之。亦無患于喪。惟久居他國。而莫能己用。故可患也。孔子之路經儀邑者。唯此一時。若無西晉之行。則封人亦無由得見。若非適晉之時。則封人之語氣。亦不契合也。

○封人守封疆之大夫也。祭仲自封人爲卿。潁考叔亦爲封人。與子都爭車。封人非下賤監門之類。集注。隱於下位。過當。君子之至於斯也。皇本也作者。正平本同。

吾未嘗不得見也。此見亦當作賢遍反。三見一樣。得見。雖以他人言之。然既謂之君子。而暗例於夫子。則其言之遜也必矣。檀弓。喪欲速貧。鄭注。喪。謂仕失位也。孔子方失魯司寇。故曰喪也。天下之無道也久矣。正平本南宗本。無也字。

天將以夫子爲木鐸。將字有謙意。不敢定之辭。與天縱將聖之將同。鐸。有金鐸。有木鐸。金鐸以振武事。惟司馬行軍執之。亂征。每歲孟春。遒人以木鐸徇于路。孔傳。遒人宣令之官。木鐸所以振文教。其用最廣。邢疏云。金鈴木舌。朱子則云金口木舌。蓋鐸。如今之鈴。中有舌。以繩繫之。搖之而出聲。其音出於口。說文。鐸。大鈴也。是鐸乃鈴之別名。木鐸乃金口木舌之鈴也。集注二說。後說爲優。若從前說。解爲亂極當治。天將使夫子得位。則封人徒吐臆測無稽之言。後來了無一驗。且也以必不久失位慰人。亦淺丈夫之用心也。夫二三子從夫子流離。其苦爲何如。然此卽天所以使夫子周流布教善世。不亦苦中之樂乎。天下之無道。不必在位始救濟。聖人唱明大道。以覺後覺。不止化一時。且遠播後世。說者乃謂後說與上文不甚相應。何邪。

子謂韶。盡美矣。又盡善也。謂武。盡美矣。未盡善也。 韶。舜樂。武。武王樂。美者。聲容之盛。善者。美之實也。舜紹堯致治。武王伐紂救民。其功一也。故其樂皆盡美。然舜之德。性之也。又以揖遜而有天下。武王之德。反之也。又以征誅而得天下。故其實有不同者。○程子曰。成湯放桀。惟有慚德。武王亦然。故未盡善。堯舜湯武。其揆一也。征伐非其所欲。所遇之時然爾。

箋曰。韶。舜樂名。樂記。韶繼也。注。韶之言紹也。言舜能繼紹堯之德。又作磬。見周官大司樂。又作招。見墨子三辨。伏生書傳。史記舜紀。漢書禮樂志。盡美矣。又盡善也。漢書董仲舒傳引孔子曰。韶盡美矣。又盡善矣。又引武盡美矣。未盡善也。上矣。下也。語意不同。當是論語古本。今漢書亦改作也。惟宋景祐本是矣字。西漢策要。與景祐本同。顏注云。故聽其樂而云盡美盡善矣。則正文是矣字可知。羣書治要引作韶盡善矣。文雖從省。亦是矣字之證也。

武。周武王樂。美武王以武定功天下也。詩云。文王受命。有此武功。文王武功未畢。至武王始成武功。故周公作樂。以武爲武王樂也。春秋左傳云。止戈爲武。戈則器也。所以示事。止則象也。所以示志。未盡善。非不善也。未盡耳。此章總是契慕虞周之意。非優劣之也。

崔述曰。孟子曰。天與賢則與賢。天與子則與子。文王之不伐紂與武王之不得不伐紂。皆天也。故孟子曰。取之而民不悅則勿取。文王是也。取之而民悅則取之。武王是也。蓋文王之時。諸侯新服。周化猶未大行。而紂賢臣尚多。其虐未甚。故文王可以不伐商。至武王之世。商之賢臣已盡。而紂暴虐滋甚。民困而無所告。爲武王者。安能晏然聽其駢首而就死乎。當商之末。諸侯相呑併。西方則崇爲大。東方則奄爲大。中州之地。大河南北則殷之王畿也。文王起於西陲。故先伐崇與密。至武王而克商。至成王周公而後踐奄。自西而東。化以漸及。先後之勢然也。故曰。文王之德。百年而後崩。猶未洽於天下。武王周公繼之。然後大行。言其三世相承以共安天下也。但武王適當其中耳。不得遂以此爲聖人之優劣也。高子曰。禹之聲尚文王之聲。孟子曰。何以言之。曰以追蠡。曰是奚足哉。城門之軌。兩馬之力與。夫禹

與文王之樂。未必卽無高下。然必不在於追蠡。則武與文之
與不伐商也。如以其迹斷之。是以追蠡而論樂耳。記曰。仲尼祖述堯舜。憲章文武。
子貢曰。文武之道。未墜於地。在人。夫子焉不學。皆以文武並稱。從未有岐而二之
也。且天下事。未有不以漸者。天命之絕。豈在一日。蓋殷天命之去。當在文王之世。
故書曰。天乃大命文王。殪戎殷。誕受厥命。詩文王之篇曰。周雖舊邦。其命維新。天
命已去。而久不肯伐商。是以謂之至德。若至孟津之會而後決。則文王之伐密伐
崇。三分有二。庸得不謂之跋扈乎。蓋凡論周事者。皆爲史記所惧。而以文王之爲
西伯事征伐。爲紂之所賜。故以後世君臣之分。斷武王之是非。不知殷衰以來。聖
賢之君不作。諸侯固以漸而叛矣。周介戎狄之間。乃商政所不及。及其寢昌寢大。
諸侯歸之。又商所不能臣。自文王之世。固已未嘗一日臣於商矣。況武王乎。牧誓
曰。惟四方之多罪逋逃。是崇是長。是信是使。是以爲大夫卿士。俾暴虐于百姓。以
姦宄于商邑。夫曰于百姓。而不曰于萬方。曰于商邑。而不曰于下國。則是紂之號
令。止行於其畿內之明證也。由是言之。紂與文武。原無君臣之分。而但爲名號正
朔所存。苟非大無道。則聖人亦不忍輕黜之。苟其大無道。則聖人亦不敢擅庇之。
文武豈有二道也哉。是故論文武者。但當問其實爲紂臣與否。而不必問其伐商
與不伐商。果君臣也。則雖以曹操之不篡漢。而罪與丕無殊。果非君臣也。則雖以
武王之伐商。而至德與文不異。惜乎世之論者。皆不折衷於此。
尊聖人者。但以天命爲解釋。六經之晦。聖人之受誣也久矣。
吳英曰。日知錄曰。觀於季札論文王之樂。以爲美哉。猶有憾。則知夫子謂武未盡
善之旨矣。孟子猶未洽於天下。此文之猶有憾也。封禪書。天下未寧而崩。此武之

未盡善也記曰樂者象成者也又曰移風易俗莫善於樂竇龜之命曰有大艱于西土殷之頑民迪屢不靜視舜之從欲以治四方風動者何如哉非人力之所能爲矣據此知武之所以未盡善者不繫於征誅得天下也此善字非擇其善者而從之求善賈而沽諸之善乃是善爲我辭焉工欲善其事之善也若謂美者善也善者美也美善何擇焉故善有妙能之意與未能未妙相反美以德言善以德之用言左襄二十九年傳曰如天之無不幬也如地之無不載也是韶善之盡也幬載是善無不幬載是盡善也盡美之盡以無欠闕言之盡善之盡以天下無欠闕言之盡美是舜德無欠闕盡善是舜德之用於天下無欠闕也孟子曰東征綏厥士女篚厥玄黃紹我周王見休惟臣附于大邑周其君子實玄黃於篚以迎其君子其小人簞食壺漿以迎其小人是武之善也康誥曰今惟民不靜未戾厥心迪屢未同多方曰爾乃迪屢不靜爾心未愛是武之有未善也有善有未善合言之曰未盡善也然而武王之德則原無欠闕故曰盡美矣盡美是武王德無欠闕未盡善是武王德之用於天下有欠闕也舜爲天子不聞以父頑而掣肘象封有庫而有庫之民不以爲奚罪韶之所以善也殷不可無監而二叔卽以殷叛叛在武王既喪而使監在武王時是周公不知而武王亦不知也如此類武之所以有未善也史記周本紀謂維天不饗殷自發未生於今六十年是伐紂時年六十也又六年而崩歷年少矣武王校舜少四十餘年而武王又未受命其未盡善不亦宜乎假使天假之年則及其成功一也已矣謂武是惜之之辭豈得誤爲貶之之辭耶又集註曰美者聲容之盛善者美之實也此說非也樂記曰樂者非謂黃鐘大呂弦歌干揚也樂之末節也然則論樂而及聲容抑末矣實者華之本也謂韶武

其實有不同。豈武王之樂。有華而不實之處乎。

鄭小谷曰。詩言其志也。歌永其聲也。舞動其容也。樂記此三句文。卽樂部一串事。少不得。亦拆不得也。故此章須兼樂章樂舞言乃備。季札觀周樂。先之以歌。後之以舞。正義釋此文云。歌則詠其詞。而以聲播之。舞則動其容。而以曲隨之。則歌固以詩爲本。舞亦詩爲本也。武之詩見於左傳楚莊王所述。詩維清疏云。武詩則籥舞管以吹之。武樂則干戚以舞之。文王世子云。下管象。舞大武。此武之兼樂章樂舞而言者也。蓋詩言志。歌永言。聲依永。律和聲。此意首闢於虞廷。禹謨所謂九功惟敘。九敘惟歌。卽韶詩也。左傳所謂。天無不覆。地無不幬。卽韶舞也。書予欲聞六律五聲八音。在治忽。以出納五言。則當時搏拊以詠。必有詩有歌。如史記所載樂書中。佚能思初。安能維始。沐浴膏澤。歌詠勤苦等篇矣。

子曰。居上不寬。爲禮不敬。臨喪不哀。吾何以觀之哉。居上。

主於愛人。故以寬爲本。爲禮以敬爲本。臨喪以哀爲本。既無其本。則以何者而觀其所行之得失哉。

箋曰。寬者居上之體。敬者爲禮之體。哀者臨喪之體。寬是苛察之反。以度量而言。夫雖堯舜之聖。不能使天下皆聖賢。則苟非有大惡。則恕納之。是寬也。大禹謨。御衆以寬。皐陶爲禹述九德。寬而栗。居其第一。君德莫尙於寬。此居上不寬。其人不足觀也。孝經。禮者敬而已矣。孟子。恭敬之心。禮也。若無恭敬之心。則禮非禮也。自臨其喪事。亦可謂臨喪。左傳隱元年。改葬惠公。公弗臨。是也。臨喪與居喪異。云臨喪。則居喪不待言矣。少儀。喪事主哀。左傳。衛石共子卒。悼子不哀。孔成子曰。是謂蹙其本。必不有其宗。卽臨喪不哀之謂也。吾何以觀之哉。與其餘不足觀。吾不欲觀。語意同。深慨而外之之辭。集注。不正責其現有之過。却欲別觀他處得失。亦迂濶矣。居上褊隘而不寬。爲禮傲惰而不敬。臨喪無哀戚之容。今人中如此者甚多。見其情態者。無不惡之。夫子之言。亦只是惡其現有之不寬不敬不哀。而不欲觀。非謂無此三本。無以觀其他所行之得失也。

論語會箋卷第三　終

論語會箋卷第四

竹添光鴻箋

里仁第四　凡二十六章

子曰。里仁爲美。擇不處仁。焉得知。

處上聲。焉於虔反。知去聲。里有仁厚之俗爲美。擇里而不居於是焉。則失其是非之本心。而不得爲知矣。

箋曰。伊藤長胤曰。孟子第二篇引此章乃曰。夫仁天之尊爵也。人之安宅也。莫之禦而不仁。是不智也。又曰。居惡在。仁是也。路惡在。義是也。居仁由義。大人之事備矣。此章當以此意解。因思此篇通下六章。載夫子言仁之語。則此章亦當爲說仁之訓也。不應獨載擇居之語。因編類之例。亦可審聖人之本意。

子曰。不仁者不可以久處約。不可以長處樂。仁者安仁。知者利仁。

樂音洛。知去聲。約窮困也。利猶貪也。蓋深知篤好。而必欲得之也。不仁之人。失其本心。久約必濫。久樂必淫。惟仁者則安其仁而無適不然。知者。則利於仁而不易所守。蓋雖深淺之不同。然皆非外物所能奪矣。○謝氏曰。仁者心無內外遠近精粗之間。非有所存而自不亡。非有所理而自不亂。如目視而耳聽。手持而足行也。知者謂之有所見則可也。謂之有所得則未可。有所存斯不亡。有所理斯不亂。未能無意也。安仁則一。利仁則二。安仁者。非顏閔以上。去聖人爲不遠。不知此味也。諸子雖有卓越之才。謂之見道不惑則可。然未免於利之也。

箋曰。不可者。不能也。約者。迫窄。凡事不得展舒。樂者暢快。凡事皆得如意。不專指貧富。皇本約下樂下。並有也字。知作智。正平本南宗本亦作智。利。如醫書利水之利。言導達之也。戰國策曰。行而益利其道。注云。利猶達。是也。表記曰。仁者安仁。知者利仁。畏罪者强仁。利仁者。非安。非勉强。謂明乎仁道。而順達之也。與中庸利而行之義相同。易言不習无不利。則不疑其所行。智者不疑其所行。非徒有慕心。謝氏言智者無所得於仁。失之。其以孔門弟子分說。亦非。○此章以久字長字爲眼。以仁字作主。則能一串下矣。集注安其仁而無適不然。利於仁而不易所守。乃先點字面。後發本旨。非兩截意。無適不然。約亦然。樂亦然也。不易所守。約不易。樂亦不易也。蒙引曰。仁者知者。以人品言。安仁利仁。以其德之淺深言。究竟則安仁利仁。正仁知者之所以爲仁知處。但文勢不是如此。

子曰。惟仁者。能好人。能惡人。

好惡皆去聲。惟之爲言獨也。蓋無私心。然後好惡當於理。程子所謂得其公正是也。○游氏曰。好善而惡惡。天下之同情。然人每失其正者。心有所繫。而不能自克也。惟仁者無私心。所以能好惡也。

箋曰。惟。皇本。正平本。南宗本。宋刻九經。俱作唯。唯之爲言特也。言外人不能爲之也。虛其心。以待萬物之來。是公平其心。以衡萬物之變。是正。兩意都該在能字內。

常人之情。喜同而憎異。人各有所合。有所不合。氣質萬變。而私生是非。故其好惡。每不得其平也。唯仁者無私是非。故其好惡得當也。常人之好惡。譬如人人私制權衡。以稱物也。輕重焉得準哉。唯仁人。其權衡公而正。故稱物一一準焉。

子曰。苟志於仁矣。無惡也。

惡如字。苟誠也。志者。心之所之也。其心誠在於仁。則必無爲惡之事矣。○楊氏曰。苟志於仁。未必無過擧也。然而爲惡則無矣。

箋曰。中井曰。苟如字。不理他之辭。言仁一事便了。其他有未盡者不論也。誠字。古以發語者。意甚輕。如孟子誠有百姓者是也。與苟相近。故古注苟訓誠。集注沿之。乃以爲誠實之義則失之。楊氏之說。苟爲苟且之苟。觀未必無過擧可見。惡字兼心與事。無惡者。惡自然而消之謂也。大氏去惡不如求善。去疾不如養元氣。天下之理一矣。唯志在於仁。則自然無惡。要之其終之辭也。○漢石經。無也字。正平本同。○君子小人分路。猶向東行人一心東去。無復回轉向西之理。西行亦然。集注。志者心之所之。得之。又云。其心誠在於仁。仍是在心之解。已宜改云心嚮於仁也。

子曰。富與貴。是人之所欲也。不以其道得之。不處也。貧與賤。是人之所惡也。不以其道得之不去也。惡去聲。不以其道得之謂不當得而得之。然於富貴則不處。於貧賤則不去。君子之審富貴而安貧賤也。如此。君子去仁。惡乎成名。惡平聲。言君子所以爲君子。以其仁也。若貪富貴而厭貧賤。則是自離其仁而無君子之實矣。何所成其名乎。君子無終食之間違仁。造次必於是。顚沛必於是。造七到反。沛音貝。終食者。一飯之頃。造次。急遽苟且之時。顚沛。傾覆流離之際。蓋君子之不去乎仁如此。不但富貴貧賤取舍之間而已也。○言君子爲仁。自富貴貧賤取舍之間。以至於終食造次顚沛之頃。無時無處而不用其力也。然取舍之分明。然後存養之功密。存養之功密。則其取舍之分益明也。

箋曰。財帛豐足謂之富。職位高顯謂之貴。乏財曰貧。居卑曰賤。中井曰。兩得之。上之字指處。下之字指去。言雖所欲者。非以道得。處則不處也。雖所惡者。非以道得去。則不去也。上文指下。古文多是類。○語類曰。自家離去之去。去聲讀。除去之去。上聲讀。此章只是去聲。○伊藤長胤曰。所謂道者。謂處之去之之道耳。非謂得之之道也。上二句就素富貴者而言。下二句就素貧賤者而言。蓋言君子之出處進退。每必以道爲準。而不苟從其所欲。故富貴人情之所欲。苟不以其道。則雖既得之。而辭而不處。如夫子之不稅冕而行是也。貧賤人情之所惡。苟不以其道。則雖既得之。而安而不去。如閔子在汶上是也。故處富貴。去貧賤。皆以其道也。所謂道者何。仁是也。故下繼之曰。君子去仁。惡乎成名。如舊說。則當曰去處也。下各一句。其義例亦不同。故改之。○古賀煜曰。道字甚重。古人殊不輕下。曰率性之謂道。道之不明。道之不行。曰志於道。不說之以道。曰古之人。未嘗不欲仕也。又惡不由其道。非其道。則一簞食不可受於人。非其義也。非其道也。祿之以天下弗顧也。奚嘗一有以不當得而得。爲不以道者乎。獨道二。仁與不仁而已。小人之道。的然而日亡。以不仁小人言。然亦明揭不仁小人字。語勢判殊。且不以其道得之不處。不以其道得之不去。同一句法。而一爲必不處。一爲亦不去。何其支離也。予謂禍患之來。人惴惴焉。惟不得去是懼。苟得去之。與得利祿無異。此言富貴人之所大欲。惟恐不得處之。君子則不然。苟不以道得處之。則不肯處也。貧賤之所甚惡也。惟恐不得去之。君子則不然。苟不以道得去之。則不肯去也。惟如是人解極爲明確。○君子去仁。惡乎成名。去者離而去之也。名是名譽。成名與易善不積不足以成名同。有實之名。君子所希也。惡乎成名。言非仁無成其名也。不處也。不去也。都是仁矣。故承上二語以是一語也。○無終食之間違仁云云。無違仁。即依於仁也。依者違之反。此句爲全體功夫。可該不處不去。不宜粘煞不處不去。蓋由不處不去。說到無違。非謂必先不處不去而後無違也。○馬注。造次。急遽。顚沛。偃仆。鄭注。造次。倉卒也。卒與猝同。後漢盧植傳注。造次。急遽也。左隱四年正義。造次倉卒。皆迫促不暇之意。周禮掌固。夜三鼜。杜子春讀爲造。又讀爲趣。趣趨同。或讀爲促。祭義。其行也趨趨以數。此造與趣趨同。亦急遽之意。顚沛音與顚躓顚仆通。大雅蕩篇。顚沛之揭。毛傳。顚仆。沛拔也。箋。大木揭然將蹶。集注以沛然流水貌。故取流離之義。恐牽強。宜從古訓。兩必字。是工夫。乃造次顚沛時。當下極力操存處。蓋取舍是大段工夫。無違是細密工夫。終食猶須臾。意不必泥食上說。造次顛沛。就在終食中抽出言之。造次時遽。顛沛時危。君子無違仁。觀其暫而久可知也。觀其變而常可知也。言爲仁無間斷之時也。後漢書盧植傳論。風霜以別草木之性。危亂而見貞良之節。夫蠶蠆起懷。雷霆駭耳。雖賁育荊諸之倫。未有不允豫奪常者也。君子之於忠義。造次必於是。顛沛必於是也。此造次顛沛。以事變危急言也。後漢書崔駰傳。駰子瑗以事繫獄。獄掾善爲禮。瑗間考訊時。輒問以禮說。其專心好學。雖顛沛必於是。此以顛沛爲危時也。○困勉錄曰。此章有精粗之分。無內外之分。自富貴貧賤取舍。以至終食造次顛沛。皆當兼內外說。與安仁利仁。不濫不淫一例。

子曰。我未見好仁者。惡不仁者。好仁者。無以尙之。惡不仁者。其爲仁矣。不使不仁者加乎其身。

好惡。皆去聲。夫子自言。未見好仁者。惡不仁者。蓋好仁者。眞知仁之可好。故天下之物。無以加之。惡不仁者。眞知不仁之可惡。故其所以爲仁者。必能絕去不仁之事。而不使少有及於其身。此皆成德之事。故難得而見之也。

有能一日用其力於仁矣乎。我未見力不足者。

言好仁惡不仁者。雖不可見。然或有人果能一旦奮然用力於仁。則我又未見其力有不足者。蓋爲仁在己。欲之則是。而志之所至。氣必至焉。故仁雖難能。而至之亦易也。

蓋有之矣。我未之見也。

蓋疑辭。有之。謂有用力而力不足者。蓋人之氣質不同。故疑亦容或有此昏弱之甚。欲進而不能者。但我偶未之見耳。蓋不敢終以爲易。而又歎人之莫肯用力於仁也。○此章言。仁之成德。雖難其人。然學者苟能實用其力。則亦無不可至之理。但用力而不至者。今亦未見其人焉。此夫子所以反覆而歎息之也。

箋曰。未見。只是就目。今嘆其難見耳。非兼論往昔。好惡俱是自己身上事。非好惡他人。漢石經。好仁下無者字。○無以尚之者。尚上也。猶加也。無以尚。是極贊稱之之辭。猶孟子所謂皜皜乎不可尚已。疑其與好之者。不如樂之者相窒。不知好與樂。大同而小有異。樂則至矣。好則有淺有深。好之者不如樂之者。以其好有淺深而言也。好仁者。無以尚之。以其篤好而言也。朱子之爲人所謂惡不仁者。故其解此章。稍過崇惡不仁者。其生平持論則未盡然。語類曰。惡不仁者却露些圭角芒刃。得人嫌。在如顏淵明道。是好仁。孟子伊川是惡不仁。又曰。好仁者便高了。惡不仁者。如見白黑相似。吾好白者。只取白者。彼黑者便自從一邊去。觀此數說。則好仁惡不仁之優劣。固自灼然。○其爲仁矣。其者必之於將然之辭。言亦將爲仁也。詩伯兮。其雨其雨。杲杲出日。易泰卦。其亡其亡。繫于苞桑。皆期必於將然之辭也。夫惡不仁之深。凡不仁之事。一毫不加於身。則其他非仁莫爲也。故好仁者。惡不仁者。均之爲仁也。但有優劣耳。又好仁者。偏重在好。惡不仁者。偏重在惡。理如相近。而竟有不同者。○有能一日用其力於仁矣乎。我未見力不足者。此節上添一抑字看。是姑舍上文好惡而別論也。注雖不可見。失之。皇本不足者下。有也字。述而云。仁遠乎哉。我欲仁斯仁至。顏淵云。爲仁由己。而由人乎哉。其勸人爲仁。皆是一意。○王瑞曰。一日振從前之怠。一日作終身之氣。是也。李彭山曰。力以用而足。當其力不足時。即是不用力。蓋有之矣。我未之見也。中井曰。蓋有略決定之意。舊以蓋爲疑辭。未妥。人言有。我隨而有之。人言無。我隨而無之。凡事未深察。且從衆者。皆稱蓋。故謙遜之言。雖無疑慮。而多用蓋字。亦弗敢質之義也。注疑亦容或有此。失文意。言昏弱之至。力不足者。固不能保其必無也。然我未之見。則是千百中之一人。而至希可知矣。以見通人之患。在於不肯用力。而不在於力不足也。皆鞭策之語矣。注不敢終以爲易而歎。並失正意。此章總言仁之必可至。而惜衆人不肯用力而已矣。若其難易。未及較量也。難易數句皆失之。皇本。正平本。之下矣作乎。○用力而力無不足。是夫子發言主意。深致望於衆人者也。大意已完。又宛轉顧眄。無中生有。○伊藤長胤曰。好仁者之與惡不仁者。猶賞善之與罰惡也。雖其事相因。而其趣則異。好仁者。天下之善莫以加之。乃德之至者也。故曰無以尚之。以美之。若夫惡不仁者。雖不可與好仁者同科而論。而其既惡不仁。則亦可以爲仁也。故曰其爲仁矣。以決之。然惡不仁者之所行。不過不使不仁之事加於其身耳。較之好仁。則甚有逕庭。譬諸治國。嚴刑峻法。專以殺無道爲務。則唯使人畏法遠罪。而未必致時雍之化。苟能本用俊良。敦奬孝義。澤及於下。則風移俗易。可以致至治。好仁與惡不仁。其效亦如此。此好仁之所以優於惡不仁也。

子曰。人之過也。各於其黨。觀過斯知仁矣。 黨類也。程子曰。人之過也。各於其類。

君子常失於厚。小人常失於薄。君子過於愛。小人過於忍。尹子曰。於此觀之。則人之
仁不仁可知矣。○吳氏曰。後漢吳祐謂。掾以親故受汙辱之名。所謂觀過知仁是也。
愚按。此亦但言人雖有過。猶可即此而知其
厚薄。非謂必俟其有過而後賢否可知也。

箋曰。此夫子爲以過棄人者發。皇本。正平本。人作民。仲尼燕居。辨說得其黨。辨說
失其黨。鄭注。黨類也。譬之性緩者每失於太遲。性急者每失於太早。儉者之失。在
於慳吝。泰者之失。在於奢侈。若周公之爲管叔受過。孔子之爲昭公受過。是皆出
於無可如何。便是理之當然。不得謂之過。所謂過者。是實於理有差。或一時見不
到。或一時檢不及。方是此章之過。蓋由其平日心之所存。身之所習。常在此一邊。
不知不覺便偏在此一邊。常在彼一邊。不知不覺便偏在彼一邊。表記與仁同功。
其仁未可知也。與仁同過。然後其仁可知也。但言知仁。不言知不仁。何也。過者無
心之失。凡過於厚。過於慈。皆不好學之過也。惡則有心之失。凡故爲薄。故爲忍。皆
自作孽之惡也。過有當觀。惡何必觀。此章人字各字黨字。俱屬善一邊。不兼惡一
邊。故末句直承上文。觀漢外戚傳稱子路不忍除姊喪。爲觀過知仁。後漢書吳祐
傳稱。孫性私賦民錢。市衣以進其父。父得而怒。曰有君如是。何忍欺之。促歸伏罪。
性慙懼。詣閤持衣自首。祐曰。掾以親故受汙穢之名。所謂觀過斯知仁矣。劉宋時。
張岱爲司徒左西曹掾。母年八十。籍注未滿。岱便去官還養。有司以違制糾之。宋
孝武曰。觀過可以知仁。不須案也。前人引用皆無異義。因孔注有小人君子之詞。
而後人不善會黨字。乃兼含惡字。所以有欲改知仁爲知人。○王觀濤曰。過有二
端。有偶不及檢者。有勢不得已者。顧不及檢之際。本心之惻怛。發露最眞。不得已

之時。迫切之眞情。委曲可諒。○韓村先生曰。人情於人之過。徒見其過。唯仁者於人之過中。知其仁。是同理之所感觸。非待思索始得之。過中之不仁。固可推知。然本文未想到此一邊。○況無回曰。夫子惡鄉原爲德之賊。而曰觀過斯知仁矣。學者與其爲無瑕石。寧爲有瑕玉。

子曰。朝聞道。夕死可矣。

道者。事物當然之理。苟得聞之。則生順死安。無復遺恨矣。朝夕。所以甚言其時之近。○程子曰。言人不可以不知道。苟得聞道。雖死可也。又曰。皆實理也。人知而信者爲難。死生亦大矣。非誠有所得。豈以夕死爲可乎。

箋曰。朝夕。言時至近。不踰一日也。所謂君子之道。聖人之道。即人所共由之大道。非聖賢所獨有也。但聖賢能由斯道而行焉。衆人多不能焉。故歸名乎聖賢而已。聖賢豈別築一道哉。集注失窾。○人之與物。貴賤亦遠矣。然人未聞其爲人之道。則其違禽獸不遠。大率貪於爲人之義。是未可死者。苟既聞矣。則知其貴於禽獸者。而無幸貪於爲人之義。是所以可死。若將此二句來反之。曰若人一生不聞道。雖長生亦何爲。便自明白。可與世說少孤。如此萬年可死之可同。只是說便死也。不妨。程注後條稍滯。蓋以解可字太重也。矣。漢石經作也。見隸釋。○夏侯勝黃霸既繫。霸欲從勝受尙書。勝辭以罪死。霸曰。朝聞道夕死可矣。勝賢其言。遂授之。

子曰。士志於道。而恥惡衣惡食者。未足與議也。

心欲求道。而以口體之奉不若人爲恥。其識趣之卑陋甚矣。何足與議於道哉。○程子曰。志於道而心役乎外。何足與議也。

箋曰。士居四民之首。其習於學。有德行道藝者。始出仕。亦謂之士。故士爲學人進身之階。荀子儒效篇。匹夫問學。不及爲士。則不教也。聖門弟子來學。多未仕。故夫子屢言士。而子張子貢亦問士。皆循名責實之意。白虎通爵篇。士者。事也。任事之稱也。故傳曰。通古今。辨然不。謂之士。子路篇下詳之。○凡言志者。心之所主適也。

中井曰。恥與惛不同。惛者厭其麁惡。非此章所指也。家常饌麁惡者。不欲人之闚視。偶有美饌。恐人之不視。是人之常情矣。總以他人之觀。不在於己之口腹。是雖常情。亦卑陋之至。若志於道之士。而仍如此。則不足與議。若子路弊縕袍與狐貉不恥。斯可矣。○朱子曰。求飽與安者。猶有以適乎口體之實也。此則非以其不可衣且食也。特以其不美於觀聽。而自恧焉。若謝氏所謂食前方丈。則對客泰然。蹴食菜羹。則不能出其戶者。○說文。議語也。論議也。蓋謂不足與論道。語道也。○恥字。正與志字相映。不曰不可。而曰未足。只是因其趣味未洽。便兩不相入耳。

子曰。君子之於天下也。無適也。無莫也。義之與比。適丁歷反。

比必二反。適專主也。春秋傳曰。吾誰適從。是也。莫不肯也。比從也。○謝氏曰。適可也。莫不可也。無可無不可。苟無道以主之。不幾於猖狂自恣乎。此老佛之學。所以自謂心無所住而能應變。而卒得罪於聖人也。聖人之學不然。於無可無不可之間。有義存焉。然則君子之心。果有所倚乎。

箋曰。於天下者。汎指天下之事而言。適之也。此爲本義。故其轉用者。並有嚮往之意。左傳僖五年。一國三公。吾誰適從。是也。適是必往必爲之義。嚮往之意切矣。莫是適之反對矣。是必不往必不爲之義。此莫對適成文。如賢否若不之類。常人於便己事。一槪趨之。是適也。於不便己事。掉頭不肯。是莫也。並是私意偏陂作用。洪範曰。無偏無陂。遵王之義。意與此合。義之與比。莊子庚桑楚。擁腫之與居。鞅掌之與使。可參看語勢。比。與易比卦之比同。夫有可有不可者。理也。無可無不可者。心也。以無可無不可之心。一因乎有可有不可之理。是爲義之與比。比字中正有泛應曲當。隨時處中之妙。孟子稱禹稷顏回同道。以其過門不入。簞瓢陋巷。各適其時也。夫過門不入。簞瓢陋巷。事也。今日仕則過門不入。明日隱則簞瓢陋巷。今日隱則簞瓢陋巷。明日仕則過門不入。事之無可不可。故謂之同道。若乃不分仕隱。而一於簞瓢陋巷。過門不入。不爲陳仲子之蚓操。則爲陳代之枉尺直尋矣。自古明敏之人。多勇往。如賈傳之遇漢文。一切皆欲更張。持重之人。多安靜。如曹參之繼蕭相。一切皆守成規。兩種皆自以爲合義。然未極於精義。則不可謂義之與比也。陸隴其曰。君子之制事。偏執之心不可有。而察理之心不可無。雖因天下之自然。而未嘗任天下之靡然。宋劉摯云。天下有二人之論。有安常習故樂於無事之論。有變古更法喜於敢爲之論。二論各立。士無歸趨。按此二論。適莫內皆有。皇本。比下有也字。正平本。南宗本同。

子曰。君子懷德。小人懷土。君子懷刑。小人懷惠。 懷。思念也。懷德。謂存其固有之善。懷土。謂溺其所處之安。懷刑。謂畏法。懷惠。謂貪利。君子小人趣向不同。公私之間而已。○尹氏曰。樂善惡不善。所以爲君子。苟安務得。所以爲小人。

箋曰。舊解君子小人以位言。非也。此章就心之所懷而分君子小人。猶喩義喩利之謂。孔子言此。欲人知所自處也。若謂以君子爲君。則當云尚德尚刑。豈曰懷之乎。詩大雅皇矣。予懷明德。板曰。懷德維寧。懷者懷抱之義。思而弗措也。詩云。有女懷春。可以見其義矣。懷德。謂思念常在德行上。集注以德爲固有之善。於此文不切。且固有之善。所以論性。未可以解德字。○小人懷土者。小人惟身家之是圖。飢寒之是恤。故無恒產。因無恒心。所思念在土也。說文。土。地之吐生萬物者也。先王制民之產。八家同井。死徙無出鄉。必使仰足事父母。俯足畜妻子。然後驅而之善。所謂能知小人之依者。漢元帝詔。安土重遷。黎人之性也。後漢楊終上疏。傳曰。安土重居。謂之衆庶。是可以見小人之情。安其故土。不欲去之也。○黃式三曰。懷德。有所得之道。而不失也。懷土。有所戀之地。而不遷也。懷土。孔訓重遷。漢時師說如此。漢書貢禹傳。引傳曰。亡懷土。何必思故鄉。韋賢傳。嗟我小子。豈不懷土。庶我王寤。越遷於魯。又叙傳班彪王命論。以高祖沛人。而都關中。云斷懷土之情。皆引經之明顯者也。懷刑者。漢書霍金同傳。金翁叔。敎誨有法度。霍子孟家有盈溢之欲。以取顚覆。是勳臣不可不懷刑也。後漢黨錮禍起。申屠蟠獨擅見幾之譽。則激濁揚清之士。不可不懷刑也。薛敬軒言。律是八分書。爲政以法律爲師。既知律己。又可治人。賀養敬言。今日奉時局異日以擅提京卿責狀。何辭以對。擇禍莫如正。以此拒巡撫之請。呂叔簡拒權璫。言大臣交結內侍。律有明禁。凡此皆得懷刑之道者。講家好作高論。輕說懷刑。非經指也。陸稼書曰。君子以徇利而蹈刑者鮮。以徇情而蹈刑者多。可畏哉。○懷惠者。求人惠己也。君父。飾忠孝之迹。希圖寵倖於將來。親故。值貴顯之時。索報恩情於舊日。凡此懷惠之人。一不遂其願。而有悻悻怒者。極而言之。壟斷之私。墦間之乞。於世俗最鄙吝之流。於平日無交知之素。有望叨一惠者矣。講家泛指懷利。非也。懷惠與懷土有別。懷土者已得所安。而不欲失。懷惠者未得所利。而必欲得之也。困勉錄曰。大抵論人品皆如此。然又有不可一例者。如奸惡之小人。利有所不取。貪利之小人。土有所不戀。○君子之懷。有益於得者也。小人之懷。無益於得者也。此是章之主意。集注溺安貪利。苟安務利。並未允當。

子曰。放於利而行。多怨。

放上聲。孔氏曰。放依也。多怨。謂多取怨。○程子曰。欲利於己。必害於人。故多怨。

箋曰。放訓依。古書多例。檀弓。梁木其壞。哲人其萎。則吾將安放。晉語。君定王室而殘其姻族。民將焉放。莊子天道。夫子亦放德而行。循道而趨。皆是也。放縱之放。今讀去聲。依放之放。今讀上聲。古無是分別也。此利字。對害言。不可對義言。朱子謂之凡事好占便宜。卽其意也。天下事必無兩利。亦不必有兩害。但有一利。必有一害。利欲歸己。害欲歸誰耶。斯必有隱中於人者矣。怨與憎不同。而怨深於憎。彼爲依利之人所妨害者。怨甚深。憎固不足以言之。彼抱公憤者。未必無不平。然只是憎而非怨。擧重以見輕。言蒙害者之不平。而公憤者之不平。自在其中。○怨爲人所怨也。我得利處。彼失利處。故多怨。我者而不止于此。利者衆所好。我專利則雖不因此。失利者亦怨焉。注未盡。○湛甘泉曰。好利者心之疚也。何計乎人之怨否。此特對常人言耳。

子曰。能以禮讓爲國乎。何有。不能以禮讓爲國。如禮何。

讓者。禮之實也。何有。言不難也。言有禮之實。以爲國。則何難之有。不然。則其禮文雖具。亦且無如之何矣。而況於爲國乎。

箋曰。上禮字與讓連。以行而言。禮讓兩字。與單曰讓者同。夫禮之實。在辭讓以恭敬。故孟子曰。辭讓之心。禮之端也。曲禮曰。退讓以明禮。孔子嘗哂子路曰。爲國以禮。其言不讓。是故哂之。可見讓者爲禮之實也。何有。猶云何難之有。言不難也。大學曰。一家讓。一國興讓。言在上之人行讓。則一國皆感發興起。莫不讓者也。左傳稱。范宣子讓。其下皆讓。昔堯舜自讓。而唐虞之朝。衆賢互讓。故賢能在職。天下自治也。如禮何。此禮字以制作而言。先王慮民之有爭也。故制爲禮以治之。禮者所以整壹人之心志。而抑制其血氣。使之咸就於中和也。今不能以禮讓治國。此禮將如何實之乎。言無所用之也。管子五輔篇。夫人必知禮。然後恭敬。恭敬然後尊讓。尊讓然後少長貴賤不相踰越。少長貴賤而不相踰越。故亂不生。而患不作。故曰禮不可不謹也。襄十三年左傳。君子曰。讓禮之主也。世之治也。君子尚能而讓其下。小人農力以事其上。是以上下有禮。而讒慝黜遠。由不爭也。謂之懿德。及其亂也。君子稱其功以加小人。小人伐其技以馮君子。是以上下無禮。亂虐並生。由爭善也。謂之昏德。國家之敝。恒必由之。並足發此章之義。○伊藤長胤曰。禮與禮讓異。禮是紀綱法度。貴賤尊卑之別。所以治國之具皆是也。禮讓是辭讓遜順之心是也。蓋禮讓者禮之實也。治國不以辭讓之心爲之。而亢厲從迫。事不和順。則禮文雖具。而無如之何。卽下論所云治國以禮。其言不讓。是故哂之之意。舊解以禮與爲國。分爲二項說。故云況於爲國乎。非也。

子曰。不患無位。患所以立。不患莫己知。求爲可知也。所以立。謂所以立乎其位者。可知。謂可以見知之實。○程子曰。君子求其在己者而已矣。

箋曰。立者立位也。孟子滕文公篇。立天下之正位。論語衛靈公篇。知柳下惠之賢而不與立也。皆可以證焉。○不患莫己知。皇本知下有也字。正平本同。○知者。知而用之也。知須在位之先。何以反說在下。蓋此是反己自修之事。愈鞭辟向裏。故第二層收緊一步。○此章以位與名平對。俱就學者言。汪南溟曰。人生有大人之功業在。唯名與位。豈可全然去得。但要在自己本領上。討個著實。如徒以恬澹自高。此淺夫之所借以藏拙者耳。豈吾儒經世之實學哉。張彥陵曰。患與求。皆學者精神所注。患所以立。不惟可以澹貪慕之思。并可以療空疎之病。求爲可知。不惟可以去羶逐之想。并可以治枯槁之習。眞熱焰中清涼散也。

子曰。參乎。吾道一以貫之。曾子曰。唯。參所金反。唯上聲。參乎者。呼曾子之名而告之。貫通也。唯者。應之速而無疑者也。聖人之心。渾然一理。而泛應曲當。用各不同。曾子於其用處。蓋已隨事精察而力行之。但未知其體之一爾。夫子知其眞積力久。將有所得。是以呼而告之。曾子果能默契其指。卽應之速而無疑也。**子出。門人問曰。何謂也。曾子曰。夫子之道。忠恕而已矣。**盡己之謂忠。推己之謂恕。而已矣者。竭盡而無餘之辭也。夫子之一理渾然。而泛應曲當。譬則天地之至誠無息。而萬物各得其所也。自此之外。固無餘法。而亦無待於推矣。曾子有見於此。而難言之。故借學者盡己推己之目。以著明之。欲人之易曉也。蓋至誠無息者。道之體也。萬殊之所以一本也。萬物各得其所者。道之用也。一本之所以萬殊也。以此觀之。一以貫之之實可見矣。或曰。中心爲忠。如心爲恕。於義亦通。○程子曰。以己及物仁也。推己及物恕也。違道不遠是也。忠恕一以貫之。忠者天道。恕者人道。忠者無妄。恕者所以行乎忠也。忠者體。恕者用。大本達道也。此與違道不遠異者。動以天爾。又曰。維天之命。於穆不已。忠也。乾道變化。各正性命。恕也。又曰。聖人教人。各因其才。吾道一以貫之。惟曾子爲能達此。孔子所以告之也。曾子告門人曰。夫子之道忠恕而已矣。亦猶夫子之告曾子也。中庸所謂忠恕違道不遠。斯乃下學上達之義。

箋曰。說文。森字讀若曾參之參。則參森音同。其字子輿。則取三人同輿義也。曾子時與同門諸子。在側講議。略有意思。而有未達者。故夫子呼而告之也。夫子豈無端緒突然發是語哉。○此一字非對萬而言之。一乃統萬爲一之一。要之亦不外乎仁也。曾子蓋用力於仁。而忠恕卽其日夕服行者。乃於忠恕爲仁之方。受教無所遺。而有疑於道之蘊奧別有一段高妙物事。今與諸子語於夫子之側。言或及於此。夫子聞之。故呼而告之。吾道者一條貫串。無復別法。蓋德有生熟。理無二致。則是言也。教曾子益專力於忠恕爲仁之事。而無復反顧疑猜。別求高妙於他岐也。唯是聽受之定。不當作悟處。及旁人問之。依然据忠恕置對。自是正對。非假借。皇本。貫之下有哉字。正平本同。一貫不必謂一以貫萬。萬字是後儒添出耳。此以字不着力。非以此貫彼之謂也。○曾子曰唯。曲禮云。父召無諾。先生召無諾。唯而起。注應辭。唯恭於諾。是也。曾子了其意。故稱唯。他門人不解其意。下文問答所由起。故記者錄之。亦記載之法已。若無下文問答。是唯必不錄也。○子出門人問。玉藻曰。君子之居恒當戶。據此則知。侍坐于君子。如孝經所謂仲尼居。曾子侍者。自必在堂後之室。故云當戶也。既入室。則但有出而更無所復入。此謂子出者。蓋孔子有故而暫出此室戶。當即復入者也。門人者。謂受學於孔子之門之人也。夫子語曾子以一貫。此時曾子在夫子門。不得率其門人同侍。況孔門高弟。曾子年最少。孔子存時。蓋未可教育弟子也。蓋弟子門人一也。以執禮之卑曰弟子。以受業于門曰門人。門人合言之則曰門弟子。約言之則曰徒。孔子之稱其弟子。或以小子。或以二三子。而記者書之曰門人。爲其不可悉名也。○金鶚曰。古人著書。自有體例。論語一書。凡孔子弟子皆書門人。其非孔子之弟子。則異其詞。如子夏之門人問交于子張。曾子有疾召門弟子。不直稱門人。所以別於孔子弟子也。且以各章稱門人者觀之。皆當爲夫子之門人。夫子語曾子以一貫。此時曾子在夫子門。不得率其門人同侍。則問於曾子者。必夫子之門人也。夫子言由之瑟。奚爲於丘之門。是子路鼓瑟在夫子門中。故門人聞夫子之言。不敬子路。若是子路門人。豈得同在夫子之門。且弟子安敢不敬其師。夫子亦豈可對弟子而斥其師之名乎。此皆爲夫子之門人甚明。子疾病章。子路使門人爲臣。夫子門人最多。爲臣不過數人。豈猶有不足。而必取於子路之門人乎。子路年最長。故稱使。以使子羔爲費宰證之。可見使字亦朋友之稱。豈必弟子可言使乎。顏淵之喪。門人欲厚葬之。此朋友之至情。朋友與師弟道同。不必爲顏子門人也。未云夫二三子也。古謂彼爲夫。孟子。夫既或治之。檀弓。夫夫也。左傳。夫豈不知楚師之盡行也。皆是。此蓋夫子在家聞之。自言於家。非正對二三子言。故曰夫。他章與諸弟子言。皆直稱二三子。
無夫字。安得泥此一字。遂以爲顏子門人乎。此亦皆當爲夫子之門人也。總之論
語書。諸弟子記夫子之事與言也。其所稱門人。自必爲夫子門人。不問可知。若諸
弟子之門人。必當各係其師之字。不然何以別乎。若謂親受業者必稱弟子。不稱
門人。惟轉相傳授者。得稱門人。則尤不然。孟子言。孔子沒。三年之外。門人治任將
歸。檀弓言孔子之喪。門人疑所服。又云。孔子合葬于防。封之崇四尺。孔子先反。門
人後。又云。孔子于門人之喪。未有所說驂。此皆弟子稱門人之確證。蓋受業於門。
故謂之門人。此正稱也。或稱弟子。以師如父兄。受業者如其弟子。又弟子爲年少
者之稱。師年長曰先生。受業者年少。故曰弟子也。或稱徒。以其衆而相從。如將帥
之卒徒也。或稱從者。以師出行。弟子從之。如僕從也。此皆比擬稱之。非正稱也。故
論孟檀弓記孔子弟子之事。皆稱門人。以紀載之文。必得其實也。其在道途。必變
文稱從者。以門人爲在門之稱。在道不在門。故不稱門人。從夫子而行。宜稱從者。
亦所以紀其實。古人之文。一字不苟如此。夫弟子爲家人卑幼及凡年少者之正
稱。受業者第通稱之門人。爲受業之正稱。此外別無稱門人者。考之諸經。灼然分
明。竹垞乃別弟子門人爲二。以轉相傳授者爲門人。其失更甚於邢氏矣。此說蓋
本漢人歐陽永叔孔宙碑陰題名跋云。漢世公卿多自教授。聚徒嘗數百人。其親
受業爲弟子。轉相傳授者爲門生。是漢時始有此稱。古未之有也。豈可據此以解
論語乎。漢儒如包咸馬融鄭康成輩。注論語。皆無此說。蓋知古之門人即弟子。與
漢之門生不同也。後世有座主門生之稱。以主司取中者稱爲門生。此亦非受業
于門者。與漢之門生又異。要之皆非正也。朱子注論語。于訓詁名物。多採注疏。而

于門人。獨不採邪說。且又無注。誠以門人自必爲夫子之門人。可不煩注釋也。又諸經及傳。記孔子門人。惟子夏教于西河。論語亦惟載子夏之門人。餘皆無聞。此固是失傳。然恐亦未必皆有門人也。蓋夫子在時。聖德感動天下。凡有志于道者。莫不願親炙聖人。豈肯受業于其門人。而門人以有夫子在。亦不敢儼然爲之師。必引而致之夫子。史記言。孔子弟子三千。可知當時儒者。皆爲聖人之徒。故諸弟子無門人也。夫子卒後門人始有教授者。檀弓。曾子責子夏曰。吾與女事夫子於洙泗之間。退而老於西河之上。使西河之民。疑女於夫子。爾罪一也。西河晉地。史稱魏文侯敬禮子夏。西河設教。當在此時。去夫子卒時。已數十年。故稱老也。然則論語子夏之門人。亦在夫子卒後耳。子夏自少即從夫子。周流四方。及反魯。與曾子事夫子于洙泗間。又爲莒父宰。是時未設教也。其餘皆可類推。雖然。三子門人之有無。猶未可定。而以論語本文詳玩之。門人必非三子之門人。斷斷無疑也。○夫子之道。忠恕而已矣。與孟子堯舜之道。孝弟而已矣。語意正同。自夫子而言。則曰吾道。自曾子而言。則曰夫子之道。只是道焉耳。豈有二乎哉。蓋曰而已矣者。言只是一法無復別法也。分明證上節一以貫之之義也。忠恕理本相通。唯忠故能恕。恕然後見忠。忠之爲言中也。爲人謀事。盡己中心。視人之事。猶己之事。殷到深切。無所不至也。恕者。推己心及諸人。如以己之饑寒。察知人之饑寒。凡所以忖度體察者。無所不盡也。仁者人也。人之所以爲人。以仁也。說文。仁。親也。禽獸知愛己子而已。人能愛己子。亦愛人子。推以及天下之人子。禽獸唯知愛己身而已。人能愛己。亦推以及人。故仁字从二人。凡親愛之仁。見於人偶相接之間。故接父母則孝之道生焉。接君則忠之道生焉。接朋友則信之道生焉。接人不得其道者。何也。

以有人我之隔也。人我之隔。何物使之也。私欲也。故能克己之私欲。能破人我之隔。而後可以至豁然大公矣。忠恕。克己破隔之道也。故古人以忠恕爲求仁之方。孟子曰。強恕而行。求仁莫近焉。論語又曰。夫仁者己欲立而立人。己欲達而達人。能近取譬。可謂仁之方也已。其答仲弓問仁。曰己所不欲。勿施人。可見忠恕者求仁之方也。夫子之道仁而已矣。而曾子舉忠恕以對者。就其下手用工處而言也。乃見其着實据本分。毫無假借蹈襲也。設令曾子曰仁而已矣。便是揀擇修飾之語。非眞實。孔門弟子。何用珍重記載焉。○毛奇齡曰。一貫只一串。一串之道。只在忠恕。一貫須實解出二字名義。一是一件物事。貫是持此一件物事貫穿將去。字書。以緡穿錢曰貫。是也。而已矣者。更無他道也。聖賢無異學。千聖百王無異道。夫子一生。只此忠恕。論語二十篇教人。只此忠恕。即大學中庸孟子三書。亦只此忠恕也。大學以明德新民爲一貫。而務絜矩以該之。中庸以成己成物爲一貫。而提忠恕違道不遠。以綜統之。然且忠恕二字。要歸在恕。以平天下育萬物。非恕不爲功。大學以藏恕喩人。爲絜矩。而中庸以求人先施。爲庸德。是以論語兩一貫。一是曾子。一是子貢。曾子是忠恕。子貢只是恕。一言而終身行之。畢是恕字。不欲無加。是子貢行恕實功。即博施濟衆。亦以仁聖爲子貢強恕極境。推之而仲弓之不欲。無施人及邦家。孟子之反身強恕。萬物皆備。先聖後聖。其揆一也。張自烈曰。此章須看得平實親切。一貫即忠恕。不宜落空。曾子平日所習的忠恕。全是一貫的道理。及夫子直說出一貫來。曾子便如獲故物。便知道只在忠恕裏面。不須他求。故門人復問。曾子但將忠恕發一貫。如今熟人對譚熟事。何等直捷。而已矣三字。總見夫子之道。明白易簡。無不一。無不貫。學者不必別尋一貫。只要在忠恕上做工夫聖賢都是實地指點話。並无奇特。並无葛藤。諸家或鋪張一唯。或珍重一貫。或謂一貫難言。借學者忠恕。以明之。使人易曉。或謂。忠者天道。恕者人道。忠者體。恕者用。或謂唯後。口耳俱喪。門人一問。繫風捕影。何足實告。皆不免墮入蹊徑。○崔述曰。先儒釋此章者。皆以一貫之詔。爲孔子傳道於曾子。所謂一者。萬理渾然。非忠恕也。曾子但借學者進修之目。欲人之易曉耳。余按。顏淵問仁。孔子曰。非禮勿視。非禮勿聽。非禮勿言。非禮勿動。仲弓問仁。孔子曰。出門如見大賓。使民如承大祭。己所不欲。勿施於人。子貢問。博施濟衆。可謂仁乎。孔子曰。仁者己欲立而立人。己欲達而達人。所言皆日用尋常。平易切實之事。凡學者皆可以致力。雖大賢由之。而未能盡從。未有高遠深微。難以名狀。使人無從致其力者。顏淵曰。夫子循循然善誘人。博我以文。約我以禮。果有秘密之傳。一言可以悟道。孔子何不以告顏子。而使之勞勞於博文約禮之中乎。蓋曾子子貢。其資皆不逮顏子。而用力之勤。則諸弟子莫有及之者。但勤而未得其要。故以一貫詔之。此乃因所不及而教之。非以一貫爲傳道。亦非人人皆當聞一貫之旨。而後爲聞道也。大抵儒者之論。皆患在於過高。欲求加於忠恕之上。而不知其反陷入於空虛無用之地。又曰。世多以大學爲曾子所作。朱子分大學之道至未之有也。爲經。爲孔子之言。其餘爲傳。爲曾子之意而門人所記。余按。誠意章云。曾子曰云云。果曾子所自作。不應自稱曾子。又不應獨冠此文以曾子曰。朱子之說近是。然即大學之道以下。亦殊不類孔子之言。且玩通篇之文。首尾聯屬。先後呼應。文體亦無參差。其出一人之手明甚。恐不得分而二之也。凡文之體。因乎其時。故論語之文謹嚴。孟子之文舒暢。左傳采之羣書。則文錯出不均。大學之文繁而盡。又多排語。計其時。當在戰國。非孔子曾子之言也。然其傳則必出於曾子。何以知之。孔子曰。吾道一以貫之。曾子曰。夫子之道忠恕而已矣。今大學所言皆忠恕之事。欲修其身者。先正其心。欲正其心者。先誠其意。忠也。欲治其國者。先齊其家。欲齊其家者。先修其身。恕也。如惡惡臭。如好好色。忠也。心不在焉。視而不見。聽而不聞。以其不忠也。有諸己而後求諸人。無諸己而後非諸人。恕也。所惡於上。毋以使下。所惡於下。毋以事上。戒其不恕也。忠恕二言。大學之道盡矣。蓋曾子得之於孔子。而後人又衍之爲大學者也。○張甄陶曰。此章道理最平實。是以盡心之功告曾子。非以傳心之妙示曾子。曾子之唯。是用力承當。與顏子回雖不敏請事斯語。口氣一同。不是釋迦拈花。文殊微笑。忠恕而已矣。是直截切指。與門人共證明此第一義。不是將一貫之語移下一層。蓋曾子年最少。夫子沒時。年方二十九。此時安有此水到渠成。瓜熟蒂落氣候。夫子遽付以秘密心印。故謂此章以盡心之功告曾子。則是。以傳心之妙示曾子。則非。○外注程說。以己及物仁也。卽是一貫。推己及物恕也。卽是爲仁工夫。忠恕一以貫之。謂聖人忠恕卽爲一貫也。○注至誠無息。萬物得所。一本萬殊。道體道用。並不可從。程說天道人道。於穆不已。乾道變化。傅會之甚。又言唯曾子爲能達此。則子貢之一貫。其謂之何。又中庸違道不遠之忠恕。與此忠恕正同。但立言有不同耳。不當作兩解。應接非一。謂之泛應。纖微罔遺。謂之曲當。

子曰。君子喻於義。小人喻於利。

喻。猶曉也。義者。天理之所宜。利者。人情之所欲。○程子曰。君子之於義。猶小人之於利也。惟其深喻。是以篤好。楊氏曰。君子有舍生而取義者。以利言之。則人之所欲。無甚於生。所惡無甚於死。孰肯舍生而取義哉。其所喻者義而已。不知

論語會箋卷第四

利之爲利故也。小人反是。

箋曰。孟子四體不言而喩。大學所藏乎身不恕而能喩。喩字有智慧敏捷見解透徹之意。此當就事至目前時言。若指平素則君子固當喩於義。小人固當喩於利。奚待乎言。朱子曰。如伯夷見飴。曰可以養老。盜跖見之。曰可以沃戸樞。亦有一事同一樣做法。而義利不同者。如君子得飴以養老。尊之愛之也。小人得飴以養老。或冀其財。或邀其寵。此皆指當事之際而言。故義利不必兩事上分。正在一事上見。○陸象山白鹿洞講此章曰。人之所喩由於所習。所習由於所志。志乎義則所習者必在於義。斯喩於義矣。志乎利則所習者必在於利。斯喩於利矣。象山特探其本而拈出志字習字。最好。○黄式三曰。義者通行咸宜。能去人之害者也。利者一端所得而有害于事者也。周官肆師注曰。古者書儀但作義。今時所謂義爲誼。是仁義字本作誼。中庸義者宜也。祭義義者宜此者也。此義之本訓。易言利貞利用利涉。言利始於此。夫子於易云。利者義之和。見古之言利者。皆和義爲利。俾之有利無害。後人止殉一身一事一時之利。此利而害卽在彼。梁惠王曰。利吾國。必嫥言利已。忍其事之害於人。而孟子言幷害於己。宋牼不言殃民伐鄰之非仁義。使秦楚息戰求利。不外連橫故智。而不絕其計利圖害之心。孟子於是言利中之害。利與害相因。孔孟之所言利者以此。董子對易王之問五霸云。正其誼不謀其利。明其道不計其功者。義外之利。參以害道外之功。不敵過。正戒其越道義耳。近儒謂。道義中之功效。君子不喩及。非董子意也。張敬夫義利辨云。無所爲而爲之。謂之義。有所爲而爲之。謂之利。後儒據張氏無所爲而爲之言。而諱言大學以義爲利之指。則成敗利鈍。旁爲人欲。必使爲君子者。寘情而行。不精求夫成敗利鈍之由。而義無實用矣。朱子答江元適書云。後人不知義之所以爲義。既失其名。因昧其實。所謂義者宜而已矣。精義者所以致用。而用無不利也。其答張敬夫書云。易無非言吉凶禍福。書無非言災祥成敗。詩之雅頌。極陳福祿壽考之盛。人自以私心計之。卽以爲利耳。自無所爲而爲之說起。言義者不敢推驗於事宜之極。而義之說不全。則學義者何以使有懽忻鼓舞之慕哉。而矯其說者。沿陳同甫義利互用之說。抑又顯與經乖矣。合而言之。其不知義利則均也。

子曰。見賢思齊焉。見不賢而內自省也。

省。悉井反。思齊者。冀己亦有是善。內自省者。恐己亦有是惡。〇胡氏曰。見人之善惡不同。而無不反諸身者。則不徒羨人而甘自棄。不徒責人而忘自責矣。

箋曰。此三人行有我師之意矣。焉字有力。〇賢是先天之善。人有己亦有。故曰思齊。不賢是後起之惡。人有不必己亦有。故曰內省。薛文清讀書錄曰。不獨見當時之人如此。以至讀古人之書。見古人之賢者。皆思齊。見古人之不賢者。皆自省。則進善去惡之功益廣矣。〇太平御覽。人事部引見賢上有君子二字。正平本。不賢下有者字。〇此章思字。省字。有力。俱在心上說。俱是切實工夫。

子曰。事父母幾諫。見志不從。又敬不違。勞而不怨。

此章。與內

則之言相表裏。幾微也。微諫。所謂父母有過。下氣怡色。柔聲以諫也。見志不從。又敬不違。所謂諫若不入。起敬起孝。悅則復諫也。勞而不怨。所謂與其得罪於鄉黨州閭。寧熟諫。父母怒不悅。而撻之流血。不敢疾怨。起敬起孝也。

箋曰。說文。幾微也。坊記。子云。從命不忿。微諫不倦。勞而不怨。可謂孝矣。微諫即幾諫。幾諫不專在柔聲怡色上。而柔聲怡色亦在其中。幾諫見志。猶醫之投試藥也。元欲投重劑。而未審病人能受與否。且予輕劑以試焉。若能受焉。則進重劑。不可受。則已矣。幾諫而父母能納焉。則可熟諫。若有不從之氣。則又敬不違而已。幾諫即是敬。蓋兢兢小心。不敢不諫。又不敢激諫也。不是到不違時方敬。觀又字可見。志不從者。不待發於言也。不違。謂姑從之。不敢忤也。違只是違逆。如禮夙夜勿違命。論語若夫善而莫之違之違。豈可謂之上不違。微諫之意。下不違。欲諫之心耶。皇本。敬下有而字。勞字亦當做子勞苦。萬章所云。父母惡之。勞而不怨。亦屬子可見。夫父母所爲不善。不聽子之諫。又命子勤勞於其不善之事。是尤難爲心者。乃執其勞。而不怨其父母。不亦孝乎。此非平常不避苦勞之比。若乃熟諫之際。父母怒而撻之。至流血。慘暴不慈之極。世所罕見。勞而不怨。豈指此等變耶。朱注引內則。欲每句比合。所以誤也。又此章。大概論通情之事。若大無道惡逆。則此章未言及者。當別論。○韓村先生曰。是章本意。爲孝子情切者。恐至於怫戾而發之。非爲懼怒怠已。忘親之過者而設之。又敬而不違。謂初間固敬而幾諫。諫而見不從。則易至於怫戾。故又悚然起敬。姑不違其意也。勞而不怨。謂姑從親之命。勞身於其事。不敢致怨於不從也。其言固與內則相表裡。但內則以全文示幾諫意。嫌於憚怒怠已。故中間揷悅則復諫。寧熟諫句。此章首幾諫二字。旣包悅則復諫等意。故下唯戒拂戾一邊。文意各有向。不可牽合。予謂子諫父母。出於不能已。論語中所以幾一及之也。自孝經列諫爭章。學者先以諫爭爲心。吾疑之久矣。○敬愛二字。原不分開。如下氣怡色柔聲。是愛底意思。起敬起孝。是敬底意思。然非幾諫之時止愛而不敬。又非敬時止敬而不愛。蓋諫之時。不敢唐突其親。必下氣怡色柔聲以諫。此便是夔夔齊栗中發出這深愛意思。又敬又字。正從這幾諫中之敬來。胡氏單主愛說。未得其旨。

子曰。父母在不遠遊。遊必有方。

遠遊。則去親遠。而爲日久。定省曠而音問疏。不惟己之思親不置。亦恐親之念我不忘也。遊必有方。如已告云之東。則不敢更適西。欲親必知己之所在而無憂。召己則必至而無失也。范氏曰。子能以父母之心爲心。則孝也。

箋曰。下遊字。承上文。亦謂遠遊也。上句旣曰不遠遊。則下句不言遠。而遠遊可知矣。是省文法。不遠遊。是定規事勢。又有須遠遊者。則必有方。正所以全其不遠遊之心也。其近遊之有方。亦可推而知矣。鄭注。方猶常也。曲禮。爲人子者。所游必有常。此蓋鄭注所本。又玉藻。親老。出不易方。故集注直以方向爲言。而較醒豁矣。○皇本。不上有子字。正平本同。

子曰。三年無改於父之道。可謂孝矣。

胡氏曰。已見首篇。此蓋複出而逸其半也。

箋曰。前出。言觀人之法。故多二句。此主孝子之行。而類列之。漢石經亦有此章。當是弟子各記所聞。若乃以爲既複出而又逸其半。則編簡之錯脱甚矣。何必至此。且此章。前後皆論事父母之道。編者以類列叙于此。與鄕黨篇。入大廟每事問。在君命召之下同。決非湧然複出也。

子曰。父母之年。不可不知也。一則以喜。一則以懼。知猶記憶也。常知父母之年。則既喜其壽。又懼其衰。而於愛日之誠。自有不能已者。

箋曰。知猶識也。謂記憶存諸心。常常思念不置也。喜懼只管自愛敬切至念頭出來。呂晚村云。喜懼原一時並集。不分先後彼此。一則以。是一合急語。非兩開轉語也。此說主活看。反失經旨。周聘侯云。喜是喜其多一日。懼是懼其少一日。總是刻刻盡孝意。愛日之誠。兩字内都有。非單重懼也。此說得之。在子不覺其親之老。與在親不覺其子之壯。同一情。以其少長於膝下。有所狎也。故夫子提出不可不知四字。以儆醒之。子能憶存父母年齒。則不至於不覺其老矣。楊子法言至孝篇云。不可得而久者。事親之謂也。孝子愛日。此章之義也。曾子立事。君子愛日以學。及時以行。此則學問之事。呂覽。上農敬時愛日。非老不休。非疾不息。非死不舍。此則農夫務穡之事。並與此意異。家語。丘吾子曰。樹欲靜而風不停。子欲養而親不待。往而不來者年也。不可再見者親也。此乃是章之注脚也。

子曰。古者言之不出。恥躬之不逮也。言古者。以見今之不然。逮及也。行不及言。可恥之甚。

古者。所以不出其言。爲此故也。○范氏曰。君子之於言也。不得已而後出之。非言之難。而行之難也。人惟其不行也。是以輕言之。言之如其所行。行之如其所言。則出諸其口。必不易矣。

箋曰。古者猶古也。表記。子曰。大人不唱游言。可言也不可行。君子弗言也。言浮於行。是謂游言。語意差同。躬躬行也。○皇本作古之者。言之不妄出也。正平本亦有也字。據包注。舊本原有妄字。可知。古下之字。則可斷爲訛衍矣。正平本出下亦有也字。○此章教言語宜愼也。君子之行。以愼言爲先。故又曰。仁者其言也訒。爲之難。言之得無訒乎。又曰。君子恥其言而過其行。又曰。其言之不怍。則爲之也難。皆與此章相發。

子曰。以約失之者鮮矣。 鮮上聲。謝氏曰。不侈然以自放之謂約。尹氏曰。凡事約則鮮失。非止謂儉約也。

箋曰。廣雅。約儉也。荀子榮辱曰。約者有筐篋之藏。然而行不敢有輿馬。楊注。約儉嗇也。後漢書虞延傳。太守富宗。性奢靡。車服器物。多不中節。延諫曰。昔晏嬰輔齊。鹿裘不完。季文子相魯。妾不衣帛。以約失之者鮮矣。此約爲儉約。漢人相傳之說也。謝氏曰。不侈然以自放之謂約。然則約不止儉約。易教退一步法。曰不宜上宜下。凡貶損抑損皆是。玩味以字。是把柄須常在手。一息不照管。而縱橫萬狀。其失多矣。約雖在事上見。而實主心言。失則主事言。約之一字。以此節情。以此制用。莫不皆然。此章專爲以才知自逞者發。老子曰。治身治民。莫若嗇。嗇者約之謂也。簡緣省事。其失自少。此是實理。朱子云。老子之學。全是約。文景之治漢。曹參之治齊。

便是用此。吳因之曰。無浮慕於達人之槩而肆焉。以爲通。則其所合於矩度者常多。無自憚於名教之嚴而放焉。以爲適。則其所遺於檢點者常少。以能約者。而才足以濟。則敬畏之意。益足以善用其所長。以能約者。而才不足濟。則謹審之心。猶足以維持其所短。

子曰。君子欲訥於言。而敏於行。

行去聲。謝氏曰。放言易。故欲訥。力行難。故欲敏。○胡氏曰。自吾道一貫。至此十章。疑皆曾子門人所記也。

箋曰。說文。訥言難也。廣雅釋詁。訥遲也。玉篇引論語作吶。以吶爲訥之或體。說文。㕯言之訥也。㕯在口部。訥在言部。字異義同。檀弓。文子其言吶吶然。如不出諸其口。注。吶吶舒小貌。亦遲鈍之義。○此章亦與前章同。言行相並爲言。但前章戒言行相稱。懼言之浮行也。卽中庸。有餘不敢盡之意。此章則說言行。各矯其弊。言易出。每苦於過放。故欲其訥。行難周。每苦於怠緩。故欲其敏。其旨稍爲不同。此是矯輕警惰之辭。只重一欲字。言行各開說。非言行相顧也。不可說似恥其言而過其行。蓋恥過是兩層相較而見。訥敏直一心。併注而分也。圖外胡注。當削。

子曰。德不孤。必有鄰。

鄰猶親也。德不孤立。必以類應。故有德者。必有其類從之。如居之有鄰也。

箋曰。有鄰。正見其不孤。下句是實上句。鄰如字自通。不必訓親。四家爲鄰。鄰字借用。非譬喻。言有鄰。則左右前後。同類來從。群然盛多之意自見。不云親而親在其中。若惟言猶親。則既非鄰字本義。且全不見同類盍簪之意。○必有鄰。言感召也。
如水流濕火就燥。據注類應解。還主同德之人聲應氣求說。若只以秉彝好德言。
則鄰固不足以盡之。覺未眞切。凡爲君子之志不堅。爲君子之力不猛。都不免有
德是孤之感。故夫子與之一服安神定志之藥。漆園謂當世不可莊語。楊雄謂後
世必有子雲。豈非德
不足而安爲之說乎。

子游曰。事君數。斯辱矣。朋友數。斯疏矣。

數。色角反。程子曰。數。煩數也。胡氏曰。事君。諫不行則當去。導友。善不納則當止。至於煩瀆。則言者輕。聽者厭矣。是以求榮而反辱。求親而反疏也。范氏曰。君臣朋友。皆以義合。故其事同也。

箋曰。事君句。朋友句。數略逗。連下讀。數頻數也。醫家所謂數脉之數。記曰。祭不欲數。左傳曰。無日不數于六卿之門是也。君子之交淡如水。小人之交甘如醴。君子淡以成。小人甘以壞。事君與交友。皆若是矣。數者呢之至於密爲者也。故曰上交不諂。下交不瀆。數字所包者廣。不止進言。先儒專就納諫責善上說。然本文只言數而已。不見諫爭意。畢竟事君交友之間。戒其頻數狎呢耳。古注訓速數。卽迫促之意。言事以和緩爲貴。格非規過。皆非可以驟期。爾雅釋詁。數疾也。曾子問。不知其己之運數。注數讀爲速。禮曾子立事曰。行無求數有名。事無求數有成。注數猶促速。皆與此注同。曲禮云。爲人臣之禮。不顯諫。故諫有五。而孔子從其諷。其於朋友。則曰忠告而善道之。事君而數。則失不顯諫之義。朋友而數。則非所以善道之矣。取辱取疏。職此之由。唐宋以來。以犯顏極諫爲人臣之盛節。至有明諸臣。遂有

聚哭於君之門者。蓋自古義渥。而君臣朋友之間。所傷多矣。此說於義亦通。○集注據胡氏以數爲屢諫。卽從其說。亦此子游誨人諫爭之節度。非教人𢙣於其君友。蓋臣友能欲諫爭以格其非。必忠愛存乎中者。或自恃其心無他言論易至於煩數迫切。故子游砭之。以爲是其意固善。而言不適宜。或來辱與疏。當揆時審勢。可嘿則嘿。斯爲善。此子游保全臣友之至意。非遽導之。令去且止。胡氏直以當去當止釋之。失子游之旨。夫君友非大賢。事事不滿人意者亦多矣。爲臣爲朋者。雖主規正。然物有大小。事有輕重。又有交際之分。故事有不可不規正者。又有不必規正者。苟不顧輕重大小交際之分。每事屑屑然騰口說。必欲其從己。難矣。則是父不能得之於子者。況君友乎。至曰求榮而反辱。求親而反疏。尤非。夫臣友諫爭。惟自盡其心。寧有一毫求榮親之心。以諫爭求榮親。此小人之尤者也。若夫論君臣之義。事關宗社者。不可不反復諫諍焉。孟子蚳鼃章。馮婦章。格非心章。歷歷可考。朋友之義亦類乎此。然此等皆非本章所指。則此不必深論可也。

論語會箋卷第四終

論語會箋卷第五

竹添光鴻會箋

公冶長第五

此篇皆論古今人物賢否得失。蓋格物窮理之一端也。凡二十七章。胡氏以爲疑多子貢之徒所記云。

子謂公冶長。可妻也。雖在縲絏之中。非其罪也。以其子妻之。

妻去聲。下同。縲力追反。絏息列反。公冶長孔子弟子。妻爲之妻也。縲黑索也。絏攣也。古者獄中以黑索拘攣罪人。長之爲人無所考。而夫子稱其可妻。其必有以取之矣。又言其人雖嘗陷於縲絏之中。而非其罪。則固無害於可妻也。夫有罪無罪。在我而已。豈以自外至者爲榮辱哉。

箋曰。皇疏及釋文。引苑甯注云。名芝。字子長。史記弟子傳云。齊人。字子長。後漢郡國志琅邪國姑幕縣注。引博物記云。淮水入城。東南五里。有公冶長墓。長墓在齊地。則當爲齊人明矣。

以女室於人曰妻。猶以食飯於人曰食也。說文纍下云。綴得理也。一曰。大索也。縲與纍同。凡索皆綴屬而成。故兩訓可互取。史記此文作累。淮南子氾論訓。累紲兩見。荀子成相。箕子累。楊倞注。累讀爲縲。累即纍之省。左傳不以纍臣釁鼓。兩釋纍囚。使其衆男女別而纍。皆以纍爲索也。紲亦索也。馬稱羈紲。文義可見。紲是牽曳繫維馬之索也。其於罪人。縲以縛細之。紲以牽曳之。繫維之。故少儀云。大則執紲。左傳云。臣負羈紲。集注本於孔注。縲爲黑索。紲爲拘攣。以文勢論之。頗流於支離。當從漢書司馬遷傳。幽於纍紲。師古注。解紲爲長繩。方得安當。在中。與孟子告子篇。夫子在三卿之中同。謂長坐與罪人同繫。皇本縲作紲。正平本同。宜從之。唐人避太宗諱。造絏字以改經。然釋文猶作紲者。釋文作於隋末亡時。尙不爲唐諱。

夫子特擧縲紲。以許其可妻。則公冶之德。於此一事蓋有可觀矣。古人或有代親負罪者。或有爲義取冤者。公冶之事。蓋亦此類也。

皇侃曰。別有一書。名爲論釋。云。公冶長從衛還魯。行至二界上。聞鳥相呼。往清溪食死人肉。須臾見一老嫗當道而哭。冶長問之。嫗曰。兒前日出行。于今不反。當是已死亡。不知所在。冶長曰。向聞鳥相呼往清溪食肉。恐是嫗兒也。嫗往看。即得其兒也。已死。即嫗告村司。村司問嫗。從何得知之。嫗曰。見冶長道如此。村官曰。冶長不殺人。何緣知之。囚錄冶長付獄主。問冶長何以殺人。冶長曰。解鳥語。不殺人。主曰。當試之。若必解鳥語。便相放也。若不解。當令償死。駐冶長在獄六十日。卒日有雀子緣獄柵上相呼。嘖嘖嗺嗺。冶長含笑。吏啓主。冶長笑雀語。是似解鳥語。主敎問冶長。雀何所道而笑之。冶長曰。雀鳴嘖嘖嗺嗺。白蓮水邊有車。翻覆黍粟。牡牛折角。收斂不盡。相呼往啄。獄主未信。遣人往看。果如其言。後又解豬及燕語。屢驗。於是得放。然此語乃出雜書。未必可信。而亦故舊相傳云。安井衡曰。今雀能爲韻語奇矣。春秋雀能識。沈約韻更奇。此未足以破其妄也。記云。嘖嘖嗜嗜。即是雀語。冶長翻之。以爲韻語。古韻雖殊其理本通。未必盡與今韻相違。不得以此相難。但村字六朝以下始有之。而記中用之。則其爲好事者僞撰審矣。公冶長解鳥語見皇侃所引論釋。而皇侃義疏。自宋至元明泯滅不傳。故明人楊升菴・楊宗吾・田藝蘅・焦竑・張鼎思諸家。皆不知其事出何書。而義疏全本獨存於皇國。今則傳播於彼邦矣。熊伯甘曰。天下模稜首鼠之人。最足悞世。而躁競褊急之人。每至殃身。此章並記夫子擇壻之説。前節可爲孔光匡衡一輩人下砭。後節可爲顧厨俊及一輩人下砭。

子謂南容。邦有道不廢。邦無道免於刑戮。以其兄之子妻之。

南容孔子弟子。居南宮。名縚。又名适。字子容。謚敬叔。孟懿子之兄也。不廢。言必見用也。以其謹於言行。故能見用於治朝。免禍於亂世也。事又見第十一篇。○或曰。公冶長之賢。不及南容。故聖人以其子妻長。而以兄子妻容。蓋厚於兄而薄於己也。程子曰。此以己之私心窺聖人也。凡人避嫌者。皆内不足也。聖人自至公。何避嫌之有。況嫁女。必量其才而求配。尤不當有所避也。若孔子之事。則其年之長幼。時之先後。皆不可知。惟以爲避嫌。則大不可。避嫌之事。賢者且不爲。況聖人乎。

箋曰。王注。南容弟子南宮縚。魯人也。字子容。據此知。南容姓南宮。名縚。字子容。故稱南容也。論語平常記弟子。皆稱字。則容爲字可知也。不稱南宮子容。而稱南容。省文也。檀弓曰。南宮縚之妻之姑之喪。孔子誨之髽。曰爾毋從從爾。爾毋扈扈爾。據此。知縚之妻即孔子兄之子。縚即南容也。女子而孔子誨之。且以稱爾。且居喪而誨及于髽。則其即兄之子可知也。容既爲字。則縚爲名可知也。南宮只是氏族。又單稱南。周初有南宮括・南宮毛。左傳有南宮長萬・南宮牛・南宮極・南宮嚚。豈必皆居南宮邪。南宮縚與南宮适。并非同姓也。史記弟子列傳。已誤以南宮括爲南容。猶未直稱仲孫閱也。檀弓鄭注。又從而爲孟僖子之子。豈有縚适說閱南容南宮敬叔爲一人者乎。毛奇齡謂。敬叔即曾受僖子命。與其兄懿子。學禮孔子。然並不在弟子之列。史記家語所載弟子。止容一人。向使容即敬叔。則未有載敬叔不載懿子者。至縚妻姑喪。孔子誨其女髽法。若是敬叔。則此姑者孟僖子妻也。世族喪服。自有儀法。不容誨也。至若史記家語各載敬叔從孔子適周。見金人緘口。孔戒以謹言事。與容無涉。又曰。邦有道不廢二句。明非敬叔。無論敬叔是大夫。即不然。亦當以國倅作大夫之貳。此見有成法。非廢不廢可慮揣也。若刑戮。則幾見魯之公族二百四十年間。有以不謹言致不免者。而慮及此乎。至敬叔更不得爲懿子之兄。昭十一年傳。明言泉丘女先生懿子。後生敬叔。且不聞敬叔氏南宮乎。嫡長嗣爵。必襲氏。次得更之。敬更氏者也。兄伯而弟叔。敬叔叔也。毛氏之論極精確。夫謂邦無道免于刑戮。必容爲有智有爲之士。而又能謹守退藏。正爲貧賤者言之也。若貴戚之家。何至慮及于雖議親議貴。而不可得免者。而以免于刑戮爲論乎。
況敬叔生于昭公十一年。少孔子二十一歲。孔子之兄孟皮蚤世。安得有其兄之
子。少孔子二三十
歲者。而妻之耶。

大刑大戮。專指死罪。止稱爲刑戮。猶云刑罰。輕重兼擧之辭。聖人斷事以理。語常
而不道變。如南容之謹言行。自可保其必免於刑戮。公冶長亦未嘗不謹言行。而
遭囚繫。是變也。而固不足爲其人羞辱。則二壻之跡
雖相反。而其歸亦自一。此正編者深旨之所存也。

中井氏曰。程說。嫁女量才求配。固有此理。然必其才大過於人者。與大劣者方可。
難以爲通論。又云。避嫌之事。賢者且不爲。頗似過論。按禮制。自夫婦之別。君臣上
下之等。至於喪服。以避嫌而作者亦多矣。若在禮制者。美其避嫌。而無禮文者。以
避嫌爲卑陋。豈公平之論也哉。避嫌亦宜有中道。後儒賢達。或自信之篤。排避嫌
之說。斷然自將。或失
道理。亦不可不誠焉。

崔述曰。此二事。不過記者其類而記之。其相隔未知數年或十數年。原非一時之事。
而烏得有所較量區別於其間哉。蓋公冶長在縲絏中。而南容免於刑戮。其事若
相反。而孔子皆妻之。若世俗之情。知取其免刑戮者。則在縲絏者爲所棄。若不以
縲絏爲病。則亦未必求其免刑戮者而妻之。於此見聖人之觀人擇壻。得其中正。
但取其實之不至於取禍。而遇之幸不幸不計焉。不求之此。而妄意
區別於其間。可謂不善讀書者矣。程子之論是矣。然於事理尚未盡。

皇侃曰。卷舒隨世。乃爲有智。而枉濫獲罪。聖人猶然。亦不得以公治爲劣也。以己女妻公治。兄女妻南容者。非謂權其輕重。政是當其年相稱。而嫁事非一時。在次耳。則可旡意其間也。

子謂子賤。君子哉若人。魯無君子者。斯焉取斯。焉於虔反。子賤孔子弟子。姓宓。名不齊。上斯。斯此人。下斯。斯此德。子賤蓋能尊賢取友。以成其德者。故夫子既歎其賢。而又言。若魯無君子。則此人何所取以成此德乎。因以見魯之多賢也。

○蘇氏曰。稱人之善。必本其父兄師友。厚之至也。

箋曰。子謂子賤。非面告之語。故無曰字。孔注。子賤魯人。弟子宓不齊。宓虙之借字。古字通伏。故說者以伏羲是子賤之祖。濟南伏勝傳尙書者。爲子賤之後。詳見後漢書伏湛傳。顏氏家訓書證篇。釋文以作宓爲誤。則不知虙宓俱從必得聲。未爲誤也。又史記弟子列傳。宓不齊字子賤。少孔子四十九歲。不言何國人。家語弟子解始云魯人。與此注合。此贊治單父之績。得衆君子以襄成之也。呂氏春秋察賢篇。宓子賤治單父。彈琴。身不下堂。而單父治。巫馬期以星出。以星入。日夜不居。以身親之。而單父亦治。巫馬期問其故於宓子。曰。我之謂任人。子之謂任力。任力者故勞。任人者故逸。宓子則君子矣。韓詩外傳同。又云。子賤治單父。其民附。孔子曰。告丘之所以治之者。對曰。所父事者三人。所兄事者五人。所友者十有二人。所師者一人。孔子曰。所父事者三人。足以教孝矣。所兄事者五人。足以教弟矣。所友者十有二人。足以袪壅蔽矣。所師者一人。足以慮無失策。舉無敗功矣。惜也不齊爲之小。不齊爲之大。功乃與堯舜參矣。說苑政理篇略同。然則夫子所云魯之君子。卽指所父事所兄事所友所師者言。

上斯。斯此人也。下斯。斯此德也。二斯字上下異義。是贊賢師友薰陶之益甚大。亦所以勸人近賢進德也。

陸隴其曰。子賤能取多賢。是正意。多賢能供子賤之取。是副意。此是實語。蘇說厚之至。不必講。

子貢問曰。賜也何如。子曰。女器也。曰何器也。曰瑚璉也。

女音汝。瑚音胡。璉力展反。器者有用之成材。夏曰瑚。商曰璉。周曰簠簋。皆宗廟盛黍稷之器。而飾以玉。器之貴重而華美者也。子貢見孔子以君子許子賤。故以己爲問。而孔子告之以此。然則子貢雖未至於不器。其亦器之貴者歟。

箋曰。此問原不承子賤說。集注見夫子以君子許子賤。故以己爲問。則低看子貢太甚。論語出於門人之襍記。其編次能每章必上下承接乎。此特因章首突然以賜也何如發之。故有是解。然此子貢質己之爲人於孔子。以自求進益。與貧而無諂章之何如。舉其所己能以爲言者同。何疑有此發問。女器也。只是稱揚之辭。無貶抑之意。何本皇本正平本。女作汝。

瑚璉當爲胡連。春秋傳曰。胡簋之事。明堂位曰。夏后氏之四連。皆不從玉旁。瑚槤當是以木爲之。潛夫論讚學云。胡簋之器。其始也乃山野之木。是其證。孟郁修堯廟碑瑚字作瑚。說者據攷工記旋人爲簋。謂簋是瓦器。則胡連亦瓦器。然旋人疏云。祭宗廟皆用木簋。今此用瓦簋。祭天地及外神。尙質。器用陶匏之類也。則簋有以木以瓦之異。堯廟碑是祭外神。當用瓦。故字作瑚。若論語言祭宗廟之器。本不用瓦。不得同彼文作瑚也。明堂位說四代之器云。有虞氏之兩敦。夏后氏之四連。殷之六瑚。周之八簋。注云。皆黍稷器。如記文。則夏器名璉。殷器名瑚。而包咸鄭玄等說論語。賈服杜等注左傳。皆云夏曰瑚。則疑諸儒所見明堂位。作夏后氏之四瑚。殷之六璉。今本誤互易之耳。夫考據疑似。不如就正文爲斷。也次夏先殷後。不可倒叙。果使瑚殷而璉夏。則正文宜曰璉瑚。不宜曰瑚璉矣。子貢周人。不言簠簋而言瑚璉。見其罕覯古器可崇重也。鄭注明堂位。不言其制。其注周禮舍人云。方曰簠。圓曰簋。而三禮圖謂瑚受一升。制度如簋而平下。是瑚亦圓也。璉受一升。制度如簠而銳下。是璉亦方也。瑚圓璉方。未知何本。周禮賈疏案孝經云。陳其簠簋。注云。內圓外方。受斗二升者。直據簠而言。若簋則內方外圓。此其制也。陸佃云。四璉黍稷稻粱。六瑚黍稷稻粱麥苽。然則注云盛黍稷。亦擧其重者言之耳。夫子言。賜也達。可使從政。故以宗廟貴器比之。言女器若瑚璉者。則可薦鬼神。羞王公矣。

器字原是聖門所最重。觀女器也一句。則知聖門實學。觀瑚璉也一句。則知聖門之眞學。

龜井魯曰。瑚璉、宗廟之貴器。譬子貢偉才、非常用之器也。余注隸書。釋設變致權。所以解結句曰。若仲尼出子貢存魯。張良召四皓定帝。夫權變也者。戰國兵士之所先。而非闕黨之所傳誦。固亡論矣。然世有治亂。時有否泰。人有賢愚。境有順逆。當夫瞽叟殺舜。紂囚西伯。非權變用事。則無復術可以解免焉。有一死已。夫子遊於農山。使子路子貢顏淵各言其志。而擇顏子焉。世已有明王聖主。而賢良輔相之。敷其五教。導以禮樂。城郭不修。溝池不越。鑄劒戟以爲農器。放牛馬於原藪。使卒伍無戰鬪之患。室家無離曠之思。由也無所施其勇。賜也無所用其辯。則是鳳再鳴于岐山。而麟又舞于虞郊也。雖非夫子。我亦將擇顏子焉。若乃齊楚合戰於漭瀁之野。白羽若月。赤羽若日。鐘鼓之聲。上震於天。旍旗繽紛。下蟠於地。兩壘相望。塵埃相接。偶有一辨士。著衣冠。陳說其間。推論利害。以釋二國之患。以肉三軍之骨。則夫子尙且曰權變解結。戰國兵士之所先。靡而去之。與我則知。其必謂辨士有能爲器而收之也。其爲瑚璉。不亦多乎。當彼魯墳墓之國。而危亡朝不期夕。謂存亡天也。束手遺俘于齊。夫子必不忍矣。余之注。素書。取子貢存魯之說。爲是故也。〇集注。反君子不器爲說。不可從。夫子之意。豈及於此哉。曰女器也。器字只是借來說。本是稱美子貢。爲有用之成材。非謂未至於不器也。夫不器者。君子之自脩。器之者。擇人之大用。不可相淆。

或曰。雍也仁而不佞。雍孔子弟子。姓冉。字仲弓。佞口才也。仲弓爲人重厚簡默。而時人以佞爲賢。故美其優於德。而病其短於才也。

子曰。焉用佞。禦人以口給。屢憎於人。不知其仁。焉用佞。焉於虔反。禦當也。猶應答也。給辨也。憎惡也。言何用佞乎。佞人所以應答人者。但以口取辨。而無情實。徒多爲人所憎惡爾。我雖未知仲弓之仁。然其不佞乃所以爲賢。不足以爲病也。再言焉用佞。所以深曉之。○或疑仲弓之賢。而夫子不許其仁何也。曰。仁道至大。非全體而不息者。不足以當之。如顏子亞聖。猶不能無違於三月之後。況仲弓雖賢。未及顏子。聖人固不得而輕許之也。

箋曰。仲弓以德行稱。行必先人言必後人。或者以爲仁而不佞者。當時尚佞。見雍不佞。故深惜之。虞夏書無佞字。至商周之間。始有仁佞二字。說文。佞巧讇高材也。从女仁聲。巧讇一義。高材又一義。廣雅云。佞巧也。韓詩外傳云。佞諂也。與說文前義合。左傳服注。魯語韋注並云。才也。與說文後義合。後世佞字全棄高材之義。而盡用巧讇之義矣。若佞全是惡。豈古人皆以口讇口給之小人待人。而自居於不口讇不口給之君子乎。惟古人之謙言不佞。則實謂不才。而或人之以雍爲不佞。則直以爲無口才耳。論語佞字。多主此義。邢疏云。左傳云。寡人不佞。服虔云。佞才也。不才者自謙之辭也。佞是口才捷利之名。本非善惡之稱。但爲佞有善惡耳。爲善捷敏。是善佞。祝鮀是也。爲惡捷敏。是惡佞。卽遠佞人是也。

焉用佞。猶云何以佞爲。警醒一世之辭。不可在仲弓一身上說。正平本佞下有也字。

禦人以口給。禦是有意抵當。如禦敵之禦。抗拒人之難詰也。非應答之謂。給贍足之意。捨事情之可否。唯以口舌抗禦焉。贍給無所窮也。荀子性惡篇。齊給便敏而無類。注。給謂應之速。如供給者也。非十二子篇。齊給便利。而不順禮義。注。給急也。速急皆引申之義。

屢憎於人者。當時方以佞爲賢。則宜其見悅於衆。而屢憎於人。何也。蓋折人以言。口可屈而心不服也。然人字亦可味。見不獨取賢者之憎。此是人心公惡處。集注以禦爲應答。則口給亦在平日應酬言語上也。縱令無情實。未必惹人之憎也。唯禦難詰之口給。乃可以取憎也。蓋人持其欠處而詰之。口給者弗肯受屈。故人口服而心不服。所以憎之。正平本無於字。人作民。不知其仁。焉用佞。玩本文兩個焉用佞。通節語氣。皆是斥佞之意。只不知其仁一句。點到仲弓身上。然亦是帶言。非徒爲仲弓置辨。皇本。正平本。仁下佞下。皆有也字。

不佞無傷於仁。不足以爲病矣。然未可指不佞爲賢。注抑揚大過。三月不違。所以稱贊顏子。不得撫三月之餘。以疵瑕於顏子矣。全體而不息。體字是活字。言人體之而不息。

子使漆彫開仕。對曰。吾斯之未能信。子說。說音悅。漆雕開孔子弟子。字子若。斯指此理而言。信謂眞知其如此。而無毫髮之疑也。開自言未能如此。未可以治人。故夫子說其篤志。○程子曰。漆雕開已見大意。故夫子說之。又曰。古人見道分明。故其言如此。謝氏曰。開之學無可考。然聖人使之仕。必其材可以仕矣。至於心術之微。則一毫不自得。不害其爲未信。此聖人所不能知。而開自知之。其材可以仕。而其器不安於小成。他日所就。其可量乎。夫子所以說之也。

箋曰。張彥陵曰。此章是見性之學。却亦是經世之學。明新合一。

字鑑曰。雕彫凋三字不同。經典多以鵰雕爲彫琢。以彫琢爲凋瘁。皆傳寫之誤。漆彫開邢本作雕。皇本作彫。南宗本同。彫與漆字相熟。今從皇本。漆彫氏必其職掌漆飾琱刻。以官爲氏者也。史記弟子列傳。漆雕開字子開。閻若璩謂。上開本啓字。漢人避景帝諱所改。引漢藝文志孔子弟子漆雕啓證之。其說是也。古今人表亦作啓。啓者開也。故字子開。一部論語。敘事及門人無直稱其名者。惟問於有若對君之辭。憲問恥。疑憲所記。陳亢前後皆稱子禽。茲獨曰子使漆彫開仕。則開爲其字復何疑。自僞以開爲名。家語又云字子若。而集注遂因之耳。使字與子路使子羔爲費宰。文例並同。蓋夫子爲司寇。門人多使仕者。其最著者。則原思。子羔。冉有。季路。樊遲。子貢。公西華是也。若子游仕武城。子夏仕莒父。子賤仕單父。仲弓仕季氏宰。未知爲夫子所使與否。至於漆彫開之使仕而不仕。與閔子騫之使仕而不仕。則皆在此時。雖子騫之力辭費宰。然仍爲夫子宰。子開其後仕與不仕。史傳並無明文。家語謂開習尚書。不樂仕。夫不樂仕。非聖人之教。中庸云。誠者非自成己而已也。所以成物也。夫子謂。仁者己欲立而立人。己欲達而達人。子路亦謂。不仕無義。欲潔其身。而亂大倫。是知開之言未能信。亦非不樂仕矣。吾斯之未能信。凡斯字。必承上文。有所指。此即指仕而言。論語用斯字。如禮之用和爲貴。先王之道斯爲美。攻乎異端。斯害也已。其言也訒。斯謂之仁矣乎。困而不學。民斯爲下矣。皆緊承上文。未有擧一斯字。懸空指理而言者也。之助字也。信自信也。夫仕者。大而社稷民人。小而庶職事務。皆須有以擔當焉。夫子以開之才德堪以仕。而使之仕。

然開不自足。乃言。吾未信我之可仕也。吾字有味。人信我。不如我自信。蓋聖賢之志。在天下國家。而開之未信。則就此心獨知處說。豈有開不能仕。而錯使之者乎。蓋學有得。苟存心於天下。則於人必有所濟。此夫子使開之意也。學未大成。而此理未徹。則雖澤被生民。皆分外也。此開辭夫子之意也。二意原不相礙。此章宜以全識定力講信字。以堅僻游移兩種講未能字。徐健菴曰。深源。純盜虛聲。介甫偏執己見。一則無可自信。一則果於自信。

高拱曰。信道不篤。爲名求仕。此學之大病也。而人不能免焉。夫子嘗曰。不患無位。患所以立。曰三年學不至於穀。不易得也。謂顏淵曰。惜乎吾見其進也。未見其止也。而聖人之情可觀矣。乃使漆彫仕。而曰吾斯之未能信。則是學專爲己務。求所以自信者。而利祿不可以動。正所謂患所以立。學不至於穀。不易得者也。而其方進未已。亦自可知。故夫子悅之。皇本。說作悅。說之心。較使仕之心。更深遠。

謝說心術之微云云。失當。

子曰。道不行。乘桴浮於海。從我者其由也與。子路聞之喜。子曰。由也好勇過我。無所取材。

桴音孚。從好並去聲。與平聲。材與裁同。古字借用。桴筏也。

程子曰。浮海之歎。傷天下之無賢君也。子路勇於義。故謂其能從己。皆假設之言耳。子路以爲實然。而喜夫子之與己。故夫子美其勇。而譏其不能裁度事理。以適於義。

也。

箋曰。馬曰。桴編竹木。大者曰栰。小者曰桴。爾雅釋言。舫泭也。孫炎注。方木置水中爲泭筏也。周南釋文。泭本亦作⿱竹泭。又作桴。或作柎。皆同音異體也。韋昭國語注。分泭桴爲二。失其義矣。方言。泭謂之簰。簰謂之筏。筏秦晉之通語也。江淮家居簰中謂之薦。廣雅釋水。簰⿱竹泭⿰氵横筏也。衆經音義卷三。筏通俗文作橃。集韻作橃。編竹木浮於河。以運物也。南土名簰。北人名筏。筏橃並同。泭筏對文有大小之殊。散文亦通稱。故方言廣雅廣列異名。不爲分別也。邢本於作于。凡論語引詩書外。不用于字。唯爲政篇志於學。及此經邢本作于。而皇本並亦作於。文選嘯賦注引同。今從之。其由也與。邢本無也字。今從皇本正平本。無所取材。鄭曰。無所取於桴材。周官大宰。五曰材貢。史記貨殖傳。山居千章之材。並謂木也。

此章夫子嘆世之微言也。說命。若濟巨川。用汝作舟楫。君奭曰。今在予小子旦。若游大川。予往。暨汝奭。其濟。小子是皆以涉歷大難。經濟國家。譬諸涉水。則知聖人浮海之言。亦以喩經濟天下也。趙佑曰。桴何可浮海。此正狀道不行實在處。海以喩滔滔皆是。桴即欲濟無舟楫意。言道之不行。如乘桴浮於海。然所託者小。而所期者大。鮮有不疑且阻者。皇皇獨有一我。唯與相從。其惟由之忠信明決能之乎。此亦惟我與爾有是夫之意。故子路聞之喜。喜其得爲聖人行道之與也。而子嘉其好勇。正以力行任道之誠。能出入於死生患難之中而不奪。曰過我者。深許之也。又曰。無所取材。則就前作轉語。言我誠汲汲於行。無如絕少可乘之具。無論其大。並桴亦無從假手。其若之何。蓋重嘆其不得尺寸之柄而用之也。

子路聞之喜。集注云。皆假設之言爾。子路以爲實然。此說非也。言雖假設。亦必有所以獨借由爲言之故。所以喜也。即下好勇過我四字是也。則此假設之許。已足喜矣。何必認假爲眞乎。好勇句。泛就子路平日言。

喪大記。裁猶冒也。鄭注。裁猶制也。字或爲材。韋昭注國語云。材讀若裁。則材與裁通。朱注非無本矣。然乘桴之嘆。原屬寓言。忽復作莊語。譏其不裁度事理。則於夫子諷歎本旨不合。

孟武伯問子路仁乎。子曰。不知也。子路之於仁。蓋日月至焉者。或在或亡。不能必其有無。故以不知告之。又問。子曰。由也。千乘之國。可使治其賦也。不知其仁也。乘去聲。賦兵也。古者以田賦出兵。故謂兵爲賦。春秋傳所謂。悉索敝賦是也。言子路之才可見者如此。仁則不能知也。求也何如。子曰。求也。千室之邑。百乘之家。可使爲之宰也。不知其仁也。千室大邑。百乘卿大夫之家。宰邑長家臣之通號。赤也何如。子曰。赤也。束帶立於朝可使與賓客言也。不知其仁也。朝音潮。赤孔子弟子。姓公西。字子華。

箋曰。不知也者。難其詞也。蓋不能必其有。亦不能必其無意。張彥陵曰。才効於可見。運用反有實際。而仁藏於心術之中。起念之間。無可把據。此處稍爲寬假。世且依附道德之途。以自揜其拙。夫子不輕以仁許三子。正爲三子自有可用之才。更不必索之不可知者。以開假借地也。

可使治其賦也。周時軍旅之征。謂之賦。周禮大司馬注。賦給軍用者也。小司馬注曰。賦謂出車徒給繇役也。左傳曰。天子之老。請帥王賦。又曰悉索敝賦。又曰。韓賦七邑。又曰。魯賦八百乘。邾賦六百乘。又曰。鄫無賦於司馬。其所謂賦皆軍賦也。吳英曰。周禮疑義舉要曰。或謂有征伐則制兵。非也。觀春秋時。晉作二軍三軍新六軍。魯作三軍。舍中軍。皆於平時作之。平時豈皆渙散無紀者乎。或謂軍將皆命卿。如春秋晉國之制。然則以六官之長爲軍將。元帥必冢宰乎。觀宣王命將。出師有其人。不必六卿之長。則亦惟王所命也。據此知集注所以不以賦爲財賦。而直謂兵爲賦也。孔子稱子路可使治賦者。不獨平居無事。訓練其民。有勇知方。以爲君國之保護也。如有當行三軍之事。亦可以當長子帥師之任矣。平時訓練。有事出征。皆不必屬之命卿。故春秋時之官職增多。不盡遵周之舊典也。而子路所獨見長者。在能爲大國也。疑義舉要又曰。天子六軍。取之六卿。而六遂與甸稍縣都亦有兵。所以防守。不在六軍中。即天子六軍亦所以備制。若有征伐。猶徵兵于諸侯。不盡用六軍也。觀桓王伐鄭。有陳人蔡人衛人從。則盛時可知矣。畿內六軍。與六遂甸稍縣都之兵。大抵爲防寇盜而設。故小司徒曰。唯田與追胥竭作。此說是也。

五等諸侯之所以得有三軍二軍一軍者。豈使之互相攻強陵弱。其必藩王室敵王愾也。周禮軍賦說。謂六軍先用六鄉。六鄉不足則六遂。六遂不足則盡境內以行。而後用諸侯之兵。殊不知。先王雖有征討。亦當視道里之遠近以使民。遠者自使方伯征之。即近者亦何至盡境內以行邪。若至空千里之地背城一戰。而後動勤王之師。則列國之視王朝。直如鄉鄰有鬭。豈後成大一統之象邪。治賦兼有勇知方言。

千室之邑三句。古凡大小官多稱宰。如家宰・大宰・膳宰・宰夫・宰胥・宰旅・及邑長家臣。皆名宰也。千室之邑是公邑。千室之邑宰。是公臣。百乘之家宰。是家臣。乃爲主人經理家政。爲衆臣之長者也。大宰九賦。邦甸家稍都鄙之賦。皆公邑所出。諸侯之國亦然。以魯言之。三鄉三遂之外。除大夫之采邑。皆公邑也。王畿之地。鄉遂以家計。諸侯之地亦以家計。故春秋之世。動云書社幾百。可知邑之大小。皆論室之多少也。邑有以國邑言者。左傳凡稱人曰大國。凡自稱曰敝邑。尚書曰大邑商。曰作新大邑於東國洛。是邑爲國之通稱。白虎通曰。夏曰夏邑。商曰商邑。周曰京師。皆以國言也。邑有以里居言者。周官里宰。掌比其邑之衆寡。莊公二十八年傳。凡邑有宗廟先君之主曰都。無曰邑。王制量地以制邑。皆以里居言也。里居之邑不同。周官四井爲邑。論語。十室之邑。易邑人三百戶。千室則邑之大者也。以此章與言志章較。子路子華皆如其言。惟冉有則自許爲邦。而孔子但許其治邑治都而非治國矣。然千室之邑。雖不能與六七十五六十相埒。亦當與百乘之家相稱。必無於公邑極言其小。於私家獨言其大者。蓋有千室之人。則便有千室之田畝農桑。不獨千室之里居廛宅也。況千室中。百工商賈。雖無田必食農之粟。何一不繫於足民之任者乎。故大邑稱千室也。約言千室。亦甚言邑人之衆。邑里之廣爾。至于百乘之家。則當時幾及千乘。故季氏有富于周公之名。而常言則止稱爲百乘之家爾。較之其所自言六七十五六十者。不已不逮矣。孔注以千室之邑爲卿大夫采邑。不爲公邑。則似冉有祗能仕於私家。未能備也。邑宰主治民言。家宰主治事言。龔元玠曰。邑有公私之分。如武城・莒父・中牟・中都・單父等皆公邑。費・郈・成則私邑也。周官雖不列職。然以左傳證之。費有鄉有郊。則公邑有鄉有郊可知。邑有千室。爲公邑之大者。邑宰總其綱。養與教。與國中之鄉同。而稍差之。亦可知矣。家雖百乘。其宰無治地之責。如子路冉有仲弓爲季氏宰。此百乘之家宰也。夫子告仲弓曰。先有司。赦小過。擧賢才。知家宰於大夫之事。無所不與。既爲衆職之倡。又可薦士類。以充衆職。觀子路擧子羔爲費宰。王生擧張柳朔爲柏人宰。則并得薦人以宰私邑矣。曰。公私邑宰亦命於君否。曰。春秋公私邑宰皆稱大夫。家臣亦稱大夫。見昭七年及二十六年。大約公邑之宰爲公臣。命於君。私邑之宰。卿自辟置。亦告於君耳。又曰。冉有用矛於齊師。夫子稱之。季康子嘗服之。今專以爲宰許之。何也。曰。聖門學者多通才。此特擧其更優者言之耳。曰。公西華可與賓客言。不與言語之科何也。曰。陳蔡之厄。不必人人皆與。且弟子不過偶記十人。以見夫子因材之教。非謂四科盡於十人也。時文家講公西華。則疑其不與言語之科。講冉有。則疑其未必優於治賦。無異夏蟲之見。殊可笑矣。

赤也。束帶立於朝二句。帶繫繚於要。所以整束其衣。故曰束帶。古有大帶。又有革帶。革帶以繫佩韍。而後加之大帶。笏搢於二帶之間。此束帶之常法也。玉藻說大帶之制云。天子素帶朱裡終辟。諸侯素帶終辟。大夫素帶辟垂。士練帶率下辟。又云。大夫大帶四寸。雜帶君朱綠。大夫玄華。士緇辟。是帶有飾也。鄭注。諸侯合素。大夫亦如之。士以下。禪不合而緶積。辟讀如禪。謂以繒采飾其側。人君充之。大夫禪其紐及末。士禪其末而已。雜即禪也。大夫禪垂。外以玄。內以華。士禪垂之下。外內皆以緇。是謂緇帶。疏云。士用熟帛練為帶。據此。知練帶唯士而已。大夫則素帶也。急就章注云。練者。煮縑而熟之也。素謂絹之精白者。蓋染緇。故須練也。然則大夫非練帶也。子華如果束帶。亦必非練帶也。雖子華自言謙云小相。居士職。然士為末擯。不得贊禮。亦不能與賓客言也。出接賓。則同稱為擯。入詔禮。則惟上擯乃為相也。原無所為小相者也。況孔子之許子華。則既云可使與賓客言。則居然上擯之事矣。上介亦然。若末介末擯。僅得于大門外立而傳辭。不可以傳辭為即與賓客言也。大夫猶可攝行上介上擯之事。即所謂攝相者是也。若士則太卑。不得攝卿事矣。孔子所謂束帶立朝者。亦必大夫之任云爾。則此束帶非練帶也。立於朝者。禮行聘於廟。朝會燕饗則於廟或於朝或於寢。此祇言朝者。亦舉一以該耳。聘禮。及廟門。几筵既設。擯者出請命。注。上擯待而出。請受賓所以來之命。重停賓也。又云。擯者入告。辭玉。注。擯者上擯也。覲禮。侯氏入門右。坐奠圭。再拜稽首。擯者謁。注。謁猶告也。上擯告以天子前辭欲親受之如賓客也。又聘禮。擯者出請事。敖繼公曰。擯者。上擯也。是相大禮皆上擯之事也。賓客二字。散文則通。對舉則別。周禮秋官大行人。掌大賓之禮及大客之儀。注。大賓要服以內諸侯。大客謂其孤卿。又司儀云。凡諸公相為賓。諸公之臣相為國客。此對舉之別也。左傳僖二十四年。宋先代之後也。於周為客。諸侯而稱客。成十一年。賓曰。君不忘先君之好。大夫而稱賓。又詩詠有客。上公也。禮言醴賓。大夫也。此散文之通也。此與賓客言者。槩而言之也。如魯有杞伯來朝。滕子來朝。郳子來朝之類。皆賓也。不得如王朝之分爲大賓小賓也。亦不得如大司徒所謂大賓客之例。以小國君謂爲大客也。但以國君來朝者。稱爲賓爾。如魯有宋公使華元來聘。齊侯使國歸父來聘。楚子使椒來聘之類。皆客也。不得如王朝之分爲大客小客也。亦不得如小司徒所謂小賓客之例。以大國之卿爲小賓也。但以卿大夫來聘者爲客爾。與言當兼禮辭及無常之辭。若成三年。齊侯朝晉。將授玉。郤克趨進曰云云。襄七年。衞孫文子來聘。公登亦登。叔孫穆子趨進曰云云。皆是無常之辭。

此章與四子言志章同意。可見聖人無處許。諸子無空言。此所以爲聖門人物也。又問及兩何如。倶是問其仁。非問其才。武伯不知所謂仁。而魯國又急需才。其問三子也。欲用三子也。其不問三子之才。而先問三子之仁者。蓋彼亦知仁之名至美。而誤認功名爲道德。見諸子之功甚顯。遂不問彼而問此也。使第告以不知其仁。則彼疑其不可用。彼亦苦於不能知。惟直擧其才以塞其望。並分示其意。則三子之分出。而武伯之心明。故此章雖無才字。不妨竟側才邊。仁字只前後點明可也。拈出三箇可使字。所以動武伯器使之意。使而云可者。分明謂國家可使之也。自用人者言。不自三子言。

子謂子貢曰。女與回也孰愈。女音汝。下同。愈勝也。對曰。賜也何敢望回。回也聞一以知十。賜也聞一以知二。一數之始。十數之終。二者一之對也。

顏子明睿所照。即始而見終。子貢推測而知。因此而識彼。無所不說。告往知來。是其驗矣。

子曰。弗如也。吾與女弗如也。與許也。○胡氏曰。子貢方人。夫子既語以不暇。又問其與回孰愈。以觀其自知之如何。聞一知十。上知之資。生知之亞也。聞一知二。中人以上之資。學而知之之才也。子貢平日以己方回。見其不可企及。故喩之如此。夫子以其自知之明。而又不難於自屈。故既然之。又重許之。此其所以終聞性與天道。不特聞一知二而已也。

箋曰。回也聞一以知十云云。十數之多也。二數之寡也。多寡相形。以明優劣而已。若數之始終。此不必論。二又不當作一之對。通鑑載。廣陵孝廉徐淑。年未滿四十。台郎詰之。對曰。詔書曰。有如顏淵子奇。不拘年齒。故本郡以臣應選。左雄詰之曰。昔顏淵聞一知十。孝廉聞一知幾。淑無以對。據此則只以多寡計。不以始終論。漢以前人皆如此也。

吾與女弗如也。包注。與如字。得之。夫子嘗云。惟我與爾有是夫。陽貨所云。來予與爾言。詩所云。終鮮兄弟。維予與女。將恐將懼。維予與女。皆此章的證。何可解與爲許。朱子以爲。聖人稱人之善。如權衡度物。不爽錙銖。若夫子自謂己不如回則稱奬過實。似汙所好。故解爲許。不知此與文王望道而未見同一意。夫子嘗云。由也好勇過我。聖言類此者不尠也。論衡孔問篇引此曰。吾與汝俱弗如也。魏志。夏侯淵字妙才。曹公下令曰。淵虎步關右。所向無前。仲尼有言。吾與女俱弗如也。皆女下有俱字。文意極明暢。後漢曹操祭橋玄文。仲尼稱不如顏淵。注引論語吾與女俱不如也。世說注引鄭玄別傳。玄從馬融學。季長謂盧子幹曰。吾與女皆不如也。亦同。是章與性天道章。其前後未可臆斷。不必講。

龜井魯曰。記夫子教誨之術也。夫子有言。曰賜也之敏賢於丘。其頴悟可知也。然至顏子之賢。莫與比肩。故夫子發問。以觀其自知何如。將以爲他日之地。蓋所謂老彭揚則抑。抑則揚者。教之術然也。知十知二。言己才下數等也。弗如也。吾與女弗如也。夫子深喜子貢自知之明。故然其不如。又曰。吾與女俱不如。以稱讚顏子之賢。而勉勵子貢在其中也。何敢望。見遠不及他。且不能齊等。況愈乎。

述何云。世視子貢賢於仲尼。子貢自謂不如顏淵。夫子亦自謂不如顏淵。聖人溥博如天。淵泉如淵也。若顏子自視。又將謂不如子貢矣。以能問於不能。以多問於寡。有若無。實若虛。聖賢所以日進而不已也。

宰予晝寢。子曰。朽木不可雕也。糞土之牆不可杇也。於予與何誅。

朽許久反。杇音汙。與平聲。下同。晝寢謂當晝而寢。朽腐也。雕刻畫也。杇鏝也。言其志氣昏惰。教無所施也。與語辭。誅責也。言不足責。

乃所以深責之。子曰。始吾於人也。聽其言而信其行。今吾於人也。聽其言而觀其行。於予與改是。

行去聲。宰予能言。而行不逮。故孔子自言。於予之事。而改此失。亦以重警之也。胡氏曰。子曰。疑衍文。不然則非一日之言也。○范氏曰。君子之於學。惟日孜孜。斃而後已。惟恐其不及也。宰予晝寢。自棄孰甚焉。故夫子責之。胡氏曰。宰予不能以志帥氣。居然而倦。是宴安之氣勝。儆戒之志惰也。古之聖賢。未嘗不以懈惰荒寧爲懼。勤勵不息自強。此孔子所以深責宰予也。聽言觀行。聖人不待是而後能。亦非緣此而盡疑學者。特因此立教。以警羣弟子。使謹於言而敏於行耳。

箋曰。宰我稱名。特筆也。鄭注。寢。臥息也。晝寢。當晝日而寢也。此與韓詩外傳。衛靈公晝寢而起。志氣益衰。宋玉高唐賦。楚王晝寢于高唐之臺同。不與列子晝寢。夢遊于華胥氏之國同。曰晝。非晏起也。曰寢。非坐而假寐也。晝寢。在當時甚爲可怪。而後世反疑責之已甚。故如梁武帝。有晝寢之說。殊不知。春秋之時本無晝寢者。惟宰我獨爲之。故可異也。內則謂。雞初鳴。咸盥漱。縣衾篋枕。斂簟而襡之。則雖欲晝寢。而不便矣。至秦漢以後。漸有承塵帷帳繩牀之器。及晉人世說新語。多誌晝寢事。以爲美談。則枕褥常設。而晝寢甚便。亦莫之或過矣。或又云。晝當居外。宰我晝居內。故夫子譏之。果然。則當云晝居寢。不得云晝寢矣。

朽木不可彫也。邢本。彫作雕。今從皇本正平本。

糞土之牆不可杇也。糞土之牆。言以糞土築牆也。糞土謂糞之土也。山原新採之
土。其性全而黏埴。可以充牆壁之用。一經糞治。則其天鑿矣。無復黏性。不中用。牆
垣蔽也。釋名釋宮室。牆障也。所以自障蔽也。杇皇本釋文本並作圬。圬乃杇之俗。
玉篇作杅。隸體小變。爾雅釋宮。鏝謂之杇。李巡曰。鏝一名杇。塗工作具也。郭璞云。
泥鏝。言用泥以鏝也。說文木部。杇所以塗也。秦謂之杇。關東謂之槾。从木亏聲。槾
杇也。从木曼聲。金部。鏝鐵杇也。从金曼聲。是杇以木制。鏝以金制。二字从木从金。
其體也。从土其用也。鏝之所鏝。亦曰鏝。孟子所謂畫墁是也。杇槾同物異名。用以
塗牆。故亦謂塗牆之人爲杇人。左傳稱圬人以時是也。戰國策豫讓變姓名。入宮
塗廁。欲以刺襄子。襄子如廁心動。執問塗者。則豫讓也。刃其杅。
曰。欲爲智伯報讎。杅謂塗廁之杅。刃其杅。謂皆用木而獨刃之。
於予與何誅者。甚讓責之之辭也。與猶也也。於予與改是。同。周官太宰。八曰
誅。以馭其過。注。誅責讓也。司救掌萬民之衺惡過失而誅讓之。注。誅誅責也。
子曰二字。更端之詞。思而復起。更轉一法以責之。此二字乃記者大得精神處。於
人二字。俱暗指宰予。聽言信行。與聽言觀行。俱活看。夫子何嘗受人欺。且始之人
安得言行都相符。亦豈謂今之人言
行都相悖。蓋抑揚反覆。以深警之也。
於予與改是。改是猶言改於是也。謂今改如是也。是字指觀行一條。不當解
作改之。改者更其方。爾不必言改失。胡注聽言觀行。聖人不待是以下當削。
聖人德宏量大。責人極寬。今杇木糞牆之喻。在一部論語中。蓋絕無而始有者。則
宰我之失。必非小過也。寐固係志氣之昏惰。然亦小失耳。而責之如是其甚。是聖

人未始辨罪之輕重大小也而可乎。

子曰。吾未見剛者。或對曰。申棖。子曰。棖也慾。焉得剛。焉於虔反。剛堅强不屈之意。最人所難能者。故夫子歎其未見。申棖弟子姓名。慾多嗜慾也。多嗜慾則不得爲剛矣。○程子曰。人有慾則無剛。剛則不屈於慾。謝氏曰。剛與慾正相反。能勝物之謂剛。故常伸於萬物之上。爲物揜之謂慾。故常屈於萬物之下。自古有志者少。無志者多。宜夫子之未見也。棖之慾不可知。其爲人得非悻悻自好者乎。故或者疑以爲剛。然不知此其所以爲慾爾。

箋曰。未見是想望欲見之詞。不是慨歎不得見之詞。剛者彊之斷也。剛彊勇毅四德。一類而各有謂也。彊者弱之反。勇者怯之反。毅者脆之反。剛者柔之反。唯剛有勇往割斷之意。故說文解作彊斷也。字從刀。故每帶斷割之義。物茂卿曰。書九德。直而溫。剛而塞。强而義。是直剛强各殊也。又孔子語子路六言六蔽曰。好直不好學。其蔽也絞。好勇不好學。其蔽也亂。好剛不好學。其蔽也狂。是直勇剛各殊也。中庸北方之强。南方之强。謂勇則强即勇也。邢昺以直解剛。朱子以強解剛。皆非矣。仁齋誤援中庸南方之强者。亦沿朱子之誤耳。大氐勇與怯對。以心不懼言。强與弱對。以力不屈撓言。故强勇一類。故非寬裕溫柔以道義自勝者。不足爲强勇之至也。剛與柔對。以其質果烈言。既曰溫柔。焉得以爲剛乎。譬諸物。金剛木柔。而木有强有弱。火剛水柔。水似弱實强。然不得以水爲剛矣。是字義各有攸當也。至於直則以不曲言。焉得混乎。

申棖。釋文引史記作棠。劉寶楠曰。棖或作棠。或作堂。或作黨。漢王政碑。有羔羊之潔。無申棠之欲。此作棠也。史記索隱。申堂字周。本史記弟子列傳。此作堂也。今本史記云。申黨字周。此作黨也。諸家文雖有異。而音則相通。詩丰云。俟我乎堂兮。鄭箋。堂當爲棖。可證也。唐宋以來。因稱名參錯。分申棖申黨爲二人。玄宗開元二十七年。封申黨召陵伯。申棖魯伯。眞宗祥符二年。封棖文登侯。黨淄川侯。倶列從祀。至明嘉靖九年。因大學士張璁奏。存棖去黨。而祀典始正。困學紀聞云。史記索隱謂。文翁圖有申棖申棠。今所傳禮殿圖。有申黨無申棖。文獻通考亦云。今考文翁石室圖。無所謂棖與棠也。是圖本止申黨一人。諸字皆由音近通用。莫知其孰爲正。

棖也慾。焉得剛。說文無慾字。慾欲之煩文。謂身有所願欲也。慾字最廣。亦要說得細。程子云。所欲不必沉溺。只有所向。便是慾。棖學於聖門。必不至如世人貪財好色。嗜慾無厭。唯一有慾矣。則臨事剛斷有妨於其慾者。必畏縮弗敢爲。是以慾喪剛者不得以爲剛者也。蓋慾者累剛之尤。剛者無慾。則不爲外物所屈撓。如鋼刀不雜於鉛。則切物而鋒自不屈。有慾者不能剛。則易爲外物所屈折。如鉛刀無鋼性。則觸物而鋒便挫屈矣。

太宰純曰。季布有名之士。當時所號稱賢者也。其始惡曹丘生。以爲非長者。與其在呂后時。嘗面折廷爭。以爲樊噲可斬。皆足以見其剛直。迨其聞曹丘一言。大說引爲上客厚送之。何其柔也。豈非以好名無已故乎。孔子曰。棖也慾。焉得剛。棖其季布之儔乎。夫所謂慾者。豈必聲色財利之慾。凡嗜好之甚者皆是也。人之嗜好亦有清濁。無非慾者。可不戒乎。

吳因之曰。剛柔之名。雖自來並稱。然天地間只一剛便了。其所謂柔者。特委曲以成其剛而已。當初聖人因見得天下事沒有這段柔曲。便連那剛也成不得。故並舉之曰剛柔。不知剛與柔。自對不過。蓋柔只帶在剛裏面。造化之所以爲造化。人心之所以爲至德。要不越此。沈無囘曰。廉直狷介。是剛之一端。能屈能伸。能明能晦。能進能退。而後爲君子之剛。若東漢之節義。止可謂氣。不可謂剛。

古賀煜曰。人之衆德。莫美於剛。又莫盛於剛。君子所以法天行之健而自强不息也。凡世人制行。以僞亂眞者。不可勝數。而其最易炫惑者。莫甚於剛。或狹中偏性。不知通變之方。或師心而自是。忠告之箴。格不可入。或悻悻察察。殺氣滿胸腹。不可嚮近。或好訐人私。面折人。譽以不畏。高明自任。此後世之所謂剛。而其實以僞亂眞之尤者也。昔夫子嘗難未見剛者。或擧申棖。而夫子曰。棖也慾。焉得剛。由是觀之。僞剛之亂其剛。其來尙矣。夫陽氣一發。金石悉透。春和長育。雖窮山荒野。莫不周浹。此陽剛之灼易見者。其論乎人也。不問其心之無私與否。其執議之爲是爲非。苟弁陋墨守。撊然不肎卑屈者。輙目爲剛。此未始洞人事之至當也。故古之剛者。所守之正。雖艱辛百折。而不少移。慈仁濟物之心。不至遍被寰宇不已。彼我之辨。無絲毫蔕芥乎胸。聞人昌言。幡爾從之。其心洞徹。如青空朗月然。此剛之至也。如漢文。呂伯恭。未足稱至剛。顧漢文聞馮唐袁盎逆耳之言。而克優容之。伯恭讀夫子躬自厚而薄責於人語。頓革狷急之性。爲寛厚。亦得剛之一端矣。

朱子以堅彊不屈言剛者。謂不屈於物也。惟無慾。故不屈。程子乃云。剛則不屈於慾。對上句人有慾則無剛言。乃云人有慾則無剛。剛則無慾耳。程子之云不屈。只是無字意。與朱子之堅彊不屈以不屈於物言者不同。程子之不屈於慾。乃所以堅彊不屈之本也。又孟子鄉黨自好者不爲。此當自愛其身之義。言自愛惜其身。不使陷乎不義也。謝氏自好語。雖本孟子。而從自以爲是之義方妥。如解爲自愛。則不的切。

子貢曰。我不欲人之加諸我也。吾亦欲無加諸人。子曰。賜也。非爾所及也。

子貢言。我所不欲人加於我之事。我亦不欲以此加之於人。此仁者之事。不待勉強。故夫子以爲非子貢所及。○程子曰。我不欲人之加諸我。吾亦欲無加諸人。仁也。施諸己而不願。亦勿施於人。恕也。恕則子貢或能勉之。仁則非所及矣。愚謂。無者自然而然。勿者禁止之謂。此所以爲仁恕之別。

箋曰。中井積德曰。子貢蓋在孔子之側。與同門諸子語。而有此言也。非對孔子說之。孔子旁聞而呼之曰賜也云云耳。賜也兩字。可想坐上光景。

我不欲人之加諸我也二句。下篇云。己所不欲。勿施於人。施加同義。

我對人而言。吾自謂也。左傳。吾不得志于漢東也。我則使然。我張吾三軍。而被吾甲兵。以我食吾言。述而篇。子曰。二三子以我爲隱乎。吾無隱乎爾。孟子。我知言。我善養吾浩然之氣。莊子。吾喪我。皆足以徵矣。大學。言絜矩之道云。所惡於上。毋以使下。所惡於下。毋以事上。所惡於前。毋以先後。所惡於後。毋以從前。所惡於右。毋以交於左。所惡於左。毋以交於右。即子貢此言之旨。蓋子貢以恕自任。而孔子謂其非所及也。不曰勿而曰無者。語路之異。而自他之別也。勿者禁他之辭。無者自制之辭。欲無。我欲無此事也。是其辭不得不言無也。何本皇本爾作汝。正平本。諸人下有也字。

子貢言。吾亦欲如此。自勉之辭也。夫子曰。非爾所及。若曰談何容易。爾試以身體之。恐未便能及此。此難之之辭。欲其實用力耳。勉而進之。非抑之也。及字就目下言。不就後日言。夫勉然之恕。學者之行仁也。自然之恕。聖人行仁也。能恕則仁矣。不以勉者爲恕。自然者爲仁生分別也。

集注以無勿分仁恕。斥子貢之不曰勿而曰無。殊不知古者勿無通用。無友不如己者。無欲速。無見小利。皆禁止辭也。與勿何異。而遂以此無字爲自然乎。學者立志欲高。志在第一等。何不可之有。若曰仁吾不能。姑爲恕而已。則今汝畫矣。非孔門之學也。且子貢不曰無而曰欲無。則欲字是一念發願。非立志乎。乃知子貢之言。固無可病耳。但子貢口能言立志之言。而實行不能然。故夫子曰。非爾所及也。仁齋曰。學貴乎副實。而嫌乎馳高。聽明者其論每過高。而實不相副。子貢之病。正坐此耳。

子貢曰。夫子之文章可得而聞也。夫子之言性與天道。不可得而聞也已矣。

文章德之見乎外者。威儀文辭。皆是也。性者人所受之天理。天道者天理自然之本體。其實一理也。

言夫子之文章。日見乎外。固學者所共聞。至於性與天道。則夫子罕言之。而學者有不得聞者。蓋聖門教不躐等。子貢至是始得聞之。而歎其美也。〇程子曰。此子貢聞夫子之至論。而歎美之言也。

箋曰。文章謂禮樂制度之類。然此文章以其發於言論而言。故曰聞也。下有言字。集故省之耳。非謂孔子之德容威儀文辭。若孔子之德容威儀。則可覩而不可聞。注誤。泰伯篇。巍巍乎有成功也。煥乎有文章。大傳。立權度量。考文章。改正朔。詩序。厲王無道。天下蕩蕩無綱紀文章。荀子曰。有婜萋文章之等。以敬飾之。韓非子曰。禮者所以情貌也。群義之文章也。或曰。文飾。曰文爲。曰文理。曰至文。皆謂禮之有制度節文也。孔子雖聖人。不得位。不得作禮樂。然如語顏淵行夏時。乘殷輅。服周冕。樂則韶舞。及散見戴記者。亦頗有論四代禮樂者。則雖其所罕言。猶可得而聞也。性之說見於中庸。天道之說見於易繫。子貢本意。正欲學者專力文章。而不必驟求性道。不是得聞而沾沾自喜告於人。記者錄之。蓋以明性命天道非夫子所先也。自宋以後。學者以明心見性之空言。代修己治人之實學。股肱惰而萬事荒。爪牙亡而四國亂。孔門之學。失其傳久矣。可嘆哉。

不可得而聞也已矣。邢本無已矣二字。依皇本補之。史記孔子世家。漢書眭弘夏侯勝等贊。又外戚傳注。及顏師古匡謬正俗引此語。句末俱有已矣二字。此子貢寓嗟嘆於不可得聞中。故以已矣傳言外微旨。二字不可脫。

集注謂。子貢至是始得聞之。未必然。

恒久不已。固天道也。然其所以不已。以消息盈虛耳。消息盈虛。即吉凶禍福之所由而生也。推其本亦唯陰與陽。故古稱天道。有指福善禍淫者。有指人道自然而然者。此章合說為是。

口口口曰。性與天道。孔子所罕言。而孟子開口便道性善。至程朱益紹明而闡發之。蓋聖賢各因其時而立之教焉。故其言雖不同。其道未始不同也。春秋之世。文武之道。未墜於地。禮樂刑政猶有存者。而人心風俗之敗壞未甚。故孔子之教人。必以禮樂為先。孝弟忠信為要。使學者服習乎禮儀。游泳於樂節。而成其孝弟忠信之德。而學者自然莫不得心性之正。是孔子之時也。迨乎戰國。先王之禮樂刑政。寢以崩壞。而人心風俗之敗頹。亦已極矣。孟子之時也。欲明斯道以救一世。於是有性善之說。直揭其本然之要。以為教焉。且若存心養性之說。皆使人用功於本源。是孔子所不道。而孟子始言之。是又孟子之時也。迄秦焚書。聖經不全。漢儒僅守訓詁。而於大義無所發明。其後佛老之說日盛月熾。高明之士。往往以吾道為卑下不足行。而遂逃於佛老。至程朱起。闡發孔孟之道眞。其學以持敬為本。以窮理為要。皆兼心身。合內外。統鉅細。與彼專以心爲學者。夐然不侔矣。蓋佛老之說。如彼其高妙深遠也。故吾之說。亦自不得不極廣大盡精微。蓋不如是不足以破其怪誕之說。而明聖人之道。是以程朱之說。自天地造化之大。以至民物性命之微。巨細兼該。至精極密。其說多孔孟所不道者。是又程朱之時使之然也。後儒不達於時宜變通之義。輒斥以爲佛老之學。妄亦甚矣。要之皆坐於不知時耳。

子路有聞。未之能行。唯恐有聞。

前所聞者。既未及行。故恐復有所聞而行之不給也。〇范氏曰。子路聞善勇於必行。門人自以爲弗及也。故著之。若子路可謂能用其勇矣。

箋曰。人有篤好之物。既得一事而未料理。更得一事。則心急意忙。至于煩懣發熱。故每得一事。輒怕後事早至手也。好之至耳。子路之恐。正此之類。此三句文法。方有聞而又恐有聞。不過是急於行耳。記者偏說未能行。透過一層。乃加得十倍。正平本。未下無之字。論語所記。無非善言懿行。此何論及與弗及。范說當削。子路勇於行。凡所聞於師友。欲皆必行之。故有未行而又聞之。猶債之積身。欲償之難也。常人聞之。未必即行之。荀子大略篇。君子之學。無留善。無宿問。與此相發。張彥陵曰。此即狀子路之急於行。三句減下一字不得。蓋畫出子路一個心事也。龔應身曰。推其心。直欲盡天下之善而聞之。尤欲盡所聞之善而行之。然後已。是何等勇果力量。

子貢問曰。孔文子何以謂之文也。子曰。敏而好學。不恥下問。是以謂之文也。

好去聲。孔文子。衛大夫。名圉。凡人性敏者。多不好學。位高者。多恥下問。故謚法有以勤學好問爲文者。蓋亦人所難也。孔圉得謚爲文。以此而已。○蘇氏曰。孔文子使大叔疾出其妻而妻之。疾通於初妻之娣。文子怒將攻之。訪於仲尼。仲尼不對。命駕而行。疾奔宋。文子使疾弟遺室孔姞。其爲人如此。而謚曰文。此子貢之所以疑而問也。孔子不沒其善。言能如此。亦足以爲文矣。非經天緯地之文也。

箋曰。圉與臧辰。皆以蔽賢得文謚。但不推進耳。猶知尊禮之節取可矣。故孔子稱之。聖人不沒人之善者如此。左傳所載孔文子之事不美。故子貢疑其行謚不副。仁齋遂疑左傳所記恐未必然也。可謂不識聖人之心已。且子貢既已疑之。則左氏不可疑矣。

敏亦就好學而言。非別項。述而篇。子曰。我非生而知之者。好古敏而以求之者也。說命。惟學遜志。務時敏。厥修乃來。允懷于茲。道積于厥躬。皆可以證矣。

不恥下問。孔注。下問問凡在己下者也。凡字極妙。言官位才學行義年齒都在己下者也。夫子嘗稱其治賓客。想他所學問。必是那典章制度進退威儀。公卿大夫自有一種學問。春秋大夫又別有一種學問。勿寫似聖賢絕詣。亦勿寫似章句俗學。則得之。又其在異國。趨衰之文以拜享。行父之文以盡忠。其在本國公叔之文以睦鄰。林父之文以知懼。言有謂也。必有以也。是以謂之文也者。乃是孔子述衛人錫諡于圉之緣由。非孔子斷其亦可以謂之爲文也。與贊公叔文子。謂可以爲文矣不同。

諡法僞書。不當採入。所謂勤學好問爲文。則取諸此章而附會之。錫民爵位曰文。則取大夫僎章而附會之耳。又周公之時未有諡。周制有爵必有諡者。亦康王以後云。魯衛晉宋始封之君無諡。宋無諡者三世。可以見矣。文王武王。是諡之嚆矢矣。然猶是稱號而已。殷湯亦有武王之號。國語稱周公爲文公。皆據其功德爲稱號耳。非有一定之制。諡若創于周公。則其子伯禽安得無諡。崔述有論極詳。見左氏會箋隱八年。

注經天緯地者。極贊聖人德業之辭。言其德業充滿天地也。朱子曰。裁成天地之道。輔相天地之宜。此便是經緯天地之文。此解簡而盡。故如燮理陰陽。光被四表等語。可以形容之。

自他小節無足言。

伊藤長胤曰。春秋之時。列國大夫諡文者多矣。如魯之季文子。臧文仲。公父文伯。齊之陳文子。晉之范文子。趙文子。皆得諡文。子貢不致疑於此諸人。而獨舉孔文子爲問。蓋孔圉雖有治賓客之才。其人不及行父士燮等。此其所以爲疑也。故夫子特舉此二事以答之。

陸隴其曰。盛世之諡嚴。嚴則寡。末世之諡寬。寬則衆。夫子之略其短。取其長。善通先王立諡之意而爲言也。又曰。孔文子這一種學問。當日必有實見之政事。衛國之社稷賴以匡持者。非徒記誦詞章之學問也。故雖有疵行。聖人猶有取焉。

子謂子產。有君子之道四焉。其行己也恭。其事上也敬。其養民也惠。其使民也義。

子產鄭大夫。公孫僑。恭謙遜也。敬謹恪也。惠愛利也。使民義。如都鄙有章。上下有服。田有封洫。廬井有伍之類。○吳氏曰。數其事而責之者。其所善者多也。臧文仲不仁者三。不知者三是也。數其事而稱之者。猶有所未至也。子產有君子之道四焉是也。今或以一言蓋一人。一事蓋一時。皆非也。

箋曰。晉語。鄭簡公使公孫成子來聘。韋注。成子子產之謚。論語。於列國卿大夫有謚者。或稱謚。或稱字。書紳各異。固無定例。繫辭傳。易有君子之道四焉。中庸。君子之道四。家語。回有君子之道四。皆舉其尤者而數之耳。非有所未至之謂。外注。吳械吹求甚矣。果如吳說。臧文仲三不仁三不知之外。皆中理。是臧文仲見取者多。而子產見取者少也。豈其然乎。高拱曰。後儒成心未去。每事苛求。自大賢而下。皆不免焉。夫謂之數事而稱者。必以某事見其恭。以某事見其敬。以某事見其惠且義。乃爲數事而稱。今曰行己恭。是無往而不恭也。事上敬。是無往而不敬也。養民惠。使民義。是無往而不惠且義也。行己事君。治民之理具矣。則何謂數事而稱。大學稱文王之敬止。亦惟曰。爲君止仁。爲臣止敬。爲子止孝。爲父止慈。交人止信。五者而已。將亦謂數事而稱者歟。

恭倨傲之反。言不自高以侮人也。恭本主容說。而不以富貴驕人。不以賢知先人。二意。亦包焉。首說行己之恭。是爲人根本。唯此處服得人。故事上使下。得行其志也。鋤姦事大用人。皆是事上內事。存疑所謂陳力就列也。敬怠慢之反。有所愼重奉崇。而不敢怠慢輕忽也。養民惠則田疇能殖。子弟能誨。故夫子稱爲惠人。惠者仁也。仁者愛人。故又言古之遺愛也。時多以子產爲法家。故言此。

其使民也義。義宜也。謂擇可勞而勞之也。既非姑息。亦非厲民。集注據左傳以都鄙有章。上下有服解之。此治民之有制者也。非使民之義也。使民者謂役使庶民非治民也。夫子曰。使民以時。孟子曰。以佚道使民。雖勞不怨。是也。蓋非爲國爲民。而漫興土木。供遊觀以役使百姓。此使民之不義者。興鑿城池。修理橋梁。以利國利人。一勞永逸。此使民之義者也。子產有之。故夫子稱之。

恭敬惠義。俱是本之心而達之事者。其恭。故能禮賢下士。喜納善言。其敬。故能恪職致忠。夙夜弗懈。其惠。故能制產厚生。使民得其所。既以惠養民。宜無可加焉。而又益使民也義一句者。與道千乘之國章別揭使民以時一句同意。夫鄭攝於晉楚之間。國家多事。玉帛日迎于境。當是時。子產特以辭令能折大國之勢。是豈無本而然哉。恭敬惠義。政修於上。而民懷於下。其本既如此。所以能禦外侮也。若無其本。喋喋呶呶。徒欲以口舌當虎狼之大國。必有遺彼之怒而速滅亡而已矣。

子曰。晏平仲善與人交。久而敬之。晏平仲齊大夫。名嬰。程子曰。人交久則敬衰。久而能敬。所以爲善。

箋曰。晏姓。平謚。名嬰。稱晏平仲。猶稱臧文仲臧武仲也。與孔子同時者。如子産趙宣子。皆未聞其知孔子。唯晏子獨知孔子。而薦之於齊景。而後人反謂晏嬰不知孔子何歟。平仲孔子所素知。偶記其一善以稱之。非以槩其人也。不與上章論子産一例。

皇本作人敬之。皇疏曰。此善交之驗也。孫綽曰。交有傾蓋如舊。白首如新。隆始者易。克終者難。敦厚不渝。其道可久。所以難也。故仲尼表焉。邢本脫人字。足利古本正平本。亦作人敬之。以春秋傳事觀之亦合。平仲身遭季世。而使人能久敬之。則爲交之善也。人字善惡都有。當時內而崔慶陳鮑之輩。外而肸札僑戌之流。其交最雜。其交亦最難。故須按時地言之。只敬便諸釁不投。諸疑不作。友朋疑間之端雖多。其弊總自不敬生來。

魏禧曰。君子使人可愛。寧使人可敬。夫愛而不敬者。愛終衰。因敬生愛。愛不窮矣。是故小人無敬。小人而人敬。必外附君子之重。

子曰。臧文仲居蔡。山節藻梲。何如其知也。梲章悅反。知去聲。臧文仲魯大夫臧孫氏名辰。居猶藏也。蔡大龜也。節柱頭斗栱也。藻水草名。梲梁上短柱也。蓋爲藏龜之室。而刻山於節。畫藻於梲也。當時以文仲爲知。孔子言其不務民義。而諂瀆鬼神如此。安得爲知。春秋傳所謂作虛器。即此事也。○張子曰。山節藻梲。爲藏龜之室。祀爰居之義。同歸於不知宜矣。

箋曰。凡卜皆在廟。故藏龜亦於廟。周官龜人。凡取龜用秋時。攻龜用春時。各以其物入于龜室。注云。六龜各異室也。史記龜策列傳。言高廟有龜室。又言置室西北隅懸之。此其制也。左文二年傳。說臧孫此事云作虛器。杜注。作虛器。謂居蔡山節藻梲也。有其器而無其位。故曰虛。如杜所言。則居蔡謂作室以居之。所謂龜櫝也。其所置之處。亦必在文子家廟中。明堂位曰。山節藻梲。複廟重檐。天子之廟飾也。文仲詔瀆神物。以冀福佑。而不知其僭上無等之罪。故夫子不斥其僭。而但斥以不知。左傳襄二十三年。致大蔡焉。杜注。大蔡大龜。釋文。大蔡龜名也。一云。龜出蔡地。因以爲名。臣瓚曰。蔡是大龜之名。書曰。九江納錫大龜。大龜不出蔡國。若龜出蔡楚。不可名龜爲楚也。俞樾曰。疑蔡當讀爲叡。說文。叡楚人謂卜問吉凶曰叡。讀若贅。龜者所以卜問吉凶也。因卽名之曰叡。蓋楚語也。龜本荆州所貢。故沿襲其語耳。叡與蔡音相近。孔氏廣森經學卮言謂。蔡蔡叔之蔡卽𥻆。三苗之𥻆。然則以蔡爲叡。猶以蔡爲𥻆矣。俞說可從。漢書食貨志。元龜巨冄長尺二寸。公龜九寸。侯龜七寸。子龜五寸。孟康曰。冄龜甲緣也。巨至也。度背兩邊緣尺二寸也。然則尺二寸之龜。謂其廣。不謂其脩。曰尺曰八寸。皆謂兩邊相距也。臧氏之龜名僂句。昭二十五年傳云。臧會竊其寶龜僂句。以卜僭而吉者是也。全祖望曰。臧孫世爲魯國守蔡之大夫。武仲奔防。納蔡求後。以其爲國寶也。周柄中駁之曰。左昭二十五年傳云。臧會竊其寶龜僂句以卜。而家語亦云。臧氏家有守龜。名曰蔡。此明是臧氏所私置。若是國寶。則不得藏于臧氏之家。自有龜人掌之。武仲奔防。大蔡自在。何待于納。臧會烏得而竊。周禮。卜師龜人皆屬宗伯。臧氏司寇。非其所掌。此說是也。古者著龜皆藏諸宗廟。國有大事。謀諸鬼神。謂宗廟之神也。鬼神不言。以卜筮告之也。

故禮運曰先王秉蓍龜列祭祀瘞繒宣祝嘏辭說設制度莊子秋水篇曰吾聞楚有神龜死已三千歲矣王巾笥而藏之廟堂之上明其在宗廟也蓋蓍龜鬼神之紹介也若不問諸宗廟而問諸蓍龜則先王可謂不知本已故知大夫八寸之龜亦藏在家廟中矣又知山節藻梲者乃臧氏家廟中藏龜處之節梲也蓋文仲以爲不用于家廟之堂宇而用之于藏龜處可免譏尤爾然則臧氏居蔡若果世官則不應于大夫之家若居蔡謂指魯廟居之則山節藻梲之不智殆在魯君豈守龜之臣所能妄行于先君廟堂之地邪謂非私置其誤明矣居猶藏也益稷懋遷有無化居晉語欒桓子假貸居財史記呂不韋傳是奇貨可居越世家廢居候時

劉氏曰廢出賣也居停畜也漢書張湯傳居物致富師古注居猶儲也儲有藏義居字之義可以證矣

山節藻梲節與榙同藝文類聚引作楶楶榙一字爾雅釋宮栭謂之楶釋文楶音節孫炎本作節是楶節通用說文云榙欂櫨也欂櫨柱上枅也枅屋欂櫨也栭屋枅上標也三蒼云柱上方木曰枅一名榙山東河南皆曰枅自陝以西曰榙枅則楶也枅加於柱栭又加於枅以次而小故名之栭薛注西京賦曰栭斗也王延壽靈光殿賦芝栭攢羅以戢孴張載注云芝栭柱上節方小木爲之栭在枅之上枅者柱方木斗又小於枅亦方木也然後乃抗梁焉栭與枅非一物釋宮合二事渾言之許則析言之又爾雅閞謂之槉郭注柱上欂也亦名枅又曰榙說文閞門欂櫨也徐鍇繫傳斗上承棟者横之似笄也柱端交㭼之處置方木焉使相接合故謂之槉案閞則爲門上之枅與柱端之枅同故其訓亦不異也鄭注禮器云山節謂刻柱頭爲斗栱形如山也是刻山爲節不刻山形於節也集注似誤釋文梲本

又作棳。爾雅云。宗廟謂之梁。其上楹謂之棳。是棳在梁上。郭注以爲侏儒。鄭注明堂位亦云。畫侏儒柱爲藻文也。侏儒者短柱之稱。宮室之制。棟與梁爲大棟。言東西者。梁言南北者。屋脊爲棟。負棟爲梁。梁上短柱。所以承棟。淮南主術訓。短者以爲朱儒。高誘注。朱儒梁上戴蹲跪人也。朱儒本短人。故短木亦稱朱儒。高舉其形似言之。非謂刻爲人也。玉篇。以梲爲梢。殊誤。徐鍇說文繫傳。以楶爲梁上短柱。而以兩旁枝梧之木爲梲。亦與舊訓不合。居蔡與山節藻梲。古注以爲二事。謂居蔡是僭諸侯之禮。山節藻梲。是僭天子宗廟之禮。以飾其居。如此則已是二不知。不應概以作虛器罪之。曰一不知也。夫山節藻梲。實係天子之廟飾。管仲僭用以飾其居。而臧孫未必然者。蓋臺門反坫。朱紘鏤簋。出自東吾之奢汰。不足爲怪。而臧孫則儉人也。天下豈有以天子之廟飾自居。而使妾織蒲於其中者。然則山節藻梲。其施之於居蔡也明矣。而夫子以務民義遠鬼神者爲智。則文仲不智。亦可推而知矣。何如其知。猶云是何等樣知。語亦婉刺。皇本知作智。

子張問曰。令尹子文三仕爲令尹。無喜色。三已之。無慍色。舊令尹之政。必以告新令尹。何如。子曰。忠矣。曰。仁矣乎。曰。未知。焉得仁。知如字。焉於虔反。令尹官名。楚上卿執政者也。子文。姓鬭。名穀於菟。其爲人也。喜怒不形。物我無間。知有其國。

而不知有其身。其忠盛矣。故子張疑其仁。然其所以三仕三已。而告新令尹者。未知其皆出於天理。而無人欲之私也。是以夫子但許其忠。而未許其仁也。

崔子弑齊君。陳文子有馬十乘。棄而違之。至於他邦。則曰。猶吾大夫崔子也。違之。之一邦。則又曰。猶吾大夫崔子也。違之。何如。子曰。清矣。曰。仁矣乎。曰。未知。焉得仁。

乘去聲。崔子。齊大夫。名杼。齊君莊公。名光。陳文子亦齊大夫。名須無。十乘四十匹也。違去也。文子潔身去亂。可謂清矣。然未知其心果見義理之當然。而能脫然無所累乎。抑不得已。於利害之私。而猶未免於怨悔也。故夫子特許其清。而不許其仁。○愚聞之師曰。當理而無私心。則仁矣。今以是而觀二子之事。雖其制行之高。若不可及。然皆未有以見其必當於理。而眞無私心也。子張未識仁體。而悅於苟難。遂以小者信其大者。夫子之不許也。宜哉。讀者於此更以上章不知其仁。後篇仁則吾不知之語。幷與三仁夷齊之事觀之。則彼此交盡。而仁之爲義可識矣。今以他書考之。子文之相楚。所謀者無非僭王猾夏之事。文子之仕齊。既失正君討賊之義。又不數歲而復反於齊焉。則其不仁亦可見矣。

箋曰。令尹楚執政之官。令政令也。尹正其事也。子文姓鬬。名穀於菟。子文其字也。子文爲令尹。始自魯莊三十年。楚成八年。代子元。至僖二十三年。楚成三十五年。

讓子玉。凡二十八年。僖二十八年。子玉死。蔿呂成繼之。子上又繼之。僖三十三年。楚成四十六年。子上死時。公子燮求令尹而不得。文元年。楚弑成王。厥後數年。不著令尹。至文十二年。楚令尹大孫伯卒。成嘉爲令尹。至宣四年傳敘子越之亂。追紀之曰。令尹子文卒。鬬般爲令尹。子文三仕三已。傳記皆未詳。或云子上之後非也。子上之死。雖因商臣之譖。實誤聽大孫伯之言。文五年滅六。十一年敗麋師。皆大孫伯帥師。則子上爲令尹之後。當必大孫伯繼之。無子文復仕之事矣。蓋子文三仕令尹。皆實事也。其謂三已之。則總其大略而言。不皆罷黜。而自讓者有一焉。然卽自讓。亦是已之。左僖二十三年傳。楚成得臣帥師伐陳。遂取焦夷。城頓而還。子文以爲之功。使爲令尹。蓋亦必楚君有將欲黜之之意。子文性本恬退。故因而薦子玉以代己。此非特不以爲慍。且益盡其忠。安得謂子文並未罷黜邪。由是推之。魯莊三十年。申公鬬班殺子元。鬬穀於菟爲令尹。是一仕。至使子玉爲令尹。計二十八載。其間想亦必每嫌子文罷軟。而罷黜之。是再已之。施復爲令尹。是三仕。使子玉爲令尹。是三已之。子文不戀令尹之官。故三仕三已。無喜慍也。楚語。觀射父曰。昔鬬子文三舍令尹。無一日之積。恤民之故也。潛夫論遏利篇。楚鬬子文三爲令尹。而有飢色。妻子凍餒。朝不及夕。皆言子文三仕三已。與論語正合。荀子堯問。莊子田子方。呂氏春秋知分。淮南子道應。史記鄒陽傳。循吏列傳。並以三仕三已爲孫叔敖之事。考叔敖爲令尹。見宣十一年傳。十八年楚莊王卒。史記稱叔敖死數年。莊王用優孟言。始予其子以寢邱之地。則叔敖之卒。先於莊王數年。是其仕纔二三年耳。恐未有三仕三已之事。荀莊諸人。去春秋時已遠。必係傳譌。堯典。試可乃已。孔傳。已。退也。孟子梁惠王篇。士師不能治士。則如之何。王曰。已之。朱注。

已。罷去也。必以告新令尹何如。
皇本如下有也字。正平本同。

子曰。忠矣。忠者中心也。盡己也。能盡中心之誠。謂之忠。左傳僖九年。荀息曰。公家之利。知無不爲。忠也。是此章忠字之義也。曰未知焉得仁。未知疑之也。亦不許之辭。與仁則吾不知。不知其仁。語意正同。既以未知疑之。又以焉得決之。是言語之道。集注。未知其皆出於天理。而無人欲之私。失本文口氣。下節放此。

中井積德曰。子文志專於忠。故一身之得喪。不能動其喜怒之情。故亦無其色耳。此實足多者。若天資喜怒不形。是其稟受。不足擧而稱也。注爲人喜怒不形。失當。

崔子齊大夫。名杼。崔子弑齊君。句法與季氏旅泰山同。弑上加將字看。弑者。說文云。臣殺君也。白虎通誅伐篇。引春秋讖曰。弑者何也。欲言臣子殺其君父。不敢卒候間伺事。可稍稍弑之。是其義也。述其實則曰殺。正其名則曰弑。春秋正名之書也。故曰弑不曰殺。三傳述實以釋經之書也。故或曰弑或曰殺。

陳文子有馬十乘。文者諡也。文子去齊。春秋經傳皆無之。時非有執政。且旋反國。故不錄也。曲禮云。問大夫之富。數馬以對。故此言有馬十乘也。一乘是四匹馬。則十乘是四十匹馬。乃指其在廐之馬。金仁山以十乘乃十甸之地。其采邑之大可知。此說非也。千乘之國及百乘之家。皆指出車之數而言。陳文子有馬十乘。齊景公有馬千駟。則指馬之畜于廐者。凡云有馬若干乘。必計其廐畜馬數。左傳齊桓公妻之。有馬二十乘。宋襄公贈之以馬二十乘。其例可推矣。大學畜馬乘。謂士初試爲大夫者。百乘之家。謂有采地者。鄭注甚明。周官校人云。家四閑。馬二種。鄭志答趙商曰。當八百六十四匹。此言天子之卿大夫之制。若侯國。初試爲大夫者畜馬乘。今文子有馬十乘。亦可謂多矣。正平本則曰則下有又字。

違之之一邦。正平本南宗本作違之至一邦。皇本作違之之至他邦。蓋衍一之字也。杜預左傳注云。襄公二十五年崔杼弑齊君。是時陳文子出奔。二十六年不經見。至二十七年文子在齊。有弭兵之說。則文子自出奔復反於齊。凡二年。蓋閒一歲之中遊仕諸邦。

子曰清矣。清者潔也。仁是心德之全。忠清則仁中一節之名。

光鴻按。仁人也。人之所以爲人也。孔子教門人以此。而七十子之所以日夜講究。亦不外於此。然而仁之德大矣。其用廣矣。全之於心。行之於身。而又使天下之人皆歸於我之仁。而得爲人之道。夫然後仁之心德功用始全矣。嗚呼仁豈易言邪。崔子弑齊君。陳文子有馬十乘。棄而去之。夫以國之重臣。而見君父將有大變越境而逃。不久遽歸。仍比肩崔慶之間。其後父子相商。得慶氏之木百車。而戒以愼守。何清之有。以子張之賢。而疑其仁。以夫子之聖。而許其清。寧有此理乎。蓋子張之意。在問仁。而不在問文子也。抑仁難知焉。亦難言焉。假古人事跡以論之。庶幾可得其端倪矣。是子張發問之意也。子文之行。一意奉公。純忠無私。玩三字必字。則非能勉於暫。而不能持於久者。其心似全於仁。故舉而問之。揭仁矣乎三字。其意可見焉。夫子既不許其仁。故又借文子之事以質之。文子十乘之富。視如敝屣。此近於無欲矣。子張以爲。欲全心德。不如去欲。夫子嘗不言乎。克己復禮爲仁。去欲卽克己也。而今不許之者何也。子張之與顏子。其所造詣。既有深淺。則其用功

之處。亦不能無異。譬之。顏子玉之經琢磨。而未免一點微翳者。微翳去。則光輝澤
然。一段之功。所以在克己也。子張渾然之體未備。琢磨之功猶有大者存焉。不獨
去疵瑕而已。夫子之教人。如時雨化物。各因其材而篤者如此。而仁之不易言。不
其然哉。子路子貢嘗擧管仲不死於子糾之難。以問焉。其意亦在論仁。而不在論
管仲。唯其專求之於心德。而略於功用矣。故夫子擧功及天下者。明仁之大用。示
體之不離於用也。子貢之博施而濟衆。是專求仁於功用。而略於心德矣。故夫子
曰。己欲立而立人。己欲達而達人。能近取譬。原之於心德。而告以仁之方。示用之
不出於體也。蓋仁之大者。無如天地。碩果不食。生生之理存焉。天地之心也。雲行
雨施。品物流形。天地之功也。象天地而生於兩間者人也。無仁則不可
爲天地。無仁則不可爲人。孔門之學。以仁爲主。所以學爲人之道也。

子張欲識仁。故設此等問也。非立論以判斷之。則注悅於苟難。以小信大等。皆近
於誣矣。楚之僭王。豈子文之罪也哉。猾夏之事。楚人自以爲富强之術也。唯齊晉
諸國。指爲猾夏耳。非定論。不可以罪子文。

討賊非文子之任。又非其所能。故棄家而奔耳。若以不討賊罪
文子。則晏嬰蘧瑗。亦皆罪人矣。胡氏春秋之例。難以解論語。

伊藤長胤曰。無所受汚。謂之清。無所乖刺。謂之和。皆人之善行也。夷惠之行。能至
其極。故曰清。曰和。文子之於齊。恥與惡人同朝。而避之他邦。不受其汙。就一事而
言。則與夷齊不立惡人之朝。不與惡人言。固同其趣。故夫子與其清也。先儒以私
欲淨盡。爲仁之本體。則仁與清無甚差別。故曰不得已於利害之私。而猶未免於

怨悔。若如其說。則不唯不得爲仁。亦且不得爲淸矣。

季文子三思而後行。子聞之曰。再斯可矣。 三去聲。季文子魯大夫。名行父。每事必三思而後行。若使晉而求遭喪之禮以行。亦其一事也。斯語辭。程子曰。爲惡之人。未嘗知有思。有思則爲善矣。然至於再則已審。三則私意起而反惑矣。故夫子譏之。

○愚按。季文子慮事如此。可謂詳審而宜無過擧矣。而宣公簒立。文子乃不能討。反爲之使齊而納賂焉。豈非程子所謂私意起而反惑之驗歟。是以君子務窮理而貴果斷。不徒多思之爲尙。

箋曰。季文子魯大夫。季孫行父也。文諡也。文子爲人詳密。擧事寡過。蓋漢胡廣之風也。今魯人慕稱其無過擧。以三思强聒於夫子前。夫子因言之。示文子之未賢。

季文子聘於晉。求遭喪之禮以行。見左文公六年。此未必非不可援以證三思。又襄仲殺子惡而立宣公。賊卽仲耳。宣公爲仲所擁立。非親作惡者。注宣公簒立語已過重。又云。文子不能討賊。反爲之使齊納賂。是似指宣公作賊。而文子爲事讐者。此失事情。

凡事未得決定。雖千計萬慮。積日累月。皆第一思中之事矣。既決定矣。然後更審其前後左右妨礙有無。此爲再思。再思決定矣。然後更復一審。此爲三思。夫子言再思而完。至三思則過慮害事耳。蓋文子所長在謹愼。而所失每在過慮也。凡事關于死生存亡者。中人以上皆有捨生取義之氣。至于過慮熟計。利害之念萌生。

往往喪當初感激之心。赤穗義士。初結義立誓。數月之後。背約者多矣。皆由三思而生焉。曰功不必成。徒死無益。而刑戮加于父母妻子也。蓋利害之念動焉。乍忘曩時感激之心耳。皇本正平本南宗本。再下有思字。

文子生平專爲培植家門。弁髦公室。魯政之逮大夫。實自文子始。其所爲三思者。皆不利於魯國之事。故夫子諷之。所謂定哀之間多微辭。蓋謂此類。概而論之。如諫君欲與楚畔晉。頗有善者。如因恨襄仲嘗欲去三桓。而追咎殺適立庶之罪。以逐東門。於文公之薨。仲殺惡及視而已。如不聞。反爲納賂于齊。以立宣公。則文子全不知有公義矣。如妾不衣帛馬不食粟。瑣瑣小善。唯相三君而無私積。堪謂清廉有德矣。此其所以爲良也。孔子所謂斯可矣三字。正對文子之爲人而譏諷之也。且以逐莒僕一事論之。其使史克對公問。以弑逆大惡。而與竊寶玉同條。輕重失倫者。正因知無瑕以戮人。巧爲藏身也。然謂舜有大功二十而爲天子。斯爲莽操之先聲矣。而又謂行父於舜二十之一。又其後來季氏不臣之張本矣。何其狂悖至斯乎。

夫子不與文子同時。茲聞往事而斷之。玩子聞之曰四字。爲時人稱季文子之語審矣。第一番思。心在事內。第二番思。心在事外。第一番思。是當局。第二番思。是旁觀。故必至再。而後無不當也。然此章再可。據三思語而言。亦唯歸于文子身上矣。非謂通人皆可再而不可三也。注務窮理失倫。

文子之思。或在利害上。或在人情周匝上。非謂文子再思之時。皆當義理無私意也。程注。爲惡之人未嘗知有思。有思則爲善。不貼本文。況心之官則思。有心必有思也。人心有邪正。則所思有善惡。彼惡人者。奸計百出。非思孰爲之。故思也者。君子以成其善則曰睿。則可以作聖。小人以濟其惡。乃至於亂四海而無已。故曰思無邪。若謂有思則爲善矣。則是有思即不邪矣。而何以又曰思無邪乎。

子曰。甯武子。邦有道則知。邦無道則愚。其知可及也。其愚不可及也。

知去聲。甯武子衛大夫。名俞。按春秋傳。武子仕衛。當文公成公之時。文公有道。而武子無事可見。此其知之可及也。成公無道。至於失國。而武子周旋其間。盡心竭力。不避艱險。凡其所處。皆智巧之士所深避而不肯爲者。而能卒保其身以濟其君。此其愚之不可及也。○程子曰。邦無道能沈晦以免患。故曰不可及也。亦有不當愚者。比干是也。

箋曰。武子衛大夫甯俞也。武謚也。武子未嘗事文公。有道無道俱是成公時。當其君臣相安國家無事。便是邦有道。當其君臣相訟流離在外。便是邦無道。二邦字實指衛邦。有道則知者謂暴著其智。凡所以事君交鄰。無不盡其道也。此句影起無道則愚。其知可及。亦影起愚不可及。蓋成公之妄。罔不知人。以叔武之守。而至於殺。則甯氏之行。亦恐不全也。乃前驅背盟。不言於事後。於晉爭訟。從坐而無辭。從容大國之間。周旋闇君之側。譖詐皆絕。刑罰不罹。斯其能愚之實。足以脫乎亂世。而職納橐饘。貨醫薄酖等事。武子若稍露一斑。必爲晉人所忌。如何肯容我與君周旋。故武子之愚。不在於不避艱險。而在所以處艱險。委曲韜晦。不自露其智。

惟不自露其智。而以愚行之。
故能濟君也。皇本知作智。

集注謂。甯武子仕文公成公兩朝。攷成公元年。武子之父莊子盟
于向。至成三年。而後武子盟宛濮。是文公朝。武子未得爲大夫也。

孔子之論甯武子。以邦有道無道爲言。此正與論史魚蘧伯玉之有道無道者同。
三人所値之有道。皆非盛世矣。史魚與伯玉。尤屬同時無後先。史魚伯玉之邦有
道者。自指衛靈之初年。朝有蘧伯玉史魚史狗公子荆公叔文子。衛多君子。未有
患也。而任事者有仲叔圉祝鮀王孫賈。各當其才。雖君身無道。而國勢無危。此之
謂邦有道也。及至衛靈之晩年。孔子仕衛之日。則南子
構禍。而衛爲無道之邦矣。此則伯玉史魚之所同也。

成公立未終喪。卽遭晉伐。倉皇出走。其失策全在卽楚殺弟。幾至覆亡不保。亦但
可爲無道。時自賴橐饘之從。克濟大難。爰及反正而享祚三十餘年。屢同諸侯之
好。罕被大國之兵。先之卜遷避狄。以定三百年遠謨。至於外平晉魯。內返匡戚。可
謂輯寧爾邦家。誠有道時矣。誰爲爲之。皆甯武子力也。觀僖三十一年。帝邱之遷。
公命祀相。武子不可。文四年來聘。魯人重其知禮。乃武子執政時事。夫子所謂其
知。非但委蛇無事之謂。然以其不祀非鬼爲知。而猶有諫爰居退焚惑不禳復火。
不祀非望者。以其不答湛露彤弓爲知。而亦有辭上卿之享。不拜肆夏之三者。故
曰可及。而事以難其愚。武子蓋先處無道。後處有道。實能易無道爲有道者。人第
知其後此顯著之善。而不知其初隱忍之
忠。故特揭有道之知於前。以形起之也。

吳英曰。邦無道則愚者。謂藏其智而爲愚也。其愚不可及者。謂愚之中有智在也。若集注謂成公無道至于失國。而武子周旋其間。盡心竭力不避艱險。此正爲人之正道。豈可以愚名之哉。唯武子之周旋其間。使人不見其盡心。不覺其竭力。而忘其爲不避艱險。此則兩愚字之旨也。孔子當時秪以其能沈晦不露圭角。而名之愚也。與不違如愚之愚相似。然其能沈晦不露圭角。終得成其事。則豈他人愚者所能。要唯智者能之。此其所以獨武子之愚爲不可及也。又與回也不愚之文相似。又曰。語類曰。武子九世公族。與國同休戚。要與尋常無干涉人不同云云。此說非也。古者封建。君臣不一定。然亦唯疏遠之臣。羈旅之臣。若父母之國。則不然。而委贄策名。若所任信者。亦不然。何必待九世公族與國同休戚。而後乃思盡忠乎。孔子之仕魯也。驟加卿位。然秪爲季桓子所用。而虛託定公之名焉爾。君臣之情猶淺也。故孟子言見行可之仕。不曰於魯定公。而曰於季桓子。豈孟子語言錯繆哉。顧後儒尙不知其情實。而史記及僞家語。每誣言治魯神化諸事功。豈知孔子曷嘗有此際遇歟。然孔子猶且不久即反魯也。見哀公又不能用。於是長往七年。而後歸矣。若謂艱險只須早避。則如伋去君誰與守。止留休戚相關數人而已。三綱毋乃淪斁邪。

朱子質性方嚴。每恐嫌韜晦之爲枉道。故解此章殊迂僻。其所謂盡心竭力不避艱險者。是忠臣仁人。捐身徇國者之所爲。豈愚者之所爲乎。朱子亦知其不通。故濟之以智巧之士所避不爲。然則所謂愚者。非世之所謂愚。而對智巧之士言之耳。若然。忠臣仁人如龍逢比干。亦可以爲愚乎。益見其不通也。程說亦未允。夫武子非沈晦避事之人。又引比干作論。鶻突失倫。且比干之時。亦有發出狂去者。不必以諫死爲定法也。

高拱曰。盡心竭力不避艱險。乃是以身殉國之事。非所謂愚也。死天下之事易。成天下之事難。若徒盡心竭力不避艱險。而無所妙運於其間。則何以能保其身。能成濟其君。亦止是死事之臣而已。死事之臣。不忘喪元者亦能之。何謂不可及者。謂非人之所能爲也。然則何如曰。知也者明用其知者也。愚也者暗用其知者也。非有確然不易之心。何以擔當險難。非有超然獨運之才。何以調酌機宜。蓋艱貞沈晦以濟時危。國喪而必圖其存。則挺身任之。若不知有利與害。君患而必圖其危。則迂身爲之。若不知有是與非。於所難處則密致其忠而不必露於所難言。則獨苦其心。而不以明。若箇昏愚之人一般。卒之禍亂潛銷。國家安定。而人皆莫與之爭。不識其故。此乃用知至深。高出衆上者。而後能爲之也。不然則非安於浮沈而無以濟事。則必激於形跡。而反以敗事。其何足以語之乎。蓋明以成天下之事難。成事於無事之時固難。成事於多事之時則尤難矣。故曰其愚不可及也。

龔元玠曰。金仁山詬武子失諫。是不睹春秋內外傳。而闇於勢昧於義之言也。其言曰。不禮重耳。失諫。此誤信朱子武子仕文公之註也。外傳重耳至衞。衞文公不禮。武子之父莊子諫而弗聽。計其時已在盟向前十餘年矣。又謂不許假道。失諫。楚初得曹。假道則楚兵至矣。且脣亡齒寒。猶虞虢也。厥後成公請盟。乃迫于不得已。顧可以罪武子乎。又曰。背中華而從荊楚。失諫。爾時成公得罪盟主。孰敢庇之。楚爲新昏之國。不依於楚。又將誰依。又曰。已盟而疑。先期而入。失諫。傳載甯子先釋之者曰。甯子患公之欲速。故先入欲安喩國人。其說是已。歂犬射殺叔武。武子所不及料也。且卽如期入。此事恐未能免。又可以波及武子乎。又曰。賂殺元咺。失諫。歂犬旣殺。叔武可以瞑目。元咺以子角故懟君。與君爲獄。立公子瑕。此國法所必不容。獨恨盟主庇元咺。成公不能明正其罪耳。若之何反寬其罪而罪武子也。噫。臣如武子。宜可以免君子之譏矣。當其時。坐觀成敗。如孔達之徒。盈於朝。能去強臣。納君如周冶者。亦覬卿爵。而莫肯爲力。不此之罪。而偏於信於覇主稱於聖人者。而安訾之。亦見其蠡中好毀。而自同于刻薄之徒也已。

子在陳。曰歸與歸與。吾黨之小子狂簡。斐然成章。不知所以裁之。

與平聲。斐音匪。此孔子周流四方。道不行而思歸之歎也。吾黨小子。指門人之在魯者。狂簡志大而略於事也。斐文貌。成章。言其文理成就。有可觀者。裁割正也。夫子初心欲行其道於天下。至是而知其終不用也。於是始欲成就後學。以傳道於來世。又不得中行之士。而思其次。以爲狂士志意高遠。猶或可與進於道也。但恐其過中失正。而或陷於異端耳。故欲歸而裁之也。

箋曰。陳者國名。今河南陳州府治淮寧縣。左傳。已乎已乎。非吾黨之士乎。與倍其鄰者恥乎。連。則鄰里鄉黨之義也。吾黨有直躬者。明是鄉黨。皆與此章同。狂者。志趣高邁。不拘細行之稱也。簡者。性行濶畧。不務煩瑣之稱也。狂是俯仰天地。睥睨古今。以志言。簡卽狂裏面事。舜典云。簡而無傲。皐陶謨云。簡而廉。大禹謨云。臨下以簡。仲弓曰。居敬而行簡。以臨其民。皆此義也。

斐然成章。斐文貌。小雅巷伯。萋兮斐兮。成是貝錦。是以錦文綵段。喩其才器大可觀也。裁字由章字而生焉。謂裁割錦織以成服也。夫子蓋欲歸而裁之以適時用也。左襄三十二年。子產答子皮曰。子有美錦。不使人學製焉。注。製裁也。說文。裁制衣也。雖有美錦。不知裁。無以適用。注。裁割正也。正字不貼本文。又此章言成就人才。非欲傳道來世也。

陷於異端句不必講。

不得中行之士而思其次。此本孟子答萬章之語。集注變其文用之。然萬章所問。本無斐然成章之語。止以孔子思狂士爲問。孟子乃是就其所問以答之。萬章之問。與此經文不同。孟子之答。與必也狂猥乎語。參而釋之者。亦不可施之於此。彼是因不得中行而思狂猥。此却是欲裁狂者以適時用也。不知所裁斷屬小子看。

至夫子歸而欲裁之意。當補在本文之後。

吳英曰。歸與之歎。必在魯哀六年。楚又不用。而自楚反陳之後。自陳反衛之前也。左哀十一年傳曰。冬。衛太叔疾出奔宋。初疾娶于宋子朝。子朝出。孔文子使疾出其妻而妻之。疾使侍人誘其初妻之娣。置于犂而爲之一宮。如二妻。文子怒。欲攻之。仲尼止之。遂奪其妻。或淫于外州。外州人奪之軒以獻。恥是二者。故出。孔文子之將攻太叔也。訪于仲尼。仲尼曰。胡簋之事則嘗學之矣。甲兵之事未之聞也。退命駕而行。曰鳥能擇木。木豈能擇鳥。文子遽止之。曰圉豈敢度其私。訪衛國之難也。將止。魯人以幣召之。乃歸。季孫欲以田賦。使冉有訪于仲尼。據此。則可以知孔子反衛之後。未嘗仕于其朝。而在哀七年。卽歸魯。未必至于哀十一年始歸也。歸魯在哀七年。而左氏乃書魯召仲尼于此者。爲田賦用于明年之春。而謀于此年之冬。左傳本將言田賦之訪仲尼。而因連及攻太叔之訪仲尼。本將言魯人之訪魯事。而因連及衛人之訪衛事。哀十二年。魯用田賦。而十一年。適當經書衛太叔出奔。而太叔事嘗涉及孔子。故兩敍訪于仲尼之事。遂順勢及到歸魯之事云爾。非孔子于此年方歸魯也。雖其書幣召于止之將止之下。固在攻太叔之年。然曰文子之將攻太叔也。則攻太叔。非卽此太叔出奔之年可知也。其謂恥是二者。故出。則太叔出奔。不因將攻也。然亦不因奪妻也。文子既止不攻。雖奪妻而不出奔也。若已出奔。則更無外州之獻矣。雖曰恥是二者。實則以外州獻之一事而出奔也。故太叔出奔必在文子訪仲尼以後。又隔四年之事也。此傳文自孔文子之將攻太叔也。至以幣召之乃歸。皆左氏自注其上文仲尼止之一句之事云爾。非敍太叔出奔之正文也。左氏何嘗謂孔子于魯哀十一年歸魯邪。且據此又可以知孔子未仕于衛出公時也。如果孔子仕于其朝。則如太叔其人者。雖無用兵攻伐之法。然傷風敗俗之人。有關國政。何必云豈敢度其私。亦何得稱訪。且孔子亦必便便言。侃侃言。何得託言未聞。退卽命駕乎。正見孔子既不仕于衛。而其巨族徒以私家胸臆。嫁禍于人。孔子不對者。不在其位不謀其政之義。亦足以爲孔子未仕出公朝。衛無公養之一證也。豈謂公養居際可之下。而食其祿可以不忠其事耶。然則所謂待子爲政一語。子路祇借之以爲問事之端。而非眞將大用孔子。孔子亦祇應其召而與之語。而豈肎仕而與之爲政邪。史記志疑曰。論語冉有子貢以夷齊問孔子。古史曰。前此四年。季康子召冉有矣。後此五年。冉有爲魯帥師。敗齊于清矣。今冉有在衛。豈自魯來見孔子歟。哀公七年。子貢在魯。爲季氏說吳太宰嚭。豈今年自衛反魯歟。子路仕衛孔氏。豈與孔子皆歸于魯。復自魯仕衛歟。英按。此說是也。子貢爲季氏說吳太宰。則自衛反魯矣。豈非從孔子同歸魯者邪。然則此年以後。孔子豈在衛邪。冉有私問爲衛君。而子貢之問。有入曰出曰之文。則二子皆至衛可知也。明年說吳太宰在夏。則反魯必在會鄫之年之春可知也。亦正可以爲孔子反衛在魯哀六年。反魯在魯哀七年之一證也。若謂哀六年既自陳反衛。而直至哀十一年。自衛反魯。則孔子久居于衛。何爲歟。若謂至哀十年而後自陳反衛。哀十一年自衛反魯。則孔子久居于陳。亦何爲歟。謂久于衛。則反衛固在魯哀六年。然孔子安得而至魯哀十一年歸魯耶。況孟子謂未嘗有所終三年淹。而世家則謂于衛五六年。于陳七八年。有是理邪。要之孔子自以司寇去魯。至道終不行而歸。其間反魯者。不及一年。去魯者。定公時二年有餘。哀公時六年有餘。合計不及九年。并前適齊者。統共實計不過十年有餘。大聖人皇皇濟世之心。仁至義盡矣。而世家謂凡十四年。然深攷左傳之文。則所云十四年。何敢信歟。

皇本正平本。裁之下。有也字。

狂簡二字。俱好字面。蓋單言狂。則兼簡意在內。言狂簡。則狂是志大。簡是略於事。李毅侯曰。此夫子思狂也。中行節纔合猖言之。狂者氣魄在猖者之上。夫子取其可以擔荷世道。所謂狂者進取是也。進取是他斷然要做聖賢。志願高大得緊。無一箇仕頭處好攔截得他。有此志願。自然不拘小節。硜硜信果。有所不能。所謂古之人古之人。夷考其行而不掩焉者。此亦是願力太高。一時躬行上。未便相稱。故如此。其大段却已到好處。看他志行卓然有立。雖未至充實之光輝。而學問成就處。已成箇大片段。煥然可觀。故曰斐然成章。

子曰。伯夷叔齊不念舊惡。怨是用希。 伯夷叔齊。孤竹君之二子。孟子稱其不立於惡人之朝。不與惡人言。與鄉人立。其冠不正。望望然去之。若將浼焉。其介如此。宜若無所容矣。然其所惡之人。能改卽止。故人亦不甚怨之也。○程子曰。不念舊惡。此清者之量。又曰。二子之心。非夫子孰能知之。

箋曰。伯夷叔齊。孤竹君之二子也。孤竹國名也。伯叔少長之行。夷齊其名也。諡法解。夷齊並爲諡。然殷人未作諡。且古人無以伯叔居諡上者。困學紀聞引胡仲曰。彼已去國。誰爲之節惠哉。蓋如伯達仲忽。亦名而已矣。其說良是。漢地理志。遼西郡令支有孤竹城。今永平府盧龍縣東有古孤竹城。念識錄也。孟子稱其不立於惡人之朝。不與惡人言。與鄉人立。其冠不正。望望然去之。若將浼焉。其介如此。宜若無所容矣。然其所惡之人能改。卽脫然如忘。是故希爲人所怨。夫子所以稱之也。里仁。放於利而行多怨。顏淵。在邦無怨。在家無怨。皆爲人所怨恨也。述而。子貢曰。怨乎。則謂夷齊之怨。自屬別義。不可引以證此章也。

此章不是說其量大。是說其心公。故朱子曰。要見得他胸中都是義理。觀王彥方之化鄉人。諸葛相之服李嚴便可知其概矣。若無虛公不蔽之心。而矜爲寬深不測之量。以爲遠怨。正是致怨。

集注其介如此。介有孤特分辨二義。當各隨文而解之。而經文從孤特之義者極多。如柳下惠不以三公易其介。易介疾有喜。介于石。不終日吉。皆從孤特之解。方妥。蓋孤特自守之士。辨義利甚明決。不牽於不義之富貴。則介固兼分辨意。但當在言外見不然。解介于石。爲有分辨。如石鳥可通乎。朱子於易論語皆從分辨之義。恐非是。

夷齊之有惡。不是惡其人。是惡其惡耳。既改其惡。便是無可惡者。

子曰。孰謂微生高直。或乞醯焉。乞諸其鄰而與之。 醯呼西反。

微生姓。高名。魯人。素有直名者。醯醋也。人來乞時。其家無有。故乞諸鄰家以與之。夫子言此。譏其曲意狥物。掠美市恩。不得爲直也。○程子曰。微生高所枉雖小。害直爲大。范氏曰。是曰是。非曰非。有謂有。無謂無。曰直。聖人觀人。於其一介之取予。而千駟萬鍾。從可知焉。故以微事斷之。所以教人不可不謹也。

箋曰。孔注。微生姓。高名。魯人也。燕策。蘇代曰。信如尾生。高。又曰。信如尾生高。則不過不欺人耳。

蘇秦曰、信如尾生、期而不來、抱梁柱而死。莊子盜跖篇、尾生與女子期於梁下、女子不來、水至不去、抱梁柱而死。淮南氾論說林、並載此事。高誘注云、魯人、則微生蓋當硜硜自守者。故當時或以爲直也。微尾字以聲轉通借。書堯典、鳥獸孳尾、史記五帝紀作微、是其證。

劉寶楠曰、說文、醯酸也。作醯目鬻目酒、從鬻酒並省、从皿。皿器也。鬻與鬻同。儀禮聘注、以醯穀爲陽、醯肉爲陰、醯連穀言、是其以鬻爲之。說文、酸酢也。關東謂酢曰酸。酢卽醋字。禮記內則、和用醯。釋文、醯酢也。周官疾醫、五味醯酒飴蜜薑鹽之屬。注云、醯則酸也。古酸用梅、疑卽加之於醯。故醯味酸。士昏公食大夫所云醯醬、據注云、以醯和醬、則是加醯於醬也。醬不必皆加以醯。故有芥醬卵醬醢醬醯醬之別。廣雅釋器、醯醋也。醯與醯同。論語釋文、醯亦作醯。郊特牲內則天官釋文同。釋名釋飲食、以醯多汁者爲醯。醯瀋也。惠氏士奇禮說、遂以醯醬爲一物。又謂古無醋。其說並誤。

此適有是事、而夫子因論其平生也。注有故意摘發細過之意、恐失之。所以教人句。尤外理。注又云、掠美市恩、非也。或乞醯于高、高家無醯、若直者於此告以無、有而已。高則恐人疑己之吝。故轉乞諸所熟之鄰、以示果無也。若謂掠美市恩、則高於鄰誑言自乞、而人將謂高不直、何待孔子譏之歟。又好名之人、一介與千駟不同。好利之人、千駟與一介亦異。而其取予正相反。未可以一介而斷千駟。

嗇微物而破人意。是人情所惜。雖適無之、亦惡孤來意、乃費斡旋以稱來意。亦人情所不免。何足是非焉。唯在微生高、與其平生之直、大不相應。故夫子据此事以論微生之直非直。出於矯情也。夫子所惡。唯在其矯情也。非譏乞鄰。

子曰。巧言令色足恭。左丘明恥之。丘亦恥之。匿怨而友其人。左丘明恥之。丘亦恥之。

足將樹反。足過也。程子曰。左丘明古之聞人也。謝氏曰。二者之可恥。有甚於穿窬也。左丘明恥之。其所養可知矣。夫子自言。丘亦恥之。蓋竊比老彭之意。又以深戒學者。使察乎此而立心以直也。

箋曰。釋文。足將樹反。又如字。一本。此章有子曰字。恐非。陸所見無子曰。與上章合爲一章。蓋由傳寫脫誤。不當以有者爲非也。

巧言。善其言語。僞爲有德之言也。令色。温柔其顏色。僞爲君子之容也。或以爲諂。失之。足字如字讀。

足恭。與足兵足食足志足言足容等同字例。皆使其具足之謂也。足恭與過恭不同。過恭猶云甚恭也。是美事。易小過象曰。君子以行過於恭。未有以過恭爲不美者。足恭者。是故意增添其恭也。譬之晏子澣衣豚肩過儉也。公孫弘布被脫粟足儉也。足儉亦可恥之事矣。過儉何恥之有。注訓足作過。云將樹反。恐非。恭主於心。而發於貌。故古多以貌言。洪範貌曰恭。論語貌思恭。是也。後漢書郎顗傳。易傳曰。有貌無實。佞人也。今三公皆令色足恭。外厲內荏。以虛事上。無佐國之實。

吳英曰。左丘明蓋孔子之前輩也。若傳春秋之左邱明。非論語之左邱明。而兩左邱明。凡皆非孔子之弟子也。傳春秋之左氏。當必是弟子之門人。太史公十二諸侯年表叙所謂。懼弟子各有安意失其眞。故具論其語者也。未得親受業于孔子也。若親受業。則孔子於定公時爲司寇之事。於哀公時爲國老之事。應尚更有詳記者。而左氏所記。殆皆得于傳聞之實。豈非門人之所爲歟。而論語之左邱明。當必是先孔子而非生同時。尤非在弟子之列者也。孔子之稱其名而自附之。一則曰左邱明曰某。亦尤見竊比之例。惟其懷古情深也。同時人則鮮有若是矣。若爲孔子之弟子。則當單呼其名。必無連姓稱者。凡人連姓稱者。爲不知者告也。如孝哉閔子騫。人言也。人之稱子騫于他人。人衆矣。不連姓將知誰歟。如有顏回者好學。此時顏子已卒。孔子之稱于哀公季康子。皆未識顏子也。不連姓將知誰歟。若尋常稱左邱明。豈弟子之稱邪。又曝書亭集曰。史記報任少卿書。左邱失明。厥有國語。應氏風俗通。邱姓魯左邱明之後。然則左邱爲複姓甚明。此說非也。論語春秋傳兩左邱明皆單姓左。而邱明其字也。論語左邱明雖無考。然以春秋傳之左邱明推之。則魯人原有左氏之姓矣。而論語左邱明之爲左姓。又何疑乎。若謂傳春秋之左邱明。本複姓左邱。而其名曰明。爲弟子者。因避師諱而稱左氏。則豈知。古人之避諱實寬。詩書不諱。臨文不諱。豈有因欲諱其師之名。而改人之複姓爲單姓者邪。史記左邱失明。不曰邱明失明者。嫌兩明字重疊爾。故唯太史公自敘。及此一見。外此如十二諸侯年表。豈非亦太史公之筆。而即曰成左氏春秋。何司馬氏諱于彼而不諱于此邪。卽左傳叙疏。無不稱邱明也。如左傳叙疏引賈逵據劉向別錄云。春秋左氏邱明所脩。又引沈氏曰。嚴氏春秋引觀周篇云。邱明爲之傳。又引藝文志云。是言邱明爲傳。以其姓左。故號左氏傳也。至于傳叙本文。則凡稱邱明者七見。若他書稱邱明者。不勝數。然則漢以來諸儒。豈俱未考邪。後世以邱爲姓者。或以邑。或以字爲氏。未可知。安得謂複姓所分邪。知作傳之爲左姓。則可以推而知孔子已前之左邱明亦左其姓也。如姓左丘。則明乃其字。如史魚之魚也。豈其然乎。

以二者比之穿鑿。猶是推究之論耳。謝氏乃以爲甚於穿鑿。豈正當之言也哉。又此與上章無涉。而云立心以直似泥。

孔注。足恭。便辟貌。邢疏。便辟其足以爲恭。謂前却俯仰以足爲恭也。爾雅釋訓云。夸毗體柔也。郭注。屈己卑身以柔順人也。邢疏。毛詩云。夸毗體柔人也。李巡曰。屈己卑身。求得於人。曰體柔。然則夸毗者。便辟其足前却爲恭。以形體順從於人也。據此則足恭卽爾雅之體柔。巧言卽爾雅之口柔。令色卽爾雅之面柔也。義正相合。

恥者。恥其事而不爲也。張彥陵曰。這兩種人情態雖別。總來都是外面要做好人。飾爲長厚。而心裏實不可對人言。夫子兩曰恥之。正取出若人一點良心。發其愧汗。使他有箇回頭日子。

蔡啓盛曰。左氏非卽左丘明也。誤合爲一之始。實在子長。雖生于漢初。而學亦博。然其書旣繁富之極。謬誤恒有。未易悉數。此亦無足異者。至如江愼修謂史有左右。名丘明。而世爲左史。則且不顧其與史記之文又悖。唐林寶元和姓纂。于丘氏云。齊大夫封于營丘。支孫以地爲氏。左傳有郳大夫丘弱。于左氏云。齊公族。有左右公子。因以爲氏。後乃出左丘云。齊國臨淄縣。有左丘明之後。擧左雍左思爲證。蒙案。姓纂左丘下之文。止可證其左丘別爲一氏。卽丘字左字下之文。亦止可證其始各爲一氏。要皆難必左丘之不改爲左氏丘氏也。如謂後世丘氏左氏皆本爲丘氏左氏。必非左丘氏所改。則左雍左思。又何以卽左丘氏乎。蓋後世日趨于苟簡。省其氏之兩字爲一者。所在多有。且其省上省下亦不一。則今之左氏丘氏。皆難保其不出于左丘氏。特在唐時。則臨淄猶有左丘氏。爲明也。後耳。以此合諸子長所謂左丘失明者。足見孔子所稱之左丘明。確爲氏左丘而名明矣。至廣韻。丘字下引應氏說曰。魯左丘明之後。此亦非無因。但止宜據以證丘氏可後左丘明而不可以丘氏後作傳之左氏耳。且其厤引古之以地爲氏者。連上一字曰某丘。其人幾難悉數。尤可見左丘亦必以地爲氏。此則姓纂猶未推闡及之者也。或疑。左丘氏後。既可省爲左氏。則舊題左氏傳者。安知非已省左丘爲左乎。不知此惟後世之苟簡有之。若左氏傳之名。出于漢初。必不得以此藉口。但觀廣韻所引諸曰某丘者。周秦兩漢之人。若是其多。而後世絕無之。此卽其明證也。況公羊穀梁。何以不稱公氏穀氏乎。是則左氏洵非孔子所稱之左丘明。必後于孔子。故傳中兼及孔子卒後數十年之事。俞理初癖信左氏確據在馬班與家語觀周篇。不思觀周篇語若誠可憑。則與史記言因獲麟而後作春秋者。又不合矣。唯論左氏因有世官。而不能受業于門。較爲得實。其書詳春秋之事。而未能盡得聖意者。正由此。

顏淵季路侍。子曰。盍各言爾志。盍音合。盍何不也。子路曰。願車馬衣輕裘。與朋友共敝之而無憾。衣去聲。衣服之也。裘皮服。敝壞也。憾恨也。顏淵曰。願無伐善。無施勞。伐誇也。善謂有能。施亦張大之意。勞謂有功。易曰。勞而不伐。是也。或曰。勞勞事也。勞事非己所欲。故亦不欲施之於人。亦通。子路曰。願聞子之志。子曰。老者安之。朋友信之。少者懷之。老者養之以安。朋友與之以信。少者懷之以恩。一說。安之安我也。信之信我也。懷之懷我也。亦通。○程子曰。夫子安仁。顏淵不違仁。子路求仁。又曰。子路顏淵孔子之志。皆與物共者也。但有小大之差爾。又曰。子路勇於義者。觀其志。豈可以勢利拘之哉。亞於浴沂者也。顏子不自私己。故無伐善。知同於人。故無施勞。其志可謂大矣。然未免出於有意也。至於夫子。則如天地之化工。付與萬物而己不勞焉。此聖人之所爲也。今夫羈靮以御馬。而不以制牛。人皆知羈靮之作在乎人。而不知羈靮之生由於馬。聖人之化亦猶是也。先觀二子之言。後觀聖人之言。分明天地氣象。凡看論語。非但欲理會文字。須要識得聖賢氣象。

箋曰。季路卽子路。季者少長之稱。子路長顏淵二十一歲。而先顏淵者。尙德也。卑在尊側曰侍。盍何不也。此章志字只泛說。勿如下論作用世之志。

願者。有志而未逮之辭。二子願字。是對師之詞。其心則蓋殆自許也。衣凡單複者之衣。裘專謂冬衣。衣作平聲讀。說文。裘皮衣也。皇邢各本。衣下有輕字。唐石經輕字旁注。初刻本無輕字。車馬衣裘見管子小匡及齊語。是子路本用成語。後人涉下雍也篇。子華使於齊章。乘肥馬。衣輕裘。而誤衍也。使齊章形容遊子之富。故馬必稱肥。裘必稱輕。若子路意在公財。豈必待有輕裘。然後成此願。苟衣而非裘。裘而非輕。尙不必共邪。如或謂衣裘則盡人皆有。不得與車馬爲類。宜有輕字。則不知文字各自有體。此必以衣裘兩項對上車馬。乃見整齊。衣雖不言美。裘雖不言輕。而上文既有車馬。則衣裘亦非惡。不待言矣。北齊唐邕傳。顯祖嘗解服青鼠皮裘賜邕。云朕意在車馬衣裘。與卿共敝。用子路故事。是古本無輕字之證矣。釋文於赤之適齊節。音衣爲于既反。而此衣字無音。是陸本亦無輕字。邢疏云。願以己之車馬衣裘。與朋友共乘服。是邢本亦無輕字。皇疏云。車馬衣裘共乘服。而無所憾恨也。而至雍也篇。始釋輕裘。是皇本亦無輕字。張橫渠論語說曰。仲由樂善。故車馬衣裘與賢者共敝。是宋時解此經。亦無輕字也。但不知衍此字何自始耳。今注疏與皇本正文有輕字。則後人依通行本增入。非其舊矣。

與朋友共敝之而無憾。九字一句。言以己之衣裘車馬。與朋友共乘服而敝壞之。毫無遺憾也。在文勢固不可中斷。以義理論。亦必共敝之無憾。而後見相與之實。今讀與朋友共爲一句。敝之而無憾爲一句。似敝之專指朋友。於語意未晰。憾心之恨也。無憾亦是心學。車與衣裘宜言敝。而馬不宜言敝。是因車服而并言之耳。經傳之文。此例極多。繫辭潤之以風雨。風不宜言潤也。樂記奮之以風雨。雨不宜言奮也。又云煖之以日月。月不宜言煖也。玉藻大夫不造車馬。馬不宜言造也。左傳。我被吾甲兵。兵不宜言被也。孟子不以兵革之利。革不宜言利也。是皆從一而省文也。言被而此預也。是自古文一法。

無伐善無施勞。善者惡之反。伐忠伐直伐力伐功伐才伐藝。皆是伐善矣。集注乃單指善爲能。又解施勞爲伐功。然云無伐善。則不伐勞已包其中。何俟更言。或曰之說。於義爲順。曾子言。有若無實若虛。昔者吾友嘗從事於斯。若無若虛。卽無伐善之意。施勞者。勞事我厭而不爲。暗移之於人。使彼爲之。與所不欲施之於人。其歸同。而意稍異。一是我爲而加于彼。一是我弗爲而事自移于彼。如施于中谷之施。史記萬石張叔傳。劍人之所施易。如淳曰。施讀曰移。荀子儒效。若夫充虛之相施易也。

注同。

老者安之三句。三之字卽指三者字也。集注前說爲優。從前說則安信恩在夫子。後說則安信恩在人。且前說是作用。後說是效驗。二子方說作用。以問夫子之志。夫子獨擧效驗。殊爲不倫。朋友在老少間。則年齒略與孔子相若者。蓋指彊壯以上人擧老少彊壯。固足以盡天下之人。然不曰彊壯。而以朋友字換之。明是纔就平生結交之友言。而其老其少。亦特吾所接遇之人耳。使夫子得位。不過擧斯心而措之。然此特就夫子今日之所居言其所願。非謂夫子得位而施政教之方也。

爾雅釋詁。懷止也。釋言。懷來也。並與歸訓近。言少者得所養教。歸依之若父師也。

此章言志。與後篇言志不同。子路顏淵之言。其用心不過於施朋友鄉黨間之言。而孔子所謂少者老者。亦不過謂吾親戚鄉黨之諸老弱也。以少者老者之間。插入朋友。可知。不然。旣安天下懷人民。又何論朋友乎。

古者朋友有通財之義。子路願之。篤於行也。義者之事也。不誇己長。先人勞事。顏子願之。富於德也。仁者之事也。而夫子所願。則孝弟敎化。講信修睦。敎誠愛深。聖者之事也。

吳因之曰。車裘共敝。頗類俠的氣味。然自聖賢志之。便成公物之心。此只在心體上辨別。

陸隴其曰。聖人只是要事事恰好。觀熙寧元祐之遞爲紛更。只是難得恰好。所謂老安少懷。不過是恰好。所謂天地氣象。亦不過是恰好。又曰。看來二子之志。俱是就無私一邊說。夫子之志。是就當理一邊說。但有大小之別耳。

程說稱贊太過。冲入高妙。却失其著實平穩之氣。曰亞於浴沂。曰不自私己。曰知同於人。皆不切當。集注不當采入。

夫子之志。不可專作邦家說。聖人此志。隨處可行。想夫子開口時。直是滿乾坤皆是生意。無一人不在化工之中。

子曰。已矣乎。吾未見能見其過而內自訟者也。已矣乎者。恐其終不得見而歎之也。內自訟者。口不言而心自咎也。人有過而能自知者鮮矣。知過而能內自訟者爲尤鮮。能內自訟。則其悔悟深切而能改必矣。夫子自恐終不得見而歎之。其警學者深矣。

箋曰。見其過者鮮。故曰能見。咎之之切。如訟。訟者揚于王庭。責讓於曲者也。不訟於人而訟於我。故曰自訟。是文字假借之妙。

易言凶悔吝至多。而震存乎悔。改過之始也。復患其迷。改過之終也。乃聖人於易特繫改過於風雷之益。取其速也。於論語又言改過以天水之訟。取其健也。此章能見一層。自訟一層。合來串作一層。

人不患有過。而患不能改過。然必有悔心而後有改心。亦必悔心深切。而後改心勇猛。

譚梁生曰。顏子不貳過。子路人告之以有過則喜。聖門實難其人。夫子此歎。蓋顏路請車。季路結纓以後語。

凡訟者必求勝而後已。使克己亦如是。則去慾必除其根。而過於前者不復萌於後矣。內自訟者。未見過之前。不直而有過見訟之人也。既見過之後。直而知過訟過之人也。訟人於公庭。必曲者輸服。而訟乃息。訟過於內。必其過既改。而訟乃息。僅以爲心自咎。又推言其能改。似猶未窺聖人用字之警切也。

子曰。十室之邑。必有忠信如丘者焉。不如丘之好學也。

焉如字。屬上句。好去聲。十室小邑也。忠信如聖人。生質之美者也。夫子生知而未嘗不好學。故言此以勉人。言美質易得。至道難聞。學之至。則可以爲聖人。不學則不免爲鄉人而已。可不勉哉。

箋曰。有萬室之邑。有千室之邑。十室之邑則邑之極小者也。穀梁莊九年傳。十室之邑可以逃難。百室之邑可以隱死。金仁山謂四井爲邑者非。必言十室者。以見忠信之人易得也。

夫子謙遜。惟以好學自居。若其資質。蓋以爲無大過人者也。注忠信如聖人。又云學之至。則可以爲聖人。皆非經旨。至道難聞句。亦大重。是章元平穩。非高論也。勿以聖人二字入講。

釋文。焉如字。衛瓘讀焉於虔切。爲下句首。衛讀可從。焉猶安也。荀子多以焉爲安讀。安不如我之好學。言亦如我之好學也。若作然字解。不如二字近于自夸。若作何字解。則口氣委婉多矣。故茂卿從之。曰。蓋孔子門人或有仕爲邑宰。而不與學。乃以人不好學爲辭者。故云爾。十室謂其極小者。必者。懸斷詞。言雖極小之邑。必有忠信如我者。則豈無好學者哉。特未使其學耳。夫學者。人之天性也。故詩曰。民之秉彝。好是懿德。凡有一美。人必倣效。聖人循此性。而建學問之道。學而時習之。不亦悅乎。悅好也。若使人性不好學。則烏能悅之。如舊說焉屬上句。則孔子以好學自負。而懸斷其必不好學。可謂謬矣。

伊藤維楨曰。舊解有至道難聞之說。亦一旦豁然之意。蓋聖門之學。以道德爲本。而不離人倫日用之間。故有進修之可驗。而無了悟之可期。後世專以理爲主。而以一旦豁然爲的。於是實德愈病。而與聖門之旨。日相背馳。學者宜鑒焉。又曰。學問之至。積小成大。化舊爲新。生乎千載之下。而可以是非千載之上。以七尺之軀。而可與天地並立而參。故好學之益。不可量也。夫子以生知之聖。而復曰好學者。蓋道本無窮。故學亦無窮。故聖人有聖人之學。賢者有賢者之學。學者有學者之學。其造道愈深。則好學愈篤。正平本學下。有者字。

伊藤長胤曰。忠信之人。徒任其生質之忠信。而不有學以成之。則或不免有局束因滯之弊。此所以貴乎學也。夫子於人之譽己。每謙讓不當。而唯好學一事。則敢自承當。此章云云。其勸人爲學也至矣。

論語會箋卷第五終

論語會箋卷第六

竹添光鴻會箋

雍也第六

凡二十八章。篇內第十四章以前。大意與前篇同。

子曰。雍也可使南面。南面者。人君聽治之位。言仲弓寬洪簡重。有人君之度也。仲弓問子桑伯子。子曰。可也簡。子桑伯子。魯人。胡氏以爲疑卽莊周所稱子桑戶者是也。仲弓以夫子許己南面。故問伯子如何。可者。僅可而有所未盡之辭。簡者。不煩之謂。仲弓曰。居敬而行簡。以臨其民。不亦可乎。居簡而行簡。無乃大簡乎。大音泰。言自處以敬。則中有主而自治嚴。如是而行簡以臨民。則事不煩而民不擾。所以爲可。若先自處以簡。則中無主而自治疎矣。而所行又簡。豈不失之大簡。而無法度之可守乎。家語記伯子不衣冠而處。夫子譏其欲同人道於牛馬。然則伯子蓋大簡者。而仲弓疑夫子之過許與。子曰。雍之言然。仲弓蓋未喻夫子可字之意。而其所言之理。有默契焉者。故夫子然之。○

程子曰。子桑伯子之簡雖可取。而未盡善。故夫子云可也。仲弓因言內主於敬而簡。則爲要直。內存乎簡而簡。則爲疎略。可謂得其旨矣。又曰。居敬。則心中無物。故所行自簡。居簡。則先有心於簡。而多一簡字矣。故曰大簡。

箋曰。章首八字。皇本別爲一章。邢本則聯下爲一章。今從邢本。○周官擇人注。面猶鄉也。人君嚮明而治。故位皆南面。衛靈篇舜恭己正南面而已矣。禮器。聖人南面而立。而天下大治。說卦。聖人南面而聽天下。向明而治。莊子至樂。雖南面王樂。不能過也。此皆據天子言。左昭三十三年傳。魏子南面。衛彪傒曰。魏子必有大咎。干位以令大事。非其任也。魏舒晉大夫。故南面爲干位。此南面爲諸侯者也。士相見禮。凡燕見于君。必辨君之南面。是謂天子諸侯也。大戴禮子張問入官篇。君子南面臨官。史記樗里子傳。請必言子於衛君。使子爲南面。此謂卿大夫也。蓋卿大夫有臨民之權。臨民無不南面。夫子極許仲弓而云可使南面。包鄭皆指諸侯。劉向則謂天子。說雖不同。要皆通也。近儒謂爲卿大夫。不兼天子諸侯。失之。文選思玄賦注引論語摘輔像曰。仲弓淑明精理。可以爲卿。彼自爲文。不足證此。劉寶楠曰。古人爲學。皆以盡倫。學也者效也。學之爲父子焉。學之爲君臣焉。推之昆弟夫婦朋友。莫不各有當然之則。卽莫不各有當學之事。舍人倫無學也。學修於己。自能成物。而得勢以行其所學。故能措施裕如。中庸所謂道前定則不窮者也。大學言格物致知而極之治國平天下。夫治國平天下。皆天子諸侯之所有事。而列於大學之目。此正言人盡倫之學。孟子謂士志仁義。不能殺一無罪。此亦指天子諸侯言之。故曰大人之事備矣。大人以位言之。擧位則德自見。蓋德必稱其位而後爲能居其位。故夫天子諸侯卿大夫士位之差。卽德之差。其德能爲天子而爲天子。則舜禹之由登庸而進也。其德能爲天子諸侯而僅爲卿大夫。則孔子之不得位以行其道也。孟子云。匹夫而有天下。德必若舜禹。而又有天子薦之者。故仲尼不有天下。荀子謂聖人之得勢者舜禹是也。聖人之不得勢者仲尼子弓是也。子弓卽仲弓。夫子議禮考文作春秋。皆夫子之事。其答顏子問爲邦。兼有四代之制。蓋聖賢之學。必極之治國平天下。其不嫌於自任者。正其學之分內事也。正平本南面下有也字。〇仲弓問子桑伯子。問伯子亦可使南面否也。非泛問伯子之爲人。首節旣題南面。故記者以問一字總其意。夫子答可也。簡非泛論伯子爲人之可也。可也二字宜作一小頓。言其人可使南面也。簡正明其所以可也。仲弓辨簡。明曰以臨其民不亦可乎。以臨其民者。卽南面之謂乎。前後可字緊相承。周衰。天下厭苦繁文久矣。伯子之簡。〇宜夫子所取。凡可者。略略許之之辭。雖非十分圓滿之義。亦未嘗有不滿之意也。集注僅可未盡。本諸學而篇孔注。魯語韋昭注列子力命張湛注。然似失正意。子曰。朝聞道夕死可矣。子貢曰。鄉人皆善之何如。子曰。未可也。此豈可以僅可未盡解乎。爾雅釋詁。簡。大也。毛詩匪風傳。亨魚煩則碎。治民煩則散。煩與簡相反。簡者不叢脞也。仲弓問子桑伯子。非借人之短以形己之長。仲弓已揣夫子許己在簡。當時子桑伯子亦以簡見稱。而其簡有所稍異。故舉以質其當否。蓋不爲伯子。而爲自證也。亦見孔門諸賢用工夫之親切著實也。子桑伯子桑氏。伯字。下子字爲男子之美稱。上子字則弟子尊其師之稱。如子沈子。子公羊子之例。其人無考。孔子同時。莊周所稱。恐是別人。注所引家語。此劉向說苑脩文篇語。非家語。讖其欲同人道於牛馬。亦劉向語。非夫子語。蓋偶然失査撿也。伯子爲人。惜此章以外未見論語。然果如莊子劉向之語。是怪也。肆也。非簡也。夫子豈輕爲許可。啓後來任達放誕之習哉。〇莊子山木篇。孔子問子桑雽云云。異日桑雽。又曰。舜之將死云云。釋文。雽音戶。本又作粤。音于。李云。桑姓雽其名。隱人也。至大宗師篇。言桑戶與孟子反琴張爲友。楚辭涉江篇。以接輿桑扈並舉。雽戶扈音近通用與。楚辭云。桑扈贏行。王逸注。去衣裸程。說苑修文篇。孔子見子桑伯子。子桑伯子不衣冠而處。弟子曰。夫子何爲見此人乎。曰。其質美而無文。吾欲說而文之。孔子去。子桑伯子門人不說曰。何爲見孔子乎。曰。其質美而文繁。吾欲說而去其文。云云。〇居敬而行簡。釋文云。行下孟反。又如字。下同。集注無音。且云。所行又簡。則從後音也。敬慢之反。凡政事處心於敬。不敢怠慢。思慮周密。使其條貫不紊。無少欠缺。而行下者。提其綱維。而不煩苛。能使民易從。此之謂居敬而行簡也。行簡者。行事以簡。既敬且簡。而以臨民。所以爲可。非謂居敬以治己。而行簡以臨民也。意總在政事上。非若學者工夫。若其政事不肯竭心殫力。一味苟簡。而行下亦唯苟簡。此之謂居簡而行簡也。無乃二字。有質疑意。如秦政之馭天下。去文就質。令行禁止。豈不簡便。其究也黔首離德。而揭竿斬木之難起矣。此非無顧畏民嚴之敬意。而事好爲簡便。以至此乎。說者謂。黃老弊入於申韓。尙簡者不得不受其過。雍之言然者。夫子之可伯子。未有慊於大簡之意。及仲弓再問。乃又然其大簡之言。非初過許而後改之。蓋泛然言之。伯子之簡可取。精擇之則大簡有弊。夫子是評人之泛辭。仲弓乃切身之要問。言各有當。先儒蓋嫌於夫子之過許。故就可字遷就作說以獲之。遂失正意。〇此章只重辨簡。不重論敬。仲弓之所辨。夫子之所許。總爲此簡字。字面如一。來歷不同。居敬之簡。見識精明。當務之爲急。器量威重。執要以御繁。如是則民受和平安靜之福。居簡之簡。得一遺二。精神不能兼顧。如是則民受其苟且率略之弊。此言不但判斷伯子人品清楚。實天下後世南面者之圭臬也。故夫子亟然之。正平本。南宗本。邢本大簡作太簡。○程子謂。居敬則心中無物。故所行自簡。此論敬德之成者也。恐非此章之旨。且簡與居敬。工夫自別。無居敬則行自簡之理。凡人居敬而行不簡者甚多矣。故朱子謂。是兩件事。曹參得老氏之糠粃。乘斯民之厭亂。因時與之休息則有之。豈眞知簡之道者。此程子歸重一敬字。於學最有功也。然自始學言之。平日點撿身心。當極其周密。至於臨民御衆。又自有大體。當從朱子之法。須是兩畫作一件滾做不得。至於德盛仁熟。篤恭而天下平。則又做兩件不得。故此等處須要知得異處。又要知得全不相妨處。又克己便是復禮。程子說也。朱子恐學者過看直捷。生出卽心卽佛之病。故云勝私而復於禮。言克己。又須復禮。此與敬簡一例。○仲弓嘗問仁。夫子告以出門如見兩句。此居敬之謂也。又嘗問政。而夫子告以先有司三句。此行簡之謂也。可使南面。固有所自來矣。

哀公問。弟子孰爲好學。孔子對曰。有顏回者。好學。不遷怒。不貳過。不幸短命死矣。今也則亡。未聞好學者也。

好去聲。亡與無同。遷移也。貳復也。怒於甲者。不移於乙。過於前者。不復於後。顏子克己之功。至於如此。可謂眞好學矣。短命者。顏子三十二而卒也。既云今也則亡。又言未聞好學者。蓋深惜之。又以見眞好學者之難得也。○程子曰。顏子之怒。在物不在己。故不遷。有不善。未嘗不知。知之未嘗復行。不貳過也。又曰。喜怒在事。則理之當喜怒者也。不在血氣。則不遷。若舜之誅四凶也。可怒在彼。己何與焉。如鑑之照物。妍媸在彼。隨物應之而已。何遷之有。又曰。如顏子地位。豈有不善。所謂不善。只是微有差失。纔差失。便能知之。纔知之。便更不萌作。張子曰。慊於己者。不使萌於再。或曰。詩書六藝。七十子非不習而通也。而夫子獨稱顏子爲好學。顏子之所好。果何學與。程子曰學以至乎聖人之道也。學之道奈何。曰。天地儲精。得五行之秀者爲人。其本也眞而靜。其未發也。五性具焉。曰仁・義・禮・智・信。形既生矣。外物觸其形而動於中矣。其中動而七情出焉。曰喜・怒・哀・懼・愛・惡・欲。情既熾而益蕩。其性鑿矣。故覺者約其情使合於中。正其心。養其性而已。然必先明諸心。知所往。然後力行以求至焉。若顏子之非禮勿視聽言動。不遷怒貳過者。則其好之篤。而學之得其道也。然其未至於聖人者。守之也。非化之也。假之以年。則不日而化矣。今人乃謂聖本生知。非學可至。而所以爲學者。不過記誦文辭之間。其亦異乎顏子之學矣。

箋曰。皇本。正平本。南宗本問下有曰字。○不遷怒。遷字就人說。不貳過。貳猶儒行篇過言不再之再。蓋怒之遷。氣不能和也。過之貳。心不能剛也。和與剛相濟。乃可行爲學。氣之柔非和也。和在平己之情。心之偏非剛也。剛在克己之欲。論衡問孔篇。哀公問弟子孰爲好學。孔子對曰。有顏回者好學。今也則亡。不遷怒。不貳過。何也。曰。并攻哀公之性遷怒貳過故也。因以問則并以對之。兼以攻上之短。不犯其罰。此說得之。哀公闇主也。怒於室而色於市。文過自遂。闇主之常也。夫子居恒欲諫而止之。而無事端可以發言。今哀公問及于此。故稱回之賢德。因以諷諫之也。不然對好學之問。不必特舉不遷怒不貳過二事。視諸他日對季康子者。可以見已。

哀公問篇。頻以不過風切哀公。哀公妄。多過可知。宜參互考之。○怒此人而移於彼人是遷。怒在今日。而移於明日。亦是遷。七情惟怒爲最難制。方怒之時。當如水之由地中行而弗汎濫。不貳過。說者多主心過說。看來卽兼身說爲是。程子亦只說是微有差失。未嘗限定是心過。○不幸短命死矣。左傳昭三年。無祿早世隕命。與此同文例。無祿不幸也。早世短命也。隕命死也。○今也則亡者。言弟子中。今則無好學者也。未聞好學者也者。言弟子之外。亦未聞有好學者也。不欲盡誣一世。故不言亡而云未聞也。○史記仲尼弟子傳。顏回少孔子三十歲。年二十九。髮盡白蚤死。未著卒之歲年。家語七十弟子解。始云三十一而死。王肅注校其年則顏回死時。孔子年六十一。李氏鍇尙史辨之云。顏子卒於伯魚之後。按譜孔子七十而伯魚卒。是顏子之卒。當在孔子七十一之年。顏子少孔子三十歲。是享年四十有一矣。江氏永鄉黨圖考同。臧庸拜經日記曰。史記列傳但云蚤死。夫五十以下而卒。皆可謂之蚤。三十一之文。不知所本。必係王肅僞撰。公羊傳。哀十四年顏淵死。子曰。噫天喪予。子路死。子曰。噫天祝予。西狩獲麟。孔子曰。吾道窮矣。何休注。天生顏淵子路爲輔佐。皆死者天將亡夫子證。時得麟而死。此亦天告夫子將沒之徵。又史記孔子世家。河不出圖。雒不出書。吾已矣夫。顏淵死。天喪予。及西狩獲麟。曰吾道窮矣。夫曰天喪予。曰天祝予。曰吾道窮。曰吾已矣者。皆孔子將沒之年所言。故公羊春秋及弟子傳。皆連言之。則顏子之死。必與獲麟子路死夫子卒相後先。孔子年七十一獲麟。七十二子路死。七十三孔子卒。顏子少孔子三十歲。孔子七十。顏子已四十也。又史記世家云。伯魚年五十。先孔子卒。以核家語孔子年二十而生伯魚之說。尚不甚遠。則伯魚卒時。孔子年六十九。據論語顏子死在伯魚之後。則孔子年七十。時顏子正四十也。魯哀季康之問。皆在哀十一年孔子反魯之後。時顏子新卒。故聖人述之有餘痛焉。若王肅說孔子六十一時顏子死。則正在孔子自陳適蔡之年。猶未反魯。哀公康子何從問詢。且此時去困阨陳蔡。首尾三載。如六十一顏子已死。孔子思從難諸賢。何以首及顏子。臧說甚核。毛奇齡稽求篇。孔廣森公羊通義並略同。但與李錯說差少一年者。李氏生年。從公穀故也。秦漢人說顏子卒年。本多乖互。列子力命篇。顏子之才。不出衆人之下。而壽十八。淮南子精神訓。顏淵夭死。高誘注。顏淵十八而死。後漢書郎顗傳。顏子十八。天下歸仁。皆以顏子卒年爲十八。此眞異說。非可據也。○惟怒在物不在己。故怒於甲者不移於乙。惟只是微有差失。才差失便能知之。才知之便更不萌作。故過於前者。不復於後。程朱說自一又不善與過稍有不同。然援在此。全與過同耳。易繫辭傳。子曰。顏氏之子。其殆庶幾乎。有不善未嘗不知。知之未嘗復行也。易曰。不遠復。无祇悔。元吉。古注謂有不善未嘗復行。即本易繫辭。而程子因之。中庸云。子曰。回之爲人也。擇乎中庸。得一善則拳拳服膺。而弗失之矣。當未擇時。不能無過。及得善而服膺弗失。所以能不貳過。此顏子思誠之學。以人道合天道者也。是故言天行者。不能無贏縮陵歷之異。水旱沴鬱之災。而於穆不已。不遠能復。故於復見天地之心。益。初至四互復。其象曰。君子以見善則遷。有過則改。明改過能有益也。顏子好學。亦能體復。故夫子易傳獨稱之。○喜怒哀樂。情也。情者性之發也。發而中節。君子之事也。未嘗以不發爲美也。哭死而哀。聖人也。慟於顏淵。亦聖人也。不可謂哀在顏淵。孔子不與也。哀既如斯。喜怒亦可由此而推焉。語類乃言。聖人之心本無怒。此語未圓。蓋臧否之可喜可怒者在彼。而喜之怒之在我。今乃欲取其在我者。盡付於彼。恐非通論。夫喜與哀樂。每發。而怒獨不發。是偏枯之心耳。聖人豈其然哉。○伊川好學論。此伊川十八歲時。在大學作顏子所好果何學論也。考亭一生立言。根據於此。而餘姚則以明道定性書。爲原本。參以己意。是二家分派界頭處。○周子無極之眞。眞字以造化言。程子其本也眞而靜。眞字以人之性言。二眞字不同。

子華使於齊。冉子爲其母請粟。子曰。與之釜。請益。曰。與之庾。冉子與之粟五秉。使爲並去聲。子華。公西赤也。使爲孔子使也。釜六斗四升。庾十六斗。秉十六斛。子曰。赤之適齊也。乘肥馬。衣輕裘。吾聞之也。君子周急不繼富。衣去聲。乘肥馬。衣輕裘。言其富也。急窮迫也。周者補不足。繼者續有餘。原思爲之宰。與之粟九百。辭。原思。孔子弟子。名憲。孔子爲魯司寇時。以思爲宰。粟宰之祿也。九百不言其量。不可考。子曰。毋。以與爾鄰里鄉黨乎。毋禁止辭。五家爲鄰。二十五家爲里。萬二千五百家爲鄉。五百家爲黨。言常祿不當辭。有餘自可推之以周貧乏。蓋鄰里鄉黨有相周之義。○程子曰。夫子之使子華。子華之爲夫子使義也。而冉有乃爲之請。聖人寬容不欲直拒人。故與之少。所以示不當與也。請益而與之亦少。所以示不當益也。求未達而自與之多。則已過矣。故夫子非之。蓋赤苟至乏。則夫子必自周之。不待請矣。原思爲宰。則有常祿。思辭其多。故又教以分諸鄰里之貧者。蓋亦莫非義也。張子曰。於斯二者。可見聖人之用財矣。

箋曰。子華使於齊。與原思爲宰。不必同在一時。弟子合而記之。以見聖人取予之際。各有所宜爾。史記弟子傳。公西赤字子華。公西是複姓。鄭目錄曰。魯人。原思爲之宰。家宰也。此事屬辭。則使亦爲孔子使矣。○冉子爲其母請粟。冉子據鄭注卽冉有也。稱子者。冉有門人所記也。粟米對文。則粟有甲。米無甲。粟一斛爲米五斗。禹貢之四百里粟。五百里米。是也。散文粟卽爲米。漢食貨志。述魏李悝云。治田百畝。歲收畝一石半。爲粟百五十石。是也。○與之釜。周官廩人曰。凡萬民之食。食者人四鬴。上也。人三鬴。中也。人二鬴。下也。鄭注以此爲一月食米之數。然則與粟以釜。不足凶歲一月之食。故冉子以爲少也。○管子輕重篇。齊西之粟。釜百泉則鏂二十也。齊東之粟。釜十泉則鏂二泉也。據此釜之與區。差以五倍。則是五區爲釜。非四區爲釜。然據尹注云。斗二升八合曰鏂。則區數本不同。此蓋如今之斗斛同一名。而各方大小或異耳。○與之庾。言粟五秉。則與釜與庾。不言數。是爲一庾矣。吳英曰。皇疏云。包注十六斗爲庾。與賈氏注國語同。而不合周禮。周禮旋人職云。豆實三而成觳。陶人職云。庾實二觳。鄭云。豆實四升。則觳實一斗二升也。按如陶旋二文。則庾二斗四升矣。據此知庾爲二斗四升也。釜之數既有左傳齊俗

實據。而庚之數又有周禮旊人陶人兩處實據。且不差于左傳齊俗之數。尤合此
章不繼富之本旨。則據此亦可以知論語釜庾之數本然如此。而非徒以經證經
矣。包氏乃自爲十六斗之說。何不思釜者請粟之正數也。庾者請益之餘數也。正
數止于六斗四升。則其增益之數。安有反得十六斗之數者邪。卽曰非餘數。而爲
改前之數。則冉有既得此改數。亦當無五秉之與矣。且始之與釜。此時已有不繼
富之意。微示之教。但須從容以告其故。而不必急明己意爾。若因其請益。而忽成
二倍有餘。則前所以與釜之意。反爲自掩。使冉有苟無五秉之贈。則周急不繼富
之意。無時而發矣。故與之庾之爲數。仍屬無多。斷可識矣。何以謂十六斗。其殆因
五秉與釜庾不稱。故多其中間之數。以近之歟。姜上均曰。陶人庾實二轂。疏曰。庾
本有二法。故聘禮記云。十六斗曰籔。注云。今文籔爲逾。逾卽庾也。昭二十六年。申
豐云。粟五千庾。杜注云。庾十六斗。以此知庾有二法也。按聘禮記。籔音叜。其與庾
文異音異。量數之多寡迥異。何得妄以籔爲庾。鄭云。今江淮之間量名。有爲籔者。
則其量非卽爲庾明甚。而其云今文籔爲逾。則逾字非卽爲庾又明矣。疏乃云庾
有二法。何邪。杜注左傳。亦訓庾謂十六斗。然考魯申豐爲季氏行賄于齊梁邱據。
而欲因高齮以通據。乃請餽粟五千庾。則其所云五千庾者。當是二斗四升之庾。
共千二百斛。若十六斗爲庾。當八千斛。則賄據止錦百匹。而賄齮反至八千斛。理
尙可通邪。然則歷考經傳。庾爲二斗四升。初非聘禮記十六斗之籔。據此知二斗
四升爲庾。而非十六斗也。十六斗曰籔。而不得混曰庾也。以庾而言。二十四升爲
庾。六豆爲庾。二甌半爲庾。二轂爲庾。以釜而言。六十四升爲釜。十六豆爲釜。四甌
爲釜。二庾又一甌爲釜。其數相近也。至于十六斗。則較之于六斗四升者。多寡不

侔。何以及之邪。又曰。㮚氏爲量。煎金錫以爲之。金錫鑄成者也。在公家必以此爲準。若民間安能朝夕用此。且民間必爲數多者。乃用此爾。若爲數甚少。釜庾豆甌之數。則唯借器爲量。斯便捷也。此所以齊俗有豆甌釜鍾四量。而魯近齊。亦有同者也。若他國則未必皆然。此所以晏子將言陳氏陰作大器。而先言齊俗平時有借器量米之物也。此正與陶人所作之庾。與甗甑盆缶。皆瓦器。用之以盛。是器非量。卽借器爲量者相合也。否則叔向與晏子同守一王之法度。何必先以齊之四量爲叔向一一分曉邪。蓋㮚氏之量。乃所謂公量也。若釜庾豆甌。實世俗之家量也。若晏子所言陳氏三量登一。以公量收者。實非公量也。乃陳氏之陰謀。特使陶人掀大之器。實爲私量中之尤私者爾。○冉子與之粟五秉。秉十六石也。五秉爲我朝七石一斗八升五合九勺有奇。子華爲孔子使齊。道路所須必既與之。若貧又應饋粟其母。特以其富不與也。蓋孔子時仕魯。冉子爲掌財賄出入之事。以世俗所爲爲道。而不知不繼富之義。故爲其母請粟。孔子不直拒。而少與之者。釜庾亦問餽之常。卽下周急意。冉有所請。未爲大失也。及其與五秉。乃言其所以不多與之意。所謂善誘人也。五秉亦孔子之粟。冉有得專之者。以其掌出納耳。如冉子嫌夫子所與之少。而自以己粟與之。則是令恩歸乎己。而見夫子之短。冉子必不然也。但與五秉者。己與而後具其事情以告于夫子也。冉子之與五秉。正在多寡之間。似斟其中。雖失夫子之意。而不當作過多。說文。粟嘉穀實也。從鹵從米。又曰。穀續也。從禾㱿聲。禾嘉穀也。米粟實也。據此知粟乃禾之穀。而未爲米者也。聘禮記曰。四秉曰筥。注曰。此禾數也。又曰。十籔曰秉。此米數也。據此知秉字有二義。至于論語五秉之粟。則非禾非米。而爲穀也可知矣。古人倉廩多積穀。粟卽穀也。大雅彼疏斯粺。箋曰。疏謂糲米也。米之率。糲十。粺九。鑿八。疏曰。粟率五十。糲米三十。粺二十七。鑿二十四。然則如五秉之穀。而以米計。大約有四十斛之數也。禾粟之有稾者也。其實粟也。聘禮米禾。皆兼黍稷稻粱言之。穀連稾者。不別立名。卽穀中之實。亦無異號。○君子周急不繼富。周急。定五年左傳所謂周亟也。周官鄉師職賙萬民之囏阨。鄭司農云。賙讀爲周急之周。明周賙同。賙救濟也。彼富而我又富之。是繼也。周急輕帶只主不繼富。周字繼字有味。原思爲之宰。史記弟子列傳。原憲字子思。鄭目錄云。魯人。爲之宰三字。因上文已有使于齊一節。故此止一之字。不待言而自見。爲孔子家宰也。晉語韋注引曰。原憲爲家邑宰。此殆以論語注爲論語文爾。知者。以爲家邑宰四字。非論語文法也。況孔子仕魯爲司寇。必有祿田。而未必有私邑。則原思當爲司寇之家宰。而非家邑宰也。儀禮喪服斬衰章疏孤卿大夫有采邑者。其邑既有邑宰。又有家相。若魯三卿公山弗擾爲季氏費宰。子羔爲孟氏郈宰之類。皆爲邑宰也。陽貨冉有子路之等爲季氏家相。亦名家宰。若無地卿大夫則無邑宰。直有家相者也。賈氏此言最明晰。○與之粟九百。辭。說文。辤不受也。辭訟也。二字義別。今經典多作辭。九百之量。雖不可考。然粟九百。既爲數之極。可謂之厚。故原思得辭其多。而夫子又告以鄰里鄉黨可相周之義耳。設令九百之爲常祿。則原思辭之。殊爲無謂。○崔述曰。受官未有不受祿者。思之辭但以多耳。思非辭祿。辭多祿也。故云與之粟九百。必言九百者。爲思辭故也。若思辭祿。不以多故。云與之粟可矣。言九百何爲者。惟思以多故辭。故孔子教以用多之道。言雖多自可以分人。不必辭也。朱子常祿之語未盡合。春秋之世。卿大夫之家臣。其祿本無常數。故傳云。施氏之宰有百室之邑。蓋卿大夫貧富不同。其歷世久而立功多者。君之賜邑也數。則其祿厚。其宰之祿亦厚。初從政者其祿薄。其宰之祿亦薄。不能拘之以常例也。孔子未爲司寇以前無家臣。至是始有之。初無舊制可循。但量入以爲出。視己祿邑之厚薄。爲家臣班祿之數。故與之以九百。而思欲量出以爲入。但以己日用之奢儉。爲受祿之數。無所事於九百之多。是以辭之。初非魯大夫之宰皆有九百之祿。而思獨欲辭多受寡也。○當今二千石也。據此知孔子時三斗當唐時一斗。宋沈括筆談云。予求秦漢以來度量。計六斗當今之一斗七升九合。是宋斗又大於唐斗。元史言世祖取江南。命輸粟者止用宋斗斛。以宋一石當今七斗。是元斗又大於宋斗。然則周時九百斗。合元時僅得一百八十九斗也。江永羣經補義云。古者百畝當今二十三畝四分三釐有奇。就整爲二十三畝半。今稻田自佃一畝約收穀二石四斗。二十三畝半收穀五十六石四斗。折半爲米二十八石二斗。人一歲約食米三石六斗。可食八人。據江說。古農夫百畝。合今斗且得米二百八十二斗。如孔注以九百爲九百斗。止合元斗一百八十九斗。反不及農夫所收之數。原思何又嫌多而辭之。或九百爲九百石。則又不若是多。古制計粟以五量。量莫大於斛。十斗爲一斛。粟多至九百。必以量之最大者計之。則九百當爲九百斛。潘維城曰。沈彤祿田考云。大夫之宰當上士。又曰。在外諸侯上公之孤食都。卿食縣。下大夫食甸。上士食邱。中士食邑。下士與庶人在官者食井。侯伯之卿大夫士食亦如之。維城案。魯侯國也。夫子爲司寇下大夫也。原思爲夫子家宰。上士也。法當食邱。小司徒職謂四井爲邑。四邑爲邱。則邱者十六井也。十六井中有公田一千六百畝。祿田考謂。公田通率二而當一。則八百畝也。祿田考又謂。凡食公田百畝者。實八十畝。則八百畝者實六百四十畝也。以百畝百五十石計之。六百畝當得粟九百石。四十畝當得粟六十石。而此但言九百者。擧其六數也。不曰與之田十六井。而曰與之粟九百者。祿田考謂都邑而未加田。分其粟與之而已。然則夫子仕魯。其未有加田者與。○子曰。毋以與爾鄰里鄉黨乎。毋字句絶。尙書帝曰。毋。惟汝諧。字例正同。毋字重講。是正意。以與爾鄰里鄉黨乎一句。反是餘意。或曰。九字一句。毋以猶毋乃。檀弓曰。其毋以嘗巧者乎。同句法。此說不是。遂人。五家爲鄰。五鄰爲里。鄉黨之制。不必拘周禮。大抵鄉大黨小耳。夫子此言當受者受之可也。若所餘豈無所用乎哉。非教以分。是決然不許辭而已。○龜井魯曰。讀此章。而知夫子之所以成教。與群弟之所以達德哉。子華之齊莊好禮而可使爲賓相也。使之于齊。以試其所爲。冉子之長於吏職。而原思之淸靜守節也。宰諸其家。以觀其能。三子者亦以其所長。一旦辱聖師之命。亡論得意。卽思竭其心力。宣理其職。因以答平生不報之德。加之子華之富也。釜庾不與。原思之貧也。多與其粟。雖家人父子之親。蔑以加旃。於是乎。使其人感奮踊躍於仁澤洪化中。自逞其才。遂成其德。而不自知。子曰。天有四時。春夏秋冬風雨霜露。無非教也。地載神氣。吐納雷霆。流形庶物。無非教也。又曰。我無隱乎爾。我無行不與二三子者。是丘也。言其云爲無非教也。繇此觀之。聖人之教。與天地相參。獨化陶鈞上者庶幾可以窺其萬一焉爾。○前二節。以義裁冉求之過與。重不繼富句。後二節以義裁原思之過辭。重毋字。此章不必貶抑二賢。蓋必能與。而後可語之以不必與。必能辭。而後可語之以不當辭。爲兩賢占地步。正爲聖教闡微。

子謂仲弓曰。犂牛之子。騂且角。雖欲勿用。山川其舍諸。

犂利之反。騂息營反。舍上聲。犂雜文。騂赤色。周人尚赤。牲用騂。角角周正。中犧牲也。用用以祭也。山川。山川之神也。言人雖不用。神必不舍也。仲弓父賤而行惡。故夫子以此譬之。言父之惡。不能廢其子之善。如仲弓之賢。自當見用於世也。然此論仲弓云爾。非與仲弓言也。○范氏曰。以瞽瞍爲父而有舜。以鯀爲父而有禹。古之聖賢不繫於世類。尚矣。子能改父之過。變惡以爲美。則可謂孝矣。

箋曰。子謂仲弓。是與仲弓言也。泛論人之賢否不繫於世類耳。所云犂牛之子者。特借以喩出身之微賤。而非有指名也。此章當與擧賢才章參看。仲弓平日留意人才。故夫子廣之也。左傳所載列國卿大夫。炳炳麟麟。皆公族世家。其自菰蘆中拔萃者少矣。夫子旣告仲弓以爾所不知人其舍諸。他日又語之曰。爾爲宰。有取士之責。凡鄕擧里選。惟才是視。勿拘於世類。使秀民之能爲士者。仍困於農。犂牛之子。此其義也。若比其父爲牛。夫子豈肯出此言。仲弓豈能樂聞此言。況仲弓並非不用之人。此語又從何而來乎。○說文。犂耕也。犂也。互相訓。犂卽犂省。古有人耕。不用牛耕。二法。孔門弟子如冉耕字伯牛。司馬牛名犂。名字都是相配。皇疏以音貍者。申明何氏襍文之說。其云犂謂耕犂者。是明犂之正義。釋名。犂利也。利發土絕草根也。後儒據漢書食貨志。爲牛耕始於趙過。然志言。民或苦少牛。平都令光教過以人挽犂。以人挽犂法。始於趙過。爲代田之時。非牛耕始於此也。山海經曰。后稷之孫曰叔均。始作牛耕。郭傳。始用牛犂也。晉語曰。中行范氏子孫將耕於齊。宗廟之犧。爲畎畝之勤。晉語此文。以耕牛與犧牛比喩。與此章合。則以犂牛爲耕牛。是也。後漢書和帝紀。永元十六年夏四月。遣三府掾分行四州。貧民無以耕者。

爲犀犂牛。直是犂牛爲耕牛矣。東山經鱅江之魚。其狀如犂牛。郭注犂牛云。牛似
虎文者。廣韻黧黑而黃也。黧亦與犂通。淮南說林。兕屯犂牛。既科以楢。决鼻而羈。
生子而犧。尸祝齊戒。以沈諸河。河伯豈羞其所從出。辭而不享哉。此犂犧相對爲
文。犧爲純色。則犂爲不純色者矣。所云决鼻而羈。此負重耕田之牛。蓋純色者少。
則凡以耕田負重。皆爲駁牛。其實論語犂牛即是耕牛。東山經借犂爲驪。與此犂
牛字同實異。不得援以爲證。祭義曰。古者天子諸侯。必有養獸之官。犧牷祭牲。必
於是取之。民間耕牛。非所以待祭祀。故欲勿用。然有時公牛不足。則耕牛之犢亦
在所取。周禮羊人職云。若牧人無牲。則受布於司馬。使其買牲而共之。遂人所
謂野牲。曲禮所謂索牛。是也。周禮用騂牲者三事。祭天南郊。一也。宗廟。二也。望祀
南方山川。三也。山川用騂。而牧人云。凡外祭毀事用尨。外祭兼有山川。彼謂毀除
殃咎之祭。非正祭。○騂且角者。騂赤色。禮記明堂位。夏后氏牲尚黑。殷白牲。周騂
剛。檀弓周人尚赤。牲用騂。周禮地官牧人。凡陽祀用騂牲。陰祀用黝牲。望祀各以
其方之色牲。鄭注。陽祀。祭天於南郊及宗廟也。陰祀。祭地北郊及社稷也。望祀。五
嶽四鎮也。但牲色各有所宜。用不可槩言。而赤色周所貴。故特言騂。況南方嶽瀆
用騂。固不妨言山川也。犂牛之子。其犢也。犢者。誠慤未有牝牡之情。是以爲犧。古
注云。角者。角周正中犧牲者。何休公羊僖三十一年傳注。禮祭天牲角繭栗。社稷
宗廟角握。六宗五嶽四瀆角尺。繭栗者。言其堅細。角以細小爲貴。故握大於繭栗。
尺又大於握也。此祭山川。當用角尺。角周正長短尺寸合禮也。如春秋鼷鼠食郊
牛角。則不周矣。爾雅。角一俯一仰曰觭。則不正矣。此言角雖合度。然稍有偏損。亦
爲不合用也。○俞樾曰。角周正而但謂之角。則不詞矣。但謂之角。無以知其周正

與否。猶但謂之毛。無以知其爲雜文爲純色也。然則角者何。曰。角者別於童牛而言之也。禮記王制曰。祭天地之牛。角繭栗。宗廟之牛角握。是角以小爲貴。乃用犢貴誠之義也。然童牛無角。猶未可用。此云犂牛之子。疑若童牛然。故必言角以明可用。曰騂則有其材矣。曰且角則及其時矣。故曰雖欲勿用。山川其舍諸。○雖欲勿用。山川其舍諸。春秋僖十九年。邾人執鄫子用之。又昭十一年。楚師滅蔡。執蔡世子友以歸。用之。用者用以供祭也。雖欲勿用。與賞之同設辭也。併山川字。俱不可著象說。謂其子既合當時之尚。而中犧牲之宜。其用必矣。就欲不用他。而以理論之。自有不得而舍者。故曰山川其舍諸。雖說神享實說人用。蓋卽神以決人也。

說文。市居曰舍。捨擇也。義別。今經典多假舍爲捨。諸之乎也。急言之曰諸。徐言之曰之乎。

子曰。回也其心三月不違仁。其餘則日月至焉而已矣。

三月言其久。仁者心之德。心不違仁者。無私慾而有其德也。日月至焉者。或日一至焉。或月一至焉。能造其域而不能久也。○程子曰。三月。天道小變之節。言其久也。過此則聖人矣。不違仁。只是無纖毫私欲。小有私欲。便是不仁。尹氏曰。此顏子於聖人未達一間者也。若聖人則渾然無間斷矣。張子曰。始學之要。當知三月不違與日月至焉。內外賓主之辨。使心意勉勉循循而不能已。過此幾非在我者。

箋曰。三月言其久。然既限定三月。則自與四時無息者有間。古書凡云三月者。雖指其久。亦自有涯限之言。故一日不見如三月兮。可見其不如三歲。三月無君則

弔。可知其不待一歲。故三月固非指三月後必違。然亦可見三月後不可保。其或
違矣。蓋耳無有不聽。目無有不明。仁者心之德。心固無有不仁。然耳有所塞則不
聽。目有所蔽則不明。心爲私欲所亂。則有是心而不能有是德。故或問曰。所謂違
仁者。非有兩物而相去也。所謂不違者。非有兩物而相依也。深體而會於意言之
表。則得之。○其餘則日月至焉而已。其餘注以爲餘人是也。喪大記。士之喪將大
斂。君不在。其餘禮猶大夫也。鄭注。其餘謂卿大夫及主婦之位亦同。日月至焉日
月與三月對言。只見其久暫耳。日謂一日。月謂一月。故與三月對。一日能至仁而
不能保明日。一月能至仁而不能保來月也。此至者言其優入仁之域。非偶然窺
仁藩籬。亦爲大難。豈中人以下所克企邪。○此章當唯觀顏子與諸子之優劣。不
必論及孔顏之差等可也。凡以趣向立論者。雖天下之事。可分作兩段。孟子曰。仁
與不仁而已。此章仁字。其意精細。所論同中之異耳。乃與彼不同。不然冉閔諸子。
除日月至之外。豈皆不仁可惡之行也哉。○圈外張說。始學是立志就學之始與
初學不同。內外賓主之辨。語類中有兩說。一說不違是仁在內爲主。日月至是仁
在外爲客。一說不違是心在內爲主。日月至是心在外爲客。看來仁在內爲主之
說爲是。仁具於心。心統乎仁。可云仁在心之內。不可云心在仁之內也。且有內必
有外。有主必有賓。對擧之辭也。心純乎理。則仁在心之內爲主而欲爲客。心雜於
欲。則仁在心之外爲客。而欲爲主。何等直捷明快。若云心在仁內爲主。何者在仁
外爲客。云心在仁外爲客。何者在仁內爲主。蓋私欲皆在於心。不可云欲在仁之
內爲主。欲在仁之外爲客也。且人即私欲雜乘。其所酬酢。只是此心主之。不可以
心爲賓也。以心爲賓。將以何物爲主乎。孟子所云仁人之安宅者。以吾心之德。無

人欲之危。故以爲人之安宅耳。非謂仁爲心之安宅也。仁性也。心者性之郛郭。心乃仁之宅。不可云仁是心之宅。而謂心爲主。在仁之內。如身爲主在宅之內也。本文至字。初非謂心自外而至於仁之內也。只心無私欲。而有其德時。便是心至於仁也。若朱子以屋子喩。諸儒或以屋子喩心。以賓主喩仁。或以賓主喩心。以屋子喩仁。此皆以心與仁分爲兩箇。而不明朱子之意也。曰仁在內而我爲主。以仁即我。而非有二也。仁纔在內。我便是主矣。仁在外。而我爲客。亦仁即我。而非有二也。仁纔在外。我便是客矣。何嘗以屋子喩心。賓主喩仁乎。曰心常在內。雖間或有出時。然終是在外不穩。便纔出即便入者。以心纔收斂在內。便是仁常常在內。便常常是仁。非仁在內而心來依之也。間或有出時。只這出。便此心放肆而不仁矣。曰心常在外。雖間或有入時。然終是在內不安。纔入即便出者。以心纔放肆在外。便是不仁。常常在外。便常常不仁。非仁在內而心去離之也。間或有入時。只這入。便此心收斂而仁矣。又何嘗以賓主喩心。屋子喩仁乎。屋子猶腔子。心出入爲賓主。而仁即隨之耳。勉勉循循而不能已。一句中稍有次第。勉勉是著力。循循是持循。不能已是習熟。過此幾非在我者。此是學已入聖域矣。大全載朱子說。專就知言。恐非張子本意。或問曰。過此以往。則必德盛仁熟而自至。而非吾力之所能與也。此說明確。○陸隴其曰。心如明鏡。仁則鏡體之光明。光明與鏡有何分別。但就其爲塵掩時。似乎失明。就其不受塵時。依然如故。故以不違狀之。夫子於顏淵。特提出心字。此正是覩體相呈處。○龔元玠曰。三月不違者。一歲只三四次心稍不存。所謂未達一間也。日月至焉者。或一日常在於仁。或一月常在於仁。月至勝於日至。若如日一至月一至之說。則日至勝於月至矣。然曰日一至。則一日猶不常在於仁。何況一月。恐非所以論聖門諸子也。

季康子問。仲由可使從政也與。子曰。由也果。於從政乎何有。曰。賜也可使從政也與。曰。賜也達。於從政乎何有。曰。求也可使從政也與。曰。求也藝。於從政乎何有。與平聲。從

政。謂為大夫。果有決斷。達通事理。藝多才能。○程子曰。季康子問三子之才可以從政乎。夫子答以各有所長。非惟三子。人各有所長。能取其長。皆可用也。

箋曰。從政謂從事於政。左傳晉之從政者新。又子產從政一年。言其執政也。當孔子自衛反魯。正季康子執政之日。子路冉有已為季氏宰。子貢已用於魯。獨未從政為大夫耳。康子此問。其亦有同升於公之意乎。○由也果。爾雅釋詁。果勝也。一切經音義引爾雅作惈。孫炎曰。惈決之勝也。又引蒼頡篇。惈憨也。憨與敢同。方言。惈勇也。說文云。果木實也。則此果當亦為惈之借字。夫子嘗稱由可使治賦。又謂由片言可以折獄。則果當兼勇敢決斷二義。周禮大卜。五曰果。注。果謂以勇決為之是也。何有。言不難也。○曰賜也達。皇本曰上有子字。正平本同。下曰求也藝句同。拘執一理者。或泥于古而悖于今。或興一利而生一害。達則所施無阻窒也。易傳曰。往來不窮。謂之通。通即達也。通字有明通圓通二意。明通與汶闇反。圓通與拘滯反。實是一意。求也藝。藝當讀如多材多藝之藝。古以禮樂射御書數為六藝。

人之才能由六藝出。故藝卽訓才能。冉求自任以爲三年可使足民。其藝可知。○
韓村先生曰。由也養成其果。而不以藝達爲非。如求之與賜亦然。是以洙泗之上。
其濟濟矣。後世傲心一脈。見下手小異己者。便與之水火。彼豈以蔽陷離窮自甘
邪。唯其自是非人一心。養成偏僻。以至於此耳。○果達藝就才品上說。於從政句
方說到應用上。果非因循。又非激昂。奮迅。達非膠執。又非便利捷給。藝不廢
弛。又非瑣屑細碎。○注取其長。皆可用。意稍泛。於本文從政之問。頗不相應。

季子使閔子騫爲費宰。閔子騫曰。善爲我辭焉。如有復我者。則吾必在汶上矣。

費音秘。爲去聲。復扶又反。汶音問。閔子騫孔子弟子。名損。費季氏邑。汶水名。在齊南魯北
境上。閔子不欲臣季氏。令使者善爲己辭。言若再來召我。則當去之齊。○程子曰。仲
尼之門。能不仕大夫之家者。閔子曾子數人而已。謝氏曰。學者能少知內外之分。皆
可以樂道而忘人之勢。況閔子得聖人爲之依歸。彼其視季氏不義之富貴。不啻犬
彘。又從而臣之。豈其心哉。在聖人則有不然者。蓋居亂邦見惡人。在聖人則可。自聖
人以下。剛則必取禍。柔則必取辱。閔子豈不能早見而豫待之乎。如由也不得其死。
求也爲季氏附益。夫豈其本心哉。蓋旣無先見之知。又無克亂之才故也。然則閔子
其賢乎。

箋曰。史記弟子列傳。閔損字子騫。鄭目錄云。魯人。費在魯隱公時爲大夫費伯之
食邑。僖元年賜季友汶陽之田及費。遂爲季氏邑。今山東兗州府費縣西北二十

里有故城。是也。或云。費伯之費讀如字。與季氏費邑讀曰秘者有別。在今兗州府
魚臺縣西南。然先儒無此說。據路史。讀如字者。乃滑國之費。今河南緱氏縣。吳英
曰。左定五年經曰。季孫意如卒。傳曰。陽虎將以璵璠斂。仲梁懷不與。陽虎欲逐之。
告公山不狃。注曰。不狃費宰。十二年傳曰。季氏將墮費。公山不狃帥費人以襲魯。
注曰。不狃費宰。據此則可以知季氏使閔子騫爲費宰之時。當必在定公十二年
墮三都。而費邑既墮之後也。是時費宰奔齊矣。桓子懲于家臣之凶惡。故取其有
和順之德者使爲之。然夫子此時已久有欲去魯之意。秪因欲遲遲我行。女樂未
至。猶在司寇之位。閔子稔知孔子將去位矣。豈樂爲季氏所用邪。故閔子堅決辭
謝。而不能以意明言也。史記弟子列傳曰。閔子少孔子十五歲。據此則孔子初仕
魯時。閔子已將強仕之年。但其時費宰有子洩。季氏安敢使閔子爲之。若孔子未
仕魯時。季氏不知有孔子。又何知有孔門弟子邪。且定五年以前。季平子爲政。雖
有孟懿子知之。然意如之爲人。則斷非使閔子騫爲宰之人也。至于孔子去魯。則
閔子從孔子行矣。及其歸魯也。則孔子謂從我于陳蔡者皆不及門。而閔子之見
于論語者鮮。蓋必已卒也。況又爲康子之世。方意在子路冉有子華。豈有意及閔
子者乎耶。故唯墮費之後。爲使閔子爲宰之時也。閔子既不肯爲。於是子路使子
羔爲費宰。而孔注謂以其不臣。疏謂僭禮樂逐昭公。皆平子世也。於閔子何及歟。
○善爲我辭。非恐觸季孫之怒。乃欲使者委曲開陳。能達我之意。必寢其召耳。必
在汶上。猶曰必如此。庶幾諒吾志之不可奪云耳。水以北爲陽。凡言某水上者。皆
謂水北。在汶上謂出魯之事而已。如其所之豈必齊。此不必論。尚書地理今釋曰。
汶水出今山東濟南府萊蕪縣。其源非一。合流於泰安州之靜安鎮。謂之大汶。又

有小汶。出新泰縣宮山之下。至徂徠山南。入大汶。汶水舊由安民亭合濟水。東北入海。自明永樂九年。於東平州東六十里築戴村壩。盡遏汶水。出南旺。南北分流。南流達濟寧州。會沂泗諸水。入淮者十之四。北流達於臨清州。會漳衛諸水。入海者十之六矣。○吳英曰。四書釋地云。二國之境以汶分。此說非也。詩載馳曰。汶水湯湯。行人彭彭。魯道有蕩。詩以魯境言汶也。此則閔子以齊地言汶也。汶豈橫絕齊魯者。水有上流下流。汶之上流在齊境以內。下流在魯境以內。安得謂二國分境以汶邪。然其稱汶上者。如江上淮上漢上泗上。非因上流也。凡汶陽汶陰皆汶上。此閔子所指汶上。指汶陽以北也。水北曰陽。左成八年傳曰。謂汶陽之田敝邑之舊也。據此則汶陽亦恒爲魯有。蓋當時固有跨大水而疆其土者。如晉國之表裏山河也。而當閔子辭仕時。在齊人來歸鄆讙龜陰之田之後矣。則汶陽又半爲魯有矣。故閔子不曰汶陽而曰汶上。則其所指甚廣。正以齊國汶上之地甚多也。然則汶陰之汶上在魯。固非閔子所指。卽汶陽之汶上。半屬魯矣。尙非閔子當時所指也。則集注所謂齊南魯北境上。本疏文。猶見犬牙錯壤。若釋地謂二國以汶分。則如長江限南北矣。毋乃謬歟。○夫子不擇官而仕。餘子亦不擇官而仕。正程伯子所謂一命之士。存心利物。於人必有所濟者。蓋國家之所謂小事。乃下民之所謂大事。使賢者皆不樂就。則卑官下僚。徒得不賢之人。民生日困。國事日冗矣。況當時大夫。皆世官世祿。若不肯小就除。是永不出山。否則未有不如由求賜之無可如何者。聖門中如漆雕開之不仕。自爲未信。閔子騫之不仕。自爲不願。所謂士各有志也。謝說過激。不當采入。其語又多謬戾。其言閔子得聖人爲之依歸。豈謂由求不以聖人爲依歸耶。又云。不啻犬彘。恐閔子之心。未必至于此也。又云。一仕惡人。必爲由之取禍。求之取辱。閔子能早見而豫待之。故不肯仕也。然冉子仕于季氏。家臣之有寵名者。謂之取辱。不亦誣乎。子路仕于孔悝之家。非立衛輙之朝。悝又非惡人。焉得見惡人之諂哉。謝氏又以無克亂之才譏子路。子路非無才。而家臣之微。無權無兵。欲救孔悝一身且不能焉。何得責之以克定衛國之難哉。若諂以居亂邦。則滔滔天下皆是。凡入于仕途者。焉得避亂邦。未聞君子在亂世禁仕官以立教也。宋儒以仕于季氏譏焉。又以仕于衛譏焉。又以不能克亂譏焉。寃哉子路也。

伯牛有疾。子問之。自牖執其手。曰。亡之。命矣夫。斯人也而有斯疾也。斯人也而有斯疾也。

夫音扶。伯牛。孔子弟子。姓冉。名耕。有疾。先儒以爲癩也。牖。南牖也。禮。病者居北牖下。君視之。則遷於南牖下。使君得以南面視己。時伯牛家以此禮尊孔子。孔子不敢當。故不入其室。而自牖執其手。蓋與之永訣也。命謂天命。言此人不應有此疾。而今乃有之。是乃天之所命也。然則非其不能謹疾而有以致之。亦可見矣。○侯氏曰。伯牛以德行稱。亞於顏閔。故其將死也。孔子尤痛惜之。

箋曰。史記弟子列傳。冉耕字伯牛。鄭目錄云。魯人。弟子傳又云。伯牛有惡疾。此包注所本。淮南子精神訓。伯牛爲厲。說文。癘。惡疾也。厲即癘省。金縢云。遭厲虐疾。蓋惡疫也。說者以爲癩。非是。夫癩者未遽死。其死者必偏於四肢九竅而甚焉者也。使伯牛果以是卒。則穢惡滿體。而其手不可執矣。且既曰癩。則未問前必久知之。

問之時亦目見之。何侯執手而乃嘆也。自牖執其手。是與之永訣也。曰字連下讀。亡之句絕。是謂病革也。舊說爲不諱之詞。非是。斯人二字。不似對面之語。蓋是夫子既退而與家人言之也。命矣夫。且慮下正見其命也。○古人堂室之間。隔以墉。而戶在東。又鑿墉爲牖于西。以通明。故爾雅曰。牖戶之間謂之扆。室之制。三面皆墉。惟南近東爲戶。近西爲牖。或以爲北有牖。非也。惟私室有北出小牖。詩所謂塞向是也。古人寢居在奧。故士昏禮。御衽于奧。媵衽良席在東。北止。至冬時氣寒。故令塞向。士虞禮。祝闔牖戶。如食間。啓戶啓牖。鄭注。牖鄉一名。是鄭意以鄉卽牖也。然北出之向。要是名向。不名牖。郊特牲。亳社北牖。使陰明也。惟亳社有之。則知凡室無此矣。喪大記。寢東首于北墉下。注謂。君來視之時也。病者恒居北墉下。或爲北牖下。釋文。庸本又作墉。則經文必本作庸。非作牖可知。作牖者鄭君所記別本。陸氏未爲作音也。古人平時寢處皆在奧。病時始遷北墉下。而論語稱自牖者東首西面。與君之入室西立東面。正得相對。若然。病者遷北墉下。卽君視疾亦然。病執其手者。包咸謂。牛有惡疾。不欲見人。故遷於南牖下。夫子自牖外就而問之。此是變禮。故論語特文記之。漢書龔勝傳。勝稱病篤。爲牀室中戶西南牖下。東首加朝服拖紳。使者入戶。西行南面立。致詔付璽書。遷延再拜。蓋勝不欲仕莽。僞辭以疾。故遷於牖下。不令入室。以示不敢當尊之意。其使者則仍入戶致詔。蓋亦知其非病矣。以龔勝傳觀之。伯牛遷牖下。亦當是東首。○豬飼彥博曰。士虞禮。既小斂。奉尸侇于堂。度戶之廣。非四五尺許。不可出夷牀也。蓋室之南壁。廣當六尺。分爲三股。中一股爲戶牖之間。東一股以其半爲戶。戶之東爲壁。西一股以其半爲牖。牖之西爲壁。義疏釋宮附論曰。士之寢室。深二丈許。若然。廣深之度。似亦相稱。史記孟嘗君傳曰。五月子者長與戶齊。將不利其父母。古書言中人長八尺。其高可知也。夫子自牖執其手。蓋牖之上端與戶相均。下端則當戶之中半。○吳承志曰。說文穴部。窗。通孔也。片部。牖。穿壁以木爲交窗也。兩義有別。囱部囱篆下云。在牆曰牖。在屋曰囱。案囱即窗字。則窗牖之爲二物明矣。經典多言牖。罕言窗。解家因以窗當牖。張揖廣雅釋室云。窗牖闢也。已混合二物爲一。孔氏書注。鄭氏禮注。郭氏爾雅注。皇氏論語疏。多同其誤。蒼頡解詁。以窗爲正牖。牖爲旁窗。雖不混合。義仍未塙。竊謂窗古文作囧。小篆作囱。於六書爲象形字。外從口者。象木匡當之形。也。中從小或從双者。象木交疏之形也。由是形而求其制。意古之所謂窗者。當如今之牆壁中以木爲櫺之類。助戶爲明。不可開闔。故說文云。通孔也。孔者。空也。言空空然不能揜也。釋名釋宮室。窗。聰也。於內窺外爲聰明也。是足證通孔之義。至牖字從片。片者。判木也。段云。謂一分爲二之木片。蓋即所謂版也。故版篆云。片也。版爲片。則片亦爲版。牖從片。蓋以版爲之。可以開闔。儀禮祝闔牖戶。又云。祝啓牖鄉。乃牖能開闔之明據。其因牖而兼言鄉。古人自有此文法。鄭注因謂鄉牖一名也。實則向與牖與窗。直是三物。穿穴而無木爲交疏者曰向。有木而不能開闔者曰窗。能開闔者曰牖。後人混其稱。張稚讓因合三者爲一物耳。又按。古制牖皆南嚮。窗則四嚮皆有。是以周官考工記有四旁兩夾窗之制。○自牖執其手。自明處視之也。易曰。納約自牖。可證。孔子問疾。伯牛蓋以有感染之虞。辭而弗見也。孔子欲强入于室。則傷伯牛之心。欲不見而還。則師弟子今生之訣別。亦有不忍也。於是乎自牖執其手而告別。此斟中而適乎宜。盡於人情者也。集注据撫禮經遷牖尊君之說。可謂誣矣。夫堂上之位。對堂下者以南面爲尊。室中之位。東鄉爲尊。

未聞室中尊南面也。今室中而以南面視己。爲待君之禮。不亦異乎。果然。大廟祫祭。有子南面臨父者。謂之何。故雖堂上之位。其不對堂下者。亦不以南面爲尊。唯以東鄕爲尊耳。史記鴻門會可徵。或謂集注牖字誤。當作墉。此則不然。寢廟制無北牖。然私室有北出小牖。詩所謂塞向是也。室中南既有牖。則北亦何得無牖。喪大記。疾病。外內皆掃。君大夫徹縣。士去琴瑟。寢東首於北牖下。疏云。病者雖恒在北牖下。若君來視之時。則暫時移向南牖下東首。令君得南面而視之。此朱子之所本。安得任臆改經北牖作北墉乎。且北牖取明。故病者可寢。猶後世北窓高臥之意。古人以令終爲死于牖下。亦由此。○陳天祥曰。注言當時伯牛家曾以此禮尊孔子。然以人情推之。伯牛純正之士。必不如此輕率妄使家人。僭以人君之禮過尊孔子也。縱使有之。孔子必正其失。使之更改其位。亦不難爲。心知其非。隱而不言。但不入其室。師弟之間。豈宜如此。子路使門人爲臣。夫子固已明其爲詐。切責之矣。況夫子未嘗爲君。而伯牛輒以人君之禮尊之。其詐不又甚歟。然夫子於子路則諄諄然以正其非。於伯牛則略無一言以正之。何也。伯牛見夫子不敢當而不入。亦竟不改其位。儘從夫子在外。但自牖中出其手與之永訣。又無此理。○朱彝尊曰。齊魯之間。土牀皆築於南牖下。夫子遂從牖執手視之。朱注乃曲爲之說。良由紫陽南人。不知北俗也。○命矣夫者。嘆天命不可知之詞。斯人言斯善人也。斯疾言斯惡疾也。再言之者。痛惜之甚。

子曰。賢哉回也。一簞食。一瓢飲。在陋巷。人不堪其憂。回也不改其樂。賢哉回也。食音嗣。樂音洛。簞竹器。食飯也。瓢瓠也。顏子之貧如此。而處之泰然。不以害其樂。故夫子再言賢哉回也。以深歎美之。○程子曰。顏子之樂。非樂簞瓢陋巷也。不以貧窶累其心而改其所樂也。故夫子稱其賢。又曰。簞瓢陋巷非可樂。蓋自有其樂爾。其字當玩味。自有深意。又曰。昔受學於周茂叔。每令尋仲尼顏子樂處所樂何事。愚按。程子之言。引而不發。蓋欲學者深思而自得之。今亦不敢妄為之說。學者但當從事於博文約禮之誨。以至於欲罷不能而竭其才。則庶乎有以得之矣。

箋曰。說文。簞笥也。漢律令。簞小筐也。笥飯及衣之器也。其字從竹。是簞笥以竹為之。亦有用葦者。士喪禮。櫛於簞。注。簞葦笥是也。笥兼大小。簞則止是小者。故許引漢律以簞為小筐也。曲禮。凡以弓劍苞苴簞笥問人者。鄭注。簞笥盛飯食者。圓曰簞。方曰笥。對文簞笥別。散文則通。瓢與瓠不同。蓋全用匏而竅其蔕者為瓠。剖匏而用其半者為瓢。瓢說文云。蠡也。段注。蠡者蠡也。蠡字注云。蠡之言離。方言。劙解也。一瓠離為二。故曰蠡。漢書東方朔客難。以蠡測海。張晏曰。蠡瓢也。楚辭九難。瓟瓠蠹於筐篚。三蒼云。瓢瓠勺也。士昏禮。實四爵合巹。鄭注。合巹破匏也。正義云。以一瓠分為兩瓢。巹者蠡之假借字。然則瓢者瓠之半者也。惠子謂莊子曰。魏王貽我大瓠之種。我樹之成。而實五石。剖以為瓢。濩落無所容。是也。詩云。八月斷壺。注云。壺瓠也。孟子云。簞食壺漿。夫以壺盛漿。取其不滲漏耳。瓢乃剖匏而成者。貧賤者之所用也。是對文則別。散言則通。是章瓢即壺。飲即漿。與孟子簞食壺漿同。但簞壺活用。與此有異耳。○巷有宮中之巷。爾雅。宮中衖謂之壼。衖巷古今字。詩所謂巷伯者是。有里中之巷。古者二十五家爲里。里有巷。此經陋巷是。說文。陋。阨狹也。應璩與尚書諸郎書曰。陋巷之居。無高密之宇。壁立之室。無旬朔之資。莊子列御寇篇。處窮閭阨巷。讓王篇曰。顏闔守陋閭。故窮閭或曰窮巷。秦策曰。窮巷掘門桑戶棬樞之士。楚策曰。掘穴窮巷。韓詩外傳曰。窮巷白屋。廣雅釋詁。術尻也。釋室。術。道也。里中道謂之巷。人所居亦謂之巷。故廣雅兼列二訓。漢司隸校尉魯峻碑。休神家術。卽儒行篇所云一畝之宮。環堵之室。離騷云。五子用失乎家巷。王逸注。巷一作居。亦其證。○簞瓢。是餉食之具矣。非家裏坐食之器也。蓋顏子勤學。以家裡紛襍。獨寓居于陋巷。其家朝夕給食。故用簞瓢也。其所給或闕乏。故有屢空之語。空謂簞瓢空虛也。必非與顏路同居。父母之食。亦有空乏也。莊子載顏回曰。回有郭外之田五十畝。足以給飦粥。郭內之田十畝。足以爲絲麻。鼓琴足以自娛。所學夫子之道者。足以自樂也。韓詩外傳所載亦同。佐藤坦曰。兩其字並指簞瓢陋巷。不憂簞瓢陋巷。處卽是。樂簞瓢陋巷處。顏子知命樂天。不願乎外。亦於此可見。○伊藤長胤曰。夫子稱閔子騫曰。孝哉。美其行也。稱子賤曰。君子哉。尙其德也。此褒顏子曰。賢哉回也。賢者賢否勝劣之辭。較之衆人。而知其爲獨賢也。蓋一簞食一瓢飲。人不堪其憂。則煖衣飽食則樂。高車駟馬則樂。樂其如是。則憂亦如是。此衆人之憂樂也。顏子則不然。

冉求曰。非不說子之道。力不足也。子曰。力不足者。中道而廢。今女畫。

說。音悅。女。音汝。力不足者。欲進而不能。畫者。能進而不欲。謂之畫者。如畫地以自限也。○胡氏曰。夫子稱顏回不改其樂。

冉求聞之。故有是言。然使求說夫子之道。誠如口之說芻豢。則必將盡力以求之。何患力之不足哉。畫而不進。則日退而已矣。此冉求之所以局於藝也。

箋曰。正平本求作有。皇本說作悅。正平本南宗本之道下有也字。說字以欣慕言。亦有用力意。道也。廢也。畫也。皆比喩。下力字亦比喩。中道。中庸作半途。同與周易中道中行不同。廢身廢不能行也。凡無足曰廢。儀禮有廢禁是也。有足而不能行。猶無足也。故曰廢。韓詩外傳。白公勝之難。楚任之善懼三廢車中。戰國策。韓盧東郭魏章。兎䠧於前。犬廢於後。刺客傳。荊軻廢。言其左股斷而身挫也。○說文。畫界也。象田四界聿所以畫之。引申之。凡有所界限而不能前進者。亦爲畫。此以重任遠行者而喩。能進而不能達之謂力不足也。恐力不足而不肯進之謂畫也。冉求此言。與孔子稱顏回後先未可知。胡氏何見而謂冉求聞其稱回。乃有是言邪。胡氏說流於附會。而集注過取者頗多。此特其一耳。夫夫子之道高矣。其實有難攀者也。夫子策冉求責其不肯進也。胡氏乃歸咎於說之不誠何也。日退而已矣句亦過當。凡業有不進則退。謂怠者也。其不怠者。雖不能進亦不必退。況冉求親炙於聖人。不能奮進。何必至乎日退哉。皇本女作汝。○張甄陶曰。此章有頂眞見解。前人皆未說著。冉有乃有才人。何至作小兒逃學之語。子之道。聖學之全體大用也。言求非不從事於博文。而天地民物之故。禮樂器數之繁。實不足以會其通。非不欲從事於約禮。而視聽言動之則。經權變化之交。學不足以協其矩。此之謂力不足也。夫子言。力不足之人。誠亦有之。必其識至愚。氣至弱。勉强不求。至於中道而而廢。資質所限。無可奈何。今汝厭致知之繁賾。僅得半而止。畏力行拘苦。以小就自安。是畫而已矣。奈何自誣以爲力不足哉。須將子之道三字抬高。則冉子之退託不爲作僞。夫子之責備。亦非苟求。此力不足。是眞有此學業無成之人。冉子何可以之自比哉。○此卽求也退故進之之意。

子謂子夏曰。女爲君子儒。無爲小人儒。儒。學者之稱。程子曰。君子儒爲己。小人儒爲人。○謝氏曰。君子小人之分。義與利之間而已。然所謂利者。豈必殖貨財之謂。以私滅公。適己自便。凡可以害天理者。皆利也。子夏文學雖有餘。然意其遠者大者。或昧焉。故夫子語之以此。

箋曰。皇本女作汝。正平本南宗本無作毋。周官太宰。四曰儒。以道得民。注。儒諸侯保氏。有六藝以教民者。大司徒。四曰聯師儒。注。師儒。鄉里教以道藝者。據此則儒爲教民者之稱。○程子云。君子儒爲己。小人儒爲人。此說非也。此章之所謂君子小人。猶大受章之君子小人也。以才器言。不以邪正分也。子夏於四科。列在文學。故孔子恐其爲小知。而進之以可大受而無爲小知。又恐其識小而不能識其大。故使專務于識大。而不必識小也。若以爲己爲人言之。則子夏性情。正切于爲己。而未能及人。子夏之學。正孔子之所謂古之學者。而非今之學者也。何得以君子儒爲爲己。小人儒爲爲人乎。論語記子夏之言多矣。子夏豈爲人者耶。○語儒術。則躬道德。而擯紛華。語儒行。則規遠大。而薄曲謹。語儒效。則煥經緯之章。而成參兩之能。若是者皆君子也。緣飾采章者。儒而僞。墨守訓詁者。儒而迂。狃近而忘遠。執小而妨大者。儒而陋。總之皆小人也。○夫子爲子夏言之。必有關切子夏病處。子夏篤信聖人。規模狹隘。步步趨趨。未嘗敢一毫激昂開展。言必信。行必果。是个硜硜小人局段。故孔子進之使爲君子。夫君子才德出衆之稱。君子儒者。大儒也。通儒也。小人儒者。拘儒也。豎儒也。得一班而遺其全。守一節而棄其大。二儒字要如此看。方切。子夏上語類云。子游子夏絕不相似。子游高爽疎暢。意思潤大。觀與子夏爭洒掃應對一段可見。○林伯桐曰。儒字从人。謂人而爲儒者也。需聲則以聲得義。需須也。待也。儒者席珍待聘。強學待問。懷忠信待擧。力行待取。皆需也。周禮大宰九兩之目。五曰儒。注曰。儒有六藝以教民者。孔子弟子蓋三千。身通六藝者七十有二人。是則儒以六藝得名。自周以來昭然矣。故曰。儒者區也。言其區別古今。本風俗通不攷信於六藝。不通知古今。何謂儒哉。雖然唐虞二代之盛。孰非以儒爲教。但世質人淳。不必別儒之名。儒之名著於周。故荀況謂周公爲大儒也。周制以鄕三物教萬民而賓興之。六德六行六藝。皆儒者事。孔門立教。其本在孝。其重在仁。曰四教。曰雅言。聖訓所著。王制所存也。當時高弟。首推顏曾。顏子問仁。則語以克己復禮。克己者約身也。約身必以禮。左傳曰。古也有志。克己復禮仁也。孔子述古訓以教。而顏子能服膺。故其稱夫子善誘。亦曰博我以文。約我以禮。博文則六藝通。約禮而後能復禮也。顏子問爲邦。語以三代禮樂。此博文之大者。爲邦者仁之見於行事。而其斟酌百王。有損益。有法戒。豈非需乎。曾子能盡孝道。故孔子授以孝經。論語載曾子三省。皆守身之學。卽孝經之旨。亦約禮之義。禮記曾子問一篇。發明禮意。是謂博文。閔子以德行稱。以孝爲本。其辭季氏之召。眞難進者。有子言孝弟與曾子之學。如驂之靳。其論百姓之足不足。與君爲體。不屑急切近利。皆需之義也。子謂子夏爲君子儒。毋爲小人儒。蓋儒業在六藝。則文而不慙者出焉。華而不實者託焉。發明章句。始於子夏。其於六藝。所得多。所見深。然必戒以小人儒者。見儒之不恃空言也。論語言君子博學於文。約之以禮。可以弗畔。中庸言。君子慥慥。不外庸言之信。庸行之謹。言顧行。行顧言。然則君子之儒。篤實而已。子貢問君子。答之卽言行相顧之意。子路問君子。答之卽約禮之旨。論語以君子始終。不知不慍斯爲君子。不知命無以爲君子。豈非需之義乎。君子者儒之實也。但謂之君子。則通乎治野人之稱。謂之儒。則專乎爲學者之名。禮記儒行。孔子對哀公言自立者二。言特立者一。言特立獨行者一。而鄭君則云。儒之言優也。柔也。其與人交接。常能優柔。見經典釋文引鄭目錄經傳似異實同。蓋需待而不自立。則必與世沈浮。曲學阿世。故皋陶曰。柔而立。又曰。擾而毅。皆儒行之意也。大戴禮入官篇曰。枉而直之。使自得之。優而柔之。使自求之。揆而度之。使自索之。是以上下相親而不離。此言學古入官。實儒者優游之用也。墨子有非儒篇。蓋墨氏兼愛則不仁。儒者之道。孝弟爲仁之本。仁亦从人。人學所以明人倫。倫亦从人。立人之道。與墨氏正相反也。故鄭君曰。儒能安人能服人。或淸談廢事。或矜己凌人。豈所以安人服人人哉。冉有季路宰我樊遲之倫。或仕私家。而不害爲大賢者。施之則行。卽儒者事。非鄙儒小拘所得議也。若曾晳漆雕開。不施於事。而聖人許之。原憲季次空室蓬戶。而聖人稱之。其優游也。皆其特立獨行也。彼拘學抱咫尺之義。而枯槁寂寞。固無足言。若取適時會。不自愛重者。又豈知需之義。邪抑又聞儒濡也。以先王之道能濡其身也。本鄭君濡潤也。儒者博文可以潤身。然濡則易汙。故貴特立。說文曰。儒術士之稱。術道路也。術士。有道之士也。不學則無術矣。學術不明。而以需爲儒。則庸衆駑散。中道而廢者有之。以區爲儒。則窮鄉多異。曲學多論者有之。以柔爲儒。則儒宗而委蛇。希世廢務者有之。故又曰。儒短也。儒愚也。皆本廣雅儒者文多質少也。史記萬石君列傳 是皆浮慕其名。而不求其實者也。○伊藤長胤曰。蓋君子小人之名。雖有德位二端。古者聖賢多以位言之。王公卿士居官治事。其任爲大。草野鄙人只問生產。不復及人。此所以爲君子小人也。今爲學而以經世濟民爲務者。是學大人之事。此謂君子之儒。如伊尹耕于有莘之野。而樂堯舜之道。顏子居陋巷。而聞四代之禮樂。是也。若夫徒悶一身之修否。而不皆講康濟之務。此猶小人之事。此謂小人之儒。如樊遲學於聖門。而問稼圃。夫子斥之曰小人哉樊須也。是也。

孟子曰。有大人之事。有小人之事。夫子辨儒而以君子小人言之。其意亦爾。

子游爲武城宰。子曰。女得人焉爾乎。曰。有澹臺滅明者。行不由徑。非公事。未嘗至於偃之室也。

女音汝。澹徒甘反。武城魯下邑。澹臺姓。滅明名。字子羽。徑路之小而捷者。公事。如飲射讀法之類。不由徑。則動必以正。而無見小欲速之意。可知。非公事不見邑宰。則其有以自守。而無枉己狥人之私。可見矣。○楊氏曰。爲政以人才爲先。故孔子以得人爲問。如滅明者。觀其二事之小。而其正大之情可見矣。後世有不由徑者。人必以爲迂。不至其室。人必以爲簡。非孔子之徒。其孰能知而取之。愚謂。持身以滅明爲法。則無苟賤之羞。取人以子游爲法。則無邪媚之惑。

箋曰。吳英曰。左襄十九年傳曰。城西郛。懼齊也。穆叔歸曰。齊猶未也。不可以不懼。乃城武城。注曰。泰山南武城縣。哀八年傳曰。吳伐我。子洩率。故道險從武城。初武城人或有因于吳竟田焉。拘鄫人之漚菅者。及吳師至。拘者道之以伐武城。王犯嘗爲之宰。澹臺子羽之父好焉。國人懼云云。吳師克東陽而進。據此知武城北猶遠于齊。南則近于吳。爲魯之邊疆。常當憂懼者也。注謂泰山南武城不甚近于齊矣。傳謂子洩故道以險路。則魯於武城。尙非所警備于吳之處。而況於齊乎。傳謂懼齊而城西郛。則魯之警備于齊者在西北。而非南。而武城在魯之東南。何以懼齊而又城武城。竊以爲既患于西北。則恐吳師或適來。而應接不暇。故已城西郛以備北。又城武城以備東南爾。至于吳與武城。雖非捷徑。然於此被兵。則亦爲近吳之邊疆矣。史記弟子列傳曰。曾參南武城人。澹臺滅明武城人。日知錄曰。同一武城。而曾子獨加南字。子羽傳。次曾子。省文但曰武城。而水經注引哀相瑶曰。今泰山南武城縣。有澹臺子羽冢。縣人也。可以見武城之卽爲南武城也。元和郡縣志。東海郡南成故城。在費縣南九十里。卽南武城。輿地志曰。子游爲宰者也。據此知魯無兩武城也。魯既無兩武城。則所謂南武城者。乃後世加字之辭爾。當時楚蔡之間。亦有武城。秦晉之間。亦有武城。左僖六年傳曰。蔡穆侯將許僖公以見楚子于武城。文八年傳曰。秦伐晉取武城。據此知春秋見于經傳者。魯與晉楚共有三武城。而未嘗別其名。蓋以其地之相去千有餘里。非相爲鄰。不必別稱也。而索隱謂魯更有北武城。故別此謂南武城。其殆悞以懼齊之武城。非卽懼吳之武城。故其所稱北武城者。其殆指懼齊之武城矣。殊不知後世襲武城之名者。不一而足。戰國策。平原君封以東武城。故後漢志魏國有武城。蓋卽趙之東武城也。其餘定襄有武城。清河有東武城。而清河之東武城。水經注謂。因定襄有武城。故此加東。則正與魯之南武城。史記正義謂。定襄有武城。清河有武城。故此云南者同

也。俱因後世武城之名益增。而始別以方也。然終無所謂北武城也。魯在東南。安
得言北平。○潘維城曰。春秋大事表謂。襄十九年之武城。在濟寧州嘉祥縣界。昭
二十三年傳。邾人城翼。還自離姑。武城人塞其前。併哀八年之武城。爲費縣之武
城。費與邾吳接界。非所當備齊之處。余嘗至嘉祥縣。有紘歌臺。此地與齊界相接。
去費縣尚遠。維城案。如此說則子游所宰之武城近齊。非近吳者。然哀八年吳伐
我。道險從武城之役。傳云。王犯常爲之宰。澹臺子羽之父好焉。國人懼。是滅明爲
近吳之武城人。確有明徵。夫子問子游以得人。正指所宰地言之。故子游對以有
滅明。安得謂子游所宰之武城。非滅明所居之武城邪。紘歌臺之說。地志傅會。不
足信也。○注武城魯下邑。以其距國都遠。故曰下邑。左傳僖十年。狐突適下國。下
國與下邑一例。○女得人焉爾乎。皇本女作汝。皇本正平本爾乎作耳乎哉三字。
得人。謂參佐屬吏得賢才任之也。焉耳乎猶言矣乎。皆意以爲然而未決之辭。但
矣乎差重於焉耳乎。此其別也。後世耳訛爾。因訓爲於此。此者此武城也。穿鑿可
笑。朱子曰。焉爾乎三字是語助。聖人之言寬緩不急迫。得之。是輕提虛問之辭。蓋
經中用助字處。必有含蓄不盡之意。○行不由徑。說文云。徑。步道也。徐鍇曰。道不
容車。故曰步道。是也。古井田之制。道路在溝洫之上。方直如棊枰。行必遵之。故老
子曰。大道甚夷。而民好徑。此徑字。月令。審端徑術之徑。而非周禮野廬氏禁野之
橫行徑踰者之徑。踰徑踰之徑。如檀弓犯人之禾。左傳蹊人之田。史記由彼闕也。
謂就其穿垣之走之類。踰卽邱陵也猶可踰也之踰。謂攀躋邱陵而過之也。凡此
皆橫行也。祭義道而不徑。舟而不游之徑。卽此徑也。或致辱。或墜跌。故與徒涉同
危。此非其義也。惟審端徑術之徑。乃司土者。開通斜捷之路。以便民之行。楚辭離

騷所謂。捷徑以窘步。曲禮。送喪不由徑之類。是也。行徑是借字。或讀行爲去聲。非是。○中井氏曰。二行皆得之之後事矣。舊以爲前事。故不通。詩曰。周道如砥。其直如矢。君子所履。小人所見。可知周道唯公人得往來焉。如衆人別有捷徑。澹臺既是公人矣。卽不肯往來于捷徑。是自守公人定規。而不取私便者。○非公事未嘗至於偃之室也。子游蓋得滅明。以爲參佐屬吏也。公事。謂在公職事也。屬官不敢私事于長官。其正操可見矣。若管下士民。不見邑宰。豈特滅明一人。亦未見其自守之意。集注公事如飲射讀法之類。此說非也。武城雖下邑。然亦必有戶口賦稅典禮刑法等事。謂之公事。非邑宰一人耳目口手之所能盡。不可無相助爲理者。故孔子以得人問也。集注所指飲射讀法。乃衆民中與事之人。非助理政事之人也。且春秋飲射在序。月吉讀法在公庭。不得言室也。○惟其動必以正。而無見小欲速之意。故行不由徑。惟其自守。而無枉己徇人之私。自非公事不見長官。此二事乃士品所關。便是絕大本領處。故子游特取滅明。所以杜巧利之門。而塞奔競之路也。夫急政事者。多引進權術之士。好文學者。多崇奬浮華之人。如秦孝公引進商鞅。宋神宗引進王安石。皆貽禍蒼生。漢武帝崇奬馬相如。唐明皇崇奬一李太白。不知壞了多少風氣。世風日下。多自託於圓以脂韋趨時。子游獨取一等寧方無圓。寧朴無華。世俗所不喜之人。其見地加人一等矣。子游以一邑宰。其取人猶若是。等而上之。宰相爲天子擇百僚。人主爲天下擇宰相。必以是觀焉可也。張卓庵曰。明楊文定之子上京師。有司供奉甚至。獨范理知江陵縣。不爲禮。文定聞之。卽薦理爲德安太守。景泰間。內侍金英嘗奉使至南京。京中官屬無不阿奉。獨薛瑄不往。英曰。南京好官惟薛公耳。還京卽薦公爲大理卿。按瑄與范理。

持正守己。不失爲滅明。而文定金英不病其簡己。亦庶幾子游之意。○弟子傳。澹臺滅明武城人。字子羽。狀貌甚惡。孔子曰。吾以言取人失之宰予。以貌取人失之子羽。○滅明從學聖人。當在交子游以後。若先已受業。則夫子久知其人。又何煩問答乎。

子曰。孟之反不伐。奔而殿。將入門。策其馬曰。非敢後也。馬不進也。

殿。去聲。孟之反。魯大夫。名側。胡氏曰。反卽莊周所稱孟子反者。是也。伐。誇功也。奔。敗走也。軍後曰殿。策。鞭也。戰敗而還。以後爲功。反奔而殿。故以此言自揜其功也。事在哀公十一年。○謝氏曰。人能操無欲上人之心。則人欲日消。天理日明。而凡可以矜己誇人者。皆無足道矣。然不知學者。欲上人之心無時而忘也。若孟之反可以爲法矣。

箋曰。孟氏名側。字之反。此事見哀十一年左傳。如杜解則名之側。而字反。莊子大宗師亦曰孟之反。蓋孟之反猶孟子庚公之斯。尹公之他。左傳宮之奇。舟之僑。石之紛如。呂氏春秋麗之姬。晉書王坦之傳則曰孟反。伐是功伐之伐。故又轉爲誇功之名。奔者魯敗而奔也。右師殿卽臀之假借字。人之一身。臀居其後。軍後曰殿。亦取斯義。漢時課吏有殿最之法。亦以居後爲殿也。詩采菽傳。殿。鎭也。孔疏。軍行在後曰殿。取其鎭重之義。漢書周勃傳注。師古曰。殿之言。鎭也。謂鎭軍後以禦敵也。臀居人後。亦以其鎭重故名之。○門者。國門也。將入門三字。見得國門是國人屬目之地。寫得不伐情狀如畫。皇疏云。六籍唯用馬乘車。無騎馬之文。今云策其馬。不知其爲騎馬爲乘車也。吳英曰。單騎雖早有。古公來朝走馬。取其便捷。春秋傳如祁奚乘馹而見宣子。則以車爲遲緩。而用單騎。若以單騎戰鬭。則戰國時始有。春秋時未有也。孟之反從左師。爲齊師所敗。而有意殿軍。則唯乘車。猶可率其屬。以禦鋒鏑。見後勁之功。苟單身騎馬。雖執干戈。終何足以捍衛一軍乎。則孟之反之策馬。卽爲自策其兩服兩驂之馬爾。且馬檛非獨單騎用之。凡所謂鞭箠適檛杖。皆車中用也。○非敢後也二句。言我非敢在後距敵。馬不能前進也。○左氏記事極繁。故獨載馬不進也。而非敢後之意。自見矣。此章專稱之反不伐之美。故詳載其言。乃文章繁簡之法。非所聞有異也。○清之戰。用矛而入。三刻而踰者皆季氏也。激而蒐乘。五日始從者。皆孟氏也。之反。孟氏之族子弟也。其心以爲魯之喪亂。始于季之專。而孟之忮。而委其利器以授齊。難固自作。而負其餘息以受賞。因敗爲功。豈識者之所樂居哉。不伐之深心如此。謝廷龍曰。味非敢後兩言。不欲使功歸臣下辱在社稷。功歸一己。過在三軍。斯其志痛。其旨微。其言婉。而惜季之專。傷孟之忌。恥洩之懦。悼師之亡。俱在此策馬時矣。○左傳成二年。晉郤克帥師及齊侯戰于鞌。大敗齊師而歸。范文子後入。武子曰。無爲吾望爾也乎。對曰。師有功。國人喜以逆之。先入必屬耳目焉。是代帥受名也。故不敢。武子曰。吾知免矣。此事正與孟之反相類。

子曰。不有祝鮀之佞。而有宋朝之美。難乎免於今之世矣。

鮀。徒何反。祝。宗廟之官。鮀。衞大夫。字子魚。有口才。朝。宋公子。有美色。言。衰世好諛悅色。非此難免。蓋傷之也。

箋曰。鮀者魚名。故名鮀。字子魚。左傳定四年。漢書古今人表作佗。則鮀同音假借字。說文。佞。巧讇高材也。○不有字。與而有字反對。不字不冒下句。言無祝鮀之佞而唯有宋朝之美。則難免也。注一不字。管二有。於文爲不順。又仲尼嘗稱祝鮀曰。祝鮀治宗廟。其褒之爲何如。而此忽斥爲巧言。與宋朝並稱。何其前後相矛盾也。以此推之。皇疏不攻自破。晦菴則本於皇疏。而稍易之。以無虐煢獨。而畏高明。比此句之句法。然書云無者。總爲禁止之辭。虐惸獨。而畏高明。是一句。而平下兩事。兩事相比也。此章不有祝鮀之佞。而有宋朝之美。相反者。是一句而兼下兩事。兩事相反也。句法亦不類。此言衛之所以不喪者。僅恃祝鮀。其所以危者。則在昏淫。蓋所以諷諫靈公耳。是時太子不立。外禍將作。南子擅寵。內難將作。夫子有感於衛事。而不欲直言衛事也。故曰。宗廟之中。昭穆所係也。而不先正其名。閨房之內。禮法所閑也。而反自踰其檢。是不有祝鮀之佞。而有宋朝之美。當今之世。齊與晉皆樂禍之國。子郢之不立。蒯聵之出奔。出公之不終。夫子蓋早知其難免矣。大意與俎豆則嘗聞之對。好色吾未見之嘆。正復隱隱相印。○物茂卿曰。佞古稱口才。未有姦惡之意。觀於雍也仁而不佞。可見已。聖人所以惡之者。以行之不逮也。孔門四科。稱言語。宰我子貢。孟子好辯。豈非佞人歟。門人所以錄之者。以孔子平日惡佞。而有是言。故以見聖人道大。不沒人才。其論大。非如曲士拘儒之類耳。美亦主客觀之美。不必主色也。

子曰。誰能出不由戶。何莫由斯道也。 言人不能出不由戶。何故乃不由此道耶。怪而歎之之辭。○洪氏曰。人知出必由戶。而不知行必由道。非道遠人。人自遠爾。

箋曰。戶護也。雙扇曰門。隻扇曰戶。於文兩戶爲門。封建之世。上下有章。庶人雖富。不得造兩扇門。半門曰戶。象形此戶是出家上道之戶。詩三星在戶。與此同。大家爲門。小家爲戶。其用一也。不當作堂上入室之戶。○言人之出。未有不由戶者。何故乃不由斯道也。道本道路之名。學而先王之道。小大由之。孟子。終身由之。而不知其道。又曰。由今之道。皆以所由言之。○皇本。戶下有者字。正平本南宗本同。○出不能不由戶。戶固不難由。行不能不由道。道又本不難行。此提醒語也。但知出必由戶。而不知行必由道。此怪歎語也。依南軒解。則當以提醒爲正解。而以怪歎意補在後。依集注。則當以怪歎爲正解。而以提醒意提在前。依集注爲是。道者。平而不陂。正而不岐。通而不塞。安而不危。是當行之路也。舍此則所由者。陂耳。岐耳。塞耳。危耳。故怪而歎之。

子曰。質勝文則野。文勝質則史。文質彬彬。然後君子。

野。野人。言鄙略也。史掌文書。多聞習事。而誠或不足也。彬彬。猶斑斑。物相雜而適均之貌。言學者當損有餘。補不足。至於成德。則不期然而然矣。○楊氏曰。文質不可以相勝。然質之勝文。猶言甘可以受和。白可以受采也。文勝而至於滅質。則其本亡矣。雖有文將安施乎。然則與其史也寧野。

箋曰。質只是質朴之質。非謂義以爲質也。文只是文采之文。非謂博學於文也。野如野人。言鄙陋也。說文。野郊外也。野爲人所居。故謂其人曰野。夫子言野哉由也。

亦謂其有似野人。仲尼燕居。敬而不中禮。謂之野。○儀禮聘禮記。辭多則史。注。史謂策祝。亦言史官辭多文也。是史有二。策祝文勝質。則禮所譏失其義陳其數是也。史官文勝質。則當時紀載或譏爲浮夸者是也。兩義皆可通。古者史官之職關係至重。如堯舜二典。皆史臣所記。舉聖德聖政。瞭如指掌。非皐夔之倫不能。是必聖賢之徒。方堪史職。舉以配野。無乃失當乎。蓋此本時俗語也。春秋世季風下。史官記事。多過文飾。而誠實不足。祝史祭神。亦皆虛文以求媚。桓六年左傳。祝史矯舉以祭。昭二十年。晏子曰。其適遇淫君。其祝史薦信。是言罪也。其蓋失數美。是矯誣也。進退無辭。則虛以求媚。然則虛文過實。當時史氏之常態。故當時稱華而匙實者爲史。聖人姑據以爲言。非曰古之史官皆爾也。堯曰篇。出納之吝。謂之有司。夫有司雖掌錢穀。其出納自有節度。豈惟慳嗇弗予。然後爲稱職。此亦必當時目鄙吝者爲有司。聖人因承以爲言也。唐于頔爲襄陽節度使。驕恣酷暴。爾時目節度使之驕暴者爲襄樣節度。豈襄陽節度。竟唐代悉驕暴者耶。史與有司亦猶是。

○文質彬彬。然後君子。彬彬說文引作份。文質備也。彬又作斌。史記儒林傳。斌斌之多文學之士。是也。彬彬盛貌。質亦有焉。文亦有焉。是爲彬彬矣。字從林。是並植之義矣。從彡。有光彩也。未必有適均之意。本文彬彬。對上質勝文勝。分三樣看。皆以現成者說。彬彬即以君子言。其云然後君子者。謂這樣的方是君子耳。非謂由彬彬做到君子也。集注學者當損有餘補不足。自是言外意。講者必要把工夫補在文質彬彬句內。硬入學者二字。是本文三個人竟添作四個人矣。○質字有兩解。一質地。一質樸。凡對文言者。皆質樸之質。非質地之質。無本末之分。圈外楊說。以忠信爲質。禮爲文。文質忠信與禮。皆失解矣。且本文惟言質勝文勝而已。是多少

論語會箋卷第六　雍也

之相過者。楊氏遂以滅質論之。豈不過當乎。若題滅字。則質勝而至於滅文。虎豹之鞟。豈可行哉。豈特野而已。○毛奇齡曰。質是質樸。文是文飾。如商尚質。亦只尚此質樸。周尚文。亦只尚此文飾已耳。但文飾質樸。不可偏勝。故夫子以野史互勗之。而乃曰與史寧野。則與夫子所言。明相牴牾。然且引禮器甘受和白受采二語爲證。夫甘可受和。白可受采。此質地之質。與文質之質。毫不相涉。質地猶言胚子。如調和之家。以甘味爲胚子。繪畫之家。以白色爲胚子。故從來儒者。誤解文質。有以祭之誠敬。喪之哀戚爲質者。此無理之極。誠敬哀戚。是喪祭行禮之本。故夫子答林放問禮本。卽以哀戚當之。文質與禮本。大相懸絕。向使質卽是本。則質爲凡行禮者。必不可略少之數。安得但較相勝。且亦安得與文對。卽汙樽抔飲。易以簠簋瓦棺塱周。易以棺槨。亦不得以汙樽抔瓦塱爲質。簠簋棺槨爲文。汙樽抔瓦塱。本諸禮器所自來。原卽是本。且依形造器。亦是胚子。若謂此卽是質。則當易簠簋時汙抔盡亡。既改棺槨。絕無瓦塱。質已喪矣。何有乎勝。故汙抔瓦塱。不關文質。必求文質。當卽于簠簋棺槨中求之。如簠簋用杞梓。不用金玉。卽是質。既加刻琢。復用丹黃。便是文。屬棺不用皮。并槨不用石。卽是質。棺加三衽。復用牆翣。槨加四阿。復用幠布。便是文。其所云勝者。亦約略增多。所謂彬彬者。亦大概均稱。決不如儒說比較分寸。蓋此處無從下權量。布尺度也。讀書當考經。亦當論世。夫子未嘗不重文也。郁郁從周。顯見口語。惟棘子成有去文之說。蓋稍激乎周末之過文而言之。然世有先時質。而後漸文者。夫子先進之論是也。有先時文。而後反質者。夫子麻冕之嘆是也。○王百朋曰。儒說以忠信爲質。皆本于誤引禮器甘受和白受采。忠信之人可以學禮語。夫忠信爲禮本。豈可相勝。且俗儒每云三分文七分質。豈行禮而可有三分無忠信者。文質只在禮字中。猶味之醲淡。只在和字中。繪之華朴。只在采字中。忠信與甘白皆質。勿誤認也。毛述齋曰。文質不是本末。若是本末。則商尚本。周尚末。必無是理。○鄭小谷曰。憤時嫉俗之人。作反樸還淳之想。必以質勝文爲君子。如棘子成一章是也。隨波逐流之人。作踵事增華之想。又以文勝質爲君子。後進於禮樂是也。其不能兩相濟。反致兩相激。何哉。自以爲君子當如是故耳。夫子故示之曰。質勝文。非君子也。不過野耳。文勝質。亦非君子也。只是史耳。必文質彬彬。然後君子。治世者當如此。治身者亦如此。安得有七分質三分文之陋說也。

子曰。人之生也直。罔之生也。幸而免。 程子曰。生理本直。罔不直也。而亦生者。幸而免爾。

箋曰。皇本人下無之字。生謂生存也。即安寧無殃災之意。上下皆同。馬融曰。言人之所以生於世而自終者。以其正直之道也。○罔猶無也。罔之謂無是直也。罔之爲不直。是顧上文爲言耳。易曰。小人用壯。君子罔也。罔謂不壯。文法與此同。○生正如禮所謂失之者死。得之者生。生乃生存之生。朱子曰。兩生字。上是始生。下是生生存。本文未必然。幸謂天幸。免者免人禍。

子曰。知之者不如好之者。好之者不如樂之者。 好。去聲。樂。音洛。尹氏曰。知之者。知有此道也。好之者。好而未得也。樂之者。有所得而樂之也。○張敬夫曰。譬之五穀。知者。知其可食者也。好者。食而嗜之者也。樂者。嗜之而飽者也。知而不能好。則是知之未至也。好之而未及於樂。則是好之未至也。此古之學者。所以自强而不息者與。

箋曰。外注張敬夫譬喻。當曰知者。食而知其味者也。好者。知而嗜之者也。樂者。嗜而飽者也。張甄陶曰。兩不如。是勉使向前。非劃定界限也。知之深卽能好。方知之。却不如好。好之深。自能樂。方好之。却不如樂。淺深生熟之別也。知字却不可看輕。入門由此。尚有不能知一層在先。到知之。已有五分地位。知之前有工夫。必須窮理格物。樂之後有進步。不外博文約禮。倶不可不知。○論地位則知不如好。好不如樂。有求全意。論工夫則樂原于好。好原于知。有漸進意。○陸隴其曰。聖人鼓舞不吾人進步處。全在兩不如上。蓋學問中境界無盡。若生一念執著。便是住境。聖人從吾人得力處。點出個中消息。令其自探自討。光景躍如。凡曲藝皆然。道德尤宜深得。

子曰。中人以上。可以語上也。中人以下。不可以語上也。

以上之上。上聲。語。去聲。語。告也。言教人者。當隨其高下而告語之。則其言易入。而無躐等之弊也。○張敬夫曰。聖人之道。精粗雖無二致。但其施教。則必因其材而篤焉。蓋中人以下之質。驟而語之太高。非惟不能以入。且將妄意躐等而有不切於身之弊。亦終於下而已矣。故就其所及而語之。是乃所以使之切問近思。而漸進於高遠也。

箋曰。中人。與上智下愚對。荀悅申鑒政體篇。夫中人之倫。則禮刑兼焉。教化之廢。推中人而墜小人。教化之行。引中人而納於君子之塗。是謂章化。此則論語之旁義。而中人字義則同。凡以上以下云者。當隨文而解之。不可執一論也。世所謂達官以上以下。則以上有達官。而以下不數達官。若乃韓愈自周公而上。上而爲君。故其言行。自周公而下。下而爲臣。故其說長。則而上無周公。而而下有周公。史記趙人所見神自帶以上可見。自帶以下不可見。則以上以下皆有帶。此章以上以下。當如達官以上以下解中人以上。是併與中人數之。中人以下。是除卻中人數以之。上也中也中也下也。本是三等。今約二等。似乎忘卻中人。而不知正專爲中人說。以天下中人居多也。○不可二字。殊無禁止之意。是難爲之意矣。民可使由之。不可使知之。與此章語意正同。夫子元非不欲語也。中人以下。雖與語上。全然不通。蓋歎無奈之何耳。曾無戒躐等之意。注施教因材躐等切問漸進。皆舛。○語如字。上聲以語猶言與語也。夫形而上者謂之道。形而下者謂之器。道只有上。並無下。聖人無人不教。無問不答。至於語之。則如告參以一貫。契回以行藏。以及謂子貢謂子夏。謂仲弓之類。不待問而言。不待求而教。則亦只有語上。並無語下。故曰可以語上也。不可以語上也。此亦品隲泛論矣。不當限以教誨門人一事。○聖人無語不是上。只是人有可不可之分。坦途非限夫行者。行者自差。日光非薄夫矇人。矇人自障。此究竟語。爲學者言也。是無行不與。四時百物。二章之旨也。若淺言之。則道德性命是上。洒埽應對是下。聖人設教。固先以下。不先以上。此分別語。爲教者言也。夫子文章。及此中人以上。二章之旨也。意雖相通。若竟以前二章意解此二章。便是將賓作主。○若說但可以語下。不惟於本文內添出蛇足。亦不見聖人一片誘掖心胸。須知聖人教人。盡人皆欲語上。卽中人以下。後來未必不可語上。但當下則未可耳。

樊遲問知。子曰。務民之義。敬鬼神而遠之。可謂知矣。問仁。曰。仁者先難而後獲。可謂仁矣。

知遠皆去聲。民亦人也。獲謂得也。專用力於人道之所宜。而不惑於鬼神之不可知。知者之事也。先其事之所難。而後其效之所得。仁者之心也。此必因樊遲之失而告之。○程子曰。人多信鬼神惑也。而不信者。又不能敬。能敬能遠。可謂知矣。又曰。先難。克己也。以所難爲先。而不計所獲。仁也。呂氏曰。當務爲急。不求所難知。力行所知。不憚所難爲。

箋曰。皇本知作智。本文上段無知者。下段有仁者。亦互言以見意耳。故注中並標出知者仁者。說民者人也。對鬼神故曰民。猶對上天曰下民也。務者爲先務急務。專用力於民之義。裁制事物各得其宜之謂義。民義謂人所宜行。日用之常也。○表記。夏道事鬼敬神而遠之。遠者不媟瀆也。楚語。民神異業。敬而不瀆。敬而遠之者。不敢不敬。亦不至于惑瀆也耳。昔者宋景濂過佛寺。方孝孺從焉。景濂見佛參拜。孝孺不爲禮。或以爲請。景濂曰。後生未至老夫田地。故耳。夫孝孺之傲然不禮神。祝之類。有卓識。其實客氣用事。未能洞察禮之本。景濂之斥其不及己。宜也。夫人不入佛寺則已。一入焉斯有往謁之義。猶夫訪友而入其門。雖其人俍賤之極。吾安得不拜乎。此自交際常禮。不容一日闕者。且也其敎開導愚民。有益於世不爲尠。吾乃撊然相抗。敢慢易遺像。非用心之中正也。蓋拜佛與佞佛不同。拜佛者事神之禮也。佞佛者吾本心之迷溺也。拜佛者未必佞佛。孝孺懿行厚誼。匪景濂所及。其不拜佛之見。則敻遜於乃師。後來靖難之變。闔族殉之。行事過峻。不免矯激之失。蓋其學其德猶未熟。其端已見於入佛寺之日矣。敬鬼神。卽拜佛之意也。遠之卽不佞之意也。○問仁曰。皇本曰上有子字。正平本南宗本同。○先難而後獲。先難者。急其所當爲。而不憚其難。所謂當仁不讓於師也。後獲者。無計其功之心也。樊遲蓋奮進事功者。其弱也爲冉子車右。禦齊師于郊。而有功。其他日請學稼圃。其問崇德也。夫子對以先事後得。此數者足以槩樊遲矣。蓋未勞其事而先望其報。奮事功者之常弊也。故其問仁若德。皆對以後獲也。集注獲謂得也。獲字本著力詞。得字是自然詞。此獲字當做得字看。所以著一謂字。不依他字訓某某也例。○翟曰。樊遲凡三問仁。兩兼問知。夫子答之不同。夫子固因材施教。而一人一問。時或有先後之殊。材未必變易之速。三答均可終身由之。遲尤不應見少而屢瀆也。大約遲之進問。猶有餘辭。而其辭有別。夫子乃各就問辭答之。纂語者重在夫子之答。略其問辭。但渾括之曰問仁問知焉耳。各篇中凡諸弟子同所問。而夫子異答。宜兼以此意隅反之。○陳用晦曰。此言未足以盡知仁。是指點樊子做知仁工夫處。而知仁之理。體原未嘗不備。玩可謂語氣。儘見分寸。○先難二字。朱子指爲事之所難。用功專在一先字。則與後字相應。是一急一緩對說。足杜樊遲謀利之意。○劉寶楠曰。世衰則神教興。其始亦以禍福示戒。而終必歸於瀆祀以長其諂慢之罪。春秋時如黃熊實沈。多非禮之祀。在上者僭越無等。在下者習於風俗。競爲祈禳。而不知所懲。斯惑之甚者矣。惟知敬遠之義。則吉凶順逆。皆可順受其正。修其在己。而不爲無妄之求。斯可謂知矣。

子曰。知者樂水。仁者樂山。知者動。仁者靜。知者樂。仁者壽。

知去聲。樂上二字並五敎反。下一字音洛。樂喜好也。知者達於事理。而周流無滯。有似於水。故樂水。仁者安於義理。而厚重不遷。有似於山。故樂山。動靜以體言。樂壽以効言也。動而不括。故樂。靜而有常。故壽。

○程子曰。非體仁知之深者。不能如此形容之。

箋曰。皇本知作智。仁知之於山水。與我性合。欣然以樂也。釋文五敎反。則必有三願希之義。乃要後之意。其義反淺。樂當從音洛。而朱子從五敎反者。不止此。益者三樂。損者三樂。樂當音洛。而集註五敎反。其樂驕樂。樂宴樂。複用樂字者。猶孟子所謂樂民之樂。樂其樂。五敎反者。願望喜好之意。不如從音洛之切於損益。況孟子君子有三樂。明明爲此章的證乎。大學有所好樂。則不得其正。章句樂去聲。亦非。論語好之者。不如樂之者。凡好樂連用。皆當從音洛。韓詩外傳三問者曰。夫智者何以樂於水也。曰。夫水者緣理而行。不遺小間。似有智者。動而之下。似有禮者。蹈深不疑。似有勇者。障防而清。似知命者。歷險致遠。卒成不毀。似有德者。天地以成。群物以生。國家以寧。萬事物以平。品物以正。此智者所以樂於水也。問者曰。夫仁者何以樂於山也。曰。夫山者萬民之所瞻仰也。草木生焉。萬物植焉。飛鳥集焉。走獸休焉。四方益取與焉。出雲道風。從乎天地之間。天地以成。國家以寧。此仁者所以樂於山也。說苑雜言篇所載略同。又云。孔子曰。夫水者君子比德焉。遍予而無私。似德。所及者生。似仁。其流卑下句倨。皆循其理。似義。淺者流行。深者不測。似智。其赴百仞之谷不疑。似勇。綿弱而微達。似察。受惡不讓。似包蒙。不淸以入。鮮潔以出。似善化。至量必平。似正。盈不求概。似度。其萬折必東。似意。是以君子見大水觀焉爾也。案此則樂水兼有數義。要之樂水。得其涵物之趣。樂山。契其生物之妙。只向山水討消息。不向仁知掘根株。最爲得法。若照集注實發所以然。則全侵占矣。

○知者動。仁者靜。知者通達乎事理。而善運其才力。故動。○知者樂。仁者壽。樂。如樂只君子之樂。是旁評之辭。人孰不思樂。而於是非可否之判。成敗得失之幾。不能憭然。而心必多抑鬱。惟知者而後能樂也。人孰不求壽。而有視聽言動之累。機械變詐之謀。神既耗散。而凶悔吝亦因之。惟仁者而後能壽也。山水動靜樂壽俱極其形容耳。集注分體效。恐未穩。壽猶可言效。樂豈可言效哉。其實壽亦謂其安舒從容有壽徵耳。非謂仁者必長命也。○此章神理。極難體會。在本文作三疊形容。六者字重重設想。神合體開。而集註於樂水樂山。却即以動靜理根於樂壽。仍緣動靜起義。絲牽繩貫。主從分明。若呆串則失本文層疊擧似之情。攻分又非集注設伏鉤聯之義。是在善讀者神而明之。○李九我曰。動而樂者。其理不窮。非逐物之動矣。靜而壽者。其理不息。非枯槁之靜矣。緣樂壽以識動靜。則仁知可知。而所謂樂山樂水者。皆其理之相契。與夫馳情於物者異矣。

子曰。齊一變至於魯。魯一變至於道。

孔子之時。齊俗急功利。喜誇詐。乃霸政之餘習。魯則重禮教。崇信義。猶有先王之遺風焉。但人亡政息。不能無廢墜爾。道則先王之道也。言二國之政俗有美惡。故其變而之道有難易。○程子曰。夫子之時。齊强魯弱。孰不以爲齊勝魯也。然魯猶存周公之法制。齊由桓公之霸。爲從簡尚功之治。太公之遺法變易盡矣。故一變乃能至魯。魯則脩擧廢墜而已。一變則至於先王之道也。愚謂二國之俗。唯夫子爲能變之。而不得試。然因其言以考之。則其施爲緩急之序。亦畧可見矣。

箋曰。此論風俗也。風俗者政事之田地。風俗善則政教易成也。此宜就當時之國勢民風而言爲是。古注上溯太公。集注歸咎桓公。考其事理固然。然於立言本旨。當下全神。似亦不消說到此也。○鴻按。孔孟之道。繼統於周公。而申韓之學。蓋出於太公。周公仁厚爲治。教化親民。太公嚴明立國。賞罰率下。世之所謂英豪之主。銳意求速。以教化爲迂計。以刑名爲捷徑。而徒知功利之爲可貴。殊不知教化廢於上。則愷悌衰於下。功利之習。淪于民心。而誇詐渝薄。以成風俗。及其終也。倫常滅絕。人皆爲鬼蜮矣。治國家者。讀此章。其知所從哉。○兩變字不同。齊之變是革去。魯之變是振起。○夫子此時有抵掌而談。想望用我之意。會此方爲得神。此當與苟有用我章同看。○吳因之曰。齊魯受病已深。一旦欲更變其俗。不是尋常改頭換面的作用。且如齊人雄其富强。逞其變詐。方自謂得計。乃欲反而入於義理。非脫胎換骨不可。若魯有先王遺風。似不甚費力。不知玩愒偷惰已成痼疾。須重新整頓一番。直有洗腸滌胃意思。故皆謂之一變。齊魯之變。其意向皆以至於道爲歸。但齊國人心方濡染於功利中。豈能一朝拔去病根。非謂一變之初。其主意便只欲至於魯也。○夏長泰曰。以忠厚爲不可恃者。此知道之能爲弱。不知道之能爲强也。知道之能爲靜。不知道之能爲動也。

子曰。觚不觚。觚哉觚哉。

觚音孤。觚。稜也。或曰。酒器。或曰。木簡。皆器之有稜者也。不觚者。蓋當時失其制。而不爲稜也。觚哉觚哉。言不得為觚也。○程子曰。觚而失其形制。則非觚也。舉一器而天下之物莫不皆然。故君而失其君之道。則為不君。臣而失其臣之職。則為虛位。范氏曰。人而不仁。則非人。國而不治。則不國矣。

箋曰。馬注云。一升曰爵。二升曰觚者。言爵觚盛酒之量。禮器。貴者獻以爵。賤者獻以散。尊者舉觶。卑者舉角。鄭注。凡觴一升曰爵。二升曰觚。三升曰觶。四升曰角。五升曰散。據此則觚為二升矣。物茂卿云。以日本之量。求爵受八勺九。觚受一合七勺八。觶受二合六勺七。角受三合六勺弱。散受四合五勺弱。韓詩外傳云。三升曰觚。博古圖云。觚口容一爵。足二爵。說文云。觚者鄉飲酒之爵也。觴受三升者謂之觚。據此則觚又為三升矣。受我三合一勺八才。說文鄉飲酒之爵。段玉裁謂。鄉當作禮。鄉飲酒有爵觶無觚。是也。周柄中曰。燕禮初獻。主取觚酌膳獻賓。賓酢主如之。主取象觚獻公。而取觚酌膳自酢。酌膳酬賓亦如之。其後主實散獻卿。復以酢觚。又其後主獻大夫。胥獻主人。亦以觚。大射初獻。自始獻至將射。並如燕禮。獻釋獲者以觚。是觚為始獻所用。而考工記云。梓人為飲器。勺一升。爵二升。觚三升。獻以爵而酬以觚。一獻而三酬。則為一豆。云酬以觚者。此觚字是觶字。疏謂古觶字作角旁氏。觗誤觚也。考鄉飲酒鄉射俱獻以爵酬以觶。疏說信然。史記酷吏列傳云。漢興。破觚而為圜。卽觚不觚。皆喩言也。此孔子因所見而歎。以比喩意中之所指也。索隱曰。應劭云。觚八稜有隅者。據此知觚之形。易失也。截角為禮。八面削之所而成。八稜。名之曰觚。唯其八稜。故易還本圓。秦漢器皿。不合三代制度。然觚之稱于史記。所謂破觚而為圓者。其形如見。蓋觚之所以八稜者。取其方圓皆備而彬彬也。集注。或曰木簡。此說非也。觚字從角。而觶觗觿觥觴觛皆酒器。字皆從角。且有直以角。名酒器者。觚爲酒器之證也。今削瓜者。已去皮而橫截之。其形或六稜。或八稜。蓋古亦然。角匠之形似之。故以爲名。而文从角从瓜。若急就篇。謂急就奇觚與衆異之觚。則顏師古注。觚者學書之牘。或以記事。削木爲之。其形或六面。或八面。皆可書。觚者稜也。以有稜角。故謂之觚。漢書所云操觚之士。西京雜記傳介子好學。書嘗棄觚而嘆。是則漆木而非角。薄而潤。非角所能爲。然同名觚者。正因其形亦爲八稜。故借觚之名爾。文選文賦。或操觚以率爾。注。觚木之方者。以其平面言之謂之方。以其稜角言之謂之觚。然觚之名起於秦漢。春秋時未必有木簡之觚也。又楊升庵引破觚而爲圓。謂變古制非也。史記曰。漢興破觚而爲圓。琢雕而爲璞。此司馬氏亦借用論語文。言漢懲秦之稜礪太甚。而返于淳。譬如去觚之稜化爲圓也。若認爲眞。則玉既彫矣。何從歸完璞歟。春秋時周景王鑄大錢。又鑄大鐘。陳氏豆區釜皆加一。則麻冕今純。朝服以縞。制亦有改矣。但觚之所以不觚者。則非改之也。失其制爾。然則破觚云者。虛喩也。然是言有意改之者也。論語之不觚。實事也。然而無意于改。而失其形者也。孔子當時所値。正集注所謂失其制而不爲稜也。安得以破觚爲證邪。○古者獻以爵。酬以觚。此夫子因獻酬之際。有所感也。非是無故尋此等話頭來說。上觚指其器。下觚語其制。器既不爲角之制。而猶存觚之名。觚哉觚哉。言不可復謂之觚也。當時名在實亡者多。夫子寄慨於觚。擧一以例其餘也。一不字。二哉字。無限感慨。○此章正名之論也。夫子之感。蓋在君不得施令。臣反制其君。司寇不詰盜。司馬不掌兵馬之類也。取譬緊切。乃爲有味。程氏曰。觚而失其形制。則非觚也。故君而失其君之道。則爲君不君。臣而失其臣之職。則爲臣不臣。○陸隴其曰。注不得爲觚。是謂名存而實亡也。餼羊之論。所以存名。觚哉之歎。所以惜實。二者同爲憂世之言。而餼羊之憂愈迫矣。

宰我問曰。仁者雖告之曰。井有仁焉。其從之也。子曰。何爲其然也。君子可逝也。不可陷也。可欺也。不可罔也。

劉聘君曰。有仁之仁當作人。令從之。從謂隨之於井而救之也。宰我信道不篤。而憂爲仁之陷害。故有此問。逝謂使之往救。陷謂陷之於井。欺謂誑之以理之所有。罔謂昧之以理之所無。蓋身在井上。乃可以救井中之人。若從之於井。則不復能救之矣。此理甚明。人所易曉。仁者雖切於救人。而不私其身。然不應如此之愚也。

箋曰。皇本正平本南宗本。有仁下有者字。其從之也。也皇本作與。也與歟同義。○仁如字。玩一雖字。原是假借之言。井借言險處。宰我蓋欲問君子殺身成仁究竟處。故設是譬也。言仁者之求仁而不顧身。設令有人謂之此井中有仁可取。則褰裳徑投井中。不復問其身之溺否者與。○可逝也不可陷也者。逝誘而遣之也。陷誑而墜之也。並不當在井上緊說。○可欺也不可罔也者。孟子曰。君子欺可以其方。難罔以非其道。此二句言其所以然之故也。蓋可欺也故可逝。不可罔也。故不可陷。○逝謂使之往。則陷亦使之陷。非自陷也。○可逝二句論事。可欺二句論理。君子處事之當。由其見理之明。天下無外于理之君子。則亦無誤乎事之君子也。○侯方域曰。天下之患。多成於庸人重其身。又多成於賢人全不重其身。仇評云。如賁武何進之流皆是。○曾鏞曰。井有仁。註疏謂井有仁人。嫌于添註。集注從劉聘君謂。仁當作人。嫌于塗改。推諸儒所以添人字。改仁字。大率爲從字起見。意必先有人在從之之字。乃有著落耳。從。非謂從井中何人也。從井仁也。宰我爲是說。亦非必憂爲仁之陷害也。蓋爲世之論仁者。第知能死爲仁。其曰雖告之。其從之。已隱有冒昧輕生。不敢謂然之意。見于言下。得夫子之說。君子之于仁。固大不然也。可逝也者。大凡天下險阻之途。常人望而卻步。君子可逝也。惟其仁。自有可逝之道也。假如所問。是可陷也。是暴虎馮河。死而無悔者也。仁者何爲然。可欺也者。大凡生人憂患之故。常人漠不關心。君子可欺也。亦惟其仁。斯有可欺之時也。假如所問。是可罔也。是雖驅而納諸罟擭陷阱之中。而莫之知辟者也。仁者又何爲然。是故以常理言。子曰。水火吾見蹈而死者矣。未見蹈仁而死者也。仁無所謂井也。蹈仁亦何事從井。從井究何補于仁也。若以國家君父之大變故言。子曰志士仁人。無求生以害仁。有殺身以成仁。此則以身其際者。猶之身在井中。萬萬無可逃死。卽所謂盡其道而死者。正命也。不可以從井目之也。若漫以能死爲仁。不問事之可否。不顧理之是非。可陷可罔。則無非好仁不好學。其蔽也愚已耳。此章問答。凡爲論仁者大折中。不必作救人一節解也。

子曰。君子博學於文。約之以禮。亦可以弗畔矣夫。夫音扶。約。

要也。畔。背也。君子學欲其博。故於文無不考。守欲其要。故其動必以禮。如此則可以不背於道矣。○程子曰。博學於文。而不約之以禮。必至於汗漫。博學矣。又能守禮而由於規矩。則亦可以不畔道矣。

箋曰。釋文云。一本無君子字。君子乃成德之稱。不嫌其違畔於道。顏淵篇此章再見。無君子字。知此亦無者爲得也。後漢范升傳引孔子曰。博學約之弗畔矣。亦無君子字。古亦多文書。楚語記教大子法。曰春秋。曰世。曰令。曰語。曰故志。曰訓典。皆書策也。左傳曰。唯其儒書。及韓宣子觀書於大史氏。文公學讀書於臼季。及傳所引周志鄭書之類。無非教也。然此章所謂文者。詩書禮樂其要也。○約之以禮者。約博之反。對猶弛之與張。納諸身也。集注云。約要也。自古相承。訓約爲要。而中自分約束簡要二義。當各隨文而解之。如此章之約。對博又有約之以禮語。知集注要字活用。從約束之義。言收束向身也。○程瑤田曰。聖人賢人。先我而盡道者也。夫固我之師也。然而已往矣。其所存者文而已矣。文存則道存。道存則教存。吾學其文而有獲。不啻親炙焉。而詔我以語之。呼我以喻之也。不啻相依焉。而攜我以學之。援我以履之也。舜之大孝也。武王周公之達孝也。其德同。其所德者不同也。堯之文章也。夫子之文章也。其美富同。其所美富者不同也。徵之於文。而後舜與武王周公之所德。若或聞而知之矣。徵之於文。而後堯與夫子之所美富者。亦若見而知之矣。是故學文不可緩也。○劉寶楠曰。博文者。詩書禮樂與凡古聖所傳之遺籍是也。文所以載道也。禮卽文之所箸以行之者也。博學於文。則多聞多見。可以畜德。禮也者履也。言人所可履行之也。禮箸於經曲之大。而愼於視聽言動之際。凡人能以所行納於軌物。而無所違。是之謂約也。博文卽大學之致知格物。約禮卽大學之誠意正心脩身。人非博學無由約禮。然徒事博文。而不約之以禮。則後世文人記誦之習。或有文無行。非君子所許也。○畔與叛同。夫子告顏淵曰。克己復禮。問其目。曰非禮勿視聽言動。夫子之告顏子者。卽所謂約之以禮也。

顏淵之嘆亦曰。博我以文。孔子之始教。必由博學入。是何義也。今夫張網獲禽。禽之所獲者一目。而一目不能以獲禽。一目之獲。衆目之力也。得此一喩。而其義明了。○中井積德曰。此禮專以當身宜行宜守者而言。不當泛然作禮樂之禮。左氏傳評諸行事適于宜者。皆曰禮也。其失宜者皆曰非禮也。與此禮同。○朱子曰。約之以禮。禮字。便作理字看不得。正是持守有節文處。克己復禮之禮亦然。○陸隴其曰。文不是禮之散殊處。禮不是文之總會處。文是說的禮。禮是行的文。文是籠統的禮。禮是切要的文。二者皆屬道問學邊。蒙引以多聞見愼言行來解此。極精。若尊德性。則是存心徹始徹終工夫。又在二者之外。

子見南子。子路不說。夫子矢之曰。予所否者。天厭之。天厭之。

說。音悅。否。方九反。南子。衛靈公之夫人。有淫行。孔子至衛。南子請見。孔子辭謝。不得已而見之。蓋古者仕於其國。有見其小君之禮。而子路以夫子見此淫亂之人爲辱。故不悅。矢。誓也。所。誓辭也。如云所不與崔慶者之類。否。謂不合於禮不由其道也。厭。棄絕也。聖人道大德全。無可不可。其見惡人。固謂在我有可見之禮。則彼之不善。我何與焉。然此豈子路所能測哉。故重言以誓之。欲其姑信此而深思以得之也。

箋曰。南子雖淫亂。然有知人之明。故於蘧伯玉孔子。皆特致敬。其請見孔子。非無欲用孔子之意。子路亦疑夫子此見。爲將助輒行政。而於心不說。非因南子淫亂而有此疑也。皇本說作悅。○矢古誓字。盤庚曰。出矢言。周易虞翻注。矢。誓也。○否。史記作不。太史公自言。弟子籍出孔氏古文。則所采論語。當是古論。作不。或通借

爲否。鄭康成繆播。訓爲不與世家文合。凡古人誓辭多用所不二字。並者字左傳不
信二十四年。重耳曰。所不與舅氏同心者。文三年。所不歸爾帑者。襄十九年。所不
嗣事于齊者。襄二十三年傳。所不請于君焚丹書者。凡此類不暇枚擧。子云予所
不者。此記者約略之辭。所不下當日更有誓辭也。或云。否字原是不字。不字下有
闕文。記者因畫□以表之。後寫誤合。遂爲否字耳。此說亦有理。○厭與壓同。說文。
壓。笮也。檀弓。死而不弔者三。畏厭溺。鄉飲酒禮。賓厭介。介厭衆賓。喪服傳有厭降。
曲禮。厭冠不入公門。左傳叔孫豹夢天厭已。皆壓字。凡物迫隘不相容曰壓。天厭
之。或當時有此語。○王崧曰。子見南子。與孟子見梁惠王之文一例。惠王卑禮厚
幣。以聘孟子。而後孟子見之。可知子見南子亦然。君可見。則夫人亦可見。此其不
必疑者也。成公九年左傳。季文子如宋致女。復命。公享之。穆姜出於房。再拜云云。
其時姜亦寡居也。朱子謂古有見小君之禮。殆即此類。崔氏謂傳中不見。失於考
耳。陽貨欲見孔子。而孔子不見。子路之不悅。倘謂南子有淫行。當如拒陽貨者拒
之。孔子但當告以可見之故。而責之以言。如野哉由也之類足矣。今於不悅之下。
特書矢之二字。而其言若此。可見詞色之厲。異於平日之立敎。如治國其如斯乎。
指其掌者之旣記其象矣。矢之訓誓。見於爾雅釋言篇。據史記孔子世家。以見南
子爲衛靈公時。然史記舛誤最多。揣其情事。當在出公輒時。輒之立。南子主之。晉
趙鞅納蒯聵於戚。與之爭國。輒恐其位不固。欲用孔子以鎭服人心。故冉有以夫
子爲衛君乎問於子貢。子路有衛君待子爲政之言。南子以禮請見。意欲孔子之
爲輒也。先是子路問孔子衛君待子而爲政。子將奚先。子曰。必也正名乎。子路曰。
有是哉子之迂也。奚其正。子曰。野哉由也。君子於其所不知。蓋闕如也。孔子之責

子路至嚴切矣。衛君之名不可正。則衛之政必不可爲。然南子之請見其欲孔子爲政。則不問可知。子路疑孔子或許南子爲政。而與前言正名相反。所以不悅。孔子於是矢之其辭云云者。言我欲正名。雖人事而本於天道。當始終如一。豈因此見而稍改。否。此章之旨。作如是解。而彼事理允協。詞意並昭。○古者有見小君之禮。左傳成十六年。叔孫僑如奔齊。齊聲孟子通焉。使立於高國之間。若非有見小君之禮。安得有此。是則無據中之確據也。周禮內宰職。凡賓客之祼獻瑤爵皆贊。注謂。王以爵鬯之。后以瑤爵亞獻。此則饗禮之見于禮經者。○中井曰。矢言中。暗含天棄之事。吾必弗爲。此又汝之所知之意。所以慰安焉。又曰。以矢言慰安子路。使釋其疑懼而已。非使其思而得之。○吳英曰。左定十四年傳曰。衛侯爲夫人南子召宋朝。會于洮。注曰。南子。宋女也。朝。宋公子。舊通于南子。在宋呼之。孔子世家曰。靈公夫人有南子者。再拜。環珮玉聲璆然。孔子曰。吾鄉爲弗見。見之禮答焉。據此知南子者。衛靈公之夫人也。見者。避之不及也。南子卽于孔子朝靈公之時出而見孔子于路寢之朝也。哀公問篇曰。哀公命席。則于衛當亦見靈公于內朝矣。夫子至于是邦也。必聞其政。他國猶然。況衛雖無道。而有知人之明。當是時也。弑逆未成。太子遁逃。靈公已老。國無儲君。其以際可待孔子者。豈虛取禮賢之譽哉。其必以大事諮于孔子可知也。左哀二年傳曰。衛靈公卒。夫人曰。命公子郢爲太子。君命也。據此知靈公固屢有立公子郢之言也。而何以郢有三揖在下之語。又何以靈公不顯立郢。而僅爲私命。則當時衛之朝臣。皆欲立輒。而不欲立郢可知也。欲立輒者。國人賤南子。故强以蒯聵爲無罪也。南子欲見孔子。必先有致辭于前者矣。孔子辭而謝之矣。然南子有欲見之說者。君夫人之于卿大夫。有患難則不避嫌。故左僖二十三年傳曰。姜與子犯謀。左文七年傳曰。穆嬴日抱太子以啼于朝。出朝則抱以適趙氏。頓首于宣子。南子方自以爲處患難。故于孔子既辭謝

南子因孔子見靈公之時。自出而拜孔子。孔子不及避之矣。故曰吾鄉爲弗見見之。禮答焉。弗見者辭謝不肯見也。禮答者。孔子以禮答之也。弗見見之禮答者。初

原不肯見。乃既已覿面。則不得以無禮相加。故禮答。不得已也。子路則以爲淫亂之人。當直拒之。夫子何不引退而不答。而乃相見乎。直拒而不答。則其爲靈公謀

者。出于公正。而與南子無涉。見而答之。則其爲靈公謀者。反似出于阿附。而與南子爲助也。故孔子于此。有非可以正言曉喩。亦不可以明言也。則惟有矢之而已

也。然子路之不悅。初未思夫子若直拒不答。引退急避。則爲無禮于君。前漢書謂。投鼠忌器。孔子謂惡勇而無禮者。子路果決。將謂孔子躇階而走。不顧衛君之在

上乎。記者不曰南子見。而曰見南子者。君臣之辭也。君夫人有君道。既仕于其國。則有臣道。若或書南子見。或書南子見孔子。則非立言之體也。不寧惟是。如童子

見。儀封人請見。皆其人來至于孔子之家。孔氏之門者也。儀封人請見。下文有出曰二字。則非行遇。禮可知也。互鄉童子。禮有來學。義無往教。可知也。若南子雖出

見孔子。然其相見之所。固衛靈公之朝堂也。非孔子之客館也。安得不書子見南子乎。安得而與童子見。儀封人請見同文乎。蓋見南子。見字。乃人來而我見之也。

與子見齊衰者。見冕者。見之雖少必作之見。正同爾。豈孔子自外趨進。以上見南子乎。伊川曰。經是邦。必見其寡小君。則孔子之見南子。禮也。集注謂古者仕于其

國。有見其小君之禮。本于伊川語錄。伊川又曰。古者大饗。夫人有見賓之禮。此說非也。坊記曰。子云。禮非祭。男女不交爵。以此坊民。陽侯猶殺繆侯而竊其夫人。故

大饗廢夫人之禮。注曰。同姓也。大饗。饗諸侯來朝者也。疏曰。此一節坊男女。非因祭祀。不得相集會也。據此知此所謂大饗。卽秋官大行人之職。所謂廟中將幣三享。王禮再祼而酢。饗禮九獻者也。其饗乃諸侯。其禮行于廟中。且惟獨同姓者然也。孔子之見南子。旣不因祭祀。孔子又非諸侯。固與坊記之文不類。卽使論語記孔子之見南子。原在衛君廟祭之日。然衛爲姬姓之國。于孔子爲異姓之臣。坊記所言。專屬同姓諸侯。何得援之以謬解論語子見南子之事耶。如若謂天官內宰職。凡賓客之祼獻瑤爵皆贊。注云。謂王同姓及二王之後來朝覲爲賓客者。據此則二王後雖屬異姓。亦如同姓有后祼也。見小君引此禮歟。然坊記廢夫人之禮疏曰。其同姓上公。則后與夫人親祼獻拜送也。若異姓上公。使人攝祼。故宗伯職云。大賓客則攝而載祼。謂異姓也。然則坊記及大行人及內宰之文。無一可以爲孔子見南子事傳會也。何得謂子見南子。古者大饗夫人有見賓之禮耶。

子曰。中庸之爲德也。其至矣乎。民鮮久矣。鮮。上聲。中者。無過不及之名也。庸。平常也。至。極也。鮮。少也。言民少此德。今已久矣。○程子曰。不偏之謂中。不易之謂庸。中者。天下之正道。庸者。天下之定理。自世教衰。民不興於行。少有此德久矣。

箋曰。中庸篇所引。卽夫子此章之言。但彼是闡明道術。意在過不及氣禀習俗之偏。此則專重世教衰。民不興行。言凡人日用常行之事。如孝弟忠信之類。行得恰好。謂之中庸之德。至字。只言其至當不易。若說到至高至精。無以復加。則民鮮久矣。固其宜也。又何用慨歎哉。中庸曰。中庸其至矣乎。民鮮能久矣。又曰。擇乎中庸。

而不能期月守也。民猶人也。○有德者不必皆中庸。而惟中庸爲至當不可易。中庸之德。固無以甚異乎天下之中人。而正非求異乎中人者所得同。亦無以甚異乎天下之庸人。而正非求異乎庸人者所可託。○古時只說中字。至夫子方添一庸字。一以防賢智好奇之弊。一以杜愚不肖畏難之思。○中庸之德。正在人倫日用上見。故程子又著個行字。○執中始於堯之咨舜。舜亦以命禹。其後湯執中。立賢無方。至周官大司樂。以中和祗庸孝友爲六德。知用中之道。百王所同矣。易傳所謂時卽時中也。

子貢曰。如有博施於民。而能濟衆何如。可謂仁乎。子曰。何事於仁。必也聖乎。堯舜其猶病諸。

施。去聲。博。廣也。仁以理言。通乎上下。聖以地言。則造其極之名也。乎者。疑而未定之辭。病。心有所不足也。言此何止於仁。必也聖人能之乎。則雖堯舜之聖。其心猶有所不足於此也。以是求仁。愈難而愈遠矣。

夫仁者。己欲立而立人。己欲達而達人。

夫。音扶。以己及人。仁者之心也。於此觀之。可以見天理之周流而無間矣。狀仁之體。莫切於此。

能近取譬。可謂仁之方也已。

譬。喩也。方。術也。近取諸身。以己所欲。譬之他人。知其所欲亦猶是也。然後推其所欲以及於人。則恕之事。而仁之術也。於此勉焉。則有以勝其人欲之私。而全其天理之公矣。○程子曰。醫書以手足痿痺爲不仁。此言最善名狀。仁者以天地萬物爲一體。莫非己也。認得爲己。何所不至。若不屬己。自與己不相干。如手足之不仁。氣已不貫。皆不屬己。故博施濟衆。乃聖人之功用。仁至難言。故止曰己欲立而立人。己欲達而達人。能近取譬。可謂仁之方也已。欲令如是觀仁。可以得仁之體。又曰。論語言堯舜其猶病諸者二。夫博施者。豈非聖人之所欲。然必五十乃衣帛。七十乃食肉。聖人之心。非不欲少者亦衣帛食肉也。顧其養有所不贍爾。此病其施之不博也。濟衆者。豈非聖人之所欲。然治不過九州。聖人非不欲四海之外亦兼濟也。顧其治有所不及爾。此病其濟之不衆也。推此以求脩己以安百姓。則爲病可知。苟以吾治已足。則便不是聖人。呂氏曰。子貢有志於仁。徒事高遠。未知其方。孔子教以於己取之。庶近而可入。是乃爲仁之方。雖博施濟衆。亦由此進。

箋曰。皇本正平本南宗本。有作能。衆下有者字。博。廣也。徧也。施。恩惠也。濟衆。救濟衆人艱難也。有施雖博而濟未必能衆者。濟衆難于博施。故又著一能字。何事於仁。必也聖乎。事猶爲也。見樂記注。言博施濟衆。何爲於仁者。言之猶曰。是聖者之極功。而仁之至盛。所謂仁者未足稱此云爾。仁固德名。又有就品言之者。聖固品名。又有就德言之者。此所云聖。是就品言之語。德則仁聖同矣。語品則仁聖有別。必也聖乎。乎字口活看。引起堯舜猶病。若實作聖人能之。便失其意。堯舜其猶病諸。憲問篇。脩己以安百姓。堯舜其猶病焉。皐陶謨。皐陶曰。都在知人。在安民。禹曰。吁咸若時。惟帝其難之。夫堯舜之治至矣。然窮鄉僻邑。不能保無一饑寒人也。是堯舜之所病矣。小爾雅。諸。之乎也。若山川其舍諸。求善賈而沽諸。聞斯行諸。無非疑辭者。〇己欲立而立人。己欲達而達人。立者。如三十而立之立。達者。如在邦必達。在家必達之達。然俱兼內外說乃備。內焉而身之成立。外焉而居位安穩。皆所謂立也。內焉而行無不通。外焉而顯達尊榮。皆所謂達也。○能近取譬。能字切。勿輕易看過。譬者。喩也。以己爲喩。故曰近。以己之饑知人之饑。是以己爲譬。而知他人也。集注譬之他人。意正同而文義相反。似不穩。欲立立人。欲達達人。卽是取譬。大學言君子絜矩之道云。所惡於上。毋以使下。所惡於下。毋以事上。所惡於前。毋以先後。所惡於後。毋以從前。所惡於右。毋以交於左。所惡於左。毋以交於右。矩者法也。卽此所云譬也。絜者絜也。卽此所云取也。立人達人。在子貢身上切近易爲工夫。非如博施濟衆之濶遠。欲爲而弗得也。蓋立人達人。是仁者之事。而非其極功。亦非甚難及者。勉強於此卽恕矣。由此而進。可以至於仁。所謂下學也。此取仁之形狀。而容易言之。使其用力於下學也。非狀仁之體。注天理之周流等。並主張大過。夫子每誨子貢以恕。此章究竟亦仍恕矣。又朱子分仁恕爲兩截。不如程子之作一統說。夫子蓋言仁者己欲立。因以立人。己欲達。因以達人。能近取譬於己。以其欲立欲達之心。知他人所欲亦必如是。然後推以及人。以其必以己心度人。非出於自然。故止可謂之恕之事。而爲仁之方。豈不極明白。此特恕之事。而直曰爲仁者。蓋仁者猶君子之稱。通乎上下。固非必至仁如聖人。而後始稱仁者也。故結之不曰可謂仁。而曰可謂仁之方。顧從事於此。則堯舜至仁。可坐而進也。且以文勢論。能近取譬句。覆說上二句。可謂仁之方也已句。總收上三句。語脉章章。熟讀自見。豈可中間割裂以爲仁恕之別乎。○仁之方。謂爲仁之方法也。卽是恕矣。朱注以仁之術而對於恕者。未允。此仁字獨指德。孟子盡心。強恕而行。求仁莫近焉。○子貢專求仁於功用。故夫子就仁之體段告之。使其切近做工夫。○濟衆。斷斷以九州之內而言。豈有意於方外哉。博施亦豈少者帛肉之謂也哉。程注設譬代皆不倫。夫萬物散殊。天地之道。長幼有序。聖人之敎。故斑白者不提挈。而壯者代其勞。年幼未冠。雖士大夫不帛襦袴。此皆聖人量天人之宜。而立之制者。今使少者衣帛食肉。與老者無別。豈聖人之所欲哉。非患其有不贍。理不當然也。聖人治化之盛。罔有洋溢於海外者。然聖人所事務布化者。自在四海之內。未嘗以兼濟海外爲事。但泰西俗以利爲事。吞噬是務。故有事經略海外。而得聖之名者。然非所言於支那聖人也。夫聖人之所病者。蓋指天下至大。萬姓至衆。幽隱僻遠之民。或未悉霑惠化而言耳。曾有少年不得衣帛食肉。九州之外不能兼濟等絕無緊要底事。而乃以爲病乎。亦已迂矣。蓋尊崇聖人太甚。不自覺言之過中也。○安井衡曰。孔子稱堯舜其猶病諸者二。皆濟衆安百姓之事。乃學問之極功也。苟志於聖人之道。當以斯語爲準的。然才性異禀。不能人爲堯舜。當各成性所近。以爲斯世之用。上之爲稷契皋龍。中之爲歷代名臣。下之不失爲一邑循吏。乃亦聖人之徒也。自學失其方。儒者專講理氣。談性命。自高於一世之上。苟有用心於實用者。斥爲功利之學。此人才之所以日降也。○此章子貢之問。將極難事安在仁者身上。以此求仁。則有躐等馳高之病。而無切己得身之實。故夫子抑之。授以爲仁之方。夫立人達人。子貢聞之。當日可著工夫。不比於博施濟衆之事求于功用也。此夫子所以點化子貢也。非以仁難言姑擧其一端。夫子蓋姑勿高論云爾。唯欲子貢由恕入于仁而已矣。程呂諸說。乃反揚夫子所抑以爲欲子貢由立人達人。知仁之體而用工夫。終進至博施濟衆之域也。豈不謬哉。

論語會箋卷第六終

論語會箋卷第七

竹添光鴻會箋

述而第七

此篇多記聖人謙已誨人之辭。及其容貌行事之實。凡三十七章。

箋曰。篇目下注謙已誨人。謂謙已以誨人也。不是二項。

劉寶楠曰。釋文云。舊三十九章。今三十八章。所云舊當謂六朝舊本。所多一章。疑分子路問三軍爲二章也。釋文又云。子於是日以下。舊別爲章。今宜合前章。亡而爲有以下。舊爲別章。今宜與前章合。陸云宜合。但論其理實未嘗合併也。若已合併則爲三十六章。盧氏文弨釋文攷證。以舊三十九章爲釋文本。今三十八章爲朱子本。則誤解陸氏原文。爲後人校語也。翟氏灝考異。譏陸氏宜合者兩條。總題但減其一。以爲失於點對。則是舊爲四十章。不合言三十九也。

子曰。述而不作。信而好古。竊比我於老彭。 好。去聲。○述傳舊而已。作則創始也。故作非聖人不能。而述則賢者可及。竊比。尊之之辭。我。親之之辭。老彭。商賢大夫。見大戴禮。蓋信古而傳述者也。孔子刪詩書。定禮樂。贊周易。脩春秋。皆傳先王之舊。而未嘗有所作也。故其自言如此。蓋不惟不敢當作者之聖。而亦不敢顯然自附於古之賢人。蓋其德愈盛。而心愈下。不自知其辭之謙也。然當是時。作者略備。夫子蓋集羣聖之大成。而折衷之。其事雖述。而功則倍於作矣。此又不可不知也。

箋曰。述者率由古聖人之道。而傳述之也。作者新制創作之謂也。上古聖人。立法垂教。是代天行道。非違道自作也。先聖後聖。其揆一也。不可以先者爲聖人之作。後者爲賢人之述也。蓋原天人自然之理。明倫常之道。如六經所載。通謂之述。逞其私智。騁其詭辯。斁倫背道。而無所忌憚。通謂之作。下章云。蓋有不知而作之者。我無是也。與此章作字一意。所謂妄作也。集注視作甚重。視述甚輕。且言孔子傳舊。未嘗有所作。則是孔子但可爲賢人。不可爲聖人也。豈不悖哉。且樂記作者謂之聖者。指禮樂制度而言也。非著書設教之類。注混同之。罔外又引刪詩書定禮樂。贊周易。修春秋。唯修春秋一事。是實錄。其餘皆出於史記。難盡信。又竊比。稍見謙意。如不作。是實事。非謙也。

注不敢當於作者。頗不通。

述而不作。是聖人實事。信而好古。是聖人實心。兩句字面平列。而文義串下。須先將古字提出。述者述古也。不作不敢自我作古也。信信古也。好古敏以求之也。非信一則好無從生。非好亦不能信到底。故中間著一而字。呂用晦曰。道釋者流。得一經一法。便實信仙佛可成。世之讀聖賢書者。却只爲售文騙名計。毫不信聖賢之言切己也。不信。如何得好。不好如何能述。近日亦有說道德。說士道者。又多是依傍時尚。爲標榜結納號召謀耳。原不曾信得。夫所謂述也者。豈黜聰墮明。棄才智於不用乎。抑亦去其二三之見。浮慕之情。用以稽古而有獲也。

竊比我於老彭。言述而不作。信而好古。是老彭之行也。而我竊自比之也。文法以倒裝。竊者謙辭。然亦言語之常道。古人自述。往往如是。不特聖人爲然。老彭。包注以爲殷賢大夫。大戴禮虞戴德篇。記孔子之言曰。昔商老彭。及仲傀。政之教大夫。官之教士。技之教庶人。揚則抑。抑則揚。綴以德行。不任以言。釋文引以爲證。得之。而其詳亦不可得聞。李充云。名鏗。堯臣。封於彭城。歷虞夏至商。年七百歲。莊子音義引世本云。姓籛。名鏗。在商爲守藏史。在周爲柱下史。年八百歲。一云即老子也。世本說甚支離。難以徵信。如李氏言。則即史記楚世家所云。陸終第三子是也。國語鄭語云。彭祖豕韋商滅之。似彭祖爲彭國始封之君。又係殷世諸侯。不得指爲大夫。且於述而不作信而好古之事。亦不甚合。蓋此老彭乃彭咸。非彭祖也。離騷云。謇吾法夫前修兮。非時俗之所服。雖不周於今之人兮。願依彭咸之遺則。又云。既莫足與爲美政兮。吾將從彭咸之所居。彭咸能信而好古。屈原欲法前修。故引以自比。蓋即隱用論語義也。彭咸祇此一見。王逸注。彭咸殷賢大夫。當必有所本。其以老見稱。必享天子養老之禮者。它若老聃。亦必享國老之養。故以老顯也。

人惟不得古人之心。故覺有自己聰明意見可用。已得古人之心。自然信古人。古人精神。便是我精神。古人說話。便是我說話。何須更贅一詞。

皇朝所傳菅家卷子古鈔本。出大和國廣瀨村里正某家。傳云。菅公道眞眞蹟。然無署跋可據。唯有貞和二年記。係粘表時題字。又有大永本者。係大永四年鈔本。

二本皆作比我於老彭。包注云。老彭殷賢大夫。好述古事。我若老彭。但述之耳。詳包注意。包本亦似作比我。皇疏本則作竊比我於老彭。似衍上於字。豬飼彥博曰。文中子中說魏相篇。子曰。問則對。不問則述。竊比我於仲舒。此文全摹倣論語。然則唐末宋初通行本。皆作我於。邢昺作疏。始從俗本作於我。而朱子沿之。不能得善本校正。朱學盛行。而後學無復知古本者矣。

子曰。默而識之。學而不厭。誨人不倦。何有於我哉。識音志。又如字。識。記也。默識。謂不言而存諸心也。一說。識。知也。不言而心解也。前說近是。何有於我。言何者能有於我也。三者已非聖人之極至。而猶不敢當。則謙而又謙之辭也。

箋曰。識之與下文多見而識之同。集注後說以識爲知解。非是。子張篇。賢者識其大者。不賢者識其小者。漢石經作志。漢書劉向傳同。周禮保章氏注。志。古文識。左昭四年。且曰志之。注。志。識也。易大畜。君子以多識前言往行。釋文。劉作志。晉語。志。德義之府也。注。志。記也。默而記識之。所以蓄其德也。否則道聽塗說。所謂口耳之學耳。學而不厭。是識其已得者。學是學其未得者。

語類曰。此等處須有上一截話。恐是或有人說夫子云云。故夫子因有此言。如吾無隱章亦然。此說是也。時人推尊夫子。以爲其德高深。不可窺測。故夫子自言。我之爲人。不過如是而已矣。除此三者外。何者能有於我也。言我無所有也。出則事公卿。入則事父兄。喪事不敢不勉。不爲酒困。何有於我哉。語意亦如此。朱注解何有於我。爲何者能有於我。此說用劉原父。似亦可通。然若聖與仁則吾豈敢。抑爲之不厭。誨人不倦。則可謂云爾已矣。夫子嘗以此答公西華矣。聖則吾不能。我學不厭。而教不倦也。夫子又以此答子貢矣。此二事夫子每自承當而不辭。至是又辭而不居何也。喪事不敢不勉。猶曰有所不足。不敢不勉。亦承當之辭。非遜謝之辭。聖人之言。遠如天。近如地。語其遠不可及也。語其近亦不可謙也。語默之宜。醉飽之節。曰非我所能。其可乎。

子曰。德之不脩。學之不講。聞義不能徙。不善不能改。是吾憂也。　尹氏曰。德必脩而後成。學必講而後明。見善能徙。改過不吝。此四者日新之要也。苟未能之。聖人猶憂。況學者乎。

箋曰。皇本。每句下。皆有也字。正平本同。

修。謂去其疵纇而全其善也。修字兼省察克治。講。習也。如講武之講。漢以後以問難爲講。如王子淵四子講德論。可以見已。後世以明其理解之。皆引申之義也。聞義不能徙。是事未合宜。不善則是有過惡。本南宗本徙作從。不脩等四項。都在吾憂中討出。蓋曰。德唯日以不脩爲憂。憂卽曾子三省之省字。非是不脩。然後引爲憂也。下三項做之。

修德是主腦。講學是致知工夫。徙義改不善。是力行工夫。皆修德之實事也。學問與造化一般。頃刻無停機。若工夫稍有作輟。這生機便斬絕。故憂是吾憂。見責任無可委託工夫、無可替代。

此章不是自謙、是自任。修德講學、遷善改過、自聖人以至下學、均有所事、不可謙也。伊藤維楨曰、夫道之無窮、猶四方上下之無際。愈出愈高、愈入愈深、是以學者有學者之學、賢者有賢者之學、聖人有聖人之學、雖有大小淺深之不同、然其歸則一。不爲聖人而加、不爲愚人而損、道無窮、故學亦無窮。若自以爲得、則非知道者也。故雖以夫子之聖、尚爾云云。此所以道之爲大、而夫子之爲聖也。

子之燕居、申申如也。夭夭如也。

燕居、間暇無事之時。楊氏曰、申申、其容舒也。夭夭、其色愉也。○程子曰、此弟子善形容聖人處也。爲申申字說不盡、故更著夭夭字。今人燕居之時、不怠惰放肆、必太嚴厲。嚴厲時著此四字不得、怠惰放肆時亦著此四字不得。唯聖人便自有中和之氣。

箋曰、釋文云、燕、鄭本作宴。後漢仇覽傳引亦作宴。說文、宴、安也。禮記有仲尼燕居一篇、有孔子開居一篇、皆與門人問答、非是合眼兀坐也。鄭目錄云、退朝而處曰燕居、退燕避人曰閒居。此皇疏亦云、燕居者、退朝而居也。集注下無事二字、見於見賓承祭待人執事而已。○申申夭夭、不當分屬容色。夭夭亦容也。詩云、桃之夭夭、卽美舒義。月出、舒夭紹兮、亦以夭紹爲舒之姿也。漢書萬石君傳、子孫勝冠者在側、雖燕必冠、申申如也。師古注云、申申、整勑之貌。此經記者先言申申、後言夭夭。猶鄉黨先言踧踖、後言與與也。申申言其敬、夭夭言其和。漢安世房中歌。敕身齊戒。施教申申。說文。申神也。七月陰氣成體自申束。從臼。自持也。是申有約束之義。申申如者。所謂望之儼然。夭夭如者。所謂卽之也溫。

申申夭夭。是從中和之德性發出此氣象。在聖人全不覺也。學者須從性情上用功。變化氣質之偏。涵養義理之正。性情能不偏倚不乖戾。則氣象自然不同。不是專在外面摸擬。

子曰。甚矣吾衰也。久矣吾不復夢見周公。復扶又反。〇孔子盛時。志欲行周公之道。故夢寐之間。如或見之。至其老而不能行也。則無復是心。而亦無復是夢矣。故因此而自歎其衰之甚也。〇程子曰孔子盛時。寤寐常存行周公之道。及其老也。則志慮衰而不可以有爲矣。蓋存道者心無老少之異。而行道者身老則衰也。

箋曰。甚矣傷衰之甚也。久矣二字連下讀。言不夢之久也。見是相見。非望見。故不只曰夢。而更著見字也。孔子盛時屢夢周公。故云不復夢見。不復夢見既久。故云久矣。經有復字。感慨更深。故釋文以一本無復字爲非也。夫子每言吾從周。蓋夫子之所期在周家制度也。故念念深於周公矣。夢之不亦宜乎。若徒玩味道德。古聖不少。何必周公。皇本。正平本公下有也字。

是夫子自嘆身之衰也。嘆身即所以嘆世也。周公成文武之德。致治太平。制禮作樂。魯是周公之後。故周禮盡在魯。夫子言舍魯何適。故其修春秋。繩之以文武之道。成一王法。與周公制作之意同也。

不夢周公。與鳳鳥河圖同一寄慨。

集注如或見之句。似言非夢非覺。恍兮惚兮。彷彿見之。恐不穩。夫夢非實際也。然就夢中言之。見者實見之也。焉得如或之解。至人無夢。是老莊家之言。無足取焉。何必回護於思夢。

程注尤不貼本文。

子曰。志於道。志者。心之所之之謂。道。則人倫日用之間。所當行者是也。知此而心必之焉。則所適者正。而無他岐之惑矣。據於德。據。音倨。○據者。執守之意。德。則行道而有得於心者也。得之於心而守之不失。則終始惟一。而有日新之功矣。依於仁。依者。不違之謂。仁。則私欲盡去。而心德之全也。功夫至此。而無終食之違。則存養之熟。無適而非天理之流行矣。游於藝。游者。玩物適情之謂。藝。則禮樂之文。射御書數之法。皆至理所寓。而日用之不可闕者也。朝夕游焉。以博其義理之趣。則應務有餘。而心亦無所放矣。○此章。言人之爲學當如是也。蓋學莫先於立志。志道。則心存於正而不他。據德。則道得於心而不失。依仁。則德性常用。而物欲不行。游藝。則小物不遺。而動息有養。學者於此。有以不失其先後之序。輕重之倫焉。則本末兼該。內外交養。日用之間。無少間隙。而涵泳從容。忽不自知其入於聖賢之域矣。

箋曰。此夫子誨弟子進德修業之法也。志於道者。志有未得而求必之意。道如君子之道。堯舜之道。夫子之道。吾道之道。此與人倫日用當行者非兩事。然文辭所指。各有謂也。朝

聞道章當參考。

據於德。據如易據于蒺蔾之據。謂奠臂于玆也。據德是一等事。若夫終始之一。日新之功。則據德之後事矣。未可求之於據德中。朱子曰。道是人所共由。德則己所獨得。又曰。得是逐件上理會。得寸守寸。得尺守尺。周官師氏以三德敎國子。鄭注。德行內外之稱。在心爲德。施之爲行。周官原文以三德三行並言。故注云然。散文則德兼行言。故大司

樂注云。德能躬行者。

依於仁。依者。依如身著衣不相違離也。如聲依永。謂絲竹之聲。與歌詠相上下不相離也。仁以全體爲大廓。其萬物皆備之原。而元善者無所不包也。學者以仁立心。而生生不已之眞誠。邇之聯合族黨。遠之參贊天地。而閱諸造次顚沛之一個地。操存者無時可間也。〇志時。尙是兩件。據時半合半離。依時方是一個。

游於藝。游者。玩物適情之名。六藝皆物也。我往而游之。非仁與道德。蓄諸心之比。故曰游。游字可玩。行在水上曰游。沉在水底曰溺。游字固不遺情於此。亦不溺情

於此。

六藝。如禮樂姑舍之。射御書數四者。皆士大夫不可少之事。而從事于此。亦有適情之娛。可以優游廣意思矣。君子講學力行之餘暇。優游于此。適情之中。成有用

之器。由此推之。禮樂在六藝之目。亦唯名物度數進退周旋而已。搏拊考擊詠歌
舞蹈而已。若禮之天經地緯。樂之理性情。非此章所及。夫張而弗弛。文武不能也。
聖人弛之于六藝。可謂善弛者矣。又論書者皆謂。始于倉頡。不知
實始于伏羲。蓋伏羲制字。至倉頡而大備耳。九章算法。始于黃帝。
御則僅見於曲禮少儀諸篇。後世之樂。殘闕失次。學者既無以爲養心之助矣。射
者先王擇士之術。學校中樂舞干戚。而又於序觀射。武藝寓於此。自武藝不立。師
說文臣與武吏判然。不能相兼。政事亦由此而弊。而禮之散見諸經者。復弗深考。
書數二者。尤大儒所不道。則六藝廢矣。夫失其義。陳其數。雖禮樂一曲技也。由形
迹而求理義。六藝皆道德之用也。周官之法。敎萬民以藝。養國子以藝。黨正之所
校比。州長之所攷勸。鄉大夫之所察以賓興。皆以藝。官正之會什伍。諸子之進退
遊倅。亦莫不以藝。士固有滯於藝而不聞道者。要未有不通於藝而遽高語道德
者。此實學之所以出也。今六藝之學殘缺矣。其中易於復古。而濟於時務者。則有
如射與數。其復古甚難者。則有如樂。而猶可考正是非。釐定得失者。五禮與六書
耳。禮之大綱爲五。尊卑際會之節。親疏隆衰之分。先王本諸性情。而制爲度數。既
使之犂然各當于人心。而無過不及之差。細而起居出入之微。亦有所持循。使人
莊敬日强。而非僻之心無自入。學者高言志道據德依仁。而不亟亟于禮。其能不
達道賊德。而大
遠乎仁也耶。

人之爲學。有深造求全之法。無得半自足之功。有循序漸進之方。無
躐等可幾之勢。由志道而據德。由據德而依仁。是惟精惟一之詣也。

子曰。自行束脩以上。吾未嘗無誨焉。脩。脯也。十脡爲束。古者相見必執贄以爲禮。束脩。其至薄者。蓋人之有生。同具此理。故聖人之於人。無不欲其入於善。但不知來學。則無往教之禮。故苟以禮來。則無不有以教之也。

箋曰。自字。是自從。非自已。以上二字。或與束脩連讀。非也。此二字與自字呼應。後漢延篤傳云。吾自束脩厲節以來。句法可見。行束脩者。謂以脩爲贄見其師也。周官膳夫。凡肉脩之頒賜皆掌之。腊人掌乾肉。凡田獸之脯腊膴胖之事。鄭注。薄析曰脯。棰之而施薑桂曰鍛脩。釋名釋飲食。脯又曰脩。脩縮也。乾燥而縮也。稱束者。少儀疏云。束脩。十脡脯也。以非一脡。故須束之。是也。鄭注儀禮士冠禮束帛云。十端帛。注士昏禮束帛亦以十端爲說。是十端帛爲一束。稱束帛。故十脡脯亦稱束。蓋童子初勝帶。而以束脩爲贄。正取束帶脩飾意。亦猶羔取善羣。雁取候時也。集注謂束脩執贄之至薄者。非是。古者用贄有定。不得以意爲厚薄也。大凡教人者。執塗人而語之。未必留於心。強異趣而聒之。未必入於耳。所以必自行束脩以上。乃可教也。但此與誨人不倦異。與有教無類亦異。總見得來受吾誨之初。或深或淺。彼亦正自不齊。而在吾延納之心。則毫無左右之見。概欲偕之大道而已。既承吾誨之後。或分或合。人亦多有不同。而在吾引迪之願。則初無逆億之念。惟答其禮意之勤而已。故人苟以誠而來學。則吾無不有以教之。其欲人之入於善之心。猶天地之徧萬物。而一物不棄也。下章注云。上章已言聖人誨人不倦。失敘。

鄭注云。自行束脩。謂十五以上。見後漢書延篤傳注。曲禮。童子委質而退。疏云。童子未成人。不敢與主人抗禮。故委奠其贄于地。而自退辟。其贄悉用束脩也。故論語云。孔子自行束脩以上。則吾未嘗無誨焉。是謂童子也。此疏蓋得鄭義。古者十五而入大學。見先生必執贄。而童子不敢與成人之贄同。宜有降殺。左傳。男贄大者玉帛。小者禽鳥。以章物也。女贄不過榛栗棗脩。以告虔也。是束脩降於玉帛禽鳥之證。故童子贄用之。如檀弓云。古之大夫。束脩之問不出境。穀梁傳云。束脩之問。不行境中。後漢第五倫傳束脩之饋。則尋常饋問之禮。非以爲贄。贄惟施之童子耳。年十五以上。謂用束脩之人。非釋束脩之義。束脩義易明。故鄭不煩注其解當與集注同。束脩見于經傳甚衆。北史儒林傳。馮偉門徒。束脩一毫不受。則直指教學事矣。又隋書劉炫博學。後進質疑受業。不遠千里。然嗇于財。不行束脩者。未嘗有所教誨。時人以此少之。則直與論語未嘗無誨。作相反語。又唐六典。國子生初入學。置束帛一篚。酒一壺。脩一案。爲束脩之禮。則分束脩爲二。然亦是教學贄物。後漢書和帝紀。束脩良吏。胡廣傳。使束脩守善。有所勸仰。鄭均傳。束脩安貧。劉般傳。太守薦般束脩至行。爲諸侯師。此皆以檢束修潔爲義。試誦本文有行字。又有以上字。若束脩其躬。何必又行躬自束脩。何能將之而上乎。

子曰。不憤不啓。不悱不發。擧一隅不以三隅反。則不復也。憤。旁粉反。悱。芳匪反。復。扶又反。〇憤者。心求通而未得之意。悱者。口欲言而未能之貌。啓。謂開其意。發。謂達其辭。物之有四隅者。擧一可知其三。反者。還以相證之義。復再告也。上章已言聖人誨人不倦之意。因并記此。欲學者勉於用力以爲受教之地也。○程子曰。憤悱誠意之見於色辭者也。待其誠至而後告之。既告之。又必待其自得。乃復告爾。又曰不待憤悱而發。則知之不能堅固。待其憤悱而後發。則沛然矣。

箋曰。舉一隅云云。舉。提示也。隅。稜角也。方物四隅。舉一隅者。我開其端。以三隅反者。彼通其餘也。淮南原道訓。經營四隅。高誘注。隅。猶方也。一隅三隅。合爲四隅。故舉一隅則可知三隅。一隅三隅是不過借言。勿泥一三兩字。以三隅反。是反覆尋求。因此勘彼。莫作聞一知二解。正平本皇本舉一隅下。有而示之三字。孟蜀石經。文選西京賦李善注引。俱有。皇本正平本南宗本。則下有吾字。

憤悱在未教之前。反復在已教之後。反者反命也。謂復于啓發之人。不啓不發不復。一例。三平看。勿以下一段承上二段。正平本復下無也字。

學問之道。欲其自喩。故孔門之教爲爾。學記曰。善待問者如撞鐘。叩之以小者則小鳴。叩之以大者則大鳴。待其從容。然後盡其聲。又曰。力不能問。然後語之。語之而不知。雖舍之可也。皆是道也。

憤是心未通而求通者。悱是心已通而口未能言者。三隅反。則於此事已通。又能推類旁通者。三種人。一種高於一種。只分做三種人爲妥。程子看作一串。不必從。

又程說誠意自得。並過當失窾。憤悱是困知之鬱結未通者。豈可以爲誠意哉。三反是發明之敏而已。豈可以爲自得哉。

子食於有喪者之側。未嘗飽也。 臨喪哀。不能甘也。

箋曰。皇本連下章。而以此章注繫於後。與釋文所見本不合。檀弓云。食於喪者之側。未嘗飽也。卽記夫子事。

子於是日哭。則不歌。 哭謂弔哭。一日之內。餘哀未忘。自不能歌也。○謝氏曰。學者於此二者。可見聖人情性之正也。能識聖人之情性。然後可以學道。

箋曰。哭而論歌不歌。其非己之喪明矣。然無服之疎族外姻及朋友故舊聞其死。亦必爲之哭。禮也。夫子哭顏淵季路之類。可以見矣。不當專爲弔哭。

說文云。哭。哀聲也。歌。詠也。毛詩園有桃傳。曲合樂曰歌。謂人聲與樂齊作也。何休公羊注引魯詩傳。大夫士日琴瑟。曲禮云。大夫無故不徹縣。士無故不徹琴瑟。檀弓云。弔於人。是日不樂。卽指夫子此事。皇本是日下有也字。正平本同。

伊藤長胤云。子於是日哭則不歌。聖人仁心之篤。於是可見矣。若以大學正心章律之。則非所謂有所憂患則不得其正者乎。蓋以心爲主。則忿懥恐懼好樂憂患。不可有住著。此大學之所戒也。聖人之道。以仁爲宗。而戒不仁。故怒者逆德。而遷則傷人。顏子之不遷怒。可見其仁矣。哭則弔人之死。仁心之所發也。於是日哭則不歌。夫子之仁。亦可見矣。茂卿亦云。聖人有餘哀而無餘怒也。諸老先生其於七情也均視之。故程正叔乃欲慶之日不弔。二說皆是。夫餘哀可以說未忘。若是日歌而忽遇可哀。安得不哭。

子謂顏淵曰。用之則行。舍之則藏。惟我與爾有是夫。舍。上聲。夫。音扶。○尹氏曰。用舍無與於己。行藏安於所遇。命不足道也。顏子幾於聖人。故亦能之。

子路曰。子行三軍。則誰與。萬二千五百人爲軍。大國三軍。子路見孔子獨美顏淵。自負其勇。意夫子若行三軍。必與己同。

子曰。暴虎馮河。死而無悔者。吾不與也。必也臨事而懼。好謀而成者也。馮。皮冰反。好。去聲。○暴虎。徒搏。馮河。徒涉。懼。謂敬其事。成。謂成其謀。言此皆以抑其勇而教之。然行師之要。實不外此。子路蓋不知也。○謝氏曰。聖人於行藏之間。無意無必。其行。非貪位。其藏。非獨善也。若有欲心。則不用而求行。舍之而不藏矣。是以惟顏子爲可以與於此。子路雖非有欲心者。然未能無固必也。至以行三軍爲問。則其論益卑矣。夫子之言。蓋因其失而救之。夫不謀無成。不懼必敗。小事尚然。而況於行三軍乎。

箋曰。用之則行三句。用舍以身言。行藏以道言。行者。行經綸之道也。藏者。卷而懷之也。用之則出之。舍之則納之。不倚於一偏。而用舍行藏之妙。全在二則字上。見圓活不滯之意。以子路冉求一於行。原憲閔子騫一於藏。比之。乃見其卓越也。下篇夫子言。天下有道則見。無道則隱。此明人出處之正法。若此云用之則行。舍之則藏。但言用之舍之。不復計及有道無道者。正是維世之意。欲易無道爲有道也。
此惟時中之聖能之。孟子稱孔子可以仕則仕。謂用之卽可以仕也。可以止則止。
謂舍之卽可以止也。顏子合符聖德。故夫子言。
我與爾有是夫。有是夫。猶云能然也。夫助辭。
子路曰。子行三軍則誰與。三軍猶言軍旅也。不必論人數。凡稱呼用熟套。古之人
皆然。蓋孔門諸子。皆能自知。又皆欲出其所得。以輔世濟民。觀諸子自言其志與
孔子稱之。可以見矣。子路於三達德。得勇而未知孔子許之否。故因其美顏淵。乃
以所能質證。更求進步耳。孔子亦欲因其材而成之。擧勇之粗者與精者。以示之。
非抑之。實誘之也。注中自
負其勇句。未免看得太粗。
暴虎馮河三句。爾雅釋訓。暴虎。徒搏也。舍人曰。無兵空手搏之。孟子盡心篇。晉人
有馮婦者。善搏虎。穆天子傳。乃生捕虎而獻之。暴搏捕。一聲之轉。暴又與薄通。枚
乘七發。毅武孔猛。袒裼身薄。車攻。搏獸于敖。匡謬正俗。暴有薄音。爾雅。馮河徒涉。
李巡曰。無舟而渡水曰徒涉。詩小旻毛傳。馮陵也。暴虎馮河。蓋當時有此語。詩云。
不敢暴虎。不敢馮河。又曰。袒裼暴虎。易曰。用馮河。皆是文顯說。冀州
人。凡水大小皆謂之河。夫子兖人也。兖冀人聲相近。皇本馮作憑。
誰與。吾不與也。兩與字相應。臨事二句。旣粘行軍說。則暴虎馮河。正狀其行軍時。
輕卒寡謀。俱非泛言平日。必也。猶曰必問其所與也。臨事而懼二句。夫子摹出其
所與一良將。與子路看。因以敎之也。無悔者成者。兩者字。並指其人。中間用必也
字襯接。語勢可見。臨事。指三軍之事。懼者。小心周密之謂。趙充國攻羌。以遠斥候

爲務。行必爲戰備。止必堅營壁。尤能持重。愛士卒。先計而後戰。此所謂臨事而懼
者也。李廣之不擊刀斗。程不識之行伍整嚴。孰得孰失。於懼不懼判之矣。軍旅稱
謀。必是權謀方略矣。非平常詢謀之類。成者。謂制勝濟事也。不必謂成其謀。夫懼
而謀。謀而必成者。兵法在先置己於必不敗。以乘敵之可勝。王者之師。動出萬全。
坐得必勝之道。所以一勞久逸。百
姓無黷武之害。軍國免耗罷之憂。

懼字。謀字。平中略帶側串。蓋上句重懼。下句重謀。始之以懼。而繼之以謀也。臨事
而懼。對暴虎馮河。好謀而成。對死而無悔。蓋暴虎馮河。是無懼也。死而無悔。不計
其成也。此章前以與顏子。而後以進子路。上下不必牽強聯合。臨事懼謀。不過就
行三軍一事言耳。不可以文事武備並論。又不可謂時行時藏之人。即能懼好謀
之人。過接處。只當間間遞去。找處當云夫子言此。蓋欲抑子路勝心客氣。漸養漸
純。即以造於時中之囘可耳。寧獨行師哉。不然夫子嘗許由治賦。而此顧不與行
師何歟。

集注謝氏曰。至以行三軍爲問。則其論益卑矣。李恕谷駁之曰。子之所愼。一曰戰。
又曰。我戰則克。亦卑乎。易于師卦曰。開國承家。又曰。可以王矣。亦卑乎。宋人諱言
戰。而社稷日促。乃不自知其失。而以聖門賢者爲卑。背矣。章泰占亦曰。夫子祇夾
谷一會。尙曰有文事必有武備。況二宋南北。神州陸沈。當時君父如何受辱。生民
如何慘殺。卽手足毛髮。皆作兵甲。猶恨不給。禮經所謂不反兵之義若何。而乃論
史則禁斥用兵。棄若糞穢。論經則以行三軍爲卑。卑視聖門弟子。不値一錢。是不

惟不解經。幷亦不知有人理者矣。大禹宅百揆。反使之帥師征苗。何則重兵故也。若謂我有詩書。可廢干櫓。則如後漢羌胡寇隴右。而刺史宋梟必欲重敎化。輕師武。請寫孝經以退敵。雖長史蓋勳讓其不急。靖難取笑朝廷。而究竟不從。卒至喪身辱國。爲世譏訕。此明鑒也。後之讀論語者。遇軍旅未學。當知其有爲而發。不是輕兵。遇足食足兵。當思其正告爲政。不是迂遠。則於斯世庶有賴矣。

子曰。富而可求也。雖執鞭之士。吾亦爲之。如不可求。從吾所好。

好。去聲。○執鞭。賤者之事。設言富若可求。則雖身爲賤役以求之。亦所不辭。然有命焉。非求之可得也。則安於義理而已矣。何必徒取辱哉。○蘇氏曰。聖人未嘗有意於求富也。豈問其可不可哉。爲此語者。特以明其決不可求爾。楊氏曰。君子非惡富貴而不求。以其在天無可求之道也。

箋曰。言富而可求。便見富本不可求矣。富兼貴爲言。史記作富貴如可求。辭義特備。而不必加焉。學而篇富而好禮。宜參看。

執鞭有二義。秋官條狼氏。下士八人。掌執鞭以趨辟。王出入則八人夾道。公則六人。侯伯則四人。子男則二人。又云。凡誓執鞭以趨於前。且命之。注。趨辟。趨而辟除行人。若今卒辟車之爲也。此一義也。地官司市。凡市入則胥執鞭度守門。此一義也。執鞭爲賤職。鞭是刑具。書鞭作官刑是也。左傳誅屨於徒人費。弗得。鞭之見血。又公怒鞭師曹三百。此鞭所以毆人。曲禮乘路馬載鞭策。左傳左執鞭弭。此以毆馬曰鞭者。假借施人之用爲施馬之稱也。御者在車上。非賤者也。御者非不操鞭。

然此章以賤役爲譬。則非御必矣。士。事。古通用。鹽鐵論貧富章引作事。豳風無士行枚。注云。士。事也。如字。乃轉語詞。非設言也。從吾所好。注以安于義理解之。此論理耳。須知吾所好三字有妙義。試觀世之求富者。其卑辱之態。豈誠本心之所好哉。不過謂因此可以得富。勉强如此耳。心中不受用也。由此觀之。則所好可知已矣。皇本正平本。不可求下。有者字。

子之所慎。齊戰疾。

齊。側皆反。○齊之爲言齊也。將祭而齊其思慮之不齊者。以交於神明也。誠之至與不至。神之饗與不饗。皆決於此。戰。則衆之死生。國之存亡繫焉。疾。又吾身之所以死生存亡者。皆不可以不謹也。○尹氏曰。夫子無所不謹。弟子記其大者耳。

箋曰。愼。說文。謹也。徐曰。心眞爲愼。不鹵莽也。

說文。齊。戒潔也。從示。齊省聲。經典齊齊二文錯見。齊者先祭之名也。將祭則先散齊七日。致齊三日也。齊之爲言齊也。人心散漫不齊。故將接神。先自寧靜。變食遷坐以自齊絜也。○祭者竭其誠敬而已矣。注誠之至不至。神之饗不饗。大迫切。失如在之義。

戰與疾。死生存亡之所係。而勇者輕之。怯者懼之。能慎而濟之者孔子也。

丘毛伯曰。其慎齊也非倖福。是不慢神。其慎戰也。非怯敵。是不輕敵。其慎疾也非貪生。是不輕生。

子在齊。聞韶三月。不知肉味。曰。不圖爲樂之至於斯也。

史記。三月上有學之二字。不知肉味。蓋心一於是而不及乎他也。曰不意舜之作樂。至於如此之美。則有以極其情文之備。而不覺其歎息之深也。蓋非聖人不足以及此。○范氏曰。韶盡美。又盡善。樂之無以加此也。故學之三月不知肉味。而歎美之如此。誠之至。感之深也。

箋曰。此宜以子在齊爲句。與子在陳同例。下文聞韶三月。當作一句。孔子世家。聞韶音。學之三月。正以聞韶屬三月爲義。聞韶者學韶也。師涓之於靡靡。明皇之於霓裳。聞輒得之。深於樂者皆爾。何必如小子學樂者受譜然乎。故聞卽學也。不知肉味。如發憤忘食。聖人好樂之至也。

韶是舜樂。而齊有之者。滅遂所得也。遂舜之後。韶樂存焉。故齊深於韶樂。景公作徵招角招。招卽韶。蓋亦取其聲節也。謂陳敬仲奔齊。齊因有韶者。班固謬論也。樂爲大司所職。樂器有司掌之。安得妄以予人。敬仲避禍出奔。跋涉千餘里。救死不暇。安肯以樂器自累乎。三月者。古人習樂之常期也。文王世子云。春誦夏弦。誦以樂語。弦以樂音。必經時而畢。漢博士爲文帝作王制云。春秋教以禮樂。冬夏教以詩書。唐書選舉志。諸生治經。皆限以歲月。未終經者無易業。皆存遺意。則齊人習韶之久。夫子與聞之。遂學之也。皇本正平本南宗本。韶下有樂字。不圖爲樂之至于斯。爲樂。謂奏樂也。須看爲字。情文之備。正爲之者爲之也。斯字。未有不指本文而更作他義者。集注謂不意舜之作樂。至於如此之美。則斯字懸空。並無著落。夫樂最足以感人心。亦足以移人情。故羣后德讓。童子視端。此卽移人感人之證。聖人心契于古。妙合一原。其特記不知肉味句者。正所以見韶之感人甚深。移人甚密。有非凡所及者。故曰不圖爲樂之至於斯也。斯。指不知肉味句。否則記者何以贅此言。夫子何以有此事。孔子世家曰。與齊太師語樂。聞韶音。學之三月。不知肉味。據此知不知肉味。非徒然也。魯亦備有韶舞矣。齊自桓公時滅遂。得有舜樂傳習音節之善也。孔子既聞韶樂。其用心者。在心思之以師舜之德也。然舜之德。既假于器以傳之。則亦必手習其器以繼其聲。心思手摹。總是學之也。習其器者。士無故不撤琴瑟。子擊磬于衛。周禮大司樂有九德之歌。孔子所習之器。不外絃歌。而其心之師其德者。無所不盡也。世家增學之二字。實足爲三月不知肉味之注解。齊之爲韶。正惟有非魯奏所能及者。故有不圖至斯之歎。孔子謂不意齊國之樂工。演習舜之韶樂。至于如此也。非謂不意舜樂如此也。若舜之作樂。孔子固已知其至于如此之美矣。又先儒述大學正心之旨。以爲三月不知肉味。殆乎有所好樂。則不得其正。聖人之心。不應固滯如此。故程子以三月爲音字之誤。見大全小注。此本韓愈筆解。然史記明云聞韶音。學之三月。是音與三月各出。焉得形誤。大學以不知味箴放心者。謂平常好惡嗜欲耳。固不得與此相比擬焉。先儒解是章。往往有嫌於著想之意。弗思也已。夫惡著想。起於老釋。著想元無可惡也。著想之中節。斯爲聖爲賢。著想之失節。斯爲愚爲不肖。是日哭則不歌。非著想邪。見堯于羹牆。非著想邪。食旨不甘。聞樂不樂。非著想邪。期悲哀。三年憂。非著想邪。卽以著想爲不可。則喪祭皆廢矣。

冉有曰。夫子爲衛君乎。子貢曰。諾。吾將問之。爲。去聲。○爲。猶助也。衛君。

出公輒也。靈公逐其世子蒯聵。公薨。而國人立蒯聵之子輒。於是晉納蒯聵。而輒拒之。時孔子居衛。衛人以蒯聵得罪於父。而輒嫡孫當立。故冉有疑而問之。諸應辭也。

入曰。伯夷叔齊何人也。曰。古之賢人也。曰。怨乎。曰。求仁而得仁。又何怨。出曰。夫子不爲也。

伯夷叔齊。孤竹君之二子。其父將死。遺命立叔齊。父卒。叔齊遜伯夷。伯夷曰。父命也。遂逃去。叔齊亦不立而逃之。國人立其中子。其後武王伐紂。夷齊扣馬而諫。武王滅商。夷齊恥食周粟。去隱于首陽山。遂餓而死。怨。猶悔也。君子居是邦。不非其大夫。況其君乎。故子貢不斥衛君。而以夷齊爲問。夫子告之如此。則其不爲衛君可知矣。蓋伯夷以父命爲尊。叔齊以天倫爲重。其遜國也。皆求所以合乎天理之正。而卽乎人心之安。既而各得其志焉。則視棄其國。猶敝蹝爾。何怨之有。若衛輒之據國拒父。而唯恐失之。其不可同年而語明矣。○程子曰。伯夷叔齊遜國而逃。諫伐而餓。終無怨悔。夫子以爲賢。故知其不與輒也。

箋曰。左傳。靈公謂公子郢曰。予無子。是靈不子蒯聵也。周人之法。無適子者立適孫。蒯聵負罪出亡。已絕於衛。故輒得申王父之命。當時臣民安之。大國助之。而夫子亦且爲公養之仕。故冉有疑夫子爲衛君也。夫子於哀六年自楚反衛。爲衛輒四年。此問當在其時。詩鳧鷖。福祿來爲。鄭箋。爲猶助也。史記爲劉氏者右袒。爲呂氏者左袒。爲字與此正同。冉有疑夫子爲之。而不自問。以子貢長於言語。故就與之謀也。諸者。心方思。而其應徐也。 伯夷叔齊何人也。爲在衛故微其詞。曰古之賢人也。言今無此高節矣。皇本正平本曰上有子字。此直指遜國說。勿作概說。怨是怨悔。不是怨恨。怨乎一問。卽察其所安之意。夷齊讓國之爲賢。子貢豈不知之。

主意在下怨乎一問耳。夷齊有怨。輒之罪可解。夷齊無怨。輒之罪無可解矣。

又何怨。皇本怨下有乎字。左傳哀三年正義引。史記伯夷傳索隱引。文選江淹雜體詩注引。並有乎字。正平本南宗本同。

二子合下便是仁。何用言求。此求字。正從事勢牽掣。不能自由中。各尋一個是處安身。絕不瞻前顧後。上見求之。夫子不爲也。也字決辭。應前乎字。

伯夷行事今可知者。惟餓于首陽之下六字矣。加一死字。便有可議。

佐藤坦曰。說者謂。衞輒據國拒父。夷齊遜國而逃。夫子以夷齊爲賢。故知其不與輒也。則吾未謂然。冉有子貢之疑。蓋在人倫社稷之輕重。而不在彼遜此拒之是非。人皆以夷齊爲賢。以輒爲不孝。子貢則蓋謂國君以社稷爲重。夷齊之遜。雖如重人倫。而微仲子。則統幾乎絕。其如社稷何。衞輒之拒。迹類不孝。然亦非得已。蒯聵絕於廟。而輒既承重。聵入則國必亂。故其拒之。蓋爲社稷也。雖然天下莫重於人倫。人君莫重於社稷。不得兩全。孰取孰舍。是則雖穎悟如子貢。而未能無惑。及擧夷齊問之。夫子則仍歸重人倫。既賢而復仁之。如曰仁者人也。親親爲大。治國。仁之推也。寧取人倫而舍社稷可也。子貢於是知其不與於輒也。不然則遜與拒之是非。既已明白。何必待折中而後始知之。孟子嘗答瞽瞍殺人之問曰。舜視棄天下。猶棄敝蹝也。竊負而逃。遵海濱而處。終身訢然樂而忘天下。信斯言也。人倫果重於社稷矣。

張甄陶曰。晉定公時。世卿擅國。厚責賄於衛。衛靈叛之。從齊景公伐晉。晉趙鞅忿甚。遂伐衛。與盟於鄟澤。使成何涉佗辱衛君。捘手及腕。衛遂與晉絶。後雖殺涉佗以謝過。衛不顧也。魯哀二年四月丙子。衛靈薨。六月乙酉。趙鞅納蒯聵入於戚。相拒止六十日。劫蒯聵爲質。將滅衛以報夙憤也。此時公子郢當立。此人賢且智。逆覩此事。決不肯立。此時則衛不得不立輒矣。立輒則蒯聵知衛國之卽其國。不肯爲趙鞅所愚。既入戚卽居戚。不復入於衛矣。此時衛人皆以立輒可以安蒯聵。而拒趙鞅。爲得策。輒亦得以柴立中央。俾南子蒯聵不互相戕害。以爲訴病於諸侯。故國人多爲之。春秋之時。晉惠居秦。子圉在國。鄭成居晉。子髠頑在國。邾子居吳。子革在國。往往有之。蒯聵居戚。衛輒在國。卽其事。非其子拒父也。是年八月趙鞅移圍戚之師。與鄭人戰於鐵。獲勝而歸矣。齊景公挾其爭霸舊憾。使卿國夏與衛大夫石曼姑圍戚。其意欲逐蒯聵。以取勝於趙鞅。陷蒯聵父子於不義者。皆此人也。夫以齊之强。率二國之師圍戚。不能有加於蒯聵。得安然居戚者十餘年。自是輒爲戚欒侮。齊景所以廢然而返。不再興兵。此時蒯聵與輒。本無嫌隙。但所處各非其地。名不正耳。以恒情論之。相忍可以爲國。若以伯夷叔齊之賢處之。則固有道矣。乃貪國而懼禍。徘徊於騎虎不得中下之勢。違心害理。律以不仁。何所逃罪耶。惟必罪其據國拒父。則事蹟不符。南子未死。蒯聵本不敢歸。覩其魯哀十六年反國。告於天王。猶曰蒯聵得罪於君父君母。是則蒯聵本以南子爲母。有所顧忌。既不敢殺南子。被弑母之名。則居戚不入衛。乃其隱情。至魯哀十六年。距衛靈公之死已十七年。南子必老且死矣。所以通孔妃入國。輒亦速駕而奔魯。乃不數日蒯聵仍召輒爲太子。是輒於蒯聵。並無有西內刼遷。南城禁錮之事。父子如初。兩無慚色。可知保國立輒之舉。以理以勢。不得不然。

集注。晉納蒯聵而輒拒之。正指圍戚事。然圍戚拒晉也。非拒聵也。齊與衛拒晉也。非輒拒父也。衛靈齊景同謀叛晉。魯定九年。衛與齊伐晉。克夷儀。是年趙鞅亦帥師圍衛。定十三年。衛又與齊伐晉河內。哀元年。衛靈又與齊景伐晉圍五鹿。哀二年。衛靈卒。趙鞅乃用陽虎計。借納聵以伐衛喪。帥師入戚。是伐喪當拒。借納君以報宿怨。其意叵測。又當拒。且晉所怨者靈也。靈甫在殯。而報怨者已在境。雖非納君。亦定無拱手而听之者。是不可不拒。況晉爲齊衛所共仇。衛礙世子。齊不礙世子也。則又不得不拒。故當時衛人無不以拒晉爲能事者。晉既借納君以伐衛。則拒晉卽不得不拒聵。然其故不從拒聵起也。蓋輒初立。本不拒其父。聵初入。本不仇其子。何者聵父在而欲殺其母。一不孝也。父卒而不奔喪。二不孝也。又挈其仇敵。侵其宗邦。三不孝也。以不孝之人。從不義之師。則衛之君縱不拒之。衛之臣必拒之。衛之民尤思拒之矣。故子路子貢諸賢不以爲衛君爲非。公羊穀梁諸儒。且以拒蒯聵爲是。則當時之論可知矣。況靈公雖死。南子尚存。聵亦本不敢入。故輒非眞不孝者。但名不正耳。其後聵入國。輒卽速駕奔魯。渾良夫曰。疾與亡君。皆君之子也。召之而擇材焉可也。若不材。器可得也。則出奔之後。而故國之臣。稱於新君前。猶曰亡君。衛人之爲輒。益可知矣。惜其後爲太子疾所刼。卒不召。故輒未返耳。輒奔後四年。莊公死。公子般師逐公子起。又奔。然後返國。考其前後。輒之無意于拒父也亦明矣。惟輒本無拒父之志。故聖門高弟若子貢高柴輩。同時事輒。且爲之使。恬然不怪。聖人竝未嘗言及其非。哀六年夫子還衞。亦且公然受其公養。意正可思。若輒果無父之人。聖若賢。豈肯居其位受其養哉。講者據集注所言。動云父子爭國。於當時事蹟。似未深考。

子曰。飯疏食。飲水。曲肱而枕之。樂亦在其中矣。不義而富且貴。於我如浮雲。

飯。符晚反。食。音嗣。枕。去聲。樂。音洛。○飯。食之也。疏食。麤飯也。聖人之心。渾然天理。雖處困極。而樂亦無不在焉。其視不義之富貴。如浮雲之無有。漠然無所動於其中也。○程子曰。非樂疏食飲水也。雖疏食飲水。不能改其樂也。不義之富貴。視之輕如浮雲然。又曰。須知所樂者何事。

箋曰。說文云。飯。食也。疏。粗也。疏食。粗糲之食也。皇本疏作蔬。正平本南宗本同。孔注。疏食菜食。言饗食以菜和之也。周禮聚斂疏材。釋文。菜也。又淮南子秋畜疏食。高注。菜疏曰疏。穀食曰食。是疏字兼有麤菜二義。不必作蔬字。然凡言疏食似應就米說。鄉黨與孟子萬章。皆云雖疏食菜羹。疏與菜對擧。豈得又言菜食乎。故集注定以爲麤飯也。儀禮喪服傳云。既虞食疏食。飲水。既練食菜果。飯素食。注。疏猶麤也。麤卽粗字。鄭以粗釋疏。許以疏訓粗。明疏卽粗矣。粗字从米。米之疏者曰粗。既虞疏食。既練素食。虞深而練淺。是疏食深。而素食淺矣。詩召旻。彼疏斯粺。鄭箋。疏。麤也。謂糲米也。米之率。糲十粺九。鑿八。侍御七。九章算術。粟一石。糲米六斗。舂斗一斗爲粺九升。又去爲糳八升。又爲侍御七升。故疏爲最粗。糲米與粺米校。則糲爲粗。國語食粗衣惡。是也。稷與黍稻粱校。則稷爲粗。喪服傳食疏食注。疏猶麤也。

是也。論語三言疏食。皆謂糲米。亦當兼稷言之。稷今之高粱。北方用爲常食。比粱黍爲賤也。

飲水。乏薪火之用也。肘前曰臂。肘後曰肱。曲肱而枕之。乏製器之用也。

集注云去聲者。凡字有體有用。枕字上聲。體也實也。去聲用也虛也。

樂亦在其中。亦字非對富貴而言亦也。謂卽此不堪之境。亦有自得之樂也。孔顏之優劣。固自判殊。然顏下聖人財一等。則其同者亦不可勝數。如此章乃孔顏同者。說者必欲於二三字中。斷其所以異。故流於牽强。主樂者之心言。則曰樂亦在其中。借簞瓢貧賤之苦。以形其樂。則曰不改其樂。疏食水飲。樂在其中。顏未必不在優爲簞食瓢飲不改其樂。以此稱孔。未必爲貶詞。故程子稱孔曰。雖疏食飲水不能改其樂也。與孔之稱顏同。特語有賓主。安可判其高下之異。凡云在其中者。謂本無其事。而自然有來至其中者。如飯疏飲水曲肱而枕之。本非可樂之事。然仰不愧天。俯不恥人。學先王之道。以蓄其德。雖飯疏飲水之窶。不能以移其心。樂孰大於此。故曰樂在其中矣。凡樂待境而生者。亦逐境而變。聖人之樂。不生於境。而生於心。故雖疏水曲肱。而樂亦在焉。吾輩欲尋孔顏之樂。當從事曾子愼獨之功。

於我如浮雲。言我視之猶浮雲也。浮雲之爲物。倏聚欻散。不可以爲常。不義而富貴者。倏得而忽失之。又不可以爲常。故取以爲喩。浮雲薄不義也。非薄富貴也。

郝敬曰。順逆兩境。鍛鍊士子之鎚爐。凡虛見空解。可間時粧演。順逆當前。殊覺茫然。所以聖人勸人每於貧賤富貴之交。必據貧賤時言者。富貴佚豫。則眞樂不分。

貧賤憂戚。眞樂乃見。非聖人偏以貧賤爲樂也。但富則可救。疏水。況又且貴乎。況又值貧賤之時乎。豐約相形。人情於此不動心尤難。浮雲生滅無根。聚散倏忽。不義富貴亦猶此。義則爲名器。易曰。崇高莫大乎富貴。孔子見二帝三王之富貴。亦自起敬。若衛之父子。此等富貴。唯恐加乎其身。況肯榮諸其念。記者所以記諸衛君之後也。

顏淵陋巷。原思環堵。樂夫子之樂者也。若求諸後世。漢徐穉。晉陶潛。其庶幾乎。

子曰。加我數年。五十以學易。可以無大過矣。

劉聘君見元城劉忠定公。自言嘗讀他論。加作假。五十作卒。蓋加假聲相近而誤讀。卒與五十字相似而誤分也。愚按。此章之言。史記作假我數年。若是我於易則彬彬矣。加正作假。而無五十字。蓋是時孔子年已幾七十矣。五十字誤無疑也。學易則明乎吉凶消長之理。進退存亡之道。故可以無大過。蓋聖人深見易道之無窮。而言此以敎人。使知其不可不學。而又不可以易而學也。

佐藤坦曰。古人講學。於人情事變上鍊磨。不專由讀書而得。蓋五十以前。經歷尚淺。心學未熟。雖曰讀易。而所得不深。必俟知命時候。然後學易。則將見日用酬酢之間。有所互證交發。而其所得殊深矣。故約以五十言之爾。

正文加我數年。五十以學易。則其爲五十以前語。明白無疑。集注云加作假。此說非也。加者積而成數也。此與吾十有五章體例同。吾十有五章。皆追溯以前。此章乃豫期以後也。聖人生知安行。秖在大本大原。至于天命精微。亦必待窮理盡性。而後得之。聖學之異于人者。深淺精粗大小廣狹爾。其境途漸進。與人相似。孔子言此之時。尙未至于五十而知天命之時也。數年之名。必三四年乃可稱。故知此時蓋四十五六七時也。孔子於此即自期許可無過。則於此已有得于易矣。他日謂五十而知天命。是其驗也。集注又曰。是時孔子年已幾七十矣。此說非也。孔子之壽。不過七十有四歲。而孔子一生事蹟。子臣弟友。仕止久速。多在魯哀公七年以前。若至于年幾七十。此正孔子作春秋時矣。若謂孔子竟至年幾七十。而後學易而始無大過。然則孔子生平初無所得益于易學。而未免有大過矣。何可言邪。集注之誤實本史記。其實史記不誤。朱子誤讀史記耳。世家曰。孔子晚而喜易。序易彖繫象說卦文言。讀易韋編三絕。曰假我數年。若是我於易則彬彬矣。夫孔子贊易。誠在晚年年幾七十之時。若夫學易。奚嘗同時。世家序易彖繫說卦文言一段。敘孔子晚年贊易事。讀易韋編三絕一段。敘孔子五十以前學易事。一則贊易。絕不相蒙。其以初年事置于後。則以事之輕重大小懸絕也。贊易所以垂法萬古。故先特書之。韋編三絕。止一時力學之効。故以類附見。此自敘事之法。猶論語以牢曰承大宰知我乎之後也。

且魯魚亥豕。必其字形且相類者。故曰形近致誤。祭義見間以俠甒。鄭注曰。見間當爲覸。史記蔡澤傳。吾持梁刺齒肥。索隱曰。刺齒當爲齧。此皆一字誤分兩字之證。然說文五者互也。从二从㐅。謂陰陽交互于二大間也。卒者隸人給事名也。古以染衣題識。故从衣从十。謂衣飾有異色也。則以今文觀之。五與衣不相近也。卽因而觀古文。㐅與众亦不相近也。未可謂相似而誤分者矣。況易乾鑿度曰。仲尼偶筮其命得旅。請益於商瞿氏。曰子有聖智而無位。孔子泣而曰。天也命也。鳳鳥不來。河無圖至。嗚呼天命之也。歎訖而息志停讀。禮止史削。五十究易作十翼。據此漢以前。固已作五十。又外黃令高彪碑恬虛守約。五十以斆。斆爲學之正字。五十以斆。卽五十以學。學與約爲韻。平叔作集解時。諸家本具在。並不言此經有異文。何以至宋時乃有別本。殊不可信。

言無大過。是有小過未可保之意。亦是謙辭。夫易始於三畫。三才之道也。重爲六畫。兼三才而兩之也。天上地下。人處其中。內爲體而外爲用。三卽內卦之上。四卽外卦之初。要於二五爲中道。所謂懼以終始。其要无咎也。範圍天地之化而不過人道用中之極軌也。正是大體得當。中是事之恰好。中重于正。故程子曰。正者未必中。中則無不正也。易主中行。主變通。故學之而可與適道。可與立權也。繫辭傳云。是故君子居則觀其象而玩其辭。動則觀其變而玩其占。是以自天祐之。吉无不利。吉凶者言乎其失得也。悔吝者言乎其小疵也。无咎者善補過也。夫子聖德。當無小疵。無過可補。而云可無大過者。謙言不敢自承無過也。

伊藤維楨云。古者包犧氏之王天下也。仰觀俯察。近取遠取。始作八卦。以類神明之德。蓋示陰陽消長之變。萬物生息之理也。至夫子獨述先王之道。而專崇仁義之德。故其平素與門人言。無非詩書仁義之說。而言及於易者。僅見此章而已。孟子亦每引詩書論春秋。而未嘗有一言及乎易者。其學以崇仁義務孝弟存心養性爲教。而易中專言利故也。惟其於處世之法。委曲詳盡。惕厲勸勉。大有益於人。故夫子亦取之。欲學孔孟者。專崇詩書春秋。而於讀易。則當以夫子可無大過之言求之。而勿作卜筮之書看。

崔述曰。世家云。孔子晚而喜易。序彖繫象說卦文言。由是班固以來皆謂傳爲孔子所作。余按。春秋孔子之所自作。其文謹嚴簡質。論語後人所記。則其文稍降矣。若易傳果孔子所作。則當在春秋論語之間。而今反繁而文。大類左傳戴記。出論語下遠甚何耶。繫詞文言之文。或冠以子曰。或不冠以子曰。若易傳果皆孔子所作。不應自冠以子曰字。卽云後人所加。亦不應或加或不加也。孟子之於春秋也。嘗屢言之。而無一言及於孔子傳易之事。孔孟相去甚近。孟子之表章孔子也不遺餘力。不應不知。亦不應知之而不言也。由此觀之。易傳必非孔子所作。而亦未必一人所爲。蓋皆孔子之後。通於易者爲之。故其言繁而文。其冠以子曰字者。蓋相傳以爲孔子之說。而不必皆當日之言。其不冠以子曰字者。則其所自爲說也。杜氏春秋傳後序云。汲縣冢中周易上下篇。與今正同。別有陰陽說。而無彖象文言繫詞。疑于時仲尼造之於魯。尚未播之於遠國也。余按。汲冢紀年篇。乃魏國之史。冢中書。魏人所藏也。魏文侯師子夏。子夏敎授於魏久矣。孔子弟子能傳其書者。莫如子夏。子夏不傳。魏人不知。則易傳不出於孔子。而出於七十子以後之儒者無疑也。又按。春秋襄九年傳。穆姜答史之言。與今文言篇首略同而詞小異。是作傳者。采之魯史。非孔子所爲也。論語云。曾子曰。君子思不出其位。今象傳亦載此文。果傳文在前與。記者固當見之。曾子雖嘗述之。不得遂以爲曾子所自言。而傳之名言甚多。曾子亦未必獨節此語而述之。然則是作傳者。往往旁采古人之言。以足成之。但取有合卦義。不必皆自己出。既采曾子之語。必曾子以後之人之所爲。非孔子所作也。

子所雅言詩書。執禮皆雅言也。雅。常也。執。守也。詩以理情性。書以道政事。禮以謹節文。皆切於日用之實。故常言之。禮獨言執者。以人所執守而言。非徒誦說而已也。○程子曰。孔子雅素之言。止於如此。若性與天道。則有不可得而聞者。要在默而識之也。謝氏曰。此因學易之語。而類記之。

箋曰。俞樾曰。論語文法簡質。此章既云子所雅言。又云皆雅言也。於文似複。蓋由經師失其讀矣。此當以詩書斷句。言孔子誦詩讀書。無不正言其音也。執禮二字自爲句。屬下讀。執禮。謂執禮事也。周官大史曰。凡射事。執其禮事。禮記襍記曰。女雖未許嫁。年二十而笄。禮之婦人執其禮。皆執禮之證也。孔子執禮之時。苟有所言。如鄉黨所記賓不顧矣之類。皆正言其音。不襍以方言俗語。故曰執禮皆雅言也。詩書或誦讀。或教授弟子。若執禮自爲一事。故別言之耳。孔注。雅言。正言也。正言者。謂端其音聲。審其句讀。莊重而出之。與恒俗迥別。謂之莊語。亦謂之雅語。此與祭遵雅歌。卜式雅行。袁粲雅步。何武傳雅拜。一類。鄭曰。讀先王典法。必正言其音。然後義全。故不可有所避諱。此第舉雅言中字音一節耳。若孔氏所云。正言不止于是。夫詩書皆先王典法之所在。故讀之必正言其音。夫子生長於魯。不能不魯語。惟誦詩。讀書。執禮。必正言其音。所以重先王之訓典。謹末學之流失。後世人作詩用官韻。又居官臨民必說官話。卽雅言矣。曲禮云。詩書不諱。臨文不諱。鄭以不諱亦雅言之一端。故擧以明之。執禮之執。猶堯曰執中之執。文王世子。秋學禮。執禮者詔之。冬讀書。典書者詔之。與此執禮同義。〇雅字。古經典如小雅大雅爾雅。俱訓正。史記注別訓素。程云孔子雅素之言。朱云雅常也。常言之。因素轉常。則始於集注。

韓村先生曰。余嘗恠漢有黨錮。明有東林。皆賢人君子不用於世。憤惋節慨之氣。結爲磊塊。騈尸流血。以致國脈不永。非賢人君子之罪。固勢之不得已也。當七十子之時。在天下諸侯竊王權。在魯三家分公室。孔子則悄悄慍于羣小。以七十子之氣才。少起門墻之見。聲是非之名。標賢姦之目。以呼號以相推。天下之士疾世而遁者。楚狂沮溺武鐐陽襄之徒。將攘臂而出。而其議論品目。應驚天下之耳目。而彼七十子者則不然。衎衎鼓瑟於洙泗之間。未嘗一言及三家者之事。而其間或降身仕大夫之家。以竊爲夫子之兆。而其憂國愛君之心。世莫得而知者。何哉。又怪孔子在國危君弱之邦。得英才而教育之。宜與之以非常卓異之言。而其所敎詩書執禮而已。又何以然。孔子豈欲天下英才。埋首章句俎豆之間。以終其身乎。誠將令其見道於器。致智於物。以順達其志氣。而不陷躁妄之地也。志氣之於學。猶勇氣之於戰。戰以勇氣爲主。然而勇氣不能獨戰。昭之以號令。寓之以甲兵。而後可以制勝。學以志氣爲本。而古訓之不講。道義之不精。變故情理之不熟。其何以濟事。然則經藝之於人也亦大矣。

葉公問孔子於子路。子路不對。葉。舒涉反。○葉公。楚葉縣尹。沈諸梁。字子高。僭稱公也。葉公不知孔子。必有非所問而問者。故子路不對。抑亦以聖人之德實有未易名言者與。**子曰。女奚不曰其爲人也發憤忘食。樂以忘憂。不知老之將至云爾。**未得則發憤而忘食。已得則樂之而忘憂。以是二者。俛焉日有孳孳。而不知年數之不足。但自言其好學之篤耳。然深味之。則見其全體至極。純亦不已之妙。有非聖人不能及者。蓋凡夫子之自言類如此。學者宜致思焉。

箋曰。沈諸梁。莊子釋文云。姓沈。名諸梁。字子高。據左傳葉公是縣尹。非食采之邑。故鄭注緇衣云。葉公楚縣公。是也。鄉飮酒禮注。大國有孤。四命謂之公。士喪禮注。公。大國之孤四命也。若然則諸侯臣得稱公。故左傳有邢公棠公商成公白公。此葉公亦是四命之孤。非因僭稱也。左傳昭十八年。楚遷許于葉。王子勝曰。葉在楚方城外之蔽也。楚子乃使遷許于析。而更以葉封沈諸梁。號曰葉公。今河南南陽府葉縣南三十里。有古葉城。

子路不對。葉公是楚國第一流人物。賢智素著。觀其定白公之亂。已得大凡。此問孔子於子路。問中自有言語。此人必知敬孔子。但大聖人。庸近無奇。而未經親歷者。愈難加以一言之擬議。復絕之詣。固難于表章。觀顏子仰鑽之歎可見。若子路不對。理當如是。況輕議其師乎。勿淺視子路。

女奚不曰。夫子本意不過曰人之相知。不如我之自知。女何不如此以對之。一氣趨下三句。蓋教子路以對之之詞。非責子路以不對之失也。奚不與云爾相叫應。

何本皇本。女作汝。

憤。不憤不啓之憤。不知老之將至。言不自覺老之及也。非年數不足之謂。且明言老之將至可知。此言在未老之前也。身未老。何論年之足不乎。爾然也。然。如是也。

云爾二字與上曰字轄用。二十四字一氣讀。孟子亦有此例。而公穀最多。隱元年穀梁云。猶曰取之其母之懷中而殺之云爾。甚之也。莊九年。猶曰取其子糾而殺之云爾。宣元年公羊云。猶曰無去是云爾。宣十五年猶曰受之云爾。受之云爾者何。上變古易常。應是而有天災。是略承當之辭。猶竊比之類。非公然自認語氣。皇

本正平本。至下有也字。

此章意本不深。宜對葉公而言者。乃欲就此求聖人之妙極。便是牽合傳會矣。

子曰。我非生而知之者。好古敏以求之者也。 好。去聲。○生而知之者。氣質清明。義理昭著。不待學而知也。敏。速也。謂汲汲也。○尹氏曰。孔子以生知之聖。每云好學者。非惟勉人也。蓋生而可知者義理爾。若夫禮樂名物。古今事變。亦必待學。而後有以驗其實也。

箋曰。當時之人。有以夫子爲生知不由學者。故言此以曉之。子貢曰。文武之道。未墜於地。在人。賢者識其大者。不賢者識其小者。莫不有文武之道焉。夫子焉不學。而亦何常師之有。蓋敏而求之事。正平本南宗本敏以作敏而。皇本作敏而以三字。

圈外尹氏謂。義理生而可知。禮樂名物須學。尹氏恐人認其好學之語。爲駕空無根之言。故有此說。若所云則是生知止於義理。而禮樂名物古今事變。必待乎學。夫子好古敏求。專在禮樂名物古今事變。而義理不復勞學。無乃自矜誇之甚乎。蓋以他人旁觀推崇之旨。解夫子之自言。故失語氣。然卽作旁觀推崇之辭。亦自不妄。四十而不惑。五十而知天命。則未四十時。未能不惑。未五十時。未便知天矣。雖云聖人言此。所以勉進學者。然自十五至七十。歷歷自序如此。其非空言無實可知也。且禮樂名物古今事變。莫非義理之所散殊。今析義理與禮樂名物古今事變而二之。不免於支離。陽明王氏謂。禮樂名物無關作聖之功。學知只是學知此義理。此亦不然。禮樂名物。何者非義理。使舍此而曰致此心之良知。則何所著落。觀聖門博約並用。則此章求知之旨可識矣。

不好則心不能召力。不敏則力不能追多。末句是求之。不是知之。聖人不惟不敢以生知自居。且不敢自謂已知。惟終自以求之而已矣。聖人無誑語。自古未有生而無不知者。論良知赤子皆然。論多識必待于學。嘉言善行備諸往古。不求則不得。不好則求不敏。聖人眞見義理之無窮。自然孳孳汲汲。莫知其然而然。所以爲生而知之也。

崔述曰。孔子曰。我非生而知之者。好古敏以求之者也。子貢曰。文武之道。未墜於地。在人。賢者識其大者。不賢者識其小者。夫子焉不學。是孔子非生知。乃學知也。而程子云。孔子生而知者也。言亦由學而至。所以勉進後人也。自此以後。遂皆以孔子爲生知矣。余按論語他章。或可指爲謙己誨人之語。至志學章。其年自十五至七十。其進德之序。自志立不惑。以至於不踰矩。歷歷可指。若孔子果不由學而至。安能憑空撰此次第功程。以欺後人耶。記曰。或生而知之。或學而知之。或困而知之。及其知之一也。是故生知與學知。勞逸殊。高下不殊也。譬之於位。聖人天子也。生知者生而爲天子者也。學知者由布衣由大夫諸侯升而爲天子者也。舜禹湯武王是也。不得謂生而爲天子者。尊於升而爲天子者也。然則孔子雖學知於至聖無所損。雖生知於至聖無所加。況孔子惟恐人之以己爲生知而汲汲焉自明其爲學知。後儒何故必以孔子爲生知乎。孟子曰。堯舜性者也。湯武反之也。性之生知安行也。反之學知利行也。而無一言及於孔子者。其末章乃以孔子與湯文王。並處於聞知之數。而堯舜不與焉。然則孟子之意。蓋亦以孔子爲學知矣。

子不語怪力亂神。

怪異。勇力。悖亂之事。非理之正。固聖人所不語。鬼神造化之迹。雖非不正。然非窮理之至。有未易明者。故亦不輕以語人也。○謝氏曰。聖人語常而不語怪。語德而不語力。語治而不語亂。語人而不語神。

箋曰。不語。謂不稱道之也。夫子只是不語。非謂無也。怪。常之反。若木石之怪。水之怪。土之怪。山精水妖之類。力。德之反。膂力超群。於理何不正之有。夫盪舟拔山。世人所羨。而君子所不尚。故夫子不語之耳。集注等之悖亂。非理。何也。添一勇字。亦未愜。

亂是悖亂。左宣十五年傳。民反德爲亂。如寒浞竊室。子頑烝母。諸兒淫妹。弑父與君之類。外注以治對。非是。

神謂降祅作災。或憑人託夢。凡神異之事也。亦與怪不相遠者耳。如神降於莘。神欲瓊弁玉纓之類是也。非鬼神之神也。注以造化之迹釋之。不合。且增出鬼字。亦未安。若鬼神之妙用。祭祀之禮。則當別論焉。

蓋語怪則使人生疑惑。語力則使人生爭劇。語亂則使人生背道逆倫之事。語神則使人生淫祀不敬之事。聖人立言垂訓。必可與天下萬世共知共由。怪力亂神四者。置之不語。則其所語者垂世規矩。大道宗範。亦可知矣。經正則庶民興。庶民興。斯無邪慝。此孔氏家法。六經典刑。

力與亂。有其實者。怪與神。無實而生於惑者。不當相混。

子曰。三人行。必有我師焉。擇其善者而從之。其不善者而改之。

三人同行。其一我也。彼二人者。一善一惡。則我從其善。而改其惡焉。是二人者。皆我師也。○尹氏曰。見賢思齊。見不賢而內自省。則善惡皆我之師。進善其有窮乎。

箋曰。行者。行於道路也。言三人並行。必有是爲吾師者。旨意極明白。同行有師。何往無師。不善亦師。何事非師。若解爲行事之行。翻覺索然無味。皇疏曰。或問曰。何不二人。答曰。二人則彼此自好。各言我是。若有三人。則恒一人見二人之有是非也。此說是也。集注謂彼二人者一善一惡。亦非以一定言也。有時善在甲。惡在乙。有時善在乙。惡在甲。但彼皆不自知。而我觀人則明。無往不以彼二人爲我師也。若秖二人。則將以自身與彼身對勘。然人苦不自知。不如但觀彼二人爲明也。皇本正平本南宗本。三上有我字。

唐石經及釋文皆云。我三人行。必得我師焉。此非也。三人行云者。渾括人己而公言之者也。若增一我字。卽成四人。而非三人矣。有與得二字有別。故孔子問子游曰得人。子游對夫子。不敢曰得而曰有也。此必有我師。乃期必之必。非若中庸必得其位之必。此原爲有字可知也。

師者所以引人爲善。戒人爲不善也。善者卽長善之師。不善卽救失之師。須切師字說。勿混入思齊內省章。則得之。又善不善。就外面看。就淺處說。威儀抑抑。言詞偲偲者。吾取而則之。其擧動暴慢。言詞鄙倍者。則改之。蓋三人之內。行路之間。只好如此著筆耳。但善不善兩人亦有。一人亦有。越看得活。越說得滿。不必推到尙友古人去也。皇本南宗本必有作必得。　擇字。冒下句。

呂用晦曰。聖人學問。仰有攀。俯有拾。隨處皆有所取益。今世謹愿之士。深居支戶。不肯見一个不好人。不知接遇不善。亦儘有鍛鍊處。　張彥陵曰。此夫子示人能自得師之學。全重擇上。舉三人以概交接。舉行以概日用。舉善不善以概善惡變態之極致。知此則無往不可以得師。

子曰。天生德於予。桓魋其如予何。

魋。徒雷反。○桓魋。宋司馬向魋也。出於桓公。故又稱桓氏。

魋欲害孔子。孔子言天既賦我以如是之德。則桓魋其奈我何。言必不能違天害己。

箋曰。此章與公伯寮章不同。與用舍行藏章亦不同。蓋此是聖人以天命在己自信。安命之說。不足以講此。命不足道之說。亦不足以講此。聖人只是自己擔荷處信得及。子罕篇第五章。子畏于匡。文王既沒章。先進篇子畏于匡。顏淵後章。衛靈公篇在陳絕糧章。宜參看。

上天篤生夫子。以爲萬世之師表。帝王臣民同所師尊。雖桓魋之暴。豈能違天而得害之哉。夫子自信之篤。故言如此。非仁之至智之極。豈得知之乎。子貢之所爲不可得而聞者。正在于此。

此章見聖人處變不憂之仁。不惑之智。不懼之勇。

子曰。二三子以我爲隱乎。吾無隱乎爾。吾無行而不與二三子者。是丘也。

諸弟子以夫子之道高深不可幾及。故疑其有隱。而不知聖人作止語默。無非教也。故夫子以此言曉之。

與猶示也。○程子曰。聖人之道猶天然。門弟子親炙而冀及之。然後知其高且遠也。使誠以爲不可及。則趨向之心不幾於怠乎。故聖人之教。常俯而就之如此。非獨使資質庸下者。勉思企及。而才氣高邁者。亦不敢躐易而進也。呂氏曰。聖人體道無隱。與天象昭然。莫非至教。常以示人。而人自不察。

箋曰。此語亦有因而發也。必非突然呼而語焉者。蓋諸弟子以其學焉而不能及焉。疑其所見聞之外。別有高妙一路。而願聞之。故夫子告以惟如是而已。無復蘊奧也。猶告曾子以一貫之意矣。

皇本正平本。爲隱下。有子字。

夫子德行平坦。而高深者存焉。顏淵之嘆高堅是也。他弟子則別求高深於平坦之外。而亦弗得焉。於是乎以夫子爲隱耳。

吾無隱乎爾。乎爾語詞。猶言而已。孟子盡心篇。然而無有乎爾。則亦無有乎爾。句法一般。爾字是虛字。是言吾之教人。唯有無隱耳。下乃申言其實也。或以爾字卽謂二三子。則豫躐下文矣。

隱字不就言說。是對顯說。

吾無行而不與二三子者。是丘也。十三字作一句讀。行卽言行之行。而包作止語默。非往字之義。行字。是本諸身以實其事。丘字。是質諸己以實其事。天下惟言語可隱。而行習不可隱。二三子第求夫子於言。而不求夫子於行。所以有爲隱之疑。聖人特卽一行字。現身說法。和盤托出。蓋謂二三子其知識所已及者。吾無行而不與之相摩。知識所未及者。吾亦無行而不與之相示。苟卽丘之行而靜觀焉。則某之所以自爲者在是。二三子之所以各自爲者卽在是矣。丘之動靜交養。造次不離者丘之行也。

包注。我所為。無不與爾共之者。是也。與者共之之謂也。凡經傳中言與者。有對義。左傳。大國之人不可與也。與對並也。一與一誰能懼我。與對敵也。皇本正平本。行上有所字。

弟子之疑。疑其更有高深者也。非以其高深而起疑也。是章殊不見俯就之意。又無使其不躐易之義。孟子曰。君子中道而立。能者從之。何等簡易明白。何等公平正大。為是章注脚可也。若俯就之說。竟不免乎私意。猶是為可幾及。使日孳孳也。仍是隱矣。

世說德行篇曰。謝公夫人問太傅。那得初不見君教兒。答曰。我常自教兒。此言其平常行事。耳目所聞見而可放效也。孔子之意。亦不過如此也已。昔公明宣學於曾子三年。不讀書。曾子曰。宣子居參之門三年。不學何也。對云。安敢不學。宣見夫子居親庭。叱咤之聲。未嘗至於犬馬。宣悅之。學而未能。宣見夫子之應賓客。恭儉而不懈惰。宣悅之。學而未能。宣見夫子之居朝廷。臨下而不毀傷。宣悅之。學而未能。宣安敢不學而居夫子之門乎。如公明宣。則可謂不錯為學之正的者矣。

郝敬曰。道不離須臾。夫子與二三子。莫不飲食。莫不由戶。但聖人無意必固我。與道為體。其次則如顏子所立卓爾。是明見其所為無隱者也。二三子求之皮膚。而不得其神情。疑聖人有秘義。而不知日用橫來直去。無非道也。又曰。夫子行處。未可作道德向聖人身上索解。各就自家日用行處體勘。即處處與夫子相逢。此理易簡。上士聞言卽領。不能者且循塗守轍。久自升堂入室。

子以四教。文行忠信。

行。去聲。○程子曰。教人以學文脩行而存忠信也。忠信本也。

箋曰。文者。文學也。行謂其人當身目前之行。入孝出弟之類。每人應有小異。小學先行而後文。弟子章是也。大學先文而後行。此章是也。是章平說。博典籍。斂踐履。盡思慮。實言語。四教之判也。經有以忠指言者。道其心之所蘊而無隱者。爲言之忠。經有以信指心者。不渝初心之謂信。合言之也。判言合言。義不相悖。此經則判言之也。然此二字並帶誠字義。中庸以後。熟用誠字。每在乎忠信之外。古人未用誠字。誠之義每囿乎忠信之中。或單用信字。如誠易信及豚魚。是也。後儒謂于己言忠。于物言信。分體用也。合言之則誠耳。此四教爲三。非也。注言忠信爲本亦謬。四教並重。不宜偏重忠信。經戒忠信不好學。可鑒也。

此門人熟習于聖教。而擧其大綱。不是聖人有四科之設也。與子不語怪力亂神相爲表裡。

郝敬曰。教雖有四。功惟一貫。博文多識以求其理。卽反躬實踐以見諸行。內存眞實之心以立本。卽本無僞之心以制事。始終相成。內外交養。以教中材則循序漸進。路徑可入。以教上智則本末兼擧。荒蕩無憂。下學而上達。未有能違此者矣。○陸隴其曰。知文而不知行者。馬融之經術也。知行而不知文者。萬石之醇謹也。知文行而不知忠信者。東漢之顧廚俊及也。知忠而不知信者。誠而未徹者也。知信而不知忠者。似誠而非誠者也。

子曰。聖人吾不得而見之矣。得見君子者斯可矣。聖人。神明不測之號。君子。才德出衆之名。

子曰。善人吾不得而見之矣。得見有恒者斯可矣。恒。胡登反。〇子曰字。疑衍文。恒。常久之意。張子曰。有恒者。不貳其心。善人者。志於仁而無惡。亡而爲有。虛而爲盈。約而爲泰。難乎有恒矣。亡。讀爲無。〇三者。皆虛夸之事。凡若此者。必不能守其常也。〇張敬夫曰。聖人君子。以學言。善人有恒者。以質言。愚謂有恒者之與聖人。高下固懸絶矣。然未有不自有恒而能至於聖者也。故章末申言有恒之義。其示人入德之門。可謂深切而著明矣。

箋曰。聖。說文。通也。通論云。通而先識曰聖。大戴禮五義篇所謂。聖人者知通乎大道。應變而不窮。能測萬物之情性者也。是言聖人無所不通。能成己成物也。聖或以大而化解之可也。神明不測。所謂神也。未可徑以解聖。君子之稱。稍泛。通乎上下。然對聖爲言。則是未聖之大賢耳。不曰不得見之。而曰不得而見之矣。不親得其人而自見之也。言絶不見也。

子曰。善人吾不得而見之矣。記者兩揭子曰字。分明是各時語。蓋當前子曰時。衰未極。庶幾見君子。而至後子曰時。則衰極矣。善人不可得見。況君子乎。猶庶幾見有恒者。而亦匪易得。記者騈錄之。所以令想時世也。後子曰非衍文。善人能行善者也。此章與聖人對。又與君子學道之人對。則先進篇所謂不踐迹亦不入於室是也。子路篇。善人爲邦百年。亦可以勝殘去殺矣。如有王者。必世而後仁。是與王者對。善人別是一種人物。其所作爲制度功業。不踐聖人舊迹。足爲豪傑之士。而其所爲者。止於此耳。不能入聖人道德之蘊奧也。

亡而爲有云云。亡古無字。詩谷風何有何亡。又夷狄之有君。不如諸夏之亡也。又云。人皆有兄弟。我獨亡。竝皆有亡相對。約有寡約窮約二義。但上文有無虧盈皆以學業言。則約泰亦與之同意。非貧富之義也。如論語中成事遂事既往疊說。古文自多其例。亡是全無。虛未至於無。是有些只少耳。約未至於虛。只簡略未備耳。盈是滿於中。充足有餘意。泰是溢於外。誇張侈盛意。夫亡虛約而故爲有實泰之狀。便是無恒。此聖人斥虛夸之人。曰其所爲浮僞如此。安得爲有恒之行。平直就今日行事。斷其無恒也。集注以虛夸與無恒爲兩事。失本文之意。又此是歎世道益下。風俗頽弊耳。非敎誨之語。

善人有爲之人。有恒是篤實之人。若不篤實。則虛夸。虛夸之人。必不能有常心而久於事。善人與有恒者。是學問外之人。然其平素亦自立志。有所勉。有所修。雖不知道。而間有暗合者。亦頗費精力。非專以質之美也。張子偏歸之於質。未允。又善人有恒者之於聖人君子。非倫也。蓋各自爲類已。注取有恒者與聖人論其高下。及有恒爲入德之門。皆失之。

子釣而不綱。弋不射宿。

射食亦反○綱以大繩屬綱。絕流而漁者也。弋以生絲繫矢而射也。宿宿鳥。○洪氏曰。孔子少貧賤。爲養與祭。或不得已而釣弋。如獵較是也。然盡物取之。出其不意。亦不爲也。此可見仁人之本心矣。待物如此。待人可知。小者如此。大者可知。

箋曰。說文。釣。鉤魚也。以鉤取魚謂之釣。鉤以細鐵絲爲之。以繳繫於竹竿之首。詩云。籊籊竹竿。以釣于淇。是也。孔注。釣者一竿釣。綱者爲大綱以橫絕流。以繳繫釣。羅屬著綱。皇疏云。繳。繩也。以小繩係鉤而羅列屬著大繩也。孔言一竿釣者。釣與綱對。欲以見綱之爲衆鉤。鉤故曰一竿釣耳。羅者列也。言非一鉤也。蓋一竿釣。一舉只獲一魚。綱則以數十鉤繫短繳。乃羅列屬著一大長繩。沈之水中。俟魚中鉤。曳出大繩。一舉輒獲數十尾。所謂長繩者是也。自刑昺誤解孔注羅字爲羅網。後儒多襲其謬。甚者以綱爲網字之譌。此不解綱制。欲改經字也。釋文綱音剛。鄭本同。綱字本可不音。陸亦恐人誤作網矣。

說文。惟。繳射飛鳥也。從隹弋聲。弋即惟省。繳。生絲縷也。戈繫生絲於箭而活結之。又係磻於絲末。矢中鳥則磻奮絲解。以纏繞鳥翼。弋加之飛鳥。若不施繳。雖能中之。鳥帶矢而去。墜於數百步之外。故必施繳也。必用生絲者。爲其易解也。漢書司馬遷傳。名家苛察繳繞。如淳云。繳繞猶纏繞也。是弋絲名繳之義也。夏官司弓矢。矰矢茀矢。用諸弋射。鄭注云。結繳於矢謂之矰。矰高也。列子。蒲苴子弋。弱弓纖繳。乘風而振之。連雙鶬于青雲。王子淵四子講德論。但懸曼矰。蒲苴不能以射。

說文。宿。止也。言鳥棲止巢中也。非必夜止也。鳥飛集無常所。其日中棲巢者。必伏卵育雛之類。夫子不射之。禮所謂不卵不殺胎不殀夭不覆巢者是也。皇邢解射宿爲夜射棲鳥。不知言弋以見飛鳥。言射宿以見恒矢。本以互文出之。其義甚明。且古禁宵行。春秋雖亂。其法猶存。觀柳下惠嫗不逮門之女可見矣。況鳥之夜棲。必擇茂樹密林。以避他害。蔭翳難見。欲射之可得乎。不思甚矣。

釣弋皆男子之事。亦娛樂耳。雖聖人有時爲之。何論少賤。此章見聖人發處皆中節。聖人正大之心。與浮屠慈悲心自別。釣弋豈亦娉供賓祭乎。諸橫生盡以養從生。文王之言也。羊豕之類。養而不愛。孟子之言也。魚鳥本養人之物。不綱不射宿。取物以節而已。文王言生十殺一者物十重。生一殺十者物頓空。孟子言數罟不入洿池。魚鼈不可勝食。意可參悟。

經記聖人事。有深者有淺者也。

子曰。蓋有不知而作之者。我無是也。多聞擇其善者而從之。多見而識之。知之次也。

識。音志。〇不知而作。不知其理而妄作也。孔子自言未嘗妄作。蓋亦謙辭。然亦可見其無所不知也。識。記也。所從不可不擇。記則善惡皆當存之以備參考。如此者。雖未能實知其理。亦可以次於知之者也。

箋曰。不知而作。是一項事。夫子言我無是事也。勿就知不知。別生枝葉。集注然亦可見其無所不知也句。謬。作是述作之作。不是作事。正與篇首述而不作相爲發明。集注以言未嘗作爲謙辭。則以作爲作事可知也。然論語於作事皆曰爲。曰行。如作事則當云不知而爲。不知而行。何謂作乎。且妄作非美事。孔子自言我無是。

正是鄙其妄作。何謙之有。

多聞以下數句。直承我無是也語。明是夫子之自述。無煩注釋。故集注從略耳。言也故曰聞。行也故曰見。其實互發。而古今一也。上句既曰其善者。則下句不擧其善而其善可知。是省文法。擇者以從而言。多聞既擇善而從。多見何獨不能擇。而善惡皆存。且善當存。惡亦當存耶。邢疏云。多聞擇善而從之。多見擇善而識之。皆在善一邊說。經文只曰識之。未有皆存善惡以備參考之意。朱注善惡皆存。失當。

知之次。與不知而作之知同。皆謂知道。知夫子不處焉。但自認知之次也。謙之至已。此卽述而不作之意。從之識之。謂述也。識者。辨而存之也。古記識知識同音義。兼之爲備也。作者臆創人所未知。擇之識之者。述古今人之所已知也。

龜井魯曰。何謂不知而作之者。若列莊之虛無自然。漢之讖圖。皆是也。他可類推。凡創立家言。揭以徇天下者。所謂不知而作者也。得非索隱行怪之比哉。不可不戒。蓋夫子多聞多見。本諸身。徵諸文獻。考諸三王而不繆。建諸天地而不悖。其盛德如是。故傳述其道。以詔天下後世。而猶不自處。曰知之次也。豈不偉乎。

知之次。要善看。言我雖不能合下便知。却因此方法。亦可求到那知處。正見其無不知而作。與首句緊相應。一節語意。總是欲人從多聞多見上求知。而不爲妄作意。

聖人始終未嘗自居于知。其曰聞見擇識。正爲己未有知故。借此以備方法。庶免任臆冥行之過。非謂卽此便能實知之也。知之次也。注云次于知之者。最爲分明。添揑生知爲上。學知爲次等語。終與口氣不合。

互鄉難與言。童子見。門人惑。

見賢遍反。○互鄉。鄉名。其人習於不善。難與言善。惑者。疑夫子不當見之也。

子曰。與其進也。不與其退也。唯何甚。人潔己以進。與其潔也。不保其往也。

疑此章有錯簡。人潔至往也十四字。當在與其進也之前。潔。脩治也。與。許也。往。前日也。言人潔己而來。但許其能自潔耳。固不能保其前日所爲之善惡也。但許其進而來見耳。非許其既退而爲不善也。蓋不追其既往。不逆其將來。以是心至。斯受之耳。唯字上下。疑又有闕文。大抵亦不爲已甚之意。○程子曰。聖人待物之洪如此。

箋曰。互鄉。鄉名。不知所在。元和郡縣志謂。滕縣東二十三里有合鄉故城。卽互鄉。寰宇記。徐州沛縣陳州項城縣北一里。並有合鄉。二說不同。沛在春秋時爲宋地。夫子嘗過陳宋。未知孰是。難與言。謂不可與之交言語也。風俗之移人。猶鮑肆不知臭。此擧大略而言之。不謂無一人可與語者也。集注添一善字。而失口氣。與其進也不與其退也。與。卽與言之與。與之共之意。謂與之從事也。取其潔進爲施敎之地耳。與字。未可以許解焉。

唯何甚。咎門人惡惡之已甚也。是束上起下語。唯。語辭。

人潔己以進三句。潔者潔其不潔也。潔字勿看太深。一念向善便是潔。就在進上看出。潔。唐石經作絜。鄉飲酒義注。絜猶清也。往。是以往之往。非既往之往。鄭玄曰。往猶去也。亦何能保其去後之行。皇疏邢疏並謬去後爲已去。集注襲之。保是保任之保。盧杞曰。以家屬百口保。朱泚不叛是也。保任可以言後。不可以言前。如未見以前之行。雖聖人安能保任之。不言可知矣。潔與進是當面之事。退與往是後日之事。孟子盡心篇。夫子之設科也。往者不追。來者不拒。苟以是心至。斯受之而已矣。

此章原無錯簡。唯字上下亦無闕文。朱子欲移人潔以下十四字於與其進之前。無乃太武斷乎。朱子或以潔己上有人字。故欲移置于章首。又不然。與其進二句。專就互鄉童子言。人潔己以下。因童子事泛論待人之道。故加人字耳。

陸隴其曰。聖人止據見在與他。無非成就後學意也。若止說待物之洪。猶是邊見。

子曰。仁遠乎哉。我欲仁斯仁至矣。 仁者。心之德。非在外也。放而不求。故有以爲遠者。反而求之。則卽此而在矣。夫豈遠哉。○程子曰。爲仁由己。欲之則至。何遠之有。

箋曰。有是心斯有是仁。而心外無仁也。有是性斯有是仁。而性外無仁也。首句正深明其不遠。非疑詞也。心者。性之郛郭也。心卽家。性卽家中之寶也。故曰。仁者心之德。家中之物。取之卽得。何遠之有。我欲克己而復禮。此一刻之非禮勿視。卽是仁。我欲主敬而行恕。此一事之莊涖恕施。卽是仁。欲仁最易。全仁最難。猶家中有此寶物。主人翁卻不能時時與之相守。舍之而起。仁又不見矣。蓋諸弟子皆苦仁難獲。以爲遠而不可遽致也。故有是言。記者亦略前語耳。欲仁與求放心。其義稍異。求放心者。初學之工夫。學者求放心而獲焉。未可以爲仁。乃是求仁之階梯矣。是後方大費工夫。然後可得仁耳。孔門游夏及子路冉有公西華。非放而不求之人也。然夫子皆未許仁者何也。以其德未全耳。可知求獲放心之後。工夫不細矣。

此章是爲以仁爲遠者。指點本體。至所以保全其仁。尚有工夫在。觀孔子告門人爲仁之方。皆求全其仁之實功也。必能如是用功。方完得仁。若但偶然一欲一至。雖仁體具在。而工夫不接續。不落實。終靠不住也。故論工夫。則終身體之而不足。論機括。則一念提之而有餘。呂氏曰。不是求仁無工夫。未說到功夫處。又曰。欲仁之卽道心動處。

在我字體認。我者仁所凝聚之我。仁者我所主宰之仁。其實仁不遠於欲之時。幷不遠於未欲之時。不遠於至之時。幷不遠於未至之時。但未欲之時仁不遠。故欲之時仁更不遠。未至之時仁不遠。故至之時仁更不遠。仁者人也。剝落中生意自在。雖極不仁之人。總非能遠仁之人。

陳司敗問昭公知禮乎。孔子曰。知禮。陳國名。司敗。官名。卽司寇也。昭公。魯君。名稠。習於威儀之節。當時以爲知禮。故司敗以爲問。而孔子答之如此。孔子退。揖巫馬期而進之曰。吾聞君子不黨。君子亦黨乎。君取於吳。爲同姓。謂之吳孟子。君而知禮。孰不知禮。取。七住反。○巫馬姓。期字。孔子弟子。名施。司敗揖而進之也。相助匿非曰黨。禮不娶同姓。而魯與吳皆姬姓。謂之吳孟子者。諱之使若宋女子姓者然。巫馬期以告。子曰。丘也幸。苟有過。人必知之。孔子不可自謂諱君之惡。又不可以娶同姓爲知禮。故受以爲過而不辭。○吳氏曰。魯蓋夫子父母之國。昭公魯之先君也。司敗又未嘗顯言其事。而遽以知禮爲問。其對之宜如此也。及司敗以爲有黨。而夫子受以爲過。蓋夫子之盛德無所不可也。然其受以爲過也。亦不正言其所以過。初若不知孟子之事者。可以爲萬世之法矣。

箋曰。邢疏引文十一年左傳。楚子西曰。臣歸死于司敗也。杜注云。陳楚名司寇爲司敗也。集注本此。

昭公知禮乎。古者居其國。不非其大夫。況其君乎。知是時孔子在陳。司敗問之也。左昭五年傳。公如晉。自郊勞至于贈賄。無失禮。晉侯謂女叔齊曰。魯侯不亦善於禮乎。公羊昭二十五年傳。公孫于齊。次于陽州。齊侯唁公于野井。昭公曰。喪人不佞。失守魯國之社稷云云。孔子曰。其禮與其辭足觀矣。是魯昭本習於容儀。當時以爲知禮也。皇本正平本南宗本。曰上有對字。

孔子退。揖巫馬期而進之者。夫子往見司敗。巫馬期爲介。入俟於庭。及夫子退。期當隨行。而司敗仍欲與語。故揖而進之也。說文一云。手著胷曰揖。皇疏云。揖者古人欲相見前進。皆先揖之。於禮巫馬期當荅揖。此不言者。略也。巫馬者以官爲氏。周官有巫馬。掌養疾馬而乘治之是也。仲尼弟子列傳。巫馬施字子旗。少孔子三十歲。漢書古今人表。及呂氏春秋具備覽。亦作巫馬旗。此文作期者。梁氏玉繩人表考云。說文。施旗也。故齊欒施字子旗。而期與旗古通。左昭十三年令尹子旗。楚語下作子期。定四年子期。呂覽高義注作子旗。戰國策中期推琴。史魏世家作中旗。皆其驗也。鄭豐施亦字子旗。見左昭十六年傳注。旗本字。凡作期皆叚借也。進皇本之作也。

君子不黨。黨朋比也。荀子臣道篇。朋黨比周之黨。若相助匿非。是黨之一端已。未可以爲訓詁。

皇本正平本南宗本。取作娶。君取於吳句。爲同姓謂之吳孟子句。爲字作去聲讀。孟子昭公所自稱也。冠吳于孟子之上。則非昭公稱之。而國人稱之也。同姓爲婚。於禮有乖。故稱孟子以諱之。其以子稱。若美稱然。是其掩飾之術也。婦人美稱有稱子者。如詩齊風齊子豈弟是也。賈逵左傳解詁言孟子。若言吳之長女也。然則子是女子之稱。而杜注左傳以子爲宋姓。則以吳女詭稱宋女。恐非人情也。或云。昭公稱爲吳孟子。此說尤非。昭公雖庸闇。未至混菽麥。吳孟子之稱可咲更甚於吳姬。昭公必不然。蓋昭公止謂之孟子。一時臣民則謂之吳孟子。恐其混於宋女也。記者承而錄之耳。孔安國曰。魯吳俱姬姓。禮同姓不昏。而君取之。當稱吳姬。諱曰孟子。此解極是。集注謂吳孟子。亦惟舉經全句。斷非謂吳字出於昭公之口。禮坊記。取妻不取同姓。以厚別也。故買妾不知其姓則卜之。以此坊民。魯春秋猶去夫人之姓曰吳。其死曰孟子卒。據此則不修春秋。固有吳孟子之稱。然史決不引時人譏諷之語。時取其別於宋女也。晉侯亦嫁女于吳。在當時何深怪笑之。夫子作春秋則去吳字。惡其稱呼不正也。史記仲尼弟子傳。陳司敗曰。魯君娶吳女爲夫人。命之爲孟子。孟子姓姬。諱稱同姓。故謂之孟子。亦爲的證。胡氏解爲當時譏誦之語。蔡虛齋解爲他國譏諷之語。皆非。

人必知之者。既知於人。則得聞於己。而可以改圖於後日矣。豈非幸乎。

夫子引己之過。始終一爲君隱之心。蓋若自云諱君之惡則失前對本意。而彰君之失。又不可謂娶同姓爲禮。以曲爲君飾。只得受以爲過。全不提起孟子一事。始終爲君諱也。說者或以答司敗爲隱諱者。臣子之私。答期爲是非者。天下之公。不知娶同姓之非禮。本自不易。無待於子之明之也。春秋大事表曰。不書夫人薨。以見魯臣子不以夫人禮喪之也。娶吳爲同姓。罪在昭耳。於孟子乎何尤。昭公生以夫人之禮崇之。則死自宜以夫人之禮葬之。季氏于昭公。逐其身。廢其嗣。又弱其配。使不得成禮以葬。聖人據實書之。以著強臣專制。陵逼其君之罪。而顧謂夫子因其同姓而削其葬。並削其號。以前日昭公之罪。而移罪于孟子。于事爲失實。于情爲非宜。聖人固萬萬不出此。按此最得經意。

苟有過。過字虛泛。不要一字染著黨君。觀苟字必字。是泛就日言。聖人說苟有過。人必知之。寓意最深婉。蓋昭公而不知禮。何以娶同姓而知諱。公非不知禮者也。不能守禮耳。當時。吳盛強。中國無伯主。以齊景公猶云既不能令。又不受命。涕出而女于吳。若昭公亦是藉其勢而然也。昭公娶吳。大抵皆爲季氏之故。然計愈左。而心愈可悲矣。後卒不得吳力。而反爲季氏所逐。司敗是黨季氏者。莊二十七年季友如陳葬原仲。後避慶父之難亦奔陳。則季氏於陳代有交與。可知。哀十二年孟子卒。孔子與弔。適季氏。季氏不絻。放絰而拜。孔子與弔。是孔子以小君之禮喪之。季氏不絻。是季氏不以小君之禮喪之矣。昭公君也。尚且逐出之。而葬不備禮。況其夫人乎。司敗此言。肆口譏訕。必在孟子卒之後。季氏不以昭公爲君。不以夫人爲小君。而司敗復暴昭公之短。以諂季氏。而長其惡。君臣之義滅。則亦無所不至矣。孔子以知禮歸君。以有過歸己。非但爲娶同姓諱也。所以愧司敗傲季氏。與爲司寇時溝昭公墓同意。使人知昭公失國已歷再傳。而聖人尚敬君如是。庶亂臣賊子不敢厭薄君父。而自動于惡也。

子與人歌而善。必使反之。而後和之。 和。去聲。○反。復也。必使復歌者。欲得其詳而取其善。

也。而後和之者。喜得其詳而與其善也。此見聖人氣象從容。誠意懇至。而其謙遜審密。不掩人善。又如此。蓋一事之微。而衆善之集。有不可勝既者焉。讀者宜詳味之。

箋曰。歌而善。只是音節之善。不必太深。反復也。史記孔子世家。作則使復之然後和之。是史記反訓復。子與人歌泛說。子與人相聚而歌。子與其中。不與其中。均未可定。而善者於此同聲之中。覺得一人最妙。因其同聲。故猶未盡其妙。必使之獨歌。澄然靜聽。以領其詳。然後復令彼倡。而已和之。明明有三個層次。此聖人樂善無窮之一端。特借歌以見之。

子曰。文莫吾猶人也。躬行君子。則吾未之有得。莫疑辭。猶人言不能過人。而尚可以及人。未之有得。則全未有得。皆自謙之辭。而足以見言行之難易緩急。欲人之勉其實也。○謝氏曰。文雖聖人無不與人同。故不遜。能躬行君子。斯可以入聖。故不居。猶言君子道者三。我無能焉。

箋曰。文猶言文學也。所包廣矣。詩書禮樂亦皆文也。不得偏屬言語。古者言文者。如曰文質彬彬。此文華之文。指威儀容貌而言。兼言語在其中。如曰夫子之文章。文不在茲。此儀文之文。指禮樂而言。如曰行有餘力。則以學文。曰文行忠信。曰博學於文。此文籍之文。指詩書六經而言。未嘗有唯以言語爲文者也。秦漢而下。始以言語爲文章矣。莫之言無。云得無將無。莫元非疑辭。此有疑意者。文勢使之然也。蓋也下當有乎字。而略之耳。

躬行君子。是躬能行君子之道也。惟以道言。得字方有著落。若作躬行之君子。是以人言。得字說不去矣。則字極斬截。與上莫字。亦隱隱相激射。

皇本正平本。得下有也字。

或曰。崔豹古今注。古人相贈以芍藥。相招以文無。文無一名當歸。芍藥一名將離故也。物茂卿云。當歸一名蘼蕪。臨別贈之。蓋相勉之意。猶云加餐食也。

晉欒肇論語駁。案舊唐書經籍志論語駁三卷欒肇撰燕齊謂勉強爲文莫。說文。忞。彊也。从心文聲。周書曰。在受德忞。讀若旻。武巾切。慔。勉也。从心莫聲。莫故切。說文二字相連。則文莫者忞慔之省。非假借也。正是論語文莫之意。欒肇以勉強解文莫。蓋本於此。淮南繆稱篇。猶未之莫與。高誘注。莫。勉之也。與此同。又此章所云文莫。即下章所云爲不厭誨不倦是也。此章所云躬行君子。即下章所云聖仁是也。此說殆妄。不曰不得而曰未之有得。必欲見之躬行而後已。

子曰。若聖與仁。則吾豈敢。抑爲之不厭。誨人不倦。則可謂云爾已矣。公西華曰。正唯弟子不能學也。此亦夫子之謙辭也。聖者。大而化之。仁則心德之全。而人道之備也。爲之。謂爲仁聖之道。誨人。亦謂以此教人也。然不厭不倦。非己有之則不能。所以弟子不能學也。○晁氏曰。當時有稱夫子聖且仁者。以故夫子辭之。苟辭之而已焉。則無以進天下之材。率天下之善。將使聖與仁爲虛器。而人終莫能至矣。故夫子雖不居仁聖。而必以爲之不厭。誨人不倦自處也。可謂云爾已矣者。無他之辭也。公西華仰而歎之。其亦深知夫子之意矣。

箋曰。起句是或人贊孔子。而孔子以謙承之也。太宰曰。夫子聖者乎。何其多能也。子貢曰。仁而且智。夫子既聖也。可見當時多以仁聖贊夫子者。

爲之不厭。爲猶學也。與女爲周南召南矣乎之爲同。蓋言聖與仁則吾豈敢當之。但於未知者。學之不厭。以所知者誨人不倦。則可謂我如此而已。蓋於聖於仁不敢自居。學與誨以爲己任。與前默而識之章。學而不厭誨人不倦。語意正同。云爾者。指爲之不厭誨人不倦二言也。云爾已見上章。

正唯弟子不能學也。唯字助語。唯求則非邦乎。唯目亦然皆同。不厭不倦。若易然。故夫子竊自認焉。公西華乃翻之以爲至難。言弟子不能效者。正在于此也。如文章。家翻案。猶子貢言不厭知也。不倦仁也。仁且知。夫子既聖矣。語異而意同。

弟子者。公西華自稱也。如孟子所云弟子之惑滋甚。公西華正贊夫子不易學。不重弟子不能學。

學不厭誨不倦。夫子以爲學者事。從爲與誨上說。公西華不能學。意謂此乃仁智者。從不厭不倦上說。有此貫徹終始。物我無間。豈不是純亦不已地位。

子疾病。子路請禱。子曰。有諸。子路對曰。有之。誄曰。禱爾于上下神祇。子曰。丘之禱久矣。誄。力軌反。○禱。謂禱於鬼神。有諸。問有此理否。誄者。哀死而述其行之辭也。上下謂天地。天曰神。地曰祇。禱者。悔過遷善。以祈神之佑也。無其理。則不必禱。既曰有之。則聖人未嘗有過。無善可遷。其素行固已合於神明。故曰丘之禱久矣。

又士喪禮。疾病行禱五祀。蓋臣子迫切之至情。有不能自已者。初不請於病者而後禱也。故孔子之於子路。不直拒之。而但告以無所事禱之意。

箋曰。皇侃云。疾甚曰病。釋文云。子疾。一本云子疾病。是定本無病字也。集解於子罕篇始釋病。則此有病字非。後漢方術傳引作孔子有疾。亦無病字。

子路請禱。集注可疑。夫臣子於君父之疾病。憂念不能已。一意禱於神祇。自古有之。何嘗請於君父而後從事。至夫臣子至情迫切。且有請減己壽算。以增君父之齡者。若請於君父。必不肯聽矣。此不當使病者知也。周公之冊祝。自以爲功。雖祝史皆命之使勿敢言。況請之乎。且請於君父。獲聽允然後禱。其誠意果安有。朱子特以上曰請禱。下曰禱。故疑其上下不同。然下文止曰禱者。擧禱則請自在其中。猶修己以敬。下文止曰修己以安人。修己以安百姓。不言以敬。而以敬自在其中也。且襄十年左傳。卜桑林見。荀偃士匄欲奔請禱焉。漢書藝文志。有請禱致福十九卷。後漢書質帝紀。二千石長吏各絜齊請禱。鄧訓傳。遂家家爲訓立祠。每疾病輒此請禱。是稱禱爲請禱。本屬古常用成語。包曰禱。禱請於鬼神。特顚倒其文。見禱卽請也。

有諸者。夫子不欲禱。因問其事之有無。卽不屑之意矣。非問禱之理。亦非實未知其事之有無而問焉。子路引誄者。不解夫子之意也。

誄曰禱爾于上下神祇。誄所云。是古人既爲其事。總迫切之極。不暇思其理之有無。所致正所謂忠愛之愚。非爲有其理爲之也。孔注曰。誄。禱篇名。誄禱當讀斷。與說文讄禱訓同。周禮大祝。掌六祝之辭。以事鬼神祇。一曰順祝。二曰年祝。三曰吉祝。四曰化祝。五曰瑞祝。六曰策祝。掌六祈以同鬼神祇。一曰類。二曰造。三曰禬。四曰榮。五曰攻。六曰誄。其稱誄曰者。必祈禱之書。如大祝所掌六祝六祈之辭。而子路引之。以證有禱之禮也。誄。說文解字第三曰。讄禱也。纍功德以求福。从言。纍省聲。論語云。讄曰禱爾于上神祇。據此知許所見論語本作讄也。說文又曰。誄。諡也。从言耒聲。據此知讄與誄異訓。讄乃禱神之辭。誄乃作諡之名也。哀公誄孔子是也。然經讄誄皆力軌切。傳寫者。因聲同而誤爲誄爾。若皇疏謂死而累列其行之蹟爲諡。則聖賢雖不若俗有忌諱。然應對有禮。方祈祐而忽引哀死之辭。豈人情歟。禱爾于上下神祇。爾當訓汝。或訓爲語助。然爾于連用。未見其例也。據士喪禮疾病禱五祀。若定禮然。此殆不然。孔子之時。果有此禮乎。子路擧禮文可也。何遠援誄而對。且既定禮矣。夫子亦不可問有無。儀禮之不可信如此。

丘之禱久矣者。聖人素履無愧。少壯迨老。無非對越神明之時。豈待疾病而後禱哉。所謂禱久矣。乃因子路引禱爾而言。蓋不禱之禱也。詩云。永言配命。自求多福。孔子之禱。謂此耳。益見禱之無益矣。皇本正平本。久上有之字。

注未嘗有過。無善可遷二句。入聖人口說不得。此時孔子雖病篤而不死也。以子路在知之。子路使門人爲臣。蓋與此一時之事。

子曰。奢則不孫。儉則固。與其不孫也。寧固。孫。去聲。○孫。順也。固。陋也。奢儉俱失中。而奢之害大。○晁氏曰。不得已而救時之弊也。

箋曰。皇本正平本。孫作遜。孫者遜之本字。不孫卽驕汏矣。如揚己之富而蔑視他人之類。皆是物也。注訓孫作順。未足徵不孫之害。中難見。乃施寧字工夫。斯寡所失。是通人之至教矣。不當作特救時弊。又未見不得已之意。晁注失竅。奢侈之極。驕慢不遜。儉約之極。固陋鄙朴。古之儉也儉。今之儉也奢。固則不中禮不孫則上下無等。其流又必至於過度僭上。固則無文采。不孫則無名分。文采亦所以爲名分。無文采卽無名分。但比之不孫。有甚不甚之別。晏平仲豚肩不掩車一乘。失尊卑之體。亦是無名分。但較之鏤簋朱紘。山節藻梲。則有分矣。若說固猶有好處。安見與寧之旨。唯先將固字說得他弊處。乃愈見奢之可危。此章見疾奢之甚。然而聖人救弊之言。自有分寸。如曰禮與其奢也寧儉。喪與其易也寧戚。與其不孫也寧固。曰與其。曰寧。明是救一時之弊。不以此爲大道也。若老莊之言。亦是閔周末文勝禮僞。惡假仁假義。小仁小義。虛文喪本而發。然遂以仁義禮文。爲皆可去。且自以其言爲大道。則矯激偏宕甚矣。

子曰。君子坦蕩蕩。小人長戚戚。坦平也。蕩蕩寬廣貌。程子曰。君子循理。故常舒泰。小人役於物。故多憂戚。○程子曰。君子坦蕩蕩。心廣體胖。

箋曰。坦與長對。平也。坦以地言。長以時言。坦字橫說。言無一處而不蕩蕩也。長字豎說。言無一時而不戚戚也。坦本道路平易無高低之義。君子居易俟命。無入而不自得。故心體常安。謂之坦蕩蕩。眞如行於平原曠野之地。泛於汪洋千頃之波。更無崎嶇礙足。淺澁閣舟。俗解坦字讀斷。惟其坦也故蕩蕩也。是坦與蕩蕩分兩義矣。下長戚戚又作何解。

困窮鬱拂。不足累君子之胸襟。富貴利達。不能免小人之憂慮。陽貨。鄙夫可與事君也與哉。其未得之也患得之。既得之。患失之。小人患得患失。所以長戚戚也。

此章是摹寫兩人心境。而境遇自在其中。

子溫而厲。威而不猛。恭而安。

厲。嚴肅也。人之德性。本無不備。而氣質所賦。鮮有不偏。惟聖人全體渾然。陰陽合德。故其中和之氣。見於容貌之間者如此。門人熟察而詳記之。亦可見其用心之密矣。抑非智足以知聖人而善言德行者不能記。故程子以爲曾子之言。學者所宜反復而玩心也。

箋曰。此夫子門人狀夫子之德容。剛柔適中而無偏勝之弊。猶書敘九德。易象說剛中柔中也。畢竟溫威恭三德是主。下所以明其無弊也。人溫則流于和易而厲矣。威則過于剛猛而不猛矣。恭則失于矜持而安矣。此其德之所以全也。是章只當就成德想其形容。不當拿氣質作說。

此章各有兩樣形容。却無兩樣工夫。只上三字做得透。下四字自包得起。所謂全體渾然也。

此章程子斷以爲曾子之言者。不過以其善形容聖人而已。然觀子貢綏來動和之言。有若麒麟鳳皇之喩。其知聖人而形容之至矣。何遽不能吐此章之語。今如謂之非曾子之倫不能則可也。直以爲曾子則武斷矣。

論語會箋卷第七終

論語會箋卷第八

竹添光鴻會箋

泰伯第八　凡二十一章

子曰。泰伯其可謂至德也已矣。三以天下讓。民無得而稱焉。

泰伯。周大王之長子。至德。謂德之至極無以復加者也。三讓。謂固遜也。無得而稱。其遜隱微無迹可見也。蓋大王三子。長泰伯。次仲雍。次季歷。大王之時。商道寖衰。而周日彊大。季歷又生子昌。有聖德。大王因有翦商之志。而泰伯不從。大王遂欲傳位季歷。以及昌。泰伯知之。即與仲雍逃之荊蠻。於是大王乃立季歷。傳國至昌。而三分天下有其二。是爲文王。文王崩。子發立。遂克商而有天下。是爲武王。夫以泰伯之德。當商周之際。固足以朝諸侯有天下矣。乃棄不取。而又泯其迹焉。則其德之至極爲如何哉。蓋其心即夷齊扣馬之心。而事之難處有甚焉者。宜夫子之歎息而贊美之也。泰伯不從事見春秋傳。

箋曰。泰大通。大者善大之稱。伯者長也。周大王之元子。故稱泰伯。三讓猶云終遜也。士冠禮鄭注。禮辭。一辭而許也。再辭而許曰固辭。三辭曰終辭。不許也。然則三遜以天下讓。謂終以天下讓也。讓者。讓周國也。讓國而云天下者。以當日言則讓國。以後日言則讓天下。泰伯固不知季歷之子孫有天下也。亦非忠于商而讓天下也。孔子周人而追論之。故其語如此。夫讓者以我所有而彼無之物。推以與之也。若彼所固有之物而我不攘奪焉。則止是不取。非讓也。天下本商家之物。何得云以天下讓乎。集注以讓爲辭讓推讓之讓。乃棄不取一句。止貼讓字。則經文以字似不可通矣。史記。古公有長子曰大伯。次曰虞仲。太姜生少子季歷。據史記之文。似王季與太伯別母。太姜雖詠於詩。未有稱其盛德懿行者。則其爲人不可得而知焉。或恐有未免於後母之通套者也。果然。宜帶後母作說。蓋太王太姜不勝少子之愛。欲傳國于季歷。然太王賢者。能自克。弗肯行也。泰伯探其意而先去之。以成父母之志。使太王不得已而傳于季歷。季歷不得已而有國。終不暴其讓國之跡。以彰親之過。能全父子兄弟之情。所以爲至德也。釋文。得。本亦作德。地理志引孔氏作德。後漢書丁鴻傳論及劉祐傳。引經並作德。皆是叚德爲得。此章得字非德字也。此所謂民無得而稱焉。承上至德而言之。謂民無有得泰伯之心而稱之者也。齊景公章。齊景有馬千駟。富而無德。故曰民無德而稱焉。與此章文義大異。夫忠孝廉節之事。一人就其名。必有數十人受不忠不廉之愧。亦必開數百年好異好名之禍。至曹子臧・吳季札・衛子郢輩。非不讓也。然讓位而不讓名。名之成非國之福也。我有讓之名。國受讓之害。故季札子臧子郢以讓致亂。若泰伯之讓。韜光泯迹。己不言而人亦不知。當時初未覺泰伯之去爲讓者。未幾而季歷立矣。蓋易適立庶。事難顯行。無論泰伯不讓。使讓而明推予季歷。季歷亦友弟也。詎肯受之。古公亦賢父也。其心詎安。必至互相委避。形迹昭著。惟伯能泯然一去。知幾潛遁。不使人知為孝子仁兄。故曰至德也已矣。歸有光曰。辭取之際。惟聖人者為能盡乎天下之至情。何也。伯夷叔齊。天下之義士也。伯夷順其父之志。而以國與其弟。然終於叔齊之不敢受。則是其父之志終不遂矣。夫家人父子之間。豈無幾微見於顏色。必待君終之日。相與蹇裳去之。民得因而稱之。故聖人以為賢人而已。至泰伯則不然。不讓於傳位之日。而於採藥之時。此蓋有伯夷之心。而無其迹。然後可以行伯夷之事。遂伯夷之心。古今之讓。從未有曲而盡如此者。此夫子所以深歎其不可及也。世之說者。不深晰其父子之情。而強謂其全君臣之義。所以失之也。○註言蓋其心即夷齊叩馬之心。殊不知詩稱實始翦商者。本言周之興起。以至斷商而有天下。原其所致之由。實自太王修德保民為始。蓋以王業所自而言。非謂太王實始親為翦商之計也。吳越春秋史記並謂泰伯仲雍二人乃奔荊蠻。文身斷髮。示不可用。是皆疎謬。左傳哀七年子貢曰。大伯端委以治周禮。仲雍嗣之。斷髮文身。贏以為飾。豈禮也哉。有由然也。據此則大伯與仲雍俱適荊蠻。遂有民衆。仲雍嗣立則從吳俗。言其權時制宜。非以為禮也。斷髮文身是仲雍。而大伯服禮衣治周禮可知矣。鄭康成實詮三讓。採藥一讓。赴至不奔喪二讓。斷髮文身三讓。不知伯奔荊蠻。本隱姓名。卽武得天下。欲封伯後。亦曲求而始得之。彼時焉得有行赴之理。崔述曰。大王欲傳季歷以及昌。其說本之史記。史記但載大王言云。我世當有興者。其在昌乎。初未嘗有大王欲翦商之說也。朱子從而增之。以為大王當己之身卽欲奪商天下。誤矣。夫論古之道。當先平其心。而後論其世。然後古人之情可得。若不復問其時勢。而但揣度之。以為必當然。是莫須有之獄也。烏足為定論乎。大王之事。詩孟子言之詳矣。詩云。古公亶父。來朝走馬。率西水滸。

至于岐下。孟子曰。大王居邠。狄人侵之。去之岐山之下居焉。大王流離播遷之不暇。而暇謀商乎。詩云。天作高山。大王荒之。又云。帝省其山。柞棫斯拔。松柏斯兌。帝作邦作對。自大伯王季。孟子曰。文王以百里。是大王雖遷岐而生聚猶未衆。田野猶未闢。至於王季。姑啓山林。文王然後蕃盛。而疆宇猶僅於百里也。大王之世。周安得日彊大哉。古之帝王皆非有心於得天下者也。天與之。人歸之。不得已而受之耳。南河陽城之避。不待言矣。郎鳴條牧野。亦如是而已。受球受共以後。三分有二之餘。但使桀紂之惡未甚。猶不肯伐之也。況大王新造之邦。蕞爾之土乎。且夫大王天下之仁主也。當其在邠也。獯鬻無故侵之。而猶不與之角。事之不免。而遂去之。大王之心亦可見矣。烏有喘息甫定。而欲翦商者哉。凡己所有而以與人曰讓。人以所有與己而已不受。則不曰讓。而猶或謂之讓。未有以不肯無故奪人所有。而亦謂之讓者。天下商素有之天下也。於周何與焉。而大伯得以讓之。若大伯可謂之讓。商則伊尹亦可謂之讓大甲。周公亦可謂之讓成王。諸葛武侯郭汾陽亦可謂之讓漢唐乎。然則非但時勢之不符也。卽文理亦難通矣。由是言之。大伯自讓王季耳。與商初無涉也。曰然則傳何以言大伯不從。曰左傳之文。史記嘗采之矣。晉世家曰。大伯亡去。是以不嗣。以不從爲亡去。是所謂不從者。謂不從大王在岐耳。非有他也。杜氏始有不從父命之言。然云不從父命。俱讓適吳。則似亦謂立己之命耳。未見其爲翦商之命也。又曰。綱目前編。殷王小乙二十六祀。古公遷岐。又四十四年。當武丁之四十一祀。而季歷生。又五十四年。當祖甲之二十八祀。而文王生。是年古公卒。自遷岐至是。凡九十七年。又四十七年而後季歷卒。說者遂據此年。以曲全朱子翦商之說。謂小乙之世。殷道已衰。故大王有翦商之志。賴大伯不從而逃之。是以武丁得以中興。余按。尚書無逸一篇。歷紀古賢君享國之久。自中宗高宗祖甲。以及文王。而於大王王季。但云克自抑畏。不言其年。則是享國不甚久也。若大王享國百餘年。壽百有數十歲。季歷亦年百歲。何得周公皆略而不言乎。殷自小乙至紂凡十世。去兄終弟及者二君。實凡八世。文王與紂同時。而大王乃在小乙之世。以三世當八世。此必無之事也。況遷岐之日。姜女同來。則季歷之生。大姜當不下六七十歲。舛誤如此。其可據之以定經義之是非乎。且姑無論其年之不足信也。縱使果然。而遷岐之後三年。武丁已立。樫椐猶未及攘。柞棫猶未及拔。翦商安得如是之易。季歷於後四十四年始生。文王於後九十七年始生。大王何以預知其有聖孫。而大伯又將讓之於誰乎。蓋大王原無翦商之志。而遷岐亦斷不在小乙之時。當在祖甲既沒。商政浸衰之後。是以獯鬻馮陵。而無復有問之者耳。自庚丁至紂凡五世。則與周之三世。前後相距。尚不甚遠。而於理爲可信矣。學者知大王立國之時。商政已衰。自是遂不復振。然後商周之事。可得而論。

子曰。恭而無禮則勞。愼而無禮則葸。勇而無禮則亂。直而無禮則絞。葸。絲里反。絞。古卯反。○葸。畏懼貌。絞。急切也。無禮則無節文。故有四者之弊。君子篤於親。則民興於仁。故舊不遺。則民不偷。君子。謂在上之人也。興。起也。偸。薄也。○張子曰。人道知所先後。則恭不勞。愼不葸。勇不亂。直不絞。民化而德厚矣。○吳氏曰。君子以下當自爲一章。乃曾子之言也。愚按。此一節與上文不相蒙。而與首篇愼終追遠之意相類。吳說近是。

箋曰。恭在貌。愼在心。有恭人於此。其接人無長幼親疎。迎送必傴僂。恭則恭矣。而其勞何如。知禮者不然。登降有數。揖讓有節。泰然自得。何勞之有。下三句可以例推焉。葸亦實字。不當作形容解。注貌當作也。荀子彊國篇。則有其諰矣。楊注。諰懼也。文選魯靈光殿賦。心猥猥而發悸。李善注。猥懼貌。是从思字。皆有懼義。葸與惴其義酷似。錢大昕云。葸字說文未收。从艸亦無義。葸當爲諰。諰正字。葸則俗字也。然若以說文所無而遂決其爲俗字。則說文所未備之字不少矣。安得盡謂之俗字邪。若以其義不當從艸。則說文艸部第一字莊。从艸从壯。許氏且以爲未詳矣。亦將謂俗字邪。如藏之艸。爲後人所加。藏蘸說文皆云从艸未詳。其又何說邪。葸從艸既不可通。而諰从言亦無謂爾。況諰字說文但謂思之意。而更無他義。然則與愼而無禮。有何涉乎。○直而無禮則絞。說文。絞縊也。从交糸。交糸者兩絲相切也。喪服。絞帶者繩帶也。兩繩相交而緊。謂之絞。故鄭以爲急也。左傳。若其有罪。絞縊以戮。絞如絞死之絞。言責人急切不少假借也。勞與葸疾己。亂與絞疾人。蓋恭愼者柔之德。勇直者剛之發。皆人之善行也。然不禮以裁之。則恭而至勞。愼而至葸。勇而至亂。直而至絞。其弊有不可勝言者。故孔子常以禮爲人之規矩準繩。而使人以此爲準。○君子篤於親云云。以下文勢事理。皆與上段不相類。吳氏別爲一章。實爲愜當。以爲曾子之言。則不可從。此大約夫子之言。少了子曰二字耳。君子謂在上之人。篤於親。郭忠恕汗簡載此文。篤作竺。說文。竺厚也。篤馬行遲鈍。義異。今經傳皆假篤爲竺。中庸。仁者人也。親親爲大。孟子。親親仁也。晉語。愛親之謂仁。大學。一家仁。一國興仁。故舊不遺。遺謂意不存錄也。民不偸。說文。愉薄也。偸與愉同。齊語云。政不旅舊。則民不偸。愉又有暫義。周禮。以俗教安。則民不愉。注。愉謂朝不謀夕。興仁。是各親其親。不偸。則風俗醇厚。而各恤其朋友鄕黨矣。兩句須有分別。伊藤長胤曰。親親賢賢並擧爲言。經傳屢有之。而亦或以親對故說。周禮八議。既議親議賢。而又有議故一條。原壤孔子之故人也。其母孔子助之沐椁。曰親者毋失其爲親也。故者毋失其爲故也。此可見古人處事周密。善察人情處。人有非親非賢。契合尤舊者矣。在人君則爲世臣。爲舊人。尤不可不親厚。每易於遺棄。故周公告魯公語。與此章俱親故並擧。雲峰云。同一忠厚之至。得其旨乎。○此節楊復所王肯堂皆謂。合上節爲一章。楊云。上節言無禮不可行。而禮必有所自始。始於厚也。故曰敦厚以崇禮。忠信之人可以學禮。能自處于厚。則禮自行其間也。王云。六句皆以則字爲轉。上四則字其弊也。下二則字其效也。弊卽效之不善者也。一就禮字篤字串合。一就上下六則字串合。但於書理。皆不甚融浹。故今從吳說。斷爲別章。

曾子有疾。召門弟子曰。啓予足。啓予手。詩云。戰戰兢兢。如臨深淵。如履薄冰。而今而後。吾知免夫。小子。夫音扶。○啓開。

也。曾子平日以爲身體受於父母。不敢毀傷。故於此使弟子開其衾而視之。詩小旻之篇。戰戰恐懼。兢兢戒謹。臨淵恐墜。履冰恐陷也。曾子以其所保之全示門人。而言其所以保之之難如此。至於將死。而後知其得免於毀傷也。小子。門人也。語畢而又呼之。以致反復丁寧之意。其警之也深矣。○程子曰。君子曰終。小人曰死。君子保其身以沒。爲終其事也。故曾子以全歸爲免矣。尹氏曰。父母全而生之。子全而歸之。曾子臨終而啓手足。爲是故也。非有得於道。能如是乎。范氏曰。身體猶不可虧也。況虧其行以辱其親乎。

箋曰。先啓足者。足不常露。雖有所毀傷。衣裳被之。曾子平日不虧其體。戒愼乎其所不睹。故使門弟子先啓所不露。以知無隱慝。引詩中。卽寓保身正意。與別處正意在上而引言證之者不同。戰戰兢兢。乃沒些放鬆處。如臨如履。猶所謂如見大賓。如承大祭。而語加嚴切耳。非有所憂患恐懼之謂也。臨深履薄。詩人以此免禍而作。忠。曾子以此守身而知孝。而今而後。今日而後也。吾知免夫。此是難免的意思。非倖免的意思。言必死後乃可免。未死猶未免也。小子。弟子也。呼之者警醒之。欲使聽識其言也。注反復丁寧。失語氣。眞西山曰。曾子之啓手足也。蓋以爲知免矣。而易簀一節。猶在其後。使其終于大夫之簀。猶爲未正也。全歸之難如此。○本文之意。使學者深思保其形體之不易而盡心焉。形體之不傷猶易。天性之不傷實難。形體之全可見。天性之全難見。今曾子諄諄以虧體爲戒。其警失行之旨自在其中。此不特餘意。此卽曾子纔發啓手足之語。而其意固在兼警虧行之失。祭義載樂正子春曰。吾聞諸曾子。曾子聞諸夫子。曰天之所生。地之所養。人爲大矣。

父母全而生之。子全而歸之。可謂孝矣。不虧其體。不辱其親。可謂全矣。故君子跬步而弗敢忘孝也。此曾子論歸全之旨。既以不辱親爲言。其義極博。不惟止於不虧體。果使其人不毀傷身體。而其生平所行不忠不孝。與犬彘無異。則烏可謂之知免。曾子垂戒。乃棄此大節。而區區於身體髮膚。不知類甚矣。顧謹細行。可以見其大節之無虧。大不踰閑。未有以知其必不忽微事。天下固有於養志述事之大。未始有失。而以身體毀傷爲小節不足怕者。較諸流俗不孝之輩。則夐隔。以與曾子比視。則覺其粗笨闊略。終歸於不孝矣。程子曰。君子曰終。小人曰死。此檀弓所記子張臨終語。申詳之言。然死乃生之對。死生人所常言。凡言死者豈皆小人。果爾則舜陟方乃死。顏淵不幸短命而死。是舜顏淵皆爲小人矣。且朝聞道夕死可矣。可以死。可以無死。死若皆以爲小人之事。可乎。子張之言非定論。程子引之。亦未當也。吾知免夫。集注謂免於毀傷。程子曰。曾子以全歸爲免。其意稍異。蓋以終其事爲免。猶免役之免。須辨其別。范說以虧身虧行分言。失之矣。人惟保行斯保身。此所以戰戰兢兢也。

曾子有疾。孟敬子問之。孟敬子。魯大夫仲孫氏。名捷。問之者。問其疾也。曾子言曰。鳥之將死。其鳴也哀。人之將死。其言也善。言。自言也。鳥畏死。故鳴哀。人窮反本。故言善。此曾子之謙辭。欲敬子知其所言之善而識之也。君子所貴乎道者三。動容貌。斯遠暴

慢矣。正顏色。斯近信矣。出辭氣。斯遠鄙倍矣。籩豆之事。則有司存。

遠近並去聲。○貴猶重也。容貌。舉一身而言。暴。粗厲也。慢。放肆也。信實也。正顏色而近信。則非色莊也。辭。言語。氣。聲氣也。鄙。凡陋也。倍。與背同。謂背理也。籩。竹豆。豆。木豆。言道雖無所不在。然君子所重者。在此三事而已。是皆脩身之要。爲政之本。學者所當操存省察。而不可有造次顚沛之違者也。若夫籩豆之事。器數之末。道之全體。固無不該。然其分則有司之守。而非君子之所重矣。○程子曰。動容貌。舉一身而言也。周旋中禮。暴慢斯遠矣。正顏色則不妄。斯近信矣。出辭氣。正由中出。斯遠鄙倍。三者正身而不外求。故曰籩豆之事。則有司存。尹氏曰。養於中則見於外。曾子蓋以脩己爲爲政之本。若乃器用事物之細。則有司存焉。

箋曰。曾子言曰者。彼不問而我言之。故特用言曰字。○鳥之將死四句。臨死哀鳴。是鳥之常。臨死出善言。是人之常。大抵人之有不善。出於一身之欲。自聲色臭味。以至貧富榮辱。皆足以喪志放心。身今將死。是數者泯然掃地矣。故其所言。鮮有不善。是常人之情。而曾子謙以自喩。而警醒之。要其相信而已。集注引入窮反本。失當。○君子所貴乎道者三。君子以位而言。與下文有司相照。欲就敬子身上告戒。故先稱君子。○動容貌。斯遠暴慢矣。動容貌。言身體動作。暴者凌厲恣睢。駕其威神。以快其所逞。慢者委靡頹放。隳其肢體。以即其所安。慢有墮弛之意。即是驕慢之慢。非放肆。○正顏色。斯近信矣。上各三句。是虛語。不涉工夫。下三句正是說工夫。非言效驗也。只正字有整頓意。蓋顏色無動靜出入可言。故著箇正字。以爲用工之地。遠近並緩辭。其實近謂合也。遠謂無之也。○出辭氣。斯遠鄙倍矣。辭是曲禮安定辭之辭。釋名釋天篇。氣。鎎也。鎎然有聲而無形也。語類。辭是言語。氣是聲音。極爲直截。左傳有聲氣可樂語。足以爲證。若以氣爲氣息。則氣息可以鄙倍論乎。若云辭本于氣。此氣字則養氣之氣。本文辭氣兩字並聯。亦不得橫生出側重氣字之說。鄙。野也。倍與背同。孟子。師死而遂倍之。檀弓云。悼公之喪。季昭子問於孟敬子曰。爲君何食。敬子曰。食粥天下之達禮也。吾三臣者之不能居公室也。四方莫不聞矣。勉而爲瘠則吾能。毋乃使人疑夫不以情居瘠者乎哉。我則食食。敬子此語。似深憤季氏平日之不臣。而其言之鄙倍抑甚矣。容色詞氣相因。宜曾子並擧以戒之也。三斯字有力。言纔動容貌。就要遠暴慢。纔正顏色。就要近信。纔出辭氣。就要遠鄙倍。蓋脩身之事。不敢放一些空隙也。三事皆以其能如此者言。而謂其爲君子之所貴。便見敬子之不可如此矣。戒勉之意。自在言外。〇籩豆之事二句。爾雅釋器。木豆謂之豆。竹豆謂之籩。瓦豆謂之登。然則籩亦是豆。特以用竹。異其名耳。說文。木豆謂之梪。從木豆。豆古食肉器也。從口象形。皇侃云。竹曰籩。木曰豆。豆盛葅醢。籩盛果實。並容四升。柄尺二寸。下有跗也。皇所謂柄。謂上下間細可執者。有跗者。防其倒也。周禮旊人爲豆。實三而成㲉。崇尺。鄭注。豆實四升。祭統云。夫人薦豆執校。執醴授之執鐙。鄭注。校。豆中央直者也。鐙。豆下跗也。禮圖云。口員徑尺。黑漆飾朱中。大夫以上畫以雲氣。諸侯以象。天子以玉。皆謂飾其豆口也。然則豆者以木爲之。高一尺。口足徑一尺。其足名鐙。中央直者名校。校徑二寸。其豆四升。用薦葅醢。醢人掌四豆之實是也。爾雅又云。瓦豆謂之登。大雅生民。于豆于登。傳。豆薦葅醢。登盛大羹。冬官。旊人爲瓦器。而云豆中縣。則登亦通謂之豆。少牢饋食。兩瓦豆有醢。亦用瓦豆。爾雅又云。竹豆謂之籩。鄭云。以竹爲之。口有藤緣形制如豆。亦受四升。豆宜濕物。籩宜乾物。籩人掌四籩之實。盛棗栗之屬。是也。明堂位。薦用雕簋。鄭云。籩屬也。以竹爲之。雕刻飾其直也。疏云。形似筥。儀禮所用。或一豆一籩。或二豆二籩。或四豆四籩。此士大夫之禮也。周禮醢人。朝事之豆八。饋食之豆八。加豆之實八。羞豆之實二。此天子之祭禮也。禮器。天子之豆二十有六。諸公十有六。諸侯十有二。此天子諸侯所用之數也。又聘禮歸饔餼二十豆。公食大夫。下大夫六豆。上大夫八豆。此皆諸侯待聘賓之禮也。周禮掌客。上公豆四十。侯伯豆三十有二。子男豆二十有四。此天子待賓客之禮也。掌客之數。較多於禮器之數者。禮器用數也。掌客陳數也。又經中舉豆數者。獨不及籩數。蓋豆重而籩輕。觀特牲禮。獻祭時薦兩豆。及饋食時。佐食羞庶羞四豆。皆未用籩。及主婦亞獻。始設籩贊籩祭。少牢禮則至賓尸時。主婦始取四籩于房。設于豆西。觀其先後之序。則豆重籩輕可見。又籩豆數圖云。一豆一籩。脯醢。士冠士昏醴賓。鄉飲鄉射聘禮醴賓。燕禮大射獻公獻賓獻卿。士喪禮。始死小斂。朝夕奠。特牲主人獻賓。兩豆兩籩。葵菹蠃醢。栗脯。士冠再醮。大斂甒豆兩籩無縢。士虞獻祝。特牲主婦致爵于主人。四豆四籩。韭菹葵菹醓醢蠃醢。趨蕡白黑。既夕遣奠。少牢儐尸。有豆無籩。士昏禮。夫婦席醢醬二豆。菹醢四豆。將饋舅姑。有菹醢。聘禮歸饔西夾六豆。東夾如之。公食大夫。下大夫六豆。上大夫八豆。士喪禮。朔月奠。無籩。有黍稷。當籩位。蓋禮經籩豆之數之位。略具於此矣。有司者。有語辭。司主也。說文云。司臣司事於外者也。存者。爾雅釋詁。在存也。釋訓。存存在也。言置尊俎列籩豆。此有司之事也。君子雖不能可也。蓋敬子之爲人。容貌威儀辭令之弗類焉。而屑屑於禮之末節者矣。故曾子之言如此。集注道無所不在句。全體固無不該句。恐非此章之旨。○集注云操存省察。中之者云。靜則操存。動則省察。據全吉甫說。孔門論學。未嘗懸空說存養容貌言色。無時不然。故此動正出。卽存養之地。暴慢信鄙倍。卽省察之目。遠與近卽所貴乎道之功。學者正當察其孰爲暴。孰爲慢。孰信孰僞。孰鄙孰倍。而卽遠之近之。若夫從容中禮。則異時成德之事也。金氏申明注中脩身之要如此。由是而推之政。大小衆寡之無敢慢。衣冠瞻視之望而可畏。有和平寬大之象。無迫促躁險之私。故朱子以爲政之本也。但是數語。皆曾子就敬子身上言之。蓋切中於其病者。是專以制於外者而言也。未言及養於中。尹注亦外。又中心凡陋背理者。其辭氣必鄙倍。可謂由中出矣。未見由中出之必免於鄙倍也。程注出辭氣正由中。亦失於辭。

曾子曰。以能問於不能。以多問於寡。有若無。實若虛。犯而不校。昔者吾友嘗從事於斯矣。

校。計校也。友。馬氏以爲顏淵是也。顏子之心。唯知義理之無窮。不見物我之有間。故能如此。○謝氏曰。不知有餘在己。不足在人。不必得爲在己。失爲在人。非幾於無我者。不能也。

箋曰。能者。達於藝也。有才幹也。多寡。以聞見學識言。中庸言天地之大。愚夫愚婦可與知能。而聖人或有所不知不能。故以大舜之知。猶好問好察邇言者此也。以能問不能二語。形容平易謙冲無人我之度。若無若虛二語。申釋其意。問以事言。若以心言。中論虛道篇。人之爲德。其猶虛器歟。器虛則物注。滿則止焉。故君子常虛其心志。恭其容貌。不以逸羣之才。加乎衆人之上。視彼猶賢。自視猶不足也。故人願告之而不倦。易曰。君子以虛受人。詩曰。彼姝者子。何以告之。君子之於善道也。大則大識之。小則小識之。善無大小。咸載於心。然後擧而行之。我之所有。既不可奪。而我之所無。又取於人。是以功常前人。而人後之也。中論所言。與此章相發。

前篇顏子言志願無伐善無施勞。亦此若無若虛之意。此數句是曾子意中之顏子。須知顏子意中原不曾有數句也。犯而不校。描出處逆一節來說。校猶抗。左僖五年傳。君父之命不校。僖二十三年。保君父之命。而享其生祿。於是乎得人。有人而校。罪莫大焉。皆言不相抗抵也。凡俗士有一分工夫。便有一分勝心。有兩分工夫。便有兩分勝心。既有勝心。則是己而非人。苟知物我之無間。而萬物一體。如一人之身。手足爪牙之無相犯。斯無有校之者矣。王龍溪曰。顏子嘗自立於無過之地。未嘗獲罪於人。人自犯之。始可言不校。今人於患難之來。動欲以犯而不校自處。非也。我以非理加人。人以非理答我。此乃報施之恒。所謂出爾反爾。烏得謂之犯。正須自反。以求其所未至。故有孟子之自反。然後可進於顏子之不校。○昔者吾友當從事於斯矣。曾子言時顏子已卒。故稱昔者。家語。曾子少孔子四十六歲。則其生當定三年。顏淵之生昭十九年。則曾子生之年。顏子已十七歲。其卒當哀二年。則所友在十四五年之間。曲禮。十年以長。則兄事之。五年以長。則肩隨之。顏子與曾皙爲輩行。父之執友也。成童之人。以長己十七歲之人。曰吾友者。同師門則皆友也。從事是不著力語。謂從此中經過。此章正是企慕顏子。而思學其所學也。大戴禮曾子疾病篇。曾子謂曾元曾華曰。吾無夫顏氏之言。吾何以語女哉。知顏淵爲曾子所甚服也。以能問五句。是曾子當下著力做工夫處。當時若直將吾說起。便不見得此段光景。惟虛提事在前。而因以想像吾友。則婉轉之思。便溢於言外。嘗從事於斯矣。直見得曾子心慕手追。身體力行處。方不是空悼人琴。唐太宗嘗舉此經。問不能寡・若無若虛之義。孔穎達具釋其義。且曰。非獨匹夫如是。帝王內蘊神明。外當玄默。若炫耀聰明。以才陵人。則下情不通。取亡之道也。朱子於或問。引洪氏說。曰。吾固能矣。豈不猶有所未能。彼固不能矣。然或不能于此。而能于彼也。吾固多矣。豈不猶有所闕。彼固寡矣。然或失于此而得於彼也。孔對洪訓皆確實。當與謝氏說參悟之也。

曾子曰。可以託六尺之孤。可以寄百里之命。臨大節而不可奪也。君子人與。君子人也。

與平聲。○其才可以輔幼君。攝國政。其節至於死生之際而不可奪。可謂君子矣。與疑辭。也決辭。設為問答。所以深著其必然也。○程子曰。節操如是。可謂君子矣。

箋曰。玉篇人部侂。恥各切。侂。寄也。論語云。可以侂六尺之孤。據玉篇所引論語舊是侂字。庑古文宅。蓋從言者。以言託寄之。從人者。以人侂寄之。義各不同。今從言。蓋通借字。六尺成童。已有才知。故難於匡輔。周六尺當我今曲尺四尺五寸六分。六尺是成童。故晏子長不滿六尺。當時以為身短。而孟子荀子咸言五尺為童也。稱孤者。無父之辭。王觀國曰。周禮卿大夫之職。以歲時登其夫家之衆寡。辨其可任者。國中自七尺以及六十。野自六尺以及六十有五。皆征之。又按。韓詩外傳曰。

國中二十行役。然則七尺者二十歲也。其升降皆以五年。則六尺者十五歲也。國中自七尺以及六十者。自二十歲以至六十歲。皆征之也。野自六尺以及六十有五者。自十五歲以至六十五歲。皆征之也。征之者。謂給公上之賦役也。國中近而復多役少。故二十歲始征之。比野晚征五年也。六十歲而免。比野早免五年也。野遠而復少役多。故十五歲則征之。比國中早征五年也。六十有五歲而免。比國中晚免五年也。其升降早晚。皆以五年爲率。此周之成法也。以此觀之則六尺之孤。爲十五歲可知矣。孔穎達周禮疏引鄭氏註論語云。六尺之孤。年十五以下。按周禮賦役之法。言六尺者必以十五歲而論語云六尺之孤則十五歲以下皆可以六尺該之也。後漢明帝詔曰。高密侯禹元功之首。東平王蒼寬博有謀。並可以受六尺之託。章懷太子注曰。六尺謂十五以下。此乃用鄭氏之說也。○可以寄百里之命。百里。班祿之地最大者。故經傳倂諸侯爲百里。易曰。震驚百里。孟子曰。公侯皆方百里。命謂號令。卽政事矣。自當人曰攝。自旁人曰寄。語意自不同。○臨大節而不可奪也。大節猶大事。謂國家大變故。關其死生存亡也。魯語。夫祀國之大節也。周語。昭明大節而已。卽節目錯節之節。不當作君子者之節操。可託可寄而又言臨大節。擧其變以申言之也。非分言才德也。夫以事之在外者言之。故云臨節操在己。豈容言臨乎。說文。奪。手持隹失之也。敓彊取也。二字義微別。今經傳敓皆作奪。古注奪者不可傾奪。言不得以利害移。以威武屈。故知不可傾奪。傾者覆也。謂覆而取之也。天下事後易爲智。事前易爲忠。變未發而談節義。人人皆忠也。事已定而論成敗。人人皆智也。所難者在臨事時。臨字要拈。古賀煜曰。朱子兼才與節言。程子專就節言。朱子之意固存程說之中。朱子强爲分析。翻覺破碎。夫人眞有節操者。必才智以輔之。無才無智。而徒爾苦節溝瀆自經。如荀息宗魯之爲。不足稱節也。才難不其然乎。皐益周召之倫。未始無德。都亦行有九德。亦言其人有德。九德之臣。豈絕無才者乎。節之兼才。亦猶是。後世議論太密。於是乎有無才之節。有無節之才。槩以硜硜徒死者爲節。此非所論於古人也。但託孤寄命之大任。非才氣智略而克辨。必也精忠碩德。孚乎人。以能廣攬群才。馭制群小。又有不可奪之節。方能堪斯任。其人未嘗無才智。而所以收託孤寄命之效者。惟在節操。程說確不可易。史記。魏置相。相田文。吳起不悅。謂田文曰。請與子論功。可乎。田文曰。可。起曰。將三軍。使士卒樂死。敵國不敢謀。子孰與起。文曰。不如子。起曰。治百官。親萬民。實府庫。子孰與起。文曰。不如子。起曰。守西河而秦兵不敢東鄉。韓趙賓從。子孰與起。文曰。不如子。起曰。此子三者皆出吾下。而位加吾上。何也。文曰。主少國疑。大臣未附。百姓不信。方是之時。屬之於子乎。屬之於我乎。起默然良久曰。屬之子矣。文曰。此乃吾所以居子之上也。吳起乃自知弗如田文。案起所擧三事。亦才盛也。而主少國疑之際。不可以任輔相。可見託孤寄命。專賴節操。而不賴乎才也。吳田問答。與曾子之言高下懸絕。而其意則相近。可以爲證。又曰。臨大節而不可奪。猶言臨難勿苟免。注特解經大旨。非釋其字義。李岱雲曰。集注其才其節。俱貼君子身上說。本文臨大節之節。自指事變說。是注中至於死生之際六字。貼臨大節二字。而君子之節操。却在死生之際不可奪上見。勿以其節節字。混臨大節節字。此說得之。〇君子人與。君子人也。與擬辭。非疑辭也。仲尼燕居曰。古之人與。古之人也。同一語例。反復言之。見非君子不能也。深贊之也。注非釋文。人與音餘。君子也一本作君子人也。是釋文本無人字。君子人者。言此爲君子一流人。所謂齊同乎君子之道者也。君子也者。有德者之定名。毅然稱之爲君子而無疑也。此章兩可以。一不可作一氣。不分兩層。於語氣文勢尤合。但上二句以平日言。下一句以處變言之。分得開。又拍得合。方極咨嗟之致。〇金鶚曰。古今尺度不同。周尺迄今無存。江永謂周尺當今尺六寸二分半。考之于經不合。考工記言人長八尺。以中人言之。今折爲五尺。則其身頗短。不得爲中人也。車廣六尺六寸。容三人猶必有空餘之地。可以旋轉。今折爲四尺一寸強。不能容三人矣。衡長六尺六寸。下容兩服馬。今折爲四尺一寸強。不得容兩馬矣。祭義言築宮仞有三尺。八尺爲仞。計一丈一尺。今折爲六尺九寸弱。則人之長者不可居矣。布幅廣二尺二寸。玄端服之一袂。兩邊各屬一幅。身亦長二尺二寸。故謂之端。若以今之一尺四寸三分爲身。則身太短。若身與袂不等。何名爲端乎。㮚氏爲鬴深尺。內方尺。其實一鬴。臂一寸。其實一豆。鬴爲八斗。豆爲四升。古之一升。當今二合有奇。若鬴方尺。只有今之六寸二分半。安得容一斗六升強乎。臂只有今之六分二釐半。安得容八合強乎。即以六斗四升爲鬴。亦不能容矣。馬高七尺爲騋。六尺則爲駒。若騋馬只有今四尺三寸強。則與駒同矣。凡言馬高以馬首言之也。諸如此類。皆其不合者也。慊堂松崎復周尺考曰。孔尚任漢銅尺記。江都閔義行所藏銅尺一。朱碧繡錯。爲賞鑒家所玩。此尺有文曰。慮俿原注音盧夷銅尺。建初六年八月十五日造。慮俿乃太原邑。建初則東漢章帝年號也。考章帝時。泠道舜祠下。得玉律。以爲尺。與周尺同。因鑄爲銅尺。頒郡國。謂之漢官尺。此或其遺歟。漢代去周未遠。且禮經皆出漢儒。漢尺之存。即周尺之存也。復案。慮俿銅尺即周尺。與宋秦熺鐘鼎款識拓本建武尺合。以王莽大泉一寸二分。貨泉一寸。貨布長二寸五分。廣一寸。首長八分有奇。廣八分。其圜好徑二分半。足枝長八分。間廣二分。勘之。皆合而徵强。文獻通考百三十一・宋馮元等言。古物之有分寸。惟有漢錢。但當校其首足肉好長廣分寸。皆合正史者用之。實比唐累黍小尺九寸一分三釐五毫。清横黍古尺。與唐累黍小尺同。比唐大尺七寸六分。唐大尺即本朝今尺。今尺即曲尺十寸以下倣此。比清縱黍今尺七寸四分。大戴禮記王言篇。孔子曰。昔者明王之治民有法云云。因民既邇者說。遠者來懷。然後布指知寸。布手知尺。舒肘知尋。十尋而索。百步而堵。三百步而里。千步而井。三井而句烈。三句烈而距。五十里而封。百里而有都邑。乃爲畜積衣裘焉。使處者恤行者有與亡。是以蠻夷諸夏。雖衣冠不同。言語不合。莫不來至。朝覲於王云云。是以兵革不動而威。用利不施而親。此之謂明王之守也。折衝乎千里之外。此之謂也。右起度之源也。古者明王布指知寸。布手知尺。舒肘知尋。此則後世指尺之所據。而古尺之度。實出於古明王之身也。古明王未審其實爲黃帝爲堯舜爲禹爲湯爲文武耳。五帝德篇曰。夏禹聲爲律。身爲度。則明王蓋謂禹歟。舜典曰。同律度量衡。則前乎禹。呂氏春秋云。黃帝命伶倫。取嶰谷之竹。制律。斷兩節間三寸九分。而吹以爲黃鐘之宮。曰含少。五帝德亦曰。黃帝作五量。夫量必依度。則古尺亦起於黃帝之身歟。要之夫子之言。其起於古一明王也審矣。亦未知其決爲黃帝耳。說文解字第八卷。尺。十寸也。人手卻十分。動脈爲寸口。十寸爲尺。尺所以指尺規榘事也。从尸从乙。乙所識也。周制寸尺咫尋常仞諸度量。皆以人之體爲法。凡尺之屬皆从尺。咫。中婦人手長八寸。謂之咫。周尺也。第三卷寸部。尋。度人之兩臂爲尋。八尺也。第八卷人部。仞。伸臂一尋八尺。此尺之取諸身者。禮書謂之指尺。如此則人人可以身起度矣。說文解字第七卷禾部。稱。銓也。从禾爾聲。春分而禾生。日夏至。晷景可度。禾有秒。

秋分而秒定。律數十二秒。而當一分。十分而寸。秒。禾芒也。此尺之取諸物者。所謂其文外互。究難審覈。且如諸如言。則人人可以意起度矣。漢志所載劉歆累黍之度。禮書所謂黍尺也。又曰。秬尺。歆爲此說。亦諸家一例之見。但其言頗爲明備。然與食貨志所載莽錢之分寸。相爲矛盾。且歷代依爲尺度者。肇於北魏太和中。經北齊隋唐。以至明清。互有得失。究莫與古尺合者。此則劉歆創造此數。附會古尺。以誇其術解之妙。班固所謂僞文而偶不及刪者也。故魏晉南朝五代之尺。無取於累黍。而北朝累黍。隋志議之。所以謂前代量校每有不同。又俗傳訛替。漸致增損。夫度則古者如作尺之明王。以其身爲準。如夫子之言而已矣。故雖莽歆之妄作。不能變亂古明王之度。以便己私。故光武中興。光復舊物。而建初之尺。亦與歆尺同。而食貨志所載莽錢之度。亦足以徵古尺於今也。周禮考工記。玉人曰。璧羨度尺。好三寸。以爲度。鄭司農曰。好。璧孔也。肉倍孔謂之璧。鄭玄曰。羨猶延。其袤一尺而廣狹焉。賈公彥曰。美猶延。其長一尺而廣狹焉者。是美爲不圓之貌。造此璧之時。應圓徑九寸。減一寸以益上下之袤一寸。則上下一尺。廣八寸。故云其一尺而廣狹焉。謂八寸也。以爲度尺者。天子以爲量物之度也。祥道曰。以十寸之尺起度。則爲文。爲引。以八寸之尺起度。則爲常。故同謂之度。右周代起度之尺。此則後世所以謂周有十寸尺有八寸尺也。蔡邕獨斷曰。夏以十寸爲尺。殷以九寸爲尺。周以八寸爲尺。此則後世劉恕通鑑外記。鄭樵通志。所依以別三代之尺也。前乎邕所不言也。小戴禮記王制曰。古者以周尺八寸爲步。今以周尺六尺四寸爲步。鄭玄曰。周尺之數。未詳聞也。按禮制。周猶以十寸爲尺。蓋六國時。多變亂法度。或言周尺八寸。此則漢儒許愼蔡邕八寸尺之所本也。王制作於漢文時。承六國變

亂之後。挾書之律始除。山巖屋壁之藏未發。其學者往往叔孫先生之流。其言何
足以徵乎。鄭君辨之是也。但考工記璧羨之度。似有八寸之尺。然其文曰。鎭圭尺
有二寸。又曰。璧琮九寸。又曰。案十有二寸。又曰。瑑圭璋八寸。此周用十寸尺。審矣。
尺十寸也。璧羨之廣八寸。豈足以謂之尺乎。諸侯之璧九寸。故曰璧琮九寸。諸侯
以享天子。此造是璧時。減橫一寸。以益上下之袤一寸。以爲度尺云爾。非必曰十
寸八寸同以爲度也。書曰。同度量。論語曰。謹權量。此乃明王同天下之法也。胡安
定云。周豈用兩等之尺。惑於天下。程大昌演繁露論唐大小尺云。唐令。鍾律冠冕
之制。則用秬尺。內外官司悉用大尺。則國立之制。明爲二體。其與古人同度量之
義乖矣。然則舜武之智。反出於翼之大昌下乎。無是理也。其有八寸尺。則起於六
國耳。周禮小司徒。九夫爲井。鄭氏引司馬法曰。六尺爲步。步百爲畮。畮百爲夫。夫
三爲屋。屋三爲井。考工記。匠人爲溝洫。耜廣五寸。二耜爲耦。一耦之伐。廣尺深尺。
謂之甽。韓詩外傳曰。廣一步長百步爲一畝。則一畝三甽。六尺也。此周田法不過
六尺。何得有八寸乎。禮書妄謂。考工記璧羨度尺。縱十寸。廣八寸。同謂之度尺。說
文曰。咫八寸。周尺也。王制曰。周尺八尺爲步。今以周六尺四寸爲步。六尺四寸乃
八尺耳。此以十寸八寸二尺混用一筆中。同謂之周尺。文無此法也。如其言周既
有十寸之尺。又有八寸之咫。王制何不如肅愼氏之矢尺有咫。曰古者以周八咫
爲步。今以周六尺四寸爲步乎。考工記亦何不混用尺咫。曰鎭圭尺有二寸。璧琮
九寸。瑑圭璋咫。案咫有半乎。要之咫之爲八寸。就周尺中名八寸云爾。猶投壺記。
籌室中五扶。堂上七扶。鄭注。鋪四指曰扶。一指案寸之扶耳。周無八寸之尺。有此
起於六國變亂之日。如鄭君所言也。徐廣徐爰王隱等晉書云。武帝泰始九年。中

書監荀勗。校太樂。八音不和。始知爲後漢至魏。尺長於古四分有餘。勗乃部著作郎劉恭。依周禮制尺。所謂古尺也。依古尺更鑄銅律呂。以調聲韻。以尺量古器。與本銘尺寸無差。又汲郡盜發魏襄王冢。得古周時玉律及鐘磬。與新律聲韻闇同。于時郡國或得漢時故鐘。吹新律命之皆應。晉書律歷志曰。漢章帝時。零陵文學史奚景於冷道縣舜祠下。得玉律度以爲尺。相傳謂之漢官尺。以校荀勗尺短四分。漢官始平兩尺長短齊同。晉志又曰。荀勗造新鐘律。與古器諧韻。時人稱其精密。唯散騎侍郎陳留阮咸譏其聲高。聲高則悲。懼非雅正至和之音。必古今尺有長短所致也。會咸病卒。武帝以勗律與周漢器合。故施用之。後始平掘地得古銅尺。歲久欲腐。不知所出何代。果長勗尺四分。時人服咸之妙。而莫能厝意焉。史臣按。勗於千載之外。推百代之法。度數既冥。聲韻又契。可謂切密信而有徵也。而時人寡識。據無聞之一尺。忽周漢之兩器。雷同臧否。何其謬哉。晉志叙荀勗尺。且唐史臣所論如右。則荀尺之爲周漢古尺。信審矣。荀尺既與周漢古器及劉歆銅斛尺。建武銅尺合。則慮傂銅尺之與莽貨品及建武尺合者。其爲周漢古尺益審矣。孔東塘王述菴。既以慮傂銅尺爲周漢古尺。又以其與奚氏玉律同出章帝時。乍疑爲漢官尺之遺歟。何其見之不確也。晉志云。相傳謂之漢官尺。隋志亦云。文學史奚景玉律度爲此尺。則後世相傳以爲漢官尺云爾。非謂章帝時直鑄爲官尺以頒天下也。蓋奚氏得玉尺度。私作此尺。以玉律之爲古器。故後來漢庭遂取爲官尺。此漢官尺之所以名也。慮傂銅尺。造於章帝建初六年。上距建武元年。凡五十七年。慮傂尺之爲建武尺可想。章帝在位十三年而崩。下距漢亡建安二十五年。凡百三十年。未知奚氏得之於章帝之幾年。而後漢廷取以爲官尺。亦在何世乎。

其與盧俿尺。非同時造。亦可知也。又曰。建初銅尺與周尺同。當本朝曲尺七寸六分。

曾子曰。士不可以不弘毅。任重而道遠。弘。寬廣也。毅。強忍也。非弘不能勝其重。非毅無以致其遠。**仁以爲己任。不亦重乎。死而後已。不亦遠乎。**仁者。人心之全德。而必欲以身體而力行之。可謂重矣。一息尚存。此志不容少懈。可謂遠矣。○程子曰。弘而不毅。則無規矩而難立。毅而不弘。則隘陋而無以居之。又曰。弘大剛毅。然後能勝重任而遠到。

箋曰。古人士女對言。士是丈夫之稱。謂之士者。白虎通爵篇。士者。事也。任事之稱也。言士雖先未仕。後或有爵位。當任事也。弘以容受而言。所謂士。必其視己之身。爲天下倚藉之身。而引天下之責。爲己性分內之責。故非弘無以勝其任也。語類曰。所謂弘者。須是容受得許多衆理。若執著一見。便自以爲是。他說更入不得。便是滯於一隅。如何得弘。是也。毅以忍耐而言。書曰。擾而毅。左傳宣二年。殺敵爲果。致果爲毅。中庸。發強剛毅。足以有執也。弘者量廣而志遠。故可以任大任而致遠道矣。譬諸大車之能容而能行也。毅者強力而堅忍。故亦可以任重而致遠道矣。譬諸駿馬之重載而健行也。蓋曰士必弘毅。乃可以任重而道遠。非謂弘任重而毅致遠也。夫弘毅二者。猶之陰與陽。文與武。獨陽不生。獨陰不成。偏文失之弱。偏武過於強。弘而不毅。其弘不足貴。毅而不弘。其毅無可取。夫勝重任。固須弘。然柔荏無強忍之力。烏能荷重乎。致遠道固須毅。然迫急窄狹。無寬廣之度。烏能致遠乎。曾子以弘毅二字連言。又於任重道遠以而字串說。可以見也。故任重道遠。亦不可分析。徒任重而不能致遠。徒致遠而不能任重。終成何事乎。○任重而道遠。祭義鄭注。任所擔持也。三國志邴原傳注引孔融曰。仁爲己任。授手援溺。振民於難。是德被群生爲仁。孟子述伊尹之意曰。思天下之民。匹夫匹婦有不被堯舜之澤者。若己推而內之溝中。其任以天下之重也。故孟子稱爲聖之任。蓋任重道遠。元比喩。注宜言擔仁之重任。至死始卸之意。而云必欲云此志。是特在思量而無荷擔之實。曾子意謂。士宜養弘毅以爲擔重任涉遠道之資也。養弘毅之時。志在於重任矣。既擔重任。便是實行矣。無所事於志。伊藤長胤曰。仁義禮智者。道德之名。而仁最爲大。士以此爲任。故謂之任重。以此終身。故謂之道遠。若以仁爲人心之全德。則是吾方寸之中所具。寂然不動之理也。何由得謂以身體而力行之。亦何由得謂之任重。若將一旦豁然。學有了達之期。則亦何由得謂之道遠。○程注。無規矩三字。止是無骨肋之意。洛中方言如此。恐不貼毅字。無以居句。不貼弘字。又遠到句。以爲死而後已之義。則可。然程子之意恐謂上達也。則失本文比喩之意。

子曰。興於詩。 興。起也。詩本性情。有邪有正。其爲言既易知。而吟詠之間。抑揚反覆。其感人又易入。故學者之初。所以興起其好善惡惡之心。而不能自已者。必於此而得之。**立於禮。** 禮以恭敬辭遜爲本。而有節文度數之詳。可以固人肌膚之會。筋骸之束。故學者之中。所以能卓然自立。

而不爲事物之所搖奪者。必於此而得之。

成於樂。 樂有五聲十二律。更唱迭和。以爲歌舞八音之節。可以養人之性情。而蕩滌其邪穢。消融其查滓。故學者之終。所以至於義精仁熟。而自和順於道德者。必於此而得之。是學之成也。○按內則。十歲學幼儀。十三學樂誦詩。二十而後學禮。則此三者非小學傳授之次。乃大學終身所得之難易先後淺深也。程子曰。天下之英才。不爲少矣。特以道學不明。故不得有所成就。夫古人之詩。如今之歌曲。雖閭里童稚。皆習聞之。而知其說。故能興起。今雖老師宿儒。尚不能曉其義。況學者乎。是不得興於詩也。古人自洒掃應對。以至冠婚喪祭。莫不有禮。今皆廢壞。是以人倫不明。治家無法。是不得立於禮也。古人之樂。聲音所以養其耳。采色所以養其目。歌詠所以養其性情。舞蹈所以養其血脈。今皆無之。是不得成於樂也。是以古之成材也易。今之成材也難。

箋曰。興於詩者。學詩則德性有所感發。不能以自已。故曰興。興者以其正者而言。不帶邪者。若刺詩好善惡惡自具焉。三百篇中豈有邪詩。以聖門之學詩言之。於緜蠻之止邱隅。而惕人之知止。於鶪鴂之徹桑杜。而勉國之能治者夫子也。於倩盼素絢。而知禮之後。於切磋琢磨。而知學之進。卜氏端木氏也。於鳶飛魚躍。而悟性之分於物。於衣錦尚絅。而知文之惡其著者。子思子也。興於詩者。正當如此。注抑揚反復。謂詩中自有此義。非謂讀者之聲音高下重複翻例。如指讀者之聲音高下重複翻例。則六經皆然。何獨詩也。君子偕老。副笄六珈。象服是宜。子之不淑。云如之何。先揚後抑也。猗嗟名兮。展我甥兮。揚中之抑也。有子七人。無慰母心。抑中之揚也。何其處也。必有與也。何其久也。必有故也。一章之反覆也。豈其食魚。必河之魴。豈其娶妻。必齊之姜。豈其食魚。必河之鯉。豈其娶妻。必宋之子。一篇之反覆也。他經非無抑揚反覆。了不如詩之多。詩既有抑揚。有反覆。而吟咏之法。循環玩味。所以尤易感人也。○立於禮者。季氏篇。不學禮無以立。堯曰篇。不知禮無以立也。則立必於禮也。夫學禮。則內而起居出入之微。外而尊卑親疎之節。各有所持循。存於心者。莊敬日强。非僻無自入。施諸事者。固執而允蹈之。不爲習俗所惑也。至於肌膚之會。筋骸之束。抑亦末矣。不必采入。○成於樂者。記曰。樂者。天地之和也。又曰。君子之於樂。以暇豫之時。養和平之氣。所以防間斷之弊。密涵養之功也。此成之所以得於樂也。集注蕩滌其邪穢。謂淫心不生。消融其渣滓。謂傲氣不作。郝敬曰。禮樂無經而有記。今所傳儀禮十七篇。周禮六官三百六十職。謂皆周公作。非也。惟戴聖所記樂記一篇。正是聖門致中和之教。故道莫備于禮。禮外無樂。大本立。達道行。和也者禮之用也。自兵家以聲音言律。事倚吹竹累黍。立均校尺。爲律之源。謂聞聲知禍福。而緣飾于師曠之歌南風。子期之知山水。影響附考其制作。訖無成效。皆俗儒好信耳食之過也。中正和平之理。本乎人心。心和則氣和。而八音之和應之。故夫怒心感者。八音皆怒。哀心感者。八音皆哀。古人始爲六律。以正五音。制八音。以和八風。程法既立。物曲由人。家有世業。工有師承。材美而工良。按法而製器。隨宜斟酌。以求合乎大雅。雖今猶古也。所謂治與亂。邪與正。不言而喩。豈必區區竹管之長短。黍粒之大小。然後諧于元始之正音乎。○詩書禮樂。是爲學之資。夫子當時所以敎育弟子者。注不必分疏小學大學。內則亦不必引。伊藤長胤曰。此亦孔門學問之條目。猶前篇志於道章之云也。但彼就修身上而言。此則專以事爲而言。此爲異耳。誦詩三百。則使人有所感發興起。固學問之首務。禮樂則所謂不可斯須離者。而從事於斯。則使人有所立以成其德。此學問之序也。蓋古者之道。以禮樂爲修身之具。起居動息。每必由焉。猶後世學子之章書册弄文字也。不外乎道德仁義。而亦不與道德仁義同。故前篇既有志於道章而此則列叙詩禮樂。讀者致思焉。沈無回曰。此夫子進人以經術之實益。今人動曰。人心自有眞詩。自有眞禮。自有眞樂。試思無所觸而能與。無所範而能立。無所陶而能成者。雖在上智。能有幾人。假令日與之言詩。日與之習禮。日與之和樂。雖下愚不肖。未有不興而立而成者也。可見經學步步皆是實境。今人之說。是聖人作經之精意。非後人窮經之實學。果爾。則先王之太史陳詩。春官與禮。瞽宗合樂。俱是贅事。此便是淸譚禍世之作俑。開人廢棄經學之漸。故不可以不辨。

子曰。民可使由之。不可使知之。

民可使之由於是理之當然。而不能使之知其所以然也。〇程子曰。聖人設教。非不欲人家喩而戸曉也。然不能使之知。但能使之由之爾。若曰聖人不使民知。則是後世朝四暮三之術也。豈聖人之心乎。

箋曰。之字。指道也。由字可徵。集注亦此意。但舍道而論理。不貼本文。以當然所以然分之。亦未圓。使字與孟子不能使人巧義同。可不可字。與可得而聞也。不可得而聞也。其知可及也。其愚不可及也之可不可同。可不可。猶能不能也。民之蚩蚩。雖使知之而亦不知。無可如何。堯舜猶病之心也。然何嘗不使民知之乎。聖人家立之塾。黨立之庠。其秀異者則別爲教之。教之而可使知之也。若其愚者。但使由之。俾就於範圍之中。而不可使知其義。故曰君子議道自己。而置法以民。後漢書方術列傳。引鄭玄注曰。王者設教。務使人從之。若皆知其本末。則愚者或輕而不行。此伯術之所爲。與經義違逆。夫雖曰可使由不可使知。然所以可使由者。亦是民心固有之良。上方使之在此。他便由之在此。若謂民全然不聽。上使之。他卽莫敢不從。則使由又爲強世之具矣。故使民孝。亦因民心先有孝在。使民弟。亦因民心先有弟在。故使之之術。方起于此。而由之之幾。卽動於彼。但孝之所以然處。是仁。弟之所以然處。是義。則不能遽使之知耳。春秋繁露深察民號篇云。民者瞑也。是民之號。取之瞑也。書多士序。遷殷頑民。鄭注。民。無知之稱。荀子禮論。外是民也。楊倞注。民泯無知者。皆足證不可使知之義。惟其不能知。愈不可不急使之由。使之由。正所以使之漸而知也。

子曰。好勇疾貧亂也。人而不仁。疾之已甚亂也。好。去聲。○好勇而不安分。則必作亂。惡不仁之人。而使之無所容。則必致亂。二者之心。善惡雖殊。然其生亂則一也。

箋曰。好勇者。逞血氣之強。又不知安於義命。則放辟邪侈無不爲已。故爲亂也。好勇是氣質。疾貧是境遇。好勇是致亂之本。疾貧是速亂之機。○疾之已甚亂也。不好仁有大小。有淺深。有不容不誅殛者。有小懲已足者。亦有當蕩然肆赦者。視事勢何如。只要無私當理。疾之已甚。便是過當不合理處。夫生民之慘。莫大於亂。而天下之亂。未有無所激而成者。兩亂字。生于兩疾字。疾則不平之念起。不肖之心生。雖不軌之事。亦不難爲之矣。處置此一等好勇不仁之人。使得其所而不爲患者。在上之責也。宋元祐間。呂惠卿等皆已斥外。言者論之不已。范純仁言於太后曰。錄人之過。不宜太深。后然之。或謂呂公著曰。今除惡不盡。將遺後患。公著曰。治道去太甚耳。文景之世。網漏呑舟。且人才實難。宜使自新。豈可使自棄耶。按此深得不爲已甚意。然僞周之禍。張柬之不從薛季昶劉幽求之言。卒使三思再亂。此則去草不去根之明驗。又不得以已甚爲辭也。在審其輕重緩急何如耳。郝敬曰。勇不可好。貧不可疾。既好勇又疾貧。二者相乘。逞血氣之剛。而困窮拂鬱。激其憤。必至爲所不當爲。名檢喪。而身家亦隨之。此亂由己作者也。不仁之人。誠爲可惡。然須有包承之量。轉移之權。以開其自新之路。若阻抑羅織太甚。使無容身托命。必逞其無忌憚之習。而肆毒反噬。此亂由人作者也。亂由人者。亦由己激成之。大抵和平者無憤疾。時中者無已甚。是以君子貴調養其性。勿暴其氣。善變其習。和順從容。以爲己則祥。以爲人則通。好勇疾貧者。常由小人。疾不仁已甚者。常由君子。漢唐宋之亡也。皆君子誤國。聖言其著蔡矣。

子曰。如有周公之才之美。使驕且吝。其餘不足觀也已。

才美。謂智能技藝之美。驕。矜夸。吝。鄙嗇也。○程子曰。此甚言驕吝之不可也。蓋有周公之德。則自無驕吝。若但有周公之才。而驕吝焉。亦不足觀矣。又曰。驕。氣盈。吝。氣歉。愚謂。驕吝雖有盈歉之殊。然其勢常相因。蓋驕者吝之枝葉。吝者。驕之本根。故嘗驗之天下之人。未有驕而不吝。吝而不驕者也。

箋曰。如字。使字。皆假設之詞。古聖人才藝之多。莫如周公。觀其自言多才多藝可見。當時世卿非無才美。但多驕吝。恒以周公自擬。故戒之。周書寤儆篇。周公曰。不驕不悋。時乃無敵。此周公生平之學。所以裕制作之原也。經天緯地。是周公之才。卽周公之德。故云才者德之用。此才字只訓知能技藝。與才難之才。自是大小天淵。○驕是驕。吝是吝。故聖人於中著一且字。驕心是傲視天下。吝心是要獨專其美。霍光近於驕。王安石近於吝。有此一念。便只任己私。不顧人家國。用人行政。一味恣己聰明。直前銳進。耗喪元氣。皆不暇恤。其爲才美所害。關係不細。陸隴其曰。此夫子特爲負才者戒耳。若夫用才之人。則又不可以其驕吝而遂棄之也。但當有以駕馭之耳。○驕與吝。元是兩種。實非同體之物。試於天下人中以實驗之。大抵驕而不吝。吝而不驕者多。驕吝兼有者少。比之一於驕一於吝者。尤爲可鄙耳。語類曰。集注云。驕吝雖不同。而其勢常相因。先生云。孔子之意未必如此。某見近來有一種人如此。其說又有所爲也。據此則集注有爲而言。非此章正解也。又此章設言才美如周公也。未嘗言及於德。又不足觀者。謂其才美亦不足賞耳。亦未嘗言及於德也。程說迂滯。○皇本使上有設字。皇本正平本已下有矣字。

子曰。三年學。不至於穀。不易得也。

易。去聲。○穀。祿也。至疑當作志。爲學之久。而不求祿。如此之人不易得也。○楊氏曰。雖子張之賢。猶以干祿爲問。況其下者乎。然則三年學而不至於穀。宜不易得也。

箋曰。三年是學成之三年。非入學之三年。至於穀。有急於自試之意。夫三年積學。儘可應世。此際最易技癢。而略不動心。然却不是枯槁忘世。至字不必別解。言念慮未嘗到穀上也。穀。祿也。如邦有道穀。皆謂廩俸也。趙注孟子滕文公上。穀所以爲祿也。周禮鄉大夫職。三年則大比。攷其德行道藝。而興賢者能者。又使民興賢。出使長之。使民興能。入使治之。卽禮記王制。命鄉論秀士。升之司徒。時也。謂之士。皆用爲鄉遂之吏。可以得祿。若其不安小成者。則由司徒而復升之國學。謂之選俊士。升於司徒者。不征於鄉。升於學者。不征於司徒。曰造士。大樂正論造士之秀者。以告於王。而升諸司馬。曰進士。司馬辨論官材。論進士之賢者。以告於王。而定其論。論定然後官之。任官然後爵之。位定然後祿之。此爲王朝之官。蓋庶人仕進有二道。可爲選士者。司徒試用之。可爲進士者。司馬能定之。司徒升之國學。其選擧與國子同。小成七年。大成九年。如學記比年入學。中年考校。一年視離經辨志。三年視敬業樂群。五年視博習親師。七年視論學取友。謂之小成。九年知類通達。彊立而不反。謂之大成。若侯國取士。亦三年一行。射義。諸侯歲獻貢士於天子。注云。三歲而貢士。據此知侯國亦三年一取士也。後人躁於仕進。志在干祿。鮮有不安小成者。故曰不易得。至穀有兩層。淺學者志在紛華。勤學者急于展布。閔子之辭召。漆雕之未信。非無其人。但不易也。集注謂至宜當作志者。荀子正論其至意至闇也。又云。是王者之至也。楊倞注並云。至當爲志。疑古志至二字通也。然不必改字。又學期用世。不至於穀。非遯世辭祿者可比。楊說可刪。楊豈直以士之求仕爲鄙事與。況干祿則有謂乎。

子曰。篤信好學。守死善道。

好去聲。○篤。厚而力也。不篤信。則不能好學。然篤信而不好學。則所信或非其正。不守死。則不能以善其道。然守死而不足以善其道。則亦徒死而已。蓋守死者。篤信之效。善道者。好學之功。

危邦不入。亂邦不居。天下有道則見。無道則隱。

見。賢遍反。○君子見危授命。則仕危邦者。無可去之義。在外則不入可也。亂邦未危而刑政紀綱紊矣。故潔其身而去之。天下擧一世而言。
無道則隱其身而不見也。此惟篤信好學守死善道者能之。

邦有道。貧且世治而無可行之道。世亂而無能守之節。碌碌庸人。不足

賤焉。恥也。邦無道。富且貴焉。恥也。

以爲士矣。可恥之甚也。〇晁氏曰。有學有守。而去
就之義潔。出處之分明。然後爲君子之全德也。

箋曰。是章形狀一箇君子。使人破的也。非論學者工夫。篤信是信之篤也。篤厚也。
如是而已。注力字。無所當。子張曰。信道不篤。學卽學道也。信於學之篤。而中心好
之也。衛靈公篇。殺身以成仁。孟子告子篇。舍生而取義者也。是守死善道之說。守
死謂守死而弗去也。是守之堅定矣。所謂至死不變。死而後已者。善道是善其所
守之道。善卽衛靈公。工欲善其事。必先利其器。孟子盡心。窮則獨善其身。達則兼
善天下。易文言。善世而不伐。莊子養生主。善刀而藏之之善。篤信道而好學之。是
一事矣。以知而言也。堅守不失至于死。以善其道。亦是一事。以行而言也。本文直
截簡易。集注多纏繞。四箇則字。及效功。皆本文所不及。〇危邦不入二句。危是亂
之初。危國謂將亂之國。亂國謂旣亂之國。不入。自在外言。不居。自在內言。互文耳。
危有危亡傾危二義。此章是傾危之義。言風敎替。政刑紊。國家敧䶆不寧也。亂重
於危。危者傾側不穩。危之極卽亂也。危邦不入者。在外固可不入也。亂邦不居者。
久安其土。亦不可不去也。危邦亂邦。鈞不可不去。然其語意自有輕重。謝顯道曰。
愛其身。危邦不入。潔其身。亂邦不居。非王者興。則不仕。如斯人者。其當以大人處
之乎。朱子不遵者。朱子蓋慮人臣臨難苟免。如譙周留夢炎者。接踵於後世。故有

是說。然非所論於此章也。且豫度危亡。必不得去。汲汲及其亂而速去之。亦豈人臣忠厚之意耶。當從謝氏指未仕者爲是。卽子張所謂見危授命。雖曰爲君授命。危字仍當主君子說。蓋國家傾覆之際。卽人臣危難之時也。與危邦之危判殊。○邦有道云云。邦指一國。天下指一世。邦間有指天下者。如尙書訖大邦殷之命。然特千萬之一耳。論語中如邦有道不廢。邦無道免於刑戮。邦有道如矢。邦無道如矢。邦有道則仕。邦無道則可卷而懷之。邦有道穀。恥也。安見方六七十如五六十如而非邦者。皆可以爲證。說者牽於註中世亂世治語。謂本節邦字指一世而兼國。與次節邦字有別。朱子意未必然。人居一邦。則以一邦治亂。爲世之治亂。楚辭憂主昏國危而作。其所云世溷濁而嫉賢。世並擧而好朋。遭斯世之勖勳者。皆指楚國政俗。非槩譏斥六國。此可以見矣。上從邦推到天下。此又從天下復說到邦。語極參錯。有道。以貧賤爲恥。無道。以富貴爲恥。所謂有道見。無道隱者。不必其在天下也。兩恥字。俱當指有學並有守者說。兩且字可玩。有道而貧。或其人拙於貨殖。若泯泯無聞。一命不及。是德業不脩也。故貧尙不足恥。而貧且賤恥也。無道而富。或其人坐席先業。若不識進退。希營美官。是廉節不礪也。故富不足恥。而富且貴焉恥也。夫好學所以求道。孟子盡心云。殀壽不貳。修身以俟之。所以立命也。又云。盡其道而死者正命也。修身卽是盡道。亦卽此所謂善道。君子曰。有孶孶斃而後已。凡以求道之無歉於身。無愧於心而已。不入不居云云。皆言善道之事。蓋危邦或入。亂邦或居。與夫隱見之不得其宜。皆非所以守死。非所以善道。而其實亦由學之未至。故學者所以安身正命者也。孟子盡心云。天下有道。以道殉身。天下無道。以身殉道。未聞以道殉乎人者也。卽此有道則見無道則隱之義。言天下則是無邦也。曰隱則是避世也。比之不入不居。尙有所擇者。更過之矣。然亦有身雖將隱。而託跡是邦。勢亦未能卽去。如柳下惠三黜之後而居魯。孔子當靈公出公之時。未反魯而居衞。是也。則惟有不居其位。則進退自如。足以歸潔其身矣。大抵兩有道句皆陪說。蓋開章卽說到守死。則本義已跌。重無道。今試以天下有道一句。及邦有道一層。置之陪面。勿作對面。則不入不居。言去就也。則見隱言出處也。富貴貧賤。則介乎入居之間。合乎見隱之道。而自成其去就出處也。語雖有反正。詞雖有主客。而義意朗然。

子曰。不在其位。不謀其政。

程子曰。不在其位。則不任其事也。若君大夫問而告者則有矣。

箋曰。此言居官之道也。只是不相侵越職分之意。莊子逍遙遊。庖人雖不治庖。尸祝不越樽俎而代之矣。卽此義也。孔注。欲各專一於其職。各字可味。舍其田而芸人之田。故不可。若窮居思天下之事。草茅言當世之務。亦可謂出位乎。國家設官以分職。各不相棄。不徒明分守而已。正欲專其責於當事者。使無所借以自諉耳。世唯有越職自逞者。反生當事者觀望之念。不徒生其觀望之念。亦且予以掣肘之患。唯謀不出於位之外。則人人各專其責。各治其事。國家既免侵官之患。亦無曠官之弊矣。況天下事惟親歷始明。常有旁觀見以爲利。而身試乃知其害。蓋現在之籌畫必明。而搖揣之情形難核也。天下事惟獨斷乃行。常有一人爲之則成。而衆人營之則敗。蓋專則操縱在我而不疑。分則牽制由人而多忌也。且謀既多。其弊使人主惑其議論。而漸有不信老成之心。謀既多。其弊又使人主厭其議論。

而漸有不信言者之心。若夫侵官之念。起于妬人之功。而陽託爲不忍坐視之說。
又起于市己之名。而陰示以主張在我之權。則是小人之尤者矣。皇本政下有也
字。正平本同。位爲其位。政爲其政。明有主之者矣。

子曰。師摯之始。關雎之亂。洋洋乎盈耳哉。 ○摯音至。雎七余反。師摯。魯樂師名
摯也。亂。樂之卒章也。史記曰。關雎之亂。以爲風始。洋洋。美盛意。
孔子自衛反魯而正樂。適師摯在官之初。故樂之美盛如此。

箋曰。此章之意。不是美關雎。全在師摯適齊而發。始。初也。自師摯適齊之後。回顧
其在魯之時。故曰始也。始字重看。追憶其盛。所以傷今。師摯疑卽子語魯大師之
名。亂者樂之終。凡樂之大節。有歌。有笙。有間。有合。是爲一成。始於升歌。終於合樂。
是故合樂謂之亂。合樂周南關雎葛覃卷耳召南鵲巢采蘩采蘋。凡六篇。而謂之
關雎之亂者。擧上以該下。猶之言文王之鹿鳴之三云爾。洋洋盈耳。總歎之也。言
亂則笙間在其中矣。終爲亂者。爾雅釋詁亂治也。說文亂治也。從乙。乙治之也。從
𤔔。又𤔔治也。幺字相亂。受治之也。讀若亂同。曰理也。凡樂之終。咸就條理。故曰亂。
儀禮鄉飮酒禮。鄉射禮。燕禮。樂凡四節。工歌鹿鳴四牡皇皇者華。所謂升歌三終
也。比歌止瑟。此第一節。笙入堂下。磬南北面立。樂南陔白華華黍。所謂笙入三終
也。輔笙止磬。此第二節。笙入三終之後。間歌魚麗。笙由庚。歌南有嘉魚。笙崇丘。歌
南山有臺。笙由儀。歌笙相禪。故曰間。所謂間歌三終也。此第三節。乃合樂周南關
雎葛覃卷耳。召南鵲巢采蘩采蘋。則堂上下歌瑟及笙並作。所謂合樂三終也。此

第四節。所謂關雎之亂也。鄉飲酒禮。大夫士之禮也。燕禮。諸侯之禮也。其樂四節無弗同者。卽鄕射不歌不笙不間。大射不間不合。詳于射。略于樂。而合樂之爲周南召南。升歌之爲鹿鳴三終。無以異也。四節之中。惟合樂爲最盛。蓋當升歌。止堂上之歌瑟已耳。及笙奏。止堂下之笙磬已耳。迨夫間歌。堂上歌一篇。堂下吹一篇。歌瑟笙磬。相繼間代。直至合樂時。堂上堂下。樂器人聲。一時倶作。故論樂。必至合樂時始盛。合樂歌周南召南各三篇。而聖人言關雎之亂。以關雎者風始也。儀禮凡合樂則工必告備。不合樂則工不告備。蓋樂必至合而始備也。亂不止關雎一詩。曰關雎之亂。與儀禮升歌鹿鳴一例。蓋言鹿鳴則三終統是矣。○孔子自衞反魯者三。初自衞反魯。有定公喪。中自衞反魯。有幵官氏喪。皆不宜論樂。哀公十一年自衞反魯。是樂正雅頌得所之時。此嘆宜在此時耳。師摯賢者也。有官守者。不得其職則去。其適齊蓋魯定公十四年季桓子受女樂。倡優雜進。樂官恥與爲伍。故相率而去。至哀公十一年。隔十三年矣。孔子一面感慨聚散。一面想像周南豈僅音亡。亦歎人絕。而況聖人之情。何日不與周文王左右耶。緬想之下。百感倶生。

子曰。狂而不直。侗而不愿。悾悾而不信。吾不知之矣。

侗。音通。悾。音空。○侗。無知貌。愿。謹厚也。悾悾。無能貌。吾不知之者。甚絕之之辭。亦不屑之敎誨也。○蘇氏曰。天之生物。氣質不齊。其中材以下。有是德則有是病。有是病必有是德。故馬之蹄齧者必善走。其不善者必馴。有是病而無是德。則天下之棄才也。

箋曰。此狂字卑下。然亦有進取意思。敢爲大言。下稍却無收拾也。是非不枉。是直。有過勿揜。是直。表裏如一是直。各兼言行。此處直字。似不必深看。只指有過勿揜。表裏如一二項說爲是。言行則仍當兼也。侗。愚也。侗與狂一類。並實字。與悾悾不同類。注不當用貌字。莊子山木。侗乎其無識。揚雄法言學行序。天之生民。倥侗顓蒙。注。倥侗。無知也。愿者。皐陶謨。愿而恭。僞孔傳。愨愿而恭恪。大司寇職。國刑上愿糾暴。鄭注。愿。愨愼也。說文。愿。謹也。左傳子皮曰。愿。吾愛之。然則侗者愚蒙。而不愿者不謹愨也。悾悾。皇疏云。謂野愨也。又作空。子罕篇。空空如也。皇疏。空空無識也。釋文。鄭本作悾悾。是二字相通也。廣雅以爲誠。可以解子罕篇義。非此章之義也。此章悾悾與狂侗對。謂野愨而胸中無皀白也。侗。敏之反。悾悾。辨別之反。直是眞率易直。愿是守常不輕忽。信是樸實無譎詐。○吾不知之者。吾不與知也。猶言不相關。疎外之之辭。孟子。未同而言。視其色赧赧然。非由之所知也。語意相類。其實不知所以誨之之也。伊藤長胤曰。此言雖不才之人。苟有一得。則亦不可擯棄之。其或徒不才。而不有一得之可取。則雖聖人亦末如之何也已矣。狂之直。侗之愿。悾悾之信。皆不才之一得也。人其可不知自戒哉。

子曰。學如不及。猶恐失之。 言人之爲學。旣如有所不及矣。而其心猶竦然。惟恐其或失之。警學者。當如是也。○程子曰。學如不及。猶恐失之。不得放過。才說姑待明日。便不可也。

箋曰。曰及。曰失。皆以追人而喩。皇疏。恒如追前人。是也。不及。如左傳隱十一年。潁考叔挾輈以走。子都拔棘以逐之。弗及。失之亦亡失其人之辭。經文語氣。猶左傳所云。善。鄭以勸來者。猶懼不蔵焉之意。學如不及。此言爲學之法也。猶恐失之。此痛警學者之辭。言如此而猶恐失之。況於不能如此乎。甚言學之不可弗汲汲也。失字與不及相顧。並比喩中之語。不當作實說。學無止境。苟自謂已至。必不至。學無中立。不日進則日退。學無等待。纔說姑待明日。便不可。皆是所以如不及。猶恐失之。

子曰。巍巍乎舜禹之有天下也。而不與焉。與。去聲。○巍巍。高大之貌。不與。猶言不相關。言其不以位爲樂也。

箋曰。巍巍。言其功業之高大也。舜受於堯。禹受於舜。其有天下之功。巍巍如山。而不敢用其智。政因其舊。人用其故。故不預之稱。唯二聖當之。孟子答陳相。上言以不得人爲憂。下言非無所用心。中引此經及下章爲證。而此經下章舜有臣五人而天下治。復駢章類叙。則不與者。得人善任。不自親其事也。與者參預之義。如與有力之與。不與非不以位爲樂之義。任人致治。不必身預。所謂無爲而治。是也。若謂視之若無有。則是老氏無爲之學。非聖治矣。袗衣鼓琴可藐視天下。可藐視耶。

子曰。大哉堯之爲君也。巍巍乎。唯天爲大。唯堯則之。蕩蕩乎民無能名焉。唯。猶獨也。則猶準也。蕩蕩。廣遠之稱也。言物之高大。莫有過於天者。而獨堯之德能與之準。故其德之廣遠。亦如天之不可以言語形容也。

巍巍乎其有成功也。煥乎其有文章。

成功。事業。也。煥。光明之貌。文章。禮樂法度也。堯之德不可名。其可見者此爾。〇尹氏曰。天道之大。無爲而成。唯堯則之以治天下。故民無得而名焉。所可名者。其功業文章巍然煥然而已。

箋曰。堯開天首治。垂創規模。前無往古。後無將來。大哉句冒通章。下巍巍乎蕩蕩乎巍巍乎煥乎。俱是極贊其大。但由不可名。說到可見耳。說者誤認集注堯之德不可名二句。竟將末節輕看者。大非夫子不單贊堯。而言堯之爲君。則爲君二字。須有著落。此章是以爲君之功用言。蕩蕩與成功文章。俱在用上說。大抵此章與中庸發育萬物。聲名洋溢。同一意。或曰。上巍巍乎三字。恐是衍文。孟子無是巍巍乎可以爲證。唯天爲大。是非以形體言。邢疏集注皆誤。特皇疏以天德言。得其解矣。天生長萬物。其功德至大。天下無能比焉。故曰唯。以稱其最盛也。則準也。猶易言與天地準也。文言大人與天地合德。則之卽與天合德也。唯堯則之。此美堯之大。非美堯之能法天也。說文刀部。則等畫物也。是則有等義。管子七法篇。物雖不甚多。皆均有焉。而未嘗變也。謂之則。是則有均義。蓋則爲等。故亦爲均。呂氏春秋功名篇。取則行鈞。則與鈞竝。猶等也。昭七年左傳。六物不同。民心不壹。事序不類。官職不則。不則與不同不壹不類竝。猶不等也。此云唯天爲大。唯堯則之。蓋謂天之大。無與等者。唯堯能與之等耳。孔訓則爲法。未得其義。堯之則天。集注拈出德字。此以君德言。凡施於政敎。而見於治化者。皆是說者或以下節爲業。上節爲德。

不知下節乃德中之可見者。豈可判分德業。爲兩項。蕩蕩乎民無能名焉。是敷衍大哉字。形容功德之廣大。子罕篇曰。大哉孔子。博學無所成名。易乾文言曰。乾始以美利利天下。不言所利。大矣哉。皆與此一例。可見民無能名者。堯德之所以爲大。亦猶天德之廣大不可名也。○巍巍乎其有成功也二句。再申明堯德之大。堯德之所以爲大。最於其成功處見之。亦猶天德於歲功見之也。夫上天之載。無聲無臭。然四時行焉。百物生焉。其功偉矣。上之日月星辰。下之山川草木。莫適而非文。何其煥乎。堯之民布野。欣然相樂。擊壤而歌。其辭曰。日出而作。日入而息。鑿井而飲。耕田而食。帝之力于我何有哉。堯典曰。黎民於變時雍。所謂有成功者。是也。端冕旌旗。象諸日星。卑高等威。取諸山川。彩色昭之。聲明發之。禮樂明備。而民德可得而正。所謂有文章者。是也。以此觀之。堯之所以則天。庶乎其可以名言焉耳。蓋前古聖帝有成功者。文章尚未極盛。至堯而有成功。有文章。自堯而有文章。而三代之禮樂質文。皆自此出。說者或因注中幷存尹氏所可名者云云。以兩有字對上無字。謂此則可名者。殊失經旨矣。巍乎煥乎經文。與上節固同是贊嘆不盡之詞。無容岐視。煥與奐同。詩卷阿。伴奐爾游矣。毛傳。伴奐廣大有文章也。毛以廣大釋伴。文章釋奐。檀弓。美哉奐焉。正義引王云。奐言其文章之貌也。孔晁亦引孔子云。奐乎有文章。皆用此文。是古本皆作奐。不作煥。有文章下。古鈔本有也字。翟灝曰。漢書儒林傳叙傳。論衡齊世篇。陳書文學傳序。唐文粹柳冕答孟判官書引。文章下俱有也字。

舜有臣五人。而天下治。治。去聲。○五人。禹。稷。契。皐陶。伯益。

武王曰。予有亂

臣十人。書泰誓之辭。馬氏曰。亂。治也。十人。謂周公旦。召公奭。太公望。畢公。榮公。大顛。閎夭。散宜生。南宮适。其一人謂文母。劉侍讀以爲子無臣母之義。蓋邑姜也。九人治外。邑姜治內。或曰。亂。本作乿。古治字也。

孔子曰。才難。不其然乎。唐虞之際。稱孔子者。上係武王。君臣之際。記者謹之。才難。蓋古語。而孔子然之。於斯爲盛。有婦人焉。九人而已。也。才者。德之用也。唐虞。堯舜有天下之號。際。交會之間。言周室人才之多。惟唐虞之際。乃盛於此。降自夏商。皆不能及。然猶但有此數人爾。是才之難得也。

三分天下有其二。以服事殷。周之德。其可謂至德也已矣。春秋傳曰。文王率商之畔國以事紂。蓋天下歸文王者六州。荊。梁。雍。豫。徐。楊也。惟青。兗。冀尚屬紂耳。范氏曰。文王之德。足以代商。天與之。人歸之。乃不取而服事焉。所以爲至德也。孔子因武王之言。而及文王之德。且與泰伯皆以至德稱之。其指微矣。或曰。宜斷三分以下。別以孔子曰起之。而自爲一章。

箋曰。此章是孔子讀書至予有亂臣十人句。慨歎推論之詞也。斯字卽指予有亂臣句。前二節乃門人因夫子之言而例記之者。詳玩孔子曰以下語意自見。兩有字是書眼。盛與難意都在其中。才難二字。是通篇主腦。下皆推論。見天下之治亂定于才。而才之盛不盛由于德。德之至不至。又在于所際之時。其處之者何如也。處之盡善。而德至矣。○舜有臣五人。孔安國以爲禹。稷。契。皐陶。伯益。者。此隱括舜典。皐陶謨。益稷所稱而言之耳。○予有亂臣十人。予者。予周也。荀子曰。治亂謂之

亂猶治汙謂之汙故亂卽治義札記曰說文亂治也从乙乙治之也从𤔔按凡訓
爲治者皆从此故爾雅釋詁亂治也則亂本訓治說文又云敽煩也从攴从𤔔𤔔訓
亦聲按凡訓爲雜亂變亂者其本字作敽以後經典叚借並作从乙之亂說文又
云𤔔治也幺字相亂受治之也讀若亂同曰理也𤔔古文𤔔按所云古文與本字
不異則𤔔是亂之古文凡从乙之亂與从攴之敽當是後出之小篆其在古文不
別也札記得之此亂字訓治是能建立事功經緯天地以成有周之業者不但撥
亂爲治也與五臣比列在此可以見其才釋文及開成石經皆無臣字清儒因謂
後世因晉時所出大誓益之然三國志注引劉廙別傳廙表論治道魏略文帝詔
爾雅郭注引並有臣字中論亡國篇周有亂臣十人而四海服左傳襄二十八年
叔孫穆子云云亦有臣字昭二十四年萇弘引大誓亦有臣字然則釋文所據舊
本脫臣字耳十亂之名不可臆指有婦人焉九人而已則惟知有一婦人餘九人
竟不可考馬融以婦人爲文母劉敞謂子無臣母之義蓋邑姜也則似是而非子
不可以臣母而夫獨可以臣妻乎且大誥周公述誥曰爽邦由哲亦惟十人卽十
亂也自成王言之則邑姜卽其母武王不臣母而成獨臣母乎自周公言之則周
公亦編在十亂恐不以哲自命也至馬融始傳會之不可從困學紀聞曰論語釋
文予有亂十人左傳叔孫穆子亦曰武王有亂十人劉原父謂子無臣母之理然
本無臣字舊說不必改此說非也如以爲稱之爲臣則不可苟去臣字則太姒可
汎稱爲人以足十亂之數是未詳五倫之各有所屬也子之於母母屬於君道子
屬於臣道者也易曰家人有嚴君焉父母之謂也若但謂之人則是人於五倫之
中屬何倫耶是九人居臣道而一人屬君道也是君臨其九而臣事其一也而合

而言之曰。予有亂十人。母乃不倫之至耶。○有婦人焉九人而已。俞樾曰。子固無臣母之理。夫亦無稱其臣並稱其妻之理。武王誓師。豈宜擧宮中賢佐。昌言於衆。與周召諸臣比肩爲十乎。是故太姒非也。邑姜亦非也。然則此婦人爲誰乎。曰戎胥軒之妻姜氏也。史記秦本紀。申侯言於孝王曰。昔我先酈山之女。爲戎胥軒妻。生中潏。以親故歸周。保西垂。西垂以其故和睦。按上文顓頊之苗裔孫曰女修。女修生大業。大業生大費。大費生二子。曰大廉。曰若木。大廉玄孫曰孟戲仲衍。仲衍玄孫曰中潏。生蜚廉。蜚廉生惡來。以是言之。戎胥軒爲中潏之父。則仲衍之曾孫也。酈山女者申國之女。故申侯曰我先酈山女。申國姜姓。則此女姜氏也。謂之酈山女者。申國之君。娶於酈山而生此女。故以母名女。謂之酈山女。亦猶左傳顏懿姬。鬷聲姬之例也。酈山女爲戎胥軒妻。遂以親故歸周。西垂和睦。其有功於周大矣。文王時西有昆夷之患。北有玁狁之難。采薇諸詩所以作也。詩云。赫赫南仲。玁狁于襄。又曰。赫赫南仲。薄伐西戎。夫玁狁曰于襄。而西戎但言薄伐。可見西戎終未大定。南仲所不能定者。而酈山女能鎮撫之。亦千古奇女子矣。厥後文王伐崇伐密。師徒屢出。無西顧之憂。酈山女之力也。武王因之。遂成王業。乃追數酈山女之功。列諸亂臣十人之末。固其宜也。蜚廉惡來乃其子若孫。自蜚廉至造父五世。周穆王封之於趙城。春秋時趙氏其後也。至戰國而遂爲七雄之一。自惡來至非子六世。周孝王封之於秦。至始皇竟代周而有天下。然則酈山女之遺澤孔長。且駕周召諸公而上之矣。孔子時周初載籍具存。知亂臣十人有酈山女在。故曰有婦人焉九人而已。漢書律歷志載張壽王言驪山女亦爲天子。在殷周間。此雖妄說。然考酈山女爲戎胥軒妻。正在殷周間。意其爲人必有非常材藝。爲諸侯所推

服。朝覲訟獄歸之。古者衆所歸往。卽謂之王。是以後世傳聞有爲天子之事。酈山
女生則雄長西垂。歿則列名十亂。偉矣。或問飛廉爲驪山女之子。何以仕紂。曰。侯
國之子入仕王朝。古多有之。既仕於紂。卽忠於紂。天有石棺之賜。民有堯縣之祠。
孟子以戮飛廉爲周公之功。蓋殷之義士。周之頑民。固不得爲定論矣。然則母子
不異趣乎。曰。驪山女自以才智雄長一方。後世猶有爲天子之說。其帝制自爲。大
略可見。周初倚以爲重。錫之名號。寄以干城。此猶隋時待譙國夫人之比。在驪山
女。雖厠名十亂之中。而仍執不純臣之義。初非攀龍鱗附鳳翼。甘爲興朝佐命也。
俞說當考。任啓運謂。漢石經作有殷人焉。注殷人謂膠鬲。潘維城辨之曰。漢石經
爲魯論。有經無注。而以爲注殷人謂膠鬲。其謬甚明。雖馬氏所注爲古文。以婦人
爲文母。魯論爲今文。古今文不同。似屬可信。然鄭君兼通今文。石經果爲殷人。豈
不知婦人之不可通。而必從其師說乎。釋文序錄謂。鄭就魯論張包周之篇章。考
之齊古。爲之注。是經文先當作殷人。卽從師說爲婦人。亦當如釋文所載。傳不習
乎。鄭注。魯讀傳爲專。今從古。崔子弑齊君。鄭注魯讀崔爲高。今從古之例。云魯讀
婦爲殷。今從古。今釋文無此文。則漢石經作殷人之說。不足辨也。翟灝亦曰。晉書
衞恒傳。但言其祖敬侯寫邯鄲淳所傳之古文尚書。淳不能別。並不言有論語古
文。而韓李筆解亦絕無殷人膠鬲之說。以今所傳石經惟前四篇與後四篇略有
其文。泰伯篇久已無存。任氏何從見之。此均知其妄也。○三分天下有其二。以服
事殷。以謂左右之作。率字看。服卽帖服之義。見其出於中心。若衣之附體。然無一
毫勉強意。三分有二。不過謂天下人心。大半歸文王爾。後人遂分六州以實之。夫
當時天下九州。周如此分。向使爲十州也。又何如分乎。拘泥甚矣。書曰。受有臣億

萬。孟子曰。尺地莫非其有。一民莫非其臣。則九有皆商矣。武王曰。予有臣三千。孟子曰。文王猶方百里起。是以難也。則西伯仍是千乘之國矣。何曾有一毫覬覦非望之心哉。蓋由天下形勢言之。商家一統。西伯愼守其封而已。由人心向背言之。則商受獨夫。所謂離心離德。親戚畔之。而文王則天下之所順。四維八荒皆歸其仁。而特限以六州哉。若拘拘乎曰三曰二之數。殆所謂盡信書不如無書者歟。周之德其可謂至德也已矣。上文引武王之言。而繼之曰周之德。則其通文武二王而言之。武王未征殷之前。其服事之誠與文王同。故統言周也。夫文王之服事。非畏殷也。亦非曰吾姑柔之。俟其惡盈而取之也。惟是冀紂之悔悟。俾無墜厥命已爾。終文之世。暨乎武王。而紂淫亂日益甚。是紂自絕於天。不至滅亡不止也。是故文之終服事也至德也。武之不終服事也。紂爲之也。亦無損於至德也。竹書。紂五十一年。乃武王之十年。冬十一月。諸侯會師孟津。請伐紂。武王諭以紂不可伐而還。紂殺比干。囚箕子。微子出奔。武王曰。紂不可不伐矣。明年春。徼諸侯師。秋伐殷。師次鮮原。蓋會師孟津。諸侯皆請伐紂。而武王不許者。三仁猶在。庶其改之也。至比干死。微子亡。不得不伐矣。然春徼師。師未起也。秋師起矣。猶次鮮原。未行也。蓋以箕子尚囚。紂若免而出之。則猶或改于萬一也。紂終不悛。且恃其如林之衆以相敵。不得已十一月師渡孟津。而紂亡矣。服事兼文武說。是至當不易之論。集注褒文貶武。失經指矣。崔述曰。註采范氏言云。孔子因武王之言。而及文王之德。且與泰伯皆以至德稱之。其旨微矣。余按。孔子但言周之德。未嘗言文王之德也。周也者文武之統稱。何由而知其專屬文王。況上文所記者武王之言。則以爲論武而兼文也可。若以爲論文而删武。則上下之文不相屬矣。范氏之意。但以武王嘗伐商。故改而屬之文王。以曲入武王之罪耳。不知武王牧野以前。其不忍伐商。而服事之心。初與文王不異。而孔子之言。亦非謂紂之終不可伐也。但謂其勢足以伐商。而不革命。必待紂惡既盈。萬不得已。然後伐之。爲至德耳。奈何反以伐商罪周也哉。又集註此章末云。或曰宜斷三分以下。別以孔子曰起之。而自爲一章。余按。此章本通論周事。上節論周之才。此節論周之德。皆兼文武言之。書云。武王維茲四人。尚廸有祿。則武王之臣。大半皆文王所遺。但十人至武王時。始備耳。其章首記武王言者。但爲後文九人而已張本。因有唐虞之際一語。故并記舜五臣。正如左傳記宋攻蕩氏事。先稱二華戴族。司城莊族。六官桓族。不過爲後魚府是無桓氏一語張本耳。其實孔子自專論周事。非泛論古今人才。故曰於斯爲盛。不曰於周爲盛。不得因章首記舜武王之臣。遂割上節屬之。而此又別爲一章也。亦不得謂上節自論武王。而此自論文王也。蔡啓盛曰。書西伯戡黎正義曰。鄭玄云。西伯周文王也。時國于岐。封爲雍州伯也。國在西。故曰西伯。王肅云。王者中分天下。爲二公總治之。謂之二伯。得專征伐。文王爲伯。啓盛謹案。蓋以情揆之。文王與紂。本非上下交泰。不過悅周之獻。而釋使歸國。則復其先世州伯之舊。雖爲事所可有。豈能遽界以大伯之重任乎。孔疏因旱麓詩傳九命之文。謂毛以爲王季亦大伯。又附會以論語三分有二之文。果如其說。則是文王僅能守父之業。何以詩書皆歸美文王。而鮮言王季乎。此非但由于不識孔叢之僞。亦由未悟周官之非殷制耳。州伯始于舜之十二牧。而後世因之。此孔疏所詳。特未及于大伯之始。蒙謂諸書無言以前之大伯者。此職應卽始于周。固有其證存焉。王制之左右二伯。鄭注以周召分陜說之。卽所以明其爲周制。蓋鄭君深知二代之制不同。故如棫樸箋云。殷末之制。未有周禮。此義甚明。奈何正義猶取九命作伯。以合毛傳之九命乎。且不但有王制。制之注可證。卽經文亦自有之。樂記云。五成而分周公左召公右。此卽公羊傳所謂周公主陝以東。召公主陝以西也。使其爲仍殷之舊制。則再成滅商。宜卽行之。何待南國是疆之後。始鄭重而特設之乎。合此諸文審之。自見大伯之始于周初。而西伯無侯辨矣。惟詩周南召南譜疏引鄭此注。下有南兼荊梁四字。此實鄭君之小失。子邕所以乘隙而入者也。不知大匡解云。作大匡以詔牧其方。又云。三州之侯咸率。此謂文王自牧其州。而三州之侯亦從化。非文王兼牧之也。州伯固無兼牧他州之制。兼牧則疑于大伯矣。孔子所謂三分有二者。亦明謂歸之者有如此。非謂文王所統屬者有如此也。正義不明其旨。而泥其辭。又何不思。是且不止天下之半乎。崔述又曰。後儒皆謂文王親立於紂之朝。北面爲臣。余獨以爲不然。君臣之義。千古之大防也。文王既立紂之朝矣。諸侯叛紂而歸文王。文王當拒其歸。而討其叛。安得儼然而受之。古者天子之地一圻。列國一同。文王果受紂命而爲西伯。伐密伐崇。滅之可也。人臣之義。不得自私其地。皆當歸諸天子。安得據之而遷都焉。文王之事。詩書言之詳矣。與國若虞芮。仇國若崇密。下至昆夷。亦得附見焉。紂果文王之君。不應詩書反無一言及之。況羑里之囚。乃文王之大厄。斧鉞之賜。乃周王業之所自始。較之虞芮之質。崇密之伐。其事尤鉅。尤當鄭重言之。何以反不之及。豈非文王原未嘗立於紂之朝哉。紂囚文王之事。始見於春秋傳。襄三十一年左傳云。紂囚文王七年。諸侯皆從之囚。紂於是乎懼而歸之。固已失於誕矣。然初未言文王立於紂之朝也。其後戰國策衍之。始以文王爲紂三公。而有竊歎九鄂脯醢之事。然尙未有美女善馬之獻也。尙書大傳再衍之。始謂散宜生閎夭等取美馬怪獸大貝以賂紂。而後得歸。然亦尚未有弓矢斧鉞之賜也。逮至史記。遂合國策大傳之文。而兼載之。復益之以爲西伯專征伐之語。豈非去聖益遠。則其誣亦益多。其說愈傳。則其眞亦愈失乎。且春秋傳以爲囚之七年。戰國策以爲拘之百日。其久暫固已懸殊矣。尚書大傳以爲在西伯戡耆之後。史記以爲在虞芮質成之前。其先後亦復抵捂矣。春秋傳以爲諸侯從之而紂歸之。尚書大傳以爲散宜生賂之而紂釋之。其所以得出之故。又不一說矣。學者將何所取信乎。尤可異者。殷本紀以爲竊歎九侯而被囚。周本紀則以爲積善累德而見譖。殷本紀以爲獻洛西而後賜斧鉞。周本紀則以爲賜斧鉞而後獻洛西。此一人之書也。而先後矛盾亦如是。其尚可信以爲實耶。曰。紂天子也。文王其諸侯也。安得不立其朝。而生死懸於其手乎。曰。此後世郡縣之法然耳。古者天子有德。則諸侯皆歸之。無則諸侯去之。故孟子曰。武丁朝諸侯。有天下。猶運之掌也。然則武丁以前。諸侯固多不朝。天下固不皆商有也。故商頌曰。昔有成湯。自彼氐羌。莫敢不來享。莫敢不來王。然則成湯以後中衰之世。固多有不來享來王者也。周介戎狄之間。去商尤遠。是以大王侵於獯鬻。商之方伯州牧。不聞有救之者也。事以皮幣珠玉。不聞有責之者也。去而遷於岐山。亦不聞有安集之者也。蓋當是時。商之號令。已不行於河關以西。周自立國於岐。與商固無涉也。自憑辛至紂六世。商日以衰。而紂又暴。故諸侯叛者益多。特近畿諸侯。或服屬之耳。是以文王滅密則取之。滅崇則取之。商不問。文王亦不讓也。三分有二之國。相率歸周。商不以爲罪。文王亦不以爲嫌也。何者。諸侯久已非商之諸侯也。文王自以其德服之。其力取之。於商何與焉。由是言之。文王蓋未嘗立商之朝。紂焉得囚之羑里。而錫之斧鉞也哉。曰。然則論語之以服事殷。傳之帥叛國以事紂。其皆不足信與。曰。孟子曰。湯事葛。大王事獯鬻。湯與大王豈嘗臣於葛獯鬻者哉。所謂服事殷者。不過玉帛皮馬。卑詞厚幣。以奉之耳。非必委質而立於其朝也。春秋傳。韓厥之言。以喩晉楚也。晉楚敵國也。而以爲喩。則亦非謂文王爲紂臣也。其後晉司馬侯之諫平公。亦以文王喩晉。而紂喩楚。假令文王果嘗委質於紂。則二子之取義。爲不倫矣。蓋自滅崇以後。周日以大。而亦漸近於商。不能不爲紂之所忌。而文王委曲退讓。不肯與抗。其實紂無如文王何也。○正平本南宗本周下無之字。

子曰。禹吾無間然矣。菲飮食而致孝乎鬼神。惡衣服而致美乎黻冕。卑宮室而盡力乎溝洫。禹吾無間然矣。

間去聲。菲音匪。黻音弗。洫呼域反。○間。罅隙也。謂指其罅隙而議之也。菲。薄也。致孝鬼神。謂享祀豐潔。衣服常服。黻。蔽膝也。以韋爲之。冕。冠也。皆祭服也。溝洫。田間水道。以正疆界。備旱潦者也。或豐或儉。各適其所。以無罅隙之可議也。故再言以深美之。○楊氏曰。薄於自奉。而所勤者民之事。所致飾者宗廟朝廷之禮。所謂有天下而不與也。夫何間然之有。

箋曰。夫子贊堯舜不容口。而於禹獨曰無間然。邪敬曰。虞以前宮天下。傳于賢。禹不傳于賢而傳子。此在常人分上非小罅。故當世有德衰之疑。疑其利天下也。夫子曰禹不利天下之心。故歷數其勤儉實蹟。見禹生平勤苦。飲食衣服宮室極淡薄。四海之奉。不過以敬神明。盡力民事耳。此豈私子利天下者之所爲乎。故曰無間然也。○說文。間隙也。从門月。會意也。門開而月入。門有縫而月光可入。皆其意也。故凡罅隙皆曰間。蓋間是搜求罅隙之謂。從吾字上生來。不從禹字生來。是吾無間。非禹無間也。間然連讀。其來舊矣。圈外楊氏曰。夫何間然之有。亦爾。蓋然字當承無字。不當承間字。論語中如如由不得其死然。俱不得其死然。語勢全同。必然承不得字。語勢方妥。○致美乎黻冕者。黻文如兩己相背。而一己繡青。一己繡黑。考工記。黑與青謂之黻是也。爾雅曰。袞黻也。袞衣謂之黻衣。猶袞冕謂之黻冕也。黻冕服之章也。古天子十二章。黻最在後。專言黻者。所以該衆章也。左傳晉侯以黻冕命士會。士會卿也。亦言黻者。古黻上下通之。若蔽膝之黻從韋。觀左傳袞冕黻珽與火龍黼黻分二字可見。邢疏既引鄭注。乃解黻爲蔽膝誤。集注亦因之也。虞書古人以日月星辰山龍華蟲六章繪衣。以宗彝藻火粉米黼黻六章繡裳。合十二章。而其後去日月星辰四章。畫之旂常。而獨留山龍至黼黻九章爲衣裳。於是以五服改作五冕。而即以衣裳采聯之冕以爲名。周官弁師掌王之五冕。五冕者袞冕。鷩冕。毳冕。希冕。玄冕也。袞冕則山龍以下至黼九章也。鷩冕則華蟲以下至黻七章也。毳冕則取宗彝至黻五章。而去火不用。希冕則止以粉米屬衣黼黻屬章爲三章。而繡不盡於玄冕。則獨黻一章。而繡於下裳。其曰玄者以文之至也。而總名曰黻冕。以五冕終黻。黻衣裳之極事也。且以十二章之法。去其十一。而惟黻不去。則黻又章服之大常也。冠者首服之通名。冕者冠中之別號。冕制詳。夏之冕不得詳。王制曰。有虞氏皇而祭。夏后氏收而祭。殷冔而祭。周人冕而祭。儀

禮士冠禮記。周弁。殷冔。夏收。三王共皮弁素積。郊特牲同。是夏冕名收也。禮器。注
有以文爲貴者。天子之冕。朱綠繅十有二旒。諸侯九。上大夫七。下大夫五。士三。注禮
家以此爲夏殷禮。此夏冕之等衰歟。戴東原曰。有虞氏之皇。夏后氏之收。殷之冔。
皆冕屬也。夏之牟追。殷之章甫。周之委貌。皆弁屬也。記言周弁殷冔夏收。此以明
夏殷之禮。士得服冕。記言天子之冕旒至于士三。是也。周禮士爵弁。而大夫以上
冕。士玄冠。而大夫以上委貌。凡此見夏冕之大略也。此章夫子極贊禹之德。則當
擧其德之全。今菲飲食而致孝乎鬼神。卑宮室而盡力乎溝洫。明指宗廟之祭。農
事之務。又以致美乎黻冕。專指祭服。則與致孝乎鬼神只是一事。且何以見黻冕
之必祭服乎。左傳天子以黻冕命士會爲上卿。劉定公謂趙武曰。吾與子冕端委。
以治民臨諸侯。論語見冕衣裳者與瞽者。服周之冕。惡在黻冕之爲祭服也。且朝
祭之服。固多通用而同名者。黻冕本指朝廷之服。而兼言祭服則自無礙。〇不但
曰孝鬼神美黻冕。而必曰致者。內極其情。外備其物也。克勤於邦。克儉於家。兩句。
足了菲飲食三句之義。〇卑宮室而盡力乎溝洫者。爾雅釋宮云。宮謂之室。室謂
之宮。郭注。皆所以通古今之異語。明同實而兩名。考工記匠人注云。明堂者明政
教之堂。周堂高九尺。殷三尺。則夏一尺矣。相參之數。禹卑宮室。謂此一尺之堂與。
此鄭擧明堂以說禹卑宮室之制。其他廟寢亦皆卑可知矣。孟子滕文公篇。方里
而井。井九百畝。是方里爲井也。冬官匠人爲溝洫。耜廣五寸。二耜爲耦。一耦之伐。
廣尺深尺。謂之甽。田首倍之。廣二尺深二尺。謂之遂。九夫爲井。井間廣四尺深四
尺。謂之溝。方十里爲成。成間廣八尺。深八尺。謂之洫。方百里爲同。同間廣二尋深
二仞。謂之澮。專達於川。各載其名。是甽·遂·溝·洫·澮。皆所以行水。論語擧溝洫。以賅

其餘耳。又地官遂人云。凡治野。夫間有遂。遂上有徑。十夫有溝。溝上有畛。百夫有洫。洫上有涂。千夫有澮。澮上有道。萬夫有川。川上有路。以達于畿。與匠人文異。程瑤田謂。遂人匠人制同文異。其遂人匠人溝洫異同考曰。遂人職云云。鄭注以南畝圖之。則遂縱溝橫。洫縱澮橫。九澮而川周其外焉。按畝長畝也。一夫之田。析之百畞。以爲長畝。南畝故畞橫。畞流於遂。故遂縱。遂在兩夫之間。故謂之夫間。夫間東西之間也。其南北之間。則溝橫連十夫。故曰十夫有溝。不可謂二十夫之間。故變間言夫也。溝縱十夫。流入於洫。洫之長如溝。縱承十溝。十溝之水皆入焉。故曰百夫有洫也。洫之水入澮。澮長十倍於洫。而橫承十洫之分布千夫中者。故曰千夫有澮也。澮十之橫貫萬夫之中。十澮之水並入於川。故曰萬夫有川。澮橫川自縱也。鄭謂九澮而川周其外。恐不然矣。川上有路。以達于畿。安得有縱路。復有橫路邪。其橫者則二萬夫間之道也。澮但言九。亦考之不察矣。匠人爲溝洫。廣尺深尺謂之畎云云。按畎在一夫百畝中。物其土宜而爲之。南畝畎橫。順其畝之首尾。以行水入於遂。故遂在田首。井田。夫三爲屋。三夫田首同枕一遂。遂在屋間。非夫間也。謂之屋者。三夫相連綿如屋然。但疆之以別夫而已。不若遂人夫爲一遂以受畎水。此所以別夫間而言田首也。而鄭氏猶以遂者夫間小溝釋之。遂非不在夫間。而記變其文者。蓋自有義。不宜襲用遂人之文矣。遂流井外。溝橫承之井中無溝。溝當兩井之間。故以井間命之。其長連十井。不嫌井間之溝。洫十井之縱者。其縱亦遂之在屋間而受畎水者也。溝十之含百井爲一成。十溝之水咸入於洫。洫縱當兩成之間。故曰成間有洫也。洫之長連十成。亦不嫌成間之稱。洫十成之橫者。其橫亦溝之在井間而受遂水者也。洫十之含萬井爲一同。十洫之水咸入於澮。澮橫當兩同之間。故曰同間有澮也。澮達于川。川在山間。命之曰兩山之間。以例澮在同間。洫在成間。溝在井間。其事相同。厥名斯稱矣。是故萬井之田。一澮界兩同之間。萬夫之田。十澮納百洫之水。故一同之澮。獨著專達于川之文。而萬夫有川。但準溝承十遂之目。形體之端緒不同。標錄自爾殊致矣。賈公彥云。井田之法。畎縱遂橫。溝縱洫橫。澮縱川橫。余謂縱橫無定法。視其畝之東南而爲之。如賈說是東畝法耳。左傳晉使齊盡東其畝。以晉伐齊必向東。東畝則川橫。而川上路乃可東西行。故曰惟吾子戎車之利也。此畎縱爲東畝。畎橫爲南畝之確證。遂人匠人二法所同者。賈氏不明匠人於遂不命夫間之故。而以爲夫間縱者。但分其界而無遂。又不明遂人夫間之遂亦於田首爲之。而以爲田首必在百畝之南。故必易其縱橫以通其說。若是則井田之制必無南畝矣。豈其然乎。而後世解斯記者。亦由不明田首之遂不命夫間之故。而以爲與遂人夫間之遂同其實。而橫爲之於三夫相連之中。因置間字之義。勿復深考。而強以屋間之遂當井間之溝。以井間之溝當成間之洫。以成間之洫當同間之澮。而以同間之澮當兩山之間之川。而於是專達於川之一澮。不得不十倍增之。而又或以爲九矣。又按遂人匠人兩篇。文義皆互相足者也。夫間有遂。見遂在兩夫之間。兼辭也。十夫有溝。百夫有洫。千夫有澮。萬夫有川。但就小水入大水言之偏辭也。若以偏辭言遂則曰一夫有遂矣。以兼辭言溝洫澮川。則必曰二十夫之間。二百夫之間。二千夫之間。二萬夫之間矣。田首謂之遂。偏辭也。井間謂之溝。成間謂之洫。同間謂之澮。兼辭也。若以兼辭言遂。則曰屋間謂之遂矣。以偏辭言溝洫澮。則遂在田首。溝在井首。洫在成首。澮在同首。當云井首謂之溝。成首謂之洫。同首謂之澮矣。惟澮所專達之川則必曰兩山之間難擧偏辭故溯洄相從澮洫溝亦皆以間言之此古人造言之法出於自然治古文者可求而得之者也又井田溝洫名義記曰聖人立法之精其命名爲不苟也畝百爲夫夫之名命於受田之人也夫三爲屋屋之名命於三夫之遂同承甽水象屋霤之垂於檐也屋三爲井井之名命於疆則九夫二縱二横如井字也井十爲通通之名命於十井之溝下通於洫也通十爲成成之名命於縱横十里爲方百井井田之制於是乎成也十成爲終終之名命於洫納百溝行百里以入於澮井田水道之長終於此矣十終爲同同大成也一澮上承洫溝遂甽之水以專達於川其有一甽之水不入於遂一遂之水不入於溝一溝之水不入於洫一洫之水不入於澮者乎以此言同同之名弗可易矣神禹之治水也濬甽澮以入于川是故水之行於地中也小大之形三者而已故制字以象形一水爲巜甽二水爲巛澮衆澮爲川及其盡力于溝洫也則以爲非多其廣狹淺深之等不足以盡疏瀹之理而奠萬世農業之安於是由川而澮又等而增之而溝而洫而遂乃以承夫百畝中之甽夫然後一旦雨集以大受小遞相承焉不崇朝而盡達于川矣其承甽者名之以遂何也慮其蓄而弗暢也故遂之曷爲承之以溝也一縱一横乃見交暢之義溝冓也縱横之說也名之曰溝所以象其形象形曰溝也會意曰洫洫字从血以洫承溝謂是血脈之流通也澮會也會上衆水以達於川初分終合以盡水之性而不使有汎濫之害也鄭注小司徒云溝洫爲除水害余以爲備潦非備旱也歲歲治之務使水之來也其涸可立而待若以之備旱則宜豬之不宜溝之宜蓄之不宜洩之今之遞廣而遞深也是溝之法非豬之法是洩之非蓄之也故使溝洫之制存而不壞豈惟原田之利農無水潦之患而

天下之川。亦因之而治矣。夫川之淤塞也。有所以淤塞之者也。溝洫不治。則入川之水。皆汙濁之渾流。實足以爲川害。然則溝洫不壞。卽謂天下之水永無崩決之虞可也。夫神禹之治水也。既疏九河。又瀹濟漯。此何故哉。觀其盡力于溝洫。可想見神禹之用心矣。黃式三曰。匠人成間有洫者。謂其間有洫。其實一成有十洫。非一洫而已。同間有澮者。謂其間有澮。其實一同有十澮。非一澮而已。匠人云。同間之澮。專達于川。各載其名。此言澮水出注入川處著其名。使人有所稱謂。觀此而知達川者非一澮。戴東原曰。溝洫之法。一夫百畝。田首有遂。夫三爲屋。遂端則溝。屋三爲井。溝在井間也。井十爲通。溝端則洫。通十爲成。洫在成間也。十成爲終。洫端則澮。十終爲同。同薄于川。澮在同間也。此溝洫之多少。不必泥也。蓋南畝而耕。畎縱遂橫。溝縱洫橫。澮縱川橫。東畝而耕。畎橫遂縱。溝橫洫縱。澮橫川縱。此南東其畝之定法。是遂人注南畝之說。不足據也。井田之法。備乎一同。或百里內有數川。亦因乎自然。或遠乎川。引澮長之。舒促不可一定。爾雅絕大爲之澮。非人爲之川。詩曰南東其畝。皆因川制田之法。匠人云。溝必因水勢。以大川常在兩山之間。不能畫方如棋局。限以萬夫之地。而據此爲九一什一之辨。未可決信。詳見戴東原文集。及攷工記補注。林頤山曰。自賈疏誤解鄭注。乃分遂人溝洫爲夏貢溝洫法。小司徒匠人溝洫爲殷助井田法。後儒欲求其法。遂不可得。蓋鄭君匠人注以洫爲夏用貢法。殷用助法。周徹卽通用夏貢殷助法。夏殷周貢助有遷改。井田之溝洫斷不可以遷改。後儒執賈疏之成見。猶謂井田自井田。溝洫自溝洫。造都鄙則變爲井田。制鄉遂則變爲溝洫。果如其說。則殷人七十而助。胥天下而界以井田。周之繼殷。舉一切五溝五涂最大者廣深十餘尺。最多者縱橫千萬行。乃無故而堙之塞之。易一地而仍復疏之瀹之。豈有制禮如周公。而勞民傷財。興此無益之書大役。其誤一。依小司徒鄭注義。則井田斷自夏禹。始論語泰伯。禹盡力乎溝洫。皐陶謨。濬畎澮距川。詩小雅信南山。維禹甸之。左哀元年傳。夏少康有田一成。有衆一旅。明是夏禹以井田制貢法。而井田法外。別無溝洫法。當夏禹時。始制貢法。既用井田法。則周禮鄉遂仍用夏貢法。何獨不可用井田法。而必別用溝洫法。以改井田之舊乎。其誤二。遂人鄭注。遂廣深各二尺。溝倍之。洫倍溝。澮廣二尋。深二仞。既是約匠人井田法。匠人注。遂上亦有徑。亦即遂人所云遂上有徑者。又遂人鄭注。都之野涂。既是小司徒都鄙制井田法。小司徒注。立其五溝五塗之界。亦即遂人所云夫間有遂。遂上有徑等。五溝五涂者。設井田法外。別有溝洫法。鄭注不應誤合爲一法。則賈疏顯與鄭注相背矣。遂人鄭注。遂從溝橫。洫從澮橫。與匠人井田法互相發明。賈疏乃云。井田法。溝澮稀少。溝洫法。溝澮稠多。詎知步晦限以定制。溝澮稠多。有何餘地之可容耶。又遂人鄭注。九而方一同。井田法。九夫爲井。凡遂溝洫澮。悉御以九。賈疏乃云十溝十洫九澮。詎知古者積算之數。皆用整以御畸零。亦何得忽焉而用十。又忽焉而用九。遂人鄭注。九澮而川周其外。井田法一同九澮。三萬二千四百夫治澮。匠人賈疏乃云。溝洫法九九八十一澮。詎知九澮猶須三萬二千四百夫治之。而九九八十一澮。雖極一同九萬夫竭作。不出田稅以治澮。亦仍不足其九倍之數。其誤三。賈疏申鄭注。既有此三誤。而益信匠人鄭注所云夏貢殷助周徹。其井田之制。歷夏殷周而未有遷改。其所以五十七十百畝異制者。禹貢正義引鄭注佚文云。賦之差。一井上上出九夫稅。下下出一夫稅。通率九州一井稅五夫。又王制正義引作一井上上出九夫稅。上中出八夫稅。

上下出七夫稅。中上出六夫稅。中中出五夫稅。中下出四夫稅。下上出三夫稅。下出二夫稅。下下出一夫稅。惟少中通率九州一井稅五夫一句。由是推之。夏后氏通率九州一井稅五夫。夫稅十畝。五夫稅五十畝。故曰五十而貢。殷人通率九州一井稅七夫。夫稅十畝。七夫稅七十畝。故曰七十而助。周人通用夏貢殷助法。若用貢法。無公田。九家同井。則墾田數少。用助法。有公田。八家同井。則墾田數多。因無通率之可言。而單就一夫受田百畝言。故曰百畝而徹。其故由於夏禹時。水土初平。民數稀少。開墾田畝之數亦少。殷以後民數漸多。開墾田畝之數亦多。試以夏貢殷助開墾田畝。核其戶口實數。乃置夏貢通率一井所稅五十畝。以九家乘之。八家除之。得所稅田五十六畝二五。爲設言夏用助法之數。與殷相較。其差若七十畝與五十六畝二五。又置殷助通率一井所稅七十畝。以八家乘之。九家除之。得所稅田六十二畝二二有奇。爲設言殷用貢法之數。與夏相較。其差若五十畝與六十畝二二有奇。續漢郡國志劉注引帝王世紀禹平水土爲九州。其時九十州之地。凡二千四百三千萬八千二十四頃。定墾者九百二十萬八千二十四頃。不墾者千五百萬二千頃。民口千三百五十五萬三千九百二十三人。殷因於夏。其間損益。書策不存。世紀僅載夏民墾田戶口。而殷則闕而不詳。無以證夏殷墾田戶口之差數。或有難者。謂匠人九夫爲井。以九起數。遂人十夫百夫千夫萬夫。乃以十起數。不以九起數。顯與匠人異制。果又有何說。曰。周頌噫嘻。駿發爾私。終三十里。亦服爾耕。十千維耦。箋意三十里者。一部一吏主之。周禮曰。凡治野田。夫間有遂。遂上有徑。十夫有溝。溝上有畛。百夫有洫。洫上有塗。千夫有澮。澮上有道。萬夫有川。川上有路。此萬夫之地方三十三里少半里。耜廣五寸。二耜爲耦。一川之間萬夫。故有萬耦。實與遂人注萬夫者方三十三里少半里相發明。詩言終三十里亦服爾耕十千維耦。實卽萬夫之耦。分作一部。爲遂人等吏之所主。詩箋必引遂人云云者。乃因耦耕分部。而治五溝之遂溝洫澮川。五塗之徑畛涂道路。遂人爲井田法。計耦耕九夫。數奇不成耦。十夫始得成爲耦。自然與匠人九夫爲井不同。此立三證以申鄭注。其一爲耦耕之時。卽治五溝五涂之時。周語上。農祥晨正。土乃脉發。注。晨正謂立春之日。又云修其疆畔。日服其鎛。不解於時。禮記月令。孟春之月。王命布農事。命田舍東郊皆修封疆。審端徑術。注。術周禮作遂。夫間有遂。遂上有徑。據此知井田之五溝五涂。遂人率耕耦之夫以治之。當在孟春之月立春以後矣。此其可證者一也。其二爲耦之部。卽治五溝五涂之部。里宰以歲時合耦於鋤。以待有司之政令。注。鋤者里宰治處也。詩噫嘻箋。竟三十里者。一部一吏主之。正義云。吏皆以大夫爲之。據此知里宰合耦以待遂人等政令。而遂人掌六遂。一遂五縣。六遂三十縣。分爲七部。有半合公邑采地足其數。以成八部。每部以一吏之爲大夫者主之。遂人中大夫二人。遂大夫六遂中大夫六人。併二人六人爲八人。適足八部之數。率耕耦之衆。以治五溝五涂。其廣深尺尋仞。則匠人經營其工役矣。此其可證者二也。其三爲遂人因耦耕以治五溝五涂之制。卽匠人所治五溝之制。噫嘻正義。遂人注又言以南畮圖之。遂從溝橫。洫從澮橫從。遂必注於橫溝。南北九遂。東西九溝。從洫必注於橫澮。南北九洫。東西九澮。其四畔則川周之。此皆設法耳。川者自然之物。當遂地形而流。非於萬夫外。必有大川達之。據此知孔正義所用六朝人周禮舊疏義。止有井田法。別無溝洫法。遂人匠人乘耦耕時。治井田之九遂九溝九洫九澮。而遂人就耕耦言。二五得十。是耦數。十夫成耦。九夫不足以成耦。二耜爲耦。既以十夫爲之。推此而百夫千夫萬夫其數亦悉御以十。匠人就井田開方言。三三得九。是方數九夫爲井。十夫不可以爲井。方里而井。既以九夫爲之。推此而九遂九溝九洫九澮。其數亦悉御以九。九夫爲井。夫間有畎。以注於遂。故遂人云夫間有遂。遂上有徑。不言有畎者。舉遂徑以該畎也。井十爲通。通間九遂。九十夫有九遂以注於溝。十夫亦得有一遂以注於溝。故遂人云十夫有溝。溝上有畛。不云有遂徑者。舉溝畛以該遂徑也。通十爲成。成間九溝九百夫。有九溝以注於洫。百夫亦得有一溝以注於洫。故遂人云。百夫有洫。洫上有涂。不云有溝畛者。舉洫涂以該溝畛也。成十爲終。終間九洫。九千夫有九洫洫以注於澮。千夫亦得有一洫以注於澮。故遂人云千夫有澮。澮上有道。不云有洫涂者。舉澮道以該洫涂也。終十爲同。同間九澮。九萬夫有九澮以注於川。萬夫亦得有一澮以注於川。故遂人云。萬夫有川。川上有路。不云有澮道者。舉川路以涂澮道也。此成間緣邊一里。同間緣邊十里。因耦耕而兼治五溝五涂。其餘因耦耕而單治五涂者也。若匠人爲溝洫。則成間緣邊一里。同間緣邊十里。單治五溝。不兼五涂。故云同間謂之澮。方百里爲同。同間緣邊十里。治澮洫溝遂。不云洫溝遂者。舉澮以該洫溝遂也。又云成間爲之洫。方十里爲成。成間緣邊一里。治洫溝遂。不云溝遂者。舉洫以該溝遂也。又云井間謂之溝。此井字卽指成間緣邊一里。里各一井。言匠人言助法。不言貢法。井之中間爲公田。不受夫家。緣邊面各一夫治溝遂。不言遂者。舉溝以該遂也。此其可證者三也。今依遂人注以南晦圖之。一井九夫。夫各以畎壟爲界。井十爲通。南北九遂。從遂皆注於橫溝。通十爲成。東西九溝。橫溝皆注於從洫。成十爲終。南北九洫。從洫皆注於橫澮。終十爲同。東西九澮。橫澮皆注於自然川。其四畔則自然川周其外。竊意。孔正義遂溝洫澮。從橫以九。可據此以訂正賈疏十溝十洫八十一澮之誤。尤愛其此皆設法耳一語。始悟遂人匠人鄭注所稱井田溝洫。非眞有方田里爲同之田畮。足以容五溝五涂。而絕無欹斜者也。豈獨川爲自然之物。隨地形而流。不得方折以匝之耶。又曰。今以南畝圖之。方百里爲一圖。一同百成。縱橫環之以川。川上四面皆有路。其橫則長百里者九。澮川上之路爲澮流所斷。當施橋梁以濟人行。澮上有道。一澮二道。九澮十八道。橫澮皆注於同外之縱川。其縱則長百里者九。洫澮上之道爲洫流所斷。當施橋梁以濟人行。洫上者涂。一洫一涂。九洫十八涂。縱洫皆注於同內之橫澮。不注於同外之橫川。以川上之路障之也。方十里爲一圖。一成百井。東西兩橫夾之以澮。澮內皆有道。南北兩縱。夾之以洫。洫內皆有涂。其橫則長十里者九溝洫上之涂。爲溝流所斷。當施橋梁以濟人行。一溝二畛。九溝十八畛。橫溝皆注於成外之縱洫。卽同間緣邊一成。夾以一川一洫。亦注於成外之縱洫。不注於同外之縱川。以川上之路障之也。其縱則長十里者九。遂溝上之畛爲遂流所斷。當施橋梁以濟人行。遂上有徑。一遂二徑。九遂十八徑。縱遂皆注於成內之橫溝。不注於成外之橫澮。以澮上之道障之也。卽同間緣邊一成。夾以一川。一澮亦注成內之橫溝。不注於成外之橫澮。同外之橫川。以川上之路障之也。通計一同長百里者。九澮十八道。九洫十八涂。一同方十成。成間長十里者。九溝十八畛。九遂十八徑。同間長百里者。九十溝。一百八十畛。九十遂。一百八十徑。然方百里爲同。方十里爲成。止言夫家所受田畮實數。而五溝五涂不在數中也。龔元玠曰。古制徧天下皆爲溝洫。則沿河南北東西數百里。莫不有溝洫。沿九河南北東西數百里。亦莫不有溝洫。以黃河之水。散灌於數千里溝洫中。則盛漲能容。不致潰決。以黃河之泥。散布於數千里溝洫中。則河身泥少。不致壅塞。泥在溝洫。則冬月可以挑濬。泥在河身。四時無可施功。此禹所以治溝洫。卽治黃河。二百餘年無患也。至少康十一年丙辰。去禹治河之年庚寅二百有七年。使商侯冥治河。越二十六年商侯冥死於河。商因河決。而五遷都。周定王五年河南徙。知其溝洫之治。不能如禹之勤。秦開阡陌。六國效尤。溝洫大壞。白圭輩乃專以築隄爲務。然河之外兩隄之內。寬至五十餘里。三汎尚不爲大害。馴致漢武時。隄去河近。塞輒復決。至明帝永平十二十三年間。王景王吳渠隄功成。德棣間河播爲八。分流順軌。八百八十五年。至周顯德初。乃大決。爾後專恃隄。賈讓所謂增卑倍薄。勞費無已。數逢其害。已八百餘年。則以溝洫不復故也。朱注云。正疆界。備旱潦。未嘗不是。然特遺其大者耳。

外。此尚有限。我馬之足。一層注亦未及。然則溝洫之盡力。蓋一舉而四善備也。○楊注引有天下而不與。失窾。

論語會箋卷第八終

論語會箋卷第九

竹添光鴻會箋

子罕第九

箋曰。釋文云凡三十一章。皇三十章。釋文於下更云皇三十章。謂合不忮不求與上衣敝縕袍爲一章也。

子罕言利與命與仁。

罕。少也。程子曰。計利則害義。命之理微。仁之道大。皆夫子所罕言也。

箋曰。此是子罕言。不是子不語。亦不是教人言。其罕言。蓋愼之也。此利字亦非不好字面。小之凡衣服貨財日用所須皆利。雖聖人亦豈不資此。惟恒人以其切於日用。故貪惏之心生焉。遂爲不好字面。大之則元亨利貞之利。而卽義之和也。然屢言之。而精義之功不篤。則正誼明道之中。無非計功謀利。人心反熾矣。屢言之。而成物之務不專。則見小欲速之心。以萌于內。違道干譽。道心反晦矣。君子明於義利。當趨而趨。當避而避。其趨者利也。卽義也。其避者不利也。卽不義也。故急君父之難。赴蹈水火。而不顧其身。以合乎義。卽爲利也。視不義之富貴如浮雲。祿之以天下弗顧也。則以不合乎義。卽爲不利也。君子知利不外義。故喩於義。小人知利不知義。故喩於利。時至春秋。君子道微。故夫子罕言利。至戰國。而孟子且辭而闢之。豈特如夫子之罕言哉。此可以觀世變也。命。是窮通夭壽之目。人力盡處。纔可以言命矣。人力未盡。輒托之命則不可。故此非可常言者也。集注命之理微。蓋指賦予流行之類也。則非此章之旨。利命仁三者。皆子所罕言。而今論語中言仁甚多者。羣弟子一聞求仁之方。欣戴捧持。不啻拱璧之賜。皆詳書以服膺之。故覺其多也。此仁則就慈惠及人言之耳。如賑困窮。恤孤獨。省刑罰。薄稅斂。皆可以爲仁。而好仁不好學其蔽也愚。亦所當慮。亦可易而言哉。

達巷黨人曰。大哉孔子。博學而無所成名。達巷。黨名。其人姓名不傳。博學無所成名。蓋美其學之博。而惜其不成一藝之名也。**子聞之。謂門弟子曰。吾何執。執御乎。執射乎。吾執御矣。**執。專執也。射御。皆一藝。而御爲人僕所執尤卑。言欲使我何所執以成名乎。然則吾將執御矣。聞人譽己。承之以謙也。〇尹氏曰。聖人道全而德備。不可以偏長目之也。達巷黨人見孔子之大。意其所學者博而惜其不以一善得名於世。蓋慕聖人而不知者也。故孔子曰。欲使我何所執而得爲名乎。然則吾將執御矣。

箋曰。達巷黨人。亦猶互鄉童子闕黨童子也。無所成名。卽所以贊其大也。非惜之。言今欲指其一事而名之。則但見其無所不通。無所不能。誠不可以一善之成名者目之也。何其大矣哉。大哉孔子。卽大哉堯之爲君。博學無所成名。卽蕩蕩乎民無能名也。古賀煜曰。達巷黨人。蓋深知孔子者。非如大宰以多能爲聖之陋也。博學而無所成名。言其博學無方。不可以一藝目之。實稱贊之至。故聖人以謙承之。自言欲以一藝成名之意。聖人雖一時謙恭有爲之言。亦必不至漫然無當。如大宰之以多能爲聖。誠爲淺見。然其意則在稱譽聖人。故聖人謙以多能鄙事答之。而以君子不多之言垂教。極爲明確。今黨人惜聖人不成一藝之名。而聖人亦以藝御答之。殆似聖人欲因黨人之言以改素行。評已淺露。答尤浮泛。豈聖人之言乎哉。矧大哉本爲贊美之極辭。若大哉堯之爲君。大哉問。大哉王言之屬。斯其明證。今冠歎惜之辭以大哉。何其不類也。吾何執者。當面與弟子相謀之語矣。注欲使我何所執。是揣黨人之意也。失文意。蓋博學無所成名。惟聖人能然。若常人雖亦博學。而總有所專主。故執一藝以成名。乃中人爲學之正法。大戴禮曾子立事云。君子博學而孱守之。又云。博學而無方。好多而無定者。君子弗與也。又云。君子博學而算焉。算。選也。即此所云執也。執字只專習一藝。與執一不通之執不同。當時所謂博學。非後世胸藏二酉之謂。止謂博學道藝。故孔子承之以射御。孔子於六藝而取乎射御。蓋禮樂道之大者。君子之事。故謙不敢當。書數府史胥徒所先。故君子不任。是其所以取乎射御也。射義。古者天子以射選諸侯卿大夫士。射者男子之事也。郊特牲。孔子曰。士使之射。不能則辭以疾。縣弧之義也。曲禮。問大夫之子。長曰能御矣。幼曰未能御也。少儀。問國君之子長幼。長則曰能從社稷之事矣。幼則曰能御・未能御。蓋古人六藝之學。與六行並重。儀禮大射儀・鄉射禮。上自天子。下至士庶。皆用心於此。固是燕賓擧賢校武大事也。至於御則周禮列之書數之上。故列官多員。不比書數之不列官者。大馭戎僕皆中大夫。齊僕下大夫。道僕田僕皆上士。春秋時霍耿之滅。畢萬御戎。齊晉之戰。韓厥御車。左傳中凡戎御皆卿大夫也。古人所謂僕。非今人所謂僕。故以夫子之聖。而有書再有僕者。有書子貢執轡者。蓋君公之御。皆大夫。士庶之御。皆隸子弟。非今之奴隸下人也。漢時已廢車戰。然如李膺上大槐。荀爽爲御。陳實訪朗陵元方。將車猶是用門徒及子弟爲之。宋南渡後。始用肩輿。其後不能具肩輿者。乃用兩輪駕一馬。今燕京士大夫謂之轎車。其執轡眞下人也。集注御爲人僕所執尤卑之說。不得概之於春秋以前也。

子曰。麻冕禮也。今也純儉。吾從衆。麻冕。緇布冠也。純。絲也。儉。謂省約。緇布冠以三十升布爲之。升八十縷。則其經二千四百縷矣。細密難成。不如用絲之省約。**拜下禮也。今拜乎上泰也。雖違衆吾從下。**臣與君行禮。當拜於堂下。君辭之。乃升成拜。泰。驕慢也。○程子曰。君子處世。事之無害於義者。從俗可也。害於義。則不可從也。

箋曰。麻者枲麻。績其皮以爲布而冕用之。故曰麻冕。冕之名有五。袞鷩毳希玄。天子公卿大夫士朝祭用之。麻冕非冕名。此欲謂衣冕之物。故稱麻冕耳。吳英曰。春官司服曰。卿大夫之服。自玄冕而下。如孤之服。據此則可以知孔子之所謂麻冕。蓋獨指玄冕也。孔子爲魯司寇居卿位。侯伯之卿再命。得服希冕。然諸侯玄冕以祭。君玄冕。則卿亦玄冕可知也。雖魯祭文王周公之廟得用袞冕。然在餘廟亦玄冕。魯君於餘廟既玄冕。則魯卿於文王周公廟。亦秖玄冕可知也。孔子所得有之冕。固惟玄冕矣。然則孔子言冕。必不概乎己所不得有之冕。而統稱之曰麻冕也。稱麻冕。則必原有非麻之冕在上。乃別乎冕之大凡。而獨稱麻冕也。若謂概乎己所不得有之冕。而統稱之曰麻冕。則必古者天下冕皆麻。今者天下冕皆純而後可。然果若斯。則孔子當必曰吾從今。而何敢汎稱之曰衆邪。況三禮言冕多矣。而三禮豈有麻冕之名乎。他經於顧命之外。豈更有云麻冕者乎。祭統曰。君純冕立于阼。據此則可以知君之冕非麻冕也。麻冕純冕云者。言其綖也。祭統言君純冕。則其綖用絲爲之。非用麻矣。由是以推。天子諸侯。自郊天之冕。以及袞冕。而下至于玄冕。皆不用麻也。惟卿大夫之玄冕。乃獨用麻者。玄冕於五冕爲最卑。近于爵弁。亦不遠于皮弁。故無藻采旒玉之飾。而與麻爲相宜。且與弁服等殺有漸也。此制禮之意也。故孔子曰禮也。然而冕服皆絲。而獨此玄冕之綖則麻。不相稱也。況爲之難成乎。王制三公一命卷。疏曰。凡冕之制。皆玄上纁下。故注弁師云。皆玄覆朱裏。師說以木版爲中。以三十升玄布衣之于上。謂之延也。以朱爲裏。但不知用布繒爾。當應以繒爲之。以其前後旒用絲故也。此疏但知裏之不宜麻。而豈知君冕之綖之原自非麻歟。但知有旒之冕不宜以麻爲裏。而豈知君之玄冕雖無旒。而亦自非麻歟。荀子禮論篇曰。郊之麻冕也。荀氏言此。或者謂三年之喪越紼而祭天。則用卿大夫所服之麻冕。非郊之盛禮。故曰郊之麻冕也。猶如其上文云太廟之未入尸也。始卒之未小斂也。下文云喪服之先散麻也云爾。荀氏究未言朝廟之冕亦用麻也。白虎通紼冕篇曰。麻冕者何。周宗廟之冠也。冕所以用麻爲之者。女功之始。示不忘本也。不用皮何。皮乃上古未有禮文之服。禮器曰。天子麻冕朱綠璪。此說非也。麻冕者卿大夫之玄冕。不得概謂周宗廟之冠也。以其爲冕之最卑而用麻。非有不忘本之意也。禮運曰。未有麻絲。衣其羽皮。後聖有作。治其麻絲以爲布帛。然則麻與絲。亦同時而興。安見麻則爲本邪。冠衣之本。實則羽皮爾。

何又謂皮乃上古未有禮文之服邪。然則皮不宜用。而何以有皮弁韋弁而紼又以韋爲之邪。禮器之文曰。天子之冕朱綠藻。何曾有麻冕之文邪。冕必以天子諸侯所用者爲據。論語尙書之冕。皆非天子諸侯之冕也。所以知之者。以孔子答問爲邦。嘗謂服周之冕也。服周之冕取其文也。冕有五采繅。五采玉。玉笄朱紘極華美之飾。不惟冕也。卽皮弁次之。猶五采玉璂象邸玉笄。而況於五冕。謂以麻爲。其有之者邪。冕服之衣裳。有火龍黼黻。昭其文。五色比象。昭其物。冕尊于服。豈有以麻者邪。中古淳樸。禹已致美于黻冕。況周文郁郁。而有以麻綖冕者邪。至于顧命謂王麻冕黼裳者。康王不可以喪服入廟而朝諸侯。而又不可未受遺命而遽服天子之袞。故服其冠時之服也。大戴記公冠篇曰。公冠加四玄冕。家語曰。王太子之冠。亦擬諸侯四加。然則玄冕者。康王爲太子時嘗服之矣。所謂麻冕也。麻冕者卿大夫之玄冕也。康王未受遺命。幷不敢服天子之玄冕。此其所以王麻冕也。豈可因此而誤謂天子之冕用麻乎。如冕無不麻。則顧命亦何必別而名之曰麻冕邪。今也純。孔曰。純絲也。說文解字第十三曰。純絲也。从糸屯聲。此說是也。凡冕不待言。孔子所謂純者。對麻而言。但須令人知是絲以別于用麻而已。不必明其色爲黑繒也。況列國卿大夫所得用者。惟玄冕爾。冕既名玄。其色已著。尤可知孔子所言以絲別麻也。卿大夫宜用細布。春秋時諸大夫亦皆以繒爲其冕綖。故孔子曰麻冕禮也。今也純儉。此章之純。與拜乎上。皆諸大夫爲之。故兩言衆。若天子諸侯之冕。亦昔麻而今純。孔子豈可曰衆邪。若從來天子以至于大夫冕無純者。而諸大夫獨純。孔子豈可從衆邪。祭統。王后蠶於北郊。以共純服。注曰。純以見繒色。疏曰。讀爲黑色之緇。此說非也。以共純服者。猶言以給郊廟祭祀之服云爾。下文

夫人蠶于北郊。亦以共冕服。同。此皆意重在絲。不在色也。當讀如字。若讀爲緇。則
反輕蠶桑正意矣。士冠禮純衣疏曰。古緇紂二字竝色。若據布爲色者。則爲緇字。
據帛爲色者。則爲紂字。緇布之緇多不誤。紂帛之紂多誤爲純。此說非也。士冠禮
純衣。與士昏禮兩純衣。亦皆讀如字矣。其他宜讀爲紂字者。惟周禮媒氏純帛。及
玉藻純組綬。乃當改讀爾。況謂布緇。帛紂。然紂字惟檀弓爵弁紂衣一見。而儀禮
緇帶無作紂。亦無作純者。安見紂緇不可通用歟。弁服釋例曰。戰國楚策。令尹子
文緇帛衣。呂氏春秋淫辭篇。昔我所亡者紡緇也。今子之衣禪緇也。聘禮。賄用束
紡。注。紡。絲爲之。今之絹也。然則紡緇。密絲絹也。禪緇。禪絲絹也。是帛亦名緇之證
也。此說是也。采色字皆借糸旁爲文。何分布帛歟。祭統。君純冕立於阼。純冕者絲
冕也。冕可該服。故此純冕對下文副禕也。魯祭得用袞冕。而此既言副禕。不舉袞
冕者。從乎衆諸侯之同者。所以廣言之也。天子諸侯冕無不絲。可不言絲。而言絲
者。承上蠶于北郊之義也。而又以非常之事有用麻冕者。故以絲爲文也。若讀純
爲緇。則豈純字指衣。冕字指冠邪。抑以緇冕該緇衣邪。毋乃謬歟。金履祥曰。前漢
食貨志。周布幅廣二尺二寸。古尺僅當今五寸五分弱。其二千四百縷。雖用細絲
減半。亦無所容。況麻質粗。又非可甚細者。升八十縷。豈注疏相傳之誤邪。　曰。
按西京雜記。五絲爲䌰。倍䌰爲升。倍升爲緎。倍緎爲紀。倍紀爲緵。倍緵爲繸。皆自
少之多。自微至著者。由此觀之。升是十絲。鄉黨圖攷曰。孔注古者績麻三十升布
爲之。非也。古布幅闊二尺二寸。當今尺一尺三寸七分半。若容三十升之縷二千
四百。則今尺一分之地。幾容一十八縷。此必不能爲者也。孔氏蓋謂古者朝服十
五升。冠當倍于衣。不知冠升倍衣。惟喪服斬衰三升。冠六升則然。自齊衰以下。則

非倍半之數矣。禮無冠倍于衣之例。孔誤釋爾。麻冕之布。亦不過十五升。如今尺之一分容九縷。已是細密難成矣。此說尤非也。惟其難成。故見其儉爲可從。若難而不爲甚難。何至弃禮而從衆邪。則必三十升布可知也。今暑衣細者。一分九縷。亦偶有之。倍之自難。惟其難乃見爲貴。此制禮者之意也。故曰禮也。若冠升如衣之數。一分九縷。而孔子遽不從禮。有是事乎。且謂冠升不倍。則冠與衣同爲十五升矣。何以當時但嫌冕之不儉。而不嫌于衣之不儉。其又奚說邪。所謂儉者。衆人以爲。此玄冕是人臣之冕。而人功繁費。反十倍于君冕。非所宜也。故亦用絲。至于孔子所以從衆之本意。則直是禹致美乎黻冕之意也。弁服釋例曰。攷班固食貨志布廣二尺二寸。後魏書舊制人間所織絹布等。皆幅廣二尺二寸。與鄭此注同。淮南子天文訓。黃鍾之律。脩九寸。物以三生。三九二十七。故幅廣二尺七寸。古者幅比皆然也。據此則幅不止二尺二寸。此說是也。○釋文。純順倫反。絲也。鄭作側其反。側其之音爲緇。其實鄭依古字作紂。玉藻純組綬。注純當爲緇。古文緇字或作糸旁才。媒氏純帛注。純實緇字也。古緇以才爲聲。此鄭破純爲緇之例。夫緇與紂純。文義各異。緇黑帛也。北方正色。紂玄帛也。天之正色。緇與玄不同。春秋時以絲易麻。未嘗變其色。則純讀本字爲是。古人惟有絲麻。以作布帛。凡布皆麻也。凡帛皆絲也。至今之木綿。謂之吉貝。唐時始有之。若古人凶服之用麻者則白之。吉服之用麻者則緇之。以粗細爲輕重而已。士冠禮緇布冠缺項青組纓屬于缺。緇纚廣終幅長六尺。士爲初加之冠。冠訖卽不復著。玉藻所謂冠而敝之也。惟庶人則常著之。詩云臺笠緇撮是也。是緇布冠本賤者之服。不得稱冕。且冕必有以覆有旒。非緇布冠之類。而孔訓麻冕爲緇布冠者。周禮六冕無麻冕之名。而冕制以木爲體。以緇麻布蒙之爲冕延。故亦可通稱爲緇布冠。非卽士冠禮之緇布冠。但爲庶人所常服者也。又孔注三十升者。鄭注喪服云。八十縷爲升。升字當爲登。登成也。今之禮皆以登爲升。俗誤已行久矣。然則三十升是二千四百縷。鄭依漢制。推古布幅廣二尺二寸。以二尺二寸布廣之度。容二千四百縷也。以恒情言之。布自儉。帛乃奢。今以純爲儉。用人力少也。麻質本麤。以二尺二寸之幅。引以二千四百之經。然後績之。用工極難。非經時日不能成。爲費多矣。絲之經緯。出於自然。雖華於麻。用工則少。故曰儉也。此儉字。只是省工夫取簡便之意。非奢儉之儉。拜下禮也今拜乎上泰也。路寢之朝。與宗廟同制。皆有門庭堂階楹序房室。路門外之治朝。庫門外之外朝。皆是平地。無堂堦。故謂之朝廷。廷者。平地也。鄉黨篇。執圭享覿在廟。升堂復位。侍食在寢。此云拜下。亦在寢也。人君每日常朝。但立于寢門外。與群臣相揖而已。旣揖卽入。無拜跪之禮。語類胡明仲嘗言。近世朝禮每日拜跪。乃是秦法。周人之制。原不如此。路寢庭亦無拜跪。其或拜受命拜受賜。必有故而後拜。凡臣與君行禮。皆拜於堂下。不辭不升成拜。此全乎爲臣者也。若君待以客禮。下拜則辭之。然後升成拜。邢疏引燕禮酬賓。乃覲禮賜車服二事證之。蓋擧以例其餘。非謂拜下升成拜。僅此二事也。以客禮待異國之臣亦然。公食大夫禮。賓升。公當楣再拜。賓降西階東。北面答拜。擯者辭。賓栗階升。不拜。命之成拜。階上北面。再拜稽首。此先降階拜。異國之君使人辭之。然後升成拜也。至于卒食後賓降階。東面再拜稽首。公降再拜。注。答之也。不辭之使升堂。明禮有終。則賓降拜。公亦降拜。唯稽首與再拜不同。蓋待異國之臣。其禮有加焉爾。褚寅亮曰。拜下之禮。凡諸侯見天子。外臣及他國之君。本國之臣與君行禮。莫不皆然。考之儀禮諸篇。覲禮所言。諸侯之禮也。公食大夫禮及聘禮所云。外臣之禮也。燕禮及大射儀所云。本國之臣之禮也。孔子所云。則專主本國之臣而言。燕禮。君使宰夫爲主人。以行獻酬酢之事。其禮有直下拜者。如主人之獻公也。自酢也。皆云于阼階下再拜稽首。無升成拜之文。蓋代爲主人。則疑於君。故正其臣禮。而公不辭之也。有君雖辭。而臣終下拜者。如公命徹冪。卿大夫皆降。再拜稽首。公辭之而不敢升成拜。明既辭而彌謹臣節也。有先下拜復升成拜者。如公取大夫所媵之爵以酬賓。賓西階下北面再拜稽首。公命小臣辭。賓升成拜。其賓媵爵于公。奠爵之禮亦然。此皆行兩番拜。禮之最盛時也。有已降階欲拜。未拜。因辭而遂升拜者。如公卒觶。賓下拜。小臣辭。賓升再拜稽首之等是也。此雖下而拜。實在升後。拜止一番。禮之稍殺時也。然而皆下拜也。其有竟拜乎上者。則惟無算爵時耳。燕禮將終。行無算爵以徧君惠于時受公爵者。惟於席下再拜稽首。蓋禮之最簡略者。拜上之禮。惟此一見而已。故凡儀禮之言升成拜者。俱兩番拜也。言升拜者。下而未拜。升乃拜也。其所以不同者何也。蓋行禮最盛時則君辭之也緩。辭之緩。故拜乎下。而復拜乎上。行禮稍殺時。則君辭之也急。辭之急。故不及拜。而遂升拜。春秋時。列國諸臣。不惟不能行堂下堂上兩番拜之禮。并不能行因辭而升拜之禮。惟行其最簡略者。孔子之斥爲泰也固宜。又曰惟路寢及廟有堂。有堂則有階。有階則有升降。若治朝俱無堂。故其再拜稽首也不言下。或因會而築壇。亦象堂矣。齊桓下拜。壇階之下也。大抵禮以漸而失。失遂忘其所由來矣。孔子時。臣行禮皆上堂而拜。入君其始於辭而即升者。公然拜乎上。其繼於辭而後成者。亦率爾拜乎上。不過謂辭讓近僞。登降多煩。不若直拜乎上者爲眞耳。然於待以客禮者。旣省其節。則純乎臣禮者。

必將決其藩。孔子所以分別言之也。子路篇。君子泰而不驕。小人驕而不泰。是驕泰相反。而泰美行。驕惡行也。此章泰也是惡行。與驕同。

此章以吾從下一節爲主。以吾從衆一節爲陪。見苟可以不違衆者。吾亦何必不從衆也。須扼定雖字入想。方得借賓定主之意。蓋此爲魯發也。事君盡禮。人以爲諂。是魯人以蔑君之眼視夫子所爲以爲諂也。今夫子雖違衆從下以盡爲臣之禮。不避魯人以爲諂。而抑三桓在其中也。黃以周曰。周禮春官大祝辨九拜。案揚雄說拜从兩手下。拜必下兩手至地。故揖與跪竝不曰拜。今俗語有云拜揖云跪拜者。皆非古也。推手曰揖。引手曰厭。斂手曰拱。拱手當心曰時揖。時揖平衡也。拱手少擧曰天揖。天揖上衡也。拱手少下曰上揖。上揖下衡也。拱手吉尚左。凶尚右。記言男拜尚左手。又言孔子有喪拱而尚右。是也。一曰稽首。鄭注。稽首拜頭至地也。賈疏。稽首。稽留之稽。頭至地多時則爲稽首也。稽首拜中最重。臣拜君之拜。案頭至地則下衡。故荀子云。下衡曰稽首。經傳中有單言稽首者。多與拜手稽首別。稽首不必拜手。故爲九拜之一也。拜手稽首屬吉拜。例自注疏混吉拜於稽首頓首中。則吉拜之例不明。而稽首頓首已兼空首。則三拜亦不分矣。古人常拜用空首禮。稽首之禮甚重。大夫之臣。且不敢稽首其大夫。況平敵者乎。二曰頓首。鄭注。頓首。拜頭叩地也。賈疏。首頓地卽擧。故名頓首。案頓首與稽顙同。爲以頭擊地。但分吉凶言之爾。鄭注。此云頓首頭叩地。又注士喪禮稽顙云頭觸地。叩地觸地。一義也。頓首稱于吉。畏之至也。稽顙稱于凶。哀之至也。鄭注吉拜云。吉拜拜而后稽顙。其拜與頓首相近。則頓首稽顙同義。特分吉凶言之審矣。檀弓云。稽顙而不拜。則頓首容有不拜手者。此所以爲九拜之一也。孔賈二疏。重稽首輕頓首。遂謂平敵自相拜用頓首。致之禮經及春秋傳。竝無平敵用頓首之禮。三曰空首。鄭注空首拜頭至手。所謂拜手也。案空首即拜手。諸經傳之單言拜者。即空首拜也。拜字从兩手下。是跪而俯伏也。凡拜皆跪伏。故渾稱之皆曰拜。析言之。拜爲空首之專稱。空首者。男子之常拜也。拜必先跪而拱手。而首俯至手與心平。乃下兩手拱至地。鄭又注少儀拜手云。手至地。二義兼備。惟其頭至手與心平。故周禮謂之空首。荀子謂之平衡曰拜也。惟其兩手下至地。故尚書謂之拜手。少儀謂之手拜也。據孔賈二疏。拜先以手拱至地。而頭來就手。是頭亦至地矣。非特與荀子平衡曰拜相悖。且與稽首之例不分也。又案古之拜必合周荀子漢賈子揚子說。乃明。荀子云。平衡曰拜。曲禮注云。上衡謂高于心。平衡謂與心平。是也。賈子云。跪以微磬之容。拜以磬折之容。程瑤田釋之云。攷工記兩言倨句。磬折即磬氏之倨句一矩有半也。磬之倨句爲一矩。又益之以半矩。懸磬之孔則股邪而鼓直。凡曲禮弟子職容經之曰磬折者。皆謂其象如磬之懸。身如磬鼓。頭項如磬股也。容經云。拜以磬折之容。即荀子所謂平衡曰拜也。說文引揚雄說拜从兩手下。今讀賈子而知跪而俯首之容。讀荀子而知頭手齊心之容。讀說文引揚子說。而又知兩手兩下拱至地之容。兼此數說。而古之拜容畢見矣。四曰振動。案戰栗變動之拜。非常拜也。如稽首頓首爲臣拜君之拜。而振動拜有不必稽首而稽首者。如成王拜手稽首于周公。是也。有不必頓首而頓首者。如穆嬴頓首于趙宣子。是也。五曰吉拜。案檀弓拜而后稽顙。乃凶拜之近吉者。而非吉拜也。此云吉拜者。拜而后稽首也。凡經單言稽首者。不必拜手。此即拜手稽首。先拱兩手下據膝前。乃復俛首以至于地也。鄭混吉拜例于稽首頓首中。故於吉拜下誤引凶拜之近吉者。以當之。其以先拜。爲吉。後拜爲凶。因是也。段氏謂吉凶不以先後拜分。誤矣。六曰凶拜。鄭注。凶拜稽顙而后拜。謂三年服者。案稽顙而后拜。凶拜之重者。周之正制也。拜而后稽顙。則爲凶拜之近於吉者。殷之凶拜也。稽顙觸地。本與頓首叩地同。禮故亦謂之頓顙。特分吉凶言之爾。古人吉拜用稽首頓首。必先拜手者。拜手則手先至地。乃不顯觸失容。於事爲順也。凡吉拜尚左手。凶拜尚右手。吉拜拜而后稽首。或拜而后頓首。凶拜則稽顙而后拜。其云拜而后稽顙者。在殷人爲凶拜。在周人已同吉拜。特是拜尚右手。仍與吉拜有不同。七曰奇拜。案奇拜一拜也。經有明言一拜者。如士相見禮聘禮及雜記諸篇是也。其或秖言拜不言再者。皆一拜也。有云拜手稽首者。亦一拜也。再拜則曰再拜稽首。有云拜稽顙者。亦一拜也。再拜則曰再拜顙。見公羊昭二十五年傳。八曰褒拜。案古人行禮多用一拜。其或再拜以加敬。三拜以示徧。皆爲褒大之拜。段氏云。褒者大也。有所多大之詞也。凡禮經言三拜。及左傳或言三拜稽首。或言三拜。或言九頓首。以及婦人之俠拜。皆是也。九曰肅拜。鄭司農云。肅拜但俯下手。今時撎是也。介者不拜。故曰爲事故敢肅使者。案俯謂俛而低首也。但俯低頭而下兩手。較空首拜手之禮爲輕也。云今時撎者。說文云。撎。舉首下手也。漢時之撎。舉首懸空但下兩手。與古肅拜同。先鄭云但俯下手。後鄭云拜低頭與說文舉首下手之撎說似不同。而實相足。非俯而低頭則與跪同。不足以言拜。非舉首則與稽首頓首空首同。亦非肅拜。惟低頭俯而仍舉。乃爲肅拜。肅拜爲婦人之正拜。其首較空首爲略。舉其手亦異空首之下拱地也。云介者不拜。故曰爲事故敢肅使者。先鄭意郤至之肅使者。肅不連拜。與肅拜別。故引禮介者不拜以明异也。肅拜者。跪而俯首下手也。肅者。立而俯首下手也。自孔賈二疏

誤以軍中長揖之肅當肅拜而肅拜之禮遂晦矣少儀云婦人爲尸坐
則不手拜肅拜是經明言坐而肅拜而後人乃云立而肅拜不亦左乎

子絶四。毋意。毋必。毋固。毋我。

絶無之盡者毋史記作無是也意私意也必期必也固執滯也我私己也
四者相爲終始起於意遂於必留於固而成於我也蓋意必常在事前固我常在事
後至於我又生意則物欲牽引循環不窮矣○程子曰此毋字非禁止之辭聖人絶
此四者何用禁止張子曰四者有一焉則與天地不相似
楊氏曰非知足以知聖人詳視而默識之不足以記此

箋曰絶猶酒客絶酒也唯絶之故無耳毋無古通用絶斷也不續曰絶四毋者各
絶之目四者之生如瓜瓞藤蔓相續不斷四者之毋如林風水月過而不有絶字
內有江漢濯秋陽暴氣象說文云意志也從心音察言而知意也是意之訓爲測
度少儀毋測未至注曰測意度也毋意卽毋測未至也釋文意於力反是陸氏以
億度訓意也昭十二年公羊傳伯于陽者何公子陽生也子曰我乃知之矣在側
者曰子苟知之何以不革曰如爾所不知何何休注此夫子欲爲後人法不欲令
人妄億錯下引此文云云卽是以意爲億度也意億古書通用史記吳王濞傳億
亦可乎漢書作意荀子雪賦暴至殺傷而不億[illegible]者與楊倞注億謂以意度之禮
運以中國爲一人者非意之也列子有失斧者意其鄰之子皆言以意推度之也
屈原天問厥萠在初何所意焉璜臺十成誰所極焉意極叶韻意之爲億明矣是
也毋必義之與比也孟子離婁大人者言不必信行不必果惟義所在是也毋固
時中也學而篇學則不固憲問篇非敢爲佞也疾固也孟子告子篇固哉高叟之

爲詩也。皆執一不通也。我字變態極多。或欲其有利於我。或恐其有害於我。或欲表己所長。或恐形己之短。總是從我起見。必固我三者相似。但毋必以所爲而言。毋固以所守而言。毋我以與人相接者而言。是其異也。

聖人之心體。只是大公。聖人之事體。只是大中。安得有四者名目。是記者尋出反托之法。如畫雪者染空地。畫月者渲旁天。皆是無中生有。

意・必・固・我。渾是私意。觸遇而名異耳。不必分終始前後。邵子皇極經世書曰。毋意毋必毋固毋我。合而言之則一。分而言之則二。合而言之則一。分而言之則四。始於有意。成於有我。有意然後有必。必生於意。有固然後有我。我生於固。集注四者相因之說出于此。陸德明曰。毋與毋不同。毋从女中二點。象兩乳之形。毋女字內有一畫。各可分別。毋必儀禮士昏禮疏引作無必。既夕疏君子不必人意者。義取孔子云無必無固之言也。鄉射禮疏亦云。孔子云無必無固無我。二疏皆以爲孔子言。毋三疏並作無。無毋二字古書通用。本無差別。其以毋爲禁止辭者則自別。

黃葵陽曰。作乎自作。止乎自止。起伏緣乎萬化。常寂焉爾矣。毋意也。不戒而往不期而赴。可否會乎天機。常虛焉爾矣。毋必也。彼可以與此融。而後可以與前合。變焉通焉。常圓也。而無固矣。存與物爲體。而發與物爲用。公焉普焉。常同也。而毋我矣。秦道然曰。聖人何思何慮。不爲未事之將迎。故雖有灼然先覺之明。而非意也。時止時行。在當幾之順應。故雖有確乎不拔之識。而非必也。聖人非游移者也。而以情順萬物之情而無情。其心之明。通何如者。而寧有固焉。聖人非徇物者也。而以欲通天下之欲而無欲。其心之公溥何如者。而寧有我焉。

子畏於匡。畏者。有戒心之謂。匡。地名。史記云。陽虎曾暴於匡。夫子貌似陽虎。故匡人圍之。曰。文王既沒。文不在茲乎。道之顯者謂之文。蓋禮樂制度之謂。不曰道而曰文。亦謙辭也。茲。此也。孔子自謂。天之將喪斯文也。後死者不得與於斯文也。天之未喪斯文也。匡人其如予何。喪。與。並去聲。○馬氏曰。文王既沒。故孔子自謂後死者。言天若欲喪此文。則必不使我得與於此文。今我既得與於此文。則是天未欲喪此文也。天既未欲喪此文。則匡人其奈我何。言必不能違天害己也。

箋曰。畏。畏途之畏。夫子見圍於匡。有畏懼之意。猶孟子言有戒心也。匡邑見左傳凡有數處。僖十五年。諸侯遂次于匡。杜注。匡在陳留長垣縣西南。此匡爲衛邑也。文元年。衛孔達侵鄭。取匡。杜注。匡在潁川新汲縣東北。此匡爲鄭邑也。又十一年。叔仲彭生會晉郤缺于承匡。杜注。宋地。在陳留襄邑縣西。此匡爲宋邑也。子畏於匡之匡。舊說不一。莊子秋水篇。孔子遊於匡。宋人圍之。釋文引司馬彪曰。宋當作衛。匡衛邑也。然莊子以匡爲宋邑。宋人卽匡人。不必改宋作衛。說苑雜言篇。言孔子之宋。匡簡子將殺陽虎。孔子似之。因圍孔子。亦以匡爲宋邑也。○文。謂道也。承上句文王。故曰文。既曰既沒。故承之曰在茲。茲謂身。此章乃聖人以道自任之言。不復事區區謙讓。卽天生德於予之意。猶孟子當今之世舍我其誰之意。後世專以文章文藝言文。文殊不足重。在乎古則不然。文猶道。道猶文。文道之顯者。道文之隱者。極而言之。則文可以兼道。道不可以兼文。若此章之文。以文之至盛者言。如所謂經天緯地之文。文王之所以爲文之文。蓋夫子以配天繼聖自任之語。何謙之有。自程門分文與道爲二。注因以不言道爲謙詞。然經意是自任。不是自謙之時。卽以禮樂制度。則夫子必當稱周公矣。茲茲己身言。其身文王之文也。語類云。既是道。安得有喪。文亦先王之禮文。此說誤。道固萬古常存之物。然無人可傳。湮晦鬱塞。便謂之喪。猶之本心之德斷不可亡。而巧言令色鮮矣仁。解爲本心之德亡也。○後死者。指後己而死者。猶曰後人。天若欲亡斯文。則夫子將被害。後人何以得預於斯文乎。以斯文之喪不喪。決斯身之存亡也。死則斯文遂喪矣。天既不欲喪斯文。必存我以存斯文。一說。後死者指自今將來死于文王之後者。己與來學也。然夫子上距文王五百年。謂之後死者似不當。○崔述曰。世家云。孔子去衞將適陳。過匡。顏刻爲僕。以其策指之曰。昔吾入此。由彼缺也。匡人聞之。以爲陽虎。陽虎嘗暴匡人。匡人遂止孔子。孔子狀類陽虎。拘焉五日。使從者爲甯武子臣於衞。然後得去。遂過蒲。月餘而反乎衞。又月餘然後去衞。過宋而至於陳。余按。孔子在魯爲司寇。居衞見禮於其君。其去也。道路之人。當悉知之。不得因刻一言。而遂誤以爲虎。況拘之五日。亦當出一言以相詰。乃至竟不知其非陽虎。豈人情耶。甯武子之卒。至是已百餘年。甯氏之亡。亦數十年。從者將欲爲誰臣乎。此皆必無之事。而朱子采之。其亦異矣。且匡人果拘孔子。五日而免之。則顏淵當同拘而同免矣。何以論語云顏淵後乎。此必孔子聞匡人之將殺己。而有戒心。或改道而行。或易服而去。倉卒避難。故與顏淵相失。故不曰拘於匡。圍於匡。而曰畏於匡。然則此事當與微服過宋之事相類。不得如世家之說也。孔子既欲適陳。則適陳耳。必不中道而返。又居衛月餘而後始適陳也。然則孔子果以適陳之故過匡。當在後日去衛過宋之時。不得云自匡返衛而後去也。又按。定公六年傳云。伐鄭取匡。往不假道於衛。是匡在鄭東也。及還。陽虎使季孟自南門入。是匡在衛南也。魯雖取匡。勢不能有。杜氏疑爲歸之於晉。莊子荀子皆以匡爲宋邑。鄭東衛南。則去宋爲近。去晉爲遠。晉之滅偪陽也。以予宋公。取匡之時。宋方事晉。匡歸於宋。理或然也。此事既與過宋之事相類。又與其時相同。若匡又宋地。則似畏匡過宋。實本一事者。吾惡知非使匡人要之也。說又具先進篇。

大宰問於子貢曰。夫子聖者與。何其多能也。太音泰。與平聲。孔氏曰。大宰官名。或吳或宋。未可知也。與者。疑辭。大宰蓋以多能爲聖也。子貢曰。固天縱之將聖。又多能也。縱。猶肆也。言不爲限量也。將。殆也。謙若不敢知之辭。聖無不通。多能乃其餘事。故言又以兼之。子聞之曰。大宰知我乎。吾少也賤。故多能鄙事。君子多乎哉。不多也。言由少賤。故多能。而所能者鄙事爾。非以聖而無不通也。且多能非所以率人。故又言君子不必多能以曉之。牢曰。子云。吾不試。故藝。孔牢。子弟子。姓琴。字子開。一字子張。試用也。言由不爲世用。故得以習於藝而通之。○吳氏曰。弟子記夫子此言之時。子牢因言昔之所聞有如此者。其意相近。故併記之。

纖曰。太宰列國俱有之。如魯公子翬求太宰。據左傳襄七年楚有大宰薳啓疆。則楚亦有此官也。此章所言事是吳。不當及宋。雖列子有商太宰見孔子語。然孔子過宋遭桓魋之難。是時焉得有太宰往來之事。惟吳則哀七年公會吳于鄫。與子貢語。十二年公會吳于橐皋。與子貢語。其秋公會衛侯宋皇瑗于鄖。與子貢語。則此太宰爲吳太宰可知。若檀弓。吳夫差侵陳。陳大宰嚭使於師。夫差謂行人儀。太宰嚭當作行人儀。行人儀當作大宰嚭。記禮者簡册差互。故更錯其名爾。陳無大宰。若越亦有太宰嚭。則卽吳太宰嚭而降越者。特子貢未使越爾。魯語中。有附見陳國之事。曰吳子使來好聘。且問之仲尼。據此知吳之於孔子。實有中心悅而誠服者。亦足爲吳大夫知孔子之一證也。下文謂子聞之曰太宰知我乎。則必非魯太宰之辭。若魯太宰。則孔子久爲魯人知矣。不宜作此語也。下文又謂吾少也賤。則在既爲司寇以後之辭可知也。然吳使聘陳來問。事在前。子貢在魯對語。事在後。論語問子貢之太宰。固可知爲吳太宰。但太宰驚歎聖人。必在初見孔子之日。且言之親切。非得耳聞孔子無至吳事。然則此問。或吳使聘陳之大夫。卽是太宰。太宰之問子貢。卽於孔子居陳。太宰來陳之時。時子貢從孔子在陳。而太宰私問于子貢歟。抑或吳聘非太宰。吳使歸而以孔子多能語太宰。故太宰使魯而問于子貢歟。○何其多能。是驚嘆之詞。不是語問之詞。故二句宜一連讀去。者與二字。亦是贊詞。○固天縱之。固。本然之辭。孟子曰。固所願也。必下固字者。以上文太宰說聖者主生知說。亦有天字意也。縱。如縱觀之縱。不禁禦之之辭。才有所限。如禁禦之然。故曰天縱也。之字指夫子。將聖將近似之辭。與蓋字相類。子貢言固天縱之而將使其才德至於聖域者。又於技藝是多能也。子貢自謙不敢質也。聖是盛德極至之稱。與多能異。天之理有定本。有限量。天之運無方本。無限量。有限量而無限量。此天道之聖人也。固字作已然說。將字作未然說。合來方是縱。無固字不成生安。無將字不入神化。又多能也。又字見多能無與於聖。注曰兼之。仍是太宰見解。○太宰知我乎。開口便說太宰知我乎。此句直冒到不多也。下文皆承太宰之言而釋之。夫子不自聖。是其所以爲聖也。太宰知我乎。其心眞如是。不但詞謙。說者或以此句爲反語。言非知我者非也。論語中有知我者其天乎語。此章知我乎。亦解爲能知我也。方妥。皇本我下有者字。正平本南宗本同。○多能鄙事。四字是一氣語。勿依注作兩截。鄙。卽是賤。居官則有府史。或胥徒。用給徭役。不自執事也。夫子少小貧賤。始習爲之。故多能爲鄙人之事也。古來少賤而多能者。舜是也。然至今稱舜之聖。不稱其耕稼陶漁。古來少不賤。而亦多能者。周公是也。然至今頌公之聖。不頌其多材多藝。則聖自不在于多能。多能固不係于賤不賤也。○君子多乎哉不多也。君子者。則有德堪在位者也。張惕菴曰。子貢之言大。其實知夫子莫如此言矣。使夫子與之爲謙。必曰賜也過矣。聖則吾不能。今撇此不說。直曰太宰知我乎。非任亦非遜。意在太宰也。太宰之所謂聖。乃子產·叔向·師曠之所能。不必辭讓。但與剖示多能之故。非由得已。欲宰嚭勿以小才自喜。而求之正心誠意之實。則四國賴之。此夫子言外之微意。諸儒竟莫之知。少賤多能。乘田委吏。薄物細故。無不經心也。夫子豈日日登山臨水釣弋射獵者乎。宰嚭何至以射御釣弋推服夫子乎。君子多乎哉二句。是正言高論。謀國尙遠猷。勿以小技片長自詡。任重而道遠。務大而圖難。太宰秉國之鈞。此則其事也。我之多能。乃鬱不得試使然。何足羡慕哉。夫子之意如此。又曰。宰嚭小人也。小有才幹。卒亡吳國。彼正以多能自負。故于藝人多能。色飛眉舞。夫子以不多指示之。使斂其技能。以歸諸道。是針砭牢詬之詞。○牢曰云云。試者登庸之以試其材德也。吾不試。即上文吾少也賤也。故藝即上文多能鄙事也。言由閒暇。故得兼習藝。此章蓋牢所記。故自表名。併記他日所親聞以證之。王引之曰。左昭二十年傳琴張聞宗魯死。將往弔之。杜注。琴張孔子弟子。字子開。名牢。正義云。家語。孔子弟子琴張。與宗魯友。七十子篇之琴牢衛人。字子開。一字子張。則以字配姓爲琴張。即牢曰子云是也。賈逵鄭衆皆以爲子張。即顓孫師。服虔云。按七十子傳。云子張少孔子四十餘歲。孔子是時四十。知未有子張。按賈鄭二家之說。固無明徵。王肅家語。亦不足信。琴張見孟子盡心篇。莊子大宗師篇作子琴張。無作琴牢者。論語之牢曰。鄭注以牢爲子牢。蓋據莊子則陽篇長梧封人問子牢之文。然亦不以爲琴張。牢與琴張。不得合而爲一也。漢書古今人表有琴牢。亦當作琴張。後人據家語改之也。蓋王肅家語未出以前。不得有琴張名牢之說也。杜氏左傳注。司馬彪莊子注。並爲家語所誤。安井衡曰。鄭云。牢。弟子子牢也。凡編輯者記門人。自非獲罪於孔子。必字而不名。故鄭據莊子則陽篇長梧封人問子牢之文。以牢爲字也。然記者字門人。必以子字若十字配之。其有同字者。配氏以別之。如顏淵・原思・樊遲之屬。未有單稱二十字者。王肅知其非。僞撰家語。因以牢爲琴張之名。蓋亦無稽之言耳。然求之文。牢必是名。非字。今案一部論語。唯此及憲問恥章。單擧門人名。蓋兩章二人者所自記。故自書其名。編輯者仍舊不改。故異他章耳。

子曰。吾有知乎哉。無知也。有鄙夫問於我。空空如也。我

叩其兩端而竭焉。叩。音口。○孔子謙言。己無知識。但其告人。雖於至愚。不敢不盡耳。叩。發動也。兩端。猶言兩頭。言終始。本末。上下。精粗。無所不盡。○程子曰。聖人之教人。俯就之若此。猶恐衆人以爲高遠而不親也。聖人之道。必降而自卑。不如此則人不親。賢人之言。則引而自高。不如此則道不尊。觀於孔子孟子。則可見矣。尹氏曰。聖人之言。上下兼盡。卽其近。衆人皆可與知。極其至。則雖聖人亦無以加焉。是之謂兩端。如答樊遲之問仁知。兩端竭盡無餘蘊矣。若夫語上而遺下。語理而遺物。則豈聖人之言哉。

箋曰。天下未有無因而發謙言者。想夫子應問不窮。當時之人。遂謂夫子無所不知。故謙言無知也。聖人看得天下之義理無窮。一人之見識有限。原知不盡。故曰吾有知乎哉。非謂毫無所知也。夫子有以聖與仁稱者。則曰若聖與仁則吾豈敢。抑爲之不厭。誨人不倦。可謂云爾而已矣。卽與此章同意。誨人不倦。夫子每自承當。鄙夫之問。叩其兩端。卽亦其事也。蓋其事似易而實不易。致此所以其言之益卑而其德之益大也。○有鄙夫問於我。皇本鄙夫下有來字。據孔注亦似有來字。此非實有鄙夫來問。只是設言。空空如也。釋文云。空空鄭或作悾悾。同。上篇悾悾而不信。鄭彼注。悾悾誠慤也。呂氏春秋下賢篇。空空乎其不爲巧故也。巧故僞詐。高誘注。空空。慤也。大戴禮王言篇。工璞商慤。女憧婦空空。空空亦慤也。空空並卽悾悾。此鄙夫來問其意甚誠慤。故曰空空如。皇疏以爲虛空者。蓋慤則心中無私。是空空如也。惟空則可叩也。陸象山有言。與有意見人說話。最難入。以其不空也。○我叩其兩端而竭焉。其字指鄙夫所問之事理。叩者反問之也。樂記云。叩之以小者則小鳴。叩之以大者則大鳴。謂此問而彼應。是叩有問義。兩端卽中庸舜執其兩端用其中於民之兩端也。兩者義理之邪甲也。果實甲皆兩。以含生氣。未叩。如秋冬堅合。生機未達。旣叩。如雷始發聲。孚破甲拆。混沌遂分。凡事皆有所宜。得所宜則爲中。孔子竭之竭此也。舜用之用此也。處則以此爲學。用則以此爲治。通變神化之妙。皆自此兩端而宜之也。鄙夫之淺陋。人之所不樂告者。而不鄙之而吝教。故曰叩其兩端而竭焉。或曰。叩。敲也。擧器寫物者。敲其底以盡其幾餘。故謂竭盡無餘爲叩。俗言敲底。是也。此說亦通。述而篇。不憤不啓。不悱不發。擧一隅而示之。不以三隅反。則吾不復也。與此章之意相反。或示一隅。或叩兩端。皆教誨之道也。○聖人度量之宏如天。其視人慈仁惠和。無一不蒙生成。非有意於卑己。自然可親可愛也。賢人英氣未祛。物我之辨猶存。其待物時露堂堂巖巖之氣。非有意於自高。人之懷服。自不深也。蓋賢人未必不欲如聖人爲衆所歸。但其德之未至。不足以來人崇信也。程氏聖人俯就。賢人引高之說。似失之。凡夫子之謙辭。皆出於無意也。程子豈以爲有意於謙邪。若夫引而自高。恐正是伊川地位。非所以論孟子。伊藤維楨曰。如程說。則聖賢之待人。皆以僞而不以誠也。豈謂之無意乎。豈謂之直道乎。蓋聖人之心。猶天地之大。人在於其中。而不知其大也。非降而自卑也。賢者之行。猶泰山喬岳。自守其高耳。非引而自高也。此賢者之所以不及乎聖人也。中井氏曰。孔子每披吾心腹。展吾四體。以示於人。我卽道矣。故每有謙意存焉。有時乎稱述堯舜。未嘗有爲堯舜謙者也。孟子每闡明孔子之道。焉得爲孔子謙哉。言語文辭有自然之符。學者宜著眼。又樊遲雖非顏曾之倫。而其於空空鄙夫。不亦有間乎。尹說援据失當。且語上而不幷語下者。語理而未及於物者。

聖人之言固有之。論語中比比相望。尹說不知何據。

子曰。鳳鳥不至。河不出圖。吾已矣夫。 夫音扶。○鳳。靈鳥。舜時來儀。文王時鳴於岐山。河圖。河中龍馬負圖。伏羲時出。皆聖王之瑞也。已。止也。○張子曰。鳳至圖出。文明之祥。伏羲舜文之瑞不至。則夫子之文章知其已矣。

箋曰。是章借鳳圖影出明王不興之意耳。鳳圖之爲瑞與否。不議可也。夫子豈屑屑乎此小數哉。亦因流傳之言發端云爾。漢書董仲舒傳。對策曰云云。孔子曰。鳳鳥不至云云。自悲可致此物而身卑賤不得致也。是董以夫子此歎爲己不得受命之故。又漢書儒林傳。周道既衰云云。陵夷二百餘年。而孔子興。以聖德遭季世。知言之不用而道不行。乃歎曰。鳳鳥不至云云。此以吾已矣夫爲己不逢明君。與董氏異。論衡問孔篇。引此文云。夫子自傷不王也云云。或曰。孔子不自傷不得王也。傷時無明王。故己不用也。鳳鳥河圖。明王之瑞也。瑞應不至。時無明王。明王不存。己遂不用矣。論衡解此文。卽備二義。其實後一義爲勝。張橫渠之說。以夫子之文章承接文明之祥。卽董說也。河圖洛書。今不知其何物。易大傳曰。河出圖。洛出書。聖人則之。夫聖人之作易。仰則觀象於天。俯則觀法於地。觀鳥獸之文。與地之宜。近取諸身。遠取諸物。以作八卦。于時天出神物。聖人兼有取於此。故程子謂觀兎亦可以畫卦。朱子謂大傳所謂河出圖洛出書。亦泛言聖人之作易。其原皆出於天之意。今就顧命考之。河圖與大玉・夷玉・天球並陳在東序。則其物尙爲周家所傳寶焉。疑是物亦爲玉球之類。蓋玉文石理。現其象數。故以爲寶也。斷非馬皮旋毛之類矣。洛書則雖他書所未見。及而大傳以此與河圖並言。蓋亦爲玉若石。但謂之書。則與圖稍不同。其文理或有若一至九數目字耳。漢時緯候之學起。初有龜龍之說焉。劉歆班固遂以洪範九疇爲洛書。不知天乃錫禹者。猶如書所謂天乃錫王勇智。詩所謂天錫公純嘏之類。而禹之聖智。能達其理之謂。豈神龜負文而出。始謂之天錫乎。今所謂河圖洛書者。出於華山道士陳摶。其所謂河圖者。原於鄭玄易注天一地二章。而假仰之。其所謂洛書者。本於盧辯禮注明堂九室條。及術家太乙行九室法。而贋造之耳。已矣夫。是絕望之辭。

子見齊衰者。冕衣裳者。與瞽者。見之雖少必作。過之必趨。

齊。音咨。衰。士雷反。少。去聲。○齊衰。喪服。冕。冠也。衣。上服。裳。下服。冕而衣裳。貴者之盛服也。瞽。無目者。作。起也。趨。疾行也。或曰。少當作坐。○范氏曰。聖人之心。哀有喪。尊有爵。矜不成人。其作與趨。蓋有不期然而然者。尹氏曰。此聖人之誠心。內外一者也。

箋曰。子見之見。總冒下見過二字。只是相逢之意。見之之見。以會面之禮見也。上下二見。判然不同。喪服之重者。以麤麻布爲之。衣下邊曰齊。不緝曰斬。緝之曰齊。不言斬者。擧齊以兼斬也。說文。齊。緶也。從衣齊聲。古字本作齊。釋名喪制云。齊。齊也。言緝其衣裳之邊際。而整齊之也。喪服記。凡衰外削幅。裳內削幅。言凡者。明五服皆有衰也。外削幅者。言縫之邊幅向外也。內削幅者。言縫之邊幅向內也。五服。一斬。二齊。三大功。四小功。五緦麻。惟斬齊二衰。爲父母之服。制同。但衣裳下邊。母緝而父不緝。父重而母微殺也。衰以布一片長六寸。博四寸。綴衣當胸曰衰。衣統名爲衰。斬齊皆有正有義。子於父母爲正。臣妾於君父爲義。斬皆三年。齊有期杖。有期不杖。有五月。有三月。斬衰布初喪三升。升八十縷。共二百四十縷。不成布。三月既葬卒哭後。乃易以成布六升四百八十縷也。○冕衣裳者者。衣裳隨冠而變。自有定規。故冕衣裳者。謂冕服也。猶言衰服皮弁服之類矣。注冕而衣裳稍滯。世豈有冕而不衣裳者哉。冕服貴人之服也。禮大夫以上皆冕服。曰冕衣裳者。猶大學曰。畜馬乘者。周官司服云。公之服。自袞冕而下如王之服。侯伯之服。自鷩冕而下如公之服。子男之服。自毳冕而下如侯伯之服。孤之服。自希冕而下如子男之服。卿大夫之服。自玄冕而下如孤之服。士之服自皮弁而下如大夫之服。是則冕始於卿大夫。大夫之玄冕。故包注以爲大夫之服也。冕弁各異。鄭依古論作弁。冕弁義雖兩通。但言弁可以該冕。言冕不可以該弁。猶之齊衰言齊可該斬。若言斬則不得該齊也。士冠禮疏。冕者俯也。低前一寸二分。故得冕稱。其爵弁則前後平。故不得冕名。釋名。弁如兩手相合抃時也。以爵韋爲之。謂之爵弁。以鹿皮爲之。謂之皮弁。以韎韋爲之。謂之韋弁也。然則此三弁皆作合手狀矣。其延當上銳下圜。雜記。大夫冕而祭於公。弁而祭於己。非助祭於公。無服冕之時。且不獨大夫也。天子視朝以皮弁。田獵以冠弁。諸侯視朝以元冠。非朝覲祭祀會同不冕也。又曾子問尸弁冕而出。卿大夫士皆下之。尸必式。出謂出廟門。非謂出大門。在道上也。故閻若璩釋地三續謂夫子見冕衣裳。是見其人當服此者。不必眞見其服。其說可從。○瞽者。說文。瞽。目但有眹也。眹。目精也。今謂之眼珠。又盲。目無牟子也。眸子今謂之瞳子。許意瞽盲二字同義。皆是有眼珠。而無眸子。鄭司農周官注云。無目眹謂之瞽。與許異者。蓋瞽有二。一是有眹而無眸。一是並眹無之。許鄭各據一義也。瞽者樂師。古者教人以禮樂。詔樂者爲瞽者。殷學曰瞽宗。可以見爾。以其爲人師。故又謂之師。是瞽者傳先王之樂者。故敬之。包咸以恤不成人爲解。非也。果如其說。喑聾跛躄侏儒亦皆可矜。何特瞽者。尹氏曰。瞽者不欺其不見。此當作正解。今人相見揖拜。多忽於無目者。亦是常情。不自知其欺。而歸於欺。聖人反之。可以見不欺之誠矣。卽矜不成人。惠保愛護焉可也。何必嚴敬焉。○見之雖少必作。過之必趨。見之過之。相對成文。見之者。謂其人見於夫子。過之者。謂夫子過其人之前也。故於見之曰雖少必作。作則坐可知。明是夫子方坐。而其人來見也。少。謂年少也。禮四十始仕。此童子得服冕者。春秋時。世卿持位。不嫌有年少已貴仕也。古最輕少者。凡輕其人曰少之。故有雖字。上三者見之必作。若其人年少則礙于長。不爲少起。故加雖少二字以該之。集注引或曰少當作坐。非也。史記見齊衰瞽者。雖童子必變。作雖童子。以訓詁字易之也。可證本不作坐。雖夜必興。不言寢而寢可知也。變色而作。不言坐而坐可知也。今既謂之作。則坐不待言也。說文。趨走也。釋名姿容云。兩脚進曰行。徐行曰步。疾行曰趨。曲禮鄭注。行而張足曰趨。須看兩必字。其作與趨。無非天則。惻隱恭敬之心。人皆有之。唯聖人能全之爾。皇本正平本南宗本。少下有者字。

顏淵喟然歎曰。仰之彌高。鑽之彌堅。瞻之在前。忽焉在後。

喟。苦位反。鑽。祖官反。○喟。歎聲。仰彌高。不可及。鑽彌堅。不可入。在前在後。恍惚不可爲象。此顏淵深知夫子之道。無窮盡。無方體。而歎之也。

夫

子循循然善誘人。博我以文。約我以禮。循循。有次序貌。誘。引進也。博文約禮。教之序也。言夫子道雖高妙。而教人有序也。侯氏曰。博我以文。致知格物也。約我以禮。克己復禮也。程子曰。此顏子稱聖人最切當處。聖人教人。唯此二章而已。

欲罷不能。既竭吾才。如有所立卓爾。雖欲從之。末由也已。卓。立貌。末。無也。此顏子自言其學之所至也。蓋悅之深。而力之盡。所見益親。而又無所用其力也。吳氏曰。所謂卓爾。亦在乎日用行事之間。非所謂窈冥昏默者。程子曰。到此地位。功夫尤難。直是峻絕。又大段著力不得。楊氏曰。自可欲之謂善。充而至於大。力行之積也。大而化之。則非力行所及矣。此顏子所以未達一間也。○程子曰。此顏子所以爲深知孔子而善學之者也。胡氏曰。無上事而喟然歎。此顏子學既有得。故述其先難之故。後得之由。而歸功於聖人也。高堅前後。語道體也。仰鑽瞻忽。未領其要也。惟夫子循循善誘。先博我以文。使我知古今達事變。然後約我以禮。使我尊所聞。行所知。如行者之赴家。食者之求飽。是以欲罷而不能。盡心盡力。不少休廢。然後見夫子所立之卓然。雖欲從之。末由也已。是蓋不怠所從。必求至乎卓立之地也。抑斯歎也。其在請事斯語之後。三月不違之時乎。

箋曰。喟。說文大息也。喟然歎曰。與莞爾而笑曰。語意正同。既歎而後發斯言。以述其意也。不當止以仰之四句爲歎辭。又此歎不是望洋若驚駭。是學有所得。獨契于心。所以發此歎。歎字須認眞。是贊歎。非感歎。仰之四句。三之字。及下文從之之字。皆指夫子。非指道也。蓋道也者通天下之所共由。所謂天下之達道。猶唐十道我邦七道。非別有高妙恍惚不可爲象者。至其得之於身而後始有大小淺深之別。謂之德。謂道爲高妙恍惚者。老列之道是也。非我聖人之道也。顏子贊嘆夫子道德之至妙。非虛指道體。卽其循循善誘。亦夫子至妙中事。非別設此方便法。所立卓爾。欲從末由。顏子自叙其所見光景。不可摸捉如此。仰之彌高。穹隆無上也。子張篇。子貢曰。夫子之不可及也。猶天之不可階而升也。是言夫子之德不可企及。與顏子之言同矣。鑽之彌堅。精密無內也。說文。鑽。所以穿也。譬猶金石鑽研之則彌堅而不可得入也。二彌字極擬其至高至堅耳。欲從聖人高明處入。則升一級又一級。欲從聖人博厚處入。則透一層又一層。○瞻之在前忽焉在後者。夫子神德不可得而知焉。以爲溫柔則剛毅也。以爲文明則威武也。以爲高大則精微也。以爲昭明則深幽也。變化無方。非常慮凡智之所得窺測也。三之字。望夫子而言。注無方體者。易繫辭。故神無方而易無體。凡有方者。可因其方而求之。而夫子無方也。凡有體者。可循其體而求之。而夫子無體也。無窮盡。在知一邊說。無方體在行一邊說。○夫子循循然善誘人。說文。循。順行也。順行則有次序。故注云有次序貌。誘。導引進人也。詩野有死麕傳。誘。進道也。道與導同。不曰誨而曰誘。所以爲善也。○博我以文約我以禮。博我者。博我智見也。約我者。納我於道也。約是收斂之義。朱子所謂向身上來。無一毫不盡。是也。禮者履也。天理之儀節。根於心而履於事。五常百行。視聽言動。各有天則可履也。克復四勿。是約禮。誦詩讀書。精義窮理。以會諸心。而體諸事。所謂博學於文而約之以禮也。博文卽知。約禮卽行。語類云。夫子教人只此法。門人用功亦只此學。惟顏子獨於博文約禮之間。有所進。有所得也。故高者有可攀之理。堅者有可入之理。在前在後者。有可從而審其的之理。非若其他僅可以弗畔而已。據此則雖是言夫子之教。却要從顏子之身實力體驗而出。方合。○欲罷不能。不是說顏子用功。正見博約之教之妙。能使人如此。才。卽孟子非才之罪之才。乃性之作用。與才能之才不同。○如有所立卓爾。所立卓爾四字連讀。猶言卓然獨立也。如有者。非謂似見未見。蓋此等地位。非可以言語形象求。故以如有言之。卓。說文云。高也。儀禮覲禮。匹馬卓上。解曰。卓之言超也。絕也。獨也。廣雅。逴絕也。李善西都賦注。逴躒。猶超絕也。逴逴與卓。古並同聲。其義一也。漢書河間獻王傳。卓爾不羣。說苑君道篇。踔然獨立。皆獨貌也。揚子法言學行篇。顏苦孔之卓。釋楊氏本義。亦以卓爾爲殊絕之稱。注引程子曰。直是峻絕。此本古注也。立者立于彼。從則往而合之也。博文約禮。是著力得處。欲從末由。不是不用力。是無所用其力。著個欲字。已是用力處。纔用力。已是思勉。如何能到不思不勉地位。卓爾末由。只爭安勉之分。末由亦非止境。只是著不得力。俟漸化耳。聖同天。顏子希聖。未至于天。夫子從心所欲者。如不可階之天也。皇疏引孫綽曰。夫有限之高。雖嵩岱可陵。有形之堅。雖金石可鑽。若乃彌高彌堅。鑽仰所不逮。故知純域之高堅。未可以力至也。莊子田子方篇。顏淵曰。夫子步亦步。夫子趨亦趨。夫子馳亦馳。夫子既奔逸絕塵。而回瞠若乎後矣。奔逸絕塵。則夫子之所立卓爾也。回瞠若後。則欲從末由也。惟欲從末由。故仰鑽既竭。而彌高彌堅也。在前可瞻而忽焉在後也。此顏子之未達一間也。然雖欲從末由。而終是欲罷不能。故夫子又言。回吾見其進。未見其止矣。卓爾注。雖有兩解。而俱是就夫子身上說。但一則以夫子中庸之道言。一則以夫子不思不勉之境言。又注所謂窈冥昏默者。莊子在宥篇。至道之精。窈窈冥冥。至道之極。昏昏默默。又注引楊說云。未達一間。本于揚子法言問神篇曰。昔者仲尼潛心於文王矣。達之。顏淵亦潛心於仲尼矣。未達一間耳。其未達在大而化之者。張子曰。大可爲也。化不可爲也。程子曰。顏子未至於聖人者。守之也。非化之也。是楊說所本也。○此歎蓋亦觸事而發也。其事無緊要。故不記耳。外注胡氏乃定爲無上事。謬矣。先難二字。以首節爲顏子用力說。與本注深知夫子之道異。後得便已得了。與本注自言其學之所至異。○郝敬曰。顏子蓋天資高。材力勇。如騄驪登峻歷險。不知就康莊之可遊也。博文約禮二者。善誘之目。顏子天材縱逸。而聖教循循調佚。使順軌而趨。信步長途。曩時陵轢奔騄之氣。潛銷默奪。不見有氣魄之可騁矣。學記云。使人不由其誠。教人不盡其材。若夫子誘顏子。乃爲由其誠。盡其材矣。崔述曰。漢人稱黃叔度爲顏子。宋人亦以程伯淳擬顏子。余按顏子所以幾於聖人者。其德之崇不待言。其於堯舜禹湯文武之道。亦必深有所見。故孔子以夏時殷輅周冕韶舞語之。非徒以蘊藉和平。氣象雍容。爲勝人也。但其不幸早世。未及有所建白。使見用於世。必能移風易俗。創制顯庸。措天下於唐虞三代之隆。卽不見用於世。而著書立說。發明孔子之道。亦必不在孟子之下。非他人所可望也。彼叔度者。吾不知其勝人者何在。卽程子資頴學不純。啓廸後學。非不有功於聖道。然所建白。皆尋常賢臣循吏之所能。此或因其位卑。不得盡其所長。而其持論教人。亦未見其可方孟子之二三也。然則二子者。不過以其蘊藉和平。氣象雍容。故有此品題耳。寧顏子而僅如是已乎。蓋漢末之流風。漸尚氣度。至於魏晉。遂專以風采度量。權衡人物。以至萬事不理。而有劉石之禍。宋亦頗有此風。是以亦有靖康之亂也。

子疾病。子路使門人爲臣。夫子時已去位、無家臣。子路欲以家臣治其喪。其意實尊聖人、而未知所以尊也。

病間。曰、久矣哉、由之行詐也。無臣而爲有臣。吾誰欺。欺天乎。間。如字。○病間。少差也。病時不知。既差乃知其事。故言我之不當有家臣。人皆知之。不可欺也。而爲有臣。則是欺天而已。人而欺天。莫大之罪。引以自歸。其責子路深矣。

且予與其死於臣之手也、無寧死於二三子之手乎。且予縱不得大葬、予死於道路乎。無寧。寧也。大葬。謂君臣禮葬。死於道路。謂棄而不葬。又曉之以不必然之故。○范氏曰。曾子將死。起而易簀曰。吾得正而斃焉斯已矣。子路欲尊夫子。而不知無臣之不可爲有臣。是以陷於行詐。罪至欺天。君子之於言動。雖微不可不謹。夫子深懲子路。所以警學者也。楊氏曰。非知至而意誠。則用智自私。不知行其所無事。往往自陷於行詐欺天。而莫之知也。其子路之謂乎。

箋曰。子疾病。說文。病。疾加也。呂覽。管仲有疾。桓公曰。仲父之疾病矣。將何以教寡人。是疾益困稱病也。○子路使門人爲臣者。門人是孔子弟子。論語中皆然。孔子居魯。仍在大夫之列也。大夫而無職事。故無祿邑。其不畜家臣宜矣。夫子爲魯司寇時。門人嘗爲之臣。此子路之所以使爲臣也。使門人爲臣有二意。一爲以大夫喪親。士庶加隆。如子皐死。襲用玄冕爵弁之類。謂之大葬。所以榮之也。一爲古人喪師無服。臣喪主則義服斬衰三年。故使門人爲臣。如君之喪。所以哀之也。病間者。間間斷之義。孔注。少差曰間。集注沿之。皇疏云。少差則病勢斷絕有間隙也。說文。間專訓隙。釋文集注並云間如字。乃謂間隙之間。非安間之間也。訓安間則非此字正音。故詩關雎傳。幽間貞專。陸氏釋文。間音閑。史記相如傳。雍容間雅。韋氏注曰。間讀曰閑。餘若周禮間民。禮記間田。悉無云如字者。若讀去聲爲古莧切則其義爲代。爲迭。爲厠。與此少差義相去遠甚。子路先夫子而死。夫子不以此時卒可知。○久矣哉由之行詐也。蓋子路既使爲臣。孔子病間而悟之。故曰久矣哉。言自疾病至病間。所經非一日也。○無臣而爲有臣三句。爲卽是僞。謂無臣而僞有臣也。僞所以爲欺。故曰吾誰欺欺天乎。孔子是致仕大夫。豈必不容畜家臣哉。但孔子貧無家臣耳。人皆知之。誰爲可欺。誰指人也。王制。大夫廢其事。終身不仕。死以士禮葬之。言廢事則知致仕之得以大夫之禮葬矣。夫子從大夫後。以家臣之禮大葬夫子。原不爲過。可以有臣而不有。故甚其詞以責子路。若在禮不容畜家臣而妄爲之。是大愚人耳。子路恐不犯冒至于此。注不當有家臣句。未穩。吾誰欺者。誰指人也。人皆知無臣故也。欺天乎者。言天不可欺也。全章只是責子路矣。無引過自責之意。吾誰欺二句。極言人決不可欺之意耳。非以此爲欺天莫大之罪也。圈外諸說。亦皆過當。○死於臣之手。是假設言之。非指子路使爲臣之臣。夫子謂。師弟之情。比諸君臣。更深且親。縱令實有臣。而死於其手。也猶不如死於門人之手之爲安。況今得死於門人之手。奚必改門人爲臣乎。語意蓋如此。夫門人以情事。臣以職事。門人事我道。臣事我位。兩者孰榮。子路本爲榮計。此卽以榮駁之。

無寧之故以此不合禮意。已見上節。此不再粘也。無寧。寧也。猶詩生民傳云不寧寧也。○大葬。謂葬禮盛備。而君臣禮葬在其中。但不當事以君臣解大葬。死於道路。言無人葬埋也。詩云。行有死人。尚或墐之。月令。孟春掩骼埋胔。皆謂死于道路者。天下無有死而不葬之人。禮各從宜。貧而富葬。賤而貴葬。義不爲也。死而不葬。仁不爲也。欺天大葬。與死道路不葬正等。此與不肯厚葬顏淵。共一個念頭。○龜井魯曰。孔門雖富於賢才。然子路齒最長。且有幹局。其德或有恥於顏閔。至議政謀事。則鮮有出其右者。何以知其然。以此章知之。夫子寢疾。子路與顏閔游夏輩。看護侍湯藥。臨病革將不起。相共倉皇恐懼。又皆疑所以爲葬。子路以爲夫子雖已致仕。猶從大夫之後。且魯侯來而問病。自卿士大夫至庶人。莫弗尊親。莫如備大夫之禮。之得愼終之義。卽大夫備禮。不可無臣。有群弟子在。假執臣禮。供給職事。孰曰不肆。顧而謀諸顏閔游夏輩。遂定議。故曰子路使門人爲臣。言子路之爲謀主也。苟使顏閔游夏不聽其議。則子路雖剛。焉能強之以爲臣乎。所謂二三子者。指顏閔游夏輩。莫非天下之英。今夫子將死於其手。視諸帝堯殂落於舜禹皐陶夷益之手。未多爲之下矣。大夫一家之臣。豈足道哉。故曰予與其死於臣之手也。無寧死於二三子之手乎。昔者夫子遊談四方。從其行者。亡論顏閔游夏輩。其他南宮敬叔公良孺之徒。以家車若干乘。後前護送。是豈獨不如公子重耳從狐趙舅犯。崎嶇秦楚者哉。今假令不起乎。天下公卿大夫。苟與知其德者。率皆設位哭之。走使賻弔。而況在弟子。如泰山斯頹。如日月斯墜。其隨侍者。相嚮失聲。離索者不遠千里而來。集於洙泗之間。卽殯斂窀穸之備。其禮蒲伏喪事之竭其誠。豈又如列侯諸大夫之喪。有司供職。雖有強力之容。無復哀戚之色。跛倚以臨事然哉。此其爲大葬。亦開闢以來。未曾有者也。故曰予縱不得大葬。予死於道路乎。言君臣禮葬。決非所庸也。後儒釋此章者。徒眩乎行詐欺天之語。未審察弟子之情。與古人之禮。以子路爲陷于罪。而痛加讓責。殊不知痛讓責子路。即亦痛讓責顏閔游夏也。檀弓有之。曰。孔子之喪。門人疑所服。子貢曰。昔者夫子之喪顏淵。若喪子而無服。喪子路亦然。請喪夫子。若喪父而無服。孔子之喪。公西赤爲志焉。飾棺牆置翣設披周也。設崇殷也。綢練設旐夏也。是禮也。皆門人相議所爲。子夏所謂非聖人之葬人。而人之葬聖人者是也。夫子不再起。誰知其如喪父而無服。與禮兼三代之果。皆中夫子之欵乎否哉。謝廷龍曰。大抵門人以孔子有人所不可及之德。故報之以人所不可行之禮。雖亦止用三代大夫之禮。非用三代王者之禮。然以此章責子路之言思之。則以三代之禮葬孔子。豈所以尊孔子乎。

子貢曰。有美玉於斯。韞匵而藏諸。求善賈而沽諸。子曰。沽之哉。沽之哉。我待賈者也。

韞。紆粉反。匵。徒木反。賈。音稼。○韞。藏也。匵。匱也。沽。賣也。子貢以孔子有道不仕。故設此二端以問也。孔子言固當賣之。但當待賈。而不當求之耳。○范氏曰。君子未嘗不欲仕也。又惡不由其道。士之待禮。猶玉之待賈也。若伊尹之耕於野。伯夷・太公之居於海濱。世無成湯・文王。則終焉而已。必不枉道以從人。衒玉而求售也。

箋曰。君子於玉比德。子貢不是單疑夫子之懷寶不仕。其意謂君子處世。非隱則見。而夫子之迹。既不象隱。又不象見。故其問如此。非獨意在求。亦意在韞也。韞匵而藏諸。鄭注。韞裹也。謂包裹納匵也。詩小宛孔疏。引舒瑗曰。包裹曰蘊。蘊與韞同。韞匵似是二物。言重襲也。陳琳悼龜賦。山節藻棁。既櫝且韞。可證。既韞且匵。猶弓之有韣。劍之有衣。皆在匵之內也。釋文。匵本又作櫝。通用字。季氏篇。龜玉毀於櫝中。求善賈而沽諸者。善賈猶曰良賈。能識玉平價者也。周禮司市。以賈民禁僞而除詐。注。賈民。胥師賈師之屬。知物之情僞與實詐。儀禮聘禮注。賈人。在官知物價者。又曰。古人重玉。凡用玉必經賈人。況鬻之乎。釋文。善賈音嫁。一音古。是舊讀賈有古音。卽賈人也。說文。賈。市也。段注。賈者。凡買賣之稱也。引伸之凡賣者之所得。買者之所出。皆曰賈。俗又別其字作價。別其音入禡韻。古無是也。段說固是。然南北朝儒者。已分別二音。周禮釋文云。聶氏及沈云。成賈。定賈。奠賈。物賈。其賈。平賈。大賈。小賈。賈賤。恒賈。而賈。故賈。凡十二音嫁。餘音古。謂賈師。賈人。在賈。所賈之類。皆音古也。解論語者。多從音嫁之說矣。音嫁則善賈爲貴爵重祿。音古則爲明君知聖德者。味經旨。音古爲當。求擇也。求有求擇干求二義。擇善賈。待人君之有禮者而事之。非干求人君也。如勞於求賢。而佚於任賢。求忠臣必於孝子之門。皆是求擇。未始有干求之意。要之子貢只是以出處二端爲問耳。集注以一求字。坐子貢罪。恐寃矣。沽通作酤。賣酒曰酤。詩無酒酤我。尸子曰。沽者知酒之多少也。鄉黨。沽酒市脯不食。玉篇引求善賈而夃諸。說文云。秦以市買多得爲夃。此當出齊古異文。○重言沽之哉。賣之不疑也。我待賈者也。亦謂待賈人。此三句意實重沽。但待賈者耳。無意破求字。見聖人道濟天下。皇皇不日暇意。○孔子之歷聘。與伊呂之莘野海濱。時勢有不同。不當一概論。際可之仕。見行可之仕。公養之仕。不必待湯文也。注。終焉而已。不貼乎孔子。

子欲居九夷。東方之夷有九種。欲居之者。亦乘桴浮海之意。或曰。陋如之何。子曰。君子居之。何陋之有。君子所居則化。何陋之有。

箋曰。九夷者。多數之稱。不當定作九種。九者數之聚也。易數一三五。相倚爲九。凡數極稱九。如九天九垓九皐九泉九穀九成九合之類。非必十損一之謂也。夷易也。慢易無禮。化外之稱。以其僻小險鄙。故曰陋。魯昭公十七年。郯子來朝。述少皥官名。夫子見於郯子而學之。時年二十七歲。所云欲居九夷。或卽此時。郯。東海國。在今山東海州郯城。少皥氏之後而夷者也。居必適之。適必居之。居之與適。爭些前後耳。故曰。欲居九夷。君子居之。指郯子言。非孔子自稱爲君子。何陋之有。言不見其爲陋也。○馬注。九夷。東方之夷有九種。集注沿之。皇疏云。東有九夷。一玄菟。二樂浪。三高麗。四滿飾。五鳧更。六索家。七東屠。八倭人。九天鄙。此海中之夷。夫乘桴之嘆。明明假設之言。故冠以子曰二字。今無子曰二字。而直曰子欲。借令非夫子決然之語。必有九夷者在目前。有可往之理。故記之。若注疏所言。則地角天涯。風馬牛不相及。戰國魏策。張儀曰。楚破南陽。九夷內沛許鄢陵危。又秦策。或謂魏冉曰。楚包九夷。又方千里。史記李斯上書曰。惠王用張儀之計。南取漢中。包九夷。制鄢郢。是屬楚之夷也。韓非子。周公旦已勝殷。將攻商蓋。辛公甲曰。大難攻。小易服。不如服衆小以劫大。乃攻九夷而商蓋服矣。夫商蓋強大。能與周抗。而九夷之服不服。爲之輕重。則九夷者必中國之夷。徐奄陸渾之屬也。逸周書。伊尹受命。於是爲四方令曰。臣請正東符婁仇州伊慮漚深九夷卜蠻越漚鬋文身。此九夷與蠻越並稱。知東南吳越間之夷。非屬楚之九夷也。說苑。越王句踐與吳人戰。大敗之。兼有九夷。與此同。後漢書。徐夷僭號。率九夷以伐宗周。句踐南面而覇天下。泗上十二諸侯。皆率九夷以朝。此九夷似在東方海上。又管子。北伐山戎。制冷支。斬令支。斬孤竹。而九夷始聽。此九夷蓋正義所擧東北夷可知。蓋東南邊遠之地。夷人成部落者。往往有九夷之目。但孔子欲居之夷。決非東方九夷之邈遠者也。

子曰。吾自衛反魯。然後樂正。雅頌各得其所。

魯哀公十一年冬。孔子自衛反魯。是時周禮在魯。然詩樂亦頗殘缺失次。孔子周流四方。參互考訂。以知其說。晚知道終不行。故歸而正之。

〇箋曰。皇本反下有於字。正平本同。然後二字。緊承自衛反魯來。中有正樂之功在。樂正句。虛雅頌得所。是樂正之實。蓋分言之則樂自樂。雅頌自雅頌。合言之則樂卽是雅頌。雅頌卽是樂。興於詩章。是分言。此章是合言。夫詩無次第。樂有次第。如鹿鳴之三則必聯四牡皇皇者華。鵲巢之三則必聯采蘋采蘩。而今詩乃以草蟲次采蘋。是無次第也。大武以武之三爲賚。武之六爲桓。而今詩乃桓爲武八。賚爲武九。則又無次第。此章論正樂之事。故言雅頌各得其所。二南亦播之樂。而此不言者。用之房中。用之鄉黨。用之燕樂。人皆肄之。未失其所也。豳以逆暑迎寒。擊土鼓。樂田畯。息老物。鄉里野人。皆能聆習。更何有失所待正也。唯夫彤弓湛露。天子以享元侯。文王大明。兩君用之相見。我將以祀明堂。維淸以奏象舞。典章最鉅。名分綦嚴。東遷以降。上替下陵。陪臣或忘五善之諮。覇主每侈七德之武。宋以桑林享晉侯。楚以金奏享郤至。而歌雍舞佾。卽近在秉禮之邦。此豈可不急正以使各還其定分也哉。夫子反魯爲此擧。以得所爲定。蓋雅頌唯天子用之。諸侯雖亦三用雅。然必祭祀賓客之事而始奏之。又不得盡用之。典章所在關係尤重也。黄式三曰。各得其所。定其體之分。辨其用之異而已。詩之分體者何。頌者天子所制郊廟之樂歌。美盛德之形容。以其成功告于神明。魯頌主詠僖公功德。亦用于魯廟者也。臣工遣于廟。噫嘻以祈穀。可爲頌。不可爲雅者。以其爲祭祀而作也。雅爲朝廷獻替之詩。言王政之所由廢興。其有大小雅者。正大雅所陳。受命作周。伐殷繼伐。荷先王之福祿。尊祖考以配天。此歌述道德之大而近于頌者。爲大體。正小雅所陳。飲食賓客。賞勞群臣。遣使睦鄰。秉鉞專征。歌其事功之一端。而近于南豳者爲小體。詩體既殊。樂音亦異。大序所謂政有大小者也。其變雅之作。用大雅之音者。屬之大雅。用小雅之音者。屬之小雅。不復由政之大小。象山姜氏曰。政有大小。以正雅言之。周公之所定也。據音以定大小。以變雅言之。史官之所由分也。正大雅稱文武成王之修德凝命。而大綱大紀。無不幷包。故同一求賢。而卷阿之彌性主百神而嗣先公。自大于小雅之得賢才。而燕享矣。同一稱願。而既醉之太平。進以高朗令終。自大于蓼蕭湛露之同樂矣。詩無優劣。義有偏全也。蓋詩之本體如此。詩之異用者何。約鄭君孔氏說。以言之。樂之制。天子用頌與大雅。諸侯用小雅。大夫用鄉樂。此用樂之正。燕禮爲諸侯之禮。云遂歌鄉樂。以見諸侯之用小雅爲正。鄉飲酒爲大夫賓興之禮。云乃合樂關雎鵲巢。不言鄉樂。以見大夫之用鄉樂爲正。鄉射禮合樂周南召南。注云。不笙不歌不間。志在射。略于樂。不略合樂者。風鄉樂也。不可略其正。大射諸侯之禮。其經曰。乃歌鹿鳴三終。乃下管新宮三終。亦不筮不問不合樂明亦略樂不略其正是鄉樂爲大夫之樂小雅爲諸侯之樂于是明矣而大雅頌爲天子之樂可知然而享賓或上取者天子享元侯歌肆夏合文王享諸侯歌文王合鹿鳴蓋歌者在上其合樂在堂下故降于升歌一等鄉飲酒燕禮合樂皆降于升歌歌鹿鳴合鄉樂是也燕賓或下就者天子諸侯燕群臣及聘問之賓皆歌鹿鳴合鄉樂是不用大雅也或曰肆夏繁遏渠宗廟及配天之詩左傳云享元侯用之文王之三國家受命之詩而傳云兩君相見用之三家雍徹夫子所識而燕居篇記孔子之言曰兩君相見升歌清廟下管象武客出以雍徹以振羽因以知春秋之禮非古且據燕禮云若舞則勺是諸侯之于臣得用勺何也曰三夏之說不可攷客出以雍或取辟公肅雍之義而節歌之燕禮之用勺或專用其舞不用頌詩清廟振羽所謂上取者耳或又曰此章不言風諸經不及變雅所用得毋變詩非樂乎曰攷左傳季札觀樂詩無不入樂者大戴禮投壺言八篇可歌而列魏風之伐檀漢末杜夔能記雅樂伐檀亦與文王鹿鳴騶虞同歌荀子云詩者中聲之所止太史公謂詩三百篇夫子皆絃歌之以求合于韶武之音安見變詩之不入樂而專以南豳雅頌爲四詩乎善夫孔仲遠之言曰變雅雖亦播于樂或無算爵之節所用或隨事類而歌又在制禮之後樂不常用也蓋詩之異用者如此○朱右曾曰周本紀曰申繒西夷犬戎共攻幽王弑幽王驪山下虜褒姒盡取周賂而去計此時兵燹蹂躪不異劉聰入晉女眞覆宋典籍獻章誰爲保護孔子曰我觀夏道杞不足徵我觀殷道宋不足徵我觀周道幽厲傷之我舍魯何適矣上言不足徵下言傷之明西周之典册有焚如棄如之慨又言舍魯何適則以魯之圖籍較備於列國故也韓宣子適魯見易象春秋曰周禮盡在魯

矣。季札聘魯。請觀周樂。孔子自衛反魯。然後樂正。雅頌得所。是列國之禮樂詩歌。皆不如魯之具備。孔子所據以刪定者。惟魯太史之所藏。使周之典冊文章。較備於魯。韓宣子不應至此始見。季札不應於魯是請。孔子不應反魯而後正雅頌矣。

○崔述曰。堯典。帝曰。夔命汝典樂。教胄子。直而溫。寬而栗。剛而無虐。簡而無傲。詩言志。歌永言。聲依永。律和聲。八音克諧。無相奪倫。神人以和。經之言樂。此章詳矣。曰詩言志。歌永言。聲依永。律和聲。四言而樂之事備矣。何者凡樂必有其本。本也者志是也。有志而後有詩。詩者取志而宣諸喉舌者也。有詩而後有歌。歌者取詩而暢其音節者也。有歌而後有聲。聲者取歌而布之於絲竹者也。是故詩曰言志。歌曰永言。聲曰依永。言即其言志之詩也。永即其永言之歌也。即其詩而長之。之謂永。隨其歌而應之。之謂依。然則聲之抑揚疾徐。視其歌。歌之抑揚疾徐。視其詩。而詩之抑揚疾徐。視其志矣。是故志者本也。聲者末也。其志必中正和平也。而後其詩其歌其聲。從容舒暢。而俯仰遲速。無不適其宜者。志不美。求之於詩無益也。詩不美。求之於歌無益也。歌不美。求之於聲無益也。故曰作樂崇德。見其樂而知其德也。然又制律以和聲者何。居八音並作。彼此恐其不均。數章迭奏。先後恐其不符。故爲律以考驗之。使歸於一耳。非以律爲樂也。書曰。同律度量衡。律之於音也。猶度之於布帛。量之於粟。衡之於金也。長短之形。目能察之。而一左一右。不能必其無分秒之差。故受之以度而後齊。高下之音。耳能辨之。而一彼一此。不能必其無幾微之異。故受之以律而後調。是故律者所以均高下。而非所以爲高下也。度者所以均長短。而非所以爲長短也。量與衡者。所以均多寡輕重。而非所以爲多寡輕重也。後世儒者之爲古樂也則不然。不求其原於志與詩。而惟斤斤於律。

聲從律起。而不自歌生。詩緣歌作。而非由志出。取命夔之語。而顚倒施之。正使所制之律。毫釐不爽於古。亦與古樂無與。況未必然乎。如但持古人之律。卽可爲古樂。是得周尺。而卽可以制周禮也。曰。然則何以淑其志。曰。經言之矣。曰直而溫。寬而栗。剛而無虐。簡而無傲。剛直。乾之德也。寬簡。坤之德也。有其德者。必有其偏。溫也栗也無虐且無傲也。德之不偏不倚純粹至善。所以爲中正而和平也。由是而發之詩。著之歌。播之聲。舜之樂所以爲至也。故詩言志云云者。所以爲樂也。古樂之與後世異者也。直而溫云云者。所以爲韶也。舜樂之與三代異者也。故古今知樂者。莫如孔子孟子。孔子曰。樂則韶舞。謂韶盡美矣。又盡善也。聞韶曰。不圖爲樂之至於斯也。此論樂之品也。爲夫不能直而溫。寬而栗。剛而無虐。簡而無傲者言之也。孟子曰。今之樂由古之樂也。百姓之疾首蹙頞而相告者。不與民同樂也。欣欣然有喜色而相告者。與民同樂也。此論樂之本也。爲夫不知詩言志。歌永言。聲依永。律和聲者言之也。蓋樂猶文也。文之本在明理達意。不如是則非文。孟子之論樂是也。文之品則有高下精粗純雜之分。當求其上者法之。孔子論樂是也。孔子之論樂與顏曾之徒知樂者言之也。孟子之論樂與戰國之君臣不知樂者言之也。彼且不知樂之本。何暇與之論高下。譬諸近世之文。不求之理。而但揣摩西漢盛唐之體格於語言音響之間。此姑使之返而求所以明理者。未可遂以文之高下語之。非謂文之遂無高下也。宋韓魏公琦上仁宗疏云。不若窮作樂之原。爲致治之本。使政令平簡。民物熙洽。斯則古之樂也。可以器象求乎。嗚呼三代以還。知樂者一人而已矣。若夫諸儒所論累黍爲尺。由尺生律。以黍尺之多寡長短。爲古樂者。吾不知樂。吾知其非樂也。

子曰。出則事公卿。入則事父兄。喪事不敢不勉。不爲酒困。何有於我哉。

說見第七篇。然此則其事愈卑而意愈切矣。

箋曰。士喪禮。公卿大夫繼主人。鄉飲酒禮。諸公大夫。鄭注。大國有孤。四命謂之公。據是則公不必君也。天子有三孤。副三公。大國無公。惟有孤。故孤亦號爲公。卿之爲言章也。章善明理也。王制。大國三卿。皆命于天子。次國三卿。二卿命于天子。一卿命于其君。小國二卿。命于其君。古之治民者。皆師也。比長卽五家之師。族師卽百家之師。公卿退老。皆敎于鄉。敎有不從。則君率公卿視學。是以黨庠州序之司敎者。有州長黨正。致仕之士大夫。亦時佐助其間。而鄉飲酒禮所謂遵者。卽卿大夫致仕者。謂之國老。記曰。有虞氏養國老於上庠。是也。又周禮地官。二鄉公一人。每鄉卿一人。皆有爵秩而無官府者。此言出則事者。或此類耳。尊貴之通稱。非定指三公九卿也。出事公卿。入事父兄。皆是常事。故下兩個則字。四件皆以卑邇者言。事公卿。只是上交道理。與事君不同。父兄雖最要緊。却是家庭常事。便易忽。若喪事。只是宗族姻親功緦以下之輕者。與夫鄰里鄉黨之當相助者。人於此等多易忽。故夫子以爲不敢不勉。若三年之喪。乃人子之所自盡。固不僅謂之勉。此與不爲酒困。只作一例看。不爲酒困。謂不爲酒所困也。何有於我哉。言吾止能斯四者而已矣。其他無有也。與述而第二章同。此與庸德之行不敢不勉之意同。以此見孔門之學平實。正在日用細微處。自家檢點。郝敬曰。大道精微。不越易簡。就常行處檢點。虧欠者儘多。恒人心麤罔覺。聖人生知。見道無盡。學無盡。尋常人事。卽是精義入神。如出而在外。國有公卿。以卑事尊。夫誰不然。而細思之。貴賤相形。人己相隔。事使相待。心跡之間。或矜持未化。或隆殺失體。或應對失宜。豈徒然奉承之。必使上下交際。適得乎以卑承尊之道。未容易也。又如入而在內。家有父兄。子弟事父兄。夫誰不然。而細思之。孝親敬長。其道多端。責任無窮。百行之原自此始。人皆有父兄。爲人子弟。而眞能孝弟者。幾見尤未容易也。

子在川上。曰。逝者如斯夫。不舍晝夜。

夫。音扶。舍。上聲。○天地之化。往者過。來者續。無一息之停。乃道體之本然也。然其可指而易見者。莫如川流。故於此發以示人。欲學者時時省察。而無毫髮之間斷也。○程子曰。此道體也。天運而不已。日往則月來。寒往則暑來。水流而不息。物生而不窮。皆與道爲體。運乎晝夜。未嘗已也。是以君子法之。自强不息。及其至也。純亦不已焉。又曰。自漢以來。儒者皆不識此義。此見聖人之心。純亦不已也。純亦不已。乃天德也。有天德便可語王道。其要只在謹獨。愚按自此至終篇。皆勉人進學不已之辭。

箋曰。逝者不指水。斯字方指水。逝。進也。與君子可逝也不可陷也之逝同。知非日月逝矣之逝者。以下文即云不舍晝夜也。困學紀聞曰。釋文舍音捨。集注亦云上聲。而楚辭辨證云。洪引顏師古曰。舍。止息也。論語不舍晝夜。謂曉夕不息。爾音捨者非是。辨證乃朱子晚歲之書。當從之。○此章明君子進德修業。孳孳不已。與水相似也。法言學行篇。或問進。曰水。或曰。爲其不舍晝夜與。曰。有是哉。滿而後漸者。其水乎。法言所謂進。與夫子言逝義同。逝者往也。言往進也。孟子離婁篇。徐子曰。

仲尼亟稱於水。曰水哉水哉。何取於水也。孟子曰。源泉混混。不舍晝夜。盈科而後進。放乎四海。有本者如是。是之取爾。此孟子業既詮明之矣。卽滿而後漸之義。故趙岐孟子章指云。言有水不竭。無本則涸。虛聲過實。君子恥諸。是以仲尼在川上曰。逝者如斯。明夫子此語。既贊其不息。且知其有本也。陳天祥曰。注文與程子之說。大槩無異。若夫子果言道體。於此發以示人。當明白說出道體之本然。往者過。來者續。如川流無一息停留之意。然後學者可得而知。今觀本經。未嘗明有如此之文。而程子猥爲道體之論。以爲天運不已。日往則月來。寒往則暑來。注文又言。往者過。來者續。以此象其川流不息之狀。亦皆甚似。讀之可喜。然經文止言逝者如斯。實無來者之意。日月寒暑往過來續之說。何可通耶。○道體字出荀子修身篇。又淮南子詮言訓云。無爲者道之體也。人間訓云。或明於禮義推道體。周易正義云。以无言之。存乎道體。宋儒以道體解是章。殊失逝字義。陸隴其曰。集注道體體字。不是體用之體。是體段之體。合道器兼體用而言。商文毅云。盈穹壤間皆道也。而川流特其一端耳。故子思子於中庸。以鳶魚之飛躍。明斯道之昭著。殆與此同一機也。然川流有以見道之無時不然。鳶飛魚躍則以見道之無物不有。此又體道者所當知。按此極透。觀此則知以活潑潑地解川流者非。

子曰。吾未見好德如好色者也。

好。去聲。○謝氏曰。好好色。惡惡臭。誠也。好德如好色。斯誠好德矣。然民鮮能之。○史記。孔子居衛。靈公與夫人同車。使孔子爲次乘。招搖市過之。孔子醜之。故有是言。

箋曰。德兼人己。此只歎誠於好德者少。言外有令人自省之意。夫好德人之秉彝。好色亦人之恒情。能遠色卽是好德。故先儒云。嗜慾忍與不忍。便見有德無德。兩念相乘。正念清冷如水。邪念熾發如焚。其究也一杯之水不能制車薪之火。故君子修德。當以理滅慾。移其歆艶貪慕之念以好德。斯好無不篤。而德無不成矣。伊藤長胤曰。聖人之教人。不過法戒而已。勸善者法之所在也。懲惡者戒之所存也。此章是爲勸好德而發。蓋主好德而言也。然則不必爲衛侯而發可知矣。且第十五篇又曰。已矣乎吾未見好德如好色者也。則此言屢屢爲學者提說可知矣。非必爲靈公而言也。凡曰未見者。願見其人而不得之辭。如曰吾未見能見其過而內自訟者也。曰我未見好仁者惡不仁者。大率皆然。則曰未見蹈仁而死者。亦當做殺身成仁解。○靈公無道。與南子同車。命雍渠參乘則有之。若以爲孔子次乘。斷無是理。卽曰靈公使之而孔子遂從之乎。旣從之矣。而又何以醜之乎。此稍知氣節者不爲。而謂聖人爲之乎。朱子援引以爲證。何也。

子曰。譬如爲山。未成一簣。止吾止也。譬如平地。雖覆一簣。進吾往也。

簣。求位反。覆。芳服反。○簣。土籠也。書曰。爲山九仞。功虧一簣。夫子之言。蓋出於此。言山成而但少一簣。其止者吾自止耳。平地而方覆一簣。其進者吾自往耳。蓋學者自强不息。則積少成多。中道而止。則前功盡棄。其止其往。皆在我而不在人也。

箋曰。此章非比非興。卽喻卽止。以開口譬如字已揭明也。爲山。謂積土爲山也。蕢式三曰。今論語本簣字从竹。有荷蕢之蕢从艸。說文。蕢。艸器。古文論語作臾。而無从竹之簣字。漢書何武諸傳贊。以一簣障江河。注。簣織艸爲器。所以盛土。是包注簣訓土籠。即是簣字。又禮樂志引論語未成一匱。王莽傳綱紀咸張。成不一匱。顏注氏兩注俱云。匱者織艸爲器。所以盛土。是簣又通作匱。匱假借字。簣譌字。黃說是也。譬如平地。平地與爲山對。謂地有凸凹而平之。覆一簣覆之凹處也。吾止吾往。吾。猶己也。此章只重進字。止字及兩吾字。論止則不特垂成之時不可止。卽垂成之時亦不可止。論進則不特垂成之時當進。卽始基之時亦當進。大意只是當進不當止。而進止之機。總決於吾。猶曰是其止也豈或有阻之撓之者耶。卽或有阻之撓之。而其受人之阻受人之撓者則吾也。是其進也豈或有誘之勸之者耶。卽有誘之勸之者。而其受人之誘受人之勸者則吾也。兩個一簣。不可泥看。

子曰。語之而不惰者。其回也與。 語。去聲。與。平聲。○惰。懈怠也。范氏曰。顏子聞夫子之言。而心解力行。造次顚沛。未嘗違之。如萬物得時雨之潤。發榮滋長。何有於惰。此羣弟子所不及也。

箋曰。此章痛顏子之深也。只可追憶。不可正贊。夫怠棄者甘于自畫。則以惰而成其惰。刻勵者疲于太銳。則又以勤而流于惰。惟顏子之學。非勤怠相乘之學。于用力處而見其不惰。亦于無可用力處而愈見其不惰。惰當專在行上言。不當就知上說。朱子曰。語之而不惰。惟於行上見得。顏子不惰。如得一善則拳拳服膺而不失。欲罷不能皆是。其不惰處。其旨甚明。集注乃云心解力行云云者。特明力行本於心解耳。古注。餘人不解。故有惰語之時。此則以待坐聽語之時而言。所謂於吾言無所不說。是也。聽而不惰。精神益王。以其了解無滯也。此說非也。惰不惰在乎日力行時見之。顏子比子路更行得盡。所謂退而省其私。亦足以發。惟顏子然爾。

豈可謂孔子方語而弟子已有惰容邪。若人不解而強語之。致有惰者。豈不失言乎。正平本同下無也字。

子謂顏淵曰。惜乎。吾見其進也。未見其止也。進止二字。說見上章。顏子既死而孔子惜之。言其方進而未已也。

箋曰。子謂顏淵曰。凡二見。前云用行舍藏。乃子面命。通爲一句。如子謂子夏曰。亦通爲一句。此非面命。淵字句絕。而曰字自爲一句。惜乎云者。惜其早死也。○學貴乎不止。走者之速也。而過二里止。步者之遲也。而百里不止。必也步者前。而走者後矣。況以顏子之敏。而久不止。豈不幾于聖哉。語類曰。未見其止。只是不息。非得其止之止。

子曰。苗而不秀者有矣夫。秀而不實者有矣夫。夫。音扶。○穀之始生曰苗。吐華曰秀。成穀曰實。蓋學而不至於成。有如此者。是以君子貴自勉也。

箋曰。說文。苗。草生於田者。艸謂穀也。倉頡篇。苗。禾之未秀者也。何休公羊莊二十八年注。苗者禾也。生曰苗。秀曰禾。秀卽采也。說文。采。禾成秀也。凡禾黍先作華。華辨收卽爲稃。而成實。實卽稃中之仁也。秀之爲花。特以禾穀而言。故字從禾。不通於他草木。蓋禾穗吐花。特挺拔在葉上。故後借爲挺拔之義耳。爾雅釋艸謂不榮而實者謂之秀。榮而不實者謂之英。苗異於是。說文於秀字無釋。避光武諱也。有矣夫。是歎詞。苗喩亦爲顏子而發也。漢沛相范君墓碣。茂而不實。顏氏暴顚。茂秀義同。牟融理惑論云。顏淵有不幸短命之記。苗而不秀之喩。禰衡顏子碑云。亞聖德蹈高蹤。秀不實振芳風。李軌法言注云。仲尼悼顏淵苗而不秀。子雲傷童烏育而不苗。文心雕龍云。苗而不秀。千古斯慟。皆以此爲惜顏子。而世說新語謂。王戎之子。萬有大成之風。苗而不秀。梁書。徐勉因子悱卒。爲客喩云。秀而不實。尼父爲之歎息。唐玄宗顏子贊。秀而不實。得無慟焉。是唐以前人。皆以此節謂爲顏子而發。朱子易之。爲勉學之言。似矣。但以苗秀實喩於學問深淺。未若喩其壽之長短之感慨尤深也。

子曰。後生可畏。焉知來者之不如今也。四十五十而無聞焉。斯亦不足畏也已。

焉知之焉。於虔反。○孔子言後生年富力彊。足以積學而有待。其勢可畏。安知其將來不如我之今日乎。然或不能自勉。至於老而無聞。則不足畏矣。言此以警人。使及時勉學也。曾子曰。五十而不以善聞。則不聞矣。蓋述此意。○尹氏曰。少而不勉。老而無聞。則亦已矣。自少而進者。安知其不至於極乎。是可畏也。

箋曰。後生謂年少輩。可畏。是不可忽他。由他年富。則求聞有餘力。力強則有聞。有餘功。漸漸積去。焉知其將來不勝于今日乎。來者猶云來日。孟子曰。願比死者一洒之。言比至死日一洒之也。邢疏訓將來。得之。來字今字。都在後生身上說。不如今。小雅何人斯。始者不如今。句法同。或指今字爲夫子之今日。則添出一我字。失本文語意。四十五十。亦係後生言也。人至五十爲老年。是以養老自五十始。曲禮云。五十曰艾。王制云。五十始衰。縱能加功。進境有限。況王制又云。六十不親學。五十無聞。更無望於六十矣。據內則二十博學不教。三十博學無方。學至有聞。早則定於四十以前。遲則定於五十以前。斷不定於五十以後。因直決之曰。斯亦不足畏也已。二句是爲後生鞭策。不是爲衰老嗟傷。此章通是激勵後生語。只作一人看。○顏氏家訓云。荀卿五十始來游學。猶爲碩儒。公孫弘四十餘。方讀春秋。朱雲亦四十。始學易論語。皆終成大儒。世人以遲暮而因循面墻。亦爲愚爾。幼而學者。如日出之光。老而學者。如秉燭夜行。猶賢乎瞑目而無見者也。皇本正平本。上畏下有也字。

子曰。法語之言。能無從乎。改之爲貴。巽與之言。能無說乎。繹之爲貴。說而不繹。從而不改。吾末如之何也已矣。

法語者。正言之也。巽言者。婉而導之也。繹。尋其緒也。法言人所敬憚。故必從。然不改。則面從而已。巽言無所乖忤。故必說。然不繹。則又不足以知其微意之所在也。○楊氏曰。法言。若孟子論行王政之類是也。巽言。若其論好貨好色之類是也。語之而不達。拒之而不受。猶之可也。其或喩焉。則尙庶幾其能改繹矣。從且說矣。而不改繹焉。則是終不改繹也已。雖聖人其如之何哉。

箋曰。法語者。古人動稱先王引古訓。故曰法語。而下復綴一言字。能無從乎。言不能不從也。能無說乎亦同。法度之語。辭嚴義正。是非明白。理無可逃。雖桀傲者焉得不服。從猶服也。改之爲貴之字指行。繹之爲貴之字指言。巽與猶順適。言不拂忤也。巽。風也。入也。微婉諷諭。如風入物。而物不覺。情無所拂。雖剛愎者焉得不悅。法語之言。巽與之言。二句相對而言。猶云浸潤之譖。膚受之愬。無用之辨。不急之察。或解爲巽順與之言。非是。與。如吾與點也之與。恭孫而與之。如楚子革與靈王語。曰畏君王哉。與君王哉之類是也。賢者不敢與己莊論。其意必有在焉。當尋繹其意所在。而改我過也。說而不繹。從而不改。知其非而遂之者也。此較不可與言者。似高一等。其實正是此病不可藥。陷於不知者。猶冀可挽回萬一。以其未有知也。此既從矣。既說矣。依然如故。將復有何策哉。故曰末如之何。法巽槩指君友。不可單作臣諫講。從與說當淺看。若是眞從。自能改。眞說。自能繹。繹字。固是心繹其微意。改字。亦根心上悔悟而來。改字。固改其前非。繹字。既知其微意所在。則改圖亦不待言矣。不可因改繹二字。以法言作救過。巽言作陳善。○此章爲聽言者發。不爲進言者發。吾末如何。全是激發他改繹語意。與孟子梓匠輪輿章一樣。○楊說。語之而不達。拒之而不受。乃或喩數句。蓋有爲而言也。本文殊無是意。本文能無字。乎字。以見夫人不能不從也。不能不說也。無有不達不受者矣。楊氏文外生義。大與本文礙。伊藤長胤曰。楊氏以孟子論好貨好色。爲巽與之言。最不當也。好貨好色。人情之所同。唯與民同之。則家有積倉之富。而人無怨曠之咎。故以此告之。正是王道。正是法語。先儒之學。天理人欲隄防甚嚴。遂以貨色之念。爲當禁過之事。故以孟子之言爲巽言。大乖本旨。

子曰。主忠信。毋友不如己者。過則勿憚改。 重出而逸其半。

箋曰。忠信者。四教之二也。孔子固當屢言之。在學而篇。以在上君子言之。此章蓋語學者之用心也。不如己者。容而誨之。不慕尙以爲友。詳學而篇。

子曰。三軍可奪帥也。匹夫不可奪志也。 侯氏曰。三軍之勇在人。匹夫之志在己。故帥可奪。而志不可奪。如可奪。則亦不足謂之志矣。

箋曰。注三軍之勇。言三軍之强也。帥當作衛。說文云。將衛也。帥。佩巾也。是帥爲之叚借字。帥字。志字。韻叶。匹夫。獨夫也。說文匹字下段注云。束帛之制。二端爲兩。○每一兩爲一匹。凡言匹敵匹耦。皆於二端成兩取義。凡言匹夫匹婦。於一兩爲匹取義。段說是也。匹夫對上三軍。猶言一夫耳。匹夫紂。獨夫受。可證。此以上句形下句。須於可奪處。勿說得容易了。方顯出不可奪意。出可與不可。全在人己二字。志字不可專指綱常名節。大率是者不奪於非。正者不奪於邪。不奪亦不限定死生之際。凡利害皆是。伊藤維楨曰。此言人之不可無志也。夫三軍雖衆。人心不一。則其帥可奪而取之。匹夫雖微。苟守其志。則不可得而奪也。志之可尙也如此。

子曰。衣敝縕袍。與衣狐貉者立。而不恥者。其由也與。衣。去聲。縕。紆粉反。貉。胡各反。與。平聲。○敝。壞也。縕。枲著也。袍。衣有著者也。蓋衣之賤者。狐貉。以狐貉之皮爲裘。衣之貴者。子路之志如此。則能不以貧富動其心。而可以進於道矣。故夫子稱之。

不忮不求。何用不臧。忮。之豉反。○忮。害也。求。貪也。臧。善也。言能不忮不求。則何爲不善乎。此衛風雄雉之詩。孔子引之以美子路也。呂氏曰。貧與富交。强者必忮。弱者必求。

子路終身誦之。子曰。是道也何足以臧。終身誦之。則自喜其能。而不復求進於道矣。故夫子復言此以警之。○謝氏曰。恥惡衣惡食。學者之大病。善心不存。蓋由於此。子路之志如此。其過人遠矣。然以衆人而能此。則可以爲善矣。子路之賢。宜不止此。而終身誦之。則非所以進於日新也。故激而進之。

箋曰。衣。衣之也。袍者。衣裳連者。據喪大記。衣有三名。一單衣。名襌衣。一夾衣。名褶衣。一絮衣。名複衣。複。卽袍也。袍必有絮實其中。釋名釋衣服云。袍。丈夫著下至跗者也。喪大記。袍必有表。謂之一稱。注。袍。褻衣。蓋袍爲深衣之制。特燕居便服耳。故云褻衣。周官玉府注云。燕衣服者。巾絮寢衣袍襗之屬。鄉黨。紅紫不以爲褻服。鄭注云。褻服。袍襗。此袍爲褻衣之明證也。縕袍。綿著衣也。其表裏有用帛者。有用布者。此以語貧者之服。則定是布袍矣。集注云。縕。枲著者。謂以枲麻著袍中。此本孔注。蓋以綿袍不太賤。故作是解耳。殊不知綿袍對狐貉。自有貴賤也。古者以狐貉之温禦寒。而貧賤之人。不能辨焉。若夫涼冷殘寒。不宜裘之時。雖富貴者。亦服綿袍。但大寒服狐貉之時。而仍綿袍禦寒。是所以爲賤也。趙順孫有雜用枲麻以著袍之說。然襍用枲麻。仍是以絮爲主。而雜枲麻。與集注專以枲爲著者。義自不同。而其不可從則一也。禮記玉藻。纊爲繭。縕爲袍。鄭注。衣有著之異名也。纊謂今之新綿也。縕謂新纊及舊絮也。說文。袍襺也。以絮曰襺。以縕曰袍。縕紼也。紼亂絲也。亂絲。今之絲頭不可用者。貧人以著衣耳。古無木棉。著皆以絮爲之。玉藻注所云今者。指漢末而言。古以新綿爲纊。禹貢厥貢纖纊。是也。舊綿則謂之絮。說文。絮敝綿也。是也。漢則以精者爲綿。而粗者爲纊。古今語異也。韓詩外傳。曾子褐衣縕絮。未嘗完也。漢書東方朔傳。衣縕無文。師古注。縕亂絮也。皆以縕爲絮。夫袍以有所包而得名。則縕亦以縕于表裏間之謂也。繭專以新綿而得名者也。袍則不拘新綿與舊絮。但有所縕。卽成袍也。論語縕袍。祇謂一望而知爲有縕之袍。明其非裘爾。所重在敝字。明其幷非犬羊之裘。幷非敝裘爾。何必問其所縕之爲何物乎。其袍既敝。則敗絮其中。而非新緜可知也。至於枲麻之縕。則不施於常服。而維喪服有之。儀禮士喪禮。著組繫。著猶言藏也。卽充之以枲也。蓋喪不衣絲。故著衣亦不用綿而用枲也。夫人極貧。亦惟用舊絮以著袍耳。何至於以枲代綿。或引閔子騫後母以蘆花代絮爲證。可謂好異。貉說文作貈。云似狐善睡。引論語狐貈之厚以居。釋文云。貉依字當作貈。汗簡云。古論語貉作貈。鄉黨篇同。段玉裁云。凡狐貉連文者。皆當作貈。今字作貉。皆叚借。檀弓。子路曰。傷哉貧。生無以爲養。死無以爲葬。家語。子路見孔子曰。昔者由事二親。常食藜藿之食。爲二親負米於二百里外。故敝縕袍乃子路實蹟。或云。是設詞形容子路高明之胸次。非實有是事。此說非也。恥從心上發出。見他眞心不爲富貴所動。此章夫子稱子路之爲人如此。卽現成之介操矣。集注志字未允。正平本由下無也字。〇不忮不求云云。孔廣森曰。此以下當別爲一章。言子路常誦不忮不求何用不臧二言。亦猶南容三復白圭之玷。子以其所取於詩者小。故語之曰。不忮不求。是或一道也。然止於是而已。則亦何足以臧哉。尋省舊注。絕不與上衣敝縕袍相蒙。作疏者。始以引詩爲美子路。又以終身誦之。爲聞譽自足。朱子亦承其誤。既重負賢者。且夫子先既取詩辭何用不臧。而後頓抑之。謂何足以臧。是自異其言。枘鑿不可通也。集注本三十章。注疏本唐棣之華合於未可與權。而牢曰自爲一章。故亦三十章。唯釋文則云三十一章。竊疑陸所見古本多一章者。正分不忮不求以下矣。物茂卿亦謂不忮不求當別爲一章。子路飜此詩而孔子抑之。是別事已。孔子之於子路。或稱或抑。所以成材也。故聯而記之。俾學者知孔子敎育英才之意。二說是也。句首以詩起下唐棣章一例。與荷蕢誦匏葉兩言。聲情正復相同。非如他處上有詩云下有找句也。用是虛字。忮求皆生於美。忮帶妬。求帶諂。忮者妬心之毀貶。求者羨情之卑屈。卽求欲之求。不必訓貪。侗庵新論論娼妬之害曰。予所尤畏且惡者。男子之妬而已。蓋男子之妬也。處心詭秘。計畫巧而妙。外託公正之名。而內逞傢害之心。陰懷妨賢忌才之情。而陽爲別白枉直之態。使人聽熒迷惑。不得覈其實。其方術迥非艷妻哲婦可企及。是以君相之明鮮不爲其所壅蔽也。假令斯人得志而逞其所欲乎。必將就天下所稱吉人良士。摘其瑕抉其短。使之盡蒙譏嬰罰。然後始自慊。而已獨爲宗祏倚賴之賢。自得驕橫。至此天下傾危無日。其禍害如是之慘。而究其本實原於一念之妬娼。不可不審察也。宋明聖學大明。夫人不迷趨嚮之方。獨娼嫉之失。則隨世滋甚。號爲君子者。亦復不免於此。其竟也至君子與君子互相排擠而國事不可問矣。嗚呼宋明之季。夫人崇尚名義。故鼎革之際。毅然殉節者如麻。乃迹其生平。則共事之日。卒不免於迭相攻訐如讐。天下莫難於一死。克踐殉節之大義。而不能矜同朝和衷之細行者何也。蓋激於名於恥。則臧獲之汙。亦能投水火而不顧。平素晏安之時。則其醜行有不可縷數者。夫平日氷炭乖戾。迭相齮齕。以馴致國事潰裂不可救。異日一死皎皎。特自盡其心耳。於國家則竟何補哉。○終身誦之說者多謂終身者。言常誦之將終身也。即當日之事。非後事。此解不免於拘。大舜五十而慕。孟子直斷爲終身慕父母。不必待蓋棺而後爲終身。古者謂經年曰終身者多矣。孟子。樂歲終身飽。及出妻屏子。終身不養焉。若以爲一生之義則不通。在左傳昭十三年。叔向曰。子干爲羈終世。亦與此終身同。此章記於數十年之後。追憶數十年之前。以明夫子之善誘。子路之深造。子路得不忮不求二語。不勝其喜。在入門時。何足以臧語。在升堂時。夫子將進之入室。相去年遠。觀終身字可見。○是道也。何足以臧。是道指不忮不求一句。何足以臧。足字宜味。謂之曰。何足以臧。亦不是不臧。但臧之分量無窮。此未足以盡之耳。故夫子反詩意以進之云。尚復有臧於是者。言學道無止境也。譬若富而無驕。貧而無諂。尚未若富好禮貧樂道也。克伐怨欲不行。可以爲難。尚未可以爲仁也。是皆未足爲善也。集注沿邢疏。不是。

子曰。歲寒。然後知松柏之後凋也。

范氏曰。小人之在治世。或與君子無異。惟臨利害。遇事變。然後君子之所守可見也。○謝氏曰。士窮見節義。世亂識忠臣。欲學者必周於德。

箋曰。四時一終曰歲。取歲星行一次也。歲寒。歲將暮而天氣凝寒也。知字只當一見字看。本無甚深意。謂松柏之後凋。直至歲寒乃見。猶云不遇盤根錯節。無以別利器耳。至其所以能後凋者。自有平時本領在。到得歲寒水落石出。凋者自凋。不凋者自不凋。非松柏示異。松柏自不得不異。後凋者彫。泛係衆木。後獨係松柏。後之而不彫也。非後而後彫之謂。春秋傳稱人之善。往往言後亡者。後於人之亡而獨不亡也。後凋亦同。不必說大寒非常之歲。冬月唯松柏青青。故曰後於凋。後凋只作不彫講。後字活看。或謂松柏至春後易葉。雖物理如此。不必拘。凋。邢本作彫。今從皇本。說文云。凋。半傷也。彫。琢文也。義別。今多通用。○聖人之言。莫非教也。然是語也直是泛論。觸事而發者。諸說或以歲寒喩事難。喩亂世。喩勢衰。義均得通。潘岳西征賦。勁松彰於歲寒。貞臣見於國危。鮑昭詩。時危見臣節。世亂識忠良。唐大宗詩。疾風知勁草。板蕩識誠臣。皆就亂世言。陸隴其曰。此爲爲松柏者慰。不可以歲寒而歎松柏之不遇。爲非松柏者勸。不可因歲寒而讓松柏以後彫。爲知松柏者戒。不可至歲寒然後知松柏之後彫。

子曰。知者不惑。仁者不憂。勇者不懼。明足以燭理。故不惑。理足以勝私。故不憂。氣足以配道義。故不懼。此學之序也。

箋曰。是章三語三平。是現成人物。夫子舉三樣人。欲人之摹倣景行之也。不謂學當兼三德也。德各以性殊。知者仁者亦隨其性以成德已。且智仁賢聖之屬。古人之恒言。不始因言之先後。以定等級也。注學之序。不必言。夫仁知皆大德。故有時乎知在仁上。憲問篇則仁在知上。豈可固執乎。○仁者之不憂。由其有所安而然也。若理勝私。有不足言者。注恐失窾。○知者固有愼好惡別邪正之學焉。而非一時之積也。精明之體。立于不欺。雖紛錯日呈。而中之烱然者。彌形其條理矣。仁者固有辨天人正理欲之學焉。而非旦夕之功也。醇備之體。立于無私。雖險阻迭嘗。而中之泰然者。常得其寧靜矣。勇者固有敬幽獨養道義之學焉。而非血氣之用也。剛大之體。立于不撓。雖艱鉅忽投。而中之浩然者。益徵其優裕矣。龜井魯曰。樂廣曰。名教之中有樂地。名教也者。立名爲教也。知仁勇皆名也。夫名者實之賓也。實者物也。故欲證名者。莫明於體物。何謂知者不惑。上之禹王周公。次之呂望管仲。爲其所爲。無所疑惑。謂之知者不惑也。何謂仁者不憂。上之大舜文王。次之伊尹顏淵。居其所居。無所憂勞。謂之仁者不憂也。何謂勇者不懼。上之殷湯周武。次之龍逢季路。行其所行。無所恐怖。謂之勇者不懼也。夫人隨性而成德。其德不同。其惟不同。名是以異。又有時與位者。代天行事者。往往皆不得不強性而力行焉。故德同而名異。亦或有之。不可不識。○勇者聖人三德之一。造詣最難。而其工夫則自集義入。孟子所謂養氣是也。今附記先師之說。以闡明之。庶幾有裨後學。韓村先生曰。必有事焉。勿正心。勿忘。勿助長。朱注曰。有事焉有所事也。如有事於顓臾之有事。此言養氣者。必以集義爲事。而勿預期其效。其或未充。則但當勿忘其所有事。而不可作爲以助其長。乃集義養氣之節度也。据此則有事焉。以集義爲所事也。正。致等待於氣也。忘。忘集義也。助長。致強撑於氣也。無益舍之者。舍集義也。助之長者。作爲起氣也。當竊疑之。集義養氣固非有二境。而其爲事則二。事已

二矣。使人於二者之間。實落下工夫。其立言自當有主客之別。以養氣爲主。則集
義爲客。以集義爲主。則養氣爲客。語勢固當然也。集註起頭乃云。此言養氣者必
以集義爲事。是主養氣而言。故文集云。必有事焉。如言有事於上帝。有事于顓臾
之類。非是用力之地。乃言須當用力也。其意謂其事雖非當面當爲之事。然用力
於彼。則得效於此。祭而得福。伐而得地。皆用力於彼而得效於此。集義本與養氣
別事。然用力於彼。則氣自然生。是以養氣爲主。集義爲客也。而又云勿預期其效。
語氣自以集義爲主。下又曰。其或未充。則但當勿忘其所有事。主養氣而曰不可
作爲以助其長。則又似并集義戒之。主客不甚分明。且義者人所當行。慊於心而
行之。非養氣而爲之。今云養氣者必當當面之外。用力於義。積而集之。以使其氣
自然生。其或未充。則但當勿忘其集義。則爲養氣而行之也。忘者遺落也。不識也。
志不在也。所謂舍之不耘者。遺落失忘其人之所當行者。悠悠忽忽。曠日玩時。百
不一就。正不足當助長鄙夫。孟子何故舍之。甚言過用意之害乎。朱子嘗曰。四者
初無與養氣事。據以要本注大意。謂但當一味集義。不可一心方向養氣上求工
夫。夫氣之生不生。付之於彼。以一味行義爲事。是其事丁當直截。無節度之可言。
而世之好義者皆如此。孟子之言。何在乎其爲前聖未發乎。且孟子何不言吾集
義而浩然之氣生。而言我善養吾浩然之氣也。文公又有語曰。集義如藥頭。必有
事焉。而勿正心。勿忘。勿助長。如製度。又曰。集義是養氣底丹頭。必有事便是集義
底火法。言必有事者。是養氣之法度也。夫丹頭必待火法而後成丹。今言一味行義
義氣自然生。則何必用火法製度。又有語曰。孟子必有事焉勿忘。是論集義工夫。
勿正勿助長。是論氣之本體。上添一件物事不得。若是集義。便過用些力亦不妨。

却如何不著力得。苗固不可揠。若灌漑耘治。豈可不盡力。今謂克治則用嚴。氣則不可助長。如此則二事相妨。如何用功。火法之譬。蓋謂不冷不猛。不緩不急。自然取其煅煉。上所謂製度亦言此也。既以有事三勿爲集義底火法。而又言灌漑耘治可盡力。其言不符。且分析四者。以必有事勿忘爲集義工夫。而勿正勿助長爲論氣本體。上添一物不得。所主在有事勿忘。而正與助。特防其弊耳。然下文甚言正助之不可。則孟子之意恐不然也。參互尋繹。未得其要領。既而就本文朗誦數十次。恍然似有得者。蓋孟子主論養氣。整整有次序。上曰至大至剛。論其體段。配義與道。論其可如此用。是集義所生。論其所生。必有事焉。論養之之法。集義自是集義。養氣自是養氣。猶如丹頭自是丹頭。火法自是火法。集義工夫不可使有斟酌。猶如丹頭不可自制火法。故必有事焉。謂就集義上別有一段養法。以此當一件事。存之於心也。既存之於心。恐其期待也。故曰勿正。心既使勿正。恐其不存也。故曰勿忘。既使勿忘。恐其助長。故曰勿助長。有事勿忘。戒火冷也。勿正勿助長。戒火猛也。四者渾是養氣工夫。在集義上一面。用此培養之法。孟子至是詳論善養之法。其文意似不可疑矣。有事如有事於上帝。有事於顓臾之有事。不謂祭而謂有事。尊而不指其事也。不謂伐而謂有事。忌而不指其事也。不謂養而謂有事。略而不指其事也。皆爲非當面之事。別有一事存則同。夫養何以略而不指其事。曰既曰集義所生。又曰必養氣。則與集義不相冒。而恐人向氣上著力。故略之曰必有事焉。見集義當面著力處。有一事存其中。是據集義說養氣。本注是據養氣說集義。故解有事爲有所事。而又爲非用力之地。而當須用力。則養氣爲當面。集義爲別事。顧如顏子之請事。是語豈可以爲別事而用力乎。唯此一句以主爲客。而正心助長二句。不得以客爲主。四句夾雜。主客不定。總之爲集義養氣之節度。故既曰有事。便是集義底火法。又曰必有事者。是養氣之法度也。其言不甚瑩明。釋其所由來。在以必有事爲有所事集義。蓋不能後獲。學者通病也。孔子亦嘗致意矣。朱子平生以此爲家言。而又見當時學士馳騖高遠。不知實落以集義下手。恐其專著力養氣。成助長一路。故以有事爲集義。以致是紛糾轇轕乎。夫吾以四者爲在集義上一面用培養之法者。似犯不韙之言。然而孟子明言無暴其氣。曰我善養吾浩然之氣。今夫天下之行義者。未可謂必皆善養氣。則其自謂善養者。其必有所自覺者。且如種樹所用力者在水土。而必須生枯存于心。如烹物所用力者在薪火。而必須生熟存於心。行一事之合於宜。其慊於心者。自認而不失。日行日認。存存在心。是必有事之謂也。然而恐其期待或生用功不實。故曰勿正。恐存存之或有間斷。故又曰勿忘。又恐其爪膚而攪鮮。故曰勿助長。存養不斷之中。所以當後獲者。孟子千般苦心出之。此其所以爲善養也。又其所以爲難言也。侯師聖說。必有事焉而勿正心。伊川擧禪語爲咒。曰事則不無。擬心則差。當時於此言下有省。竊意伊川此言得孟子語意。事則不無。謂養氣一事在上。要其不迫切把持。故微其辭曰不無。擬心則差。謂正心則落把捉。亦善狀孟子養氣。而朱子疑其所引不相似。不編入精義。以有事之義所見不同也。皇本知作智。

子曰。可與共學。未可與適道。可與適道。未可與立。可與立。未可與權。

可與者。言其可與共爲此事也。程子曰。可與共學。知所以求之也。可與適道。知所往也。可與立者。篤志固執而不變也。權。

稱錘也。所以稱物而知輕重者也。可與權。謂能權輕重使合義也。○楊氏曰。知為己。則可與共學矣。學足以明善。然後可與適道。信道篤。然後可與立。知時措之宜。然後可與權。洪氏曰。易九卦。終於巽以行權。權者。聖人之大用。未能立而言權。猶人未能立而欲行。鮮不仆矣。程子曰。漢儒以反經合道為權。故有權變權術之論。皆非也。權只是經也。自漢以下。無人識權字。愚按。先儒誤以此章連下文偏其反而為一章。故有反經合道之說。程子非之是矣。然以孟子嫂溺援之以手之義推之。則權與經亦當有辨。

箋曰。共。同也。共學與適道對言。學者。業之所同。講習切磋。彼此資益。故曰共學。至適道立權。各由人所自得。故不曰共也。未可。亦不是終不可與。只是目下未可與耳。乃欲勉人所未至意。蓋志大進銳者。或失之荒。見小欲速者。或失之近。故未可與適道。終之所守。或不足以副其初心。力之所至。或竟不免奪于習尚。未可與立。學至于立。則外誘莫能惑。事變莫能移。亦可語于學之成矣。然守之固者。或未達乎通變之妙。信之篤者。或未識夫時中之宜。而所以裁酌以協夫義者。時或狥而不從。可與立。又豈可與權哉。○吾十有五章。是聖人自作年譜。此章則學譜也。共學與適道。分一個明暗境界。適道與立。分一個未得已得境界。立與權。分一個守與化境界。○權字。對適立等說。是做活字用。銖兩斤鈞石曰五權。造秤先權。秤之垂者曰權。平者曰衡。權先設而衡依以為平。衡上之數有定。而權無定。權之於稱也。隨物之輕重以轉移之。得其平而止。物增損而稱則長平。轉移之力也。不轉移則隨物為低昂。而不得其平。此權字對立字看。立是持守之義。權是變通之義。孔子無可無不可。從心所欲不踰矩。無時無處不是權也。若必以處變言權。則變不常遭。將何處以驗學者之能權與否。程子說權卽是經。朱子謂經與權當辨。都在處變上說權字。非此章之旨。又權只是時中。然非精義者。不能權之而得中。自世有權變權術之目。學者諱言權。遂謂權卽是經。或至有云自非聖人權不可行者。然事有大小。權亦從之。道之不可無權也。猶臨敵之將。應變制勝。操舟之工。隨風轉柁。若否則必覆師而致溺矣。故謂權不可輙用則可矣。謂非聖人不可用則不可也。孟子曰。執中無權。猶執一也。言學之不可無權也。若夫後世權變權術。是違禮而濟其欲者。道之不平亦太甚。猶操權衡而輕重任意。唯務多取寡予。不復顧衡之不平也。豈權云乎哉。朱子文集答柴深之論子莫執中無權。曰。權者。權衡之權。言其可以稱物之輕重。而游移前却以適於平。蓋所以節量仁義之輕重。而時措之。非如近世所謂將以濟乎仁義之窮者也。古賀煜曰。朱子經權之辨。極是有功於聖門。然其說權猶覺過於太重也。權有大小。有輕重。聖人說未可與權。亦只大概說其難。不必至權之極處。恐不可引湯武放伐。伊尹放太甲。果然則權之爲物。只可數百千年中偶一行之。殆爲虛設。至洪氏遂曰權卽孔子是也。夫孔子之聖。是萬世不可復見。權果孔子可獨行之。而他人不與。則權竟爲廢棄之器。孔子亦奚以論權爲哉。孔子意必不然。人苟才德全周。智識明達。足以應時變。皆可與權之人也。故求其人以實之。則顏曾思孟。固優爲之。他如子貢有若。亦可與乎此。後世如諸葛武侯。郭汾陽。亦皆可與語權者。豈曠世不可見之行哉。夫嫂溺援之以手者權也。庸人可能。撻其主以過關者權也。智士行之。此等事固過於輕。然後來如霍光之廢昏君。狄仁傑之事女主。皆夫子所謂可與權者。奚必以數百千年絶不復睹之行爲言哉。

唐棣之華。偏其反而。豈不爾思。室是遠而。棣。大計反。○唐棣。郁李也。偏。晉書作翩。然則反亦當與翻同。言華之搖動也。而。語助也。此逸詩也。於六義屬興。上兩句無意義。但以起下兩句之辭耳。其所謂爾。亦不知其何所指也。

子曰。未之思也。夫何遠之有。夫。音扶。○夫子借其言而反之。蓋前篇仁遠乎哉之意。○程子曰。聖人未嘗言易以驕人之志。亦未嘗言難以阻人之進。但曰未之思也夫。何遠之有。此言極有涵蓄。意思深遠。

箋曰。唐棣。爾雅釋木。詩何彼襛矣傳。並云移也。晨風傳又云。棣。唐棣也。據爾雅釋木。詩常棣采薇篇傳。棣乃常棣。非唐棣也。陳奐詩疏。轉據晨風傳而引皇疏云。唐棣。棣樹也。玉篇。唐棣也。證移爲棣之誤。又以說文移棠棣也。謂棠當作常。潘維城曰。說文云。移。棠棣也。棣字即次其下。云白棣也。不云唐棣而云白棣。郭璞爾雅常棣棣注。今關西有棣樹。則惟常棣可單稱棣。而說文移棠棣也之即爲唐棣明甚。棠果當爲常。則繁露竹林篇。文選廣絶交論注。引論語此文。何以並作棠。蓋棠唐古同聲通用。故或作唐。或作棠也。詩常棣。棣也。釋文云。本或作常棣移者非。亦可爲移爲唐棣之一證。晨風傳以棣爲唐棣。或繫傳寫之訛。故與何彼襛矣傳自相矛盾。至三家詩以常棣爲夫移。則當爲傳詩者之不同。蓋三家詩。今文也。毛詩。古文也。古今文。師傳各異。或毛詩之常棣。三家詩作棠棣。故以爲夫移。亦未可知。非必其以常棣爲夫移也姜宸英湛園札記乃謂唐棣一種棠棣常棣共爲一種段氏說文注又以唐棣常棣幷爲一種古無是說皆非惟郝懿行爾雅義疏謂牟願相爲余言唐棣花白卽今小桃白也其樹高六七尺華葉俱似常棣其華初開反背終乃合幷詩所謂偏其反而者也但其樹皮色紫赤不似白楊耳郭云江東多夫移者差爲近之第說文以棣爲白棣故有以華赤爲唐棣花白爲棣者然說文不言華則或指皮色言之詩疏引郭璞注今白移也似白楊與郝氏說合爾雅邢疏引陸機義疏云許愼曰白棣樹也如李而小如櫻桃正白今官園種種之今攷白棣如李而小如櫻桃正白齊民要術云北方呼之相思是也文選閒居賦梅杏郁棣之屬李善注云棣山櫻桃也說文棠字注云牡曰棠牝曰杜段玉裁曰草木有牡者謂無實者也援此例以推之則惟移楊有華無實得名棠棣而小雅之常棣七月之鬱非此唐棣也○偏其反而集注引晉書偏作翩似晉書無此文角弓詩翩其反矣桑柔詩旟旐有偏釋文偏本亦作翩是偏翩相通翩者其貌反者相乖反也反讀如字正與遠叶何必改作翻乎角弓翩其反矣句是其確證而者句絕之辭蓋詩人取興之妙在一反字花之反背有似人之相遠故以起興而承之曰豈不爾思室是遠而人之相思幸而室邇則見可屢吾非不爾思而無奈室之遠何杜詩所謂人事多錯迕與君永相望者也何必改反作翻而解爲全無意義耶夫梨海棠之類花莖長軟而兩三相麗唐棣蓋亦然其花著枝下者兩三相連而下垂其著枝上者一仆而向彼一仆而向此所謂偏其反是也莖出于一處而花東西以喩我與爾本在一處而今一東一西遠相離異也其所言不可知爲何事今以國風諸詩例推之或男女相悅之辭或思君子之辭雖不一定要爲思人

之詞則同。

〇子曰。未之思也夫云云。詩人以爲非不思。而無如室遠何。夫子卽反其意曰。遠云者思之未足也。果能思之。亦何遠之有。以喩道之不遠也。中庸引詩不大聲以色句。而承之以夫子之言曰。聲色之於以化民。末也。斯其反言之旨。實注在下無聲無臭句。與此相類。詩人原是因思而見遠。非不思而見遠也。原是因遠而愈思。非因遠而廢思也。不必說壞詩人釋文云。一讀以夫字屬上句。據古人釋詩之詞。多以夫字屬句末。左傳僖二十四年詩曰。彼己之子。不稱其服。子臧之服。不稱也夫。宣十二年詩曰。亂離瘼矣。爰其適歸。歸于怙亂者也夫。成八年詩曰。愷悌君子。遐不作人。求善也夫。襄二十四年詩曰。樂只君子。邦家之基。有令德也夫。上帝臨女。無貳爾心。有令名也夫。中庸詩曰。神之格思。不可度思。矧可射思。夫微之顯。誠之不可揜如此夫。皆是。則釋文後一讀爲是。中井積德曰。求則得之。不求則弗得。諸弟子皆以道之高遠。慮力不勝。不敢求至焉。是夫子之憂也。故每言其易以勵之。如仁遠乎哉是也。然而無有能驕其志者也。是章亦鞭策之語。言其易也。意謂至焉不難。唯病求之不眞焉已。程註未嘗言易以驕人之志句。於是章恐背馳。李光地曰。曰豈不爾思。其詞若怨于己。曰室是遠而。其意若懈于從矣。令人而存此心也。跬步之間。可以萬里。擧足之難。有若登天矣。世烏得有忠臣孝子。悌弟貞友之行。又烏得有所謂聖賢之徒哉。故欲使天下勞臣羇婦。深自責其微念之薄。而不敢謂屛棄疏逖。悔于精之不通。且使古今上下。曠相感于百代之遙。而雖極之鬼神幽深。動于誠而必應。蓋伐柯之章。夫子以爲猶遠。而唐棣之什。夫子譏其未思。然則聖人之論道也可見矣。伊藤維楨曰。夫子嘗曰。仁遠乎哉。我欲仁斯仁至矣。又曰。人之爲道而遠人。不可以爲道。皆言道之甚近也。蓋道外無人。人外無道。聖人之設教也。因人以立教。而不立教以驅人。亦何遠之有。第不知道者。自以爲高爲美。爲若升天然。故視道甚遠。而人益難入。憫哉。皇本正平本南宗本。有下有哉字。

論語會箋卷第九終

（日）竹添光鴻 箋注

論語會箋

貳

鳳凰出版社

論語會箋卷第十

竹添光鴻會箋

鄉黨第十

楊氏曰。聖人之所謂道者。不離乎日用之間也。故夫子之平日一動一靜。門人皆審視而詳記之。尹氏曰。甚矣。孔門諸子之嗜學也。於聖人之容色言動。無不謹書而備錄之。以貽後世。今讀其書。卽其事。宛然如聖人之在目也。雖然聖人豈拘拘而爲之者哉。蓋盛德之至。動容周旋自中乎禮耳。學者欲潛心於聖人。宜於此求焉。舊說凡一章。今分爲十七節。

箋曰。此篇雖一章。而其間事義。各以類從。今分爲二十五節。魏際瑞曰。鄉黨一篇。寫得聖人行誼性情。直與常人無異。是門人極善記聖人處。足破學者宜若登天之惑。然聖人却是一箇恰好有似庸人。而賢智者不能及。正在此處。

孔子於鄉黨。恂恂如也。似不能言者。恂。相倫反。○恂恂。信實之貌。似不能言者。謙卑遜順。

不以賢知先人也。鄉黨。父兄宗族之所在。故孔子居之。其容貌辭氣如此。

其在宗廟朝廷。便便言。唯謹爾。

朝。直遙反。下同。便。旁連反。〇便便。辨也。宗廟。禮法之所在。朝廷。政事之所出。言不可以不明辨。故必詳問而極言之。但謹而不放爾。〇此一節。記孔子在鄉黨宗廟朝廷。言貌之不同。

朝與下大夫言。侃侃如也。與上大夫言。誾誾如也。

侃。苦旦反。誾。魚巾反。〇此君未視朝時也。王制。諸侯上大夫卿。下大夫五人。許氏說文。侃侃。剛直也。誾誾。和悅而諍也。

君在。踧踖如也。與與如也。

踧。子六反。踖。子亦反。與。平聲。或如字。〇君在。視朝也。踧踖。恭敬不寧之貌。與與。威儀中適之貌。張子曰。與與。不忘向君也。亦通。〇此一節。記孔子在朝廷。事上接下之不同也。

箋曰。孔子二字冠一篇。皆門人隨處隨事。竊見夫子言貌起居飲食衣服。描寫其似。固是皮膚。便是神髓。門人旁觀如此。聖人不自知其如此也。鄉黨祗作鄉里字看。邢疏謂。諸侯郊內爲鄉。郊外爲遂。孔子家當在魯郊內。未免太拘。或據儒行篇。以宋魯當之。尤鑿。要之鄉黨祗是對朝廷言耳。史記孔子世家。孔子生魯昌平鄉陬邑。陬邑者孔子父所治邑。論語作鄹。左傳作郰。後或作鄒。一統志。故鄹城在鄒縣界內。非鄒國之鄒也。史記正義引括地志。故鄒城在兗州泗水縣東南六十里。

昌平鄉在縣南六十里。鄉以山爲名。孔子生昌平鄉闕里。後徙居曲阜西南三里。亦名闕里。恂恂如也者。後漢書張湛傳引經。注引鄭君注。恂恂。恭愼貌也。卽不能言者之容貌矣。莊子齊物論。木處則惴慄恂懼。大學亦恂慄連言。皆言畏也。注。信實之貌。不切。史記世家引此經。索隱云。有本作逡逡。音七旬反。隸釋祝睦後碑。鄉黨逡逡。朝廷便便。是恂古本有作逡者。逡有謙退義。與似不能言相貫。劉修碑。其於鄉黨。遜遜如也。漢書李廣傳。贊。李將軍恂恂如鄙人。史記作悛悛。悛與逡同。亦與恂同。並聲近字。遜亦音義相近。當由齊古魯三家文異。凡言如也者。皆謂如此義也。似不能言者。正形容恂恂處。似字緊承如字說者。字也字。自相呼應。蓋言貌本不可分析。道貌則言在其中。擧言則貌在其中。如云論篤是與。君子者乎。色莊者乎。直指論篤者爲色莊者。蓋論篤者必色莊。不是言論篤而在言外見色莊。可以爲證。鄉黨中有尊長者。有卑幼者。恂恂似不能言。只對父兄宗族之尊長者言之。注言貌拆看不得。上節似先貌而後言。下節似先言而後貌。實則說貌本已該言。說言便自有貌。要之上節以恂恂爲主。似不能言。特形其恂恂之狀。下節以便便言爲主。唯謹爾。形其便便之實。要知鄉黨亦有當明辯者。而總不改乎恂恂之貌。朝廟亦未嘗不有恂恂時。而要必以便便言爲主。○其在宗廟朝廷。白虎通宗廟云。宗者尊也。廟者貌也。象先祖之尊貌也。所以有室何。所以象生之居也。爾雅釋宮。室有東西箱曰廟。東西箱者東堂西堂也。王制曰。天子七廟。三昭三穆。與大祖之廟而七。諸侯五廟。二昭二穆。與大祖之廟而五。據此魯當五廟。公穀。明堂位。並以周公之廟爲大廟。所謂大祖之廟也。其二昭二穆。當夫子仕定公時。爲宣成襄昭也。宗廟禮法之所在。不翅祭祀。如下文聘禮。亦行之於廟。他邦之賓。皆接於廟。凡禮多行之於大祖之廟也。朝廷者。周官大宗伯注。朝猶早也。欲其來之早。此以朝時見君謂之朝。因而見君之地亦稱朝。諸侯三朝。在大門外者曰外朝。在雉門內者曰治朝。在路門內者曰燕朝。又曰射朝。若以治朝燕朝對外朝亦稱內朝。玉藻。諸侯朝服以日視朝於內朝。則治朝也。文王世子。公族朝于內朝。則燕射之朝也。若以治朝對燕朝。則治朝亦稱外朝。文王世子。其在外朝。據注卽治朝也。治朝外朝。皆是平地無堂階。故謂之朝廷。廷者平地也。聘禮。使者夕幣于朝。時管人布幕于寢門外。可見路門外是平地無堂。曾子問。諸侯旅見天子。雨霑服失容則廢。明在廷中也。惟路寢之朝。乃有堂有階。又三朝朝位皆平地。鄭注太僕云。燕朝朝於路寢之庭。注文王世子云。內朝路寢庭。路寢卽燕寢。別寢而言庭。明朝位在庭也。左傳韓獻子從公立于寢庭。卽是從公於內朝。是燕朝朝位亦平地。不獨治在朝外朝矣。金鶚禮說。凡言庭者。皆廟寢堂下也。若治朝外朝皆無堂。則亦無庭而名之曰廷。所謂朝廷也。庭與廷字有別。說文云。庭宮中也。廷朝中也。庭有堂。故其文從广。廷無堂。而但爲平地。故其文從廴。金說是也。玉篇。庭堂階前也。是一庭雖平地。必有堂階。而後名之。自來解者。庭廷二文多混。禮說又云。攷工記。市朝一夫。夫。百步也。堂下至路門百步。內朝之庭也。路門至應門百步。治朝之廷也。應門至皋門百步。外朝之廷也。此爲天子之制。其諸侯則無文以明之。王瑬正義引楊隨安說。諸侯之堂七雉。三分其廣。以其二爲之內庭。三堂之深。當爲七十步。此義或得之。外朝人君不常至。治朝禮略。君臣不能多言。凡議政事。皆於燕朝。或於路寢。夫子便便言。當在燕朝。然則此文朝廷。是擧治朝以賅燕朝矣。經典朝字最多。所指皆不同。有指治朝言者。如檜風狐裘以朝。周官射人。諸侯在朝則皆北面。曲禮。爵祿有列于朝。王制。八十杖于朝。七十不俟朝。月令。賞軍帥武人於朝。曾子問。冕而出視朝。朝服而出視朝。禮器。諸侯視朝。明堂位。振木鐸于朝。孟子。仕者皆欲立于王之朝。朝將視朝。左傳文七年。穆嬴日抱大子以啼于朝。十三年。魏壽餘履士會之足于朝。宣二年。晉靈公殺宰夫寘諸畚。使婦人載以過朝。成十七年。胥童以甲劫欒書中行偃于朝。十八年。晉悼公卽位于朝。襄六年。子蕩以弓梏華弱于朝。襄十五年。師慧過宋朝。將私焉。昭十七年。日有食之。諸侯伐鼓于朝。哀十四年。陳成子驟顧諸朝之類。是也。有指內朝言者。如左傳宣九年。陳靈公與孔寧儀行父通於夏姬。皆衷其衵服。以戲于朝。檀弓。朝不坐。表記。朝極辨。不繼之以倦之類。是也。曰極。曰倦。則在朝之久可知。古者治朝君臣皆立。不久卽罷。議政事則在內朝。或自朝至于日中昃。故表記所言爲內朝也。有指外朝言者。如左傳僖十五年。晉陰飴甥言朝國人。定八年。衛靈公朝國人。問叛晉。哀元年陳懷公朝國人。問欲與楚欲與吳之類。是也。又如論語。吾力猶能肆諸市朝。魯語。大者陳之原野。小者致之市朝。成十七年左傳。晉殺三郤。皆尸諸朝之類。陳尸于朝。當在大門外也。魯語韋昭注。死刑。大夫以上尸諸朝。士以下尸諸市。原野也。市也。朝也。所謂五刑三次也。論語。肆諸市朝。本但當言市。而連言朝。孟子。若撻之于市朝。亦然。或謂朝非陳尸之所。而引史記索隱謂市之行列如朝位。以解論語。則魯語以原野市朝爲三次。不可解矣。大門外之西旁。可爲賓客次舍。聘禮。賓至于朝。入于次。是也。天子大門外兩旁。皆有賓客次舍。覲禮。諸侯前朝。皆受舍于朝。同姓西面北上。異姓東面北上。是也。此大門外兩旁。通稱朝也。鄭注謂。次在文王廟門之外。不知經文明言受舍于朝。若在廟門外。則不可言朝矣。便便言。唯謹爾。便便。明辨之貌。史記世家作辯辯。書平章百姓。伏傳作辯章。史記作便章。平秩南訛。鄭作辯秩。伏傳作便秩。詩采菽平平左右。毛傳平平辯治也。韓詩作便便。是平便辯音近義同。唯謹爾。謂唯專自敬謹。上來如此也。唯字與但字不同。爾猶而已也。○集注詳問。蓋据入大廟每事問爲說也。然彼特謂一時事。非該終身。此總擧言語。不當挾說。極言亦大重。朝廷之事有可極言者。亦非恒事也。此唯稱恒事而已。非指當大事極言直諫之類。○朝與下大夫言者。古者視朝之禮甚簡。既朝而退。君適路寢聽政。臣適諸曹治事。諸臣治事之所。卽匠人所謂外九室是也。其室在治朝之左右。如後世午門朝房矣。蓋以卿大夫議朝政於此。故亦得名朝。曲禮在朝言朝。論語朝與下大夫言。與上大夫言。皆指治事之朝。此上下大夫。從孔子分上下也。不當据王制以卿與大夫分焉。吳英曰。卿與大夫。春秋皆謂之大夫。分言之則卿爲上大夫。其大夫皆爲下大夫也。諸侯三卿。司徒司馬司空。就三卿分之。司徒執政爲上卿。亦曰家卿。其餘爲下卿。亦曰亞卿介卿。總之皆爲上大夫。魯三卿。季氏爲司徒。叔孫爲司馬。孟孫爲司空。此是左傳文。無可疑者。孔子仕魯時。則季桓子斯。叔孫武叔州仇。孟懿子何忌也。攷之周制。司寇乃司空之兼官。而司徒卽相也。是則大司空與相。固當爲季孟之所據。而司寇又當爲臧氏之世掌者。執侯國三卿之說。孔子直無一官可居也。不知春秋之國。並不止三卿。宋之六卿。猶曰二王之後也。晉之六卿。猶曰三軍各有副也。至于鄭之細。亦備六卿。雖魯亦然。魯公族之與三桓共爲卿者。前有臧氏東門氏。凡五卿。自仲嬰齊卒。而東門氏失卿。武仲出奔。而臧氏失卿。然而又有叔氏爲卿。則四卿。唯是卿不止于三。而軍止于三。三桓掌而有之。故力分公室。如謂魯以三卿止。而三桓以外無卿。則謬已。韓詩外傳云。孔子爲魯司寇。

其命辭曰。宋公之子弗父何孫魯孔丘。命爾爲司寇。此是命卿辭。非命大夫辭也。大國之卿。皆命于天子。魯本次國。而夫子又異姓之卿。不必爲天子所命。而命于魯君。容或然也。至若春秋之相。亦復何常之有。齊有天子之守國高。而管仲以仲父當國。晉之枋國者乃中軍。而楊處父以太傅易諸帥。宋則以左右二師長六官。卽以魯言。季文子歷相四君。而僖公時有臧文仲。文公時有東門襄仲。宣公時有臧宣叔。成公時有孟獻子。皆與文子同掌國政。全謝山曰。春秋時所重者莫如相。凡得相其君而行者。非卿不出。是以十二公之中。自僖而下。其相君者皆三家。文公三年如晉。則叔孫莊叔相。十三年如晉。則季文子相。成公四年如晉。亦季文子相。九年會于蒲。亦季文子相。十年朝王。則孟獻子相。襄公四年朝晉。亦孟獻子相。十年會伐鄭。則季武子相。二十八年如楚。則叔孫穆子相。昭公七年如楚。則孟僖子相。哀公十七年會于蒙。則孟武伯相。皆卿也。傳云夾谷之會孔丘相。當時齊欲使魯以甲車三百乘從其征行。三家方拱手以聽。而孔子儼然得與其選。正可爲大夫爲卿之證。而淮南閻氏乃謂孔子初命爲大夫。而非卿。又謂侯國無大小卿。魯國焉得有大司寇。豈其然歟。〇侃侃如也。誾誾如也。便便之中分出侃侃誾誾。理無詔屈。詞則有剛柔耳。吳英曰。說文解字第三曰。誾。和說而諍也。第十一曰。侃。剛直也。从㐰。㐰古文信。从川。取其不舍晝夜。據此知孔子以君命而爲司寇。尊于下大夫。言宜剛直。以正立朝之體。況下大夫人數衆。若和說而諍。徒然多論。而無成功。大有害于政事矣。故侃侃如。爲剛直之貌也。孔子於魯亦爲上大夫。然鄕黨之所謂上大夫。則獨以季孫斯・叔孫州仇・孟孫何忌言之也。孔子與之言誾誾如者。一則貴貴也。文王世子曰。貴貴。爲其近于君也。據此知誾誾如者。廉遠地則堂高之義也。諸侯於天子所命之卿。改容而禮貌之。而況孔子僅得爲魯君自命之卿乎。一則周道親親。魯三桓。親臣也。與言誾誾如者。從周之道也。而況於是時。言之聽與不聽。政之成與不成。定公不能主。而皆由三子。和說而諍。卽所以爲國爲民之道也。何注乃反是者。蓋以爲與下大夫言和樂。使居下位者得盡其言。與上大夫言中正。則自重以尊道云爾。然不知此時君雖未臨。而言者已爲言乎朝廷之上。立朝有體。豈可以平時和樂之言貌。施于此乎。誾誾爲和悅而諍。所謂中正自在其中矣。專言中正。豈能盡誾誾之義乎。漢紀。萬石君童僕侃侃如也。後章閔子侍側。誾誾如也。冉有子貢侃侃如也。漢紀正言石氏家法嚴肅。僮僕亦剛直。侍側章誾誾侃侃。正足爲此章誾誾侃侃之證。閔子見于論語者。一稱其孝。一紀其言。曰仍舊貫如之何。曰善爲我辭焉。於此猶不見所謂和說而諍之氣象邪。韡村先生曰。剛以臨下。柔以事上。似小人之狀情。世之小自好者。皆知反之。而聖人不然。何也。上官腆䏰脂韋。左右遷就。而在下者無所持循。下官强勁訐直。守偏遂辨。而在上者無保其權。是衰亂之道也。君令臣從。父訓子順。人倫之常經。先以諫正秉心。非臣道之本體。況孝子之事親。不可以諫爭居諸心也。必矣。〇孔注。侃侃和樂貌。此假侃爲衎也。侃衎古通。後漢書袁安傳。隸釋漢碑唐扶頌。引經侃作衎。誾或省作言。玉藻。二爵而言言斯。注。言言和敬貌。與許義近。諍者辨論其是非也。孔注。誾誾中正之貌。中正之訓。却與許義合。和悅而諍。卽是剛柔得中也。〇君在。踧踖如也。與與如也。廣雅釋訓。踧踖敬畏也。詩節南山。蹙蹙靡所騁。鄭箋。蹙蹙縮小之貌。孟子曾西蹵然。注。蹵猶踧踖也。蹙·蹵·踧。並與踧同。易履踖然。敬之无咎。王注。警愼之貌也。楚茨。執爨踖踖。毛傳言爨竈有容也。亦謂恭敬之容。與與。楚辭。聊逍遥兮容與之與。莊子。與乎其觚而不堅。亦容與之意。說文心部。懇趨步。懇懇也。走部。趨。安行也。漢書叙傳。長倩懊懊。蘇林曰。懊懊行步安舒也。蓋從容紓緩之義。踧踖有恂慄戰兢縮容不安之意。與與有從容委蛇自中禮節之意。凡人過於敬畏者。多踧踖倉皇。不免失錯禮度。夫子則不然。已踧踖而又與與。所謂恭而安也。注威儀猶容儀。中適猶言得宜也。此與上文分狀君在之時。不在之時。非序前後。上注未視朝稍泥。不必講。

君召使擯。色勃如也。足躩如也。擯。必刃反。躩。驅若反。○擯。主國之君所使出接賓者。勃。變色貌。躩。盤辟貌。皆敬君命故也。

揖所與立。左右手。衣前後。襜如也。襜。赤占反。○所與立。謂同爲擯者也。擯用命數之半。如上公九命。則用五人。以次傳命。揖左人則左其手。揖右人則右其手。襜。整貌。

趨進。翼如也。疾趨而進。張拱端好。如鳥舒翼。

賓退。必復命曰。賓不顧矣。紓君敬也。○此一節。記孔子爲君擯相之容。

箋曰。此節雜記凡孔子爲擯相之法。非一時之事也。君召者。臨事召而使之也。出接賓曰擯。入贊禮曰相。舊說或以爲朝。或以爲聘。各據一邊。殊爲拘執。周禮。君朝用交擯。此記揖所與立左右手。是交擯也。交擯則爲兩君相見之禮明也。賓退復命。唯聘禮有之。聘禮畢。君命上擯送賓出。反告賓不顧矣。若諸侯來朝。主君親送。安得有上擯復命之事哉。故知此節是通論朝聘也。禮卿爲上擯。大夫爲承擯。士爲紹擯。紹。繼也。其位相承繼而出也。及廟唯上相入。承擯不得偕入也。而書趨進翼如也。君命上擯送賓。送賓非承擯也。而書賓退復命。則此時夫子爲上擯也。將幣以後。傳辭爲重。入廟以復。相禮爲重。故各舉其重者言之也。說者謂。夫子承擯而兼上擯之事。大非。夫子之爲相禮。惟其爲卿也。若夫執圭享禮。亦惟其爲卿也。其所聘之邦。亦無不以孔子爲魯卿。宜用卿禮也。如謂魯本使下大夫行小聘。則安得有執圭享禮私覿。苟大夫聘而郤備卿行之器物貨賄。是魯君薄待鄰君。使與下大夫行禮也。豈其然乎。孔子行大聘無疑矣。釋文。擯本又作儐。亦作賓。皆同。孔子世家正作儐。說文。儐導也。從人賓聲。儐或從手。是擯儐一字。或省作賓。史記廉藺列傳。設九賓於廷。漢書叔孫通傳。大行設九賓。卽九擯也。周官司儀云。凡諸公相爲賓。主國五積三問。皆三辭拜受皆旅擯。主君郊勞。交擯三辭。及將幣。交擯三辭。車逆拜辱。諸公之臣相爲國客。及大夫郊勞。旅擯三辭。及將幣旅擯三辭。據此是兩君相見用交擯。故惟主君郊勞。及將幣行之。將幣亦兩君相見也。若五積三問。是主國遣卿大夫爲之臣與賓君行禮用旅擯。其聘禮則君待使臣。亦君與臣行禮。用旅擯也。交擯者敵體之禮。旅擯者君臣相行之禮。在主曰擯。在賓曰介。聘禮注云。主君公也。則擯者五人。侯伯也則擯者四人。子男也。則擯者三人。此依周官大行人言之。若然。是天子諸侯禮賓擯數同也。凌廷堪引敖繼公說諸侯禮賓擯當用三人。猶以諸侯同天子之制爲疑。而先鄭注司儀謂主擯九人。後鄭謂七人。則反踰於天子之數。其不然也明矣。大行人言介九人。乃上公朝覲天子之禮。非謂羣侯兩君相見。及遣使行聘。賓介用九人也。聘義云。聘禮上公七介。侯伯五介。子男三介。所以明貴賤也。然則聘賓至多不過七介。故禮器云。七介以相見也。既上公賓介七人。則意主賓如爲上公之國。亦用七人。侯伯之國五人。子男之國三人。擯介皆得相當。而康成謂交擯各陳九介。亦非也。曲禮疏。謂諸侯至主國大門外。主人及擯。出門相接。行交擯三辭之禮。是將幣之時。主君已在門外。若然。是主君先乘車出大門外。降車行將幣。交擯三辭。禮竟復升車。向前迎賓也。孔疏又謂。聘禮。賓至門外。主君立大門內。不出限。行旅擯禮。聘禮云。公迎賓於大門內。聘義云。君親拜迎於大門之內。則知旅擯之禮。主君不出門限也。旅擯是君與臣行禮。君不出限。則兩君相見。行交擯禮。君必出限可知。劉拱台曰。交擯傳辭。旅擯亦傳辭。旅之言臚也。叔孫通傳。大行設九賓臚句傳。賓與擯臚與旅。古今字也。蘇林曰。上傳語告下爲臚。下傳語告上爲句。莊周曰。大儒臚傳。然則臚擯。卽傳擯也。聘義曰。介紹而傳命。君子於其所尊弗敢質。敬之至也。又曰。三讓而后傳命。安在其不傳辭哉。康成讀旅爲鴻臚之臚。是矣。而訓爲臚陳。故有但陳擯位。不傳辭之說。蓋不然也。吳廷華曰。不傳辭。○何必旅擯。二說卽先鄭義也。蓋交擯旅擯。人數多寡殊耳。旅擯或大夫一士一歟。○色勃如也。勃說文引作孛。盛氣孛發之謂。孛發異於常。故注云變色。鄭注。勃。矜莊貌。蓋許言其形。鄭言其義也。足躩如也。說文走部有𧾷字。云大步也。从走矍聲。疑與躩義相近。皇疏引江熙云。躩。速貌也。速亦大步之義。莊子山木篇。褰裳躩步。釋文。躩。疾行也。與江說合。包注。盤辟貌。集注仍之。盤辟。是盤旋逡遁之義。投壺禮所謂盤旋曰辟者。言盤旋如有所退避也。退辟則屏於一邊。辟之言邊也。擯接他國之賓。事體匪輕。故色勃足躩。不特以敬君命之故也。○揖所與立。左右手。者。推手曰揖。每一傳辭則宜揖也。鄭曰。揖左人左其手。揖右人右其手。一俛一仰。衣前後襜如也。諸侯自相爲賓之禮。賓若是公。來至門外。直當闑西。去門九十步而下車。北嚮而立。而介立在君之北。邐迤西北。並東嚮而列。主公出直闑東。南嚮而立。擯在主人之南。邐迤東南。立並西嚮也。使末擯與末介相對。中間相去三丈六尺。列擯介既竟。則主君就擯求辭。既知其所爲來之事。復請之者。賓來當與主君爲禮。爲其謙不敢斥尊者。啓發以進之也。求辭之法。主君先傳求辭之言與上擯。上擯揖而傳與承擯。承擯復揖而傳與末擯。末擯與末介東西相直。則向末介揖。而傳問之也。末介揖而傳與承介。承介揖而傳與上介。上介乃傳以告於賓。賓稱己所以來之意。以告於上介。復遞傳以至於上擯。上擯以告於君。如是者三。一是主君請所爲之事。而賓答之。二是主君辭其朝。而賓答之。三是主君仍辭其朝。而賓又答之。三傳之後。仍有主君許之之詞。是爲三辭。主君乃進車迎賓也。當擯者揖時必俛其首。及揖畢而仍仰立。故曰一俛一仰揖分左右。故衣之前後。亦與爲轉移也。司儀云。凡行人之儀。不朝不夕。不正其主面。亦不背客。注謂擯相傳辭時也。不正東鄉。不正西鄉。常視賓主之前郤。得兩鄉之而已。江永圖考。擯者雁行立於東方。西面北上。是以南北爲左右。東西爲前後。其傳主命達於賓。當左其手。則左臂縮而右臂伸。右者隨之而左。其傳賓命達主。當右其手。右肱短而左肱長。則左者亦緣之而右矣。是也。皇疏引江熙說。以襜如爲動貌。又云。既半迴身。左右迴手。當使身上所著之衣。必襜襜如有容儀。是動而整然有容儀者。曰襜如也。楚辭。裳襜襜而含風兮。王注。襜襜。搖動貌。則襜爲動容。與江說合。說者據車帷爲襜。以爲身不動衣亦不動。失之。左右手是擯者之常禮。重在襜如二字。皇本正平本南宗本。手上有其字。○趨進翼如也。凡趨有二法。一曰徐趨。玉藻云。君與尸行接武。大夫繼武。士中武。武。迹也。接武者。二足相躡而蹈其半也。繼武者。兩足迹相繼也。中猶間也。中武。每徙足間容一足地也。君與尸尊。故其行接武。大夫稍卑。故繼武。士又卑。故中武。尊者行徐。卑者行疾也。又曰。圈豚而行。不舉足。齊如流。圈。轉也。豚之言若有所循。圈豚。言曳轉足循地而行也。不舉足。謂足不離地也。齊。裳下緝也。蓋行而舉足。其齊不平。不舉足則齊必平。如水之流無不平也。凡君臣相與行禮。其徐趨之法。皆用是接武繼武中武之差。所謂君行一。臣行二也。聘禮。公當楣再拜。賓三退。負序。而公受玉於中堂與東楹之間。君接武。大夫繼武之節。於此可見矣。一曰疾趨。其步不繼武中武。玉藻曰。疾趨則欲發。而手足毋移。發。起也。謂起踵也。徐趨舉前曳踵。疾趨則欲起踵而離地也。移謂靡迤動搖也。行疾則手足易動。故欲其無移。又曰。端行頤霤如矢。弁行剡剡起屨。端。直也。端行。謂直身而行也。頤霤者。頭稍向前。頤如屋霤之垂也。頭雖微俯。而身仍直。故曰端行。如矢。謂行直而不邪曲也。弁行。走也。弁。急也。行莫急於走。故曰弁行。剡剡起屨貌。行疾。故見其起屨剡剡然也。此疾趨也。凡行步疾徐之節有三。徐曰行。疾曰趨。甚疾曰走。徐趨。卽行也。所謂圈豚行也。疾趨。卽趨與走也。趨則所謂端行。走則所謂弁行也。若別而言之。唯端行正名爲趨。故曰行以肆夏。趨以采齊。又曰。二節以走。一節以趨。又曰。父命呼。走而不趨。曲禮曰。堂上不趨。執玉不趨。鄉黨趨進。此皆正指端行爲趨也。若通而言之。則行亦名爲趨。玉藻云徐趨。聘禮云將授志趨。是也。走亦名爲趨。玉藻云疾趨。包下端行弁行。是也。趨進。蔡淸謂主延賓入。爲擯者從其後而趨入有事。江永辨之曰。凡發足向前爲進。迎賓入門時。君與賓雁行。擯介皆隨後雁行。趨則在君前矣。且經傳未有以入門爲進門者。儀禮聘禮。納賓。賓入門左。三揖。至于階。三讓。公升二等。賓升。西楹西東面。擯者退中庭。賓致命。公左還北鄉。擯者進。公當楣再拜。江永據此謂賓既入廟。君與賓皆升堂。賓致命。公將北面拜貺。拜君命之辱。其時擯者位在中庭。進至阼階西。釋辭於賓。以相公拜。所釋之辭。如聘禮記云子以君命在寡君。寡君拜君命之辱。是也。經文曰擯者進。即此趨進之進。其時賓已致命。君已左還北鄉將拜。擯者從中庭進至阼階西。有數十步。不宜舒緩。故必當趨。趨進必有辭。辭無常者不能記。辭有常者不必記也。考儀禮司儀。諸公相爲賓。交擯之後。每門只一相。又曰。及廟惟上相入。上相即上擯上介。詔禮故須入。則亦相隨於賓主之後可知。不得云趨進矣。至賓三揖三讓登。再拜授幣。賓拜送幣。聘者相禮在此時。江永因此處無擯者進之文。故引聘禮。然偏據儀禮。不若據左傳而朝聘相參也。成公三年。齊侯朝于晉。將授玉。郤克趨進。襄公七年。衛孫文子來聘。公登亦登。叔孫穆子相。趨進云云。一於登階時。一於授玉時。其趨進非爲一事。亦非但至阼階而止。而始退立中庭。繼而從中庭趨進也。孔子相夾谷。史記兩言趨進。其趨進皆從階下歷登。則知本章趨進。當有隨機應變之道。如夾谷相禮之類。趨則急遽。或至垂手掉臂。難其容。故特記容。以翼如爲異。俞樾曰。翼如猶勃如躩如之類。皆以一字形容之。非必取象於鳥翼也。爾雅釋詁曰。翼敬也。釋訓曰。翼翼恭也。翼如之翼。蓋亦此義耳。說文走部。趨下引論語趨進⿺走翼如也。字又作⿺走翼。明非鳥翼矣。正義曰。如鳥之張翼。然則勃如躩如。復何物乎。○賓退必復命。是賓出就館之時。非送歸其國也。復命。反命也。聘禮云。擯者出請事。賓告事畢。擯者入告。公出送賓。及大門內。公問君。賓對。公再拜。公問大夫。賓對。公勞賓。賓再拜。司儀言諸侯相朝云。及出車送。三請三進。再拜。賓三還三辭。告辟。注云。三請三進。請賓就車也。主君每一請車一進。欲遠送之也。三還三辭。主君一請者。賓亦一還一辭。考彼文。言辟是賓退。告辟則上擯之事。主君迎賓於大門外。則送賓亦於大門外。故但有告辟。無命上擯送賓。及上擯復命事也。賓不顧。以曲禮輟朝而顧。不有異事。必有異慮考之。蓋放君念也。注宜言安君之意也。若徒紓君敬而已。告事畢可也。則亦不足記也。

入公門。鞠躬如也。如不容。鞠躬。曲身也。公門高大。而若不容。敬之至也。**立不中門。行不履閾。**閾。于逼反。○中門。中於門也。謂當棖闑之間。君出入處也。閾。門限也。禮。士大夫出入君門。由闑右。不踐閾。謝氏曰。立中門則當尊。行履閾。則不恪。

過位。色勃如也。足躩如也。其言似不足者。位。君之虛位。謂門屏之間。人君宁立之處。所謂宁也。君雖不在。過之必敬。不敢以虛位而慢之也。言似不足。不敢肆也。

攝齊升堂。鞠躬如也。屛氣似不息者。齊。音咨。○攝。摳也。齊。衣下縫也。禮。將升堂。兩手摳衣。使去地尺。恐躡之而傾跌失容也。屛。藏也。息。鼻息出入者也。近至尊。氣容肅也。

出降一等。逞顏色。怡怡如也。沒階趨翼如也。復其位。踧踖如也。陸氏曰。趨下本無進字。俗本有之誤也。○等。階之級也。逞。放也。漸遠所尊。舒氣解顏。怡怡。和悅也。沒階。下盡階也。趨。走就位也。復位踧踖。敬之餘也。○此一節。記孔子在朝之容。

箋曰。公者君也。曲禮。大夫士出入公門。正與此同。諸侯之門三。曰。庫雉路。天子門五。皐庫雉應路也。諸侯有庫雉路。而無皐應。大雅。迺立皐門。皐門有伉。迺立應門。應門將將。集傳云。太王之時。未有制度。特作二門。其名如此。及周有天下。遂尊以爲天子之門。而諸侯不得立焉。朱子云。書天子有應門。春秋書魯有雉門。禮記云。魯有庫門。家語云。衛有庫門。皆無云諸侯有皐應者。則皐應爲天子之門明矣。此爲定說。論語公門。統庫雉路而言。所爲三門也。其外朝在大門外。治朝在中門內。燕朝又在路門內。所爲三朝也。鄕黨言治朝燕朝。而不言外朝者。以外朝非每日常朝之所也。外朝之地。平時臣民皆得往來。朝士職云。凡得獲貨賄人民六畜者。委於朝。告於士。旬而擧之。注。謂委於朝十日。待來識之者。是凡民皆可至外朝矣。諸侯之外朝在大門外者亦然。故絳之富商。韋藩木楗而過於朝也。又聘禮。賓拜饔餼于朝。注曰。拜於大門外。賈氏曰。大門外。諸侯之外朝也。賓拜於朝。無入門之文。則諸侯外朝在大門外明矣。洪頤煊禮經宮室問答云。五門之次。先後鄭不同。朝士鄭司農注。王有五門。外曰皐門。二曰雉門。三曰庫門。四曰應門。五曰路門。後鄭不從者。檀弓曰。魯莊公之喪。既葬而絰不入庫門。言其除喪而反。由外來。是庫門在雉門外必矣。戴東原說。天子諸侯皆三朝。則天子諸侯皆三門。天子之宮。有皐門。有應門。有路門。不聞天子庫門雉門也。諸侯之宮。有庫門。有雉門。有路門。不聞諸侯皐門應門也。皐門。天子之外門。庫門。諸侯之外門。應門。天子之中門。雉門。諸侯之中門。然明堂位。庫門天子皐門。雉門天子應門。言魯之庫門兼天子之皐門。魯之雉門兼天子之應門。其實天子五門。諸侯三門。庫雉路三門。天子與諸侯同。禮器。天子諸侯臺門。家不臺門。是天子諸侯庫雉路三門皆有臺也。爾雅。闍者

謂之臺。禮器孔疏。兩邊築闍爲基。基上起屋曰臺。門。郊特牲。繹之於庫門內。庫門
既可繹祭。則其門堂之制。當亦與廟門同。考工記唯言路門應門容數。而不及雉門
門庫門。明雉門庫門之大。與路門同也。左氏定公二年。夏五月壬辰。雉門及兩觀
災。冬十月。新作雉門及兩觀。明雉門與兩觀連也。大宰。正月之吉。乃縣治象之法
于象魏。鄭司農云。象魏。闕也。孔疏云。闕在門兩旁。中央闕然爲道也。其上縣治象。
其狀巍巍然高大。謂之象魏。使人觀之。謂之觀。是觀與象魏闕一物而三名也。路
門與廟門同制。考工記云。路門不容乘車之五个。鄭注。乘車廣六尺六寸。五个三
丈三尺。言不容者。是兩門乃容之。則此半之丈六尺五寸。以燕禮證之。路門門堂
之制。當與廟門相同。廟門廣十八尺。是其總數。路門廣十六尺五寸。是其容數也。
路門爲路寢正門。故謂之寢門。檀弓自寢門至于庫門是也。又謂之大寢門。太僕。
建路鼓于大寢之門外。鄭注。大寢路寢也。又謂之虎門。師氏。居虎門之左。鄭注。虎
門路寢門也。畫虎焉。以昭勇猛。又謂之畢門。顧命。二人雀弁立于畢門之內。闍人
鄭司農注。路門一曰畢門。賈疏。言畢者。從外而入。路門爲終畢也。鞠躬如也。鄭注。
鞠躬自歛斂之貌也。聘禮記。執圭入門鞠躬焉。如恐失之。釋文作鞠窮。云劉音弓。本
亦作躬。羣經音辨三云。鞠窮。容謹也。鄉黨篇中凡言如者。皆形狀之辭。躩如勃如。
單字形狀之也。踧踖如。鞠窮如。重字形狀之也。朱注以鞠躬爲曲身。非也。夫信爲
曲身。何必言如。非曲身而有似曲身。亦形容鮮當。孔注斂身通鞠躬如也。如不容
二句解之也。非訓鞠躬爲斂身也。金鶚曰。鞠之字義。未有訓爲曲者。且以上下文
例之。色勃如也。足躩如也。勃字躩字皆在下。如鞠躬是曲身。則當云躬鞠如也。今
鞠字在上。與色勃足躩不合矣。凡言鞠躬者。皆非曲身。古人之行。未有曲身者。玉

藻云。凡行容愓愓。鄭注。愓愓。疾直貌也。又云。端行頤霤如矢。孔疏謂。端行直身而行也。如矢者。身趨前進不邪。如箭也。然則行容必無曲身明矣。若夫曲身。古人謂之磬折。亦謂之傴僂。惟立容有之。曲禮云。立則磬折垂佩。主佩倚。則臣佩垂。主佩垂。則臣佩委。鄭注云。小俛則垂。大俛則委於地。孔疏。臣身宜僂折。如磬之背。玉藻云。立容辨卑無讇。鄭注。辨讀爲貶。自貶卑。謂磬折也。此可見立容有曲身者。然曰磬折。曰傴僂。不謂之鞠躬也。而謂曲身而行。類於痀僂者之狀。則經傳絕未之有也。鞠躬字。當讀爲鞠窮。鄭本作窮。聘禮記。賓入門皇。升堂讓。將授志趨。鄭注引孔子之執圭鞠窮如也。記又云。執圭入門鞠躬焉。如恐失之。釋文云。鞠躬。本一作鞠窮。鞠窮二字義同。說文。窮。極也。詩齊風。曷又鞠止。又云。曷又極止。是鞠亦訓極也。三蒼。䠞匑。敬畏貌。蓋敬愓之至。斂束其身。不敢少舒。如窮極之人。是謂鞠窮。踧踖者。敬之至。而足若不寧也。鞠窮者。敬之至。而身不敢舒也。其義一也。曲禮云。天子穆穆。諸侯皇皇。大夫濟濟。士蹌蹌。庶人僬僬。鄭注云。皆行容止之貌也。凡行容。尊者躰盤。卑者躰蹙。是大夫士之行容。本當稍蹙也。至于升堂見君。逼近至尊。則其容極蹙。論語云攝齊升堂鞠窮如也。屏氣似不息者。蹙之至矣。執圭而鞠窮。致君之命。與見君同也。入公門而鞠窮。始見君之門。亦與見君同也。玉藻云。君子之容舒遲。見所尊者齊遬。鄭注。遬猶蹙蹙也。士相見禮云。始見于君。執摯至下。容彌蹙。又云。凡執幣者不趨。容彌蹙以爲儀。皆鞠窮之義也。踧踖與鞠窮義同。而鞠窮更深於踧踖。上云過位色勃如也。足躩如也。其言似不足者。下云復其位踧踖如也。復位。卽所過之君位。則踧踖卽色勃足躩等之類矣。升堂鞠窮。其敬至。屏氣似不息。以視色勃足躩。言似不足。更有加矣。故執圭之鞠窮。申之曰勃如戰色。其甚於色勃、可知也。曰足踧踖如有循。其甚於足躩可知也。蓋聖人之敬、隨地爲淺深。執圭致命。重於君召使擯。故使擯則踧踖。而執圭則鞠躬。升堂見君。嚴於過君虛位。故過位則踧踖。升堂則鞠躬。朝而君在。此時夫子與諸臣竝列廷中。與升堂特見者不同。故但踧踖而不鞠躬。則鞠躬深於踧踖明矣。入公門。去君最遠。反言鞠躬。以前此皆舒和。至入門而一變。其敬頓生。故亦鞠躬也。然此鞠躬。特爲如不容言之。視升堂執圭之鞠躬。其敬當有間。故升堂鞠躬之下。申以屛氣似不息。執圭鞠躬之下。申以勃如戰色。足踧踖如有循。而入門鞠躬下。不復申言其敬之容也。朱注於踧踖。解爲恭敬不寧。而鞠躬但以曲身言之。是鞠躬反輕於踧踖。不亦傎乎。金說最詳賅。鞠躬二句連看。下句是形容上句。聘禮記曰。執圭入門鞠躬焉。如恐失之。彼以聘執圭言之。故曰如恐失之。此則泛言之。故曰如不容。○立不中門。曲禮云。大夫士出入君門。由闑右。是卽拂闑之意。蓋謂由闑右。而不由闑中耳。凡門兩邊立長木。謂之棖。中央豎短木。謂之闑。爾雅釋宮。棖謂之楔。皇疏云。門左右兩樴。各豎一木。名之爲棖。棖以禦車過。恐觸門也。釋宮云。橜謂之闑。又云。樴在地者謂之臬。郭注。卽門橜也。闑臬字同。以木爲之。置於門中。以爲界別。皇疏云。門中央有闑。闑以硋門兩扇之交處也。門以向堂爲正。謂自外視內也。東爲闑右。西爲闑左。右扉是主出入之道。左扉是賓出入之道。門只有一闑。賈氏儀禮疏云。門有二闑。誤矣。諸侯西一門常掩。謂之賓門。惟兩君相見。雙扉俱啓。賓入西扉之中門。主入東扉之中門。餘則雖聘客主亦當由右扉也。玉藻云。公事自闑西。注謂聘享。是也。其聘賓私覿。則與臣入君門同。玉藻云。私事自闑東。私事卽私覿是也。玉藻云。君入門。介拂闑。大夫中棖與闑之間。士介拂棖。注云。此謂兩君相見也。君入必中門。上介夾闑。大夫介。士介。雁行於後。示不相沿也。君臣同行一門。亦所謂公事自闑西者也。君入中門。臣辟君。故用雁行法。上介拂闑。而鄭云夾闑者。謂上介行闑西。與上擯行闑東相夾也。行不履閾。履者踐也。曲禮云。大夫士出入君門。不踐閾。釋宮云。柣謂之閾。郭注。閾門限。柣說文作榍。云限也。閾門榍也。繫傳云。榍所以爲限閾。閾亦名梱。士冠禮注。閾。閫也。曲禮注。閫門限也。然則柣也。閾也。榍也。梱也。門限也。五名實一物也。凡門皆有閾。或時去其閾。以通車行。不踐門限者。若履之則沙土汚之。以汚後人之衣也。凡門皆有閾。然門啓時。或去其閾。以通車行。惟廟門不行車。故閾常設而不去。故行者多至踐履其上。焦循惑於賈疏二闑之說。遂謂。兩闑中間有閾。兩闑外無閾。以通車行。至掩門則徹去兩闑與閾。而別設門限。又謂。云履云踐。是度越之。非蹴其上。殊不知閾卽門限。不得分爲二。門是一闑。故由門出入。嫌於中門。若有兩闑。則君行兩闑之中。臣行棖闑之中。判然異路。何至人臣貿然直行。而與君同中門。且至履其閾耶。履踐並謂蹴其上。解爲度越。亦無據。

○過位。色勃如也。位古通作立。孟子曰。舜南面而立。亦可證。古無坐見臣下之禮。故知位乃正朝之位。人君視朝所宁立處也。天官大宰。王眡治朝。則贊聽治。注。治朝在路門外。羣臣治事之朝。王視之則佐王平斷。考工記匠人。外有九室。九卿朝焉。注。外。路門之表也。九室。如今朝堂諸曹治事處。疏。九室在路門外正朝左右爲之。故鄭据漢法云然。謂正朝左右爲廬舍者也。王朝有九室。諸侯之朝左右。亦當有室。此所謂贊聽治者。于治事處贊之。非揖群臣時也。夏官司士。正朝儀之位。辨其貴賤之等。王南鄕。三公北面東上。孤東面北上。卿大夫西面北上。王族故士虎士。在路門之右。南面東上。太僕太右太僕從者。在路門之左。南面西上。司士擯孤卿特揖。大夫以其等旅揖。士旁三揖。王還揖門左。揖門右。太僕前。王入內朝。皆退。又天官宰夫。掌治朝之法。以正王及三公六卿大夫群吏之位。掌其禁令。鄭氏曰。治朝在路門外。其位司士掌焉。宰夫察其不如儀。玉藻。朝服以日視朝於內朝。朝辨色始入。君日出而視之。退適路寢聽政。使人視大夫。大夫退。然後適小寢釋服。劉彝曰。大夫有政。不敢自達者。必入路寢之朝。以請于君也。故大夫未退。則君不敢適小寢。蓋胝朝于路寢門外。立而行禮而已。禮畢。君入路寢門聽政。則君位虛。大夫就寢門外左右六府。各治其事。臣有所奏告。君有所命使。當入路門。乃有過位之事也。說者或謂爾雅。中庭之左右謂之位。則位爲羣臣立處。此說非是。若此中廷羣臣之立位。秖是過己之位。及過朝臣之位而已。何至于色勃。何至于足躩。何至于言不足邪。曲禮。跣過位。謂入門右北面君揖之位。燕禮大射。卿大夫門右北面。公降阼階。南鄉邇卿。是也。此說尤非。宁屏之間。爲君所日必立揖之位。孔子過此之前。已曾見君立揖于斯。時則未久。而此處與君之在堂。地則尚遠。故易慢。而實不容慢者也。若堂下之位。雖亦君之虛位。此時君方在于堂上。已得遙望而見之矣。則敬實在君。正不宜反敬此虛位也。金鶚曰。宁爲古之治朝。大禮所在。爾雅釋宮云。門屏之間謂之宁。孫炎郭璞皆以宁專屬人君。釋名云。宁。佇也。將見君。所宁立定氣之處也。此則以宁專屬人臣。案爾雅以門屏之間釋宁。謂門之外屏之內。其地皆爲宁。則宁兼君臣矣。宁與著通。左氏昭十一年傳云。朝有著定。杜注云。著定。朝內列位常處。此叔向爲單子言之。著定意屬人臣。故杜解以列位。周語云。大夫士日恪位著。以儆其官。此明以宁屬人臣。蓋宁之義。取於佇。本屬臣言。而人君視朝。亦立其位。亦可謂之宁。故宁兼君臣。凡視朝。臣必先入佇候。君乃出。玉藻云。朝辨色始入。君日出而視之。先言臣入。後言君出。是臣必待君可知。論語記孔子在朝。先言與大夫言。後言君在。又其明證。然則朝之禮。臣必佇立以待君。君不佇立以待臣。此君尊臣卑。君逸臣勞。古今之通義也。釋名謂。臣將見君而佇立。其義自當然。爾雅門屛之間謂之宁。文承兩階之間謂之鄉。中庭之左右謂之位三句所指各不同。兩階句指君言。中庭句指臣言。門屛句則兼君臣言。次第最爲分明。解者徒據曲禮天子當宁而立之文。宁屬於君。又當宁與當依對。依在牖戶門負依爲當依。則當宁亦必負宁。故釋宁爲人君視朝所宁立處。其地在正門內兩塾間。君出門外而負之也。殊不思宁之義。取於人臣佇立待君。左傳著定。國語位著。皆明言人臣。豈可以宁專屬人君乎。當之義不一。有以負之爲當者。天子當依而立。是也。有以鄉之爲當者。鄉射當階北面揖。是也。有以居其中爲當者。天子當宁而立。是也。宁有南面北面東面西面之位。君南面正居其中。是謂當宁。豈必負之。而後爲當宁乎。邵二雲謂諸侯既集。天子出至屛外。負屛而立。其上文云。天子外屛。屛在路門之外。夫屛既在門外。不可近門。而天子又出至屛外。是距門頗遠。天子立于廷中矣。豈有此朝儀乎。天子屛在路門外。其說本于曲禮孔疏。疏云。諸侯內屛。在路門之內。天子外屛。在路門之外而近應門。不知屛所以塞門。若遠于路門。而近應門。何得謂樹塞門乎。既近應門。則爲應門之蔽。是內屛非外屛也。豈不自相矛盾乎。若近路門。則臣之北面者。爲屛所障矣。邵氏知二說之不可通。故創爲王出負屛之說。要之亦不可通也。司士云。王族故士虎士。在路門之右。太僕太右太僕從者。在路門之左。是皆與門切近。王之位必更在其北。蓋在闑外。當兩塾之間。門內外皆兩塾。此外塾也。羣臣初各佇立其位。及王出。乃同至中廷。先後分班序立。再拜稽首。經不著臣拜之文。夫君且揖臣。豈可不拜君。朝則必拜。以是爲人所共知。故不著也。後儒乃謂治朝不拜。不亦謬乎。拜畢各復其位。司士乃詔王出揖。此時王當立於門外霤之外。離門不過數步。司士云。王還揖門左揖門右。可知王出離門矣。然王族故士等。位迫於門。則王亦不必遠於門而揖之矣。豈有遠立於屏外者乎。朝與覲不同。覲禮天子不下堂而見諸侯。朝禮則下而揖羣臣。春日朝。而秋日覲。殆亦取溫肅之義也。然朝雖異於覲。而遠出立於中廷。降尊太甚。必無是禮矣。且曲禮所謂當宁之朝。乃諸侯來朝者。先位于此。以通姓名。後乃入廟行覲禮。其朝與常朝不同。諸侯不拜。王亦不揖。其位但在閫外兩塾間。竝不出外霤。而謂遠出至屏外。則尤妄矣。諸侯宁位。亦與天子同。焦循羣經宮室圖云。天子佇在路門外屏內。諸侯宁在路門內屏外。其說亦誤。宁爲君臣朝位之地。屏近於門。路門內屏外。爲地無幾。何以爲朝位乎。鄭注司士。明言王日視朝於路門外之位。未聞朝在路門內之兩塾間者也。若謂人君先立於此以待羣臣之至。此又必無之禮也。諸說皆與經不合。總之泥於天子外屏。諸侯內屏之說。故皆不可通。不知此二句本非經文。出於禮緯及荀子。未可據也。竊謂天子諸侯皆內屏。所謂門屏之間謂之宁者。路門之外。屏之內也。屏必設於正門。天子在應門內。諸侯在雉門內。所謂樹塞門也。金說可從。○其言似不足者。蓋與同朝者語也。彼與我言。我不得不應之。然答而不詳。如不足者也。○攝齊升堂鞠躬如也。古者臣見君則執笏。升堂時笏搢於腰間。手無所執。故得以攝齊。既升堂面君。仍執笏。笏以記忘。故君前奏對必執笏。且致端肅也。攝齊者。以兩手當裳前。提挈裳使斂。恐衣長轉足躡履之也。說文。攝引持也。士冠禮。攝酒。注云。攝猶整也。襄十四年傳。書於伐秦。攝也。注云。能自攝整。詩既醉。朋友攸攝。正義云。攝者收斂之言。齊與齋同。漢書朱雲傳。唐貞觀中孔廟堂碑。俱引作齋。用正字也。齊衣裳皆有之。此指裳而言。曲禮。將卽席。容毋怍。兩手摳衣。去齊尺。衣毋撥。足毋蹶。是卽席禮也。朱子改卽席爲升堂。又改齊爲地。以附會之也。鄭玄曰。齊謂裳下緝。裳下卽孔注衣下。衣裳得通稱也。朱子改緝爲縫。縫。合縫也。與緝不同。升堂者。江永曰。人君每日視朝。在治朝。惟與群臣揖見而已。議論政事。皆在路寢。故視朝退適路寢。則治朝之位虛。如君不視內朝。則群臣各就官府治事。無過位之事。玉藻所謂使人視大夫。大夫退。然後適小寢釋服者也。如有政事當議而視內朝。則群臣皆入路門。而朝於內朝。於是有過位升堂之事。鄕黨所記。先視治朝。後視內朝者也。惟內朝有堂有階。群臣之位在堂下。有事當言於君。或受命於君。則升堂。無事亦不升堂也。既進言。既受命。則降階而復其堂下之位。群臣皆退。然後出路門也。又曰。路寢門內之朝。君之視之也有四。一爲宗人圖嘉事。公族朝於內是也。一爲與群臣燕飲。燕禮所言是也。一爲君臣有謀議。臣有所進言。鄕黨所記是也。聘禮。君與卿圖事。遂命使者。亦是也。一是群臣以玄端夕見。亦是有事謀議也。四事外則君與四方之賓燕亦在寢。非朝禮。又或臣燕見於君。士相見禮所謂君在堂。升見無方階。辨君所在。亦非朝禮。孔子侍坐。侍食。對問政。皆燕見時也。又曰。古人宮室之制。堂必築土崇高。宗廟與居寢皆有之。有堂卽有階。攝齊升堂。謂路寢內朝。燕禮公升卽席。檀弓杜蕢入寢。歷階而升。是也。若治朝與外朝。皆平地爲庭。無堂無階。故聘禮使者受命於朝。周官司士掌治朝之儀。朝士掌外朝之位。皆無升階之文。又以他事證之。人君出入乘車。登車於路寢西階之前。下車於阼階之前。見春官樂師鄭註。註本之

尚書大傳。蓋治朝與外朝。皆無堂階。故可乘車出入。說者泥於燕朝與宗人圖嘉
事之文。謂異姓之臣不得入。不知儀禮燕禮篇。諸侯燕群臣於寢。不辨同姓異姓。
卽論語侍食於君。儒行哀公命席。此等皆孔子在燕朝事。若治朝則君臣皆立而
不坐。亦非飲食之所也。江說得之。玉藻。君日出而視之。退適路寢聽政。則燕朝亦
日日之常朝也。蓋治朝無坐法。內朝有時而坐。故云燕。昭二十六年傳。齊侯與晏
子坐於路寢。路寢卽燕朝。則異姓之臣亦得入。其明徵已。鄉黨所升。實是燕朝之
堂無疑者。特無事則不升堂。或君有命。或臣有言乃升。升亦無拜跪之節。其有時
當拜。堂下君辭乃升成拜者。或拜受命。拜受賜。必有故而後拜也。升自西階。降亦
西階。士相見禮云。君在堂。升見無方階。辨君所在。謂君近東則升東階。近西則升
西階。此燕見之方。非正朝之法也。○屏氣似不息者。廣雅釋詁。屏藏也。摒除也。說
文。息。喘也。從心從自。喘。疾息也。說文。自。鼻也。息从自。當爲氣之从鼻出者。喘从口。
當爲氣之从口出者。說文又云。呼。外息也。吸。內息也。屏氣似不息。謂夫子屏攝其
氣。若呼吸俱泯者。注至尊二字。唯可用之天子。不當施於諸侯。據下文宜作所尊。
玉藻所謂氣容肅。論平常德容也。此援据失當。且肅未足以解不息。○出降一等。
出者自堂出也。降下階也。有升斯有降。升之後不言入。而降之先言出者。乃互文
以見義。猶之堂有階。不言升階而言沒階。階有等。不言升一等。而言降一等。皆互
文也。等者階之級也。曲禮。拾級。注。級。等也。是也。士冠禮。降三等。注云。下至地。疏引
賈馬說。天子堂九尺。階九等。諸侯堂七尺。階七等。大夫堂五尺。階五等。士堂三尺。
階三等。胡培翬正義引程瑤田云。階三等者。連堂廉而言。若除堂廉言。則九尺之
堂。其階止八等。七尺者六等。五尺者四等。三尺者二等也。所謂盡等不升堂者。當

是盡其廉下之等。而不踐廉以升堂也。張惠言云。降三等而下至地。則凡階上等。卽堂廉也。公食大夫禮。食賓受醬湆等。皆自阼階降堂受。注云。降堂謂止階上。則堂廉上也。士昏禮。廟見婦降堂取笲菜。注。降堂。階上也。婦人無降階之事。則在堂廉上又可知。蓋堂之界。以庪爲限。庪以前卽爲階。自堂而出至階廉。卽爲降堂。階一等乃爲降階。在階之上等接奮下。爲盡階不升堂。胡以程張說爲然。曰賓降一等。在二等之上。則此文出降一等之義也。降字對上升字言。曲禮。拾級聚足。連步以上。自下至上。皆不越步。謂之拾級。蓋拾者斂也。廣韻作收拾。內則注作拾斂。與聚足聚字同義。升階者。升阼階則先左足。升西階則先右足。如先左足者。左足躡一級。右足從而併之。則就階言之。謂之拾級。以兩足同躡此一等。不越等也。而就足言之。謂之聚足。至于臨上堂時。左足躡級。右足必跨而上堂。而拾級之法。則右足仍連左足。不越步而上。謂之連步。此敬謹之至者。卽鄉黨攝齊升堂之說也。至雜記。主人之升降散等。執事者亦散等。散等固是散步。與拾級連步相反。然鄭氏謂卽栗階。燕禮記云。凡栗階不過二等。蓋近地諸階。猶是拾級之法。兩足合一階。而至于近堂三等。則左足躡第二等。右足卽躡第一等。然後左足又一發而升堂。謂之散等。其實連步多而散步少。故不過二等。鄭義謂升一等而卽散升。誤也。又歷階則自下至上皆散步。檀弓。杜蕢入寢。歷階而升。是也。但越步而不越級。一步是一等。賈氏公食禮疏。謂歷階越二等。亦誤也。若躇階則不循階級。越等而走。公羊傳。趙盾躇階而走。是也。但躇階雖越等。而實無定等。以古法一等是一尺。雖古一尺當今六寸二分半。然亦不能超數級。賈氏謂躇階越三等。又誤也。古數級之法。雖自下至上。一級爲一等。而經凡言等。往往以近堂上級爲首等。如士冠禮降三三等。鄭氏謂下至地也。則士三等階。反從堂上而下數至地。此又鄉黨降一等沒階趨之說也。義疏釋宮附論曰。階之闊。疑如車輪之度而稍寬。其旁以長石甃之。不爲階級。上端與堂廉平。而下端底於地。喪禮。棺之升降用軸。軸之廣大略如車。則階可推矣。怡怡如也。正是形容逞顏色處。○沒階趨進翼如也。沒階者。謂降階盡等。下至地也。說文。階。階也。詩瞻卬箋。階。所由上下也。鄉射禮。賓降立于西階西。當西序。又云。賓降立于階西當序。西階在西序之東。東階當在東序之西。聘禮。賓升西楹西。東面。公當楣再拜。賓三退。負序。西楹西已當階。又三退然後負序。則階必當楹序之中。階上北直房戶。其兩階相去。亦東西四筵之地也。堂上不趨。至沒階階則趨。趨進之進。陸氏釋文所據本無進字。以有進字爲誤。然史記孔子世家作沒階趨進。儀禮聘禮注引論語同。曲禮帷薄之外不趨。正義引論語。儀禮士相見禮疏引論語。並有進字。趨進者。趨前之謂也。舊有進字。非誤矣。攝齊升堂。沒階趨進。皆非夫子所獨重。在其下句。餘俱當以此推之。○復其位踧踖如也。過位之位屬君說。復其位之位屬臣說。乃燕朝堂下之位耳。周聘侯等以爲外朝槐棘之位。則方沒階卽出門。無此理。且諸侯外朝未必有三槐九棘。如天子外朝也。何義門又以爲治朝治事處之位。則既已遠君。反爲踧踖。恐亦未然也。人臣降西階而之庭中之位。則必趨。所謂走就位也。始則自位而攝齊以升於堂。此則自堂而降階。以復其位。其言出降一等者。退而下堂卽謂之出。非出門之出也。其時君猶未適小寢。故曰復位踧踖如也。若以此爲治朝。則群臣方日朝于此。何緣人君乃有虛位。何緣不行朝禮而反過之。此極不通之論也。○復其位踧踖如也。上節有言君在踧踖如也。是堂下之位。固踧踖也。然則此出逞之色。卽升屏之氣矣。復位踧踖。

乃其本分爾。與出逞之色不相干。集注以復位之踧踖爲敬之餘。則未升堂之前。何爲踧踖也。此不通。又劉寶楠據聘禮記。既引孔子之升堂及沒階趨進翼如也。上下又引孔子之於執圭。孔子於享禮爲證。玉藻。賓入不中門。不履閾。其文亦與鄉黨合。因以自入公門至私覿。皆說聘問之事而分言者。一記所歷門位堂階之容。一記執圭之容也。然公門之名。非所施於他國。聘禮賓入廟門。而廟門非路門。且入門左。非門右。公揖入。每門每曲揖。則無專位。惟私覿入門右。於此豫見則乖其事。次執圭升西楹西。則未暇攝齊。義皆不與鄉黨相應。聘禮注錯引此經。乃舉事以見例。不得溷而一之。陳壽祺據鄭注圖事於庭於堂之言。謂是孔子於己國與君謀聘。則與平時議政事何異。且孔子在本國圖事。與聘記言賓入門升堂亦不合。則知陳說亦非也。

金鶚曰。天子朝位見於周官司士射人朝士諸職。諸侯之朝位。不見於經。曲禮大疏。據燕禮及大射云。卿西面。大夫北面。士東面。謂諸侯無三公及諸侯當同燕禮大射之位。江愼修從其說。因謂諸侯之朝。以阼階前西面之位爲尊。竊以爲非也。朝位之最尊者北面。其次東面。其次西面。蓋君南面。北面正與君對。故其位爲最尊。東面向陽。故亦尊。西面向陰。則不尊矣。燕禮大射之位。非朝位也。燕禮以大夫爲賓。故卿轉西面。而大夫少進仍北面。以將爲賓故尊之。使與君相對也。卿西面而士東面者。以君在阼階東南南鄉。卿尊。故得近君。而待君之揖。士卑。君不揖之。故遠立於西方也。朝位必辨尊卑。豈得如此。竊謂諸侯朝位。卿北面。有孤者亦然。大夫東面。士西面。蓋諸侯之孤卿。猶天子之三公。大夫猶天子之孤。士猶天子之卿大夫。故其面位同。外朝無諸侯。其位當不異於治朝。天子外朝有諸侯。故其位與治朝異。諸侯不純臣。有賓道。故東面以尊之。而以卿大夫與孤同列西面也。天子治朝之位。羣士分列東西。而遠處孤卿大夫之下。不與並列。何以知之。司士云。士旁三揖。凡言旁者。或四旁。或兩旁。皆不止一方。考工記國旁三門。司儀宮旁一門。謂四旁也。此云士旁三揖。謂兩旁也。士所以分列兩旁者。以東方既有卿大夫。若以群士畢列於其下。則東方之官甚多。而西方無人。殊爲不稱。東面者雖尊位。而遠處於孤之下。近於應門。亦可以見其賤矣。鄭君司士注云。群士位東面。王西南鄉而揖之。此亦據燕禮而云然。不知東面爲尊位。士何得尊於卿大夫。而與孤同。且如此則左右不稱。而偏在一方。又何得謂士旁三揖乎。其誤明矣。射人亦掌治朝。其位與司士同。不言士者。以其賤故略之。鄭注云。此與諸侯之賓射。士不與也。然經文明言掌國之三公孤卿大夫之位。是謂朝位之法。未嘗言射位也。下云以射法治射儀。乃言射事耳。此經所言射。當是大射。非賓射也。而云士以三耦射豻侯。射位明有士矣。經又云諸侯在朝則皆北面。此謂治朝也。朝位以北面爲尊。諸侯與三公同北面。所以尊之。賈疏謂諸侯南面之尊。故屈之從三公位。非也。所以異於外朝者。外朝非常朝。詢國危國遷立君。此等大事。必廣集諸侯公侯伯子男。與群吏皆至。其人衆矣。而三公之後。有州長百姓。其人尤衆。若諸侯亦北面。不能容矣。北面西面之人皆衆。而東面止有三孤。又不稱矣。故諸侯東面。不北面也。治朝每日常朝。其朝位如司士所說。若有諸侯來朝。與王臣同行朝禮。則與三公皆北面。如射人所說也。此諸侯在朝。是入爲王臣者。與外朝之爲賓者不同。若列於西方。亦非所宜也。可知射人所言諸侯之位。正治朝之位也。鄭注謂諸侯來朝而未歸。王與之射於朝者皆北面。是不以爲正朝之位。抑又誤矣。至於諸侯朝覲其位則與常朝異。曲禮云。天子當依而立。諸侯北面而見天子曰覲。天子當宁而立。諸公東面。諸侯西面曰朝。此朝無王臣。但以五等諸侯分爲東西面。諸公尊。故東面。諸侯卑。故西面。若有伯子男。則公侯東面。伯子男西面。若無諸公。則侯伯東面。子男西面。或無子男。則諸侯東面。諸伯西面。皆可推而知矣。會同爲大朝覲。其朝位又異。周官司儀云。將合諸侯。爲壇三成。宮旁一門。公於上等。侯伯於中等。子男於下等。又云。王南鄉土揖庶姓。時揖異姓。天揖同姓。蓋諸侯皆北面也。此言會同之禮。爲壇以盟。其位如此。若夫內朝之位。又與外朝治朝不同。其法不詳於周官。惟文王世子云。公族朝于內朝則東面北上。臣有貴者以齒。其在外朝則以官。司士爲之。又云。公族朝于內朝。內親也。雖有貴者以齒。明父子也。外朝以官。體異姓也。是內朝竝無異姓矣。但云東面北上。其文未明。凡朝位必左右竝列。爾雅釋宮云。兩階間謂之鄉。中庭之左右謂之位。二句相承。明指內朝路寢庭。蓋三朝惟內朝有堂階也。又庭者堂下之地。凡言庭者。皆廟寢堂下也。聘禮云。公揖入立于中庭。又云。擯者進中庭。又云。宰夫受幣于中庭。又云。大夫降中庭。此謂廟堂下之庭也。燕禮云。賓入及庭。又云。司正洗角觶奠于中庭。此謂路寢堂下之庭也。若治朝外朝。皆無堂。則亦無庭。而名之曰廷。所謂朝廷也。庭與廷字有別。說文云。庭宮中也。廷朝中也。庭有庭。故其文从广。廷無堂而但爲平地。故其文从廴。然則路門以外。不得謂之庭矣。治朝外朝既無庭。則所謂中庭之左右曰位者。必內朝也。若群臣皆列西方而東面。則有右無左。不成朝儀矣。夫內朝既皆同姓。則當敍昭穆。公族在宗廟之中。如內朝之位。宗廟必敍昭穆。則內朝亦必敍昭穆。可知群昭列於西階下東面。群穆列於阼階下西面。東面向陽。故爲昭。西面向陰。故爲穆。禘祫之主。群昭南向。群穆北向。其義亦猶是也。然則文王世子所謂東面北上者。本當云東西面北上。省文便讀耳。擧昭以該穆。猶中庸擧上帝以該后土也。內朝不序爵。卽有三公諸侯。亦分列左右。故無北面之位。諸侯得與天子同也。鄭注射人引燕禮卿大夫士面位。謂朝燕及射。臣見於君之禮同。賈疏謂天子諸侯朝燕射三者位同誤矣。曲禮云。君子下卿位。此位當在治朝。三朝以治朝爲正。每日朝於此。其位有常。治朝必序爵。卿大夫士有等可知。卿位必在此矣。君子指諸侯。諸侯之臣。卿爲最尊。不可不敬。故但下卿位。卿位在中廷北面。君出入必由中道。則過卿位矣。鄭注云。卿位。路門之內門東北面位也。不知內朝皆公族。無所謂卿位。燕禮所言。竝非朝儀。而謂下卿位在內朝。抑又誤矣。

執圭。鞠躬如也。如不勝。上如揖。下如授。勃如戰色。足蹜蹜如有循。

勝。平聲。蹜。色六反。○圭。諸侯命圭。聘問鄰國。則使大夫執以通信。如不勝。執主器。執輕如不克。敬謹之至也。上如揖。下如授。謂執圭平衡。手與心齊。高不過揖。卑不過授也。戰色。戰而色懼也。蹜蹜。擧足促狹也。如有循。記所謂擧前曳踵。言行不離地。如緣物也。

享禮有容色。

享。獻也。既聘而享。用圭璧。有庭實。有容色。和也。儀禮曰。發氣滿容。

私覿。愉愉如也。

私覿。以私禮見也。愉愉。則又和矣。○此一節。記孔子爲君聘於隣國之禮也。晁氏曰。孔子定公九年仕魯。至十三年適齊。其間絕無朝聘往來之事。疑使擯執圭兩條。但孔子嘗言其禮當如此爾。

箋曰。執圭提起。非被命之初。乃在隣國行禮之時。聘圭是瑑圭。非命圭也。命圭惟朝天子則執以合符。所謂輯五瑞也。人臣所執。謂之瑑圭。其度用偶數。大國之臣八寸。次國六寸。與桓圭之九寸。信圭躬圭之七寸。如其命數者不同。劉寶楠曰。說文。圭。瑞玉也。上圜下方。古文圭作珪。又云。剡上爲圭。白虎通文質篇。珪以爲信者何。珪者兌上。象物始生見於上也。萬物之始。莫不自潔。珪之爲言潔也。上兌。陽也。下方。陰也。上兌卽剡上。亦卽上圜。凡諸圭形當略相同。周官大宗伯。王執鎭圭。又云。公執桓圭。侯執信圭。伯執躬圭。子執穀璧。男執蒲璧。此卽瑞圭也。考工玉人。謂之命圭。諸侯朝天子執之。若使人聘於天子。及諸侯交相聘。則用瑑圭。典瑞云。瑑圭璋璧琮以覜聘。注鄭司農云。瑑有圻鄂瑑起。又攷工記。瑑圭璋八寸。璧琮八寸。以覜聘。注云。瑑文飾也。說文。瑑。圭璧上起兆瑑也。從玉篆省聲。上起兆瑑卽先鄭瑑起之義。兆垗一字。圻。如封圻之圻。所以界別內外也。李賢後漢明帝紀注。圻岸。圻堮也。堮鄂字同。當謂刻圭凸起以爲飾也。惠士奇禮說。瑑者覜問之圭璧。六瑞則不瑑也。故曰大圭不瑑。美其質也。康成依漢禮而言。遂謂六瑞皆瑑。如其說則與覜聘之圭何以異乎。說者又謂覜聘之圭璧。有圻鄂瑑起。無桓信躬穀蒲之文也。不知桓信躬穀蒲。乃玉之形體與其彩。非瑑飾之文。故曰和氏之璧。不飾以五彩。隋侯之珠。不飾以銀黃。其質至美。物不足以飾之。六瑞無瑑飾者以此。山海經。圭璧十五。五彩惠之。惠猶飾也。祀山川造賓客。皆曰素功。素功者設色之工。畫繢之事。是爲瑑。書之八體大篆小篆。亦以此取名焉。說者謂素功無飾。其不然乎。劉惠是也。聘禮言賓及廟門。公揖入。立于中庭。賓立接西塾。擯者出請命。賈人東面坐。啓櫝取圭。垂繅不起而授上介。上介不襲執圭。屈繅授賓。賓襲執圭。擯者入告。

出辭玉。納賓。賓入門左。三揖。至于階。三讓。公升二等。賓升西楹西東面。賓致命。公側襲受玉於中堂與東楹之間。此行聘時。賓執圭以致君命也。言介不襲者。禮不在於己也。賓襲者。重其圭。禮所謂執玉龜襲也。公側襲受玉於中堂與東楹之間。亦重圭而襲也。諸侯使大夫問於諸侯曰聘。包注云執持君之圭者。凡琭圭璋璧琮。皆是君物。故使者受圭於朝。及聘畢返國。致玉於君。並見聘禮。解者誤會此注君圭之文。或以命圭當之。非也。○上如揖下如授者。執圭有時而高。有時而卑。卑者如授物之容。高者如揖人之容也。非平衡之謂。禮經注。推手曰揖。引手曰厭。引手者。斂手至於胷。推手者。拱其手於前。周禮司儀詔王儀。南鄉見諸侯。土揖庶姓。時揖異姓。天揖同姓。推手稍下之爲土揖。推手小擧之爲天揖。推手平之曰時揖。孔子執圭上如揖。與天揖推手小擧者相似。如授者。凡獻物於人。有不敢授者奠之於地。臣奠圭。壻奠鴈是也。其有當授受者。如几杖弓劍禽鳥之類。體敵者同面並受。不敵者對面訝受。其時身稍俯而手微下。曲禮記授弓之儀云。尊卑垂帨。注。帨。佩巾也。磬折則佩垂。授受之儀。尊卑一。孔子執圭手有稍下時如之。○勃如戰色。戰色只是戰栗之色。今曰戰而色懼。戰自戰。色自色。陷乎破碎。至吳氏臨事而戰懼。莫過於戰。故以戰喩之說。則迂甚。戰字自有戰鬬戰栗二義。夫子嘗以臨事而懼爲行師之要。戰之可懼固也。但所謂懼者。只是敬愼。非戰慄恇怯之謂。禮。介胄有不可犯之色。兵志。軍容不入於國。此皆言戰陣之色。以猛毅爲主。豈可以戰懼解耶。○足蹜蹜如有循。蹜蹜。玉藻作縮縮。說文縮下云。一曰蹴也。蹴與蹙一字。詩。蹙蹙靡所騁。鄭箋。縮小之貌。縮小亦不敢自肆意。說文。循。順行也。兩足不能分步。則趾踵相接。順遞而行。故擧前足則曳後踵隨之。曲禮云。執主器。操圭璧則尚左手行不擧足。車輪曳踵。注云。行不擧足。重愼也。車輪。謂行不絕地也。疏云。踵。脚後也。若執器行時。則不得擧足。但起前拽後。使踵如車輪曳地而行。故云車輪曳踵。又玉藻。執龜玉。擧前曳踵。縮縮如也。注云。著徐趨之事。又圈豚。行不擧足。注云。孔子執圭則然。此徐趨也。夫擧前足曳後踵。則後足不擧。故云行不擧足。其踵趾相接。旋轉如圈。故爲圈豚。言其圈而循行也。賈氏聘記疏。解足縮縮爲廟門內執玉行步之容。士相見禮。凡執幣者不趨。執玉者則惟舒武。擧前曳踵。注云。不趨者主愼也。惟舒者重玉器。尤愼也。蓋擧前曳踵。一爲舒武。一爲徐趨。名異而法同也。正平本循下有也字。○享禮有容色。享。說文作亯。云獻也。從高省。曰象進執物形。周官玉府注。古者致物於人。尊之則曰獻。聘禮言。聘畢賓出。公裼降立。擯者出請。賓裼衣奉束帛加璧。亦由闑西入。揖讓如初。庭實用虎豹之皮。無皮則以乘馬代。凡兄弟昏姻之國。聘享及其夫人。不然則否。聘于其君則用圭。聘于夫人則用璋。享于其君。用束帛加璧。享于夫人。用玄纁加琮。禮畢之後。還圭璋。受璧琮及幣。凡所具幣物。皆享時所用。聘時不過以圭璋申敬而已。聘記。諸侯相朝。公侯伯皆以璧帛享君。琮錦享夫人。子男則降用琥以繡。璜以黼。皆不用圭。若小行人合六幣。圭以馬。此公侯享於天子之禮。舊注誤。而集注亦承其誤也。聘禮執圭與享爲尤重。儀禮言。使者之始受命也。賈人西面坐。啓櫝取圭。垂繅而授宰。宰執圭屈繅授使者。使者受圭。垂繅以受命。既述命。授上介。上介受圭屈繅。出授賈人。受享束帛加璧。受夫人之聘璋。享玄纁束帛加琮。如初。是聘享之初受。如此其重矣。禮言未入竟之習儀也。壹肆爲壇不執圭。習享。士執庭實。習夫人之聘享亦如之。習公事不習私事。此聘享之肆習甚重。而私覿則不習矣。禮言入竟之展幣也。布幕賈人拭圭。遂執展之。上介視之。退圭又拭璧展之。會諸其幣。展夫人之聘享亦如之。及郊又展如初。及館展幣於賈人之館亦如之。此入竟三展幣之甚重矣。凡此皆未行聘享之前。而見聘享之重如此。其後有還玉之禮焉。君使卿皮弁。還玉於館。賓皮弁襲迎於外門外。升自西階。南面受圭還璋如初。有報享之禮焉。賓裼迎大夫。賄用束紡。禮玉束帛乘皮。皆如還玉禮。二禮或言報或言還。還則不受重禮而以來物還之。聘義云。以圭璋聘重禮也。已聘還圭璋。此輕財而重禮之義。享則各隨其土宜之所有。此所謂不以貨傷德。不以幣沒禮者。受而報之可也。此聘享之終也。禮與享為二事。禮者謂主人以醴禮賓也。私覿前有禮賓一節。享畢。賓奉束錦請覿。擯者入告。出辭。請禮賓。賓禮辭聽命。設筵。公迎賓入。授几。以醴禮之。薦籩豆脯醢。賓坐啐醴。公用束帛。有乘馬。賓再拜稽首受幣。執左馬以出。此大聘禮也。小聘公不几筵。不禮。秋官司儀。及將幣。聘與享也。及禮。此之禮也。私面。私獻。此之私覿也。禮器。大夫聘禮以脯醢。聘義。君親禮賓。皆此禮字。有容色。正對勃如戰色言。當享及受禮之時。夫子目容手容足容如初。隨時各有其合宜之容色也。夫圭以申信。璧以交歡。聘使之將入也。主君有辭玉之禮。辭者不敢當禮之盛也。至於享。則擯者請事而不辭。聘禮之入門也。使者有襲衣之儀。至享則賓主皆裼而不襲。曲禮。凡執玉。其有藉者則裼。無藉者則襲。無藉者聘君以圭。聘夫人以璋。圭璋特達。不用束帛也。有藉者。享君以璧。享夫人以琮。皆加於束帛也。襲者禮主敬尚質。裼者禮貴和尚文。故夫子有容色焉。蓋將幣之節次繁矣。以夫子之容色例之。主人大門內迎賓。賓辟。賓升致命。主人拜貺。賓三退負序。宜手容恭足蹜如此經不言者。以執玉既異於人。則此不言可知故也。至行享之時。宜怡怡如。享畢。主人禮賓。

拜送几。賓以几辟。宜手容恭足躩如。啐醴受幣。宜怡怡如。此其或敬或和。固非一容色所能概矣。舊說於享禮未經分析。直以爲行享獻之禮。遺主人禮賓一節。又增添行字於上下文體不類。遂訓有容色爲和。夫有之云者。乃記者渾舉之詞耳。容字無和之訓。聘記云。及享發氣盈容。喘言享不及於禮。安可不細按二事節次。而專以和言也。○私覿愉愉如也。私覿爲以私禮見者。聘享皆邦交之事。臣爲君行禮。同於爲賓。此則臣於君行禮。非公家之事。故稱私也。聘禮。賓覿奉束錦乘馬。二人贊。入門右。北面奠幣。再拜稽首。擯者辭。賓出。擯者坐取幣出。有司二人牽馬以從。出門西面于東塾南。擯者請受。賓禮辭聽命。牽馬右之入設。賓奉幣入門左。介皆入門左。西上云云。此賓請覿之禮。有束帛乘馬也。賓覿後。大夫介士介亦有私覿。禮略同。執圭享禮覿。皆一日行之。合言之則總名曰聘。享禮與覿。皆聘中事。分言則聘是聘。享是享。禮是禮。覿是覿。夏官校人云。凡國之使者。共其幣馬。注云。使者所用私覿。彼謂天子使人於諸侯。得行私覿。私覿之馬。校人供之。則諸侯聘賓私覿所用之幣。宜亦君爲供之。聘禮云。有司展群幣以告。注云。群幣。私覿及大夫者。有司載幣者。自展自告。告者告之於君。明群幣亦君供之矣。郊特牲云。大夫之私覿非禮也。此卿大夫從君朝聘於王朝及大國。人臣無外交。故曰非禮。此私覿是自奉命出聘。儀禮所謂奉束錦乘馬者。私覿以盡外臣之禮。而不愆於儀。亦足爲國家重。春秋傳所載。重爲之禮。厚賄之者。皆因其臣而益親其君也。圈外晁說云云。左傳曰。先王之制。諸侯之喪。士弔。大夫送葬。唯嘉好聘享三軍之事。於是乎使卿。若孔子非卿。必不得奉使于大國。左氏史遷所載。不無軼事。是書出於門人之記。焉得而疑之。李禎曰。聖人動容周旋無不禮。苟非取之親炙而深心體會之人。猶恐形容未善。安有無其事而懸揣之理。邵曰。孔子嘗言而使擯執圭兩條之中。其容色多係從旁摸擬。非聖人教人之語。晁氏之說。自不從。從龔元玠曰。使擯執圭二條。此定公十年齊聘魯。魯使孔子報聘二事也。春及齊平。齊以魯用孔子必覇。故先聘魯。魯卽使孔子報聘。共約爲夾谷之會。夏既會盟。齊歸田謝過。更恐魯速覇。因以計去孔子。有女樂之歸。此蓋按時事而可知者。其不見於經者。魯史必有之。孔子刪之。幷歸女樂亦刪之。嫌於暴己之功顯君相之失也。若如晁氏之說。魯論豈肯自亂其紀事之例乎。

君子不以紺緅飾。 紺。古暗反。緅。側由反。○君子。謂孔子。紺。深青揚赤色。齊服也。緅。絳色。三年之喪。以飾練服也。飾。領緣也。

紅紫不以爲褻服。 紅紫。間色不正。且近於婦人女子之服也。褻服。私居服也。言此則不以爲朝祭之服可知。

當暑袗絺綌。必表而出之。 袗。單也。葛之精者曰絺。麤者曰綌。表而出之。謂先著裏衣。表絺綌而出之於外。欲其不見體也。詩所謂蒙彼縐絺。是也。

緇衣羔裘。素衣麑裘。黃衣狐裘。 麑。研奚反。○緇。黑色。羔裘。用黑羊皮。麑。鹿子色白。狐。色黃。衣以裼裘。欲其相稱。

褻裘長。短右袂。 長。欲其温。短右袂。所以便作事。

必有寢衣。長一身有半。 長。去聲。○齊主於敬。不可解衣而寢。又不可著明衣而寢。故別有寢衣。其半蓋以覆足。程子曰。此錯簡。當在齊必有明衣布之下。愚謂如此則此條與明衣變食。既得以類相從。而褻裘狐貉。亦得以類相從矣。

狐貉之厚以居。

狐貉。毛深溫厚。私居。取其適體。

去喪無所不佩。

去。上聲。○君子無故玉不去身。觿礪之屬。亦皆佩也。

非帷裳必殺之。

殺。去聲。○朝祭之服。裳用正幅如帷。要有襞積。而旁無殺縫。其餘若深衣。要半下。齊倍要。則無襞積而有殺縫矣。

羔裘玄冠不以弔。

喪主素。吉主玄。弔必變服。所以哀死。

吉月必朝服而朝。

吉月。月朔也。孔子在魯致仕時如此。○此一節。記孔子衣服之制。蘇氏曰。此孔氏遺書。雜記曲禮。非特孔子事也。

齊必有明衣布。

齊。側皆反。○齊必沐浴。浴竟卽著明衣。所以明潔其體也。以布爲之。此下脫前章寢衣一簡。

箋曰。君子者。禮運。昔者仲尼與於蜡賓。喟然而嘆。言偃在側曰。君子何嘆。孟子盡心。君子之厄於陳蔡之間。無上下之交也。皆謂孔子也。不以紺緅飾者。說文。紺帛深青而揚赤色也。段注曰。揚當作陽。猶言表也。釋名。紺含也。青而含赤色也。許言陽。劉言含。其意一也。以纁入深青。而赤見於表。是爲紺。卽今之天青。亦名之紅青。賈氏攷工疏。纁入赤汁則爲朱。不入赤汁而入黑汁則爲紺。賈說非也。入深青則爲紺。入黑乃爲緅矣。攷工記注。染纁者三入而成。又再染以黑則爲緅。緅今禮俗又作爵。言如爵頭色也。又復染以黑。乃成緇矣。士冠禮爵弁服注。爵弁者。其色赤而微黑。如爵頭然。或謂之緅。而周禮巾車注又云。雀黑多赤少之色。辭不同者。五入之黑。比玄緇爲淺。故爲微黑。而於赤爲多。是爲黑多赤少矣。依鄭則爵緅。二字一也。爾雅云。一染謂之縓。再染謂之赬。三染謂之纁。攷工記鍾氏云。三入爲纁。五入爲緅。七入爲緇。鄭禮注。四入爲朱。六入爲玄。俱不言紺之色。段意以爾雅是先染絳色之法。再入深青則爲紺。鍾氏言緅緇。是加染黑色之法。故入黑則爲緅也。其分別紺緅之色甚明。孔注以紺爲齋服。以緅爲練服。然紺非齋服。緅非練服。玉藻。玄冠丹組纓。諸侯之齋冠也。玄冠綦組纓。士之齋冠也。注。言齋時所服也。四命以上。齋祭異冠。據此則齋服玄。又周禮春官司服。其齋服有玄端素端。注。齋有素端者。亦爲札荒有所禱。據此則變服亦是素。孔注蓋誤以紺爲玄也。儀禮喪服記。公子爲其母練冠麻。麻衣縓緣。爲其妻縓冠葛絰帶。麻衣縓緣。注。縓。淺絳也。一染謂之縓。練冠而麻衣縓緣。三年練之受飾也。三年練者。謂三年之喪有練祭也。練即小祥之祭。喪服四制云。父母之喪。十三月而練。是也。據此則練服只是縓。孔注又誤以緅爲縓也。飾謂純緣。爾雅釋器。純謂之緣。郭注。衣緣飾也。玉藻云。緣廣寸半。深衣云。純袂緣。純邊廣各寸半。注。純謂緣之也。緣袂。謂其口也。緣。緆也。緣邊衣裳之側。廣各寸半。則表裏共三寸矣。釋文引鄭注既夕禮云。飾衣領袂口曰純。裳邊側曰綼。下曰緆也。是言衣裳飾也。古者衣裳冠帶。韠。屨。席。皆有緣。深衣之純以繢以青以素。爵弁纁裳之衪緇。中衣黼領之緣丹朱。童子緇布衣之緣錦。婦人之褖衣纁袡。明衣之綼緆以縓。純以緇。屨之純。或青或緇或黑。帶之緣。或朱緣或玄。華席之純。或粉或黼或繢。韠之純。以爵韋。純以素。兵服之攝白狗。詳見陳氏禮書。論語此文。當兼有之。紺緅既非齊服練服。則不以爲飾何也。江永謂。紺緅皆赤黑之間色。君子不以爲飾者。謂其非正色也。周柄中曰。紺緅並非不正之色。考工記鍾氏註。緅今俗禮文作爵。言如爵頭色也。據此則爵弁之色卽緅也。緅旣可用以爲弁。獨不可用以爲飾乎。且紅爲赤之間色。紫爲黑之間色。而又以紺緅爲赤黑之間色。不與紅紫混乎。考深衣篇云。具父母大父母。衣純以繢。具父母。衣純以靑。如孤子。衣純以素。純卽緣也。尊者俱存。則多飾而以繢。繢。畫文也。尊者不俱存。則飾少而以靑。俱亡。則無飾而以素。紺緅非繢。又非靑素。於盡飾無飾之義。兩無所取。故不用耳。此當指深衣。夫子少孤。而母存時宜純以靑。母沒則唯純以素。墨子節用篇。冬服紺緅之衣。輕且暖。夏服絺綌之衣。輕且淸。則止。諸如費不加於民利者。聖王弗爲。紺緅與絺綌對。且以節用言之。則賤者以紺緅爲衣。蓋後世靑衣之類矣。○紅紫不以爲褻服。爾雅。一染謂之縓。郭注。今之紅也。說文。紅。帛赤白色也。絑純赤也。絳。大赤也。段注。紅今人所謂粉紅。桃紅。是也。大赤者。俗所謂大紅。純赤者。俗所謂朱紅。朱紅淡。如日中之色。大紅濃。如日出之色。則紅淺於絳赤矣。孔子言惡紫之奪朱。當時尚紫亦有漸。玉藻。玄冠紫緌。自魯桓公始也。韓非子。齊桓公衣紫視朝。群臣皆服紫。戰國策曰。齊紫。敗素也。而賈十倍。蓋齊桓公有敗素。染以爲紫。下令貴紫。人爭買之。賈十倍。其貴紫有由來矣。哀十七年。衞渾良夫紫衣狐裘。太子數其三罪殺之。紫衣居一。杜注。紫衣僭君服。可見春秋時。人君正服多用紫。服紅者雖鮮。聞亦必有爲褻服者。蓋紅紫皆色之最美者。故雖不以紺緅飾。亦不敢以紅紫爲褻服。僭上逼下。君子不爲也。皇疏以紅紫爲間色。引潁子嚴說。紅是赤白。爲南方間。紫是黑赤。爲北方間。解者因謂間色不可用。然玉藻云。衣正色。裳間色。荀子正論。言天子衣被。則服五采。雜間色。則謂間色不用者誤也。以今之五色推之。玄纁及緇。亦皆間色不正矣。然而以爲上服。爲贄幣。何也。今之五色。又五行家之配屬。非皋陶謨之五色。不當据作說。褻。說文云。私服。王注云。褻服。私居服。非公會之服。私居者引申之義。私居之服。深衣以下是也。玉藻。纊爲繭。縕爲袍。襌爲絅。帛爲褶。皆褻服也。又所以表袍者爲裼衣。皆衣裳相連爲之。黃以周曰。小戴月令篇曰。季夏之月。命婦官染采。黼黻文章。必以法故。無或差貸。黑黃蒼赤。莫不質良。毋敢詐僞。法故者。法之古者也。古染法有一染縓。再染赬。三染纁。五入緅。七入緇之敍。差貸者。紊其法故之敍者也。質良者。染之循法故。質實而良善者也。詐僞者。質良之反。謂染之越次而成。或以草木之色代石染也。凡染絲帛。必先以湅。湅絲帛之法。詳于㡛氏。一曰。以欄灰渥之。二曰。以蜃粉塗之。三曰。清其灰。揮其粉。而以水沃之。晝暴諸日。夜宿諸井。七日七夜而湅成。染絲帛之法。爾雅有一染再染三染之文。鍾氏有三入五入七入之文。然祇詳其名色之別。不著其用物之異。染采之法。竊嘗攷之。凡絲帛一入用草染。再入用木染。三入用石染。絲帛至三入爲色之小成。由是而再以草染木染石染更入之。至七入爲色之大成。縓者帛之一染。用草。與韎之一入同。爾雅曰。一染謂之縓。毛傳亦曰一入曰韎。知其爲一染之一入者。以其用茅蒐也。紅亦帛之一入者。鄭注論語曰。紅草染。是一入用草染之證也。赬者帛之再染。用木。說文作經。云赤色也。經棠棗之汁。是二入用木染之證也。纁者帛之三染。用石。鍾氏染羽。三入曰纁。以朱湛丹秫。朱石也。俗作硃。鄭注染人引以證染帛。且云。纁。石染。是三入用石染之證也。染赬者二入皆用木。染纁者三入皆用石。此所謂物之質良者也。纁三入爲色之小成。由是更入赤汁爲大赤之朱。鄭注士冠禮曰。三染謂之纁。朱其四入與。其名曰朱。其染用石可知也。染韋有赤韎朱韍。其亦用石可知也。若以三入纁更入黑汁如前法。一染亦用草曰紫。故鄭注論語曰。紫草染。明其爲纁之一入也。二染用木曰紺緅。幷纁計之爲五入。故鍾氏曰。五入曰緅。紺與緅色相似。韋之爲爵弁者。如帛之緅。說文緅作纔云。帛雀頭色。一曰微赤色。如紺。紺緅色不相遠。故鄭注論語曰。紺緅木染。明其爲纁之再入也。鄭注染人曰。玄纁石染。注論語曰。玄纁所以爲祭服。等其類也。等者齊也。染至玄纁。其草木石諸色俱齊。此所謂物之質良者也。七入曰緇。仍用石。與染朱同。而緇爲北方正色。七入朱爲南方正色。獨四入何與。曰周人染朱。以黃爲質。幷黃計之亦七入也。何以知之。韎爲韋之一入。而鄭注士冠禮曰。韎韐縕韍也。注玉藻縕韍曰。縕。赤黃之間色。縓爲帛之一入。而說文曰縓帛赤黃色。縓縕皆一入赤汁而有黃色者。其以黃爲質可知也。黃之三入爲纁。其色仍赤而微黃。乾鑿度曰。天子朱芾。諸侯赤芾。鄭箋云。芾者天子純朱。諸侯黃朱。則黃朱卽赤也。赤色又兼黃。則周人染朱以黃爲質。愈可知也。鄭注序官曰。染草。藍蒨象斗之屬。又注掌染草曰。染草茅蒐橐蘆豕首紫茢之屬。說文曰。藍。染青草也。郭注爾雅曰。葝鼠尾。可以染皁。蒢虎杖。可以染赤。茹藘茅蒐。今之蒨也。可以染絳。欔烏階。可以染皁。藐紫草。可以染紫。此草染之說也。先鄭注大司徒其植物宜皁物曰。皁物柞栗之屬。說文曰。栩其實皁。梔黃木可染者。櫮棠棗之汁。此木染之說也。說文曰。丹巴越之赤石也。鄭注染人以鍾氏朱湛丹秫爲染纁術。山海經曰。女牀山其陰多涅石。郭注曰。礬石也。楚人名涅石。秦人名羽涅。韻會曰。一名羽澤。有青白黃黑絳五種。此石染之說也。凡物染草最多。其色亦最輕。染石最少。其色亦最珍。色之得青赤黃白黑之正者。皆石染也。其間色以草木染。曰綠紅碧紫騮黃。若謂間色于正服無所施。此乃王肅之陋說。藻之以綠。韍之以縕。經有明文矣。或謂紺緅亦以間色而不用。此又近人之誤說。爵弁之以緅。鄭注亦明言之。陳恭甫劉楚楨又謂紺緅當非間色。是仍圍于間色不用之見。而強爲之辭也。○當暑袗絺綌。必表而出之。當暑者。謂當暑時也。袗。釋文及唐石經五經文字皆作袗。皇本正平本作縝。邢本作袗。袗爲正字。袗爲叚借。縝爲俗。袗單也。單謂衣無裏。對袷褶之有裏者言之也。說文。絺細葛也。綌麤葛也。毛詩葛覃傳。葛所以爲絺綌。孔注。暑則單服絺綌。必表而出之者。加上衣也。此說非也。此謂表而出之。與詩蒙彼縐絺同。詩言事君子見賓客之服。論語言燕居之服。玉藻所謂不入公門者也。在外曰表。內著裏衣而絺綌在外也。說文。表上衣也。上衣謂衣之在外加於上者。出卽外也。出之出絺綌也。表綌字。出字之字。皆卽指此絺綌而言。若以表字爲一衣。則出之二字何指邪。葛與麻類。古者麻衣有褻。故絺綌得有袗之名。表者原謂絺綌表衣。原非謂衣表絺綌也。弟子記之者。以人之當暑燕居講學。或袗絺或袗綌。更無他衣也。孔子袗絺袗綌與人同。而但見其以之爲表而出之之服。故曰必表而出之。其先著裏衣者。不言而自見所以不言者。記者固不知孔子之裏衣何如也。其必是袗絺袗綌之類。亦不言而自見者也。皇本正平本南宗本出下之字無。○緇衣羔裘三句言衣之裘色稱之得宜也。羔者羊子。裘用黑羊耳。非羔必黑。衣中衣裘外服。裼裘見中衣。邢曰。裘上加裼衣。朱曰。衣以裼裘。是皆據鄭氏誤解禮記。謂裘上加衣。裼之則見裘。其以裼爲衣名。已不可信。且裘上加衣則便服非正。故曰羔裘玄冠則以上服著見者。與冠幷言。如乘肥馬衣輕裘。亦然。無有獨指裏衣。不舉上服之理矣。劉寶楠曰。鄭注云。緇衣羔裘。諸侯視朝之服。亦卿大夫士祭於君之服。又士冠禮玄冠朝服注云。諸侯與其臣朝服以日視朝。司服凡甸冠弁服注云。冠弁委貌。諸侯以爲視朝之服。然則玄冠朝服卽冠弁服。司裘疏以爲冕服者。弁冕得通稱也。玄冠是黑色。其上衣用緇布爲之。緇亦黑色。所謂衣與冠同色也。緇衣羔裘爲朝服。又爲卿大夫士祭於君之服者。說文。緇。帛黑色也。玉藻注。冕服。絲衣也。中衣用素。素卽帛。任大椿謂。用緇帛是卿大夫助祭於君。用緇衣爲裼也。司裘疏引鄭此注解之云。卿大夫助祭用冕服。士用爵弁。君祭服冕服羔裘。卿大夫弁冕用羔裘。至於朝服。亦用羔裘。卽是君臣祭服同服羔裘也。是也。玉藻疏解此注謂助君祭用朝服誤矣。鄭又云。諸侯之朝服。其服緇布衣。而素裳緇帶素韠者。此緇布衣謂上服也。詩緇衣之宜兮。卽謂朝服上衣。雜記云。朝服十五升。去其半而緦。故知上衣是布也。云卿大夫朝服亦羔裘。唯豹袪與君異者。禮朝服君臣同服。但君用純物。臣下之。故用豹袪。玉藻云。羔裘豹飾緇衣以裼之。詩鄭風傳云。豹飾緣以豹皮也。又唐風云。羔裘豹袪。傳云。袪袂末也。箋云。在位卿大夫之服也。陳奐疏云。袂口之緣。是爲袂末。深衣袂末續緣廣寸半。長衣中衣袂末揜餘一尺。裘制如長中。袂末亦宜揜餘一尺。此餘一尺。乃用豹皮與。案卿大夫朝服羔裘用豹袪。則祭服羔裘亦豹袪可知。任大椿曰。國策。令尹子文衣緇帛及麛裘之衣。呂氏春秋淫亂篇及子華子神器篇。昔吾所亡者紡緇也。管子七臣七祖篇。夫男不田。女不緇。注云。緇。繒。此皆以緇爲帛也。可知絲衣亦得名緇衣。然則卿大夫士冕弁祭服。以緇衣裼羔裘。蓋用緇帛也。故鄭於緇衣羔裘之下注云。君之視朝之服。亦卿大夫祭於君之服也。又攷禮不特冕弁絲衣。其裼衣當用帛。卽朝服布衣。其裼衣亦多用帛。玉藻。君子狐青裘。玄綃衣以裼之。又曰。君衣狐白裘。錦衣以裼之。又論語素衣麛裘。攷狐青裘。玄端之裘也。狐白裘及麛裘皆皮弁之裘也。玄端皮弁。上服布衣。以玄綃錦衣素衣爲裼。則是上衣用布。裼衣多用帛也。士冠禮賈疏。若以衣裳言素者白布繒也。引論語注素用繒。詩孔疏亦云。未有以素爲布者。自孔穎達誤以以帛裏布非禮也二語。爲指褻衣。遂謂上衣用布。則裼衣不得用帛。不知玉藻以帛裏布不謂裼衣。如謂裼衣不得以帛。然則錦衣素衣何以裼皮弁玄綃何以裼玄端乎。論語素衣麑裘。所云素衣。謂皮弁服之裼衣。白布衣十五升。則皮弁服之上服也。論語緇衣羔裘。所云緇衣。緇衣卽朝服之裼衣。詩緇衣之宜兮。則緇布衣十五升。朝服之上衣也。韓非子外儲說。孫叔敖相楚。棧車牝馬。糲餅菜羹。枯魚之膳。冬羔裘。夏葛衣。面有飢色。則良大夫也。其儉偪下。攷羔裘於司裘。爲良裘。孫叔敖以爲朝服之裘。正合禮制。而韓非以爲儉偪下。則韓非子之時。風俗夸靡。不以羔裘爲上。故指爲儉服也。漢書貨殖傳。狐貂裘千皮。羔羊裘千石。師古謂狐貂貴。故計其數。羔羊賤。故稱其量。然則賤羔裘。後世之制。不可以此疑禮經也。詩羔羊傳。小曰羔。大曰羊。說文。羔羊子也。經傳凡言羔裘。皆謂黑裘。若今稱紫羔矣。玉藻。犬羊之裘不裼。淮南子說山訓。被羊裘而賃。固其事也。然則羊裘賤者之服。羔裘亦羊裘也。冕弁之服皆用之者。說文。羔羊子也。羊初生。其毛柔細最深煖也。故爲良裘。淮南子齊俗訓。晉文君大布之衣。牂羊之裘。墨子兼愛篇。昔者晉文公好士之惡衣。故文公之臣。牂羊之裘。韋以帶綫。攷廣雅。牝羊一歲曰特䍩。三歲曰牂。羊至三歲則齒極長。其毛麤大。不及羔羊矣。故牂羊之裘爲惡衣。與麤布之衣相配。玉藻所云犬羊之裘。蓋謂此也。羊裘不裼。而羔爲羊子。卽用之於冕弁服。猶鹿裘爲喪服之裘。而麑爲鹿子。則用之於皮弁服也。○素衣麑裘。劉寶楠曰。鄭注云。素用繒。素衣麑裘。諸侯視朔之服。其臣則青犴褎。絞衣以裼之。案繒者。說文云。繒。帛也。詩素冠疏。凡經傳之言素衣。皆謂白絹也。此素衣是皮弁服之裼衣。司服注云。皮弁之服十五升白布衣。上服用布。而裼用帛。與狐青裘用玄綃衣爲裼。狐白裘用錦衣爲裼同。若然。玉藻云以帛裏布非禮也。彼謂袷褶不得用帛爲布衣之裏。檀弓云。練練衣黃裏。注云。練中衣以黃爲內。疏云。黃裏者。黃爲中衣裏也。又云。故小祥而爲之黃袷裏也。此稱裏爲袷褶之衣也。鄭注玉藻誤以裏爲中衣。而以帛裏布與玄綃錦衣諸文不可通矣。說文。麑鹿子也。論語叚麑字爲之。魯語。獸長麑䴠。韋昭注。鹿子曰麑。是麛古通用麑。玉藻云。皮弁以聽朔於大廟。皮弁以白鹿皮爲之。衣與冠同色。故用白布衣爲上服。而裼衣用白絹。亦與上服相稱矣。麛裘之色。當亦近白。君服麛裘。用純物。臣下之。用青豻爲褎。玉藻。君子麛裘青豻褎。絞衣以裼之。注云。君子大夫士也。豻胡犬也。絞蒼黃之色也。又聘禮注引玉藻論語文說之云。皮弁時或素衣。其裘同。可知也。素衣專說君視朔之服。其裘同。則謂君臣凡視朔聘享同服麑裘也。但主君用素衣爲裼。使臣則用絞衣爲裼。此素衣麑裘。蓋用以朝聘朔。而非行聘也。玉藻疏引皇氏云。素衣麑裘。既名素衣。則衣裳皆素。與郊特牲之皮弁素服同。故云凶荒之服也。不知郊特牲皮弁素服謂正服也。論語此節緇衣素衣黃衣。皆指裘下之裼衣。非指裘上之正服也。此麑裘裼衣以素。其正服仍衣白布也。故鄭以爲視朔之服。皇氏易之非也。○黃衣狐裘。緇衣之上正服爲玄冠服。亦是緇色。素衣之上正服爲皮弁服。亦是素色。黃衣之上正服未聞。大約亦是黃色。裼衣不獨象裘。亦象上服。使內外相稱。說此節者。多不知緇衣素衣黃衣之外。仍有上服矣。金鶚曰。論語緇衣等服並列。其服宜相當。乃緇衣羔裘。大夫士以爲朝服。而助祭於君。及自祭家廟皆服之。素衣麑裘。以爲視朔之服。而大蜡之祭。

與大學始敎祭菜皆用之。其用皆最廣。又多係大禮而黃衣狐裘。止有息民之祭一用。而其禮又甚輕。何得與緇衣素衣等服並列乎。古人之服。冕爲上。弁次之。冠

又次之。冠皆用玄。未有用黃冠者。惟息民之祭。冠與衣皆用黃。郊特牲云。黃衣黃冠而祭。息田夫也。又云。野夫黃冠。黃冠草服也。此不爲朝祭聘享諸典禮之正服。

其禮行於草野之中。與祭者皆田野草服之人。賤可知也。以輕賤之服。而與諸大禮之重服類聚。必不然矣。竊謂黃衣狐裘。韋弁服也。玄端服亦用之。周官司服云。

凡兵事韋弁服。鄭注云。以韎韋爲弁。又以爲衣裳。韎爲赤黃色。玉藻云。一命緼韍。鄭注。緼赤黃之間色。所謂韎也。兵事象火。故其服上下皆赤。上服赤黃色。其內之

裘宜用狐黃。裼之宜黃衣。詩羔羊疏云。兵事韎韋衣。則用黃衣狐裘。象衣色故也。襄四年傳云。臧之狐裘。敗我於狐駘。是也。然則韋弁以黃衣狐裘。有確證矣。聘禮。

君使卿韋弁歸饔餼。鄭注。韋弁兵服也。而服之者。皮韋同類。取相近耳。其服蓋韋布以爲衣而素裳。是聘禮亦用黃衣狐裘也。凡裘與衣。但取其相近之色。不必盡

同。玄衣用狐青裘。以玄色黑而兼青。與青相近故也。則韎衣用狐黃裘。韎色赤而兼黃。與黃相近。亦自宜矣。小雅云。彼都人士。狐裘黃黃。其容不改。出言有章。行歸

于周。萬民所望。此狐黃當爲玄端服之裘。天子諸侯以玄端燕居。當爲狐青裘。大夫士冠昏等禮服玄端。當爲狐黃裘。蓋狐以白爲上。狐青次之。狐黃又次之。諸禮

服以玄端爲卑。諸裘以狐黃爲下。正自相稱。冕弁朝服之裳皆一定。爵弁服則纁裳。皮弁服朝服則素裳。韋弁服則韎裳。惟玄端之裳不一。故裘亦不一。玄端禮服

之下者。裘可不必與上服相合。而裼必與裘同色。玄端服之狐黃裘。亦裼以黃衣也。孔疏以此詩狐裘爲庶人之服。謂狐之黃者多。故庶人得服之。不知經文明指

爲士。小序言。古者長民。衣服不貳。是非庶人也。孔爲此說者。以次章臺笠緇撮。是庶人之服故也。然鄭箋云。都人之士。以臺皮爲笠。緇布爲冠。古明王之時。儉且節也。其非庶人之服明矣。末章言充耳琇實。此豈庶人之所得有邪。庶人只服犬羊之裘。不得服狐裘。狐黃裘非庶人之裘。則必爲玄端服之裘矣。大夫士以深衣燕居。亦當用狐黃裘。深衣之裘不裼。非論語玉藻所謂黃衣狐裘也。劉寶楠曰。以黃衣狐裘爲韋弁服。淩廷堪先有此說。但止言兵服。未言聘事。則夫子郤未主兵。鄉黨無爲記之。然則金氏之據聘禮。實較淩說爲確。但鄭氏主蜡祭之服。宜亦兼存。蓋此言夫子雜服。不必以輕重相衡。又且與於蜡賓。明見禮運。則謂爲息民之服。非無據也。雜記云。子貢觀於蜡。夫子告以一張一弛文武之道。先王重視此禮。黃衣黃冠。祭於先祖五祀。亦不得疑爲鄙賤矣。但玉藻言狐裘黃衣以裼之。有裼衣必有上衣。而郊特牲注。臘祭黃衣。其上更無上服。未必然也。劉說極平允。玉藻曰。君衣狐白裘。錦衣以裼之。君子狐青裘。豹褎。玄綃衣以裼之。麛裘青豻褎。絞衣以裼之。羔裘豹飾。緇衣以裼之。狐裘黃衣以裼之。凡裘皆有衣以裼之。是其明證。古人有袒衣。有袒裘。儀禮言袒纁襦。袒朱襦。是袒衣也。肉袒亦爲袒。而裼則惟裘乃有之。裼之者。取其見美。所謂盡飾也。襲則取其充美。直以揜其中衣而已。卽如狐白裘爲天子視朝服。諸侯於天子之朝亦然。秦詩云。君子至止。錦衣狐裘。是也。視朝之上服爲皮弁服。皮弁服白。錦衣白。狐裘白。三衣皆白。取其色稱也。然冬有裘。始有裼。其餘祇是中衣。說文及廣雅並云。裼袒也。是裼有袒露之義。非以裼衣得名。乃裼衣以裼得名。故露中衣卽是裼。非是露裼衣也。袒裘之左袖而露其中衣。謂之裼。此外又有所謂袒者。爾雅釋訓。襢裼。肉袒也。鄉射禮。袒決遂。鄭注。袒左免衣也。據玉藻注袒而有衣曰裼。句參觀之。則袒爲無衣可知。是全免去衣之左袖。而露其臂。謂之袒也。侯度曰。經典間有以袒裼連言者。蓋袒裼二字。義本相通。故言裼或兼袒。言袒或兼裼。但視其文義。主於敬者。則當以裼解之。如內則不有敬事。不敢袒裼。是也。近於褻者。則當以袒解之。如詩襢裼暴虎。孟子袒裼裸裎。是也。袒亦不專是褻。喪禮則以哀而袒。射禮則以有事於射而袒。祭禮袒而割牲。則更爲敬之極至。惟無事而袒。爲近於褻耳。古人行禮。或裼或襲。大抵不越文質之義。裼見美爲文。襲充美爲質。臣於君所。以文爲敬。故常裼。所謂君在則裼盡飾也。行禮之時。亦主於文飾。故亦以裼爲常。所謂無事則裼也。無事。仍是行禮時。非謂燕居無事。就聘禮言之。公裼降立。無事則裼者也。賓裼奉束帛加璧享。賓裼迎大夫。賄用束紡。此皆有事而亦裼者。因在聘及還玉後。聘及還玉已襲。故取文質相變之義。所謂裼襲不相因也。至襲之義。則取於質。其別又有數端。一是以禮盛而襲。聘禮賓襲執圭。公側襲受玉。卿還玉。賓皮弁襲迎于外門外。又大裘不裼。是皆因禮盛而襲。所謂至敬無文也。一是因質而襲。內則在父母之所。不有敬事。不敢袒裼。是也。二者之襲。義皆取於不盡飾也。此外又有以無事而襲者。惟施於喪禮射禮。皆與袒對言。以袒爲主。故有事則袒。事畢則襲。禮不在於襲者也。統而論之。著衣之節。無事則襲。有事則袒。加敬則裼。故子事父母。以襲爲常。有敬事而後袒裼。喪禮射禮亦以襲爲常。有事而後袒。故經文必先言袒。而後言襲。無事則常襲。不待言也。若事主於敬者。則以裼爲常。襲爲加敬。故經文必先言襲。而後言裼。無事則常裼。不待言也。若事之至敬者。則又以襲爲常。袒爲加敬。故祭禮常襲。亦不待言。而迎牲割牲則袒。郊特牲所謂敬之至。是也。明乎禮尚相變之義。而經之言袒裼襲者。一以貫之矣。又按。裼襲者。古人行禮時。衣服之節。免上衣之左袖而露其中衣則爲裼。主於文飾之事。以上衣掩蔽其中衣則爲襲。主於質實之事。自注疏有裼衣襲衣之名。後儒遂以裼襲連屬於衣解之。而裼襲之義晦矣。今按。諸經之言裼襲。無有屬之於衣者。樂記。周旋裼襲。禮之文也。表記。裼襲不相因。此以裼襲連言者也。曲禮。執玉其有藉者則裼。無藉者則襲。檀弓。曾子襲裘而弔。子游裼裘而弔。玉藻。裘之裼也見美也。弔則襲。君在則裼。服之襲也。充美也。此以裼襲分言者也。所云裼襲。皆主人事言之。無所謂裼衣襲衣也。裼衣之名。始見於聘禮裼降立。鄭注云。裼者免上衣見裼衣。下又引玉藻麛裘青豻褎絞衣以裼之。論語素衣麛裘。尋鄭君之義。皮弁以聘。當服麛裘。而裘上之衣。或絞或素不定。故不可專言一衣而絞衣素衣之類。本以裼裘而設。斯卽謂之裼衣。亦於文義無害。又欲見凡裼之義。故不專言聘禮裼麛裘之衣。而統言裼衣。此行文之不得不然耳。觀錦衣以裼之注云。以素錦爲衣覆之使可裼也。此語最分明。未嘗以錦衣爲裼衣。卽鄭君他注。亦無再言裼衣者。可知此注爲屬文之偶然。而疏家遂紛紛以此立說。曲禮疏又加以襲衣之名。而後儒之言裼襲者。愈多曲說矣。孔氏襲衣之說。既不見於經注。於義亦無所取。襲時則有上服。無俟此衣以爲之掩。裼時須免上衣。而又多免此一衣。其誤固不待言。至以襲衣爲中衣。尤屬無據。又謂裘葛上。皆有裼衣。亦誤。經典所言。但有裼裘之衣。不聞有裼他服之衣也。經云裼裘之衣。與行禮時之裼襲。本不相蒙。孔氏誤以爲行禮不獨在冬。遂幷謂春夏秋三時皆有裼衣耳。不知裼衣以行禮之裼而得名。非行禮之裼襲。以裼衣襲衣而得名也。賈氏謂冬加裼衣。春夏秋三時加中衣。亦非。若冬時可無中衣。則中衣爲無用矣。春夏秋三時。何爲而有此中衣乎。中衣既與行禮無與禮家何爲而詳其制度。且與深衣長衣同制。深衣。大夫士私朝。及家。夕時所服。長衣。大夫筮宅與葬日。則史練冠長衣以筮。聘禮。遭喪將命於大夫。主人亦長衣練冠以受。是可見中衣亦必行禮時所需之衣。何得冬時無中衣乎。侯說是也。凡服襯身有襌衫。次加襦袴。多寡隨時。亦隨人。此四時所同。所謂裏衣也。襦袴之上。春秋二時則有袷褶。夏則有葛。皆所謂中衣也。冬則加裘于袷褶之上。襲則掩其中衣。裼則免裘而露其中衣。如此則衣服繁簡得中。而不至於重累。裼襲亦從容易行。而不嫌於煩瑣矣。聘禮注云。凡袒裼者左。是則裼者乃左袒出其中衣。襲則覆揜之。此所以行禮示變。而非易服修容。觀禮。侯氏始而皮弁。既而裨冕。至事畢。忽乃肉袒。亦猶是也。蔡氏德晉乃謂。如諸儒說。當裼而裼。當襲而襲。聘與射喪諸禮。言裼襲者。豈得於行禮之所。忽而脫衣。忽而著衣。夫裼襲非脫衣著衣。蔡氏乃以爲脫衣著衣。實未識古人裼襲之禮儀也。若以左袒正服爲異。觀觀禮之侯氏。不更足異乎。古人袒有左右。裼惟有左。故經中但言裼。而不言左裼。蔡氏乃謂。如鄭氏說。裼亦當如袒之有左右。何以左右袒見於經。而左右裼不見於經。夫古人無右裼。故經中不言左右耳。蔡氏又謂。裼以露裘。何以獨露左袖而不露右袖。凡裼皆左者。此古人之禮。況裼乃脫裘之左袖而露中衣。實非露裘。蔡氏乃以裼爲露裘。失之矣。○褻裘長短右袂褻裘長。則禮服之裘宜短。以其行禮時。有升降上下。長則不便於行禮也。凡衣之制。袂皆二尺二寸。而屬幅與身正方。又加緣寸半。爲二尺三寸半。深衣曰。袂之長短。反詘之及肘。此袂之定制也。短衣袂者。蓋無反詘之尺二寸。劉寶楠曰。胡紹薰拾義說文口部。右。助也。从又口。又部亦有右字。解義略同。古有右字。無佑字。右手之右。古止作又。猶左手之左。古止作ナ也。言又可兼ナ。說文。又手也。象形。單言手不言右手者。明又爲兩手之統詞。不分ナ又。卽以又部他字證之。如秉禾束也。從手持禾。叔拾也。從又尗聲。汝南名收芋爲叔。取捕取也。從又耳。不分ナ又矣。竊意右袂之右。當讀爲又。右本從又聲。右袂之右。卽又之同音借字。袂獨短者。或較禮服之裘稍短。或因褻裘之長。而適形其短。孔注泥於右字立說。遂使後人疑夫子衣不中度。夏氏炘景取胡說中其義云。右袂卽世俗所謂手褻也。褻裘卽深衣之裘。短右袂對長中繼揜尺。與禮服之褻而言。玉藻注云。長衣中衣。繼袂揜一尺。若今褻矣。深衣則緣而已。然後知古人之褻。繼袂之末。揜餘一尺。另用裘與布爲之。若今袍之有褻頭也。惟深衣有緣無褻。若今人之齊褻袍。故襲裘亦無褻。其制較有褻之裘爲短。故曰短右袂。今案。孔注以短右袂爲便作事。夫人之作事。兩手皆欲其便。豈有單用右手之理。或又謂。卷右袂使短。案弟子職。凡拚之道。攘袂及肘。卽謂卷袂使短。然無事時必仍舒之。人作事皆是如此。論語不應記之。緣情測義。胡夏爲長。鴻按。右袂偏短則非制。君子亦不服勤。何必揎袖攘臂。此有譌脫。竊以爲右字當其字之訛。○必有寢衣長一身有半。寢衣謂寢時之衣。不以晝所服而寢也。衣者晝之被。被者夜之衣也。惟晝被專稱衣。故夜之所衣。必加寢字以別之。寢衣所覆及膝。冬藉以溫。當暑以蔽形。言必有者。承上言冬夏之服也。鄭注云。寢衣今之小臥被。是也。說文。被寢衣也。長一身有半。衾大被也。鄭云。小臥被者。對衾爲大被言之。凡衣可曰被。如左傳被組練三千。楚靈王翠被。孟子被袗衣。皆是。鄭以衣被通稱。恐人不曉。故言小臥被以明之。不曰小被。則與衾混。周南曰。抱衾與裯。唐風曰。錦衾爛兮。內則曰。縣衾篋枕。此今之被。古謂之衾。不名衣也。王引之曰。身體中也。謂頸以下。股以上也。古人身字有謂自頂至踵者。考工記三其身。身字是也。有謂自肩以下。臂以上者。史記梁孝王世家。竇太后謂帝曰。安車大駕。用梁王爲寄。景帝跪席擧身曰。諾。身字。及艮其身之身字。是也。考工記廬人。凡兵無過三其身。鄭注曰。人長八尺。與尋齊。進退之度三尋。是也。頸以下。股以上。亦謂之身。艮六四艮其身。在艮趾艮腓之上。艮輔之下。則擧中而言矣。故象傳曰。艮其身。止諸躬也。躬亦擧中而言。渙六三渙其躬。荀注。體中曰躬。是也。以今尺度之。中人頸以下股以上。約有一尺八寸。一身之長也。再加九寸。爲一身之半。則二尺七寸矣。以古六寸爲尺計之。得四尺又五寸。一身又半之長也。引之解長一身有半最確。王夫之云。寢衣唯其爲被。故可長一身有半。足以摺疊覆足。而無冗長之累。如其爲衣而長過於身。則臥起兩困矣。猝有水火盜賊疾病之暴。至其能無狼狽顚仆乎。據引之之解。以可無此疑矣。長字注音去聲。則有字亦當去聲。如泰誓十有三年。伊訓十有二月之類。朱注以齊必有明衣布連下節齊必變食居必遷坐。又摘取必有寢衣長一身有半二句。共合爲一節。謂爲謹齊之事。殊不知此必字上無齊字。語法與彼異。且褻裘寢衣相從也。況明衣布以上皆衣服。齊必變食以下皆飲食。宜仍舊爲長。〇狐貉之厚以居。說文豸部引此文作狐貈。云。貈似狐善睡。從豸舟聲。貉北方豸種。从豸各聲。孔子曰。貉之爲言惡也。是許君以貈爲狐貈字。以貉爲蠻貉字。二字不同。知貈是正字。貉假借字。玉篇。貈何各切。似狐也。貉莫格切。蠻貉也。乃依許書爲說。又於貉下云。亦與貈同。則以論語狐貈字今作貉耳。閻若璩曰。狐貉之厚以居。若作裘與上狐裘複。作燕居又與褻裘複。蓋居卽居吾語女之居。詩秦風。文茵暢轂。文茵車中所坐虎皮褥也。夫子亦取此二獸皮爲坐褥。以其溫厚可適體耳。閻說是也。古人加席於地而坐其上。大夫再重。至冬時氣寒。故夫子於所居處用狐貉之厚者爲之藉也。○去喪無所不佩。去。除也。無所不佩。言平日所佩者。除喪卽皆佩之。不以距喪未遠而有所減也。凡佩之制。上有一橫玉。謂之珩。下繫三玉組。貫以蠙珠。中組之半穿一大珠。謂之瑀。末縣一玉。兩端皆銳。謂之衝牙。旁兩組之半各懸一玉。長博而方。謂之琚。其半各懸一玉。如半璧。謂之璜。動則衝牙前後觸璜而爲聲。古有德佩。有事佩。德佩。左右皆玉。事佩。左紛帨。右玦捍之類。凡設佩。玉佩在左。事佩在右。玉藻言世子之禮云。君在不佩玉。左結佩。右設佩。結者結其綬不使鳴。故謂之不佩玉也。設者設事佩也。至玉藻又言佩玉右徵角。左宮羽者。左右謂佩玉行列。非身之左右也。六經有專言德佩者。如玉藻所言君子之佩是也。有專言事佩者。如內則所言人子之佩是也。又有因位而異其物者。公侯山玄。大夫水蒼之類是也。有因時而異其宜者。齊則結佩。喪則去佩是也。君子無故玉不去身。君子於玉比德焉。喪不佩者。以其有聲似樂也。則無所不佩。亦謂朝祭及見賓客皆佩耳。如觿礪乃子弟事父母之禮。豈君子所必佩乎。○非帷裳必殺之。釋名釋牀帳云。帷。圍也。所以自障圍也。鄭語。王使婦人不幃而譟之。韋昭注。裳正幅曰幃。幃與帷同。帷裳謂朝祭之服。其制正幅如帷也。非帷裳者。謂深衣也。殺之者。削其幅。使縫齊倍要者也。鄭注喪服云。祭服朝服。襞積無數。凡裳前三幅後四幅。襞積若今人百褶於要間。收攝其布使狹。以著身也。朝祭之裳。襞積無數。以人要中寬狹不一。各就所宜爲之。不著其節也。豬飼彥博深衣考曰。深衣三袪。鄭玄注。三袪者。謂要中之數也。袪尺二寸。圍之爲二尺四寸。三之七尺二寸。今案。朝祭衣短。皆著裳以掩下體。惟深衣長邃。衣被全身。故謂之深衣。其要縫以下。

乃喪服所謂帶下者也。非裳也。曰縫齊倍要者。鄭注。縫或爲逢。或爲豐。今案。逢如逢腋之逢。大也。逢齊謂廣大下齊也。縫或爲逢。於文爲勝。豐亦大也。或爲豐義正同。曰衽當旁者。今案。凡衣有內外衿。施於領下。其制狹上廣下。謂之衽。論語被髮左衽。喪大記祭服不倒皆左衽。是已。深衣既有曲袷。則袷下施衽。亦如他服可知也。以諸衣通制。故記文不言。此云衽者。別取布二幅。斜裁爲四片。上尖下廣。其形如衽。亦名之爲衽也。屬此衽於前後帶下之旁。故曰衽當旁也。以事理揆之朝祭及喪服。惟有領下之衽。而無身旁之衽。喪服所謂衽二尺五寸。亦領下之衽也。深衣當旁之衽。續縫前後者。服之宜也。非取乎上下相變之義。亦可知矣。又案檀弓曰。棺束縮二衡三。衽每束一。愚謂。衽每束一者。謂每一束施衽一枚也。非謂用一行之衽也。夫束與衽爲固棺蓋而用之。非所以連合頭尾及底之材也。喪大記曰。君蓋用漆。二衽三束。則可見用漆塗合棺蓋。乃後用束與衽也。注疏所云。特是後世之制耳。其失記意明矣。竊意。衽非小要。蓋以木作之。其形一頭尖一頭廣。如衣後衽。故亦名之曰衽也。其用法則蓋棺之後。縱橫束之。束畢。乃以衽插入於束與蓋之間。欲束之緊也。何以知之。夫深衣當旁之衽。以形如內外衽。故亦謂之衽。此棺衽之名。既取諸彼。則其形亦然可知也。記云衽每束一。則其緣束而施之。又可知也。士喪禮曰。掘肂見衽。喪大記曰。士殯見衽。是竝言殯穴之深。人立其旁可見棺上之物。則其在棺蓋上。又可知也。我邦京師帛賈。束帛疊積摺帛五匹。以兩木版挾其上下。以麻繩總束之。而後以一小木形如衣衽。自尖頭插入於繩版之間。以緊其束。謂之緊木。以意揆之。用棺衽之法。亦當如是。蓋漢時棺衽之制。既已無傳。而當時有小要。故鄭狃其所見。誤以爲衽卽小要。既又覺其形不類衣衽。故又因裁衽之制。而强取其象焉。可謂牽强矣。曰袂可以回肘。長中繼揜尺者。今案。深衣曰袂之長短。反詘之及肘。若長衣中衣之袂。又繼之以尺。則是似過長。且既曰長衣衣。應長其衣。不當止長其袂也。中衣之袂。長於表衣一尺。似甚不便。恐是不然。竊意。此言其袂用一幅半。非別言長衣中衣之制也。中謂袂之在中屬身之幅。揜謂袂之在外掩手之幅。言深衣袂一幅半。中袂用全幅。横長略倍外袂。然其尺寸之數。任人之長短。故但云長中也。揜用半幅。繼續中袂爲袪。其長一尺。此一定其長。不隨人之長短而變之。故著其數也。若然。全袂之長。與反詘及肘之文符合。似亦當然。曰給二寸袪尺二寸緣廣寸半者。鄭注。給曲領。袪袂口。緣飾邊也。曰古者深衣。蓋有制度。以應規矩繩權衡。短毋見膚。長毋被土。鄭注。短毋見膚。衣取蔽形。長毋被土。爲汙辱也。曰續衽鉤邊者。鄭注。鉤讀如鳥喙必鉤之鉤。今案。深衣之制。兩衽左右各縫續之。故曰續衽。其衽下邊。自身向旁。鉤曲殺之。故曰鉤邊。邊謂下齊也。爲令被服時平下齊也。鄭誤看下文制十有二幅以爲裳用十二衽。若果如其說。則前後左右。皆同續衽。不獨兩旁也。故依喪服之裳。前後不聯。以强爲之說。然夫喪服不殊裳。前後鄭說既誤於彼。其失於此。不亦宜乎。鉤字義鄭說極是。但以鉤邊爲曲裾。非也。今案。古者方領。領下施衽爲襟。如我邦合羽之制。衽國語謂之壓骨殉。常衣亦施之長領下。其制取布一幅。交斜裁之。上狹下廣。綴之領下。長及下齊。帶下前後四幅。上端屬衣身爲要縫。下端及踝爲齊。凡要下衣身謂之帶下。諸衣之通制也。故記文不言深衣帶下前後外旁左右。皆屬衽。所謂衽當旁是也。前後旁屬帶下。深衣亦然。但朝祭及喪服之衣皆短。故衽亦短。喪服曰衽二尺有五寸。是也。此爲不同耳。方氏楊氏謂有内外衽。長及下齊。朱白雲駁後儒無衽之制。亦卓見也。然其解續衽鉤邊。及衽當旁。以爲內外襟者。亦不免紕繆。要之皆坐未知其本無裳耳。又案。問喪徒跣扱上衽。上衽卽外衽。言攝深衣外衽下齊。而扱於帶間也。鄭注云。上衽。深衣之裳前。孔疏云。衽。小要屬裳處。當旁而云前者。扱深衣前衽于帶。以妨號踊踐履於前。故云前。其實扱處當衽也。注疏此說。以上衽爲續衽之衽。故其說困而不明。其誤亦可見矣。楚辭離騷。跪敷衽以陳辭兮。左傳。長魚矯抽戈結衽。皆指內外衽之下齊也。而王逸杜預竝云。衽。裳際。其誤正與鄭同。蓋古書中於衣言衽者。除玉藻衽當旁。深衣續衽鉤邊。其他皆謂襟也。曰要縫半下者。今案。帶下四幅。廣各一尺八寸。總爲七尺二寸。上端綴於衣要。爲要縫。旁衽四片。寬頭在齊。廣各一尺八寸。總之亦爲七尺二寸。而又加帶下四幅。則下齊爲一丈四尺四寸。是要縫之數。下齊之半也。曰袼之高下。可以運肘。鄭注。肘不能不出入。袼。衣袂當掖之縫也。曰袂之長短。反詘之及肘者。劉氏曰。衣四幅。而要縫七尺二寸。又除負繩之縫。與領旁之屈積各寸。則兩腋之餘前後各三寸許。續以二尺二寸幅之袖。則二尺有五寸也。然周尺二尺五寸。不滿今舊尺二尺。僅足齊手。無餘可反屈也。曰反屈及肘。則接袖初不以一幅爲拘矣。凡經言短毋見膚。長毋被土。及袼可運肘。袂反及肘。皆以人身爲度。而不言尺寸者。以人身有大小長短之殊故也。今案。反屈及肘者。謂外反袂末。以至衣袂之縫。而反屈處當肘也。肘手寸口也。反屈處。全袂一幅半之中央也。蓋衣身一幅。削去其縫。餘有二尺。袂一幅半亦去其縫。餘有三尺。從脊至肘三尺五寸。衣身所覆之餘。有尺五寸。以三尺之袂掩之。則其半尺五寸在肘以前。反屈之自得及肘也。注疏所云之數。不合其實。劉說得之。今且依注疏所云肩臂之度。以論大概耳。其實如劉說。隨人之長短不定。其數也。鄭云袂屬幅於衣者。謂不削幅也。是據喪服及士喪記而言之也。然彼自凶服之制。恐不可通他衣矣。疏云。縫之所殺各一寸。是不知屬幅之義也。疏又云。幷緣寸半。是謂緣加袪外。亦非古制也。曰制十有二幅以應十有二月者。朱子語錄。讀書先文勢而後義理。今以深衣此章文勢觀之。則所謂制十有二幅以應十有二月一句。似通一衣而言也。若專以爲裳。不應列于袂袷之上。蓋上衣下裳。效法天地。不應顚倒易置如此。今案。制謂裁而用之也。十有二幅。是一衣所用全幅之數也。卽如鄭說。止用六幅。不當言制十有二幅。朱說極是。蓋衣身二幅。左右袂各一幅半。左右共三幅。帶下四幅。旁衽四片共二幅。曲袷與內外衽共一幅。一衣用布。總爲十二幅矣。夫連十二衽爲裳之制。蓋昉乎鄭氏解此句之誤。實失古制遠矣。況夫衣裳異制。此旣以長邃名深衣。豈有屬裳。喪服記曰。衣帶下尺。又曰衣二尺二寸。由此推之。凡衣雖短。亦衣與帶下必用別幅。則皆有要縫。不獨深衣也。黃云無裳。極爲精當。補注據要縫而駁之。非也。曰袂圜以應規者。鄭注。謂胡下也。司馬氏光曰。牛領下垂者謂之胡。從袖口至袖下裁令勢圜。如牛胡也。曰曲袷如矩以應方者。鄭注。袷交領也。古者方領。如今小兒衣領。孔疏。鄭以漢時領皆嚮下交垂。故云古者方領。似今擁咽。故云若今小兒衣領。但方折之也。今案。曲謂方折之也。據喪服之制而推之。蓋前身兩相當項之處。先翦去之。總方六寸。謂之闊中。而以領布一條。方折屬之兩端。下旁綴內外衽。以交掩之。爲曲袷闊中。四邊一寸。皆爲削縫。則曲袷方八寸。七寸在肩前。一寸在肩後。用布廣二寸。長幷左右後面。及前面內外各八寸。總四尺。曰負繩及踝以應直者。鄭注。繩謂裻與後幅相當之縫也。踝跟也。今案。繩謂帶下之脊縫。與督相繼直下及踝也。曰下齊如權衡以應平者。鄭注。齊。緝也。今案。當旁之衽。鉤其下邊。則下齊成制。不得如權衡矣。此謂被服之時也。曰負繩抱方者。以直其政。方其義也。故易曰。坤六二之動。直以方也者。今案。負繩及踝。謂在背之繩。負繩抱方。謂負繩於背也。兩負繩。文義差異。曰下齊如權衡者。以安志而平心也。孔疏。下齊如權衡者。欲以安其志意。而平均其心也。今案。孔疏得之。若如注義。是論人之行步耳。曰五法已施。故聖人服之。故規矩取其無私。繩取其直。權衡取其平。故先王貴之。故可以爲文。可以爲武。可以擯相。可以治軍旅。完且弗費。善衣之次也者。鄭注。善衣。朝祭之服也。自士以上。深衣爲之次。庶人吉服深衣而已。今案。完。無虧也。費如不辭費之費。謂用財於無益也。朝祭之服。上衣下裳。則衣不全體矣。惟深衣長邃。下不須裳。故曰完。朝祭之服。衣帶下掩裳。上裳有辟積。多用布帛。似有費矣。惟深衣不然。故曰弗費也。曰具父母大父母。衣純以繢。具父母。衣純以青。如孤子。衣純以素者。鄭注。尊者存。以多飾爲孝。繢。畫文也。曰純袂緣純邊。廣各寸半者。家禮儀節云。禮記玉藻。袷二寸。緣廣寸半。不分領與裳袂。則皆寸半矣。今擬領亦用寸半。與裳袂同。俾少露領也。否則是袷爲虛設矣。今案。喪服記公子爲其母麻衣縓緣。間傳期而小祥。練冠縓緣。孔賈竝云。以縓爲領緣也。此云緣者。亦當謂領緣。邊與鉤邊之邊同。謂下齊也。鄭云。衣裳之側。誤也。若果如其說。則記文合曰衽。不當曰邊也。凡衣領與袂口及下邊。皆宜加緣。矣。內外衽則交掩在衣之中。不宜加緣也。鄭既以邊爲旁側。因又以緣當緆。別無記文可當領緣。故以爲袷即領緣。展轉相誤耳。丘說得之。鄭又云。表裏共三寸。是或然也。然記云各者。各純袂與緣與純邊之三也。非各表裏也。豬飼氏有深衣圖。載在篇末。○羔裘玄冠不以弔。孔注。喪主素。吉主玄。吉凶異服。故不相弔也。夫吉凶異服。禮固宜然矣。然特記之者。蓋孔子所獨。而時俗不必然也。亦吾從禮之意耳。朱注專以哀死言之。恐不然。白虎通紼冕篇。所以有冠者。帷也。所以帷持其髮也。說文。冠。絭也。所絭髮。弁冕之總名也。玄冠夏曰毋追。殷曰章甫。周曰委貌。委猶安也。所以安正容貌。以黑繒爲冠梁。廣二寸。又以黑繒爲武。冠屬于武。其畢向內縫之。冠梁古用繒縫。三辟積。周用橫縫。辟積無數。天子諸侯大夫士上下制同。但天子用朱組爲纓。結于頷下。垂其餘爲緌。諸侯用丹組纓。大夫用青組纓。士用綦組纓。微有別耳。其施之朝服者。則王以之田獵。燕群臣。及養老。王之卿以從燕。諸侯。諸侯以日視朝。以食。以行道。諸侯之孤卿大夫以朝君。諸侯之臣與其君以燕日諸視朝。大夫士以祭。士冠以筮日。其施之玄端服者。則天子卒食以居。諸侯孤卿大夫士之齊冠。士祭以筮日筮尸。大夫士以私朝。或以事親。或以擯相。士始冠以見鄉大夫鄉先生。其所用尤多。要之朝服一也。玄端也。其冠則皆玄冠也。玄端不用玄冠而用緇布冠者。獨諸侯以下始冠之一節耳。玄冠與緇布冠不同者。緇布冠用布。玄冠用繒。緇布冠有纓無緌。玄冠垂緌爲飾。黑色爲緇。黑而兼青色爲玄。金榜禮箋云。弔服錫衰緦衰疑衰。皆有絰帶。弔者加絰與衰。咸視主人爲節。未小斂吉服而往。天子爵弁服。諸侯卿大夫皮弁服。士玄冠朝服。既小斂。天子爵弁加絰。諸侯卿大夫皮弁加絰。謂之弁絰。士則易玄冠爲素委貌。加絰焉。雜記。小斂環絰。公大夫士一也。謂此主人既成服。則弔者亦服衰而往。天子爲三公六卿錫衰。爲諸侯緦衰。爲大夫士疑衰。諸侯卿大夫弔服錫衰。士弔服疑衰。其尊卑之差也。據金說。則弔服小斂大斂同服。凡有三變。金說爲允。是小斂後大夫之弔服。而羔裘玄冠乃始死之弔服。不得在小斂之後。檀弓云。夫子曰。始死。羔裘玄冠者易之而已。

羔裘玄冠。夫子不以弔。孔疏謂。養疾者朝服羔裘玄冠。卽是朝服。始死則易去朝服。著深衣。故云易之。問喪云。親始死。扱上衽。注。上衽。深衣之裳。又既夕注謂。始死易深衣。皆孔疏所本。既是主人深衣。則弔者亦可服深衣。故羔裘玄冠。夫子不以弔。正指始死時之弔服而言。始死弔服用深衣。此特夫子之制。蓋以朝服爲弔服。於心不安也。鄭小谷曰。古者冕服。自天子下達大夫。弁服自天子下達士。冠服自天子下達庶人。而其中有不同者。如爵弁名弁。而實似冕。皮冠名冠。而又非弁。其制詳於玉藻。曰。諸侯玄冕以祭。裨冕以朝。皮弁以聽朔于太廟。朝服以日視朝于內朝。此諸侯服也。又詳於司服。曰。享先王則袞冕。享先公則驚冕。祀四望山川則毳冕。祭社稷五祀則希冕。祭群小祀則玄冕。凡兵事則韋弁服。眡朝則皮弁服。凡甸冠弁服。此天子服也。大約冕服則下爲章服。皮弁則下用素裳。冠服則下只雜裳。而冠服有名朝服者。則衣玄端而裳用素。冠服有名玄端者。則衣玄端而裳用雜。士冠禮云。玄冠朝服。注云。天子與其臣。玄冕以視朔。皮弁以日視朝。諸侯與其臣。皮弁以視朔。朝服以日視朝。據此則羔裘玄冠。特舉一冠一裘耳。其實玄冠有用之朝服者。有用之玄端者。羔裘有用之朝見者。有用之祭祀者。又周禮司服。凡凶事服弁服。凡弔事。弁經服。注。弁經者如爵弁而素。加環經。經大如緦之經。其服錫衰緦衰疑衰。諸侯及卿大夫。以錫衰爲弔服。喪服小記曰。諸侯弔必皮弁錫衰。則變其冠耳。士當事弁經疑衰。變其裳以素耳。國君于其臣弁經。他國之臣則皮弁。大夫士有朋友之恩。亦弁經。故書弁作絻。鄭司農絻讀爲弁。而加環經。環經卽弁經服。據此則自有行弔之服。據經傳通解釋之。則大夫相爲弔服弁經錫衰。士朋友相爲弔服。如麻緦經帶疑衰素裳。庶人弔服。素委貌白布深衣。金鶚曰。玄之爲色。詩傳說文。皆謂黑而有赤色。竊以爲不然。易文言傳。言天玄。考工記言。天謂之玄。是玄者天色也。天色其有赤乎。且赤色屬陽。非陰幽之義。可以爲齊服乎。是知玄色必非黑而赤也。案天色實青而微黑。人所共見。古聖人制衣裳。以象天地。玄衣纁裳。玄爲黑青。纁爲赤黃。各合二色。昭其稱也。若玄止是黑色。與天象不合。又與纁不稱。故知玄必黑而青也。周髀算經。是先秦之書。有云天青黑地黃赤。玄以象天。則必黑而青。一證也。曲禮前朱鳥而後玄武。說者以玄武爲龜。龜色黑而微青。樂記言。青黑緣者。天子之大寶龜。二證也。周官大宗伯以蒼璧禮天。以青圭禮東方。是天色與東方同。觀禮方明者木也。東方青。南方赤。西方白。北方黑。上玄下黃。又云。設六玉。北方璜。賈疏云。大宗伯以玄璜禮北方。知此亦玄璜也。是天又與北方同色。天色與東北方同。則玄之黑而兼青可知。三證也。玉藻云。君子狐青裘豹褎。玄綃衣以裼之。鄭注。凡裼衣象裘色。綃綺屬。染之以玄。於狐青裘相宜。夫以玄衣裼狐青。則玄必有青色可知。四證也。郊特牲云。齊之玄也。以陰幽思也。說文。玄。幽遠也。是玄有幽義。幽與黝通。孫炎注爾雅云。黝。青黑色。則玄亦黑而青可知。五證也。染朱之法。以黃爲質。而入赤汁。則爲縓爲赬爲纁。以青爲質而入黑汁。則爲綦爲黝爲玄。是玄本無赤也。先儒以染玄用赤色爲質。故謂黑中有赤。豈染玄必本於赤乎。六入爲玄。鄭以意推之。經傳實無明文也。至於蒼色。先儒多以爲青蒼。字从艸。艸色正青。天色固青而黑。然青色爲多。從其多者而言。故曰蒼天也。月令春三月器服。青與蒼竝言。止是一色。東方青龍。亦曰蒼龍。繅藉三采朱白蒼。朱白皆正色。蒼亦必正色可知。蒼之爲青明矣。蒼青多黑少。玄黑多青少。皆象天色。故天稱蒼天。亦稱玄天。若以蒼爲黑白。或爲青白。皆與天色不合矣。○吉月必朝服而朝。朱注知為致仕時者。以入君日視朝。仕則不得謂吉月朝也。吉月。月朔也。古者舉事尚早。以朔旦為月之吉。取令善之義。月吉倒文稱吉月。猶詩言朔月辛卯。為月朔也。周禮大宰・大司徒・鄉大夫・州長・大司馬・大司寇・布憲。皆言正月之吉。鄭以周正朔日解之。族師月吉。鄭以每月朔日解之。詩小明二月初吉。毛亦以朔日解之。吉訓善。亦有始義。爾雅。元。始也。元又訓善。則吉亦可訓始。故凡始月日。皆以吉名之。侯國所稱朝服者。皆冠弁服也。即是委貌緇衣。非皮弁素積也。玉藻言。諸侯皮弁以聽朔。蓋視朔之禮。君臣同用皮弁以朝於廟也。然皮弁不得言朝服。秦蕙田五禮通考。皮弁自皮弁服。朝服自朝服。未有以皮弁為朝服者。何也。蓋皮弁天子視朝之服。玄端卿大夫視私朝之服。二者似皆可稱朝服。而不然者。以在朝君臣同服。而皮弁綦飾。有五采三采之不同。玄端服則有玄裳黃裳雜裳之別。獨冠弁為諸侯君臣之朝服。上下同之。其不同者。惟諸侯白舄。大夫士白履。諸侯之羔裘純色。大夫羔裘豹袖。二端無大分別。故謂之朝服也。玉藻稱朝服而朝。卒朔然後服之。夫告朔之服。皮弁服也。必卒朔而視朝。然後脫皮弁而服朝服。則朝服非皮弁服。甚明。孔注。朝服皮弁服。此說非也。皮弁服者。天子之日常朝服也。若論語稱皮弁服為魯之朝服。則豈論語有僭禮之文邪。至于曾子問之稱皮弁服為朝服者。皮弁服本是諸侯相為來朝之服。曾子問就諸侯相見而言。故暫以皮弁服稱朝服。若論語吉月。惟有告朔與日常視朝兩事。而無鄰國來朝之君。何由而得借稱皮弁服為朝服邪。玉藻。天子與其臣。玄冕以視朔。皮弁以日視朝。諸侯與其臣。皮弁以視朔。朝服以日視朝。朝服者十五升布也。蓋古未有棉花。布以麻為之。布幅濶二尺二寸。十五升麻布之極細者。朝服之布用緇。玄端之服用玄。徽有不同。而朝服用皮弁服之裳。裳則以素縉爲之。故鄭曰。玄端卽朝服之衣。易其裳也。皮弁雖天子之朝服。然素服素裳皆素縉。而非布。名之曰皮弁服。不名朝服矣。豈得以朝服之布。比而同之。又鄉黨書吉月必朝服而朝。亦一月更新。示不忘君之意。非從而視朔。假使子徒以愛禮之故。服皮弁服而往。而餼羊空設。子又無廢然而反之理。其將卽服此服。而朝君歟。則邢疏之說亦非也。古衣與冠相配。禮稱玄冠朝服。而衣不言色者。凡染黑七入爲緇。玄卽緇色之小別。明乎朝服之爲緇布衣也。中井積德曰。戴記多勦說。其文與論語同者。皆取之論語耳。非論語有所襲也。且孔子動作。有全同禮文者。又有獨焉者。然門人乃記其所覩而已。則雖禮文固有之者。在是篇皆孔子所親行矣。宜作皆記孔子動容者。蘇註蓋謬。且與前注所謂君子謂孔子不相應。恐不當采入。○齊必有明衣布。明衣。齊服之稱也。凡屬祭祀者。皆謂之明。如明器明水明旌之比。取神明之義也。記曰。衣布晞身。凡布十五升曰衣布。明衣布。齊浴布也。言不用常浴布。邢昺曰。明潔其體。朱注因之。非也。檀弓上下竝云。其曰明器。神明之也。士喪禮明衣裳用布。邢以爲齊之明衣。殊不知士喪禮明衣。是爲死者而設。故前後裳不辟。而長及觳。豈齊服而可服此乎。布取其純素。所以表誠朴之意。祭服必致美。而齊服則用布。亦先有質而後有文之意。孔注云。以布爲沐浴衣者。猶云以布爲齊衣耳。齊必沐浴。故古語卽謂齊爲沐浴。哀十四年左傳。陳恒弑其君壬於舒州。孔丘三日齊而請伐齊。論語作孔子沐浴而朝。是沐浴卽齊也。周禮司服。齊服有玄端。郊特牲云。齊之玄也。以陰幽思也。玉藻云。玄冠丹組纓。諸侯之齊冠也。玄冠綦組纓。士之齊冠也。玄冠玄衣可知。文王世子云。疾則世子親齊。玄而養。是齊衣皆玄也。若札荒有所禱請。

則齊用素端。正平本南宗本。布下有也字。

齊必變食。居必遷坐。變食。謂不飲酒不茹葷。遷坐。易常處也。○此一節。記孔子謹齊之事。楊氏曰。齊所以交神。故致潔變常以盡敬。

食不厭精。膾不厭細。食。音嗣。○食。飯也。精。鑿也。牛羊與魚之腥。聶而切之爲膾。食精則能養人。膾麤則能害人。不厭。言以是爲善。非謂必欲如是也。

食饐而餲。魚餒而肉敗不食。色惡不食。臭惡不食。失飪不食。不時不食。食饐之食。音嗣。饐。於冀反。餲。烏邁反。飪。而甚反。○饐。飯傷熱濕也。餲。味變也。魚爛曰餒。肉腐曰敗。色惡臭惡。未敗而色臭變也。飪。烹調生熟之節也。不時。五穀不成。果實未熟之類。此數者。皆足以傷人。故不食。

割不正不食。不得其醬不食。割肉不方正者不食。造次不離於正也。漢陸續之母。切肉未嘗不方。斷葱以寸爲度。蓋其質美與此暗合也。食肉用醬。各有所宜。不得則不食。惡其不備也。此二者無害於人。但不以嗜味而苟食耳。

肉雖多不使勝食氣。唯酒無量不及亂。食。音嗣。量。去聲。○食以穀爲主。故不使肉勝食氣。酒以爲人合歡。故不爲量。但以醉爲節而不及亂耳。程子曰。不及亂者。非惟不使亂志。雖血氣亦不可使亂。但浹洽而已可也。

沽酒市脯不食。沽。市。皆買也。恐不精潔。或傷人也。與不嘗康子之藥。同意。

不撤薑食。薑通神明。去穢惡。故不撤。**不多食。**適可而止。無貪心也。

箋曰。齊必變食。變食者不飲酒茹葷。加牲盛饌二義可兼用。周官膳夫。王日一舉。王齊日三舉。鄭司農云。齊必變食。賈疏。齊謂散齊致齊。齊必變食。故加牲體至三太牢。案殺牲盛饌曰舉。古人日三食。王日一舉。謂朝時用一太牢。日中及夕。餕其餘矣。唯齊時。則日中及夕。皆特殺。與平時常饌異。所謂變食者。謂盛饌也。君子敬其事。則盛其禮。故不餕餘也。國語曰。大夫舉以特牲。士食魚炙。然則夫子之變食。或特牲而不餕餘焉。荀子哀公篇。夫端衣玄裳。絻而乘路者。志不在於食葷。端衣玄裳卽是齊服。楊倞注。葷。葱薤之屬也。不茹葷。是異常饌。解者誤以葷爲肉食。而凡齊皆禁用之。與禮意悖矣。高誘注呂覽孟春紀。引齊必變食二句云。自禋潔也。禋潔亦不餕餘之意。集注不茹葷。趙翼曰。論語齊必變食。孔安國注。但謂改常饌。而不言不飲酒不茹葷。惟莊子人間世篇。顏回曰。不飲酒不茹葷者數月矣。可以謂齊乎。子曰。是祭祀之齊。非心齊也。朱子注論語。蓋本此。古人所謂葷。乃菜之有辛臭者。齊則忌之。卽所謂變食。而非魚肉也。古人惟居喪。不御酒肉。喪大記。期終喪不食肉。檀弓。喪有疾。食肉飲酒。謂居喪有病疾者。其無病則戒酒肉可知。此居喪之去酒肉也。而齊戒去酒肉。無明文。惟國語。耕藉之前五日。王入齊宮。淳濯飲醴。注。沐浴飲醴酒也。蓋平時飲酒。齊則飲醴。卽所謂變食也。以醴代酒。記者尙特詳之。若齊必去肉。何以不兼言及之乎。又荀子哀公篇。夫端衣玄裳。絻而乘路者。志不在於食焄。斬衰菅菲。杖而歠粥者。志不在酒肉。注。端衣玄裳。齊服也。焄。卽葷。辛菜也。齊服則不食葷。居喪則不食酒肉。別言之。尤可見葷之非肉。而齊戒但忌葷。不忌肉。尤其明證也。然古來以魚肉爲葷。而齊戒兼忌之。史傳雖不著起於何時。而其來已久。顏師古刊謬正俗云。素食是無肉之食。則固以肉與素對言。白香山閏九月詩。自從九月持齊戒。不醉重陽十五年。此齊戒之忌酒也。韋蘇州詩。鮮肥屬時禁。蔬果幸見嘗。此齊戒之忌肉也。是唐時齊戒已禁酒肉也。南史謝宏微。以兄曜卒。除服猶不噉魚肉。梁書。武帝奉佛戒。不食魚肉。惟菜羹糲飯。劉勰并請二郊農社。亦從七廟之制。不用犧牲。但供蔬果。詔從之。郊廟尚不用腥血。致齊者可知。是梁時齊戒已禁魚肉也。漢書王莽傳。每逢水旱。莽輒素食。太后詔曰。今秋幸熟。公宜以時食肉。則肉與素食對言。漢時已如此。齊戒之忌酒肉。其卽起於漢時歟。大田元貞曰。按禮記玉藻。膳於君有葷桃茢。注。葷者。薑及辛菜也。儀禮士相見禮。夜侍坐膳葷。注。葷辛物。葱薤之屬。食之止臥。荀子哀公篇注亦云。葷。葱薤也。徐鉉說文注。葷。臭菜。謂芸薹椿韮葱蒜阿魏之屬。方術家所禁。氣不潔也。爾雅翼。西方以大蒜興渠茲蒜茖葱爲五葷。道家以韮蒜芸薹胡荽薤爲五葷。是諸書葷。皆不指腥血。然管子輕重篇。黃帝鑽燧生火。以熟葷臊。葷與臊連言。則葷似卽臊之類。按史記獯粥字作葷粥。獯粥之號。本似其專食羶胳而名之。而葷獯同音。史遷既已通用。後人遂以辛菜之葷爲血肉之獯。混而爲一。故忌辛兼忌肉耳。至東坡剖桃核得琉璜。因著論欲斷薰血。袁文謂其用薰字不可解。則未知葷與獯薰君。本同音可通用也。居必遷坐。此句蒙上齊文。故不復言齊也。古人之坐。兩膝著地而坐於足。與跪相似。但跪者危。而坐者安。此跪坐之別也。此節記飲食之事。而言居必遷坐者。遷坐亦是齊事。故與齊必變食對擧。猶下文寢不言。亦非飲食之事。但以言語一類。故與食不語對擧。以便文也。齊文止此二句。以下則泛記飲食之去。祭義曰。致齊於內。散齊於外。內者內寢。外者外寢。檀弓。夫晝居于內。問其疾可也。夜居于外。弔之可也。是故君子非有大故。不宿于外。非致齋也。非疾也。不晝夜居于內。據此則居有定所。卽異常處。非數爲更易之謂也。蓋君齊於路寢。夫人齊於正寢。而大夫士亦各齊於適寢。散齊夜處適寢。亦豫外事。所謂散齊於外。是也。致齊。晝夜處內寢。不豫外事。所謂非致齊也。不晝夜居於內。是也。鄭氏曰。散齊不御不樂不弔。則散齊惟豫外事。其他與致齊同矣。玉藻又言。大夫齊車。鹿幦豹犆。士齊車。鹿幦豹犆。則不但居于室有別。卽坐于車亦有別。祭統曰。防其邪物。訖其嗜慾。耳不聽樂。故記曰齊者不樂。言不散其志也。心不苟慮。必依于道。手足不苟動。必依于禮。古人致齋之禮。亦可想見矣。

○食不厭精。膾不厭細。不厭有二義。有其事類可嫌。而纔不嫌。以爲不厭者。如人不厭其取。是也。有愈出愈可喜。惟恐其不足。而以爲不厭者。如莊子曰。故鳥獸不厭高。魚鼈不厭深。夫全其形生之人。藏其身也。不厭深眇而已矣。曹操詩。山不厭高。海不厭深。是也。食與膾。聖人不厭精細。當與莊子曹操不厭高深一例看。與人不厭其取語不同。夫苟在道可得。聖人未嘗不欲。但分與時之不同。或不得精細。亦惟任其粗與麤。是聖人之時中也。九章算術。粟五十。糲米三十。粺二十七。鑿二十四。御二十一。言粟五升爲糲米三升。以下米精細。故數益少。是侍御爲米之極精矣。然糲米爲麤。則自糲以上皆得謂之精。詩彼疏斯粺。毛傳謂彼宜食疏。今反食精粺。是其證矣。但本文精字。與八斗爲精之精微別。注鑿字。與九斗爲鑿之鑿微別。蓋曰精曰鑿。本有定指。但本文精字。與下文細字對。則是活字。包得精鑿。不指定九斗八斗也。注。槩字亦如此。膾。說文。細切肉也。少儀云。牛與羊魚之腥。聶而切之爲膾。注云。聶之言。牒也。先藿葉切之。後報切之。則成膾。說文。牒薄切肉也。報切之者。再横切也。又內則云。肉腥。細者爲膾。大者爲軒。注云。言大切細切異名也。膾者必先軒之。所謂聶而切之也。膾制與今之肉絲相似。夫食養人。豈必於精粗膾豈必害人。此只言食尙精。膾尙細。弗禁精細之過耳。比之他物有期限者。而可知矣。

○食饐而餲。魚餒而肉敗不食。說文。饐。飯傷濕也。又饖。飯傷熱也。饖與饐。音義皆同。釋文引字林云。饐。飯傷熱濕也。兼淫言之。此集注所本。餲。皇疏謂。經久而味惡也。集注同之。饐而餲。言其久而傷敗。但饐猶未至如餲之味變耳。所云傷熱濕者。藏貯經久。傷於天地熱濕之氣也。餒。說文作餧。云飢也。一曰魚敗曰餧。爾雅。肉謂之敗。魚謂之餒。郭注。肉臭壞曰敗。魚肉爛曰餒。郭注之肉爛。當是內爛之誤。公羊僖十九年傳。梁亡。魚爛而亡也。何休注。魚爛從內發。俗語囊滿爲飽。空爲餒。以其勢而言也。魚餒蓋亦然。鮮者氣充。不鮮者氣歉。歉卽餒矣。海魚死經日猶可食。如河池之魚。旣死者多不中食。況不鮮氣歉者乎。此魚必是河池矣。非海魚。芻豢則未敗者可食。物各有所當也。○色惡不食。臭惡不食。此通諸物而言。周官內饔職。辨腥臊羶香之不可食者。牛夜鳴則庮。羊冷毛而毳羶。犬赤股而躁臊。鳥皫色而沙鳴鬱。豕盲眡而交睫腥。馬黑脊而般臂螻。注云。腥臊羶香。可食者。是別其不可食者。則所謂者皆臭味也。冷毛。毛長總結也。皫。失色不澤美也。沙。澌也。交睫腥腥當爲星。聲之誤。肉有如米者似星。般臂。臂毛有文。庮。朽木臭也。螻。螻蛄臭也。鬱。腐臭也。如羊冷毛。鳥皫色。豕望視。犬赤股之類。卽是色惡。羊肉羶。鳥肉鬱。豕肉腥。犬肉臊之類。卽是臭惡。謂此物之生本不佳。非謂其物已敗。不可食也。米之紅朽。國語所謂赤米者。亦是色惡。詩云。魴魚赬尾。魚勞則尾赤。亦是色惡。推廣說自可。大約此兩句指物之本然說。不指人之停留說。若如飯之色味。肉之香臭。則已在上二句內。皇本臭作臰。○失飪不食。方言。飪熟也。徐揚之間曰飪。特牲禮。請期曰羹飪。注。飪。熟也。爾雅釋器。摶者謂之糷。米者謂之檗。邢疏引論語此文。釋文引李巡云。米飯半腥半熟曰檗。糷飯淖糜相著也。糷當作爛。孟子云糜爛。今語云爛熟。皆是呂氏春秋本味篇云。熟而不爛。高誘注。爛失飪也。腥當作胜。而讀若生。亦通作生。故玉篇云。檗謂半生也。生卽胜字之省。說文。胜。不熟也。糷傷於熟。檗傷於生。皆爲失飪。爾雅惟言飯之失飪。肉物亦有之。肉之過熟。亦謂爛。半熟半腥者謂之爓。祭禮腥法上古。爓法中古。熟之爲脍。進後世之食。若生人之食。不可不熟也。又內則云。濡豚包苦實蓼。濡雞醢醬實蓼。濡魚卵醬實蓼。濡鼈醢醬實蓼。濡謂烹煮之時以其汁調和。濡豚之時。以苦菜包裹豚肉。殺其惡氣。又實之以蓼也。卵謂魚子。以魚子爲醬也。此言於烹時以醬和之也。濡雞濡魚有失。則亦失飪之事矣。○不時不食。鄭注。不時。非朝夕日中時。此以侯言。左傳。卜楚丘云。食日爲二。是一日之中。食有常時也。閻沒女寬云。或賜二人酒不夕食。謂不及待夕之時而食也。內則云。孺子食無時。則成人以上。食必有時也。詩蝃蝀傳云。從旦至食時爲終朝。孟子云。朝不食。夕不食。淮南子云。臨於曾泉。是謂蚤食。次於桑野。是謂晏食。並是食時之證。周官膳夫。王齊日三擧。齊是盛禮。不過三擧。則天子三食可知。旣夕記。燕養饋羞湯沐之饌如他日。注云。饋朝夕食也。疏云。鄭注鄉黨云。不時。非朝夕日中時。一日之中三時食。今注云朝夕。不言日中者。或鄭略之。亦有日中也。或以死後。

略去日中。直有朝夕食也。此賈據鄭注朝夕日中時爲上下通禮。非有四食三食再食之異。經傳多略日中者。舉日中則朝夕可知。惟既夕之饋。當無日中。賈疏後說是也。白虎通云。王者平旦食。晝食。晡食。暮食。此謂天子食四時。恐謬。王制云。五穀不時。果食不熟。不粥於市。又漢書召信臣傳。大官園種冬生葱韮菜茹。覆以屋廡。晝夜熱蘊火。待溫氣乃生。信臣以爲此皆不時之物。有傷於人。不宜以奉供養。後漢書鄧皇后紀詔曰。凡供薦新味。多非其節。或鬱養彊熟。或穿掘萌芽。味無所至。而夭折生長。豈所以順時育物乎。傳曰。非其時不食。自今當奉祠陵廟及給御者。皆須時迺上。集注據王制文。其不時以物言。然世無稻黍李梅不成熟而可食之理。雖非聖人亦不食。說者或以禮運之飲食必時。仲尼燕居之味得其時爲據。解之曰。周禮食醬言。凡食齊視春時。羹齊視夏時。醬齊視秋時。飲齊視冬時。鄭注。飯宜溫。羹宜熱。醬宜涼。飲宜寒。又凡和。春多酸。夏多苦。秋多辛。冬多鹹。鄭注。各尚其時味。獸人言。冬獻狼。夏獻麋。春秋獻獸物。鄭注。狼膏聚。麋膏散。聚則溫。散則涼。以救時之苦也。又鱉人春獻鱉蜃。秋獻龜魚。鄭注。此其出在淺處可得之時。蓋時字有數義。譬如以尚時味論。則春屬木。味宜酸。故調和者。比餘味必多一分。夏屬火。味宜苦。調和者。比餘味必多一分。卽得其時也。否則不以時。卽以救時苦論。冬苦寒。救以溫。故用膏之聚者。夏苦熱。救以涼。故用膏之散者。卽得其時也。否則不以時。此說亦非經旨。○割不正不食。爾雅釋言。割。裂也。爾雅。肉曰脫之。魚曰斮之。鄭注。脫爲剝皮。斮爲去鱗。李巡注爾雅。以脫爲去骨。此皆割之類也。少牢饋食禮。牢心舌。載于肵俎。心皆安下切上。午割勿沒。舌皆切本末。亦午割勿沒。注。牢。羊豕也。安。平也。平割其下。於載便也。凡割本末。食必正也。午割。從橫割之。使可絕也。勿

沒。爲其分散也。所之爲言敬也。所以敬尸也。周禮。祭尙肺事尸尙心舌。心舌知滋
味。今文切皆爲刌。又少儀。牛羊之肺離而不提心。注。提猶絕也。刲離之而不絕中
央少許者。易絕以祭耳。此皆割肉之法。故賈公彥疏少牢禮。即引此不正不食爲
說。蓋正不必方也。當方者方。當圓者圓。長者短者。厚者薄者。廣者狹者。物各有當。
是爲正耳。凌廷堪乃謂牲體爲割。胾膾爲切。少牢所云是切非割。譏賈疏引鄉黨
文爲誤。殊不知少牢文。上言切。下言午割。割切通言。賈未誤也。邢疏謂析解牲體
脊脅臂臑之屬。禮有正數者。此以饗祭之體名。解常食之割烹。亦未是。少牢禮。司
馬升羊右胖。髀不升。肩臂臑膞骼。正脊一脡脊一橫脊一短脅一正脅一代脅一。
皆二骨以並。腸三胃三。舉肺一祭肺三。實于一鼎。司士升豕右胖。髀不升。肩臂臑
膞骼。正脊一脡脊一橫脊一短脅一正脅一代脅一。皆二骨以並。舉肺一祭肺三。
實于一鼎。此即所謂正數。不得爲正割也。故內饔職所謂割烹注云割肆解肉也。
所謂辨體名注云脊脅肩臂臑之屬。明是判然兩事。○所謂不得其醬。不食。不得其醬。
非無醬也。不得所宜用之醬耳。如當用醓而設醢。當用醢而設醓或醢。醓皆不設
是也。內則云。魚膾芥醬。麋腥醢醬。桃諸梅諸卵鹽。麋腥謂生肉。諸菹也。謂桃菹梅
菹。即今之藏桃藏梅也。此係食時所用之醬。不得指烹時所加之醬言也。儀禮公
食大夫。鼎俎既入。宰夫自東房授醯醬。公設之。註云。以其爲饌本也。可見配食之
醬。禮所最重也。醬者醯醢鹽梅之總名。醯以穀爲之。醢以肉爲之。周禮膳夫。醬用
百有二十甕。注云。醬謂醯醢也。又醢人。王舉供醢六十甕。醯人。王舉供齏菹醯物
六十甕。注云。齏菹醬屬。醯人者。皆須醯成味。醯醢皆醬。醢人醯人則醬之專司也。
又醢人掌四豆之實。朝事之豆。其實韭菹醓醢。昌本麋臡。醢。肉汁也。臡亦醢也。有

骨爲臡。無骨爲醢。作醢及臡者。必先膊乾其肉。乃後莝之。雜以粱麴及鹽。漬以美酒。塗置瓶中百日則成矣。鄭謂菹醢皆以氣味相成。亦猶燕食之魚膾芥醬之屬。

兩兩相配也。古人設食。皆以醢與殽相間。如內則牛炙醢牛胾醢牛膾羊炙羊胾醢豕炙醢豕胾芥醬魚膾雉兎鶉鷃一節。又如腶脩蚳醢脯羹兎醢糜膚魚醢魚膾芥醬。麋腥醢醬。桃諸梅諸卵鹽。又周禮韭菹醓醢。昌本麋臡。菁菹鹿臡。茆菹麋臡。葵菹蠃醢。脾析䗪醢。蜃蚳醢。豚拍魚醢。芹菹兎醢。深蒲醓醢。箈菹雁醢。筍菹魚醢之類。此皆必以氣味相宜。或性相制。故相配而設。皆所謂得其醬也。殽與醢並設。食則以其物濡醢而食之。說者多以內則濡雞醢醬。濡魚卵醬。條實此失之矣。濡雞濡魚有失。則失飪之事。非陳設之不備也。周禮七醢。是以肉汁爲之。七菹是以菜爲之。五齏則雜菜肉爲之。凡醢人所共六十甕。醢人所共六十甕。皆此醬物也。醬各有宜。如藥味然。不得其醬。恐或有敵物。得其醬。則增其美而去其害。故君子重之。或疑他人設之。而己不敢下箸。恐非禮。不知此節所記居家之法。若他人燕饗之時。自無腐敗失正之物。卽有之。嘗而不食。未爲非禮也。○肉雖多不使勝食氣。食對肉字。則訓飯。是去聲而非入聲。氣猶性也。周官瘍醫。以五氣養之。五氣卽五穀之氣。人食肉多則食氣爲肉所勝。而或以傷人也。說文旣字下曰。小食也。論語曰。不使勝食旣。此引經說假借也。今氣字古作气。今餼字古作氣。氣旣同音借字。邢疏以氣爲小食。是以假借字爲本義。蓋不使勝食氣。氣字原作气也。其作氣者。後人气字必加米。故論語勝食气亦加米矣。然氣餼旣三字相通。而气字則不與餼旣相通也。玩不使二字。是賓主輔之宜。酌多寡之數。○唯酒無量不及亂者。古言酒皆以量言。故鄭注禮言酒受三升四升。又史記淳于髠曰。一斗亦醉。一石亦醉。升斗石皆量也。故曰唯酒無量。不及亂。兼心志威儀言。昔人謂當以有量學聖人之無量。此語尤妙。但以程子所謂浹洽而已。爲有量。恐非程子此句是解聖人之不及亂。非指學者言。集注酒以爲人合歡。此偏主於賓也。不知酒家常所用。尤益於老人。曾子養曾皙必有酒肉。亳民之餉酒食黍稻。何必待賓客而後供焉哉。此言飲酒多少。有時無定限。但多亦不及亂耳。或獨酌。或與人共之。或衆或少。筵席有長短。殽核有盛簡。故飲之多少不準。大與飯異耳。不當以無量爲多飲無算。又集注故不爲量。似夫子有意爲之。殊失記者旁觀語氣。周洪謨曰。說文云。醉。卒也。各卒其度量。不至於亂也。按醉者亂之端也。亂者醉之發也。飲而及亂醉所爲也。飲而不及亂者。不醉而後能也。故文王誥酒之訓曰。德將無醉。言飲者當將之以德。而無至醉也。詩言天子之燕諸侯。雖曰不醉無歸。不過述其勸飲之意耳。故下文繼之曰。顯允君子。莫不令德。豈弟君子。莫不令儀。言飲而不至喪德喪儀也。使果醉焉。其能不至於喪德喪儀乎。禮載鄉飲之義曰。修爵無算。是不過表其合懽之意耳。故下文繼之曰。朝不廢朝。暮不廢夕。節文終遂。安燕不亂之飲。而不至廢事廢禮也。使果醉焉。其能不至於廢事廢禮乎。至於惟酒無量不及亂者。門人記聖人之飲。雖不爲量。亦不及亂也。朱注云。酒以爲人合歡。故不爲量。但以醉爲節。而不及亂耳。然既不爲量。而又以醉爲節。則是以醉爲量矣。此蓋取許氏之說。而未之察也。佐藤坦曰。周官有食醫。掌飲食。則飲食須視爲常用藥餌。如食不厭精。膾不厭細。即是謹嚴製法意思。食饐而餲。魚餒而肉敗不食。色惡不食。臭惡不食。即是精揀藥品意思。肉雖多不使勝食氣。即是君臣佐使分量意思。○沽酒市脯不食。沽與酤同。說文。酤。一宿酒也。一曰買酒也。說文具二義。一宿之酒即是醴酒。不應夫子不食。且此文與下市脯對文。則沽當訓賣。謂酒店之賣酒也。廣雅釋詁。酤。出買也。酤爲買賣通稱。說文廣雅各舉其一耳。周官萍氏幾酒謹酒。注云。幾酒。苛察沽買過多及非時者。而酒誥戒羣飲。司虣禁市飲。飲而於市。是周時有沽酒明矣。或謂三代無酤酒者。至漢方有榷酤。未必然也。漢書食貨志引論語作酤酒不食。御覽資產部引亦作酤。酤本字。沽水名。假借字。市如字。市脯謂市廛衒賣之脯。脯。乾肉也。釋名釋飲食。脯。搏也。乾燥相搏著也。周官腊人掌乾肉。凡田獸之脯腊膴胖之事。注云。薄析曰脯。內則。牛脩鹿脯・田豕脯・麋脯・麕脯。注云。脯所謂析乾牛羊肉也。酒當云飲。而云不食者。古人趁文不分別也。易繫辭傳。潤之以風雨。左傳。馬牛皆百匹。又我被吾甲兵。孟子。兵革之利。玉藻。大夫不得造車馬。皆同例。○不撤薑。檀弓。曾子曰。喪有疾。食肉飲酒。必有艸木之滋焉。以爲薑桂之謂也。蓋薑氣味辛辣。食後借辛辣之味。以消散食氣。淨開胃中。故古者非喪食必有薑桂矣。文王嗜菖蒲葅。見韓子。武王嗜鮑魚。見賈誼新書。屈到嗜芰。見楚語及韓非。曾晳嗜羊棗。見孟子。古聖賢嗜好。見古書者如此。薑是夫子所嗜。故不撤。言撤則必既設之而後撤之也。言不撤。則食已。飯羹醯胾之屬皆撤。而薑之在豆者獨皮閣間常置。故不撤。非必留之坐隅也。唯此一句。便可曉此節爲居家之法矣。集注。通神明。流通神氣也。神明非鬼神。只是指心言。胸次爽快。無所壅閼也。○食不多食。此食即飯也。上言肉不勝。嫌飯可滿飽。故著此句也。孔注不過飽盡之矣。凡飲食嗜味。以寡爲節。寡則皆能養人。多則皆能害人。而酒亦在其中矣。飲食不至過飽。養生之要也。故一節內屢言不者。極致撙節之意。

祭於公。不宿肉。祭肉不出三日。出三日不食之矣。助祭於公

所得胙肉。歸卽頒賜。不俟經宿者。不留神惠也。家之祭肉。則不過三日。皆以分賜。蓋過三日。則肉必敗。而人不食之。是褻鬼神之餘也。但比君所賜胙。可少緩耳。

箋曰。祭於公者。雜記。大夫冕而祭於公。士弁而祭於公。注。助君祭也。是大夫士有助祭之禮。禮運。仲尼與於蜡賓。孟子告子篇。孔子爲魯司寇。不用。從而祭。燔肉不至。不稅冕而行。八佾篇。子入大廟。每事問。皆夫子助祭之徵。穀梁定十四年傳。脤者何也。俎實也。祭肉也。生曰脤。熟曰膰。說文。䞈。宗廟火孰肉。又說文。胙。祭福肉也。左傳九年傳。王使宰孔賜齊侯胙。脤膰胙皆祭肉名。曲禮云。凡祭于公者。必自徹其俎。此謂士助君祭也。徹俎與歸俎不同。徹俎。謂當祭末徹俎時。尸與主人主婦俎。有司徹之。臣得獻之俎。自徹之。置于堂下。及祭畢。士得持俎歸。大夫以上則君使人歸之。然則助祭之臣。亦得各獻俎肉。禮所云賓俎者也。與君賜之胙。同名爲脤膰。祭公不宿之肉。當兼君賜及己所獻之俎。凡殺牲。皆於祭日旦明行事。至天子諸侯。祭之明日又祭。謂之繹祭。祭畢乃頒所賜肉。及歸賓客之俎。則胙肉之來。大約已三日矣。故不可再宿。宿。一宿。謂留也。顏淵篇。子路無宿諾。孟子萬章篇。不宿怨。不藏怒。儀禮聘禮。不宿命。大射儀。樂人宿縣。皆以留言也。○祭肉不出三日。出三日不食之矣。祭肉。猶曰凡祭肉也。少儀。爲人祭曰致福。爲己祭而致膳於君子曰膳。祔練曰告。凡膳告於君子。主人展之。以授使者於阼階之南。南面再拜稽首送。反命。主人又再拜稽首。注。此皆致祭祀之餘於君子也。攝主言致福。申其辭也。自祭言膳。謙也。祔練言告。不敢以爲福膳也。展。省具也。此致祭肉之禮也。所以

云不出三日者。卿大夫祭後又祭。曰賓尸。本日無暇致胙。又禮賜君子與小人不同日。自諸父兄弟。逮及賤。頒有先後。故必二日而徧。合前祭日。爲三日也。但此經泛言祭肉。則鄉里親朋所饋。皆在其內。不特家祭肉也。惟非公祭肉而已。若顏淵之喪饋祥肉。可以見矣。不宿不出。謂食而盡之矣。出三日不食之。亦孔子不食之也。以恐傷人耳。蓋人所饋祭肉。或有過三日者。宜埋若焚可也。所以礎矣字者。家祭必不出三日。若他人饋胙。或出三日。則不食之。故礎矣字。出三日句。申不出意。而所以不宿之故。亦在其中。非以君之胙爲尊。而其他之胙爲卑也。集注以下句爲解上句。以不食爲他人之事。然通考此篇。備記夫子言動。而未嘗有一句解說其故者也。況不食之矣。是實語。非虛語。集注非也。

食不語。寢不言。

答述曰語。自言曰言。范氏曰。聖人存心不他。當食而食。當寢而寢。言語非其時也。楊氏曰。肺爲氣主。而聲出焉。寢食則氣窒而不通。語言恐傷之也。亦通。

箋曰。大雅毛傳。直言曰言。論難曰語。大司樂注。發端曰言。答述曰語。雜記三年之喪。言而不語。喪服四制。大功之喪。言而不議。東門之池。先晤歌而晤語而晤言。對文之別可知。食不語。謂正含哺時。非謂終食都不語。禮云。長者有問。口有物則吐之。禮不容嘿。寧吐哺若含哺語。失容且妨哽噎也。蓋當食時心在於食。自不他及。日常如此。故記之。若禮食相會。豈無應對辭讓之文。祭與養老。更有合語乞言之禮。但行禮時則語。食時自不語也。寢不言。不自言也。寢自言。失晦息之常。聖心純一。養生亦在其中矣。五官唯口兼二用。吐呑是也。言語屬吐。飲食屬呑。使不得相妨碍耳。人晝間食食。夜間食氣。寢亦與食一類。此二句非記者限定聖人食必不語。寢必不言也。須活看。信如范楊二氏之說。則凡周公之吐哺見賢。漢高之吐哺趣銷印。祖逖之蹴劉琨起舞。皆背理傷氣之甚矣。

雖疏食菜羹瓜。祭必齊如也。

食。音嗣。齊。側皆反。○陸氏曰。魯論。瓜作必。○古人飲食。每種各出少許。置之豆間之地。以祭先代始爲飲食之人。不忘本也。齊。嚴敬貌。孔子雖薄物必祭。其祭必敬。聖人之誠也。○此一節。記孔子飲食之節。謝氏曰。聖人飲食如此。非極口腹之欲。蓋養氣體。不以傷生。當如此。然聖人之所不食。窮口腹者。或反食之。欲心勝而不暇擇也。

箋曰。蔬食有四說。集注云。麤飯。一也。孔注云。菜食。是粥食之和菜者。皇本疏作蔬。疏蔬古通用。二也。月令鄭注云。草木之實爲蔬食。三也。程瑤田曰。凡經言疏食者。稷食也。論語疏食菜羹。卽玉藻之稷食菜羹。左傳。粱則無矣。麤則有之。粗對粱言。稷之謂也。四也。但麤飯之說。得兼三說。不必拘一物爲是。菜艸之可食者。菜羹者。以菜爲羹也。爾雅釋器。肉謂之羹。言煮肉之有汁者也。凡肉汁不和鹽菜。盛之瓦豆之登者。爲大羹。三牲肉汁。和以鹽菜。盛之鉶器者。爲鉶羹。列之鼎。爲陪鼎。皆禮食之羹。其常食之羹。如雞犬兎及菜羹。皆和米屑作之。呂覽愼人云。孔子窮於陳蔡之間。藜羹不糝。糝卽米屑也。內則別有芼羹堇荁葵薇之類。彼是禮食。此文菜羹與疏食相儷。則但謂藜藿之類耳。鄭注云。魯讀瓜爲必。今從古。公羊襄二十九年傳。飲食必祝注。論衡祭意篇。並引作瓜。何休通今文。充書所引亦多今文。魯論爲今文並作瓜不作必。則知魯論直讀瓜爲必。非誤字也。鄭所以不從者。以下文又有必字。故從古讀如字也。玉藻云。瓜祭上環。食中棄所操注云。上環。頭忖也。忖卽刌字。刌之言。切也。上環。是寔閒。下環。是脫華處。食瓜者必祭用上環。而後食其中忖。瓜有二種。一果實。一殽實。此是果食。卽曲禮所云削瓜也。古中原今北五省。瓜爲常用。豳風有剝瓜之文。其類至多。有生食熟食之不同。實齊魯之地所常用也。祭字當爲一句。此祭字非祭祖先也。祭上世始爲飲食者也。禮運曰。昔者先王未有火化。食草木之實。鳥獸之肉。飲其血。茹其毛。後聖有作。然後修火之利。范金合土。以炮以燔。以烹以炙。以爲醴酪。以養生送死。以事鬼神上帝。皆從其朔。此以祭之所以報功不忘本也。春官大祝辨九祭。一曰命祭。二曰衍祭。三曰炮祭。四曰周祭。五曰振祭。六曰擩祭。七曰絕祭。八曰繚祭。九曰共祭。此通言祭食之禮義具彼注。凡祭皆出少許。置之籩豆之閒。或上豆或醬湆之閒。公食大夫禮魚腊醬湆不祭注云。不祭者非食物之盛者。疏云。以其有三牲之體。魚腊醬湆非盛者。故不祭也。據此是盛物方祭。非盛或可不祭。夫子家居所食。雖極之疏食菜羹。亦必祭之致其肅敬之容。所謂不敢以菲薄廢禮者也。齊者整肅。故訓嚴敬。讀側皆反。非祭也。注疏皆以瓜與食羹爲三物。引玉藻唯水漿不祭。又云瓜祭上環。尤爲鐵注。古人每食。除水漿外。既無物不祭。則原可無庸言必。但不皆齊。如故祭不言必而齊如言必耳。抑詩詠瓜菹之獻。禮詳削瓜之儀。瓜恒見重于庶品。則其於食祭之特數及之。無足異者。朱子乃云以瓜繼之。則不辭矣。夫務使文字整比。自是秦漢以降古經。豈如是乎。且統而論之。瓜亦菜屬。然菜羹削瓜。本自迥殊。何病其意重乎。皇本瓜作苽。

席不正不坐。　謝氏曰。聖人心安於正。故於位之不正者。雖小不處。

箋曰。說文云。席藉也。謂以席藉之於地也。凡先設迫地者爲筵。後加者爲席。故春官序官注云。鋪陳曰筵。藉之曰席。然其言之筵席通矣。謂散文筵席得通稱也。禮器云。諸侯三重。大夫再重。據司几筵。天子亦三重。則天子諸侯制同。天子諸侯同是三重。則士與大夫亦同是再重可知。凡席之名。司几筵有莞繅次蒲熊。又有葦柏。莞者蒲類。繅者削蒲蒻展之編以五采。次者桃枝席。有次列成文。柏者。鄭司農謂迫地之席。康成謂椁字磨滅。藏中神坐之席。又禮器有越席。郊特牲有蒲越稾鞂。玉藻有蒯席。玉府有衽席。越卽蒲越。稾鞂者用禾稾爲之。蒯者草名。衽者臥其字從衣。疑以布爲之。加於席上。凡皆諸席異稱也。天子諸侯緣以文繡。士席無緣。皆長七尺。廣三尺三寸爲度。賓主燕會。則人皆專席。饌陳席前。不于席上。正饌在左。庶饌在右。不正者。謂設席欹斜也。席不正不坐。言必正之而後坐也。此秖在官位。及居家。及旅次則然爾。若往來惠好之間。禮有辭正席之文。豈可教主人正其席而後坐邪。至于西上南上之布席法。安得有失。若指此類。則當如不得其醬不食文法。而云席不得其方不坐矣。謝氏以位之不正言。是沿邢疏之誤。又席有飲食之席。有講間之席。有群居之席。有特設之席。儀禮鄉飲酒禮云。乃席賓主人介。衆賓之席皆不屬焉。注云。席敷席也。賓席牖前南面。主人席阼階上西面。介席西階上東面。衆賓于賓席之西。不屬者不相續也。皆獨坐。疏云。案鄉飲酒義云。主人者尊賓。故坐賓于西北。而坐介於西南。以輔賓。賓者接人以義者也。故坐于西北。主人者接人以仁。以德厚者也。故坐于東南。而坐僎于東北。以輔主人也。又云。賓必南鄉。介必東鄉。介賓主也。鄉射云。乃席賓南面。席主人于阼階上西面。以此故知賓主及介。其位然也。曲禮群居五人。則長者必異席。注。席以四人爲節。疏云。既長者一人異席。餘則四人矣。此群居之法。若賓主禮席。皆無同坐之法。故鄉飲酒賓介異席。又云。衆賓之席皆不屬焉。不相連屬也。鄉射衆賓之席繼而西。謂相連屬也。燕禮及大射。公三重。大夫再重。是皆異席也。又曲禮。席南鄉北鄉。以西方爲上。東鄉西鄉。以南方爲上。注。布席無常。此其順之也。上謂席端也。坐在陽則上左。坐在陰則上右。疏云。坐在東方西鄉。是坐在陽。以南方爲上。坐若坐在西方東向。是在陰。亦以南方爲上。亦是坐在陽則上左。坐在陰則上右。此據平常布席如此者。禮席則不然。案鄉飲酒禮注云。賓席牖前南面。主人席阼階上西面。介西階上東面。與此不同是也。若虛坐盡後。食坐盡前。及席間函丈之類。又有分別。

鄉人飲酒。杖者出斯出矣。

杖者。老人也。六十杖於鄉。未出不敢先。既出不敢後。

箋曰。稱鄉人者。言同一鄉之人。與下鄉人儺同。周官酒正。有爲公酒者。疏云。鄉射飲酒數事。爲國行禮。故得公酒。又族師疏云。州長黨正有飲酒禮。皆得官物爲之。然則此文飲酒亦是公酒。王制云。五十杖於家。六十杖於鄉。七十杖於國。八十杖於朝。此行鄉飲。年六十以上有杖。即注所云老人也。鄉飲酒義疏云。此篇前後凡有四事。一則三年賓賢能。二則鄉大夫飲國中賢者。三則州長習射而飲酒也。四則黨正蜡祭而飲酒。總而言之。皆謂之鄉飲酒。鄉則三年一飲。州則一年再飲。黨則一年一飲也。段玉裁曰。鄉飲酒禮。古謂之饗。說文。饗。鄉人飲酒也。從鄉食會意。其禮主於養老。賓興賢能之文。見於鄉飲酒義者。乃用尚齒之禮。以禮賢能。鄉大夫之職。所謂以禮禮賓之者也。又鄉飮之次日。有息司正之禮。所以勞昨日執事之人。獨言司正。擧尊也。鄉中先生君子齒德俱尊者亦召之。蓋老者不以筋力爲禮。故不召于本日行禮之時。而召之于次日。然則此節所言。卽息司正之屬亦是也。又族師春秋祭酺。注。酺者爲人物烖害之神也。蓋亦爲壇位。如雩禜云。族長無飮酒之禮。因祭酺而與其民以長幼相獻酬焉。疏云。州長春秋習射。有飮酒禮。黨正十月農功畢。亦有飮酒禮。皆得官物爲之。今此族卑。不得官物爲禮。故云族無飮酒禮也。云因祭酺而相獻酬者。禮器云。周旅酬六尸。曾子曰。周禮其猶醵與。鄭注。彼云。合錢飮酒爲醵。旅酬相酌似之也。卽引明堂禮乃命國醵。鄭據禮器明堂禮皆有醵法。醵卽合錢飮酒。以不得官酒。故須合錢耳。此則非尊賢養老之禮。但鄉飮酒義第五節云。六十者坐。五十者立侍。以聽政役。所以明尊長也。六十者三豆。七十者四豆。八十者五豆。九十者六豆。所以明養老也。如是則鄉人之所群焉致敬者惟杖者。夫子寧有異。且夫朝不廢朝。暮不廢夕。飮酒之節也。工告樂備遂出。是工之出也。賓出主人拜送。節文終遂焉。是賓之出也。雖微夫子。孰有不當出而出。當出而不出者哉。此蓋爲鄉人偶然之飮酒。歲時伏臘及冠昏諸事。凡爲酒食。以召鄉黨僚友。皆是杖者。不過尋常老人。如此看斯字。自非聖人周旋中禮不能。義理固有淺看而愈深者。下節儺近于戲。亦是此意。古者一命齒于鄉。而再命不齒。再命齒于族。而三命不齒。貴貴之義也。又曰。旅有七十者。不敢先。老老之仁也。爵與齒原並序于鄉。今專序齒。而不序爵。此是聖人忠厚處。陸稼書曰。王道之行也。以禮教始。禮教之行也。以居鄉始。以下二條。正是聖人教禮教事所爲。觀於鄉而知王道之易易也。卽此意。

鄉人儺。朝服而立於阼階。儺。乃多反。○儺。所以逐疫。周禮方相氏掌之。阼階。東階也。儺雖古禮。而近於戲。亦必朝服而臨之者。無所不用其誠敬也。或曰。恐其驚先祖五祀之神。欲其依己而安也。○此一節。記孔子居鄉之事。

箋曰。陸稼書曰。聖人於古之禮。不可行者則不行。可也。既行之矣。必不視爲故事而苟且爲之。於人之行禮於我者。不可受則不受之。可也。既受之矣。必不視爲等閒而倨傲待之。此不特鄉人儺爲然。劉寶楠曰。周官占夢云。季冬遂令始難毆疫。注。故書難或爲儺。杜子春儺讀爲難問之難。而鄭從之。故占夢方相氏注皆云難。郤。淮南時則訓。高誘注。儺。猶除也。譙周論語注。儺。郤之也。並同杜鄭之義。劉昌宗依杜難音乃旦反。戚袞音乃多反。案乃旦。乃多。一音之轉。若以古正音。則當是乃多。故隱桑以阿難何爲韻。郊特牲。鄉人禓。孔子朝服立於阼。注云。禓強鬼也。謂時儺索驅疫。逐彊鬼也。任大椿云。郊特牲注云。禓強鬼也。則禓自爲強鬼之名。論語鄉人儺注云。毆逐疫鬼。即月令所謂難陰氣也。則儺自爲攘祭之名。郊特牲言鄉人禓。言於儺時毆逐疫鬼。又兼毆逐禓鬼。故即以禓名祭也。九歌國殤王逸注引小爾雅曰。無主之鬼謂之殤。殤與禓通。鬼無主則爲厲。故曰強鬼。案任說是也。但彊鬼即疫鬼。不必分爲二。言鬼名則曰禓。言驅除此鬼則曰儺。其後叚鬼名以爲祭名。則亦曰禓。太平御覽五百二十九引世本云。微作禓五祀。注。微者殷之八世孫也。禓者強死鬼也。謂時儺索室。驅疫逐強死鬼也。此驅疫鬼。稱禓之證。徐仙民音禓爲儺。大誤。禓從易聲。自讀如傷也。月令孔疏。於季冬云。言大者。以季春唯國家之難。仲秋唯天子之難。此則下及庶人。故云大難。據此則三儺惟季冬之儺通於上下。而皇侃論語疏反主季春。非也。周官方相氏。狂夫四人。掌蒙熊皮。黃金四目。玄衣朱裳。執戈揚盾。帥百隸而時難。以索室毆疫。注云。方相猶言放想。可畏怖之貌。蒙。冒也。冒熊皮者。以驚毆疫癘之鬼。如今魌頭也。時難。四時作方相氏以難郤凶惡也。月令季冬命國難。索。度也。此以方相氏兼有三難。而季冬爲大難。稱四時者。趁辭。非季夏亦有儺也。論語儺在季冬。故鄭以十二月解之。又引方相文爲證矣。劉說是也。朝服者。周禮方相氏儺。大夫朝服祭。故孔子亦用朝服也。夫鄕人非士大夫之比也。儺非大祭之倫也。在常人則忽之矣。聖人之意以爲鄕人爲我儺也。我則主人也。主人不可慢也。於是朝服而立於阼階。阼階。主人位也。立于此者。答謝鄕人也。此專以賓主之禮言。集注引或曰一條。本禮記郊特牲。然悖理不可從也。據周禮夏官方相氏。僅以逐疫而已。先祖何畏於儺。而輒自驚乎。何所不安。而必依聖人朝服以自安乎。郊特牲安室神之說。蓋漢儒依孔子而附會耳。說文云。阼。主階也。儀禮鄕射禮注。阼階。東階。士冠禮注。阼猶酢也。東階所以答酬賓客也。西階曰賓階。又曰客階。禮經云西階上阼階上者。多謂序端之南。兩楹之外也。古者堂階無中。惟有東西階。主賓由東西升。秦人始作甬道居中。非古也。明堂位三公中階之前者。兩階中也。猶言階間。非三階也。又有側階。雜記。夫人奔喪升自側階。側階卽北堂之北面階。雜記與顧命一也。婦人升降由此。故今俗猶稱母爲北堂也。東西堂之兩旁。無所謂東面階西面階者。凡婦人之專禮。由正階。昏禮。親迎婦從降自西階。舅姑饗婦。婦降自阼階是也。婦人從丈夫相次而行者。由正階。士喪禮下篇。遷祖從柩升自西階。既祖。婦人降自阼階。反哭入廟。婦人升降自阼階。適殯宮升自阼階是也。其不從丈夫相次而行者。則出入由闈門。升降自側階。如特牲少牢之祭。士喪之朝夕哭。皆然。夫人奔喪何獨不然。奔喪云婦人奔喪升自東階者。以其在東。故曰東階也。又以其在北而北鄉。故大射儀曰北階。若西房之北則無之。以其無偶。故顧命曰側階也。側階上亦曰側階。顧命。一人冕執鋭立于側階。孔傳。側階。北下階上。是也。

問人於他邦。再拜而送之。拜送使者。如親見之。敬也。

箋曰。問。存問之也。問人於他邦。如子華使於齊。商瞿使於衛。非尋常僕隷之比。禮道不虛問。必有物以表意。固也。問不必訓遺。必言他邦者。同國之人。事件重大。必親相見。雖時有問遺。其事必輕。故不拜使者。他邦之人不能相見。拜使者卽拜所問之人。若親見之然也。凡禮經言拜不言再者。皆謂一拜也。下文康子饋藥拜而受之。則一拜矣。鄭注大祝以空首爲拜頭至手。段玉裁釋拜。以空首爲跪而拱手。首俯至手。故對稽首之頭著地而以不著地者爲空首。王逵以空首爲首俯而不至手。首與尻平。故荀卿言平衡曰拜。但以手據地。故曰拜手。其首空懸。故曰空首。三說不同。以王爲允。經中不見有空首之文。以或言拜或言拜手皆空首也。此文再拜。當爲空首之再拜矣。大祝七曰奇拜。八曰褒拜。鄭大夫云。奇拜謂一拜也。褒讀爲報。報拜再拜是也。凡拜有奇有耦。耦者尤爲敬也。曲禮。君使反則拜送於門外。己使歸則下堂而受命。己使卑於君。受命既在堂下。則拜送亦必在堂下。異於君使反送之禮矣。少儀。凡膳告于君子。主人展之以授使者於阼階之南。南面再拜稽首送。是拜送不出門。以彼例此。知亦不出門矣。再拜而送之。非拜使者。乃遙拜所問之人也。江永曰。其時使者不答拜。鄭注儀禮云。凡爲人使不當其禮是也。

正平本南宗本。拜下無而字。

康子饋藥。拜而受之。曰。丘未達。不敢嘗。范氏曰。凡賜食必嘗以拜。藥未達則不敢嘗。受而不飲則虛人之賜。故告之如此。然則可飲而飲。不可飲而不飲。皆在其中矣。楊氏曰。大夫有賜。拜而受之。禮也。未達不敢嘗。謹疾也。必告之。直也。○此一節。記孔子與人交之誠意。

籛曰。周官玉府注。古者致物於人。尊之則曰獻。通行曰饋。拜而受之。謂空首奇拜也。玉藻云。酒肉之賜弗再拜。弗再拜則秖用一拜。饋藥亦酒肉之類。用一拜。與前再拜異也。達猶曉也。嘗。口味之也。季康子聞孔子患某疾。而饋某藥。故拜受之而曰。某雖患某疾。實則病性未詳。故曰未達。未達其性。則其藥不可得而嘗也。夫尊者之饋。拜之後當嘗者。而不嘗。以其藥之故。謹疾也。又對使者直告以其不嘗之實。而饋者亦不敢尤之。以其既謹受其誠意。又不敢虛飾其辭也。或問。吳氏以爲古者賜之車。則乘以拜。賜之衣服。則服以拜。賜之飲食。則嘗而拜也。蓋今未達。故不敢嘗而拜耳。據此則夫子特甫受藥時。自釋拜受而不嘗之故耳。非謂後日。故集注曰。可飲而飲。不可飲而不飲。皆在其中矣。其義極明。但禮嘗當在拜受之後。注必嘗以拜。似倒。是沿吳之誤耳。范注凡賜食必嘗。是君臣之辭。楊注大夫有賜。是受者以士而言。並援据失當。蓋康子時。孔子以大夫告老矣。非士也。不當据大夫賜於士。然所解則不乖。當時魯卿季氏之尊。邈於大夫。猶大夫之於士也。物茂卿曰。范氏曰。受而不飮。是解嘗爲飮。可謂不知字已。如下文君賜食。必正席先嘗。此嘗之。皆謂食其少許。如嘗試然。對使而先嘗少許。以示不虛君之賜。故曰先嘗。此嘗亦然。對其使而嘗少許。以示不虛其賜已。正平本嘗下有也字。

廄焚。子退朝。曰。傷人乎。不問馬。非不愛馬。然恐傷人之意多。故未暇問。蓋貴人賤畜。理當如此。

箋曰。説文。廄。馬舍也。从广𣪘聲。李涪刊誤曰。馬廄字皆書廄字。廏字从𠬛。既字从旡。經史中無此廐字。𠬛者戈戟之屬。馬亦武事。故曰廄庫。若从旡。卽失武事之意。釋名釋宮室。廄。勼也。勼。聚也。牛馬之所聚也。少儀云。朝廷曰退。言臣自朝廷歸爲退也。夫子仕魯爲大夫。得有馬乘。故鄭注以退朝爲自朝來歸。明此廄爲夫子家廄矣。雜記云。廄焚。孔子拜鄉人爲火來者。拜之士壹。大夫再。亦相弔之道也。注云。拜謝之。是廄焚爲夫子家廄之證。毛奇齡乃曰。周禮校人掌馬政。合三乘三皁六繫。而成一廄。夫子始仕。但畜馬乘。何有于廄。殊不知畜馬之所以稱廄者。所以別于人之居舍。此卽貴人賤畜之道。果如毛説。則孔氏之馬。畜于人之居舍中邪。抑露處邪。校人二百十六馬。天子之廄。豈可以此例列國卿大夫邪。廄焚。家人及鄰里救火者。必焦額爛膚者有之。故曰傷人乎。不問馬。非不問也。只是初聞廄焚之時。獨問人而不及馬。迥出常情之外。仁心之緩急。自然如此。有非安排用意所爲者。此門人所以謹記之也。家人何不告馬乎。孔子何不遂問馬乎。若斟酌於貴人賤畜。何異說夢。

君賜食。必正席先嘗之。君賜腥。必熟而薦之。君賜生。必畜之。

畜。許六反。○食。恐或餕餘。故不以薦。正席先嘗。如對君也。言先嘗。則餘當以頒賜矣。腥。生肉。熟而薦之祖考。榮君賜也。畜之者。仁君之惠。無故不敢殺也。

侍食於君。君祭先飯。

飯。扶晚反。○周禮。王日一舉。膳夫授祭。品嘗食。王乃食。故侍食者。君祭。則己不祭而先飯。若爲君嘗食然。不敢當客禮也。

箋曰。先嘗者。對使者而先嘗少許。故曰先也。食是熟食。雖爲君賜。然來自外間。恐有不潔。或兼有餕餘。故不敢以薦。先嘗之。是受賜之常禮。若對君無先嘗之事。注恐以無證有何也。或以正席而言邪。則正席何必君前。下文先飯。若嘗食者。亦非定禮。此不得拘說。夫拜而嘗者非食之。使者退之後。孔子亦必須一飽。或與家人共之。或與賓朋共之。唯其所用。頒賜不必言矣。聘禮。歸賓饔餼飪一牢。鼎九。設於西階前云云。是牲之殺者曰饔也。又歸聘賓餼二牢。陳于門西云云。是牲之生者曰餼也。凌廷堪因以君賜當聘禮。是誤矣。聘禮記賜饔惟羹飪。筮一尸。如饋食之禮。假器於大夫。注云腥餼不祭。則明與此篇腥異矣。意者是本國之君有所賜予。孔子賜鯉。及穆公饋子思鼎肉。可以證也。天官膳夫。凡肉脩之頒賜。皆掌之。內饔。凡王之好賜肉脩。則饔人共之。注云。好賜。王所善而賜之。玉藻。酒肉之賜。弗再拜。並謂平時所賜。正平本南宗本。嘗下無之字。○君賜腥必熟而薦之。已熟曰食。禮運所謂熟其殺也。禮解曰腥。禮運所謂腥其俎也。大夫士之薦無獻腥。從獻熟起。夫子正用大夫禮凡祭進熟食曰薦此因君賜而薦如嘗新先薦寢廟不爲祭禮也〇君賜生必畜之畜之重君賜不敢輕用之也用祭祖考卽先薦之意矣用供尊客親朋則足以竭我之情而賓亦榮而悅之人情古今一也集注云仁君之惠謂施君所惠之畜獸以仁而不輕殺然苟下仁字放而不殺可也玉藻所謂無故不殺者言非祭與賓客也用牲者重禮也戒非重禮而殺也豈語其仁哉〇侍食於君君祭先飯飯音上聲爲食之之義先飯言少嘗之士相見禮君賜之食則君祭先飯徧嘗膳飲而俟君命之食然後食若有將食者則俟君之食然後食又玉藻云若賜之食而君客之則命之祭然後祭先飯辯嘗羞飲而俟若有嘗羞者則俟君之食然後食飯飲而俟辯音徧俟者俟君之祭畢也雖先飯而少嘗之耳必俟君之祭畢而食而後食也嘗羞者謂膳宰也是二禮文同特士相見無君客之及命祭之文玉藻無君祭及君命食然後食之文蓋命食禮之所同命祭不命祭禮之所異命祭則君祭後臣亦祭禮儗於君是以客禮待之不命祭則臣不得祭臣統於君是不以客禮待之故但有命食而無命祭二者皆爲侍食侍食乃通名客禮臣禮分於命祭不命祭不分於有膳宰無膳宰也若必以有膳宰無膳宰定禮之隆殺則有膳宰爲君嘗食己但膳飲而俟正似客禮無膳宰則己爲君嘗食同於膳夫正似臣禮今乃故反其說亦理之所未達矣王引之曰士相見所記者侍食之常禮玉藻所記者則見客於君者也常禮則臣不祭故士相見但言君祭也客禮之則臣亦得祭故玉藻言命之祭然後祭也二者不同鄭注賈疏彊合之非也論語邢疏以爲非客禮足以正鄭賈之失又云侍食之常禮與見客於君之禮所異者祭不祭耳其餘則同王說是也但玉藻所載雖有君客之與不客之之異然

考儀禮注疏。則皆是小小禮食。若正禮食。則賓每食必祭。無待命者。公食大夫是也。閻若璩曰。集注若爲君嘗食然。語本鄭氏。最妙。蓋正嘗食。則膳宰自取君前之食嘗之。此臣自嘗己前食。非正嘗食。故曰若也。郝敬曰。凡禮書所言禮事。多因聖人已行之蹟著爲式。而或緣飾之過。如君祭先飯。疾東首。不俟駕行之類。自聖人作古。非聖人依倣爲之也。大抵聖人所行禮。必無迂濶。

疾。君視之。東首加朝服。拖紳。

首。去聲。拖。徒我反。○東首。以受生氣也。病臥不能著衣束帶。又不可以褻服見君。故加朝服於身。又引大帶於上也。

箋曰。喪大記。君於大夫疾。三問之。士疾一問之。荀子大略篇。君於大夫三問其疾。三臨其喪。於士一問一臨。而雜記云。卿大夫疾。君問之無算。士一問之。此通說君視疾及遣使來問之事。蓋三問之後。若病未愈。君亦得使人或親自問之。故曰無算。賈疏以三問爲君自行。無算爲遣使。誤矣。既夕記。士處適寢。寢東首於北墉下。注將有疾。乃寢於適室。疏云。士喪云。士死於適室。此記云適寢者。寢室一也。若不疾則在燕寢。東首謂首在東。非向東也。古人室制戶在東南。寢恒東首者。亦與居恒當戶同義。皆取鄉明也。毛奇齡曰。玉藻。君子之居恒當戶。寢恒東首。是平時臥寢。無不東首者。惟大禮易衽。如昏禮御衽于奧。則北趾而南首是也。老者更臥。如曲禮。少事長上。請衽何趾。內則。子婦事舅姑。亦請衽何趾是也。若君來視疾。則論語與儀禮及喪大記。皆云寢東首。是不問遷臥與否。必令東首者。以室制尊西。君苟入室。則必在奥與屋漏之間。負西而向東。故當東首以示面君之意。並非受生氣也。疾在平時當受生氣。曾面君而受生氣乎。毛說是也。但禮言寢恒東首。明亦有不東首者。故請衽之文。見於曲禮內則。病者惟意所適。亦無定鄉。惟君來視疾。必正東首之禮。故論語特著其文。若旣夕記喪大記所云寢東首。則兼取謹終之義。蓋寢臥本以東首爲正也。室中之位。以東鄉爲尊。病者若南首北首。在東方則妨于戶之出入。在西方則東鄉臨君。爲不敬。若西首則君之出入。病者之足向君。亦爲不敬。故必東首也。東首在北墉下。則君入立于西南隅。視之。室中以西南隅爲尊。卽奧也。餘詳伯牛有疾章。包注。夫子疾。處南墉之下。邢疏。病者常居北墉下。爲君來視。則暫時遷南牖下東首。令君得南面而視之。然旣夕記喪大記。皆言寢東首於北墉下。室中以奥爲尊。君視臣疾。儘可主奥。不必以南面爲尊。若因君視疾之故。而遷南牖下。則君視大夫。及遣使問疾無數。豈將屢爲遷動邪。必不然矣。集注雖無明解。而暗承伯牛章。從禮疏遷南之說也。加者。加於衾上也。凡曰加者。已有物存焉。而加之于其上也。加朝服於衾上者。不敢以褻服見君。所以爲敬也。拖。釋文作拕。云本或作拖。皇邢本皆作拖。石經作拕。拖拕一字。本字作拕。故漢書龔勝傳作拕紳。說文。拕曳也。易訟上九鄭注。三拕三加之也。大帶之垂者曰紳。又卽爲大帶之名。禮服有大帶。以繒帛爲之。革帶之垂者謂之厲。革帶又謂之鞶。以皮爲之。以懸韠與佩。在衣之內裳之外。大帶在衣外。有辟積。有組。以紐結于前。兩端下垂。與裳韠齊。上服用二帶。深衣用革帶而已。朝服拖紳。則不必有革帶也。

君命召。不俟駕行矣。急趨君命。行出而駕車隨之。○此一節。記孔子事君之禮。

箋曰。駕。謂加馬于車也。不當作死字。說文。駕。馬在軛中。軛加於馬頸。馬在軛中。則爲駕車可知。不曰不乘車而行。而曰不俟駕而行。則非徒步而至公門之外也。大夫趨行在塗。僕夫駕車馬追行于後。則升車。馳驅以至于公門之外也。居官時所舍之遠近不齊。必無駕車馬不及者。玉藻。在官不俟屨。亦謂聞命而趨出戶外。僕侍取屨以授大夫也。豈徒跣而至君所邪。荀子曰。諸侯召其臣。臣不俟駕。顚倒衣裳而走。禮也。以此看禮最活。尋常大夫不可以徒行。及至趨召則徒行。乃更爲禮。而至於顚倒衣裳不爲過。儀文逐境而移。由心而變。豈有常乎。

入大廟。每事問。重出

箋曰。入者入助祭也。儀文器數必詳問。謹之至也。此出八佾篇。而彼篇有子字。爲或人譏知禮起本也。此文無子字。正夫子在廟中實事也。並非重出。皇本有鄭注云。爲君助祭也。太廟周公廟也。邢本脫此鄭注。

朋友死。無所歸。曰。於我殯。朋友以義合。死無所歸。不得不殯。

箋曰。此朋友並兼門弟子而言。古人必歸葬其鄉。故不曰葬而曰殯也。檀弓曰。賓客至無所館。夫子曰。生於我乎館。死於我乎殯。其爲他邦人審矣。殯之言賓也。死在棺將遷葬。柩賓遇之。故謂之殯。殷人殯于兩楹之間。周人殯于西堦之上。殯者掘地爲坎。置棺其中。上加藂木。以土塗之。至葬乃啓也。庶人死三日而後殯。三月而後葬。不曰於我葬。曰於我殯者。初死所親遠未至。故代爲殯。若所親無人。則亦擇地以葬之可知矣。夫死者人之所惡。取他人之柩寘于家。家內老少皆所不欲。而孔子不忍於朋友無歸。輙言如此。是大出於常情之外。注以義合。不得不殯。大失記載之意。

朋友之饋。雖車馬。非祭肉不拜。朋友有通財之義。故雖車馬之重不拜。祭肉則拜者。敬其祖考。同於己親也。〇此一節。記孔子交朋友之義。

箋曰。朋友之饋。雖車馬不拜。唯祭肉拜之也。但省處倒處見古文之妙。坊記云。父母在。饋獻不及車馬。是朋友饋禮有車馬也。夫車馬饋之重者。車馬不拜。則他饋自非祭肉。皆不拜可知。此節只重車馬不拜。以明朋友之所重。在義不在利耳。祭肉只是帶出。重不拜。不重拜也。拜祭肉者。尊神惠也。敬其祖考。不必言。彼若以祭子之肉來饋。豈得不拜哉。顏淵之祥肉。可以見矣。

寢不尸。居不容。尸。謂偃臥似死人也。居。居家。容。容儀。范氏曰。寢不尸。非惡其類於死也。惰慢之氣。不設於身體。雖舒布其四體而亦未嘗肆耳。居不容。非惰也。但不若奉祭祀見賓客而已。申申夭夭是也。

箋曰。注以尸爲死人。是尸爲屍之借字。聖人食寢皆有法。斷不至四體橫陳如屍之僵臥。一以見修身之道。雖寢臥不至放浪。一以見養身之道。雖宴息亦有調攝。

皇疏言。人臥法云。眠當欹而小屈。謂足小屈也。非右脇。卽左脇。此爲寢之正矣。養生家亦禁仰臥。爲其不消食也。此節與曲禮寢勿伏。自有別。曲禮所云卽覆臥也。此節所云則仰臥。展布手足也。注偃臥。謂仰臥也。四體。謂二手二足也。偃臥。覆臥。以人之腹背分。偃臥面向天。覆臥面向地。故偃臥仰臥。只是同一事。但偃仰以無腹背之分者言。與俯仰字面無異義。如草尙之風必偃。只是臥地。未始以草葉之表裏判也。○居不容。居卽間居也。孝經仲尼間居。今文作仲尼居。可以證焉。釋文云。居不客。客苦百反。本或作容。居不客。言居家不以客禮自處。集解載孔注云。爲室家之敬難久。謂因一家之人。難久以客禮敬己也。邢疏云。不爲容儀。夫君子物各有儀。豈因私居廢乎。是當從陸本作客。開成石經亦作客。不客者。不如客也。容客二字。形近易譌。祭義。容以遠疏。或容爲客字。莊子天地篇。此謂德人之容。釋文。依注當作客。皆其證。郝敬曰。此章皆從無意處窺見聖人周旋中禮。而雜擧其事。若鄕黨宗廟朝廷聘享衣服飲食交際禮法之會。稠人之中。時或振飭。至若寢若居若狎若褻。乍見偶遇暫立。無心感應。而纖悉中規矩。非盛德其孰能之。

見齊衰者。雖狎必變。見冕者與瞽者。雖褻必以貌。狎。謂素親狎。褻。謂燕見。貌。謂禮貌。餘見前篇。

凶服者式之。式負版者。式。車前橫木。有所敬。則俯而憑之。負版。持邦國圖籍者。式此二者。哀有喪。重民數也。人惟萬物之靈。而王者之所天也。故周禮獻民數於王。王拜受之。況其下者。敢不敬乎。

有盛饌。必變色

而作。敬主人之禮。非以其饌也。迅雷風烈必變。迅疾也。烈猛也。必變者。所以敬天之怒。記曰。若有疾風迅雷甚雨。則必變。雖夜必興。衣服冠而坐。○此一節。記孔子容貌之變。

箋曰。狎。說文云。犬可習也。引申爲凡相習之稱。曲禮鄭注云。習也。近也。夫子於素所親習之人。亦變容待之者。哀敬之。異於常時也。有齊衰服之人。或三年或期年。服不暫釋於其身。此見之。眞見其服者。冕。孤卿大夫之冠也。或希。或玄。惟朝聘天子及助祭於公。始服之。冕者無無故行於道路之時。此謂位爲大夫。得服玄冕者也。不必眞見。但當服此者。猶所謂食肉之祿。伐冰之家耳。周生烈曰。褻謂數相見。必當以禮貌之。褻與狎同。故解爲數相見。集注以褻爲私居。非也。洪範。貌曰恭。恭者禮也。故周以禮釋之。齊衰之變。爲一項事物起。無可分跳。故統言變。冕瞽之變有異。統言變恐不明。故云以貌。以貌者。變而各以其所當與之貌也。有爵尊之。不成人矜之。尊與矜不同。故貌亦不同。皇本正平本南宗本見齊衰上有子字。○凶服者式之。上四句是平日之禮。以下二句是在車之禮。凶服者負版者同式之。而異其句者。亦猶齊衰者與冕者瞽者異句。吉凶不同文也。式又作軾。說文。軾。車前也。釋名。釋車。軾。式也。所伏以式所敬者也。式高三尺三寸。兩輢上出式者謂之較。較高凡五尺五寸。人長八尺。小俛則凭較。式是揉木作三曲之形。古人車皆立乘。惟老人與婦人乘安車則坐。若平常則倚較以爲安也。又若應爲敬。則俯下頭以手伏軾。所謂式也。豬飼彥博凶服考曰。喪服斬衰章傳曰。冠繩纓。條屬右縫。冠六升。外畢。鄭玄注。屬猶著也。敖繼公集說。此主釋冠繩纓之文。條屬右縫。皆謂纓也。

條屬者。以一條繩爲纓。而又屬於武也。必右邊者。辟絰之纓也。齊衰大功布纓亦如之。惟小功以下則纓在左而屬於右。今案。縫是合縫兩幅之名。非謂辟積與繫屬之義也。蓋冠梁中屈一幅爲前後兩葉。而縫合其左右。謂之縫。條屬右縫者。以一條之繩。繫屬於冠梁右相合縫之處。以爲纓也。既冠之而結其末於冠之左縫。敖氏極得其制。凶事尙右。而小功以下屬於左縫者。示輕也。畢。士喪記作縪。說文。縪。止也。外縪者。冠梁下邊反屈向外止之也。喪冠蓋無武。何以知之。士冠禮曰緇布冠缺項。靑組纓屬于缺。敖氏謂。太古始爲冠之時。其制如此。後世之冠。縫著於武。亦因缺項之法而爲之也。以是觀之。古冠既無武。梁下應向內縪之爲邊。喪冠無武。卽是古冠之制。但外縪以別於吉耳。古冠兩纓屬于缺項。喪冠則一條纓直屬於冠縫。而不別用缺項。此亦變於吉也。條屬之屬。卽屬于缺之屬。明其屬於冠。而不須著缺項也。鄭云。纓武同材。其說固誤。敖云。梁武於外縫之。信如其說。傳應言外削。不合言外畢也。云外縪者。可見其無縫著於武之處。而直屈其下向外爲邊而已矣。賈疏言冠廣二寸。夫冠所以覆項也。如是之狹。尤不可曉。竊意。冠梁廣尺二寸。或是先儒傳來之說。孔賈以前。數歷傳寫。脫落尺字。與敖氏疑喪冠不用辟積。愚謂。縫既非辟積之謂。則所謂三辟積向右向左之制。皆爲郢書燕說。不可從矣。或曰。喪冠直縫辟積見檀弓。舊說亦似有據。案檀弓曰。古者冠縮縫。今也衡縫。故喪冠之反吉。非古也。縫卽右縫之縫。亦謂合縫之處也。古著冠。吉凶皆前後合縫。當面項之中。是直縫也。周時吉凶左右合縫。當兩耳之上。是橫縫也。而喪冠。或誤直合縫。故曰喪冠之反吉非古也。本朝烏帽之屬。皆前後合縫。蓋古之遺制也。古注疏所謂直縫辟積。橫縫辟積者。亦是郢書燕說耳。蓋漢世冠有辟積。鄭氏因致此誤也。與喪冠之用辟積。其無所據也益明矣。斬衰章傳曰。苴経大搹。左本在下。賈疏。本謂麻根。士喪禮鄭注云。下本在左。重服統於内而本陽也。以其父是陽。左亦陽。言下是内。故云重服統於内。以言痛從心内發故也。此對爲母右本在上。輕服統於外而本陰也。集説。此経左本而在下。所以見其以本爲纓也。齊衰章傳曰。牡麻経。右本在上。集説。此経右本而在上。所以見其不以本爲纓。而纓亦在左也。上言左本在下。此言右本在上。是其爲制。蓋屈一條繩爲之。自額上而後交於項中。一端垂於左之下而爲纓。一端止於右之上而前鄉。其不纓者則左端不垂而在上爲異耳。殤大功章経曰。其長殤皆九月纓経。其中殤七月不纓経。鄭注。経有纓者。爲其重也。自大功已上。経有纓。小功已下。経無纓也。朱文公家禮。斬衰首経。麻本在左。從額前向右圍之。從項過後。以其末加於本上。又以繩爲纓以固之。如冠之制。邱氏儀節。斬衰首経圓圍九寸。又以細繩二條。一繫在左邊。原起麻頭上。一繫在右邊。當耳上。以固結之。各垂其末爲纓。齊衰首経。周圍七寸餘。又用布兩條。約長二尺許。廣寸半許。用線綴在首経上。左右兩邊垂下以爲纓。今案。首経之制。左本在下。右本在上。注疏及朱子之説。極爲穩當。其纓蓋邱氏得之。鄭説則以冠纓條屬推之耳。然亦無徵。不可從矣。敖氏依在下二字。謂垂下一端爲纓。然於文未見必然。且斬衰苴経大搹。以其本爲纓。亦非事之宜也。冠纓之條屬。以變於吉也。経則何必以條纓爲哉。要不免牽強矣。齊衰以下。冠用布纓。然施之於麻経。於理不安。注疏亦無此説。朱子偶失考耳。殤大功章傳曰。殤之経不樛垂。鄭注。不樛垂者。不絞其帶之垂者。今案。敖氏謂経爲首経。是也。垂者纓也云者。則強説耳。信如其説乎。宜言不樛纓。不合言不樛垂也。垂與帶垂之垂同。垂其餘也。蓋斬衰首絰。以其末加於本上而不垂。齊衰以下則繫之本下。而垂其餘。唯殤之絰。不絞其末而散垂之。記曰。凡衰外削幅。裳內削幅。幅三袧。鄭注。削猶殺也。袧者。謂辟兩側空中央也。賈疏。外削幅者。謂縫之邊幅向外。內削幅者。謂縫之邊幅向內。幅三袧者。據裳而言。謂辟積其要中也。今案。吉凶之服。裳皆前後不聯。以衽掩其際。是注疏家相傳之說也。然以余觀之。不便不雅。恐非古制。亦出乎鄭氏臆度。其誤如深衣之裳耳。詩經大全有繡裳圖。七幅相聯。畫藻米黼黻於中三幅。圖下注云。前三幅。後四幅。蓋服之則在中三幅掩前。而左右四幅交掩於後也。大全名物圖。一依廬陵羅氏所集。羅氏蓋有所本。是似得其制矣。凡吉凶裳皆當如此。深衣要縫半下。則凡裳要亦當半下邊。布幅二尺二寸。每幅兩畔。各去一寸爲削幅。則七幅之廣。一丈四尺。是爲下邊之數。半之則七尺。爲要之廣。其辟積之法。兩邊相著。表裏竝同。一袧之廣三寸三分寸之一。要中廣狹。不以人之肥瘠而異其數。但衽後面兩相交會。自有多少耳。衰之削幅。不唯脊縫。內外兩衽及兩掖下亦然。曰若齊裳內衰外。鄭注。齊緝也。五服之衰。一斬四緝。緝裳者內展之。緝衰者外展之。曰負廣出於適寸。鄭注。負在背上者也。適辟領也。負出於辟領外旁一寸。疏以爲負版用布一方。其長如廣。今案。負之上畔。應連綴領下。義疏禮器圖。下畔及左右皆綴著之。與適衰同。曰適博四寸出於衰。集說。凡爲衣必先開當項之處。吉衣皆方翦之。所謂方領是也。此凶服亦方領。其異者則但翦其上下。而不殊其左右之布。使連於衣。而各出於肩上之兩旁而爲適。今案。古者方領。凡吉凶衣先開當項屬領之處。謂之辟領。其制固如敖說。但其言凶服不殊左右者可疑。何者辟領橫廣四寸。反摺加於肩上。而綴領於其內。則內邊一寸爲削縫。減之爲廣三寸。不與

記文合不可從矣下云衣二尺二寸衣帶下尺合之三尺二寸爲全衣之長又云
衽二尺五寸卽知自衽至肩七寸留下一寸爲削縫其上長六寸廣四寸截斷去
之蓋諸衣之通制也但凶服以截去之布加於領外爲異耳出於衰謂適之內邊
出於衰外二寸曰衰長六寸博四寸鄭注廣袤當心也集說五服之屬及錫與疑
皆以衰爲名則是凡凶服弔服無不有此衰矣其辟領亦當同之邱濬曰今俗衰
衣之制乃爲對衿衣遂使衰不當心殊失古制今案凡衣皆有內外衽卽衿也後
世以深衣喪服爲對襟者誤矣邱氏說極是但未知所謂衽二尺五寸卽此耳綴
衰之法蓋其正中當身衽之縫其高下則在領之下直連接之如辟領與若然衰
之下畔自肩下一尺三寸高於負之下畔六寸敖氏謂負之長比於衰其誤可知
曰帶下尺今案鄭意以廣尺之布橫繞帶下而綴於衣下是以橫聯縱也以事理
揆之殊覺不宜衣帶下尺者謂要縫下之常度也古者中人之帶去肩二尺二寸
當帶之處卽要縫也衣二尺二寸帶下尺衽二尺五寸皆以中人之度言之蓋衣
帶下亦用四幅屬於前後兩身之下如深衣之制但其長一尺爲異耳若依深衣
三衽之制則四幅各廣一尺八寸矣凡朝祭之衣帶下之制亦如此與曰衽二尺
有五寸黃潤玉曰衣必有內外衿衽二尺五寸言用布一幅長二尺五寸斜尖裁
爲燕尾狀施於領下作內外衿也王廷相曰如鄭賈說是衣皆無衽如對衿比甲
之制矣衰領當如二矩相交衣自承領不盡別用布二尺五寸交斜裁之綴於衣
身之旁以承領狹頭皆向上廣頭皆鄉下一爲外衽一爲內衽黃氏所謂領下施
衿是也今案凡衣有內外衽所謂衽二尺五寸者卽黃王之說極得古制矣記唯
言其長不著廣狹之度今以辟領四寸推之蓋領方八寸其當前內外相交處亦

各八寸。半綴於身。半綴於衽。則衽綴領處。廣衽四寸。取布二尺五寸。斜裁爲二片。狹頭各六寸。廣頭各一尺六寸。而兩畔一寸爲削幅。反屈則上頭四寸。下邊尺四寸。是衽之廣也。裳既以七幅爲一聯。左右兩相交掩於後。則兩腋之下。固無應掩之際矣。鄭氏之說。其誤蓋出乎玉藻衽當旁一句也。曰袂屬幅。鄭注屬猶連也。連幅謂不削。今案。此衰及士喪記明衣。竝云袂屬幅。蓋凶服之制也。衣既開領。袂又圜末。則衣袂雖屬幅。而皆不得正方矣。注疏謂吉凶衣袂皆屬幅。又云玄端服袂屬幅。以衣正方曰端。其衣之不正方。則姑舍之。若以屬幅爲端。他服亦可名曰端。其說皆不可信。從曰衣二尺有二寸。集說衣謂衰之身也。今案。衣之身自肩至要。二尺二寸。併前後計之。四尺四寸。又總左右計之。則八尺八寸。是衰之身用布之全數也。於其前身之上。開屬領之處。謂之闊中。鄭氏以此爲袂中之度。其說雖不免遷就。而言與身參齊。則未失其實矣。若其爲自領至要之數。而又加闊中。則與上所云齟齬。因加無用之布尺六寸。其誤殊甚。曰袪尺二寸。鄭注袪袖口也。尺二寸。足以容中人之併兩手也。吉時拱尙左手。凶時拱尙右手。賈疏袪既與深衣同。緣口亦與深衣同寸半。集說。袂廣二尺二寸。而袪尺二寸。亦謂圜一尺。如深衣之袪也。此衣與袪衽帶下之度。吉服亦然。特於此見之耳。今案。齊衰杖期章傳曰。齊衰大功冠其受也。緦麻小功冠其衰也。帶緣各視其冠。義疏謂三年之服皆不緣。齊自齊衰杖期以下。與三年之受服皆有緣。愚謂齊斬因下邊之緝不緝名之。蓋三年之受服及齊衰之杖期以下。唯緣領與袪。而仍不緣下邊。大功以下。領袪與下邊皆有緣。其制無別。故以布之精粗名之也。敖氏謂衣與袪衽帶下之度。吉服亦然。其說近是。後儒誤解此記。以爲奇異不便之制者。蓋坐不知此義焉耳。○式負版者。負謂置之於背。武億曰。負版當讀如曲禮雖負販者必有尊也之販。則通衢市賈。此承凶服者式之而言。方與雖狎必變。雖褻必以貌。文勢一貫。武說是也。或曰。說文。版。判也。判木爲片。名之爲版。版又名方。中庸云。文武之政。布在方策。鄭注。方。版也。聘禮記。百名以上書于策。不及百名書于方。策以竹爲之。方以木爲之。稱方者。當謂其形正方也。孔注云。版。圖籍。謂土地之圖。人民之數。周禮司民曰。自生齒以上。皆書于版。司書曰。邦中之版。皆戶籍曰版。夫民數不惟鄉士遂士縣士掌之。小司徒稽人民之數。閭師掌人民之數。縣師辨人民之數。皆掌民數之官也。小司寇三年大比。登民數於天府。內史司會冢宰貳之。以制國用。及孟冬祀司民。獻民數於王。王拜受之。以圖國用。而進退之。一民數也。國用之豐耗係焉。王治之廢興係焉。必拜而受之。如受賢能之書。登於天府。與司寇獄訟之登中者。與祖廟寶器俱藏焉。以此見民數之與刑中。皆同天物。其愛恤斯民之意。常相關也。以刑官登民數。以天子拜民數。以天府藏民數。足見重民之意。此言民數之版也。周禮諸官皆言民數。而不言地圖。蓋土宇無增損之數。戶口有登下之常。故諸司於戶籍尤加詳耳。然古記事皆用版。非獨民數。且版籍三年乃一獻。安知獻者必負以背乎。安知所負版非他典籍乎。帝王盛世。乃獻民數。春秋時焉有此。故難據也。或曰。負版喪服之負版也。然喪服負版即二衰之制。上文見齊衰必變已言之。此不應重述。況負版見喪服記鄭注。而記文唯曰負不曰負版。則負版爲喪服。亦未有的據。○有盛饌必變色而作者。立而禮之。謝主人之厚意也。亦唯以饌之故耳。集注敬主人之禮。非以其饌也。所謂禮。即孔注主人親饋之禮也。蓋饌不爲己設。則主人不親饋。此盛饌爲己設。而主人親饋。故改容而起。以辭謝之。此據曲禮侍食於主長者。主人不親饋。則不拜而食。而爲說也。然此經所言。非待食於長者之禮也。凡禮必待物然後見。主人惟敬賓。故設盛饌。盛饌卽禮。禮卽盛饌。今乃云敬主人之禮。非以其饌。析主人之饌與禮而二之。可乎。古者究精微之論。如儀不及物。惟曰不享。食而不愛敬。爲豕交獸畜。是禮與物非不可判。然此語其變耳。難以施於斯章平常之論。○迅雷風烈必變。迅雷風烈。錯擧成文。猶尚書月正元日。論語危行言孫。莊子身安厚味。又云縉笏紳修。又云。瓜剪穿耳。楚辭吉日兮辰良。張儀傳飯菽藿羹之類。古書多例。迅雷有震擊之虞。風烈有飄倒之慮。不預敬之。若有意外之變。或不免失措。夫子必變以此也。必變。只是改易常度。非驚懼失次。集注謂天之怒。雖本雅詩。而其實不可以怒言。

升車。必正立執綏。

綏。輓以上車之索也。范氏曰。正立執綏。則心體無不正。而誠意肅恭矣。蓋君子莊敬無所不在。升車則見於此也。

車中不內顧。不疾言。不親指。

內顧。回視也。禮曰。顧不過轂。三者皆失容。且惑人。○此一節。記孔子升車之容。

箋曰。執綏方升之時事。不內顧以下。既升之後事。集注欠分曉。凡升車皆自車後。曲禮云。僕展軨效駕。奮衣由右上。言僕由右上。則乘車者當由左可知。僕御者也。綏所以升車。亦所以下車。少儀。凡僕于君子。君子升下皆授綏。是也。說文。綏。車中把也。把與靶同。人將升車。馬或奔逸。尤當防顚躓。正立執綏意在防備。故周注云。

所以爲安也。綏有二。一是正綏。曰良綏。君升所用。一是副綏。曰散綏。亦曰貳綏。僕右升所用。曲禮。君車已駕。僕取貳綏。跪乘。大夫以下則惟一綏。升車則僕人授。曲禮又云。君出就車。僕并轡授綏。并轡者。以六轡及策並置一手。而以一空手授君綏。令君升也。升車。王履乘石。見夏官隷僕注。尸乘以几。見曲禮注。謂尊者愼也。而君大夫士所履以乘者。不見於經。孔子升車必正立執綏。則是履地而升。蓋不敢同於尊者也。正立執綏。謂僕人方授時。猶是方升未升時耳。方升車之時。挽綏以升。手與綏交。足與車接。而身容端肅。必正立而執綏以升。斯見聖人之從容中禮耳。記此者亦爲儀容。非專爲防患也。升車斯須時。人易忽略。而聖人造次不苟也。如論綏之所以設。則全在升車之斯須。而與既升之後無涉也。考工記曰。六尺有六寸之輪。軹崇三尺有三寸。加軫與轐焉四尺也。人長八尺。登下以爲節。據此知升車者。雖或有几。猶防傾跌失容也。若升車之後。御者居右。乘者居左。車中前有左有較。身左微倚較。身前兩手馮軾。有所敬則落下左手。以一手及胸馮軾若平軾。常則兩手撫軾。亦謂之馮軾。左僖二十八年傳曰。君馮軾而觀之。此平常以手馮軾之證也。豈有馳驅之時而手常把綏于車中者邪。看下經以車中二字別起則此非在車中執綏可知。且綏繫于輿後。人未登車。手在綏下。故引以爲攀援。若在車中。則手與綏齊。雖仍攬之不釋手。亦不得力。欲把握以安。將繫綏于何處乎。○在車中不內顧。車中。皇本作輿中。云車牀名輿。釋文本亦作輿中。車輿之制。前與左右皆有板。而缺其後。以升下。則與後世之後檔車略同。內顧。回首而顧。非必專顧後也。包注。車中不內顧者。前視不過衡軛。傍視不過輢轂。皇疏中之云。衡軛。轅端也。旁謂兩邊也。輢豎在車箱兩邊。三分居前之一。承較者也。轂在箱外。當人兩邊。

故云旁視不過輢轂也。邢疏云。曲禮云。立視五巂。注云。立平視也。巂猶規也。謂輪轉之度。案車輪一周爲一規。乘車之輪。高六尺六寸。徑一圍三。三六十八。得一丈八尺。又六寸爲一尺八寸。總一規爲一丈九尺八寸。五規爲九丈九尺。六尺爲步。總爲十六步半。則在車上得視前十六步半也。安井衡曰。視衡軛差低於平視。所見可及十六步之外。包注謂目視高低之度。曲禮謂所視遠近之法。似異實同。包改五巂爲衡軛者。欲與輢轂相儷。非謂衡軛之前不得視也。軛。曲木縛於衡以夾服馬之頸。如鳥啄物之狀。故又謂之烏喙。不疾言。不親指。疾。高急也。在車上言易高。故不疾言。爲驚於人也。車上既高。亦不得手有所親指點。爲惑下人也。曲禮曰。登城不指。城上不呼。頗相似也。

色斯擧矣。翔而後集。言鳥見人之顏色不善。則飛去。回翔審視而後下止。人之見幾而作。審擇所處。亦當如此。然此上下必有闕文矣。

曰。山梁雌雉。時哉時哉。子路共之。三嗅而作。共。九用反。又居勇反。嗅。許又反。〇邢氏曰。梁。橋也。時哉。言雉之飲啄得其時。子路不達。以爲時物而共具之。孔子不食。三嗅其氣而起。晁氏曰。石經嗅作戞。謂雉鳴也。劉聘君曰。嗅當作狊。古闃反。張兩翅也。見爾雅。愚按。如後兩說。則共字當爲拱執之義。然此必有闕文。不可彊爲之說。姑記所聞。以俟知者。

箋曰。色斯擧矣。翔而後集。此二句蓋古詩逸句。以鳥之擧集。比人之出處也。此泛說群鳥。不指雌雉言。記者懸空揭詩句。是先經起義法。觀下文三嗅之作。分明爲色斯舉矣寫照。至於未作之時。便是集。夫子所以有山梁之感也。首二句與下節。
正在卽離斷續間。使人自會。說文。翔。回飛也。舊注。迴翔審觀。而後下止。說文。集。群
鳥在木上也。引申爲凡鳥所止處之稱。故訓下止。翔。舒飛不下也。後集。不輕集也。
斯字與而後字最有味。色斯舉矣。去之速也。翔而後集。就之遲也。梁。水橋也。山梁
則山溪水流之處而爲梁。以通人行也。時哉時哉。蓋謂時當飛而飛。時當下而下。
皆得其時也。共。向也。與衆星共之之共同。皇本正平本作供。爾雅釋獸云。獸曰釁。
人曰撟。魚曰須。鳥曰狊。並動走之名。郭注云。狊。張兩翅。釋文。古闃反。是狊與臭聲
義俱別。張翅。卽振翅也。鳥將飛。必先試張其翼。急則速。緩則遲。三狊卽所謂習也。
爾雅近古。故得其義。而字形亦未誤。猶作狊字也。夫鳥音各異。今雄雉聲高而長。
雌雉聲低而不長。然雖不長。而終不促接。再鳴而止。未嘗三叫也。狊字從目從犬。
說文訓犬視。亦驚顧之意。其字與臭相似。故相沿譌爲臭。唐石經臭字左旁加口
作嗅。則後人所改。五經文字云。說文齅字。經典相承作嗅。論語借臭字爲之。是唐
時本固有作臭者。臭以形近而訛。蜀石經作戞。恐亦爲形近之訛。集注所云石
經。卽蜀石經也。錢大昕以爲孟蜀刻字經三寫。不能無誤。其信然矣。孟子曰。可以
仕則仕。可以止則止。可以久則久。可以速則速。聖之時者也。夫孔子之聖。時行則
行。時止則止。動靜語默。莫非時中。編者因又寘之於篇末。以擬之。蓋明鄉黨一篇
皆爲時中也。金松曰。以此章終鄉黨之義。最妙。蓋鄉黨所記衣服飲食詞義容貌。
瑣瑣屑屑。千頭萬緒。若必銖銖而求之。寸寸而合之。道聖人是刊板定的。不知聖
人一生動靜語默。仕止久速。總是妙於一時。而時之一字。在夫子口中。從未說出。
記者特借觀雉一嘆。逗出時哉二字。見得鄉黨所記。千頭萬緒。泛應曲當。皆是因

時制宜。一以貫之。不思不勉。從容中道云爾。如此看。覺得鄉黨全篇中一字一句。都有一個聖人全體活現出。姚承菴曰。學而一章。是孔子自摹的小影。志學一章。是孔子自叙的年譜。葉公問子路一章。是孔子自贊的行實。莫我知也夫章。是孔子自表的心事。鄉黨一篇。則是門人熟察於觀仰之間。彷彿摸擬孔子的行狀。

論語會箋卷第十終

深衣前圖

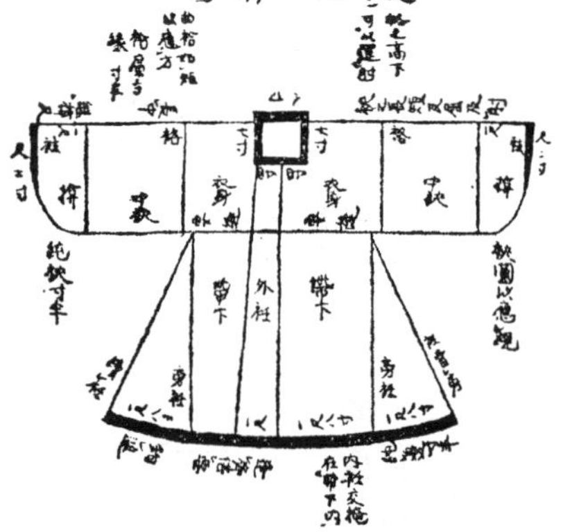

深衣後圖

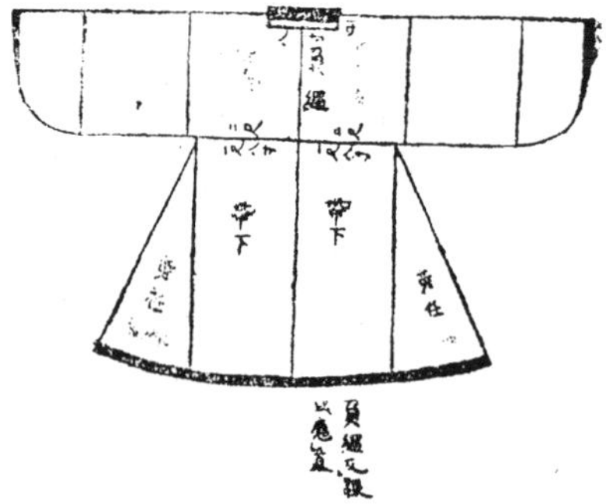

袷及內外衽裁制圖

袷廣二寸。一畔削縫。一畔反屈。各加一寸。爲四寸。長四尺。兩端反屈。各加一寸。爲四尺二寸。內外衽上頭綴袷處。廣四寸。兩畔削縫各加一寸。爲六寸。下頭爲齊處廣一尺。亦加削縫。爲一尺二寸。長則任人之長短。今知截一幅布。爲袷及內外衽者。依十二幅之數而推之也。袷之長與衽之廣者。參諸辟領之度而知之也。

衣身辟領圖

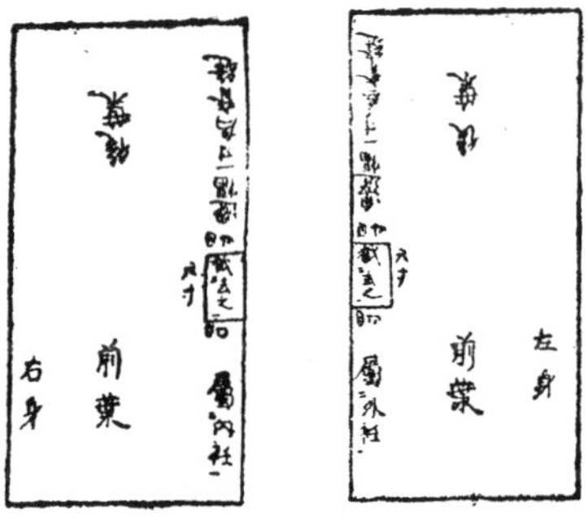

衣身用布二幅。中屈下垂。前後共爲四葉。前身兩葉當項之處。方剪去之。各長六寸。博四寸。謂之辟領。辟領者開屬領之處也。其上端當中屈處。四邊一寸。竝爲削縫。故深衣成制。曲袷前後左右面各八寸。左右兩面。上一寸在後葉。下七寸在前葉。今依曲袷如矩之文。又參考喪服記衣衽辟領帶下之數而知之。

袷及內外衽之制。記文不言者。蓋諸衣之通制也。古制不明已久。覽者或苦難曉。故特設此兩圖。其餘裁法。本自易知。今略之。

喪冠圖

斬衰首絰圖

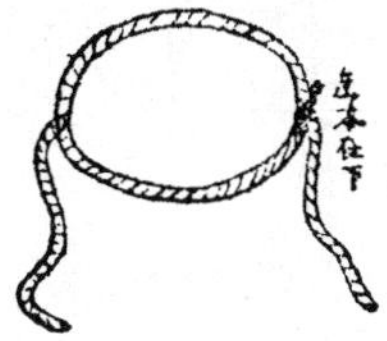

凶服前圖

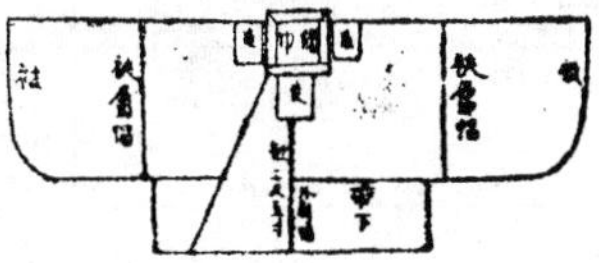

裳圖

凶服後圖

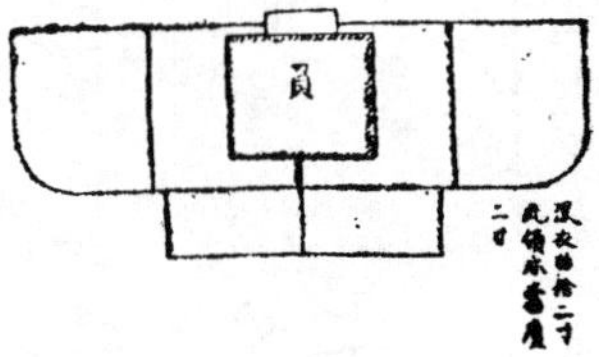

裳幅三袧圖

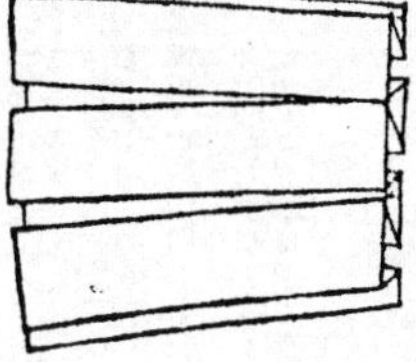

賈疏云袧屈中也辟積兩側相著中央自空兩畔各一寸為削幅

論語會箋卷第十一

竹添光鴻會箋

正平本云。凡二十三章。菅家本同。釋文從鄭氏。以德行章合上從我於陳蔡爲一章。故二十三章。然集解本各自爲一章。故不引鄭說。皇邢本依集解。故皆二十四章。朱子集注則德行章・回也章・論篤章皆別章。凡二十六章。

箋曰。此篇閔子侍側一章。出於其門人之手。其餘未可指名。胡氏多謂某篇某人弟子所記之辭。此皆臆度之私。不可盡信。蓋胡氏因不盡聖人之言。或有弟子自言以立教者。並載於其中。故云然。其實聖人之言。非躬親耳受而且好學深思者。安能記之如此其神且妙也。然則諸弟子即有自爲立教之言。亦其弟子聞以記之耳。大約其書雜記於門人之手。而序次篇章。必成於一人。但今不可考矣。○伊藤維楨曰。論語二十篇。相傳分上下。猶後世所謂正續集之類乎。蓋編論語者。先錄前十篇。自相傳習。而又次後十篇。以補前所遺者。故今合爲二十篇云。何以言之。蓋觀鄉黨一篇。要當在第二十篇。而今嵌在中間。則知前十篇既自爲成書。且詳其書。若曾點言志。子路問正名。季氏伐顓臾諸章。一段甚長。及六言六蔽。君子有九思三戒。益者三友損者三友等語。皆前十篇所無者。其議論體製。亦自不與前相似。故知後十篇。乃補前所遺者也。崔述曰。論語前十篇。記孔子答定公哀公之問。皆變文而稱孔子對曰者。朱子所謂尊君是也。至答康子懿子武伯之問。則但稱子曰者。所以別之於君。以辨上下而定民志也。乃先進篇答康子弟子好學之問。顏淵篇答問政患盜殺無道之問。皆稱孔子對曰者何哉。余竊疑前十篇。有子曾子門人所記。去聖未遠。禮制方明。後十篇。則後人所續記。其時卿位益尊。卿權益重。蓋有習於當世所稱。而未嘗詳考其體例者。故不能無異同也。然中庸篇。記答哀公問政。則又但稱子曰。蓋此篇乃子思以後所追記。其時益晚。故不能以論語之體例例之也。學者以此觀之。則論語戴記各篇之先後。亦略可見矣。又曰。論語前十篇。記君大夫之問。皆不言問於孔子。何者此書本記孔子之語。不必煩此文也。先進以下五篇。始稱問於孔子。然於門人之問。尙未有言之者。顏淵仲弓之問仁。子路子貢子張子夏之問政皆然。惟南宮适稱問於孔子。故疑适之非門人也。乃陽貨篇子張問仁。堯曰篇子張問政。皆稱問於孔子。何哉。且所載孔子答之之言。皆未擧其實。而先告以數。曰能行五者爲仁。曰尊五美屛四惡。可以從政。皆作藏頭露尾之語。以待再問。與論語他篇之文。皆不類。蓋皆後人采之他書者。

然則此二篇中。固不無一二之可疑。不得與前十五篇等類而齊觀也。

先進第十一

此篇多評弟子賢否。凡二十五章。胡氏曰。此篇記閔子騫言行者四。而其一直稱閔子。疑閔氏門人所記也。

子曰。先進於禮樂。野人也。後進於禮樂。君子也。先進後進。猶言前輩後輩。野人謂郊外之民。君子謂賢士大夫也。程子曰。先進於禮樂。文質得宜。今反謂之質朴。而以爲野人。後進之於禮樂。文過其質。今反謂之彬彬。而以爲君子。蓋周末文勝。故時人之言如此。不自知其過於文也。**如用之則吾從先進。**用之謂用禮樂。孔子既述時人之言。又自言其如此。蓋欲損過以就中也。

箋曰。進。猶升也。先一輩升。後一輩進。故世稱進士爲先輩。先進後進者。謂周初與周末也。惟其皆在一代之中。故同謂之進。但先後爾。皇疏。先進爲五帝以上。後進爲三王以還。夫卑三王高五帝。老氏家之言也。北宋諸儒。猶沿其謬。至朱子始得之。凡先者始之。後者終之。始常任質。終乃多文。天運人事大抵然也。聖人爲當世君相回護。故稱後進爲君子。稱先進爲野人。有思周公反本崇儉之志。故曰吾從先進。而語意縕藉。唯以先進照後進。而影出君子野人光景。君子是閑都。野人是率易。若夫文質之義自在其中。夫子未嘗言先進是文質彬彬。未嘗言後進文勝。而時人又未嘗有彬彬之說。程說失之。何解。將移風易俗。歸之淳素。移風易俗四字。解用字最切。安井衡曰。周公之制禮。尚文以變殷質。則周初之俗。必質勝文矣。周道已衰。至孔子之時。文日勝而質衰。孔子欲反之周初之盛。故發此言。則所云先進後進。以周人言之。此君子與野人對。則指在位者而言之。大抵士大夫。衣冠端正。威儀閑習。一見知其爲在位者。卽此章所謂君子也。周初質勝。雖在位者。或未免有朴野之狀。所以有野人之目也。集注士大夫上加一賢字。便與經旨相乖矣。江永云。指殷以前爲野人。周以後爲君子。果然是周公不知制禮之道。且指殷以前爲先進於文。又不詞。○先進四句。分明是子曰矣。如何得爲時人之言。注孔子旣述時人之言八字。當削。陸隴其曰。夫子從先進。是欲損過就中。與不得已而去彼取此者大別。語類引禮與其奢及孟子鄕原狂狷等說。頗混。又曰。監二代從先進。問爲邦三章。雖互相發。而又有不同。監二代。是表憲章之心。從先進。是挽文勝之弊。答顏淵。是立萬世之準。雖可相通。然須識得本章賓主。伊藤維楨曰。由是章觀之。世所傳逸禮戴記等書。頗傷繁縟。且有與論孟不合者。謂之有先王之遺意則可。謂之先進之禮則未可也。崔述曰。古禮經十七篇。今謂之儀禮。世皆以爲周公所依。余按。此書周詳細密。讀之猶足以見三代之遺。識其名物之制。以考經傳之文。大有益於學者。不可廢之書也。然遂以爲周初之禮。周公所作之書。則非也。周公曰。享多儀。儀不及物曰不享。惟不役志於享。孔子曰。先進於禮樂野人也。後進於禮樂君子也。如用之則吾從先進。然則聖人所貴在誠意。不在備物。周初之制。猶存忠質之遺。不尙繁縟之節明矣。今禮經所記者。其文繁。其物奢。與周公孔子之意。判然相背而馳。蓋卽所謂後進之禮樂者。非周公所制也。且古者公侯僅方百里。伯七十里。子男五十里。而今聘食之禮。牲牢籩豆之屬。多而無用。費而無當。度其禮。每歲不下十餘擧。竭一國之民力。猶恐不勝。至於上士之祿。僅倍中士。中士僅倍下士。下士僅足以代其耕。而今士禮。執事之人。實繁有徒。陳設之物。燦然畢具。又豈分卑祿薄者所能給乎。此必春秋以降。諸侯呑倂之餘。地廣國富。而大夫士邑亦多。祿亦厚。是以如此其備。非先王之制也。襄王賜齊侯胙。曰以伯舅耋老。加勞賜一級。無下拜。齊侯曰。小白余。敢貪天子之命無下拜。下拜登受。是古禮臣拜君於堂下。雖君有命。仍俟拜畢乃升。未有升而成拜者也。齊桓爲諸侯盟主。權過於天子。然猶如是。則尋常之卿大夫可知矣。秦穆公享晉公子重耳。公子賦河水。公賦六月。公子降拜稽首。公降一級而辭焉。是古禮君自行君之謙。臣自循臣之節。辭者自辭。拜者自拜。不因其辭而遂不成拜於下也。晉文乃鄰國之公子。旦夕爲晉君。與秦穆同列。然猶如是。則本國之卿大夫可知矣。故孔子曰。拜下禮也。今拜乎上泰也。今禮經臣初拜於堂下。君辭之。遂升而成拜。是孔子所謂拜上矣。齊桓晉文所不敢出。而此書乃如是。然則其爲春秋以降沿襲之禮。而非周公之制明矣。朱子篤信禮經爲周公所作。乃曲解孔子之言。謂禮必待君辭而後升成拜。今不待辭而拜於上。故謂之泰。不知升成拜者。果拜下邪。抑拜上邪。不辭而拜於上。與辭而後成拜於上。均之爲拜上也。豈得謂之拜下。孔子曰。惟名與器。不可以假人。名也者聖人之所尤重者也。吳楚之僭王也。春秋書之曰子。愼其名也。故曰王臣公。公臣大夫。曰一國三公。吾誰適從。王之下。不得復有王。卽公之下不得復有公明矣。今禮經諸侯之臣。有所謂諸公者。此何以稱焉。說經者無可置詞。乃以大國之孤當之。大國之孤。僅見於周官。經傳未嘗有也。卽使大國果有孤。旣名爲孤矣。亦不當復稱爲公。而孤止一人。亦不當稱之爲諸公也。或又以爲寄公。然寄公偶有一人。然耳何緣得有諸公。而寄公於國君爲賓。亦不應從臣禮也。蓋自春秋之末。大夫浸以上僭。齊有棠公。鄭伯有之臣稱伯有曰公焉。在此卿大夫僭稱公之始也。其後晉韓趙魏氏滅知伯。亦僭稱諸侯。而仍朝事晉君。竹書紀年所謂桓公邑哀侯于鄭。鄭哀侯來朝者是也。然則此書乃春秋戰國間學者所記。所謂諸公即晉三家之屬。周公時固無此制也。觀禮。諸侯朝於天子。天下之大禮也。聘禮。諸侯使大夫聘於諸侯。禮之小爲者耳。觀禮之詳。雖百聘禮不爲過。而今聘禮之詳。反十倍於觀禮。此何故哉。此無他。春秋以降。王室微弱。諸侯莫朝。觀禮久失其傳矣。但學士大夫聞於前哲者。大概如此。因而記之。若聘禮乃當世所通行。是以極其詳備。然則此書之作。當在春秋以後明甚。若果周公所爲。豈容於其大者反略。而其小者反詳。輕重之顚倒如是乎。蓋凡傳記所稱周公制禮云者。亦止制其大綱而已。古者風尙簡質。周初雖視夏商爲文。然較之春秋時。已有野人之目。而聖人創制顯庸。以範圍天下。欲其欣然樂就。亦必不過爲繁賾難知之事。故傳曰。簡則易從。況此十七篇中。多係士禮。推而上之。爲大夫。爲諸侯。爲天子。位益尊則其禮名益衆。而其禮文亦益繁。度不下數百篇而後可。而古者以竹爲簡策。重墜難舉。數百篇者非十餘車不能勝。天下之人。何由盡得之盡知之。而盡遵守之乎。蓋春秋之書法。即周禮之大綱。正名定分。尊尊親親。其大較也。故晉韓起聘于魯。見易象與魯春秋。曰周禮盡在魯矣。然則周公之禮。固不在於繁文縟節。而在於大綱大紀也。由是言之。周公所制。特其大略。至於潤澤。則亦各隨其國之俗。而自東遷以後。世變風移。亦頗有所更改。故鄭世子忽取於陳。陳鍼子送女。先配而後祖。鍼子曰。是謂不夫婦。誣其祖矣。今昏禮篇。正先配而後祖。然則鄭人昏禮。先配後祖。陳人昏禮。先祖後配也。果周公所制之禮頒行天下。不應陳人獨不知。即不知亦不當反以此爲譏也。記曰。恤由之喪。哀公使孺悲學士喪禮於孔子。士喪禮於是乎書。是士喪禮之文。昉於孔子也。以一反三。則他篇亦必非周公之筆。蓋自周衰。禮樂散佚。聖賢採列國之文獻。參互考訂。故孔子曰。吾自衛反魯。

然後樂正。雅頌各得其所。樂既有之。禮亦宜然。故曰多聞擇其善者而從之。多見而識之。知之次也。然今士喪禮篇。亦未必卽孔子之所書。司馬氏之史記。褚先生補之。後漢人續之矣。劉向之烈女傳。後漢人續之矣。許愼之說文。徐鉉更定之矣。況於秦火以前。安能必其爲當日之原本。猶不敢必爲孔子之書。況欲篤信其爲周公之書乎。惟是此書。周密詳備。學者藉是可以考經傳之遺文。可以識三代之聲名文物。而聖人之大經大法。亦於是焉可以得之。如是而已。儒者必欲執爲周公之制。遂使世之人疑古禮之斷不可復行於後世。而是今非古者。接踵而起。儒者亦不得不分其咎也。

子曰。從我於陳蔡者。皆不及門也。從。去聲。○孔子嘗厄於陳蔡間。弟子多從之者。此時皆不在門。故孔子思之。蓋不忘其相從於患難之中也。

德行。顏淵・閔子騫・冉伯牛・仲弓。言語。宰我・子貢。政事。冉有・季路。文學。子游・子夏。行。去聲。○弟子因孔子言。記此十人。而並目其所長。分爲四科。孔子教人。各因其材。於此可見。○程子曰。四科乃從夫子於陳蔡者爾。門人之賢者固不止此。曾子傳道而不與焉。故知十哲世俗論也。

箋曰。皆不及門。筆解云。門謂聖人之門。是也。古者王宮有門闈之學。教王世子及國子。見周官師氏。諸侯在公宮南之左。亦仿天子門闈之學。食貨志云。春秋出民。里胥坐於右塾。鄰長坐於左塾。塾者門側之堂。學記所謂古之教者。家有塾。里有門塾之學也。惟其古之學制如此。故以弟子爲門人。以同門爲朋。以親受業者爲及門。夫子以前之患難相從而追溯之。則曰不及門。皇本正平本南宗本門下有者字。德行顏淵閔子騫冉伯牛仲弓。據陸氏釋文及邢疏鄭君注以此合前章也。集注沿之。然陳蔡之厄。冉有不與。明見左傳。斯時游夏最少。未必遽以文學稱。前儒辨之詳矣。正平本德行上有子曰二字。哀公十一年。夫子自衛反魯。則年已六十有八矣。蓋夫子志存經世。而遭世昏亂。仕魯不終。過宋伐樹之衛不用。適楚逢患。四科之徒。未嘗離起居闕弦誦。終日溫溫孜孜。提携負荷從其行止。如手足羽翼然。固聖德孚化聯屬之。亦諸賢蘭臭斷金足以仰對之也。夫子思從一行諸賢。在自衛反魯後。諸賢生死升沈散之四方。夫子頹齡追憶往事。慨然言之。一則感其相信之甚篤。一則惜其才良無所用焉。詹詹小言。含無限曲折。而辭氣頌容。微不露圭角。但記者就其從者中拔擢十子。列其異能以示可有大爲之意。而後聖衷躍如。德行者。涵養純粹。眞知允蹈。所謂默而成之。躬行君子者也。顏子克己復禮。閔子騫孝格其親。仲弓可使南面。荀子以與孔子並稱。冉伯牛事無考。觀其有疾。夫子深歎惜之。此四子爲德行之選也。言語者。議論辨博。應對詳明。所謂使于四方能專對者也。孟子公孫丑篇。宰我子貢善爲說辭。冉伯牛閔子善言德行。孔子兼之。曰我於辭命則不能也。是言語以辭命爲重。毛詩定之方中傳。故建邦能命龜。田能施命。作器能銘。使能造命。升高能賦。師旅能誓。山川能說。喪紀能誄。祭祀能語。此九者皆是辭命。亦皆是言語。皇疏引范甯曰。言語謂賓主相對之辭也。范以當時最重邦交。故言語當指此事。亦是擧彼一端以例其餘。弟子列傳。宰予利口辨辭。子貢利口巧辭。是宰我子貢爲言語之選也。政事者。識見明通。材猷練達。可使從政者也。夫子言。求也藝。由也果。可使從政。是冉有季路爲政事之選也。外見曰文。積中曰學。子游之文學。以習禮自見。今讀檀弓上下二篇。當時公卿大夫士庶。凡議禮弗決者。必得子游之言。以爲重輕。則其畢生之合禮。可以知矣。詩書禮樂。定自孔子。發明章句。始於子夏。蓋自六經刪述之後。詩易俱傳自子夏。夫子又稱其可與言詩。儀禮則有喪服傳。又嘗與魏文侯言樂。蓋文章可得而聞者。子夏無不傳之。文章傳。性與天道亦傳。是則子夏之功大矣。是子游子夏爲文學之選也。昔周室多才。亦不過十人。生逢明主。拓八百之基。夫子左右十哲。而竟厄于道路。饑餓不免。故曰。治亂運也。窮達命也。此章十人。有子曾子皆不與焉。則所記皆在陳蔡者可知也。蓋孔子此言。正足爲去衛適宋。桓魋匡人絕糧陳蔡。爲哀元年一時事之一證也。若非一時。則遭難不獨陳蔡矣。微服過宋時。將要而殺。苟不甚危。何至微服。此時豈無從我者歟。郎曰禍不及從者。畏于匡時。謂顏淵以女爲死矣。則從者亦嘗濱死地矣。何以孔子俱不念及。而孟子亦惟曰厄于陳蔡之間。邪正惟陳蔡之厄。其事由宋而匡。由匡而陳蔡。至此而極。故謂之窮。故謂之厄。追惟其事。陳蔡足以盡之也。故不忘患難之語。止于此爾。且若非哀元年。則雖哀四年。孔子自陳適蔡。路亦有陳蔡之間。然苟非被兵。不得爲阨。孔子既未被圍。而陳與故蔡。又無被兵之事。哀三年。季孫斯卒。史記謂桓子卒。康子召冉求。則自陳適蔡。冉有不從矣。哀六年。楚子軫卒于城父。史記謂楚救陳。軍于城父。聞孔子在陳蔡之間。楚使人聘孔子。孔子絕糧。更在冉有既去之後矣。而何以政事有冉有耶。史記絕糧之事。敘于哀六年。然陳素服楚。葉公又素善孔子。昭王欲用。決無發徒圍之之理。此史公之誤也。又弟子列傳曰。宰我爲臨淄大夫。與田常作亂。以夷其族。孔子恥之。索隱曰。左氏無宰我與田常作亂之文。然有闞止字子我。而因爭寵。

子我爲陳恒所殺。字與宰予相涉。因誤云然。論語稱子路者三十六。稱季路者四。古者男子二十而冠。禮成獻賓。賓命之字。曰某甫。甫者男子之美稱。曰某者則取一字以表之。不稱甫則稱子。某子亦有德之通稱。行年五十。其齒尊。乃去甫與子。而稱伯仲叔季之行。子路在聖門齒尊長。故五十以前稱子路。五十以後稱季路。

○敎人因材固然。但在此章不必論者。○文獻通考。古禮以周公爲先聖。孔子爲先師。至唐大宗。始以周公配享帝王廟。奉孔子爲先聖。顏子爲先師。唐明皇時。始以此章所記爲十哲。配享夫子廟堂。然孟子云宰我子貢善爲說辭。冉牛閔子顏淵善言德行。疑亦覩四科十人之文言之。然則孔門蚤有此說。況又相從於陳蔡之厄。夫子視之非他人之比。後世稱爲十哲。乃爲欲存夫子之志。宜不可復廢格也。至于宋儒固執其道統之說。故有異議耳。物茂卿曰。唐以十哲從祀。誠失考。後世乃躋四配而公之。次十哲而侯之。甚矣哉後王之驕其貴也。僭矣哉後儒之驕其聖也。以一人之見。而泝乎千百歲之上。以黜陟之。神其謂之何。古者朝廷尚爵。鄕黨學校尚齒。未有外是二者而爲之序矣。孔子坐門人侍皆以齒。千載之下。孰能易之。且子雖齊聖不先父食。思孟之於十哲子行也。神其享乎。

子曰。回也非助我者也。於吾言無所不說。 說音悅。○助我。若子夏之起予。因疑問而有以相長也。顏子於聖人之言。默識心通。無所疑問。故夫子云然。其辭若有憾焉。其實乃深喜之。○胡氏曰。夫子之於回。豈眞以助我望之。蓋聖人之謙德。又以深贊顏子云爾。

箋曰。說文。助。左也。左即佐。孔注訓助爲益者。引申之義。教學本是相長。故夫子言子夏爲起予。正以質疑問難。義益可明也。說如說釋之說。謂渙然冰釋。怡然理順。也。曾子立事云。問而不決。承間觀色而復之。雖不說亦不彊爭也。不說猶言不解。孔注云。聞言即解。亦以解訓說也。本文兩句。俱是若有憾之辭。須從有憾之辭提出深喜之實。乃得當日語妙。一下老實贊歎。失聖人口氣。無所不說。正即非助我處。若分作兩截。便似上句貼憾。下句貼喜。神理索然矣。○是章不見聖人謙德之意。胡注失竅。

子曰。孝哉閔子騫。人不間於其父母昆弟之言。間。去聲。○胡氏曰。父母兄弟稱其孝友。人皆信之。無異詞者。蓋其孝友之實。有以積於中而著於外。故夫子歎而美之。

箋曰。論語通篇無稱閔子名者。蓋以字行。孝哉閔子騫五字。非述人言也。崔述曰。俗說云。聖人無字門人者。孝哉閔子騫一句。乃孔子述時人之言。余按。春秋傳。石厚問定君於石碏。石碏曰。陳桓公方有寵於王。陳侯方生而稱其謚。此又述何人之言乎。君前臣名。禮也。趙衰之對文公。曰郤縠可。祁奚之對悼公。曰午也可。赤也可。韓厥之對景公。曰成季之勳。宣孟之忠。以其死也故諱之。若生未有不名者。欒鍼在厲公之前。曰書退。子且名其父矣。乃士匄之讓荀偃。則曰伯游長。曰請從伯游。此何以說焉。蓋古之記言者。亦有忽不經意之處。故史記中生而稱謚者尤多。讀者貴識其意而已。必字字以爲當日實然。則愚矣。孔子曰賢哉回也。一簞食一瓢飲云云。曰賜也始可與言詩已矣。告諸往而知來者。皆先稱之。而後申明其說。其文勢正與此同。若以首句爲述人言。則是此章有敘而無斷也。且下句兼人與父母昆弟言之。而此句獨述人言。於文義亦不相呼應。崔說是也。間是間然之間。非議其不然也。不間即人皆信之無異詞者。間下有助字。猶無改於父之道之例。辭有緩急。不容艸艸。昆同也。同父曰昆。古者昏姻異姓皆稱兄弟。儀禮云。親兄弟曰昆弟。小功以下曰兄弟。言字專指稱贊之言。大抵父母昆弟。內或相尤。外必向人稱其善。人之情爲然也。故人多不信其父母昆弟相稱美之言。唯閔子孝爭於邦。故父母昆弟以爲孝。外人亦以爲孝。此所謂不非間也。藝文類聚孝部引說苑云。閔子騫兄弟二人。母死。其父更娶。復有二子。子騫爲其父御車。失轡。父持其手。衣甚單。父則歸呼其後母兒。持其手。衣甚厚溫。卽謂其婦曰。吾所以娶汝。乃爲吾子。今汝欺我。去無留。子騫前曰。母在一子單。母去四子寒。其父默然。故曰孝哉閔子騫。一言其母還。再言三子溫。太平御覽四百一十三引師覺授孝子傳云。閔損字子騫。以德行稱。早失母。後母遇之甚酷。損事之彌謹。損衣皆槁枲爲絮。其子則綿纊重厚。父使損御。冬寒失轡。後母子御則不然。父怒詰之。損默然而已。後視二子衣。乃知其故。將欲遣妻。損諫曰。大人有一寒子。猶上垂心。若遣母。有二寒子也。父感其言。乃止不遣。据此則閔子兩弟溫煖無慍心。而恐母遣而兩弟寒。於是父感之。其後母及兩弟亦感之可知。孔子稱其孝。兼言昆弟。正指此事。呂晚村曰。俗傳閔子故事。不知其有無。學者固不得據此以論閔子之孝。然此中却足發人倫情理之變。世間後母之不慈固多。然極惡不可感化者亦無幾。只是爲子者未必能盡其道耳。正平本昆作兄。

南容三復白圭。孔子以其兄之子妻之。三。妻。並去聲。○詩大雅抑之篇曰。白圭之玷。尚可磨也。斯言之玷。不可為也。南容一日三復此言。事見家語。蓋深有意於謹言也。此邦有道所以不廢。邦無道所以免禍。故孔子以兄子妻之。○范氏曰。言者行之表。行者言之實。未有易其言而能謹於行者。南容欲謹其言如此。則必能謹其行矣。

箋曰。南容三復白圭抑詩也。不言抑而言白圭。其所三復。唯一章已。三復言復誦不翅一再也。古人言數之多自三始。故此稱三復。一日三復者。猶子路終身誦之也。然非誦白圭之詩。而靠此以致謹於言也。惟平日深有意於謹言。故三復白圭耳。○公冶章一章似斷。此一章似案。人能謹於行。而或不謹於言。亦足以取禍。此學士才人之通病矣。乃亦能謹於言。所以褒南容也。是時謹行有不待論者。若行不謹而言吶吶者。與大言不忌者。皆弗足論。陸隴其曰。若只不言亦何難。言是儒者所必不可少的。而又是最易玷底。觀程子言箴可見此所以難。

季康子問。弟子孰為好學。孔子對曰。有顏回者好學。不幸短命死矣。今也則亡。好。去聲。○范氏曰。哀公康子問同而對有詳略者。臣之告君。不可不盡。若康子者。必待其能問乃告之。此教誨之道也。

箋曰。皇侃云。此與哀公問同而答異者。舊有二通。一云。緣哀公有遷怒貳過之事。故孔子因答以箴之也。又一云。哀公是君之尊。故須具答。而康子是臣爲卑。故略以相酬也。集注范氏即皇氏後說也。然孔子此答。豈有待康子能問乎。大異於孟懿子問孝者。夫待問乃告。固教之術也。言於君必盡。亦固古之道也。然於二章皆無所當已。皇氏前說近是。正平本。不幸上有不遷怒不貳過六字。皇本。則亡下有未聞好學者五字。正平本南宗本同。但正平本者下有也字。

顏淵死。顏路請子之車以爲之椁。

顏路。淵之父。名無繇。少孔子六歲。孔子始教而受學焉。椁。外棺也。請爲椁。欲賣車以買椁也。

子曰。才不才亦各言其子也。鯉也死。有棺而無椁。吾不徒行以爲之椁。以吾從大夫之後。不可徒行也。

鯉。孔子之子。伯魚也。先孔子卒。言鯉之才。雖不及顏淵。然己與顏路以父視之。則皆子也。孔子時已致仕。尚從大夫之列。言後謙辭。○胡氏曰。孔子遇舊館人之喪。嘗脫驂以賻之矣。今乃不許顏路之請何耶。葬可以無椁。驂可以脫而復求。大夫不可以徒行。命車不可以與人而鬻諸市也。且爲所識窮乏者得我而勉強以副其意。豈誠心與直道哉。或者以爲君子行禮。視吾之有無而已。夫君子之用財。視義之可否。豈獨視有無而已哉。

箋曰。史記。顏淵少孔子三十歲。至二十九歲。髮盡白。蚤死。二十九乃其髮白之年。非死之年。其死年無所記。但云蚤耳。公羊傳云。顏淵死。子曰。噫天喪予。子路死。子曰。噫天祝予。西狩獲麟。孔子曰。吾道窮矣。三事連敍。皆當在晩年。其時相去不遠。獲麟在哀公十四年。明年子路死于衛。顏子之卒。當卽在獲麟之年。故公羊與獲麟竝擧。其敍子路之死。先于獲麟者。以子路與顏淵爲對偶也。檀弓云。夫子之喪顏淵。若喪子而無服。喪子路亦然。蓋顏淵子路比年而死。故竝擧之。則是顏淵之死在夫子七十一歲。非六十一歲。在哀公十四年。非四年。家語。夫子年十九娶宋之上官氏。又一年而生伯魚。則伯魚之生。在夫子已二十歲矣。史記云。伯魚年五十。先孔子死。以二十加五十。正當夫子六十九歲也。弟子列傳所云顏淵少孔子三十歲者。原是四十之誤。古人四字亦用重畫。故與三易混。如梁鱣在史記少孔子二十九歲。家語則曰三十九歲。季羔在史記少三十歲。家語則曰四十歲。言游在史記少四十五歲。家語則曰三十五歲。樊須在史記少三十六歲。家語則曰四十六歲。子賤在史記少三十九歲。家語則曰四十九歲。大抵三四之間。多誤若是。則顏子實少孔子四十歲。伯魚死在夫子七十。顏淵死在夫子七十一。先後相距。剛間一年。鯉死之諭。引痛正切。且請車爲槨及答辭。明皆因徒行之故。正可爲伯魚顏子皆死于孔子歸魯以後之一證也。請車者。以家居不復周遊也。不可徒行者。吉月必朝之類也。然則顏子卒之年。在歸魯之後。豈不彰彰乎。若謂祗少孔子三十歲。卒于孔子之六十二歲。則爲哀公四年。孔子未歸魯。而於此時請車爲槨。將顏路欲令孔子徒步而歸家乎。此必不然矣。顏子實後伯魚死二年。時當四十一。而孔子言其短命者。仁者宜壽。雖四十亦短命耳。以爲之椁。椁皇本作槨。石經作椁。玉篇云。槨同椁。卽六朝俗訛字。菅家本正平本南宗本皆無此四字。皇本有。皇疏云。淵家貧。死無槨。故其父就孔子請車以營槨也。則皇本舊有此四字。

釋文至下文無椁始作音。是陸氏所據本。亦無此四字。今從皇本。下章門人厚葬之。則何患無椁。而乃請子車。意者初死時倉卒無辨。無以爲椁。厚葬乃既死後事也。○才不才亦各言其子也者。就其子身上而名言之。故曰言其子。猶云謂其子爲才爲不才也。回也才。鯉也不才。非可比論也。然其才其不才。亦皆指其子而名之。則在父之心。其哀早世也。無復差別矣。何限曲折。在數字中。○鯉也死有棺而無椁。白虎通崩薨篇云。所以有棺椁何。所以掩藏形惡也。棺之爲言完。所以藏尸令完全也。椁之爲言廓。所以開廓辟土。無令迫棺也。據喪大記。士有雜木椁。但有棺無椁。亦因貧之故。所謂有其禮無其財。君子弗行者也。吾不徒行以爲之椁。言未嘗賣車以爲椁也。正平本鯉下無也字。皇本正平本吾不下有可字。○以吾從大夫之後不可徒行也。以字蒙到末句。皇本正平本後下有吾以二字。皇本章末也字無。孔子自衛反魯。魯人雖不能用。猶尊崇聖德。待以國老。哀十二年左傳冉求曰。子爲國老。待子而行。若之何子之不言。是也。魯語吳子使來好聘。發幣於大夫。及仲尼。亦以孔子時從大夫後矣。既從大夫之後。與聞國政。故畜有馬乘。不得徒行。而夫子自稱從大夫之後者。皆在自衛反魯之後。是亦顏子死在夫子歸魯後之一證矣。顏路請子之車以爲椁。不嫌於自請者。公羊隱元年傳。喪事有賵。賵者蓋以乘馬束帛車馬曰賵。是賵喪之禮本有車馬。故顏路請子之車以爲椁。哀痛迫切。不遑計及於禮之當否。且知夫子於顏淵誼厚。不妨以情告也。通節夫子只是自言其所以處鯉者。卽可明夫子所以處回者。卽可明顏路所以當處回者。後二意皆在言外見。葬禮當稱家之有無。胡氏以吾之有無。義之可否。爲兩項。恐非。凡事有可否與有無。不相干者。亦有可否生於有無者。若此章。是生於有無之可否矣。又凡命服命車。謂諸侯以下。受王命者也。若諸侯之大夫。唯上卿受王命者有之。其餘大夫無之。左傳叔孫氏之命車可徵。孔氏何曾有命車哉。又舊館脫驂。蓋非實事。不當據作說。且驂可脫而復求。則車可賣而更造。其說亦不當。又孔子於顏淵。親猶父子。不當引所識窮乏者作說。胡說皆失竅。夫子告孟孫曰。死葬之以禮。是事父之道。宜一於禮。於子之死。有棺無槨。是稱家有無。爲葬子之禮。顏子之葬。助以沐槨。亦何不可。但違禮從厚。非愛人以德之意。觀曾子之易簀。與此經之文。知聖賢之於禮。無一時敢失也。蓋所謂厚葬。乃棺槨衣衾之過于美。爲與貧不稱爲不可耳。貧則棺槨不當過于美。非謂貧幷不當有椁也。朱子答石子重云。孔子若有財。必與顏淵爲椁。所謂喪具稱家之有無者。但不可以非義他求耳。郝敬曰。賻人之葬。禮也。家貧求賻厚葬。非禮也。君子安貧。至死不二。生貧而死求富。與生無臣而死爲有臣。行詐欺天等也。聖人自待。待子。待門人。禮同也。禮所貴厚葬。惟君與親。親葬亦稱家竭力。而葬子可知矣。葬者藏也。斂手足形。骨肉歸于土。皆得爲藏。夫子自謂不得大葬。亦不至死於道路。得所而已。說者疑有棺無椁墨道也。夫墨道所以得罪于君子。爲其親喪無服。非爲有棺無椁也。儻墨子不爲宋大夫。家貧。其子與門人死而薄葬。君子豈非之。後世以墨道爲薄。以破產厚葬爲儒行。總之不達于禮耳。

顏淵死。子曰。噫。天喪予。天喪予。 喪。去聲。〇噫。傷痛聲。悼道無傳。若天喪已也。

箋曰。毛詩。噫此皇父。噫厥哲婦。皆爲有所痛傷之聲。釋文。喪如字。舊悉浪反。皇疏。喪猶亡也。是用舊音。集注從之。說文。喪。亡也。天喪予者。猶云天亡我也。龜井魯曰。

子曰。道之將行也與。命也。道之將廢也與。命也。言道之興亡在天也。夫子夙身堯舜之道。知天之將使斯民爲唐虞之民。故周遊天下。求明君英主。可與興斯道者。而不得。於是乎有歸與之歎。歸則論述斯道。於是時也。顏子睿哲文敏。仁敬日進。夫子則願其得明王而起。代己唐虞斯民。故曰顏氏之子其庶幾乎。悅天之將興斯道也。夫子年過七十。身後之託。獨在顏子。既而顏子死。夫子之所爲發此歎。庶可以窺其意。與下章參觀。其義益明矣。

顏淵死。子哭之慟。從者曰。子慟矣。從。去聲。○慟。哀過也。**曰。有慟乎。**哀傷之至。不自知也。**非夫人之爲慟而誰爲慟。**夫音扶。爲。去聲。○夫人謂顏淵。言其死可惜。哭之宜慟。非他人之比也。○胡氏曰。痛惜之至。施當其可。皆情性之正也。

箋曰。慟。過哀失容也。慟字从動。得義。馬曰。慟。哀過也。鄭注云。慟。變動容貌。蓋哀痛之極。其身聳動也。卽是哀過。鄭與馬不異。此孔子往顏家哭之也。從者。謂諸弟子隨孔子往者。子慟矣者。從者告其哀之甚而失容。若請其故者。曰有慟乎。此非問辭。意謂無慟則已。有慟則不慟於回而慟於何人也。非不自知之謂。二爲字如字讀。似優。夫子傷顏子之死。蓋以憂天下之至深也。故曰天喪予天喪予。夫子痛惜之甚。豈獨以此慟絕而知之哉。皇本正平本。曰上有子字。而誰爲慟。邢本爲下無慟字。文選夏侯常侍誄云。非子爲慟。吾慟爲誰。似古本有慟字。今從皇本。

顏淵死。門人欲厚葬之。子曰。不可。喪具稱家之有無。貧而厚葬。不循理也。故夫子止之。門人厚葬之。蓋顏路聽之。子曰。回也視予猶父也。予不得視猶子也。非我也。夫二三子也。歎不得如葬鯉之得宜。以責門人也。

箋曰。厚葬者。謂凡葬事求豐備也。不可二字宜玩。若夫子痛禁之意。微見於聲色。則門人敢違命乎。觀於人情可知也。與之釜。與之庾。冉子與之粟五秉。亦同。門人者。下文夫二三子也是也。孔子常稱衆門人。爲二三子。此門人亦指孔門諸子。且論語中。如門人問曰何謂也。門人惑。門人不敬子路。子路欲使門人爲臣。皆爲夫子門人。若乃諸子之門人。則論語明云子夏之門人。未始與夫子門人混。然則此章止曰門人。可見其非顏子門人。且二三子之稱。皆爲夫子稱弟子之語。下文有夫二三子也之語。則非回之門人也章章矣。顏子早夭。鮮可憑依。古人潛德自養。非如後世儒先之好爲人師。故同門諸子。擔其葬瘞諸事。亦理勢之當然。無可疑者。○子曰不可。檀弓載。門人葬孔子。有自燕來觀者。門人謂一日三斬板而已封。尙行夫子之志乎哉。然則薄葬乃夫子之志。顏子卽不貧。夫子亦不欲其厚葬也。○視予猶父也。與前章鯉也應。非我也。夫二三子也。夫有所指之辭。夫二三子。直指門人。猶云夫人之子。夫佞者。夫執輿者。皆同。龜井魯曰。葬稱家之有無。禮也。顏淵貧窶。固當不得厚葬。門人者冉閔游夏曾子輩。皆賢顏子之賢。尊而親之者。相議僇力厚葬。以盡平生之情也。請諸夫子。不可。然稱顏氏之財而葬乎。不過斂手足形。反虆梩而掩之。以彼其德。而其終之不愼。豈朋友通財者之義哉。假令夫子不可。過厚何罪。遂執本議厚葬之。既葬之也。夫子廼曰。回也在世。視予猶父也。今也卽木。予不能如葬鯉也之稱財。然予既不可厚葬。則使我不得視猶子者。非我所爲也哉。二三子所使也。其言如恨。而其實說厚葬者。宛然見於言表。蓋夫子至誠溢出。自成此獨語。此意唯顏子知之。神而有聽。必諒之於冥冥之中矣。夫子口氣。似向神靈說道。

季路問事鬼神。子曰。未能事人。焉能事鬼。敢問死。曰。未知生。焉知死。

焉。於虔反。○問事鬼神。蓋求所以奉祭祀之意。而死者人之所必有。不可不知。皆切問也。然非誠敬足以事人。則必不能事神。非原始而知所以生。則必不能反終而知所以死。蓋幽明始終。初無二理。但學之有序。不可躐等。故夫子告之如此。○程子曰。晝夜者死生之道也。知生之道。則知死之道。盡事人之道。則盡事鬼之道。死生人鬼。一而二。二而一者也。或言夫子不告子路。不知此乃所以深告之也。

箋曰。子路所問夫子所答鬼神。皆指祭祀之鬼神。事人若子事父。臣事君。是也。焉能事鬼。言鬼則神可知。○曰敢問死。朱本無曰字。諸古本皆有。正平本問下有事字。事人便有全綱常盡人道的工夫。知生便有踐形盡性。無忝所生的工夫。趙佑曰。禮有五經。莫重於祭。古之所爲事鬼神者。嘗無不至。則子路之問。不爲不切。夫先王之事鬼神。莫非由事人而推之。故生則盡養。死則盡享。惟聖人爲能饗帝。惟孝子爲能享親。云事鬼也。莫非教天下之事人也。吾未見孝友不教於父兄而愛敬能達乎宗廟者也。則盡乎事鬼神之義矣。進而問死。欲知處死之道也。人有所當死。有所不當死。死非季路所難。莫難乎其知之明處之當。然而死非可預期之所事。故爲反其所自生。君子之窮理盡性以至於命。歸於得正而斃。其不敢以父母之身行殆。不敢以匹夫之諒爲名者。皆惟其知生敬吾生。故重吾死也。否則生無以立命。死適爲大患而已。則盡乎知死之義矣。子嘗言之矣。務民之義。卽所以事人。敬鬼神而遠之。卽所以事鬼也。夫孝者善繼人之志。善述人之事。事死如事生。事亡如事存。孝之至也。所謂能事人能事鬼也。人之生也直。罔之生也幸而免。所以教知生。志士仁人無求生以害仁。有殺身以成仁。所以教知死也。孟子曰。知命者不立乎巖牆之下。盡其道而死者。正命也。桎梏死者。非正命也。所謂知生知死也。伊藤長胤曰。集注意謂未能事人。則不得事鬼。未知人。則不得知鬼。夫子蓋重鬼神與死之理。不欲躐等而遽告之也。故曰皆切問也。又曰所以深告之也。古義謂未能事人。豈能得事鬼。未得知生。豈能得知死。夫子蓋斥子路之不務當務之義事而爲不急之問。而戒之也。其義正相反。通考論語諸章。有言之義。敬鬼神而遠之。子路請禱。則曰丘之禱久矣。則夫子之意可槩見矣。蓋祭如在。祭神如神在。夫子之所以事鬼神者。仁孝誠敬。無所不至。然鬼神之道遠而難知。人倫之務近而易知。而人之所患。恒忽當務之易知。而欲知鬼神之難知。故屢爲弟子發揮其義。然則此語亦非以子路之問爲切問而深告之也明矣。先儒之學。專主乎理。故曰死生人鬼。一而二。二而一。夫子不告子路。乃所以深告之也。尤非聖人之旨矣。○注原始反終。見易繫辭。

閔子侍側。誾誾如也。子路行行如也。冉子子貢侃侃如也。子樂。

誾侃。音義見前篇。行。故浪反。樂。音洛。○行行。剛強之貌。子樂者。樂得英材而教育之。

曰。若由也。不得其死然。

尹氏曰。子路剛強。有不得其死之理。故因以戒之。其後子路卒死於衛孔悝之難。洪氏曰。漢書引此句。上有曰字。或云上文樂字。卽曰字之誤。

箋曰。閔子下。菅家正平南宗皇本。皆有騫字。邢本無。今以下冉子例之。則無騫字似是。今從邢本。侍側二字。通下三子。統言耳。諸子侍側。亦以其平生言之。不必一時列坐也。閻若璩謂以德序。蔡虛齋以爲齒序。皆非也。三子或和中有諍。或直中有和。而子路則純任剛健。四子皆剛毅任道之器。四子氣象兼容貌詞令言。誾誾侃侃。詳于鄉黨篇。或謂誾誾。和說而諍。門人聽教之時。不得用諍字。不知有疑必問。有懷必吐。非諍而何。○子路行行如也。行行訓剛彊。此會意。蓋行行果敢貌。如聞斯行之之行。故行行如也。行行與侃侃異者。侃侃只是剛直太著。如十分中尚有一二分柔順處。行行則純是剛而絕無一毫柔順矣。○冉子子貢侃侃如也。冉子。唐石經亦作子。與菅家正平諸本合。皇本邢本作有。或曰。侃侃爲衎衎之通借。隸釋漢碑唐扶頌。衎衎誾誾。尼父授魯。曷以復加。碑語正用此文。冉有子貢。才智有餘。得動而樂之象。故曰衎衎。韓集韓宏碑云。事親孝謹。侃侃自將。亦以侃侃爲和樂之義也。此說亦通。○子樂者。必有怡怡愉愉氣象。異於平日之溫而厲。威而不猛者。故記者以子樂記之。侍側非空侍側。夫子之樂。亦非空在諸子氣象上。誾誾行行侃侃。是記者於辨問疑難上摸寫出英才樣子。子樂。是記者於教育上摹寫出聖心。樂門人各成其才也。若由也不得其死然。此句不可點出行行字。蓋上文行行字與誾誾侃侃俱記者之詞。夫子只因子路平日好勇之過。故慮他日或遇禍。而預戒之。使無中吾言。而有以終遂其樂也。記者稱諸弟子多字而不名。在夫子口中皆名而不字。此稱由也。自是孔子之言。文選幽通賦及崔子玉座右銘兩注。皆引論語此文有曰字。何本挩去曰字。菅家本皇本俱有。正平本南宗本無。無者非也。集注引洪氏曰。漢書引此句。上有曰字。然漢書無引此文處。但漢書叙傳載幽通賦云。游聖門而靡救兮。顧覆醢其何補。固行行其必凶兮。免盜亂爲賴道。顏注論語稱子路行行如也。子樂曰若由也不得其死然。洪氏殆引此注漢書下當補一注字。集注又引或云樂字卽曰字之誤。夫行行是剛氣發露大過。以其剛氣之足以有爲。故聖人樂之。以其發之大過。而不足於中和。故聖人以不得其死戒之。初無妨礙。而或欲以樂字爲曰字何也。死然然猶焉也。朱子以然倣未定辭。夫夫子是言發於子路未死之前。則其爲未定之辭固亡論。然此意當於全句上見。若以一然字爲未定之辭。則將何以解羿奡俱不得其死然乎。左哀十五年傳曰云云。季子曰。求利焉而逃其難。由不然。利其祿必救其患云云。注曰。食謂食孔氏祿。疏曰。子羔謂季子欲救君。故言不當踐其難。季子欲救孔悝。故言不避其難。據此知子路之死義也。子路不助輒亦不助蒯聵。蒯聵輒皆不宜爲君。況不仕于朝。義所不及也。但恐孔悝陷于不義。故救悝爾。不得其死。孔注謂不以壽終。是也。集注於第七卷集注引胡氏謂仕輒不去。殆以爲死于非義。以子路爲仕輒。固誤。夫子聞其死而哭曰。天祝予天祝予。同於哭顏子。未嘗以爲非義也。夫當日衛輒既已出奔蒯聵尚在孔氏之家。立君之權。固在孔悝。正苦爲太子所拘。所以子路先欲奪孔悝也。因子路欲燔臺。蒯聵懼其果然。以石乞孟黶敵子路。子路倉猝未攜器械。遂被其害。祗子路不別謀于他。而乃爲從井救人之事。此夫子之所以嘗戒子路也。

魯人爲長府。 長府。藏名。藏貨財曰府。爲蓋改作之。 **閔子騫曰。仍舊貫如之何。何必改作。** 仍因也。貫事也。王氏曰。改作。勞民傷財。在於得已。則不如仍舊貫之善。 **子曰。夫人不言。言必有中。** 夫音扶。中去聲。○言不妄發。發必當理。惟有德者能之。

箋曰。爲長府者。是地舊有府而小。未有長名。今因其敝壞當新之。遂長大之。增於舊規。於是乎稱爲長府也。若非舊府地。不得舊貫之語。但據長字。曰爲。曰改作也。左傳昭二十五年。公居於長府。九月戊戌。伐季氏。遂入其門。杜注。長府。官府名。論語鄭注。藏財貨曰府。廣雅。府聚也。凡財賄兵器文書皆藏之。蓋府自是藏名。周官玉府職云。掌王之金玉玩好兵器。凡王之獻金玉兵器文織良貨賄之物。受而藏之。內府職云。掌受九貢九賦九功之貨財良兵良器。以待邦之大用。凡四方之幣獻之金玉齒革兵器。凡良貨財入焉。又外府。掌邦布及王后世子祭服。是兵器藏內府。不藏外府。然則玉府掌兵器。亦當在內。魯之長府。自是在內。而爲兵器貨賄所藏。魯君左右。多爲季氏耳目。公欲伐季氏。而不敢發。故居於長府。欲藉其用。以伐季氏。且以使之不疑耳。昭公伐季氏。在二十五年。孔子時正居魯。則知魯人爲長府。正是昭公居之。因其毀壞。而欲有所改作。以爲不虞之備。但季氏得民已久。
非可以力相制。故子家羈力阻其謀。宋樂祁知魯君必不能逞。而閔子亦言仍舊
貫。言但仍舊規。無所妨。何必改作。以諷使公無妄動也。論語書之曰魯人。明爲公
諱。且非公意也。據左傳。季氏若與臧郈。皆怨平子者也。公若謀去季氏于公爲。昭
公佯怒其謀。而以告臧郈及子家懿伯。臧孫難之。郈孫勸之。子家懿伯曰。讒人以
君徼幸。事若不克。君受其名。不可爲也。舍民數世。以求克事。不可必也。且政在焉。
其難圖也。其言不可謂不深切。然卒居長府。伐季氏。昭公遂以之出。昭孱主也。乃
昧焉爲人洩怨而謀去季氏。此思改作之尤妄者也。方其爲之。閔子殆心知之。曰
仍舊貫。如之何。何必改作。夫子亦心韙之。曰夫人不言。言必有中。此固爲長府
言。聖賢之愼密也。未嘗明言其事。而其言微婉。以視子家懿伯之對。深切抑甚也。
非徒爲重興作言也。若如淩鳴喈說。魯人指三家。則在定哀時。爲長府者。欲改爲
之。以奪魯君之所恃。夫昭公居長府。以伐季氏。其事已無成。定哀即欲伐季氏。亦
斷無仍居長府。蹈此覆轍。而煩三家之重慮之也。且既患公復居長府。何不毀壞
之。而反從而修治也耶。若閻若璩以長府去季氏家近。亦非是。長府自在公宮內。
也。〇仍舊貫。如之何者。貫慣同。習也。舊貫猶言舊式。仍舊貫。謂弊壞不可支者。更
新之。而沿舊規。無所增加也。如之何。猶云有何不可。不是商量未定之辭。改作。照
長字。謂不沿舊規也。注引王氏。以仍舊貫。爲略施修補。而不主新之之義。故於爲
字改字。不得其解。夫府庫之弊壞而新之。士庶之家。以爲恒事。況堂堂魯國。而一
府造作之勞費。豈足言哉。釋文云。魯讀仍爲仁。釋文謂讀仍爲仁。則魯論本原作
仍字。而未嘗誤作仁也。〇夫人不言者。夫猶此也。禮記檀弓。夫夫也。鄭注。夫夫猶

言此丈夫也。則夫人猶言此人也。此夫子因傳聞稱之。故稱以夫人也。夫人不言。是反逗語。此例見於經者。如孟子故君子有不戰。檀弓伯氏不出而圖吾君。大戴禮虞戴德篇。子曰。在於君唯無言。言必盡。皆是。夫子贊閔子處。只重言必有中。郎夫人不言。亦不過借以起下句耳。言必有中。還是指平日魯事還在言外見爲是。

一說。王夫之曰。太公爲九府。府者。泉布金刀之統名也。其曰長者。改短而長。改輕而重也。圜曰泉。今謂之錢。方而長曰幣。冠圜泉於首下作刀形。曰金刀。皆橢長而不圜。錢譜有漢鑄厭勝錢。蕩心錢。皆其遺制。五銖興而始無不圜者矣。改作長府者。改其形模。視舊加長也。加長則所值倍增。用銅少而鑄作簡。乃近代直十當五當兩之法。一旦驟改。則民間舊幣。與銅同價。而官驟收其利。此三家所以亂舊典而富私門也。故閔子以仍舊貫折之。貫。錢繫也。故曰緡或曰貫。皆以繫計多寡之稱。府改價增。則貫減而少。仍舊者。使以舊府取足貫也。

子曰。由之瑟。奚爲於丘之門。程子曰。言其聲之不和。與己不同也。家語云。子路鼓瑟。有北鄙殺伐之聲。蓋其氣質剛勇。而不足於中和。故其發於聲者如此。**門人不敬子路。子曰。由也升堂矣。未入於室也。**門人以夫子之言。遂不敬子路。故夫子釋之。升堂入室。喻入道之次第。言子路之學。已造乎正大高明之域。特未深入精微之奧耳。未可以一事之失而遽忽之也。

箋曰。夫子就子路鼓瑟一事。討出其心術精微處。以警之。蓋將進之室也。奚爲於丘之門。爲猶以也。奚爲何以也。言彼在他處爲之。於我無所妨。今在吾門爲之。吾所厭苦也。夫子別其瑟爲由之瑟。峻其門爲丘之門。以由字丘字相照。使由知所自悟。原是警省語。不是鄙薄語。不必增入北鄙中和等語。下節固是爲門人致解。亦是許子路有可以入室之基。使不懈於進耳。無非造就之意。陳臥子曰。夫民性之偏久矣。而聲音之道微矣。商音剛决。而師乙稱之。秦聲雄大。而季札美之。世無仲由。而天下多桑濮之音。且曰此中和也。是夫子之所放也。白虎通禮樂篇。瑟者嗇也。閑也。所以懲忿窒欲。正人之德也。郭璞注爾雅云。長八尺一寸。廣一尺八寸。二十七弦。禮圖。雅瑟廣長與郭注同。惟二十三弦。與郭異。頌瑟長七尺二寸。廣一尺八寸。二十五弦。而風俗通又言今瑟長五尺五寸。皆是依仿古制。不能畫一。皇本正平本南宗本。瑟上有鼓字。〇門人不敬子路者。子路忠信剛勇。非受輕侮者。人亦不肯輕侮之。此所云不敬。是門人因夫子之言。一時卽有些不敬氣色耳。故夫子亦得救之。門堂室語遞生可見。〇由也升堂矣。未入室也。升堂入室。喩聞道之淺深也。聘禮疏云。後楣以南曰堂。堂凡四架。前楣與棟之間。爲南北堂之中。則後楣北爲室與房矣。凡入室必由堂。至入室則已觀止。故夫子言善人之道。亦以入室爲喩。他門人皆是未能升堂者。故有是喩也。言以未升之身而輕侮旣升之人可乎。以警門人也。非徒釋之。

子貢問。師與商也孰賢乎。子曰。師也過。商也不及。子張。才高意廣。而好爲苟難。故常過中。子夏篤信謹守。而規模狹隘。故常不及。**曰。然則師愈與。**與平聲。愈猶勝也。○**子曰。過猶不及也。**道以中庸爲至。賢知之過。雖若勝於愚不肖之不及。然其失中則一也。○尹氏曰。中庸之爲德也。其至矣乎。夫過與不及均也。差之毫釐。繆以千里。故聖人之教。抑其過。引其不及。歸於中道而已。

箋曰。子貢問。皇本問下有曰字。菅家正平諸本並無。○孰賢乎。菅家正平皇本皆
有乎字。邢本無。○師也過。商也不及。安井衡曰。師也過。商也不及。今考之論語。多
聞闕疑。愼言其餘。則寡尤。多見闕殆。愼行其餘。則寡悔。師也辟。吾友張也爲難能
也。然而未仁。堂堂乎張也。難與並爲仁矣。此孔子及朋友稱子張者也。而其自言
則曰。在邦必聞。在家必聞。我之大賢與。於人何所不容。十世可知也。是也。女爲君
子儒。無爲小人儒。無欲速。無見小利。是孔子之誨子夏者也。其自言則曰。其可者
與之。其不可者拒之。雖小道必有可觀者。君子信而後勞其民。未信則以爲厲己
也。信而後諫。未信則以爲謗己也。是也。合諸章而觀之。二子之氣象。躍然而出矣。
○然則師愈與。愈與賢勝稍不同。兩不滿中。而取其小可曰愈。○過猶不及。蓋亦
暗中子貢之病也。此章之本義。夫子獨語其才性相反。而未敢優劣之。而子貢方
人。人未易方耳。須知造就二子意是賓。造就子貢意是主。郝敬曰。子貢問師商。本
意不足在商。及聞夫子過不及之說。蓋信師爲愈矣。夫子折之。謂兩病一般。子張
能斂其堂堂之習。子夏能恢其近小之見。皆可進道。子張氣象揮霍。如問達問行。
學干祿。其過可知。子夏氣象局謹。如教門人小子洒掃應對。其不及可知。至論交

二子相質。尤明。過不及皆緣氣質用事。指其病處而解者往往贅入中字。中者變化不測。不可爲典要。中之至者。過亦中。不及亦中。執定過不及之間求中。便是子莫。如大舜兩端乃用中。如顏子末由。乃擇中。中者權也。若但于過不及之間摸擬。則中亦粗淺矣。又曰。自常情觀子張定高于子夏。夫子亦謂師也過。過者實過。不及者實不及。名實不可相混。聖人恐增狂者之蕩沮愿者之進。欲使過者退。不及者奮。故曰猶不及。如由也兼人退之。求也退進之云爾。其實冉子輸子路一籌。如狂者進取。次于中行。狷者不爲。又次于狂。不可相揜。篇中凡與子張言。較遠大。豈非狂者可進取乎。既定二子之品。始識聖人陶冶之工。章末也字。邢本無。今從皇本。○師商元同等人品。而才德氣象。自有過不及之異耳。故夫子猶之也。若夫賢智之過。與愚不肖之不及。元自大有逕庭。不當援以解乎同等者之過不及。

季氏富於周公。而求也爲之聚斂。而附益之。

爲。去聲。○周公以王室至親。有大功位冢宰。其富宜矣。季氏以諸侯之卿。而富過之。非攘奪其君刻剝其民。何以得此。冉有爲季氏宰。又爲之急賦稅以益其富。

子曰。非吾徒也。小子鳴鼓而攻之可也。

非吾徒。絕之也。小子鳴鼓而攻之。使門人聲其罪以責之也。聖人之惡黨惡而害民也如此。然師嚴而友親。故已絕之。而猶使門人正之。又見其愛人之無已也。○范氏曰。冉有以政事之才。施於季氏。故爲不善至於如此。由其心術不明。不能反求諸身。而以仕爲急故也。

箋曰。兩節並是孔子語。前節記實。後節議論。記者將子曰字移冠後節。古文多此例。大學鄭注引此章文。非吾徒也上。無子曰二字。漢書諸侯王表注。後漢書楊秉傳注。引此文。皆以爲孔子之言。可證也。只是孔子之言。故曰求也。○季氏富於周公者。古所謂富。多指祿言之。此亦謂其邑入耳。周公封魯。元子嗣之。其次子世守采地。官於王朝。爲卿士。春秋時所稱周公召公是也。此則不然。公室曰周公。周公爲魯太祖故也。故周公之富。當以魯封而言。周公封魯。取民之制。不過什一。自後宣公稅畝。已爲什而取二。季氏四分公室。已取其二。量較所入踰於周公賦稅之數。故曰季氏富於周公。公羊定八年。或曰弒千乘之主。而不克舍。此可乎。何休注。時季氏邑宰至于千乘。此可知季氏之富也。不曰富於公室。而必曰富於周公。此是春秋書法。魯周公之國也。是時魯已二入於季氏矣。曰富於周公。季氏僭奪之罪。可勝誅哉。合當救正。不當附益也。○聚斂而附益之。說文。聚。會也。斂。收也。爾雅釋詁。斂。聚也。二字訓義並同。冉有以政事所稱。其爲季氏聚斂而附益處置調度。當有其方。冉子嘗言。求也爲之。可使足民。其必不食言矣。蓋生財有道。雖祇此惟正之供。常用之例。措置得宜。民樂輸將。用無匱乏。如劉晏田千秋之輩。別有一番經紀良才。非必攘君剝民也。聚斂二字。與大學不同。只作蓄積有餘解。俞樾曰。孔子以爲可使治賦。若惟是急賦稅。如後世貪吏所爲。曾是以爲治賦乎。孟子曰。求也爲季氏宰。無能改於其德。而賦粟倍他日。蓋人民日衆。田野日闢。地無遺利。故計一歲所賦之粟。倍於他日。趙岐注以爲多斂賦粟。非也。冉有之罪。正與辟草萊。任土地者同科。猶云吾能爲君闢土地。充府庫。今之所謂良臣。古之所謂民賊也。君不鄉道。不志於仁。而求富之。是富桀也。以富桀罪冉子。可也。以爲多斂賦粟則非也。古之所謂民賊者尙不至此。而況冉子乎。皇本之作也。○非吾徒也小子鳴鼓攻之可也。攻求者。實以爲攻季地也。蓋魯之貧弱也。由季氏專魯之政。財賦盡歸其家。故曰富於周公。冉子爲季氏信任。應宜引以忠君奉公。以土地人民還之公室。卽不然。猶當設法經畫。潛默轉移。漸漸富國強公。乃徒知自展其才。不知季氏益富。則公家益貧。而強歛愈熾。是誤用其才。非匡時救弊之道。夫子之責之。正惡其不能改德。失平日屬望之意。孟子曰無能改於其德。是此章注脚。後世不得其解。以爲催科。以爲心計。總由不悉夫子望求維魯之意耳。當時哀公患三桓之侈。三桓亦患公之妄。君臣多間。國釁幾作矣。夫子導哀公以自律。維持康子以不二。俾冉有宣力調護於其間。匡救冉有。因以匡救康子。迨夫子沒。康子卒。哀公不旋踵而孫于邾矣。左莊二十九年傳。凡師有鐘鼓曰伐。晉語。伐備鐘鼓。聲其罪也。昭十七年傳。日有食之。天子伐鼓于社。諸侯伐鼓于朝。杜注謂。天子責羣陰。諸侯自責。是凡責讓多用鼓也。說文。攻擊也。此訓責者。引申之義。集注以上句爲絕之。下句爲愛人之無已。失之。非吾徒。鳴鼓而攻之。意本一串。奚可中斷爲二。夫天下叛逆之賊。方始可鳴鼓聲罪而討之。今以冉求與之同罰。其惡之也至矣。何云友親而正之也。朋友規正。何煩乎鳴鼓之喧鬧。夫以朋友相規正爲攻過攻罪。固散見諸書。此特譬喩之言。以其箴砭嚴正。似攻敵。故云然。固非攻字本義。矧又上有鳴鼓字。烏可解爲救正其罪耶。又冉子之過。未可以爲黨惡。且季氏非無惡。而其於民未見惡證。若謂賦歛不輕耶。天下滔滔皆是。不可特指一人爲惡也。他事又冉子無與。而非是章所及。至於以急仕罪之。則尤不可。云非吾徒絕之也。亦大過。孔子惟誚之而已。非今人絕交絕門之類。凡孔子所褒。山上求山。孔子所貶。淵下探淵。是宋儒之通病。不可弗察焉。皇本鼓下無而字。

柴也愚。 柴。孔子弟子。姓高。字子羔。愚者。知不足而厚有餘。家語記其足不履影。啓蟄不殺。方長不折。執親之喪。泣血三年。未嘗見齒。避難而行。不徑不竇。可以見其爲人矣。

參也魯。 魯。鈍也。程子曰。參也竟以魯得之。又曰。曾子之學。誠篤而已。聖門學者。聰明才辨。不爲不多。而卒傳其道。乃質魯之人爾。故學以誠實爲貴也。尹氏曰。曾子之才魯。故其學也確。所以能深造乎道也。

師也辟。 辟。婢亦反。○辟。便辟也。謂習於容止少誠實也。

由也喭。 喭。五旦反。○喭。粗俗也。傳稱喭者謂俗論也。○楊氏曰。四者性之偏。語之使知自勵也。吳氏曰。此章之首脫子曰二字。或疑下章子曰。當在此章之首。而通爲一章。

子曰。回也其庶乎。屢空。 庶。近也。言近道也。屢空。數至空匱也。不以貧窶動心而求富。故屢至於空匱也。言其近道。又能安貧也。

賜不受命而貨殖焉。億則屢中。 中。去聲。○命謂天命。貨殖。貨財生殖也。億。意度也。言子貢不如顏子之安貧樂道。然其才識之明。亦能料事而多中也。程子曰。子貢之貨殖。非若後人之豐財。但此心未忘耳。然此亦子貢少時事。至聞性與天道。則不爲此矣。○范氏曰。屢空者。簞食瓢飲屢絕而不改其樂也。天下之物。豈有可動其中者哉。貧富在天。而子貢以貨殖爲心。則是不能安受天命矣。其言而多中者。億而已。非窮理樂天者也。夫子嘗曰。賜不幸言而中。是使賜多言也。聖人之不貴言也如是。

箋曰。釋文。子曰回也。其庶乎。或分爲別章。今所不用。釋文是也。柴也以下四言。獨言性蔽。回也以下二言。言其事。而評論嵓在回賜上。故記者寘子曰於後。猶前章於議論上冠子曰之例。宰予晝寢章亦同。○柴也愚。愚者。知不足而已。若厚有餘。以語子羔之爲人則可。未可以解愚字。愚字何有厚有餘之意。且愚・魯・辟・喭。並擧其短處也。何獨於愚短中討長處也。愚只是知不足。而所謂知不足者不等。或不知正理。或不知通變。皆是。中庸是泛說。柴之愚則事主不知通變說。故與中庸稍異。集注引家語泣血三年。檀弓鄭注。泣血言泣無聲如血出。恐不可從。夫既曰泣血。則明明是血。豈謂如血乎。泣血泣於血也。言涕泣而淚成血也。人涕泣之極必至此。易曰。泣血漣如。此言血淚之漣漣。必無泣無聲如血出之意。韓非子。和氏抱璞而哭。三日三夜。淚盡而繼之以血。說苑。蔡威公閉門而哭。三日三夜。泣盡而繼以血。江淹獄中書。淚盡而繼之以血。此明言淚盡而以血繼之。必不止于泣無聲如血出。方信古人云淚盡繼之以血。哀痛之極也。其他李陵書。此陵所以仰天推心而泣血也。陳琳書。晝夜長吟剖肝泣血之類。皆作血淚解。方見悲憤之切。鄭孔爲蓋以三年泣於血爲太甚。故有此遷就之說。不知三年中時時泣血。便可目之泣血三年。不必三年中日日泣血。然後得此稱也。○參也魯。愚與魯相近。稍有差別。愚者智之反。謂不英發。魯者敏之反。謂不敏捷。魯亦擧其短也。曾子之質懿美。而篤志好學。不以魯自棄。故能成其德耳。然其用力。蓋十百倍于他人矣。所謂學確深造。正在於篤志勉學。不自棄而已矣。難言魯之效。曾子蓋爲魯多喫辛苦。豈以魯自喜哉。後世學者。性質遲鈍者。景慕曾子。學其不自棄可也。若以魯爲好事。有非薄聰明之意。則與老莊黜聰明之說相類。非通論也。夫學道。愚最是起手處難入。魯正須一步推一步前進。皆須要用人一己百人十己千之功。○師也辟。辟闢同。開張也。子張堂堂。盛自設施。務開闊而少翕聚。學記曰。燕朋逆其師。燕辟廢其學。樂記曰。齊音敖辟喬志。孟子盡心篇趙注。琴張顓孫子張也。其爲人踸踔譎詭。論語曰師也辟。故不能純善而稱狂踸踔。一足行貌。譎詭。言不拘常度也。可以證辟字之義。禮五帝德篇。有容貌取人於師改之之言。荀子非十二子曰。禹行而舜趨。子張氏之賤儒也。此朱子訓辟爲便辟之所本。然愚魯辟喭。以生質言。非言習也。諸經言便辟者。謂便習其盤旋退避之容。不可以訓辟。戴禮所言。或謂指堂堂寬大之貌。或謂聖人不以顏貌取人。禮記亦後人所坿益。若荀子。譏末流之弊。尤不可援以注此經也。或曰。辟讀若左傳莊二十一年闕西辟之辟。偏也。以其志過高而流於一偏也。大學之其所親愛而辟焉。亦與此辟同義。但辟只是偏辟。其義極廣。有淫辟。有邪辟。有怪辟。而其爲偏辟則同。皇本南宗本辟作僻○由也喭。喭剛猛失於禮容也。鄭曰。子路之行。失於畔喭。邢疏云。舊注作吸喭。字書吸喭。失容也。皇疏。王弼云。喭。剛猛也。說與鄭君同。喭从口。當兼出言鄙倍說。卽率爾迂也兩對可證。大雅皇矣。無然畔援。箋云。畔援。跋扈也。韓詩云。武強也。漢書敘傳注。作無然畔換。文選魏都賦云。雲撤叛換。劉淵林注。叛換猶恣睢也。換援喭聲近相通。吸俗字也。朱子以喭同諺。訓粗俗。衛靈篇云。野哉由也。是朱子注所據。然彼以一事言之耳。子路可謂之粗。不可謂之俗。豈有見義必爲。縕袍不恥。車裘不私。如仲氏子。而或以爲俗者。古書所引諺。皆老成典型之言。說文。諺。傳言也。絕無俚俗之解。而從口之字。義復絕殊。夫子嘗對季康子曰。賜也達。由也果。求也藝。彼稱諸外。故舉其所長。此稱諸內。故言其所短。以使自知之。或使朋友傳之。教誨之道也。蓋

人之氣質。必有偏處。得明人一點破轉移變化。更自不難。夫子於四子。一皆指
其偏處。示之正。所以化工四子也。四子皆力學久而變化之。卒爲賢才。乃一知一善學
者。使氣質爲學用。不善學者。使學爲氣質用而已。○回也其庶乎屢空。易繫辭。顔
氏之子。其殆庶幾乎。亦言其近道也。屢空與貨殖對。明是謂窮乏。史記伯夷列傳。
然回也屢空。糟糠不厭。鹽鐵論地廣云。夫賤不周知。貧不妨行。顔淵屢空。不爲不
賢。後漢賈逵傳。帝謂馬防曰。賈逵母病。此子無人事於外。屢空將從孤竹之子於
首陽矣。是漢人解屢空。皆爲空匱。但回也年在少壯。而顔路未老。蓋强健持家事
也。則回也是子姪中之一人。未嘗營衣食。而仰于父兄。所謂空者。謂簞瓢空虛無
物也。蓋數有其家不來饋之日也。若人而屢空。雖褒其安貧。而亦有哀憫之意。古
書用其庶乎。下句有承之。必言其所以然者。繫辭顔氏之子。其殆庶幾乎。有不善
未嘗不知。知之未嘗復行也。有不善以下。即所以釋上殆庶之義也。孟子曰。王之
好樂甚。則齊其庶幾乎。今之樂由古之樂也。今之樂以下。即所以解上庶幾之言
也。此章亦然。屢空二字。即所以解其庶之故。朱子言其近道。又能安貧。析爲二事。
不免乎支離矣。物茂卿曰。顔子屢空。此不欲小用其才故也。世儒多謂顔子樂於
陋巷。有孔子在。殊不知孔子知其不可爲而爲之者也。顔子則異於此焉。顔子不
欲小用其才。即伊呂之志也。賜不受命而貨殖焉。億則屢中。喜用其才智也。喜用
其才智者。是其所以殊也。即所以不及顔子也。○賜不受命而貨殖焉。爲一句。言
其以智力挽之而取富也。論衡率性篇。賜本不受天之富命。所加貨財積聚。爲世
富人者。得貨殖之術也。貨殖猶曰殖貨。古文往往有先體後用之辭。貨殖傳曰。子
貢結駟連騎。束帛之幣。以聘享諸侯。所至國君無不分庭抗禮。夫使孔子名布揚

於天下者。子貢先後之也。此所謂得勢而益彰者乎。子貢所以殖貨。史遷之言。蓋不誣也。豈甘爲守錢虜者乎。亦以是求達焉已。億則屢中。卽在貨殖上。非兩項言貨殖之謀。廢居之利。能從其所億也。此子貢之偉才。孔門唯顏子子貢以聰明稱。故孔子嘗以孰愈問之。此章亦並論者。其故爲爾。不受命三字。爲兩節之樞。謂顏子不受福命。則貧而至於屢空。子貢不受福命。則貨殖而屢中。貨殖上用一而字。明從屢空作轉辭。則屢空與屢中對。韻亦叶。意則庶字暗照億中。空字暗照貨殖。億則屢中。本注曰才識之明。則泛就謀事而言。范氏云其言而多中者億而已。則專就言語而言。皆非。中井積德曰。貧富在天。是士大夫之事矣。在商賈中。未嘗有束手俟命者。至於大貧大富。有似天命者。然亦千百中之一矣。竟不得以天命藉口。總存乎精力志業。士大夫雖欲求富。而無所事耳。商賈則日夜所事。皆是求富矣。范注不能安受命。失欵。隋唐以降。下第貧學。手中无一錢。乞貸於親戚隣里。亦可以度歲月。是无他故。與日僥倖博一第。輙有報怨報德手段。是以乞者不爲鄙辱。予者不爲傷惠。又有謂奇貨可居。而樂奉貲者。或懼怨毒。而勉强焉。不特親戚隣里也。更有通家。有同門。有父祖之故吏。擧主門人。况今之富貴者。往往過是關來之人。故易爲通濟。後人慣見斯風。以論三代學者。猶方枘而圓鑿矣。三代豈有遊手乞貸學者乎哉。又曰。程子云。至聞性與天道。則不爲此過論駭人。豈以性天道爲浮屠氏印可之類邪。有人於斯。不仕官受祿。又無田園貲業。唯轉易貨貲以爲生也。一聞性天道之說。忽輟業廢生。以凍餓其父母妻子可乎。賜也一家之主人。妻子童僕仰衣食。乃以知命安貧廢其生業。徒手受饑餒。相摟委頓於道路。其可以爲人乎哉。夫士大夫之富。每與貴相連。故在彼而不在此。不可力求焉。商賈之富。與貴背馳。故在己而不在人。善求者必得焉。是故命亦有兩樣。抑回與賜也。其家業生理不可考。而後儒皆在仕途中發議論。曾弗察乎農商隱淪之流。混說而可否。以其求富。爲不知天道之過。故程子有此論。其謬由混同兩命焉耳。又賜不幸言而中。見于左傳。與此異科。不當援作說。一說。俞樾曰。古者商賈皆官主之。故呂氏春秋上農篇曰。凡民自七尺以上。屬諸三官。農攻粟。工攻器。賈攻貨。以周禮考之。質劑掌於官。度量純制掌於官。貨賄之璽節掌於官。下至春秋之世。晉則絳之富商。韋藩木楗以過於朝。鄭則商人之一環。必以告君大夫。蓋猶皆受命於官也。若夫不受命於官。而自以其財市賤鬻貴。逐什一之利。是謂不受命而貨殖。管子乘馬篇曰。賈知賈之貴賤。日至於市而不爲官賈。此其濫觴與。蓋不屬於官。卽不得列於太宰之九職。故不曰商賈而曰貨殖。子貢以聖門高弟。亦復爲之。陶朱白圭之徒。由此起也。太史公以貨殖立傳。而首列子貢。有開必先。在子貢固不得而辭也。劉寶楠曰。俞說亦近理。皇本正平本億作憶。漢書貨殖傳。漢陳度碑引並作意。字異義同。億則屢中。卽承上貨殖言。論衡知實篇。子貢善居積。意貴賤之期。數得其時。故貨殖多富比陶朱。又云。子貢善意以得貨利。蓋論衡以意貴賤之期解億字。數得其時。數解屢字。得其時解中字。此漢人解誼之最顯然可據者。

子張問善人之道。子曰。不踐迹。亦不入於室。善人。質美而未學者也。程

子曰。踐迹。如言循途守轍。善人雖不必踐舊迹。而自不爲惡。然亦不能入聖人之室也。○張子曰。善人。欲仁而未志於學者也。欲仁。故雖不踐成法。亦不蹈於惡。有諸己

也。由不學。故無自而入聖人之室也。

箋曰。善人。能行善者也。說見述而篇。善人亦自有見識。有力量。不止不爲惡。如克殘去殺。可以見矣。與所謂善柔異科。左傳以善人稱子產。孟子以樂正子爲善人。又稱其學古之道。則善人未必不學。本注質美而未學。不如第七篇注志於仁而無惡之爲穩。道者猶曰所行也。程張二說。皆就善人之爲人而解。失之。又張說本孟子解善人曰可欲之謂善而言。以可欲爲欲仁。然孟子曰可欲。言人之親愛願慕。如愷弟樂易一般。此章似不可引證。〇不踐迹。亦不入於室。釋文。迹本亦作跡。說文。迹。步處也。跡乃迹俗字。踐跡。猶曰守舊軌。入於室。猶曰達於道。皆形容假設之辭。兩不字實一氣下。兩邊夾寫。恰好畫出一個善人全像。此是指點善人模樣。與子張看聖人之道。有規矩準繩之可則。謂之迹。其精微閫奧。謂之室。善人不循其跡。惟思謀民利以厚之。故或輕稅於十一。而薄我躬。或曲法寬政。而取民之悅。又不窺其奧。惟思除民害以利之。故或棄世守之國。而圖長民命。其心惟欲施惠利民。爲善厚人。如古公亶父・王季歷是也。說又出子路篇。

子曰。論篤是與。君子者乎。色莊者乎。與。如字。〇言但以其言論篤實而與之。則未知其爲君子者乎。爲色莊者乎。言不可以言貌取人也。

箋曰。集解以此合前章。皇疏謂子曰云云者。此亦答善人之道也。當是異時之問。故更稱子曰。俱是答善人。故共在一章也。然節首別著子曰字。又其語氣似非答問者。集注別爲一章。是也。色是面貌。謂外飾也。論篤便該色莊在內。何者外面躁率者。必不能爲論篤。假令篤其論。人豈信之。既篤其言論。豈有不莊其色者乎。不曰篤論而曰論篤。與色莊相對。論篤而色莊。所以疑於君子也。諺云。假金方用眞金鍍。若是眞金不鍍金。即君子。論篤色莊之喩。程子有觀其行事之說。范氏有求之於心之說。皆爲此章補出本諦。即爲是字下箇反照。但觀人。舍論篤。亦無下手。若將大奸大詐假忠假孝入講。非者乎語氣也。

子路問。聞斯行諸。子曰。有父兄在。如之何其聞斯行之。冉有問。聞斯行諸。子曰。聞斯行之。公西華曰。由也問聞斯行諸。子曰有父兄在。求也問聞斯行諸。子曰聞斯行之。赤也惑。敢問。子曰。求也退。故進之。由也兼人。故退之。

兼人。謂勝人。張敬夫曰。聞義固當勇爲。然有父兄在。則有不可得而專者。若不稟命而行。則反傷於義矣。子路有聞。未之能行。惟恐有聞。則於所當爲。不患其不能爲矣。特患爲之之意或過。而於所當稟命者有闕耳。若冉求之資稟。失之弱。不患其不稟命也。患其於所當爲者。逡巡畏縮。而爲之不勇耳。聖人一進之。一退之。所以約之於義理之中。而使之無過不及之患也。

箋曰。由求之問。未必同時。亦未必互問。但問同而答異。故子華疑之也。有父兄在。孔注。當白父兄。不得自專。伊注。當務體父兄之心。蓋謂是照顧前後。思慮周匝。斟酌父兄之意。稱宜而行之。未嘗直前遽行。合二說乃備。皇本正平本。行之下有也字。由也兼人。兼人謂加倍於人也。能食數人之食者。謂之食兼人。一日行二日三日所行之路。曰兼程而進。文義可以見矣。由也兼人。言行己不足。而侵人之所當爲也。注云勝人稍差。劉寶楠曰。夫聞義即當力行。君子善則歸親。苟有所爲而合於義。稱父母或兄之命焉可也。若必待稟命而或爲父兄所阻不得行。是亦奚得爲義。但子路有聞即行。其中有宜稟命父兄。而迫不能待。不特失承順之道。並其所行或因急遽而未合於義。此夫子所以抑之也。至冉有固自言。非不說子之道。力不足也。此求也退之證。夫子所以進之。二子之問。非在一時。而公西華之窺聖人。有以得其異同。亦可謂善學者矣。又曰。義事多端。包注必指賑窮救乏者。擧所重言之。蔡啓盛曰。賑窮救乏之事。近儒據曲禮云父母在不有私財。檀弓云未仕者不敢稅人。如稅人則以父兄之命。又取白虎通朋友之道。親存不得行者二。不得許友以其身。不得專通財之恩。友饑則白之於父兄。父兄許之。乃稱父兄與之。不聽乃止。吳志。全琮以父命齎米數千斛到吳市易。琮悉以賑贍士大夫。空船而還。裴松之引論語有父兄在之文。謂琮輒散父財。誠非子道。以證此者。實亦未確。蓋此本非有一定不易者。故二子各問之。使有一定不易之道。在禮自有明文。則二子不待于問。問亦不得隨人爲進退矣。故釋經貴取證于經文。而此則獨否也。正惟本無一定。在子路勇于濟人之急。又自少備歷難苦。此本其車裘與共之素願。而問聞斯行諸。固以爲別無他道也。而子則抑其太過曰。有父兄在。至于冉子。

則平素自明酬知之具。曰可使足民。他日果爲季氏聚斂。是本長于運籌居積。視財甚重。其問聞斯行諸也。又以爲殆不宜輕率。而子則掖其不及曰聞斯行之。此一進退之義也。況無回曰。凡行當有時中之妙用。二子各以氣質之成見障之。夫子一進之。一退之。成見去而其中之神明變化自生矣。非謂求必進。而由必退也。若一於進退。又是執一矣。刀蒙吉曰。此所謂因病下藥。書之剛克柔克。古人之佩韋佩弦。皆此意也。赤知其問之同。而不知其人之異。知其答之異。而不知其教之同。

朱注逡巡畏縮。可削。冉子用戈齊師。豈於所當爲者。逡巡畏縮乎。鄭小谷曰。聖門如子夏問孝。子游又問孝。顏淵問仁。仲弓又問仁。子路問政。子貢又問政。其問同而答異多矣。乃獨無一人聞之。無一人惑之。無起而求問同答異之故者。可見各人問詞。原有不同。而記者執筆。不能各載。故統以問孝問仁問政云爾。設有問詞相同而答詞不同者。則不但詳其答語。並詳其問語。如此章是也。人非木偶。豈有言無端末。泛擧一字相問者。如有泛擧一字以相問者。如子張問士何如斯可謂之達。夫子必曰何哉爾所謂達者。此尤顯然可證。後人不知此意。妄謂各因其病。而聖門無完人矣。

子畏於匡。顏淵後。子曰。吾以女爲死矣。曰。子在。回何敢死。

女音汝。○後。謂相失在後。何敢死。謂不赴鬭而必死也。胡氏曰。先王之制。民生於三事之如一。惟其所在。則致死焉。況顏淵之於孔子。恩義兼盡。又非他人之爲師弟子者而已。卽夫子不幸而遇難。回必捐生以赴之矣。捐生以赴之。幸而不死。則必上告天子。下告方伯。請討以復讎。不但已也。夫子而在。則回何爲而不愛其死。

以犯匡人之鋒乎。

箋曰。畏匡見子罕篇。吳英曰。衞靈公問陳章注。引孔注曰。孔子去衞之宋。宋遭匡人之難。又之陳。會吳伐陳。陳亂。故乏食。據此則可以知孔子匡人之難。與絕糧之厄。實一時之事也。孟子謂。孔子不悅于魯衞。遭宋桓司馬。將要而殺之。微服而過宋。據此則又可以知問陳明日遂行。與遭宋桓魋。爲一時之事也。然則合孟子文與問陳章孔注二者而攷之。則畏于匡。卽遭桓魋。將要而殺。卽在匡地可知也。桓魋卽使匡人要孔子。可知也。孔子其先宋人。又娶于宋。故去衞遂適宋。桓魋聞知孔子來。欲害孔子。孔子不敢信宿。卽過宋。魋知孔子已去。卽使人伺于要路。要求孔子。匡地爲宋衞陳鄭犬牙相錯之地。魋不知孔子去宋之路。或反衞。或適鄭。或適陳。惟匡地兼有所達。故使匡人害孔子。孔子故畏于匡也。不曰畏于宋。而曰畏于匡者。文王既沒云云。在匡地言之。而非在宋言之。故敍其言之之地。曰子畏于匡也。文王既歿云云。在匡地言之。故曰匡人其如予何。至于天生德于予云云。則既過匡地。猶有餘畏之日言之。故不言畏而但曰桓魋其如予何。所以兩言其如予何。其所指匡人桓魋其文異也。後儒因論孟言匡人桓魋文有不一。遂以爲兩時事。且與絕糧爲三時事。毋乃謬歟。左僖十五年。遂次于匡。注曰。匡。衞地。文八年傳曰。晉侯使解揚歸匡戚之田于衞。注曰。匡本衞邑。中屬鄭。孔達伐不能克。今晉令鄭還衞。定六年傳曰。公侵鄭取匡。爲晉討鄭之伐胥靡也。往不假道于衞。注曰。匡。鄭地。據此知匡地在宋衞陳鄭之間。有四達之衢者也。孔子微服過宋。料想桓魋必更要于通衢要路。惟匡爲四國交爭之地。故子畏于匡也。孟子但謂微服過

宋。而不言過匡。文有不及備也。孔子世家謂適鄭與弟子相失。卽可以爲子畏于
匡顏淵後之一證也。卽可以爲匡于此時爲鄭地之一證也。元和郡縣志曰。滑州
匡城縣。古衞之匡邑。論語子畏于匡。至漢爲長垣縣地。此說非也。子畏于匡。其時
匡非衞有也。孔子雖不見悅于衞。然方仕于其朝。亦何至于未出國境。而已幾不
保身耶。說又具衞靈公篇。檀弓正義引世家云。陽虎嘗侵暴于匡。孔子與陽虎相
似。故匡人圍欲殺之云云。夫微服爲遭宋桓司馬。事見孟子。若此時以貌似陽虎
被圍。但明其非虎則圍可解。何必微服。顏淵後。謂後至也。吾以女爲死矣。是驚喜
之辭。非意料之語。下添今來良可喜一句看。卽得其光景。蓋從者人數衆多。恐爲
匡人所覺。故分散而行。至相聚時。獨少顏子。故孔子慮其死也。回何敢死。是不輕
死之意矣。何敢字。是常用熟語。非果敢之敢。後世固有敢死之士等語。然不可引
以解此章。何敢二字。相連成義。如賜也何敢望回之云。若直以必死解敢死。則在
此章絕不成文。孔顏相失。應俱不知存沒。而顏子曰子在。何也。夫子之自信。與顏
子之信於夫子。一也。夫子曰匡人其如予何。顏子曰子在。蓋並信其不死也。聖人
重死生。不敢一毫苟且。其臨危迫之時。自有善解患難之經綸。則聖人可自信其
不死者。顏子之學。幾於聖人。而豈不能必聖人之不死耶。既能必聖人之不死。而
又豈有犯匡人之鋒而悞死者耶。但偶然相失在後。自不無疑慮之情。故夫子一
見顏子。卽曰吾以女爲死矣。懼其悞。亦喜其來也。是情事急中驚喜語。顏子直答
之以子在。信子之必在也。直任之以回何敢死。明免於患難之道。同也。聖賢相喩
於微者如此。郝敬曰。從古無苟死之聖賢。惟比干死于諫。亦是半身當世。若并微
子箕子存。比干亦可無死。夫子平生處多難。從容委蛇。物莫能傷。此利用安身立

命之極也。慷慨殺身。非中庸之教。匡人之難。顏子相失在後。夫子憂其遇患也。及至見而喜。顏子雖後。知夫子必生。故應之如此。喜其生而疑其死者。諒罔不難于死也。爲子在而不敢死。非爲辟患而每生也。能死而不苟死。全生而非偸生。聖賢處生死之際。不傷勇。不改常。既從容。又勇決。子云惟我與爾。此足證矣。國語晉語。武公伐翼殺哀侯。止欒共子。曰苟無死。吾以子見天子。令子爲上卿。辭曰。成聞之。民生於三。事之如一。父生之。師教之。君食之。非父不生。非食不長。非教不知。生之族也。故壹事之。惟其所在則致死焉。報生以死。報賜以力。人之道也。臣敢以私利廢人之道。君何以訓矣。遂鬭而死。此胡說所本也。毛奇齡曰。此一聖一賢。皆言必不可死者。故各以不死爲言。惟恐誤死以貽誤天下後世。而宋儒反言必死。則直背經矣。生人最重守身。不獲已而死。必得死所。如死君父。死社稷。死軍國重事。大患大難。未有無名而死者。無名而死。等之夫婦之死溝壑。大爲學者所戒。況此須識一畏字。此是典禮中字。有一死即獲罪過者。蓋畏者怖也。謂怖死也。既怖死。即當悉力解脫。以求一免死之道。不幸而死。則爲世擯斥。不哭不唁。而不齒于衆。禮曰。死而不弔者三。第一曰畏。而鄭康成即註曰。如子畏于匡之畏。則纔言畏匡。便有萬不可死者。故前儒解畏有三。一不解說而死。一計無所出而死。謂不徼服求遁避也。一猥狠亡命。犯觸而死。謂不自量而鬭也。三者皆與宋儒之說相反。則悖義害理。使先王禮意。與一聖一賢問答精義。皆掃無復存。顏淵後。子唯恐其誤死。而劇喜其至。故曰以汝爲死。謂懼汝不察而死也。子在者。子不死也。古稱不死曰在。如父在。父母在。三國志使法孝直在。是也。故曰吾固知子必不死。子見在也。罔則何敢草草以死。此時天王雖在。然並無吉處。春秋唯桓王曾伐鄭。然反爲鄭莊所敗。未有敬王敢伐鄭討匡人者。況春秋無方伯。齊晉雖更覇。而晉襄以後。齊且臣晉。至是時則齊景・衛靈・魯定。各皆叛晉。晉午在本國。已瞻顧不暇。淵欲告方伯。將以告誰。至胡氏所引欒共子之言。彼以曲沃武公伐翼殺哀侯。而共子爲國君死難。故作是言。實則師與君父降等。其曰如一。亦大概言之。且共子之父欒賓。曾爲曲沃桓叔師傅。故特重其詞。欒共子死君。非死師也。若復讎之禮。則周禮調人之職曰。兄弟之讎不同國。師長之讎視兄弟。則爲師長復讎者。正當比兄弟一等。雖身當備兵。而但不同國。與君父之不共戴天者有別。王百朋曰。記論語者。不曰子厄于匡。如孟子厄于陳蔡之厄。而兩記畏字。則大禮大義。郎在此一字中矣。何

本皇本正平本女作汝。

季子然問。仲由冉求可謂大臣與。與。平聲。○子然。季氏子弟。自多其家得臣二子。故問之。

子曰。吾以子爲異之問。曾由與求之問。異。非常也。曾猶乃也。輕二子以抑季然也。

所謂大臣者。以道事君。不可則止。以道事君者。不從君之欲。不可則止者。必行己之志。今由與求也。可謂具臣矣。具臣。謂備臣數而已。曰。然則從之者與。與。平聲。○意二子既非大臣。則從季氏之所爲而已。子曰。弑父與君。亦不從也。言二子雖不足於大臣之道。然

君臣之義。則聞之熟矣。弑逆大故。必不從之。蓋深許二子以死難不可奪之節。而又以陰折季氏不臣之心也。尹氏曰。季氏專權僭竊。二子仕其家而不能正也。知其不可而不能止也。可謂具臣矣。是時季氏已有無君之心。故自多其得人。意其可使從己也。故曰。弑父與君。亦不從也。其庶乎二子可免矣。

箋曰。季子然。孔注。季氏之子弟也。世族譜以爲平子意如之子。不知所據。可謂大臣與者。子路冉有皆孔門名士。而季氏臣蓄之。子然喜以爲得大臣。故問之。大臣謂大賢良弼。揚雄以大臣許魯兩生。則知雖韋帶之士。苟有其器。則亦可以爲大臣也。釋文臣作恧。云古文臣字。今作臣。此古文出六朝時所製。唐武后以爲恧等字。代君臣等字。而古本論語已有恧字。則非盡出臆造也。吾以子爲異之問。亦輕二子之口氣矣。異。與子亦有異聞乎之異同矣。注訓非常。不是。異之問。問異也。由與求之問。問由與求也。古人用字。當置於上。而移之於下。必用之字。以斡旋之。淺之爲丈夫。爲淺丈夫也。小人之使治國家。使小人治國家也。此之謂。謂此也。皆然。以道事君。不可則止者。此固稱卿佐之任也。然亦含二子不能以道匡正季氏之意。非詒二子。切責季氏之不可匡正也。不可道不行也。止。謂去位也。道字內兼格心宣猷兩件。然勿說做諫臣模樣。可謂具臣矣者。聖人論人。無故輕之而沒其所長之理。蓋具臣言其可以當得一臣之數。所謂做得一官辦得一職也。具猶完具之具。有一物必稱一物之實。方爲具物。有一官必稱一官之職。方爲具臣。由也可使治賦。求也可使足民。亦做得一箇臣。與空空食祿者不同也。但具臣無愧臣職。大臣則道足以格心。夫子意專在未可許大字處。非甚貶之。然則從之者與。者字指二子從之者。亦蓋人臣之一等也。孟子曰。以順爲正者。妾婦之道也。斥公孫衍。

張儀弑父與君亦不從也。不從謂其主自有弑其君父之舉而不從之也。是不黨二子大逆之意矣。蓋子然驕亢鄙夫。然則從之一語。其恣縱尤顯然。彼所慮者惟二子。二子既非大臣。則奔走指撝。將惟己所欲爲矣。故夫子聲口如烈日秋霜。使奸權破膽。二子大節亦自凛然。注死難不可奪之節。援据失當。二子若同仕于魯君之朝。而拒季氏之弑逆。則死難不可奪之節。於是乎可言已。又本注許二子之節。且折季氏不臣之心。尹氏則謂若無夫子之言。則二子必爲季氏所汚。陷于亂賊之黨。故夫子告子然以救二子也。此看二子大㡳當從本注。其輕蔑先賢甚矣。又張南軒以爲順從之臣。其始也惟利害之是徇而已。履霜堅氷之不戒。馴至蹉跌以至於從人弑父與君者蓋多矣。如荀彧劉穆之之徒。其始從曹操劉裕之時。亦豈遂欲弑父與君哉。惟其漸浸順長。而勢卒至此耳。揆之史蹟。似不然。荀彧劉穆之。正所謂弑父與君亦不從者。何可反誣之。荀文若漢之侍中。劉穆之晉之丹陽尹。平日協勸曹操劉裕。本以救時靖亂。非與之圖漢晉也。迨二人功業已成。漸萌他志。此時阻之。亦已無及。然卒力持正義。皆犯操裕之忌。不食死於軍中。荀死之明年。曹操方封魏公。穆之死亦逾年。裕方加九錫。王羲之有荀葛論。以文若與諸葛丞相並稱漢之宗臣。劉裕爲穆之請加贈表云。臣金蘭之分。義感情深。何敢以穆之爲臣乎。又尹氏說與本注異。

子路使子羔爲費宰。 子路爲季氏宰而擧之也。 **子曰。賊夫人之子。** 夫音扶下同。〇賊害也。言子羔質美而未學。遽使治民。適以害之。 **子路曰。有民人焉。有社稷焉。何必**

讀書然後爲學。 言治民事神。皆所以爲學。 **子曰。是故惡夫佞者。** ○惡。去聲。治民事神。固學者之事。然必學之已成。然後可仕以行其學。若初未嘗學。而使之卽仕以爲學。其不至於慢神而虐民者幾希矣。子路之言。非其本意。但理屈詞窮。而取辨於口以禦人耳。故夫子不斥其非。而特惡其佞也。范氏曰。古者學而後入政。未聞以政學者也。蓋道之本在於脩身。而後及於治人。其說具於方册。讀而知之。然後能行。何可以不讀書也。子路乃欲使子羔以政爲學。失先後本末之序矣。不知其過而以口給禦人。故夫子惡其佞也。

箋曰。使子羔爲費宰者。費自南遺爲宰。其子南蒯繼之。昭十二年。南蒯以費叛。奔齊。公山不狃爲費宰。定十二年。子路爲季氏宰。墮費。不狃奔齊。使子羔當在不狃奔出奔之後。是時費墮。故欲以子羔鎭撫之。然此子路討議之耳。非決遣。豈以夫子之言而止耶。子羔在孔門。無子路不謀於夫子而決遣之理。季氏使閔子騫爲費宰。文例可徵也。吳英曰。蓋孔子爲司寇時。子路旣爲季氏宰。度子路使子羔時必其年尙弱冠。則弟子列傳謂少孔子三十歲。固爲合者。乃家語改爲四十歲。則於使爲宰時。僅舞勺之年爾。其意殆以爲未讀書之時也。然以民人社稷爲童子解。幷不足爲佞矣。弟子列傳又謂子羔長不盈五尺。受業孔子。此甚言其來學之蚤也。非子羔至壯亦五尺也。九字一句讀。僞家語改爲長不過六尺。删受業孔子四字。不知弟子列傳中。何以子羔獨有受業孔子四字。正因未五尺時爾。豈可改一字。删四字邪。賊夫人之子。左傳襄三十一年。子皮欲使尹何爲邑。子產曰。不可。人之愛人。求利之也。今吾子愛人則以政。猶未能操刀而使割也。其傷實多。子之愛人傷之而已其誰敢求愛於子僑聞學而後入政未聞以政學者也若果行此必有所害云云與夫子此語意同曰其傷實多曰必有所害曰敗績厭覆皆賊字之注釋也稱夫人之子弱也夫字蒙人之子三字子羔蓋既從孔子學但年少學未成熟耳集注未學句恐過當此章說子羔不可爲宰不是說費邑不易爲宰亦不是蓋子羔嘗爲成宰而不弟者化後爲士師而受刑者感豈費宰則不堪邪況古人之學本不徒讀書子羔好學又豈不必讀書此中正宜善會耳大約與子使漆雕開章參看有民人焉有社稷焉者民人是兩事民謂庶人人謂羣有司凡社稷者指國家之辭所謂社稷之臣社稷存亡國君死社稷之類皆是非特謂社稷之壇也凡曲禮法度奉公治職皆包在社稷內集注治民事神句慢神虐民句恐泥祭法云大夫以下成羣立社曰置社鄭注大夫不得特立社與民族居百家以上則共立一社今時里社是也稷者穀神白虎通社稷篇人非土不立非穀不食土地廣博不可徧敬也五穀衆多不可一一而祭也故封土立社示有土也稷五穀之長故立稷而祭之也歲再祭之何春求秋報之義也夫天子諸侯行禮於社甚多白虎通祇舉求報言者以社稷皆土神求報是其正祭不煩廣說他事也大夫祭社稷亦是春求秋報凡舉民事時皆同矣夏炘曰社稷皆祀土神也土爰稼穡社與稷不能分而爲二言稷必兼言社言社不必言稷而稷在其中鄭氏所謂稷者社之細是也社稷共祀於一壇歷考諸經傳只有社壇並無稷壇自王莽官社之外復增官稷光武州治之社無稷而後世遂社稷分壇失古義矣何必讀書然後爲學八字一句王充論衡正說篇曰書五經之總名也子路之意蓋謂子羔之學亦進矣不若仕焉有見在之民人學治民學使能有見在之社稷學守土學養

人。仁愛加于百姓。誠敬通于鬼神。卽學之實地。何必閉戸讀書。乃謂爲學乎。是言學之途不止讀書。非廢學也。是故惡夫佞者。是故二字。承子路來。惡夫佞者。就夫子平素之心說。猶云我平日所以惡佞者。以其如此之故也。非眞斥子路爲佞者。而謂吾惡子路之佞也。大學問固不專在讀書上。就人情事變上做。尤是實學。但進修有次第。不可躐等。已之未優。烏能及人。此理亦昭然。子路一時偏執。主張實學。不能詳細自反察。及進修有次第處。而其言卓然傑出。易以惑人。而貧於不說學者。故斥其佞使之自反內省耳。左傳昭十八年。周原伯魯不說學。閔馬父曰。周其亂乎。夫必多有是說。而後及其大人。夫子亦惡是說之易行也。朱注。子路之言非其本意。但理屈詞窮。而取辨於口以禦人云云。夫忠信明決升堂之人。豈以口給禦聖人乎。譚梁生曰。夫子嘗惡子路以詐。此復惡以佞。何詐佞偏在子路不在他人也。信人諱詐。直人諱佞。唯子路不詐。故夫子偏以詐惡之。子路不佞。故夫子偏以佞惡之。觸其大忌。激其深悔。而其意自阻。彼世之詐人佞人。面不赭背不汗。卽惡之何益。夫子循循善誘。亦何肯覿面稱惡。以成扞格不入之勢哉。夫子終不聞罵他弟子。而獨往往高聲大罵子路。如野哉由。由之瑟。不一而足。子路聞罵則改。所謂聞過則喜也。

子路·曾晳·冉有·公西華侍坐。 坐。才臥反。○晳。曾參父名。點。 **子曰。以吾一日長乎爾。毋吾以也。** 長。上聲。○言。我雖年少長於女。然女勿以我長而難言。蓋誘之盡言。以觀其志。而聖人和氣謙德。於此亦可見矣。

居則曰。不吾知也。如或知爾。則何以哉。言女平居則言人不知我。如或有人知女。則女將何以爲用也。

子路率爾而對曰。千乘之國。攝乎大國之間。加之以師旅。因之以饑饉。由也爲之。比及三年。可使有勇且知方也。夫子哂之。乘。去聲。饑音機。饉音僅。比必二反。下同。哂詩忍反。○率爾。輕遽之貌。攝管束也。二千五百人爲師。五百人爲旅。因仍也。穀不熟曰饑。菜不熟曰饉。方向也。謂向義也。民向義則能親其上。死其長矣。哂微笑也。

求爾何如。對曰。方六七十。如五六十。求也爲之。比及三年。可使足民。如其禮樂。以俟君子。求爾何如。孔子問也。下倣此。方六七十里。小國也。如猶或也。五六十里。則又小矣。足富足也。俟君子。言非己所能。冉有謙退。又以子路見哂。故其詞益遜。

赤爾何如。對曰。非曰能之。願學焉。宗廟之事。如會同。端章甫。願爲小相焉。相。去聲。○公西華志於禮樂之事。嫌以君子自居。故將言己志。而先爲遜辭。言未能而願學也。宗廟之事。謂祭祀。諸侯時見曰會。衆頫曰同。端玄端服。章甫禮冠。相贊君之禮者。言小亦謙辭。

點爾何

如。鼓瑟希。鏗爾。舍瑟而作。對曰。異乎三子者之撰。子曰。何傷乎。亦各言其志也。曰。莫春者。春服既成。得冠者五六人。童子六七人。浴乎沂。風乎舞雩。詠而歸。夫子喟然歎曰。吾與點也。鏗。苦耕反。舍。上聲。撰。士免反。莫冠。並去聲。沂。魚依反。雩。音于。○四子侍坐。以齒爲序。則點當次對。以方鼓瑟。故夫子先問求赤。而後及點也。希。間歇也。作。起也。撰。具也。莫春。和煦之時。春服。單給之衣。浴。盥濯也。今上巳祓除是也。沂。水名。在魯城南。地志以爲有温泉焉。理或然也。風。乘涼也。舞雩。祭天禱雨處。有壇墠樹木也。詠。歌也。曾點之學。蓋有以見夫人欲盡處。天理流行。隨處充滿。無少欠闕。故其動靜之際。從容如此。而其言志。則又不過卽其所居之位。樂其日用之常。初無舍己爲人之意。而其胸次悠然。直與天地萬物。上下同流。各得其所之妙。隱然自見於言外。視三子之規規於事爲之末者。其氣象不侔矣。故夫子歎息而深許之。而門人記其本末。獨加詳焉。蓋亦有以識此矣。三子者出。曾皙後。曾皙曰。夫三子者之言何如。子曰。亦各言其志也已矣。曰。夫子何哂由也。點以子路之志。乃所優爲。而夫子哂之。故請其說。曰。爲國以禮。其言不讓。是故哂之。夫子蓋許其能。特哂其不遜。唯求則非邦也與。安見方六七十。如五六十。而非邦也者。與。平聲。下同。○曾點以冉求亦欲爲國而不見哂。故微問之。而夫子之答無貶詞。蓋亦許之。唯赤則非邦也與。宗廟會同。非諸侯而何。赤也爲之小相。孰能爲之大。此亦曾皙問而夫子答也。孰能爲之大。言無出其右者。亦許之之詞。○程子曰。古之學者。優柔厭飫。有先後之序。如子路冉有公西赤。言志如此。夫子許之。亦以此。自是實事。後之學者。好高。如人游心千里之外。然自身却只在此。又曰。孔子與點。蓋與聖人之志同。便是堯舜氣象也。誠異三子者之撰。特行有不掩焉耳。此所謂狂也。子路等所見者小。子路只爲不達爲國以禮道理。是以哂之。若達。却便是這氣象也。又曰。三子皆欲得國而治之。故孔子不取。曾點狂者也。未必能爲聖人之事。而能知夫子之志。故曰。浴乎沂。風乎舞雩。詠而歸。言樂而得其所也。孔子之志。在於老者安之。朋友信之。少者懷之。使萬物莫不遂其性。曾點知之。故孔子喟然歎曰。吾與點也。又曰。曾點漆雕開。已見大意。

箋曰。子路曾皙冉有公西華侍坐。朱注謂。四子以齒爲序。然史記家語難憑信。如此章。冉有次在子路之後。第十六篇冉有季路問於孔子。則冉有居先。據史記家語。子路長於顏淵。而第五篇顏淵季路侍。則顏淵在子路之先。蓋記者各異。次序無定例。如此。皙字宜從白。五經文字曰。皙。人色白。經典相承多作日。非。日部有皙無晳而晳與晳叉異也。詩揚且之晳。毛訓白晳。左傳澤門之晳。與黔對。說文。點小黑也。曾點與楚公子黑肱鄭公孫黑。皆字子晳。各與名反皆白色之義也。弟子列傳曰。公西赤少孔子四十二歲。此說亦非。論語子華使于齊。與原思爲之宰。比事而記之。使齊之年雖不可考。然因爲宰之年。而知使齊之年之不遠于爲宰之年也。使于齊。蓋在孔子爲司寇使原思爲宰之年也。孔子爲司寇。孔子時年自五十三始至五十五止。若子華少孔子四十二歲。則使齊時不及舞勺之年矣。弟子列傳。於原思無年。家語謂原思少孔子三十六歲。計爲宰時。亦未及弱冠。豈不謬乎。侍坐者。謂四子侍於夫子坐側也。上篇或言侍。或言侍側。此獨言侍坐。明四子亦坐也。與下舍瑟而作作字相應。○以吾一日長乎爾。毋吾以也。長乎爾。猶曰長於爾輩。毋吾以也者。言各言爾志。無以吾長憚言也。皇本正平本南宗本。毋作無。吾以二字倒。詞以鄭本以作已者。說文。已以也。以用也。二字義同。檀弓。般爾以人之毋嘗巧。則豈不得以注以與已。字本同。是以已古字通用。○居則曰不吾知也云云則何以哉。以。用也。言何以爲之用也。此章試尋味白文。則何以哉句。是問者本意。卽答者宗旨。夫子喟然歎曰句。是別有所感之詞。而孰能爲之大句。是答者點睛。卽問者會意。大旨不待看傳注而了然矣。○子路率爾而對。皇本率作卒。莊子人間世注。率然拊之。釋文。率本作卒。是率卒古字通也。漢書東方朔傳。率然高擧。注。率然猶颯然。宋玉風賦。有風颯然至。可以形輕速之義。曲禮。侍於君子。不顧望而對。非禮也。注云。禮尚謙也。不顧望。若子路率爾而對。皇疏云。子路不起。非也。後篇。子曰由也女聞六言六蔽矣乎。對曰未也。亦不記其作也。而下文有居吾語女。則論語弟子對。皆起而記者略之。以爲所必然。不須記也。獨曾晳記作。以明其舍懇爾安得因率爾二字而遂謂不起而對耶○千乘之國攝乎大國之間千乘大國也當孔子之時如齊楚晉秦地兼數圻則又大矣故云攝乎大國之間蓋千乘卽魯國影子師旅卽齊師伐我國書伐我之類飢饉卽大無麥禾大無麥苗之類觀後世諸葛武侯之治蜀王景略之治秦可得其概矣攝與左傳攝其首之攝同俞樾曰攝猶籋也說文竹部籋箝也徐鍇繫傳曰今俗作鑷然則攝之通作籋猶籋之俗作鑷也周官司弓矢職鄭注曰并夾矢夾籋也是籋有夾義籋乎大國之間猶云夾乎大國之間俞說是也左傳襄三十一年所謂敝邑褊小介於大國之介義甚近焉而攝甚於介正平本南宗本大國下無之字○加之以師旅因之以饑饉加字從攝大國之間來因字從師旅來師旅泛言軍陳攻守之事也不必論人數大營曰師小營曰旅如斯而已人數則古今不同老子儉武篇云師之所處荊棘生焉大軍之後必有凶年所謂因也爾雅釋天云穀不熟爲饑蔬不熟爲饉郭注凡草菜可食者通名爲蔬穀梁襄二十四年傳云一穀不升謂之嗛二穀不升謂之饑三穀不升謂之饉四穀不升謂之荒五穀不升謂之大饑又謂之大侵此以穀入多寡分立差等兼取荒饉爲名其實五者皆爲饑也墨子七患篇一穀不收謂之饉二穀不收謂之饑蓋穀不熟蔬不熟皆可名饉爾雅及穀梁墨子各具一義釋文云饑鄭本作飢說文飢餓也義稍別今經傳通用千乘句提起說攝大國則見勢之難師旅飢饉則見時之難然二句遞說下見得一節難於一節由也爲之內有政以作其氣教以孚其心兩項政字又兼兵政養政皇本正平本饑作飢與鄭本同○比及三年可使有勇且知方也者比近也書言三載考績故子路冉有皆以三年計之也子路長於治軍旅故夫子亦言千乘之國可使治賦也有

勇。兼志氣技力等項。所以不懾大國也。方、義方也。知親上死長之義也。此是何等力量。何等作用。使功利智術之士爲之。富強則能之。決不能使有勇知方也。是子路之所以賢於管仲而曾西之蹵然艴然。所以遠不同也。○夫子哂之。集注以哂爲微笑。是也。大戴禮盧注曰。哂則齒見。笑則矧見。正與朱注相合。說文。弞笑不壞顏曰弞。从欠引省聲。其欠字下云。欠、張口气悟也。弞有開口之象。故弞爲正字。哂俗字也。曲禮。笑不至矧。鄭注。齒本曰矧。大笑則見。此借矧爲齗字。凡笑至矧則壞顏且失容。故曰笑不至矧。大笑見齗。則不見齗者爲莞笑矣。弞笑不壞顏。而壞顏者爲大笑。哂與矧各一義也。皇疏。齒本曰哂。大笑口開則哂見。此以矧哂爲同義。恐謬。子路爲邦之才。夫子固許之。但其言志。已視天下無難事。便有淩駕當時人才之氣。無少退遜之意。夫子所以哂之。○求爾何如。赤爾何如。點爾何如。皆夫子呼其名而問。求赤點之下。皆當讀斷。爾何如者。謂其志何如也。○方六七十者。謂國之四竟。以正方計之。有此數也。如五六十。公羊隱元年傳。且如桓立。何休注。且如。假設之辭。孟子王制皆言。公侯方百里。伯七十里。子男五十里。則六七十里五六十里者。伯子男之國也。周官大司徒云。公五百里。侯四百里。伯三百里。子二百里。男百里。與王制孟子不同。蓋周官言封域。王制孟子專就出稅之田言耳。春秋時。列國兼併。小國見侵削。不能如制。故有此六十里之國。冉有以子路見哂。故以小國自任。然春秋時。小國足民尤難。可使足民者。謂使民財用足也。亦待三年者。漢書食貨志云。三年耕則餘一年之畜。衣食足而知榮辱。廉讓興而爭訟息。故足民。亦須以三年計之也。皇本正平本民下有也字。○如其禮樂以俟君子。禮樂教化之具。古人出爲政事。各竭才力。視己所能爲者專圖之。而己所不能爲者勿冒焉。故其事易成，而其才亦易見。後世儒者，初談治術，卽務德化，誰肯以禮樂讓人者。此所以浮文日滋，而實政日敗也。求一日可使，一日以俟，正是絕頂識力。但此君子是指移風易俗，講讓型仁，如夫子治魯，路不拾遺。〇非日能之，南宗本能上有敢字，正平本之下有也字。宗廟之事如會同，一氣語，不可分析。觀下宗廟會同，非諸侯而何語，則知此本主諸侯立言，未始上及天子，而相亦特贊相諸侯之禮耳。宗廟之事，宜主朝聘而言，下言如會同者，會同不在廟而在壇，舉宗廟不言朝聘，舉會同不言壇坫，皆互文見義。如字當讀若漢書文帝紀丞若尉致，武帝紀爲復子若孫之若，注並云若者豫及之辭。金鶚曰，鄭注云宗廟之事謂祭祀也，諸侯時見曰會，衆頫曰同，朱子從之，非也。古者諸侯冕服以祭，卿大夫助祭皆冕，士亦爵弁，未有端章甫者。章甫卽周之委貌，弁而非冠，大夫以上之朝服也。鄭君以委貌爲玄冠，非也，戴東原辨之詳矣。公西華言願爲小相，特是謙辭，其實是爲上相。上相贊君之祭，豈得不暇冕而服章甫乎，其不合一也。諸侯祭祀，凡在廟者，無非相禮之人，未有專設一官而謂之相，亦未有上相小相之別。周禮左傳所稱相者，皆會同之相，非祭祀之相也。今以宗廟之事爲祭祀，何解於小相之稱乎，其不合二也。夫子詔四子言志，欲觀所以用世，故子路冉有皆按時事以立言，公西華何獨不然。時會殷同之禮，此惟盛世有之，春秋時此禮久已不行，公西華所言會同，豈必指此乎，其不合三也。下文云宗廟會同，非諸侯而何，明會同是諸侯之事，公西華欲爲諸侯之相也。若謂諸侯會同於天子，則相禮者爲天子之臣，周官大宗伯職云，朝覲會同則爲上相。覲禮云，侯氏坐取圭，升致命，王受之玉，侯氏降階東北面再拜稽首，擯者延之曰升，升成拜，此擯者卽大宗伯也。篇末言會同之禮有云公侯伯子男皆就其旂而立。四傳擯。亦天子之擯也。諸侯雖各有介。然不過皆奉其君之旂置於宮而已。宮謂壇壝宮。其在四時常朝。公介九人。侯伯七人。子男五人。見周官大行人職。亦不過立於門外傳命而已。非贊禮之相也。公西華既願爲相。豈但爲隨行之介哉。其不合四也。案會同之禮。非必諸侯會同於天子也。爾雅釋詁云。會。合也。又云。會。對也。說文云。同。合會也。合。合口也。是會同二字本義。原止二人相合。易有同人之卦。以己與人合而言。同止二人。會亦可知矣。禹貢云。灉沮會同。孔傳云。灉沮二水。會同雷夏之澤。二水可言會同。豈二君不可言會同乎。曲禮云。諸侯相見于郤地曰會。春秋所書。公會某君于某。皆兩君相見也。相見于郤地可謂之會。則相見於宗廟之中。亦可謂之會矣。此會同之小者也。至於十餘君聚會。不于廟而于壇。則會同之大者也。左定四年經云。公會劉子晉侯宋公蔡侯衞侯陳子鄭伯許男曹伯莒子邾子頓子胡子滕子薛伯杞伯小邾子齊國夏于召陵。傳云。衞子行敬子言於靈公曰。會同難。嘖有煩言。莫之治也。其使祝佗從。此十餘君聚會稱會同之證也。可知春秋時所稱會同。皆諸侯自相會同。非會同於天子也。兩君相見。其相禮者必是卿。聘義云。卿爲上擯。大夫爲承擯。士爲紹擯。周官司儀云。及廟唯上相入。春秋時。凡相禮者皆卿。猶古制也。鄭注司服云。諸侯自相朝聘。皆皮弁服。蓋據聘禮知之。兩君相見。皆服皮弁。其擯介降一等。宜朝服。凡朝服。卿大夫委貌。士玄冠。上相贊君。其首服亦爲弁制。正自相宜也。諸侯會同於天子。皆冕服。而自相會同。必降而服皮弁。則其臣固亦必降。乃臣從君于王朝。得與君同服冕。而贊相兩君之會。不得與君同服皮弁者。以冕服有等差。卿大夫玄冕與君裨冕不同。而皮弁服無別。故降一等而服朝服也。然上相與君同戴弁。

則不相近矣。卿出聘服皮弁。而相君以朝于鄰國。則服朝服。以聘使得專爲賓禮
宜優崇。其下有介。服宜差別。故聘使皮弁服。介則朝服。若相君以行。君皮弁服。相
則朝服。其禮一也。客君之相如此。則主君之相。亦必如此。所謂端章甫者。其爲兩
君擯相之服明矣。○端章甫。說文云。褍衣正幅。從衣耑聲。凡衣及裳不邪殺之幅
曰端。今經傳皆作端。端是同音叚借。左傳端委。杜注。禮衣端正無殺。故曰端。凡朝祭
之服。皆用正幅。通得端名。故樂記言魏文侯端冕而聽古樂。是祭服名端也。左傳
言太伯端委以治周禮。是朝服名端也。釋名釋衣服云。玄端其袖下正直。方與要
接也。此亦舉玄端以例其餘耳。士冠禮。玄端玄裳黃裳雜裳可也。可也云者。謂唯
其所服服之。不定之辭也。玄端三裳。主論列其服。非差次所服之人。上經爵弁服
纁裳皮弁服素積。皆上下通服。則玄端玄裳黃裳雜裳。明不專爲士設。經記說玄
端服。唯見此三裳。然則服玄端者無異裳。蓋可知也。荀子哀公篇。端衣玄裳絻而
乘路者。志不在於食葷。云絻而乘路。則爲天子冕服。蓋冕服亦通名端。天子冕服
有玄裳。則玄裳非但爲上士所服矣。玄端之制。案班固漢書食貨志言。周布帛廣
二尺二寸爲幅。玄端袂幅如布之幅。廣與袤等。故曰端。端者取正方爲名。是玄端
服無不方正也。按士冠禮疏曰。朝服亦得名端。以十五升布爲緇色。正幅爲之。十
五升則爲縷一千二百。江永謂古未有棉花布。以麻爲之。一千二百縷麻布之極
細者。是也。鄉黨圖攷曰。玄冠以黑繒爲冠。梁廣二寸。又以黑繒爲武。冠屬於武。其
畢內向縫之。冠梁古用縮縫。周用橫縫。辟積無數。天子用朱組纓。結於頷下。垂其
餘爲緌。諸侯用丹組纓纘緌。大夫當用青組纓。士用綦組纓。又曰。大白緇布之冠
皆用布。故有纓無蕤。玄冠用黑繒。縞冠用生絹。故垂蕤爲飾。孔賈疏禮。每混玄冠

緇布冠爲一。江氏糾之是也。雜記以玄縞與大白緇布對擧。則玄冠非緇布冠。卽其顯證。江謂緇布冠用布。玄冠用縞。最爲明審。惟大夫玄端之裳。諸經不言何色。據玉藻注。謂大夫去位。宜服玄端玄裳。此雖三月去國之服。想在私朝及家居玄端亦必玄裳也。士冠禮。主人玄冠朝服緇帶素韠。據是則朝服玄端。並用緇帶也。士冠禮。玄端黑屨。鄭注曰。屨者順裳色。玄端黑屨。以玄裳爲正也。詩羔羊正義曰。其天子諸侯燕居。同服玄端。則亦同服羔裘矣。孔冲遠謂禮無玄衣之名。抑何不攷王制玄衣而養老之文乎。其疏玉藻。謂彼云玄衣。此則玄端也。是玄端可當玄衣。無可疑者。但以玄端當玄綃衣。似又有別。玄端之衣用布。而綃衣則非布也。鄭謂綃。綺屬。染之玄色。攷說文云。綃。生絲也。廣雅云。綃謂之綃。是與玄端用布之制異。則玄綃衣非玄端審矣。蓋惟冕服用絲。此玄綃衣當卽玄冕之衣。案玄端之用最廣。天子諸侯大夫士皆用之。但有常服不常服之別。天子諸侯燕居用之。諸侯遷廟釁廟亦用之。大夫在家早朝。及去國三月用之。鄉射戒賓。及息司正亦用之。公食拜辱。及鄉飮息司正又用之。然此皆天子諸侯大夫所不常服者也。至於士冠禮。則冠者初加用之。賓主人兄弟。及擯者贊者亦用之。昏禮則納采之使者迎賓之主人。迓輪之從者。賓壻之女父用之。祭禮則齊與筮日筮尸視殺視濯用之。尸祝佐食又用之。喪禮則族長宗人用之。虞禮則尸亦用之。又郊而免牲亦用之。子事父母用之。世子養親用之。此皆士所常服者也。疏家每指玄端爲士服。亦擧其最常服者言之耳。又案。朝服得蒙端名。以同此十五升之布。又同用正幅故也。是以鄭君注論語。直云玄端諸侯視朝之服。其實玄端朝服。不可混名。凡服制。玄端卑于朝服。若誤讀鄭君論語注。則反疑玄端之卽朝服矣。大戴記公冠篇盧景宣注云玄端諸侯朝服荀子不苟篇楊倞注云玄端朝服也此竝以玄端爲朝服皆誤沿借義玉藻天子玄端而朝日于東門之外聽朔于南門之外鄭注曰端當爲冕字之誤也又諸侯玄端以祭鄭注曰祭先君也端亦當爲冕字之誤也文起案玄冕居五冕之下鄭謂衣無文裳刺黻而已是玄冕之服亦與玄端同但冕服用絲玄端用布冕服之冕有覆板旒玉玄端之冠惟用黑繒橫縫辟積無數則玄冕與玄端其制迥殊然端與冕字每相誤雜記注又云玄冕或爲玄冠或爲玄端是其訛舛不獨玉藻也玄端之用卑于玄冕天子朝日及聽朔諸侯祭先君豈可下同士之服鄭讀作玄冕是矣金鶚曰玄端服者禮服之下者也服之尊卑係於冠冕服爲上弁服次之冠服爲下玄端服玄冠故爲禮服之下者也然自天子至于士皆服之其用至廣鄭氏三禮注釋玄端服其誤有九一曰玄端與朝服同特異其裳耳按玄與緇有別緇者正黑色玄者黑青色也朝服緇衣玄端玄衣是其色不同也且其制亦迥異朝服大夫以上其冠皆委貌委貌爲弁制所謂冠弁也弁有笄國語所謂委笄也惟士玄冠侯國士不得從大夫服冕故朝服亦不得從大夫服委貌天子之士得服冕朝服亦當委貌矣故少牢饋食禮朝服不言玄冠士冠禮朝服必言玄冠鄭以委貌爲玄冠非也玄端則自天子至士皆玄冠是朝服玄端之冠異矣朝服素韠玄端則爵韠朝服屨無明文古人屨色象裳士冠禮皮弁素積白屨朝服亦素裳則亦白屨也玄端則黑屨是韠屨又有異矣安得謂但易其裳乎一曰玄端天子諸侯朱裳大夫素裳與士異夫朱裳裳之最貴者惟冕服有之玄端爲禮服之下者也豈得與冕服同朱裳乎且天子諸侯齊服亦玄端服宜純玄若朱裳則陽色甚著非陰幽之義矣大夫服素裳以齊亦與陰幽義

不合。又玉藻云。無君者不貳采。此謂大夫士去位服玄端。上下同玄色也。若大夫素裳。則非不貳采矣。又屨人掌王之服屨。有黑舃。是玄端服之舃。若裳朱而舃黑。則不稱矣。大夫與士同黑屨。若服素裳。亦不合矣。況冕服皮弁朝服大夫士之裳。皆與天子諸侯同。何獨至玄端而君與大夫士別爲三乎。然則自天子至于士。玄端皆玄裳也。玉藻所謂韠君朱。大夫素。士爵韋者。蓋服雖可兼用而亦必有其正。冕・弁・冠。尊卑之差等也。冕服爲天子諸侯之正。皮弁朝服爲大夫之正。玄端服爲士之正。故以朱韠屬之君。素韠屬之大夫。爵韠屬之士也。鄭以爲祭服稱韍。他服稱韠。故朱韠不指爲冕服。按韠卽韍。二字義同。詩言赤芾金舃。赤芾在股。此朝會之服。非祭服也。朝服可稱韍。祭服豈不可稱韠乎。一曰。玄裳黃裳襍裳。以士三等而別。士冠禮云。玄端玄裳黃裳襍裳可也。按玄端主于玄裳。中下士亦有服玄裳時。士冠禮云。主人玄端。兄弟畢袗玄。注。古文袗爲均。均之爲言同也。衣裳皆玄。故曰均玄。左傳均服振振。亦以韋弁服衣裳皆韎色也。夫兄弟之中。必有未仕者。卽仕亦不必爲上士。是知中下士皆可服玄裳也。蓋玄端爲士之常服。雖學士未仕者。亦得服之。初冠服玄端見于君及鄉大夫鄉先生。其事重。皆必服玄裳。以從其正。豈必中士黃裳。下士襍裳乎。玩經文可也二字。是不定之詞。上士雖以玄裳爲主。而事輕者亦可服黃裳。中下士雖以黃裳襍裳爲主。而事重者亦可服玄裳。如鄭說劃分三等。拘于品級。與可也二字不合矣。一曰。襍裳前後異色。晉獻公賜太子申生偏衣。左右異色。狐突知其有殺之之心。曾謂先王之法服。而有前後異色者乎。襍裳當是玄黃合色。易文言傳曰。玄黃者天地之襍也。是謂玄與黃襍。玄黃襍色。與雀色相似。故用爵韠也。一曰。士不侈袂。廣袤等。故名爲端。按朝祭之服。衣袂皆二尺二寸。故皆有端名。不特玄端服也。樂記言端冕而聽古樂。是冕服名端也。左傳言晏平仲端委立于虎門之外。是朝服名端也。餘可類推。禮惟弔服弁絰

其褒侈袂。少牢主婦綃衣侈袂。可知其餘皆不侈袂也。若大夫以上皆侈袂。何以言端冕端委乎。一曰齊服玄端惟士有之。司服云。其齊服有玄端素端。按此文雖

在士凶服下。其實非專承士言。句在一節末。是總結法。謂自王以至于士齊服皆有玄端素端也。王之祭祀・兵事・眡朝・凶事・弔事。服皆詳舉。惟齊服不見。可知此句

齊服包王在內也。玉藻云。玄冠丹組纓。諸侯之齊冠也。諸服惟玄端玄冠。是諸侯齊服亦玄端矣。郊特牲云。齊之玄也。以陰幽思也。玄色陰幽。故齊必服玄端。無貴

賤之異。玄端本次于朝服。而朝服緇衣。玄端乃玄衣者。以其爲上下通用齊服也。郊特牲言天子之祭。可知齊之玄數字。卽天子亦在內也。鄭注旅賁氏云。王齊服

袞冕。不知齊祭必異服。自天子以至于士皆然。以祭重于齊。不可無別。又齊服取陰幽之義。不尚文飾。祭貴盛服。必致其華美也。袞冕甚文。齊服豈宜此乎。一曰士

祭服玄端。與大夫異。按記云。特牲饋食。其服皆朝服。玄冠緇帶素韠。唯尸祝佐食玄端。不言主人。可知主人與賓及兄弟皆朝服也。祭服莫重于主人。安有賓及兄弟

朝服。而主人反服玄端乎。鄭注謂皆者賓及兄弟。誤矣。果如鄭說。記當云賓及兄弟皆朝服。惟主人尸祝佐食玄端也。經云。筮日主人冠端玄。又云。夙興主人服如

初。立于門外。視側殺。此與筮日筮尸視濯視牲皆玄端。以非正祭也。至祭當易朝服。經不言。文未備也。鄉飲酒禮經不言主人服。記故著之曰主人朝服。正與此同。

凡賓與兄弟皆從主人服。士冠禮。主人玄端。兄弟畢袗玄。賓如主人服。昏禮。鄉飲酒禮。燕禮。射禮。聘禮。賓主服莫不皆然。昭其稱也。天子諸侯之祭冕服。賓助祭者

皆冕。亦此義也。雖章數臣有與君異者。然亦惟賓降于主人。未有加于主人服者
也。知賓服朝服。主人必不服玄端矣。且祭與朝並重。其服宜同。諸侯冕服以朝。亦
冕服以祭。大夫朝服以朝。亦朝服以祭。然則士以朝服朝。亦宜以朝服祭矣。或據
祼記云。大夫冕而祭于公。弁而祭于己。士弁而祭于公。冠而祭于己。是大夫士自
祭服不同。士冠而祭則玄端也。不知大夫士朝服衣裳雖同。而冠有異。大夫朝服
冠弁。故曰弁而祭于己。士朝服玄冠。故曰冠而祭于己也。安得以冠爲玄端乎。一
曰。士莫夕于君。服玄端。案夕君服玄端。于經無據。以義推之。臣之見君。皆必朝服。
士初冠服玄端見君。未仕者也。若已仕之臣。未有不朝服者。安得以夕而殺其敬
乎。且夕于君。非每日常見者也。必君有事特召。或臣有事當奏白。然後進見。豈可
輕其服乎。然則夕君服玄端。必無此禮明矣。郊特牲。士冠記。並云委貌周道也。章
甫殷道也。毋追夏后氏之道也。鄭注士冠記云。委猶安也。言所以安正容貌。章明
也。殷質。言以表明丈夫也。甫或爲父。毋發聲也。追猶堆也。夏后氏質。以其形名之。
三冠皆所服以行道也。其制之異同未之聞。白虎通紼冕云。所以謂之委貌何。周
爲冠飾最小。故曰委貌。委貌者言委曲有貌也。殷其飾微大。故曰章甫。章甫者尚
未與極。其本相當也。夏其飾最大。故曰毋追。毋追者言其追大也。據此則三代冠
制。稍有大小之差。班言其形。鄭兼釋其義。互相備耳。章甫殷冠名。然此通周冠以
爲禮冠之稱耳。端章甫。蓋用成語也。猶言端冕端委。○願爲小相焉者。諸侯相見。
贊禮者曰相。在主國曰擯。賓國曰介。擯介統謂之相。聘禮。卿爲上擯。大夫爲承擯。
士爲紹擯。玉藻云。君入門。介拂闑。大夫中根與闑之間。士介拂棖。則卿爲上介。大
夫爲次介。士爲末介也。此云願爲小相者。不敢爲上擯上介之卿。願爲承擯紹擯

次介末介之大夫士佐助君也上篇夫子曰赤也束帶立於朝可使與賓客言也與賓客言是大相之事則赤言小相爲謙可知○鼓瑟希說文鼓郭也从卩又又象其手擊之也周官小師掌教鼓鼗柷敔塤簫管絃歌注出音曰鼓此字虛實兩義毛晃岳珂並分鼓舞字從鼓鐘鼓字從鼓非也少儀云侍坐弗使不執琴瑟則點之侍坐鼓瑟必由夫子使之閻若璩謂古人琴瑟皆與歌並奏無徒瑟者此說非也雖平居無故不撤琴瑟然豈必皆歌如好竽好吹簫吹笙豈能且歌且吹雅詩謂或歌或號爾雅云徒鼓瑟謂之步徒吹謂之和徒歌謂之謠徒擊鼓謂之咢徒鼓鐘謂之脩徒鼓磬謂之寋豈無徒瑟耶當子曰以吾一日云云時曾皙瑟已鼓矣未必歌爾卽借謂歌瑟並奏長者有問瑟聲歌聲雜喧四坐其謂之何邪希疏也鼓瑟希不是瑟音希是鼓之希也夫子之問三子曾皙鼓瑟在一堂之中恐妨其語間歇不聒之故得三子之言一一入聽聖容微哂明見無遺也及其問之而後舍瑟作而對鏗爾二字屬上句讀樂記云鐘聲鏗周禮典同高聲硍注杜子春云高謂鐘形容高也故書硍作硍杜子春讀鏗鏘之鏗鄭大夫讀衮冕之衮玄謂鐘形高則聲上藏衮然旋如裏蓋指鐘聲言之此鏗字亦當讀爲衮以象瑟聲之旋如裏也說者或謂鏗爾當屬下句點將言己之志推却方鼓之瑟而投置之瑟頓地之時衆絃皆鳴故其聲鏗然此必無之事矣作起也曲禮云侍坐於君子君子問更端則起而對蓋君子有問於己皆當起對對畢就坐若對未畢君子詔己坐得坐若此三子承夫子之問並應作而後對前不言者從可知也○異乎三子者之撰者撰是撰述所陳說便是注撰具也只是具陳具列之義謂自擧其所志而陳列於夫子之前也具是活字非死字鄭本撰作僎○莫春者春服既成何

本皇本正平本作暮春。邢本作莫。釋文同。暮卽六朝俗訛字。莫春正是建辰月。當時民間亦沿稱前代正朔。凡經典擧時而不揭月者。皆以夏時言。此不言季春。而云莫春者。近月末也。月末。其時已暖也。春服成者。天時暖而衣服單袷者成也。單袷者。夏小正云。二月往耰黍襌。襌與單同。凡衣有裏曰袷。無裏曰襌。說文云。袷衣無絮。今人稱裌衣。亦袷之轉聲。凡單袷皆是春服。故注擧以言之。曾皙之志。大旨不在適情樂性而已。然郤不必有見景隨時之意。若謂此言志之日。正値春莫。則不合者。字語氣也。且春服如既在身矣。又何必口言春服邪。蓋一歲中氣侯之溫暖駘蕩可樂。莫如暮春。故曾皙擧以爲言。祇惟其未春懷春。故謂之志。若時已至矣。又何志之云乎。且謂季春則全是三月。謂莫春則意在三月下旬光景。爾蘭亭詩叙曰。莫春之初。則以莫春爲三月之別名。故以上巳爲莫春之初。其實莫春在三月末。不得以莫春二字。代三月二字也。冠者五六人者。或五人或六人也。童子六七人者。或六人或七人也。皇本正平本南宗本冠上有得字。〇浴乎沂風乎舞雩詠而歸。浴字有二用。一則玉藻。沐稷浴用二巾。謂倮身在水中。一則左傳聞其駢脅。浴薄而觀之。內則五日則燂湯請浴。皆身在水外。不分寒暑。約云五日。蓋亦濯足之類。薄而觀者。但澡上體爾。此浴乎沂。則惟洗手足。集注謂盥濯也。盥者洗手。濯者洗足。正本包氏浴乎沂水之上之意。猶所謂掬水月在手。濯足萬里流。皆身踞水濱。而非澡身之名也。集注曰。今上巳祓除是也。此說非也。上巳祓除。卽晉人所謂脩禊事也。曾皙見地高明曠達。借使春秋時蚤有此風。安肎效尤。且狂士不羈。息焉游焉。徑行之爾。與上巳之俗奚啻河漢之不相及乎。且集注既謂風乘涼也。上巳亦難必乘涼爾。沂水有二。地志以爲沂有溫泉者。乃出自泰山蓋縣之沂水東南逕齊莒之境南至下邳入泗者也此禹貢淮沂之沂水經注言沂水至陽都縣南合溫水上承溫泉陂西南入沂水則溫沂之合在今沂州境內去魯數百里而遙曾皙何事跋涉以往浴乎此之沂水與彼沂水名同實異出魯城東南尼丘山繞魯城東門北對雩門門南隔水有雩壇稍西即與泗水合於魯城西南兩沂水相去懸絕惡得以齊地溫水之沂爲魯舞雩側右之流乎夫浴不必裸體入水盥澡面手亦可謂之浴矣風謂披襟當風春莫溫暖步生微熱得風涼適體也二者皆郊遊佳境故曾皙舉以爲言韓李筆解改浴爲沿王充論衡讀風爲諷皆以三月未熟不宜浴洗風涼也於是又有沂水有溫泉之說均未達此章之義也雩者祈雨之祭名鄭玄曰雩者吁也吁嗟而請雨也春官女巫職曰旱暵則舞雩因謂其處爲舞雩舞雩之處有壇墠樹木堪爲遊覽之勝樊遲從遊于舞雩之下即其證矣方輿紀要云舞雩壇在曲阜城東南二里引龜山水爲池至壇西曰雩水水經泗水注沂水北對雩門左傳莊十年公子偃請擊宋師竊從雩門蒙皋比而出者也門南隔水有雩壇壇高三丈以酈注推之則出魯門即爲沂水而舞雩又在雩水之南也沈濤曰祓禊之禮於古無徵晉書束皙傳言周公卜成洛邑因流水以泛酒秦昭王三月上巳置酒河曲出吳均續齊諧記不足爲據宋書禮志續漢志注補引韓詩曰鄭國之俗三月上巳之溱洧兩水之上招魂續魄秉蘭草祓除不祥則亦以爲溱洧之淫俗非鄗洛之盛典周禮女巫掌歲時祓除釁浴注歲時祓除如今三月上巳如水上之類蓋鄭舉漢法以況周制西京雜記載戚夫人正月上辰出池邊盥濯食蓬餌以祓祆邪三月上巳張樂於流水續漢禮儀志是月上巳官民皆絜於東流水上曰洗濯祓除去宿垢爲大絜是西漢始於宮闈

東京則沿爲民俗。古祓禳皆除惡之祭。女巫之祓除。卽女祝之禬禳。禮月令。九門磔禳以畢春氣。注。磔牲以禳於四方之神。所以畢止其災。周禮男巫。春招弭以除疾病。注。招。招福也。弭讀爲敉。敉。安也。安凶禍也。杜篤祓禊賦。謂巫咸之徒。秉火祈福。猶存古制。魏晉以後。但以絲竹觴詠爲樂。而蔡邕張協之徒。且以論語舞雩當之。匪特義異古訓。抑更事乖前典。沈說是也。月令磔禳。卽春儺之禮。後世祓禊。卽其遺俗。與舞雩爲請雨祈穀實者各別。此則蔡張誤會古論之旨。妄以祓禊當舞雩也。詠乃登高能賦之義。自作亦可。斷章亦可。曾皙狂者。絕意於世。故其言如此。又所答非所問。故亦難乎言之。得夫子亦各言其志之語。而後開口。其意可見矣。猶言么麼事功禮樂。欲爲而弗得焉。猶且規規汲汲。妄勞夢想。何爲也。此不特胸次洒落。卽有下視三子。遺略事爲之意。○夫子喟然歎曰。吾與點也。與親與黨與之與。如左傳中與人與晉與楚等之與。三子言爲國之事。答問之正也。曾皙之狂。無意於世者也。故自言其瀟灑之趣。非答問之正也。夫子以得位救民爲念。而時不我與。且與二三子講道於寂寞之濱。忽聞曾皙浴沂詠歸之言。不覺喟然而歎。蓋其所感者深矣。所與雖點也。而其所以歎。豈點也之所知。袁枚曰。如或知爾。則何以哉。問酬知也。曾點之對。絕不相蒙。而夫子何以與之。吾以爲非與曾點也。明與而何以實不與。曰沂水春風。卽乘桴浮於海也。從我之由。卽吾與之點也。子路聞之喜。卽點之從而後也。赤也爲之小。孰能爲之大。安見方六七十如五六十而非邦也者。屢屢駁斥。卽好勇過我。無所取材之責也。聖人無一日忘天下。而門下子路能治兵。冉有能足民。公西華能禮樂。三子之才雖不言。夫子素已知之。第問之試其自信否。既自信矣。倘明王復作。天下宗予。與二三子各行其志。則東周

之復。期月而已可也。無如轍環天下。終於吾道不行。不如沂水春風。一歌一浴。較
浮海居夷。其樂殊勝。蓋三子之言畢。而夫子之心傷矣。適曾點曠達之言。泠然入
耳。遂不覺嘆而與之。非果與聖心契合也。如果與聖心契合。在夫子當莞爾而笑。
不當喟然而歎。蓋歎者有悲憤慷慨之意。無相視莫逆之心。夫子之欲仕也至矣。
爲委吏。爲乘田。其喜人仕也又至矣。仲弓爲季氏宰。季路冉有爲季氏宰。漆雕開
不仕。則使之仕。曰吾斯之未能信。子悅。悅者悅其待能信而仕。非悅其不仕也。三
月無君則皇皇然。而顧能與點遊乎。宋儒震于夫子之與點。而不得其故。則遂夸
因物付物。堯舜氣象。上下與天地同流。過矣。然則巢由沮溺。後世嵆阮一流。皆聖
人邪。○三子者出。曾晳後者。三子之出。必自有先後。而非並出。記者祇謂三子已
盡出。而曾晳猶不出。是曰曾晳獨後爾。夫三子者之言何如者。點疑已志不在酬
知。而夫子許之。故問三子以自證。子曰亦各言其志也已矣者。許其所能也。○曰
夫子。皇本夫作吾。○爲國以禮。卽能以禮讓爲國也。與不讓是一正一反之辭。宋
鳳翔曰。禮者君子所以治心。卽君子所以經邦。浮而易竭者才。亢而難馴者氣。禮
則自有心和而形和者。無論安危文武。俱不可少。此涵養。人知則才大出之小心。
人未知。則厚蓄戒其輕發。是也。夫子於求赤皆許之。而無貶詞。可見於子路固許
其優於爲邦。特哂其言不讓耳。而曾晳誤會聖言。以爲邦自任爲哂之。則求赤之
自任。無異於子路。所以更連而問也。○唯求則非邦也與者。唯。獨也。語勢從由而
來。故曰唯。孟子惟耳亦然。惟目亦然。與此正同。言獨求所言非邦也與。蓋點疑自
居千乘爲不讓。故怪其不笑之也。○安見方六七十如五六十而非邦也者。者。古
焉安二字通用。禮記三年問焉字。荀子禮論篇皆作安。是其證也。凡建國稱方者。

謂八達同道里者。斷長補短。倣方形起算。當時大夫之富強。如魯之三桓。皆數百乘。百乘是方百里之賦也。如晉之六卿。則又過焉。然大夫之采。皆取君之封內。分析散處。非如儼然正封畛。建一國也。故稱方若干者。雖非必正方。而大抵定方隅。正封畛。儼然成國也。故以爲非國而何。重在方字。○惟赤則非邦也與一節。皇本正平本南宗本。宗廟下有之事如三字。而何二字作如之何三字。皇本小下大下皆有相字。正平本大下有相字。非諸侯而何。言所爲相者。是諸侯之事也。非指人言也。夫子曰。宗廟會同。豈非邦與。而赤方以小自任。則可見其言之讓。而子路之可哂。在詞氣間明矣。三子既各有可與。則己之見與。非爲其忘世亦明矣。凡聖人敎人。先行後言。未能而先言者惟志。志皆其可能而必行者。此章當以武伯問仁章來參看。三子所自言。卽夫子所謂治賦爲宰與賓客言也。若使今人言志。雖所不能。亦謾言矣。劉沅曰。此章夫子叩諸賢之實學。不欲其以空踈鳴高。三子言志。皆有成能。獨曾點生平志尙清高。承子之問。謂己無以酬知。故曰異乎三子者之撰。自謙。非自詡也。不料夫子喟然與之。故三子出而獨後。問三子以證夫子與己之故。進問由之所以見哂也。子言爲國以禮。特其言不讓。而點以由自居於千乘之國。爲不讓。故疑求非諸侯。子言求亦邦矣。而由不讓之故猶未解。又問及赤。迨子言赤自居小相。乃恍然於由之不讓。特自居千乘。不如求赤以小邦自居。得立言之體耳。夫聖人自得而無求於外。然實成己而卽欲成人。何嘗一日而忘。三子自言如此。夫子告武伯亦如此。其學之務實。才之濟時。皆非後世所易得。此章大旨不明。令後世疏誕傲僻之流。藉口沂水春風。反廢經濟。故曾點數問。斷不可少。而講家竟忘章首夫子發問之意。又以曾點之問。三子是證與己之故。又不知三子者之言何如一節。是夫子許三子。亦何孟浪也。先師韓村先生曰。曾點之氣象高矣。然見其文理有所不密。當問哂由之故。夫子明以其言不讓告之。曾點不曉。再三問。猶尚不知非爲國之取哂。殆類乎狂躁之人。蓋其鄙事爲之心。橫在胸間。聽不思聽所致也。嗚呼吾於此章。又見夫子之裁狂簡也。當曾晳問三子者之言。夫子一則曰國。二則曰諸侯。三則曰赤也爲之小。孰能爲之大。言其才能皆能適國家之大用。稱許鄭重。使彼嘐嘐然自得於事爲之外者。肅然斂其高邁超學之氣。以用力於實際。晳之學。其所成就。雖不可得知。以其有子之如彼推之。豈夫子抑裁之功。能納之中行。施及家庭間。曾有薰陶其德性者歟。古賀煜曰。楊升庵曰。朱子晚年有門人問與點之意。朱子曰。某平生不喜人說此話。論語自學而至堯曰。皆是工夫。又易簀之前。悔不改浴沂註。一章留爲後學病根。然朱子欲改集註之事。絕不見于文集語類等書。尾藤約山曾議其出於升庵之妄說。誠然。案語類。程子所說意思固好。但所錄不盡其意。看得來上面須別有說話。在必先說曾點已見此道理了。然後能如此。則體用具備。若如今恁地說。則有用無體。便覺偏了。因說一貫之旨。忠恕之說。程先生門人中。亦只上蔡領略得他意思。餘皆未曉。浴沂一章解。向來亦曾改過。但令尋未見在。據此則朱子固亦欲改此章註。然其所欲改者。在圈外程子之說。非悔本註。流於浮誕誤後生。升庵或因此而錯記也。然升庵平素好揑造無根之說以欺人。則未必非故意矯誣也。

論語會箋卷第十一終

論語會箋卷第十二

竹添光鴻會箋

顏淵第十二

顏淵問仁。子曰。克己復禮爲仁。一日克己復禮。天下歸仁焉。爲仁由己。而由人乎哉。

仁者。本心之全德。克。勝也。己謂身之私欲也。復。反也。禮者。天理之節文也。爲仁者。所以全其心之德也。蓋心之全德。莫非天理。而亦不能不壞於人欲。故爲仁者。必有以勝私欲而復於禮。則事皆天理。而本心之德。復全於我矣。歸猶與也。又言一日克己復禮。則天下之人皆與其仁。極言其效之甚速而至大也。又曰。爲仁由己。而非他人可能預。又見其機之在我而無難也。日日克之。不以爲難。則私欲淨盡。天理流行。而仁不可勝用矣。程子曰。非禮處。便是私意。既是私意。如何得仁。須是克盡己私。皆歸於禮。方始是仁。又曰。克己復禮。則事事皆仁。故曰天下歸仁。謝氏曰。克己須從性偏難克處。克將去。

顏淵曰。請問其目。子曰。非禮勿視。非禮勿聽。非禮勿言。非禮勿動。顏淵曰。回雖不敏。請事斯語矣。

目。條件也。顏淵聞夫子之言。則於天理人欲之際。已判然矣。故不復有所疑問。而直請其條目也。非禮者。己之私也。勿者。禁止之辭。是人心之所以爲主而勝私復禮之機也。私勝。則動容周旋。無不中禮。而日用之間。莫非天理之流行矣。事如事事之事。請事斯語。顏子默識其理。又自知其力有以勝之。故直以爲己任而不疑也。○程子曰。顏淵問克己復禮之目。子曰。非禮勿視。非禮勿聽。非禮勿言。非禮勿動。四者身之用也。由乎中而應乎外。制於外所以養其中也。顏淵事斯語。所以進於聖人。後之學聖人者。宜服膺而勿失也。因箴以自警。其視箴曰。心兮本虛。應物無迹。操之有要。視爲之則。蔽交於前。其中則遷。制之於外。以安其內。克己復禮。久而誠矣。其聽箴曰。人有秉彝。本乎天性。知誘物化。遂亡其正。卓彼先覺。知止有定。閑邪存誠。非禮勿聽。其言箴曰。人心之動。因言以宣。發禁躁妄。內斯靜專。矧是樞機。興戎出好。吉凶榮辱。惟其所召。傷易則誕。傷煩則支。己肆物忤。出悖來違。非法不道。欽哉訓辭。其動箴曰。哲人知幾。誠之於思。志士勵行。守之於爲。順理則裕。從欲惟危。造次克念。戰兢自持。習與性成。聖賢同歸。愚按。此章問答。乃傳授心法。切要之言。非至明不能察其幾。非至健不能致其決。故惟顏子得聞之。而凡學者亦不可以不勉也。程子之箴。發明親切。學者尤宜深玩。

箋曰。語類云。孔門弟子所問。都只是問做工夫。若是仁之體段意思。也各各自理會得了。但問其求仁之方。故夫子隨其人而告之。克有掃除廓清之意。揚子法言問神篇勝己之私之謂克。是解克爲勝私。非訓己爲私。最與此章合。克己非克去其己。乃克去己之私也。顏子之復。與人不同。人之復。由剝而反也。顏子之復。不遠復也。易繫辭傳曰。顏氏之子。其殆庶幾乎。有不善。未嘗不知。知之未嘗復行也。易曰。不遠復。無祇悔。元吉。據此知顏子之復不遠。正因其不遠而克也。然所謂不遠者。非私乎。故既謂之復。則此己字與下文由己己字不同矣。宋儒克己有三說。呂與叔專指人我。克己銘曰。物我既立。私爲町畦。勝心橫發。擾擾不齊。是也。集注則云。身之私欲也。是指耳目口鼻之欲。謝氏則專說氣質之偏。氣質之偏。亦是克復內事。但不當專指耳。左傳昭二十年。仲尼曰。古也有志。克己復禮仁也。信善哉。爲楚靈王而言。然則勝身私欲。固原解也。禮是躬行之準則。卽本然之天則。故以復言。約禮以制行。時嘗有稍離遠焉者。輙必克治斬艾。以復歸于禮也。復禮非復初之說。或問云。聖人所謂禮者。正以禮文而言。語類云。不可將理字來訓禮字。又云。說禮卽說得著實。若說作理。則懸空是箇甚物事。朱子之意。蓋以禮爲禮文。則有規矩而可守也。朱子晚年用力於禮。故語類之言如此。集注以爲天理之節文者。亦謂勝人欲。而復禮則所履無非天理之節文。故可以爲仁矣。說者以節文爲末事。非朱子之意也。程子謂克己便是復禮。程意以禮是我所本有。只克己而禮在是矣。所謂有去翳法。無予明法也。朱子則曰。克己又要復禮。蓋克己只去私意。未能細密入他規矩。則復禮乃是精處。朱說最精。動容周旋中禮。盛德之至。是工夫到至精處。呂用晦曰。克己又要復禮。與克己便能復禮。語殊而理一。正爲天下自有克己而禮未能復者。必復禮而後爲克己之盡。譬之治亂。克己只是戡亂之功。雖寇賊略平。然瘡痍未起。禮樂未興。未可謂已治已安也。必至太平熙洽。然後兵革不試耳。此說是也。兩爲仁。語意稍不同。下爲字是著力做去。上爲字當輕看做謂字。左傳克己復禮仁也。不著爲字可見。言克己復禮便謂之仁。非是克己復禮之後。更有行仁工夫。禮與仁本非一物。今直以克己復禮爲仁。猶以無泥長流爲清澈之水。所指不同。而終歸于一。此聖言之妙也。去泥長流。則其水必淸。豈可不以無泥長流爲淸乎。克己復禮。則其心必仁。豈可不以克己復禮爲仁乎。伊藤長胤曰。學者讀此章。須先識得聖人所謂仁者是何等物。禮者是何等物。而勸人爲學行仁。亦將以何爲極。而後夫子告顏子之意。始可辨知矣。蓋仁者以安人爲道。而其極以平天下爲至。而非禮則無以分貴賤等親疎。而守夫仁也。故中庸曰。親親之殺。尊賢之等。禮所生也。孟子又曰。禮之實。節文斯二者是也。而人之不仁也。起於唯知有己而不復管別人。自是而爭奪傾危之變興。叛亡弑逆之禍成。苟克去其有己之心。汎愛衆人。而又有禮以節文維持之。則仁覆天下之盛。亦不外是矣。聖賢言仁言禮之旨。其旣如是。則夫子告顏子之意。豈可復外此而他求也哉。又曰。禮者是行事之法則。人事之過不及以此爲準。而不違其度之謂禮。此禮之所以爲道也。其曰非禮勿視云云者。猶易象所謂君子以非禮不履之云。中庸所云齊明盛服。非禮不動者。言視聽言動之以禮爲準也。孝經曰。非先王之法服不敢服。非先王之法言不敢道。非先王之德行不敢行。是故非法不言。非道不行。此等語其意可併按也。若以非禮爲己之私。則是吾心之私欲。則亦何所執而戒勿視聽言動也哉。且如其言。則夫子之告顏子。亦當曰勿視非禮。勿聽非禮云云。而不可謂非禮勿視非禮勿聽。夫子之言。分明以禮爲準。如上所言也。郝敬曰。人身渾然天地。聯萬物爲一體。故曰萬物皆備於我矣。萬物皆備曰仁。仁也者人也。人

耳目口鼻四肢腹心具。卽己。己者我也。有己則私意錮蔽。將天地萬物體段。隔作自
窠臼。貧固如堅城。須用大師克。一朝蕩破。卽故物依然。是曰克己復禮。莫不有自
然之天則。之謂禮。禮之言履也。仁渾然中存。而外有儀則。有履。踐履則爲禮。而涵
藏則爲仁。仁藏諸用。禮顯諸仁。合外內之道也。仁如果實。仁藏甲內。其根幹花葉
具。但甲閉則生機不復。如形骸隔則三千三百之用不顯。萬物一體之量局在軀
殼之內。不得與天下通。克己者如果實墮地。震雷一發。孚甲迸裂。千枝萬葉。敷榮
而出。復還舊觀矣。自己及物。高下散殊。粲然。帝則流形。如萬物相見乎離。太和元
氣。充滿宇宙。合爲一體。是謂復禮而爲仁。故己不克則有我。違乎中正之禮。而局
爲己。克則無我。復乎中正之禮。而化爲仁。有志爲仁者。但患禮爲己奪。而不得復。
斯仁爲己隔。而不得通耳。苟物我無礙。痛癢相關。視人猶己。愛人人親。禮人人答。
凡有血氣。孰不歸依。而八荒在仁育中矣。視聽言動。皆己也。必視聽言動無非禮。
則己克。而後能親親仁民愛物。中和位育可致也。蓋德以凝道。道以行德。德莫大
于仁。道莫大于禮。禮復然後天下歸。而仁全也。又曰。仁體諸身。禮以脩身。齊明盛
服非禮不動。所以脩身也。仁人心也。心本無形。以身爲郭。郭形爲心累。以禮爲範
圍。故禮天子達於庶人。皆以脩身爲本。身者內外顯微一合者也。與中人語。必教以
防外養內。因顯通微。曰脩身。與顏子語。變爲克復。全體一貫。亦非有異於脩身也。
復卽易卦之復。復卽仁也。初九不遠復。子云不遠復。以脩身也。易卦履。卽禮也。行
曰履。初九素履。往無咎。子云。素履之往。獨行願也。恒人行不如願。祗爲己不克。明
知邪色牽于己而視。明知淫聲牽于己而聽。言動亦然。明知當孝。而以妻子忘親。
明知當忠。而以身家忘君。凡世上好事。躭誤。皆因有己。能克己則百累迎刃解。孟

子謂其身正而天下歸之。已克而萬物一體之量可立觀矣。或曰。克己必復禮何也。仁者慈和徧覆發生而任自然。禮者恭敬嚴恪整飭而有品節。由脩身齊家治國平天下通謂禮。堯舜不過脩己以敬。以安百姓。顏子學聖人。不過約之以禮。仁爲善之長。禮爲嘉之會。萬物至夏相見乎離。而後生意滿足。故周禮以禮屬春官。亦仁意也。或曰。禮言復何也。曰。禮在天地間。雖品節森嚴。而高下散殊。皆自然之體。敘曰天敘。秩曰天秩。天者自然也。大而發育峻極。小而三千三百視聽言動。莫匪天則。克己者。疏其滯。撤其蔽。還其故以合天。詩曰。天生烝民。有物有則。是以文王不識不知順帝之則。孔子從心所欲不踰。知禮非人力創造而強世。故曰復也。

〇一日克己復禮。一日猶云一旦也。謂復禮而能仁之日也。一日字不管到下文。一日者先難之終。天下者後獲之始。正文明言一日克己。極言其近急。而與下文天下相照也。注乃曰日日克之。何邪。一日克己復禮。謂其功成者也。與上文稍有不同。又此句含仁字在內。蓋克己功成。而禮行極其純。則仁存焉。故天下歸仁也。天下者廣衆之名。歸字如衆水歸於海之歸。不必釋爲稱許。天下歸仁。言感應之速。天下沛然歸於我仁也。此語其理。不可涉形迹做詮。吳英曰。仁者人之生理也。天下之所以成其爲天下者也。秖爲私欲間之。故身與天下不相通。苟一日克己復禮。而天下之氣機。卽與己潛通歸往。至他日天下治平。會極歸極。皆從此脩身之一日爲始。豈非一日歸仁乎。伊藤長胤曰。天下歸仁。諸說不同。邢疏專就人君上說。程子云。克己復禮。則事事皆仁。故曰天下歸仁。此以事說。事字貼天下說。事皆歸著仁也。呂氏曰。洞然八荒。皆在我闥。孰曰天下不歸吾仁。楊氏亦云。天下皆在吾之度內。此朱子所謂存想。只想像其道理而已。程子又曰。一日克己復禮。則天下稱其仁。集注用之。訓歸爲與。言天下稱爲仁者也。此三說俱在顏子分上說。古義則云。天下歸其仁。沛然不可禦也。亦在顏子分上說。而與邢疏說相近。夫爲學之方。察之於方寸之中。辨其眞妄。分其理欲。覺甚切緊而有効。告之以治國平天下之道。則茫然如不與己相干涉。治平之道亦言田法桑麻之事。則思其有驗事實。至於禮樂敎化之說。則亦覺迂而遠事情。而聖賢之言。有爲一己而言者。有爲及人而言者。有說厚生之事者。有言禮樂之化者。讀者之感之。各自不同也。然脩一己身者。雖出治之原。而其事止於一人。必也及之人。及之國天下。而後可以爲至矣。而亦不唯煖衣飽食之取。而擧一世之人。甄陶之于禮樂敎化之中。不如是不足以爲至治之極矣。自古聖賢窮巷獨善。豈其所期哉。顏子王佐之才也。故及其問仁。夫子告之以克己復禮天下歸仁。乃聖人之能事。仁之極功也。集注云克私己以反天理。則天下許其仁。此其効以一己而言。殆非聖人之意。云或曰。顏子居亂世。簞食瓢飮。獨善其身。鄕閭之間。尙不被其化。天下服仁。將何所見效。曰伊尹居畎畝之中。樂堯舜之道。豈徒資誦說也哉。將以修身任道。擧而錯諸事業。及其相湯治天下。果致君民於堯舜之盛。顏子伊尹是一體之人。其在陋巷克己復禮。則他日置諸鼎鼐。以安天下之民。擧而措之而已。及其問爲國。夫子損益四代之禮以告之。亦可見其事業之素定矣。然則告之以天下歸仁。止是當行本色。故及聞其目。則敢承當曰。回雖不敏。請事斯語。○爲仁由己。而由人乎哉。由己之己。猶我也。是對人之己。與上文不同。言其事一在我。而難仰他人也。是鞭策之語。末見無難之意。集注云。見其機之在我而無難也者。機如弩機之機。一撥卽轉者也。機在人則我束手。故難。機在我。則我操之而我發之。故無難也。○請問其目。目者。

如人目有所識別也。凡行事撮舉。總要謂之目。注言條件者。非止一目。當有細數。若木枝條也。周官簭人。四曰巫目。注云。目謂事衆。筮其要所當也。亦訓目爲要。蔡清曰。須看直請其條目意如何。蓋夫子所以告顏子者。只是要他克己復禮。顏子便曉得何者爲己。而在所當克。何者爲禮。而在所當復。但不知夫子是要他克去何件。據蔡說。乃知顏子是問切己條目。非泛問也。○非禮勿視。非禮勿聽。非禮勿言。非禮勿動。視聽言動。卽是其目。工夫只在眼前。此正是約之以禮。非禮與易象君子以非禮不履。中庸齊明盛服非禮不動正同。與目不視非禮之色。耳不聽非禮之聲不同。四勿者。視聽言動。一軌之禮也。視與見異。聽與聞異。見聞無心。視聽有意。視聽言動皆在外。動只是身之動。非心之動也。四勿之爲禁止也。是孔子禁制顏子之辭。非使顏子自禁制之辭。及顏子事之。唯是無視無聽無言無動而已。伊藤長胤曰。徽菴程氏謂。視聽禁之乎外。而仁之體不蔽。言動戒之乎內。而仁之用中節。此出於先儒體用內外之說。今詳本文。視聽言動四者。是自輕至重。自微之著。以相次第。非內外之謂也。假如一等淫媟優戲。視之猶輕。聽之則稍重。自唱其曲則甚。至於躬爲其事則不可言也。此其所以次第而言也。洪範敘五事曰貌言視聽思。是自粗而至細。不必要相符同。況本文本主禮而言。非謂非禮也。則其立言輕重之敘。益可驗也。中井積德曰。通章作解。句句不放過顏子二字。始得正意。蓋顏子既博文。而又約禮矣。顏子之行既立。惟有善而無不善也。然未仁者。其善未悉得其至故也。乃從其意所欲。不立之準則。或不能弗踰矩也。此所謂未達一間耳。若夫凡學通人。博文約禮之業未成。不善未淨盡。而遽欲學其四勿。有不能也。縱非禮能無視聽言動。而未有可歸往之準則。何如能爲仁也。苟無顏子之本領。而欲學顏子所學。猶持無星之稱。料物之輕重也。弗可得已。均之遜讓也。有辭多而取少者。有矢死不受一芥者。有遁逃隱晦。并讓名滅之者。行與事合。而允適于宜者。爲至善矣。未允適者。仍不失善。特褫至字而已。顏子之克己。所以求至善也。善則綽綽有餘。顏子之克己。善中求至善者。後人之克己。不善中求善者。自不相容。如伯夷之清。柳下惠之和。可謂善矣。然猶未免於隘與不恭。則在聖賢中不得稱至善也。郝敬曰。視聽言動以禮。卽復禮也。請目請事。仁以爲己任。卽爲仁由己也。惟顏子能之。又曰。克己者勿我也。無我卽同天。同天卽萬物一體。卽仁也。公私大小之分。克己與不克己耳。克去己。旣與世不相隔閡。復還禮。又與世相撿押。所以高明中庸。廣大精微。洋洋優優。成爲仁也。克己。正以克其不與人通之己也。人己通。卽是仁。試從視聽言動非禮時省己如何。此血肉爲主。聲色臭味爲障。人己隔越。痿痺不通。不仁可知。又從視聽言動勿非禮時省己如何。此德性爲主。聽明肅乂爲用。億兆一體。痛癢相關。仁可知。惟其人己不通。所以克己也。又曰。耳目口體四者。神明之用。便是神明之賊。如水以載舟。卽以覆舟。存乎操之有方。所以爲克己也。心不能離五官自爲心。故爲仁不曰心而曰視聽言動。害心者五官也。集注云非禮者。己之私也。古賀煜駁之曰。聖言大抵舉淺以見深。制外以治中。此所謂非禮者。特指事物而視聽言動始見其屬心也。非禮之色觸我目。而我留意視之。非禮之聲感我耳。而我有心聽之。非禮之色聲。外物也。非私也。但有意以視之聽之。然後爲己之私也。天下有非禮之物。而我舉之口。有非禮之事。而我爲之動。非禮之物事。衆之所同也。非私也。我舉之口。我爲之動。然後爲己之私也。蓋視聽言動皆出于心。非如見聞與趨蹶之無心。惟視聽言動四字中。固已斷其爲己之私。何以牽綴經文非禮字。而後始見其爲心哉。今必謂非禮指心。以非禮之心視聽而后有害。則視聽自視聽。心自心。心迹判不相謀。此特後儒好高之見。全失聖言之旨矣。天下幾有視聽非禮之事。而心不流於非禮者。且如所云。則經必改作勿非禮以視聽言動。而文義始通。可乎。孟子曰。伯夷目不視惡色。耳不聽惡聲。禮記曰。君子姦聲亂色。不留聰明。淫樂慝禮。不接心術。列女傳曰。目不視邪色。耳不聽淫聲。皆爲明證。古人言淺而理精類若此。○請事斯語矣。事猶云從事也。語。古語也。詳于下章。顏子受孔子之言。而欲如言服行而已。斯言之外。何更有可默識者哉。不知注默字。從何處而生。書說命。惟事事。乃其有備。此集注所引事事也。又易繫辭云。有不善未嘗不知。卽注中明字所本也。知之未嘗復行也。卽注中健字所本也。○圈外程說視箴。蔽交於前。其中則遷。蔽謂外物之蔽。如所謂姦聲亂色是也。然則非禮者。是在外之物來蔽己也。朱子云。非禮者。己之私也。則是在我之物往接物也。此二義不同。奸聲亂色。戒以勿視。則可爲也。非心邪念。何以須勿視。此不可說也。畢竟夫子告顏子。以禮爲規矩準繩。而欲視聽言動之不違。此也。又程子謂由乎中而應乎外。是推本視聽言動四者。皆是由中而出。泛言其理之如此耳。制於外所以養其中。方是說做工夫處。全是自外而內。自葉流根之意。非謂內外交相養也。下文視聽言動俱在外面說。故云制於外。聽箴。知誘物化。知誘者。知爲外物所誘也。物化二字。本莊子與物化之語。謂與物化而爲一也。知誘。主內而言。物化。主外而言。知誘指始病尙淺。物化言終失已深。語意故自明白。高愈曰。知誘者。知覺誘於外物也。物化者。外物變其良心也。得之。言箴。興戎出好。出好興戎對。則好只是和好盟好之義。非善字義也。猶之齊夫人笑郤克而有峯之戰。魏文侯以兄弟之國一言答韓趙使者。而二國皆和於魏也。動箴。志士勵行以下至結末。皆述志士之行。而哲人不與焉。蓋哲人猶聖人。既誠之於思。當心思之萠動。能誠一無邪。無待其見於行而始勉勵。哲人二句。非作者志意所注。特以引起志士之行耳。中庸自生知安行。至困知勉行。粲然臚列。而聖人心志所注。專在困勉上。論語自聖人至有恒者。莫不具載。而聖人所重。在有恒者。此箴擧哲人。其意亦然。克念自持。極叙勉勵之狀。斷非所以評知幾之哲人。此箴雖述顏子四勿。其實在自警戒人。故卑近的切。殊於中人之身有裨益。不可說令高妙。卽如言箴。傷易則誕。傷煩則支。己肆物違。出悖來違。豈所以施於顏子。可見其專爲庸衆人立法。則又何疑於志士勵行之言哉。又習與性成。聖賢同歸。夫曰賢聖。則賢爲主。曰聖賢。則聖爲主。然則聖賢同歸者。極口贊稱之辭。謂其可比肩於聖人也。但習與性成。性指本然之性。取其天然不假修飾。言其習與本性俱成熟。不復見勉勵之狀也。四箴於顏子之學。無所發明。惟爲凡學通人設教。此宋賢解經之家法也。龔元玠曰。四勿之功。諸弟子亦可行否。曰。如何不可。卽顏子事斯語。亦必由勉幾安。特與諸弟子不同。所謂天旋地轉。雷厲風行者也。必謂弟子不能行。然則仲弓・司馬牛・樊遲等。不妨非禮視聽言動乎。朱子於此二三章。又有乾道坤道。驅賊。守賊。大門二門小門之說。味本文固有之。然學者得聖人一說。或擇衆說而從事焉。無往不可以爲仁也。曰。然則夫子答諸子之異者云何。曰。固因其病而藥之。亦因其問而答之。且夫子之言。學者所共聞。則又未嘗不可相通也。所謂因其問者。諸子問仁。必有問語。記者以卽答可以知問。故只云某某問仁耳。凡問孝問政之類皆然。不獨此也。

仲弓問仁。子曰。出門如見大賓。使民如承大祭。己所不欲。勿施於人。在邦無怨。在家無怨。仲弓曰。雍雖不敏。請事斯語矣。

敬以持己。恕以及物。則私意無所容。而心德全矣。內外無怨。亦以其効言之。使以自考也。○程子曰。孔子言仁。只說出門如見大賓。使民如承大祭。看其氣象。便須心廣體胖。動容周旋中禮。唯謹獨。便是守之之法。或問出門使民之時。如此可也。未出門使民之時。如之何。曰。此儼若思時也。有諸中而後見於外。觀其出門使民之時。其敬如此。則前乎此者。敬可知矣。非因出門使民。然後有此敬也。愚按。克己復禮。乾道也。主敬行恕。坤道也。顏冉之學。其高下淺深。於此可見。然學者誠能從事於敬恕之間。而有得焉。亦將無己之可克矣。

箋曰。左傳僖三十三年。晉臼季曰。臣聞之。出門如賓。承事如祭。仁之則也。據此則出門二句。亦古語也。如見大賓。如承大祭。本文明有如字。須用實形。不得虛描。見大賓。謂出大門迎賓也。賓位尊於己。故稱大也。凡迎賓之禮。賓降等者於門內。賓敵者或尊者。皆於門外。此言出門。又言大賓。故知是尊於己也。說文云。承。奉也。受也。如見大賓。如承大祭。君子體是道。以行於凡出門。凡使民之際。則有一舉足一處事。而不敢苟者矣。○己所不欲。勿施於人。所謂絜矩之道也。管子小問篇引語曰。非其所欲。勿施於人。仁也。是勿施二句。亦古語。韓詩外傳。己惡饑寒焉。則知天下之欲衣食也。己惡勞苦焉。則知天下之欲安佚也。己惡衰乏焉。則知天下之欲富足也。知此三者。聖王所以不降席而匡天下。故君子之道。忠恕而已矣。由外傳此言觀之。己所不欲勿施於人。則己所欲必又當施諸人。故孟子言。仁者得民之心有道。所欲與之聚之。所惡勿施爾也。是也。○在邦無怨。在家無怨。與詩在彼無惡。在此無射。造語正同。在邦謂仕於諸侯之邦。在家謂仕於卿大夫家也。觀下篇子張問士。夫子告以在邦在家可證。集注內外無怨。是以家爲己之室家也。果然聞達章不可通。怨與惡異。君子不能必人無惡。能必人無怨。士雖有道。人或作惡。苟非害人。人不怨之。故聖人不教人遠惡。常教人遠怨。天下歸仁。與在邦在家無怨。其言效自有廣狹之異。○請事斯語矣。顏淵仲弓皆言請事斯語。語者古語也。雍也可使南面。夫子以仲弓爲有牧民之材。故告以此語也。孔門所述多爲古之法言。可知此皆夏商以來相傳而孔子舉以教其徒。夫子之好古敏求述而不作。固非虛語也。○出門使民二語。應事之敬也。己所不欲二語。接物之恕也。而所不欲勿施於仁之工夫尤親切矣。程子乃截去此兩句而言。只說出門如見大賓使民如承大祭。是分明主張敬而不以恕爲事也。且見賓承祭。是顒若鞠躬如之光景矣。與心廣體胖之舒泰不相近。動容周旋中禮。是稱贊聖人之語矣。難以論學者工夫。夫燕居亦有申申夭夭之時。蓋弛張隨時。各當其可而已。不當硬執敬字。而言未出未使之時亦只敬也。充程子之說孔子元宜言出入朝夕常如見大賓。如承大祭也。不得特稱出門使民。

伊藤源佐曰。孔門諸子。於仁之義。知之熟矣。然於爲仁之方則或未也。故弟子之所問。夫子所答。皆其爲仁之方。而一無論仁之義者。譬諸種花。仁則花也。爲仁之方。則其灌漑培植之法也。凡弟子之所問。夫子之所答。皆其灌漑培植之法。而未嘗有言形狀色芳者也。後儒專從論語字面求仁之理。是以灌漑培植之法。想像花之形狀色芳也。故其於仁。或流于虛靜。或陷于把捉。蓋以此也。

外注以乾道坤道分配。吳因之謂。曰乾道。有徑捷要約之意。曰坤道。有積累愼密之意。故講顏子請事處。當云四勿只是一心。只把一心去遏絕。便可勝私復禮。何憂己之難克也。唯從其事斯語而已。講仲弓請事處。當云爲仁之功。一毫踈略不得。若不從敬恕做去。便無頭緒。便無入門。唯兢兢於見賓承祭之語。及不欲勿施而已。如此說。方兩邊移動不得。案不必如是之畫一。第顏淵仲弓資質學力各異。故問同而答不同耳。

司馬牛問仁。司馬牛。孔子弟子。名犂。向魋之弟。**子曰。仁者其言也訒。**○訒。音刃。訒。忍也。難也。仁者心存而不放。故其言若有所忍。而不易發。蓋其德之一端也。夫子以牛多言而躁。故告之以此。使其於此而謹之。則所以爲仁之方。不外是矣。

曰。其言也訒。斯謂之仁矣乎。子曰。爲之難。言之得無訒乎。牛意仁道至大。不但如夫子之所言。故夫子又告之以此。蓋心常存。故事不苟。事不苟。故其言自有不得而易者。非强閉之而不出也。楊氏曰。觀此及下章再問之語。牛之易其言可知。○程子曰。雖爲司馬牛多言。故及此。然聖人之言。亦止此爲是。愚謂。牛之爲人如此。若不告之以其病之所切。而泛以爲仁之大槩語之。則以彼之躁。必不能深思以去其病。而終無自以入德矣。故其告之如此。蓋聖人之言。雖有高下大小之不同。然其切於學者之身。而皆爲入德之要。則又初不異也。讀者其致思焉。

箋曰。訒字從言。蓋言之難也。說文。訒頓也。从言刃聲。論語曰其言也訒。据此頓當讀爲利鈍之鈍。頓鈍古字通。曰仁者其言也訒。則是仁者自訒。非訒言卽仁。可知。夫子每答門弟子問仁。必舉仁者之行而告之者。仁無形也。就仁者之行而諭之。則明而易知也。爲之之字。指仁言之。之字卽指所爲。難者。言仁之難。全在爲之而已。此牛之至戒。以牛言不顧行。故戒以行實也。夫行不掩言。非仁者也。故曰剛毅木訥近仁。物茂卿曰。仁人者以安民爲心者也。民與人亦衆矣。爲此則害彼。施彼則此怨。人與人相因。時與事相推。我謂是足以利民而爲之。而害生於吾所不知者不尠焉。故仁人之爲仁。每難之。佞者則否。取其可言而言之。不復問其所爲何如。故其言每可聽。而害乎道。爲之難言之訒以此。皇本正平本南宗本。斯下有可字。皇本正平本矣乎作已矣乎三字。○程子曰。雖爲司馬牛多言故及此。然聖人之言亦止此。爲是程意謂。此章之語固爲牛多言而發。所謂有爲之言也。然借令非有爲之言。而聖言止於經文之本義。爲泛教人之辭。亦自至當不可易。此聖人所以淺深上下。無不周遍也。語類曰。仁者之人言自然訒。若學仁者。則當自謹言語。以操持此心。

司馬牛問君子。子曰。君子不憂不懼。向魋作亂。牛常憂懼。故夫子告之以此。曰。

不憂不懼。斯謂之君子矣乎。子曰。內省不疚。夫何憂何懼。夫。音扶。○牛之再問。猶前章之意。故復告之以此。疚。病也。言由其平日所爲。無愧於心。故能內省不疚。而自無憂懼。未可遽以爲易而忽之也。○晁氏曰。不憂不懼。由乎德全而無疵。故無入而不自得。非實有憂懼而強排遣之也。

箋曰。曰君子。曰仁者。曰勇者。皆成德之稱。同出異名。故皆不憂懼。問君子。而告以不憂不懼。可見救問者之所乏。而非獨明其所問之義也。兩不字甚有力。正見斷然如此。便是成德境界。要說得現成。但語氣渾淪。未推出所以然工夫。故司馬牛未之悟耳。兩何字。承內省句來。要說得確實。與兩不字義意。原無殊也。憂自內生。懼自外入。不必分當事未事。憂懼二字。專指禍患。須切對向魋之亂說。方有著落。○斯謂之君子矣乎。皇本作斯可謂君子已乎。正平本南宗本同。邢本作斯謂之君子已乎。○內省不疚二語。是無憂懼根子。內省。其平日所爲也。不疚在平日。內省在臨時。此戒子牛使自脩而不爲桓魋戚戚也。夫行義有自慊之心。集義生浩然之氣。自作之孽既消。而意外之禍。可置之度外矣。孟子養氣之旨本此。語類曰。不憂不懼。由內省不疚。學者又須觀所以內省不疚。如何得來。薛敬軒曰。君子對青天而懼。聞震雷而不驚。履平地而恐。涉風波而不懼。唐荊川曰。險處惶惑。原易處錯過。不曾做得工夫也。○此與前章。不必一時之言。不當作再問。

司馬牛憂曰。人皆有兄弟。我獨無。牛有兄弟而云然者。憂其爲亂而將死也。子夏曰。商聞之矣。蓋聞之夫子。死生有命。富貴在天。命稟於有生之初。非今所能移。天莫之爲而爲。非我所能必。但當順受而已。

君子敬而無失。與人恭而有禮。四海之內。皆兄弟也。君子何患乎無兄弟也。既安於命。又當脩其在己者。故又言。苟能持己以敬而不間斷。接人以恭而有節文。則天下之人。皆愛敬之如兄弟矣。蓋子夏欲以寬牛之憂。故爲是不得已之辭。讀者不以辭害意可也。○胡氏曰。子夏四海皆兄弟之言。特以廣司馬牛之意。意圓而語滯者也。唯聖人則無此病矣。且子夏知此。而以哭子喪明。則以蔽於愛而昧於理。是以不能踐其言爾。

箋曰。牛之兄弟。不獨桓魋。尙有向巢。子頎。子車。左傳哀十四年。宋景公將討桓魋。司馬子仲曰。不得左司不可。注。左司。向魋兄。向巢也。又子頎騁而告桓司馬。注。子頎。桓魋弟。又司馬欲入。子車止之。注。子車。魋弟。據此則向巢。子頎。子車。並是牛之兄弟。觀傳記。左司每食擊鐘。其汰侈可見。受命伐魋不克。遂欲質大夫以入。而卒入曹與魋合。子頎。子車亦早與魋爲黨。同堂之中。戾氣幾遍。惟牛淒然獨立。誠可憂也。我獨無。左傳隱元年曰。汝有母遺。緊我獨無。語意差同。言兄弟有如無也。昭三年左傳。肸又無子。注。無賢子。○商聞之矣者。得之人言。及得之書冊者。皆是。不必孔子。死生有命。富貴在天。中井積德曰。命是遭遇。以後日死生之時而言。非定於有生之初者。此援來之意。死生貼於兄弟之死生。而不貼於牛之死生。桓魋作亂。其死不可謂命。然自牛言之。兄弟之死生皆命也。以非牛之力所能拒之故也。

注論順受。是以死生貼於牛之身也。失當。且牛之死生。非此所憂也。是二句。有在兩字。宜精判之。不得混同。富貴者在天之福祿。故人之富貴。皆天之所賜。貧賤者在嬴蟲之素分。非天之所賜。但天未賜福祿而已矣。若貨殖章注貧富在天。大失文義。○君子敬而無失。與人恭而有禮。敬是敬事之敬也。無持敬之意。無失者無失德過擧之謂也。與敬是兩項。說者或謂司馬牛處兄弟之間。有未盡道處。子夏此言。欲牛自盡恭敬以感其兄魋。此說不合章旨。夫向魋姦猾頑獷。人而非人。寧可得而感化者也哉。牛亦必隨其分。竭心匡救。已勞而不見效。大禍將至。故上章見其憂懼之弗已。此章兄弟亡之言。實發於感憤之餘。其情誠有可憐。夫兄弟之無道。固不容恝然於懷。然在我惟務盡其道耳。蓋牛之所憂。今決無可爲者。猶盲者之憂盲。躄者之憂躄也。憂之何益。只應委之天命。徒悲憤憂惶。近於婦女之情。則致志迫切。百度蓄縮。所行無不乖刺。是可懼。故子夏開口自死生有命。富貴在天說出。蚤已見其欲寬牛憂之意。果欲諷曉其處兄弟未盡道。自應別有章章訓辭。不可如斯而已也。○四海之內皆兄弟也。牛兄弟行惡。死亡無日。故憂其無怙。子夏引所聞死生有命二句。以解兄弟死亡之愁。且言君子交人得歡。則四海爲兄弟。以解無兄弟之憂也。君子敬而無失數句。意全不承上二句。是子夏之言。非所聞也。錢大昕謂。自死生有命。至四海之內皆兄弟也。皆子夏述所聞之言。初無一語自造。可謂踈矣。四海之內皆兄弟。言四海之內。皆與吾親如兄弟也。承上亡兄弟之語。下語自當如此。未始有語病。未始無差等。詩云。豈弟君子。民之父母。未始下如字。將眞以爲人君與二親。全無別乎。左傳。張骼輔躒曰。公孫同乘兄弟也。箴尹克黃曰。君天也。天可逃乎。皆無如字。將謂之晉人眞視鄭人爲同胞。克黃以君爲與蒼蒼之天等邪。周柄中曰。牛以無兄弟爲憂。子夏語以四海之內皆兄弟者。欲其之他國以避禍也。魋嘗欲弑宋公殺孔子。凶惡素著。滅亡無日矣。爲之弟者。諫之不從。去之不能。惟有見幾而作。不與其亂焉可耳。但牛本宋公族。爵祿有列於朝。決然舍去。人情所難。故子夏不便顯言。而微詞以諭之。曰死生有命。富貴在天。是破其繫戀之私。曰敬而無失。恭而有禮。則示以涉世之道。曰四海之內皆兄弟。若謂天壤甚大。惟吾所之。何必懷此都也。子夏之言。誠所謂忠告而善道之者。而牛不能從。至禍亂既作。而後出奔。匆匆不暇擇國。卒至安身無地。客死道途。事出哀十四年蓋所謂自詒伊戚者。惜也。其不早從子夏之言也。皇本正平本皆下有爲字。鹽鐵論和親章。文選蘇子卿古詩注。並引此文。皆有爲字。○子夏喪明。出於檀弓。不足信。胡氏乃以此坐子夏不能踐言之罪。尤流於羅織。果使有此事。自是子夏慈愛之過。與此章不相干涉。子夏或敬恭有闕。不能來人親愛。則方始可斥其罪耳。胡氏必使子夏絕父子之情。而以寬牛之言自寬。曰四海之內皆父子也。君子何患乎無父子。以此然後爲能踐言。則其病不更甚乎。伊藤長胤曰。子夏之意。君子脩己以敬。與人有禮。則自不爲人棄。四海之人皆吾兄弟也。其言已無失。則人皆可賴也。集注嫌於皆兄弟也之詞。愛無差等。遂解云。人皆愛之如兄弟也。是自人而兄弟我也。本文只自我而兄弟人也。若做人之兄弟我。則何患乎無兄弟之語不可解。且與上人皆有兄弟我獨亡之語不相應。胡氏云。子夏之言。意圓而語滯。亦與集注之失同。又曰敬而無失。注言持己以敬而不間斷。此說敬甚傷迫切。乃所謂居敬持敬之敬。解無失字云不間斷。此十二時中無些間歇之意。殊覺緊急。與聖人之言大不相類。

子張問明。子曰。浸潤之譖。膚受之愬。不行焉。可謂明也已矣。浸潤之譖。膚受之愬。不行焉。可謂遠也已矣。譖莊蔭反。

愬蘇路反。○浸潤。如水之浸灌滋潤漸漬而不驟也。譖。毀人之行也。膚受。謂肌膚所受。利害切身。如易所謂剝牀以膚。切近災者也。愬。愬己之冤也。毀人者。漸漬而不驟。則聽者不覺其入。而信之深矣。愬冤者急迫而切身。則聽者不及致詳。而發之暴矣。二者難察而能察之。則可見其心之明而不蔽於近矣。此亦必因子張之失而告之。故其辭繁而不殺。以致丁寧之意云。○楊氏曰。驟而語之。與利害不切於身者不行焉。有不待明者能之也。故浸潤之譖。膚受之愬不行。然後謂之明。而又謂之遠。遠則明之至也。書曰。視遠惟明。

箋曰。書大甲曰。視遠惟明。子張蓋問書也。視遠者。能見於所不見之謂也。孔子以譖愬不行爲明。則以爲人上者言之。○膚受之愬者。愬亦譖也。變其文耳。說文。譖。愬也。憲問篇。公伯寮愬子路於季孫。古注。愬、譖也。左傳成十六年。郤犫取貨于宣伯。而訴公于晉侯。杜注。訴。譖也。此皆無愬冤之義。易剝卦爻辭曰。剝牀以膚。凶。爻傳曰。剝牀以膚。切近災也。膚字有以切近用。有以疏廓用。非異也。親愛之情。以膚爲淺。禍災之事。以膚爲近。剝毛爛膚之痛。豈以爲皮毛而易忽邪。浸潤之譖。若驪姬之於申生。太宰嚭之於伍胥。以漸納言。猶水之潤物是也。膚受之愬。若轅宣仲之於申侯。費無極之於郤宛。急迫切身。猶疾雷不及掩耳是也。抱朴子云。漸漬之久則膠漆解堅。浸潤之至。則骨肉乖折。塵羽之積。則沈舟折軸。三至之言。則市虎以成。詩所以歎采苓采葛。書所以憂巧言讒說也。故明哲莫如辨讒。○不行焉。或解爲我能不行。主聽者說。或解爲不能行之於我。就聽者說。熟玩文勢。不能行之於我之解爲勝。行字義與諫行言聽。苞苴不行。道之不行之行同。自當就譖愬者立言。不然索然無味。魏徵言。兼聽則明。偏信則暗。此只是所以不行之一端。張芭山謂。內多欲則小人伺間而進。此乃其本也。○可謂遠也已矣。蓋子張雖問明實問遠。意聖人有知人所未知。照人所不照。如十世以下。千里以外。皆可以燭照數計。而龜卜之耳。故夫子言汝欲明。只就人情物理明得便是明。卽此明得便是遠。明處全在不行上。譬如鏡然。若只在照物上用功。不在磨拭上用功。此便流入億逆窠穴。何啻千里。夫蔽不在宇宙之外。只在耳目之前。管子曰。堂下有事。十日而君不聞。是堂下遠於百里。門外有事。一月而君不聞。是門外遠於千里。蓋堂堂之士。或高視於千里之外。而潤略於眉睫之間。浸潤之譖。膚受之愬。目前至近。而險於丘山者也。於此能虛心詳審。則姦險之計不得行。而蔽撤于至近。卽明燭于至遠。凡人明不見遠。皆近蔽之也。遠卽明之不蔽于近耳。如牆撤牖開。坐見郊坰。任微言危言急投緩投。安靜不動。所以見遠。是因子張務外好高之病而藥之也。○注意似明爲體。遠爲效。只是兩言。不分輕重。卽所謂辭繁不殺。以致丁寧。是也。楊氏釋遠字爲明之至。則似進一層。所引書亦蓋謂所視之遠惟是明也。不可援蔡傳惟思也做解。

子貢問政。子曰。足食。足兵。民信之矣。言倉廩實而武備脩。然後教化行。而民信於我。不離叛也。子貢曰。必不得已而去。於斯三者何先。曰。去兵。去上聲。下同。○言食足而信孚。則無兵而守固矣。

子貢曰。必不得已而去。於斯二者何先。曰。去食。自古皆有死。民無信不立。民無食必死。然死者人之所必不免。無信則雖生而無以自立。不若死之爲安。故寧死而不失信於民。使民亦寧死而不失信於我也。○程子曰。孔門弟子善問。直窮到底。如此章者。非子貢不能問。非聖人不能答也。愚謂。以人情而言。則兵食足而後吾之信可以孚於民。以民德而言。則信本人之所固有。非兵食所得而先也。是以爲政者。當身率其民而以死守之。不以危急而可棄也。

箋曰。聖王之爲政也。分田制里。不奪農時。則食足矣。無事而耕。散處爲民。有事而戰。連合爲兵。簡之以時。教之以方。則兵足矣。平日上之恩義淪浹于下。下之心志聯屬乎上。凡此供租賦執干戈者。皆終事效死之民。則民有信矣。乃知天命人心之樞機。與生死存亡之斷案。在功利富強之外。王道霸術所以分也。○足兵者。兵固不在於民外。但團結之。教鍊之。而器械具焉。然後謂之兵。顧炎武謂。古之言兵。非今日之兵。謂五兵也。世本蚩尤以金作兵。一弓二殳三矛四戈五戟。周禮司右。五兵。注引司馬法曰。弓矢圍。殳矛守。戈戟助。是也。詰爾戎兵。詰此兵也。踊躍用兵。用此兵也。無以鑄兵。鑄此兵也。秦漢以下。始謂執兵之人爲兵。如信陵君得選兵八萬人。項羽將諸侯兵三十餘萬。見於太史公之書。而五經無此語也。是未必然。古所謂兵。固多指兵器。古所謂治兵。却不專指兵器。左傳僖二十七年。楚子玉治兵于蔿鞭七人。貫三人耳。則治兵者。治其執兵之人也。昭十四年。楚子使屈罷簡東國之兵于召陵。杜注。兵在國都之東者。孔疏。簡兵謂料簡其強弱。此明以執兵之人爲兵矣。隱四年敗鄭徒兵。尤步卒稱兵之明文。兵之爲兵。猶甲之爲甲。公羊傳。桓公使高子將南陽之甲。立僖公而城魯。晉趙鞅取晉陽之甲。以逐荀寅與士吉射。單言甲而自有被甲之士。猶但言兵而自有執兵之人也。〇民信之矣。民字徵逌教民使之有信也。自有教化實事。民心之信。所該者廣。如父慈子孝。兄友弟恭。夫婦有別。朋友有信。尊君親上。皆是信。是敎信義。尚廉恥。無欺詐苟且之心也。蓋信字前後一意。只是民之信。而非君之信。民之有信。非上以至信率之。其孰能之。舉民之信。而君之信自見。集注解信字兼三意。一是民之信我也。一是上之不失信於民也。一是民之不失信於我也。支離多端。最難適從。玩本文。民信之者。民以信教之也。下文云民無信不立。可見信者是人之道。以此敎之也。如舊說。則足食足兵。是二項事。民信之。只說其效。然則子貢之再問。不應曰於斯三者何先。是知曰食曰兵曰信。本是三項事。正平本南宗本。民上有使字。皇本使作令。〇必不得已而去。於斯三者何先。十二字做一句讀。〇曰去兵者。不是全不要兵。只是伍兩卒旅之缺。未暇補也。戈矛車甲之弊。未暇修也。蒐苗獮狩之制。未暇講也。觀周官小司徒及司馬法。則所謂兵者。卽其民也。召募始于桓文之說。初無所據。卽三代而後兵制。亦自唐之府兵既壞。始專召募。當孔子之時。舍井田邱甸之民。豈別有可去之兵哉。左傳有崇車崇卒之文。崇車者車兵。崇卒者徒兵也。晉悼有中軍什吏率其卒乘之文。卒乘者。徒兵與車兵也。車徒兩兵。自爲聚散。此春秋之變法。若以言乎周政。則實別無可去之兵也。其所爲足者。如司徒諸職。及有事而司徒征徒庶。以旗致萬民。小司徒卽會萬民之卒伍。以赴軍旅。此兵政也。此無時不足者也。至不得已而去。凡會司徒而致司馬者。皆一概屏去。蓋食不足以養衆。則不若因民以守。所稱相保相比者之足以自固。故曰去兵。此去兵之政。未嘗于兵有去留也。兵不可去也。亦非使不足便是去也。兵無不足時也。周書糴匡解。年饑則兵備不制。又云。男守疆。戎禁不出。是凶歲去兵。其時雖輕徭薄賦。然食政猶未去。所謂凶年則寡取之者也。去兵而有食與信。與民固守。自足立國也。皇本正平本南宗本。去兵下無子貢二字。去食者。謂去兵之後。勢猶難已。凡賦稅皆蠲除。周官均人所謂凶札則無力政。無財賦。不收地守地職。又發倉廩以振貧窮。周書大匡解。農廩分鄉。鄉命受糧。成年不償。信誠匡助。以輔殖材。是凶荒去食也。若信則終不可去。故曰。自古皆有死。民無信不立。皆有死句。由去食而生焉。苟民無信。將子棄其父。臣棄其君。土崩瓦解。復何能立。卽國亦隨而亡。如梁亡沈潰然也。夫去兵去食。極其禍難。不過人君國滅身死。然自古人皆有死。但民戴其上。如手足之衛身。子弟之衛父兄。雖値危難。其猶可以濟。是故信者上所以治民之準也。若夫困守孤城。糧食已絕。以創殘餓羸之民。別無補苴經營之術。則將死鼓。馭死轡。百吏死職。士大夫死行列。俾斯民亦共安於義命所當然。庶於上下相孚之心。可謂不負矣。夫信義不敢負。所益大矣。有益於將亡者。張巡許遠守睢陽而死節。韓子謂其以一城捍天下。以千百就盡之卒。戰百萬日滋之師。蔽遮江淮。沮遏其勢。天下賴以不亡也。有益於既亡後者。如王蠋以布衣盡節。而齊立襄王。鼓厲忠勇之氣。國轉亡而爲存也。聖人譚經濟實用。畢竟歸重信字。注。信本人之所固有云云。是五行家五常之信。非所以解論語。皇本正平本南宗本。無信作不信。〇由也果。於天下事無一不喜其大全。故問君子則以為未盡於修己。問政則以為未盡於先勞。賜也達。於天下事無一不思其究竟。故問士則必窮其次。問政則必窮其所去。似子夏之志卑矣。然實不卑。

棘子成曰。君子質而已矣。何以文為。棘子成。衛大夫。疾時人文勝。故為此言。子貢曰。惜乎夫子之說君子也。駟不及舌。言子成之言。乃君子之意。然言出於舌。則駟馬不能追之。又惜其失言也。文猶質也。質猶文也。虎豹之鞟。猶犬羊之鞟。鞟其郭反。○鞟皮去毛者也。言文質等耳。不可相無。若必盡去其文。而獨存其質。則君子小人無以辨矣。夫棘子成矯當時之弊。固失之過。而子貢矯子成之弊。又無本末輕重之差。胥失之矣。

箋曰。棘子成。漢書古今人表。三國志秦宓傳。作革子成。棘革通用。如詩匪棘其欲。禮器引作匪革其猶。可證。鹽鐵論相制篇。紂之時內有微箕二子。外膠鬲棘子。疑棘子成卽棘子後也。知為大夫者。以子夏云夫子。當時稱大夫皆為夫子也。今棘亭在歸德府永城縣西南。故鄼縣東北。或是子成采邑。皇本正平本南宗本。子成作子城。○何以文為。以用也。是憤世嫉俗之意。正平本為下有矣字。○惜乎夫子之說君子也。据夫子二字。是語對棘子成而發也。非後日之評說君子。只是論君子惜乎夫子之說君子也九字一句。君子即上文君子。說字、即指上二句。集注說字句絕。作一揚一抑。非是。乎字也字相呼應。可玩。駟不及舌者。詩清人鄭箋。駟四馬也。言出於舌。過誤一成。雖四馬之疾。追之亦無及也。夫君子之言。爲世模楷。不可不謹焉。而其舌一動。則雖駟馬不能追。世之趨於文也。如江河之流而不可挽也。故棘子成之論。其意甚善。但其辭不能無病。故子貢惜之。即子成亦有維世意。不要說他壞了。○文猶質也。質猶文也。言文質之不可相無也。子成以文爲無用。故子貢先言文。言文之不可無。猶質之不可無。質之不可無。猶文之不可無。若以質而已矣。虎豹之鞟。猶犬羊之鞟。其不可也必矣。言文之可貴也。易革九五象辭云。大人虎變。其文炳也。上六象辭云。君子豹變。其文蔚也。是虎豹之皮。本皆有文者也。鞟。皇本作鞹。說文亦引作鞹。云去毛皮也。從革䩉聲。今作鞟俗省。又皇本犬羊之鞟下有也字。毛奇齡曰。質不是本。文不是末。並無輕重等殺。自楊時誤解質文。引禮器甘受和白受采。忠信之人可以學禮爲證。遂疑質是忠信。文是禮。誤以本質之質。作質文之質。向使質是忠信。則文不當勝忠信。文是禮。則質又不當勝禮。相勝且不可。何況相去。朱子既引楊說于質勝章。疑爲質是本。文是末。此原是誤。而此竟直稱質爲本。文爲末。而反訾子貢。爲失本末。亡輕重。聖門之冤。從此不可解矣。章泰占曰。以皮爲質。以毛爲文。則毛生于皮。疑此質字是本質之質。非也。皮與毛。只是質文。其本質之質。全于虎豹犬羊四字內見之。如朝廟之禮。其本質是虎豹。草野之禮。其本質是犬羊。與皮毛無涉。又曰。註中君子小人。以在位言。正指虎豹犬羊。若云君子是文。小人是質。則必以毛屬君子。以皮屬小人。大無理矣。伊藤長胤曰。先儒謂子貢之言。亦無差等。必如夫子所謂寧儉寧戚之意。而後其言始全矣。此不然也。何者若盡去禮文而徒任其質。則何以別人道於馬牛哉。蓋朝廷之儀典。不可不備。故夫子全二代之禮而從郁郁之周文。一身之制行。不可偏勝。故夫子惡史野之失。而取彬彬之君子。及其末流文弊之日。始有吾從先進之語。有寧儉寧戚之說。皆就所專而言。各有主意。子貢之言。只言君子之不可無文。本自無弊。未及預言文勝之害也。且文猶質也二句。與夫子所云文質彬彬者何所差別。以其言出於子貢。而曰無本末輕重者誣矣。皇本正平本章末鞹下有也字。

哀公問於有若曰。年饑用不足。如之何。稱有若者。君臣之詞。用謂國用。公意蓋欲加賦以足用也。**有若對曰。盍徹乎。**徹。通也。均也。周制一夫受田百畝。而與同溝共井之人。通力合作。計畝均收。大率民得其九。公取其一。故謂之徹。魯自宣公稅畝。又逐畝什取其一。則爲什而取二矣。故有若請但專行徹法。欲公節用以厚民也。**曰。二吾猶不足。如之何其徹也。**二卽所謂什二也。公以有若不喩其旨。故言此以示加賦之意。**對曰。百姓足。君孰與不足。百姓不足。君孰與足。**民富則君不至獨貧。民貧則君不能獨富。有若深言君民一體之意。以止公之厚斂。爲人上者。所宜深念也。○楊氏曰。仁政必自經界始。經界正。而後井地均。穀祿平。而軍國之須。皆量是以爲出焉。故一徹而百度舉矣。上下寧憂不足乎。以二猶不足。而教之徹。疑若迂矣。然什一天下之中正。多則桀。寡則貉。不可改也。後世不究其本。而唯末之圖。故征斂無藝。費出無經。而上下困矣。又惡知盍徹之當務。而不爲迂乎。

箋曰。佐藤坦曰。此章蓋有若所記。故自稱名。若以爲君臣之詞。則夫子亦臣。當稱名。而不稱名何邪。蓋君前臣名。禮也。至於記載。則自後錄之。何嫌不稱字而稱名。如君前之禮乎。雖在左國諸書。亦稱字若官。而不稱名。是知今獨稱名者。其爲出於手錄無疑矣。○如之何者。不知所出。而求良策之辭。非欲加賦。蓋饑歲租稅不能充常數。故用不足也。豈容更加賦哉。後世有鑄錢錢鈔均輸括稅之類。以濟國家之急。哀公所欲聞。或此等之類。鄭本皇本正平本南宗本。年饑作年飢。○盍徹乎。注云。欲公節用。本文無是意。說文云。徹通也。蓋夏貢殷助。周兼用二法。隨地所宜而行之。是周制所以益詳也。案徹之名。非創于公劉也。其詩作于周有天下之後。故用周家所定稅名。曰徹田爲糧。其實只是始用十一之稅耳。鄭氏釋徹義。以爲通貢助之法。得之。其分溝洫井田之制。則非也。賈公彥不察。乃謂鄉遂皆用貢而無助。誤矣。夫井田之法。普行於天下。而無鄉遂都鄙之異。亦無畿內侯國之別。大田之詩。言曾孫來止。而曰雨我公田。遂及我私。噫嘻之詩。言天子祈穀於上帝。而曰駿發爾私。終三十里。周禮遂人。曰凡治野。曰以達於畿。明自鄉郊至縣鄙。皆用此法。是畿內鄉遂用井田之明徵。春秋宣公十五年。初稅畝。左傳云。穀出不過藉。公羊穀梁亦俱曰什一而藉。夫藉者借也。借民力以耕公田。卽井田之法也。崧高之詩。徹申伯土疆。是皆侯國用井田之確證。毛奇齡駁朱注曰。若通力計畝。則公私內外。皆可不立。夫畝終同。皆可不設。但通九百畝作一區。而治之收之可已。
穀梁傳云。古者什一。藉而不稅。私田稼不善則非吏。公田稼不善則非民。所云非
者。謂責而罪之。夫惟公自公。私自私。不通耕作。故公稼不善。得以罪民。私稼不善。
得以罪吏。若通力合作。則公私無別。既無稼善稼不善之殊。而計畝而分。又安見
公仍還公。須罪民。私自還私。須罪吏乎。孫詒仲亦曰。詩云雨我公田。遂及我私。孟
子云。公事畢。然後敢治私事。則徹法收時。恐是各得其畝。若公私計畝均分。則不
必先公後私矣。又魯宣公稅畝。杜氏註以爲公無恩信於民。民不肯盡力於公田。
故履踐按行。擇其善畝好穀者稅取之。尤可見是各收其畝也。又通力合作。亦只
是合力耕公田耳。若私田。恐是各人自治也。崔述曰。孟子曰。夏后氏五十而貢。殷
人七十而助。周人百畝而徹。其實皆什一也。惟助爲有公田。按助也者。民各自耕
所受之田。而食其粟。而別爲上耕其田。以代稅者也。貢助徹之名。分於法。不分於
形勢。哀公問於有若曰。年饑用不足如之何。有若對曰。盍徹乎。朱子以爲魯本用
徹。是矣。玩有若之對。似徹法既廢而欲復之者。若魯但於徹外多取其一。則是徹
未嘗廢也。請罷稅畝可矣。何以云盍徹乎。增一以爲二。君之所取誠倍矣。益八以
爲九。民之所加無幾也。遂謂之百姓足。恐足民不若是之易也。哀公之問。患用不
足也。有若果欲哀公節用。何不竟以盍節用對。而但以盍徹對。不勸其儉於出。惟
勸以儉於入。一何問答之相悖邪。然則魯之稅畝。果何如法也。魯之稅畝。變徹法
而別爲一法也。諸侯所自食者鄉遂。所謂公室者也。都鄙者卿大夫之祿邑耳。無
關於哀公之足與不足也。由是言之。魯由徹而變稅法。故有若請仍用徹也。今曰
稅畝。則是不復以粟多寡爲程。而但計畝之多寡。爲粟之程也。然則非但加一爲

二。與徹之數不符。而履畝定稅。亦必與徹之制不同矣。吾嘗以魯事考之。孔子曰。祿之去公室五世矣。宋樂祁犁曰。魯君喪政四公矣。無民而能逞其志者。未之有也。皆以宣公爲失民之始。考三軍之作。在襄公世。中軍之舍。在昭公世。曷爲皆自宣公數之。然則失民之故。當與稅畝相表裏。蓋助徹之法。民隸於君。而計民以授田。稅畝則田隸於君。而計田以征賦。是以三桓得乘其隙。而私其民爲己有。但計應納之賦。以貢於公。而公遂不之問也。吾又嘗以他國之事推之。子產之治鄭也。使田有封洫。夫先王之制。計夫授田。不得自爲多寡。爲之封洫。以防水旱。而制兼并。亦何待於子產之使。是知春秋之時。王制已廢。井疆已紊。但計田以取粟。而不復計夫以授田矣。今論者皆以阡陌之開。咎商鞅。然鞅所開者。秦之阡陌耳。關東諸侯何以亦無復有存焉者也。然則自周東遷以來。固已陸續廢壞。豪强兼并。多寡不均。稅畝之法。恐亦類是。未必計夫以授田。由是言之。稅畝自別一法。故有若欲革今法以復古制也。蓋無故而加賦。其名不順。而其勢亦難行。故必變其舊制。別設新法。以巧取之。是以三傳皆以加賦爲譏。因加賦而變法。故所譏在加賦。非法不變而但加其賦也。大抵徹之取民。名爲少。而君與民一體。貧富同之。是以人咸盡力。田疇闢。家室盈。而財亦無中飽旁漏。故國用常寬然有餘。稅畝之取民。名爲多。而君與民不一體。始則取必於田。而不問民。繼且取必於粟。而亦不深問田。久之而君與民遂不相知。是以君民交困。利歸私室。甚至兼并之豪。居奇之賈。皆得藉以自潤。而公室常苦貧。無以待凶荒也。王夫之曰。集注之言徹法。在論語則曰同溝共井之人。通力合作。計畝均收。在孟子則以都鄙用助。鄉遂用貢。謂周之徹法如此。集注之自相牴牾。唯此最爲可訝。以實求之。論語注合作均收之說。則事理之所必無者也。詩稱徹田爲糧者。言賦稅之法。非言民間之農政也。作之與收。無與於賦稅。民自耕而自入。原不待於君之區畫。君而強爲之制。祇以亂民之心目。民亦未有能從者也。以周禮考之。遂人則曰。以興耡利民。杜子春讀耡爲助。謂起人民。令相佐助。是明各治其田。而時有早遲。力有贏縮。故令彼此易工。以相佐助也。遂師則曰。巡其稼穡。而移用其民。以救其時事。是亦各治其田。唯有水旱之急。則移易民力。以相救也。里宰則曰。以歲時合耦於耡。以治稼穡。緣北方土燥水深。耒耜重大。必須兩人合耦。而後可耕。本家不足。則與鄰近相得者爲耦。彼此互耕。然耦止兩人。不及八家。而唯耕有耦。播擾芸穫。固不爾也。故詩言侯彊侯以。緣一夫自耕之不給。故須彊以相佐。如通八口以合作。則乘時有人。亦無資於彊以矣。此耕不合作之明徵也。抑遂人掌治野之事。夫間有遂。遂上有徑。十夫有溝。溝上有畛。藉令八家之夫。共耕九百畝。而田無適主。則九百猶百畝。八家猶一家。遂與徑又何用曲分町畦乎。且云十夫有溝。則與一井九夫之制。犬牙互入。而集注云。同溝共井之人。通力合作。則同溝者。不但共井。而移彼就此。共井者不必同溝。而又奚以爲之通耶。此以周禮周頌參訂求實。知八家之自耕其夫田。而無通力合作之事矣。乃抑以事理推之。亦有必不然者。人之有彊羸之不齊。勤惰之不等。愿詐之不一。天定之矣。雖聖人在上。亦惡能取而壹之乎。如使聖人能使其民。人己心力之大同而無間。則並此井田疆界。可以不設。而任其交相養矣。王者制法。經久行遠。必下取姦頑疲懦不齊之數。而使之自激於不容已。以厚生與行。未有遠以君子長者之行。望愚氓。而冀後世子孫皆比屋可封之俗也。今使通力合作。則惰者得以因人而成事。計畝均收。則姦者得以欺冒而多取。究不至於彼此相推。田卒汙萊。虞詐相仍。鬭訟蠭起。則不止。立法之不臧。未有如此之甚者也。且一夫之田。雖曰百畝。而一易再易。迭相倍加。百畝之田。雖曰一夫。而老幼婦子。多寡不齊。十六而爲餘夫。未十六以前。未嘗不可任穡事也。今使一夫之家。老幼食者八九人。而可勝耕者一人而已。又一夫之家。食者四五人。而可耕者二三人。自合作者言之。則必計畝出夫。而人少者不足。人衆者有餘。自均收言之。則但因畝以分。而此有餘。彼且不飽。使耕盡人力。而收必計口。則彼爲此耕。而此受彼養。恐一父之子。不能得此。而況悠悠之鄰里乎。孟子言百畝之糞。上農夫食九人。乃至下食五人。則彊弱勤惰之不同。而食者多。佐耕者衆。則所獲亦必豐也。令通八家而合爲一。上農亦此耕。下農亦此耕也。何所分五等之上下。而上農亦此收。下農亦此收也。又何有九八七六五人之異哉。則合作均收。事所必無。理所必不可。亦不待辨而自明矣。要之人各自治其田。而自收之。此自有粒食以來。上通千古。下通萬年。必不容以私意矯拂之者。而徹者賦法也。非農政也。亦不可混而無別也。

〇二吾猶不足。此謂決不能徹之意耳。亦未有加賦之意。〇百姓足君孰與不足云云。東周通謂庶民爲百姓。足字內包生產富殖。戶口繁息二意。集注言君民一體。是經之本指也。蓋古者至於國家大事。如征伐捍禦。則有車馬芻糧。宮室城池。則有板榦工築。朝覲會同。則有扉屨芻糧車乘。皆是邱甸自備。多取於民。則民貧。少取於民。則民富。而國用之足不足可想矣。自唐改府兵之法。變兩稅之制以後。民自輸賦稅以外。一切國用。一切國事。皆與下之人無與。而所謂君孰與不足君孰與足者。乃始出於急公奉上之虛名。行巧偸豪奪之實事。豈知所謂君民一體者哉。左傳言穀出不過藉。而曰以豐財也。與有若籌年飢用不足。而曰盍徹乎同此見解。若不致典制。則與民飢何不食肉糜何異。夫國家之大患。莫甚於君民之相隔。卽以魯事言之。百姓雖足。而君自不足。有與君不足者。則陰據而竊君者也。君果知百姓之足。豈甘受其竊乎。百姓雖不足。而君自取二。有與君以足者。則橫斂而愚君者也。君果知百姓之不足。又甘受其愚乎。惟徹不行。則百姓之足不足。君皆不得而知。是君與民隔也。勢不至君盡失其民不止也。有國以民爲本。有子勸行徹法。以此收人心。以此立國本。爲百姓者。常則築場納稼。而正供罔缺。公旬必赴。不待言矣。變則相友相助之衆。出以應敵。其糗糧芻茭。初無後世欺隱之私矣。國有九年六年之蓄。而凶荒無憂。則臨時補苴之費又省矣。民足而國自足。有子之爲國用謀者。得其本也。或疑是時三家三分公室。而各有其一。魯公寄食於三家。安暇論徹與二。此不然。襄十一年左傳曰。正月作三軍。三分公室。而各有其一。三子各毀其乘。季氏使其乘之人。以其役邑入者無征。不入者倍征。孟氏使半爲臣。若子若弟。叔孫氏使盡爲臣。不然不舍。則所謂三分公室。而各有其一者。乃特有其人耳。其地租則依然在公。安有寄食於三家之事哉。劉沅曰。此章義理潤大。有子按切時勢以立言。非泛作常談也。今按春秋證明之。周制井地之法。井九百畝。公田百畝。公田所獲。君儲諸倉廩。以爲宮室衣服飮食匪頒賜予之用。至國有大兵大役。其費取民原自不薄。但先王重農賤末。省耕省稼。其法極詳。民自不困於征役。且賦稅所供。只此公田常數。豐歉皆以多寡爲均分。無取盈之法。故爲良法美意。春秋盟會征伐日煩。小國困於大國常常徵用。民力既已苦煩。而公田所出。實不足以供諸費。故宣公又於公田之外。於民田八百畝之內。十分又取其一。如收一石。則取一斗。亦只是照本年所出多寡均取之。此是於常法什一之外。

又增取八分之一。故爲什二。奈世益降。國益卑。列邦兵會。誅求無厭。難以立國。於是季武子乃增一中軍。從前二軍皆屬於公。有事則命大夫統之以出。至是武子作三軍。三家各統一軍。卽各徵其軍之田稅。於昭公五年。又毀中軍。四分公室。蓋從前三分公室。猶留一分與君。至此四分皆入三家。季氏二。孟仲各一。惟是公田所出。三子代公斂而奉公。故曰皆盡徵之而貢於公。但名爲貢公。此中或多或寡。任憑三子增減。公無如何。一遇年饑。民無所出。三子全不入貢。則僨甚矣。哀公之問。正是如此實在情形。有若以爲公之所以如此。只是徹法壞。故至此。盍仍行徹法乎。君果行徹如先王之舊。一切取民有制。凡事節省。彼民也爲誅求所困。如在湯火。一旦得輕徭減賦。盡力耕作。養其身家。感君之恩。如同天地。且取之不竭。民有餘財。安有坐視君困。不爲供億者乎。此法一行。合國之民素臣服於三子者。見公民如此。亦將歸向。恐後三子雖禁之不能也。此乃有子絕妙經綸。救時良藥。不然現在苦貧。又勸減賦。於理實不免迂濶。且三家久專政柄。哀公安得而自主行徹。是有子徒空言以悅聽耳。亦何取哉。〇注軍國之須。皆量是以爲出。古者未有軍國字。後世則爲官府常用套語。軍國之須。軍用國用二途。猶國容不入軍。軍容不入國之云。蓋國家尤以軍爲大事。故民之賦稅。賦以供軍。稅以供國用。以軍事與國事對而爲二。正見其重之之甚也。〇困勉錄云。先王體國經野。未嘗聽命於年之豐祲也。迨至春秋。而百姓之足與不足。不操之君。而操之年。又云。乾道中。崇安大飢。朱子立社倉法以救之。此所謂儲蓄之計也。陸象山云。社倉固爲農之利。然年常豐。田常熟。則其利可久。苟非常熟之田。一遇歉歲。則有散而無斂。來歲缺種。此時乃無以賑之。莫若兼置平糶一倉。豐時糴之。使無價賤傷農之患。缺時糶之。則摧富民閉廩騰價之計。折所糴爲二。每存其一。以備歉歳。代社倉之匱。實爲長利也。按象山此舉。足補朱子社倉所未及。後世徒知有社倉之法。而不講求象山平糴之制。無怪其名存實亡。本以利民。而反害之也。黄氏震云。社倉之弊。至民不堪命。或至自經。僉謂此文公法也。無敢議變。震謂。非變其法也。救其弊耳。乃請於朝。鳩錢買田。豐年聚租。荒年賑散。不惟不取其息。併亦不取其本。庶乎有利無害。愚按。黄氏不拘先法。而買田以救其弊。意固甚善。然有散無斂。民無後慮。在良農固可助其不給。無荒時失事之憂。彼惰農亦私有所恃。而不盡力於南畝。則反以滋小民惰窳之習。助天而棄人。亦非策之善者。不若象山平糴之説。爲久而無弊也。救荒者愼思之。

子張問崇德辨惑。子曰。主忠信。徙義。崇德也。 主忠信則本立。徙義則日新。 **愛之欲其生。惡之欲其死。既欲其生。又欲其死。是惑也。** 惡。去聲。○愛惡。人之常情也。然人之生死有命。非可得而欲也。以愛惡而欲其生死。則惑矣。既欲其生。又欲其死。則惑之甚也。 **誠不以富。亦祇以異。** 此詩小雅我行其野之詞也。舊説夫子引之。以明欲其生死者。不能使之生死。如此詩所言。不足以致富。而適足以取異也。程子曰。此錯簡。當在第十六篇齊景公有馬千駟之上。因此下文有齊景公字而誤也。○楊氏曰。堂堂乎張也。難與並爲仁矣。則非誠善補過。不蔽於私者。故告之如此。

箋曰。克己復禮。崇德辨惑。皆古之言也。古訓多協韻。崇德。答主崇字。德是固有。故在崇之而已。辨惑。答主惑字。惑非本體。故知惑處。卽是辨處。○主崇字。主忠信徙義者。忠信與義。卽德也。主與徙。是工夫。卽崇也。或問云。主字及徙字。要切崇字。昔人譬之累臺及築墻。見其下宜實。其下宜厚。而又不間斷中止。是也。○愛之欲其生。四句。兩之字同指一人。旣又句只是覆說。非兩層。注判爲惑之淺深。非也。惑本多端。愛惡其例耳。愛惡亦多端。生死其例耳。凡人之眩惑者。怒與愛憎尤甚。故孔子告子張以愛憎。告樊遲以一朝之忿。蓋亦各因其性所偏而戒之也。凡言惑者。謂其顚倒昏亂。若人有惑疾者然。故不直曰好惡無常。而曰旣欲其生。又欲其死。不直曰忿懥無節。而曰一朝之忿忘其身以及其親。皆爲惑字造端置辭。聖人之言。所以爲曲而中也。人性之偏。愛惡爲甚。內無知人之明。外有毀譽之蔽。鮮有至當而不易者。子張之爲人。高遠濶疏。知人聽言。蓋其所短。故夫子以是箴之。觀於譖愬之答。可以見矣。皇本其生下其死下其生下。皆有也字。正平本亦有也字。但無下也字。⦿誠不以富二句。與辨惑意。有何干涉。卽此正見漢儒之多傳會而不能闕疑。亦見漢唐解經。未必皆親切于心也。但程子錯簡之說。雖似是。而在十六篇。亦章首引詩。次以事實。末又以其斯之謂與結之。古文未見此例。但第十六篇其斯句上。疑有闕文。今將此二句移入。則兩章皆似得宜。○圈外楊氏。誠善二字只是虛字。補過亦只泛指朋友切磋輔仁等事。

齊景公問政於孔子。齊景公，名杵臼。魯昭公末年。孔子適齊。孔子對曰。君君臣臣。父父。子子。此人道之大經。政事之根本也。是時景公失政。而大夫陳氏厚施於國。景公又多內嬖。而不立太子。其君臣父子之間皆失其道。故夫子告之以此。公曰。善哉。信如君不君。臣不臣。父不父。子不子。雖有粟。吾得而食諸。景公善孔子之言。而不能用。其後果以繼嗣不定。啓陳氏弒君簒國之禍。〇楊氏曰。君之所以君。臣之所以臣。父之所以父。子之所以子。是必有道矣。景公知善夫子之言。而不知反求其所以然。蓋悅而不繹者。齊之所以卒於亂也。

箋曰。景公。莊公異母弟也。君君臣臣父父子子者。上君臣父子。是名。下君臣父子。是實。此言君臣父子各盡其道。故當解爲君則盡君道。臣則盡臣道。父子放此。易云。君君臣臣。父父子子。兄兄弟弟。夫夫婦婦。晏子曰。君令臣恭。父慈子孝。兄友弟愛。夫和妻柔。姑慈婦聽。皆與此同語氣。春秋於臣子弒逆者。必重其責於君父。君唯不君。臣所以不臣。父唯不父。子所以不子。端本澄源之道也。詩書於君父頑悖者。必重其責於臣子。君雖不君。臣不可以不臣。父雖不父。子不可以不子。負罪引慝之道也。第八篇君使臣以禮。臣事君以忠。尹氏解爲君使臣以禮。則臣事君以忠。雖切於告君上。然全已失聖人語氣。今以是旨解此章。則其失聖言之旨遠矣。君君。是權不下移。臣臣。是勢不上逼。父父。是恩不偏嬖。子子。是愛不奪嫡。此章說者或謂是正名之意。不知還是核實之義。蓋景公之君臣父子未混也。只其實不自盡。故其名亦空負耳。須語語切爲政。方不是泛論倫紀通套語。○善哉信者。
善哉一句。信一句。與可也簡同語例。○吾得而食諸。皇本正平本南宗本吾下有
豈字。釋文云。吾焉得而食諸。今本作吾得而食諸。史記仲尼世家。作吾豈得而食
諸。漢書武五子傳。壺關三老上書曰。父不父則子不子。君不君則臣不臣。雖有粟。
吾豈得而食諸。師古注引論語文。亦有豈字。與皇本合。太平御覽三十二治道部。
引吾惡得而食諸。豈焉惡三字。義皆相近。疑今本吾下有脫字。○景公問政。在昭
公之世。是時弒莊公者崔抒也。滅崔氏者慶封也。圍逐慶氏者欒高陳鮑也。孔子
至齊在景公三十一年。當魯昭公二十五年。踰年卽反魯。是時陳氏爲武子開字
子彊。見昭二十六年左傳。無宇之子。乞之兄也。乞卒。子代之。乃爲陳恒。迨陳恒弒
簡公。去孔子對景公問時。且三十年所矣。安井衡曰。昭公二十五年。孔子適齊。景
公問政。蓋在是時。景公以哀五年卒。上距問政時。二十有八年矣。明年陳乞廢荼。
而立陽生。鮑子謂陳乞曰。女忘君之爲孺子牛而折其齒乎。而背之也。乞亦曰。以
齊國之困。困又有憂。少君不可以訪。是以求長君。曰。孺子曰。少君。則荼立爲君時。
其年甚少。恐孔子答問之時。荼猶未生。大全引哀五年傳。以實朱注。粗矣。案襄二
十五年左傳曰。叔孫宣伯之在齊也。叔孫還納其女於靈公。嬖。生景公。宣伯卽僑
如。成十六年奔齊。下距昭公二十五年。孔子適齊。爲正十有九年。叔孫還未卽以
是年納女。卽納之。亦未卽以是年生景公。假令納二三年生之。當見孔子時。亦必
五十五六左右。故又有吾老矣不能用之語。則朱注不立大子云云。固無不可。但
引荼嬖之事。則未可耳。

子曰。片言可以折獄者。其由也與。折之舌反。與平聲。○片言。半言。折。斷也。子路忠信明決。故言出而人信服之。不待其辭之畢也。

子路無宿諾。宿。留也。猶宿怨之宿。急於踐言。不留其諾也。記者因夫子之言而記此。以見子路之所以取信於人者。由其養之有素也。○尹氏曰。小邾射以句繹奔魯。曰。使季路要我。吾無盟矣。千乘之國。不信其盟。而信子路之一言。其見信於人可知矣。一言而折獄者。信在言前。人自信之。故不留諾。所以全其信也。

箋曰。片言。謂一言便了。是不待煩細之意。集注解片言。謂不待其辭之畢。則殆駭人矣。卽子路忠信明決。言出而人服。亦應一言方訖而後決。奚至僅僅半言。人已信服而不待辭之畢耶。古書所載。如新垣衍欲帝秦。魯仲連以片言折之。解爲一言方通。卽集注所收尹氏之說。亦始終以一言當之。不以爲半言。蓋人之言。彼此合并。其言始完。如物之有內外表裏。而始成其爲一物。若析我之言。與彼之言。則各爲片言。爲半言。此以彼此之言不備。故謂之半言。非以其辭不畢而名之爲半言也。折。如折衷之折。謂斷決也。書稱蔽獄。與折獄同。獄訟獄也。爭質曰訟。論刑曰獄。獄字从犬取相爭之意。訟與獄對文則異。散文則獄可以該訟。故經傳皆言折獄。此章是贊片言。不是論折獄。王制云。凡聽五刑之訟。必原父子之親。立君臣之義。以權之。意論輕重之序。愼測淺深之量。以別之。悉其聰明。致其忠愛。以盡之。古人折獄之法。只有緩至旬時。猶恐悞者。未有取辨片言。以爲能者。此自借以形容其人不欺。謂如子路之言。以折獄可也。夫子只以折獄極片言之用。記者自以宿諾證片言之常。子路可以全身皆在言外也。自屢盟詛祝之風成。毋詐毋虞之習沓矣。若夫折獄。尤事之至難者也。片言。尤勢之最輕者也。以最輕之勢。當最難之事。而卜其有最速之能者。其忠信明決之子路與。要之忠信是本。明決是用。子路片言折獄。全在忠信上。

子路無宿諾。宿猶不宿肉之宿。荀子無宿問。亦同。言不留諾事。使一宿於吾家也。不待明日之意。是句爲片言二字下注脚。蓋上節已言其片言足以服人之效。而終未明其片言何以服人之故。記者特書此。見得人若平日不忠不明。則見信者少矣。及至臨事。千言萬語。終不服人。以其平日之所行所爲。有可疑也。子路惟素無欺人之片言。故臨時有服人之片言。子路不輕爲諾者也。故其諾可踐。不詭爲諾者也。故其踐必速。其爲人如此。於是而知片言折獄。厥有由也。蓋一言出而知其中之必無他矣。且一言出而知其彼之決不變矣。人千萬言而不足。彼片言有餘。豈偶然也哉。○此弟子記平日所見以證片言可以折獄之義。故合爲一章。猶牢云與大宰問子貢。合爲一章也。文選江淹雜詩注。引此句上題子曰。然不書名而稱字。明是弟子所記。非孔子語也。凡先儒引論語文。輙加子曰字。雖是弟子語。以本皆出於孔子耳。此亦然。非舊本有子曰字也。

子曰。聽訟吾猶人也。必也使無訟乎。

范氏曰。聽訟者。治其末。塞其流也。正其本。清其源。則無訟矣。○楊氏曰。子路片言可以折訟。而不知以禮遜爲國。則未能使民無訟者也。故又記孔子之言。以見聖人不以聽訟爲難。而以使民無訟爲貴。

箋曰。聽訟者。言聽其所訟之辭。以判曲直也。吾猶人。言無異於人也。曰乎者。不敢必之辭。見其難也。使無訟此最是難能。非可一朝能者。故祇言必也以期之。說者以無訟為夫子自許。失聖意矣。此章有追思三代一段光景。則必不可與上章粘連。范氏曰。經曰。教民親愛。莫善於孝。教民禮順。莫善於弟。此無訟之道也。孟子曰。民有常產。則有常心。此無訟之政也。

或問以此說兼舉本末。其理尤備。

大學。子曰。聽訟吾猶人也。必也使無訟乎。無情者不得盡其辭。大畏民志。鄭注。情猶實也。無實者多虛誕之辭。聖人之聽訟。與人同耳。必使民無實者。不敢盡其辭。大畏其心志。使誠其意不敢訟。大戴禮禮察篇。凡人之知。能見已然。不能見將然。禮者禁將然之前。而法者禁於已然之後。是故法之用易見。而禮之所為生難知也。若夫慶賞以勸善。刑罰以懲惡。先王執此之正堅如金石。行此之信順如四時。處此之功無私如天地爾。豈顧不用哉。然如曰禮云禮云。貴絕惡於未萌。而起敬於微眇。使人日徙善遠罪。而不自知也。孔子曰。聽訟云云。此之謂也。潛夫論德化篇。是故上聖故不務治民事。而務治民心。故曰聽訟吾猶人也。必也使無訟乎。導之以德。齊之以禮。務厚其情。而明則務義。民親愛則無相害傷之意。動思義則無姦邪之心。夫若此者。非律之所使也。非威刑之所強也。此乃教化之所致。二書並言無訟由於德教。得是章之指。○此與上章不相連屬。圈外楊氏之說非。

子張問政。子曰。居之無倦。行之以忠。居。謂存諸心。無倦則始終如一。行謂發於事。以忠則表裏如一。○程子曰。子張少仁。無誠心愛民。則必倦而不盡心。故告之以此。

二之字。皆以政言。空講存心者非。居者。如居仁之居。言視政如家事也。是以心言之。忠者盡己之心。委曲詳悉。是以事言之。倦爲病根。人若不倦怠。自然精進。倦則厭煩。其施爲苟且枝梧。雖忠難久。故無倦爲行先也。倦與不忠。皆堂堂者之病。矜奮于意氣。故有時倦。鋪張于文爲。故行不忠。無倦以忠。二者皆子張藥石也。

子曰。博學於文。約之以禮。亦可以弗畔矣夫。重出

釋文云。博學於文。一本作君子博學於文。皇本正平本南宗本有君子。皆因前篇致誤。

此章與雍也篇同。當是弟子各記所聞。故重載之。

子曰。君子成人之美。不成人之惡。小人反是。成者。誘掖奬勸以成其事也。君子小人。所存既有厚薄之殊。而其所好又有善惡之異。故其用心不同如此。

箋曰。君子之心。善善長而惡惡短。故人之有美也。褒稱揄揚。以欲成全其事。其有惡也。分疏恕宥。使其不終爲惡人。舜之隱惡而揚善。其事亦類。小人之心刻薄。而忌善人。有美則發摘隱伏。以沮壞其事。有惡則文致羅織。以證成其罪。君子小人用心不同。每每如此。故自古君子不與小人爲讐。小人必與君子爲讐矣。注誘掖

奬勸。誘導引也。就未成時說。掖。扶翼也。就將成時說。奬。誇許也。就正成時說。勸。勉勵也。就既成時說。既成。又恐其以一善自阻也。故勉勵之。四字四樣意思。皆所以玉人於成也。○高中玄曰。國家用一君子。則不止獨受其人之利。而其成就天下之善。爲利更無窮。用一小人。則不止獨受其人之害。而其敗壞天下之善。爲害更無窮。可不審察之哉。陸稼書曰。學者取友亦然。

季康子問政於孔子。孔子對曰。政者正也。子帥以正。孰敢不正。

范氏曰。未有己不正而能正人者。○胡氏曰。魯自中葉。政由大夫。家臣效尤。據邑背叛。不正甚矣。故孔子以是告之。欲康子以正自克。而改三家之故。惜乎康子之溺於利欲而不能也。

箋曰。說者或解二正字。爲匡正之義。殊不知此聖人揭發政之源。示康子。非語行政之末。上者表也。民者影也。表正則影直。下子帥以正二句。聖人明誨示政者正也之功用。與上文一意。子帥以正語意。與堯舜帥天下以仁。桀紂帥天下以暴語同。若以爲匡正之正。寧可通乎。爲政以德章集注。政之爲言正也。所以正人之不正也。朱子以聖言解聖言。洵爲的證。所以正人之不正。猶言矩所以爲方。正者立於我而自足。正人之不正。所重在我之正。不在正人。不然所以二字。終屬疣贅。皇本正平本南宗本。帥以作帥而。○凡書各照本色看。如此章正字。只說無僭踰。無偏頗。便是若大人正己物正之說。非季孫所及。不必高論。正得其解。

季康子患盜。問於孔子。孔子對曰。苟子之不欲。雖賞之不竊。

言子不貪欲。則雖賞民使之爲盜。民亦知恥而不竊。○胡氏曰。季氏竊柄。康子奪嫡。民之爲盜。固其所也。盍亦反其本耶。孔子以不欲啓之。其旨深矣。奪嫡事見春秋傳。

箋曰。苟誠也。眞切之辭。此章論弭盜之源。革心之化。欲者盜之種也。有欲則思得。貴賤不同。其情本一。君子萌于念爲欲。小人發于事爲盜。上之所欲者。卽是下之所盜者也。欲者盜之媒。上者下之表。下有欲而不得。惟有竊耳。但轉移之機存乎上。上既不欲。則自無橫征。無橫征則衣食足。而民知廉恥。故雖賞之爲盜。亦恥不爲。況又有以禁之乎。公綽之不欲。亦見憲問篇。安井衡曰。不欲與無欲異。不欲制欲不敢肆也。無欲則絕祛之。不復存於心。聖人知情欲之不可絕也。故曰不欲。而未嘗言無欲焉。孔注民化於上。是固然。然亦未盡其理。蓋多欲必多求。多求必厚斂。則民窮而竊矣。然則所云不欲。責其厚斂也。胡氏以康子之欲爲奪嫡之事。是孔子以不可悔之事責康子也。豈其然乎。假令康子薄稅斂。省徭役。以撫養其民。民猶尤奪嫡。強爲盜竊。以自陷於罪辟乎。不思之甚也。大抵宋儒刻於議論。而潤於事情。皆此類也。皇本正平本南宗本。苟子下無之字。○康子爲政。在夫子自衛反魯之後。康子奉父遺言。召夫子歸魯。蓋知敬夫子者。且是時夫子年已七十。爲國老。康子新進。故篇中與季康子言。多切直。夫子自謂。七十而從心所欲不踰矩。固其德邵。亦其齒尊爾。惜康子庸乳。不能進究夫子之旨。故左氏載臧武仲對季孫詰盜一節義與此相發。而汲冡周書記魯國多盜。康子獲盜詰之。盜斥言其非。題係因此章而附會之者。非古也。唐太宗與羣臣論止盜。或請用重法。太宗曰。當去奢省費。輕徭薄賦。使民衣食有餘。則自不爲盜。安用重法。此乃端本澄源之義。所謂先自治而後治人也。至僖宗朝。王仙芝陷曹濮州。黃巢聚衆應之。攻剽州縣。民困重斂者爭歸之。數月間衆至數萬。范氏曰。自古盜賊之起。國家之敗。未有不由暴賦重斂。而民之失職者衆也。唐之季世。政出閹宦。不惟賦斂割剝。復販鬻百物。盡奪民利。使民無衣食之資。欲不亡得乎。范氏此論。即太宗止盜之意。夫上者下之本也。君者民之源也。本正則末直。源清則流澄。古之仁君。先自治而治人。後世則否。勞智任術。鈎距綜核。置樓鼓。設弓刀。賞盜侶之告捕。發窩家之屋室。汲汲屑屑。與民軋爭。刑法愈密。盜賊愈夥。蓋民性非善盜也。無恒產斯無恒心。飢寒切身。父子不相保。放僻邪侈。詐僞百出。放火殺人。盜竊苟活。執法者從而刑之。雖曰審聽不枉。是乃孟子所謂陷民罔民者耳。

季康子問政於孔子曰。如殺無道。以就有道。何如。孔子對曰。子爲政。焉用殺。子欲善而民善矣。君子之德風。小人之德艸。艸上之風必偃。焉。於虔反。○爲政者。民所視效。何以殺爲。欲善則民善矣。上一作尚。加也。偃。仆也。○

尹氏曰。殺之爲言。豈爲人上之語哉。以身教者從。以言教者訟。而況於殺乎。

箋曰。殺無道以就有道。猶言去彼而就此。言上之人。專暱就有道之人也。惟暱就有道而使民趨就有道。與成就無道之意。胥在其中矣。夫子嘗曰。就有道而正焉。雖義較有淺深。語勢則全同。○子為政焉用殺。言子執政柄。善惡唯在子。安用殺。○子欲善。猶云眞心好善也。有躬行以率之意。不作欲民之善。子欲善而民善者。言子苟欲善。雖無道之民。亦化而為善。復申言不必用殺之效也。賈誼新書大政下云。王者有易政而無易國。有易吏而無易民。故因是國也而為安。因是民也而為治。是其義也。○君子之德風。小人之德草。風草是借言。不是喩言。君子在上之稱。小人謂民。德字如民德歸厚之德。草上之風必偃。此固但論其勢。率之以善必偃。率之以惡亦必偃。然本文承欲善民善句來。教康子先欲善以化民。故曉之以風草。無上率以惡必偃之意。偃猶靡也。謂隨所向也。說苑君道篇曰。夫上之化下。猶風靡草。東風則草靡而西。西風則草靡而東。皇本正平本南宗本。上作尙。上尙古字通。康子之疾。在略己而責人。連上二章同一鍼砭。說已見為政第二十章。皇本正平本南宗本。風下草下並有也字。漢書董仲舒傳及說苑政理篇引此文。亦並有也字。

子張問。士如何斯可謂之達矣。達者。德孚於人。而行無不得之謂。子曰。何哉爾所謂達者。子張務外。夫子蓋已知其發問之意。故反詰之。將以發其病而藥之也。子張對曰。在邦必聞。在家必聞。言名譽著聞也。子曰。是聞也。非達也。聞與達相似而不同。

乃誠僞之所以分。學者不可不審也。故夫子既明辨之。下文又詳言之。

夫達也者。質直而好義。察言而觀色。慮以下人。在邦必達。在家必達。

夫音扶。下同。好下。皆去聲。○內主忠信。而所行合宜。審於接物。而卑以自牧。皆自脩於內。不求人知之事。然德脩於己。而人信之。則所行自無窒礙矣。

夫聞也者。色取仁而行違。居之不疑。在邦必聞。在家必聞。

行。去聲。○善其顏色。以取於仁。而行實背之。又自以爲是。而無所忌憚。此不務實。而專務求名者。故虛譽雖隆。而實德則病矣。○程子曰。學者須是務實。不要近名。有意近名。大本已失。更學何事。爲名而學。則是僞也。今之學者。大抵爲名。爲名與爲利。雖清濁不同。然其利心則一也。尹氏曰。子張之學。病在乎不務實。故孔子告之。皆篤實之事。充乎內而發乎外者也。當時門人親受聖人之教。而差失有如此者。況後世乎。

箋曰。達。通也。與塞反。所謂忠信篤敬蠻貊可行。卽達義也。大戴禮曾子制言上。弟子問於曾子曰。夫士何如則可以爲達矣。曾子曰。不能則學。疑則問。欲行則比賢。雖有險道。循行達矣。今之弟子病下人。不知事賢。恥不知而又不問。欲作則其知不足。是以惑闇終其世而已矣。是謂窮民也。曾子之論達。與夫子略同。皆謂謹身篤行。不求聲聞者也。子張不問何者斯謂之達。而曰何如斯可謂之達。是據已成之名義。而叩必成之功用也。卽問所以達之故。非問達之名。觀下在邦必聞。在家必聞。子張已認做達字了。若渠未知何謂達。子不叩以所謂達矣。正平本南宗本。達矣作達也。○何哉爾所謂達者此一句爲一章精神。發出他病痛。然後下藥。正平本南宗本。達者下有矣字。○在邦必聞。在家必聞。在邦謂仕諸侯。在家謂仕卿大夫。○是聞也非達也。是說聞與達名義之不同。夫達也者二節。是說其所以致聞致達者。須辨不是以上節包下二節也。皇本正平本南宗本。達下無也字。○質直好義。質直者。朴實無虛飾華言。卽不事矯飾也。恐不得以主忠信解之。且質直謂本領。非工夫。○察言而觀色者。察人之言。觀人之色也。是竭心于接物。事事不苟。欲寡其過之事矣。元來質直好義之人。自無諂媚迎合之嫌。慮者。謂用心委曲也。下人者。自持恭謙。以求免乎簡傲之愆也。決非足恭。聖人處世。不貴剛强。故鄉原襲其似。以亂中行。鄉原不可爲。而世儒遂以剛直爲士氣。又非也。○夫聞也者。皇本正平本南宗本。聞下無也字。色取仁而行違。色者外貌之謂也。與上文觀色之色不同。凡外邊發出人所觀者。皆色也。色者形於外。行者行於己。色取仁便見行違仁。此乃相足之語。無兩層。○居之不疑者。自以爲是而不知其非也。非知其不是而故爲之者。是又色取仁者之所以聞也。久假而不歸。有似其有也。○郝敬曰。達如水盈科而後進。聞如風送響而無端。達之根本在質直。士浮靡變詐之習勝。則根本虧。故質直爲先。然木訥者或少圓通。與世齟齬。必心悅乎義。凡事順理。因時制宜。所爲質直者又通方也。然猶未敢自以爲是。視天下人。無一可上。視己無一可以先人。自不容不察言觀色。自不容不慮以下人。卽日用倫物間。每自覺虧欠。文王望道。孔子不厭。亦是心也。眞有虛己下人之心。非謙讓之僞貌。如此乃爲忠厚樂易之君子。非骫骳任情。自託于質直者也。又非伺人眉睫。以求親媚于世者也。若夫求聞之術。不過色取仁而已。好義由中出。而慮以下人。義內而仁亦內也。取仁由外入。而居之不疑。仁假而義亦假也。意自互備。夫仁本在內。而以色取。則是在外。不由內也。內外分爲兩。稽之行事。全與心違。由外之鋪張太甚。故內之塡補不足。此子張所蔽與所不足也。故藥之。○龜井魯曰。質直而好義。察言而觀色。慮以下人。此數者。皆子張性行之所乏。色取仁而行違。居之不疑。子張高邁士。姿貌莊嚴。從容自許。而未仁。故夫子言此勉之。其對于祿之問曰。言寡尤。行寡悔。祿在其中。亦一意。夫子欲子張之愼細行。而顯達其身。所以有此語也。說者見此等語。妄輕慢子張。以爲求名。以爲利心。或以爲不務實。殊不知子張大才。磊落不羈。非非夫子者所得而敎育也。子張妙年。雖欲無客氣之蔽而得乎。然至以名利虛僞責之。誣之甚也。

樊遲從遊於舞雩之下。曰。敢問崇德脩慝辨惑。 ○慝。吐得反。胡氏曰。慝之字。從心從匿。蓋惡之匿於心者。脩者治而去之。**子曰。善哉問。** 善其切於爲己。**先事後得。非崇德與。攻其惡。無攻人之惡。非脩慝與。一朝之忿。忘其身以及其親。非惑與。** 與。平聲。○先事後得。猶言先難後獲也。爲所當爲而不計其功。則德日積而不自知矣。專於治己而不責人。則己之惡無所匿矣。知一朝之忿爲甚微。而禍及其親爲甚大。則有以辨惑而懲其忿矣。樊遲麤鄙近利。故告之以此。三者皆所以救其失也。○范氏曰。先事後得。上義而下利也。人惟有欲利之心。故德不崇。惟不自省己過。而知人之過。故慝不脩。感物而易動者。莫如忿。忘其身以及其親。惑之甚者也。惑之甚者。必起於細微。能辨之於早。則不至於大惑矣。故懲忿所以辨惑也。

箋曰。舞雩之處。有壇墠樹木。故下可遊焉。德慝惑爲韻。崇德脩慝辨惑。皆是心上工夫。然德字不專指心。黃陶菴曰。天下之一聞而悟。一蹴而入。離事求德者。舉非德也。○修慝者。修與治稍不同。修者。修復破弊也。謂芟除其慝。而復其全也。人心元無慝。故云。○先事後得。先望其報。奮事功者之常弊。欲焜燿其功也。樊遲英氣奮事功。故其問仁若德。皆對以後獲也。崇是功夫。不是成效。只先後處便是崇。不是如是而後乃底於崇也。○攻其惡無攻人之惡者。惡之爲跡顯。而慝尙微。然見以爲微。則必至於顯。故遲以爲慝。而子以爲惡。攻之爲勢急。而修似緩。然苟視爲緩。則必悞所急。故遲方問修。而子語之事所攻。吳因之曰。攻寇。目不他視。耳不他聽。努力向前。專心致志。一縮手不得。一退步不得。無攻人之惡。不是聖人禁止他。也不是脩慝者用力拏住。須先認得慝字分曉。那無字便得力。蓋顯然過惡。還易掃除。唯在心曲隱微處。那頭緖渾不見。若眞箇理會得。便見前念方息。後念又起。此方按伏。彼又跳梁。方苦主弱而客强。雖欲攻自是無暇。凡暇於攻人者。只是未嘗攻己惡也。皇本正平本南宗本。無作毋。○一朝之忿。忘其身以及其親。非惑與。一朝之忿。言其忿至小。非終身不可解之仇。崇德辨惑。與子張問同。而答不同。皆以其所急告之也。哀十六年。孔子卒。而哀十一年。季孫曰。須也弱。其少壯英氣可想。所以有此訓也。呂伯恭曰。忘身及親。此事昭然。固不難辨。惟忿正起之時最難辨。忿而辨之。此所謂辨惑也。許平仲曰。喜怒哀懼愛惡欲。一有動於心。則氣便不平。七者之中。惟怒難治。又偏招患難。須於盛怒時。堅忍不動。俟心氣平時。審而應之。庶幾無失。忿氣劇炎火。焚如徒自傷。觸來勿與競。事過心清涼。○范說以過解惡。是混同過惡。非是。且過字更遠於慝。不可從。又懲忿當在已辨惑之後。范氏顛倒之。本文惑無大小輕重之說。范氏甚字大字。皆失欵。

樊遲問仁。子曰。愛人。問知。子曰。知人。上知字去聲。下同。○愛人仁之施。知人知之務。

樊遲未達。曾氏曰。遲之意。蓋以愛欲其周。而知有所擇。故疑二者之相悖爾。子曰。舉直錯諸枉。能使枉者直。舉直錯枉者。知也。使枉者直。則仁矣。如此則二者不惟不相悖。而反相爲用矣。樊遲退。見子夏曰。鄉也吾見於夫子而問知。子曰。舉直錯諸枉。能使枉者直。何謂也。鄉。去聲。見。賢遍反。○遲以夫子之言。專爲知者之事。又未達所以能使枉者直之理。子夏曰。富哉言乎。歎其所包者廣。不止言知。舜有天下。選於衆。舉皐陶。不仁者遠矣。湯有天下。選於衆。舉伊尹。不仁者遠矣。選。息戀反。陶。音遙。遠。

如字。○伊尹湯之相也。不仁者遠。言人皆化而爲仁。不見有不仁者。若其遠去爾。所謂使枉者直也。子夏蓋有以知夫子之兼仁知而言矣。○程子曰。聖人之語。因人而變化。雖若有淺近者。而其包含無所不盡。觀於此章可見矣。非若他人之言。語近則遺遠。語遠則不知近也。尹氏曰。學者之問也。不獨欲聞其說。又必欲知其方。不獨欲知其方。又必欲爲其事。如樊遲之問仁知也。夫子告之盡矣。樊遲未達。故又問焉。而猶未知其何以爲之也。及退而問諸子夏。然後有以知之。使其未喩。則必將復問矣。旣問於師。又辨諸友。當時學者之務實也如是。

箋曰。樊遲已問仁。而領愛人之旨矣。於是更問知也。知人者知賢也。皇本知作智。下同。○樊遲未達。專指知人一事爲妥。下文樊遲退見子夏。不曰問仁知。而曰問知。是知其疑不在仁知相悖邊。樊遲蓋疑知人未足以爲智也。○擧直錯諸枉。能使枉者直。枉撓也。謂板之反張者。唯其反張。故置直者於上。能使之直也。子夏告以舜湯擧伊皐之事。則知擧直錯諸枉。本譬喩。而其義則爲擧直者。置之於枉者之上。包注以直枉爲人材之稱。然古人稱直。特語其性。未有爲有德之稱者。至枉者字則又不聞有以稱性者。諸之於二字之連聲。又詳于爲政篇。擧直錯枉。此是智之用。能使枉者直。此是智之效。亦非兼仁而言。○鄕也吾見於夫子而問知。鄕。皇本正平本南宗本作嚮。釋文。鄕又作曏。同。說文云。曏。不久也。不久者。言日近也。曏正字。嚮俗字。鄕假借字。禮。君子於其所尊弗敢質。遲不解夫子所謂。如何敢再問。故見子夏而質其疑也。困勉錄云。古今天下。因擧錯而紛紛多事者。往往而是。小人豈肯遂俯首屈服耶。觀於宋之元祐。及明天啓之初。則能使枉直。正未易言。樊遲此問亦切問也○富哉言乎。富是富有。猶言盛哉至哉之類。謂擧直兩句不指擧直外之事。皇本正平本南宗本哉下有是字。○選於衆擧皐陶者。舜所擧尚多。

唯皐陶爲士。其於不仁者遠之事爲緊切。故特稱皐陶也。虞書舜於徵用之後。擧行巡守封濬諸大典外。九官俱未有命。而卽曰象以典刑。又曰四罪而天下咸服。

孔氏正義曰。舜以徵賤超升上宰。初來之時。天下未服。既行四罪。故服舜用刑得當其罪也。皐陶所行五刑有服。五流有宅。卽是象以典刑。流宥五刑。則當時所首

擢者可知矣。故書載舜命皐陶之辭。原與五人一例。而大禹謨曰。汝作士。明于五刑。以弼五教。皐陶謨曰。天討有罪。五刑五用哉。益稷謨曰。皐陶方祗厥敘。方施象

刑惟明。虞書正無一篇非舜擧皐陶事也。孟子堯以不得舜爲己憂。舜以不得禹皐陶爲己憂。馮衍賦云。皐陶釣于雷澤兮。賴虞舜而後親。王厚齊以爲未詳所出。

伊尹名摯。見孫子兵書用間篇。伊是氏。其稱尹者。鄭康成謂湯使尹正天下。故曰伊尹。春秋繁露質文篇云。湯受命變夏作殷。作官于下洛之湯。名相官曰尹。是尹

天下稱尹。猶楚上卿執政者稱令尹也。呂氏春秋言。其母居伊水之上。故命之曰伊尹。則伊是水名。本其所生處爲氏。劉寶楠曰。春秋譏世卿。蓋卿大夫世則擧直

錯枉之法不行。有國者宜以不知人爲患。故子夏述舜擧皐陶。湯擧伊尹。皆不以世而以賢。以明大法。漢書王吉言。堯舜不用三公九卿之世。而擧皐陶伊尹。不仁

者遠。今俗吏得任子弟。率多驕驁。不通古今。至於積功治人。無益於民。此伐檀所爲作也。宜明選求賢。除任子之令。卽論語之義。正平本南宗本選下無於字。○不

仁者遠矣。遠猶化也。讀去聲。似是。謂近旁眼前無之也。不仁者遠。爲仁者所壓故也。而擧仁者。是舜湯之智德也。舜湯聖人。仁知兼完。然選而擧賢。全是智德。而仁

德不與焉。注泥不仁語。遂言是舜湯之仁德也。不知仁德唯在皐陶伊尹。而不在舜湯也。因是一謬。而上文皆謬。○聖人之語。雖有爲而發者。其於正理。無毫髮之差。如斯而已。豈必淺近一一包深遠也。乃以爲包含無所不盡。是牽合附會之所由生耳。且若仁者其言也訒。亦何包含之有。論語是類亦多。○尹說。欲聞其說者。聞其大旨也。欲知其方者。知其爲之之方也。欲爲其事者。熟知明通。欲見於施行也。下文夫子告之盡矣者。欲聞其說也。上文愛人知人是也。故又問焉者。欲知其方也。上文愛人錯諸枉是也。問諸子夏。然後知之者。欲爲其事也。即本文舜有天下一節是也。此未爲見於設施。然其詳知熟聞。亦可以立施於事。其意亦在於欲直行之。故亦可謂之欲爲其事。王草堂曰。論語問仁者。顏淵・仲弓・司馬牛・子貢・子張・樊遲六人。問崇德辨惑者。子張・樊遲二人。問知者無有也。兩問知。三問仁者。更無有也。惟樊遲能之。可謂切實爲己。聖門之高弟。不可多得矣。而集註云。粗鄙近利。何爲也。尹和靖云。學者之問也。不獨欲聞其說。又必欲知其方。不獨欲知其方。又必欲爲其事。如樊遲之于仁知。既問於師。又辨諸友。當時學者之務實如此。則未嘗粗暴也。若以其會請學稼。故云。則邢昺云。遲請學播種之法。欲以教民也。謝上蔡云。遲學稼圃。將以爲民。非役志于自殖財貨。則未嘗近利也。若以夫子稱爲小人而疑之。則朱子亦云小人謂細民。非與君子相反之小人明矣。李恕谷曰。樊遲留心仁知。必不俗鄙。清之役。樊遲爲右。冉有謂其用命。且遲請三刻而踰之。必不粗暴。況義利者。君子小人分途。豈可以近利妄加之聖門諸賢耶。且遲佐冉有以入齊師。左氏載夫子之語。明曰義也。則義利之分。在夫子有定鑒矣。又何譏之過哉。

子貢問友。子曰。忠告而善道之。不可則止。毋自辱焉。工告。

毒反。道。去聲。○友所以輔仁。故盡其心以告之。善其說以道之。然以義合者也。故不可則止。若以數而見䟽。則自辱矣。

箋曰。同師曰朋。同志曰友。朋疏而多。友親而少。忠告是告之忠。則善道亦導之善耳。非善其說之謂。道雖不必偏屬行。而行意爲多。皇本正平本而下有以字。道作導。○不可則止。不可謂不可以告道也。猶以道事君。不可則止之不可。鈎是不可。之三子告不可之類。不聽之義也。勢不可也之類。不得然之義也。此章之不可當從不得然之義。非不聽之謂。言吾盡忠告善道之方。而其人昏迷冥頑。不得使之悟也。止者不與之爲友交。或泛交之。或絕之也。與上篇不可則止。下篇不能者止義同。蓋朋友以義合。止亦義也。皇本正平本不作否無可字。○無自辱焉者。彼無求規誨之心。不可告導者。而強聒之。必觸忤焉。或致嘲笑。或取詬罵。此之謂自辱也。此章聖人示人忠告善道。不可則止之方。而後儒解爲教人以納約之方。全與聖言之旨相反。夫忠告善道之後。吾之心已盡。術已窮。只有則止一法。蓋友非泛也。道義相期。肝膽相許。榮辱相關。過失相規。乃稱友。至是所相期許者皆不行。故不得不止。而解者謂俟之倘可後圖。豈忠告善道之外。又有良法耶。豈再爲忠告善道。不慮其辱耶。此皆故爲忠厚語。而不知義合之道者。若夫今人所謂友。勢利酒食。面是背非。朝秦暮越。原不可稱友。臨事安得有忠告善道。原不以正合。何待不可乃止。此則非是章答問之意也。○佐藤坦曰。我於彼當忠告善導。彼不可則我止。是正意也。又如彼於我亦忠告善導。我不可則彼止。故覰朋友之忠告。當虛心以聽受之。此意亦須陪講。

曾子曰。君子以文會友。以友輔仁。

講學以會友。則道益明。取善以輔仁。則德日進。

箋曰。此遞送語矣。其本意在爲仁。然仁必仰友以爲輔。友不得徒集。故以文會之也。詩書禮樂卽文也。弦誦樂群。卽會友也。爲仁由己。而觀摩薰陶。常賴良友。天機以有所鼓舞而後暢。義理有所商量而日新。故殘刻之行。藉賢友以箴止之。惻隱之端。藉賢友以感激之。擴欲無害人之心。使之充滿洋溢。賴賢友以獎勸于不倦也。遭顚沛造次之侯。使之堅忍操守。賴賢友以扶掖於易衰也。人無賢友。何以成其仁哉。左僖五年傳。宮之奇設輔車相依。脣亡齒寒兩喩。呂覽權勳篇。虞之與虢也。若車之有輔也。車依輔。輔亦依車。虞虢之勢是也。車之有輔。猶齒之有脣。最相切近。人之兩頰曰車。口輔亦曰牙車。其命名卽取車輔之義也。然則輔仁者。猶云相依爲仁也。二句須一串說。收攝歸於輔仁。注支離。

論語會箋卷第十二終

論語會箋卷第十三

竹添光鴻會箋

子路第十三 凡三十章

子路問政。子曰。先之勞之。勞如字。○蘇氏曰。凡民之行。以身先之。則不令而行。凡民之事。以身勞之。則雖勤不怨。

請益。曰。無倦。無。古本作毋。○吳氏曰。勇者喜於有爲。而不能持久。故以此告之。○程子曰。子路問政。孔子既告之矣。及請益。則曰無倦而已。未嘗復有所告。姑使之深思也。

箋曰。先。謂躬行倡率。勞。謂從容慰藉。物茂卿曰。大氏勇於義之人。以己視民。必有發政不以漸而遽責其從己者。故曰先之。又必有以義責民。而不恤其勞苦者。故曰勞之。釋文。勞之。孔如字。鄭力報反。鄭讀若郊勞之勞。卽孟子放勳曰勞之來之意也。○請益者。以上事爲易。卽如斯而已乎之意。夫子以無倦益之者。卽無倦于先勞。益之以不益也。亦唯使其務行上事也。非使之深思。蓋銳進者難于持久。能無忘無助。自然可大可久。此天地易簡之至德。亦不外于是。此蓋子路爲宰時之問矣。物茂卿曰。諸人問政。皆非爲其異日從政而預問之也。其人方從政而問其所當務也。故孔子答之亦非泛言從政之道也。皆隨其人其時及其所治之土各殊焉。故讀者當據其文義。以觀孔子所以答之之意可也。龜井魯曰。子路治才過人。於時務固已諳練。故不告其事。語以此而已。無倦。釋文作毋倦。云毋今作無。是舊本作毋也。○蘇說亦是。但云凡民之事以身勞之。則未安。蓋民事無皆君代之理。祇是此心此理必求自盡其父母之責。不可留一毫遺憾。便是勞之也。

仲弓爲季氏宰。問政。子曰。先有司。赦小過。擧賢才。有司。衆職也。宰兼衆職。然事必先之於彼。而後考其成功。則己不勞而事畢擧矣。過。失誤也。大者於事或有所害。不得不懲。小者赦之。則刑不濫而人心悅矣。賢。有德者。才。有能者。擧而用之。則有司皆得其人而政益脩矣。

曰。焉知賢才而擧之。曰。擧爾所知。爾所不知。人其舍諸。焉。於虔反。舍。上聲。○仲弓慮無以盡知一時之賢才。故孔子告之以此。程子曰。人各親其親。然後不獨親其親。仲弓曰。焉知賢才而擧之。子曰。擧爾所知。爾所不知。人其舍諸。便見仲弓與聖人用心之大小。推此義。則一心可以興邦。一心可以喪邦。只在公私之間爾。○范氏曰。不先有司。則君行臣職矣。不赦小過。則下無全人矣。不擧賢才。則百職廢矣。失此三者。不可以爲季氏宰。況天下乎。

箋曰。宰者。大夫家臣。及大夫邑長之通稱。有司者。宰之羣屬也。先有司。言以擇有司爲先務也。赦小過。擧賢才。乃申說先有司之法也。上章先字謂身先。此章先字謂先之于彼。上章先字以民行言。此章先字以衆職言。赦小過者。有司或有小過。所犯罪輕。當宥赦之以勸功褒化也。言小過赦。明大過不赦。可知。赦小過句。即承有司說。蓋因家臣之長。止統攝衆職。未嘗親自治民。故赦過不涉民說。皇疏放赦民間小小誤犯之罪。此說非也。此章言政在學賢。然則赦過亦必以衆職言之。三句秖一件。至于民間小過。則賢才既舉。無患其不寬矣。豈有於治民之道。他無所語。而獨言一赦過之事者邪。注謂民心悅矣。或亦誤以爲民間小過也。○學賢才賢才。言過人之才也。左傳雋才卿才。語例同。注析而二之。恐非。○焉知賢才而學之。自世卿世大夫。而學賢之政不行。故仲弓質其疑。皐陶曰。在知人。禹曰。惟帝其難之。此焉知賢才之慮也。陸敬輿曰。知人之難。聖哲所病。聽其言則未保其行。求其行則或遺其材。校勞考則巧僞繁興。而貞方之人罕覯。殉聲華則趨競彌長。而沈退之士莫升。是必素與交親。備詳本末。探其志行。閱其器能。然後守道藏器者。可得而知。沽名飾貌者。不容其僞。是以前代有鄉學里選之法。長吏辟學之制。所以明歷試。廣旁求。敦行能。息馳騖也。○學爾所知。爾所不知三句。如舜學皐陶。湯學伊尹。皆學爾所知也。易曰。拔茅茹以其彙征。此爾所不知人其舍諸之說也。是先有司者。必以學賢才爲本。學賢才者。必以知其人爲要。唐憲宗謂宰相曰。卿輩當爲朕惜官。勿私親故。李絳曰。崔祐甫有言。非親非故。不諳其才。諳者尚不與官。不諳者何敢復與。但問材器與官相稱否耳。若避親故之嫌。使聖朝虧多士之美。此乃偸安之臣。非至公之道也。苟所用非人。朝廷自有典刑。誰敢逃之。蓋得學爾所知之旨。人其舍諸。言必來相告薦也。非謂他人亦自學用。禮運云。大道之行也。天下爲公。故人不獨親其親。程子引用斯語。以爲公私之辨。豈謂楚人遺弓楚人得弓之類邪。恐失經旨。孫詒仲曰。程子用心大小之說。朱子深取之。愚反覆其說。殊覺未然。夫與人同任舉賢之責。而必欲舉皆出自我。則是私心爾。若仲弓焉知一問。乃欲求盡自己之職。非市恩也。此乃求賢若渴之心。何得謂其私小乎。且卽與人同任舉賢之責。亦當各人去虛心延訪。求所未知。若我不求所不知而諉之於人。人亦不求所不知而又諉之於我。則下之遺賢多矣。故求盡知一時之賢才。卽與人共事亦宜如此。非市恩之私心也。若程說夫子之答。與仲弓之問。不相照顧矣。夫子乃謂汝無患不盡知。但患不能舉見賢不能舉。而阻抑蔽塞之。則人見爾不好賢。而不以賢才告爾矣。爾能舉爾之所知。則人見爾有求士之誠。無媢疾之心。咸以爾所不知之賢才來告爾矣。所謂夫苟好善則四海之內。皆將輕千里而來告之以善。夫子此言正孟子之意。乃所以能盡知賢才之道。以見但能舉賢則不知者自知。正答其不必有焉知之患也。此記的當。至于一心喪邦。雖曰推究之論。竟是過當。豈有爲而發與。夫患不能盡知賢才。其意亦美。何喪邦之有。圈外范說。以君臣立論。殊不思仲弓爲宰問政。宰與有司。安得爲君臣哉。

崔述曰。人之才不必皆長。而事亦往往有棘手者。法太密則人皆有慮患避事之心。以因循爲得計。而事之廢弛者多。是以宋人謂私罪不可有。公罪不可無。故小過不可不赦也。雖然有治人無治法。庶官不得其人。則雖赦之。而亦無益於事。故所重在舉賢才。有一官卽擇一能治此官者。而付之理。則身不勞而政畢舉。周公立政之篇。所以必以三宅三俊爲要務也。此雖爲爲宰者言之。其實治一國治天下。皆若是而已矣。然賢才何以能知。無論天下也。卽一國之中。亦有難以盡知者。

無怪乎仲弓之以爲慮也。勸仲弓之問。則其意實欲力行此言可知。究之知亦非難。果能汲汲於求賢才。以爲人倡。立之標準。樹之風聲。則人必有競以賢才告我者。燕照王築宮事郭隗。而樂毅劇辛之徒爭趨於燕。是也。聖人此言。誠知人之上策。昔人言以半部論語治天下。果能熟讀此章而力行之。卽爲宰相。亦綽乎有餘裕。豈待半部也哉。劉沅曰。魯自文宣失政。政由三家。而季氏世爲上卿。刑賞予奪。彼實專之。又周制各君其國。各子其民。本國士民。非甚不得已。無出仕外邦者。以夫子之聖。季康子召之卽歸。蓋父母國之道也。聖門諸賢。行道濟時。若欲一旦爲上卿大夫。如夷吾孫叔之舉。旣有難期。而爲貧而仕。由陪貳以躋卿佐。乃當時之常。苟非貪緣苟合。自可受職不慚。仲弓德行之科。夫子許其可使南面。而爲季氏宰。夫子告之如此。蓋以魯政在季氏。如此盡職奉公。爲季之良。卽爲國之幹。何害於道。故當時門人凡仕季氏者。夫子未嘗以爲非。惟冉有爲之聚斂。乃蒙斥責。閔子騫無藉祿仕。又不屑爲季氏私邑。當時情事如此。前人以冉季事季氏爲非。何不比而觀之耶。舉賢士之難。以春秋世冑公族。盤踞已久。如晉代上品無寒門。下品無中正之習。故仲弓慮之。然而一賢拔擢。衆賢彙征。又宰爲衆望所好尙者。人爭趨之。故不患不能盡知也。此等書義。若不明其時事。又烏知聖賢立言之心。爾所不知人其舍諸。非謂不知者置之。正以果能舉賢。則凡知賢者皆盡以其賢來告也。

郝敬曰。春秋時。諸侯世官。政在大夫。皆家臣主謀。如國之有執政。而士多聚于私門。固材之藪。亦奸之林也。魯之亂屢矣。前以家臣南蒯。後以家臣陽虎侯犯。昭公之見逐也。以家臣殺戾。叔孫豹之死也。以家臣豎牛。季桓子之囚也。以家臣陽虎。衛輒父子之相攻也。以家臣渾良夫。其孟縶之死于賊也。以家臣宗魯。晉欒氏之亡也。以家臣州賓。祁氏羊舌氏之滅也。以弒家臣祁勝。顧其人往往有賢者出于其間。如晉趙武舉管庫之士七十餘家。趙氏之陳嬰公孫杵臼董安于范氏之王生張柳朔。魏舒之辛買閻沒女寬。魯季孫之正常。此輩若遇明主。皆可試用。夫子所以惓惓於舉賢才也。○魏晉用人。先門品而後賢才。此最深病。北魏文帝與羣臣論選調。李冲曰。未審張官置吏。爲膏粱子弟乎。爲致治乎。魏主曰。欲爲治耳。冲曰。然則今日何爲耑取門品。不拔才能乎。魏主曰。君子之門。借使無當世之用。要自德行純篤。朕故用之。冲曰。傅說呂望豈可以門第得之。魏主曰。非常之人。曠世乃有一二耳。李彪曰。魯之三卿。孰若四科。

子路曰。衛君待子而爲政。子將奚先。衛君謂出公輒也。是時魯哀公之十年。孔子自楚反乎衛。

子曰。必也正名乎。是時出公不父其父。而禰其祖。名實紊矣。故孔子以正名爲先。謝氏曰。正名雖爲衛君而言。然爲政之道。皆當以此爲先。

子路曰。有是哉子之迂也。奚其正。迂謂遠於事情。言非今日之急務也。

子曰。野哉由也。君子於其所不知。蓋闕如也。野謂鄙俗。責其不能闕疑。而率爾妄對也。

名不正則言不順。言不順則事不成。楊氏曰。名不當其實。則言不順。言不順。則無以考實。而事不成。**事不成則禮樂不興。禮樂不興。則刑罰不中。刑罰不中。則民無所錯手足。**中。去聲。○范氏曰。事得其序之謂禮。物得其和之謂樂。事不成。則無序而不和。故禮樂不興。禮樂不興。則施之政事。皆失其道。故刑罰不中。

故君子名之必可言也。言之必可行也。君子於其言無所苟而已矣。程子曰。名實相須。一事苟。則其餘皆苟矣。○胡氏曰。衛世子蒯聵。恥其母南子之淫亂。欲殺之不果而出奔。靈公欲立公子郢。郢辭。公卒。夫人立之。又辭。乃立蒯聵之子輒。以拒蒯聵。夫蒯聵欲殺母。得罪於父。而輒據國以拒父。皆無父之人也。其不可有國也明矣。夫子爲政。而以正名爲先。必將具其事之本末。告諸天王。請于方伯。命公子郢而立之。則人倫正。天理得。名正言順。而事成矣。夫子告之之詳如此。子路終不喩也。故事輒不去。卒死其難。徒知食焉不避其難之爲義。而不知食輒之食爲非義也。

箋曰。待者。下篇齊景公待孔子。史記世家作止。孔子。魯語其誰云待之。說苑正諫作止之。是待止同義。爲政二字屬夫子。不屬衛君。○必也正名乎。言所先未可一言期之。必曰所先何事。則先正名乎。祭法云。黃帝正名百物。百物卽百事。左傳曰。唯器與名。不可以假人。此指稱謂與爵位之名。本經正名。嵩指衛輒父子之名。名不正三節。泛言君臣父子之名。而衛輒父子在其中。謝氏謂爲政之道。皆當以此爲先。此雖與名不正三節意合。而在必也節。則亦是言外推廣也。魯哀公二年四月。衛靈卒。六月晉趙鞅納蒯聵。蓋晉失伯欲亂衛以逞宿忿也。魯哀公六年。孔子自楚反衛。子路謂衛君待子而爲政。蓋在魯哀七年。則輒君國已六年矣。計衛前後二十五年間。輒之爲君凡二十二年。衛民之願輒爲主。而不思聵之入。非一朝夕。當日納聵者陽貨。拒聵者國書。小人因之以爲利。故衛事至此極耳。不然父子天性也。唐得一李泌。可以調和兩宮。豈衛得一夫子。無消弭反正之道。惲敬曰。衛出公未嘗拒父也。衛靈公生于魯昭公二年。其卒年四十七。而蒯聵爲其子。出公爲其子之子。蒯聵先有姊衛姬。度出公之卽位也。內外十歲耳。二年蒯聵入戚。三年春圍戚。衛之臣石曼姑等爲之。非出公也。夏炘亦曰。靈公薨時。輒至長亦年十餘歲耳。以十餘歲之童子卽位。則拒蒯聵者非輒也。蒯聵有殺母之罪。斯時南子在堂。其不使之入。明矣。輒不得自專也。及輒漸長。而君位之定已久。勢不可爲矣。考蒯聵於靈公四十二年入居於戚。及至出公十四年。始與渾良夫謀入。凡在戚者十五年。此十五年中。絕無動靜。則輒之以國養可知。孔子於輒之六年自楚至衛。輒年可十七八歲。有欲用孔子之意。故子路曰。衛君待子而爲政。孔子以父居於外。子居於內。名之不正。莫甚於此。故有正名之論。而子路意輒定位已久。且以國養父。未爲不可。故以子言爲迂也。劉沅曰。按春秋傳。齊景公與晉爭覇。衛靈若晉先往從之。魯定公八年。晉趙鞅侵衛。盟衛侯於鄟澤。使涉佗成何捘衛侯之手及腕。衛靈怒而叛晉。晉人請改盟。弗許。晉人歸罪涉佗殺之。成何奔燕。衛竟不從晉。且助范中行氏。鞅深忿之。至魯哀公二年四月。衛靈公卒。公子郢旣不肯立。蒯聵又得罪出奔。南子在堂。除郤立輒更無他人。六月晉趙鞅帥師納蒯聵。實欲藉此滅衛。衛知其謀。立輒拒之。晉謀不遂。乃納蒯聵於戚。在晉如金人立劉豫以疲於宋。在衞如宋立子魚。明立景泰。實乃權宜之計。使輒不立。則內無主。而晉寇至。衞不血食矣。故子貢亦不能決。有爲衞君之問。迨晉師既退。輒竟不返國於父。公然據立。則於理爲不順。此章之言在哀公七年。則輒已立六年。居位日久。恩信足以結於臣民。當遜位迎父。告於先君。妥置南子。兩全子道。乃爲天理人情之正。夫子曰正名。亦無非曉以父子至情。全其內外之美。孟子言舜竊負而逃。棄天下如敝屣。正以天下無重於父母者。若輒迎蒯聵。聵不立。而命其仍爲君。則名正矣。苟蒯聵自立。是輒求仁而得仁矣。若貪戀富貴。隱忍害心。豈復成人乎。使衞君果用夫子。夫子必有善爲感動周全之法。觀狄梁公能反周爲唐。李鄴侯亦善處骨肉。豈夫子反不如之。朱子云。聖人之權。必有非常情所可測度者。是也。如或衞君不從。則惟有翻然引去耳。郝敬曰。父父子子。千古名分。昭如日星。夫子所以處衞君事者。何待卜諸行事。夫子已知正之不得。而禍將至矣。所以待子爲政而卒不仕也。未幾孔姬陰謀。蒯聵入而輒出奔。子路竟以死。然後知聖言非迂。聖人行止去就不同。一歸於道。魯君臣之亂。聖人未嘗不欲救。而不合則去。衞父子之亂。未嘗不欲正。而不可則止。聖人無可無不可。惟其用行舍藏。知幾如神。而世儒必欲徵其事。責其必濟。所以不達時變也。黃式三謂。蒯聵不諫母而忍於殺。忘父之讎。倖父之死。乃依其彊大以求入。此罪之彰明較著者。則輒縱讓國。而聵之不宜得國可知。聵不宜得國。則宜得國者。非輒而誰。輒苟有讓國之誠。聵知己復無得國之勢。將有改圖。爲聵計者。必謂國立他君。不如立子。而安享於迎養之日。輒於是可立矣。夫輒以讓國爲正。使輒與蒯聵俱不得位。而別立一君。輒盡其仁心而已。所答子貢之問是也。若蒯聵就養。而輒得立。聵不欺已死之父以爭國。輒不拒出亡之父而得位。此名之正。所以可言可行也。○注不父其父而禰其祖。毛奇齡駁之曰。天下有一定之名。祖孫父子是也。有不定之名而仍一定者。高曾祖禰是也。嘗攷周制。生倫有世次。國語所謂史書世者。謂書其世系而次第之。祖不得稱父。孫不得稱子。此定名也。而至於宗廟之禮。則有廟次。國語所謂宗祝書昭穆者。則以天子諸侯立高曾祖禰四親廟。所云顯考皇考王考以及考者。大抵祖禰四親。先有其名以立廟。而廟名一定。則又隨後君之入而隨予以名。假如入考廟而爲卑者。則卑亦名禰。魯僖嗣閔。卽禰閔。雖兄禰弟。勿顧也。入考廟而爲尊者。則尊亦名禰。桓王嗣平。卽禰平。雖越太子洩父。勿忌也。然且出乎此名順。反此名逆。躋此卽名叛。此豈忘尊親而廢禮教哉。以爲廟有定名。雖欲正之以世次之名。而有不可也。乃以不定之名。變之以一定之名。而名仍有定。世信以爲孫旣禰祖。卽稱祖爲父也哉。太甲奠殯而卽位。以禰成湯。然書稱祗見厥祖。其爲祖名如故也。是以左傳靈公謂公子郢曰。余無子。是靈不以蒯聵爲子也。然而國語稱納蒯聵時。聵禱於軍中曰。文祖襄公昭考靈公。則蒯聵未嘗不父靈也。然且哀十六年聵甫返國。卽告于周曰。蒯聵得罪于君父君母。則不特父靈公。且幷南子亦母之。若聵之子輒。則渾良夫謂聵曰。疾與亡君。皆君之子也。是子輒也。輒之父聵。則藉圃之難。輒將出奔。時聵已死。拳彌勸輒曰。不見先君乎。是父聵也。然且哀十六年蒯聵入衞。而旋見弒于己氏。至般師子起兩經篡立。夫然後輒復反國。諡聵莊公。奉聵於禰廟。而祗事之。越七八年。乃又復出奔。而客死於越。是輒固嘗禰父者。其前此禰祖。以父未立也。父未立則父也。非禰也。名有然也。後之禰父。以般與起未成君。而父成君也。父成君則君也。禰也。而實考也。名有然也。西河之駁甚當。傳習錄問孔子正名。先儒説上告天子。下告方伯。廢輒立郢。此意如何。王陽明曰。恐難如此。豈有一人致敬盡禮待我而爲政。我就先去廢他。豈人情天理。孔子既肯與輒爲政。必已是他能傾心委國而聽。聖人感德至誠。必已感化衛輒。使知無父之不可以爲。必將痛哭奔走。往迎其父。父子之愛。本於天性。輒能悔痛眞切如此。蒯聵豈不感動底豫。蒯聵既還。輒乃致國請戮。聵已見化於子。又有夫子至誠調和其間。當亦決不肯受。仍以命輒。羣臣百姓又必欲得輒爲君。輒乃自暴其罪惡。請於天子。告於方伯諸侯。而必欲致國於父。聵與羣臣百姓。亦皆表輒悔悟仁孝之美。請於天子。告於方伯諸侯。必欲得輒而爲之君。於是集命於輒。使之復君衛國。輒不得已。乃如後世上皇故事。率羣百姓尊聵爲太公。備物致養。而始退復其位焉。則君君臣臣父父子子。名正言順。一擧而可爲政於天下矣。孔子正名。或是如此。陽明此解似合人情天理。然輒乃自暴其罪惡以下。使之復君衛國以上。誤承胡氏告天王請方伯之套語。實非當時之事情。且其所云迭相辭讓。輒不得已而復位。尊蒯聵爲太公等事。和調圓熟之極。不知何以克至此也。使之出乎矯僞。則不過王莽之辭九錫。曹丕之讓帝位。李昇之尊楊氏爲讓皇。不足道也。果使出于眞心。則蒯聵二人。早已變爲舜禹。天下焉有此事乎。聖人過化存神之妙。固有出乎人之慮表者。然至窮兇極惡之輩。則聖人亦無如之何。堯舜不能化朱均。孔子不能化定哀。而謂聵輒二人可立化爲仁明之君乎。夫子正名之論。亦惟就目前言措置當然之理。不計衛君之用與不用也。先儒必解爲夫子仕衛輒。故其説不免乎支離。夫子而仕無父之人。奚足以爲孔子。○有是哉子之迂也。七字一句。有是哉。猶曰若是乎也。孟子若是乎從者之廋也。句法同。奚其正。子路意謂今日決不可正。又不必正也。正平本正下有名字。○野哉由也。野是粗心浮氣。思慮欠沈潛。識見欠精密。而談吐欠從容。○名不正則言不順。古書重聯之句。類以首句貫下。名不正則言不順。言不順則事不成。蓋倒說語。有其事必有其名。有其名乃可言。言之而不順。以其失實故也。名既非實。則欲爲其事。理既不順。人亦不服。事何以成。下文名之必可言。乃正言之。黃式三曰。王道不外彝倫。而家人莫重於父子。孟子曰。人人親其親。長其長。而天下平。又曰。瞽瞍底豫。而天下之爲父子者定。王者本孝出治。父子之倫爲重也。治國者不正一家父子之名。而欲正一國之父子。無諸己而求諸人。言之則一己多忌諱之私。而事亦阻窒而不成矣。禮樂刑罰事之大也。禮莫大於父子之序。樂莫大於父子之和。刑罰莫大於不孝。三者失而事之不成甚矣。是以治世之要務。在彝倫攸敘。○事不成則禮樂不興。禮樂與刑罰對言。刑罰既是鞭朴榎楚。禮樂亦必玉帛鐘鼓。卽是制作的禮樂。倘在事得其序物得其和之外。事不成則無序而不和。便無禮樂之本。故禮樂不興。范注似謂事成卽是序和矣。卽是禮樂矣。然本文自有階級。蓋禮樂之興。在事成之後。亦是治成而後作禮樂之類。○禮樂不興則刑罰不中。周禮職金掌受士之金罰貨罰。注。罰。罰贖也。說文。刑罰。辠也。罰。辠之小者。罰是小辠。則刑爲辠大可知。中丁仲反。刑罰之所重者中。呂刑一篇。言中者十。周禮鄉士獄訟成士師受中。鄭司農云。中者刑罰之中也。後漢書梁統傳。上言曰。經曰。爰制百姓于刑之衷。孔子曰。刑罰不衷。則民無所厝手足。衷之爲言。不輕不重之謂也。衷與中古字通。李九成曰。禮樂刑罰皆由名分而起。如喚作父。則行父子之禮。喚作祖。則行祖孫之禮。犯理者有刑。刑準乎禮者。如今犯父與犯祖。罪不同科。苟名色不正。至論刑之際。欲從犯父律乎。欲從犯祖律乎。執有罪之子。而以孫罪當之。出入輕重。俱失其平。而民疑惑眩瞀。何所措手足。張彥陵曰。子路看得名是虛的。夫子却步步說到實事上去。禮樂刑罰皆政之極大處。一步緊一步。正見得正名緊關。全要發此意。以反迂字之意。○則民無所錯手足者。錯皇本作措。說文。措置也。措本字。錯假借字。皇疏云。刑罰既濫。故下民畏懼刑罰之濫。所以跼天蹐地。不敢自安。是無所自措立手足也。○君子名之必可言也。言之必可行也者。名之正則言順。言之順則事行。可行乃上事不成之反也。事成然後禮樂興而刑清。夫衛輒父子爭國。是名不正。名失其實。則稱謂反常。而言不順。言出不順則行豈成事。今衛國父不謂之父。子不謂之子。是何話言。父子相拒。是何事體。如此悖逆。是何節文。如此凶態。是何聲容。父伐子。子攻父。是何刑罰。綱紀弛。名分乖。人人自危。何以措手足。其弊雖有序。究其實。○一名不正耳。故君子欲爲政。必先正名。名必求可言。務使名正而言順也。言必求可行。務使成事。而爲禮樂刑政安民之本也。君子以言稱名。豈肯苟焉乎。正名而必歸諸言者。名出諸口者也。顧名則必思義。而責其實。一則名言父。一則名言子。講得此名眞確。豈有提兵相攻之事。但末一句併引入子路身上來。以戒子路之踈率也。苟而已矣四字。一氣讀。○據左傳。子路仕孔悝家。爲邑宰。衛輒之難。蒯聵劫孔悝以登臺。子路聞難而入。欲救孔悝也。故曰大子焉用孔悝也。是時輒既出奔。其曰食焉不避其難者。亦爲孔悝發也。與輒無干涉。然則子路食孔悝之祿。與親食輒之祿有間。死於孔悝之難。而不死於輒之難。未可斥爲非義也。先儒之論。不察事情。往往過當近誣。

吳英曰。孟子於衛孝公。公養之仕也。集注曰孝公疑卽出公輒也。此說非也。衛孝二字。蓋陳滑二字之誤文也。孔子于陳滑八年。適陳及楚聘而去陳。雖其間有適

論語講義卷十三　七

論語會箋卷第十二　憲問

蔡之年。然居陳之日多矣。知八年適陳者。陳世家曰。湣公六年。孔子適陳。吳王夫差伐陳。吳伐陳在魯哀元年。卽陳湣八年也。六字爲八字之誤文也。孔子不惟久于陳。且仕陳也。左哀三年傳曰。夏五月辛卯。司鐸火。火踰公宮。桓僖災。孔子在陳。聞火曰。其桓僖乎。據此亦可以知魯哀三年孔子猶在陳也。國語魯語曰。仲尼在陳。有隼集于陳侯之庭而死。楛矢貫之。石砮。其長尺有咫。陳惠公使人以隼如仲尼之館問之。據此知孔子之于陳。猶孟子之于滕館于上宮也。魯語其上文又曰。吳伐越。墮會稽。獲骨焉。節專車。吳子使來好聘。且問之仲尼。賓發幣于大夫。及仲尼。仲尼爵之。既徹俎而宴。客執骨而問曰。敢問骨何爲大。韋氏注。不言吳使所聘之國。蓋因魯語此節下文有孔子在陳四字。原從比事屬辭之例。以類而敘。則雖在魯語中。實以在陳而言也。知非孔子在魯者。魯語謂發幣及仲尼。孔子于哀公朝。未嘗得仕。幣不應及孔子也。左哀元年傳曰。三月。越及吳平。秋八月。吳侵陳。蓋侵陳後。陳卽與吳平也。伐越在魯哀元年之春。而吳使之聘于陳。在陳亦與吳平之後。則必在明年。聞孔子在陳。而使人問孔子于陳也。據此則可以知孔子于陳。實爲大夫。與吳使交爵而宴。則仕于陳之一證也。聞孔子在陳而來聘問者。吳與陳爲鄰國也。論語孟子。皆有孔子歸與之歎。曰歸與歸與者。必久居其地之辭。非新適此地之辭也。而論孟皆書在陳。則孔子久居于陳可知也。世家曰。孔子居陳三歲。此說是也。魯哀六年春。楚昭已出而救陳。則楚之聘孔子于陳。必在魯哀之五年。自哀元年之秋。至哀五年。其間孔子嘗適蔡。則適蔡當必在哀四年。居陳之日。果有三歲之久也。惟是陳國已滅復封。壤地褊小。不能如周太王之興于岐。殷湯之興于亳。不足與大有爲。而僅得爲公養之仕而已爾。至于衛出公。雖待孔子自陳復至衛。出公因以幣聘矣。然孔子應其幣聘。而往見與之語言而已。未嘗受其爵祿而仕于其朝也。且反衛。亦惟主于朋友之家。既未嘗食祿于朝。又何公養之有乎。豈備顧問時。數日之養賢。遂可稱爲仕。遂可稱爲公養邪。冉有曰。夫子爲衛君乎。子貢曰。夫子不爲也。而謂疑卽出公輒。毋乃謬歟。且出公未聞有謚。而以出公強就此美謚。抑何也。又曰。孔子世家曰。楚昭王卒于城父。于是孔子自楚反乎衛。是歲也。魯哀公六年也。據此知孔子反衛之年也。又知孔子反衛。非有來聘也。孔子反衛。在魯哀公六年冬也。六年之秋。楚昭王卒。孔子于是去楚至陳。亦不復居陳。而遂自陳反衛也。蓋孔子初適衛未得仕之年。衛之士大夫來受業者多矣。又弟子有仕于衛者。故孔子反衛思魯士也。將由衛以反魯矣。非欲仕衛而來也。及明年之春乃歸魯矣。子路謂衛君待子而爲政。在魯哀七年也。然孔子未嘗仕于出公也。後儒不辨孟子于衛孝公四字中。有衛孝二字之誤文。謂孔子于出公。爲公養之仕。而不知孔子依然主于朋友之家。未嘗有公養之仕也。又謂至魯哀十一年歸魯。而不知孔子當在陳時。已有歸與之思。豈有又于衛淹留五年者邪。

樊遲請學稼。子曰。吾不如老農。請學爲圃。曰吾不如老圃。種五穀曰稼。種蔬菜曰圃。樊遲出。子曰。小人哉樊須也。小人謂細民。孟子所謂小人之事者也。上好禮則民莫敢不敬。上好義則民莫敢不服。上好信則民莫敢不用情。夫如是則四方之民。襁負其子而至矣。焉用稼。

好。去聲。夫。音扶。襁。居丈反。焉。於虔反。○禮義信。大人之事也。好義則事合宜。情。誠實也。敬服用情。蓋各以其類而應也。襁。織縷爲之。以約小兒於背者。○楊氏曰。樊須遊聖人之門。而問稼圃。志則陋矣。辭而闢之可也。待其出而後言其非何也。蓋於其問也。自謂農圃之不如。則拒之者至矣。須之學。疑不及此。而不能問。不能以三隅反矣。故不復。及其既出。則懼其終不喩也。求老農老圃而學焉。則其失愈遠矣。故復言之。使知前所言者意有在也。

箋曰。此章見聖賢學術。帝王經綸。孟子闢並耕。淵源於此。詩伐檀毛傳。種之曰稼。周禮司稼注。種穀曰稼。是凡樹穀曰稼也。說文。圃。所以種菜曰圃。禮記射義注。樹菜蔬曰圃。圃。猶治也。稼屬人功。故稼上不言爲。圃係田名。故圃上言爲也。老圃指治圃之人。故與老農作對。哀十一年。戰于清。是時冉有帥左師。樊遲爲右。季孫曰。須也弱。冉有曰。年雖少能用命。則遲在少年已經出仕。此爲問治民事無疑。若使遲未仕。則遲身爲民。乃反告之以民之必從。語意不相承接。蓋是時賦役煩重。民力罷敝。田野爲之荒廢。而近乎壯者離散。老幼轉壑矣。樊遲年壯氣鋭。不得升列朝位。展布才力。因欲退居畎畝。精求司嗇田畯之業。敎民盡地利。阜民財。以取盛治。孔子多能鄙事。方其不仕家居。而家人有以稼圃稟者。孔子或指授其一二。必有常人不及者。故樊遲意夫子天縱多能。如禹貢辨九土之性。周官別十二壤之宜。種植樹藝之秘。必有知人所不知者。所以有學稼之請也。皇本正平本南宗本。爲圃下有子字。○小人哉樊須也。小人哉者。使遲知稼圃爲小人之事也。猪飼彦

博曰孔子謂弟子云回也賜也由也求也樊字疑衍○上好禮則民莫敢不敬三
好先禮者禮有品節君子小人所以分帝王綱紀天下惟禮人生視聽言動亦惟
禮無禮則怠惰放肆故化民成俗莫如禮○上好信則民莫敢不用情情如軍情
病情之情好惡之誠無所欺隱故古注曰情實禮義信俱兼本之身心而達之政
事者言此一節全要把大人經世實學說得透徹若只講上下感應話頭便顧奴
失主○襁負其子而至矣釋文云繈又作襁同是舊本作繈也三國志涼茂傳注
引博物志云襁織縷爲之廣八寸長尺二寸以約小兒於背負之而行說文繈觕
類也呂覽明理篇道多繈緥高注緥小兒被也繈褸格繩也又直諫篇繈緥注繈
褸格繩褸即縷格即絡織縷爲絡以負之於背其繩謂之繈博物志謂其絡未及
其繩也凡繩韌者謂之繈古多襁褓連文繈本以粗縷交結如网故訓粗類觕粗
也類多結如絲節也顏師古漢書宣紀注襁即今之小兒繃也李奇曰襁絡也以
繒布爲之絡負小兒毛詩傳謂之裼小兒繃兼有絡繩蓋統名繈後起之義也魯
周公世家成王少在強葆之中強葆即襁褓假借用之札樸曰雲南蠻婦以布裹
兒背上或居或行兒不離背無妨操作勝於懷抱○上好禮以下數句言上好禮義
信而感應如影響不言其近而自見其近夫如是以下詞已更論且云四方之民
則明知其指遠蓋至此極言其致之盛無復煩擧近子曰近者悅遠者來孟子曰
王無罪歲斯天下之民至焉可以證此章語氣○楊氏不達聖人待須出而後言
之旨故有云云之說夫聖人至仁自不喜對面痛斥之唯折權奸之鋒振惰夫之
氣間有面折峻勵之語其他則否況師嚴而友親故待其退而對門人說之使朋
友傳其言亦與提耳之誨無異爾胡氏又謂樊遲不能以三隅反夫夫子既曰不

如老農老圃。弟子豈敢一言乎。亦嚴師之道也。三隅之反。宜退而繹之。何遽責以言下不三反乎。毛奇齡曰。樊遲之請。既罵以志陋。又謂夫子後言。惟恐其不能喻夫子之意。眞向老農老圃而就學。故使之知之。則直視遲爲下愚矣。亦思辭聖門一而入田舍。則遲身爲民。乃反告之以民之必從。一似遲之學稼。欲使民從己者。且又申之曰四方襁負俱至。一似遲之學稼。將欲近招遠來。不使一民不歸己者。在聖門。夫子親許其善問。卽孟孫問孝。夫子藉遲導其意。而謂遲疑不及此。又謂遲不能問。此何說乎。漢儒原云。遲思以學稼教民。蓋懼末治文勝。直欲以本治治天下。一返后稷教民之始。其志甚大。惜其身淪于小民而不知也。此遲有大志。而夫子抑之。且仍以大者告之。四方之至。非大夫以下事也。小人卽農人。尚書知稼穡之艱難。則知小人之依。高宗少居民間。曰爰曁小人。時遲思以身教。故夫子自謂不如農人。且稱遲爲農人。要知遲此一請。有啓戰國時神農並耕。西秦令墾之意。其所繫大矣。既學農。又學圃者。周官以九職理萬民。此政治大節。自三農外。原有園圃虞衡山林沮澤原隰諸職。治當時任地力務開塞算地來民。有不重農畝而專任五土與五物者。故又及此。又曰。樊遲請學稼。既非甘隱恬退。則學稼何用。註經者。當實求所以用稼之意。而乃以粗鄙目之。且曰當闢之斥之。一似遲之眞欲爲農夫。爲圃人者。此不惟與夫子所答。三上四民大旨。全不相合。且厚誣古賢。反肆呵斥。大無理矣。試思夫子明曰焉用稼。則學稼自有用。遲以爲世好文治。民不信從。不如以本治治之。此亦時近戰國。幾幾有後此神農之言之意。特非並耕耳。然而小人之用矣。故子曰用稼非不善。然而身已爲小人。而不自知矣。因以君民相感三大端教之。蓋好禮義信。則用大學稼則用小也。劉沅曰。古者仕者各仕其國。惟命卿大夫。位尊職重。采地優隆。其下一官一職。祿求足以代耕。不廢學業。故聖門諸賢如樊遲冉有季路等。有職於朝。時時從夫子遊。以其地至近。其職易稱。在公在私兩無妨耳。漢時椽丞吏屬。猶沿用舊制。往往由縣小吏。致位公卿。樊遲仕魯。確有明徵。先儒未經拈出。於樊遲所問答。多失其旨。若粗鄙近利之譏。尤掠影之甚者也。

子曰。誦詩三百。授之以政不達。使於四方不能專對。雖多亦奚以爲。

使。去聲。○專。獨也。詩本人情。該物理。可以驗風俗之盛衰。見政治之得失。其言温厚和平。長於風諭。故誦之者。必達於政而能言也。○程子曰。窮經將以致用也。世之誦詩者。果能從政而專對乎。然則其所學者。章句之末耳。此學者之大患也。

箋曰。墨子公孟篇。誦詩三百。弦詩三百。歌詩三百。舞詩三百。是學詩有誦弦歌舞之法。此但及誦詩者。主於口讀尋繹其義指也。史記孔子世家云。古詩三千篇。孔子去其重。取其可施禮義者三百五篇。此謬說也。前已辨之。○不達。不是全不通曉。只有所拘滯。不能隨方措置。便是不達。不能專對。不是一詞莫措。只是對得不善。不能不亢不卑。或損國威。或挑鄰禍。便是不能專對。子曰。不學詩無以言。故不能專對。不善學詩者也。專。擅也。卽公羊傳聘禮大夫受命不受辭。出竟有可以安社稷利國家者。則專之可也。漢書王莽傳。選儒生能顓對者。注。顓與專同。專對。謂應對無方。能專其事。聘記云。辭無常。孫而說。注。孫。順也。大夫使受命不受辭。辭必

順且說。疏云。謂受君命聘于鄰國。不受賓主對答之辭。必不受辭者。以其口及則
言辭無定準。故不受之也。此卽專對之義。孫而說。亦所習於詩教然也。夫人雖有
不平之鳴。而本之詩則溫柔。雖有相尤之語。而本之詩則敦厚。博而不闇於理。雅
而不病其俗。是詩之教也。安井衡曰。治閨門之道在二南。富民之道在邠風。平天
下接諸侯待羣臣之道在大小雅頌。乃功成治定之事。而得失治亂之情。變風變
雅悉之。此皆爲政之師也。凡詩婉而成章。言之者無罪。聽之者足以戒。資以爲言
語之法。達意解紛不難。故誦詩三百。可以達政。亦可以專對也。○雖多亦奚以爲。
多謂詩三百也。以用也。爲語助詞。言雖多亦何用也。後人考古。必推六藝之繁。古
人讀書。或不盡一經之數。若歌齊歌商。各有所宜。是也。後人一室能備列國之書。
古人一國只操土風之舊。若七子六子不出鄭志是也。古人以竹簡寫書。至三百
篇可謂多矣。非若漢人以縑素寫書。後人以竹紙刷印。連篇累牘。猶以爲少也。然
所謂多。就詩三百言。非就竹簡言。此章非言徒誦之無益。正決言誦詩之必有益
也。正平本南宗
本。爲下有哉字。

子曰。其身正。不令而行。其身不正。雖令不從。

箋曰。說文。令。發號也。何焯曰。令無不正。身有正耳。此章全是辨令。要重講下節。則
上節鞭辟愈有力。輕帶則聖人何苦有此贅語。物茂卿曰。古書所謂身。皆謂己也。
對人對事而言。如其身正不令而行。對人者也。禮樂得於身。對事者也。身心似相
對。唯大學耳。然實不然也。淮南繆稱訓。無諸己求諸人。古今未之聞也。同言而民

信。信在言前也。同令而民化。誠在令外也。聖人在上。民遷而化。情以先之也。動於上不應於下者。情與令殊也。足發明此章之旨。

子曰。魯衛之政兄弟也。魯周公之後。衛康叔之後。本兄弟之國。而是時衰亂。政亦相似。故孔子嘆之。

箋曰。後二章。皆夫子在衛時語。則此章亦當一時語。蓋爲衛發也。夫子蓋有望於衛。故與魯並論。不必將魯衛不好事來較量。困勉錄曰。夫子本意。正爲魯秉周禮。衛多君子。周公康叔之遺風猶在。而無人振起之。故發此歎。有惜之意。有望之意。亦有憂之意。孫郲奔宋之禍。將不旋踵。而朝歌曲阜之墟。不復永存。夫子蓋有以先窺之矣。陸說是也。史記世家。周公旦者。周武王弟也。衛康叔名封。周武王同母少弟也。左傳定五年。公叔文子曰。大姒之子。惟周公康叔爲相睦也。是周公康叔爲兄弟最睦也。夫子此語。大有來歷。伯禽之政。親親尊尊。康叔之政。明德慎罰。政之兄弟。須先從此說。再引到今時。則兩面俱到矣。夫子嘗言魯一變至於道。而至衛國則有三年有成之語。又論子賤而以魯爲多君子。與季札稱衛多君子。辭若一轍。齊大陸子方曰。何以見魯衛之士。並見二國之政俗。末世猶賢於他國。漢書馮野王傳。吏民嘉美野王立相代爲太守。歌之曰。大馮君小馮君。兄弟繼踵相因循。聰明賢知惠吏民。政如魯衛德化均。周公康叔猶二君。隸釋桂陽太守周憬功勳銘。乃宣魯衛之政。敷二南之澤。皆正用魯論。漢世之解如此。集注就衰世言。則語涉詼諧。恐非其義矣。

子謂衛公子荊。善居室。始有。曰苟合矣。少有。曰苟完矣。

富有曰苟美矣。 公子荊。衛大夫。苟。聊且粗略之意。合。聚也。完。備也。言其循序而有節。不以欲速盡美累其心。○楊氏曰。務爲全美。則累物而驕吝之心生。公子荊皆曰苟而已。則不以外物爲心。其欲易足故也。

箋曰。左傳襄二十九年。吳公子札來聘。遂適衛。說蘧瑗・史狗・史鰌・公子荊・公叔發・公子朝。曰衛多君子。未有患也。公子荊他無所見。其詳不可考。爲季札所說。其賢可知也。翟灝曰。金文淳蛾子錄曰。春秋末。魯亦有公子荊。哀公庶子也。左氏哀二十四年傳。公子荊之母嬖。公立爲夫人。而以荊爲大子。國人始惡之。其人蓋無足取。論語記孔子稱公子荊。特加衛字。嫌與魯公子同。故別白之耳。按語中所見人名。特以國係之者。公子荊與公孫朝耳。春秋時公孫朝亦不僅衛有之。魯有成大夫公孫朝。見昭二十六年傳。楚有武城尹公孫朝。見哀十七年傳。鄭子產有弟曰公孫朝。見列子楊朱篇。記語者。公孫朝上亦系以衛。豈得云無意乎。○居室猶曰居家。孝經曰。居家理。理治也。卽家能齊之謂。家語。魯人有獨處室者。亦居家也。古者室家通用。若家人室人。周家周室。三家三室。比比皆是。○有言其家積家之有亡之有也。曲禮。凡家造。祭器爲先。犧賦爲次。養器爲後。此美居室之善。則所主蓋養器也。古者五十命爲大夫。春秋時則世族。父子相繼。保有厥家。何有始有少有之事。緣荊係公子。少長宮中。及壯而受室。與之采邑而爵之爲大夫。此爲有家之始。須有一番經理。三有字有層次。乃祿入所積。非分外營求。三曰。皆心口自語也。善處全在三苟字。三矣字上。矣是止於是而不復過望之詞。所謂知足也。知足者。謂其當下便足。非謂有所期限而止也。若有所期限。則亦不免於求矣。子荊當始有之時。不慕少有。當少有之時。不求富有。隨時便足。無事營求。中井積德曰。合。如合圍之合。備無欠闕之意。始有之時未合也。乃認以爲合而安之。完周備具足。種莫弗給也。少有之時可謂合矣。未完也。乃認以爲完而安之。美。文飾有光輝也。富有之時可謂完矣。未美也。乃認以爲美而樂之。譬如始置漆盒子。不拘何色。賓供。饋贈。日用。通同一器。則小大時不適于宜。上下無差等。此未合也。而荆也則曰苟合矣。既而備三五副。或賓供。或饋贈。或日用。略有定分。而大小時相通融。此可謂合矣。未完也。而荆也則曰苟完矣。後又增至于八九副。或黑或朱。有青有黃。饋贈有吉凶之別。佳節齋供。貴賤有等。而葷素不同。通日用亦自有上下之差。各有大小。無失宜者。此可謂完矣。然未有螺鈿描金銀釦之飾。未得稱美也。而荆也則曰苟美矣。又曰。公子荆所以善居。不特循序有節。乃其所言與事。每差一級。是故心常安。而無所累也。然据苟字。雖公子荆亦非以爲實合完實美也。其意猶言。此亦足以爲合矣。且可以爲完矣。聊可謂美矣云爾。寡欲易足之人。大抵如此。又曰。楊注驕吝之心。頗鶻突失穀。宜以得隴望蜀。所欲無充期作解。所欲不充。則心常不足。正是不善居之累矣。

子適衛。冉有僕。僕。御車也。子曰。庶矣哉。庶。衆也。冉有曰。既庶矣。又何加焉。曰。富之。庶而不富。則民生不遂。故制田里。薄賦斂。以富之。曰。既富矣。又何加焉。曰。教之。富而不教。則近於禽獸。故必立學校。明禮義。以教之。○胡氏曰。天生斯民。立之司牧。而寄以三事。然自三代之後。能學此職者。百無一二。漢之文明。唐之太宗。亦云庶且富矣。西京之教無聞焉。明帝尊師重傳。臨雍拜老。宗戚子弟莫不受學。唐太宗大召名儒。增廣生員。教亦至矣。然而未知所以教也。三代之教。天子公卿躬行於上。言行政事。皆可師法。彼二君者其能然乎。

箋曰。冉有。皇本作冉子。春秋繁露仁義法篇。論衡問孔篇。風俗通義十反篇。並作冉子。○說文。僕給事者。御車亦以給事。故通稱僕。周禮有大僕戎僕。○庶矣哉一句中。有望有悲。聖心甚長。既庶矣。是學實問。既富矣。是假設問。兩既字義不同。此章經濟實用。在富教兩層。而聖賢全心。已包在庶矣哉一歎。夫明聖之所節宣。祖宗之所長育。太平之物力。隱然在目。而誰令數百萬嗷嗷之民。聚之爲日盈之勢也。是子之所不言而心切者也。小人之所以樂得其欲。君子之所以樂得其道。盛世之規模。居然可按。而誰令數百萬紛紛之民。積之爲日蹙之形也。是子之所目擊而心營者也。下文兩之字。正指上一庶字。富是母道。教是父道。陸隴其曰。富教之權。必操自上。富之權不自上操。則黠者必挾奇贏以網利。彊者必恃豪暴以恣取。而愈富愈不可言矣。教之權不操自上。則君子與君子必以學術相勝負。小人與小人必以意氣相倚仗。教愈多而俗愈敗矣。富教之道。聖門弟子平居必講明條目。如周官王制之所載。故冉有不復問如何富之。如何教之。今處古制既湮之後。須就經典中一一求其實事。○注立之司牧。而寄以三事。司牧言主養斯民者也。三事庶富教是也。中井積德曰。注立學校不必言。若下篇教民七年及不教民。豈學校有無之說哉。明帝之臨雍。太宗之廣員。教之美疵姑舍之。並其所教者。皆士大夫生員以上矣。非所以教齊民者。此不得比擬立論。古賀煜曰。胡氏曰。明帝尊師重傅。臨雍拜老。小注。東漢禮儀志。明帝永平二年三月。上始帥群臣。躬養三老五更于辟雍。禮記王制鄭氏注曰。三老五更。各一人也。皆年老更事致仕者也。名以三五者。取象三辰五星。天所由以照明天下者。白虎通德論曰。三老者言其明於天地人之道也。五更者言其明於五行之道而更事也。三老五更幾人乎。曰各一人。何以知之。既以父事。父一而已。不宜有三。此皆不知三老五更爲三人五人而以爲一人。故其說謬。案孔安國曰。三老者國之舊德賢俊而老。所問道誼。故有三人焉。五更老國之臣。更習故事。博物多識。所從諮道訓。故有五人焉。程子曰。古者朝有三公。國有三老。若止二人。則一人以爲是。一人以爲非。何從而决。三則從二人之言。陳祥道曰。古者建國。必立三卿。鄉飲酒必立三賓。而養老必立三老。故禮曰。三公在朝。三老在學。三公非一人。則三老五更非各一人矣。漢志以德行年高老者一人爲老。次一人爲更。故永平中拜桓榮爲五更。建初中拜伏恭爲三老。而鄭氏以此爲三代之制。誤矣。是三說確不可易。列子。禾生伯子出行經坰外。宿於田更商丘開之舍。王應麟曰。更亦老之稱也。此尤爲的證。先儒固執三老五更各一人之說者。牽於父事之一言也。然特事之如父耳。豈認以爲眞所生哉。吳英曰。孔子世家曰。孔子遂行。宿乎屯。而師己送曰。夫子則非罪。孔子曰。吾歌可夫。歌曰。彼婦之口。可以出走。彼婦之謁。可以死敗。蓋優哉遊哉。維以卒歲。師己反。桓子曰。孔子亦何言。師己以實告。桓子喟然歎曰。夫子罪我。以羣婢故也夫。孔子遂適衛。據此知孔子去魯卽適衛也。如世家此說。亦託言于畏讒。而終未顯言色荒之過。歌辭亦古詩。而非自作。猶爲可信者也。于是遂適衛。論語記子適衛。正此時也。下文曰。庶矣哉。則其爲前未至衛。而初入其國之辭。可知也。孔子世家又曰。靈公使公孫余假一出一入。去衛。匡人拘孔子。孔子使從者爲寗武子臣于衛。然後得去。去卽過蒲。月餘反乎衛。靈公與夫人同車。使孔子爲次乘。去衛。孔子遂至陳。去陳。蒲人止孔子。此說尤非也。孔子于衛。蓋惟兩適于靈公時。一適于出公時。爾。安有在靈公時四適衛而四去衛者乎。孔子于魯爲父母之邦。而後儒反誤以爲。一去魯十餘年。而後反魯。衛秪爲際可之仕。何以爲四適而四去。并出公時爲五適衛耶。況魯哀公新立。安知不足與有爲。而十餘年岸然不顧。衛靈無道。既已深知。又安有反爲戀戀不捨之理耶。諸侯年表曰。衛靈公三十八年。孔子來。祿之如魯。此說孔子來是也。是年祿非也。司馬氏因書孔子來。而連文書之爾。其實孔子適衛。無君者。有一二年之久。而後得仕于衛。亦不及一載而卽去也。大抵孔子周遊四方。所仕之國。得之難而失之易爾。蓋孔子所以至衛。原非有望于無道之靈公。一則因衛多君子。雖無君而有臣矣。一則以魯衛接壤。孔子雖去魯。而猶有不餘望于魯。晉士會奔秦。六卿猶知謀所以返之。安知桓子既嘗爲見行可之仕。而不能悔而迎之乎。故孔子至衛。正不遽求仕進也。卽其主于顏濁鄒。亦非初至衛而卽主之也。顏濁鄒衛之大夫也。大夫之家。豈有荷蕢者得聞其磬聲于門外者乎。又豈顏氏之館而可稱孔氏之門者乎。又豈初至衛。既館于大夫之家。而後郤徙居于一廛之宅乎。後儒不論及此者。豈非誤于史記謂孔子五適衛而五去衛也歟。荷蕢者曰。莫己知也。斯已而已矣。此正孔子初至衛而未能卽有遇合之一證也。孟子注曰。顏讎由衛賢大夫。史記云。孔子自魯適衛。主于子路妻兄顏濁鄒家。據此知顏濁鄒卽顏讎由也。世家又曰。如顏濁鄒之徒。頗受業者甚衆。據此知讎由又孔子弟子也。孟子引以證不主癰疽侍人之實。然孔子豈特不苟于所主哉。論語有子擊磬于衛之文。則初至衛時。幷未能卽有所主之家可知也。其後乃主于讎由之家。則初未遽欲仕于其朝可知也。其後乃讎由受業于孔子。而進之于靈公。又可知也。

子曰。苟有用我者。期月而已可也。三年有成。

期月。謂周一歲之月也。可者。僅辭。言綱紀布也。有成。治功成也。○尹氏曰。孔子嘆當時莫能用己也。故云然。愚按史記。此蓋爲衛靈公不能用而發。

箋曰。教化所及。蓋有遲速不同。如齊魯一變是也。此章蓋指衛。非泛言。孔子世家云。靈公老怠於政。不用孔子。孔子喟然歎曰。苟有用我者。期月而已。三年有成。是此語爲在居衛時。故次於適衛章之後。當春秋時。魯衛之政尙爲兄弟。故夫子願治之也。用我者者字。只是虛字。中庸以一月市爲期月。內則言期朝。此以一年十二月爲期月。義各有異。說文。稘。復其時也。從禾其聲。期。會也。從月其聲。訓義略同。會者合也。復其時仍合於此月也。積月成年。故周年謂之期年。又謂之期月。言十二月至此一合也。而已二字。或以已爲業已。或以而已爲耳。今解爲期月耳。則已字爲緊要。從業已之義。則已字殆屬疣贅。程叔子曰。期月而已。頓大綱也。若夫有成。則在三年也。眞不易之解。史記儒林傳。仲尼干七十餘君。無所遇。曰苟有用我者。期月而已矣。馬總意林引風俗通逸文曰。孔子曰。如有用我者。期月而已。三年有成。皆可以爲左證。又三年有成。兼有富教之術。故上章載夫子與冉有語。備文見之。夫期月而治法立。三年而治功成。然三年之所成者。卽期月所立之規模也。

夫子非扣聾底餘知沾沾自喜亦非感目前厄遇汲汲自明實見得當時衛國尙可挽回而定此程期也熊伯甘曰聖賢言語但凡事功遲速俱心中打算停當確有氣候可循孟子云大國五年小國七年周季侯曰當時沮溺丈人輩看得天下滔滔必無可轉故寧其身棄置不用此雖是他高尙幽情却亦是他手段不濟譬如有危病者中醫望之却走有良醫者獨自坐定與他下方約定他幾時能飮幾時能食幾時全然無恙全是其術高也夫子此言寔寔見得當世時局儘可挽回故斟酌於期月三年之間定箇程期○猪飼彥博曰孔安國曰期月而可以行其政教後儒亦不說已字唐書魏徵傳徵曰聖哲之治其應如響期月而可已字疑衍徂徠以爲既已之已於文不妥

子曰善人爲邦百年亦可以勝殘去殺矣誠哉是言也

勝平聲去上聲○爲邦百年言相繼而久也勝殘化殘暴之人使不爲惡也去殺謂民化於善可以不用刑殺也蓋古有是言而夫子稱之程子曰漢自高惠至于文景黎民醇厚幾致刑措庶乎其近之矣○尹氏曰勝殘去殺不爲惡而已善人之功如是若夫聖人則不待百年其化亦不止此

箋曰善者人心愷悌慈愛之良與殘殺相反聖人之道有規矩準繩之可則謂之迹其精微閫奧謂之室善人不循其跡惟思謀民利以厚之故或輕稅於十一或曲法寬政而取民之悅又不窺其奧惟思除民害以利之故或棄世守之國而圖長民命其心惟欲施惠利民焉國家無百年可繼之政而有百年可繼之心寬猛

之政。百年亦不一。其變只意主愛人耳。若一味悠緩。便是漢之元成。元之末世矣。
勝殘去殺者。勝殘去虐也。曰殺者。甚言之也。言善人爲邦百年。則殘虐之事。可以
勝而去之也。勝殘去殺。實止一義。分而爲二。轉非經旨。周季侯曰。時至春秋。專尙
殘酷。一片俱是殺業世界。夫子慘然有痛於心。故慨然遐想古人之言。謂不必聖
王制世。便得善人。亦可以勝殘去殺。此一字一滴淚也。誠哉一句。全要體貼此意
說得懇切。若只著贊歎口氣。恐猶未盡。劉沅曰。若謂善人便是仁人。則與下章相
背。且於亦字說不去。若謂善人不爲全美。則誠哉是言句亦不通。或曰。從殘殺之
世。思望至治。而不可得。不得已而及此也。按之本文。實不如此。蓋當時殘殺之風。
倡之於上。效之於下。世主徒刑威相迫。所令反其所好。欲去殘殺。如抱薪救火。探
湯止沸耳。惟有不嗜殺人者。以哀憫斯民之心。爲之養。爲之教。涵濡變化。庶幾可
以勝殘去殺。果有善人爲邦。則仁心仁政。必丕然改觀。亦奚俟百年而後無殘殺
哉。漢高唐宗非善人也。約法三章。而秦民大悅。謂爲長者。信用魏徵。而貞觀之治。
幾於比美成康。故爲邦百年。在古人不過極言殘殺之難除。在夫子特言勝殘殺
之必在爲善。安可拘泥而言。致疑竇也哉。○注勝平聲。此用釋文音。夫勝從平聲。
則勝任之義。如是則勝任之云。殆類能任殘暴之事。語頗不倫。不如從去聲訓克
勝之愈也。且去殺之去。爲除去之義。故必曰克勝殘暴。方與去殺對。勝任之義。殊
覺不妥。或曰。勝者盡也。尤非。解勝殘爲盡殘。豈成文理。或又引不可勝用不可勝
誅等語爲證。然此雖解爲盡。實爲盡皆之義。非盡之之謂。不可引以爲證。中井積
德曰。勝殘去殺。元來聖賢王天下者之功業矣。非小可也。固不待言者。此言善人
雖品下。得相繼之久。則亦可以成是功業也。亦字暗伏王者而言。尹氏不達文意。

必欲以勝殘去殺爲小可。故曰不爲惡而已。曰聖人不止此。並失之。

子曰。如有王者。必世而後仁。

王者。謂聖人受命而興也。三十年爲一世。仁謂教化浹也。程子曰。周自文武至于成王。而後禮樂興。卽其效也。○或問。三年必世。遲速不同何也。程子曰。三年有成。謂法度紀綱有成而化行也。漸民以仁。摩民以義。使之浹於肌膚。淪於骨髓。而禮樂可興。所謂仁也。此非積久。何以能致。

箋曰。世說文云。三十年爲一世。从卉而曳長之。卉三十幷也。必世亦就當時言。古者四十而仕。七十致事。故三十年曰世。然此世非謂終其一代也。必拘年數。仁者。謂仁澤滿四海。一民無不得其所也。仁是一團元和之氣。在人心公溥無一毫己私。曰仁。在宇宙平康無一處偏枯。曰仁。但有一家一夫不得所。卽是偏。如四體有一臂一指血脉不周流。卽是痿痺。必世後仁。甚言難也。蓋王道非督責之術。循良非旦夕之功。漢書食貨志云。三年耕則餘一年之畜。衣食足而知榮辱。廉讓興而爭訟息。故三載考績。三考黜陟。餘三年食。進業曰登。再登曰平。餘六年食。三登曰太平。二十七歲餘九年食。然後以德化流洽。禮樂成焉。故曰。如有王者。必世而後仁。繇此道也。依志言。必世後仁。蓋謂養而後教。食者民之本。飢寒並至。雖堯舜在上。不能使民無寇盜。貧富兼幷。雖皐陶制法。不能使彊不淩弱。故王者初起。必先制田里。教樹畜。使民家給人足。然後以禮義化導之也。中井積德曰。王者受命而興。必承前代衰弊之餘。如湯武是也。舊染汙俗。有難遽變者。故必世而後仁。若夫子所謂三年者。是以當時侯國而言。有一變至魯者。有一變至道者。俗雖弊也。非如桀紂暴亂之比。其治又有大小之別。以魯國言之。多在振擧舊典。而周禮又未盡滅。以數十世之君。治數十世之民。先澤在民心。其何難之有。受命王者。於斯有難焉者。程註徒据成仁文義。以決遲速之辨。不復察時運形勢。難易大小。恐未爲得。且有王者是泛說。三年有成。是自己思量得切實。欛柄纔入手。卽便發揮施行者。所謂胸中有成算也。固不可同日而論焉。○外注漸仁二句。出於賢良策。摩與磨通。

子曰。苟正其身矣。於從政乎何有。不能正其身。如正人何。

箋曰。是章當插政者正也句作解。爲政。通於君大夫。謂秉政也。襄二年左傳。子罕當國。子駟爲政。可徵。從政是大夫事。此言蓋爲大夫發也。申屠嘉不受私謁。可以折幸臣。董仲舒正身率下。可以事驕主。魏相廉正。霍氏不能誣。袁安任隗以素行。竇氏無以害。此節人字所包者衆。

冉子退朝。子曰。何晏也。對曰。有政。子曰。其事也。如有政。雖不吾以。吾其與聞之。

朝音潮。與去聲。○冉有時爲季氏宰。朝季氏之私朝也。晏晚也。政國政。事家事。以用也。禮大夫雖不治事。猶得與聞國政。是時季氏專魯。其於國政。蓋有不與同列議於公朝。而獨與家臣謀於私室者。故夫子爲不知者而言。此必季氏之家事耳。若是國政。我嘗爲大夫。雖不見用。猶當與聞。今既不聞。則是非國政也。語意與魏徵獻陵之對略相似。其所以正名分抑季氏。而敎冉有之意深矣。

箋曰。大凡以臣見君皆曰朝。家臣之與大夫。自是君臣。故家臣見大夫亦曰朝。蓋天子諸侯大夫皆有朝。天子諸侯三朝。大夫二朝。然天子諸侯中門外之朝不常御。其常御者惟二朝。與大夫同。魯語云。天子諸侯合民事於外朝。合神事於內朝。自卿以下。合官職於外朝。合家事於內朝。據此則私朝亦有公事私事。非必與同列議於公朝。不可與家臣議於私朝也。哀十一年傳。戰清之役。實冉有之謀。而下文曰季孫使從於朝。則其前之議。皆在私朝可知矣。又曰。侯於黨氏之溝。則其家之臣。不擅升公朝可知矣。韋昭注以大夫外朝爲君之朝。如其說。則當言公朝私朝。安得以內外言之。公朝而謂之外。毋乃不敬乎。且天子諸侯以外朝與內朝對擧。大夫亦以外朝與內朝對擧。其文同。則其事亦同。明是大夫家自有外朝也。又上文云。公父文伯之母如季氏。康子在其朝。與之言。弗應。從之及寢門。弗應而入。夫朝者外朝也。寢門者內朝也。與之言而皆弗應。以非婦人所言之地也。故其下文又云。外朝內朝。皆非吾所敢言也。通上下文觀之。外朝爲大夫之朝明矣。玉藻。揖私朝。輝如也。登車則有光矣。左傳。伯有嗜酒。朝至未已。叔孫昭子朝其家衆。論語冉子退朝。皆謂私朝之在其家者也。日知錄据後漢書劉寵傳晉書劉琨傳三國志孫皓傳注。晉盧湛贈劉琨詩。謂郡守稱朝。据潘岳西征賦。謂縣令稱朝。又引胡三省通鑑注。晉宋之間。郡曰郡朝。府曰府朝。藩王曰藩朝。宋武帝爲宋王。齊高帝爲齊王時曰覇朝。又漢司隸從事郭究碑。豫州從事尹宙碑。並稱本朝。此猶自撰文人稱之。非太守自稱。後漢書法眞傳。太守曰。欲以功曹相屈光贊本朝。太守自稱本朝。然皆非後世所可通用。○何晏也。小爾雅廣言。晏晚也。退朝本記事之常。何晏亦無心之問。晉語。范文子暮退於朝。武子曰何暮也。卽同此意也。冉子仕季氏。而猶在孔門。師弟一家。親愛之情可掬。其相視猶父子。不獨顏氏之子。諸弟子皆然。○其事也者。大曰政。小曰事。凡與作徵發及新發號出令者。皆政也。循例者皆事也。故杜預解左昭二十五年傳爲政事云。在君爲政。在臣爲事。是也。但政事對文異。散文亦通。故仲弓爲季氏宰問政。而詩亦言王事。是政事不分別也。此章事字。則又非政事之事。魯語所云家事是也。其事其字。卽指季氏。冉子所議實是國政。不是家事。有政亦是實對。但季氏專魯政。不議於公朝。而獨與家臣謀於私室。則雖政亦事也。夫子曰其事也。只一事字。家國截然分別。與聞之說。蓋責其私議於家。示宜公議於國也。此非責季氏之僭。責季氏之事也。古字也邪通用。陸氏經典釋文序所謂。如而不分。也邪無別者是也。子張問十世可知也。井有仁焉。其從之也。也字並當讀作邪。其事也也字。尋繹文義。亦邪字也。○雖不吾以。吾其與聞之。哀十一年左傳。季氏欲以田賦。使冉有訪諸仲尼。曰。子爲國老。待子而行。顏路請子車以爲之槨。陳成子弒簡公。孔子皆云以吾從大夫之後。以其爲國老也。則魯雖不用孔子。猶以大夫待之也。鄉飲酒禮。遵者降席。席東南面。注。遵者謂此鄉之人仕至大夫者也。主人所榮而遵法。因以爲名。常人猶然。況於孔子乎。然公朝之事。無大小與聞之。必無此理。孔子問何晏。而冉有答以有政。明非常事也。故馬融以爲有改更匡正。夫政則誠政矣。然政本公也。胡得在私家。胡獨陪臣得聞。

是必大夫家事而後可。窺孔子之意。在議政于家。然亦不在議政于家。而實在擅事朝政也。蓋議政于公朝。則衆大夫猶得爭是非。若議政于家。則直至事成而衆不知。此權臣專政。所以私議而不肯公議也。故孔子言此以喩冉有。且以戒季氏也。就有政二字論。冉有未嘗有誤也。所以晏者。爲有政也。議政于私朝而晏。可也。至謂吾其與聞之。然後知罪在季氏不議于魯君之朝也。若眞以爲國政不得議于家。則大臣將不必有虛懷廣詢之意。而冉有必口不言朝政。此非當日孔子之意矣。至于何晏也之問。借端爾。自古以宵旰爲勤。而謂朝不可晏邪。〇注。禮大夫雖不治事。獨與聞國政。禮經無是文。

定公問。一言而可以興邦。有諸。孔子對曰。言不可以若是其幾也。幾。期也。詩曰。如幾如式。言一言之間。未可以如此而必期其效。人之言曰。爲君難。爲臣不易。易。去聲。〇當時有此言也。如知爲君之難也。不幾乎一言而興邦乎。因此言而知爲君之難。則必戰戰兢兢。臨深履薄。而無一事之敢忽。然則此言也。豈不可以必期於興邦乎。爲定公言。故不及臣也。曰一言而可以喪邦。有諸。孔子對曰。言不可以若是其幾也。人之言曰。予無樂乎爲君。唯其言而莫予違也。喪。去聲。下同。樂音洛。○言他無所樂。惟樂此耳。如其善而莫之違也。不亦善乎。如不善而莫之違也。不幾乎一言而喪邦乎。范氏曰。如不善而莫之違。則忠言不至於耳。君日驕而臣日諂。未有不喪邦者也。○謝氏曰。知為君之難。則必敬謹以持之。惟其言而莫予違。則讒諂面諛之人至矣。邦未必遽興喪也。而興喪之源分於此。然此非識微之君子。何足以知之。

箋曰。興字兼創守。凡古書問人曰有諸者。皆舉所傳聞而質之也。則一言興邦一言喪邦。當時嘗有是語。而定公舉以為問也。○若是者。斥公之言而言也。幾幾通。故為期限之義。左傳。易幾而哭。是也。集注引詩如幾如式。極當。式猶金錫之模範。模範在而無數金器錫器。由此以出。故以喻福之來烝烝不窮也。中井積德曰。一言興喪。謂人君之言有至善者。則邦可以興。有至不善者。則邦可以喪也。一言以卜其興喪云爾。非謂佩服此言。可以興喪也。又曰。為君難莫予違。並擬人君之言耳。則知為君之難句。是評論言者之語矣。注云因此言而知為君之難。恐未穩。又曰。一言興邦。元在邦君上為言。故為君難句。自是正對為臣不易句。是帶說。與一言興邦無干涉。是節不再舉者。固其宜矣。非為問者非臣而遺之。○不幾乎之幾。與上若是其幾相應。只是期字義。○一言而喪邦有諸。正平本南宗本。喪上有可字。皇本有可以二字。唯其言而莫予違也。皇本正平本南宗本。莫予上有樂字。古本無也字。豬飼彥博曰。也字疑因下文而誤衍。下云如其善而莫之違也不亦善乎。也猶則也。語氣不同。如其善句。是引起之詞。古賀煜曰。說者或謂。不亦善乎語意。如云猶之可也。是姑且僅可之辭。此說未必然。孟子曰。不亦善乎。親喪固所自盡也。孔子曰。不亦悅乎。不亦樂乎。仲弓曰。居敬而行簡。不亦可乎。凡經書中用不亦乎字者。莫非贊嘆之辭。何獨於此章乃解爲姑且僅可之辭乎。如其善而莫之違也。如不善而莫之違也二句。各自開說。如其善而莫違者。獎順其美。成人之美。是賢臣之行也。若不善而莫之違也。逢君之惡。從君於昏。是姦臣之行也。解者必解如其善以下。爲依違阿諛之行。一串說下。故有是姑且僅可之說耳。若乃上文唯其言而莫予違。唯吾所言而人不敢違。自見其言之不善。下文如其善而莫之違。蓋擧裏以見表。引善以形惡。如不善以下。正緊承唯其言數句。後儒不曉其語脉。故有此謬解耳。黃式三曰。言莫予違。則讒諂所蔽。禍患所伏。而人莫之告。自古喪國之禍。多由于此。陸敬輿所謂。天下大慮。在於下情不通。所謂忽於戒備。逸於居安。憚忠鯁之怫心。甘諛詐之從欲。不聞其失。以至大失也。張甄陶曰。一言興邦。煞是難事。一言喪邦。却是快得很。譬如補藥十劑。未效。砒霜一服卽死。

葉公問政。音義並見第七篇。**子曰。近者說。遠者來。**說音悅。○被其澤則說。聞其風則來。然必近者說。而後遠者來也。

箋曰。說下添則字看。皇本正平本。說作悅。韓非子難篇。葉公子高問政於仲尼。仲尼曰。政在悅近而來遠。又曰。葉都大而國小。民有背心。故曰。政在悅近而來遠。言使近民歡說。則遠人來至也。葉公唯務來遠。而不知使近者說。故孔子以此語之。
是時楚數伐蔡。又與吳爭陳。二國近楚苦兵。故夫子言楚欲爲政于天下。自近始。
諷以恤小字鄰之仁也。黄式三曰。閻氏釋地曰。葉楚縣名。故城距今南陽府葉縣
治二十里。中有沈諸梁祠。有方城山。屈完曰。楚國方城以爲城。卽此。括地志。楚嘗
爭霸中國。連山累石。於此以爲固。號曰方城。一謂之長城。蓋春秋時楚第一重地
也。宜以沈諸梁鎭撫焉。式三案。左氏成公十五年傳。許靈畏偪於鄭。楚遷許於葉。
則葉爲許地。昭公九年傳。遷許於城父。遷方城外人於許。葉地入楚。昭公十三年。
平王封許復居葉。十八年傳。公子勝曰。葉在楚國。方城外之蔽也。土不可易。讐不
可啓。楚遂遷許於析。而葉地復入楚。葉連方城。爲楚重地。故見於傳者如此。吳英
曰。鄉黨圖攷曰。哀四年傳云。楚左司馬眅申公壽餘葉公諸梁。致蔡于負函。十六
年傳云。葉公在蔡。蓋蔡邑。葉公兼治之。哀二年。蔡畏楚遷于吳之州來。蔡既遷。則
蔡故地皆屬于楚。是時楚昭王賢。葉公亦賢。夫子欲用楚。故自陳如蔡。就葉公爾。
據此知此問在孔子自陳如蔡時也。此時新蔡亦爲蔡故地屬楚矣。故左傳致蔡
于負函。注曰。楚地。顧復初曰。在今河南汝寧府信陽州境。鄉黨圖攷又曰。蔡平侯
徙汝寧之新蔡縣。新蔡在陳南。與陳相近。據此知負函近蔡。則亦近陳可知也。問
政不于葉而于蔡。亦因孔子在陳。有就近之意爾。葉公問孔子于子路。其時未見
孔子也。至問政。則得見孔子矣。然葉公不至陳。而孔子至蔡者。人臣不得外交。葉
公在官有守。不得往他國以見孔子。孔子則無所繫也。孟子由平陸之齊。不見儲
子。集注曰。儲子可以至齊之境內。而不來見。然則幣交時。如不處平陸而居鄒。
亦往見之矣。所以葉公不能至陳。而孔子往也。而葉公就近以求見。不亦賢乎。

子夏爲莒父宰。問政。子曰。無欲速。無見小利。欲速則不達。見小利則大事不成。

父。音甫。○莒父。魯邑名。欲事之速成。則急遽無序。而反不達。見小者之爲利。則所就者小。而所失者大矣。○程子曰。子張問政。子曰。居之無倦。行之以忠。子夏問政。子曰。無欲速。無見小利。子張常過高而未仁。子夏之病。常在近小。故各以切己之事告之。

箋曰。春秋定公十四年。城莒父及霄。杜注。莒父魯邑。公叛晉助范氏。故懼而城二邑。閻若璩謂。是時荀寅士吉射據朝歌。晉人圍之。魯與齊衛謀救之。朝歌在魯正西。將八百里。則莒父屬魯之西鄙。此亦據杜注約略言之。其實杜氏備晉之說。本屬臆測。難爲據也。山東通志云。莒始封在萊州府高密縣東南。乃莒子之都。而子夏所宰之莒父也。春秋時莒子遷於城陽。漢始封劉章爲城陽王。置莒縣。即今青州府之莒州。莒父之邑。蓋以莒子始封得名耳。莒係以父。魯人語音。如梁父亢父單父。○無欲速。正平本無作毋。釋文云。毋今本作無。是舊本作毋也。無見小利。皇本無作毋。兩言無分輕重。字法未必有別。二無應皆作毋。蓋莒父下邑。政久廢弛。民亦無多望於上之安全盡善者。子夏急圖改弦更張。或以規近效。期小康。則迫而致之。苟而安之矣。夫子之所以有此戒也。達遂也。成也。遠至也。譬如十日之程。必照程行。一日一程。得盡時自然到得。今不照程行。一二日就要到。必僨車隤馬傷足。而反不得到。故曰不達。俗云。疾走多顚躓。信步到長途。小利謂利之微小者也。非小事之利也。大事不成。只言大事不成而已。非更有損失也。譬之商賈。務趨眼前小利者。必不能成大富。大小上下皆一理。黃式三曰。事必審乎先後緩急之條理。不急於功。而功始成。否則貪功。適以喪功耳。鯀堙鴻水。九載而績弗成。禹之疏瀹。行所無事。八年而告成。是其一論也。小利之利。亦以利民者言。但爲偏隅謀生養。不宏體國經野之謨。爲一時費經營。不用長治久安之策。雖後世之稱善治者。猶未免此。夫子之所戒也。

葉公語孔子曰。吾黨有直躬者。其父攘羊。而子證之。語。去聲。○直躬。直身而行者。有因而盜曰攘。

孔子曰。吾黨之直者異於是。父爲子隱。子爲父隱。直在其中矣。爲。去聲。○父子相隱。天理人情之至也。故不求爲直。而直在其中。○謝氏曰。順理爲直。父不爲子隱。子不爲父隱。於理順邪。瞽瞍殺人。舜竊負而逃。遵海濱而處。當是時。愛親之心勝。其於直不直。何暇計哉。

箋曰。語者。秪是閒話也。○黨猶里也。釋文云。躬。鄭本作弓。云直人名弓。隷續陳寔殘碑。寔字仲躬。史傳蔡中郎集。並作仲弓。是躬弓通用。韓非子五蠹篇。楚之有直躬。其父竊羊。而謁之吏。呂氏春秋當務篇。楚有直躬者。其父竊羊。而謁之上。上執而將誅。直躬者請代云云。孔子曰。異哉直躬之爲信也。一父而再取名焉。故直躬之信。不若無信。莊子盜跖篇。直躬證父。尾生溺死。信之患也。淮南子氾論訓。直躬其父攘羊。而子證之。高誘注。直躬。楚葉縣人也。據此知躬是名。其人必素以直稱者。故之曰直躬。猶因其狂而名之曰狂接輿。因其盜而名之曰盜跖。漢時稱汲黯爲汲直。亦似。孔安國注。直躬直身而行。此朱子所仍。然稱人性直。一直字足矣。不必加身字。廣韻二十四職云。直。正也。又姓。楚人直弓之後。若竟謂姓直。則下文吾黨之直者直在其中矣。何以稱邪。何焯以呂覽屬者字於下。證其未始以爲人姓名。此殆忘却有顏回者句法。且何以解孔子直躬之爲信。直躬之信二語哉。但呂覽亦惟以行爲名。非以爲姓名也。○彼自來而我掩取之曰攘。其惡稍輕於盜。○證。說文。告也。告言必有所據。引申爲證據之義。子證之者。謂父既爲羊主所訟。而父不服。直躬乃以子而證實之也。鬻拳以兵諫楚子。申無宇執人于王宮。楚之風氣如此。故當時以直躬之行爲美談。而葉公語及此也。○直在其中者。好直者之爲直也。往往自枉其性。故其所爲似直而不直在其中矣。仁人之相爲隱也。有率其性者。故其所爲非直。而直在其中矣。如樂在其中。本非可樂之事也。餒在其中。本非致餒之道也。祿在其中。本非得祿之道也。父子主孝不主直。然不可謂直者非君子所尚也。故夫子云爾。困勉錄云。情與理必相準。天理內之人情。乃是眞人情。人情內之天理。乃是眞天理。天理外之人情非人情也。人情外之天理非天理也。直躬證父。此人情外之天理也。霍光夫婦相隱。此天理外之人情也。夫子所謂父子相隱。乃爲天理人情之至。物茂卿曰。仁齋先生曰。豈外人情而別有所謂天理者哉。然欲富欲貴欲安佚欲聲色。皆人情之所同。豈道乎。要之道自道。人情自人情。豈容混乎。至道固不悖人情。人情豈皆合道乎。○謝氏曰。順理爲直。此說未圓。夫是是非非。有有無無。無所隱諱。是之謂直。父子相隱非直也。故夫子不卽謂之直。而曰直在其中。則見既不是直之本義。而亦見父子相隱爲人之至情。若以父子相隱云順理爲直。則夫子卽謂之直可矣。何得直在其中。直固美德也。然無禮則絞。不好學則亦絞。直躬好直而不知有父子之親。賊道也太甚。其直豈得無非絞乎。夫子對葉公之以爲直。故因其語曰。直在其中耳。秦法首匿相坐。骨肉恩廢。漢宣帝詔曰。父子之親。天性也。雖有患禍。猶蒙死而存之。誠愛結于心。仁厚之至也。豈耐違之哉。自今子首匿父母。妻匿夫。孫匿大父母。皆勿坐。其父母匿子。夫匿妻。大父母匿孫。罪殊死。皆上請。廷尉以聞。足知漢法凡子匿父母等。雖殊死皆勿坐。父母匿子等。殊死以下皆不上請。蓋皆許其匿可知。皇疏云。今王法則許期親以上得相爲隱。不問其罪。又明淸律。大功以上。得相容隱。亦本於漢詔。春秋時。刑書未備。折獄惟良。視乎其人。則葉公此問。乃當時俗見。自夫子折之。而天理以明。亦賴乎有是問也。

樊遲問仁。子曰。居處恭。執事敬。與人忠。雖之夷狄。不可棄也。

恭主容。敬主事。恭見於外。敬主乎中。之夷狄不可棄。勉其固守而勿失也。○程子曰。此是徹上徹下語。聖人初無二語也。充之則睟面盎背。推而達之。則篤恭而天下平矣。胡氏曰。樊遲問仁者三。此最先。先難次之。愛人其最後乎。

箋曰。居處恭三句。當以動靜人己分看。恭者不倨敖也。敬者不慢易也。恭主容。敬主事。恭在無事時而見。敬有事而發。未可以內外判之。恭敬析言則別。書無逸正義引鄭注云。恭在貌。敬在心。集注所本。居處時無事可指。故卽容貌之恭。便見他持之以敬處。若執事時則自有事可見了然。忠者交人而盡其心也。不可棄。猶言不能廢之物也。乃中庸所謂道不可須臾離之意。非謂勿棄。譚梁生曰。春秋時夷狄中國。尙間錯而處。如戎狄之鄰周。淮徐之鄰魯。萊牟之鄰齊。以至秦楚吳越。皆夷狄也。有禮義。有天王。則謂之中國。無禮義。無天王。則謂之夷狄。凡出疆越境。未有不往來於中國夷狄之間者。若夫子之周流轍環。有今日中國。明日夷狄者矣。

故曰夷狄之有君。子欲居九夷。皆實語實事也。雖之夷狄。不可棄。亦然。恭敬忠未言卽是仁。乃是之仁之階梯矣。而下手之工夫。與曾子所謂忠恕而已略同。此亦

以樊遲所當務語之耳。程說徹上徹下。主張大過。失孔子因材施敎之意。胡氏論問仁前後。鑿甚。

子貢問曰。何如斯可謂之士矣。子曰。行己有恥。使於四方。不辱君命。可謂士矣。使。去聲。○此其志有所不爲。而其材足以有爲者也。子貢能言。故以使事告之。蓋爲使之難。不獨貴於能言而已。

曰。敢問其次。曰。宗族稱孝焉。鄉黨稱弟焉。弟。去聲。○此本立而材不足者。故爲其次。

曰。敢問其次。曰。言必信。行必果。硜硜然小人哉。抑亦可以爲次矣。行。去聲。硜。苦耕反。○果。必行也。硜。小石之堅確者。小人。言其識量之淺狹也。此其本末皆無足觀。然亦不害其爲自守也。故聖人猶有取焉。下此則市井之人。不復可爲士矣。

曰。今之從政者何如。子曰。噫。斗筲之人。何足算也。筲。所交反。算亦作筭。悉亂反。○今之從政者。蓋如魯三家之屬。噫。心不平聲。斗。量名。容十

升。筲竹器。容斗二升。斗筲之人。言鄙細也。算數也。子貢之問每下。故夫子以是警之。○程子曰。子貢之意。蓋欲爲皎皎之行。聞於人者。夫子告之皆篤實自得之事。

箋曰。鄭小谷曰。前輩有云。由也果。於天下事。無一不喜其大全。故問君子則以爲未盡於修己。問政則以爲未盡於先勞。賜也達。於天下事。無一不思其究竟。故問政則必窮所去。問士則必窮其次。此章是也。按別章問詞可略。此章問詞宜詳。子貢平日於列國卿大夫。必有看不上者。故開口問何如斯可謂是極鄭重之詞。末節何如之問。是極輕易之詞。不可以爲每問皆下。更不可以爲後問大錯也。○行己有恥者。存於心曰有恥。士之練德練才。所行甚廣。以有恥賅之。此乃耿介之操。純備之修。與嘐蹴之激發異。與平旦之清氣亦異。今士人無所不爲寡廉鮮恥輒曰成大事者不顧小節。已爲無忌憚小人矣。又何大事之有。及其本末一無足觀。骫骳澳涊以苟生。則又取行己在清濁間語以自掩。士品之日流汙下。鮮不由此。此章隨問隨答。各不相蒙。行己有恥一句中。安有包括通章之理。說者多以此句一貫下三節。皆自擾耳。又行己有恥。只作有所不爲看爲可。下面自有才足有爲一層在。何必將此句擡高。陳介眉曰。常人之恥。恥在事後。君子之恥。恥在事前。常人之恥。恥自外至。君子之恥。恥自內生。○使於四方。不辱君命。人有才則或虧於行。有行則或乏於才。行己有恥。則有行矣。使於四方不辱君命。則有才矣。才行兼備。可以爲士矣。當春秋時。最重邦交。奉使士之重務也。故夫子前說誦詩之益。曰使於四方不能專對。及子貢問士。又以使事告之也。說者見由賜一輩問答之言。知夫子救其失。而不知夫子長其善。如使於四方句。只作長其善說爲是。○宗族稱孝節。宗族者。白虎通宗族篇。宗者何謂也。宗者尊也。爲先祖主者。宗人之所尊也。

大宗能率小宗。小宗能率羣弟。通其有無。所以紀理族人者也。族者何也。族者湊也。聚也。謂恩愛相流湊也。上湊高祖。下至玄孫。一家有吉。百家聚之。合而爲親。生相親愛。死相哀痛。有會聚之道。故謂之族。是也。稱與偁同。說文。偁揚也。廣雅釋訓。偁譽也。今經典通用稱字。稱銓也。別一義。孝弟此雖德行之美。然孝弟爲人所宜盡。不必待學而能。故夫質性之善者。亦能行之。而非爲士職分之所盡也。故以爲次。荀子子道篇以入孝出弟爲人之小行。志以禮安。言以類從。爲儒道之極。與此章義相發。志以禮安。則知所恥。言以類從。則能出使不辱君命矣。孟子固有老吾老以及人之老。天下可運於掌。堯舜之道孝弟而已之言。此充類推極之言。雖論孝弟而其實盡仁盡道。與恒言所稱孝弟不同。蓋堯舜之道不外孝弟。此是一義。弟子之行始於孝弟。又是一義。此節自是孝弟之實。積中發外。確有徵驗者。而或短于政事。或短于言語。古來此等醇士亦有之。聖人之德。仁人之分。由孝弟做將去。不是以孝弟包一切也。學而篇入則孝。出則弟。孝在門內。故稱在宗族。弟兼門外。故稱在鄉黨。鄉黨見雍也篇。皇本正平本南宗本弟作悌。〇言必信節。信果二字無病。病在必字上。程子曰。言不必信。行不必果。惟義所在。大人之事。言必信。行必果。硜硜然小人之事。小人對大人爲小。非爲惡之小人也。故亦可以爲士。據此則兩必字所以不及聖賢。在此所以遠勝市井亦在此。夫曰宗族稱孝。鄉黨稱弟。則特一鄉之士耳。曰必信必果。則特狷介之士耳。硜硜本石聲。借以狀堅確也。荷蕢章當參考。斷無小義。史記樂書石聲硜。樂記作石聲磬。說文。磬古文從巠。是硜卽磬字。釋名。磬罄也。其聲罄罄然堅緻也。皆可以證。小人哉。言其氣率易直遂。無温雅大人之風。卽是硜硜然矣。宋潛溪曰。以智賢之圓通視之。則此不免爲小人。

以末世之放誕視之則此乃不失爲君子與其浮慕大人之變化而失之肆孰若守小人之志操而失之硜以小人而士也則士固不在浮僞故也正平本哉作也。〇今之從政者節子貢見當時從政者才節皆無足稱謬以士自命心竊鄙之問士而及於今之從政寓許多感慨意在言外注爲魯三家之屬全失經指且魯三家爲政者也非從政者也斗筲皆器名斗元斛器猶今之杓也用匏用木其義一也筲字從竹故鄭云竹器儀禮既夕云筲三黍稷麥下文又有菅筲以菅草爲之亦得名筲者草竹同類也鄭彼注云筲畚種類也其容蓋與簋同一𣪘賈疏云豆實三而成𣪘昭三年晏子云四升曰豆則𣪘受斗二升說文無筲字有籍字可通筲說文籍下云飯筥也受五升从竹稍聲秦謂筥曰籍方言箄南楚謂之筲趙魏之郊謂之笑簇郭曰簇盛餅筥也今建平人呼筲音鞭鞘簇即筥字筲即籍字士昏禮鄭注云笲形蓋如今之筥䈬蘆䈬蘆即笑簇也據此則筥簇䈬蘆皆即筲之異名用以盛飯故與斗連稱惟許鄭言筲容數各異而後漢書禮儀志更云筲八盛容二升顏師古漢書公孫賀等傳贊注及文選王命論注引漢書音義並以筲受一斗則各據所見言之耳斗筲並非量器周之量名升豆區釜鍾矣無斗斛斗斛之名始于秦漢以降此所謂斗筲是廚房常用之賤器不可得登堂者猶今言漉筐擂棒也以喩鄙賤之才耳容之多少勿論已蓋他胸中所容受者止有世味。更無道德止有俗情更無名節故以斗筲借言何足算也算擇而數之也漢書公孫賀傳贊引此云何足選也鹽鐵論雜事引此云何足選哉選算古通用又通撰周禮大司馬撰車徒注云撰讀曰算算車徒謂數擇也爾雅釋詁舍人注擇數之曰筭正與禮注合〇古賀煜曰程說可疑子貢生平未必無此意但在此章則殊不然。開口問士。固已有志於砥厲行誼。及聞夫子之誨。又問其次。乃遜志審問。以求切己之益也。結末問今之從政者。亦欲於衆卿大夫中。知其有可取者。未必失問。夫子噫斗筲之對。蓋不平於從政者。非不平於子貢之問。則又不可以尤子貢也。又案。程子之言。集注引之云。夫子告之皆篤實自得之事。殆似全章夫子以篤實自得之事規砭子貢皎皎之意。據精義。伊川之言皆作乃。止就行已有恥一節而言。尹說乃作皆。一字之異。而其義大異。是併失程子之意。而反從尹說。學者不可不知也。○桂文燦曰。說文。士。事也。士訓事者。謂能任事之人也。能任事者。文足經邦。故講學道藝者爲士。武足戡亂。故軍旅之士曰軍士。古未有其才不堪任事。而冒士之名者也。三代之時。士出於農。故太宰九職任萬民。而不及士。民之秀者。養之鄉序。升之司徒。當其時。士習端而士才茂。故無苟且竭蹶之義。自管子治齊。士農工商分爲四鄉。士行乖而士類雜。春秋以降。游說之士。奔走列國。曳裾王門。蘇秦以連橫說秦。以合從說趙。范睢顏斶之徒。或說秦。或說齊。甚至馮煖趙良之徒。或說孟嘗。或說商君。皆以布衣見說。欲立談而取人富貴。自士貴王前之說興。而布衣之士反重於王侯。戰國之君。遂以士爲安危。而士風幾不可問。敝壞既極。而異端乘間爭起。以爲我爲教者。有楊氏者流。以兼愛爲教者。有墨氏者流。以刑名法術爲教者。有申韓者流。以虛靜核實爲教者。有尹氏者流。以清淨守法爲教者。有愼氏者流。孟子憂之。故特斥言處士之橫議。而以能言距楊墨者。爲聖人之徒也。

子曰。不得中行而與之。必也狂狷乎。狂者進取。狷者有

所不爲也。 狷音絹。○行道也。狂者志極高而行不掩。狷者知未及而守有餘。蓋聖人本欲得中道之人而教之。然既不可得。而徒得謹厚之人。則未必能自振拔而有爲也。故不若得此狂狷之人。猶可因其志節而激厲裁抑之。以進於道。非與其終於此而已也。○孟子曰。孔子豈不欲中道哉。不可必得。故思其次也。如琴張曾皙牧皮者。孔子之所謂狂也。其志嘐嘐然曰。古之人古之人。夷考其行而不掩焉者也。狂者又不可得。欲得不屑不潔之士而與之。是狷也。是又其次也。

箋曰。包咸曰。中行。行能得其中者。得之中行。孟子作中道。道古作衜。故誤。依論語作行。似是。當做去聲讀。庸行得中。此謂中庸。則中行者中庸也。與者。可與共學。可與適道。可與立。未可與權之與也。必也二字。有非此斷然不可意。有惟此庶幾可意。有舍此更無所可意。通章精神在此。若先衍說本欲得中行。再說不可得中行。則入脈不緊矣。此章夫子奬進狂狷。純是勸勉之詞。孟子引之。則重狷者而惡鄉原。又是一意矣。勿混視之。獧狷古今字。今論語作狷。孟子盡心篇作獧。說文。獧从犬。睘聲。睘即獨行睘睘之睘。詩唐風杕杜篇傳。睘睘無所依也。其首章曰。獨行踽踽。傳。踽踽無所親也。孟子。行何爲踽踽涼涼。皆形容獨行之貌。故从睘作獧爲正。孟子以不屑不潔者當之。不屑不潔。自有所不爲矣。則所謂狷者偏於耿介之人也。狂者狷者。只宜說志極高守有餘的好處。勿濾入激勵裁抑後意。陳天祥曰。有所不爲者。能爲而不爲也。智未及者。不能爲而不爲也。狷者於可交之人。亦有所不交。可取之物。亦有所不取。易於退而難於進。貪於止而吝於行。此乃有所不爲之謂也。特其情好與衆不同。非有關於智不智也。果以智未及而不能爲者爲狷。則天下之狷者多矣。夫子何難於此哉。龜井昱曰。此章所與。不在謹厚。而在狂狷。

夫子所以教育英才。可以相照而窺之爾。謹厚固子弟之庸德也。然謹厚而無氣志。則碌碌而終於世。所謂謹厚而已。豈能奮進憤悱乎。張彥陵曰。夫子此論。非不得已而思其次也。蓋中行學問。須是養成。不是一起便到得。故從來聖人俱是狂狷做的。不得中行者。言中行不易得。非謂時代之降無中行也。管登之曰。孔門唯顏子一人爲中行之資。閔冉之德行亦近之。其餘皆狂狷也。曾點固以狂稱。而子貢子路子張之屬。亦起於狂者也。原憲固以狷稱。而閔子曾子子夏之屬。亦起於狷者也。特緣夫子裁之以中行。不以狂狷成名耳。何以知賜之狂。賜也達。達者必負豪志。豈非狂。何以知參之狷。參也魯。魯者必謹廉隅。豈非狷。○此章外注引孟子以鄉愿一輩人。襯起必也之意。內注自爲說。又以謹厚一等人。襯起必也之意。蓋朱子意在擡高狂狷。豈屑反對鄉愿。故於中間更託以此種人。見得闇然柔媚者。固不足道。卽徒然謹厚者。亦未滿懷。故語類論狂狷好處。一則曰。須剛健有立底人方做得事成。一則曰。不是剛介有跟腳的人。定立不住。皆對謹厚者著語也。

子曰。南人有言。曰。人而無恆。不可以作巫醫。善夫。 恆。胡登反。

夫。音扶。○南人。南國之人。恆。常久也。巫所以交鬼神。醫所以寄死生。故雖賤役。而尤不可以無常。孔子稱其言而善之。

不恆其德。或承之羞。 此易恆卦九三爻辭。承。進也。

子曰。不占而已矣。 復加子曰。以別易文也。其義未詳。楊氏曰。君子於易。苟玩其占。則知無常之取羞矣。其爲無常也。蓋亦不占而已矣。意亦略通。

箋曰。此章夫子思有恒之意。上下相承。只是一意。巫醫之不可作。便是可羞處。夫子特借南人之言。以起不占。非是引易以證人言也。提醒人心。全在羞字上。南人爲南國之人。猶詩言東人西人。鄭玄曰。言巫醫不能治無恒之人。得之作巫醫者。言爲其人醫疾也。非以其人爲巫醫也。曲禮鄭注云。隱疾難爲醫。難爲醫。卽所謂不可以作巫醫也。無恒之人。中無守。故聞人言。隨之遷轉。乍信乍疑。變動不定。既延一醫而委之。又有別人進醫者。又延而請治。遂延衆醫而迷其説。一日嘗甲藥。又一日嘗乙藥。如是人則醫亦末由施其術也。巫醫二字連稱。謂醫師也。單稱巫稱醫。亦非謂巫覡也。楚詞天問曰。化爲黄熊。巫何活焉。王逸注曰。言鮌死後化爲黄熊。入於羽淵。豈巫醫所能復生活。是巫醫古得通稱。廣雅釋詁曰。醫。巫也。是其證也。汲冢周書武王既勝殷。鄉立巫醫。具百藥。以備疾災。呂氏春秋。巫醫毒藥逐除治之。古謂醫曰巫。亦可以徵矣。呂覽説文並曰。巫彭初作醫。郭璞巫咸山賦序曰。巫咸以鴻術爲帝堯之醫。山海經。巫彭巫抵六巫。皆操不死之藥。又巫咸巫羅十巫。從靈山升降。百藥爰在。據此則巫之名所由來久矣。故毉字從巫。其從酉者酒漿之名。後世借用通之。非古文也。金樓子立言篇引論語作不可卜筮。此誤以禮記緇衣文合論語爾。周官醫師上士二人。下士二人。食醫中士二人。疾醫中士八人。瘍醫下士八人。皆是以士爲之。極其鄭重。楊泉物理論。夫醫者非仁愛不可託。非聰明達理不可任。非廉潔淳良不可信。古之用醫。必選名姓之後。又云。其德能仁恕博愛。其智能宣暢曲解。知天地神祇之次。明性命吉凶之數。處虛實之分。定順逆之理。原疾量藥。貫徹達幽。觀此則醫者抱道懷德。學徹天人。始能爲之。解者或以爲賤役。非也。○不恒其德。或承之羞者。不恒其德。卽是可羞。不必外至之羞。而後爲羞。唯不知此爲可羞。則必至於或承之羞矣。或承之羞。外至之羞也。或者不知其人之辭。言不知其所自來也。不占與革九五未占有孚之未占同。不占而已矣。言無恒之取羞。不待占決而自明矣。此章專言恒德之美。若從龜山說。則爲重卜筮之意。首尾衡決。不可從。

子曰。君子和而不同。小人同而不和。和者。無乖戾之心。同者。有阿比之意。○尹氏曰。君子尚義。故有不同。小人尚利。安得而和。

箋曰。而字貫串上下。與周比驕泰同一語勢。擧其狀相似而實不同者。以見君子小人之懸殊。此章與周而不比章自有別。雖皆是與人相接。但彼就愛人言。此就處事言。愛人則周而不比。是於無私心中見其當理。處事則和而不同。又是於當理處見其無私心。和字中有學問在。非宋元祐諸君子姑爲調停之說。似和而實非和者調停也。君子和於君子。亦且和於小人。不獨不同於小人。亦且不同於君子。小人不獨同於小人。亦且能同於君子。不獨不和於君子。亦且不自和於小人。陳天祥曰。和則固無乖戾之心。然只以無乖戾之心爲和。亦未盡。若無中正之氣。專以無乖戾爲心。亦與阿比之意相鄰。和與同未易辨也。中正而無乖戾。然後爲和。凡君父之側。師友之間。將順其美。匡救其惡。可者獻之。否者替之。結者解之。離者合之。此君子之和也。而或巧媚陰柔。隨時俯仰。人曰可。己亦曰可。人曰否。己亦曰否。惟言莫違。無唱不和。此小人之同也。晏子辨梁邱據以爲君所謂可而有否焉。臣獻其否以成其可。君所謂否而有可焉。臣獻其可以去其否。是以政平而不干。民無爭心。今據不然。君所謂可。據亦曰可。君所謂否。據亦曰否。據亦同也。焉得爲和。此論辨析甚明。宜引之以證此章之義。呂用晦曰。後世朋黨之目。固是小人以之害君子。然亦是君子欲主張一說。喜人之同。而惡人之異。但知相敵之小人。肆其攻擊之爲害。而不知依附之小人。又借君子以行私之害更甚也。卒之兵連禍結而不可解。則君子反爲依附之小人所用。小人與小人。本無和理。而君子之患有不可言者矣。故欲爲君子。先須從自己立心處打掃乾淨。纔一點爲我用彼之意。則我必先爲彼用。只此一點相爲我用之意。便是戈鋌箭鏃尖鋒相對。豈復有和字根苗哉。後之反覆傾軋。固是我立心處自召之耳。

子貢問曰。鄉人皆好之何如。子曰。未可也。鄉人皆惡之何如。子曰。未可也。不如鄉人之善者好之。其不善者惡之也。

好惡。並去聲。○一鄉之人。宜有公論矣。然其間亦各以類自爲好惡也。故善者好之而惡者不惡。則必其有苟合之行。惡者惡之而善者不好。則必其無可好之實。

箋曰。好惡並輕看。好與善不同。惡與疾不同。當以喜好憎惡解。鄉人皆好之。鄉原之類。鄉人皆惡之。匡章通國稱不孝之類。皆字做多字看。兩何如俱就好一邊說。古者取士於鄉。子貢問意。在據鄉評取士。以鄉人近而見聞眞也。○鄉人之善者好之。不善者惡之。是就中人分上說。故如此耳。若聖至堯舜。則凡有血氣者莫不尊親誰敢惡之。惡至桀紂。則寡助之至。親戚畔之。誰敢好之。此則當別論。夫善人之所好者。必善人也。不善人之所惡者。必非不善人也。兩者相參。而人之賢可知。

就子貢所問斟酌。非謂君子必見好于善人。又必見惡于不善人也。玩本文不如二字。蓋此原非定法。不過謂此善於彼。若後章衆好必察。一察字便入微。眞德秀曰。陳蕃李膺之徒。天下稱其賢。而中常侍目之曰鉤黨。裴度之爲人。天下仰其勳德。而八關十六子輩毀之者百端。此所謂善者好之不善者惡之也。然好者雖多。其言未必上徹。惡者雖少。其論常譁於人主之前。所以誣善之言易行。而忠邪每至于易位也。陸隴其曰。此自論觀人之一法。非觀人之定法也。天下有君子。而善人未必好之者。如周濂溪。初時不爲趙清獻所喜。有善人好之而未必君子者。如司馬溫公以蔡京爲能辨事。有善人惡之而不必爲小人。如程子之於子瞻。有君子而不善者未必惡者。如程明道。狡僞者獻其誠。暴慢者致其恭。有不善者惡之而亦未必君子者。如宋時王呂章蔡之相傾。吾若一以善者不善者之好惡爲準。豈能無悞乎。況吾欲以善者不善者之好惡爲準。萬一誤認其善惡。而又誤用其好惡。不悞而益悞乎。若論觀人之法。則必如夫子所謂衆惡之必察焉。衆好之必察焉。乃爲無悞之道。李鍾僑曰。士固有遭時得位。而賢愚咸稱其美者。非皆好之比也。世際休明。而善類道伸。故好者非特識也。其一二頑梗之徒。相與口是而心非。特敢怒而不敢言耳。士固有離世異俗。瀕于困辱而不悔者。非皆惡之等也。時當否塞。而群小力排。故惡者非公評也。其一二隱德之士。相與咨嗟而屢嘆。特有言而莫之信耳。呂用晦曰。今世之士。皆喜圓而惡方。做一件事。必要處處周旋。有一人不道好。便嫌其術之未工。其間更有稜角峭厲者。則又主一家非之不顧。一國非之不顧之論。於是在邦必怨。在家必怨。此又所謂乖戾。不可謂之方也。須知從來只有此兩種人。卽有此兩種議論。纔經夫子折衷。方覺立言無病痛耳。陸隴其曰。用晦此論最好。至於崇禎間。用黨人不好。互用兩制。又不好。用黨外人又不好。此則又就夫子鄉人善不善之說。而不知所以用之之道也。章末惡之下。皇本正平本有也字。

子曰。君子易事而難說也。說之不以道不說也。及其使人也器之。小人難事而易說也。說之雖不以道說也。及其使人也。求備焉。

易。去聲。說。音悅。○器之。謂隨其材器而使之也。君子之心。公而恕。小人之心。私而刻。天理人欲之間。每相反而已矣。

箋曰。君子小人。皆謂居位者。事。以職受役也。在下爲事。在上爲使。釋文云。說音悅。謂投以所好也。說之不以道四句。卽申釋易事難說之故。難說在下。故下句接而先解之。古文例多然。雖少必作。過之必趨。亦先接冕者瞽者言之。蓋不可說以非道。所以難說也。曲禮云。禮不妄說人。鄭注。爲近佞媚也。君子說之不以其道。則不說也。不以其道。卽是佞媚。卽是妄說。世上有性情寬大之人。易事亦易說。惟君子之心公而恕。故易事。而又難說也。亦有性情介特之人。難事亦難說。惟小人之心私而刻。故難事而又易說也。合併在而字。轉關在及字。陳幾亭曰。器之中又分器焉。治田治河治兵。每事各極其能。是一器之全也。或長於守險。或長於當鋒。或長於關榛莽樹營柵。是治兵中之偏器也。或善相度。或善董工。是水利中之偏器也。或知種性。或辨土宜。或明勸課。是耕畬中之偏器也。使人者。合數人以就一器。無執數器以責一人。正平本南宗本。說作悅。○中井氏曰。天理人欲以爲推窮之論則可。以爲是章之解則不可。蓋所謂君子小人泛說已。其君子未必全天理之大賢也。晏平仲・子產・叔向・孟獻子等。亦皆足中是選。

子曰。君子泰而不驕。小人驕而不泰。 君子循理。故安舒而不矜肆。小人逞欲。故反是。

箋曰。驕泰字相似不同。猶周比和同之類。連文則同。故左成十六年曰。民生敦厖。和同以聽。家語辨政篇曰。內比周以愚其君。而大學以驕泰爲忠信之反。對文則異。故此文以泰驕明君子小人之分也。不驕不必說到謙謹。不泰不必說到憂戚。不驕只是泰裏面事。不泰只是驕裏面事。而字縮作一層看。五美章是以不驕申泰之美。此是以不驕嚴泰之辨。蓋君子功蓋天下。亦以爲分內之事。故不驕。小人稍如意則驕誇勝於人。實則患得患失。何由而泰。困勉錄云。驕泰皆有充然自足之意。然君子循理。理得則慊。故心廣而體胖。小人徇欲。欲滿則溢。故志盈而氣盛。雖在氣象上見。本原却在心上。又云。泰從道德生。驕從勢利出。

子曰。剛毅木訥近仁。 程子曰。木者質樸。訥者遲鈍。四者質之近乎仁者也。楊氏曰。剛毅則不屈於物欲。木訥則不至於外馳。故近仁。

箋曰。唐書刑法志云。仁者制亂。而弱者縱之。然則剛强非不仁。而柔弱者仁之賊也。此果敢所以近仁也。黃式三曰。後漢書吳漢傳論。引此經注。剛毅謂强而能斷。木樸愨貌。訥忍於言也。彼李注必此經之古注也。論語血氣方剛。詩北山。國語周語旅力方剛。鄭語剛四支以衛體。合觀諸文。剛是堅强之名。韋氏國語注。剛强也。鄭君公冶篇注。剛謂强志不屈撓。此剛之正訓。王氏以無欲訓剛。式三謂多慾非剛。無慾亦未必剛也。左氏宣公二年傳。殺敵爲果。致果爲毅。國語楚語下。毅而不勇。合觀兩文。毅是果斷之謂。韋氏國語注。毅果也。此爲毅之正訓。說文。毅妄怒也。一曰有決也。能決於義曰有決。所決不合於義曰妄怒。其以決斷爲毅則同。剛者堅强而不屈撓。毅者果斷而不游移。此剛毅之分。周書謚法。强毅果敢曰剛。說文。剛强斷也。泰伯篇包注。毅强而能決斷也。此乃統言則合。朱子於泰伯云。毅强忍。也。後儒據此以毅爲持久之義。然楚語强忍犯義毅也。卽證上文毅而不勇之毅。韋注。忍。忍犯義也。是決於犯義之忍。非耐久之忍。持久爲毅。古未之聞。黃說是也。漢書周勃傳。勃爲人木强敦厚。張周傳贊。周昌木强人也。酷吏傳。尹齊木强少文。顏師古以爲强直如木石。是木爲樸質無文也。訥專在言語上。君子欲訥於言。訥訥然如不出諸口。訥从言內。有訒言之義。以巧言令色之鮮仁而反之。則知剛毅木訥之近仁。彼章正意。卽此章反面也。聖人言此。爲求仁者發。使知近仁之質在此。而不在彼。至於四者。未卽爲仁。必須力學求至。理固如此。但在夫子口中。且無暇及此。若一作不足語。勉勵語。則慨想屬望之神。索然意盡。

子路問曰。何如斯可謂之士矣。子曰。切切偲偲怡怡如也。可謂士矣。朋友切切偲偲。兄弟怡怡如也。胡氏曰。切切。懇到也。偲偲。詳勉也。怡怡。和悅也。皆子路所不足。故告之。又恐其混於所施。則兄弟有賊恩之禍。朋友有善柔之損。故又別而言之。

箋曰。朋友以義合。兄弟以恩合。處之各有所宜。此盡倫之事。如此乃可稱士也。所謂士者。涵泳於詩書禮義之澤。必有溫良和厚之氣。此士之正也。至於發強剛毅。則亦隨事而著見耳。說文。切。刌也。引申之。凡以物相摩按謂之切。故切有責訓。後漢書陳忠傳注。切。責也。竇憲傳注。切切。猶勤勤也。勤勤亦責勉之義。爾雅釋訓。丁丁嚶嚶相切直也。郭注以爲喩朋友切磋相正。廣雅釋訓。切切。敬也。敬與儆同。謂儆戒也。詩常棣傳。兄弟尙恩。熙熙然。朋友以義。切切節節然。孔疏云。兄弟之多則尙恩。其聚集則熙熙然。朋友之交則以義。其聚集切切節節然。切切節節者。皆切磋勉勵之貌。論語云。朋友切切偲偲。兄弟怡怡。此熙熙。當彼怡怡。節節。當彼偲偲也。疏說是也。熙怡義同。節偲聲轉。節。限制也。荀子彊國篇。內節於人。注云。節。卽謂限禁也。朋友相勉。不使爲非。其告語節然有所限制也。朋友不全無怡怡。而主於切偲。兄弟不全無切偲。而主於怡怡。故先渾說。而後分言之。古賀煜曰。夫子語意。未必如胡說之旨。切切偲偲怡怡如也。可謂士矣。此總言爲士者之氣象。下文方析言之。上文如綱。下文如目。夫子擧上二句之時。胸中固有下二句之意。先揭其大旨。而後詳說之。文勢自當如此。非是已說上二句。又恐其混施。而後說下二句。

也。且泛說切切偲偲怡怡如也一句。而令之不混於所施。不啻歇後語之難解。雖聞一知十之顏子。決不能了其旨。卽聖人答顏子。亦必應說下二句。不獨於子路爲然。恐其混施之說。斷斷不通。古賀氏說是也。朋友則切偲。兄弟則怡怡。專就士言。而子路當如此之意。自見言外。子路至孝。於兄弟豈有賊恩。子路至剛。於朋友豈有善柔。且善柔之爲損友也。彼善柔而我有損也。我善柔無自損也。彼之損豈可論於此哉。夫子路有士之行。特涵養未至。夫子擬中和氣象以勗之。切切偲偲怡怡如也。詳細形容。嘆想不盡。朋友兄弟二句。又言其施之各當。則精義可知。子路晚年。夫子每以大成期之。或者不察。一概抹殺其好處。大非。皇本士上無之字。

章末怡怡下。皇本正平本。有如也二字。

子曰。善人教民七年。亦可以卽戎矣。

教民者。教之以孝弟忠信之行。務農講武之法。卽就也。戎兵也。民知親其上。死其長。故可以卽戎。○程子曰。七年云者。聖人度其時可矣。如云期月。三年。百年。一世。大國五年。小國七年之類。皆當思其作爲如何。乃有益。

箋曰。七年言其久也。凡以數爲約者。皆取諸奇。若一若三。若五。若七。若九。九者數之究也。古人三載考績。三考而後黜陟。皆中間一年而考。五年則再考。七年則三考。故三年爲初。七年爲終。記曰。中年考校是也。卽戎句。暗伏聖王之業。亦可二字可玩。與善人爲邦百年章同義。善人懷惻怛以爲心。愛民者至切。本纏綿以立政。謀民者至周。教至七年之久。民亦爲善所感。自能親其上。死其長矣。夫兵以禁暴安民。春秋時。用以逞忿。不恤民生。大傷天和矣。善人有子民之誠心。必至七年。庶可即戎。奈何非善人而殘民以逞哉。此立言之意。下章即是此章反面。此特言善人以醒時君。使其以善恤民。伊藤仁齋曰。善人之道。本以慈仁化導爲務。而不以刑殺威嚴爲心。然至七年之久。則民亦有所感化。自能爲長上死。善之易入於人如此。孟子所謂得民心即此意。

子曰。以不教民戰。是謂棄之。以用也。言用不教之民以戰。必有敗亡之禍。是棄其民也。

箋曰。言今之諸侯也。棄讀如鄭棄其師之棄。上章善人教民。事以教化言。蓋可以即戎。舉人間至難事。以見善人教化之效至此。此章開口言以不教民戰。主戰而立說。自不得不兼孝弟忠信與戰陳而言也。安井衡曰。僖二十七年左傳曰。晉侯始入而教其民。二年欲用之。子犯曰。民未知義。未安其居。於是乎出定襄王。入務利民。民懷生矣。將用之。子犯曰。民未知信。未宣其用。於是乎伐原以示之信。民易資者不求豐焉。明徵其辭。公曰可矣乎。子犯曰。民未知禮。未生其共。於是乎大蒐以示之禮。作執秩以正其官。民聽不惑而後用之。出穀戍。釋宋圍。一戰而霸。文之教也。二十八年城濮之戰。晉侯登有莘之虛以觀師。曰少長有禮。其可用也。是忠信禮義。戰之本也。然特教其本。而不知其法。未可以即戎。故先王因四時田獵。教民以金鼓旌旗之節。坐作擊刺之法。然則此教民云者。必兼忠信禮義。與進退分合坐作擊刺而言之。自文武分科。儒者忌言兵。不知古之賢士大夫。入相出將。未有不材兼文武者。故冉有教季氏守禦之法。雖古名將。不能出其右。遂能以偏師入齊師。不素習而能乎。孔子言軍旅之事未之學者。特有爲而言焉耳。鄭谷曰。春秋多務于征戰。其能者不過如齊之寄內政。晉之作州兵。楚之務兩廣。並無教養實心。訓練實政。其懦者至如衛懿公之喪師。宋襄公之敗績。徐偃王之失國。則直捐以予敵而已矣。夫子有感於此。思救其亡。以爲國所與立者民也。民而無衛國之心。國非其國矣。然民所待治者君也。君而無教民之道。民非其民矣。其教則所謂孝弟忠信者。所以知死其長親其上之本也。所謂務農講武者。卽所以能親其上死其長之事也。里有正。鄰有長。遂有師。要使凶荒之無憂。而牛馬車甲之賦。亦無不具。黨有庠。州有序。國有學。要使禮樂之漸興。而股肱射御之節。亦無不嫻。則井牧什伍之中。而義勇之氣已素。弦歌干戚之內。而文武之材已登矣。後人以爲聖人諱言戰。豈不大謬歟。

論語會箋卷第十三終

論語會箋卷第十四

竹添光鴻會箋

憲問第十四

箋曰。憲問恥章。此原思所自記。故書名。子罕篇牢曰章。琴張所自記。故書其名云牢曰。胡氏謂此篇原思所記。不知論語之成書。其篇次章第。自有倫序。無一人記一篇之理。說已詳卷首。吳英曰。改錯云。憲多稱名。亦是稱例。如檀弓仲憲言于曾子。卽原憲也。史記原憲亡艸澤中。子貢相衛。結駟連騎過原憲。皆不以字而以名。此說非也。史記合論語原思與憲兩處之文。而稱原憲爾。至于檀弓稱仲憲。正因論語而故變其字。以眩人目。而不知其字子思。非字仲憲也。雖俱非自記。然正因此自記之文而爲習熟之稱也。西河謂稱例。何以原思獨有稱名之例耶。

憲問恥。子曰。邦有道穀。邦無道穀恥也。

憲。原思名。穀。祿也。邦有道不能有爲。邦無道不能獨善。而但知食祿。皆可耻也。憲之狷介。其於邦無道穀之可耻。固知之矣。至於邦有道穀之可耻。則未必知也。故夫子因其問而幷言之。以廣其志。使知所以自勉而進於有爲也。

箋曰。古者年穀登。然後制祿。故祿稱穀。潘維城曰。泰伯篇。子曰。邦有道貧且賤焉恥也。邦無道富且貴焉恥也。則邦無道而穀。固爲可恥。至於邦有道。當以貧賤爲恥。穀又何所恥者。竊謂。夫子言恥當主邦無道穀說。蓋以憲爲宰辭祿。卽邦有道亦恐有不食其祿者。故詔以邦有道穀。而惟當邦無道乃爲可恥耳。否則以泰伯篇文例推之。則邦有道穀亦宜有恥也字。何獨於邦無道穀言恥乎。○孔氏曰。邦有道當食祿。君無道而在其朝食其祿。是恥辱。此以恥也二字。專貫邦無道穀。語意作欹側勢。此處文義。大約與第八篇篤信好學章相通。邦有道貧且賤焉恥也。卽孔氏邦有道當食祿之說。邦無道富且貴焉恥也。卽孔氏君無道而在其朝食其祿。是恥辱之說。以此印證亦順適。大畜卦辭曰。不家食吉。言無所謂恥。若君闇臣昏刑政繆亂。是謂無道之邦。於此而求仕食祿焉。君子恥之。否卦之大象曰。不可榮以祿。蓋謂是夫。劉沅曰。士君子立身。當爲宇宙不可少之人。原憲負志清高。其問恥也。不過求潔己寡過之行。而夫子告之如此。求免於恥。則用行舍藏全體大用之道在焉。所以期之者至矣。原思雖未必體用兼全。然有不爲也。而後可以有爲。其設施亦可想見。因未見於時。後人遂謂其有守未必有爲。抑思常祿且不欲受。況於非分。聖門賢才甚多。非可以無徵而妄議也。物茂卿曰。秦漢而後。人皆可以爲宰相。故士急功名。於是乎有朱子之說。豈孔子時之意哉。且曰憲之狷介。是果何所據。

克伐怨欲不行焉。可以爲仁矣。

此亦原憲以其所能而問也。克。好勝。伐。自矜。怨。忿恨。欲。貪欲。

子曰。可以爲難矣。仁則吾不知也。

有是四者。而能制之。使不得行。可謂難矣。仁則天理渾然。自無四者之累。不行不足以言之也。○程子曰。人而無克伐怨欲。惟仁者能之。有之而能制其情使不行。斯亦難能也。謂之仁則未也。此聖人開示之深。惜乎憲之不能再問也。或曰。四者不行。固不得爲仁矣。然亦豈非所謂克己之事。求仁之方乎。曰。克去己私以復乎禮。則私欲不留。而天理之本然者得矣。若但制而不行。則是未有拔去病根之意。而容其潛藏隱伏於胸中也。豈克己求仁之謂哉。學者察於二者之間。則其所以求仁之功。益親切而無滲漏矣。

箋曰。中井氏曰。克伐怨欲二句。當時有斯言。而夫子評之。故記者先擧是二句也。看矣字可知。決非憲之問辭。又曰。是章若從古注。合于上章。則不得不以此爲憲之問也。集注別爲一章。則何必干係於憲。正平本克作剋。○克伐。是因己所有而生。怨欲。是因己所無而生。克伐之心。由人己相形。怨欲之心。由得失相形。不行。卽制之使不得行之意。不行而謂之難者。蓋克伐怨欲之私。藏於杳然冥然之中。而發於卒然忽然之際。最難制也。今能止之而使不行。是其用力之艱。蓋有甚於激湍之隄防。奔馬之駕馭者。故曰難。不行是勉强。然不行只是不克盡。盡則仁。所爭在留根與不留根耳。非安勉之別也。蓋求仁之功。全在勉强克復。敬恕皆亦勉强工夫。但彼是於本原處用力。使私欲不留於心。不行是遏其流。使私欲不發於外。而私欲之心尙在。有源流內外之分耳。又克伐怨欲。不得比視聽言動。視聽言動乃是不可全去者。須知此章是以制私言。不以過情言。

子曰。士而懷居。不足以爲士矣。居。謂意所便安處也。

箋曰。居不是居室。乃居家居鄉居官之居。凡意所便安處皆是。如左傳公子安之。姜曰懷與安實敗名。集注用此意也。懷是戀戀不能離違之意。士初生時。設弧於門左。爲將有事於四方也。膂力方剛。經營四方。士之志也。若繫戀所居。乃偸安而無意濟世者。如居官亦不復知進退之義也。故夫子警之。士之名至貴。聖人屢言之。後世將此一字看輕。故自勉爲聖賢者寡矣。

子曰。邦有道。危言危行。邦無道。危行言孫。行孫。並去聲。○危。高峻也。孫。卑順也。

尹氏曰。君子之持身不可變也。至於言。則有時而不敢盡。以避禍也。然則爲國者。使士言孫。豈不殆哉。

箋曰。鄭注。危猶高也。莊子盜跖篇。去其危冠。李注。危。高也。凡高多致險。故包注。危。厲也。厲磨厲也。磨厲利劍。小觸則傷矣。可謂危矣。故訓危爲厲。士之磨厲言行亦如此。故曰危言危行。皇本孫作遜。孫遜之本字。孔子曰。諾吾將仕矣。此遜辭以遠害也。漢明之末。學者知崇氣節。而持之過激。釀爲黨禍。亦昧於遠害之旨。君子秉德中和。言行以道。不求自異於人。而自無入不得。何危之有。矯激者。危其言行以自禍。故子言邦有道可以危言危行。無道則當危行言孫。蓋專就岸然自異之流以警之。非君子言行必爲其危。至無道乃斟酌出之也。語意側注無道一邊。蓋爲泄冶之流而發。伊藤仁齋曰。此言君子持身之法。其處有道。則當直言厲行。以明正道。範士風。若處無道。則行固不可遜也。至于其言。則不可不稍收鋒刄。以避其禍焉。君子固不當枉道。亦不當好盡言以取禍。唯有道者能焉。

子曰。有德者必有言。有言者不必有德。仁者必有勇。勇者不必有仁。

有德者。和順積中。英華發外。能言者。或便佞口給而已。仁者心無私累。見義必爲。勇者或血氣之強而已。○尹子曰。有德者必有言。徒能言者未必有德也。仁者志必勇。徒能勇者未必有仁也。

箋曰。有言。謂有善言也。如不以言擧人。不以人廢言之言。有善言而直云有言者。猶謂有賢子爲有子。稱有人才云有人耳。有德者必有言。如冉牛閔子顏淵善言德行。夫人不言。言必有中是也。有言者雖未有德。而以其才辯。亦能出善言也。如宰我不可以言信行是也。非謂便佞口給之小人也。仁者誠愛無私。凡事之有益於人者。必果決以行之。强恕求仁。輔以剛毅。勇也。禮所謂以死勤事。以勞定國。推之見危授命。如逢比之孤忠。勇之所施。皆仁心之所發也。若遇事之有害於人。雖小不爲。抑易溢之氣。遏易縱之欲。不使不仁之事。加乎其身。孟子所謂行一不義殺一不辜。得天下而弗爲。皆仁中之勇也。有勇者之勇。亦勇於義。非鬬很之勇也。若解爲言者必無德。勇者必不仁。大失夫子語氣。子貢有言者也。而未可謂之無德。子路勇者也。未可謂之無仁。但言勇有餘而德仁不足。比之有德者。則有間矣。

可以見聖言之周密。此爲觀人者言。使辨乎德與仁之眞。而不必以言勇遽信也。有德者必有言。仁者必有勇。主也。下各一句。客也。春秋時。尙言尙勇。已漸開戰國游談俠客風氣。夫子特爲劃清界限。使人務於德與仁。不必向言勇索解。救世之良方也。

南宮适問於孔子曰。羿善射。奡盪舟。俱不得其死然。禹稷躬稼而有天下。夫子不答。南宮适出。子曰。君子哉若人。尙德哉若人。

适。古活反。羿。音詣。奡。五報反。盪。土浪反。○南宮适。卽南容也。羿。有窮之君。善射。滅夏后相而篡其位。其臣寒浞又殺羿而代之。奡。春秋傳作澆。浞之子也。力能陸地行舟。後爲夏后小康所誅。禹平水土。暨稷播種。身親稼穡之事。禹受舜禪而有天下。稷之後。至周武王亦有天下。适之意。蓋以羿奡比當世之有權力者。而以禹稷比孔子也。故孔子不答。然适之言如此。可謂君子之人。而有尙德之心矣。不可以不與。故俟其出而贊美之。

箋曰。南宮适蓋居南宮。故以爲氏。古者命士以上。父子皆異宮。故儀禮言有東宮有西宮。有南宮有北宮。世之氏某宮者。應各以所居之宮。應劭或氏於宮正謂此。

崔述曰。集註云。南容名縚。又名适。謚敬叔。孟懿子之兄也。是謂論語之南容。卽春秋傳之南宮敬叔矣。此說本之鄭氏康成禮記註中。而史記索隱亦相承用之。然春以經傳諸家考之。皆兩人也。春秋傳云。孟僖子將死。召其大夫曰。我若獲沒。必屬說與何忌於夫子。使事之而學禮焉。然則南宮敬叔自名說。不名縚與适也。其誤一也。論語稱君大夫。必擧其謚。若定公・哀公・桓子・康子・武叔・景伯。皆然。孟懿子與武伯。皆遊聖門。亦擧其謚。南容果魯大夫。何以獨不擧其謚乎。其誤二也。敬叔爲魯大夫。自救火一事外。無所表見。度亦懿子一流人耳。懿子敬叔雖嘗學禮聖門。然皆世祿子弟。實不知尊聖人。公伯寮之愬。景伯欲殺之。武叔之毀。景伯告之子貢。而敬叔皆若弗聞也者。羿奡之問。必非敬叔所能。其誤三也。孔子稱南容曰。邦有道不廢。似謂布衣之士者。然敬叔孟氏餘子。固當不廢。無待孔子言之。南容三復白圭。故孔子曰。邦無道免於刑戮。而戴記檀弓篇。敬叔乃有載寶而朝之事。其言雖不必盡實。要其人不似三復白圭者。其誤四也。論語中南容凡三見。或謂之南容。或謂之南宮适。未嘗一稱爲敬叔與說也。亦未嘗有春秋傳中南宮敬叔之一事也。然則孔子以兄子妻之者自南容。與敬叔無涉也。春秋傳中南宮敬叔凡三見。或謂之說。或謂之敬叔。未嘗一稱爲南容與适也。亦未嘗有論語中南容之一事也。然則爲魯大夫者自南宮敬叔。與南容亦無涉也。其爲判然兩人甚明。其誤五也。史記孔子世家。記學禮事。是卽春秋傳中南宮敬叔事也。亦稱爲敬叔。不稱爲論語之南容。於適周事亦然。至於弟子列傳。則云南宮括字子容。不復言爲敬叔。並不言爲孟氏之餘子矣。然則史記亦以爲容自容。敬叔自敬叔矣。康成何由而知南容之卽爲南宮敬叔也哉。其誤六也。王肅論語註云。南容弟子南宮縚。魯人也。不言爲魯大夫。是魏人未嘗以爲一人矣。韋昭國語註云。敬叔魯大夫南宮說。不言爲南宮适。是吳人亦未嘗以爲一人矣。微獨肅之與昭而已。家語乃晉宋間人之所撰。而於弟子解篇。亦不言爲敬叔。不載敬叔一事。至觀周篇。記學禮事。則云敬叔。正論篇記除僖子喪事。則云南宮說。皆不言爲南容。是家語亦以爲兩人矣。蓋當是時。康成之說。尚未盛行。故學者猶承古經傳。乃漢初訓詁。而用之。惟晉杜預註春秋傳。頗似用康成說。而未明言。自司馬氏采之。以註史記。而朱子復據之以註論語。世遂無復有知其爲兩人者。崔說允當。記者著問於孔子四字。亦分明非孔門中人矣。○羿奡事見春秋傳。羿有窮之君。奡卽澆也。陶唐夏后氏各有一羿。孟子書逢蒙殺羿之羿。乃是有窮之君。春秋傳所謂家衆殺之者也。堯時之羿。淮南子稱其有功於天下。死爲宗布。人皆祀之。無不得其死之說。又淮南子云。堯時十日並生。堯使羿射九日而落之。是羣雄僭竊。鉏削殆盡之喩。猶女媧補天。譬以袞職有闕。黃帝墜弓。譬以垂法在世耳。夏都安邑。在河之北。太康立九年。爲羿所距。遂居河南之陽夏。二十九年崩。弟仲康立。十四年崩。子相立。羿但據河北之地。不臣于夏而已。未必執夏之政柄。羿亦好遊田。其臣寒浞弑之。而簒其位。及夏后相自河南遷河北。在位二十八年。方爲寒浞之子澆所弑。夏遂中絕者四十年。而少康復興焉。奡左傳作澆。王逸楚辭天問注引奡作澆。此聲近通用字。顧炎武曰。古人以左右衝殺爲盪陣。其銳卒謂之跳盪。別帥謂之盪主。晉書載紀。隴上健兒歌曰。丈八蛇矛左右盪。十盪十決無當前。盪舟蓋兼此義。與蔡姬之乘舟蕩公者不同。竹書紀年。帝相二十七年。澆伐斟鄩。大戰於濰。覆其舟滅之。楚辭天問。覆舟斟鄩。何道取之。正謂此也。水經注。濰山改名覆舟山。因奡事而名。亦可以證焉。注云陸地行舟。似假書益稷所云罔水行舟語附合之。不知丹朱罔水行舟。是悖理妄行之喩耳。非眞有此事也。鄭小谷曰。滅夏后相者是奡。不是羿。殺羿者是逢蒙。不是浞。浞不過爲之主耳。其詳在左氏襄公四年魏絳語。及哀公元年伍員語。朱子之註沿孔氏之誤。未及改正者。今詳考之。襄四年傳云。使澆用師滅斟灌及斟鄩氏。哀元年傳云。昔有過澆殺斟灌以伐斟鄩。滅夏后相。邢氏論語疏云。如彼傳文。當是羿逐出后相。乃自立爲天子。相依斟灌斟尋。夏祚猶尚未滅。蓋與羿並稱王也。及寒浞殺羿。因羿室而生澆。澆已長大。自能用師。始滅后相。相死之後。始生少康。少康生杼。杼又年長。已誘豷。方始滅浞而立少康。計太康失邦。及少康紹國。尚有百載。乃滅有窮。而夏本紀云。仲康崩。子相立。相崩。少康立。都不言羿奡之事。是馬遷之疎也。故曰滅夏后相。不是羿。而是奡也。至孟子以羿爲逢蒙所殺。左傳又以羿爲家衆所殺。未知孰是。然趙臺卿注孟子。則云羿有窮后羿。逢蒙羿之家衆也。春秋傳曰。羿將歸自田。家衆殺之。卽以左注孟也。孔叔才疏左傳則云。家衆謂羿之家衆。人反羿以從浞。爲浞而殺羿也。孟子云。逢蒙學射於羿。盡羿之道。思天下唯羿爲愈己。於是殺羿。則殺羿者逢蒙也。是又以孟注左也。總之雖出浞意。實不出浞手。故曰殺羿是蒙。不是浞也。○不得其死然。然猶焉也。不得其死然。言不以壽終也。禹稷躬稼者。禹稷一體人物。而躬稼切於稷身上。有天下切於禹身上。然稷之天下。不於其身而於其子孫。故互帶說。崔述曰。集注云禹平水土。暨稷播種。身親稼穡之事。近世說者遂以后稷之教民稼穡爲躬稼。余按。南宮适之意。以爲羿奡才力絕人。若可以無患。而反不得其死。禹稷身居畎畝。若不能自奮。而反受天明命。以見天之所眷者在德耳。故孔子曰。尚德哉若人。語意甚明無疑者。若以躬稼爲治水明農之事。則此乃濟世之大功。固宜有天下。不但本句文義齟齬。而與上句語意亦不倫。禹稷因躬稼。故當有天下。豈羿奡因有材力。卽當不得其死乎。躬者身也。身自耕稼。乃可謂之躬稼。敎民爲之。非躬稼也。許行爲並耕之說。孟子闢之。引稷之敎民稼穡。而以爲不暇耕。然則敎稼不得謂之躬稼。明甚。況禹未嘗敎稼者乎。蓋禹自鯀殛後。亦卽降同庶人。親歷畎畝。而詩稱稷匍匐以藝荏菽。則亦生長於田間者。故南宮适云然。不得以治水明農之事當之也。○夫子不答。答古止作合。釋詁。合。對也。左傳宣二年。旣合而來奔。尙存古文。餘皆借用答矣。說文。合。合口也。合訓合口。蓋謂口與口相應答也。荅說文云。小尗也。非對答之義。适之問。援引古昔。不勝感慨流連之致。以善射盪舟誇羿奡之能。而偏說到不得其死。言禹稷之微。而偏說到有天下。語氣開合。而意含于中。不設于一語于前。不贅一詞于後。使積善積惡之報。引端而不徑露。惟其情見乎辭。故夫子以不答渾涵之。而言不盡意。故又以尙德印證之耳。夫以羿奡比當世之有權力。此句是南宮意中所有。以禹稷比孔子。此句是南宮章中所無。禹稷句只是帶說。不然則尊崇其人。亦何至設一有天下之想。君子兩贊。聖人公然以有天下自居。一涉于諛。一涉于傲。必無是理。蓋适之問。所謂直陳之而是非自見也。夫子之不答。所謂存其事而義已明也。天下事有當答。亦有無容答者。有不可不答。亦有可不必答者。假令羿奡禹稷之事而未有成驗也。此當答者也。乃羿奡禹稷之事而旣有成驗也。此無容答者也。假令羿奡而或有天下。禹稷而或不得其死也。此不可不答者也。乃羿奡而究不得其死。禹稷而終必有天下也。此不必答者也。但适與夫子所見。似同而實異。适見得福善禍淫。是天道必然之理。見人當爲禹稷。不當爲羿奡。聖人却見不必計到禍福上去。卽有時禍善福淫。而羿奡自有所必不可爲者。禹稷自有所必可爲者。是尙德之心同。其所以尙德者自異也。适之所見知命之學。夫子所見立命之學。惟知命乃可以語立命。是夫子贊适之意也。

子曰。君子而不仁者有矣夫。未有小人而仁者也。夫音扶。○

謝氏曰。君子志於仁矣。然毫忽之間。心不在焉。則未免爲不仁也。

箋曰。不仁意輕。猶言未仁也。與剛戾不仁之不仁異。小人不仁。不必說到假仁。卽使眞心發見。亦隨見隨滅。故曰未有。假令小人乍見孺子入井。亦必有怵惕之心。然善念乍動。而納交要譽之私。已紛然而起。故雖行好事。而盡是私心。眞未有一息之仁也。鄭小谷曰。此節語句抑揚。並不平對。神氣決斷。亦無含蓄。此自爲觀人用人者說法。令勿誤於無棄材之論耳。語類云。君子譬如純白底物事。雖有一點黑。是照管不到處。小人譬如純黑底物事。雖有一點白。卻當不得白也。玩此語則大旨了然矣。近人管緘苦云。夫勿以君子之名而過信其無不仁之事。朋友於是有責難規過之義。而交儆於未然。若小人則一往而不知所反。而不必向根株已斷之材。曲施其補救。且勿以不仁之細而幷沒其爲君子之全。朝廷於是有棄瑕肆眚之文。而相原於既往。若小人則百變而未知所改。而不當斬流放難寬之律。過用其調停。於有矣夫。未有也字。眞能絲絲入扣。

子曰。愛之能勿勞乎。忠焉能勿誨乎。蘇氏曰。愛而勿勞。禽犢之愛也。忠而勿誨。婦寺之忠也。愛而知勞之。則其爲愛也深矣。忠而知誨之。則其爲忠也大矣。

箋曰。忠如與人忠之忠。當作盡心解。非專對君而言者。能勿二字。是提醒語。若作能無字解。說自然如此便謬。人不患無忠愛之心。特患誤認以不勞爲愛。不誨爲忠。不知壞却多少事。夫子所以發明此義。欲使人因忠之愛之之心。以講求所以勞之誨之之術。郝敬曰。愛勞。朱注分父子君臣。以父對臣。以子對君。非立言之體。君之於民。亦未嘗不愛勞也。師弟朋友。未嘗不忠誨也。臣於君忠愛兼有。忠愛者情之不容已。勞誨者。尤忠愛之不容已也。君子所見者大。所趨者正。能正而大。乃善成其忠愛。兩乎字有商量。果若眞愛。自不容不勞。果若眞忠。自不容不誨。勞雖難任。然勞于暫者逸于久。其爲愛也深。誨雖逆耳。然逆于耳者利于行。其爲忠也大。若鄭武姜之於叔段。衛莊公之於州吁。愛而不敎。終成凶戾。猶饑而食之以毒也。適以害之。佐藤坦曰。此章正面是在父兄臣友各盡愛忠之道。側面是在子弟君友各體愛忠之情。

子曰。爲命。裨諶艸創之。世叔討論之。行人子羽脩飾之。東里子產潤色之。

裨。婢之反。諶。時林反。○裨諶以下四人。皆鄭大夫。艸略也。創。造也。謂造爲艸藁也。世叔。游吉也。春秋傳作子太叔。討。尋究也。論。講議也。行人。掌使之官。子羽。公孫揮也。脩飾。謂增損之。東里。地名。子產所居也。潤色。謂加以文采也。鄭國之爲辭命。必更此四賢之手而成。詳審精密。各盡所長。是以應對諸侯。鮮有敗事。孔子言此。蓋善之也。

箋曰。命者。聘會之書。圖於使者。未行之前也。以聘禮言之。臨行之日。君揖使者進之。上介立於左接聞命。迨宰執圭以授使者。受圭垂繅以受命。其行聘之日。几筵既設。擯者出請命。賓入升西楹西。東面致命。此所謂命。卽彼聘禮之所謂命也。左傳僖公二十六年。展喜受命於展禽。以犒師。此又犒師之有命辭也。禮使者受命不受辭。此言隨時應對。辭本無常。不可以受。而命則先時爲之也。聘禮於陳幣之前夕。云史讀書宰執書。此書言享幣之數。於誓竟之時。亦云史讀書。此書言誓告之辭。或據此以證爲命。誤也。周官大祝。二曰命。注鄭司農云。命論語所謂爲命公羊莊十九年傳。聘禮大夫受命不受辭。命者凡聘問會盟所受於主國之命。其語皆有一定。故聘記云辭無常。明命有常也。左傳言子產使子羽多爲辭令。則於禮命之外。更多爲辭。以爲之備。卽論語所言爲命者。得兼有之也。○裨諶。正平本南宗本。裨作卑。江聲謂裨諶裨竈當是一人。此說非也。漢書古今人表列裨竈於卑諶之後。班氏爲人表時列國諸臣當有世本可據。而以諶與竈爲兩人矣。況傳云裨諶能謀。不言其知天道。而竈於襄二十八年始見。卽言歲棄其次。而昭十七十八年傳。再請瓘斝玉瓚禳火。子產斥以爲知天道。非若諶必資謀可否者。其爲兩人無疑也。草創者。釋文云。創依說文。此是創痍字。創制之字當作刱。說文。刱造法刱業也。從井刅聲。讀若創。是創刱音同。故論語假創爲刱也。王觀國曰。歐陽公詩話曰。平明諫草朝天去。詩雖美。而入諫固不可用草稾。觀國按。論語曰。爲命裨諶草創之。草創謂制作也。古之命令。後世改爲制詔。鄭之爲命之文。有裨諶以制作之。言得人也。前漢郊祀志曰。黃龍見。成紀。文帝召公孫臣。拜爲博士。與諸生申明土德。草改歷服色事。顏師古注曰。草謂創造之也。又王莽傳曰。孫竦爲大司徒陳崇草奏稱莽功德。顏師古注曰。草謂創立其文也。凡臣僚掌制誥文字。謂之視草。故杜子美送李校書詩曰。汝翁草明光。天子正前席。蓋謂草制於明光殿也。司馬遷報任少卿書曰。成一家之言。草創未就。五臣注文選曰。草創。制作也。然則凡言草者。謂製作也。非草藁也。諫草者諫章也。前漢郊祀志曰。上令諸儒習射牛。草封禪儀。藝文志曰。漢興。蕭何草律。揚雄傳曰。雄方草太玄。有以自守。泊如也。揚子法言曰。載使子草律。曰吾不如弘恭。草奏。曰吾不如陳湯。凡此言草。皆謂創造制作之也。亦非草藁也。若進藁削藁焚藁之類。乃爲草藁。○世叔卽太叔。古世太字多通用。故太子稱世子。太室稱世室也。說文。討。治也。左傳。討國人而訓之。杜注。治也。討字從言從寸。會意。寸。法也。是執度以正物之義。左傳。周與范氏。趙鞅以爲討。杜注。責也。是討有駁難之義。後漢書。討摘物情。三國志。尋討禍源。是尋究探求意。討字。兼駁難尋究兩意。其義乃備。○馬注云。行人掌使之官者。凡行人有專官。有兼職。行人之見於春秋經者凡六。皆以執書。春秋襄公十一年。楚人執鄭行人良霄。楚不能敵晉。悼而遷怒於無辜之人也。襄公十八年。晉人執衛行人石買。晉不能正衛伐曹之罪。而執使人也。昭公八年。楚人執陳行人干徵師。殺之。楚不能討陳殺太子之罪。而執之。傳曰。罪不在行人也。昭公二十三年。晉人執我行人叔孫婼。魯取邾師。被愬而執之。罪亦不在婼也。定公六年。晉人執宋行人樂祁犂。犂知難而行。納楊楯六十於趙簡子。范獻子怒而執之也。定公七年。齊人執衛行人北宮結。以侵衛。衛侯欲叛晉。卽齊而沮於諸大夫。結請自執。以成齊之盟也。凡六行人或專官。或非專官。未可臆斷也。周官大行人掌大賓大客。小行人掌使適四方。說者謂二職不言胥史。亦是兼職。然司儀等職。平日必擇一官。以統馭之。此正行人之有專職者耳。左傳桓公九年。韓服爲巴行人。文公四年。甯武子不答湛露彤弓。使行人私焉。成公七年。巫臣通吳於晉。寘其子孤庸使爲行人於吳。襄公四年。穆叔不拜肆夏文王。韓獻子使行人子員問之。襄公二十六年。秦鍼如晉。叔向命召行人子員。行人子朱曰。朱也當御。襄公二十一年。欒盈過周。辭於行人。定公四年。伍員爲吳行人。以謀楚。哀公十二年。衛人殺吳行人且姚而懼。謀於行人子羽。此皆行人之有專職者。鄭子羽亦是專官。襄公二十四年傳。鄭行人公孫揮如晉聘。襄公三十一年傳。衛襄公如楚。過鄭而聘。子羽爲行人。此其爲行人之見於傳者。昭公十八年。鄭使行人告災於諸侯。不言其人。或他官攝行也。襄公二十九年。鄭伯有使公孫黑如楚。伯有曰。世行也。則公孫黑世爲行人。蓋在子羽之前。諸人皆不具官。惟子羽具官者。鄭此時有兩子羽。故擧官以別之。東里二字。却是特筆。見子產能爲國重。修是補治之義。飾言施藻繪縟采也。下文潤色。是磨礲發光澤之義。非別加文采。物茂卿曰。脩飾潤色。其義不同。蓋裨諶作草。世叔討論而未定。經子羽之手而後定。於是乎文成矣。故曰脩飾。子產之潤色。乃在文成之後也。○東里子產潤色之。東里。里名。左傳宋有南里。昭二十一年入于宋南里以叛。是也。鄭亦有南里。宣三年追敍誘子華而殺之南里。是也。惟東里不見經。只見列子曰。鄭之圃澤多才。東里多賢。意者其被子產之流風乎。又子產有別官名曰少正。見襄二十二年傳曰。鄭人使少正公孫僑對。杜注。少正。鄭卿官。有別字曰子美。見襄二十五年傳曰。子美入數俘而出。杜注。子美。子產也。又有謚曰成子。晉語。鄭簡公使公孫成子來聘。韋昭注云。成子。子產之謚也。其子思亦謚桓子。見昭三十二年傳。豈當日以其賢故。書里書官書字書謚。稍異於衆耶。亦可想風流之盛矣。襄三十一年曰。子產之從政也。擇能而使之。馮簡子能斷大事。子大叔美秀而文。公孫揮能知四國之爲。而辨於其大夫之族姓班位貴賤能否。而又善爲辭令。裨諶能謀。謀於野則獲。謀於邑則否。鄭國將有諸侯之事。子產乃問四國之爲於子羽。且使多爲辭令。與裨諶乘以適野。使謀可否。而告馮簡子使斷之。事成。乃授子大叔使行之。以應對賓客。是以鮮有敗事。左傳加馮簡子凡五人。今不舉之者。左傳一出而無彰。蓋早死也。鄭小谷曰。詳審精密。各盡所長。集注所言是也。任賢使能。歸美執政。或問所主是也。至謂夫子分表四人之長則偏矣。又謂凡事當集衆人之益則泛矣。子產獻捷於晉。莊伯不能詰者。在襄公二十五年傳。載仲尼曰。志有之。言以足志。文以足言。不言誰知其志。言之無文。行而不遠。晉爲伯。鄭入陳。非文辭不爲功。愼辭哉。子產壞垣于晉。文伯不能讓者。在襄公三十一年傳。亦載叔向曰。辭之不可以已也如是夫。子產有辭。諸侯賴之。若之何其釋辭也。詩曰。辭之輯矣。民之協矣。辭之繹矣。民之莫矣。其知之矣。此二事皆子產特筆。又皆有傍人贊語。則以歸美執政。自是本章定理也。呂用晦曰。當時如齊之晏子。魯之臧孫。衛之文子。晉之士匄呂相等。以詞令聞。然皆一時一事之得失。鄭則惟賴此以立國。存亡係之。與他國之命異。故夫子特表之。泛作玉帛兵戎重詞命。套頭不著痛癢矣。

或問子產。子曰。惠人也。 子產之政。不事於寬。然其心則一以愛人爲主。故孔子以爲惠人。蓋舉其重而言也。

問子西。曰。彼哉彼哉。 子西。楚公子申。能遜楚國。立昭王。而改紀其政。亦賢大夫也。然不能革其僭王之號。昭王欲用孔子。又沮止之。其後卒召白公以致禍亂。則其爲人可知矣。彼哉者。外之之辭。

問管仲。曰。人也。奪伯氏駢邑三百。飯疏食。沒齒。無怨言。

人也。猶言此人也。伯氏。齊大夫。駢邑。地名。齒。年也。蓋桓公奪伯氏之邑以與管仲。伯氏自知己罪。而心服管仲之功。故窮約以終身而無怨言。荀卿所謂與之書社三百。而富人莫之敢拒者。卽此事也。○或問管仲子產孰優。曰管仲之德不勝其才。子產之才不勝其德。然於聖人之學。則槩乎其未有聞也。

箋曰。子產爲政本嚴。如鑄刑書。作封洫。別章服之類。裁抑綜核之意多。原其心。爲鄭國貧寡。而俗偷惰。宗室侈汰。不加約束。則犯法日多。貧困日甚。故以禁奸豐財足國爲要。所謂愛之而勞。生之而殺也。聖人取人以恕。苟有可濟於時。皆節錄焉。子產有君子之道四。夫子稱之。蓋能以恭敬惠義。强國庇民。民蒙其福。其卒也仲尼爲出涕曰。古之遺愛也。仲尼燕居又載。子曰。子產猶衆人之母也。則子產惠人。久有定論矣。今因或人之問。而曰惠人也。亟許之之詞。集注乃謂子產於聖人之道。槪乎未有聞。不亦苛乎。豈不思夫子以道許之乎。黃陶菴曰。吾觀天下之先惠而後威者有二焉。其一爲奸雄之徒。結民以豆區釜鍾之澤。使德必歸己。怨必歸君。而後以斬刈隨之。則異己者不得不附。此田常所以簒齊也。子產惟不爲田常。故先威而後惠也。其一爲君子之徒。過信其不殺一人之意。至萬端並起。羣盜滿山。而後以刑誅救之。則至慈者反變爲刻。此子太叔所以終悔也。○問子西。曰彼哉彼哉。彼指子西也。意謂子西無足稱。吾子乃彼之問乎哉。此章論子產以類及子西。又上遡管仲。皆古之人。子西之爲鄭子西。無容疑。若夫楚子西。則當時見存。其死後於孔子。未爲蓋棺論定者。烏可與管仲子產並論。朱子棄馬說而取何晏。或者以令尹子西功大罪亦大。其人極費議論。鄭子西則旅進旅退。無甚可否歟。然彼哉者。非痛絕之辭。只是外之以爲不足取。正與駟夏分稱也。毛奇齡曰。盧東元曰。春秋有二子西。其一鄭子駟之子公孫夏。子產之同宗兄弟也。其一楚公子申。則楚昭王之庶兄也。或人以子西與子產連問。且與上爲命節連記。則必是鄭之子西可知。而先仲氏亦嘗曰。或人方物。當不出齊晉鄭衛之鄉。荊楚曠遠。焉得連類。況其人皆在定哀以前。風徵未沫。可加論隲。楚申後夫子而死。安能及之。其說甚確。但予猶有進者。古凡論人必有倫物。齊稱管晏。衛道圉鮀。不嫌並名。當襄之十年。鄭盜五族攻殺子西子產之父于西宮。子西不儆而出。先臨尸而後追盜。臣妾多逃。器用盡喪。子產置門庀司。蓋藏守備。倉卒成列。然後臨尸追盜。而巨魁授首。賊衆死亡。當時原以此定二子之優劣。其後二子先後聽政。並持國事。如襄之二十五年。鄭公孫夏帥師伐陳。即子西也。時子產獻捷于晉。晉詰之。賴子產辭命得解。其年子西復伐陳。陳及鄭平。仲尼曰。鄭入陳。非文辭不爲功。美子產也。明年鄭使子西如晉聘。二十七年。鄭伯享趙孟于垂隴。子西子產並從。子西賦黍苗之四章。子產賦隰桑。二十九年。鄭大夫盟于伯有氏。裨諶曰。政將歸子產。天又除之奪伯有魄。子西即世。將焉避之。次年子產遂相鄭。是子西子產本係兄弟。而又往往以同事而並見優劣。且相繼聽政。其兩人行事。齊魯間人熟聞之。故連問如此。若楚亦有兩子西。一鬪宜申。在僖文間。謀弒伏誅。一公子申。時未死。安得與子產管仲連類及之。鄭小谷曰。毛西河主馬說。謂聖門論人。不出齊衛內地。此則未確。謂多在哀定以前。此則可信。不解朱子何以舍馬注而用何注也。孜令尹子西見於昭二十六年傳。殺於哀十六年傳。而經則惟哀十三年始書之。注引沮孔子事。本史記。在孔子當厄之末年。引召白公事。本左傳。在孔子卒後一年。其不可爲評論之據明矣。若鄭則子罕之後爲罕氏。子駟之後爲駟氏。豐之後爲豐氏。子游之後爲游氏。子印之後爲印氏。子國之後爲國氏。子良之後爲良氏。所謂鄭七穆是也。子西名公孫夏。即公子騑子駟之子。子產名公孫僑。即公子發子國之子。子皮名罕虎。即公子喜子罕之孫。世叔名游吉。即公子偃子游之孫。子西與子產同爲從父昆弟。又相與執國政事。吳氏謂其未嘗當國。無大可稱。非也。孜襄十九年傳明云。鄭人使子展當國。子西聽政。子產爲卿。則子西聽政。在子產之先明矣。襄二十九年傳又曰。子西即世。將焉避。子產則子產聽政。在子西之後明矣。而可曰未嘗當國。無大可稱乎。且其行事。有同子產共爲之者。有不同子產而自爲之者。子產伐陳。子西復伐陳。見襄二十五年。子產賦隰桑。子西賦黍苗。見襄二十七年。此共子產並著也。而襄二十四年則子西相鄭伯朝晉。二十六年子西又聘晉。先是十五年子西又守國。此則獨著者也。特其名位相同。而賢愚不敵。故夫子彼之云爾。據此則爲鄭大夫。非楚令尹無疑。○人也。以上句惠人也例推之。則人上有闕文明矣。曾鏞曰。先儒解云。猶言伊人此人。爲虛喝下文語。竊謂自古來文字。無此句法。此闕文也。若論管仲之功。以夫子之所論定者補之。則謂之仁人也可也。如本篇中子路謂管仲不死曰未仁乎。子曰桓公九合諸侯不以兵車管仲之力也。如其仁。如其仁。子貢謂管仲不死。又相桓公。曰管仲非仁者與。子曰管仲相桓公。霸諸侯。一匡天下。民到于今受其賜。觀二子未仁乎非仁者與之問。一似二子皆爲夫子以仁人許管仲。故有此疑。而夫子卒以其功許之。蓋兩賢律人爲未定之君臣防者嚴。聖人論人。爲一時之天下計者大也。曾說近是。詩匪風疏。引鄭注論語云。人偶同位。人偶之辭。莫知所屬。近輯本皆列入人也之下。劉寶楠曰。鄭注聘禮曰。每門輒揖者。以相人偶爲敬。又注中庸曰。人也。讀如相人偶之人。賈誼新書匈奴篇曰。胡貴人更進得佐酒前。上時人偶之。此蓋漢時常言。阮元論仁篇曰。人偶猶言爾我親愛之辭。孟子曰。仁也者人也。論語人也鄭注曰。人偶同位之辭。此乃直以人也爲仁也。釋名釋形體。人仁也。仁生物也。是人有仁訓。鄭以管仲與同位皆相親愛。而伯氏以罪見奪。非管仲有私忿。故不失爲仁。鄭說果如劉所申。終不免爲曲解。○奪伯氏駢邑三百。皇疏云。伯氏名偃。未知何出。阮元積古鐘鼎彝器款識曰。伯爵彝乾隆辛亥夏。出于臨朐柳山寨土中。考柳山寨有古城基。卽春秋之駢邑。論語云奪伯氏駢邑三百。此器出當其地。氏亦爲伯。或卽伯氏之器歟。山左金石志謂之父癸彝。云伯氏或伯雞父（釋爵爲雞父。與款識異）之後。齊之世族。猶魯三家稱季氏孟氏也。駢邑漢地理志。齊郡臨朐縣。應劭曰。臨朐山有伯氏駢邑。水經巨洋水注亦云。臨朐縣故城。古伯氏駢邑是也。續漢書郡國志云。臨朐有古郱邑。應劭注云。郱一作駢。後爲伯氏邑。春秋莊元年。齊師遷紀郱鄑郚。杜云。郱在東莞臨朐縣東南。齊取其地。今山東青州府臨朐縣東南有郱城是也。古注。伯氏食邑三百家。朱注牽合書社三百。孔子世家索隱曰。古者二十五家爲里。里各立社。書社者。書其社之人名於籍。則書社三百乃七千五百家也。以三百爲三百社。恐古不有此算法。況經言邑不言社。雜記正義云。鄭注易訟卦。小國之下大夫。采地方一成。其定稅三百家。故三百戶也。雜記注云。諸侯之大夫邑有三百戶之制。是不分大國小國。故論語云奪伯氏駢邑三百也。吳語。寡人其達王於甬句東。夫婦三百。有夫有婦。然後爲家。亦食邑三百家之證也。而千室之邑。百乘之家聯言。則非三百社也明矣。奪如大宰八柄。六曰奪。以馭其貧之奪。以罪褫祿也。蓋伯氏有罪。管仲執法正罪奪其邑。卽是國政矣。時管仲專政。故云。然非仲以邑入于己。亦非桓公奪以與管仲。若桓公奪之以與管仲。不當謂之管仲奪之。且以奪屬桓公。則怨否亦當歸桓公。非仲所任也。劉向新序。以管仲奪伯氏邑與商鞅之用刑並論。習鑿齒亦曰。昔管仲奪伯氏駢邑三百。沒齒而無怨言。聖人以爲難。諸葛亮之使廖立垂泣。李平致死。豈徒無怨言而已哉。法行于不可不用。刑加乎自犯之罪。爵之而非私。誅之而不怒。天下有不服者乎。據此則指管仲行罰之公。而人服之。非桓公奪以與仲也。集註引荀子仲尼篇。然荀子但云與之書社三百。不言奪以與之。富人莫之敢拒。拒。敵也。言其富無敵。非人無怨言之意。荀子必是別事。三百字偶同耳。晏子春秋亦云。桓公以書社五百封管仲。然則書社者桓公之所與。而奪駢邑者。管仲之行罰也。飯疏食沒齒。句。無怨言。句。沒齒。終身也。人齒生落視年。故年曰齒。無怨言以罰當理也。蘇東坡曰。吾嘗以爲北伐山戎。南服強楚易。而服伯氏之心難。管仲之於伯氏。諸葛孔明之於李平廖立。蓋古今二人而已。皇本陸本正平本南宗本。疏食作蔬食。○外注。槩乎其未有聞也。此語本莊子天下篇。曰彭蒙田駢愼到不知道。雖然概乎皆嘗有聞者也。言是數人均爲嘗有聞者。注特改有聞爲未有聞。言子產管仲二人。均未有聞也。語本寬緩。若解爲絕未有聞。語流於激烈。

非朱子之旨。

子曰。貧而無怨難。富而無驕易。易。去聲。○處貧難。處富易。人之常情。然人當勉其難。而不可忽其易也。

箋曰。此聖人體恤人情語。教人勉其難以安貧也。怨者。上不怨天。下不尤人也。逆境順境處之有不同者。困勉錄云。要看是何等樣怨。若世俗貧富相形之怨。此非學者所難去。如親老而菽水不給。陋巷無簡編。此眞賢者所難泰然。中井積德曰。驕不止於禮際簡慢宮室器服宴遊逞奢侈者。其心驕也。凡不恭不遜之事皆驕矣。驕謂自矜伐而蔑視人也。郝敬曰。悲憫之感。常有心堅忍。而竟苦于不能堪。故其發也每不自覺。夸張之氣。實有心自縱。而非出于不獲已。故其發也可以力勝。

子曰。孟公綽爲趙魏老則優。不可以爲滕薛大夫。公綽。魯大夫。趙魏。晉卿之家。老。家臣之長。大家勢重而無諸侯之事。家老望尊而無官守之責。優。有餘也。滕薛。二國名。大夫。任國政者。滕薛國小政繁。大夫位高責重。然則公綽蓋廉靜寡欲。而短於才者也。○楊氏曰。知之弗豫。枉其才而用之。則爲棄人矣。此君子所以患不知人也。言此則孔子之用人可知矣。

箋曰。趙魏。晉六卿之二也。老。左傳所謂室老也。儀禮士昏禮。主人降階授老雁。注。老。羣吏之尊者。疏。大夫家臣稱老。論語云。趙魏老。是老爲家臣之貴者。士雖無君臣之名。云老亦是群吏中尊者也。老與宰。當即一人。宰著其績也。老優其名也。

左襄二十五年。齊師伐魯。將求救於晉。公綽曰。崔杼將歸弒君。必不縱暴於我。齊師果歸。不欲之人。其心清靜。故所見自明。史記仲尼弟子列傳。云孔子之所嚴事於魯孟公綽。蓋重其不欲也。此章老大夫字是實字。趙魏滕薛俱活看。當時公家日卑。私家日強。大國日橫。小國日憊。趙魏之家。不可使董安于尹鐸之徒。附益其勢。滕薛之國。非得管仲子產之才。亦不能扶其衰。夫子感於時變。借作論端。意故在言外也。陳人中曰。當春秋時。化家爲國之兆成矣。故才知之士。不以仕於私朝爲恥。而分裂篡竊之禍將作。誠得清靜之人。不助其成謀。則大國可以不滅。且當此之時。幷弱兼小之勢見矣。故衰微之國。常以降爲皂隸爲憂。而盟會討伐之風將息。苟非敏略之臣。力扶其衰緒。則小國何以救亡。夫大國未篡。而小國未亡。則伯者之風。可以復見。而惜乎不能也。此春秋將爲戰國之勢也。夫子固知之而寄慨於公綽耶。中井積德曰。家老安得望尊之稱。又何無官守之責。又大夫責重。何必小國。要之國小而介于大國。自會同朝聘。社稷宗廟之事。以至師旅諸役。艱於應給。而費幹旋者。自是小國之狀景。注兩責字並失當。

注短於才。殊覺不妥。此才不中於大夫也。漢黃覇才長於治民。及爲相。總綱紀號令。風采不及邴魏。于定國功名損於治郡。人才各有所中也。故使邴魏定國治郡。鳳皇神爵。未必多於潁川。夫爲大夫。何唯才哉。

趙今直隸趙州地。魏今解州芮城縣河北故城是也。滕今兖州府滕縣西南十五里有古滕城。卽滕國也。薛城在滕縣南四十里。皇本正平本。大夫下有也字。

子路問成人。子曰。若臧武仲之知。公綽之不欲。卞莊子之勇。冉求之藝。文之以禮樂。亦可以爲成人矣。

知。去聲。○成人。猶言全人。武仲。魯大夫。名紇。莊子。魯卞邑大夫。言兼此四子之長。則知足以窮理。廉足以養心。勇足以力行。藝足以泛應。而又節之以禮。和之以樂。使德成於內。而文見乎外。則材全德備。渾然不見一善成名之迹。中正和樂。粹然無偏倚駁雜之蔽。而其爲人也亦成矣。然亦之爲言。非其至者。蓋就子路之所可及而語之也。若論其至。則非聖人之盡人道。不足以語此。

曰。今之成人者何必然。見利思義。見危授命。久要不忘平生之言。亦可以爲成人矣。

復加曰字者。既答而復言也。授命言不愛其生。持以與人也。久要。舊約也。平生。平日也。有是忠信之實。則雖其才知禮樂有所未備。亦可以爲成人之次也。○程子曰。知之明。信之篤。行之果。天下之達德也。若孔子所謂成人。亦不出此三者。武仲知也。公綽仁也。卞莊子勇也。冉求藝也。須是合此四人之能。文之以禮樂。亦可以爲成人矣。然而論其大成。則不止於此。若今之成人。有忠信而不及於禮樂。則又其次者也。又曰。臧武仲之知。非正也。若文之以禮樂。則無不正矣。又曰。語成人之名。非聖人孰能之。孟子曰。惟聖人然後可以踐形。如此方可以稱成人之名。胡氏曰。今之成人以下。乃子路之言。蓋不復聞斯行之之勇。而有終身誦之之固矣。未詳是否。

箋曰。成人。謂才德兼完之士也。說苑辨物篇。顏淵問於仲尼曰。成人之行何若。子曰。成人之行。達乎情性之理。通乎物類之辨。知幽明之故。睹遊氣之源。若此而可謂成人。既知天道。行躬以仁義。飭躬以禮樂。夫仁義禮樂。成人之行也。窮神知化。德之盛也。是成人爲成德之人。最所難能。此告子路。但擧魯四人。是降等論之故言亦可也。○臧武仲之知。左襄二十三年傳。仲尼曰。知之難也。有臧武仲之知。而不容於魯國。抑有故也。是武仲之知。夫子固嘗稱之矣。開端一若字。只是就四子。約略擧似四子原非知廉勇藝之極則也。注中知足以窮理。只就知而言。非謂武仲能以之窮理也。若字甚活。所以必借四子來做個樣子者。乃正爲文之地耳。皇本正平本。知作智。○公綽之不欲。取其廉靜無貪黷之失而已。注養心屬學者工夫。非所以評他人也。上句窮理。下句力行亦同。○卞莊子之勇。左僖十七年。會于卞。杜注。魯國卞縣。是卞爲魯邑。在今兗州府泗水縣東五十里。江永孔廣森諸儒皆疑卞莊子卽孟莊子。引襄十六年傳齊侯圍成。孟孺子速徼之。齊侯曰。是好勇。去之以爲之名。是孟莊子有勇名。或先嘗食采於卞。因以爲號。然孟莊子世爲魯卿。食采于郕。未聞先食采于卞者。荀子大略篇云。齊人欲伐魯。忌卞莊子。不敢過卞。此事雖與左傳相似。然明言過卞。非過成也。子張篇曾子述夫子稱孟莊子之孝。不云卞莊子。則卞莊子非孟莊子明矣。韓詩外傳十云。卞莊子好勇。善事母。母無恙時。三戰而三北。交游非之。國君辱之。卞莊子受命。顏色不變。及母死三年。魯興師伐齊。卞莊子請從。至見於將軍曰。前猶與母處。是以戰而北也。辱吾身。今母沒矣。請塞責。遂赴敵而鬭。獲一甲首而獻之。曰。請以此塞一北。又入獲一甲首而獻之。曰請以此塞再北。將軍止之曰。足。不止。又入獲一甲首而獻之。曰請以此塞三北。將軍止之曰。足請為兄弟。卞莊子曰。三北以養母也。是子道也。今母沒矣。吾責塞矣。吾聞之。節士不以辱生。遂走敵。殺數十人而死。新序義勇篇略同。卞莊子之勇可見者如此。〇冉求之藝。藝是多材多藝之藝。〇文之以禮樂。樂記。禮樂得於身之謂德。夫人以禮樂成德。威儀才行。煥然可觀。所謂文之也。禮樂俱兼本末說。內盡其中和之實。外極其聲容度數之美。氣稟學問中有疵類處。以此消融之。氣稟學問中有得力處。以此涵養之。徹內徹外。皆中正而無偏倚。和樂而無駁雜。所謂文之也。卞莊子之勇。是仲子本色。以折獄片言。宰蒲三善。參觀之。知廉藝亦皆仲子所能。非從今方去兼他也。所少者文之以禮樂耳。子路才德俱優。故夫子扶進其所長。卽以針砭其所短。其實臧武仲四人。比子路皆不如也。〇曰今之成人者何必然。以下語更端。故以曰字起之。蓋夫子移時復語也。文選曹植責躬詩注。引子曰見危授命。亦可以為成人矣。沈約別范安成詩注。引子曰久要不忘平生之言。均不為子路言也。經傳中同段言別起。曰字往往有之。或以為衍文。固非。或以為子路之言。亦非也。若作子路語。不應夫子說如上節所云。而子路以為不必然。與夫子違拗。夫子何無一語答之乎。語類云。恐是子路退後說。若是子路退後說。則書法當如樊遲退見子夏曰之例矣。夫子之正告子路者在上節。夫子舉同時四人。以實其狀。言如此而文以禮樂。卽為成人。是欲子路於禮樂加意。禮樂卽中和。此子路對治之藥矣。此節乃慨世俗之波靡。貪冒苟且。無所不至。以為有思義授命不忘之人。亦可為今之成人矣。乃無限傷今之意。不是為子路放鬆別門。此中便有抑子路得意處。便有奮激子路進取處。要在今字上發出聖人取節意。〇見利思義。見危授命。此二句順境逆境對說也。授命猶言致命。授命以君臣言之。注持以與人誤。○久要不忘平生之言。廣雅。要。約也。周官小宰。八曰。聽出入以要會。鄭司農注。要會謂計最之簿書。月計曰要。歲計曰會。宰夫掌官法。以治要。注。古者凡有約則書其文於簿書。故謂要爲約也。如富貴不相忘之類。所約或在數年之後。是久要也。其富貴之時。顧前言而如約。前言是平生之言矣。兩見字。一不忘字。要玩。利害未見。人多義命自安。一當其前。不覺貪畏。始要之日。人多慷慨期許。久之不覺頓忘。此皆念頭不眞實之故。一說。平生之言。是平生期許之言。卽上文義命是也。不在然諾上論。利害乃人道大關頭。始終乃人道大操履。必久要不忘。方是守得義命定。打得關頭破。○亦可以爲成人矣。中井氏曰。上節亦可以爲成人。暗伏聖人而言。是節亦可以爲成人。對上節而言。雖品有高下。皆是成人矣。蓋第二等成人。第三等成人云爾。注。意未瑩。○中井氏曰。以知仁勇爲達德。古有之。以知信行爲達德。未之聞也。且行之果。與勇有近似。若信之篤。豈可以爲仁哉。又公綽不欲。豈可輕以仁許之。信之篤。亦不貼於公綽。旣以三德立論。而冉求之藝。無所屬。則是孔子語。固有出乎三者之外也。程子何以曰不出乎。至胡說則當削去。吳英曰。見利思義以下。皆子路之所已能者。故孔子進之以兼長又兼禮樂之文。而又發其意中之蘊抑之。以爲今之成人者。正以子路勇于前進。不必明示謂此不足安身。而子路亦自不立住也。而胡氏反謂不復聞斯行。安所見而云然耶。縕袍章終身誦之。亦偶然耶。然不勇。豈眞終身耶。

子問公叔文子於公明賈曰。信乎夫子不言不笑不取

乎。公叔文子。衛大夫。公孫枝也。公明姓。賈名。亦衛人。文子爲人。其詳不可知。然必廉靜之士。故當時以三者稱之。公明賈對曰。以告者過也。夫子時然後言。人不厭其言也。樂然後笑。人不厭其笑也。義然後取。人不厭其取也。子曰。其然。豈其然乎。厭者。苦其多而惡之之辭。事適其可。則人不厭而不覺其有是矣。是以稱之或過。而以爲不言不笑不取也。然此言也。非禮義充溢於中。得時措之宜者不能。文子雖賢。疑未及此。但君子與人爲善。不欲正言其非也。故曰其然豈其然乎。蓋疑之也。

箋曰。檀弓注。公叔文子衛獻公之孫。名拔。或作發。孔注公孫枝。皇本枝作拔。釋文亦作拔。云皮八反。倪士毅四書輯釋集注作拔。引吳氏程曰。拔皮八反。俗本作枝。誤。卽公孫發。據此則集解集注諸本枝字。皆形近傳寫之譌也。據檀弓。公叔文子謚貞惠文子。而止稱文者。鄭彼注云。不言貞惠者。文足以兼之。○信乎夫子不言不笑不取乎者。天下或棲神簡默。或賦性寡歡。或抗情廉潔。獨致之行。各有所立。而兼之則難矣。是必崖戻絕物。無意人間者則可。而文子固猶在卿大夫之列也。攷其地位。而論其人。當不至孤峻若是。夫子特疑其矯强非人情。故有此問。中井氏曰。文子之爲人。蓋廉退遲鈍。故當言之時多不言。當笑之時多不笑。當取之時多不取也。非全不言笑取。而時人以不稱之。今人性沈鈍者。往往得不言之稱。夫子嘗稱閔子騫曰。夫人不言。亦是。○以告者過也。過者過當也。非紕繆之謂。時然後言。學記。當其可之謂時。是其訓也。皇本正平本。其言下其笑下其取下。皆有也字。○其然豈其然乎。其然。非疑辭。唯豈其然乎四言。爲疑辭。中井氏曰。孔子者魯人。未審文子之爲人。故以問焉。公明賈衛人而語衛事。則不宜有差謬。不能不受以爲信。故曰其然也。非與人爲善之謂。然其言甚高。非文子可能者。故曰豈其然乎。文子請享靈公。史鰌曰。子富。君貪。禍必及矣。史鰌以富稱文子。文子爲衛公族。大約於衛臣中爲廉儉者。故采邑所出。得有盈餘致富。非必刻取於民也。且必間有薄取於民之事。故當時以不取稱之。其言見於傳者。定六年諫靈公追魯豚澤之師。近於時然後言。然文子觀于瑕丘。曰。樂哉茲丘。死則我欲葬焉。觀此則文子之言。豈能皆當。而其取豈能是善。夫嬌情易好名之人皆能之。中節難。必聖人始能之。如賈所稱。文子居然聖人矣。夫子安得遽信之。一說。龜井魯曰。夫子嘗疑人之稱文子或過其實。質諸公明賈。賈對曰云云。於是知其果爲過稱。且嘉賈之善對。故曰其然豈其然乎。其然者。斷賈之言也。豈其然乎者。斷人之過稱也。否則既可其言。亦從而否。情理皆失。或又謂。聖人待人忠厚。不言不笑不取。夫子甚不願文子有此。時言笑義取。夫子甚幸文子有此。觀文子者。當如賈言。不當如時論也。二說皆不肯遵舊注。蓋以賈之言近于時中。而夫子不之許。則似忌者之言。爲不長厚故耳。

子曰。臧武仲以防求爲後於魯。雖曰不要君。吾不信也。

要。平聲。○防。地名。武仲所封邑也。要。有挾而求也。武仲得罪奔邾。自邾如防。使請立後而避邑。以示若不得請。則將據邑以叛。是要君也。○范氏曰。要君者無上。罪之大者也。武仲之邑。受之於君。得罪出奔。則立後在君。非已所得專也。而據邑以請。由其好智而不好學也。楊氏曰。武仲卑辭請後。其跡非要君者。而意實要之。夫子之言。亦春秋誅意之法也。

箋曰。魯有三防。隱九年公會齊侯于防。此東防也。在今沂州府之費縣東北六十里。世爲臧氏食邑。襄二十三年臧紇自邾如防。卽此。隱十年敗宋師于菅。辛巳取防。此西防也。在今兗州府之金鄉縣西北。欲別於臧氏之防。故謂之西防。僖十四年季姬及鄫子遇于防。此魯國之防山也。在曲阜縣東二十里。孔子父母合葬于防。卽此。以防求言據已邑以請也。爲後猶立後也。以字與以費叛之以同。要君之跡。以防兩字既明著。又特下於魯二字。與以防對。隱若敵國矣。○雖曰不要君。要。孔安國孝經傳。約勒也。蓋要與劫義相近。強人使從己言也。臧氏世有勳勞。魯未嘗遂欲絕之。故仲亦曰。紇之罪不及不祀也。其如防請邑。乃智者慮事過處。不知已是犯要君之大罪。夫子特就此指出。以戒夫人臣之效尤者。非爲仲一人言也。切勿誤認反似聖人必搜求人之過失。當時魯政由季氏。攻臧孫亦出季氏。仲實要武子以不得不從之勢。人便道仲是要季氏。無有以仲爲要君者。不知此防是魯之防。則以防非要君而何。故特下于魯二字。定他爰書。而武仲之罪無所逃矣。春秋之時。臣能專其邑。無不叛其君者。故宋華亥向寧華定入南里以叛。自南里出奔楚。宋公弟辰入蕭以叛。自蕭出奔魯。武仲以防雖未至于叛。然無其事。已有其心。是以夫子譏之。夫要君則無上。是大亂之道也。武仲要君。魯臣未必知之。在他國則并有效之者矣。襄二十九年。高豎以盧叛。閭丘帥師圍之。高豎曰。苟使高

氏有後。請致邑。與無廢二勳。敢不避邑之言。如出一口矣。嗟乎要君之罪不著。據
邑請後。又豈止二人哉。○范說好智而不好學。引用不切當。左傳襄二十三年臧
武仲之辭曰。苟守先祀。無廢二勳。敢不避邑。此含先祀不守則將據邑而叛之
意矣。辭似卑遜。而要君之意顯然。其辭之卑遜。乃當時熟套。楊說不當采入。

子曰。晉文公譎而不正。齊桓公正而不譎。譎。古穴反。○晉文公。名重耳。齊桓公。

名小白。譎。詭也。二公皆諸侯盟主。攘夷狄以尊周室者也。雖其以力假仁。心皆不正。
然桓公伐楚。仗義執言。不由詭道。猶爲彼善於此。文公則伐衛以致楚。而陰謀以取
勝。其譎甚矣。二君他事亦多類此。故夫子言此以發其隱。

箋曰。說文。譎。權詐也。韓非子。譎主便私。注。設詐謀以誑誤於主也。漢書。各取
一切權譎自在。周禮小宰疏。兵書有譎觚之人。謂譎詐桀出。觚角非常也。

中井積德曰。是章桓文論其爲人也。非卽事而論
焉。然後人不能不就事而考焉。亦不失斯意可也。

又曰。正者非謂正理。只是其人正直無邪曲耳。若苦謂苦。甘謂甘。是也。若晉文公
出亡。經歷諸侯。以求入國也。而其口每稱不貪國之語。分曹衛。命三日糧。及使視
魏犨之創之類。皆可謂譎不正矣。桓公則無機關如此者。故曰正而不譎也。正字
不當重看。郝敬曰。晉文主盟八年。書十有八事。皆陰險刻薄。觀此後數章。皆學齊
桓管仲之功。而于晉事略不齒。聖意可知。當世若無桓公開先定局。以晉文之譎。
宜無不爲。而遑恤王室與同盟乎。東周十二諸侯。苟延殘曆。皆九合一匡所留也。

故曰微管仲吾其被髮左衽。此齊桓公正而不譎之大者。齊雖不朝葵丘下拜猶知有禮。晉文召王請隧。睥睨大物。不有桓公正始重耳何難作俑。齊之霸也。仲父管仲學爲後臣。經營數十年。而後事集。重耳亡命。反國數年。枝梧補葺。借秦人羽翼成事。納襄王。敗楚師。崛然暴起。其創造規模。不及齊遠甚。葵丘五命。居然王者之言。有六經風範。晉世執牛耳。何嘗聞此嘉謨。桓公九合。存三亡國。伐楚平戎。不以兵車。有安靖之功。而晉文城濮一戰。譎張反覆。株連曹衞宋。離散其君臣。而瓜分其國。鄭世子叛父歸齊。桓公以大義拒之。而晉文聽衞臣之訟。以囚其君。魯哀姜齊女。私于慶父弑閔公。齊桓公數其亂。取而誅之境外。而晉文親納弟婦辰嬴。凡此皆正與不正之大者。他可知也。劉沅曰。齊桓在晉文前。若專論二公優劣。自當先桓後文。乃從晉文說起。譎而不正。正而不譎。中間紐合。蓋深貶晉文也。五霸皆非正道。而齊桓豁達。猶有近正之概。至晉文純用機智。害義益甚矣。第齊桓一傳而衰。晉文之後世主夏盟。常人以成敗論人。每豔美文。春秋之末。尙智尙力。皆祖晉文也。故夫子特言文不如桓。以明凡事以正爲貴。不得以文之譎爲法。自春秋至於戰國亡秦。皆以譎敗者也。孟子言仁義而黜霸功。與此章同一意見。潘維城曰。詩曹風下泉序云。思治也。曹人疾共公侵刻下民。不得其所。憂而思明王賢伯也。共公卽位在魯僖八年。春秋經于洮。于葵丘。于鹹。于牡丘。于淮。齊桓作方伯。共公幾盟會無不至。自晉文修觀狀之怨。侵曹入曹。執曹伯畀宋人。取濟西田。終共公之世。不得儕於盟會者。晉爲之也。左傳。曹伯之豎侯獳曰。齊桓公爲會而封異姓。今君爲會而滅同姓。是明明謂晉文不如齊桓矣。否則共公時。晉文正在位。詩何以傷無伯乎。又衞風木瓜序云。美齊桓公也。衞國有狄人之敗。出處于漕。齊桓公救而封之。遺之車馬器服焉。衛人思之。欲厚報之。而作是詩也。至晉文繼霸。詩無美之者。二詩可為夫子兩言之證。楊慎曰。文公之功多於桓公。罪亦多於桓公。事速於桓公。義則害於桓公。名盛於桓公。實則衰於文公也。春秋不以功蓋罪。不以事掩義。不以名誣實。桓公得江黃而不用以伐楚。文公則謂非致秦不足與楚爭。楚抑而秦興矣。此桓公之所不肯為者也。桓公會則不踰三川。盟則不加王人。文會畿內則伉矣。盟子虎則悖矣。此桓公之所不敢為者也。桓公寧不得鄭不納子華。懼其獎臣抑君。不可以訓。文公為元咺執衛侯。則三綱五常於是廢矣。此又桓公之所不忍為者也。觀此則吾夫子正譎之論。孟子獨表桓公五禁。而不及晉文。余謂文非桓匹。

豈一人之私言乎。

子路曰。桓公殺公子糾。召忽死之。管仲不死。曰。未仁乎。

糾。居黝反。召。音邵。○按春秋傳。齊襄公無道。鮑叔牙奉公子小白奔莒。及無知弒襄公。管夷吾召忽奉公子糾奔魯。魯人納之。未克。而小白入。是為桓公。使魯殺子糾。而請管召。召忽死之。管仲請囚。鮑叔牙言於桓公以為相。子路疑管仲忘君事讎。忍心害理。不得為仁也。

子曰。桓公九合諸侯。不以兵車。管仲之力也。如其仁。如其仁。

九。春秋傳作糾。督也。古字通用。不以兵車。言不假威力也。如其仁。言誰如其仁者。又再言以深許之。蓋管仲雖未得為仁人。而其利澤及人。則有仁之功矣。

箋曰。左昭十三年傳。齊桓。衛姬之子。有寵於僖。史記齊世家。襄公次弟糾。其母魯女也。次弟小白。其母衛女也。則公子糾與桓公。爲異母昆弟也。○曰未仁乎。凡論孟擧事實而論之。論上必置曰字。此起子路問詞。故加曰字。○九合諸侯。會也。謂合諸侯也。古賀煜曰。古來諸儒。皆知九合之爲九會。但必欲拘拘然以九次乘車之會當之。於是博證經籍。參差不合。則又曰。數某會而不數某會。煩碎極矣。集注始本左傳僖二十六年展喜犒師之言。以九合爲糾合。謂古字通用。顧猶未免遺議。夫九糾通用。從未前聞。惟莊子天下篇。禹親操橐耜。以九雜天下之川。注曰。九讀糾。糾合錯雜。使川流貫穿注海也。然司馬彪唐代之儒。不足稱古。恐難以爲據。予謂。九雜亦九合之意。原以數言。不必改作糾雜也。且夫九合之爲糾合。左證惟在展喜一言。九合之爲九會。雜見傳記。不一而足。左傳襄十一年。晉侯以樂之半賜魏絳曰。八年之中。九合諸侯。屈原天問。齊桓九會。卒然身殺。此其確然有據者。然則九合何謂也。曰古人言數。多止於九。王逸云。九者陽之數。道之綱紀也。五臣注文選云。九者陽之數極。公羊傳葵丘之會。桓公震而矜之。叛者九國。楊用修云。九國叛者多耳。非實有九國也。猶漢紀云叛者九起。又曰逸周書。左儒九諫於王。王孫武子。善攻者動於九天之上。善守者伏於九地之下。此豈實數耶。煜案。不止此也。楚辭雖九死其猶未悔。又云。九折臂而成。古詩。九變復貫。知言之選。皆爲的證。然則九合者。惟言其會之多。九本以數言。而數不必泥也。諸儒必限於九次會。固屬可笑。而朱子以其不止於九次會。改作糾合。亦似武斷。案左傳桓公是以糾合諸侯。召穆公糾合宗族于成周。此主懷輯不致離散而言。故曰糾合。見其綏撫之德。管仲相桓公。九合諸侯。八年之中。九合諸侯。此主功烈之盛而言。故曰九合。

見其會盟之屢。糾合自糾合。九合自九合。言各有攸當。豈可混爲一乎。且論語九合諸侯下。便承之曰。不以兵車。不以兵車。專就九會之時言。非泛然以糾合諸侯言。以見會盟數數。而諸侯輯睦。垂衣緩帶之狀。蓋當時諸侯。數數會盟。莫非謀武事。侵鄭國。九會諸侯。而皆非兵車之會。洵爲春秋時絶無僅有事。故夫子擧之。以見桓公勳業之大。若從集注。謂不假威力。則不以兵車句。孤立無依。或改作不動干戈。不勞兵革。然後義始通。且桓公止九會之時。不以兵車耳。若夫終身所以糾合諸侯。固亦有賴兵力者。所謂五覇先詐力而後仁義者。豈可謂之不假威力乎。

○不以兵車。以用也。三國志陸績傳引經以作用。春秋之世。桓公之未興。與桓公之方伯。世變各異也。王臣下聘而不報。王師出伐而無功。凡伯書伐。戎强于北。蔡師書敗。荆盛于南。鄭分許鄙。宋廢鄭嗣。杞小而併于齊。郕弱而偪于魯。此桓之未興也。王禁明而王臣不下聘者六十年。盟會同而諸侯無私爭者三十載。序績召陵。而荆帖矣。陳旅聶北。而狄退矣。獻捷過魯。而戎弭矣。此桓公之王伯也。蓋自東遷。諸侯爭强。未嘗有一日不事兵戈者。至管子。始一切反之。而有以弭其爭矣。

○如其仁。如其仁。子路以管仲不死糾爲未仁。則以召忽死之爲仁矣。孔子承其意而答之。言召忽之於糾。殺身以爲仁矣。然未如管仲佐桓公。九合諸侯。不以兵車之仁。徧被天下也。夫以一人之不死。而全億萬生靈之不死。是何等關係。故曰如其仁。如其仁。子路謂管仲未仁。論仁體也。夫子謂如其仁。論大用也。比干死以成仁。管仲反之。故子路疑其不死之未仁。是專求仁于心也。故夫子就其事功以示仁之大用。問答主旨在仁。不在論定其爲人也。潘維城曰。後之學者。或疑聖人立論之偏。與器小章。抑揚懸絶。而欲置此二章於齊論之內。以爲齊人祇知有管仲云爾。不知齊論所多者問王知道二篇。非此二十篇中。亦有魯論所無而爲齊論所增者。且齊論亦必是孔門之舊。豈容齊人删潤點竄於其間乎。

子貢曰。管仲非仁者與。桓公殺公子糾。不能死。又相之。與。平聲。相。去聲。○子貢意不死猶可。相之則已甚矣。子曰。管仲相桓公霸諸侯。一匡天下。民到于今受其賜。微管仲。吾其被髮左衽矣。被。皮寄反。衽。而審反。○霸與伯同。長也。匡。正也。尊周室。攘夷狄。皆所以正天下也。微。無也。衽。衣衿也。被髮左衽。夷狄之俗也。豈若匹夫匹婦之爲諒也。自經於溝瀆。而莫之知也。諒。小信也。經。縊也。莫之知。人不知也。後漢書引此文。莫字上有人字。○程子曰。桓公兄也。子糾弟也。仲私於所事。輔之以爭國。非義也。桓公殺之雖過。而糾之死實當。仲始與之同謀。遂與之同死可也。知輔之爭爲不義。將自免以圖後功。亦可也。故聖人不責其死而稱其功。若使桓弟而糾兄。管仲所輔者正。桓奪其國而殺之。則管仲之與桓。不可同世之讐也。若計其後功。而與其事桓。聖人之言。無乃害義之甚。啓萬世反覆不忠之亂乎。如唐之王珪魏徵。不死建成之難。而從太宗。可謂害於義矣。後雖有功。何足贖哉。愚謂管仲有功而無罪。故聖人獨稱其功。王魏先有罪而後有功。則不以相掩可也。

箋曰。覇諸侯。覇者。把也。言把持王者之政教。左成二年傳。五伯之覇也。伯覇聲之轉也。蓋伯以位而言。覇以權而言。說文。伯長也。謂爲諸侯之長也。一匡天下。呂覽言一匡天下。九合諸侯。楚詞注。言九合諸侯。一匡天下。皆以數目作對。則一次之解可從。統一之說。泛而不切。一匡者。言先乎是春秋之壞亂極。管仲出而一次匡正之。如長夜之旦。以見其丕變濁世之功大。一匡句。以尊周攘夷立杜。但照下被髮左衽。只就攘夷言之。北伐南征。是一匡實事。吳因之曰。管仲之功。正叙處只在一匡天下句。下二句又承上一匡意。而益致鋪張之詞。到今受賜。止是言後世被澤。而當時之意便已在內。不可以一匡受賜。作天下後世兩平對看。被髮左衽被髮。不結也。禮男女及時。則結髮於首。加冠笄爲飾。戎狄無此禮。左僖二十二年傳。辛有適伊川。見被髮而祭於野者。曰不及百年。此其戎乎。是被髮爲戎狄俗也。左衽者。衣前從右來向左也。說文。衽衣裣也。裣交衽也。蒼頡解詁。衽衣襟也。裣襟字。聲類。襟交領也。交領卽交衽。必言交者。謂領兩頭相交。周入頸也。深衣則用對一襟。對襟用直領。故鹽鐵論散不足篇及釋名釋衣服所云直領。卽指深衣而言。戎狄無禮服。亦無深衣。而皆是左衽。故夫子擧爲言也。玉藻衽當旁。彼衽是掩縫之用。長二尺五寸。綴之右腋之裳端。以垂於下。此深衣之制。與論語左衽名同實異矣。齊桓之時。淮夷病杞矣。狄亡邢滅衛而溫亦滅矣。山戎病燕矣。王子帶以揚拒泉皐伊雒之戎。同伐京師。入王城。焚東門矣。非管仲何以制之哉。說者多以楚爲夷。服楚爲攘夷。然楚本非夷也。而齊晉亦未嘗能服楚也。○匹夫匹婦者。孟子趙注。匹夫。一夫也。僖三十二年公羊傳注。匹馬。一馬也。漢書劉向傳顏師古注。獨夫猶言匹夫也。鄘風曰。實維我特。毛傳。特匹也。特獨同義。然則匹亦宜訓獨也。諒之爲信。欲見信也。如後世書牘所用諒察炤亮等字。經於溝瀆者。晉語。申生雉經。史記田單傳。遂經其頸於樹枝。索隱。經猶繫也。荀子彊國篇。救經而引其足也。楊倞注。經。縊也。溝瀆爲田間水道。爾雅釋地。水注谷曰溝。注澮曰瀆。是也。說苑善說篇。管子者天子之佐。諸侯之相也。死之則不免爲溝中之瘠。卽用此義也。此章但論管仲之可以無死。不復論及召忽之死。應劭徐幹。均以經溝瀆者爲夫子貶召忽。大謬。〇陳天祥曰。程子專主桓公當立。直指桓公爲兄。子糾爲弟。意謂爲弟不當爭國。以此爲子糾罪名。特欲圓成管仲不死之理也。却不知子糾管仲。事爲一體。子糾有罪。則管仲之罪。亦不能逃。試觀將自免以圖後功之說。管仲既與子糾同謀。輔其爲惡。反見事敗身死。方纔知其輔之爭爲不義。區區以求苟免。甚可醜也。不惟管仲如此。召忽亦是同惡之人。其死乃是黨惡而死。然子路子貢遞皆歸美。孔子亦無異議。足以知召忽非爲黨惡也。召忽之死既當。子糾則爲無罪。管仲輔之。亦無不義矣。子糾桓公皆襄公之庶弟。各因畏禍。分適他國。無知既弒襄公。國人復殺無知。齊國大亂。二人各以其黨。舉兵內向。先已無嫡庶之分。又各在倉卒危亂之際。安能必其誰當立哉。但桓公先入國人立之。齊既有君。子糾雖長。亦是齊臣。向因國亂無主。故有如此之事。必欲責之以讓。豈惟子糾當讓。桓公亦當讓於子糾。使桓公能自審此。則子糾不至見殺。召忽亦不必死。管仲不死。又不須論。正由子糾死非其罪。召忽爲義所激。於是死之。其死可謂無愧矣。管仲則心忖。子糾未正成君。桓公僖公之子。又有鮑叔牙素爲知己。故忍死以待其用。此管仲之志也。此之召忽。不無等差。惟是他日能有覇諸侯一匡天下非常之功。生民受非常之賜。孔子以是稱之耳。然則臣人者。如召忽可也。程子以王珪魏徵爲喻。責王

魏不死建成之難。亦爲未當。王魏之輔建成。與管召輔子糾之事絶不相類。是時
高祖爲君。王魏所居之職。高祖之所命也。建成陰用邪謀。死於非義。輔導之官。當
自請其不能匡正之罪於有司。無死私難之理。程子引此事。以申明不可同世之
說。意謂建成爲兄。王魏所輔者正。此又膠於立嫡以長之常例。專主建成當立也。
夫建成太宗之事。又與餘者不同。太宗以童稚之年。運神武之略。芟夷大亂。制服
群雄。化家爲國。致高祖遂有天下。近古以來。實未嘗有。高祖不權事宜。慮不及遠。
竟以尋常長幼之分。處之於建成之下。兄弟之不能相安。必然之勢也。建成難居
太宗之右。司馬溫公已嘗論之。善乎宋王成器之言。曰國家安則先嫡長。國家危
則先有功。苟違其宜。四海失望。臣死不敢居平王之上。玄宗暫平內難。宋王已知
難居其上。而以先功爲讓。如太宗之功。又當何如哉。建成本庸鄙無堪。徒以年長
之故。據有儲副之位。彼見太宗之功高望重。率土歸心。忌嫉不得不深。禍難不得
不起。建成取闔門之誅。太宗負殺兄之惡。皆高祖處置違宜之所致也。太宗固嘗
辭太子之位。以讓建成。未嘗聞有爭奪之計。惟建成內不自安。百計千方。期於必
殺太宗。於數年之間。幾死者屢矣。王魏受君命輔導太子。自合輔之以正道。旣知
建成畜此禍心。當如少保李綱竭忠力諫。諫若不從。卽當棄官而去。彼旣不務爲
此。反更徇私迎合。惟勸早除秦王。不顧有君親在上。不恤其骨肉相殘。構其兄弟
交惡之心。速其矢刃相加之禍。此王魏所有之本罪。其罪正在黨於建成。不在不
死建成之難也。死於其難。正爲黨惡而死。情罪益深。死固當死。但當就其自身合
得本罪而死。若不卽死。則遠遁山林。終身不顯。又其次也。過此以往。非所敢知。大
抵管仲之過。比王魏所犯者特輕。管仲之功。比王魏所成者甚大。毛奇齡曰。子糾

小白皆齊僖之子。齊襄之弟。然子糾兄也。小白弟也。春秋傳書齊小白入于齊。公羊曰篡。穀梁曰不讓。皆以糾兄白弟之故。故經又書齊人取子糾殺之。而公羊曰。子糾貴宜爲君者也。穀梁以爲病魯不能庇糾而存之。皆以兄弟次第爲言。故荀卿有云。桓公殺兄以反國。又曰。前事則殺兄而爭國。史記亦云。襄公次弟糾。次弟小白。杜元凱仰左傳注。亦曰小白僖公庶子。公子糾小白庶兄。卽管仲自爲書。其所著大臣篇首曰。齊僖公生公子諸兒公子糾公子小白。鮑叔傅小白。辭疾不出。以爲棄我。蓋以小白幼而賤。鮑叔不欲爲傅故也。觀此則糾兄白弟明矣。而程朱二子獨云。桓公兄子糾弟。桓公宜立。子糾不宜立。一以輕召忽之死。一以減管仲之罪。一以定唐太宗及王魏二臣殺兄事讐之案。而求其所據。皆同誤讀漢薄昭上淮南王長一書中。有齊桓殺弟以返國語。遂引之作據。而不知薄昭此語。以漢文是兄。淮南王長是弟。不敢斥言殺兄。故改兄作弟。顏師古注引韋昭曰。子糾兄也。言弟者諱也。是也。而故誤襲之。以顚倒古人之兄弟。何其誣也。又曰。管仲鮑叔各傳一子。因各奉出奔。以避內難。未嘗爲君臣也。此與唐王珪魏徵不能死建成之難。而事太宗正同。故尹氏曰。高祖在上。命出一人。太子藩。皆其臣也。王魏受高祖之命。而爲東宮臣僚。此非臣事高祖之比。今若不以高祖爲共主。而各欲死于所事。其或未亂之前。高祖遷王魏于秦府。則戰鬭之際。二人將何從乎。此言最當。據此則二公子之傅。受命在君。命傅二子。未嘗命事二主也。先入爲君。何讐之有。若夫荀息之死。春秋嘉之。則又與忽異矣。齊卓子。獻公立爲儲。以屬荀息者也。況獻公死。二子已相繼爲君。則里克爲弒。而荀息爲殉。齊則僖未嘗以糾爲儲也。襄雖死。糾未嘗繼爲君也。未爲儲。且未繼爲君。何殉之有。古賀煜曰。兄小白弟子糾。

之說。獨據薄昭一書。而散見古書者。絕不之及。殊不知薄昭以漢文兄而淮南弟。
故移易其兄弟也。蓋程子以爲弟弒兄。人倫之至惡。天下之大變。有人焉。忘仇蒙
恥以事之。聖人乃稱其功而掩其罪。恐啓後世簒逆之端。程子先有是成見。横乎
胸臆。故必欲明正其兄弟之倫。以防遏亂萌。其用意良深厚矣。然子糾小白之爭
立。所當先辨者。嫡庶之分。其次則爭國之是非。而後方可及兄弟之次。子糾小白。
鈞是庶子。而非正嫡當立者。其爭國特出於一時私心。而非由大義不得已之擧。
是小白子糾二子。未始有輕重是非也。若論兄弟之次。則諸侯庶子。大抵業已異
其所生之母。而其所以敘列兄弟者。或僅在先生後生一日二日之間。又且異宮
殊室。情意不通。邈然胡越。若槩以下人生同胞。居同室。年紀懸殊。次序昭然者比
之。則非其倫矣。夫如此則卽使小白兄而子糾弟。其相去幾何。子糾固不可以無
罪殺兄。小白亦豈可以無罪殺弟乎。兄無罪見殺。其臣固可冒死聲罪以復讐。弟
無罪見殺。其臣獨可袖手旁觀而翻得無罪之稱乎。何其偏頗之甚也。矧子糾兄
而小白弟。明明左證。不一而足乎。鄭小谷曰。此兩章。桓糾有兄弟之辨。有長幼之
辨。又有當立不當立之辨。管召有君臣之分。有師傅之分。又有當死不當死之分。
余嘗參攷諸家之書。而爲之說曰。春秋時。有傅公子者。有從亡人者。有事幼主者。
事幼主則無論或爲傅或非傅。而其主已成爲君。則已成爲臣。不死不可也。故世
每多荀息之死。傅公子則無論或從亡或不從亡。而其主未成爲君。則已亦未全
爲臣。不死亦可也。故世不責狐突以死。至於從亡人而求入。則有死者。有不死者。
各以其事定論。不能指爲亂賊之黨。亦不能信爲忠義之士也。未可以毛偃例管
召明矣。今糾與桓。果孰爲天王所命之世子乎。抑孰爲先君所命之世子乎。度不

過群公子耳。仲之與忽。果孰爲僖公所命之臣乎。度不過齊大夫耳。仲不得以糾爲君。則不得以桓爲仇。世之論者不察乎此。而但云桓兄糾弟之分。冀稍減乎仲之罪。不知義不可不死。則必不容不死。無論糾兄當死。糾弟亦當死。否則凡事其弟者。無死法矣。義可以不死。則亦不必死。無論桓兄不必死。桓弟亦不必死。否則凡爲其兄者。無生臣矣。不求其本。而以長與少爲言。不亦末哉。故殺兄而自立。可以責桓。不可以責仲。輔糾以爭國。可以罪仲。不可以仇桓。此自然之理也。雖然天下後世不必皆有管仲之才者也。有管仲之才。而不必如管仲之不爲臣不死。則不如死。有管仲之才。又若管仲之不爲臣不死。而其身不甚關天下之重。其遇不必有知己不世之感。則徒生又不如死。吾又願天下萬世之殺身成仁者。寧爲召忽。毋爲管仲也。中井積德曰。家語。子路問於孔子曰。管仲欲立公子糾而不能。召忽死之。管仲不死。是不忠也。孔子曰。不死子糾。量輕重也。夫子糾未成君。管仲未成臣。管仲才度義。束縛而立功名。未可非也。卽此章之意。管召之事。正所謂可以死可以無死者也。夫子之取管仲。以其前無罪而後有大功也。非以後功贖前罪。管仲之奉子糾而出也。子糾之爲與齊國之爲與子糾之爲也。則死于子糾可也。齊國之爲也。則有齊國者卽吾君也。何必子糾。蓋君臣之分。定於有齊國之後也。與主辱臣死者大異科。故仲之奉糾而與糾之兄弟爭國。不可謂不義也。不死于糾。不可謂不忠也。按韓非子曰。管仲鮑叔相謂曰。君亂甚矣。必失國。齊國之諸公子。其可輔者。非公子糾則小白也。與子人事一人焉。先達者相收。管仲乃從公子糾。鮑叔從小白。國人果弑君。小白先入爲君。魯人拘管仲而效之。鮑叔言而相之。是語似得事情。不然管鮑之交。古今罕比。而當終身大事不共事。獨何也。又曰。管仲與王魏有階級。然其君臣之分未定則一也。王魏不死而事太宗。皆無罪。假令太子有逆謀。王魏禽繫而請命于天子可也。他事皆由此而推焉可也。又曰。太子諸王以下參佐掾屬之俸祿。皆天子所給焉。然則王魏非食太子之食者亦明矣。

公叔文子之臣大夫僎。與文子同升諸公。僎。士免反。○臣。家臣。公。公朝。謂薦之與己同進爲公朝之臣也。

子聞之曰。可以爲文矣。文者。順理而成章之謂。謚法亦有所謂錫民爵位曰文者。○洪氏曰。家臣之賤。而引之使與己並。有三善焉。知人一也。忘己二也。事君三也。

箋曰。臣字屬上讀。大夫。卽家大夫也。家臣之中。爵秩不同。尊者爲大夫。次亦爲士。故此別之云大夫僎。明僎爲家臣中之爲大夫者也。陪臣。春秋時稱大夫。非有如孔注僎本家臣。薦之方並爲大夫。說。檀弓。陳子車死於衛。其妻與家大夫謀以殉葬。陳子亢后至。妻與宰。宰卽家大夫。晉趙簡子疾。大夫皆懼。董安于問於扁鵲。趙簡子每聽朝不悅。諸大夫請辠。簡子曰。不聞有臣如周舍之鄂鄂者。孟僖子之臣亦稱大夫。昭七年傳稱召其大夫是也。釋文云。僎本又作撰。漢書古今人表又作大夫選。古選撰僎三字並通。先進篇子路曾晳章。異乎三子者之撰。釋文云。鄭作僎。○升諸公言達僎於公朝也。諸字在句間者。必訓之於。論語中。唯此一字似難訓以之於。然古人之文。簡而深奧。自不失字例。此章若以今文記之。當作公叔文子之臣有大夫僎者。文子薦升諸公。而同立于朝。今省許多文字。語意似梗而高古。○可以爲文矣者。衛之卿大夫如顏甯史蘧。中固亦有身旣沒。而猶能薦賢退不肖者矣。然此特和衷之誼耳。若僎固文子臣也。春秋之時。諸侯之卿大夫。非其君之子弟。則其世臣之裔也。士之起于寒微者。不過仕爲小官。終于家老而已矣。卽甚重其人者。亦不過私其才智。以藩其身耳。出諸佐貳之末。公諸君國之上。雖古大臣所稱爲知人能得士者。何以踰焉。但文者。善謚。如斯而已矣。不當著訓詁。則處處硬塞。周書謚法。文有六等。稱經緯天地。道德博厚。學勤好問。慈惠愛民。愍民惠禮。錫民爵位。竝無修制交鄰。社稷不辱等例。而檀弓公叔文子卒。其子戍請謚於君。君曰。夫子聽衛國之政。修其班制。以與四鄰交。衛國之社稷不辱。不亦文乎。靈公之論。不本謚法。而夫子亦擧同升事以合之。然則謚法爲後人之妄撰明矣。斷不可采入。崔述曰。逸周書中有謚法篇。按謚法之所爲制。意必將以勸善而懲惡也。善者謚以善。惡者謚以惡。大行受大名。細行受細名。然後人知所以勸懲。今此篇中。經緯天地曰文。錫民爵位亦曰文。聖聞周達曰昭。容儀恭美亦曰昭。使睿聖之君。與小才小善者同科。固已不足爲勸。至於克定禍亂曰武。夸志多窮亦謂之武。亂而不損曰靈。死而志成亦謂之靈。美惡同詞。聖狂一例。褒貶義無存。勸懲之道安在。周之制此謚法。欲何爲乎。帝也王也公侯之與君也。長民者之稱。非謚也。且亦不始於周。何故先之以此。欽明者史臣贊堯之詞。克明克類。克長克君。克順克比。成鱄引而釋之。以見文王之德然耳。豈得皆謂之謚。齊太子丁公乙公子癸公。蓋沿商制。以干名爲號者。今乃以丁爲謚。然則乙癸亦當爲謚。何以又不之言。他如正直忠愛夸惑之類。春秋時從未有以之爲謚者。則此篇爲後人之所妄撰明矣。且周旣制此謚法。必先分別夫應謚之人。或通行於諸侯。或兼行於卿大夫。乃今以史考之。衞康叔之後。五世無諡。齊太公・宋微子・蔡叔度・曹叔振鐸。皆四世無諡。太公以佐命之臣。始封之君。而竟無諡。周公子伯禽亦無諡。晉唐叔子爕父子皆無諡。周果制爲諡法。何以諸國之君。皆無諡乎。蓋諡法非周之所制。乃由漸而起者。上古人情質樸。有名而已。其後漸尙文。而有號焉。至湯撥亂反治。子孫追稱之爲武王。而諡於是乎始。然而子孫卿士。未有敢擬之者。周之二王諡爲文武。蓋亦彷諸商制。以成王之靖四方也。故亦諡之曰成。而康王以後。遂倣而行之。猶之乎商有三宗。西漢亦有三宗。至後漢而宗始多。及唐宋而遂無帝不宗也。周公有大功於天下。故其沒也成王特賜之諡。召公歷相三朝。康王遂倣周公之例。而亦諡之。然皆以爲特典。非以爲常制也。是以成康昭穆之代。諸侯諡者寥寥。數世之後。俗彌尙文。遂無有不諡者。然卿大夫尙未敢擬也。至周東遷以後。而卿大夫始漸有諡。嘗以春秋傳考之。晉自文公以前。惟欒共叔有諡。狐偃先軫有佐覇之功。而諡皆無聞。至襄公世。趙衰欒枝始有諡。而先且居胥臣之屬。仍叔以字稱。則是亦以爲特典也。成景以後。卿始以諡爲常。先縠三郤以罪誅。乃無諡。降於平頃。則雖欒盈之以作亂死。荀寅士吉射之失位出奔。而靡不諡矣。魯大夫有諡者。較他國爲獨多。然桓莊以前。卿尙多無諡者。昭定之間。則榮駕鵞南宮說子服公父之倫。下大夫靡不諡者。鄭大夫初皆無諡。至春秋之末。子思子臢亦有諡。惟宋大夫始終無諡。果周所定一代之制。何以先後不齊。彼此互異若是。然則諡之由漸而起。彰彰明矣。

子言衞靈公之無道也。康子曰。夫如是。奚而不喪。夫音扶。喪。

去聲。○喪。失位也。

孔子曰。仲叔圉治賓客。祝鮀治宗廟。王孫賈治軍旅。夫如是。奚其喪。仲叔圉。卽孔文子也。三人皆衛臣。雖未必賢。而其才可用。靈公用之。又各當其才。○尹氏曰。衛靈公之無道。宜喪也。而能用此三人。猶足以保其國。而況有道之君。能用天下之賢才者乎。詩曰。無競維人。四方其訓之。

箋曰。記子言者。謂子與康子言及之也。夫子嘗事衛靈。當爲之諱。不諱者所以發康子之問也。皇本子言作子曰。正平本南宗本同。皇本道下有久字。釋文云。子曰一本作子言。鄭本同。鄭本可從。子言衛靈公之無道也。康子曰。左昭二十二年傳。叔鞅至自京師。言王室之亂也。閔馬父曰。子朝必不克。文例合符。陸本誤。○奚而不喪。奚而猶奚爲也。襄十四年左傳。射爲禮乎。太平御覽工藝部引作射而禮乎。孟子滕文公篇。方里而井。論語顏淵篇正義。引作方里爲井。並其證也。孔注易喪爲亡。蓋謂失位出奔。以衛亦千乘之國。康叔武侯之德猶存。雖一君無道。未至遽亡其國也。然做喪國似是。○子曰仲叔圉云云。靈公治國無法。盜可以殺其兄。治家無檢。妻可以逐其子。但用人各當其才。亦且使之各盡其才。所以不喪。是時魯多賢士。苟能旁求俊乂。何所不濟。夫子語氣全是警悟康子。不是回護靈公。郝敬曰。吳季札嘗悅蘧伯玉・史狗・史鰌・公子荊・公叔發・公子朝。云衛多君子。未有患也。而靈公不能用。用此三人。仲叔圉卽孔文子。觀其處大叔疾孔姞之事。生平可知。祝鮀有口才。夫子謂其佞。王孫賈以媚竈要夫子。其人皆可知。而小人未嘗無材。善任器使。皆足效一割之用。曰奚其喪。亦宜喪而不喪之辭。如病人服刧劑。終非養生之經。大抵用當其材。頑石可以攻玉。枉其材肆驕不可以執鼠。可使靈公能委任蘧伯玉史魚諸君子。國長治矣。何至繼世之禍乎。治幹辨也。待賓客有禮。則不啓釁。而諸侯睦。宗廟國之根本也。古者國有大事。聘享必于廟。祫禘烝嘗必合羣臣百姓。以尊尊親親。爲聯屬人心之本。故禮云。宗廟嚴則社稷重。非事鬼神求福之謂也。周禮大祝掌六辭。賓客之辭命。皆出于其手。如定公四年皋鼬之會。衞人先蔡。以祝鮀之辭也。定公八年鄟澤之盟。衞靈公欲叛晉。諸大夫不可使王孫賈朝國人而問之。遂背晉。則賈之習軍旅可知也。〇此章言得人之重。非謂得人而可無道也。齊文宣荒淫狂悖甚于桀紂。然而知楊愔之賢。悉以政事委之。時人以爲主昏于上。政淸于下。與靈公事可參看。

子曰。其言之不怍。則爲之也難。 大言不慙。則無必爲之志。而不自度其能否矣。欲踐其言。豈不難哉。

箋曰。怍者。畏怯不敢之意。禮記將就席。容毋怍。是也。與慙稍異。惟不自度其能否。故言之易。若自度其能否。卽能者亦自不敢易矣。皇本爲字上有其字。正平本南宗本同。大戴禮曾子立事篇盧注。引其言之不怍。其後爲之難。後漢書皇甫規傳論。孔子稱其言之不怍。則其爲之也難。皆有其字。爲難卽在不怍時見得。非爲之後方見其難。夫子之言。專就輕言者立說。言言之不怍者。爲之必難也。本文並無大字。古者言之不出。恥躬不逮。君子恥其言之過其行。俱泛論言。未嘗分別大小。何獨於此章添出大字。大言不怍。爲之固難。可道小言不怍爲之易耶。注中大字可不用。皇本無也字。南宗本難下又有也字。

陳成子弑簡公。成子齊大夫。名恒。簡公齊君。名壬。事在春秋哀公十四年。孔子沐浴而朝。告於哀公曰。陳恒弑其君。請討之。朝音潮。○是時孔子致仕居魯。沐浴齊戒以告君。重其事而不敢忽也。臣弑其君。人倫之大變。天理所不容。人人得而誅之。況鄰國乎。故夫子雖已告老。而猶請哀公討之。

公曰。告夫三子。夫音扶。下告夫同。○三子。三家也。時政在三家。哀公不得自專。故使孔子告之。

孔子曰。以吾從大夫之後。不敢不告也。君曰。告夫三子者。孔子出而自言如此。意謂弑君之賊。法所必討。大夫謀國。義所當告。君乃不能自命三子。而使我告之邪。

之三子告。不可。孔子曰。以吾從大夫之後。不敢不告也。以君命往告。而三子魯之强臣。素有無君之心。實與陳氏聲勢相倚。故沮其謀。而夫子復以此應之。其所以警之者深矣。

○程子曰。左氏記孔子之言曰。陳恒弑其君。民之不予者半。以魯之衆。加齊之半。可克也。此非孔子之言。誠若此言。是以力不以義也。若孔子之志。必將正名其罪。上告天子。下告方伯。而率與國以討之。至於所以勝齊者。孔子之餘事也。豈計魯人之衆寡哉。當是時。天下之亂極矣。因是足以正之。周室其復興乎。魯之君臣。終不從之。可勝惜哉。胡氏曰。春秋之法。弑君之賊。人得而討之。仲尼此舉。先發後聞可也。

箋曰。成子陳乞子。簡公悼公子。陳恒稱成子。叔孫州仇稱武叔。此經不以名之字之辭也。禮於常朝不齊。此重其事。故先齊也。注據左傳三日齊為言。明此文沐浴亦因齊而設。故玉藻云。將適公所宿齊戒居外寢沐浴。是見君齊必沐浴也。說文云。沐。濯髮也。浴。洒身也。禮七十者非有大故不入朝。茲沐浴而朝。告于哀公請討。為大故也。陳恒弑。皇本正平本南宗本弑作殺。○公曰告夫三子。當時權去公室矣。然哀公能作主。則召三子而面命之。鮮不受命。乃使孔子告之。其無作主之心可知矣。宜乎三子之不可也。皇本正平本南宗本三子上有二字。下告三子者之三子。皇本正平本三上皆有二字。○孔子曰以吾從大夫之後。此一節。左傳所謂退而告人也。人者僕御也。出而自言。非獨語。蓋車中與僕者語也。稱孔子曰而無對字。此退而言之一徵也。從大夫之後。謙辭。猶云在大夫之列。非以致仕為大夫之後。陳恒弑君在哀公十四年。據左傳哀公十一年孔子被幣召歸魯。此後雖不復任職事。然仍在大夫之列。以終其世也。蓋後世奉朝請之類。如吉月朝服而朝可以見矣。此唯言苟列在大夫。當大事不容鉗嘿。非以致仕與在位判輕重也。君曰告夫三子者。中井氏曰。哀公之言。本唯告夫三子。四言矣。夫子乃添者字。自有意。蓋言君不能自主。而使我告夫無君如三子者邪。其將何益。無限憤恨。正在者一字。又曰。注法所必討。是言太泛。夫齊弑其君。宋衛陳鄭皆有必討之責乎。必不然。唯魯鄰國。而世世婚姻。故可討耳。非諸國通法。上節注人人得而誅之。謂同朝之人也。非通諸國者。其下乃云況鄰國乎。鄰國比之同朝甚疏。況字失當。此等皆不察時勢。強求當討之理故耳。○以吾從大夫之後不敢不告也。此二句亦出而與僕者語也。兩不告。一意。但上告。告君也。此告。告三子也。蓋言吾非初不知言之不行。而義不可默也。孔子且不敢不告。而哀公不作主。三子不可。無限歎慨。溢于言外。夫春秋時弒君者多。而在夫子爲大夫後。恰止陳恒一事。篇中兩言從大夫之後。是所以請討之故。而其意則欲哀公乘此事機。收大權也。使公發令國中。以順討逆。君命已出。三子亦無如公議何。國柄可收。大倫可正矣。乃公巽懦不果。是歲絕筆於獲麟。傷空言之無補也。史記六國表曰。田常弒簡公。而相齊國。諸侯晏然弗討。三國終之卒分晉。田和亦滅齊而有之。六國之盛自此始。然則請討之計行。大義著於天下。所以弭篡奪而正綱紀者。不由此哉。此事不行。而戰國勢成。四篡逆之國。橫於天下。章末也字。皇本正平本無。○顧棟高曰。魯之兵權在三子。三子之兵權在家臣。孔子能使由求墮費郈。而三子靡然聽從。豈孔子當日奉魯君之命。命家臣出其卒。而三子敢或梗令乎。誠得哀公一言聽許。委夫子以兵權。空魯國之甲。使家臣將之。此時子路雖仕衛。而冉有自在。加以樊遲有若皆勇銳之士。移檄遠近。聲罪致討。四鄰諸侯。必有聞風響應。縱不能梟陳恒之首。亦當誅當日之推刃於齊君者。而更定其嗣。如此則國威可振。周道可興矣。豈空言而不可見諸實事者哉。案魯自四分公室。兵衆皆在三家。誠使哀公奮發有爲。許夫子之請討。則夫子必能得之三子。而大服齊人。則一擧而兩國之權奸。皆有所顧忌。斯亦亂世之一治也。而惜乎哀公之終不能用孔子也。毛奇齡曰。孔子請討事見左傳。陳恒弒其君壬于舒州。孔子三日齊而請伐齊三。公曰。魯爲齊弱久矣。子之伐之。將若之何。對曰。陳恒弒其君。民之不與者半。以魯之衆。加齊之半。可克也。公曰。子告季孫。孔子辭。退而告人曰。吾以從大夫之後也。故不敢不告。魯史記當時在朝問對。與魯論所載相爲表裏。第魯爲齊弱一段。論語無之者。朝堂諮算。私記所略也。之三子告一段。魯史無之者。退有後言。史官未聞也。其兩相得體如此。若夫子所云民之所與。豐以衆加半諸語。則正答魯爲齊弱一問。有解君之疑。振君之怯。忻君之利。誘君之瞻顧。而予以可恃。一擧而數善備者。此正大聖人經術不迂濶處。夫君臣主客。各有膈膜。在哀公强弱一問。較計彼此。此不必盡庸君退諉之言。設果欲興師。則此時愼重量已量敵。正非易事。必以三綱大義拒之。則不惟理勢難辨。且于子之伐之一問。告東指西。不相當矣。人縱不諂君。亦何可使問答不當如此。崔述曰。余按。傳文前云三日齊而請伐齊三。則已告哀公以義之當討矣。而公以魯爲齊弱致疑。故復言此以釋其疑。非以力不以義也。哀公之所懼者不克。若不告以可克之故。尙何望哀公之肯討耶。程子未嘗詳繹傳文。但節其後數語。遽謂之以力不以義。不亦寃乎。孔子曰。暴虎馮河。死而無悔者。吾不與也。必也臨事而懼。好謀而成者也。子之所愼齊戰疾。聖人擧事。固主於義。然亦必有知己知彼之明。謀定而後戰。烏有擧數萬人之命。冒然一擲。而不慮其事之所終乎哉。諸葛武侯之表懷帝也。曰。今南方已定。甲兵已足。當奬帥三軍。北定中原。若以程子論之。是武侯亦以力不以義矣。蓋義以民心爲主。故孔子以民之不與言之。非論力。正論義也。況當是時。天子已微。自晉失伯以來。天下亦無方伯。與國如宋如衛。皆不足與有爲。乃欲舍不共戴天之齊民。而求助於不可倚仗之鄰國。謂因齊民爲以力。而率與國則爲以義。非獨迂於論事。抑亦疎於論義矣。安井衡曰。程子云。上告天子。下告方伯。而率與國以討之。宋儒討罪之策。常不出於此數語。然當時天子微弱。吳晉方爭。而又有於越之難。宋衛鄭諸國。亦各有內亂外寇。殆不暇自

救。三家猶不肯聽。孔子之言。假令孔子告之天子方伯。果肯從其言而討齊乎。卽
不聽。將中止而待其首肯而出師乎。抑不顧成敗利鈍。獨率魯國之師而討之乎。
夫戰大事也。國之存亡。人之死生係焉。故聖人尤愼之。若謀其義而不謀其力。雖
師敗國危。猶必聲其罪而討之。無乃重討鄰國之賊而輕其君之社稷乎。胡氏云。
弑君之賊。人得而討之。是在其臣子固宜然。若他邦之人。力能討則討之。否則教
民脩備。以待可討之機。必不輕擧妄發。以敗其君事也。至於先發後聞可也。不唯
侮聖人之言。殆有不可解者焉。是時孔子年七十餘。致仕無職。雖欲先發後聞。無
士卒可率。豈欲其率門人致死於齊而伸討賊之義邪。孔子明言以吾從大夫之
後不敢不告。則令孔子不從大夫之後。意雖欲討。亦不敢告。其意甚明。而以不先
發後聞爲孔子之過。雖曰非僭妄。吾不信焉。故左氏所記哀公之問。孔子之答。在
當時尤爲切要之言。學者思之。中井積德曰。程子言周室其復興乎。是亦大早計
矣。苟天子無其德。雖諸侯能討賊。豈得因興哉。若言魯君因此遂收三家之權。則
近是。按公羊傳曰。上無天子。下無方伯。天下諸侯有爲無道者。臣弑君。子弑父。力
能討之。討之可也。斯言得之。此量力爲之亦可耳。非謂有必討之責。且無天子方
伯之時云。程子言上告下告。則是有天子方伯也。有天子方伯。則彼自能討焉。何
待魯之告。又何束手。使魯成其功哉。前註專以人人得而誅之爲說。而不問天子
方伯之有無。程子以無爲有。欲必告而討焉。並失之。胡氏先發後聞。亦不問有無
之論耳。若有天子方伯。則魯完守備。具兵粮。俟王師至而戮力可也。不宜猥發師
旅。自取禍敗矣。若無天子方伯。事畢何所聞焉。若夫盜賊竊發。逆謀方萌。不迫早
誅之。慮滋蔓不可復制者。則有先發後聞之權道耳。陳恒弑君。國中難定。何營外

事。則是一國之禍。無滋蔓之虞。征討之遲疾。三月半歲。無所擇也。何用權道。爲當時若上有天子。下有方伯。則陳恆必不弒君矣。此可以推諸說之失。又曰。凡鄰國之亂。討之有早發師而得便利者。乘其衆心未定也。又有遲發而忽成功者。俟其國事略定。而群賊爭權。內相戕也。是類皆時勢之向背。而行軍之權謀矣。與道理之言無干涉。勿以入講。○注所引胡氏先發後聞之說。朱子抄錄隱四年宋侯陳侯蔡人衛人伐鄭。文公十五年諸侯盟于扈。胡傳之文。加仲尼此舉四字。以爲此說。胡氏原文云。鄰有弒逆。聲罪致討。雖先發後聞可也。詳其文。泛言鄰國諸侯。非謂孔子。陳恆弒君在獲麟之後。胡傳不及此事。朱子剿其說載此。可謂謬矣。

子路問事君。子曰。勿欺也。而犯之。

犯謂犯顏諫爭。○范氏曰。犯非子路之所難也。而以不欺爲難。故夫子教以先勿欺而後犯也。

箋曰。此章以不欺爲重。而語意則與犯之一串。言當無欺而犯。不當以欺而犯。誠以不欺子路之所不足。而犯其所長也。子路之賢。不憂欺詐其君。但性好勇。有時以不知爲知。是以思慮不周悉。於事或有所未盡。此亦欺君也。故孔子以此誨之。夫欺有出于身者。如自家好貨好色。却諫其君勿好貨好色也。有出于言者。如唐人諫敬宗遊驪山。謂驪山不可行。行則必有大禍。說得太過。則近乎欺也。有出于心者。如內交要譽惡其聲之類。一毫之萌。皆自欺也。子路之欺。與他人異。勇者氣浮輕發。而不能闕如。夫子嘗惡其佞。斥其行詐。以此。君臣之道。以義爲表。以恩爲裏。義則有所不敢犯。恩則有不忍犯。不敢者而或敢焉。所不敢必有甚于犯者也。

不忍者而或忍焉。所不忍必有甚于犯者也。故犯者事君之所重言也。而欺者尤事君之所謹戒也。檀弓云。事君有犯而無隱。若隱卽爲欺矣。皇本也作之。

子曰。君子上達。小人下達。君子循天理。故日進乎高明。小人狥人欲。故日究乎汙下。

箋曰。品類只有上下兩途。上達下達。是中間話。不是兩邊話。不上達卽下達。無不進不退。不升不崩。就中可息肩住足之地。上下無盡境。君子小人皆非一日而至。君子上進。如晨向旦至于日中。小人墮落。如晝向晩至于昏夜。人各有樂處。故各不能自已。要之只從一念上起。分別路頭。唯在義利之間而已。中井氏曰。君子一志於義。故日月益上。卒至于極。小人一志於利。故日月益下。卒亦至于極。君子喩於義章。立言不同。而語意相通。

子曰。古之學者爲己。今之學者爲人。爲去聲。○程子曰。爲己欲得之於己也。爲人欲見知於人也。○程子曰。古之學者爲己。其終至於成物。今之學者爲人。其終至於喪己。愚按。聖賢論學者用心得失之際。其說多矣。然未有如此言之切而要者。於此明辨而日省之。則庶乎其不昧於所從矣。

箋曰。孔曰。爲己。履而行之。爲人。徒能言之。孔意蓋謂。以所講論者。身體而力行之。則益于己。不能躬行。則所講論者。徒助于人也。如此則經文二爲字之義甚憭。釋文。爲。于僞反。是依注定讀也。荀子勸學篇。君子之學也。入乎耳。著乎心。布乎四體。形乎動靜。小人之學也。入乎耳。出乎口。口耳之間則四寸耳。曷足以美七尺之軀。

哉。又云。古之學者爲己。今之學者爲人。君子之學也。以美其身。小人之學也。以爲禽犢。荀子引此經。而上下文皆申此經之義。其云以爲禽犢者。禽犢饋獻之物也。謂所講論者。徒饋獻于人。而無益於己也。孟子謂。人病舍其田而芸人之田。正是爲己爲人之詮。

蘧伯玉使人於孔子。使去聲。下同。○蘧伯玉衛大夫。名瑗。孔子居衛。嘗主於其家。既而反魯。故伯玉使人來也。**孔子與之坐。而問焉。曰。夫子何爲。對曰。夫子欲寡其過。而未能也。使者出。子曰。使乎使乎。**與之坐。敬其主以及其使也。夫子。指伯玉也。言其但欲寡過而猶未能。則其省身克己。常若不及之意可見矣。使者之言。愈自卑約。而其主之賢益彰。亦可謂深知君子之心。而善於辭令者矣。故夫子再言使乎。以重美之。按莊周稱伯玉行年五十。而知四十九年之非。又曰。伯玉行年六十。而六十化。蓋其進德之功。老而不倦。是以踐履篤實。光輝宣著。不惟使者知之。而夫子亦信之也。

史記稱。孔子之所嚴事。於衛蘧伯玉。漢書張敞曰。蘧伯玉受孔氏之賜。必以及鄉人。後漢書王暢曰。蘧伯恥獨爲君子。讀論語兩章。其生平已可概見。蘧伯玉見於春秋。在襄公十四年。其時已與聞孫甯之事。必其名位已著。在强仕之年可知。又八年孔子始生。乃又歷一十八年。爲襄公之三十一年。又歷昭公之三十二年。定公之一十五年。至哀公之元年。孔子再至衛。主于其家。則此時伯玉已百年之人也。毛奇齡謂。以百年兢業。未能寡過之人。而引莊周六十而化以爲證。荒唐之言。

何足據乎。其說良是。左氏書中如吳季子・齊鮑文子。皆以九十餘歲老人。尚見於策。蔡邕釋誨云。蘧瑗保生。此長年之證。與之坐者。親愛伯玉。欲詳聞其起居也。此特記與坐。則非燕坐。蓋卽日延入徒坐。急欲聞其起居。吳英曰。集注云敬其主以及其使。此說不是。古人使人于朋友。皆其子弟若弟子。非賤僕也。原無不坐。豈孔子以殊禮待之邪。論語詳記此文者。秖以使來有立時之言。有坐時之言。立與坐。何非敬其主。如諸侯相朝。大夫來聘。皆先迎于門。立而言。後乃宴饗。坐而言。是也。迨送賓時。方問無恙。問無恙者。問其疾痛疴癢。親愛之情。未可遽達于所尊。不敢質直。必至送時乃問也。故於此記與之坐。以見詳審。聖賢交友之誠。語言之倫次。不可少此數字也。豈惟敬主云乎。俞樾曰。魯衛兄弟之國。孔子不得有爲於魯。猶冀有爲於衛。論語所記。如必焉正名乎。富之敎之。皆爲衛計也。乃靈公不能用。而孔子行矣。於是因己之不得有爲。而望衛之賢士大夫出而爲之。如伯玉者。固孔子所深望也。然伯玉爲人。有道則仕。無道則卷而懷之。卷而懷之。則不能有爲矣。孔子望其有爲。而又恐其不能有爲。故一見使者。卽有夫子何爲之問。彼使者乃深知伯玉者也。對曰。夫子欲寡其過而未能也。明伯玉但求無過。不求有功。而衛之不足有爲。與伯玉之不能有爲。皆在言外矣。此其相知之深。措辭之善。孔子所以歎美之也。不然問夫子何爲。自宜以所爲者對。何得但言寡過未能乎。俞說近之。尸子。孔子曰。自娛於隱括之中。直己而不直人。以善廢而不邑邑。蘧伯玉之行也。與邦無道則可卷而懷之。互相發明。○克己是顏子之事。援用失義。又莊子則陽篇。蘧伯玉行年六十而六十化。未嘗不始於是之。而卒詘之以非也。未知今之所謂是之非五十九非也。此注之所本。蘧伯玉年五十而知四十九年之非。此句見淮南子原道訓。注以爲莊子誤。又夫子信之。不待光輝宣著矣。光輝宣著。竟是後人之臆度。宜。劑仁齋曰。知道之無窮。而後識人之不能無過。有爲己之實心。而後知過之不能寡。故曰過而不改。是謂過矣。蓋言過之不可深咎。而至於不改。然後爲實過也。伯玉之使。不曰其欲無過。而曰欲寡過。不曰能寡過。而曰未能。蓋深有合乎聖人之心。宜乎夫子之深歎之也。論曰。後世之學。甚過緊密。務制斯心。欲一毫不容人指摘。殊不知人非木石。不能無過。但在能知其過。則速改以從善也。若欲強無過。則不至死灰其心。槁木其身。必至於把捉矜持。外飾內非。故曰。君子不貴乎無過。而貴乎能改過焉。

子曰。不在其位。不謀其政。 重出

箋曰。朱注重出。是也。邢疏以此經連曾子語爲一章。然孔子之言。何待證明。牢云。引夫子之言。以證大宰所以稱多能。與此自別。

曾子曰。君子思不出其位。 此艮卦之象辭也。曾子蓋嘗稱之。記者因上章之語。而類記之也。○范氏曰。物各止其所。而天下之理得矣。故君子所思不出其位。而君臣上下大小。皆得其職也。

箋曰。上章孔子所言者。爲政之位。此章位隨在而有。如對客時。秖是對客底位。舍而他思。卽是出其位也。凡身所處與所遇之事。皆謂之位。思欲精。不欲粗。欲純。不欲雜。有專一之思。有順應之思。○本文明明稱曾子曰。當斷以爲曾子語。非引象傳也。周易之文見論語者二。不恒其德或承之羞。此恒卦九三爻辭也。君子思不

出其位。此艮卦之象辭也。然不恒其德。則下學子曰二字。以別易文。君子思不出其位。則直爲曾子之語。未見其爲易文。但因象傳有此語。爲非曾子之言耳。歐陽子云。繫辭以下非孔子所作。宋儒有云。繫辭中稱子曰。是作者引孔子之語。猶子思中庸之書也。是以稱子曰。知非孔子之作也。然則說卦無子曰字。彖傳乾坤說四德。非文王之旨。其他亦推廣其義者。往往非文王之本旨。大象因上下二體別立一義。亦非文王之本旨。愚意。十翼總是孔氏之徒所作。非孔子親筆。

子曰。君子恥其言之過其行也。 行。去聲。○耻者。不敢盡之意。過者。欲有餘之辭。

箋曰。恥字須一串說。此章言言行宜相副也。論語語此意極多。學固不出言行。故也。夫言不過行。有何可恥。行取得中。豈容過餘。過中之行。君子不爲。過猶不及。夫子明已言之矣。集注失之。○邢本之作而。行下無也字。今從皇本。潛夫論交際篇。孔子疾夫言之過其行者。亦作之字。四書辨疑云。注文以恥其言與過其行分爲兩意。本因而字爲此說。舊說君子言行相顧。若言過其行。謂有言而行不副。君子所恥。南軒曰。言過其行。則爲無實之言。是可恥也。恥言之過行。則其篤行可知矣。二論意同。而字蓋之字之誤。

子曰。君子道者三。我無能焉。仁者不憂。知者不惑。勇者不懼。 知。去聲。○自責以勉人也。 **子貢曰。夫子自道也。** 道。言也。自道。猶言謙辭。○尹氏曰。成德以仁爲先。進學以知爲先。故夫子之言。其序有不同者以此。

箋曰。道者。猶曰所行也。道字且虛。下三句正是道。中庸載子曰。君子之道四。丘未能一焉。語意全同。聖人胸中無限量。純亦不已。若有限量則有息。而非聖人矣。因知道無盡。而聖人之學亦無盡。故孔子自視于三道猶若無能爾。顏子有若無實若虛。亦此意也。知仁前後異序。無意義。言此三成德無能一也。夫子自道也。自道猶曰自稱。言自稱自己也。與自言有別。夫子雖曰我無能焉。自子貢視之。三德盡備。故子貢贊詞如此。猶公西華曰正唯弟子不能學也之類。子貢是語尤妙。文章家所謂翻案矣。本評他而究爲自評也。自道之云。非恭非誇。夫子未始有意宣明己德。特他人見之。便以爲自評。注解自道爲謙辭。非是。皇本知作智。○我無能就仁知勇三人言。本是平列。非串說。如尹氏成德以仁爲先。進學以知爲先。是推究之論。非經旨也。

子貢方人。子曰。賜也賢乎我夫。我則不暇。

夫。音扶。○方。比也。乎哉。疑辭。比方人物而較其短長。雖亦窮理之事。然專務爲此。則心馳於外。而所以自治者疏矣。故褒之而疑其辭。復自貶以深抑之。○謝氏曰。聖人責人。辭不迫切。而意已獨至如此。

箋曰。子貢喜方人。亦嘗在孔子面前方人。較其優劣。故孔子予一棒也。夫好較其優劣而臧否之。是聰敏好辨之弊也。○賢乎我夫。賢射勝之名也。投壺。某賢於某若干純。是也。賢字。以自治有餘言。不暇字。以自治不足言。見賢思齊焉。見不賢而內自省也。安暇方人。○賢乎夫不暇。是反語已。古人之語多有之。後世文章家亦用反語。而今之俗言尤多有之。言己不賢不暇方人。是明示以自反之功。非褒之而疑其詞。故爲含諷也。師之於弟。有告誡無譏諷。聖人豈作吞吐譏誚語。皇本夫下有哉字。

子曰。不患人之不己知。患己無能也。凡章指同而文不異者。一言而重出也。文小異者。屢言而各出也。此章凡四見。而文皆有異。則聖人於此一事。蓋屢言之。其丁寧之意。亦可見矣。

箋曰。邢本作患其不能也。然古注及疏中釋經。並作己無能。今從皇本。此章與前後篇多同。學而篇則欲其反而知人之賢否也。里仁篇則欲其反而求所知之實否也。此章與衛靈公篇同。而文則異矣。蓋務外者爲學之通患。聖人每欲人反己以自力。故不一言而已也。

子曰。不逆詐。不億不信。抑亦先覺者。是賢乎。逆。未至而迎之也。億。未見而意之也。詐謂人欺己。不信謂人疑己。抑反語辭。言雖不逆不億。而於人之情僞。自然先覺。乃爲賢也。○楊氏曰。君子一於誠而已。然未有誠而不明者。故雖不逆詐不億不信。而常先覺也。若夫不逆不億。而卒爲小人所罔焉。斯亦不足觀也已。

箋曰。逆。讀如以意逆志之逆。說文辵部。訓逆爲迎。又云。關東曰逆。關西曰迎。故禹貢之逆河。鄭注云。河水相迎受。顧命之逆子釗。卽迎太子釗。左傳言戰。或言晉師逆之。秦伯逆之。皆迎之之義。億。讀如億則屢中之億。逆億。是把火去照物。先覺。是火在此。物來自照。聖人此語。是說非億度之知。乃明照之知耳。逆億而先覺者。出于有心。不免煩擾。不逆億而先覺者。皆至虛中所洮然而出。至靜中所寂然而通。逆億原非不好字。防奸察伏。亦非君子所廢。專恃不逆不億而不能先覺。於世道何補。只是不逆億而先覺爲難耳。中井氏曰。詐與不信是一類。詐謂今其所言非實情也。不信謂今其所要約以實情而後必有背畔也。亦字暗對逆億而言。朱子謂。不逆不億。而詐不信。聰明人自能覺之。如目動言肆。知其誘我。燕王告霍光反。昭帝知霍光不反。燕在遠。如何知數日內之事。據朱子此說。是先覺有實徵以入之辭貌而覺之。以平日素行而覺之。以時事不侔而覺之。皆先覺也。謝顯道曰。賢者於事能見之於微。謂之先覺。如履霜可以知堅冰也。此亦謂事有朕兆而覺之也。外注楊氏說。朱子於或問闢之矣。夫不逆不億而先覺者。是賢者之睿明自然而已。致知之至。亦應能如此。不必誠之明也。又集注人之情僞者。古書稱害曰利害。稱急曰緩急。所謂情僞亦類此。此文並揭情僞。而意實主僞一邊。

微生畝謂孔子曰。丘何爲是栖栖者與。無乃爲佞乎。 與。平聲。○微生姓。畝名也。畝名呼夫子而辭甚倨。蓋有齒德而隱者。栖栖。依依也。爲佞。言其務爲口給以悅人也。

孔子曰。非敢爲佞也。疾固也。 疾。惡也。固。執一而不通也。聖人之於達尊。禮恭而言直如此。其警之亦深矣。

箋曰。微生畝蓋亦鄉先生。於孔子爲先輩。以其名孔子知之。鄉黨戚族中。固有尊行高齒者。不必論德與隱可也。微生畝。漢書古今人表作尾生晦。微尾古通。丘何爲是栖栖者與。八字一句。言何故如此栖栖也。無乃從何字轉出。與字乎字疊用。是詰問之辭。非疑而不決之辭。栖栖字與小雅六月棲棲同。集傳。猶皇皇。不安之貌。何楷云。鳥宿曰棲。棲棲者。取其翔集不定之義。說文無栖字。其𠧧字下云。鳥在巢上也。象形。日在西方而鳥棲。故因以爲東西之西。棲西或作木妻。是西爲棲之本字。集韻。棲重文作栖。鳥棲或从西通作西。是栖爲西之或體也。詩可以棲遲。漢嚴發碑作西遲。毛傳。棲遲。遊息也。凡人行緩急皆得言棲。微生畝言栖栖。猶詩采采芣苢。傳曰。采采。非一辭也。蓋言夫子歷聘諸邦。皇皇無定耳。漢時本作棲棲。楚辭九辯。獨遑遑而無所集。王逸注。孔子棲棲而困厄也。文選班固答賓戲曰棲棲遑遑。孔席不煖。李善注。棲遑不安居之意也。詩六月云。六月棲棲。毛傳。棲棲簡閱貌。義亦同。佞如佞佛佞倖之佞。工爲媚悅也。不必在口給一偏。○疾固也。疾如好勇疾貧。疾沒世而名不稱焉。皆自疾也。固猶陋與學則不固。固哉高叟之爲詩也之固同。哀公問。寡人固不固焉得聞此言。注。固陋也。左傳定十年。吾僞固而授之末。注。僞爲固陋不知禮者。皆可以證。疾固。正與非敢爲佞呼應。是自明其意。若以固暗指微生。則聖人之心亦不恭甚矣。但理本一而不二。在夫子未始有意戒畝。然而畝之固陋。聞之亦可以自愧悟其非。只是畝以聖言爲戒。非聖人戒之。集注乃云其警之亦深。全戾經旨矣。皇本正平本南宗本。後孔子下有對字。

子曰。驥不稱其力。稱其德也。

驥。善馬之名。德謂調良也。○尹氏曰。驥雖有力。其稱在德。人有才而無德。

則亦奚足尚哉。

箋曰。冀北方產良馬。因通爲良馬之名。此爲驥發。所爲稱者。乃驥之所以得稱爲驥耳。非爲稱驥者發。驥一日行千里。此其力也。所謂德。亦在力處見之。善用其力便是德。若舍力而言德。此與凡馬之馴良者何異。故德力兼方謂之驥。然驥之所以見稱於世。却在德不在力。則君子之所重可知。注云調良。調者習熟而易控御也。太平御覽四百三引鄭注云。驥古之善馬。德者調有五御之威儀。周官保氏職五馭。鄭司農云。五馭。鳴和鸞。逐水曲。過君表。舞交衢。逐禽左。此謂御者之容。驥馬調良。能有其德。故爲善馬。人之稱之當以此。是章蓋以警恃才豪放者也。若夫用人任能之時。則未必一於此。然世人動輒說此人有德。便疑短於才。說此人有才。便不問其德。是以只得使貪使詐爲上策。不知有德則力爲駕輕就熟之資。無德則力適覆車絕紖之害。天下事所以僨張敗壞而不可救也。

或曰。以德報怨何如。或人所稱。今見老子書。德謂恩惠也。**子曰。何以報德。**言於其所怨。既以德報之矣。則人之有德於我者。又將何以報之乎。**以直報怨。以德報德。**於其所怨者。愛憎取舍。一以至公而無私。所謂直也。於其所德者。則必以德報之。不可忘也。〇或人之言。可謂厚矣。然以聖人之言觀之。則見其出於有意之私。而怨德之報。皆不得其平也。必如夫子之言。然後二者之報。各得其所。然怨有不讎。而德無不報。則又未嘗不厚也。此章之言。明白簡約。而其指意曲折反復。如造化之簡易易知而微妙無窮。學者所宜詳玩也。

箋曰。或人所稱。不必就老聃言之。凡古人言語偶同者。往往有之。以德報怨。是用機變之巧者。或以要譽。或以懷柔譽人。卽是詭譎。非正德也。○直以待怨耳。非所謂報也。而必言報者。承或人報怨之詞也。古人問答之道爲爾。報有在當下一事者。有在他時別事者。如橫逆之來。當下先須自反。其有當報。亦稱其情而不過。這在當下。或他有舊怨于我。其人之爲是爲非。當進當退。一以理斷。而我無與焉。這在異時。通章重報怨上。報德帶說。伊藤長胤曰。怨德者交際之所必有也。負恩忘德者。無復人理。固勿論也。一飯必酬。睚眦必報。俠客武人之所尙。而其道近乎刻薄。故或者矯之。爲以德報怨之說。亦猶懲多言之取辱。而三緘其口。惡位貴之必驕。而循墻而走。過猶不及。其弊一也。必如夫子之言。以直報怨。以德報德。而後怨德之報施當其可。而行之天下。而無所礙。所以爲中庸之極也。郝敬曰。直。順也。順理曰直。合天理當人心而已。懷私報復。有意刻薄。固非直。有意矯薄爲厚。亦非直。解者動引禮與春秋復君父之讐。謂聖人有必報之怨。夫君父之讐。世上有幾。此論士君子涉世存心之常耳。未可引君父爲例。敎學者脩怨也。春秋世諸侯脩怨。所以大亂。南宋諸儒。恥其君屈節事虜。忘徽欽之讐。經筵進講春秋。必以攘夷復讐持論。學者師宋儒而不通變。失之遠矣。高中玄曰。直者情理之無所曲者也。若本有可怨。乃曲其心以爲忍。置之不問。是匿怨而友。微生高之乞醯也。可以爲直乎。然則何如。曰怨當報則報之。無過則焉。不當報則不報。無逞忿焉。出乎心之公。得乎理之正。斯爲直而已矣。熊伯甘曰。毀謗阻厄傾奪。此可爲怨乎。曰此等逆境。自涉世必不能免。乃磨煉心性之資。又豈可言怨。韓信之於淮陰少年。直不疑之於同舍郞。眞盛德事。未可以矯情訾之也。

子曰。莫我知也夫。夫。音扶。○夫子自歎以發子貢之問也。子貢曰。何爲其莫知子也。子曰。不怨天。不尤人。下學而上達。知我者其天乎。

不得於天而不怨天。不合於人而不尤人。但知下學而自然上達。此但自言其反己自脩。循序漸進耳。無以甚異於人而致其知也。然深味其語意。則見其中自有人不及知而天獨知之之妙。蓋在孔門。惟子貢之智。幾足以及此。故特語以發之。惜乎其猶有所未達也。○程子曰。不怨天。不尤人。在理當如此。又曰。下學上達。意在言表。又曰。學者須守下學上達之語。乃學之要。蓋凡下學人事。便是上達天理。然習而不察。則亦不能以上達矣。

箋曰。莫我知也夫。此歎道之終不行也。史記說苑竝以爲獲麟後。喟然而歎。是語非必爲子貢而發。子貢適在傍承之云云耳。與賜也以吾爲多學參乎吾道一貫不可一例。文法自異。○○何爲其莫知子也。當時天下之人。皆知孔子爲大聖人。故云何謂其無知子也。○○子曰。不怨天不尤人。言天弗祐而予不怨焉。人弗用而予不尤焉云爾。夫時命與予違。卽天弗祐予也。○下學而上達。上下。只是高下淺深而已。皆以人道爲言。上達。如盡性知命之類是也。觀君子上達及注中漸進字。則上達是由卑而高。由近而遠。以漸而進。到知行之極處也。若學一件事。便知一件理。就爲下學上達。則學與達只在一時。上與下只在一處。便與君子之上達不類。蓋達字乃不成章不達之達。郝敬曰。易曰。形而下者。器也。形而上者。道也。道不離器。故但可言上下。而不可分精粗彼此。然則下學宜何先。曰。先行。世儒誤解格物致知。謂學先知而後行。是以知爲下學。行爲上達也。易云。知崇禮卑。禮履也。卽行也。崇效天。卑法地。乾知坤作。知無爲。行有迹。聖人知卽是行。學者求知必先行。有行而不知者。未有不行而能知者也。孟子云。行之而不著。習矣而不察。終身由之而不知道者衆也。自後儒先知後行。而學術荒矣。凡篇中開示諸賢。皆語以行事。不言性與天道。尚行也。故行者下學也。知者上達也。二氏語上遺下。先知後行。故荒唐無用。後儒踵之。非聖人之敎也。○知我者其天乎者。以天對人看。則天字不宜懸空屬理。若泛作理說。理無知。何以能知得聖人。達說亦云。知我者其唯彼蒼之天乎。伊藤長胤曰。先儒解命字。有理與氣之二端。然聖人言命。常就吉凶禍福値遇上爲說。未嘗涉乎理也。此章不怨天之天。旣是氣命。則知我其天之天。亦豈可外氣而求焉邪。學者須識所云天者。將何所指哉。人事之所値吉凶禍福附之偶然。固失于茫昧。而必窮之于理。亦墮于虛無。唯其蒼蒼之中。如有宰之者。可畏而不可慢。乃是天也。故湯之顧諟天之明命。自修其德。欲不失墜其命也。夫子天縱之將聖。豈有不爲其所知之理哉。此夫子之所以曰知我者其天乎也。又曰。我知天則各安所遇。無所欣厭憂喜。天知我則自有所恃。不問毀譽榮辱。雖有在彼在此之別。而盛德之至。與天爲一矣。○集注。蓋在孔門唯子貢之智。幾足以及此。故特語以發之。惜乎其猶有所未達也。古賀煜曰。子貢所以坐未達之罪者。特以不能如曾子之唯耳。然予周覽論語一書。受聖人之教。而更有言者綦尠。曾子一唯之外。如顏冉之雖不敏請事斯語。仲弓之居敬行簡。公西華之正惟弟子不能學。不過數條。而皆有所由。顏冉陳擔當之誠。仲弓公西華就聖言述己之見。卽曾子之唯。因下文子出門人問。以此判其界限者。顏淵問爲邦。而夫子有行夏之時。

乘殷之輅之教。仲弓問擧賢才。而夫子有擧爾所知之訓。豈可以其不唯。而議其未達乎。子遊子夏問孝。而夫子亦以不敬何以別乎。與色難之誨。此義平明。不爲歎與。豈可以其少一唯。斷其必未達乎。大抵聖人因其材而施教。成德達材。明效灼灼。必無不可與言而失言之事。但或有不能了然於聖言者。如樊遲仁知之問。退問於子夏。至其義理豁然而方已。決不漫然瞞過。況子貢之聰穎。顏子以下。卓未見其倫匹。安知其非昭然洞知而不煩再問耶。多學一貫章。集注亦以其不唯。斥其終未悟。恐未必然。

公伯寮愬子路於季孫。子服景伯以告。曰。夫子固有惑志於公伯寮也。吾力猶能肆諸市朝。

朝。音潮。○公伯寮魯人。子服氏。景謚。伯字。魯大夫子服何也。夫子指季孫。言其有疑於寮之言也。肆。陳尸也。言欲誅寮。

子曰。道之將行也與命也。道之將廢也與命也。公伯寮其如命何。

與。平聲。○謝氏曰。雖寮之愬行。亦命也。其實寮無如之何。愚謂言此以曉景伯。安子路。而警伯寮耳。聖人於利害之際。則不待決於命而後泰然也。

箋曰。公伯複姓。見廣韻。馬融云。伯寮魯人。弟子也。蓋弟子籍出自孔氏。史公據以爲傳。竝非鑿空撰出。不得以王肅家語不載而轉疑馬注爲誤也。明程敏政以寮爲聖門蟊賊。請罷其從祀。得鳴鼓攻之之旨。○夫子固有惑志於公伯寮。弟子列傳作夫子固有惑志僚也。是於公伯寮四字。當連上爲句。言夫子惑於寮之言也。惑者。志爲寮所眩惑之謂。是信寮之譖也。子路以忠信見知於人。不知寮何所得愬。而季孫且信之。朱子或問以爲在墮三都出藏甲之時。說頗近理。當時必謂子路此舉。是彊公室弱私家。將不利於季氏。故季孫有惑志也。皇本正平本南宗本。寮下有也字。今從之。○吾力猶能肆諸市朝。猶能二字。含權力雖微之意。景伯是孟孫之族。當有勢力。能與季孫言也。辨子路之無罪。欲令季孫知寮之愬。然後使季孫誅寮。以國之常刑殺之。景伯必無不告季孫而竟自誅寮也。市朝者。劉寶楠曰。周官鄉士云。協日刑殺。肆之三日。又遂士云。協日就郊而刑殺。各於其遂肆之三日。縣士云。協日刑殺。各就其縣肆之三日。又掌戮云。凡殺人者。踣于市。肆之三日。惟殺于甸師氏者不肆。是周制殺人有陳尸三日之法。故左傳載。楚殺令尹子南于朝。三日。子南之子棄疾請尸。亦以陳尸三日故也。鄉士疏引論語注云。大夫於朝。士於市。公伯寮是士。止應云肆諸市。連言朝耳。檀弓。杞梁之妻曰。君之臣不免於罪。則將肆諸市朝。而妻妾執。注肆陳尸也。大夫以上於朝。士以下於市。與論語注同。魯語云。大刑用甲兵。其次用斧鉞。中刑用刀鋸。其次用鑽笮。薄刑用鞭朴。以威民也。故大者陳之原野。小者致之市朝。五刑三次。是無隱也。韋昭注。其死刑。大夫以上尸諸朝。士以下尸諸市。三處野朝市。韋與鄭同。據左傳。楚殺令尹子南于朝。又晉尸三郤于朝。明以職尊故肆朝也。若晉尸雍子與叔魚于市。孔疏即云。以其賤故也。其後董安于縊而死。趙孟尸諸市。亦以安于職卑。是鄭以大夫肆朝。士肆市。有明徵矣。王制云。刑人于市。與衆棄之。無殺人于朝。及肆朝之文。周官鄉遂縣士及掌戮。亦止言肆市。不言肆朝。且掌戮又云。唯王之同族。與有爵者。則殺之于甸師氏。有爵當謂大夫以上職尊者。與魯語及論語左傳之文不同。說者多以爲疑。毛奇齡謂。刑士於市。刑大夫于甸師氏。而苟有重罪宜肆者。則士肆市。大夫肆朝。而士以下。各于其地刑之肆之。未爲不可。此說深爲得理。若然則周官不言肆朝。或以事不經見。故不載之。抑後周所增制。非元公舊典也。又古人言市朝有二解。考工記面朝後市。市朝一夫。周官鄉師以木鐸徇于市朝。檀弓遇諸市朝不反兵而鬬。奔喪哭辟市朝。孟子若撻之于市朝。史記孟嘗君列傳。日暮之後過市朝者。皆謂市中官治之所司市云。掌市之治教政刑量度禁令。以次叙分地而經市。注云。次謂吏所治舍思次介次也。若今市亭然。此即是市朝。與論語此文市朝爲二各別也。○道之將行也與命也。道之將廢也與命也者。孔子爲魯司寇。子路爲季氏宰。實相表裡。觀墮都之事可見。子路之見疑。即孔子不用之由。故孔子以道之行廢言之。似不僅爲子路發也。劉沅曰。春秋世卿擅權。寒畯無由拔茹。況三家世柄魯政。妨賢妬能。已非一日。魯君即知孔子之聖。亦不能自用之。仲由冉求仕季氏。季孫重之。二子時時稱道其師之賢。故季孫薦用之。非定公能用孔子也。夫子從政。即振飭綱紀。命子路墮都出甲。季孫蓋已陰憚之矣。公伯寮因愬子路。景伯一片公憤。遂欲誅寮。不知寮安能爲。爲政者季孫也。使季孫信孔子之聖而終任之。君相之明即道將行之命也。不幸寮愬得行。夫子不能終於魯。君相之惑即道不行之命也。君相有造命之權。人事即天心所在。使季孫不聽寮言。彼亦安能如之何哉。故曰公伯寮其如命何也。不便顯言君相。而曰命。所以慰子路而止景伯之憤也。若區區言命。而謂聖賢用舍皆有天意。則君相代天理物之權。全用不著。弊由錯解命字耳。中井積德曰。命也猶言天也。命無聖凡之別。注聖人不待決於命。似謬。子曰。不知命無以爲君子。又曰。畏天命。又曰。五十知天命。皆非爲衆人言者。中庸居易以俟命。亦豈衆人之事。聖人若不決於命。其決於何物哉。又朱注云。安子路。警伯寮。皆文外生義。不可從。此唯曉景伯。使其不出力爭辨而已。

伊藤維楨曰。聖人之於事。有言命者。有不言命者。蓋於道之行廢。世之治亂。每必言命。爲其在天而不在人也。至于出處進退。利害取捨之際。則必言義而不言命。爲其由己而不由人也。夫衆人雖決於命。而不堪其憂苦。不知命也。賢者雖能委命。而不能安焉。又以其不眞知命也。唯聖人富貴貧賤。夷狄患難。無入而不自得。蓋知命之至。泰然自安。亦靡所動于心。故曰不知命無以爲君子也。

子曰。賢者辟世。 辟。去聲。下同。○天下無道而隱。若伯夷太公是也。 **其次辟地。** 去亂國。適治邦。 **其次辟色。** 禮貌衰而去。 **其次辟言。** 有違言而後去也。○程子曰。四者雖以大小次第言之。然非有優劣也。所遇不同耳。

辟。皇本正平本作避。蒼頡篇。避。去也。○次者。避之遠近次第也。非德之大小次第。辟世辟地。所辟者有深淺也。辟色辟言。所以辟者有遲速也。賢者所辟。有此四者。當由所遇不同。孟子告子下。言古之君子所去三。亦云其次其下。與此文義同。子華子神氣篇。言違世違地違人。以違世爲大上。違地違人皆其次。似以優劣論之。與論語意不同矣。辟言。以上文辟色爲證。則言明屬人君說。集注違言二字。本於左傳鄭息有違言。當解爲違忤之言。鄭息爲二國。則相與吐違言。今專就人君言。

則指人君之違言。靈公問陳。非夫子所欲聞。則謂之違言可也。聖人有禮貌衰而去。卽此之辟色也。謂吾不能用而行。卽此之辟言也。中井積德曰。辟色者避之顏色不相及之處也。辟言者避之言語不相及之處也。辟世不與惡人並世也。辟地不與惡人同國也。辟色不立於惡人之朝也。辟言不與惡人言也。○玩此章詞意。當是轍環不遇。將反魯而自哀傷之詞。夫子平日不滿避世之士。至此翻覺其是。若曰當今之世亦不容使之不避耳。如其次辟地辟色辟言。究竟不出一個辟字。此與敍逸民而以已殿之同意。蓋聖賢之心決無忘世之理。若其身則有時而辟世矣。夫子亦自云無可無不可。若必不肯隱。非仍有可不可邪。講家多只說聖人不肯隱。然於當日之微情幽思不盡合也。○古賀煜曰。此章集注引伯夷太公解辟地。引孟子禮貌衰而去釋辟言。可見皆爲大賢以上。庶乎中庸者之行。不可以桀溺輩長往不返一偏之士爲言。伯夷太公比之夫子則有間。然彼其聞西伯養老而來受養。一佐武王致王治。其應變制宜。固非沮溺輩可同日語。孔子至仁大德。切於憂世。一意欲拯斯民於塗炭。又與自他聖人不同。然其濟時之心。潛見之妙。固並行不相悖。觀其定公初年不仕。晚年退而修詩書禮樂。固與任底意思者不侔可知。夫子亦必有辟世之時。苟亂如紂之世。未必一時不爲辟世之士。但天下有一點可濟之機。立出而有爲。今日辟世。明日立朝。今日獻可。明日辟言。其變化時中之妙。不惟沮溺荷蓧不敢希望萬一。卽伯夷太公亦瞠乎後。此其所以爲至聖也。夫子賢人之評每甚重。則此章當槩以大賢以上之行爲言。夫同一辟世語。而夫子沮溺所指。資然不同。公劉好貨。齊宣亦好貨。大王好色。齊宣亦好色。豈可謂齊宣好貨色與公劉大王同乎。

子曰。作者七人矣。季氏曰。作。起也。言起而隱去者。今七人矣。不可知其誰何。必求其人以實之。則鑿矣。

箋曰。作者謂制作之聖。樂記曰。作者之謂聖。表記曰。後世雖有作者。虞帝弗可及也已矣。皆言制作禮樂者也。夫子思古傷今。蓋與鳳鳥不至之歎意相類。而七人之爲誰何。闕疑可也。或謂七人言堯舜禹湯文武周公也。獨曰七人而不斥其名者。人皆知之也。○此曰作者七人者。以其道備而後世則之者也。注謂起而隱去。因上下章而云然也。不思作不可以言隱。隱不當以先起也。豈謂先隱于本土。復走出外境爲起去乎。故程子亦以作字爲作者謂聖之作。

子路宿於石門。晨門曰。奚自。子路曰。自孔氏。曰。是知其不可而爲之者與。與。平聲。○石門。地名。晨門。掌晨啓門。蓋賢人隱於抱關者也。自。從也。問其何所從來也。胡氏曰。晨門知世之不可而不爲。故以是譏孔子。然不知聖人之視天下。無不可爲之時也。

箋曰。鄭注云。石門。魯城外門也。外門當謂郭門也。水經洙水注。洙水北流逕孔里。又西南枝津出焉。又西南逕瑕丘城東。而南入石門。門右結石爲水門。跨於水上。閻若璩謂。此卽子路宿處。是也。據水經注。知石門在孔子居宅之西南。甚遠。子路經此城門。以歸孔氏。其殆自陳來歟。陳在魯之西南。○晨門者。晨開昏閉。並監門之所掌。但命職多舉昏爲言。此作晨。記者以子路宿於石門。不及入城。故特書晨門。對宿字爲文。周禮天官閽人。賈疏云。昏時閉門。則此名閽人。晨時啓門。則論語

謂之晨人。據此賈所見論語晨門。蓋作晨人。但闇人爲主宮門之稱。若司城郭諸
門。則名司門。賈以闇人例晨門。非謂晨門卽闇人也。皇本正平本南宗本。石門下
疊石門。○自孔氏。言自孔氏處來也。孔氏猶言孔家。不曰孔丘而曰孔氏。以孔子
爲魯城中人。擧其氏輙可識。不必如答長沮之問爲孔某也。本文書宿。書晨門。是
必孔子轍環四方久矣。使子路歸魯視其家。抵城而門已闔。宿于外之郭門。謂其
來何次日晨興。子路伺門入門焉者。心焉異之。謂其起何蚤也。想仲由亦自有徬
徨待旦情形發見于外。晨門賢者。蓋識子路。故特就而致詢焉。不然城門既大啓
後。往來如織。焉能盡執人而問之哉。及子路告以自孔氏。卽接口詰曰。是知其不
可而爲之者與。蓋隱于魯門者。固久知魯城中有栖栖之孔某也。故一擧其氏。而
已識當下神情爾。○是知其不可而爲之者與者。聖人非不知道之不行者。亦是
後面子路道之不行已知之矣之意。知字輕看。只是逆料的意。夫春秋之不可復
爲唐虞三代。夫子知之矣。顧何忍遽棄之。如慈母愛子。子病不起。終不忍立視苟
有用我者。何將不可爲。夫子嘗曰。天下有道。丘不與易。正爲世不可爲故欲爲之。
此正聖人挽轉乾坤大作用。到歸與之歎。方是眞知其不可也。夫不可而爲之人
多疑夫子不知而晨門於此却儆子路曰。是知者也。其識尤高。春秋吏隱。儀封人
石門晨門是也。皆聖人知己也。封人一言。而天心千古不爽。晨門一言。而聖心一
生若揭。道之不行。已知之矣。若知其不可而不爲。則是荷蕢所謂莫己知也。斯已
而已矣。子曰。果哉。末之難矣。聖人不忍也。晨門以夫子爲知其不可而爲之。非識
夫子也。此深知聖心者也。但看下章。瞭然矣。凡隱者不顯姓名者。晦跡之極密者
也。且彼有言而夫子不之辨者。爲其言稱旨故也。除此章。唯儀封人接輿有是。○

無不可爲之時。以語聖人之德則是矣。以論時勢則非矣。蓋孔子之德無不可之時。而滿天下之君臣皆不可之人矣。雖孔子其如之何。晨門所謂不可是也。胡說未當。

子擊磬於衛。有荷蕢而過孔氏之門者。曰。有心哉擊磬乎。

荷。去聲。○磬。樂器。荷。擔也。蕢。草器也。此荷蕢者亦隱士也。聖人之心。未嘗忘天下。此人聞其磬聲而知之。則亦非常人矣。

既而曰。鄙哉。硜硜乎。莫己知也。斯已而已矣。深則厲。淺則揭。

硜。苦耕反。莫己之己音紀。餘音以。揭。起例反。○硜硜。石聲。亦專確之意。以衣涉水曰厲。攝衣涉水曰揭。此兩句。衛風匏有苦葉之詩也。譏孔子人不知己而不止。不能適淺深之宜。

子曰。果哉。末之難矣。

果哉。歎其果於忘世也。末。無也。聖人心同天地。視天下猶一家。中國猶一人。不能一日忘也。故聞荷蕢之言。而歎其果於忘世。且言人之出處。若但如此。則亦無所難矣。

箋曰。荷蕢。漢書古今人表作何蕢。說文。何。儋也。詩商頌。百祿是何。何天之休。何天之龍。傳。何。任也。箋云。謂擔負。今作荷者假借。漢書何武等傳贊。以一蕢障江河。李賢注。蕢。織草爲器。所以盛土也。過孔氏之門。皇本正平本南宗本。氏作子。氏猶家也。客居不可謂孔氏。古本似是。○有心哉擊磬乎。本文明有過孔氏之門五字。則聞磬聲。明知是孔氏所擊也。不然下文莫己知句無所由出也。不當作專因磬聲知之。有心哉。猶言有一種心腸。荷蕢蓋初聞而怪其聲之非常。未可說到心不忘贊歎有心。竟似莫逆。何得復以硜硜爲鄙。此於下爲背。實疏如何有心。直露莫知天下。蓋擊磬只是偶然。但夫子一副憂世心腸。自然見于磬聲中耳。謝廷龍曰。若意思此於下爲觸。講此句只虛虛就擊磬上還他個有心留。既而一轉。不背不觸爲得。○鄙哉硜硜乎。釋名釋州國。鄙否也。小邑不能遠通也。趙岐孟子盡心注。鄙狹也。鄙是陋其識之不達。硜硜是病其守之太堅。莫己知以下。正說其鄙而硜硜處。說文。硜古文磬。史記樂書。石聲硜。今樂記作磬。然則磬是以聲名之矣。釋名釋樂器。磬。罄也。其聲罄罄然堅緻也。罄與磬硜並通。釋文苦耕反誤。硜硜乎引申作固執堅確之貌。是因磬聲想出其人之氣象也。如詩之比興。蓋有心哉擊磬乎一節。固詳磬聲。此節則專譏夫子來仕亂國。一意欲濟時。不知應變制宜。流於硜硜專確之行。不復就磬聲上說。當時如荷蕢楚狂一流人。亦非無心於當世者也。但是逆料其不可爲。故決意長往而不返耳。驟聞磬聲。不覺打動熱腸。忽然歎曰。有心哉。旋轉一念。又曰鄙哉。始之歎。即夫子之心也。既之鄙。則眞荷蕢之心也。○莫己知者。言人莫知夫子而用之也。斯己者。言但當爲己。不必爲人。即孟子所云獨善其身者也。故引詩以證進退宜隨時。錢大昕曰。今人讀斯已而已兩已字皆如以。考唐石經。莫己斯己。皆作人己之己。而已作已止之已。釋文。莫己音紀。下斯己同。與石經正合。集解。此硜硜者。徒信己而已。皇疏申之云。言孔子硜硜。不肯隨世變。唯自信己而已矣。是唐以前論語。斯己字皆不作止解。由於經文作己不作已也。己與已絕非一字。宋儒誤讀斯己爲以。未免改經文以就己說矣。○深則厲。淺則揭。此處引詩。與他處不同。他處上有詩云字。下有我句。如其斯之謂與。此之謂也之類。此處則是荷蕢吟咏而去。不復再贅一詞。只借作自家語。言涉水者尙知淺深之宜。勿以淺深分配治亂說。古賀煜曰。據舊說。攝衣涉水之衣眞衣。而以衣涉水褌二衣夐殊。夫以衣涉水。攝衣涉水。緊對而言。則二衣必是同物。不可析爲二也。春秋傳。師克左右之曰。以當時凡據邑提兵。皆曰以。以有提持之意。故手持物亦可謂之以。以衣涉水曰厲。言水之尙淺。可摳衣以渡。水之深也。必解衣持之。負戴以涉也。毛傳以衣爲厲。謂由帶以上也。揭褰衣也。毛說雖簡自不謬。蓋水由帶以上。則衣不復可揭。故脫而持之也。衣裳對言則二。混說則一。鄉黨攝齊。集注以齊衣下縫。兩手摳衣解之。朱子又嘗云。攝齊者。是謹恐上階時蹈著裳。有顚仆之患。其義極明。可見厲揭衣。皆是裳也。但解衣而涉。全露其體。殊爲失禮。故古人別有涉水之衣。以蔽下體。蓋犢鼻褌之外。別著所謂涉濡褌者也。然言解衣以渡。則著涉水之褌。自不煩言。舊說云云。亦是足考古制之遺。但直以涉水之衣。解以衣之衣。則不通矣。潘維城曰。爾雅。揭者揭衣也。以衣涉水爲厲。繇膝以下爲揭。繇膝以上爲涉。由帶以上爲厲。詩毛傳同。戴震毛鄭詩攷正云。既以衣涉水矣。則何不可涉。以與詩人託言不度淺深。將至於溺不可救之意未協。說文。砅。履石渡水也。引詩深則砅。字又作濿。省用厲。酈道元水經注河水篇云。段國沙州記。吐谷渾於河上作橋。謂之河厲。此可證橋有厲名。詩之意以淺水可褰衣而過。若水深則必依橋梁乃可過。喩禮義之大防不可犯。衛詩淇梁淇厲幷稱。厲固梁之屬也。足以證說文之有師承。爾雅正義云。戴氏伸說文。以匡爾雅。其說辯矣。然古字假借。義相貫通。不得專主一解。衛風言淇厲。無妨橋有厲名。至於深則厲

之文。當從爾雅。不可易也。何則漢世司馬相如。劉向。並是小學名家。相如上林賦
云。越壑厲水。大人賦云。橫厲飛泉以正東。劉向九歎云。櫂舟航以橫厲兮。又云。橫
汩羅以下濿。是相如劉向俱宗雅訓。不以厲爲履石渡水也。列子說符篇。縣水三
十仞。圜流九十里。有一丈夫。方將厲之。是厲爲以衣涉水也。釋文引韓詩云。至心
曰厲。謂之至心。卽所云由帶以上。是不獨毛詩本爾雅。韓詩亦與爾雅同義也。許
氏撰五經異義。主於各推所長。合其要歸。故說文引訓。間存異義。要皆折衷於爾
雅。其解涉字云。徒行厲水也。是許氏未嘗不以厲爲以衣涉水矣。經義述聞亦曰。
厲之言陵厲也。陵水而渡。故謂之厲。厲字卽承上句涉字言之。故說文以涉爲徒
行厲水。義與爾雅同也。宋玉大言賦亦曰。流血冲天。車不可以厲。是厲爲涉水之
名。非謂橋梁也。自當从雅訓爲是。且深則厲。淺則揭。相對爲文。若以厲爲橋。而曰
深則橋。斯與淺則揭之揭文不相當矣。說文以砅爲履石渡水。仍取渡涉之義。非
以砅爲石橋也。水經注河厲之名。出於後代。不足以證經也。段注說文云。履石渡
水。乃水之至淺。尚無待於揭衣者。其與深則厲。絕然二事明矣。厲砅二字同音。故
詩容有作砅者。許偁以明假借。其或然歟。淺則揭。過庭錄曰。揭从手。以手褰衣裳
而過。故曰揭。說文涉徒行厲水也。鄭注論語云。由鄰以上爲厲。知涉者正藉乎厲。
由帶以上必厲而後渡。雅取對詁。鄭據散文。其說可通也。陳鱣謂釋水云。由鄰以
下爲揭。由鄰以上爲涉。由帶以上爲厲。蓋分擧之則三。總言之則二。以鄰爲準。而
分上下也。〇果哉。末之難矣。言果於棄世哉。如此則易矣。然我知其不可而爲之
者。有不可已者故也。果哉與有心哉對。有心哉是荷蕢知夫子。果哉是夫子知荷
蕢。末之難句。正是果哉轉語。與上既而曰節對。夫八音皆可娛情。夫子之擊磬。悲

憫之懷。不覺流露。故荷蕢者聞而知之。其規夫子以深厲淺揭。蓋自以爲得作止之宜。夫子以爲果。且謂非難。則夫子之難可知矣。蓋荷蕢之流。其初亦欲濟世。因世不可爲。則恝然置之。第求可以全身。雖亦高尚。郤非天地之心。譬如人見人不善則惡之。甚且不能堪之。賢者則度外置之。不與之校。聖人則忘其禍我拂我。而憫其無知。更思有以委曲敎化之。此聖心所以如天也。○吳英曰。諸侯年表曰。衛靈公三十八年孔子來。祿之如魯。此說孔子來是也。是年祿非也。司馬氏因書孔子來。而連文書之爾。其實孔子適衛無君者有一二年之久。而後得仕于衛。亦不及一載而卽去也。大抵孔子周遊四方。所仕之國。得之難。而失之易爾。蓋孔子所以至衛。原非有望于無道之靈公。一則因衛多君子。雖無君而有臣矣。一則以魯衛接壤。孔子雖去魯。而猶有餘望于魯。晉士會奔秦。六卿猶知謀所以返之。安知桓子既嘗爲見行可之仕。而不能悔而迎之乎。故孔子至衛。正不遽求仕進也。卽其主于顏濁鄒家。亦非初至衛而卽主之也。顏濁鄒。衛之大夫也。大夫之家。豈有荷蕢者得聞其磬聲于門外者乎。又豈顏氏之館而可稱孔氏之門者乎。又豈初至衛既館于大夫之家。而後郤徙居于一廛之宅乎。後儒不論及此者。豈非誤于史記謂孔子五適衛而五去衛也歟。荷蕢者曰。莫己知也。斯已而已矣。此正孔子初至衛而未能卽有遇合之一證也。於衛主顏讎由。孟子注曰。顏讎由。衛賢大夫。史記云。孔子自魯適衛。主于子路妻兄顏濁鄒家。據此知顏濁鄒卽顏讎由也。世家又曰。如顏濁鄒之徒。頗受業者甚衆。據此知讎由又孔子弟子也。孟子引以證不主癰疽侍人之實。然孔子豈特不苟于所主哉。論語有子擊磬于衛之文。則初至衛時。并未能卽有所主之家可知也。其後乃主于讎由之家。則初未遽欲仕于其朝可知也。其後乃讎由受業于孔子。而進之于靈公。又可知也。

子張曰。書云。高宗諒陰。三年不言。何謂也。高宗。商王武丁也。諒陰。天子居喪之名。未詳其義。

子曰。何必高宗。古之人皆然。君薨。百官總己以聽於冢宰三年。言君薨。則諸侯亦然。總己。謂總攝己職。冢宰。大宰也。百官聽於冢宰。故君得以三年不言也。○胡氏曰。位有貴賤。而生於父母。無以異者。故三年之喪。自天子達於庶人。子張非疑此也。殆以爲人君三年不言。則臣下無所稟令。禍亂或由以起也。孔子告以聽於冢宰。則禍亂非所憂矣。

箋曰。諒陰假借字。故或作梁闇。或作涼闇。或作諒闇。或作諒瘖。而其義皆爲梁庵。即諸侯以上凶廬也。鄭讀闇如鶉鶕之鶕。擬其音耳。鶉鶕之鶕與庵同音。天子諸侯始死。其子居倚廬。既葬。柱所倚之木以起之。翦齊其茅。謂之梁庵。儀禮所云翦屏柱楣是也。若訓信默。則與下文不言相複矣。劉寶楠曰。書云者。伏生大傳說命篇。書曰。高宗梁闇。三年不言。何爲梁闇也。傳曰。高宗居凶廬。三年不言。此之謂梁闇。是此書文在說命篇。禮記喪服四制所引。亦其文也。鄭注。此云。諒闇謂凶廬也。其無逸注云。三年之禮。居倚廬。柱楣。注。喪服四制云。諒古作梁。楣謂之梁。闇讀如鶉鶕之鶕。闇謂廬也。廬有梁者。所謂柱楣也。如鄭此說。是伏傳作梁。用正字。作亮作諒。皆叚借。又漢書五行志。何休公羊注作涼。亦叚借也。闇從音。與陰聲最近。惠氏士奇禮說。葛洪曰。橫一木長梁于東墉下。著地。以草被之。既葬則翦去草。以短杜拄起長梁。謂之杜楣。楣亦名梁。既葬。泥之。障以蔽風。愚謂。古之闇。今之庵也。釋名曰。草圓屋曰蒲。又謂之庵。庵。掩也。所以自覆掩也。誅茅爲屋。謂之翦屏。非庵而何。庵讀爲陰。猶南讀爲任。古今異音。廣雅。庵與廬皆舍也。倚廬不塗。既葬塗廬。塗近乎堊。釋名曰。堊。亞也。次也。先泥之。次乃飾以白灰。康成謂堊室者壘墼爲之。蓋杜楣倚壁爲一偏。壘墼成屋爲兩下。然則既葬除之。既練壘之加堊。既祥又加黝。總謂之廬。故尚書大傳曰。高宗有親喪。居廬三年。此之謂也。案白虎通喪服篇所以必居倚廬何。孝子哀不欲聞人之聲。又不欲居故處。居中門之外。倚木爲廬。質反古也。故禮間傳曰。父母之喪。居倚廬。於中門外東牆下。戶北面。練居堊室。無飾之室。又曰。天子七日。公諸侯五日。卿大夫三日而服成。居外門內東壁下爲廬。然則廬是倚木爲之。別以一木橫臥於地。以上承所倚之木。卽葛洪所謂下著地者也。孝子於所倚木兩旁出入。或以苫蔽其一旁耳。既葬則以短杜將所橫臥於地之長梁拄起。若爲半屋。然則所謂杜楣者。謂有杜有楣也。梁闇以喪廬稱之。文選閒居賦注。以爲寒涼幽闇之處。此望文爲義。非古訓也。馬融書注云。亮。信也。陰。默也。爲聽於冢宰。信默而不言。此僞孔所本。楚語言高宗云。於是乎三年默以思道。此但釋不言之義。其不言在居喪時。故鄭從伏傳作梁闇。解爲喪廬。不用其師說也。○不言不言及國政也。○古之人皆然。夫子言古之人皆然。以當時不能然也。周之賢王亦在古之人三字之內。但此古之人言天子諸侯。而大夫以下不與焉。故下以諸侯證其皆然也。曲禮。天子死曰崩。諸侯曰薨。君薨本稱諸侯之辭。此乃通天子而言。蓋學禮文也。檀弓載此。作胡爲其不然也。則下受以天子之禮。此曰古之人皆然。則下受以諸侯之禮。文各有所宜也。○百官總己以聽冢宰。總己大小事。一聽家宰也。蓋百官職內務。此事聽家宰處分。彼事不聽家宰處分。則未見家宰威重。百官推崇之意。但總舉百官職內事。皆聽于家宰之處分。方始見家宰權任之至重。百官約言。非謂官止百耳。周書云。唐虞稽古。建官惟百。夏商官倍。攷之周禮。天子之官。公卿大夫以至上中下士。共官二萬五千二百六十有奇。諸侯之官不與焉。冡。大也。裁制曰宰。冡宰上卿也。聽於冡宰。天子諸侯無別。左傳。羽父求大宰。又曰。武請於冡宰。諸侯亦同。是名可知。○此章主意在不言而不在三年。故孔子以百官總己聽於冡宰以明之。丘瓊山曰。嗣主委君道以伸子道。百官盡臣職以承相職。此天下忠孝相成之大關也。昔周公負扆以朝諸侯。而流言起。則此制不得不變。故康王葬畢遂卽位。而漢文以日易月之制。亦世道江河不返也。但服制奪於世變。哀戚本乎至情。當於二十七日之後。以衰服居外朝。以衰服居內殿。斯兩全也。陸稼書曰。衰服不若墨縗爲尤安。按丘說。蓋召公輩已鑒於流言之禍矣。然則此制之廢。自周始也。故書詳紀之與。蓋天子之治國事。如臣庶之治家事。委家事於奴僕。必擇其賢者。而況國事乎。苟無周召之臣。何取不言之制。丘陸之說。適於時變。又不失聖人之意。可謂通儒矣。

子曰。上好禮。則民易使也。

好易。皆去聲。○謝氏曰。禮達而分定。故民易使。

箋曰。禮者本天地高卑之常。而辨之等列。是上焉者所以整齊萬民之具也。本人心辭讓之眞。而立之品節。是上焉者所以總攝四海之樞也。上之好禮。內自誠意肅恭。以至於外之衣冠瞻視。近自宮庭朝廟。以至於遠之郊甸閭閻。無一事不是禮。無一時一處不是禮。故禮上加一好字。便足以精神貫徹。本末精粗。無所不具。

夫然後可以作民之怠。去民之驕。仁齋曰。夫子之敎人。必以好爲上。嘗曰。上好禮則民莫敢不敬。上好義則民莫敢不服。上好信則民莫敢不用情。又曰。吾未見好德如好色者也。漢唐以來。莫不置禮闈。設禮官。以講儀文度數之詳。然而徒爲虛器。不達於天下者。豈非纔供文具。而好之之心未至故乎。孟子曰。上有好者。下必有甚焉者矣。亦謂好之之益甚大也。

子路問君子。子曰。脩己以敬。曰。如斯而已乎。曰。脩己以安人。曰。如斯而已乎。曰。脩己以安百姓。脩己以安百姓。堯舜其猶病諸。

脩己以敬。夫子之言。至矣盡矣。子路少之。故再以其充積之盛。自然及物者告之。無他道也。人者對己而言。百姓則盡乎人矣。堯舜猶病。言不可以有加於此。以抑子路。使反求諸近也。蓋聖人之心無窮。世雖極治。然豈能必知四海之內。果無一物不得其所哉。故堯舜猶以安百姓爲病。若曰吾治已足。則非所以爲聖人矣。○程子曰。君子脩己以安百姓。篤恭而天下平。唯上下一於恭敬。則天地自位。萬物自育。氣無不和。而四靈畢至矣。此體信達順之道。聰明睿知。皆由是出。以此事天饗帝。

箋曰。子路之不足於君子。不在政事。而在修德。故夫子告以此也。若夫子路而剛烈自抑。恭敬修己。以充君子之德。其安百姓。豈獨千乘而已哉。是夫子之所望於子路。而子路之終所不能及者也。修己以敬。參看下修己以安人句。知此句當解爲修己而以敬。不可解爲以敬修己。己者對人之稱。修己者。修身也。以字緊承上文將去。下二以字並同。敬原該動靜內外。本文敬字專指發見於事爲上。其實脩己卽既是敬。脩己以敬。言自內達之外也。故下文言修己以安人安天下。不復言以敬。而以敬自在其中。脩有二義。天眞不足。則用脩以補之。氣質有餘。則用脩以治之。不脩之己。只一味情識用事。這情識便自封自隔。對面之甘苦不能共。一家之痾癢不能通。其不能安人安百姓可知也。能脩之已。爲戒懼愼獨。便純是天理流行。這天性便共立共達。以乾坤爲父母。以民物爲胞與。其能安人安百姓亦可知也。正平本敬下有人字。○修己以安人。凡人與民對者。人指士大夫。此人與百姓對。義亦同。○堯舜其猶病諸。履軒曰。病諸。以見安百姓之爲大耳。非不可加之謂。此又非稱贊堯舜之語。注認客作主。聖心無窮句。似稱贊。此不必言。又本文初段言修敬。下段並特稱修。則雖敬己在內。而主意在修也。程子直援篤恭而天下平。而云唯上下一於恭敬。大失文意。引位育。本謬解。中庸非此義。夫四靈和氣等語。是俗儒之風習。並當削去。聰明睿知皆由是出。牽合之尤甚者。

原壤夷俟。子曰。幼而不孫弟。長而無述焉。老而不死。是爲賊。以杖叩其脛。

孫弟並去聲。長上聲。叩音口。脛其定反。○原壤。孔子之故人。母死而歌。蓋老氏之流。自放於禮法之外者。夷。蹲踞也。俟。待也。言見孔子來而蹲踞以待之也。述猶稱也。賊者。害人之名。以其自幼至老無一善狀。而久生於世。徒足以敗常亂俗。則是賊而已矣。脛。足骨也。孔子既責之。而因以所曳之杖。微擊其脛。若使勿蹲踞然。

箋曰。原壤。左傳有原繁原仲。孔子弟子有原憲。則原其氏。壤其名也。檀弓曰。孔子之故人曰原壤。其母死。夫子助之沐椁。原壤登木曰。久矣予之不託於音也。歌曰。貍首之斑然。執女手之卷然。夫子爲弗聞也者而過之。從者曰。子未可以已乎。夫子曰。丘聞之。親者毋失其爲親也。故者毋失其爲故也。蓋孔子爲其人親治其母之椁。則知其在鄉黨爲故相親狎之人也。夷與跠同。廣雅釋詁。跠。踞也。王延壽魯靈光殿賦。郤負戴而蹲跠。蹲跠連文同義。說文。居蹲也。蹲居也。古人跪與坐皆厀著於席。而跪聳其體。坐下其脾。若蹲則足底著地。而下其脾。聳其厀曰蹲。但踞坐臀豎脛。故脛可叩也。邢云。蹲即坐。非也。或以踞爲箕踞。然箕踞者。坐臀伸兩脚其形如箕。故曰箕踞。與踞又別。爾雅釋詁。竢。待也。竢與俟同。禮尊客至則趨以迎。降等之客立而待。夷踞以俟。非禮也。夷俟。非故意慢夫子。只放於禮法之外耳。昔人云。禮豈爲我輩設。壤即此意。○幼而不孫弟。皇本正平本孫弟作遜悌。孫遜之本字。壤年小於孔子。故數其少時不孫之狀。○長而無述者。是無可述以傳於人。非無爲人所稱述。○老而不死是爲賊。履軒曰。賊謂盜賊。凡盜與賊對者。有分辨。若單言之。相通無辨。不孫無述之人。不當享耆壽之福者。乃老而不死。是竊福也。故謂爲賊耳。是非其有而取之之義矣。非敢常亂俗之謂。皇本賊下有也字。○以杖叩其脛。杖以扶老。古者六十杖于鄉。原壤稱老。夫子謂之曰不弟。則夫子年愈長矣。皇疏。膝上曰股。膝下曰脛。可從。說文。脛。胻也。胻。脛耑也。段注。厀下踝上曰脛。耑猶頭也。脛近膝者曰胻。言脛則統胻也。釋名。脛。莖也。直而長似物莖也。原壤簡敖放肆。超然自適。蓋古之遺狂。亦一世之高士耳。與孔子故相親狎。故以杖叩其脛。亦以戲行之耳。君子愷悌之德。由是可見。而孔門無異同堅白之辨。亦可由以知焉。謝廷龍曰。周之末世。有妻死鼓盆而歌。自以爲達如莊周者。友死臨尸而歌。自以爲禮如子皮琴張者。母死登木而歌。自以爲孝如原壤者。蓋將以矯世。未必出其誠心。後來晉阮籍母卒。飲酒一號嘔血。哀毀骨立。時稱爲死孝。想原壤亦是此種。故爲放誕而至性却過人。不爾聖人何爲念其親故。若爲弗聞也者。竟不一爲責乎。劉沅曰。夫子問禮於老子。嘆爲猶龍。而史記家語曾子問雜見於諸書者。皆身心之學。後世異端假名老子。此章朱子以爲老氏之流。然老子之告夫子也。曰良賈深藏若虛。君子盛德容貌若愚。去而矜氣與驕態。泰色與淫聲。是皆無益於子之身云云。而曾子問所稱。析理於毫芒。尤可想見其精密之致。曷嘗以放蕩教人哉。若原壤之流。出於衰周。蓋亦事勢所趨。自然有此一種狂生。其由來固可溯也。周制禮度詳密。然儀文繁縟。積久人多厭苦。又益以虛文虛意之流。習儀以亟。毫無眞誠。夫子曰。人而不仁。如禮樂何。禮云禮云。玉帛云乎哉。皆指當時之弊也。原壤之流。乘時而出。以放曠不羈之行。矯虛文迂苦之失。一切散髮箕踞白眼掉頭之習。紛然作矣。以孔門禮法森嚴。而琴張曾晳牧皮稱爲狂士。蓋當時習尚所趨。不易矯正。使非杏壇雨露。琴曾數人。已爲王何稽阮。原壤爲夫子幼交。密邇化神。老猶蕩檢。世運所趨。夫子一介布衣。將奈之何哉。後儒不以夫子之贊老子爲據。而以異端之託老子爲據。亦見其惑矣。

闕黨童子將命。或問之曰。益者與。與。平聲。○闕黨。黨名。童子。未冠者之稱。將命。謂傳賓主之言。或人疑此童子學有進益。故孔子使之傳命。以寵異之也。

子曰。吾見其居於位也。見其與先生竝行也。非求益者也。欲速成者也。

禮。童子當隅坐隨行。孔子言吾見此童子不循此禮。非能求益。但欲速成爾。故使之給使令之役。觀長少之序。習揖遜之容。蓋所以抑而教之。非寵而異之也。

箋曰。荀子儒效篇。仲尼居於闕黨。闕黨之子弟罔不分。有親者取多。孝悌以化之也。闕黨是孔子所居。漢書梅福傳。今仲尼之廟。不出闕里。師古曰。闕里孔子舊里也。闕里卽闕黨。寰宇記曲阜縣云。孔子家在故魯城中歸德門內闕里之中。背洙面泗。矍相圃之東北也。又云。闕里在縣西南三里魯城東北。出洙水百餘步。檀弓。吾與女事夫子於洙泗之間。曾子子夏皆孔子居闕黨時受業弟子。洙泗之間。正是闕黨矣。其又名闕里者。蓋里黨對文爲異。散文則通也。其命名之義。不能深究。漢史晨饗孔廟後碑。望見闕觀。此指孔廟之闕觀。漢高帝以大牢祠孔子。當時廟貌。用王侯制也。水經泗水注。孔廟東南五百步有雙石闕。卽靈光之南闕北餘步卽靈光殿基。二者與闕里無涉。閻若璩混三者爲一。非也。顧炎武撰肇域志。引史記魯世家煬公築茅闕門之文。百詩證以春秋雉門兩觀外朝之地。士庶所不敢居。遂指寧人之誤。朱竹垞曰。考之世本。煬公徙魯。又考之竹書。煬公築茅闕門。實康王二十一年之事。自煬公至定哀。五百歲矣。春秋二百四十二年事爾。御廩災矣。西宮新宮桓宮僖宮亦災矣。雉門兩觀災。而復作矣。中城。西郛。城之者再矣。鮮有久而不毀者。獨茅闕門之作。歷五百歲不改。且闕以茅名。其取材也未必固。其

爲地也。未必密邇公宮。雉門兩觀。未必卽其遺址。竊疑魯之春秋。內事必書。其不
見於經傳者。由其歲久遠而廢置故也。然闕雖廢。而里則以爲名。故孔子得居之。
論語闕黨。劉向新序謂。是孔子所居。越絕書本事篇曰。聖人教授六藝。刪定五經。
七十二子。養徒三千。講習學問。魯之闕門。是則由寧人所引推之。亦未爲誤矣。皇
本正平本。將命下有矣字。將命者。此童子爲其黨之人將命。非爲孔子將命。亦非
孔子使之將命也。或疑爲益者。疑爲求益也。益者。謂有志將有進益之人也。如三
友三樂之益者。非指既有進益者。○居於位者。居於成人位也。童子不合與成人
並位。但就席角而坐。所謂隅坐也。檀弓童子隅坐而執燭是也。先生謂先己之生
也。非謂師也。曲禮云。五年以長。則肩隨之。注云。肩隨者。與之並行差退。王制云。父
之齒隨行。兄之齒雁行。肩隨卽雁行也。○欲速成者也。成字乃成人之成。對童子
看。非學問有成也。只據他以成人之禮自居。故曰欲速成。○一齋曰。闕黨童子將
命。是童子在闕黨將命。故及或問之。則夫子得擧其所目睹以證其非求益者耳。
使其果在孔氏。則夫子門內事。固當有教。安得徒見其居於位。與先生並行而聽
其自縱乎。劉沅曰。古者賓主相見。其儀文繁重委曲。非嫺習禮樂者。不能童子年
十五上下。正學樂誦詩象勺之時。隅坐隨行。乃其本職。孔門成人甚衆。與賓客言
自有彬彬文學之士。豈有夫子遽使童子將命之理。故不曰子使童子將命。而曰
闕黨童子將命。試將士相見禮細玩。便知將命非童子所能。若如後世傳名投刺。
一童子固優爲之。而當時禮制之嚴。孔門規矩之肅。必不然也。然則孔門童子何
有應對進退之學。曰。應對進退。卽是追隨杖履。父兄師長之前。習爲敬讓。待其儀
文習熟。心氣和平。既冠以後。則可以出而應賓客矣。非命事爲將命。古者童子不

冠笄。不衣裘裳。不佩觿韘。不敢當尊。曲禮少儀內則所記。凡屬童子之事。皆無言及將命者。其他多成人之事。此章若作夫子使童子將命解。試思衣冠禮制。何以通也。

論語會箋卷第十四終

論語會箋卷第十五

竹添光鴻會箋

衛靈公第十五

衛靈公問陳於孔子。孔子對曰。俎豆之事則嘗聞之矣。軍旅之事未之學也。明日遂行。

陳。去聲。○陳。謂軍師行伍之列。俎豆。禮器。尹氏曰。衛靈公無道之君也。復有志於戰伐之事。故答以未學而去之。

箋曰。陳。釋文作陣。云本今作陳。顏氏家訓書證篇謂陳字當用陳鄭之陳。夫行陳之義取於陳列耳。此六書爲假借也。蒼雅及諸字書。皆無別字。惟王羲之小學章。獨阜旁作車。據此則晉時俗體也。六韜有天陳地陳人陳雲鳥之陳。皆軍行陳列之名。春秋時諸侯多別制陳法。如鄭有魚麗。魯有支離。楚有荊尸類。皆是。○俎豆是禮器陳設。故與軍旅陳列對言。且不曰禮而曰俎豆。亦兼謙言爲宜。明堂位。俎有虞氏以梡。夏后氏以嶡。殷以椇。周以房俎。鄭注。梡斷木爲四足而已。嶡之言蹷也。謂中足爲橫距之象。周禮謂之距。椇之言枳椇也。謂曲橈之也。房謂足下跗也。上下兩間。有似於堂房。又夏后氏以楬豆。殷玉豆。周獻豆。鄭注。楬無異物之飾也。獻。疏刻之。齊人謂無髮爲禿楬。獻音番。聶崇義三禮圖。俎長二尺四寸。廣尺二寸。高一尺。漆兩端赤。中央黑。爾雅。木豆謂之豆。竹豆謂之籩。瓦豆謂之登。皆豆也。俎載牲體。豆盛醢醬及諸濡物。俎與鼎並列。正鼎九則俎亦九。陪鼎三則俎亦三。豆與籩分行。羞籩八。羞豆亦八。加籩八。加豆亦八。古賀煜曰。明王遵巖曰。以俎豆之事用軍旅。則爲帝王仁義之師。不以俎豆之事用軍旅。則爲列國吞噬之習。然則所謂聞俎豆之事者。自以正對。非婉詞以爲拒也。此章明儒之解。大都若此。夫郤穀以說禮樂而敦詩書。擢居元帥之任。則合俎豆軍旅而爲一者。在古未爲全無。但施於此章則難通。猶之擧大和元氣。則陰陽二氣自在其中。討論春生秋殺。則春生斷然屬陽。秋殺確然屬陰。此章之俎豆亦然。蓋擧其全相反者。以鍼砭之決不可混。蓋靈公本無道之君。生平兇暴之行。無所不至。今若問責己悛惡之事。猶可與有爲。乃首以軍旅爲意。是傅虎翼也。故夫子速去之耳。俎豆軍旅合一之論。其理頗高。只可以告賢明之主。豈可以遽語夫不明無道之主耶。且若在靈公問陣未爲失。特未達所以爲軍旅之本。於夫子答語之旨未瞭然。則其爲失亦微。聖人乃決然去之。如將浼然。無乃流於盻盻小丈夫之行乎。○左傳定公七年。衞靈與齊景公會於沙。爲叛晉也。定八年。與晉趙鞅盟於鄟澤。則欲伐晉矣。故定九年。衞與齊伐晉。克夷儀。是後定十三年。衞又與齊伐晉河內。是年春。孔子以郊不致燔。微罪去魯。時靈公與齊景公在垂葭。不得有問陳之事。至哀公元年。衞又與齊伐晉。圍五鹿。蓋是時晉定失政。齊景頗強。諸侯苦晉政多門。而衞靈尤與晉人有隙。是以講求陳法。留意忿兵。非泛問也。以春秋推之。靈公蓋於秋前問陳。欲救范氏。伐晉制勝也。孔子不對軍旅之事。伐盟主。助逆臣。不忍助也。不啻此而已。靈公一生錯處。俱在禮教上。是時蒯聵出亡。公年老而無嫡嗣子。欲其修身齊家。夫婦父子之間。講求禮讓。靖內爲急。蓋逆知其內亂將作。故爲此言導之。正是夫子救時手段。欲使靈公深思而自悟之耳。若只主修文抑武話頭。便是迂論。吳英曰。明日遂行。與接淅而行正同。皆去官也。孟子所謂可以速則速也。在官則所繫大。故不可遲。若不在官而衛君有此問。則孔子雖行亦可遲。不必明日行。卽明日行。而不必曰遂行也。遂行者。決然不可留之意也。然此行亦非初適衛時。孔子初適衛。衛靈不知孔子。故有擊磬之聲也。孔子仕衛。其年爲魯哀元年。衛靈之四十一年。也。郊迎當在是年之春。問陳遂行當在是年之秋。世家于衛靈時孔子凡四適衛。不知衛靈時惟兩適。其初適意不在衛。其後則來聘也。若非來聘。衛靈安知孔子來而郊迎乎。而何嘗有四適衛耶。又曰。孟子曰。於衛靈公際可之仕也。孔子世家曰。衛靈公問孔子居魯得祿幾何。對曰。奉粟六萬。衛人亦致粟六萬。衛侯年表曰。孔子來。祿之如魯。據此知衛亦以卿祿待孔子也。稱此而爲交際。問餽燕饗之屬亦從其隆。如世家謂靈公聞孔子來。喜郊迎。亦其一也。蓋聘于魯。而使人迎于郊也。故曰際可。若惟厚祿秪可謂之公養。不得爲際可。然此際可亦不驟得也。春秋定公十三年春。齊侯衛侯次于垂葭。十四年五月。公會齊侯衛侯于牽。此兩時衛君不在朝。十四年秋。衛世子蒯聵出奔宋。蓋前此之衛國。不知用孔子。孔子雖已在衛。雖由尙未薦達可知也。雖由未薦達者。其時雖由尙未見孔子也。雖由未見孔子者。孔子去魯之日。子路猶爲季氏宰。孔子怱怱不稅冕而行。子路繫于一邑之事。不得從孔子而偕往。故孔子初至衛。未識顏氏也。停車逆旅。爲孔氏之門子擊磬于斯。荷蕢過于斯者也。蓋是時猶望魯之來召也。數月而後。子路知季氏終無復召孔子意。于是始亦舍魯至衛。爲讎由紹介而見孔子。邀至其家。以之爲主。然後薦于靈公。將用孔子。彌子聞之欲奪。推挽之權。或反沮之。而其後卒從讎由之薦。爲際可之仕。當已虛過三年矣。此三年間。孔子所謂吾自衛反魯。在斯時也。孔子仕衛。靈公問魯祿。祿之如魯。蓋在魯哀元年春夏之間歟。然仕衛亦不久。當不及一載。在衛靈四十一年歟。

在陳絕糧。從者病。莫能興。從。去聲。○孔子去衛適陳。興。起也。**子路慍見曰。君子亦有窮乎。子曰。君子固窮。小人窮斯濫矣。**○見。賢遍反。何氏曰。濫。溢也。言君子固有窮時。不若小人窮則放溢爲非。程子曰。固窮者。固守其窮。亦通。○愚謂。聖人當行而行。無所顧慮。處困而亨。無所怨悔。於此可見。學者宜深味之。

箋曰。呂氏春秋愼人篇高注。連引問陳絕糧兩事。而皇邢本。又以明日遂行。屬此節之首。合爲一章。無疑矣。時吳伐陳。陳乏食。遂有絕糧之厄。知其非兵圍者。此年春陳閔公從昭王圍蔡。陳與蔡爲仇。豈復與蔡大夫謀圍孔子。蔡請遷於吳。亦不暇圍孔子矣。周官廩人注。行道曰糧。謂糒也。止居曰食。謂米也。詩公劉。乃裹餱糧。是糧爲行食。夫子時在道。故稱糧。皇本正平本作粮。係俗體。○病莫能興。病只是饑病。家語困誓篇云。絕糧七日。弟子餒病。是也。○子路慍慍句絕。言怫鬱不自禁。

也。非怒孔子。慍字詳于學而篇。○見曰。見是見於孔子也。非慍見於顏色。○君子亦有窮乎。正平本南宗本。亦下無有字。○君子固窮。固字只是認做常事。不容疑意。與貧士之常語意相類。以固字答上文有字。文勢乃相應。程子曰。固守其窮。此說非也。子路胸襟本自廣大。因不忍孔子受此厄。故不覺其狹小爾。答以君子以窮爲平常。不足爲怪。此正與慍見之言相針對也。若謂固守其窮。此言甚隘。與聖人氣象不相似。何足使慍見之心胸。豁然開朗乎。況此窮原是近取之。非由來有此窮也。何謂之守乎。○小人窮斯濫矣。說文。濫。氾也。水氾濫則至瀆溢。小人窮一則激而失守。是小人有濫無窮也。見小人不肯窮。而知君子安於窮。佐藤坦曰。此一句蓋深中子路之病。夫子當此亂離之際。其告門人。雍容和易。察其所蔽而開發之。無以異於平素。即是君子固窮之實。子路慍溢顏面。發於聲音。即是小人窮斯濫之兆。細看二句。恰似夫子自寫出目下模樣。○吳英曰。孟子曰。孔子不悅於魯衞。遭宋桓司馬將要而殺之。微服而過宋。是時孔子當阨。主司城貞子。爲陳侯周臣。論語注引孔注曰。孔子去衞之宋。宋遭匡人之難。又之陳。會吳伐陳。陳亂。故乏食。據此知問陳明日遂行。在陳絕糧。乃一時之事也。在魯哀元年之秋也。記者不曰子在陳。而直曰在陳。則連上爲一章。而非別自爲一章矣。孟子既謂不悅于魯衞。則其指明日遂行可知也。而即謂主司城貞子爲陳侯周臣。則其指在陳絕糧之日可知也。子曰。從我于陳蔡者。孟子曰。君子之阨于陳蔡之間。則絕糧在陳蔡之間也。乃絕糧既與上文爲一時。而其所以乏食之故。不因于畏于匡。而又因于蔡兵亂者。畏于匡猶不至絕糧。惟被兵有絕糧也。左哀元年傳曰。秋八月吳侵陳。修舊怨也。蓋孔子過匡。遂至陳蔡之間。將以適楚爾。而不虞吳師適經蔡侵陳。孔子在陳蔡之間。阻不得行。故所攜之糧盡。而被兵之地。人皆嗟怨。雖糧絕而不宜干人。故從者病莫能興也。此時楚昭王有賢名。而楚遠于宋。孔子過匡之後。將適楚。爲出于魋之所不意。惟適楚。故路經陳蔡也。然不圖吳師自延州來。北侵陳之東南。故陳蔡之間。皆爲吳師擾害。道路不通。而資糧乏絕也。一時之連遭厄難。所謂君子有窮也。鄉黨圖攷云。孟子云。君子之阨于陳蔡之間。言間者。兩地相接之處。陳卽今陳州府。蔡始封。在今汝寧之上蔡縣。其後平侯徙汝寧之新蔡縣。皆與陳相近。新蔡在陳南。絕糧陳蔡之間。當在哀四年孔子自陳遷蔡時。指故地上蔡言之爾。蔡既遷。則故蔡地皆屬于楚。論語記在陳絕糧。不必卽去衞如陳之年也。絕糧蓋道塗資用乏絕。不必有兵圍也。此說非也。在陳絕糧。飢餓于陳之土地也。而孔子自謂從我于陳蔡。孟子謂君子之阨于陳蔡之間者。當時路有陳蔡錯壤之地。故云陳蔡。故云陳蔡之間也。畏匡之餘。攜糧或少。從者食粟費矣。而未入國都。爲兵所阻。故絕糧而至于病莫能興。及路通而入國。乃得主于司城貞子。此其所以既曰在陳。又曰陳蔡。又曰陳蔡之間。雖曰陳蔡之間。其實陳之土地也。豈得拘之間二字耶。至于其後適楚適蔡。蔡已爲楚邑。不得與國同稱陳蔡之間。而況自宋自匡以至于陳蔡之間。其路遠。故絕糧。若自陳至蔡。出此入彼。其路非遠。何至絕糧。卽乏食不過一日之飢。何至于病。而愼脩謂。道塗資用乏絕。不必有兵圍。苟無兵圍。而時又遙隔過宋過匡之難。而不相涉。則此時孔子與陳之君臣。相得已久。何至云無上下之交。而資斧乏絕。卽借謂孔子車轍已離陳國。纔爲兵所截。不得適蔡。又不得反陳。乃致絕糧。然昔者初至于陳。吳楚未識孔子。其後吳楚皆嘗致禮于孔子。卽有兵旅。亦可明告而出之。何至于病。況其謂資用乏絕。不必有兵圍耶。原其意。殆以爲惟自陳至新蔡。故路經陳蔡之間。若自匡至陳。則路徑達陳。不必經陳蔡之間歟。然孔子之遭宋難。出于意外。自宋過匡入陳。但爲避禍之計而已。非有意于仕陳而適陳也。然則孔子當時路經陳蔡之間者。安知非本欲適楚。而非適陳。忽又爲吳師所困。而飢病之日。陳侯賙郿之。卽孟子所謂朝不食。夕不食。飢餓不能出門戶。君聞之曰。使飢餓于吾土地。周之亦可受也者是也。因而仕于陳之朝。故孟子以爲古君子三仕之一也。然則孔子之欲適楚。出于畏匡之餘。初無先之以子夏。又申之以冉有也。既爲陳侯賙郿。而仕于陳。遂不果適楚矣。此所以後儒但知孔子去衛適陳。而不知其間有將適楚之意也。其後至楚王迎孔子。而後去陳。檀弓所謂先之以子夏。又申之以冉有者。在居陳時爾。而要之匡爲宋衛陳鄭之錯壞。而陳蔡之間。又爲陳蔡之錯壞也。司城貞子。司城爲陳官。貞子爲陳侯同姓之臣也。稱司城。所以表其貴。稱其諡貞子。所以表其賢。而不稱姓者。惟其與陳爲族姓也。集注曰。陳侯名周。此說非也。周。至也。論語曰。雖有周親。謂至親之臣也。孔子戹于陳蔡。其君其大夫。何從而知。故曰君子之阨于陳蔡之間。無上下之交也。及入國。卽得傾蓋之交矣。孔子去衛之後。五年于外。而淹留在陳之日爲多。則陳侯豈非賢君乎。而其始相識于風塵。由貞子也。不賢而能之乎。孟子以司城官表其貴。以諡貞子表其賢。而猶未已。復言其爲親戚臣。以表其榮。復言其爲賢君之貴戚。以表其難得之榮。正謂孔子遭戹難。猶尚有大賢臣而主之。猶尚有賢君之親臣而主之也。蓋天壤間賢不肖自有其類。故自相爲羣。易曰。方以類聚。物以羣分。有莫之致而至者矣。而趙氏反謂貞子非大賢臣。秖以陳侯後日失國爾。然陳侯之失國。遇惡氛之楚也。命也。其可不罪楚之貪戾不仁。而反責陳之失國。遂及于司城貞子耶。陳侯諡滑公。見于史記。而孟子不曰爲滑公周臣。而云爲陳侯周臣者。滑非美諡。爲賢者諱也。而趙氏謂爲楚所滅故無諡。何其謬歟。陳侯名越。亦見于史記。而以周爲名。殆以爲陳侯失國而名之。何其又謬歟。

子曰。賜也。女以予爲多學而識之者與。 女音汝。識音志。與平聲。下同。○子貢之學。多而能識矣。夫子欲其知所本也。故問以發之。 **對曰。然。非與。** 方信而忽疑。蓋其積學功至。而亦將有得也。 **曰。非也。予一以貫之。** 說見第四篇。然彼以行言。而此以知言也。○謝氏曰。聖人之道大矣。人不能徧觀而盡識。宜其以爲多學而識之也。然聖人豈務博者哉。如天之於衆形。匪物物刻而彫之也。故曰予一以貫之。德輶如毛。毛猶有倫。上天之載。無聲無臭。至矣。尹氏曰。孔子之於曾子。不待其問。而直告之以此。曾子復深喻之曰。唯。若子貢則先發其疑而後告之。而子貢終亦不能如曾子之唯也。二子所學之淺深。於此可見。愚按。夫子之於子貢。屢有以發之。而他人不與焉。則顏曾以下諸子所學之淺深。又可見矣。

箋曰。學是未知而求知。識是已知而記識之。不失所知。二字勿囫圇看。中井積德曰。夫子之德行。應事接物。無所滯。莫不達。時人覩之。以爲多學彊識。如豐積萬貨。以待沽者也。人人自以爲淺學無記性。用此絕意。爲不可企及也。雖子貢之聰敏。亦未免於此。故夫子問而發之也。非以子貢之多學能識。而告以所本也。皇本正平本女作汝。

○然非與。然者然孔子之言也。非與者。承問而反問也。非方信忽疑之說。崔述曰。先儒謂曾子之聞一貫。直應曰唯。而子貢曰然非與。不能直應無疑。是其不逮曾子者也。余按。孔子之詔門人。皆當應之。必不默然無言。而獨記曾子之唯者。爲下文門人不解而問曾子張本耳。若子貢乃因孔子先以云云問之。故有然非與之答。曾子則未嘗有此一問而直告之。故不容多此一答也。今試取參乎章。删曾子曰唯四字。則下文門人之問無根。取多學章。增子貢曰唯四字。則贅而無味矣。讀古人書。當細玩其前後文義。不得強取一二字句。爲其人優劣也。○予一以貫之。猶前章告曾子之詞。蓋示以用功之地也。此一字非對萬而言之一。乃統萬爲一之一。詳里仁篇。夫子本意。只言天下之事萬變。天下之理萬殊。遇一事用一心。窮一理。用一心。則以有涯隨無涯。外有參差。斯內多窒閡。其能泛應曲當。時出不窮者寡矣。此一字只是一數。非一字別有一物。可以供左提右挈之用也。蓋天下之事一理。天下之理一原。涵萬理於一心。盡萬事於心。則以大本行大道。內無蒙塞。斯外無支離。若曰天下之理本有萬。亦有一。子貢只理會萬處。不知理會一處。夫子示以卽此一貫此萬。則理本如此。何待言以水譬之。人特患逐條未窮源耳。若已逐條窮源矣。則其所謂一。尚待告耶。焦循曰。孔子以一貫語曾子。曾子卽發明之云。忠恕而已矣。忠恕者何。成己以成物也。董子云。夫喜怒哀樂之發。與清暖寒暑。其實一貫也。四氣者天與人所同也。天與人一貫。人與己一貫者忠恕也。史記禮書云。人道經緯萬端。規矩無所不貫。惟孔子無所不貫。以忠恕之道通天下之志。忠恕者。絜矩也。由身以達乎家國天下。是一以貫之也。佐藤坦曰。注謂曾子一貫以行言。而此以知言。此謬說也。聖門之教。無行外之知。無知外之行。卽是一貫。若謂知行各有一貫。則是二貫。而可乎。吳英曰。爲學工夫有異。而理無異。第四篇以行言。知在其中矣。此以知言。行在其中矣。工夫之異也。至于道之一貫。則不分知行。行者卽行此所知之一貫。知者卽知此所行之一貫。豈予一以貫之。有異于吾道一以貫之耶。集注以知言以行言者。偏就多識與忠恕入德工夫而言爾。非謂孔子兩傳一貫。一以行言。一以知言也。○多學而識之問。原主乎知。然此亦未可以概子貢之生平。而遽貶之。觀其問一言而可以終身行。則非但從事於知者矣。聖人告之以恕。則忠在其中矣。二子皆孔門高弟也。其聞言而唯。與夫聞而不復問。皆已然識於言意之表矣。或以爲子貢不能如曾子之唯。是殆不然。方聞聖言。乃遽應曰否。非弟子所以敬師之道也。故對曰然。而卽繼以非與之問。豈爲不能知乎。或者以爲孔子擇而告參賜。蓋非餘人所得聞。是又不然。顏子閔子豈不足以語此乎。曾子於一唯之後。適門人有問。故發其忠恕之言。使子貢是時亦有從而問者。其必有以詔之矣。又德輶如毛。無聲無臭。皆與一貫無干涉。不得傳會說作。

子曰。由。知德者鮮矣。

鮮。上聲。○由。呼子路之名而告之也。德謂義理之得於己者。非己有之。不能知其意味之實也。○自第一章至此。疑皆一時之言。此章蓋爲慍見發也。

箋曰。中庸之德。民所鮮能。故知德者鮮。此眞知。全是沉潛體認而入。非執意見。任意氣者所能得。所以爲鮮。佐藤坦曰。躬踐而知之。卽是知。人之所得於天者。卽是德。知字有工夫。德字無工夫。此章正是人莫不飲食也。鮮能知味也之意。○圈外注本于王肅。頗涉穿鑿。當刪。

子曰。無爲而治者。其舜也與。夫何爲哉。恭己正南面而已矣。

與。平聲。夫。音扶。○無爲而治者。聖人德盛而民化。不待其有所作爲也。獨稱舜者。紹堯之後。而又得人以任衆職。故尤不見其有爲之迹也。恭己者。聖人敬德之容。既無所爲。則人之所見如此而已。

箋曰。夫何爲哉。與無爲相應。是復說上文。正南面者。南面也。如陽貨篇正墻面。及司儀職不正其主面之正。猶謂正面南。正面墻。不正面其主也。恭己正南面。是夫子形容無爲之象耳。非追原無爲之本也。或問云。後世之君。當無事之時。而不知聖人恭己之道。則必怠惰放肆。宴安鴆毒。而其所謂無事者。乃所以爲禍亂多事之媒也。據此則恭己一句。寫無爲之神。乃於聖人地平天成之宇宙。求此持盈保泰之精微。而已二字。非輕撇之說也。否則與後世之端拱。何以異焉。○禮治其明樂治其幽。舜非無爲之世。大賢登于朝。大奸斥于下。舜更非無爲之主。不知以舜之德行舜之事。有所經營者在其先。而無所矯拂者在其後。有所設施者在其外。而無所造作者在其中。所謂無爲而治者。非全無爲也。須其自然而無所作爲。孟子謂行無事是也。如欽若昊天。因其度耳。敬授人時。因其宜耳。敬敷五教。因其性耳。何嘗以有爲與之耶。中井積德曰。舜無爲之治。三十有餘載矣。是古今盛事。故無爲專以贊舜者。不可他及。註紹堯之後句。蓋以此作無爲之由也。未允。夫堯大有爲而未盡。故其禪位也。曰。乃言底可績三歲。汝陟帝位。蓋使其盡行三歲間所言者也。舜更大有爲之君。其初五典四門。百揆時叙。及攝位。在璇璣脩祭祀。朝覲巡守。律度量衡。定禮制刑。誅四凶。肇十二州。及堯崩卽位。乃擧十六相。定考績。畫九州。分背三苗。是後全然無事。始是無爲而治者云。然則舜之無爲。是其有爲之績庸矣。非紹堯之故彰彰。又曰。舜之無爲。與老聃之無爲。猶天淵也。老聃凡當爲者。皆禁弗爲也。舜其當爲者。盡數爲之。天下無復當爲者。又擧賢才任用之。然後無爲也。註德盛而民化。不待其有所作爲。是沒舜當初三十年大作爲也。又云。不見其有爲之迹。噫舜三十年有爲之迹滿天下。而云不見迹可乎。又曰。恭己唯穆穆可以形容之。與莊敬堂堂者異。又曰。舜之恭己。與堯之允恭正同。並從旁觀言之。宜見出其恭而安氣象。亦是自然不涉作爲。註敬德之容。未圓。切勿評舜作後世持敬家之流。又曰。恭唯有遜順之意。絕無莊嚴之氣。

子張問行。 猶問達之意也。 **子曰。言忠信。行篤敬。雖蠻貊之邦行矣。言不忠信。行不篤敬。雖州里行乎哉。** 行篤。行不之行。去聲。貊亡百反。○子張意在得行於外。故夫子反於身而言之。猶答干祿問達之意也。篤。厚也。蠻。南蠻。貊。北狄。二千五百家爲州。 **立則見其參於前**

也。在輿則見其倚於衡也。夫然後行。參。七南反。夫。音扶。○其者指忠信篤敬而言。參讀如毋往參焉之參。言與我相參也。衡軛也。言其於忠信篤敬念念不忘。隨其所在常若有見。雖欲頃刻離之而不可得。然後一言一行。自然不離於忠信篤敬。而蠻貊可行也。

子張書諸紳。紳大帶之垂者。書之欲其不忘也。○程子曰。學要鞭辟近裏著己而已。博學而篤志。切問而近思。言忠信。行篤敬。立則見其參於前。在輿則見其倚於衡。即此是學。質美者明得盡。査滓便渾化。却與天地同體。其次惟莊敬以持養之。及其至則一也。

纂箋曰。子張憂事多沮滯不如意。故問所以行。亦切問也。史記弟子傳。子張從在陳蔡間。因問行。孔子曰言忠信云云。是此問亦在絶糧時。翟灝以子張年少爲疑。不必疑也。○言忠信者。盡己之謂忠。就言說則言如是。心亦如是。心與口不相違。是忠也。只是不欺意。以實之謂信。言焉必踐。而不食其言。是以實也。忠與信。當如是分別。單言則相該。○行篤敬者。篤是忠厚不刻薄。敬是謹愼不放肆。篤自篤。敬自敬。行篤敬。猶云言忠信。忠信雖相類。明是二事。可見南軒敎篤於敬之說非是。蓋言曰信。行曰篤。古之道也。而此信與忠配。篤與敬合者。主行於人倫交際者言之也。言故貴信。亦惟出於忠愛懇到之意。則莫所不行矣。行故當篤厚。亦須必敬愼。則莫所不行矣。○立則見其參於前也二句。言不相離也。立與在輿。通行止言。曲禮。離坐離立。毋往參焉。語解爲往爲三。頗覺牽强。不如從參合義爲妥。朱子引曲禮。亦必解爲參合參同之義。不然。以參爲三。與我相參句。豈復成文乎。且此章聖人揭忠信篤敬。誨子張。惟言其與之參合不離而足矣。乃謂其忠信篤敬與我爲

三乎。○在輿則其見其倚於衡者。在輿謂在車中也。車式較內謂之輿。大車名之
箱。衡之言。橫也。謂橫於車前。衡與車廣等。長六尺四寸。衡兩旁下有曲木叉馬頸。
謂之軛。衡軛本二物。注以軛釋衡意尚未晰。參非眞參也。倚非眞倚也。只是有常
目在之之意。曰立。曰在輿。只是舉兩件做例。見得無時無處不如此。兩則字是工
夫到極熟處。兩見字。惟意在操存者。如常見之。猶之見堯於羹見堯于牆云。然後。
難之之辭。猶云如此方行。非先後之後。尹氏謂。參前倚衡爲服膺之意。敬夫謂。參
前倚衡爲常存其理。朱子皆謂不然。曰此謂言必欲其忠信。行必欲其篤敬。念念
不忘。而有以形於心目之間耳。若不責之於言行之實。而徒曰存其理而不舍。亦
何益哉。據此則注中言其於忠信篤敬念念不忘兩句。是補出參前倚衡前面工
夫。隨其所在常若有見三句。是正釋參前倚衡當下神氣。夫然後一言一行以下。
乃坐實參前倚衡熟極效驗耳。佐藤坦曰。忠信篤敬。卽是誠意。參前倚衡則思誠
之功也。○書諸紳者。謂書夫子語於紳也。蓋子張之於行事。威儀才藝。非其所不
足。但使其言行苟不忘忠信篤敬。隨其所在。常如有見。則州里蠻貊。莫適而不行
也。當時門弟子之聞教。蓋皆退後簡記之。猶後世有語錄。子張既聞孔子斯言。欲
奉而不失墜。故書之於紳也。書座猶有間時。書紳則無時釋矣。紳二垂。其一書忠
信。其一書篤敬。說文。書。箸也。又序云。箸於竹帛謂之書。書紳者。以筆書紳也。易傳
言書契。刀菜曰。契。筆識曰。書也。禮言載筆。詩言彤管。爾雅。不律謂之筆。魯語。里革
言奮筆。晉語。董安于士茁皆言秉筆。管子言削方墨筆。晏子言擁札操筆。莊子言
舐筆和墨。是古有筆之證。後人疑筆始蒙恬。遂以書紳爲刺文。非也。玉藻說帶之
制云。天子素帶朱裏終辟。諸侯素帶。不朱裏而終辟。大夫素帶辟垂。士練帶率下

辟。紳長。士三尺。有司二尺有五寸。辟讀如字。卽襞積之襞。率卽綷。音律。謂緶緝也。終辟者。上下皆辟之。大夫止辟其垂者。卽紳也。士辟其垂之末而已。○中井積德曰。是章不當論資質高下。若渣滓渾化。天地同體。亦太浮虛。莊敬持養。亦於是章無所當。又博學篤志切問近思。何必併論焉。伊藤長胤曰。言忠信行篤敬云云。聖人之教。專在庸言庸行上。而不可向此上面求虛遠之理。可從而知矣。此言也平易明白。今世稍識字者。不待講解。而皆能通曉。問其得之於身。則能得其効者。天下亦幾人哉。所謂三歲孩兒解恁麼。八十老翁行不得者。正此事也。乃徹上徹下之道。聖神功化之極。亦不過此。然行之不實。如存如亡。乍作乍輟。則亦豈見其驗哉。必也立則見其參前。在輿則見其倚衡。心心念念。無少間斷。而後可以得行矣。先儒有鞭辟近裏之說。有渣滓渾化之喩。皆爲反觀內省。克去人欲之工夫。蓋因夫子之言有一敬字。而遂敷衍其說。吾知其與聖人之旨。大有霄壤之隔矣。

子曰。直哉史魚。邦有道如矢。邦無道如矢。史。官名。魚。衞大夫。名鰌。如矢。言直也。史魚自以不能進賢退不肖。既死猶以尸諫。故夫子稱其直。事見家語。

君子哉蘧伯玉。邦有道則仕。邦無道則可卷而懷之。伯玉出處。合於聖人之道。故曰君子。卷。收也。懷。藏也。如於孫林父。甯殖放弒之謀。不對而出。亦其事也。○楊氏曰。史魚之直。未盡君子之道。若蘧伯玉。然後可免於亂世。若史魚之如矢。則雖欲卷而懷之。有不可得也。

箋曰。哀九年傳。有史趙・史墨・史龜。注曰皆晉史。則史是官名也。襄二十九年傳。有史氏史狗史鰌。注曰史朝之子。則史是氏也。杜紀事年表云。衛別族。有石氏孔氏。史氏無考。集注史官名。小誤。古人以矢喩直。故大司寇職曰。以兩造禁民訟。入束矢於朝。然後聽之。大東詩曰。周道如砥。其直如矢。可以見已。直。兼言行說。夫子首曰直哉史魚。繼之曰邦有道如矢云云。以言其直之實也。猶下節曰君子哉蘧伯玉。而下言其出處之實也。蓋就史鰌平生制行上言。不必以尸諫而言。且如矢者。有奮不顧躬之意。若死後尸諫。可謂忠矣。而未的應於如矢之直。注故字未穩。○伯玉仕靈公。似非在有道時。然夫子稱其以仲叔圉治賓客。祝鮀治宗廟。王孫賈治軍旅。是靈公非不知人者。有道。淺淺看。中井氏曰。仕謂立朝任職也。則其不仕。亦謂退處閑散也。非必納邑致仕。如令尹子文三仕爲令尹。其罷黜之時。亦未必寒氓浪士矣。凡世祿之人。雖謝官家居。亦無饑餓之患。又曰。可卷而懷之。是旁評之語。卷懷以布帛而喩也。其斂藏之至。如可卷懷者然也。諸家多作伯玉自卷懷。遂以可字作能字。大謬。正平本。懷下之作也。黃式三曰。左傳襄公十四年。孫林父逐其君衎。二十六年。甯喜弑其君剽。蘧伯玉身遭其變。近關再出。或以伯玉爲無此事。而左氏爲誣。或以左氏有此事。而伯玉爲非。左氏信史也。伯玉賢大夫也。此爲說者豈通論哉。孔子之再主伯玉家也。據史記在衛靈將卒之時。事在哀公二年。距襄公之十四年六十有七。則孫氏構禍。伯玉年少。而名德既著。物望攸歸。孫氏奸雄。意欲收拾人心。藉以爲重。卒能進退裕如。全身遠害。此明哲之知幾也。逮夫衎奔剽立。孫甯專國。伯玉當此無道。必已卷而懷之矣。惟其卷而懷之。甯喜亦聽其從近關出也。伯玉之答孫林父曰。君制其國。誰敢奸之。大義已懍懍矣。其答甯喜。

則曰。瑗不得聞君之出。敢聞其入。是出與入皆可付之不聞矣。包子良謂其不與時政者是也。顧震滄大事表。以三大義責伯玉。上者正色直辭以折之。次者乞師大國以討之。其又次者逃之深山。終身不仕。此三策也。豈容責不與時政之伯玉乎。甬上全氏曰。伯玉之力。不足以誅孫甯。卽其地亦非能通密勿。有聞卽可入告者。故凡責伯玉。以不討賊不死節。皆屬不知世務之言。全氏此說。以伯玉聞謀而去。爲義所宜矣。然全氏又謂。既去而返。與亂臣賊子比肩旅進。責伯玉以再仕。不知其何所據而斷爲再仕也。夫二子之論。一以左氏爲非實錄。一以近關之出爲別有一人。而左氏爲誤。此皆因伯玉之賢見稱於聖人。不敢不以左氏爲疑。然則伯玉之賢。使不有聖人之定論。而後儒如顧氏者將據左氏之文。而貶伯玉於人表之下矣。論古之士。其愼之哉。〇此是兩大夫合傳。總是贊嘆口氣。非有優劣。兩人大夫之處有道無道。大率相同。而魚之道峻。玉之道圓。一稟之夙性。一得之涵養。伯玉見仕于衛。卷懷非隱遯也。只就他作用韜晦。不露丰穎以攖禍患。此便是他涵養處。故曰君子。二子皆衛扶亂之臣。而一則不能遂其如矢之節。一則使其常爲卷懷之人。此衛之所以衰也。攷左傳吳札稱衛多君子。史魚與焉。說苑仲尼稱君子之道三。史鰌有焉。安見史魚未盡君子之道者。以史氏爲未盡君子之道。此楊氏之誤也。

子曰。可與言而不與之言失人。不可與言而與之言失言。知者不失人。亦不失言。知。去聲。

箋曰。不與下之字。唐石經正平本皇本無。此因失人失言之弊。而勉以知其可與。不可與也。知人之哲爲難。學者不可不勉。亦字極妙。合二句看。方見智者應物。如良醫施鍼。鍼鍼入𣪊。左傳載。吳季札來聘。見叔孫穆子說之。謂穆子曰。子其不得死乎。好善而不能擇人。吾聞君子務在擇人。吾子爲魯宗卿。而任於大政。不愼舉何以堪之。禍必及子。遂聘于齊。說晏平仲。謂之曰。子速納邑與政。無邑無政。乃免於難。齊國之政。將有所歸。未獲所歸。難未歇也。故晏子因陳桓子。以納政與邑。是以免於欒高之難。聘于鄭。見子產。如舊相識。謂子產曰。鄭之執政侈。難將至矣。政必及子。子爲政。愼之以禮。不然鄭國將敗。遂如晉。說叔向。將行。謂叔向曰。吾子勉之。君侈而多良大夫。皆富。政將在家。吾子好直。必思自免於難。抑春秋之間。列國之人士。不安外交。防姦慝也。今季子歷聘上國。得其人。驩納。披瀝肝膓。言無所諱。其忠信可想。豈所謂不失言及人者。季子其庶乎。○失人。所謂隱。失言。所謂躁。義與三愆章通。皇本知作智。中井氏曰。此始相見之人多有之。或疎遠之人邂逅相遇之類。

子曰。志士仁人。無求生以害仁。有殺身以成仁。志士。有志之士。仁人。則成德之人也。理當死而求生。則於其心有不安矣。是害其心之德也。當死而死。則心安而德全矣。○程子曰。實理得之於心自別。實理者。實見得是。實見得非也。古人有捐軀隕命者。若不實見得。惡能如此。須是實見得生不重於義。生不安於死也。故有殺身以成仁者。只是成就一箇是而已。

箋曰。志士。謂志於仁之士。仁人。謂全仁之人也。中井氏曰。是章稱仁。而義包在其內。凡所爲合于義。而瑩澈無滲漏。卽是仁矣。若三仁章可徵。注心之安不安。偏論仁人則可。未可以論志士。志士是願仁之人。感激自奮。與其生傷義。寧死以取仁耳。未至安處。又曰。捐生取義之類。或勉强。或激發。亦皆可以爲義。未可以爲仁。夫恥不義之名。畏人之笑罵。若無面目視人。慮躬之無所容。憂子孫無以自立。不得已就死。是之謂勉彊。羨於人之爲義。感於人之恩義。貪身後之芳名。圖子孫之寵榮。希先祀之弗泯。自奮而捐生。是之謂激發。若無之數者。不避害就利。唯義是視。死生與之俱。從容不迫者。乃可以爲仁。卽是德矣。本文成仁。專在行上。程子乃於知上立論。曰。實見得是。雖探本之言。然語氣竟不相容。曰只是成就一箇是。唯有固執之氣。而無從容之意。如之何。伊藤長胤曰。今以聖賢言仁之旨推之。其言多端。雖如不同。而凡所謂仁者。無不自不忍之心而出者也。今夫見危授命。爲國殉難。考之于理則當然也。反之于心則亦爲安也。然聖人所以謂之成仁者。以慈愛惻怛之至。不忍偷生以背其君故也。焦循曰。殺身成仁。皇邢兩疏引比干夷齊。固矣。實不必盡甘刀鋸鼎鑊也。舜勤衆事而野死。冥勤其官而水死。爲民禦大菑捍大患。所謂仁也。以死勤事。卽是謂殺身成仁。苟自愛其身。則禹不胼胝顏色不黧黑。而水不平。民生不遂。田賦不能成。卽是不能成仁。則爲求生以害仁也。管仲不死而相桓公。一匡天下。民到于今受其賜。是成仁不必殺身。夫聖賢之死不死。審乎仁不仁。非謂仁必死也。非謂死則仁也。劉沅曰。志士仁人若論終身行誼。則有純疵之不同。而當其臨大節。則必全仁而無貪生一也。蓋仁人一言一行。無非天理。所以養其仁者至熟。志士則行不皆純。而忠孝大節本於天性。決不以生害仁。

亦與仁人同。及其全仁。則生平小節皆不足累之矣。史傳以來。志士甚多。夫子此章爲貪生害仁者發。二等人不分優劣。至論世行文。則志士仁人各有實際。亦不容囫圇也。佐藤坦曰。此章本就危難之際言之。而平常亦有此事。如營生汲汲不顧義理。亦是求生以害仁也。克治己私。以全心體。亦是殺身以成仁也。其理一也。須要常常體察。

子貢問爲仁。子曰。工欲善其事。必先利其器。居是邦也。事其大夫之賢者。友其士之仁者。

賢以事言。仁以德言。夫子嘗謂子貢悅不若己者。故以是告之。欲其有所嚴憚切磋。以成其德也。○程子曰。子貢問爲仁。非問仁也。故孔子告之以爲仁之資而已。

箋曰。如問孝。不曰問爲孝。而夫子之對皆以爲孝之方。故問仁。問爲仁。無殊義。程說不當采入。○善其事。貼爲仁。必先利。貼賢仁之切磋其器。貼子貢之身。說者以先利其器。貼親賢仁。稍左。利者摩厲以銛其鋒也。漢書梅福傳引。利作厲。厲古以爲旱石厲。厲其器者。所謂於石上刉之也。○居是邦三字不閑。正要他隨在取益。子貢結駟連騎。所少非大夫士也。不重在大夫士上。只重在事友眞心上。大夫有位見於事爲者多。故曰賢。士無位。蘊爲德行者多。故曰仁。其實一也。事之友之。所以輔仁者在此。事與友特以位別之。仁者仁字意輕。順善即是。子貢多智。蓋有自用之失。故告以此。皇本正平本。章末者下無也字。注夫子嘗謂子貢悅不若己者。

見家語六本篇。難据。不當援作說。嚴憚切磋。是下學淺一層功。若子貢則必深觀乎賢與仁之實。一一返諸身心。究其精微之致。稍有未能。刻責無以容身。隨處皆然。則隱微存主之地。純粹無疵。而一言一行。莫非吾心之助。故爲爲仁之實功。且事賢友仁。均有嚴憚切磋意。亦不必分貼。其所謂事者。大夫位尊。自當循分。然與世之屈身求容者。固不同矣。○佐藤坦曰。爲仁由己。而由人乎哉。遽見此章。似由人不由己。然其必曰事之友之。以資切磋。則畢竟亦只由己矣。

顏淵問爲邦。 顏子王佐之才。故問治天下之道。曰爲邦者。謙辭。**子曰。行夏之時。** 夏時。謂以斗柄初昏建寅之月。爲歲首也。天開於子。地闢於丑。人生於寅。故斗柄建此三辰之月。皆可以爲歲首。而三代迭用之。夏以寅爲人正。商以丑爲地正。周以子爲天正也。然時以作事。則歲月自當以人爲紀。故孔子嘗曰。吾得夏時焉。而說者以爲謂夏小正之屬。蓋取其時之正。與其令之善。而於此以告顏子也。**乘殷之輅。** 輅。音路。亦作路。○商輅。木輅也。輅者。大車之名。古者以木爲車而已。至商而有輅之名。蓋始異其制也。周人飾以金玉。則過侈而易敗。不若商輅之朴素渾堅。而等威已辨。爲質而得其中也。**服周之冕。** 周冕有五。祭服之冠也。冠上有覆。前後有旒。黃帝以來蓋已有之。而制度儀等。至周始備。然其爲物小。而加於衆體之上。故雖華而不爲靡。雖費而不及奢。夫子取之。蓋亦以爲文而得其中也。**樂則韶舞。** 取其盡善盡美。**放鄭聲。遠佞人。鄭聲淫。佞人殆。** 遠。去聲。○放。謂禁絕之。鄭聲。鄭國之音。佞人。卑諂辨給之人。殆。危也。○程子曰。問政多矣。惟顏子告之以此。蓋三代之制。皆因時損益。及其久也。不能無弊。周衰。聖人不作。故孔子斟酌先王之禮。立萬世常行之道。發此以爲之兆。爾由是求之。則餘皆可考也。張子曰。禮樂治之法也。放鄭聲。遠佞人。法外意也。一日不謹。則法壞矣。虞夏君臣。更相戒飭。意蓋如此。又曰。法立而能守。則德可久。業可大。鄭聲・佞人。能使人喪其所守。故放遠之。尹氏曰。此所謂百王不易之大法。孔子之作春秋。蓋此意也。孔顏雖不得行之於時。然其爲治之法。可得而見矣。

箋曰。爲邦。猶曰治邦。以禮讓爲國。尹何爲邑。皆同。邦。封也。見釋名。邦。謂邦疆之境。見周禮太宰釋文。論語中言邦者不可枚舉。皆謂諸國之國。邦畿亦謂王國。非天下也。顏子唯問爲邦。夫子以其有王佐之才。故告以治天下之道。集注以爲謙辭。恐非。○行夏之時。按堯典。仲春日中星鳥。仲秋宵中星虛。唐虞之世。曆本建寅。且其考驗之法最密。禹承堯舜之後。自無所用於更變。左氏稱夏數得天。可見三正配天地人之說。古者所無。王者易姓受命。務自爲制。以新天下之耳目耳。固非取義於天地也。故周室並用周正夏正。周正用之發號正名之事。其施於時令者。皆用夏時。夏時得天。所以使民不迷也。幾亭曰。敬授人時。要提醒天下人。以率作興事的節候。建子却把人收斂閉藏的時候。做箇歲首了。於天地不差。於人事上却差。中井氏曰。夏正之善亡論已。周正亦於曆法尤順。唯殷正全無意義。假令後世或以建卯爲正月。其與殷之建丑何擇焉。秦之建亥。亦未可深詆。且秦以建亥爲歲首而已。月數則從夏正。未嘗以建亥爲正月也。後儒乃固執天地人之說。詬罵秦之建亥。而不敢非殷之建丑。非通論也。古法剖周天爲十二辰。歲星所次。以名其月也。若夫斗柄指十二辰。是西法。漢之中葉始入于中國。三代所無。且斗柄以歲差而移。如今寅月初昏。柄指丑矣。注言斗柄失之。又十二會十二萬年而天地混之說。昉于邵堯夫。計一萬八百年首會爲子。而天開於子半。次會爲丑。而地始闢。又次會開物於寅。而人始生。是邵子以意推測而立之說耳。蓋歲有十二月。月有三十日。日有十二時。準此而充拓之。三十年爲一世。以準一時。十二世爲一運。以準一日。則三百六十年也。三十運爲一會。以準一月。則一萬八百年也。十二會爲一元。以準一歲。則十二萬九千六百年也。而天開於卒會。地闢於丑會。人生於寅會。故三代聖王法之。以互建三正。先儒據此以解經。然是詩書六經之所不言。漢唐諸儒之所不傳。不可引以解聖經也。劉沅曰。行夏時。行字內有許多王政在。順天之道。和民之情。非但正其歲首而已。周建子。蓋以子月受朝賀息歲功。如今之年節。而民事仍不能外夏令。故春秋用周正。而左傳則間用夏正。實則民事仍從夏時。歲首則從子月起算耳。周官月吉是子月。歲正是寅月。明明二政兼行。蔡九峰註甘誓。以子丑寅爲三正。呂東萊解豳風。以爲三正通於民俗。古人皆無是說。考黃帝始爲歷法。容成統其事。大撓作甲子。少昊之代。鳳鳥氏爲歷正。分至啓閉各有其官。顓頊使南正重司天。北正黎司地。建孟春以爲元號。爲歷宗。高辛能序星辰以著衆。堯命羲和。舜齊七政。無不重時者。以人事天道本相依也。夫子特因現在周未行夏時。故特言之。董仲舒謂舜紹堯改正朔。後儒相沿謂。王者受命必改正朔。今觀虞舜分巡四岳。必按四仲。可知同一建寅。周人時月俱改。而民事則不能違天也。孟子言七八月苗槁。十一月徒杠成。十二月輿梁成。與單子言夏令曰。十月成梁。合。春秋書春無冰。秋無麥。孟獻子言正月日至可以有事於上帝。七月月至可以有事於祖。左傳梓愼曰。火出於夏爲三月。於商爲四月。於周爲五月。此皆時月俱改之證也。然農功歲功。皆必準天之時。則何如仍建寅之順乎。邵康節三正之說。以十二辰推測天地終始。分元會運世。然天開地闢而人生焉。又曰天地無盡。人物有盡。明末流賊之亂。人民稀少。土曠物繁。五六十年之間。一望豈可執一萬八百年天始生。又如是而地而人之說以定之哉。然則混沌者何故。榛莽。禽獸載途。無異洪荒。是可知矣。尙忠尙質尙文。禹湯武周立法時。俱是恰好。至春秋時多有不可行者。折衷其中。卽如輅無取於太文。冕無取於太質。凡損益前王之法。可例推矣。仇滄柱曰。商周改月之說。先儒議論不同。杜元凱注左傳。主改時改月之說。愚嘗質之黎洲夫子。謂杜氏之說不易。蓋主改時改月之說。則以長曆推算春秋日食時日。相合者居十之九。若主時月俱不改之說。則推算竟無一合矣。此非可以空言辨駁者。至胡文定夏時冠周月之說。上誣聖人擅改周制。僭王甚矣。又何以正天下之僭竊耶。尤不足據。佐藤坦曰。三正之說。昉於左傳昭公十七年梓愼之語。漢後人從而演說傳會焉。而宋明諸儒皆沿之不容疑。此不可以不辨也。案唐虞至於周。唯有二正而無三正。夫夏之爲建寅固也。然据堯典日中星鳥以殷仲春數語。則建寅之正。唐虞已來遵用之。以至於夏。非始於夏。安得專係之夏焉乎。甘誓。怠棄三正。孔安國釋謂天地人正道。是也。乃蔡仲默改以爲子丑寅之正。不知何所憑据。甘誓夏啓之書也。安得逆知商周之必用子丑。卽能知之。亦安得並用而棄之乎。若謂夏已前既有之。則唐虞同一寅正也。軒轅高辛。世已邈矣。其爲子歟丑歟。誰得而傳之。其謂或當然。亦憑臆也。至於殷用建丑之說。則經書中絕無證文。但左傳始有之。而既爲可疑矣。其實殷亦寅正。與唐虞夏同一不改也。假令殷爲建丑。則商書中豈無一可左證。而未嘗見之也。如咸有

一德爰革夏正。謂革夏桀虐政也。蔡釋以爲正朔。已謬矣。且三正之稱。起於後世
語耳。如在古昔單言正。奚自而見其必爲正朔哉。蔡又釋伊訓十有二月謂商以
建丑爲正。故以十二月爲正。改正朔而不改月數。此亦妄說也。太甲服喪之始月。
適是十二月。至二十六月服闋。亦適十二月。月數偶合如此耳。豈足以爲證哉。且
其不改月數之說。或可通之殷。而竟不能通之周。則其爲妄不攻自破矣。至於周
始改用建子。則如詩書春秋周禮禮記孟子所稱。皆有明證。不容疑者。此蓋改正
朔之初也。民間猶私沿稱建寅月數者。間有之。梓愼遂創爲殷建丑之典故。以爲
三正。配諸天地人。而漢人又傳會而增飾之。其實則無何有也。抑且見周民之沿
稱建寅。而殷之不改正朔。亦可推已。使殷果爲建丑。則周民何以舍殷之近。而取
夏之遠邪。乃稱建寅者。比比有之。而稱建丑者。絕無一人。則殷之爲建寅。亦滋以
明矣。吾故曰。唐虞至於周。唯有二正而無三正。如宋明諸賢。非無獨斷之識。然皆
習而不察。其原蓋自左氏之誣也。朱子既不能無疑於左傳。而於三正則猶不察
其爲誣。余故爲一暴白之。以附著於此。○乘殷之輅。釋文。輅本亦作路。說文。輅車
軨前橫木也。應劭謂以木當胸以輓車者。卽此車名。本字自作路。釋名釋車。天子
所乘曰路。路亦車也。謂之路者。言行于道路也。是路爲車名。爾雅釋詁舍人注。路。
車之大也。此引申之義。周以玉金象革木五輅。明等殺。殷以大先次三輅。明等殺。
郊特牲所云大輅繁纓一就。先輅三就。次輅五就。是也。等威之辨。當在此中井積
德曰。殷之輅。此甚分明。不必以木輅亂之也。後世有金玉之飾。然不用木。何以作
車哉。蓋周有金輅玉路。故更名無金玉之飾者爲木輅耳。夫殷未用金玉。單呼爲
輅。何曾有木路之名哉。明堂位云。鸞車有虞氏之輅也。鉤車夏后氏之輅也。此虞

夏亦有輅名。但其制太樸。故孔子取殷輅。注云至商而有輅之名誤矣。〇服周之冕。
冕者冠之貴者。大禮皆服之。不特祭也。冕之大體有二。其加於首者曰卷。亦曰武。
其覆於卷上者曰延。延前後垂璪。璪貫以玉。其名曰旒。延左右兩旁有衡。其下以
紞懸瑱。瑱亦謂之充耳。延左右又有紐。垂於武兩旁。貫之以笄。延所以屬於武也。
武又有紘。繞於頤下。而兩端皆屬於笄。武所以固於首也。而冕之制備焉。弁師賈
疏引叔孫通漢禮器制度云。凡冕以版廣八寸。長尺六寸。知是指延而言。蓋武加
於首。則質取其軟。斷無用版之理。且武之尺寸大小。必視乎首。亦不得定爲成數
也。弁師掌王之五冕。皆玄冕朱裏。是延之色上玄下朱。則武之色亦當內朱外玄
矣。玉藻云。居冠屬武。鄭注。武冠卷也。加於首者必卷也。冕之上覆其形長尺六寸。
故名延。左傳作綖。蓋俗字加糸旁耳。延有垂旒。說文旒字注云。垂玉也。冕飾。禮記
作旒。蓋俗字。弁師作斿。亦旒之假借字。冕之制。前後有斿。說者或謂旒爲目而設。
止有前旒。故東方朔言冕而前旒。所以蔽明。大戴禮子張問入官篇。古者冕而前
旒。所以蔽明也。玉藻所云前後邃延者。謂延之前後出乎武者皆深邃耳。前後據
延言。不據延之垂者言。此說非也。蔡邕獨斷謂周禮天子冕前後垂延。朱綠藻十
有二旒。劉熙釋名。冕前後垂珠有文飾也。則直以邃爲垂矣。卽如訓邃爲深邃。亦
宜指斿而言。不宜指延而言。何者延之長。周制尺六寸。漢制尺二寸。古者一尺。今
尺六寸强。古尺六寸。今尺僅九寸强。以覆於首前後。所餘纔二寸强耳。其深邃者
安在。惟前後十二斿垂於延端。斿長各尺二寸。俯仰透迤。如水之流。望之乃邃然
而深。若東方朔所引與大戴記所論。俱本於荀子。古人立言。語簡而意足。前者後
之對。有前則必有後。果無後斿。則云冕而斿。所以蔽明。其義已備。何必贅言前也。

說者又疑二百八十八玉之重。首不能勝。此亦不然。首服有冑。較冕重數倍。而用之田獵軍旅。雖重猶不以爲勞。冕以朝祭。爲時甚暫。重庸何傷。況前後皆有斿。卽亦力稱而勢平。若無後斿。延既前俯後仰。俛者其勢易傾。更偏綴以一百四十四玉之重。拜跪之間。一俯首而前墜。不待智者而知之。則冕之前後皆有斿。斷斷然矣。弁師云。五采繅。十有二就。皆五采玉十有二。鄭注。繅雜文之名也。合五采絲爲之繩。垂於延之前後。各十二。就成也。繩之每一帀而貫五采玉。十二斿則十二玉也。此爲袞衣之冕十二斿。則用玉二百八十八。弁師又云。諸侯之繅斿九就。瑉玉三采。其餘如王之事。繅斿皆就。鄭注。三采。朱白蒼也。今據繅斿皆就之文。明是概擧諸侯言。九璂至於三璂。皆九就。凡五等諸侯無差降。皆者皆諸侯也。則公冕用玉百六十二。侯伯用玉百二十六。子男用玉九十。自可類推而知焉。周之冕服。所以別尊卑也。夫子言乘殷之輅。則知日用器物。以質爲貴。後世金玉之器。類失於奢。夫子言服周之冕。則知物之辨貴賤。昭文章者。不嫌華采。而後世紊亂無章之爲失也。注。周冕有五者。謂袞冕鷩冕毳冕絺冕玄冕也。祭服之冠者。謂服祭服時冠此冠也。春官司服職。享先王則袞冕。謂同袞衣之制也。享先公饗射則鷩冕。謂同鷩衣之制也。祀四望山川則毳冕。謂同毳衣之制。祭社稷五祀則希冕。希卽絺。謂同絺衣之制也。祭群小祀則玄冕。謂同玄衣之制也。然王卽位亦服冕。尚書王麻冕黼裳。是也。納后亦服之。禮冕而親迎。是也。養老亦服之。冕而總干。是也。耕籍亦服之。冕而朱紘。是也。注。但言祭祀之冠。擧其重耳。○樂則韶舞。韶舞是以樂聲兼樂容而言也。然不可以韶屬聲。舞屬容。蓋韶爲舜樂之總名。而言舞則聲不待言矣。大司樂言樂德樂語。而終於樂舞。樂師言樂成告備。而終於皐舞。孟子言仁義智禮樂之實。而終於不知手之舞之足之蹈之。記言詩言志歌詠聲。而終於舞動容。此舞之所以爲樂之成也。故韶舞當以聲容串說。如云樂取夫韶。不但取其聲。兼取其舞。劉寶楠曰。俞氏樾羣經平議。舞當讀爲武。周官鄉大夫。五曰興舞。論語八佾馬注引作興武。莊十年左傳經文。以蔡侯獻舞歸。穀梁作獻武。皆古人舞武通用之證。孔子於四代之樂。獨於韶武有盡美之論。雖盡善未盡善。微有低昂。然尙論古樂。韶之後卽及武。而夏殷之樂不與焉。可知孔子之有取於武矣。夏時殷輅周冕。皆以時代先後爲次。若韶舞專指舜樂。則當首及之。惟韶武非一代之樂。故列於後。且時言夏。輅言殷。冕言周。而韶舞不言虞。則非止舜樂明矣。案俞說是也。孔子世家言。孔子絃歌詩。以求合韶武雅頌之音。韶武並言。皆孔子所取也。此說亦通。○放鄭聲。放者罷黜之也。放之爲言。蓋並其行於民間者而禁之。如周禮禁其過聲淫聲凶聲慢聲之禁。非但不用之朝廷而已。劉寶楠曰。樂記云。鄭音好濫淫志。宋音燕女溺志。衛音趨數煩志。齊音敖辟喬志。此四者皆淫於色。而害於德。是以祭祀弗用也。是四國皆有淫聲。此獨云鄭聲者。亦擧甚言之。案白虎通禮樂篇。樂尙雅何。雅者古正也。所以遠鄭聲也。孔子曰。鄭聲淫。何。鄭國土地民人。山居谷浴。男女錯雜。爲鄭聲以相悅懌。又漢書禮樂志云。桑間濮上鄭衛宋趙之聲並出。內則致疾損壽。外則亂政傷民。庶民以爲利。列國以相間。皆以鄭聲爲鄭國之聲。與魯論說同。其煩手淫聲謂之鄭聲。乃左傳別一義。服虔解誼據之。不與魯論同也。周官大司樂。凡建國禁其淫聲過聲凶聲慢聲。注。淫聲若鄭衛也。淫聲爲建國所宜禁。故此言爲邦亦放之矣。○鄭聲淫。龔元玠曰。鄭聲何以淫也。曰以考工記推之。蓋亦地氣使然。故其新製樂器所出之聲。大別於他國之聲也。考之傳。

鄭嘗以樂爲饋遺鄰國之物。襄十一年賂晉悼公。十五年又賂宋平公。晉悼以樂自
之半賜魏絳。傳至文侯之時。猶在趙烈侯亦悅鄭槍石二歌者。而欲賜之田。苦
春秋之末。以迄戰國之初。無國不有鄭聲也。陳啓源曰。朱子以鄭聲淫一語。斷盡
鄭風二十一篇。此誤也。夫子言鄭聲淫耳。曷嘗言鄭詩淫乎。聲者樂音也。非詩詞
也。淫者過也。非專指男女之欲也。古之言淫多矣。於星言淫。於雨言淫。於水言淫。
於刑言淫。於遊觀田獵言淫。皆言過其常度耳。樂之五音十二律長短高下皆有
節焉。鄭聲靡曼幻眇。無中正和平之致。使聞之者導欲增悲。沈溺而忘返。故曰淫
也。朱子以鄭聲爲鄭風。以淫過之淫爲男女淫欲之淫。遂擧鄭風二十一篇。盡目
爲淫奔者所作。幸免者惟緇衣太叔于田・清人・羔裘女曰鷄鳴五篇而已。其餘雖
思君子如風雨。刺學校廢如子衿。亦排衆論。而指爲淫女之詞。夫孔子刪詩。以垂
世立訓。何反廣收淫詞艷語。傳示來學乎。陶靖節閑情賦。昭明歎爲白璧微瑕。故
不入文選。豈孔子之見。反出昭明下哉。○佞人殆。佞人有口才者。殆危險也。殆是
主佞人之心術言。顚倒是非。變亂賢否。最是危險的人。與淫字就聲言者一例。若
作淫人之心志。殆人之國家。覺落後一層。○呂氏春秋察今篇。故治國無法則亂。
守法而弗變則悖。悖亂不可以持國。世易時移。變法宜矣。譬之若良醫。病萬變。藥
亦萬變。病變而藥弗變。嚮之壽民。今爲殤子矣。故凡學事。必循法以動。變法者因
時而化。若此論則無過務矣。夫不敢議法者衆庶也。以死守者有司也。因時變法
者賢主也。呂覽此言。正夫子答顏子之意。干寶易雜卦注。弟子問政者數矣。而夫
子不與言三代損益。以非其任也。回則備言。王者之佐。伊尹之人也。故夫子及之
焉。佐藤坦曰。顏子之學。本領既具。夫子不必須說治國大本原處。今且就問目擧

外面末事告之。畢竟斟酌當今之宜。不必認做萬世常行之道。中井氏曰。顏子問爲邦。夫子告以興王制作之事。與子路子夏仲弓輩問目前政務者。豈可同日而談哉。程子乃混同之。因論其高下。蓋謬矣。才德高下姑舍之。設令夫子告子路等。以告顏子者。則夫季氏宰・莒父武城宰。以夏時殷輅。充何用哉。其不告也固可知已。况此問爲邦。與問政問辭亦不同。豈得混說哉。又夏時殷輅周冕。皆就三代制作。撰其盡善者也。固不待久行之弊。而未盡善者尙有之矣。是章不當題弊字。又春秋無夏時之說。又無殷輅周冕之說。韶舞鄭聲佞人。皆無一字相及。尹說不可曉。若夫以春王正月爲夏正者。注家之謬說。尹氏豈據此與。其他皆殊無據。

子曰。人無遠慮。必有近憂。 蘇氏曰。人之所履者。容足之外。皆爲無用之地。而不可廢也。故慮不在千里之外。則患在几席之下矣。

箋曰。慮謂熟思防備也。先事而慮之。遠慮也。事至而後憂之。近憂也。人之不知防患者。患未至而以爲遠耳。孰知無此豫遠之慮。而憂患迫近。莫可解也。遠近有二義。如曰遠之近。則以地而言。如曰愼終追遠。則以時而言。此章蘇氏說就地而言。南軒說則以時而言。曰慮之不遠。其憂必至。故曰近憂。是也。蓋遠近兼時地說最是。蘇注亦是擧此該彼。非欠說時也。子曰。性相近也。習相遠也。此則遠近唯相應耳。故不必拘泥爲可。郝敬曰。居安而不慮危。危卽生於安。處治而不慮亂。亂卽伏於治。故曰慮不遠。憂必近也。慮者預備。非虛慮也。佐藤坦曰。遠慮。謂思慮周密。及於遠者。如愼終於始。圖大於細。防微杜漸。備豫前定。並是遠慮。若其或忽略近小。

徒取遠者而意度之。憂亦却在目前。不得謂之遠慮。皇本人下有而字。正平本同。

子曰。已矣乎。吾未見好德如好色者也。

好。去聲。○已矣乎。歎其終不得而見之也。

箋曰。茂卿謂。此主人君言之。不爾豈有已矣乎三字哉。是嘆世無用孔子者也。此說得之。皇本無乎字。

子曰。臧文仲其竊位者與。知柳下惠之賢。而不與立也。

者與之與。平聲。○竊位。言不稱其位而有愧於心。如盜得而陰據之也。柳下惠。魯大夫。展獲字禽。食邑柳下。謚曰惠。與立。謂與之並立於朝。范氏曰。臧文仲爲政於魯。若不知賢。是不明也。知而不擧。是蔽賢也。不明之罪小。蔽賢之罪大。故孔子以爲不仁。又以爲竊位。

箋曰。中井積德曰。竊位。猶言尸位素餐也。是旁評之語。未言及其人有愧與否也。凡居非據之位。而行不稱焉者。可以爲盜矣。文仲之職位望力。足以薦用柳下惠。而弗爲焉。故有竊位之譏。佐藤坦曰。文仲竊位。恐不至嫉能蔽賢。如鄙夫之爲。文仲賢大夫。欲擧賢者。固其夙志。而其於柳下惠。蓋或有時勢未可。物議未諧。遂不果擧也。但身既儼居其位。而力不能擧之。終於不與立。則畢竟不得辭其責也。夫子責備賢者。故以竊位貶之。○文選陶徵士誄注引鄭注云。柳下惠魯大夫展禽。食采柳下。謚曰惠。魯語。展禽對臧文仲云。獲聞之。是其人氏展。名獲。字禽。柳下爲邑名者。柳下若桑中棘下之類。其地今不可考。國策顏斶言秦攻齊。令曰有敢去柳下季壟五十步而樵採者。死不赦。古人多葬於食邑。壟所在郈邑所在。則柳下自當在齊南魯北。二國接壤處。昔爲魯地。後爲齊有也。惠爲公子展之後。其有食邑。蓋是世傳之邑耳。列女傳。柳下惠死。門人將誄之。妻曰。夫子之諡。宜爲惠乎。門人從以爲諡。是惠爲諡也。高誘淮南說林訓注。家有柳樹。身行惠德。因號柳下惠。一曰。柳下。邑。趙岐孟子公孫丑篇注亦云。柳下是其號也。以柳下爲號。與晉陶潛自稱五柳先生同。疑未必然。集注范氏說。若難定文仲果知柳下惠與否。不知展喜犒齊師。使受命於展禽。正臧孫辰爲政之時。見內傳。展禽譏文仲祀爰居。文仲曰。是吾過也。季子之言不可不法也。使書之以爲三筴。見外傳。並是文仲知柳下惠之證。聖人責人。豈肯臆坐以不知賢不舉之罪哉。且不知賢。是智不足耳。不可以爲罪。若三家不知柳下惠之賢。故却不得竊位之譏。夫子擧文仲之三不仁。下展禽居其第一。可見聖人惡蔽賢之罪至深矣。公叔文子薦其臣僎與立於朝。夫子以爲文也。文仲魯聞人也。其身雖沒。而其言不朽。誰曰非良大夫。夫子乃以竊位之罪貶之。嗚乎蔽賢之爲不祥。可勝言乎。

子曰。躬自厚。而薄責於人。則遠怨矣。遠。去聲。○責己厚。故身益脩。責人薄。故人易從。所以人不得而怨之。

箋曰。躬自厚者。躬自厚責也。因下薄責於人。而省一責字耳。夫子嘗答樊遲曰。攻其惡。無攻人之惡。非修慝與。此就修己而言。此曰躬自厚而薄責於人則遠怨矣。

此就接人而言。其言雖異。而其爲事一也。中井氏曰。是章論遠怨之方而已。非誨修身之法。躬自厚而薄責於人。是兩件而一事。不當兩邊著解。譬如厚自奉養而不分於人。則怨聚焉。豈得兩邊著解。〇呂東萊少年性嚴急。自誦此章之後。德量寛宏。然則善讀此者。非徒遠怨。抑能懲忿。程明道謂新法之行。吾黨激成之過。王安石爲之愧屈。此可爲厚己薄責遠怨之證。賈易朱光庭唯不知此義。遂成洛蜀之禍。

子曰。不曰如之何如之何者。吾末如之何也已矣。 如之何如之何者。熟思而審處之辭也。不知是而妄行。雖聖人亦無如之何矣。

箋曰。如之何如之何者。旣竭思慮而弗得焉。向人懇求教之辭。曰字不可忽。心非獨語。春秋繁露執贄篇。子曰。人而不曰如之何如之何者。吾莫如之何也矣。故匿病者不得良醫。羞問者聖人去之。以爲遠功而近有災。此以如之何爲問人之辭。朱注以如之何爲心自審度。失之。之者。卽指其事。論語中如使乎使乎。沾之哉沾之哉。觚哉觚哉。天厭之天厭之。禮云禮云。樂云樂云。鳳兮鳳兮。已而已而。皆重言以見其意之切也。佐藤坦曰。不曰如之何如之何。無切問近思之誠也。末如之何。無啓發點化之方也。

子曰。羣居終日。言不及義。好行小慧。難矣哉。 好。去聲。〇小慧。私智也。言不及義。則放辟邪侈之心滋。好行小慧。則行險僥倖之機熟。難矣哉者。言其無以入德。而將有患害也。

箋曰。終日而言不及義。以見毫無思義之心也。說文。慧儇也。史記索隱。慧智也。左成十八年傳。周子有兄而無慧。杜注。蓋世所謂白癡。則慧爲有才知之稱。小慧爲小辨慧也。釋文云。魯讀慧爲惠。今從古。則作慧者古論。魯論用假借字作惠也。皇本慧作惠。晉語。巧文辨惠則賢。惠卽慧。後漢孔融傳。將不早惠乎。注惠作慧。列子穆王篇。秦人逢氏有子。少而惠。陸機弔魏武文。知惠不能去其惡。並與慧同。皇本。慧作惠。中井氏曰。小慧是聰察伶利。邦俗所謂鼻尖頭智慧是也。事不由義而任小慧。盆成适所以殺身也。難謂難以立於世也。與難免於禍義同。而辭有輕重。是章評世人也。非誨弟子之語。群居終日。異於以文會友者。注無以入德。似失章旨。又言不及義。何必放辟邪侈。行小慧。何必行險僥倖。惟是利害上施巧舞智。苟且欲以濟事而已矣。

子曰。君子義以爲質。禮以行之。孫以出之。信以成之。君子哉。

孫。去聲。○義者。制事之本。故以爲質幹。而行之必有節文。出之必以退遜。成之必在誠實。乃君子之道也。○程子曰。義以爲質。如質幹然。禮行此。孫出此。信成此。此四句只是一事。以義爲本。又曰。敬以直內。則義以方外。義以爲質。則禮以行之。孫以出之。信以成之。

箋曰。釋文。爲質。一本作君子義以爲質。鄭本同。據釋文。知陸氏所從古本。無君子二字。鄭康成注本同。說者因謂。先說義以爲質四句。然後言君子哉。明不當先言君子也。此說非也。兩君子前後各用。上君子稱名爾。下君子乃歎美之。不嫌複也。義以爲質者。義者。宜也。人行事所宜也。本於心之裁度。而要以制事。禮運云。何謂人義。父慈。子孝。兄良。弟弟。夫義。婦聽。長惠。幼順。君仁。臣忠。十者謂之人義。與此章義相近。義之與比章。是行事之宜。此章是制事之本。故首一句爲主。下三句完全此一句。左襄十一年傳。夫樂以安德。義以處之。禮以行之。信以守之。仁以厲之。此四之字皆指德也。與此章三之字皆指義一例。質是體質。注添幹字者。俗謂軀骸爲幹。借木之本幹而言也。○禮以行之者。禮謂循尊卑之分。視彼此之勢。準禮而行也。禮者義之規矩準繩也。禮以行義。則無往而不爲方員平直也。左僖二十八年。禮以行義。信以守禮。荀子大略篇。行義以禮。然後義也。並可以相發。中井氏曰。喪有賓弔焉。當拜謝其來弔。是義也。故主人拜之。禮也。若喪主不在。衆主人不敢拜。亦禮也。若國君弔焉。雖喪主不在。必有拜者。衆主人朋友州里舍人皆可。亦禮也。男主不拜女賓。女主不拜男賓。亦禮也。凡義之與禮。宜分別如此。苟人恃其義而不顧彼此之分。直行之。是爲夷狄之行矣。不亦遠於禮乎。○孫以出之。鄭云。謂言語也。據此知出乃出言也。前篇危行言孫。此章亦言行與言也。義既爲質。而所發有於事爲者。有於語言者。總結在信也。而楊氏曰。行而不以孫出之。則禮不和。若以孫爲禮之和。則禮字中已足以兼之。安得又慮行禮者之不退孫邪。且行之成之。即指義也。如以出爲出所行。與上下文體不合矣。皇本正平本孫作遜。○信以成之。朱子謂信以成之。是終始誠實以成此一事。却非是孫以出之後方信以成之也。此言信以成之句。雖擧在末。乃貫徹始終道理。然信以成。却須到成終乃見。○君子哉句。是賛詞。夫無禮與孫事不成。猶爲意氣之君子。無信事即成。亦爲僞襲之姦人。故脩此三者。而義始善焉。而事始善焉。伊藤長胤曰。此章夫子專以義一事爲教。禮孫信皆所以維持終始之也。蓋義以爲質。言其本也。然人有上下親踈之別。則亦不可槩于施之也。如鬻拳兵諫。及後世唐陽城裂白麻殿陛之上。其事雖義。而然非禮也。故不可不禮以行之。禮行此孫出此信成此君子行義之方盡矣。又曰。夫子既曰義以爲質。此卽是本。不須更向其上面復求其本者。程子曰。敬以直內則義以方外云云。此可疑也。先儒蓋以文言所云敬義內外之言爲學問之全功。而此章夫子唯說義而不及敬。故程子必添敬以直己一事。以推其本要之夫子此言。特擧義一事示行之之方耳。文言以敬義二者。發揮爻辭直方大。義自不相妨。亦不必相證可也。

子曰。君子病無能焉。不病人之不己知也。

箋曰。無能與不能有別。有能有不能。故曰不能。無能則全未有能。茂卿曰。賜之達由之果。求之藝。皆能也。大禹謨曰。天下莫與汝爭能。周官曰。推賢讓能。又曰。學能其官。是官人以能。古之道也。學以成德。各有其能。所以仕而行其義也。

子曰。君子疾沒世而名不稱焉。

范氏曰。君子學以爲己。不求人知。然沒世而名不稱焉。則無爲善之實可知矣。

箋曰。疾乃愧疾之疾。自惡也。沒世。猶沒身也。大學以釋前王。可徵。與內則所云沒身敬之不衰。自是殊義。中論考僞篇云。貴名乃所以貴實也。張氏曰。有是實則有是名。名者所以命其實也。終其身而無實之可名。君子疾之。非謂求名於人也。皆是也。名者實之影。聖人以名立教。未嘗惡人之好名也。故孝經曰。立身行道揚名於後世。以顯父母。論語曰。君子去仁惡乎成名。易傳曰。善不積不足以成名。孟子曰。好名之士。能讓千乘之國。及如此章皆是也。夫沒世有稱。而天地始有是人。無稱而天地遂無是人也。沒世有稱。而父母始有此子。無稱而父母似無此子也。日知錄曰。疾名之不稱。則必求其實。君子豈有務名之心哉。又曰。古人求沒世之名。今人求當世之名。中井氏曰。無能則名必不稱。故疾名不稱。卽病無能之義矣。但不己知。是當面之事。名不稱。是學終身而期於死後者。各章自有旨。不當捏合立論。下章楊說。纏繞傷文義。不當采入。

子曰。君子求諸己。小人求諸人。謝氏曰。君子無不反求諸己。小人反是。此君子小人所以分也。〇楊氏曰。君子雖不病人之不己知。然亦疾沒世而名不稱也。雖疾沒世而名不稱。然所以求者。亦反諸己而已。小人求諸人。故違道干譽。無所不至。三者文不相蒙。而義實相足。亦記言者之意。

箋曰。子曰。射有似乎君子。失諸正鵠。反求諸其身。孟子曰。愛人不親反其仁。治人不治反其智。禮人不答反其敬。蓋君子小人。其涉世區以別矣。反其仁。反其知。反其敬。君子忠恕之道固如此。而小人則移而責人。恒見其有不是者爾。

子曰。君子矜而不爭。羣而不黨。莊以持己曰矜。然無乖戾之心。故不爭。和以處衆曰羣。然無阿比之意。故不黨。

箋曰。矜字自守之嚴。注莊字卽嚴也。與容貌端莊之莊不同。子曰。古之矜也廉。今之矜也忿戾。矜有介立之義。故與群反對。爭與黨亦反。此與中庸和而不流。中立而不倚一例。當作矜而不至於爭。羣而不流於黨。說與和同驕泰貞諒之相似而不同者異。〇隷釋載漢石經。子張篇矜作矜。段氏注說文據之矜从令聲。古音在眞部。經傳用爲矜恤者。憐之借用。爲矜寡者。鰥之通。說文。矜。矛柄也。攷工記廬人注。凡矜八觚。經傳中。用矜持矜式者。从矛柄之義。引申之言矜夸者。从矛柄最長引申之。此經矜爭聯比。後篇矜廉忿戾相聯比。從八觚之義引申之也。矜者持己以方正也。爭者辨是非而與人競也。呂氏春秋召類篇。羣者衆也。羣爲衆。而集注云和以處衆者。實字虛用也。如手爲手足。而執持於手。卽謂之手。公羊莊十二年傳。手劒而叱之。是也。腹爲心腹。而懷抱於腹。卽謂之腹。詩蓼莪篇。出入腹我。是也。矜與群。未是全好字樣。皆不能無流弊。故不爭方是君子之矜。不黨方是君子之羣。東漢諸君子。是有私心。故矜而爭。羣而黨。劉宗周曰。矜者。斬斬自持不爭。則非絕物矣。群者油油與人不黨。則非徇物矣。此君子持世之準也。

子曰。君子不以言舉人。不以人廢言。

箋曰。庸人於人之善不善。不能知也。故常以其言考之。於言之善不善。亦不能知也。故常以其人卜之。惟君子之於人也。舉之初不以言舉之也。蓋以言舉人。則人之不賢者。飾空言以進。而用人之途混矣。卽人之賢者。亦僅以空言見知。而用人之途亦混矣。故君子不爾也。君子之於言也。廢之亦非以人廢之也。蓋以人廢言。則言之善者。因生平之行而見棄。而言者不服矣。卽言之不善者。亦僅因生平之行而見棄。而言者亦不服矣。故君子又不爾也。則以是見君子之至公也。又以是見君子之至明也。以是見君子之至愼。又以是見君子之至恕也。公明愼恕等字。不必分配二句。

子貢問曰。有一言而可以終身行之者乎。子曰。其恕乎。己所不欲。勿施於人。

推己及物。其施不窮。故可以終身行之。○尹氏曰。學貴於知要。子貢之問。可謂知要矣。孔子告以求仁之方也。推而極之。雖聖人之無我。不出乎此。終身行之。不亦宜乎。

箋曰。一言謂一字。左傳正義引易說云。伏羲作十言之敎。曰乾坤震巽坎離艮兌消息。韓非子說林下。齊人曰。臣請三言而已。曰海大魚。又古人稱所著書。若數萬言。數十萬言。及詩體四言五言七言。並以一字爲一言也。與爲政篇以一句爲一言者異。行是身體力行之行。非通達無阻之行。終身猶云一生。皇本正平本。行下無之字。○所不欲勿施。是爲恕之方法工夫。非釋恕字。人情於所欲。猶有涉於私者。至所不欲。而其情最眞。不欲能勿施。而其念亦最公。大學絜矩。只言所惡亦此意。蓋切己之行。莫如恕。故曾子曰。夫子之道忠恕而已矣。恕乃仁之方。而不可謂之求仁之方。恕卽仁之施。仁者勉是已。朱子曰。恕字之義。本以如心而得。故可以施之於人。而不可以施之於己。可謂善解矣。伊藤長胤曰。論語所載夫子之言。有其言相類。而彼此以相通者。曾子演一貫之旨。而告門人以忠恕而已矣。夫子嘗以多學而識發子貢。而予一以貫之告之。此章子貢問一言終身之要。而夫子以恕答之。其時之先後。固雖不可知。而忠恕之所以一之實。亦可見矣。此其言相類。而彼此以相通者也。蓋聖人之道。莫大於仁。而行仁之要。莫近於恕焉。皇本正平本。人下有也字。○中井氏曰。請問一言。是子貢未知要故也。其恕乎。始是要矣。尹氏以知要褒子貢。失之。

子曰。吾之於人也。誰毀誰譽。如有所譽者。其有所試矣。

譽。平聲。○毀者。稱人之惡而損其眞。譽者。揚人之善而過其實。夫子無是也。然或有所譽者。則必嘗有以試之。而知其將然矣。聖人善善之速。而無所苟如此。若其惡惡則已緩矣。是以雖有以前知其惡。而終無所毀也。

斯民也。三代之所以直道而行也。

斯民者。今此之人也。三代。夏商周也。直道。無私曲也。言吾之所以無所毀譽者。蓋以此民卽三代之時。所以善其善。惡其惡。而無所私曲之民。故我今亦不得而枉其是非之實也。○尹氏曰。孔子之於人也。豈有意於毀譽之哉。其所以譽之者。蓋試而知其美故也。斯民也三代所以直道而行。豈得容私於其間哉。

箋曰。誰毀誰譽。謂不著意毀譽也。洪範無有作好。無有作惡。卽是毀只是非議。譽只是稱揚。必也如武叔之毀仲尼。公明賈之譽公叔文子。與其人之實。全不相副。然後爲失。毀譽二字中。未必有損眞過實之意。苟過其實。雖譽亦豈聖人之所宜有邪。且嘗試之而知其將然。是中其實。非所謂過實也。但毀譽較諸是非。其詞稍重。故譽亦爲名譽之義。詩云。庶幾夙夜以永終譽。孟子曰。令聞廣譽施于身。可以見矣。皆未見其爲過實。而又未嘗指將然未顯之始也。○如有所譽其有所試。佐藤坦曰。言必有所試。而後譽。譽乃當其實。是可譽者在彼。而我未嘗著意譽之也。擧譽而不及毀。因此以見彼。猶繫辭釋幾字。曰吉之先見者。而不及凶。非善速惡緩之謂。皇本人下無也字。○直道而行。謂直其政刑以施治也。道是政刑字。行是施治字。所以二字。明就上之人說。孟子曰。三代之得天下也以仁。其失天下也以不仁。未嘗擧君。而其爲君自見。上曰吾之於人。下曰斯民也。分明是承上文人字說。是言三代之君。於斯民皆直道而行。故我今亦不敢著意毀譽之。正解上文吾之於人誰毀誰譽意。中間有作春秋大旨在。但不可明說。只可暗含。

子曰。吾猶及史之闕文也。有馬者借人乘之。今亡矣夫。

亡。音無。夫。音扶。○楊氏曰。史闕文。馬借人。此二事。孔子猶及見之。今亡矣夫。悼時之益偸也。愚謂。此必有爲而言。蓋雖細故。而時變之大者可知矣。○胡氏曰。此章義疑。

不可强解。

箋曰。史是史官之史。非文史也。史不闕文。作聰明無忌憚之漸也。古者豈乏網羅之才。而必不忍傳會以著其長也。豈難博綜之學。而不敢牽合以晦其義也。馬是馬乘之馬。非騎馬也。有欲借者。則從其乘馭。季路曰。願車馬衣裘與朋友共。此借人乘之說也。其愼事而濟人之意。可見風之厚矣。如古者民有三疾。則古今之間。年歲已遠。夫子曰吾猶及。則非古今之隔。方壯年之時。猶有其風。而今不然。時之益偸。聖人之所深慨也。陳臥子曰。周之盛時。司典之官。彙於王府。君子之馬。以徠賓士。此王者之風也。至於齊晉主盟。赴告之策。交於友邦。車馬之富。以惠失國。此伯者之盛也。夫國史之重也。惟其愼而邪說之是非不得搖之。士大夫之尊也。惟其有德於人。而匹夫之權勢。不得奪之。今國史既不足信。則放言横議之流。皆思著書立說以自見。堯舜爲虐。桀紂爲仁。而天下之禍。在於文章矣。士大夫既不好施。則袤奇詭俠之士。皆能輕財廣交以自立。小者郤贈。大者借軀。而天下之權。將在布衣矣。嗚呼。此春秋將變之勢也。劉沅曰。黃帝始立史官。蒼頡爲之。蓋聖人慮政治得失之跡。無以示戒將來。特垂載籍。文字由此而興。周家尤重其事。大史小史內史外史御史。必擇賢者爲之。好惡公正。勸懲斯存。周衰。文武之迹將湮。陳詩典禮概從弁髦。則先王之舊。與夫美惡之眞。所恃者惟史。然欲得至公之準難矣。顧識見雖卑。然苟不敢妄爲紀載。而據事直書。以遺後人。其聞見所疑闕之。則古籍可存。眞僞因之不紊。後世史書汗牛充棟。半出文人。搜羅極富。取義未精。且當其人存時。毀譽已不爲實。及其卽世。益之誣罔。昌黎有言。俗皆愛奇。莫顧實理。傳聞而欲偉其事。錄遠而欲詳其迹。此訛濫之本源。而迹遠之巨蠹也。至於勳勞之家。雖庸夫而盡飾。沍敗之士。雖令德而常嗤。吹霜噴露。寒暑筆端。此又同時之枉。可嘆息者也。馬之借人。雖若好行其德之細事。然春秋以畜牧爲重務。萬乘千乘百乘。皆以馬計之。問大夫之富。數馬以對。騋牝驷牡。詩以爲心臧之驗。蓋必上有養教之實功。斯下有繁昌之氣象。而借人乘之。則俗厚亦不待言。春秋之末。民疲兵戰。有馬者既不多得。則借乘自不易言。卽此一事。而閭閻蕭索。國政艱危。亦可以推矣。

子曰。巧言亂德。小不忍則亂大謀。

巧言。變亂是非。聽之使人喪其所守。小不忍。如婦人之仁。匹夫之勇。皆是。

箋曰。兩亂字。當一樣看。非上亂屬人。下亂屬己。蓋巧言雖能變亂是非。而我不聽之。則亦不見其亂德也。須是我內自亂了。方喪所守。○中井氏曰。小謂小事。乃與大謀作對。譬吏有小過。長官欲懲治之。而不忍於壞其體面。且舍之。遂釀成大罪以戮死。長官亦連坐焉。凡事多是類。如放縱小兒亦然。古人言嚴家無格虜。慈母有敗子。是也。夫婦人之仁。不能忍決。其氣歉。故當斷而不斷。匹夫之勇。不能忍耐。其氣盈。故不當斷而斷。一以優柔養奸。一以輕躁速禍。孟子所謂不忍之心。所指異矣。彼則與詩云君子秉心。維其忍之。維彼忍心。是顧是復同義。皆殘忍惡德也。蓋世界上事。無必成之功業。而有必不可易之義理。君子爲其當爲。不牽於所愛。

不苟以私情。卽小不忍。正面。後世奸雄僭逆。機械變詐之徒。謬認此句。慘刻少恩。陰險蓄詐。曰小不忍則亂大謀也。若漢王分羹。溫嶠絕裾。吳起殺妻。太宗奪位。豈非解經未的者貽之厲哉。易爲君子謀。不爲小人謀。凡聖言固未有不教人以正者也。〇此言立德者須知言。立功者須養氣。正平本南宗本忍下無則字。

子曰。衆惡之必察焉。衆好之必察焉。 好惡並去聲。〇楊氏曰。惟仁者能好惡人。衆好惡之而不察。則或蔽於私矣。

箋曰。此正謂可信在衆字。猶必要察耳。必字下得極煞。察字却下得極活。曰必不以衆之好惡爲憑矣。曰察則亦未嘗遽以衆之好惡爲非矣。此章當與第十三篇。子貢問鄉人皆好之何如章參看。蓋特行之士。衆人之所疑。合汙之行。一世之所悅。故君子察焉。亦鄉原亂德之類耳。楊說外。

子曰。人能弘道。非道弘人。 弘。廓而大之也。人外無道。道外無人。然人心有覺。而道體無爲。故人能大其道。道不能大其人也。〇張子曰。心能盡性。人能弘道也。性不知撿其心。非道弘人也。

箋曰。人之所宜踐行。謂之道。人外無道。性外無人。弘字兼明道行道二意。中井積德曰。道無大小。隨人而大小。猶水無大小。隨器而大小。一盤水亦水也。一杯水亦水也。器小者水隨小。器大者水隨大。至池澤湖海亦然。是器能使水大也。水無奈器何。是水不能使器大也。今有人忠信慈祥。不肯爲不善之事。可謂善矣。然其道狹小。僅淑其身而已矣。不足以御家衆。化隣里。等而上之。有化及州黨者。及邦國者亦有之。自匹庶至於天子。庸人至於聖人。其階級數十百矣。其道無以大異。唯有小大而已。譬如官道。從來由此。然若其狹小傾仄。車馬不得相過。行旅頗病焉。邦君命發役修築。其廣三倍于舊。其途平坦。益樹之以槐柳。行旅甚便之。是之謂修道也。亦謂之弘道。人苟有德有位。則盈縮在手。縱舍在心。其弘道非所難矣。○王觀濤曰。人字。莫認作太高。弘道。莫看得太迂濶。試思吾人隨時隨地。那一處不是道之流行。那一刻不是道之鼓舞。皆是弘道作用。故曰人能弘道。實是合智愚賢不肖之人而點動之也。若以人字專歸聖賢。以弘字只說位育參贊等話。則此語死煞無味。

子曰。過而不改。是謂過矣。

過而能改。則復於無過。惟不改則其過遂成。而將不及改矣。

箋曰。中井氏曰。此改之爲貴之意矣。言雖有過而能改之。則過不成過矣。卽不改者。乃名之爲過耳。無不及改之意。主意在改之能滅過也。上下二過字。是未成已成之分。非無心有心之別。○卓菴張氏謂。晉人之納捷菑。楚莊之入陳。此皆孔子大改過遷善之意。論語與春秋一也。漢武輪臺之悔。秦穆誓師之言。亦然。

子曰。吾嘗終日不食。終夜不寢。以思。句無益。句不如學也。

此爲思而不學者言之。蓋勞心以必求。不如遜志而自得也。李氏曰。夫子非思而不學者。特垂語以教人爾。

箋曰。寢。臥也。學字是實際學問。夫思凭於虛。不如前人之已閱歷者據其實也。思者殫一已之謀慮。不如集古聖賢之謀慮周而精也。此學字謂當事不得術。思念古人所爲而摹倣之也。與遜志之學不同。注遜志句失之。又爲學之目。中庸言之最詳。博學・審問・愼思・明辨・篤行。皆學也。思與學烏可強分哉。夫子言思而不學則殆。學而不思則罔。乃爲初學言之。此章又爲顓悟而少實踐者發。蓋高明之士。顓悟夙成。馳心六合之表。極想窮搜。一有所得。遂以爲道在是矣。而不知道本中庸。至精至微之理。卽寓於至平至常之中。惟當身踐其事。習之久則得之者眞。自然知之者晰。夫子幼時。想亦嘗勞思未得。故以所閱歷者教人。非無是事而姑設言也。至學字兼知行說。服習其事。實體諸身。非但考究詩書而已。

子曰。君子謀道不謀食。耕也餒在其中矣。學也祿在其中矣。君子憂道不憂貧。

餒。奴罪反。○耕所以謀食。而未必得食。學所以謀道。而祿在其中。然其學也。憂不得乎道而已。非爲憂貧之故。而欲爲是以得祿也。○尹氏曰。君子治其本而不恤其末。豈以自外至者爲憂樂哉。

箋曰。謀者。言營求之也。謀著于事。憂藏于心。憂在謀先。謀從憂出。謀在事。憂在心。古者稱祿爲食。如事君先其事而後其食之類。耕也餒在其中。借言以起下文。言君子謀道不謀食。則恐不得食祿。而或不免飢餒之憂。蓋不然也。如耕本要飽。然時焉而有水旱凶荒之變。有古田沒地之厄。則或有不免飢餒之憂。此耕也餒在其中也。學者本是要立身。不是要干祿。然言行能謹。人自見知。便有得祿之道。此學也祿在其中也。故君子憂道不憂貧。凡曰在其中者。言非其事而自有其理。如此曰仁在其中矣。直在其中矣。皆是也。謝廷龍曰。本章若作三截看。則謀是一個。憂又是一個。中間學也祿在其中。又似說謀道亦可以得食。恐人疑謀道之心。走向外邊去。却又說憂道不憂貧一句以足之。如此則聖人語言。亦費轉折矣。須知夫子說謀道不謀食。先自斬釘截鐵絕不走到祿上去。而祿亦常在學中。此是自致之驗。不是君子之心。若君子之憂。但在道耳。如此一直看下。首尾只成一個。正平本南宗本。貧下有也字。

子曰。知及之。仁不能守之。雖得之必失之。知。去聲。○知足以知此理。而私欲間之。則無以有之於身矣。

知及之。仁能守之。不莊以涖之。則民不敬。涖。臨也。謂臨民也。知此理而無私欲以間之。則所知者在我而不失矣。然猶有不莊者。蓋氣習之偏。或有厚於內而不嚴於外者。是以民不見其可畏而慢易之。下句放此。

知及之。仁能守之。莊以涖之。動之不以禮。未善也。動之。動民也。猶曰鼓舞而作興之云爾。禮謂義理之節文。○愚謂。學至於仁。則善有諸己。而大本立矣。涖之不莊。動之不以禮。乃其氣稟學問之小疵。然亦非盡善之道也。故夫子歷言之。使知德愈全則責愈備。不可以爲小節而忽之也。

箋曰。是章專論君道也。十一之字。皆指民。包注指位言。則於動之句不可通。人君思爲治之道。而有所得焉。意匠所經營。宛見成功。所謂知及之也。皇仁以守言。乃力行之仁。夫成己仁也。成物知也。成物之知既及之。然而成己之仁不能固執之。則知之所及者。既得之而又失之也。故造次顚沛仁以守之。不爲物傾奪。其然後不失其所得也。○莊以臨之者。言正其衣冠。尊其瞻視。人望而畏之。假令人主不莊嚴如此。則雖知及之仁守之。民或不畏敬而取敗也。○龜井昱曰。知及之。聰明才略也。仁能守之。忠信貞固也。人君如此。則不失其所得。而可以發政建事也。然不臨之以莊。則民慢其上。政事之所以敗也。夫知及之仁守之莊涖之。而後政行。而上下固。可謂治體一成矣。然未善也。夫禮先王治國之具也。必舉之而後善也。此是章之義爾。

子曰。君子不可小知。而可大受也。小人不可大受。而可小知也。

此言觀人之法。知我知之也。受彼所受也。蓋君子於細事未必可觀。而材德足以任重。小人雖器量淺狹。而未必無一長可取。

箋曰。是章汎論君子小人。而寓任賢使能之意焉。非觀人之法。四可字下。皆加使字看。古文貴簡省四使字。作文耳。此小人指有才幹而無大德者。非姦邪憸佞之謂。知猶主也。如參知政事·知州·知縣之知。是也。受是擔當。知與受。皆當一順言之。知亦君子之知。受亦君子之受。蓋君子不爲小察。而其所務者大。如書算小能米鹽細務。及一切織巧技藝。不必多能。此所謂不可小知也。如託孤寄命。致君澤民等事。足任其重。此所謂而可大受也。凡一官之事。亦有任責者。有分督細務者。任

責者唯君子爲能焉。所謂大受也。分督者。智惠達藝而後可。不必全德君子。所謂
小知也。小人而大受。必有覆餗之凶。君子而小知。雖未有大害。而多無益於事。如
汲黯任職居官。亡以逾人。而輔少主守成。則可謂社稷之臣矣。大抵是之類也。此
章是示用人者。當隨其器局。勿以小知責君子。勿以不可大受棄小人。一以見君
子小人各適於用。取材貴廣。一以見君子小人不可乖於用。掄選貴精。淮南子主
術訓云。是故有大略者。不可責以捷巧。有小智者。不可任以大功。人有其才。物有
其形。有任一而太重。或任百而尚輕。是故審毫釐之計者。必遺天下之大數。不失
小物之選者。惑於大數之擧。譬猶狸之不可使搏牛。虎之不可使搏鼠也。黃陶菴
曰。周公之多材多藝。子產之博物閎覽。以至後世諸葛武侯之徒。小大何嘗不兼
擧耶。若夫全材難得。則絳侯之木强。豈不如嗇夫。而呂端之糊塗。固賢於丁謂也。

正平本。下受
下有也字。

子曰。民之於仁也。甚於水火。水火吾見蹈而死者矣。未見蹈仁而死者也。

民之於水火。所賴以生。不可一日無。其於仁也亦然。
但水火外物。而仁在己。無水火。不過害人之身。而不
仁則失其心。是仁有甚於水火。而尤不可以一日無者也。況水火或有時而殺
人。仁則未嘗殺人。亦何憚而不爲哉。李氏曰。此夫子勉人爲仁之語。下章放此。

箋曰。章首提出一民字。便見仁字輕淺。爲凡民勸勉而設。非論到仁之精微。亦未
論到殺身成仁變故時也。聖人是因民生日用視水火爲切身之物。而不知仁之

更切於生。故就眼前至易見者。爲指點。仁只如孝於親。弟於長。厚於倫類。便是。此皆日用常行。至順至安。有何蹈仁而死之事乎。仁而曰蹈。由蹈水火而來也。君子有殺身以成仁。是自知死而寧取仁也。與蹈死自別。蹈死者元無死之虞。把弄誤自致于死也。此章分兩截。以上截爲較緩急。下截爲較利害。仁者人也。無物可與之較緩急。即以緩急論。而至切之水火。猶爲未甚。蹈仁亦不當以利害論。即以利害論。而仁又獨有利而無害。此聖人提醒人語。注外物在己害身失心等。本文恐無是計較。

子曰。當仁不讓於師。

當仁。以仁爲己任也。雖師亦無所遜。言當勇往而必爲也。蓋仁者人所自有而自爲之。非有爭也。何遜之有。○程子曰。爲仁在己。無所與遜。若善名在外。則不可不遜。

箋曰。孔注。當行仁之事。不復讓於師。言行仁急。孔說是也。當。如當時之當。謂當爲仁之時也。當仁。猶言臨仁也。就當仁不讓於師一句上。自視其擔當自任之意。則可也。直以當爲擔當。古書未見其左證。鄉黨。當暑袗絺綌。必表而出之。孝經。故當不義。子不可以不爭於父。禮。當其爲尸則不臣也。孟子曰。是時孔子當阨。主司城貞子。皆可見當字義。不讓於師者。賓主須相讓。長幼朋友亦皆須讓。然讓之極。莫甚於師。故以師爲言也。不讓猶言不後。狀勇往之心耳。非師前無遜讓之謂。此與甚於水火一語例。極言其不顧他之意也。

子曰。君子貞而不諒。貞正而固也。諒則不擇是非而必於信。

箋曰。諒與貞對。則爲小德。友直友諒。及孟子君子不亮。惡乎執。亮與諒同。此忠信之信一意也。故此訓小信。甚當。猶匹夫匹婦之爲諒。諒爲小信。則貞是大信。故集注訓正而固。上篇夫子答子貢曰。言必信。行必果。硜硜然小人哉。孟子離婁下。大人者言不必信。行不必果。唯義所在。言必信。卽此注所云小信也。亦卽諒也。漢書王貢等傳贊。貞而不諒。薛方近之。顏注云。薛方志避亂朝。詭引巢許爲喩。近此義也。亦言不必信之證。

子曰。事君。敬其事。而後其食。後。與後獲之後同。食。祿也。君子之仕也。有官守者脩其職。有言責者盡其忠。皆以敬君之事而已。不可先有求祿之心也。

箋曰。中井氏曰。敬者。愼重畏懼竭心力之謂也。與後世所謂持敬不相肖。後食者。謂置俸祿之多少增減於度外。不以存乎念慮之間也。此後字非先後之後。只作置之度外四字。

子曰。有教無類。人性皆善。而其類有善惡之殊者。氣習之染也。故君子有教。則人皆可以復於善。而不當復論其類之惡矣。

箋曰。有教與無類作對。蓋言人唯因教而分而已。無有所謂類也。類字馬融解以種類。該得廣。如貴賤之類。老少之類。氣質之類。習俗之類。世類之美惡。皆是直云無類。眞箇無類也。非實有而不論。
集注下一則字轉說。殊非經旨。

子曰。道不同。不相爲謀。 爲。去聲。○不同。如善惡邪正之類。

箋曰。履軒謂。矢人之與函人。蠶戶之與山虞。其可相爲謀乎哉。道字是比喩之語。非斥善惡爲道。譬之一人之南紀。一人之北越。出門分背。豈可相謀哉。重義者與好利者。自修者與求名者。亦皆如此。劉寶楠曰。孟子曰。伯夷伊尹柳下惠三子者不同道。道者志之所趨舍。如出處語默之類。雖同於爲善。而有不同。其是非得失皆知之。不能相爲謀也。老莊申韓列傳。世之學老子者。則絀儒學。儒學亦絀老子。道不同不相爲謀。豈謂是耶。亦以老子之學。與儒不同。未可厚非也。若夫與時偕行。無可無不可。夫子之謂集大成。安有所謂不相謀哉。不相謀者道之本。能相爲謀者聖人之用。後世儒者。擧一廢百。始有異同之見。而自以爲是。互相攻擊。旣非聖人覆燾持載之量。亦大昧乎不相爲謀之旨矣。

子曰。辭達而已矣。 辭取達意而止。不以富麗爲工。

箋曰。三代之世。諸侯以邦交爲重。論語使於四方。不辱君命。則稱之。使於四方。不能專對。則譏之。公羊傳。大夫出使。受命不受辭。此辭卽專對之辭。使人之應答言語是也。若其他言語文字。雖理不外乎此。然非本章所及也。當時辭命浮誕華縟。靡然成風。無有誠實。考之左氏春秋可見矣。是夫子所不取。故云爾。聘禮記。辭無常。孫而說。辭多則史。少則不達。辭苟足以達。義之至也。論語之文。與禮經相表裏。以經證經。可以知辭達之義矣。達者。我意之達於人也。此外更無復可加。故曰而已矣。君子質而已矣。堯舜之道孝弟而已矣。君子仁而已矣。道二。仁與不仁而已矣。皆同。此言所貴於辭者。惟其達而已矣。如曰辭既達則可已矣。便落下一層。

中井氏曰。或謂辭命直語可也。不當作微婉。是亦矯而過者。蓋可直則直。可婉則婉。意達斯已。不當過作華縟而已矣。以其直語不足以喩意。或事理有不可直語者。故借微婉以濟之耳。其歸唯在於達意矣。夫子嘗云。不學詩無以言。可知直語亦非其所尙也。○古者言語文章。槩指爲辭。不專稱文章。如易修辭主其誠。則更語似主言語而言。富麗之目。則文章言語。胥與有之。如左氏國策所載談說之言。烏得不謂之富麗乎。若乃後人引此專就文章而言。則後世論者。借以抒己見。非以解經。彼固未嘗以經爲不指言語。集注之旨。蓋亦然也。

師冕見。及階。子曰。階也。及席。子曰。席也。皆坐。子告之曰。某在斯。某在斯。見。賢遍反。○師。樂師。瞽者。冕。名。再言某在斯。歷擧在坐之人以詔之。**師冕出。子張問曰。與師言之道與。**道與之與。平聲。○聖門學者。於夫子之一言一動。無不存心省察如此。**子曰。然。固相師之道也。**相。去聲。○相。助也。古者瞽必有相。其道如此。蓋聖人於此非作意而爲之。但盡其道而已。○尹氏曰。聖人處己爲人。

其心一致。無不盡其誠故也。有志於學者。求聖人之心於斯亦可見矣。范氏曰。聖人不侮鰥寡。不虐無告。可見於此。推之天下。無一物不得其所矣。

箋曰。師冕。如左氏所記師偕・師慧之類也。○及階者。劉寶楠曰。趙氏佑溫故錄。禮迎客於門。每門必讓。降等之客。則於門內。此師冕見。當先有坐客。則第俟諸階。故紀從階始。案趙說是也。但師冕來見。必亦有扶工者。入門之後。當立堂下。故此及階及席。夫子若爲扶工者。一一詔告之。又告以某某在斯者。令師冕知之得與爲禮也。正平本南宗本。及席下有也字。○云皆坐。中井氏曰。可知師冕入來時。孔子起。在坐者亦皆起也。至于此。起者與師冕皆坐也。○某在斯者。劉寶楠曰。廣雅釋詁。某。名也。言以某名其人也。此歷擧姓字。亦云某者。坐中非止一人。夫子本以姓字告之。記者不能盡述。故重言某以括之。斯者。謂其左右南北也。與某字相類。○與師言之道與。六字一句。說者或做二句。非是。○固相師之道也。固字承子張問意說。不必說是古之道。中井氏曰。冕原自有相。不待他人指導者。然夫子之堂。非屢經之地。所會之客。皆爲新知。夫子又爲主人。故告之詳悉如斯。是見夫子矜不成人之至情。自然呈露。指導合乎宜。是乃輔相瞽者之道云。非有定儀常則者。注古者有相。其道如此。似言是相者之道。相字死。且是一物。本文相字活。言是輔相師之道也。文義不相容。又瞽之有相。古今皆然。注稱古者何也。

論語會箋卷第十五終

論語會箋卷第十六

竹添光鴻會箋

季氏第十六

洪氏曰。此篇或以爲齊論。凡十四章。

洪氏。洪興祖也。洪氏疑此篇爲齊論。以其皆稱孔子。且十四章皆條列詳備。與上下篇不同也。然三論之殊。何晏集解序。述之甚悉。未嘗以此篇爲齊論也。洪說當刪。

季氏將伐顓臾。顓音專。臾音俞。○顓臾國名。魯附庸也。冉有季路見於孔子曰。季氏將有事於顓臾。見。賢遍反。○按左傳史記。二子仕季氏不同時。此云爾者。疑子路嘗從孔子自衛反魯。再仕季氏不久而復之衛也。孔子曰。求。無乃爾是過與。與。平聲。○冉有爲季氏聚斂。尤用事。故夫子獨責之。夫顓臾。昔者先王以爲東蒙主。且在邦域之中矣。是社稷之臣也。何以伐爲。夫。音扶。○東蒙。山名。先王封顓臾於此山之下。使主其祭。在魯地七百里之中。社稷。猶云公家。是時四分魯國。季氏取其二。孟孫叔孫各有其一。獨附庸之國。尚爲公臣。季氏又欲取以自益。故孔子言顓臾乃先王封國。則不可伐。在邦域之中。則不必伐。是社稷之臣。則非季氏所當伐也。此事理之至當。不易之定體。而一言盡其曲折如此。非聖人不能也。冉有曰。夫子欲之。吾二臣者。皆不欲也。夫子。指季孫。冉有實與謀。以夫子非之。故歸咎於季氏。孔子曰。求。周任有言。曰陳力就列。不能者止。危而不持。顚而不扶。則焉用彼相矣。任。平聲。焉。於虔反。相。去聲。下同。○周任。古之良史。陳。布也。列。位也。相。瞽者之相也。言二子不欲。則當諫。諫而不聽。則當去也。且爾言過矣。虎兕出於柙。龜玉毀於櫝中。是誰之過與。兕。徐履反。柙。戶甲反。櫝。音獨。與。平聲。○兕。野牛也。柙。檻也。櫝。匱也。言在柙而逸。在櫝而毀。典守者不得辭其過。明二子居其位而不去。則季氏之惡。己不得不任其責也。冉有曰。今夫顓臾。固而近於費。今不取。後世必爲子孫憂。夫。音扶。○固。謂城郭完固。費。季氏之私邑。此則冉有之飾辭。然亦可見其實與季氏之謀矣。孔子曰。求。君子疾

夫舍曰欲之。而必爲之辭。丘也聞。有國

夫。音扶。舍。上聲。○欲之。謂貪其利。

有家者。不患寡而患不均。不患貧而患不安。蓋均無貧。

和無寡。安無傾。

寡謂民少。貧謂財乏。均謂各得其分。安謂上下相安。季氏之欲取顓臾。患寡與貧耳。然是時季氏據國。而魯君無民。則不均矣。君弱臣强。互生嫌隙。則不安矣。均則不患於貧而和。和則不患於寡而安。安則不相疑忌。而無傾覆之患。

夫如是故遠人不服。則脩文德以來之。既來之則安之。

夫。音扶。○內治脩。然後遠人服。有不服。則脩德以來之。亦不當勤兵於遠。

今由與求也相夫子。遠人不服。而不能來

子路雖不與謀。而素不能輔之以義。亦不得爲無罪。故并責之。遠人。謂顓

也。邦分崩離析。而不能守也。

臾。分崩離析。謂四分公室。家臣屢叛。

而謀動干戈於邦內。吾恐季孫之憂。不在

干。楯也。戈。戟也。蕭牆。屏也。言不均不和。內變將作。其後哀公果欲以越伐魯而去季氏。○

顓臾。而在蕭牆之內也。

謝氏曰。當是時。三家强。公室弱。冉求又欲伐顓臾以附益之。夫子所以深罪之。爲其瘠魯以肥三家也。洪氏曰。二子仕於季氏。凡季氏所欲爲。必以告於夫子。則因夫子

之言而救止者。宜亦多矣。伐顓臾之事。不見於經傳。其以夫子之言而止也與。

箋曰。季氏將伐顓臾。將者謀已成而事未發也。季氏謂康子。左傳僖公二十一年。任宿須句顓臾風姓也。實司大皡與有濟之祀。顓臾城在沂州費縣西北八十里。東南十里曰南武陽城。伐顓臾不書於春秋者。聞夫子言而止也。否則春秋當大書特書曰季孫斯帥師伐顓臾。左哀十一年傳。季孫欲以田賦。使冉有訪諸仲尼。仲尼私於冉有曰。子季孫若欲行而法。則周公之典在。若欲苟而行。又何訪焉。弗聽而明年春書用田賦。卽其例也。況三傳皆不載此事。則其聞夫子言而止也必矣。田賦不與子路並見孔子者。其時子路未再仕季也。哀公十年。孔子自楚反乎衛。十一年魯以幣召之。乃歸。子路從孔子反魯。當在此時。十四年小邾射來奔曰使季路要我。吾無盟矣。使子路。子路辭。康子使冉有謂之。冉有子路同仕季氏。當在此年。隨復之衛。明年死于孔悝之難矣。韓非子。季孫相魯。子路爲郈令。魯以五月起衆爲長溝。子路挾粟而餐之。孔子使子貢覆其餐。季孫讓之曰。肥也起民而使之。而先生使餐。將無奪肥之民耶。肥爲康子名。爲子路仕康子之證。且不必求諸他經傳。卽下文子云。今由與求也相夫子云云。由苟不仕季。夫子曷爲與求並責耶。此事理之至易明者。古賀煜曰。集注顓臾魯附庸也。附庸二字。未有確解。孟子集注。小國之地。不足五十里者。不能自達於天子。因大國以姓名通。謂之附庸。亦非釋其字義。特道其職分耳。附者只是附屬臣附之義。孟子所謂不達於天子。附於諸侯二句。本當分說。言不能自以姓名達於天子。而附屬於諸侯之邦也。云不能自達。則其因諸侯以達自見。不可以附字爲因諸侯以達。王莽報功臣爲附

城。蓋取古昔附庸之義。庸卽墉字。墉。城也。莽之時。距古不遠。必有所受之。予謂。附
庸者。附屬於大國之城也。○冉有季路見於孔子者。子路長於冉有。而此先書冉
有者。蓋是時在季氏。冉有職位在子路之上也。其用事亦可知矣。故先書冉有。以
明夫子首責冉有之意。至下文孔子呼二子。乃先由而後求。從其齒也。孔注謂。冉
求爲季氏聚斂。故孔子獨疑求教。此大不然。下曰吾二臣者皆不欲。非文過以歸
咎於季孫。陳其情也。顓臾固而近費。擧其所疑而質諸孔子也。唯有此疑。故見以
告之也。若如舊說。冉有文過匿情之人。何足以爲聖門高弟哉。○曰季氏將有事
於顓臾。佐藤坦曰。曰是冉有語。雖與子路共見。而主言之者冉有也。子路平素率
爾先人。唯此時無一言。殆以其心有疚者歟。○孔子曰求季氏一篇。每章書曰孔
子。蓋記者之異辭。注獨責。宜改言首責也。則下文今由與求句無礙。○先王以爲
東蒙主。注以東蒙爲蒙山。是謂書蒙羽其藝。詩奄有龜蒙之蒙。卽此山也。邢疏曰。
蒙山在魯東。故曰東蒙。元和志以蒙與東蒙爲二山。閻百詩據漢書地理志蒙陰
縣注。禹貢蒙山在西南。顓臾國在山下。以證其爲一山。胡朏明曰。齊乘云。龜山在
今費縣西北七十里。蒙山在龜山東。二山連屬八十里。後人惑於東蒙之說。遂誤
以龜山當蒙山。蒙山當東蒙。而隱沒龜山之本名。參之以邢疏。東蒙卽蒙山。非有
二山明矣。主爲之神主也。鄭語曰。主芣騩而食溱洧。是其義。顓臾封中有東蒙山。
故使祭是山以建國也。注此山之下。認客作主。左僖二十一年傳。祇言祀有濟。不
言主東蒙者。猶此祇言主東蒙。不言祀有濟也。一就川言之。一就山言之也。劉沅
曰。顓臾在魯地七百里之中。朱子據明堂位。疑百里侯封不足以爲侯國。且有附
庸。金仁山謂。百里以田計也。山川附庸不在其內。禮記所言。蓋通山川附庸計之。

閟百詩則直據孟子。以明堂位爲誣。似矣。而無以解於此章在邦域之中。今析之。以蓋詩言錫之山川土田附庸。山川土田。百里之內者也。附庸則不在百里之內。以其爲大國。則子男之國附焉。是顓臾第附庸於魯。而非在其封內。然夫子曰在邦域之中。何也。夫子之時。魯已非僅百里。子特即現在情形言之。而明堂位夸張其詞。謂封周公以七百里者。亦以其後世疆圉所及。並附庸之舊言之。若先始封。自以孟子百里之說爲定。○且在邦域之中矣。釋文。邦域邦或作封。邦內。鄭本作封內。或云。封當作邦。漢諱邦。改爲封。吳英曰。邦封二字。未嘗相通。且義有不可通者。此章邦域之邦。不可通封。以附庸不能成小國。故附于大邦之中而爲附庸。是顓臾在魯邦之域中者也。然附庸亦封于天子。而公侯不得專封。魯與顓臾。各自有封疆。顓臾在魯封之外。不在魯封之內。則此邦字。豈可作封而云且在封域之中矣乎。此邦域之邦。不可通封也。邦域之邦。既不可通封。則下文邦內之邦。亦不可通封。不待言矣。○是社稷之臣也。社稷者指國之辭。社稷之臣。謂與國同休戚也。檀弓。有臣柳莊也者。非寡人之臣。社稷之臣也。正同。此句結上文蒙主邦域二條。社稷之臣。謂其爲魯之重。以明其不可伐也。非公臣之謂。注失於鑿矣。夫附庸之君。雖無爵命。而南面之主。得立宗廟祭山川。元是王臣。顓臾與魯非君臣。而謂之臣者。是以當時之時勢事體而言耳。皇本正平本。伐爲作爲伐也三字。○夫子欲之者。二子不欲。自是實情。並非推口。注歸咎句不是。○周任有言。周任於論語外。左隱六年傳。昭五年傳。並引其言。是古之能立言者。陳力就列不能者止。二句是周任語。止者去位也。對就言之也。陳力二字最重。扶持是陳力處。如二子之當去。是章未言及。勿講。○將焉用彼相矣者。相本訓助。訓扶。是扶持輔佐之義。故凡贊相者皆曰相。此章本文。瞽之相。國君之相。義兩可通。但味本文。上云陳力就列不能者止。而承之云危而不持云云。則亦必陳人臣輔相之事。方與上文稱。今忽舉瞽之相。則語不倫矣。或疑宰相之名。古昔所無。不知舜相堯。仲虺爲湯左相。醫和謂趙武曰。子相晉國。稱輔相爲相。自古而然。卽下文由與求也相夫子。及管仲相桓公。皆足以爲證。故古注包曰。言輔相人者。當能持危扶顚。若不能。何用相爲。凡歷代引經文。皆從輔相之義。朱子所疑。特在扶持二字。然孟子疾病相扶持。未始指瞽者。中庸治亂持危。未嘗不指國。而顚躋若之何。出商書。則不必改古注。此矣字。與乎同義。古本矣作也。二子之罪。只在不持不扶。致季氏得縱其欲。故夫子亦只責之如此。注中冉有實與謀句太過。是朱子過於疾惡處。○且爾言過矣。且字須補姑無論主謀者。果出自爾否。姑無論襄事者。果成自爾否。果卽諉過之言。而已難解免矣。須坐實爾言。安頓過字。方得且字宛轉之神。虎兕出於柙。龜玉毀於櫝中。虎兕龜玉。喩各有意。謂當言不言。非畏其威。卽是不敬其主。虎兕至惡。有柙禁之。龜玉至貴。有櫝藏之。人臣苟畏威而不敢言。輕其主而不盡言。使逞欲府過則咎無可辭矣。兕似牛。郭璞云。一角青色。重千斤。說文云。兕如野牛。青色。其皮堅厚。可制鎧。是也。柙。釋文作匣。云本今作柙。是舊本作匣也。漢書文三王傳正作匣。周官囿人職。掌囿游之獸禁。牧百獸。注。禁者其蕃衛也。蕃與藩同。蕃衛卽此所云柙也。龜。謂守龜。龜人掌之。玉。謂命圭。典瑞掌之。皇本。出下毀下無於字。正平本無下於字。○固而近於費。此節冉有自解所以難於救止之故。不可說似代季氏遠慮。固。說文云。四塞也。四塞者無罅漏之謂。周禮夏官掌固注云。固。國所依阻者也。國曰固。野曰險。然則固謂山巖險阻。非言城郭也。書費誓曰。淮夷徐戎並興。魯東南邊費。又東南則淮徐之地。費邑故城。在今山東費縣西北二十里。又西北二十里有冠石之山。又北爲陪尾。此顓臾所以固而近於費也。魯之費邑。反在顓臾之南。故孔子以爲在邦域之中也。酈注沂水條云。沂水從臨沂縣東流。逕蒙山下。又東南逕顓臾城北。又東南流逕費縣故城南。案其里程相距纔七十里耳。○後世必爲子孫憂。釋文本無後世字。引或本有之。後漢臧宮傳注引。亦無後世字。子孫。季氏之子孫也。一憂字。生出下面四患字。及吾恐季孫之憂一句來。○君子疾夫舍曰欲之而必爲之辭。夫子言顓臾何能爲子孫憂。季氏亦非果慮其禍子孫。特貪其土地。藉口於顓臾之將爲禍耳。欲之。應前欲之。襄二十九年。季武子取卞。以將叛告。公曰。欲之而言叛。祇見疏也。欲之字正同。皇本正平本南宗本必下有更字。○丘也聞至安無傾一節。上文是責冉求不諫。以下乃夫子推論。就必爲子孫憂一句盡言之。有國至不安三句。是古語。蓋均無貧以下。則夫子自古語中別拈出新意。如此所以與上文不相當對。均。謂民人各得其所。苟均則雖寡乎。民我民也。苟不均。則雖衆乎。民非其民也。此其所以不患寡而患不均也。有國有家者。不患府庫之無財。而患民之不懷其土也。故曰不患貧而患不安。民人各得其所。則事成治定。國家自不貧矣。故曰均無貧。和。謂民人親附。無離畔逆違之心。則商周之不敵。十人可以衆於兆民。雖寡猶衆矣。故曰和無寡。夫季氏最富強。而尚貪利不厭。惟以寡與貧爲患。而不知不均不安之當患。故舉此兩端而反正之。下三句因上兩端。而又補和字於均安之間。以示無貧無寡乃此均和安之效。更以無傾究言之。蓋自所當患對而言之。則寡對不均。貧對不安。以效之所得序而言之。則由平均而各足。乃得人情和安。而民不離散。國勢鞏固。是節泛論治國家之理。其在季氏。亦在其爲政上已矣。未嘗言及名分。言季氏亦宜致均和以安國家也。均和皆屬在下者。非責季氏尊君抑己也。○夫如是故遠人不服云云。夫如是卽承上文曰。既不患寡。如是則無往而或患寡矣。既不患貧。如是則無往而或患貧矣。故遠人有不服。則修文德以來之。而不必動於兵。遠人而既來。則亦相睦以安之。而不必因其利。依然不患寡不患貧之心也。本文一故字兩則字。則所以來之所以安之。皆從如是二字來。惟不患寡不患貧。故處遠人。亦略無希利之心。容於其間耳。如此看。則上面均安來脈相承。下面干戈去路相値。而本節亦無過渡轉折之弊矣。脩文德者。脩謂加治之。德而必加一文字者。以對勸兵之武事而言。暗伏顓臾邦內之近人。決不當用兵也。承上節來。則文德不脫均安。貼本節說。則文德又不止均安。蓋來遠人。便須有一番事業。如風之以禮義。歆之以仁讓。告之以訓詞。皆文德也。要不出均安道理。故注于文德不加訓釋。而以內治二字統之也。安之。亦承上文安無傾。○今由與求也相夫子句。由求在季氏任用有輕重而已。既云吾二臣者皆不欲。可見兩人一體矣。注於顓臾之外求子路之罪。可謂深文矣。○遠人不服而不能來也者。上文遠人字。所指極廣遠。此遠人亦承上文。則雖有所指。亦當略同義。決不言邦域內之顓臾。結末不在顓臾。言自更端。非與此遠人相應。遠人。泛指邾莒杞滕之屬。蓋對顓臾之近言之。不在邦域之內。卽爲遠人耳。又上文脩德以來遠人。頂上有國者說。下文遠人不服而不能來。亦責季氏不能輔魯君脩文德以招攜懷遠耳。季氏安能來遠人。遠人亦豈爲季氏來哉。○邦分崩離析而不能守也。分崩離析。謂邦內人心不一。動致離畔也。顓臾亦在此內。非指公室四分。正平本南宗本析作折。○而謀動干戈於邦內。此遠人且不欲動干戈。

況邦內乎之意。是句正與上文遠人不服而不能來對。顓臾之非遠人也彰彰爾雅釋言。干。扞也。孫炎注。干盾自蔽扞。方言。盾自關而東。或謂之瞂。或謂之干。關西謂之盾。是干盾瞂櫓。皆一物異名。說文。戟有枝兵也。戈。平頭戟也。據方言。是戈爲戟之異稱。據說文則戈亦戟類。故注以戟訓戈。○在蕭牆之內也。說文云。蕭。艾蒿也。蓋蕭牆。輯艾蒿爲樊籬也。在人家深奧之處。猶我俗之柴籬矣。義取至近。卽後世謂變生肘腋意。蕭牆之憂。指在季氏家內者而言。如陽虎公斂陽之類。是豫算之言。不得以實事拘說。鄭注。蕭之言。肅也。牆謂屏也。君臣相見之禮。至屏而加肅敬焉。是以謂之蕭牆。後季氏家臣陽虎。果囚季桓子。據鄭說則季氏有蕭牆者。僭爲之也。然季氏果僭蕭牆。如臺門旅樹。夫子必不引之以爲評品之語。況陽虎未執桓子以前。由求未嘗與陽虎共仕季氏。而經文明言由求。求之得志於季氏。在哀公十一年清之役勝齊以後。是季孫當指康子。而非桓子矣。朱子則以蕭牆之憂屬之哀公。然哀公豈是蕭牆之人也哉。且魯君弱臣強。爲日已久。季氏必不可去。昭公往事。其殷鑒也。欲去季氏。魯君之憂。非季氏之憂也。孔子之告子路冉有也。公論非私議。將使季氏聞之也。就使當哀公時。孔子知其將去季氏。而豫泄其謀于康子。以爲季氏將有憂。是構魯之難也。聖人而出此乎。中井履軒曰。冉求唯從季氏之所欲而已。非首謀也。注冉求又欲伐句過當。又二子相季氏。不能弭禍難。其伐顓臾也。以爲有益於季氏。殊不知此適所以速禍也。夫子蓋此之讓耳。非罪其瘠魯也。

孔子曰。天下有道。則禮樂征伐自天子出。天下無道。則禮樂征伐自諸侯出。自諸侯出。蓋十世希不失矣。自大夫出。五世希不失矣。陪臣執國命。三世希不失矣。先王之制。諸侯不得變禮樂。專征伐。陪臣。家臣也。逆理愈甚。則其失之愈速。大約世數不過如此。天下有道。則政不在大夫。言不得專政。天下有道。則庶人不議。上無失政。則下無私議。非箝其口使不敢言也。○此章通論天下之勢。

箋曰。自天子出。言若成康昭穆之世。君臣定位。名器得所。謂之天下有道也。及春秋際。皇綱解紐。喪亂日甚。諸侯以己意擅用禮樂征伐。不唯自僭之。并以施之人。故云自諸侯出也。此章汎論時變之勢。孔注專援魯事以實之。非也。出自諸侯。唯霸主當此。出自大夫。唯霸國之大夫當此。他國莫與焉。蓋十世者。蓋是大略之辭。下五世三世不言蓋。統上而省文也。○自大夫出。蒙上文禮樂征伐。則謂如晉六卿中執政者也。大夫於天子亦陪臣。而下別云陪臣。以一國言。故云執國命。則自大夫出者。以天下言可知矣。○陪臣執國命。說文。陪。重土也。引申爲凡加益之義。韋昭楚語注。臣之臣爲陪。曲禮。列國之大夫。入天子之國。自稱曰陪臣某。是諸侯大夫於天子爲陪臣。則諸侯大夫家臣。亦於諸侯爲陪臣矣。國命猶云政令。馮景曰。不言禮樂征伐自陪臣出。而曰執國命。禮樂征伐必交乎四鄰。而國命不出境。

陪臣執之云者。猶彊奴抗孱主。第相鬩於門之內而已。春秋之大夫。交政於中國。凡盟會之事皆與焉。若陪臣雖稱兵據地。甚至囚執其主。而卒不得與于會。春秋之法。叛以地。雖賤必書地。以名其人。南蒯・陽虎・公山不狃之叛不書。第書圍費盜竊而已。略家臣也。略之者絕之也。不狃及身而出奔。南蒯者南遺之子。二世而出奔。陽氏爲季氏家臣。至虎三世而出奔。其弟陽越死於亂。○天下有道則政不在大夫。上曰自大夫出者。謂禮樂征伐。是與天下之政也。此曰政不在大夫者。是言專一國之政。如魯之三桓是也。夫周室東遷以後。惟齊晉盟主是依。齊桓之伯業忽焉。晉文至悼五世。天下賴之。自向戌創弭兵之策。楚遂得有諸侯。且疆場之難稍息。君臣玩樂。諸侯之大夫。退而各營其私。於是田常簒齊。六卿分晉。本文上言諸侯大夫陪臣。而下專言政不在大夫。蓋有道則諸侯承天子命宣化。而大夫直奔走耳。陪臣又不待言。當時大夫專政。子言大夫而其他可知。劉沅曰。十世五世三世。以其所憑之勢大略計之。前人謂逆理愈甚。則其失之愈速。殊謬。諸侯干天子。大夫干諸侯。陪臣竊國柄。其逆理一也。厥罪惟均。不可以甚不甚計。第其所憑之勢有厚薄。故陵夷有遲速。然亦大概言其理。夫子以必失警之。姑寬其時以計。若曰卽至遲亦不過十世五世三世。無有不失者。斷案在失。不在世之遠近。春秋亦有專擅國柄。如欒郤之流。不旋踵而滅亡者。豈必五世哉。諸侯陪臣皆然。故讀書最貴知聖言之所在。○天下有道則庶人不議。注云。上無失政。是謂政之違失者。下章注云。魯以失政。言公室衰替。失其政權。自不同矣。安井衡曰。天下無道。權日移於下。至其極也。處士議得失。以與上抗。卽孟子所謂處士橫議是也。方觀旭引國語庶人傳語。以不議爲不與謀國政。然與謀國政。其人必非庶人。謂之庶人。

則非與謀國政也。蓋議與謗別。謗者。情所非則騰之口也。議者。謀議其是非。以與上相持也。同是說上非。而其心有邪正順逆之殊。故謗則取之。議則爲天下無道之事。孟子宗孔子者也。處士橫議。蓋亦述此議耳。古賀煜曰。夫子是言。語有道之世之氣象。非論致治之道。有道之世。海寓清泰。萬物得所。君子勞心。小人勞力。上下分定。各盡其職。彼庶人方竭力於農。故敦行孝弟忠信。政治之失得。固不暇議。又無心議。上無失政。而下無非議。固不足以盡之也。孟子以處士橫議爲大亂之俗。意可相參。漢宋之季。儒生以匹夫之賤。扼腕議朝政之失。一時君相。固皆有罪。然終是衰世氣象。集注本孔安國・呂與叔以立說。又欲以箴後世類厲王監謗之舉者。其意則善。而說失之淺。經旨稍晦矣。儲同人曰。天下之漸積而至於偏重者。勢也。情激而出於過正者。亦勢也。大夫曷爲偏重。曰積也。庶人曷爲過正。曰激也。庶人不議。非指怨謗。如所謂處士橫議之類皆是。其流禍甚烈。觀周衰人立私議。究于坑焚。可見也。若止于怨汝詈汝。則所謂庶人謗者是盛世所不禁。張江陵曰。天下有公議。有私議。公議可畏也。私議不可徇也。在上者。唯自反其所爲。果有背乎道理。有拂乎人心。則雖匹夫匹婦之言。有不可忽者焉。又曰。天下有衆論。有公論。衆論未必盡出於公。公論未必盡出於衆。能於此而加察焉。則一朋黨比周之人。不得以眩我之明。而孤立無與之士。咸得見知於上矣。〇此章是一部春秋總序。首節禮樂征伐自諸侯出。是桓莊以來之世變。春秋之所以始。陪臣執國命。是定哀以來之世變。春秋之所以終。次節專提大夫。不及諸侯陪臣者。陪臣本于大夫。其執國命。不足慮也。諸侯竊柄。罪固無可逃。功亦不掩。東遷以還。弒奪不絕書。則大夫之罪爲甚。春秋之法。微奬五伯。深惡三桓。意正如此。

孔子曰。祿之去公室五世矣。政逮於大夫四世矣。故夫三桓之子孫微矣。

夫。音扶。○魯自文公薨。公子遂殺子赤。立宣公。而君失其政。歷成・襄・昭・定。凡五公。逮。及也。自季武子始專國政。歷悼・平・桓子。凡四世。而爲家臣陽虎所執。三桓・三家。皆桓公之後。此以前章之說推之。而知其當然也。○此章專論魯事。疑與前章皆定公時語。蘇氏曰。禮樂征伐自諸侯出。宜諸侯之強也。而魯以失政。政逮於大夫。宜大夫之強也。而三桓以微。何也。強生於安。安生於上下之分定。今諸侯大夫皆陵其上。則無以令其下矣。故皆不久而失之也。

箋曰。中井積德曰。此當通上章爲一章。而孔子曰三字。是更端之辭。亦非衍文。上泛論事勢。下實以魯事也。舊解因孔子曰三字。判爲二章。遂致故字不通。○春秋襄十一年。作三軍。三分公室。十二分其民。三家得七。公得五。昭五年。舍中軍。四分公室。季氏有其二。孟叔各有其一。皆盡征之。而貢于公。宣成之世。賦稅仍入公家也。此云祿去者。祿非賦稅。言爵祿之柄。不自公出耳。毛奇齡曰。祿去公室。卽是政逮大夫。未有去彼而不之此。而中立者。然而一是五世。一是四世。若是其不齊何也。曰去公室。從公室數。則公適五世。逮大夫。從大夫數。則大夫適四世。不相左也。然而其五世何也。曰宣成襄昭定也。何以知宣成襄昭定。按春秋昭二十五年。叔孫舍如宋。宋樂祁曰。魯君必出。政在季氏三世矣。魯君喪政四公矣。至三十二年。公薨乾侯。史墨對趙簡子曰。季友有大功于魯。受費以爲上卿。至於文子武子。世增其業。魯文公薨。而東門襄仲殺適立庶。君於是失國政。政在季氏。於此君也四公矣。是兩人所言。皆春秋當年指定世數者。然而一曰四公。一又曰四公。上自文公薨。以後。下及昭公終之年。宣成襄昭。屈指四世。不云五世者。兩人所言在昭公時也。其上不及文者。以指定昭公。曰于此君。則等而上之四不及文。猶之等而下之四不及定也。故史記魯世家云。文公卒。襄仲立宣公。魯由此公室卑。三桓強而漢食貨志云。魯自文公以後。祿去公室。政在大夫。則於此祿去政逮十字。鑿定是文公以後。爲宣成襄昭定五世。故鄭注云爾。而集注因之。其四世何也。曰文武平桓也。何以知文武平桓。樂祁不云乎。政在季氏三世矣。謂文武平也。子墨不云乎。文子武子世增其業。謂季之執政自文子始也。其不及桓子者。以昭公時未有桓也。蓋武子之卒。在昭之七年。是時悼子先武卒。而平子於是年卽代武立。悼子未嘗爲卿也。未嘗爲卿。則政不逮矣。故四世斷自文子始而桓止。不及悼子。此無可疑者。伊藤長胤曰。春秋經書曰子卒。公羊以爲赤。左氏以爲惡。所傳本異焉耳。集注从公羊作赤。予謂集注記春秋間事。每據左傳。此處當作子惡。先儒程子胡氏信用公穀二傳。故集注亦相沿不改歟。○祿去公室政逮大夫。互言也。重在大夫。蓋自宣公十八年春秋書公伐杞之後。凡伐不言公。魯無君將者八十年。至定六年書公侵鄭。八年兩書公侵齊。十二年書公圍成。則以陪臣公山不狃・侯犯・陽虎之專也。雖本非公室能張。然亦可見三桓將微之漸也。孫詒仲曰。或曰。定公五年。陽虎已囚桓子。本文故夫二字當作已然看。正就事感嘆語。非推未然也。曾鏞曰。政逮大夫。註疏以文子武子悼子平子爲四世。不及桓子。集註以武子悼子平子桓子爲四世。不及文子。愚竊以爲欲知夫子所言之四世。果何季氏。且先思夫子言四世之時。果何公時也。集註謂。此章疑與前章皆定公時語。愚謂此章與前章。並篇首季氏將伐顓臾章。皆哀公時語也。將伐顓臾者。康子也。曷爲康子。以爲之宰者冉有也。季路爲季氏宰。將墮三都。定公十二年也。此季氏桓子也。冉有爲季氏宰。齊伐魯及清。冉有帥左師。哀公十三年也。此季氏康子也。自夫子去魯司寇。子路亦不仕季氏。將伐顓臾。冉有季路見于孔子。集註謂二子仕季氏不同時。此云爾者。疑子路從夫子自衛反魯再仕季氏。是集註亦未嘗不以是季氏康子也。此章語意。與首章隱相連屬。知夫子言祿去公室。斯政逮大夫。則由宣公以來。必不可去文子。知此章夫子爲哀公時之季氏言。則由康子而上。必不可去桓子。自文子至桓子。其世有五。而夫子止曰四世。取春秋經傳一加參考。乃四世之說。本自較然。言其父子相及之世則五。言其身執魯政之世實四也。且自文子至平子。已歷四世。而樂祁聞魯將逐平子。乃曰政在季氏三世矣。是何也。武子雖與臧武仲嘗立悼子爲嗣子。以先武子卒。未爲卿。故曰三世也。何知悼子未爲卿。先武子卒。春秋于魯季孫之卒。無不備書。而悼子之事與卒。皆未見于經。武子以昭公七年十一月卒。曾不越兩年。魯伐莒三卿並將。而平子已身爲主將。是悼子必先武子卒。其子平子即繼武子執政也。杜註于樂祁三世之言。直曰文子武子平子。其所以不數悼子。孔氏言之甚詳。方觀旭曰。四世是季文至桓。惟是宣公時孟叔二家與季文子共事。孟則慶父之曾孫獻子蔑。蔑生莊子速。速生孝伯羯。羯生僖子貜。貜生懿子何忌。與季桓子同時。叔則牙之孫莊叔得臣。得臣生宣伯僑如・穆叔豹。豹生昭子婼。婼生成子不敢。不敢生武叔州仇。與季桓子同時。孟與叔竝已五世柄政。此經論三桓之子孫。而統云四世者。蓋惟就季氏之世爲言。季氏孟叔二家所宗也。是以傳言季氏爲家卿。二子爲介卿。叔孫穆子指楹曰。雖惡之。其可去乎。鬷戾曰。凡有季氏與無。於我孰利。皆曰。無季氏是無叔孫氏也。然則二家視季氏爲盛衰。擧季氏之世。而三桓可知矣。顧棟高曰。自僖公元年至哀公二十七年左氏春秋經傳之末。閱年一百九十三。魯之執政共十一人。季氏凡六人。叔孫氏二人。孟孫氏一人。東門氏一人。中間陽虎執政。在定之六七八。僅三年爾。旋出奔。政柄復歸季氏。當定之九年。季孫斯乘意如兇惡之後。遭陽虎幾死。僅而得免。創鉅痛深。乃始用孔子。以銷弭禍患。孔子建墮三都之議。叔季二家墮費墮郈。譬之虎穴。虎出而羣狼據之。虎亦不得歸。墮其穴。非特公室安。私門亦安。此聖人撥亂反正之大機括也。至十二年冬十二月。孟氏不肯墮成。哀十五年。成宰公孫宿叛入于齊。踵南蒯及侯犯之後。聖人之言始驗。明年孔子亦卒。使孔子久於其位。當能感慨孟氏。使漸就約束。而卒以女樂去。此天也。鄭小谷曰。以魯之褊小也。裂而爲三。則不可以立國。此與晉三卿之事異矣。故三卿終分晉。而三家不能也。以三家之參耦也。併而爲一。則又莫敢先動。此與齊田常之事異矣。故田常能取齊。而三家之不能也。然則其在定哀之時能自立者何也。定哀之時。齊晉之卿。皆未成爲諸侯。未成爲諸侯。故獎其同惡。而保持之。魯之君無如之何也。定哀以後。齊晉之卿。皆已成爲諸侯。已爲諸侯。故惡其無等。而夷滅之。三家亦無如之何也。觀諸史冊。自悼公之末。而三家之事無聞焉。郊特牲言。大夫强而君殺之。義也。由三桓始也。又曰。公廟之設於私家。非禮也。由三桓始也。明下始字。則必確有實字。古必有誅三桓之事。故禮記殺三桓之語。但恨文獻失考耳。按史記。魯哀公二十七年卒。子悼公三十七年卒。悼公卒。元公立。元公卒。穆公立。相去九十年矣。至戰國之時。

猶有地五百里。不與滕薛齒。孟子載公儀子爲政。史記亦載公儀休相魯穆公卒。共公立。共公卒。康公立。康公卒。景公立。景公卒。平公立。又六十年。孟子載欲使樂正子爲政。是魯後又有文公頃公。約七十年。乃爲楚所滅。蓋自哀公後。魯尙有國二百六十年。而三桓子孫。杳無聞焉。夫子之言。不益信歟。

孔子曰。益者三友。損者三友。友直。友諒。友多聞。益矣。友便辟。友善柔。友便佞。損矣。

便。平聲。辟。婢亦反。○友直。則聞其過。友諒。則進於誠。友多聞。則進於明。便習熟也。便辟。謂習於威儀而不直。善柔。謂工於媚說而不諒。便佞。謂習於口語而無聞見之實。三者損益正相反也。○尹氏曰。自天子以至於庶人。未有不須友以成者。而其損益有如是者。可不謹哉。

箋曰。三友之友。乃我友之也。損益俱主我言。損益各有三項。益友多出於可畏。損者多生於所狎。○益有薰陶漸染。日進而不自知意。損有浸淫漸漬。日退而不自知意。是章本評語矣。然使人慎擇於取友之意。自在言外。○友直者。直而不隱。則得聞其過。此有忠告之益也。○諒者。忠信之信。一意也。信實而不輕薄者益友也。○便辟是便于辟也。善柔是善於柔也。便佞亦是便于佞也。便字當訓習。蓋便辟二字。乃測注之文。非平列之字。與下文便佞不嫌同詞。習於言語而巧佞者爲便佞。習於容儀而般辟者爲便辟。便辟之人。善於周旋。習容止。而少誠實。如孔子所譏師也辟者。鄭以辟爲古譬字。謂巧於譬喩。則與下便佞混矣。或又以邪僻非僻當之。此亦太過。辟僻固屬同字。而孔子所言三損友。尙非大姦慝之人。書冏命。巧言令色便辟側媚。傳以足恭當便辟。卽般辟也。列子力命。便辟。釋文亦云。恭敬大過也。荀子王制。事其便辟。注謂左右小臣。蓋左右小臣皆周旋嫻習。便便左右。亦謂此矣。孟子云。便嬖不足使令於前。嬖亦辟字之借。正平本辟作僻。〇三損在彼則未必惡也。但我友之則損矣。便辟是便於容而順於人之人矣。不必說不直。善柔是柔弱順從之人。不必說媚悅不諒。便佞是口給順於人之人。不必說無聞見。若夫諂媚邪曲。固不遑論損矣。猶不言友聖友賢益也。夫子之言。只謂所友之損益有三者之異耳。非必一正一反相對說也。集注必一一反說。甚拘。下章倣此。

孔子曰。益者三樂。損者三樂。樂節禮樂。樂道人之善。樂多賢友。益矣。樂驕樂。樂佚遊。樂宴樂。損矣。

樂五教反。禮樂之樂音岳。驕樂宴樂之樂音洛。〇節謂辨其制度聲容之節。驕樂則侈肆而不知節。佚遊則惰慢而惡聞善。宴樂則淫溺而狎小人。三者損益亦相反也。〇尹氏曰。君子之於好樂。可不謹哉。

箋曰。三樂釋文五教反。古賀煜曰。從音洛爲是。不必爲五教反。五教者願望喜好之意。不如從音洛之切於損益。孟子有君子有三樂語。實爲此章的證。若乃樂驕樂樂宴樂。複用樂字者。猶孟子所謂樂民之樂。樂其樂者。不可從去聲。大學。有所好樂則不得其正。章句樂去聲。亦不可從。論語。好之者不如樂之者。好樂連用者。皆當從音洛。〇節禮樂者。節謂合度得中。是在行事之時而言。非徒分辨之。漢書貢禹傳引此經云。放古以自節。是也。伊藤長胤曰。樂節禮樂者。古者學者之於禮樂。猶後世之靠書冊講義理。躬常依之。而不可須臾離焉者也。故於其制度節奏之間。辨之隆殺。考之淸濁。使之不違其則。平素以此爲樂。則禮得其序。樂得其和。可以收斂威儀。可以養成性情。故夫子於樂之益者。首而言之。○樂道人之善。善兼言行。其人未必全善。而言行之間有一節可稱者。亦樂道之。故善字上添一之字。○樂多賢友。多字著力。○樂驕樂。驕樂是以驕爲樂。使其意氣傲慢睥睨。以爲愉快者。○樂佚遊。佚猶放也。放逸之遊。鬪雞走犬六博蹋鞠。使人心狂騰者是也。○樂宴樂。宴樂是以宴爲樂。樂酒無厭是也。宴樂則有沈迷昏溺之意。如荒於酒色。流連荒亡是也。若佚遊只是博奕遊觀之類。其遊觀亦未至於從流忘反也。從流忘反。則是宴樂矣。說文。宴。安也。飲食所以安體。故亦曰宴。漢書成帝紀。帝爲太子。其後幸酒樂燕樂。宴作燕者假借字。易象傳。君子以飲食宴樂。鄭注。宴。享宴也。彼以禮飲食。與此宴樂爲沈荒淫瀆不同。損者之樂三。不必說不知節惡聞善狎小人二矣字。有許多警惕人意。

孔子曰。侍於君子有三愆。言未及之而言。謂之躁。言及之而不言。謂之隱。未見顏色而言。謂之瞽。

躁。音竈。○君子。有德位之通稱。愆。過也。瞽。無目。不能察言觀色。○尹氏曰。時然後言。則無三者之過矣。

箋曰。言未及之。只是君子之言未及我也。君子之言未及我。我決不敢先。此少者賤者之道也。禮。主人不問。客不先擧。此指各位相敵者。且然若此。矧君子之與我。

尊卑懸絕者乎。佐藤坦曰。瞽字之爲借言明矣。而躁隱亦是借言。擧止實未嘗有躁。而特以其未可言而言。則謂之躁。其心實未嘗有隱。而特以其可言而不言。則謂之隱。正與未見顏色而言謂之瞽。同一例也。○夫子言三愆者。欲侍君子者。常常以此存心。而不失語言之節也。此弟子之禮也。曲禮曰。坐必安。執爾顏。卽未見顏色而言。謂之瞽也。又曰。長者不及。毋儳言。卽言未及之而言。謂之躁也。又曰。先生與之言則對。不與之言。則趨而退。卽言及之而不言。謂之隱也。皆以先生長者言之。故知爲弟子之禮也。尹氏云。時然後言。則是成德之事。不可責侍君子者。

孔子曰。君子有三戒。少之時。血氣未定。戒之在色。及其壯也。血氣方剛。戒之在鬭。及其老也。血氣既衰。戒之在得。

血氣。形之所待以生者。血陰而氣陽也。得。貪得也。隨時知戒。以理勝之。則不爲血氣所使也。○范氏曰。聖人同於人者血氣也。異於人者志氣也。血氣有時而衰。志氣則無時而衰也。少未定。壯而剛。老而衰者。血氣也。戒於色。戒於鬭。戒於得者。志氣也。君子養其志氣。故不爲血氣所動。是以年彌高而德彌邵也。

箋曰。三者皆可以爲終身戒。但隨血氣有最甚者。故以少壯老分配之。未定。是易流於欲。意不是言未強固。當保養也。三戒只是道心常爲之主。而人心聽命。所謂以理制欲。以志帥氣也。淫放之少年。強很之悍卒。貪媮之鄙夫。稍知自好者不爲。而謂有志君子者當戒。不太淺乎哉。蓋人情。非其時則情弗鍾。庸流亦庶幾於無過。適其時。則情易縱。學士亦遏抑而無功。故戒之。戒者。預禁之。嚴制之。而不敢犯之意。外注欲以志帥氣。而不爲血氣所動者。志爲氣之帥。則爲志氣。氣爲血所動。則爲血氣也。羅近溪曰。色不專是女色。凡世間一切綺麗可悅之事。皆色也。鬪不專嚷鬪。凡才能技藝與物相競。常懷上人之心。皆鬪也。得亦不專是好利。凡一生轂當可便身圖者。皆得也。又曰。三戒卽終身之憂。心惟好德是色戒。心惟尚禮是鬪戒。心惟喩義是得戒。

孔子曰。君子有三畏。畏天命。畏大人。畏聖人之言。畏者。嚴憚之意也。天命者。天所賦之正理也。知其可畏。則其戒謹恐懼。自有不能已者。而付畀之重。可以不失矣。大人・聖言。皆天命所當畏。知畏天命。則不得不畏之矣。

小人不知天命而不畏也。狎大人。侮聖人之言。侮。戲玩也。不知天命。故不識義理。而無所忌憚如此。○尹氏曰。三畏者。脩己之誠當然也。小人不務脩身誠己。則何畏之有。

箋曰。三畏畏字。非是空畏。一念兢兢戒懼。實體之而不違也。三畏三平說。注特歸重于天命。恐非正意。○天命。兼德命祿命言。知己之命原於天。則修其德命。而仁義之道無或失。安於祿命。而吉凶順逆。必脩身以俟之。妄爲希冀者非。委心任運者亦非也。且得位則行義以達其道。不得位亦必隱居以求其志。此方是天地生人。降厥德于我躬之意。故惟君子能知天命而畏之也。其畏之者。恐己之德有未至。無以成己成物。有負於天耳。○大人以德而言。大人者。當世之賢聖人者先代之聖。安井衡曰。大人。皇侃以爲有德位者。然下文云狎大人。凡小人之性。有位者必敬之。不復論其有德與否。則此當以爲有德之稱。大人聖人。孟子區而別之。細推之固當有別。然若文言所說。全與聖人同。蓋其身尚存。見其道德之大。故稱之大人。論未定也。其身既沒。而其言猶存。見其理無所不通。故稱之聖人。論既定也。要之其德既大。雖未至聖人。亦可以稱大人矣。○聖人之言。謂方册之所載者。畏聖人之言者。若說是口誦心維。則是讀聖人之言矣。若說是身體力行。則是踐聖人之言矣。須知篤信之而不敢以爲空言。深思之而不敢以爲常言。明辨之而不敢自託於忘言。方是畏字見地。畏字工夫。○不知天命而不畏也者。若說是革囊射天。則似乎太過。若說是行險送命。又似乎太深。須知冥行者以天理爲未嘗有。狂悖者以天災爲不足懼。縱肆者以天監爲不足憑。方是不畏心事。不畏作用。○莊忠甫曰。叛聖言以自恣者。侮聖言之淺者也。借聖言以自飾者。侮聖言之深者也。○集注以天命爲理。故云大人聖言皆天命之所當畏。只是理之所當畏之意。如是則只是一畏。非三畏。

孔子曰。生而知之者。上也。學而知之者。次也。困而學之。又其次也。困而不學。民斯爲下矣。

困。謂有所不通。言人之氣質不同。大約有此四等。○楊氏曰。生知學知以至困學。雖其質不同。然及其知之一也。故君子惟學之爲貴。困而不學。然後爲下。

箋曰。此章首添人有四等字看。人之生也。生學困知各異。然生知者。絕無而僅有。以此冀人。數百年無一二矣。卽學知之人。亦復難得。惟困知者。天下皆是也。然困者果能從事學問思辨篤行五者。百倍其功。雖愚必明。夫子此章卽該全部中庸。語意全注困學。故曰困而不學民斯爲下。數虛字層遞而下。太分明。○困而學之者。昭七年左傳。孟僖子病不能相禮。乃講學之。苟能禮者從之。病乃困也。中庸。事前定則不困。行前定則不疚。道前定則不窮。如僖子不學而窮。是困也。困而病之亦困也。孟子。困於心衡於慮。○民斯爲下矣者。民猶人也。與陽貨篇民有三疾之民同。言生民之等。是爲最下也。斯字可玩。蓋困而學之。固有可通之理。困而不學。是自淪於汚下。更無可出時。全是人事不盡。所謂下愚也。○中井積德曰。是章生知之外。就見成人品而言。非語有生之初也。故通生知爲人品有是四等也。注氣質四等。恐非正意。蓋生知之外。習蔽相因。不專繫于氣質。故曰困而不學民斯爲下也。聖人唯戒其不學。而不責於氣質。

孔子曰。君子有九思。視思明。聽思聰。色思溫。貌思恭。言思忠。事思敬。疑思問。忿思難。見得思義。

難。去聲。○視無所蔽。則明無不見。聽無所壅。則聽無不聞。色見於面者。貌擧身而言。思問。則疑不蓄。思難。則忿必懲。思義。則得不苟。○程子曰。九思各專其一。謝氏曰。未至於從容中道。無時而不自省察也。雖有不存焉者寡矣。此之謂思誠。

箋曰。經文九思平列。或以上九句每二句一連。末句單擧。或又以上四件是我之得于天者。思之以養其本然之體。下五件是我之接于人者。思之以察其當然之則。將九句併作兩對立格。俱可。○視思明者。視則不可不思其所蔽。必無所蔽而後明。聽思聰者。聽人之言。則不可不反求我耳有物壅之乎否。必無所壅。而後是非正入。是謂思聰。色思溫者。溫溫然如玉也。貌思恭者。惰慢之氣。不設身體也。言思忠者。昭十二年左傳。外內倡和爲忠。禮記聘義。瑕不揜瑜。瑜不揜瑕。忠也。周語。忠。文之實也。禮器。喪禮。忠之至也。皆中外如一貫之義也。故言忠則信亦在焉。事思敬者。敬乃執事敬之敬。奉承不怠也。疑思問者。有疑必質。思問。不忘不宿也。忿思難者。大戴禮曾子立事云。忿怒思患。患難義同。見得思義者。公叔文子義然後取。是也。○潘維城曰。書洪範五事。貌曰恭。言曰從。視曰明。聽曰聰。思曰睿。思亦列五事之一。今乃以九思爲綱。而以視聽貌言爲九思之四。又益以色焉事焉疑焉忿焉見得焉者。溫爲三變之一。敬爲百事之統。審問爲博學之繼。以及懲忿窒慾。皆君子學問之所存。故非九不足盡君子之思。而非思不足貫此九者也。仁齋曰。夫人思則得之。不思則不得。君子之所以爲君子者。以其能思也。若夫喪身敗家者。皆弗知思故焉耳。九思蓋所以狀其善思也。論曰。醫之製方。必有君臣佐使之奇偶緩急之殊。衆藥相配。而後能已疾救人。若夫用單方者。亦徒備急之用。要不差。足爲法。聖人之設教也亦然。以仁存心。以禮存心。衆功兼全。而後以成其德。如先儒主敬之說。亦用單方之類耳。呂用晦曰。九思若平昔不熟。臨時亦未不及。用不著。若當幾不提醒加謹。則向來工夫亦落空泛。不見有得力處。兩者交養並進。是用九思功候要訣。○集注云。九思各專其一。言九者不相錯雜也。雲峰謂。九思皆主平敬。不唯非經旨。亦失程朱之意。

孔子曰。見善如不及。見不善如探湯。吾見其人矣。吾聞其語矣。探。吐南反。○眞知善惡。而誠好惡之。顏・曾・閔・冉之徒。蓋能之矣。語。蓋古語也。隱居以求其志。行義以達其道。吾聞其語矣。未見其人也。求其志。守其所達之道也。達其道。行其所求之志也。蓋惟伊尹太公之流可以當之。當時若顏子。亦庶乎此。然隱而未見。又不幸而蚤死。故夫子云然。

箋曰。如不及。如追逃者而不及。恐失之也。如探湯。恐不速去之其爛手也。爾雅釋詁。探。取也。郭注。探者摸取也。說文。湯。熱水也。孟子。冬日則飲湯。列子湯問篇。日初出則滄滄涼涼。及日中如探湯。亦以探湯喩熱。○吾見其人矣。是非以顏曾之徒一而言。蓋亦外門人而言也。聞其語。皆謂古語。○隱居以求其志二句。似夷齊一流人物。隱居求志。如不降其志。不辱其身。求仁而得仁。是也。行義達道者。君子之仕也。行其義也。行義是行君臣之義。義字自重。勿泛作出仕二字看。○未見其人。只是言其難得。以勉人之意。如未見好仁。惡不仁。未見剛者之類。天下之大。而有一二焉。亦可謂未見。不必如注抑顏子以實其言。亦不必說顏子隱而未見。亦不必說顏子不幸早死。李光縉曰。秉道嫉邪者。君子獨行之守。可以潔身。或難以致用。窮養達施者。大人兼濟之學。可以立本。亦可以匡時。

齊景公有馬千駟。死之日。民無德而稱焉。伯夷叔齊餓于首陽之下。民到于今稱之。駟。四馬也。首陽。山名。其斯之謂與。與。平聲。○胡氏曰。程子以爲第十二篇錯簡。誠不以富亦祇以異。當在此章之首。今詳文勢。似當在此句之上。言人之所稱。不在於富。而在於異也。愚謂。此說近是。而章首當有孔子曰字。蓋闕文耳。大抵此書後十篇多闕誤。

箋曰。佐藤坦曰。章首無孔子曰字。蓋語出於記者。記者因前章未見其人之語。乃求其人實之。附於後耳。末句以其斯之謂與結之。分明與上文相呼應。當通前章爲一章。其引齊景。只是形起夷齊。蓋見其不易及耳。葛帔瞻說大略是。但認做夫子之語。非是。一齋說近是。夷齊讓國者也。齊景公・衛孝公皆爭國者也。故舉以相論。此自弟子之言。故附繫於前章之下。因末綴其斯之謂與一句。言如伯夷叔齊。乃所謂隱居以求其志。行義以達其道之人。與有馬千駟者。春秋哀公五年。齊侯杵臼卒。八年左傳。鮑牧謂羣公子曰。使女有馬千乘乎。杜注。有馬千乘。使爲君也。孟子。必千乘之家。趙注。千乘兵車。千乘謂諸侯也。是則有馬千駟。蓋謂大國諸侯耳。此章若從集注錯簡之說。則有馬千駟。當作僭侈之事解之。劉恭冕曰。陳祥道禮書云。諸侯六閑。衛文公之騋牝三千。齊景公之有馬千駟。三千則近於天子十二閑之數。而千駟又過之。是皆僭侈而違禮者也。閻氏若璩引郝敬說。並申之云。千駟蓋指公馬之畜於官者。非國馬之散在民間者也。周禮校人。天子十有二閑。

良馬十閑。二千一百六十匹。駑馬二閑。千二百九十六匹。皆所以給公用備賜予所也。齊景公時。地大於王畿。性又惟狗馬是好。故畜多如是。至出自民間。則說苑所稱長轂三千乘。是非此數也。樊氏廷枚釋地補。漢書梅福傳。雖有景公之位。伏櫪千駟。臣不貪也。伏櫪正與韋昭國語注。繫馬在閑。非放牧者同義。包氏愼言溫故錄。後漢書濟南王康傳。康多殖貨財。大修宮室。廏馬千二百匹。奢侈恣欲游觀無度。何敞上疏諫曰。諸侯之義。節謙制度。然後能保其社稷。和其民人。楚作章華以凶。吳興姑蘇而滅。景公千駟。民無稱焉。依何敞疏。則千駟當指公廏之馬。民無德而稱者。言民無所知其德稱說之也。皇本作民無得稱焉。無而字。正平本南宗本亦作得。德得雖通。此處自當作德。王注邢疏。皆以斯字卽指德言。若改爲得。頗乖文義。王直曰。孔子所以稱夷齊者。事無始末。不得不取證於史記。如子貢夷齊何人之問。孔子求仁得仁之對。倘不得史記以知二子嘗有遜國俱逃之事。則夫子不爲衞君之微意。後世學者何從而知之也。此史遷多見先秦古書。所以爲有功於世也。然遷好奇。而輕信上世之事。取孔孟去取權度。一定不可復易者。反從而變亂之。以滋來者無窮之惑。則遷之功罪。豈相掩哉。夫齊景公有馬千駟。死之日民無得而稱焉。伯夷叔齊餓于首陽之下。民到于今稱之。論語未嘗言其以餓而死也。餓者豈皆至於死乎。夫二子昔嘗逃其國而不立。證諸孔子對子貢之意。則可信矣。安知其不以逃國之時至首陽也。孤竹小國。莫知的在何所。傳者謂。齊桓北伐山戎。嘗過焉。山戎與燕晉爲隣。則孤竹可知。而首陽在河東之蒲坂。卽晉地也。若夷齊果孤竹君之子。則逃國以來。諒亦非遠。今且以意度之。國謀立君。而已逃去。則必於山谷無人不可物色之所。然後能絕國人之思。首陽固其所也。

蓋倉卒而行。掩人之所不知。固宜無所得食。又方君父大故。顛沛隕越之際。食亦何心。其所以兄弟倶在此者。一先一後。勢或相因。而今不可知耳。然亦不必久居於此。踰月移時。國人立君既定。則可以出矣。孔子所以深取夷齊。但指其辭國一節。而意自足。若曰夫子取其不食周粟以餓而死。則此章本文之所無也。觀其摹寫二子冒昧至前。左右愕眙欲殺。武王無語。太公營救之狀。殆如狂夫出鬪。群小號呶。而迂怪儒生。姓名莫辨。攘臂其間。陳說勸止。嗟乎殆哉。其得免於死傷也。不亦幸哉。夫讀論孟。則見二子可師。清風可仰而不可及。讀史記。則見二子可怪。乃羈旅妄人。闇於是非進退。輕發嘗試。不近人情。悻然以去。終與自經於溝瀆而莫知之者比。曰如此則遷無所據乎。曰遷自言之矣。所謂予悲伯夷之志。睹逸詩可異焉者。此遷之所據。乃一傳之病源也。逸詩者西山采薇之章也。遷偶得一逸詩。而妄意之曰。此必夷齊也。夷齊嘗餓于首陽。今言采薇西山。是不食周粟故也。夫天下所謂西山。不知其幾。自東觀之皆西也。詩言西山。不言首陽。不當以附會論語之所云也。自春秋戰國至于秦項滅國滅社。何處不有乎。然則世必有遭羅荼毒而作此詩者。非夷齊也。此詩誤遷。而遷誤後世也。□□曰。案伯夷諫武之事。非無疑義。孔孟亟稱伯夷而未嘗及此事。惟莊子載之。而司馬遷因以作伯夷傳。然莊周寓言。不足取信。馬史父死不葬爰及干戈已失事實。故伊川先生曰。史記所載諫辭皆非也。武王伐紂即位已十一年矣。安得有父死不葬之語。然愚則以爲伯夷諫武實天地之常經。人倫之大節。未可遽以斷其無也。孔子稱文王爲至德。謂武未盡善。其微意蓋亦可見矣。周自公劉以來。至王季文王服事於殷久矣。武王亦嘗北面事之矣。今畏天愛民。起兵以伐之。雖其事固出于不得已。然不可謂之至德也。成湯於桀。惟有慙德。曰。來世以台爲口實。其意亦可見矣。試使夏商之太史。執簡而書其事。將曰商誅桀周誅紂乎。抑曰履弒其君某發誅其君某乎。未可知也。善乎黃生之言曰。冠雖敝必加于首。履雖新必關於足。上下之分也。今桀紂雖失道。然君上也。湯武雖聖。然臣下也。因過而誅之。踐阼南面。非弒而何。然則伯夷之諫武。乃是天地之常經。人倫之大節。而其心亦豈有他哉。誠以責至德於其君焉而已矣。孔子所謂餓於首陽之下者。又安知其非不事周而窮餓終身邪。但若馬史所載。要皆非當時實事耳。諸儒疑馬史。幷疑伯夷以爲無諫武之事。非公論也。吳英曰。伯夷叔齊餓於首陽之下。餓也者。言食不能飽。恒不免於餓耳。非謂餓而死也。蓋夷齊既逃於外。而當紂之時。豈復有寓公之禮。夷齊之介。又非義一介不取。孟子曰。思與鄉人立。其冠不正。望望然去之。若將浼焉。是故諸侯雖有善其辭命而至者。不受也。此夷齊所以餓也。馬曰。首陽山在河東蒲坂縣。華山之北。河曲之中。此說是也。呂氏春秋高氏注曰。孤竹國在遼西。方輿紀要曰。直隸廢大寧衛。古營州地。夏商時冀州地。營州故城。東至遼河四百八十里。南至海三百六十里。北至契丹界五十里。商周爲孤竹國地。春秋時爲山戎地。戰國屬燕。秦漢及晉俱屬遼西郡。據此知孤竹國在冀州地也。方輿紀要曰。平陽府蒲州。古蒲坂。舜都也。首陽山在州東南三十里。據此知首陽山亦在冀州地也。蓋夷齊讓國而逃。自西北而至東南。初不離冀州之境也。晉地里志曰。河東郡蒲坂。有歷山。舜所耕也。有雷首山。夷齊居其陽。所謂首陽山。據此則知雷首山之陽爲首陽山。則首陽山卽雷首山之支峰也。以其在雷首之陽。故曰首陽耳。趙佑曰。夷齊初辟紂居北海之濱。是取去紂遠。則終焉恥周。餓首陽之下。必無背與周近者。彼既絕意人世矣。而仍不出河洛岐隴間。不適增見聞之擾乎。然而天下皆周土。皇皇欲何之。計惟本國所在。絕遠中原。猶是故殷之封。未受新周之命。歸而死焉。庶幾祖宗坵墓之是依耳乎。

陳亢問於伯魚曰。子亦有異聞乎。亢。音剛。○亢以私意窺聖人。疑必陰厚其子。對曰。未也。嘗獨立。鯉趨而過庭。曰。學詩乎。對曰。未也。曰。不學詩無以言也。鯉退而學詩。事理通達。而心氣和平。故能言。他日又獨立。鯉趨而過庭。曰。學禮乎。對曰。未也。不學禮無以立。鯉退而學禮。品節詳明。而德性堅定。故能立。聞斯二者。當獨立之時。所聞不過如此。其無異聞可知。陳亢退而喜曰。問一得三。聞詩聞禮。又聞君子之遠其子也。遠。去聲。○尹氏曰。孔子之教其子。無異於門人。故陳亢以爲遠其子。

箋曰。子亦字。見不獨伯魚。異聞。非疑陰厚其子之謂。伯魚所答聞詩聞禮。皆異聞也。○對曰未也。未也者。謙辭。非謂實無之也。注以爲無異聞。不是。鯉趨而過庭曰學詩乎。稱鯉者。將述對父之語。若當父前子自稱名也。趨而過庭者。禮。臣行過君前。子行過父前。皆當徐趨。所以爲敬也。蓋伯魚因他事過庭。雖孔子不在堂中。亦當徐趨而過。然趨時既望見獨立。必無直趨不顧之理。必少止進面。無詔卽退以趨而過之。孔子因其進面而語之曰。學詩乎。於是而有未也之對。又有不學詩無以言之訓。歷時非斯須矣。論語文簡。不能備記也。○不學詩無以言。謂詩不可弗學之甚也。詩婉而成章。言之者無罪。聞之者足以戒。乃言之至善者也。故不學之無以言。○不學禮無以立。謂禮不可弗學之甚也。猶言無足可踐也。蓋人情以詩而知。人道以禮而立。能言能立。雖從詩禮來。實從心體上發出來也。若只勤襲詩禮之糟粕。與心體有何干涉。吳英曰。學詩乎學禮乎云者。乃鞭策進步之辭也。猶云汝於學詩禮工夫若何矣乎。此時伯魚之年。當必在曰弱之後。曰壯之前。何敢自謂有得。其曰未也宜矣。退而學詩禮者。謂因此一問。遂奮力于詩禮也。卽在群弟子。亦無不以此策其進步者也。孔子教人。常在詩書禮。詔伯魚者。偶值兩時皆獨立。不言學書。豈非不當獨立時邪。而後世遂有詩禮傳家之言。豈聖人豫料人有異聞之疑。而有意于獨立時。傳詩傳禮。以示無異聞邪。○問一得三節。詩禮雖夫子之雅言。然向也習而不察。一得於提醒。則恍如有得。但亢語意仍重喜在聞君子之遠其子一邊。○遠其子。遠字只對私厚而言。非疏遠之謂也。謂其進見有時。接遇有禮。不朝夕嘻嘻相褻狎也。古者命士以上。父子皆異宮。所以別嫌疑厚尊敬也。學詩學禮。教以義方。所謂家人有嚴君者。是之謂遠。佐藤坦曰。孔門之學。在實踐。不在口誦。觀此章亦可見矣。据記者以伯魚稱之。則知年既過二十矣。陳亢以其將有所資益。則其學亦必有得矣。然而其時方聞詩禮以爲異也。以今言之。

五尺童子亦且誦習焉。何其聞之之晚也。夫時過不學。扞格難入。雖曰君子遠其子。而豈恝然聽其扞格難入乎。必當及時易子而教之。則知夫子之於伯魚。亦必既教之矣。但其教之也。非如今之學者。徒事記誦。則雖齒過二十。而固有猶未學詩禮者。蓋不獨伯魚也。雖陳亢亦至是而始聞詩禮之可學。則孔子之學。可概見焉。陳亢曰。聞君子之遠其子也。是亦善學於孔氏者矣。至於學詩禮。亦必體諸身焉。不徒爲誦習也。

邦君之妻。君稱之曰夫人。夫人自稱曰小童。邦人稱之曰君夫人。稱諸異邦曰寡小君。異邦人稱之。亦曰君夫人。

寡。寡德。謙辭。○吳氏曰。凡語中所載如此類者。不知何謂。或古有之。或夫子嘗言之。不可攷也。

箋曰。一二兩稱。稱諸宮中。第三個稱。稱諸本國。四五兩稱。稱諸異國。君夫人。猶言主夫人也。此君字與小君之君同。不可曰君之夫人。戰國所謂君王后者。正是此義。○稱諸異邦曰寡小君。劉寶楠正義曰。小君者。比於君爲小也。春秋書葬我小君。是小君卽君夫人之稱。於本國稱小君。於異邦稱寡小君。猶稱其君於本國曰君。於異邦曰寡君也。白虎通云。論語曰。國君之妻。國人稱之曰君夫人。稱諸異邦曰寡小君。謂聘問兄弟之國。及臣於他國稱之。謙之辭也。白虎諸儒。以稱諸異邦。爲國人所稱。當是論語家舊義。故僞孔此注。亦以寡小君爲邦人謙稱也。曲禮。夫人自稱於諸侯曰寡小君。注云。謂饗來朝諸侯之時。彼文以寡小君爲夫人自稱。

於異邦諸侯。與論語言寡小君爲邦人所稱異。孫奇逢引郝敬說。稱諸異邦。如大夫士出使他邦致辭之類。非夫人自稱也。夫人無越國。亦無有自稱爲君者。曲禮謂夫人自稱於諸侯曰寡小君。誤也。此說足正從來傳注之誤。李光地劄記。下兩句皆以邦人之稱言。君尊之則邦人尊之。故稱於本國者耦君。以重君命也。夫人自小。則邦人小之。故稱於異邦者。不敢夷君。以順夫人意也。胡培翬研六室雜箸。此節惟小童句。係夫人自稱。餘皆他人稱謂之辭。稱諸異邦。亦是邦人稱之。雜記。夫人薨。赴於他國曰寡小君。此其確證也。聘禮。夫人使下大夫韋弁歸禮。注云。致辭當稱寡小君。又聘禮記。君以社稷故在寡小君。注云。此贊拜夫人聘享辭。明寡小君是臣下對他邦人釋辭之稱。非夫人自稱審矣。俗解因曲禮有自稱於諸侯曰寡小君之文。遂指爲夫人自稱。然則云寡小君不祿。亦可爲夫人自稱乎。曲禮當屬記者之誤。孔疏謂。古者諸侯相饗。夫人亦出。故得自稱。考之禮。饗食主賓皆有擯贊傳辭。亦無夫人對他國君自稱之禮。內宰。凡賓客之祼獻瑤爵皆贊。是其證。況論語無自字。與記文本異。考古者當據論語以訂曲禮之非。不當因曲禮而滋論語之誤。諸說皆精審不可易。○此章寓正名之意。蓋因當時諸侯有以妾爲夫人者。故開口用一妻字。邦君之妻其稱名如此。其可以妾爲妻。而君自稱爲夫人。使人稱之爲君夫人寡小君乎。惟夫人方自謙曰小童。世婦以下自稱曰婢子。妾可同於夫人之自稱乎。首句妻字最重。惟妻之稱名方如此。見不可使妾如妻之稱名也。○佐藤坦曰。此章蓋偶記在於弟子錄中。其爲誰語則未可知也。編者以爲孔子語。載之於此耳。

終

論語會箋卷第十七

竹添光鴻會箋

陽貨第十七 凡二十六章

陽貨欲見孔子。孔子不見。歸孔子豚。孔子時其亡也。而往拜之。遇諸塗。

歸。如字。一作饋。○陽貨。季氏家臣。名虎。嘗囚季桓子而專國政。欲令孔子來見己。而孔子不往。貨以禮大夫有賜於士。不得受於其家。則往拜其門。故瞰孔子之亡。而歸之豚。欲令孔子來拜而見之也。

謂孔子曰。來。予與爾言。曰。懷其寶而迷其邦。可謂仁乎。曰不可。好從事而亟失時。可謂知乎。曰不可。日月逝矣。歲不我與。孔子曰。諾。吾將仕矣。

好・亟・知。並去聲。○懷寶迷邦。謂懷藏道德。不救國之迷亂。亟。數也。失時。謂不及事幾之會。將者。且然而未必之辭。貨語皆譏孔子。而諷使速仕。孔子固未嘗如此。而亦非不欲仕也。但不仕於貨耳。故直據理答之。不復與辯。若不論其意者。〇陽貨之欲見孔子。雖其善意。然不過欲使助己爲亂耳。故孔子不見者義也。其往拜者。禮也。必時其亡而往者。欲其稱也。遇諸塗而不避者。不終絕也。隨問而對者。理之直也。對而不辯者。言之孫。而亦無所詘也。楊氏曰。揚雄謂孔子於陽貨也。敬所不敬。爲詘身以信道。非知孔子者。蓋道外無身。身外無道。身詘矣。而可以信道。吾未之信也。

箋曰。佐藤坦曰。據孟子。大夫有賜於士。不得受於其家。則貨似是魯大夫。非季氏家臣。先儒混貨虎爲一人。恐誤。崔述亦有辨。下出。〇歸豚。孟子作饋。此作歸。二字通用。釋文載鄭本作饋。云魯讀饋爲歸。今從古。則作饋者古論。作歸者魯論也。釋文云。歸如字。果如字解。則歸者不反之辭。此於蒸豚女樂何涉乎。自當作饋。孔子世家作遺魯君女樂文馬。饋餉也。遺餉贈也。康成注。以物有所餉遺是也。〇時其亡也而往拜之者。今夫子得賜。若盡禮而往見。適墮彼之計。非所以待小人。彼瞰亡而來。吾瞰亡而往。在聖人不可無此一段權略。此非欲其稱。蓋終不欲見之耳。遇諸塗者。乃不期而會。不可得而避。非得已也。〇遇諸塗者。釋文云。塗當作途。說文無塗途字。古道塗多作涂。從辵從土。皆後出字。周官司險注。五涂。徑畛涂道路也。釋名釋道云。涂。度也。人所由得通度也。〇曰不可。郝敬云。兩曰不可。皆貨自言。末句加孔子曰。別之也。加曰字。皆自斷語。不可如響。非聖人應對之辭。豈有漫無可否。直以不仁不智。冒自任乎。此說非也。兩曰不加孔子者。語勢方急。而答語只云不可。故不加之以逗文勢。下則虎語既終。而答語又稍長。故特加孔子字。以明上兩曰。皆爲孔子答語也。借謂貨自言。則當刪三曰字。兩不可字。如予與爾言。懷其實云云可謂仁乎。好從事云云可謂智乎。日月逝矣云云。則不可之意。已在其中。豈此上文可謂乎三字。猶恐不見爲不可。而必贅此曰不可三字。託爲旁斷以顯己意邪。豈以貨之黠慧。而有此拙語邪。卽有之。記者寧不節之邪。故知兩曰不可。皆孔子答辭也。懷字上曰字。記虎之鄭重發言也。有此二答者。虎問而待答。豈得不答。則據理以答之也。虎得孔子二答。更覺使己日月逝矣云云。深入情。亦貨之黠慧也。兩曰不可。隨口漫應。故不用孔子字。終稱孔子曰。上文旣有五孔子字。故以孔子字終之。若謂如響。則誤解貨語爲倨傲之辭。殊不知貨本欲羅致入黨。豈有欲其入而閉之門者乎。此時貨實善于辭令。強慕德望。孟子稱孔子不爲已甚。豈有獨於貨爲已甚者邪。皇本正平本。知作智。○日月逝矣。歲不我與者。一去不反曰逝。歲不我與者。言己安命待時。而日月逝去。不與我共留處。身將老也。

○陳天祥曰。經言孔子不見。只此一句。足以見聖人待陽貨之本心。往拜者。迫於禮之當往。不得已而然也。時其亡者。終不欲與之相見。非爲不誠於己。而拜乃以不誠報之。須其兩停相稱而已也。遇諸塗而不避者。旣已聲言往拜。而於道塗偶然相遇。自無避之之理。非欲與之不絕也。隨問而對者。有問自應。有對理之直與不然直。在其所言之事何如耳。只隨問而對。亦未可便以爲理之直也。對而不辨者。亦只是待貨爲兇愚之人。不足與辨。所以不辨。不必稱爲不詘也。○崔述曰。集註云。陽貨季氏家臣。名虎。嘗囚季桓子而專國政。是陽貨卽陽虎也。夫虎乃季氏家臣。雖專政。未嘗爲大夫。正如季氏雖專魯。亦未嘗僭稱魯侯也。孟子豈得稱虎曰大臣。夫哉。春秋於虎之叛。書曰盜竊寶玉大弓。其奔齊也。書曰得寶玉大弓。而皆不書其名。其叛與奔。亦略而不記。虎之身反不若弓玉之重者。所以深黜之也。縱使虎妄自居於大夫。孔子豈得遂以大夫之禮尊虎也哉。按論語有陽貨而無陽虎。左氏傳有陽虎而無陽貨。傳記陽虎凡數十事。獨無饋豚一事。傳稱陽虎凡百數十見。皆稱爲陽虎。未嘗一稱爲陽貨。則似乎貨自一人。虎自一人也。左傳稱人好錯舉其名字謚號。如隨會又稱士會范會又稱隨季士季又稱隨武子范武子。巫臣又稱屈巫。又稱子靈。胥臣又稱臼季。又稱司空季子之類。獨陽虎未嘗一稱陽貨。則似乎貨自貨。非虎。虎自虎。非貨也。孟子書稱陽貨者一。陽虎者一。其於歸豚則稱爲陽貨。與論語合。不稱爲陽虎也。其於爲富不仁。則稱爲陽虎。與春秋傳鮑文子之言合。亦不稱爲陽貨也。後之人何以知虎之卽貨。而貨之卽虎也哉。今若以貨與虎爲二人。則孟子之言。了然分明。無可疑者。

子曰。性相近也。習相遠也。此所謂性。兼氣質而言者也。氣質之性。固有美惡之不同矣。然以其初而言。則皆不甚相遠也。但習於善則善。習於惡則惡。於是始相遠耳。○程子曰。此言氣質之性。非言性之本也。若言其本。則性卽是理。理無不善。孟子之言性善是也。何相近之有哉。

箋曰。黃東發曰。性者。此理素具於此心。人得之於天以生者也。自一陰一陽之謂道。而繼之者善。于以賦予於萬物。人爲萬物之靈。其性之所自來。固無有不善。而謂既屬於人。則不能以盡同。故夫子一言以蔽之。曰性相近也。竊意天命之謂性。所謂天地之性。是推天命流行之初而言也。推性之所從來也。所謂氣質之性。是指既屬諸人而言也。斯其謂之性者也。夫子之言性。亦指此而已耳。天下之生。凡同類者。無有不同。而纖悉則不能盡同。如桐梓之生。一也。而枝條花葉之橫斜疏密。

則無一同。然要其所以爲桐梓者。終相若也。此相近之說也。而可以知人矣。人之形體一也。而耳目口鼻之位置佳惡。則無一同。然要其所以爲人者。終相若也。此相近之說也。而可以知其無形者矣。人之能言一也。而其聲音之清濁高下。則無一同。然要其所以爲人聲者。終相若也。此相近之說也。而可以推人之性矣。其賦自天。何有不善。自陰陽雜糅屬之人。而謂之性。宜不能粹然而皆善。此相近之說也。○孫詒仲曰。性字。從心從生。乃人所得以生之理。而具於心者。性具於心。一言性。便在氣質中。舍氣質。性安頓於何處。○古賀煜曰。程伯子曰。論性不論氣不備。論氣不論性不明。二之則不是。朱子曰。天命之性。非氣質則無所寓。然人之氣稟。有清濁偏正之殊。故天命之性。亦有淺深厚薄之異。要亦不可不謂之性。語類又曰。未有形氣。渾然天理。未有降付。故只謂之理。已有形氣。是理降而在人。具於形氣之中。方謂之性。已涉于氣矣。便不能超然專說得理也。程子曰。天所賦爲命。物所受爲性。又曰。在天曰命。在人曰性。是也。又曰。才說性。便已不是性也。蓋才說性時。便是兼氣質而言矣。人生而靜以上。不容說。人生而靜以上。只說得箇人生而靜上。而不通說。蓋性須是箇氣質。方說得箇性字。若人生而靜以上。只說箇天道。下性字不得。所以子貢曰。夫子之言性與天道。不可得而聞也。便是如此。所謂天命之謂性者。是就人身中。指出這箇是天命之性。不雜氣稟者而言爾。若才說性時。則便是夾氣稟而言。所以說時便已不是性也。其言極精確。朱子又嘗曰。此說往往人都錯看了。才說性便有不是。人性本善而已。才墮入氣質中。便薰染得不好了。雖薰染得不好。然本性却依舊在此。全在學者著力。今人却言有本性。又有氣質之性。此大害理。是朱子固明知本然氣質不可分析矣。○又案。性固理也。理之在於天。純壹粹精。無有一點糅襍。其賦于夫人也。始爲每各固有之物。理不能獨立。必與氣質相配。方有所安宅。故就人身而言性。莫非氣質之性。氣質之性卽本然之性。非兩性相對而角立也。於是乎億兆之衆。不能無高下之殊。賢有大賢小賢之辨。聖有性之反之之分。德有至德盛德下德之異。不獨淸濁弱強。各判其趨。上智下愚之不移。又其不同之尤者。寧得而歸乎一哉。夫其原於天也。有善而無惡則同。何以明之。遇名德者碩。必與崇敬之心。見寃枉之人。輒生怛悼哀惋之情。不惟有德者爲然。蠢蠢之倫。亦皆有斯心。誠能三省激發。加擴充之功。其勢沛乎有不可禦者。大賢可以進於聖。君子可以進大賢。庸庸之徒。可以進於君子。兇暴戾虐之輩。猶得沒身不敢爲惡。此性近習遠之說也。天未嘗不欲以全理予人。而人以淸濁昏明不齊之質稟之。不得人人而在天理之全。一涉人身。則氣質爲政。故其進德之效。亦惟達氣質之量所逮而止耳。彼一蹴造聖之域者。必氣質之至淸者也。進於大賢君子者。必氣質之粹駁相半者也。伎止於不敢爲惡者。卽氣質之溷濁不美者也。極其心力之所至而止于是。其理蚤已判于有生之初。然則孟子曰。人皆可以爲堯舜。蓋擧世瞀瞀在醉夢中。不得不疾聲大呼以喚醒之。不自覺言之過當也。孟子嘗曰。能言距楊墨者。聖人之徒也。雞鳴而起。孳孳爲善者。舜之徒也。世固有其人行誼多瑕纇而克昌言排異端者。又有田舍漢一竅不通。而雞鳴便起。孳孳行善者。何可許以堯舜之徒乎。又曰。徐行後長者。謂之弟。疾行先長者。謂之不弟。夫徐行豈人之所不能哉。不爲也。堯舜之道孝弟而已矣。今代子弟稍謹愿者。莫不知徐行後長者。豈可槪稱以堯舜乎。蓋道二而已。非善則不善。舍異端必趨正道。苟所祈嚮之不詭乎聖。輒深褒許之。此孟子誘掖之苦心也。

宋代羣儒。墨守孟子成說。不能體其指歸。以爲人性聖愚眞無二。人之苦學。洵可以與堯舜並馳。果如所云。自鴻荒迄于茲。何無一人自佁儗褦襶之資。躋於英儁乎。何無一人由賢者。遡神聖之域乎。徒就人之軀。獨抉天賦之理。而論之乎。庸夫直合德乎天地。悖逆之人較堯舜。無分毫殊。雖然。理氣業已不可霎間離析。則此特虛遠不急之辨。眞等畫餅。使學者聞之。茫無可下手。未始有寸補。此固夫子之所不敢。而孟子亦豈然也哉。設令聖凡同性。人皆可爲堯舜。則苟布教之至宜。無不丕變。夫何唐虞二大聖。相繼百年播化。爲萬古獨出之盛世。而爾時四凶。終不能革而嚮道。至於竄殛然後已。亡論他人。如朱均二子。昕夕薰沐家庭之化。宜應爲聖爲賢。而嚚訟不肖以沒世。可見氣質之轉移。固自有涯。而不可强矣。○大戴禮記曰。分於道之謂命。形於一之謂性。性相近也。此就人與人近言之也。孟子曰。凡同類者。舉相似也。何獨至於人而疑之。聖人與我同類者。言同類之相似。則異類之不相似明矣。故語告子生之謂性曰。然則犬之性猶牛之性。牛之性猶人之性與。明乎其不可混同言之也。夫飲食男女。人與物同之。當其先民。知有母不知有父。則男女無別也。茹毛飲血不知火化。則飲食無節也。有聖人出示之以嫁娶之禮。而民知有人倫矣。示之以耕耨之法。而民知自食其力矣。以此示禽獸禽獸不知也。禽獸不知。則禽獸之性不能善。人知之。則人之性善矣。以飲食男女言性。而人性善。不待煩言自解也。禽獸之性。不能善。亦不能惡。人之性。可引爲善。亦可引爲惡。惟其可引。故性善也。牛之性可以敵虎。而不可使之咥人。所知所能。不可移也。惟人能移。則可以爲善矣。是故惟習相遠。乃知其性相近。若禽獸則習不能相遠也。○陳天祥曰。性與氣稟。本不可相離。性本一也。其不同者。氣質之偏使之然也。性在稟氣形質中。與水在器中相似。水之本體無不周圓。器有偏曲窊凸。則水亦不能圓正。不圓不正者。亦只是此水。豈可別爲器之水哉。又曰。相近。蓋謂人心善處。皆相近也。人心善處。便是性之本。若單言性之本。固是無有不善。若與氣稟兼言。衆人所稟之氣質。各有偏處。所以性皆不圓。不能盡有其善。○龜田興曰。中正純粹。不偏不倚。是謂中。尙書所謂恒性。乃是也。人之所以爲人者也。左氏傳曰。民稟天地之中以生。所謂命也。其中卽人之所爲性也。故中庸曰。中也者天下之大本也。蓋謂天命之性也。受天地中和之氣而生者稱人焉。受不中之氣而生者爲物焉。因稱人以爲萬物之靈。蓋爲是也。又曰。一陽一陰。奇偶相配。然後道合化成。性命之端。形於此也。雖然。天非每每降其種。一一分布之也。初降此人之時。既賦其性而爲人。其人生人。人又生人。其氣相繼。生生不息。是所以人之性爲不異也。是爲人恒性矣。天初降馬之種。而馬繼生馬。初降牛之種。而牛繼生牛。而牛不變馬。馬不變牛。是馬不失馬性。牛不失牛性也。然則人有人之恒性。馬牛有馬牛之恒性。禽獸蟲魚凡萬物。亦各存其恒性焉。性命之理。於是可覩矣。又以瓜論之。夫瓜之初生。天降之種。其一箇之種已生成蔓。而先結一瓞。自此一瓞。而綿綿成衆瓜。每瓜之瓤。各有數百枚。明年植其瓜。而培之糞之。則數百枚之瓜。爲數千百萬之瓜。雖其類相析爲數千百萬。其形不出於瓜之外。其味不變於瓜之內。及其分布於四方。雖殊其區域。猶繼初降之性。而不失之矣。至如形之大小長短。膚之踈密堅脆。味之厚薄甘苦。色之深綠淡青。則因土地之肥磽雨露之偏周。人事之不齊而然者。或有之矣。雖有此小異。同乎其類。則相似而不失瓜之性。是亦瓜之恒性。而天之所賦與也。仲尼謂相近者。卽此義也。○歷史百家書。曰性寬。曰性急。曰性剛。曰性柔。曰性倨。曰性忌。曰矯性。曰革性。曰性好酒。曰性惡酒。曰性好潔。曰性尚鬼。曰滑稽之性。曰無厭之性。曰膏粱之性。此類皆斥氣稟而言。氣稟卽氣質也。氣質非性也。而謂氣質曰性者。槩而言之而已。夫性者所謂人之恒性。而不可加損焉。但可養以反之。可治以成之而已矣。非可變化者也。其可變可化。可矯揉以革者。氣稟也。洪範剛克柔克。君子佩玉佩礪。西門豹之佩韋。董過千之佩弦。皆爲其可變化矯揉以革也。而歷史百家之書。謂此曰性者。槩而言之而已。其實非性也。宋儒欲專主張孟子性善之說者。照諸歷史百家言而觀之。知其矛盾不通。於是創本然氣質兩性。判以構二杜焉。是古來聖賢無有之說。畢竟認氣稟之質以爲性之過也。○天有六氣。降而生五行。陰陽風雨晦明之六氣。有狀象而無形。至化生五行。則水火金木土各有顯形。水火金木土具形。則又各有質。水之柔弱。火之亢爽。金之淒涼。木之强堅。土之甘美。是謂五行之質也。下民之生亦然。稟氣于天。其氣成形。形又成質。而偏滿軀殼中。其形質皆氣之所化生也。其清明昏濁。剛强柔弱。寬裕躁急。輕浮沈重。皆屬于氣。非性也。賢智愚昧。穎敏遲鈍。奇巧拙劣。俊秀僕遬之類。皆屬于才質。非性也。古人獨稱氣質。不論材質者。材質亦其本出於六氣。故獨以氣質槩稱之也。志意思慮念想憶之七件。皆屬于心。心者藉理以料度者。非性也。喜怒哀樂愛惡欲之七件。皆屬于情。情者感物而發出者。非性也。夫性者一身之本質。萬種之串紐。而才氣心情四者。人人不同。其所以不同。則其所稟之氣異也。其所以異。則一氣流行。賦人賦物之時。人物感其陰陽風雨晦明之氣。而受之以生。是以有此不同焉。稟受之所以異者。正在於此耳。稟受之氣異。則才亦隨而異。才氣異。則心情亦隨之而異矣。子產曰。人心不同如其面。可以證焉。故才有高下。氣有剛柔。心有昏明。情有厚薄。而性者天之命。而人之本質。乃所受天地之中以生者是也。受天地之中以生者。其性皆同。然則人之有純粹駁雜多寡高下。參差不齊者。在乎才氣心情。而不在乎性也。雖然。才氣心情四者。亦性動之用。而統於性者也。故才氣心情。亦有稟而謂性者。其實非性也。才乃性之英華。氣乃性之應用。心乃性之料度。情乃性之發動也。性譬則如車之軸。氣才譬則如左右之轂。心情譬則如兩輪。輪與轂雖統于軸。軸亦賴輪與轂而活動。以致千里之路。性雖統才氣心情。不賴此四者。亦不能成之矣。故才不可不達。氣不可不養。心不可不制。情不可不節。聖人立禮樂法制。以導之者。則所以使其才達之。其氣養之。其心制之。其情節之。而成其性也。聖人設教之旨。蓋在於此矣。孔子曰。性相近也。相近。猶謂相似也。孟子曰。凡同類者舉相似。何獨至於人疑之。又曰。其日夜之所息。平旦之氣。其好惡與人相近者幾希。相似與相近。其辭無異。其義亦同。孟子言相似。亦謂性之相近也。孔子言相近。亦謂性之相似也。程子遂創立氣質之性。曰相近。言氣質之性。非言性之本也。若言其本。則性卽理也。理無不善。孟子言性善是也。何相近之有哉。彼依孟子性善之說。揆之於人。不能盡合。或有后稷自幼而岐嶷。或有越椒自幼而殘忍。其懸絕已如是。乃觀濂溪太極圖說。說陰陽五行之變不一齊。始因其說。推出氣質之性。來要之未理會之過也。〇毛奇齡曰。夫子罕言性。至此專下一性字。安見便屬氣質。祇因儒者認性不清。但恐相近與孟子性善有礙。故將此性字。推降一等。以補救之。不知相近正是善。謂善與善近。雖其中原有差等。堯舜與湯武。不必齊一。然相去不遠。若是氣質。則如禮記所云剛柔輕重遲速異齊。不待習而先相遠矣。則是性近之性。卽性善之性。而上知下愚不移。始指氣質之性言。卽王制所云。五方之民。各有性不可推移者。蓋合陰陽水土之氣。與父母血肉之質。如周禮丘陵專長。原隰豐庳。中庸南北方强弱。以及春秋楚越椒晉揚食我之始生。而卽知其淪滅者。總是氣質。亦尙有可移之處。而獨此氣質中。又得其最淸而最濁者。則不可移易。此正如公都子所謂以堯爲君而有象一類。乃程子又復以習當之。謂下愚非性。惟放心而不知求。故其習愈下。則又是習矣。習可相遠焉得不移。且移者以習移之也。若習是上知下愚。則此移之者。又是何物。乃宋儒昧于言性。反言孔孟言性未備。孔子只言氣質之性。孟子只言本性。皆須補救。嘗謂孟子自解性善有二。一以舜我比較。正指相近。而且以有爲若是授其權于習。一以善屬情。不善屬才。明分善不善。而直以求得舍失。至倍蓰無算。爲習之相遠。則是性善二字。竟包性相近習相遠六字爲言。孔孟一轍。何曾未備。然且孟子旣闢食色之性。生之爲性。而又自增一耳目口鼻之性曰性也。此與生性食色之性何異。蓋天地生人。有仁義禮智之性生于內。卽有耳目口鼻之性生于外。生內生外。皆天所生。則皆天之性。特告子謂仁內義外。且謂牛犬皆同性。則不可耳。故樂記曰。人有血氣心知之性。血氣卽氣質之性。心知卽生性。謂知覺運動也。而少儀以體僵者爲直性。子產以鬭勇爲小人之性。是以王制司徒。必脩六禮以節民性。而孟子直曰忍性。此皆性也。是孟子言性不一。其解性善。亦只舍不善以求其善。而儒者自性善外。不敢別出一性字。稍及不善。便謂之異端得罪名敎。而性昧矣。吾但以君子不謂性概之。祇存一本性。而諸凡性字。則就其所見。而各予以名。如生與食色。則尙書惟天生民有欲。易飮食人之大欲。此欲也。雖曰性之欲。然不謂性。若有性善。有性不善。此正氣質之性。所云知愚不移者。然究是氣也質也。可不謂性也。至于可以爲善。可以爲不善。則直是求得舍失之習。雖習與性成。亦以習見性。然究習也。卽不謂性質也。非性也。

子曰。唯上知與下愚不移。

知。去聲。○此承上章而言。人之氣質相近之中。又有美惡一定。而非習之所能移者。

○程子曰。人性本善。有不可移者。何也。語其性。則皆善也。語其才。則有下愚之不移。所謂下愚有二焉。自暴自棄也。人苟以善自治。則無不可移。雖昏愚之至。皆可漸磨而進也。惟自暴者。拒之以不信。自棄者。絕之以不爲。雖聖人與居。不能化而入也。仲尼之所謂下愚也。然其質非必昏且愚也。往往強戾而才力有過人者。商辛是也。聖人以其自絕於善。謂之下愚。然考其歸。則誠愚也。或曰。此與上章當合爲一。子曰二字。蓋衍文耳。

箋曰。此與上章。蓋非一時之言。記者相序次者。則爲有意。正平本南宗本。惟作唯。知作智。○中井積德曰。氣稟者。只是昏明強弱之分矣。未嘗有善惡。人有昏弱而善。亦有昏弱而惡。有強明而善。亦有強明而惡。可見善惡不干氣稟矣。洪範所謂燮友。是柔之善。沈潛。是柔之惡。高明。是剛之善。彊弗友。是剛之惡。當參考。若其善惡。亦惟當就習求之。又曰。以文義論之。昏弱似惡。彊明似善。然世間遜順謹畏。不敢作惡者。多是昏弱之質。夫元惡大憝。必是彊明之質。決非昏弱者所能也。是亦可以見氣稟無善惡矣。又曰。愚與知對。卽是不知之謂矣。故雖至愚。未可名以惡。程注以暴棄說下愚。引商辛爲證。恐失當。商辛是惡人。其質非昏愚。乃是習蔽之尤者。上章所謂習相遠。是也。商辛資辯捷疾。聞見甚敏。材力過人。手格猛獸。知足以距諫。言足以飾非。矜人臣以能。高天下以聲。其質可謂彊明矣。豈下愚之謂哉。

暴棄一出於習蔽。非氣禀之罪也。夫自暴自棄者。一轉面皆可以入道矣。何不移之有。太甲顚覆典刑。卽從而弗悛。雖至桀紂可也。及於桐遷義。乃爲賢主矣。是太甲非下愚也。桀紂之時。有伊尹而放之。安知其不爲太甲也。又曰。上知譬矛之双。下愚譬矛之鐓。中間木柄甚長。衆人皆居柄中。又曰。是章主意。在勸人遷善也。謂鮮不可移之人耳。非患下愚不移。蓋上知與下愚。千萬人中僅有兩三人而已矣。其他皆可移之人矣。今向通人問之曰。汝上知與。必曰否。汝下愚與。必曰否。然則非可移之人而何。故論不移。曰唯上知與下愚也。言世間不移者。唯有是二等矣。是學不移之寡。以示移之多。所重在移。不在不移。○古賀煜曰。程說以砭學者。則爲裨非小。參以經旨。則未必全合。夫子目下愚。所包甚廣。不能移不肯移者皆在其中。程子獨揭不肯移者。道之。失聖言之意。且自暴者拒之以不信。自棄者絕之以不爲。是其智足以窺道。特不能踐行所知。一日翻然悔悟。立可以入善。夫子豈專指此輩哉。朱子云。且看孔子說底。如今却自有不移底人。如堯舜之不可爲桀紂。桀紂之不可使爲堯舜。是言有識。實勝於程。顧猶恨頗流於偏。堯舜桀紂。無待乎言。卽欲令夔龍之偏變爲饕餮檮杌之邪。驩兜之凶慝。化爲吉甫仲山之明哲。絕不可得。唯如是說。然後理方周匝。無滲漏也已。觀太甲之終怨艾遷義。則知其始之欲敗度縱敗禮。與夫市井之淫悍無賴者殊科矣。呂東萊讀論語躬自厚章。頓變暴鷙之性爲肫摯。則知其天資素逈勝乎凡矣。而唐明梁武之晚年荒繆。與始時判如二人。可見其天禀不甚高明也。如問蛙鳴官私之晉惠。雖以十堯九舜治之。寧可化中興之漢宣晉明乎。如不辨菽麥之阿兄。揠苗守株之田父。雖累孔顏而誨之。庸可進而爲游夏之明敏乎。此亦理之綦易見者也。夫道未易譚也。予

嘗以文藝之末誨人。間有吾強聒弗已。而其人冥頑不生振勵者。又有誓欲以此
成名。硜硜從事。畢生不曉其方者。此卽所謂下愚。道藝雖不同。而厥理則一也。獨
中庸天命之謂性。以至雖愚必明。致曲能化。似聖愚同一性。人人可爲聖之論。此
宋代諸儒之所據。天命之性。是討原之論。推天命流行之初而言者也。然旣有性
之目。便就氣質爲言。斯有偏全粹駁之殊。卽性相近之說。子思未始言億兆之性。
未嘗有等差也。必明之愚。必非至愚。致曲本非懦夫可企。克困知而勉行。是志尚
堅定不動者也。大匠不爲拙工廢繩墨。君子立於中道。而能者從之。中庸豫立一
定之矩矱。令學者孳孳遵蹈。以進於道。斯可以爲賢爲聖。卽夫愚騃無似者。亦得
與聞至敎以之善。子思豈責弑逆凶人。懵昧癡漢。以必爲賢聖哉。夫衣錦尙絅之
去無聲無臭之域。邈乎有間矣。顧人而有衣錦尙絅之志之質。其超越凡民也綦
遠。則馴致於無聲無臭也可幾已。至世之妄庸輩。傾竭其心力。勉勉竟歲。曾不能
望衣錦尙絅者之後塵。安得責以無聲無臭之奧妙哉。或曰。果若子言。三分兆庶。
上智下愚之不移者居其二。自餘又皆氣質一定。不可甚變。然則敎之所被。無乃
太狹乎。敎之益。何其微也。曰否否。哲王馭世。良相翼治。盛德四暨。敎具靡玷闕。則
海寓油然赴善。資之上者爲仁爲賢。中者亦能展材用于時。下至倥侗蚩蚩之民。
皆知恥而不敢行邪。卽有一二老革亘猾。不可誨導者。捽而戮之耳。是謂到隆之
治。堯舜之所以猶病也。固非人皆可爲堯舜之謂也。又非如比屋可封之說也。假
令唐虞無堯舜之化。一時亂政之臣。必不止於四凶。朱均之不肖。或至於爭奪斁
逆。決不甘爲諸侯。此足以見堯舜聖化之效。尤可知人之進德。固已限定於禀質
之始矣。且也夫子特以三等判人優劣。非以卒分天下人。譬諸百人之聚。上智百

一下愚百三四。其他莫非中人。有教則爲賢爲哲。無教則胥而淪於頑獷凶嚚剽使上智更加淬厲。可以進於大聖。使下愚知恥。尚加矯揉。亦可以祛慝免刑憲。是天下無一人不藉教化。尙謂之教之所被狹而爲益微邪。○性中雖有秉彝。而才性必有智愚之別。然愚也非惡也。智者善。愚者亦善也。程子於性與氣質之外。又別說才。不知所指。且以才專歸下愚。而無關於上智。亦不可通。既言昏愚之至。又如何能有以善自治之美。孔子以下愚爲不移。而程子則以至愚爲可移。程子之言果是。則孔子之言非矣。○龜田興曰。上智下愚。其等懸絕。上智所謂生而知之者也。下愚所謂白癡不辨菽麥者。謂敎誨之非所及也。故曰不移。惟中人則可移以上下。而上智不可使之移於下愚。下愚不可使之移於上智。尙書惟聖罔念作狂。惟狂克念作聖。是則甚言之耳。其實則狂愚之人。不能至於聖處也。程子以下愚爲桀紂者非也。夫桀紂其智足以拒諫。其察足以知人之非矣。非所謂白癡也。爽德昏德。好居下流。而終身不知己之非。是漸靡積習。使之然也。班孟堅以上智中智下愚九階。分其稟受。乃以桀紂盜跖爲下愚者。其兇暴殘虐。亡國喪身而不知反其性也。要之其行均於下愚。是以居之於此耳。程子據班志以辨下愚者謬矣。○下愚不移。程子謂自暴自棄。拒焉而不信。絕焉而不爲也。則是非不可移。而不自移也。程子所以必以自暴自棄實之者何哉。程子之說性曰。自堯舜至途人。其理一也。約其情以復性。則人皆可以爲堯舜。然則天下無不可移之人。而今夫子言下愚不移。故以自暴自棄實之。然此非夫子之本旨也。聖人之說性。皆就氣質言之。所謂下愚云者。正指痴痴混混不辨菽麥之人耳。非以强戾才力之人。考其歸而言愚也。東涯云子之武城。聞絃歌之聲。絃。琴瑟也。時子游爲武城宰。以禮樂爲教。故邑人皆絃歌也。夫子莞爾而笑。曰。割雞焉用牛刀。莞。華版反。焉。於虔反。○莞爾。小笑貌。蓋喜之也。因言其治小邑。何必用此大道也。

子游對曰。昔者偃也聞諸夫子。曰。君子學道則愛人。小人學道則易使也。易。去聲。○君子小人。以位言之。子游所稱。蓋夫子之常言。言君子小人。皆不可以不學。故武城雖小。亦必教以禮樂。

子曰。二三子。偃之言是也。前言戲之耳。嘉子游之篤信。又以解門人之惑也。○治有大小。而其治之必用禮樂。則其爲道一也。但衆人多不能用。而子游獨行之。故夫子驟聞而深喜之。因反其言以戲之。而子游以正對。故復是其言。而自實其戲也。

箋曰。子之武城者。子游爲武城宰。前出。故此省之。○弦歌者。說文。弦。弓弦也。從弓。象絲軫之形。凡弓弩琴瑟弦皆從弓。皇本正平本南宗本。此文作絃。是別體。文王世子。春誦夏弦。注。弦。謂以絲播詩。周官小師弦歌。注。弦。謂琴瑟也。歌依詠詩也。依詠詩者。謂以琴瑟之弦。依詩詠之也。學記云。古之教者。家有塾。黨有庠。春秋時。庠塾之教廢。故禮樂崩壞。雅頌之音不作。子游爲武城宰。乃始復庠塾之教。故夫子得聞弦歌之聲也。○莞爾而笑。莞。釋文作莧。華版反。本今作莞。易夬九五。莧陸夬夫。虞翻注。莧。悅也。讀如夫子莧爾而笑之莧。莧・莧・莞形竝相近。而實不同。說文。莧。莧菜也。從艸見聲。莞。艸也。可以作席。從艸完聲。莧。山羊細角。羊有善義。故引申爲和睦之訓。論語正字作莧。叚借作莞。集解云。小笑貌。與虞氏莧睦之訓亦合。○割雞焉用牛刀。割雞。謂分割肉節也。是借言。不是喩言。此喜其道之行。而惜其不大行。欣喜中寓無限歎慨。○君子學道則愛人二句。君子小人以位言之。武城雖小邑。其中自有學士大夫。自有庶民。非君子卽小人。皆當學道。禮樂便是道。學禮樂便是學道。在昔日夫子之言。當泛指一世君子小人。子游引來却不重君子小人上。見主治者不可不敎君子小人以道。要得子游引述口氣。方爲確切。○前言戲之耳者。孔子美其能行道。故莧爾而笑。惜其才大而治小。故曰割雞焉用牛刀。子游以爲謂己以禮樂治小邑。孔子不可面言其大才治小邑。故不復辨其意。直以前言爲戲耳。

公山弗擾以費畔。召子。句欲往。弗擾。季氏宰。與陽虎共執桓子。據邑以叛。子路不說曰。末之也已。何必公山氏之之也。說。音悅。○末。無也。言道既不行。無所往矣。何必公山氏之往乎。

子曰。夫召我者。而豈徒哉。如有用我者。吾其爲東周乎。夫。音扶。○豈徒哉。言必用我也。爲東周。言興周道於東方。○程子曰。聖人以天下無不可有爲之時。亦無不可改過之人。故欲往。然而終不往者。知其必不能改故也。

箋曰。潛夫論志氏姓。公山氏魯公族。姬姓。弗擾。皇本正平本。弗作不。左傳及史記孔子世家・漢書古今人表。皆作不狃。不語詞。不狃。狃也。作弗擾。叚借字也。古音狃與擾同。不狃字子洩。洩與怢通。皆貫習之義。○末之也已。是尼之之詞。皇本正平本說作悅。○如有用我者吾其爲東周乎者。夫召我者。領公山氏說。如有用我者以下。當擴開說。雖承上文。而其意極大。方論到夫子平日素志上。若曰天下無人用我耳。苟有用我者。吾必興周道於東方。以上繼文武之盛。至此不復貼弗擾說。但夫子之意。欲興周道於東方。繼文武之治。亦惟所庶幾。在伊呂之業。如直解爲代周而王。則非也。其字乎字。只是閑字。如有所譽。其有所試矣。如有復我者。我必在汶上矣。如政也。雖不吾以。吾其與聞之。如有王者。必世而後仁。皆可以觀語勢。曰東周者。周自平王東遷。建都於東。使夫子得行其道。將使周道復興。使成箇東周了。味吾其爲三字。見文武爲西周。吾爲東周。是何等遠神。非謂使魯爲東周也。皇本。如有下有復字。○崔述曰。春秋傳云。季氏將墮費。公山不狃・叔孫輒。帥費人以襲魯。入及公側。仲尼命申句須樂頎下伐之。費人北。然則是弗擾叛。而孔子伐而敗之耳。初無所爲召孔子。及孔子欲往之事也。孟子曰。枉己者未有能直人者也。孔子欲爲東周。必將討天下之亂臣賊子也。弗擾既身爲亂賊矣。安肯討人。縱使肯討人。亦不服。不見楚靈王之戮慶封乎。且夫弗擾庸鄙狡詐之小人也。勞仲梁懷而不見敬也。則勸陽虎爲亂。不得志於季氏也。則與陽虎謀殺季孫。不欲墮費也。則帥費人以攻公。其心甚狡。而其謀甚拙。安能爲東周邪。夫費彈丸地耳。其民素服屬於季氏。必不久從弗擾叛也。觀郈與成之叛。皆請降於齊。費之不能自立也明甚。魯以大師攻之。不數月破矣。欲爲東周。胡可得耶。且方是時。周禮未改。非戰國時可同。而謂孔子公然欲自爲東周乎。又按左傳。費之叛在定公十二年夏。是時孔子方爲魯司寇聽國政。弗擾季氏之家臣耳。何敢來召孔子。孔子方輔定公。以行周公之道。乃棄國君而佐叛夫。舍方興之業而圖未成之事。豈近於人情耶。費可以爲東周。魯之大反不可以爲東周乎。公羊傳曰。孔子行乎季孫。三月不違。曰家不藏甲。邑無百雉之城。於是帥師墮郈。帥師墮費。然則是主墮費之議者孔子也。弗擾不肯墮費。至帥費人以襲魯。其讎孔子深矣。必不反召之。弗擾方沮孔子之新政。而孔子乃欲輔弗擾以爲東周。一何舛耶。史記亦知其不合。故移費之叛於定公九年。然使費果以九年叛。魯何得不以兵討之。郈之叛也。數月而兩圍之。成之叛也。伐不踰時焉。費之叛。何以獨歷四年而無事耶。定十二年傳云。仲由爲季氏宰。將墮三都。使費果以九年叛。則費已非季氏之邑。季氏安能墮之。子路當先謀討費。不當先謀墮都也。史記既移費叛於九年。又採此文於十三年。不亦先後矛盾矣乎。由是言之。謂弗擾之召孔子在十二年。亦不合。謂在九年。亦不合。總之此乃必無之事也。曰然則論語亦有誤乎。曰有。今之論語。非孔門論語之原本。亦非漢初魯論之舊本也。漢書藝文志云。論語古二十一篇。出孔子壁中。齊二十二篇多問王知道。魯二十篇。何晏集解序云。齊論語二十二篇。其二十篇中章句。頗多於魯論。是齊論與魯論互異也。漢書張禹傳云。始魯扶卿及夏侯勝·王陽·蕭望之·韋元成。皆說論語篇第或異。是魯論中亦自互異也。果孔門之原本。何以彼此互異。然則其有後人之所增入明甚。蓋諸本所同者。必當日之本。其此有彼無者。乃傳經者。續得之於他書。而增入之者也。是以季氏以下諸篇文體。與前十五篇不類。其中或稱孔子。或稱仲尼。名稱亦別。正如春秋之有續經。孟子之有外篇。司馬遷之史記之有元成時事。劉向之列女傳之有東漢時人者然。非後人有所續入。而何以如是。然使諸本并存。後人猶可考其是非得失。不幸遇一張禹。彙合齊魯諸本。而去取之。定爲一書。當時學者。以其官尊宦達。遂靡然而從之。以致諸本陸續皆亡。故隋書經籍志云。張禹本授魯論。晚講齊論。後遂合而考之。刪其煩惑。除去問王知道二篇。從魯論二十篇爲定。號張侯論。然則今之論語。乃張禹所更定。非龔奮韋賢之舊本。篇目雖用魯論。而其實兼采齊論之章句者也。嗟夫張禹知媚王氏以保富貴耳。漢宗社之存亡不問也。況於聖人之言。烏能測其萬一。乃竟公然輯而合之。其不當刪而刪。不當采而采者。蓋亦不少矣。而此章與佛肸章。尤害道誣聖人之大者。蓋戰國之士。欲自便其私。而恐人之譏已。故誣聖人嘗有其事以自解。傳經者不知其僞而誤增之。而禹又誤采之者也。孟子之外篇。幸而有趙岐刪之。春秋之續經。幸而公羊穀梁兩家俱在。故人得知其非聖人之筆。惟論語一書。不遇如趙岐者。而反遇一張禹。以致純雜不均。無從考其同異矣。曰聖人道大德宏。無可無不可。非可以尋常去就之義律之也。衛輒之不道。孔子嘗立於其朝矣。於費奚擇焉。曰聖人者義之歸也。聖人所爲。天下將以爲法。已則比於叛人。而作春秋以治人之叛。叛人其心服乎。夫所謂無可無不可者。猶之乎無適無莫也。惠三黜而不去。而孔子去魯。夷居北海以待天下之清。而孔子爲之兆。不行而後去。可不可必比於義。而無成見。是之謂無可無不可耳。孟子曰。孔子進以禮。退以義。得之不得曰有命。烏有悖禮義而自以爲無害者哉。至於衛輒之事。尤與弗擾不類。輒雖無道。然衛之君也。春秋固已衛侯之矣。不得以為叛臣比。孔子居衛。乃公養之仕。不為衛君。子貢言之矣。若欲以費為東周。為耶。不為耶。戰國之初異端並起。始好為聖人不凝滯之說。以自便。而子之臣。故主。蘇代以滅燕矣。再盛於西漢之季。說經者牽合附會。以誣聖人。而王莽踐帝位。劉歆以亡漢矣。三盛於東漢魏晉之交。名士風流皆云。禮豈為我輩設。而華歆・殷仲文之屬。爭附叛臣。七賢八達之流。遂從而亂天下矣。若之何後人猶藉口於無可無不可之言。而不悟也。曰孔子雖欲往。卒不往也。夫何害於義。曰苟可以為東周。則何為卒不往。苟往有害於義。則又何為欲往。蓋卒不往者。經傳無其事也。欲往者。縱橫之徒相傳有是說也。卽此亦足以見其為僞託矣。

子張問仁於孔子。孔子曰。能行五者於天下。為仁矣。請問之。曰。恭寬信敏惠。恭則不侮。寬則得衆。信則人任焉。敏則有功。惠則足以使人。

行是五者。則心存而理得矣。於天下。言無適而不然。猶所謂雖之夷狄不可棄者。五者之目。蓋因子張所不足而言耳。任。倚仗也。又言其效如此。○張敬夫曰。能行此五者於天下。則其心公平而周徧可知矣。然恭其本與。李氏曰。此章與六言六蔽五美四惡之類。皆與前後文體大不相似。

箋曰。於天下。只是言處處行。非以偏及天下爲仁也。且不云行五者於天下爲仁矣。而曰能行五者於天下爲仁矣者。正見處處勘驗。事事用意也。恭寬信敏惠。五者平說。不必論本末。○恭則不侮敏則有功者。敏。有勵精治事。不曠時日之意。夫恭敬自處。誰敢侮之。寬簡御下。所以得衆。令與行副。人孰不任。莅事明敏。所以有功。恩惠使人。人忘其勞。○能行五者於天下。是本句有行字。若云無適不然。是持守工夫。與行何涉。此仁是治天下之仁。故以五者爲仁之作用。堯曰章亦有寬則得衆四句。必古有此成語。而引之爲子張告之。○東涯曰。能行五者於天下。從集注說。則能行五者下。微讀。非言行五者於天下也。蓋謂能行五者而天下到處。無處不行也。尤屬牽强。○子張一生病痛。只是務外。夫子因病立方。蓋恭寬信敏惠。總是仁之隨在異名耳。析而言之。曰恭寬信敏惠。合而言之。只是一仁。仁不在恭寬信敏惠之外。止說個仁。却渾淪無可下手。困勉錄云。五則字。不落一層。正示以能行五者於天下之實。言必造到這等地位。方謂之能行。所謂以效自考者如此。

佛肸召子。句**欲往。** 佛音弼。肸許密反。○佛肸。晉大夫趙氏之中牟宰也。 **子路曰。昔者由也聞諸夫子曰。親於其身爲不善者。君子不入也。佛肸以中牟畔。子之往也如之何。** 子路恐佛肸之浼夫子。故問此以止夫子之行。親。猶自也。不入。不入其黨。

也。

子曰。然。有是言也。不曰堅乎。磨而不磷。皇本正平本不曰上有曰字。

不曰白乎。涅而不緇。磷。力刄反。涅。乃結反。○磷。薄也。涅。染皁物。言人之不善。不能浼己。楊氏曰。磨不磷。涅不緇。而後無可無不可。堅白不足。而欲自試於磨涅。其不磷緇也者幾希。

吾豈匏瓜也哉。焉能繫而不食。焉。於虔反。○匏。瓠也。匏瓜繫於一處。而不能飲食。人則不如是也。○張敬夫曰。子路昔者之所聞。君子守身之常法。夫子今日之所言。聖人體道之大權也。然夫子於公山佛肸之召。皆欲往者。以天下無不可變之人。無不可爲之事也。其卒不往者。知其人之終不可變。而事之終不可爲耳。一則生物之仁。一則知人之智也。

箋曰。佛肸。皇本作佛肹。唐石經作佛肸。古今人表作茀肹。佛。茀。胇。三字。音近通借。○親於其身爲不善者。君子不入也。爲不善者。者是處所字。不入。是指地而言。危邦不入。婚娶論財。君子不入其鄉。亦然。○佛肸以中牟畔。洪亮吉曰。管子云。築五鹿中牟鄴。者三城相接也。五鹿。今直隸大名府元城縣。鄴。今河南彰德府安陽縣。是中牟。在當時與五鹿鄴相接矣。韓非子。晉平公問趙武曰。中牟。三國之股肱。邯鄲之肩髀。邯鄲卽今直隸廣平府邯鄲縣。是中牟。在當時又與邯鄲咫尺矣。臣瓚引汲郡古文云。齊師伐趙東鄙。圍中牟。趙時已都邯鄲。是中牟又在邯鄲之東矣。戰國策。昔者趙氏襲衛。魏王身被甲底劍。挑趙索戰。邯鄲之中騖。河山之間亂。衛得是藉也。亦收餘甲。而北面殘剛平。墮中牟之郭。是中牟又在衛之北境矣。太平寰宇記。湯水在湯陰縣北。源出縣西牟山。去縣三十五里。元豐九域志亦云。湯陰北縣有牟山。戰國策舊注云。中牟在相州湯陰縣。史記佛肸爲中牟宰。索隱云。此河北之中牟。蓋在漢陽西。漢陽蓋濮陽之誤。今湯陰縣正在濮州西也。張守節史記正義亦云。湯陰縣西五十八里有牟山。蓋中牟邑在此山側。則中牟在湯陰無疑也。今湯陰去安陽不五十里。去邯鄲元城亦不出一二百里。益信管子韓非子所云相接。云肩髀。無一字妄設也。春秋傳晉車千乘在中牟。中牟人欲伐之。哀五年。趙鞅伐衛圍中牟。杜預以滎陽中牟爲注。而疑其回遠。裴駰集解又以中牟非自衛適晉之次。不知春秋傳之中牟。卽今陽陰中牟也。晉在衛之西北。今陽陰縣正在滑縣等西北。爲衛入晉必由之道。若河南之中牟。漢雖立爲縣。而其名實未嘗見於經傳。班固地理志于河南郡中牟縣注云。趙獻侯自耿徙此。則以鄭之中牟爲趙之中牟。雖偶有未檢。然殊非小失矣。○如之何者之者是也。謂佛肸也。言雖往。如彼不善何也。○然有是言也。然者。受子路之言。以爲是也。有是言者。下文四語是也。此孔子不以子路之言爲非。而引古語更發一義也。○不曰堅乎二句。曰字有就理言者。有就心言者。不專指發于言者。不曰堅乎。猶云不有所謂堅乎。孔注。磷薄也。考工記輪人輪雖敝不甐於鑿。注鄭司農云。謂不動於鑿中也。玄謂甐亦敝也。以輪之厚。石雖齧之。不能敝其鑿旁。使之動。鮑人。察其線而藏。則雖敝不甐。注甐故書或作鄰。鄭司農云。鄰讀爲磨而不磷之磷。謂韋革縫縷沒藏於韋革中。則雖敝縷不傷也。甐與磷通。則不磷者。不動不敝不傷也。廣雅釋詁。磷。磗也。磗。經傳皆通作薄。○涅而不緇。緇。史世家作淄。新語道基篇。論衡問孔篇。文選座右銘注。亦作淄。淄緇古字通。漢費鳳別碑。涅而不滓。廷尉仲定碑。泥而不宰。校尉熊君碑。泥而不滓穢。據史記屈賈列傳。有云嚼然泥而不滓者也。後漢書隗囂傳賢者泥而不滓。與三碑略同。皆是涅而不緇異文。廣雅釋訓。涅爲泥。顧泥非染物者。
淮南子齊俗訓。素之質白。染之以涅則黑。假眞訓云。今以涅染緇。則黑於涅。高誘
注。涅。礬石也。西山經。女牀之山。其陰多石涅。郭注。卽礬石也。楚人名爲涅石。秦人
名爲羽涅也。本草經亦名涅石。神農本草經。礬一名羽碮。碮卽涅也。蓋今之皁礬。
張彥陵曰。堅白二字。是借說字面。不著物上。亦不著道德上。○吾豈匏瓜也哉。匏
與瓠渾言不別。析言之則有異。豳風斷瓠。小雅瓠葉。瓠皆可食。公劉酌之用匏。匏
不可食。陸農師曰。瓠甘匏苦。國語。叔向稱苦匏不材於人。共濟而已。匏苦瓠甘。瓠
可食。匏不可食。故叔向以爲不材。言匏瓜者。匏亦瓜類也。古言有魴魚鯉魚鳳鳥
鳥鳥。匏瓜爲一物。亦同。夫植物之不能飮食。不特匏瓜。不食只是不爲人所食。如
碩果不食。井渫不食之類。蓋匏瓜之苦者。人不食。但當蓄之以爲壺。如匏有苦葉。
濟有深涉。說者謂。但可爲壺以涉水。是也。又如有敦瓜苦。烝在栗薪。卽是匏瓜不繫
於栗薪之上。繫而不食。譬如人之空老而不爲世用者也。○存疑曰。磨不是磷涅不
緇。答欲往佛肸之召意。已明匏瓜之喩。是示已當爲世用之意。與上文不粘著。○
崔述曰。佛肸以中牟畔。是亂臣賊子也。孔子方將作春秋以治之。肯往而助之乎。
肸與公山不狃。皆家臣也。孔子魯大夫也。孔子往。將臣二人乎。抑臣於二人乎。臣
二人則其勢不能。臣於二人。則其義不可。孔子將何居焉。夫堅者誠不患於磨。然
未有恃其堅而故磨之者也。白者誠不患於涅。然未有恃其白而故涅之者也。聖
人誠非小人之所能汚。然未有恃其不能汚而故入於小人之中者也。若孔子之
堅白。非佛肸之所能磨涅。則彌子・瘠環・癰疽亦豈獨能磨涅孔子者。而孔子乃不
肯主其家。孟子乃以爲無義無命乎。故不磷不緇之說。爲見陽貨解則可。爲往赴

不狃佛肸之召。解則斷不可。且孔子往。將何爲耶。不助之耶。固無所用於往。往亦
將不相容。助之耶。則已磷且緇矣。尙得自謂堅白乎哉。又按。佛肸之畔。乃趙襄子
時事。韓詩外傳云。趙簡子薨。未葬而中牟畔之。葬五日。襄子興師而次之。新序云。
趙之中牟畔。趙襄子率師伐之。遂滅知氏。幷代爲天下彊。列女傳亦以爲襄子。襄
子立於魯哀公之二十年。孔子卒已五年。佛肸安得有召孔子事乎。左傳定十三
年。晉荀寅士吉射奔朝歌。哀三年。趙鞅圍朝歌。荀寅奔邯鄲。四年圍邯鄲。邯鄲降。
齊國夏納荀寅於栢人。五年春圍栢人。荀寅士吉射奔齊。夏趙鞅圍中牟。然則此
四邑者。皆荀寅趙稷等之邑。故趙鞅以漸圍而取之。當魯定公十四五年孔子在
衛之時。中牟方爲范中行氏之地。佛肸又安得據之以畔趙氏乎。此蓋戰國橫議
之士。欲誣聖人以便其私。但聞不狃嘗畔魯。則附會之以爲孔子欲往。而不知其
年之不符也。但聞佛肸嘗畔晉。則又附會之以爲孔子欲往。而不知其世之尤不
符也。○楊守敬曰。佛肸之畔。乃孔子已卒之事。據韓詩外傳趙簡子薨。未葬而中牟畔之。葬五日。襄子興師而攻之。新序趙之中牟畔。趙襄子帥師伐之。列女傳其母曰。君有暴臣。妾無暴子云云。水經注。渠水注引班固云。趙襄子時。佛肸以中牟畔。皆以爲襄子時事。襄子立於魯
哀公二十年。距孔子卒已六年矣。左傳哀二十年。越伐吳。趙襄子降於喪食。時居簡子喪。故遣楚隆問吳王於軍中。稱先主先臣。則簡子卒於此年明矣。○史記年表。列趙簡子於周元王元年。爲四十二年。至六十年卒。晉世家。出公十七年簡子卒。則襄子更後孔子卒二十五年方立。然史記誤。不足據。世家
載佛肸之畔於孔子去衛之後。此事不見於左傳。夫佛肸宰中牟。趙簡子攻范中
行。伐中牟。佛肸據邑以拒簡子。則其母何不以各爲其主對。而乃云君有暴臣耶。
且據史記。則佛肸當爲范中行之邑宰。而論語孔注又以爲趙簡子之邑宰。大抵

亦因說苑新序諸證。而不敢沒之耳。原史記。蓋因論語有是文。於他書無可證。第見左傳有趙鞅圍中牟之文。遂遷就其說。而於晉世家不載其事。則已微漏疑根矣。且佛肸家臣也。孔子往。將臣佛肸乎。抑臣於佛肸乎。又將糾合齊衛。以滅趙簡子乎。是進退皆無據矣。○或謂。聖人神能知幾。范中行滅。則三分晉地之勢成。而大夫自爲諸侯之禍起。子路未見及此。但知守其常訓。聖人雖有見焉。却難以前知之幾爲門弟子語也。故但以堅白恒理答之。應之曰。本文云親於其身爲不善君子不入。佛肸果爲中牟宰。安得遽目以不善。卽夫子亦何不以各爲其主解之。聖人憂深慮遠。三桓之子孫微矣。明著於經。而於天下大勢。反默而不言。就令聖人慮已及此。又何不請命魯君。如討陳恒之事。合齊衛以救范中行。而乃應佛肸之召乎。夫孔子之堅白。誠非佛肸之所能磨涅。試問彌子・瘠環・雍疽亦豈能磨涅孔子。而不肯主其家。孟子乃以爲無義無命乎。此皆由戰國策士。苟且求合。不能潔身。故託之聖人亦有從畔之事。以便其私。而齊魯儒者。不能審察。訛以傳訛。兩漢以後。此書遂定。遂令張賓王猛韓延徽張元。皆得以佐命自賢。悲夫。

子曰。由也女聞六言六蔽矣乎。對曰。未也。女音汝。下同。○蔽。遮掩也。居吾語女。語。去聲。○禮。君子問更端。則起而對。故孔子諭子路。使還坐而告之。好仁不好學。其蔽也愚。好知不好學。其蔽也蕩。好信不好學。其蔽也賊。好直

不好學。其蔽也絞。好勇不好學。其蔽也亂。好剛不好學。其蔽也狂。

好。知。並去聲。○六言皆美德。然徒好之而不學以明其理。則各有所蔽。愚若可陷可罔之類。蕩謂窮高極廣而無所止。賊謂傷害於物。勇者。剛之發。剛者。勇之體。狂。躁率也。○范氏曰。子路勇於爲善。其失之者。未能好學以明之也。故告之以此。曰勇。曰剛。曰信。曰直。又皆所以救其偏也。

箋曰。由也女。皇本無也字。女作汝。下同。六言者。言猶字也。仁智信直勇剛六字也。蔽字與言字相對。有此一個名目。卽有一番影似。爲之障礙。纔開門戶。卽是墻垣。所謂六蔽也。○居吾語女。居訓坐者。古人以雙膝著席。而伸其股爲跪。跪有危義。以雙膝著席而反蹠。以尻著之爲坐。坐則安也。爾雅以妥爲安坐。而疏以爲安定之坐。以居爲坐。義同。古居處字作凥。居說文以爲蹲踞字。以蹠著尻爲居。亦蹲踞之引申。○好仁不好學其蔽也愚。愚者好仁之蔽也。非不好學之弊。但好學則好仁自無弊耳。下文並倣之。學記。詩之失愚。書之失誣。與此語意正同。皇本居上有曰字。○其蔽也蕩者。凡事有可爲之策。必竭知慮而爲之。不復顧道義。故知者之蔽也蕩。孔注云。無所適守。得之。皇本。知作智。其蔽也賊者。言必信。雖害人賊物之事。亦必爲之。故其蔽也賊。謂任俠之輩也。○其蔽也絞者。絞。急切也。繞繩於頸。急引之以殺之。謂之絞。直者之責人。其急切亦猶是也。○好勇不好學四句。勇與剛相似。勇屬加人一邊。一味要奮發。剛屬自任一邊。一味要擔當。左傳。使勇而無剛者。嘗寇而速去。奮進入敵。勇也。一足不退。剛也。狼瞫好勇。若與其友殺先軫。則亂也。陽處父以剛稱。其易中軍。是狂也。○子路有聞。未之能行。惟恐有聞。夫子劈頭一語。直是提出子路於萬嶂之中。向後一一剖出病症。使他自反。病雖有六。其藥只在學字。學。凡考之師友。求之方册。皆是學之事。該括許多功夫次第。大要則內養心性。外踐義理。隨時適中。非後世口耳之學也。物茂卿曰。六言六蔽。蓋古語也。其他如請問其目。行五者於天下。三樂・三友・三畏・三愆。古人以條目敎之。以條目守之。其爲實學。可以知已。後人輒欲以一槩之論通之。不務實故也。六言本言六種德耳。德以性殊。故有多品。然必學以成之。然後可以爲德。當其未成德。則性之所近好之已。苟能學而納身於先王陶冶之中。以養其德。則仁知信直勇剛皆成其材。足以有用焉。辟如椎鑿刀鋸。各有其用已。

子曰。小子何莫學夫詩。夫音扶。○小子弟子。詩可以興。感發志意。可以觀。考見得失。可以羣。和而不流。可以怨。怨而不怒。邇之事父。遠之事君。人倫之道。詩無不備。二者舉重而言。多識於鳥獸艸木之名。其緒餘又足以資多識。○學詩之法。此章盡之。讀是經者。所宜盡心也。

箋曰。莫學夫詩。莫。兼無有二字之義。猶言何無有學夫詩也。學字宜玩。體驗工夫。全在自得。非誦字讀字可代。詩於性情尤切。所謂發乎情止乎禮義。一言最得其要。發乎情。故有群有怨者。人之所不能無也。止乎禮義。故和而不流。怨而不怒。此章是說學詩之益。非是說學詩之法。要知聖人全是要諷詠中加體會功夫。故下可以字。○可以興者。興。去聲。與興於詩之興自別。周官大師教六詩。曰風。曰賦。曰比。曰興。曰雅。曰頌。注。賦之言鋪。直鋪陳今之政教善惡。比。見今之失。不敢斥言。取比類以言之。興。見今之美。嫌於媚諛。取善事以喩勸之。鄭司農云。比者比方於物。也。興者託事於物。是也。賦比之義。皆包於興。故夫子言興。毛傳言興百十有六。而不及賦比。亦此意也。孔安國曰。興。引譬連類也。如襄十四年。晉伐秦。諸侯之師及涇。不濟。叔向見叔孫穆子。穆子賦匏有苦葉。叔向退而具舟。又昭三年。楚子賦吉日。子產具田備。是謂引譬連類。孔安國曰。群居相切磋也。襄二十七年。齊慶封來聘。叔孫豹與慶封食。不敬。爲賦相鼠。又襄二十八年。慶封氾祭。叔孫穆子使工誦茅鴟。是謂相切磋。物茂卿曰。興者從其自取。展轉弗已。是也。觀者默而存之。情態在目。是也。凡諸政治風俗。世運升降。人物情態。在朝廷可以識閭巷。在盛代可以識衰世。在君子可以識小人。在丈夫可以識婦人。在平常可以識變亂。天下之事。皆萃于我者。觀之功也。及於興以取諸。則或正或反或旁或側或全或支或比或類。不爲典常。觸類以長。引而伸之。愈出愈新。辟如繭之抽緒。比諸燧之傳薪。取自我者。可施天下焉。是興之功也。大氐詩道性情。主諷詠。觸類而賦。從容以發言。非典則。旨在微婉。繁繁雜雜。零零碎碎。大小具在。左右逢原。故其義無窮。大非他經之比焉。○可以群者。詩之教。溫柔敦厚。學之則輕薄嫉忌之習消。故可以群居相切磋。○可以怨者。諷諫之法。言之者無罪。聞之者足戒。故可以怨。如穆叔賦圻父·鴻雁。戎子賦青蠅。是也。孟子論凱風·小弁。有宜怨不宜怨之分。又一義。○邇之事父。遠之事君。焦循曰。夫詩溫柔敦厚者也。不質直言之。而比興言之。不言理而言情。不務勝人。而務感人。自理道之說起。人各挾其是非。以逞其血氣。激濁揚清。本非謬戾。而言不本於情性。則聽者厭倦。至於傾軋之不已而忿毒之相尋。以同爲黨。卽以此爲爭。甚而假宮闈廟祀儲貳之名。動輒千百人哭於朝門。自鳴忠孝。以激其君之怨。害及其身。禍於其國。全失乎所以事君父之道。余讀明史。每歎詩教之亡。莫此爲甚。○多識於鳥獸草木之名。說文。鳥長尾禽總名也。爾雅釋鳥云。二足而羽。謂之禽。四足而毛。謂之獸。爾雅於鳥獸草木。皆專篇釋之。而神農本草。亦詳言其性之所宜用。可知博物之學。儒者所甚重矣。○張彥陵曰。人之所最難治者氣。然忿激之氣。得詩而平。處常處變之道。盡此矣。

子謂伯魚曰。女爲周南召南矣乎。人而不爲周南召南。其猶正牆面而立也與。

女音汝。與平聲。○爲猶學也。周南召南。詩首篇名。所言皆脩身齊家之事。正牆面而立。言卽其至近之地。而一物無所見。一步不可行。

箋曰。此爲字。與孟子高叟之爲詩同。仲尼嘗語伯魚曰。學詩乎。不學詩無以言。而今又語之曰。女爲周南召南矣乎。不謂詩。而特言周南召南。則別有其義。可以知也已。二南皆言夫婦之道。爲王化之始。故君子反身。必先修諸己。而後可刑于寡妻。至于兄弟。以御于家邦。漢書匡衡傳謂室家之道修。則天下之理得。卽此義也。時或伯魚授室。故夫子特擧二南以訓之與。皇本女作汝。召作邵。正平本同。○正牆面而立者。正正南正北之正。面嚮也。與召誥面稽之面同。正牆面者。正向牆也。

是倒裝語。周禮撢人。使萬民和說而正王面。小戴檀弓。古之人有言。曰狐死正丘首。仁也。同一詞法。正牆面而立。言不可行也。○吳英曰。孔子世家曰。孔子生鯉。字伯魚。年五十。先孔子卒。據此知孔子蓋冠而生子也。孔子年七十有四而卒。而論語顏淵死。有才不才之言。則顏子先孔子卒。而伯魚又先顏子而卒。而世家謂伯魚年五十。則孔子生伯魚時。其年甫弱冠歟。蓋以孔子少孤。聖母寡居。門衰祚鮮。故應早娶。不可拘三十而娶之例歟。檀弓曰云云。故孔氏之不喪出母。自子思始也。先人孔氏出妻辨曰。嗚呼小人之無忌憚。至此極哉。詩曰。刑于寡妻。宜爾室家。大學曰。欲治其國者。先齊其家。家齊而后國治。聖人所過者化。而况於其妻乎。孔子年十九。娶于宋之开官氏。一歲生伯魚。伯魚年五十。先孔子卒。伯魚之妻。年不可考。大約與伯魚不甚相遠。及除伯魚之喪。年過五十矣。且孔子非庶人也。伯魚固卿大夫之子也。以卿大夫之子之妻。過五十之年。夫死而嫁于別國。此古今未有之事也。而謂獨有于聖人之家乎。子思之妻無所見。然喪服之輕重。有先王之禮焉。非人之可意爲也。使出母而無服。則孔子豈能使伯魚之爲之服。使出母而有服。則子思豈能使子上之不爲之服哉。孔子雖聖人。然不自聖也。豈自以爲道之隆乎。子思大賢。而學于聖人者也。又何自處于道汙。舍聖人而不之法。悖先王之禮。師心自是。而創爲之說乎。以子思之必無此言。知子思之必無出妻之事也。大約孔子娶开官氏之後明年。遂生伯魚。未幾而开官氏先卒。孔子東西南北之人也。亦不再娶。世既莫詳开官氏之所終。遂造爲異說以誣之。子思之爲人嚴毅。故又從而爲之辭也。

子曰。禮云禮云。玉帛云乎哉。樂云樂云。鐘鼓云哉。敬而將之

以玉帛則爲禮。和而發之以鐘鼓則爲樂。遺其本而專事其末。則豈禮樂之謂哉。○程子曰。禮只是一箇序。樂只是一箇和。只此兩字。含蓄多少義理。天下無一物無禮樂。且如置此兩椅。一不正。便是無序。無序便乖。乖便不和。又如盜賊至爲不道。然亦有禮樂。蓋必有總屬。必相聽順。乃能爲盜。不然則叛亂無統。不能一日相聚而爲盜也。禮樂無處無之。學者要須識得。

箋曰。云字。指言如此之詞。周官典瑞云。瑑圭璋璧琮。以頫聘。圭以聘君。璋以聘夫人。璧琮以享。皆瑞玉也。鄭注尙書云。帛所以薦玉也。聘禮釋幣制玄纁束。注云。凡物十曰束。玄纁之率。玄居三。纁居二。朝貢禮云。制丈八尺。疏云。制謂舒之長短。雜記云。納幣一束。束五兩。兩五尋。然則每卷二丈。若作制幣者。每卷丈八尺爲制。合卷爲匹也。雜記是言昏禮納徵。束帛用二丈。取成數。其他禮幣。皆以一丈八尺爲節也。○物茂卿曰。禮樂之道。施於己則以成其德。用於人則以成其俗。先王之所以施不言之敎。成無爲之化者。專在此焉。然世之人君不識此而徒以悅耳目之具者衆矣。故孔子有此言也。○此章朱子本說與程子不同。朱子以禮樂直做禮樂。就事而言。敬和在鐘鼓玉帛之先。亦在鐘鼓玉帛之內。孟子曰。恭敬者幣之未將者也。則當從本說。程子本於樂記。直以禮樂做序和。乃捏合序和爲一貫矣。則亦將合禮樂爲一貫。與人固有能序而未和者。有能和而無序者。國家之政亦然。未嘗有脩其一而並得其二者也。兩椅之喩。失當至盜賊之有禮樂。則尤謬。夫人

愛敬之良。不容自已。而後有禮樂以達之節而和之。無非所以全其天性。故曰禮之用和爲貴也。爲盜者蔑天良而干法紀。卽有統屬而相聽順。亦狐羣狗黨。何名禮義哉。以此言禮樂。則是君子不勞學焉者與。程說不當采入。

子曰。色厲而內荏。譬諸小人。其猶穿窬之盜也與。 荏。而審反。

與。平聲。○厲。威嚴也。荏。柔弱也。小人。細民也。穿。穿壁。窬。踰墻。言其無實盜名。而常畏人知也。

箋曰。漢書翟方進傳引此文。應劭注。荏。屈橈也。詩巧言。荏染柔木。毛傳。荏染。柔意也。說文。栠。弱皃。栠與荏同。廣雅釋詁。恁。弱也。○譬諸小人。集注解小人爲細民。其意以爲。色厲內荏。穿窬之盜。已是邪惡小人。中間不可再言小人。以此爲疑。故解小人爲細民也。不知小人爲作非止一端。或諂或讒。或姦或盜。或顯爲强暴。或暗作私邪。或心狠而外柔。或色厲而內荏。譬諸小人者。言於衆小人中譬之也。以色厲內荏之人。譬之於諸般小人。惟其爲穿窬之盜者。可以爲比也。○穿窬之盜。釋文。踰本作窬。孔注云。窬。窬牆也。則字當作踰。皇疏云。踰人垣牆。則其本作踰矣。儒行。篳門圭窬。鄭注。圭窬。門旁窬也。穿牆爲之。釋文。圭窬。說文云。穿木戶也。郭璞三蒼解詁云。門旁小窬也。此則鄭本作竇。陸本作窬。玉篇引禮記及左傳。並作圭窬。今左傳亦作圭竇。是知窬與竇通。說文。竇。空也。窬下曰。一曰。空中也。窬是穿木戶。亦取空中之義。故凡物之取於空中者。皆得爲窬。淮南氾論訓。古者爲窬木方版。以爲舟航。高誘曰。窬。空也。是也。窬字從穴。訓門邊小竇。竇又從穴。如狗竇水竇。是常設者。此穿窬指今別鑿者。乃穿穴也。荀子針賦曰。不盜不竊。穿窬而行。亦訓穴用。蓋有國門禦人之盜。有白晝攫金之盜。有昏夜穿墉之盜。臧武仲謂齊侯。似鼠晝伏宵行。卽穿窬之說也。

子曰。鄉原德之賊也。 鄉者。鄙俗之意。原。與愿同。荀子原慤。註讀作愿是也。鄉原。鄉人之愿者也。蓋其同流合汙。以媚於世。故在鄉人之中。獨以愿稱。夫子以其似德非德。而反亂乎德。故以爲德之賊。而深惡之。詳見孟之末篇。

箋曰。中井積德曰。鄉愿。是鄉論之愿人也。非君子之論。則其不得實可知矣。蓋此非眞愿。誑鄉人得愿名者。鄉字屬論者。不繫于原者。孟子曰。一鄉皆稱原人。是也。注鄉人之愿者。在鄉人之中。獨以愿稱。並失之。德之賊者。德中正之德。泛就理上說。君子衆人皆在其中。而自己之全喪其德。又不待乎言。賊者。似德非德。他却似忠信非忠信。似廉潔非廉潔。把眞忠信眞廉潔。都被他混亂了。故曰賊。勿作自賊賊人看。只重賊理。

子曰。道聽而塗說。德之棄也。 雖聞善言。不爲己有。是自棄其德也。○王氏曰。君子多識前言往行。以畜其德。道聽塗說。則棄之矣。

箋曰。忽聞而信之。可謂道聽。又從而說之。可謂塗說。此特形容口耳之學。輕躁浮淺之狀耳。道塗二字借喻。只是形容他入耳出口。略無停蓄的景象。莫認實說。荀子所云。小人之學也。入乎耳。出乎口。口耳之間。財四寸耳。曷足以美七尺之軀者。是自棄其德也。德之棄。棄德也。凡字當在下。而移之置上。則必加一之字以勻之。斯之謂。卽謂斯。淺之爲丈夫。卽爲淺丈夫。小人之使治國家。卽使小人治國家。皆是也。德由聞見以入。要在潛心體會以蓄之。方爲吾有。故君子凡有所聞。明辨得失。一一反之於身。從善去惡。舜好問而好察邇言。執兩用中。子曰。多聞闕疑。愼言其餘。是以凡有所聞。莫不爲身心之益。德以日茂也。道聽塗說者反是。蓋淺躁之胸襟。其所急欲收者。博聞敏捷之譽。而不知收其名者喪其實矣。浮蕩之心思。其所急欲炫者。才辯議論之華。而不知外愈逞者中愈涸矣。

子曰。鄙夫可與事君也與哉。 與。平聲。○鄙夫。庸惡陋劣之稱。 **其未得之也患得之。既得之患失之。** 何氏曰。患得之。謂患不能得之。 **苟患失之。無所不至矣。** 小則吮癰舐痔。大則弑父與君。皆生於患失而已。○胡氏曰。許昌靳裁之有言。曰。士之品。大槩有三。志於道德者。功名不足以累其心。志於功名者。富貴不足以累其心。志於富貴而已者。則亦無所不至矣。志於富貴。卽孔子所謂鄙夫也。

箋曰。中井積德曰。鄙夫者。鄙元是都鄙之鄙。鄙野之人。無所見聞。往往貪吝成風。後世有鄙吝貪鄙之語。尤可念。是鄙字自有見財焦肺。得財不能割捨之意。若庸惡陋劣。恐未得欸。與如可與適道之與。夫人非至愚極惡。豈有甘心爲不忠不孝者。特因嗜欲念多。身家慮重。其始一念自私而已。其究至於無所不至。與事君者不察。或喜其有才。或樂其同己。以其志富貴爲常情。不知此輩谿壑難盈。志行易變。必不能與我共成忠義。且將倒戈下石。自古正人誤用小人。身名俱敗者。何可勝數。夫子故大聲疾呼。而極言其情狀。爲君子戒也。熊伯甘曰。賢者當辯鄙夫於早。若寇準・司馬光。誤認丁謂・呂惠卿。害事不小。〇患得之者。謂以欲得爲憂患也。非患不能得之謂。漢書李陵傳曰。請少卿來歸故鄉。毋憂富貴云云。憂富貴者以欲富貴爲憂也。患得云者。其語意亦爾。漢時人語猶如此。患是事之衡於心不可解者也。如物串貫於心然。一說。〇蘇子瞻曰。患得之。當爲患不得之。荀子子道篇。孔子曰。小人者其未得也。則憂不得。既已得之。又恐失之。家語在厄篇。子曰。其未得也。患弗得之。既得之。又恐失之。王符潛夫論云。孔氏病夫未得之也患不得之。及退之王承福傳。皆與蘇說合。然不必從爲可。〇無所不至矣。要事君時說凡一切逢君之惡。竊君之權。欺君之事。誤君之國等類。無所不至也。注云弑君與父句。頗流於過甚。患失之鄙夫。究未必不至於弑君父。顧本文正以事君言。則當在弑君父而前。而說夫患得必有所以得之術。患失必有所以不失之術。當其患得。行險僥倖。乘間抵巇。此時無所不至。機謀已伏。但猶知所顧忌。深自閉藏。到得既得患失。大權在手。才欲放下。恐人害己。姦詭百出。肆意妄行。無所不至矣。聖人下此一語。直使與之事君者。心驚膽落。

予曰。古者民有三疾。今也或是之亡也。 亡。與無通。〇氣失其平則爲疾。故氣稟之偏者。亦謂之疾。昔所謂疾。今亦亡之。傷俗之益衰也。 **古之狂也肆。今之狂也蕩。古之矜也**

廉。今之矜也忿戾。古之愚也直。今之愚也詐而已矣。狂者。志願太高。肆。謂不拘小節。蕩。則踰大閑矣。矜者。持守太嚴。廉。謂稜角陗厲。忿戾。則至於爭矣。愚者。暗昧不明。直。謂徑行自遂。詐。則挾私妄作矣。○范氏曰。末世滋僞。豈惟賢者不如古哉。民性之蔽。亦與古人異也。

箋曰。民猶言人也。賢者亦民耳。賢與民不可分論。范氏失之。三疾者。孟子。寡人有疾。好勇好貨好色。晉語。公曰。貞所病也。皆言性蔽。又曰。不幸有疾。韋注。己行有闕病。曰疾非美稱也。此蓋因時人不肯力學。安於偏戾。藉口古人。故夫子特地指出。以深警之。何者古之狂也矜也愚也肆廉直。皆率其一偏而不變化。雖非正道。然皆本乎氣質之所成。豈如今之名爲狂矜愚者。則並非氣質。而習尙相沿。大謬於理。何得以古人藉口哉。要知蕩忿戾詐。並不得爲狂矜愚也。夫子卽世人所指目。而辨其非。不是欲人爲狂與矜愚。若謂以古人之疾望人。理不可通。卽謂進一步激厲人。亦覺太卑。天下非聖人語氣也。或是之亡也。猶曰或亡之也。周語。古之聖王。唯此之愼。文例差似。亡者。指狂矜愚。蓋肆廉直。乃狂矜愚眞面目。擧狂矜愚。而肆廉直自在其中。古之敎化淳。凡民多疾。猶本於質之自然。後世民之疾。醫家所謂證與脈不對者。習俗傳染之尤惡者也。○古之狂也肆。肆不拘小節。正見他志尙太高。故名曰狂。繫辭。其事肆而隱。疏云。其辭放肆。左傳。伯父若肆大惠。注。肆。展放也。表記。安肆日偸。注。肆猶放恣。今之狂也蕩者。不顧義理。任心而行也。○古之矜也廉。廉。稜角峭厲。正見他持守太嚴。故名曰矜。矜者矜伐之矜也。大禹謨。汝惟不矜。公羊僖九年。矜之者何。猶曰莫若我也。矜持之矜。亦有自高之意。小宰職以聽官府之六計。弊群吏之治。廉善・廉能・廉敬・廉正・廉法・廉辨。潔白不汙財利。此廉隅也。今之矜也忿戾。說文。忿。悁也。史記。魯仲連曰。棄忿悁之節。定累世之功。二士者非不能成小廉而行小節也。據此則矜伐者。忿悁小事。感慨以爲節。是忿也。後漢范冉好違時絕俗。爲激詭之行。是戾也。忿戾之義可見。書云。爾無忿疾于頑。蓋今之矜伐者。不知廉其身行。唯忿悁忿疾。而好與人忤而已。朱注。忿疾則至於爭矣。似自君子矜而不爭出。然君子之矜。非疾也。○今之愚也詐而已矣。直唯是無詐欺緣飾而已矣。詐者直之反對。注安作失當。愚而詐者。是瑕之無瑜者。無可取。亦不得稱愚。其實無可名者。而已矣三字。總承上文。見今之狂矜愚。不過是蕩忿戾詐而已矣。不可謂之狂矜愚矣。故曰今亡也。

子曰。巧言令色。鮮矣仁。 重出

箋曰。皇本正平本南宗本。無此一章。○此章與學而同。弟子各記所聞。故重出之。○洪頤煊曰。唐石經。此章亦先無。而後添注。蔡邕石經陽貨篇末題云。凡二十六章。今集解本此章在內。共二十四章。似蔡邕石經僅分子曰唯上知與下愚不移。子謂伯魚曰。汝爲周南召南矣乎。各自爲一章。故云二十六。太平御覽卷三百八十八引論語陽貨曰。巧言令色鮮矣仁。是漢魏舊本皆有此章也。

子曰。惡紫之奪朱也。惡鄭聲之亂雅樂也。惡利口之覆

邦家者。

惡。去聲。覆。芳服反。○朱。正色。紫。間色。雅。正也。利口。捷給。覆。傾敗也。○范氏曰。天下之理。正而勝者常少。不正而勝者常多。聖人所以惡之也。利口之人。以是爲非。以非爲是。以賢爲不肖。以不肖爲賢。人君苟悅而信之。則國家之覆也不難矣。

箋曰。皇本。者作也。正平本。者字二也字皆無。○惡紫之奪朱者。玄冠紫緌。自魯桓公始。此尚紫之漸。齊桓公有敗紫欲賣之先自服之。國人爭買。其價十倍。春秋末。衛渾良夫紫衣狐裘。大子數其罪而殺之。注。紫衣君服。則當時競尚紫矣。夫子惡紫奪朱。非謂其間色也。中井積德曰。尚正色賤間色。元非通論。今之五色。蓋五行家之配。不足據。古人正服所用玄纁綠緇。皆間色也。其惡紫賤紅。以其艷麗不可用爲法服之故耳。○惡鄭聲之亂雅樂也。即告顏子放鄭聲也。惡利口之覆邦家。即告顏子遠佞人也。鄭聲之亂雅樂。亦其可娛人耳者過於雅樂。故聖人惡之放之。○惡利口之覆邦家者。利口即佞人。不曰佞者。對上艷色淫聲。則曰利口耳。○孟子並揭惡紫惡鄭聲惡利口。而冠之以孔子曰惡似而非者一句以總之。似者能惑人故也。此章不重疑似。所惡在奪與亂與覆。又此章主意。不在於正不正之勝負。夫正而不勝。不正而勝者。變也。正而勝者少。不正而勝者多。變之大者也。范氏以爲天下之理。曰聖人所以深惡之。殆似以其正常不勝。不正常勝。故怨疾之。大失聖言之旨。夫天下之理。正者常勝。不正者常敗。其或氣運之舛。或有不正而勝。如夏凄冬暖。河決山崩之類。然不正而勝。必不能保久。是亦正之勝不正也。宋賢往往處小人不適其宜。動致顚躓狼狽。故有此等論。君子與小人爭。已出下策。誠爲危道。然君子有才。有德。有智慮。何以必其不勝。無乃卑視君子太甚乎。

子曰。予欲無言。學者多以言語觀聖人。而不察其天理流行之實。有不待言而著者。是以徒得其言。而不得其所以言。故夫子發此以警之。

子貢曰。子如不言。則小子何述焉。子貢正以言語觀聖人者。故疑而問之。

子曰。天何言哉。四時行焉。百物生焉。天何言哉。四時行。百物生。莫非天理發見流行之實。不待言而可見。聖人一動一靜。莫非妙道精義之發。亦天而已。豈待言而顯哉。此亦開示子貢之切。惜乎其終不喩也。○程子曰。孔子之道。譬如日星之明。猶患門人未能盡曉。故曰予欲無言。若顏子則便默識。其他則未免疑問。故曰小子何述。又曰天何言哉。四時行焉。百物生焉。則可謂至明白矣。愚按。此與前篇無隱之意相發。學者詳之。

箋曰。夫子欲無言。對諸弟子而言。非專爲子貢發。而子貢正以言語觀聖人者。故疑而問之。蓋道之至大。不言則不明。言則學者徒求之言語之間。而不察諸踐履事爲之實。故言此警之。要使學者體察而自得之也。○子如不言則小子何述焉者。學者因言以求道。如聖人說何如仁義。何如孝弟忠信。皆言也。學者因聖言而求所爲仁義孝弟者。是因言以求道。而稱述之者也。故子貢曰不言何述焉。所謂言者。言仁言義之言也。若不知言言及之而不言之言。乃是四科中言語之言。所指自異。○佐藤坦曰。天何言哉四句。的是破子貢小子何述之疑。言天非爲諄諄然喩四時。而令百物。而四時百物自能承順之。師弟教學。亦猶此也。天何言哉。切夫子之教弟子。四時行焉百物生焉。切弟子之學於夫子。○集注此亦開示子貢之切。惜乎其終不喻也。此說頗可疑。子貢聰敏穎悟。於夫子之言。每迎刃而解。此何以斷其不能領會。蓋以其不能如曾子之唯。故疑其未喻。然論語中。曾子一唯之外。未有唯者。即顏閔之卓且爾。曾子之唯。先儒以爲下有子出門人問一段。故以此句分界限。是也。古書所載極簡略。當就其生平學力智識斷之。苟以其不唯。概其咸不能領會。其可乎哉。

孺悲欲見孔子。孔子辭以疾。將命者出戶。取瑟而歌。使之聞之。

孺悲。魯人。嘗學士喪禮於孔子。當是時必有以得罪者。故辭以疾。而又使知其非疾。以警教之也。程子曰。此孟子所謂不屑之教誨。所以深教之也。

箋曰。禮雜記。恤由之喪。哀公使孺悲之孔子學士喪禮。士喪禮於是乎書。而論語記孺悲欲見孔子。孔子辭以疾。此孺悲未學禮時事也。皇本正平本南宗本。皆辭下有之字。○儀封人請見。從者見之。將命者。即從者見之之從者。禮少儀。願聞名於將命者。稱主人侍者爲將命者。自古而然。曰將命者出戶者。見其當時下就取瑟。使歌聲徹於外。爲孺悲所聞耳。蓋遲則孺悲已去。不可得聞。○使之聞之。是孺悲猶在可教之列。孺悲歸自克責。後日進德。夫子以士喪禮傳之。士喪禮之傳。孺悲預有功。亦當時不屑教誨之力也。○佐藤坦曰。夫子不見孺悲。亦是教誨。教誨不必在於口語。故編者與前章類次。

宰我問。三年之喪。期已久矣。期音基。下同。○期周年也。君子三年不爲禮。禮必壞。三年不爲樂。樂必崩。恐居喪不習而崩壞也。舊穀既沒。新穀既升。鑽燧改火。期可已矣。鑽。祖官反。○沒。盡也。升。登也。燧。取火之木也。改火。春取楡柳之火。夏取棗杏之火。夏季取桑柘之火。秋取柞楢之火。冬取槐檀之火。亦一年而周也。已。止也。言期年則天運一周。時物皆變。喪至此可止也。尹氏曰。短喪之說。下愚且恥言之。宰我親學聖人之門。而以是爲問者。有所疑於心。而不敢強焉爾。

子曰。食夫稻。衣夫錦。於女安乎。曰安。夫。音扶。下同。衣。去聲。女。音汝。下同。○禮。父母之喪。既殯。食粥麤衰。既葬。疏食水飲。受以成布。期而小祥。始食菜菓。練冠縓緣。要絰不除。無食稻衣錦之理。夫子欲宰我反求諸心。自得其所以不忍者。故問之以此。而宰我不察也。

女安則爲之。夫君子之居喪。食旨不甘。聞樂不樂。居處不安。故不爲也。今女安則爲之。樂。上如字。下音洛。○此夫子之言也。旨。亦甘也。初言女安則爲之。絕之之辭。又發其不忍之端。以警其不察。而再言女安則爲之。以深責之。

宰我出。子曰。予之不仁也。子生三年。然後免於父母之懷。夫三年之喪。天下之通喪也。予也有三年之愛於其父母乎。

宰我既出。夫子懼其眞以爲可安而遂行之。故深探其本而斥之。言由其不仁。故愛親之薄如此也。懷。抱也。又言君子所以不忍於親。而喪必三年之故。使之聞之。或能反求而終得其本心也。〇范氏曰。喪雖止於三年。然賢者之情。則無窮也。特以聖人爲之中制。而不敢過。故必俯而就之。非以三年之喪。爲足以報其親也。所謂三年然後免於父母之懷。特以責宰我之無恩。欲其有以跂而及之爾。

箋曰。劉寶楠曰。三年喪期。鄭君以爲二十七月。王肅以爲二十五月。儀禮士虞禮云。期而小祥。又期而大祥。中月而禫。是月也吉祭猶未配。注。中猶間也。與大祥間一月。自喪至此凡二十七月。胡培翬正義。三年之喪。二十五月而大祥。二十七月而禫。猶期之喪十三月而大祥。十五月而禫。皆與大祥間隔一月也。檀弓曰。祥而縞。是月禫。徙月樂。祥而縞。謂二十五月也。是月禫。二十七月也。徙月樂。二十八月也。戴德喪服變除禮云。二十五月大祥。二十七月而禫。白虎通云。二十七月而禫。通祭宗廟。去喪之殺也。自王肅誤讀祥而縞是月禫之文。以禫亦在二十五月。祥禫同月。又以士虞禮中月而禫。爲月中而禫。謂在祥月之中。與鄭異說。非也。二十五月之說。見禮三年問。及公羊閔二年傳。或彼文止據大祥爲再期。未數禫月也。〇期已久矣之期。當讀如字。期限也。期可已矣之期。乃讀爲期月之期。蓋三年四句。申期已久矣之義。舊穀二句。起期可已矣之義。舊說皆讀爲基。非是。史記弟子傳引作不已久乎。則期非期月之期明甚。況上云三年之喪。下接言期月。義亦不

貫矣。已久之已。從已甚之已。似長。木如已美。然不然則已易。不然則已慤等語。可
以爲證。集注以期作周年解者。蓋參稽下文期可已矣句以立說。殊不知經文語
氣。本自上下分開。各說一理。不必引下文以證明上文。且宰我亦以三年爲久耳。
非以周年爲久。以周年爲已久。則殊失宰我之意。易曰。不封不樹。喪期無數。期已
久之之期。當依此以解。○鑽燧改火。明是一年一改火。是習俗有此儀也。本文唯言
農時一周。改火一周。以明期可已之義耳。非四時而各變火。不可據周禮以解此
章。且周禮司爟。四時變國火。四時只是春夏秋冬矣。鄭注乃添季夏一條。以合五
行。且取於木之五色。皆傳會之甚者。馬融注論語。引汲冢周書與此同。正義所引
鄒子。其義爲一。則其爲鄒衍等所創。亦未可知也。燧者。左文十年傳。命夙駕載燧。
杜注。燧取火者。禮內則。事佩有木燧金燧。鄭注。木燧鑽火也。金燧可取火於日。考
工記輈人。鑒燧之齊。鄭注。鑒燧取水火於日月之器也。此卽金燧之制。與木燧名
同。世本云。造火者燧人。因以爲名也。鑽燧之法。書傳不載。揭子宣璇璣遺述云。如
榆剛取心一段爲鑽。柳剛取心方尺爲盤。中鑿眼鑽頭大。旁開竇寸許。用繩力牽
如車鑽。則火星飛爆出竇。薄煤成火矣。此卽莊子所謂木與木相摩則燃者。古人
鑽燧之法。意亦如此。改火之典。行于三代。迄于漢。廢于魏晉以後。復于隋而仍廢。
其器則燧。其用則有常。內則。子事父母。右佩玦捍管遰大觿木燧。蓋不可一日缺
者。非有常乎。其官則漢以上皆有其義。唐虞尙矣。周監二代。周禮有司爟行火之
政令。故曰行于三代也。秦棄古制。漢武帝時。別置火令丞。中興省之。然續漢志曰。
冬至鑽燧改火。故曰迄于漢。隋王劭以改火之義。近代廢絕。引東晉時有以雒陽
火渡江者。世世事之。非見絀於魏晉後乎。隋文從劭請而復之。然其後不見踵行

者。故曰復于隋而仍廢者也。○期可已矣。已字助語詞。子張云。祭思敬。喪思哀。其可已矣。正與之同。集注訓爲止。不是。○食夫稻衣夫錦於女安乎。是說期年外就食稻衣錦也。聖人意謂。予說可已矣。如今期年之後。使汝就食稻衣錦。於心安乎。此便是短喪也。劉寶楠曰。說文。稻。稌也。別二名。北方以稻爲穀之貴者。故居喪不食之也。儀禮喪服傳言。居喪既虞。食疏食水飲。既練。始食菜果飯素食。練者小祥之祭。鄭彼注云。疏猶麤也。素猶故也。謂復平生時食也。程瑤田云。疏食者稷食也。不食稻粱黍也。素食。鄭云復平生時食。謂黍稷也。賤者食稷。然豐年亦得食黍若稻粱二者。據聘禮公食大夫禮。皆加饌非平生常食。居喪更何忍食。故夫子曰食夫稻于女安乎。是雖既練飯素食。亦必不食稻粱。宜止於黍稷也。詩碩人箋。錦文衣也。終南傳。錦衣采色也。錦是有文采之衣。謂凡朝祭服以帛爲之者也。檜詩刺不能三年。而云庶見素冠素衣素冠練冠也。禮檀弓云。練。練衣黃裏縓緣。間傳云。期而小祥練冠縓緣。又期而大祥。素縞麻衣。注云。麻衣。十五升布深衣也。謂之麻者。純用布。無采飾也。陳奐毛詩疏。小祥大祥。皆用麻衣。大祥之麻衣配縞冠。小祥之麻衣配練冠。是未終喪皆服麻衣。無采飾。則不得衣錦可知。皇本正平本稻下錦下皆有也字。皇本女作汝。○曰安者。中井氏曰。使宰我丁憂。其有不安之情必矣。今無喪則無哀戚之情。又思索不到。故泛然對以安耳。○女安則爲之。不著曰字。語勢急。○食旨不甘。聞樂不樂。居處不安者。凡五味之適於口者皆旨也。不甘。言不自適於口也。劉寶楠曰。食旨。兼凡飲食言之。喪大記云。祥而食肉。謂大祥也。間傳云。期而大祥。有醯醬。有醯醬者。明始得食肉也。又云。中月而禫。禫而飲醴酒。始飲酒者。先飲醴酒。始食肉者。先食乾肉。則自小祥後。但得食菜果飯素食而醯醬食肉。必待至大祥之後。飲醴酒。必待至禫之後。則小祥後。不得食旨明矣。喪大記。祥而外無哭者。禫而內無哭者。樂作矣故也。檀弓云。祥之日鼓素琴。則自大祥之前。不與於樂。故曲禮云。居喪不言樂。是也。居處謂居常時之處也。間傳云。父母之喪。居倚廬。寢苫枕塊。不說絰帶。既虞卒哭。柱楣翦屛。芐翦不納。期而小祥。居堊室。寢有席。又期而大祥。居復寢。中月而禫。禫而牀。喪服傳言既虞。寢有席。與間傳言寢有席。在小祥之後稍異。又喪服傳言既練舍外寢。注云。舍外寢於中門之外。所謂堊室也。則鄭以喪服傳與間傳合也。又喪大記。既練居堊室。既祥黝堊。禫而從御。吉祭而復寢。復寢在禫後。與間傳在大祥後又稍異。以理衡之。當以大記爲備也。○今女安則爲之。兩女安字極重。兩則爲之頗輕。全要激發他使不自安耳。不爲與爲之。俱指食稻衣錦說。而爲期年。卽在其中。佐藤坦曰。宰我蓋以玉帛鐘鼓爲禮樂。殊不知三年廢業。卽是禮矣。必如是而後心安。卽是樂矣。禮樂皆在我心。夫子發其不忍之良心以警之。所以告眞禮樂也。○子曰。予之不仁也。薄親卽不仁矣。不當作等級。此章提出仁字最重。指不忍之良心上說。凡人心不安處卽是仁。仁字與安字正相應。夫子提醒宰我處。在於女安乎四字上。夫三年之喪。不卽行久矣。春秋諸侯。親死在殯。而盟會親迎。則卿大夫可知矣。晏子親喪寢苫枕草。人皆異之。則士可知矣。詩陳風思棘人欒欒。則諸國可知矣。故宰我以爲揆之時情。期可已矣。夫子不暇闢其禮壞樂崩之語。亦不與細論三年期月之是非。只以安不安之言。警動其良心。使之自反省。又於其既出而斥之。欲其聞之惻然其不寧。慘然其欲淚。當自覺其本心難遏者。聖人一言一動。莫非至教。亦可見矣。○免於父母之懷。聖言藹藹。宰我之悔感可知也。夫王侯貴人。不必有此事。此就宰我身上悟之也已。○予也有三年之愛於其父母乎。三年之愛。承上三年免於父母所懷抱之懷。謂三年爲父母所懷抱。言宰我欲短三年之喪。豈亦有三年爲父母所懷抱之恩乎。不曰無而曰有。含蓄多少餘味。其善誘之至者乎。猶曰有則宜無是言也。喪三年之制。元非起於免懷。但事勢恰好。故取以爲說耳。非講禮之起原。勿混說。○集注。宰我既出。夫子懼其眞以爲可安。而遂行之。故探其本而斥之。此說不然。爾時聖人訓戒之言。嚴正確切。常人能辨之。宰我孔門高足。何至眞以爲可安。而煩聖人憂念。聖人必俟其退而後始言者。聖人不欲輕面斥人。故與他弟子語而及此。使之傳以告於宰我也。義與樊遲學稼章同。可參考。○安井衡曰。宰我聖門高足。而有短喪之問。故人皆疑之。至有云故發繆問以喩後世者。果爾。宰我爲機巧之人。而孔子不知其意。近於迂。知而和之。則足以煩聖德。其繆益甚。案三年問曰。將由夫患邪淫之人與。則彼朝死而夕忘之。然而從之。則是曾禽獸之不若也。夫焉群居而不亂乎。將由夫脩飾之君子與。則三年之喪。二十五月而畢。若駟之過隙。然而遂之。則是無窮也。故先王焉爲之立中制節。壹使足以成文理。則釋之矣。然則何以至期也。曰至親以期斷。是何也。曰天地則已易矣。四時則已變矣。其在天地之中者。莫不更始焉。以是象之也。然則何以三年也。曰加隆焉爾也。焉使倍之。故再期也。是先王制禮。本有以期斷之法。宰我見禮俗日壞。不復行三年之喪。謂與其存虛名。不若務實行之爲勝。故本先王制禮之意。欲以期斷也。孔子抑之者。父母之恩。至大至重。雖倍之再期。未足以盡孝子之心。若患禮俗日壞。短喪以與之宜。終將至禽獸之不若。大非先王制禮加隆之意。故痛責不置也。○崔述曰。喪服爲父斬衰三年。而爲母則齊衰三年。非薄母也。乃尊父也。古者家無二尊。

服無二斬。斬也者明所從也。古未有爲婦人斬衰者也。父母之於子也恩雖同而義異。故子之服之也。三年雖同。而齊斬異。惟其同也。故曰父兮生我。母兮鞠我。欲報之德。昊天罔極。曰父母在不遠遊。曰事父母幾諫。皆主乎恩而言之也。惟其異也。故曰父在觀其志。父沒觀其行。而不曰母在觀其志。且曰夫死從子矣。此主乎義而言之也。孝經曰。資於事父以事母而愛同。資於事父以事君而敬同。故母取其愛。而君取其敬。兼之者父也。由是言之。三年之同。自恩生也。齊斬之異。由義別也。孟子曰。天之生物也。使之一本。人姓父之姓。而不姓母之姓。由父之父。而遞推之。百世皆吾祖也。由母之母。而遞推之。三世之外。有不知其誰何者矣。父雖別娶妻。皆當以事母者事之。母若別嫁夫。則不得以事父者事之。何者一本故也。此所以爲父斬衰。而爲母止於齊衰也。且夫齊衰也者。非謂可以薄於母也。孔子曰。子生三年。然後免於父母之懷。夫三年之喪。天下之通喪也。間傳曰。父母之喪。既殯食粥。又曰。父母之喪居倚廬。寢苫枕塊。不說絰帶。皆統父母言之。而他齊衰之喪。則但云疏食飲水。居堊室。苄翦不納矣。然則父母之喪。未嘗異也。所異者。獨齊與斬耳。哀之隆殺。固不在於斬與不斬也。曰。斬之與齊。誠如是矣。父在降而爲期。母乃薄乎。曰。服雖降而爲期。其他一惟人子之所自盡。不禁之也。是以謂之心喪。古者朝無二尊。家亦無二尊。故入公門則脫齊衰。明有尊也。父既釋凶而從吉矣。子安敢以衰絰侍其側哉。古者妻之喪夫主之。適子之喪父主之。其練祥禫之月。皆以主喪者爲斷。父既祭而除矣。子將再練再祥而再禫乎。是家有二主矣。

子曰。飽食終日。無所用心。難矣哉。不有博弈者乎。爲之猶賢乎已。

博、局戲也。弈、圍碁也。已、止也。李氏曰、聖人非教人博弈也。所以甚言無所用心之不可爾。

箋曰、小人間居、爲不善、無所不至。蓋述此章之義也。所用心、如學術事業之類。難矣哉者、言難以免禍殃也。佐藤坦曰、夫心猶火也。不麗於善、則麗於不善。所以可畏也。故博弈猶賢乎已。劉寶楠曰、博者、說文、局戲也。六箸十二棊也。簙與博同。荀子大略篇、六貳之博。楊倞注、六貳之博、卽六博也。王逸注楚辭云、投六箸、行六棊。故曰六博。西京雜記、許博昌善陸博。法用六箸、以竹爲之、長六分。或用三箸。列子說符釋文、引六博經云、博法二人相對坐向局、局分爲十二道、兩頭當中名爲水。用棊十二枚、法六白六黑。又用魚二枚、置於水中。其擲采以瓊爲之。二人互擲采行棊。棊行到處卽豎之、名爲驍棊。卽入水食魚、亦名牽魚。每一牽魚獲二籌。翻一魚獲三籌。若已牽兩魚而不勝者、名曰被翻雙魚。彼家獲六籌、爲大勝也。弈者、說文、圍棊也。从廾與奕異。王觀國論、此爲詳。文選博弈論注引邯鄲淳藝經曰、棊局縱橫各十七道、合二百八十九道。白黑棊子、各一百五十枚。焦循孟子正義、博蓋卽今之雙陸。弈爲圍棊。以其局同用板平承於下、則皆謂之枰。以其同行於枰、皆謂之棊。上高而銳、如箭、亦如箸。今雙陸棊、俗謂之鎚、尙可攷見其狀。故有箭箸之名。今雙陸枰上亦有水門。其法古今有不同。如弈古用二百八十九道、今則用三百六十一道、亦其例也。蓋弈但行棊、博以擲采而後行棊。後人不行棊、而專擲采、遂稱擲采爲博。博與弈益遠矣。○物茂卿曰、馬融曰、爲其無所據樂、善生淫欲。此解大佳。今老而無世務者、或以此消日、或持念珠稱佛。必合於孔子之心。不然者、皆無所據樂、善生淫欲也。相傳丹朱愚。堯作碁敎之。或以爲舜敎商均。予謂豈無是事哉。其處朱均。必當如舜於象。使有司治其國政。則爲朱均者。宜無事事焉。無事事則無所據。樂善生淫欲。故教之弈。以制其心。亦或聖人之術然焉。

子路曰。君子尚勇乎。子曰。君子義以爲上。君子有勇而無義爲亂。小人有勇而無義爲盜。

尚。上之也。君子爲亂。小人爲盜。皆以位而言者也。尹氏曰。義以爲尚。則其爲勇也大矣。子路好勇。故夫子以此救其失也。胡氏曰。疑此子路初見孔子時問答也。

箋曰。義以爲上者。以義爲最上事一件事也。尹氏曰。義以爲尚。則其爲勇也大矣。夫尚上古字通用。固也。然一行之中。而一作尚。一作上。則從二字本義。爲是。尚。爲崇尚之尚。上。卽上中下之上。義以爲上。猶云德成而上。藝成而下。言其爲上。而崇尚之意自見矣。言君子亦尚勇。然以義爲上。故下歷言有勇而無義之害。蓋欲其以義裁勇。非謂舍勇取義也。君子小人皆謂素有勇者。子路好勇。而未詳其是非。故質之也。譚梁生曰。此與六言六蔽章。並子路初見夫子時語。此章又先之。家語文甚明。由瑟章。是子路升堂究竟語。

子貢曰。君子亦有惡乎。子曰。有惡。惡稱人之惡者。惡居下流而訕上者。惡勇而無禮者。惡果敢而窒者。

惡。去聲。下同。唯

惡者之惡如字。訕所諫反。○訕。謗毀也。窒。不通也。稱人惡。則無仁厚之意。下訕上。則無忠敬之心。勇無禮。則爲亂。果而窒。則妄作。故夫子惡之。

曰。賜也亦有惡乎。惡徼以爲智者。惡不孫以爲勇者。惡訐以爲直者。

徼。古堯反。知。孫。並去聲。訐。居謁反。○惡徼以下。子貢之言也。徼。伺察也。訐。謂攻發人之陰私。○楊氏曰。仁者無不愛。則君子疑若無惡矣。子貢之有是心也。故問焉以質其是非。侯氏曰。聖賢之所惡如此。所謂唯仁者能惡人也。

箋曰。皇本正平本。子貢下有問字。漢石經作君子有惡乎。無亦字。並下惡字。亦是承上之辭。此句上無所承。自不當有亦字。○子曰有者。與檀弓曾子曰有。句法同。○惡稱人之惡者。稱。揚也。揚言之以播於衆也。君子隱惡揚善。故稱說人惡。爲君子惡也。○惡居下流而訕上者。訕上。當兼有過無過說。蔡邕石經無流字。當因子張篇惡居下流。涉彼而誤。鹽鐵論。大夫曰。文學居下而訕上。漢書朱雲傳。小臣居下訕上。是漢以前無流字。白六帖兩引。俱無流字。皇疏云。又憎惡爲人臣下而毀謗其君上者也。邢疏云。謂人居下位而讒毀在上。並無流字。唐石經有流字。今本襲其誤也。少儀疏引此文。雖有流字。亦後人所增。蔡邕楊賜碑。惟我下流二三小臣。此自稱爲謙辭。非本論語此文。此文下上二字緊對。謂爲人臣下而不諫。退則毀謗之者。不謂凡民。茂卿云。居下流。再見子張篇。彼謂身爲逋逃藪。辟諸衆流所歸焉。此亦謂身爲衆惡人所歸會者。大氐訕上者。冀有以規箴挽回上意也。若其身既爲衆惡所歸湊者。雖有所謗訕。亦不足以規箴挽回上意。徒以扇動民怨。以生禍亂耳。故不言下位而言下流耳。然且身既爲衆惡所歸湊。其可惡不必待訕矣。○惡勇而無禮者。勇而無禮。則暴戾恣睢。其可惡在目前。不待其爲亂。前後三惡。皆指目前者。此亦宜據文例解之。注云。勇無禮則爲亂。此據前章作解。然如此則本文曰勇而無義亦可。蓋徒勇而無義。則悖逆爭鬭。不知不善之不可爲。故必至爲亂。若夫勇而無禮。則以上下尊卑之分言。二者不同。不可混看。○惡果敢而窒者。有才氣者多此蔽。見事風生。未見成事而敢往者。必屢跲。以其無遠慮而英氣誤事。故惡之。勇以氣言。果敢以意言。○亦有惡乎。皇本正平本乎作也。○惡徼以爲知者。徼者不逆詐之逆同義。徼擊之徼。亦言迎敵而遮之。故集注訓伺察。漢書以巡察爲行徼。義相合也。物茂卿曰。孔安國曰。徼抄也。抄人之意以爲己有得之徼。僥同。僥幸亦抄取之義耳。徼以爲知。謂抄取人之嘉謀善慮以爲己知者也。子貢所惡。亦與孔子惡鄉原鄭聲利口同焉。但孔子所惡。惡害政敗俗者。子貢所惡。惡亂德者。此所以殊已。此說亦通。皇本正平本南宗本知作智。○惡不孫以爲勇者。勇而無禮者。與不孫之別。特有小大耳。晉語。郤子勇而不知禮。矜其伐而恥國君。其與幾何。此勇而無君臣之禮者。左昭二年傳。韓宣子見子旗曰。非保家之主也。不臣。杜注。志氣亢。此非能勇。唯傲倨自喜者。○稱人惡下訕上。與徼訐同。勇無禮果敢而窒與不孫同。然未嘗以爲知以爲勇以爲直也。此以惡行而假託名義。三以爲字。見其立心尤可惡。子貢之所爲不平者。詞繁而不殺。想見其胸臆憤懣。故惡乎下更無曰字。周本治曰。章中所言皆剛惡。使其得志。則陰賊險狠之趣。不難傾動朝廷。而士大夫之風節皆僞。卽不得志。而刻深武健之氣。猶足漸染里巷。而子弟之習尚以畸。○困勉錄云。聖賢用惡。皆維世之意。須知有惡正所以全我之愛。卽仁人放流。朕聖譏說意。然聖賢之惡。只是合得天下人的公惡。

子曰。唯女子與小人爲難養也。近之則不孫。遠之則怨。

近・孫・遠。並去聲。○此小人。亦謂僕隷下人也。君子之於臣妾。莊以涖之。慈以畜之。則無二者之患矣。

箋曰。此章警後世治家者也。此二者常人多輕之。不以爲意。然人家之禍。往往由此而起。不容不愼焉。近。猶寵也。遠。猶疏也。君子知其難養。斯有善養之道。易遯之九三曰。畜臣妾吉。以九居三。剛而正。有莊以涖之之道焉。旅之六二曰。得童僕貞。以六居二。柔而中。有慈以畜之之道焉。古賀煜曰。小人有以位言者。有以德言者。觀上下文自見。此與陰類女子連言。則明是不善人。邢昺曰。此章言女子與小人。皆無正性。難畜養。所以難養者。以其親近之則多不孫順。遠之則好生怨恨。案此說作推衍之義則可。張芑山曰。聖人立言。大小兼該。雖不必將女子小人專看做婦寺。而處置婦寺道理。未嘗不在其中。

子曰。年四十而見惡焉。其終也已。

惡。去聲。四十。成德之時。見惡於人。則止於此而已。勉人及時遷善改過也。蘇氏曰。此亦有爲而言。不知其爲誰也。

箋曰。漢石經。作年卌見惡焉。卌从兩廿。卽四十字之併。廣韻引說文云。卌數名。今說文十部無此字。蓋本有而今脫之耳。釋文引鄭注孝經云。卌彊而仕。漢孔龢碑云。選年卌以上。孔耽碑云。年卌九。雍勸闕碑云。年卌五。皆以四十作卌也。○子罕篇曰。四十五十而無聞焉。蓋泛論他人。不能爲一概之詞。故曰或四十或五十。亦屬辭之常也。此文云年四十。則爲據實之言。非泛論矣。此蓋有強歲見惡之人。而評之以誡門人也。焉字可玩。○仁齋曰。孟子曰。可欲之謂善。詩曰。在彼無惡。在此無射。其爲人可欲而不可惡者。必君子也。可惡而不可欲者。必小人也。鄉人皆惡之。猶有可言者。至於無往而不見惡。則其無善狀可知矣。

論語會箋卷第十七終

論語會箋卷第十八

竹添光鴻會箋

微子第十八

此篇多記聖賢之出處。凡十一章。

微子去之。箕子爲之奴。比干諫而死。 微・箕。二國名。子。爵也。微子。紂庶兄。箕子・比干。紂諸父。微子見紂無道。去之以存宗祀。箕子・比干皆諫。紂殺比干。囚箕子以爲奴。箕子因佯狂而受辱。**孔子曰。殷有三仁焉。** 三人之行不同。而同出於至誠惻怛之意。故不咈乎愛之理。而有以全其心之德也。楊氏曰。此三人者。各得其本心。故同謂之仁。

箋曰。微子名啓。見孟子。宋世家作開。避景帝諱也。微・箕皆殷時封國。孔氏書疏引鄭玄說。以爲俱在圻內也。莊公二十八年經。書冬築郿。京相璠曰。公羊傳謂之微。東平壽張縣西北三十里。有故微鄕。魯邑也。杜預曰。有微子冢。西北去朝歌尚在圻內。左傳秦入我河曲。焚我箕郜。今山西隰州蒲縣東北有箕城。當卽其地。然去朝歌甚遠。必非箕子所封邑也。比干未有封國。孟子稱王子比干。疑比干卽其名或字也。殷爵三等。謂公侯伯。此得有子者。鄭王制注。畿內謂之子。是也。箕子名無考。莊子大宗師司馬彪注。以胥餘爲箕子名。尸子亦云箕子胥餘。漆身爲厲。疑胥餘以罪言之。胥者胥靡之胥。餘猶言刑餘也。呂氏春秋曰。傅說高宗之胥靡。漢書楚元王傳。申公白生諫不聽。胥靡之。是古有此刑矣。莊子大宗師云。若狐不偕・務光・伯夷・叔齊・箕子・胥餘・紀它・申徒狄。是役人之役。適人之適。而不自適其適者也。箕子胥餘連說。似屬二人。然則胥餘非箕子之名也。宋世家云。箕子者紂之親戚也。言親戚不知爲父爲兄也。鄭玄王肅皆以箕子爲紂之諸父。服虔杜預以爲紂之庶兄。各以意言之耳。爲奴者。周官司厲。其奴男子入于罪隸。女子入于舂槀。凡有爵者。與七十者。與未齔者。皆不爲奴。先鄭曰。今之奴婢古之罪人也。後鄭注謂。坐爲盜賊而爲奴者。輸于罪隸。此據漢法。以況爲盜賊之罰。其實凡有罪。皆得輸入。故甘誓言奴戮汝也。佯狂是微子之事矣。書云。我其發出狂。可徵。若箕子乃囚奴受辱。則無用佯狂。爲且其囚奴紂之爲也。非箕子自爲之。又囚奴是一事。非兩項。史記並謬。不當據作說。宋世家云。王子比干者紂之親戚。而馬季長以比干爲紂之諸父。孟子云以紂爲兄之子。且以爲君。而有微子啓・王子比干。孟子非以微子與比干。並爲紂之諸父也。以紂爲兄。且以爲君。而有微子啓。以紂爲兄之子。且以爲君。而有王子比干。並言之則於文有所不便。故擧此以該彼也。去之者。去位而遯于荒野也。非去國也。古者同姓雖危不去國。崔述曰。史記殷本紀云。帝乙長子曰微子啓。啓母賤不得嗣。少子辛。辛母正后。立爲嗣。是以微子與紂爲異母也。呂氏春秋乃云。紂母之生微子啓與仲衍也。尚爲妾。已而爲妻生紂。紂之父母欲置微子啓以爲太子。太史據法而爭之曰。有妻之子。不可立妾之子。紂故爲後。余按。書微子篇。但以王子稱之。至於同母異母爲兄爲弟。經傳皆無明文。惟牧誓篇有云。昏棄厥遺王父母弟。不迪。王父似指箕比而言。母弟似指微子而言。恐微子乃紂之同母弟。未必果紂之異母兄也。至於呂覽之說。尤爲乖謬。夫妾既爲后矣。則妾之父母。卽后之父母也。妾之子女。卽后之子女也。不子其故子。則亦將不父其故父乎。湯武皆以諸侯爲天子。若如大史之說。亦當立其爲天子後所生之少子。而不得立其爲諸侯時所生之長子乎。此雖至愚者。不至是也。且大史誠能據法而爭。何不爭之於立妾爲妻之日。而爭嫡庶於一人之子也。妾反可以爲后。而妾之子反不可以爲大子乎。蓋史記呂覽之言。皆因春秋文二年傳元子之文。而附會之者。史記以爲元子者長子之稱。而長子不當不立。故意其必庶長也。呂覽以爲元子者嫡長之稱。而嫡長尤不當不立。故意其生時而母猶爲妾也。不知元子之文。本不必泥。紂死無後。而微子承殷祀。卽謂之元子也可。武王非長也。而金縢稱爲元孫。漢文帝乃高帝第四子。而淮南王稱爲大兄。安得執其一字而疑之乎。吳英曰。言微子之抱器入周者非也。使微子而在周也。武王其舍微子之賢而當立者。而立武庚乎。微子仁人也。其去也。所以痛殷邦之淪喪。而宗祀之遂斬也。若去而適周。是與亡其宗國也。豈微子之心哉。使微子而出此。又何得爲仁人哉。微子之去。特遯於荒耳。紂之誅。微子遯而未之出也。武庚之封。微子猶遯而未之出也。及武庚之滅。微子乃出而受封耳。書序曰。成王既黜殷命。殺武庚。命微子啓代殷後。作微子之命。此周公善繼武王之志。而微子痛其宗祀之絕。不得已而就封。猶行遯之初心也。豈其始之遽入於周哉。知史記宋世家抱器入周之說之謬也。左僖六年傳曰。許男面縛銜璧。大夫衰絰。士輿櫬。楚子問諸逢伯。對曰。昔武王克殷。微子啓如是。武王親釋其縛。受其璧而祓之。焚其櫬。禮而命之。使復其所。

論語會箋卷第十八　二　崇文　完

是誤之所自始也。此逢伯權辭以勸楚子耳。又曰。微子爲殷宗之本友也。卽今文微子篇。父師若曰王子六字。而微子之爲道明矣。殷先王餘澤不可斬。繫之於微子之身。故微子先於奴者死者而早去之。金仁山曰。面縛銜璧。必武庚也。武庚爲紂嫡冢。故造軍門以聽罪。武王釋其縛。使奉殷祀。亦不絕紂也。若微子則遯於荒野。武王釋箕子之囚。封比干之墓。百爾恩禮。擧行悉徧。而未及微子。以微子遯野未獲也。迨武庚再叛。卒於就戮。始求微子。以代殷後。微子於此義始不可辭耳。吳英曰。毛西河曰。日知錄云。微子但受國。不受爵。以示不臣之節。故終身稱微子。弟衍繼宋。非繼微。而稱微仲也。至於衍之子稽。則遠矣。於是始稱宋公。其說非微者畿內國。商所封也。終身稱微子。不稱宋公。史例有然也。康叔初封康。亦畿內國。及封衛。則衛侯矣。然而尚書・春秋傳。皆稱康誥。不稱衛誥。叔亦終其身稱康叔。不稱衛侯。豈康叔受封不受爵耶。亦不臣之心耶。英按此說是也。封國者。先王之頒祿也。祿準於爵。爵既不受。祿從何詔。無爵而有祿者。惟庶人。庶人安得有國。若謂微國受之於殷先王。殷雖亡而獨微國之土。猶爲殷土之僅存而未亡者。以微子主殷祀。故義不可以受周爵。然宋在河南歸德府。微在山西潞安府。微子受宋之封則不得復兼微地。而以爲殷地之僅存而未亡。奚可耶。且卽微地。亦須周封之。乃得復所。豈有受人之封。而以爲未亡者耶。○尙書大傳曰。武王勝殷。繼公子祿父。釋箕子之囚。箕子不忍爲周之釋。走之朝鮮。武王聞之。因以朝鮮封之。箕子既受周之封。不得無臣禮。故于十三祀來朝。武王因其朝而問鴻範。據此知箕子義不受臣周。故自遁於荒裔。而其人民推奉之以爲君。武王亦置而不問。猶泰伯逃于荊蠻。而遂以開吳也。吳英曰。今文微子篇曰。父師若曰。我不顧行遯。我罔爲臣僕。據此知箕子本圖於國亡之日逃去。而箕子方囚。故不能逃。武王一釋之。卽逃矣。微子之封於宋。箕子之封於朝鮮。皆就其所逃匿之地而封之也。故微子箕子。亦皆不得已而受之也。又曰。微子身爲殷宗之本友。宗祀絕續繫焉。故雖諫而不强諫。卽去之。箕子比干二人皆極諫。紂惡之。故囚箕子爲奴。所以使不得諫耳。微子去矣。箕子奴矣。則得諫者。獨有比干。故比干以身殉之。益强諫不已。至於紂怒而殺之。則爲之奴者。在去者已去之後也。諫而死者。則又在奴者已奴之後也。論語之文。一字不苟。豈有於三仁次第顚亂記者乎。本紀謂箕子因比干剖心而懼。乃詳狂。何其謬乎。○孔子曰。殷有三仁焉。前三句亦是孔子語。只是先敍後斷文法。故移孔子曰字於後耳。與季氏富於周公章。舜有臣五人章一例。夫微子遯於荒野。欲存宗祀。蓋不特知紂必亡。且知武庚不足克家也。及武庚旣滅。成王求而封之於宋。使修其禮物。作賓於王家。固非以臣僕畜之。微子以先王典物爲重。而又見周大公之心。故受封而不辭。書曰微子之命。仍以舊爵名篇。史臣有以見周與微子之志也。箕子自釋囚之後。亦遯於朝鮮。武王訪以大道。箕子爲陳洪範。乃以罔爲臣僕之素心。而或以爲箕子有心傳道故不死。大非使箕子預求不死。尙安得爲仁乎。柳子厚箕子碑。添出法授聖化及民。亦是俗人之見。箕子本非欲生。幸而復生。何嘗計及陳疇。崔述曰。史記殷本紀微子之去。在箕奴比死之前。而宋世家則載之於箕比受禍之後。旣相矛盾。而世家又載尙書微子篇文於箕比未諫之前。則是司馬氏原無定見也。細玩微子一篇。似微子雖紂兄弟。而實不與於政事者。所處之地。與春秋傳衞文公頗相類。與箕比之有官守者不同。是以父師少師皆不以諫勸之。而但云王子弗出。我乃顚隮。不必待箕比之受禍而後去也。余按。

箕比之奴與死。皆由所遇之殊。非必自期於奴死也。且箕子不諫紂則已。被髮佯狂欲何爲者。此必箕比皆驟諫紂。幸而紂怒未甚。則取而奴之。不幸而紂怒甚。則取而殺之耳。謂箕子不辭奴則然。謂箕子自欲奴則不然。謂比干不畏死則可。謂比干必欲死則不可也。吳英曰。朱子答李時可曰。三仁之心。祗欲紂改過而圖存耳。此說疑非也。三仁之欲紂改過而圖存。在紂初政之年。早已行之。迨及中歲。有益迫者。而若論語微子云云。更無可望其改過而圖存矣。此時文王已死。紂亡可立待矣。祗以武王在諒陰。而未卽伐紂耳。微子有去以存祀之道。至此方可行之。箕子比干之諫紂者。數十年矣。紂不從而諫如故者。亦已久矣。乃至此而始奴始死者。將亡之勢。至此危急。則箕子比干之忠忿。積不能平者。至此而尤大不平也。不平則紂亦愈怒而奴之矣。奴箕子而比干不懼所以紂殺之也。此箕子比干殆知國滅君死。不出兩三年。故以身殉之也。孟子曰。天下無道。以身殉道。三仁之事。皆以身殉道也。今文尙書微子篇曰。商今其有災。我興受其敗。商其淪喪。我罔爲臣僕。亦奴者死者在紂將亡時之一證也。而謂欲紂改過而圖存。朱子亦有不接時勢而言者耶。佐藤坦曰。商書。箕子曰詔王子出迪。我舊云刻子。王子弗出。我乃顚隮。則微子之去。蓋箕子勸之也。箕子又曰。我不顧行遯。周書曰。釋箕子囚。則武王克殷時。箕子已嘗爲囚也。商書微子問父師少師。而箕子獨答之。比干無復一言。以其安於義當死諫歟。此皆經文之皦皦可据者矣。然而後人妄造典故。以微子爲面縛銜璧。抱祭器歸於周。以箕子爲佯狂被髮。鼓琴作操。後受封於朝鮮。以比干爲紂剖其心。視七竅。又刳其妻以視胎。則可謂傅會矣。剖賢人之心。刳剔孕婦。雖出於泰誓。而泰誓止曰賢人。曰孕婦。何自而知其必爲比干與其妻哉。要當以經文爲證可也。

柳下惠爲士師。三黜。人曰。子未可以去乎。曰。直道而事人。焉往而不三黜。枉道而事人。何必去父母之邦。三去聲。焉於虔反。○士師。獄官。黜。退也。柳下惠三黜不去。而其辭氣雍容如此。可謂和矣。然其不能枉道之意。則有確乎其不可拔者。是則所謂必以其道而不自失焉者也。○胡氏曰。此必有孔子斷之之言。而亡之矣。

箋曰。周官士師鄭注。士。察也。主察獄訟之事。上代以來。獄官之名有異。月令。乃命大理瞻傷察瘡。鄭注云。有虞氏曰士。夏曰大理。周曰大司寇。天子諸侯同。故魯有司寇。晉魏絳亦云歸死于司寇。至於衰世。國異政。家殊俗。官名隨意所造。故僖二十八年。晉有士榮爲大士。文十年。楚子西云臣歸死于司敗。論語云陳司敗。昭十四年士景伯如楚。叔魚攝理。是後官號不同者也。據此。皐陶爲士之士。即大司寇職也。三黜仍爲此官。故先言爲士師。明非改官也。三黜是屢黜。不限三次。注士師獄官。閻若璩曰。獄官下。當添之長二字。是也。周禮。秋官司寇之屬。有士師之職。刑官曰士。其長曰師。士師之下有鄉士遂士縣士訝士。諸侯之士師。其官爵固不與天子同。然亦當有其屬。孟子曰。士師不能治士。則其有屬明矣。○子未可以去乎。言子未可去而之他邦乎。或者有以見用也。此語最細。○何必去父母之邦者。柳下之世爲公族。自公子展始也。柳下之得賜展氏。自司空無駭始也。魯孝公出子展。未見於左傳。其後有夷伯。見僖十五年。有司空無駭。見隱二年。其子卽展獲。展喜。見僖二十六年。又其後襄二十八年及二十九年傳。有展莊叔。展瑕。展玉父。同姓之臣。無去國之義。此章特下父母之邦句。宜著眼困勉錄云。仕而黜。黜而復仕。此其和而介之見於三黜前者。三黜而終不去。三黜而終不枉道。此其和而介之見於三黜後者。和而介。是其同於聖人處。和有不恭意。是其異於聖人處。劉沅曰。講家多牽入孟子和介不恭等語。殊爲蛇足。孟子之時。處士橫議。異端蜂起。孟子表章孔子。而又折衷羣聖。以定其品。毋使流俗妄誣。此章則記者特記柳下惠之賢耳。不肯枉道事人。亦不肯去父母之邦。觀其守道之堅卓。詞氣之雍容。重視父母之邦。而賢可知矣。至和介不恭。夫子時尙無此等論斷。祇須渾說爲得。蓋本文有褒而無貶也。〇此章蓋偶記在於弟子錄中。編者以爲孔子語。與邦君之妻章同。夫子之斷。蓋從來無有也。外注不可從。

齊景公待孔子曰。若季氏則吾不能。以季孟之間待之。

曰。吾老矣。不能用也。孔子行。

魯三卿。季氏最貴。孟氏爲下卿。孔子去之事見世家。然此言必非面語孔子。蓋自以告其臣。而孔子聞之爾。〇程子曰。季氏强臣。君待之之禮極隆。然非所以待孔子也。以季孟之間待之。則禮亦至矣。然復曰吾老矣。不能用也。故孔子去之。蓋不繫待之輕重。特以不用而去爾。

箋曰。景公兩語。非一時之言。蓋上曰在未見孔子之前。下曰在既見孔子之後。記者下齊景公待孔子曰七字。則不是面語孔子。史記自誤。左昭七年傳。孟僖子將死。召其大夫曰。吾聞將有達者曰孔丘。孟僖子之死。在昭二十四年。時孔子年三十四。而僖子云然。則其名已大顯可知。戰國時。游說之士。朝秦暮楚。播弄是非。諸侯畏之。競以養士爲務。卽不用其言。亦與廩祿。故孟子亦得傳食諸侯。春秋尙無此事。孔子周遊齊衛諸邦。未嘗盡與諸侯相見。如齊衛密邇魯國。久仰夫子門弟子尤衆。故衛靈齊景數見夫子耳。吳英曰。左昭二十五年傳曰。九月戊戌伐季氏。已亥公孫于齊。孔子世家曰。昭公奔齊。魯亂。孔子適齊。途氏有丁曰。昭公奔齊。孔子適齊。必左右其間。據此知孔子之適齊。其意不在于求仕也。論語謂亂邦不居者。謂入時未亂。既入而其後乃亂。則當去之。而不可居也。若父母之邦。有亂而去。君誰與守。然則世家所謂魯亂適齊者。非謂爲避亂去。正所以爲救亂去也。世家謂魯亂。孔子適齊。亦足爲孔子爲昭公左右其間之一證也。且昭公孫齊之年。孔子年三十有六矣。已及四十強仕之年。魯不能用。而孔子猶未始出仕于他邦也。亦可知孔子初心。必欲行道于魯也。故曰。吾觀周道。幽厲傷之。吾舍魯何適矣。齊一變至于魯。魯一變至于道。亦可知孔子初心。以爲可與行道者。無如魯也。故孔子于昭公二十七年。卽反魯矣。後直至定公九年。寂寂久居于魯。未嘗有他適。又可知孔子必欲行道于魯也。乃獨于其間。適齊于昭公孫齊之後。反魯于昭公適晉之前。然則孔子豈果在求仕乎。周爲共主。斷不能出一令以正諸侯之國也。下無伯主。而齊景公以方伯之國。而有圖霸之思者也。景公正欲用孔子。孔子亦正欲以郰鄰討亂之大義。望景公。而諷勸于景公。故孔子適齊也。洙泗攷信錄曰。年譖謂。孔子三至齊。何求于齊。而僕僕若是。此說是也。孔子雖久于齊。必非歸而再往可知也。孔子世家曰。孔子適齊。爲高昭子家臣。欲以通乎景公。景公說。將以尼谿田封孔子。晏嬰進曰云云。異日景公止孔子曰。奉子以季氏云云。此說非也。景公謂若季氏云云。乃景公喜出望外之辭也。蓋景公自居大國。而以魯爲次國。以魯之亞卿。當齊之下卿。孔子至齊。爲羈旅之臣。而以卿禮相待。可知景公本不圖孔子之至齊而效用也。孔子之至齊。在景公所望之外。故亦以孔子所望之外者報之也。斯時可謂相得甚懽矣。然惟始至時。有此情也。乃世家敍之于異日。一謬。敍于受讒之後。且誣晏子。二謬。又改爲止之之語。三謬也。景公前言待以季孟。後言老不能用。皆非面語孔子。故曰待之。之字于他人前指孔子也。未有面語而曰待之者也。乃世家謂奉子。則爲面語矣。四謬也。至于景公自謂不能用者。景公欲覇。孔子言王道。故以爲迂也。攷信錄曰。前云景公與晏子來適魯。果如所言。孔子已識景公晏子。何待于高氏。此說是也。何以謂欲通景公耶。○以季孟之間待之者。齊之陳氏。卽魯之季氏也。以季孟之間待之。卽是陳氏之下。諸大夫之上矣。左傳劉康公曰。叔孫之位。不若季孟。又叔孫僑如曰。魯之有季孟。猶晉之有欒范。二文皆以權勢稱之。夫三桓之大宗在季氏。而友有再定閔僖之功。行父又歷相宣成。故最强。孟氏於三桓本庶長。而慶父叔牙皆負罪。故孟叔二氏。其禮之遜于季者。不一而足。及敖之與茲。則茲無過。而敖以荒淫。幾斬其世。若非穀與難二賢子。孟氏幾不可支。故是時孟氏遜于叔氏。及獻子以大賢振起。遂與文子共當國。而僑如爲亂。叔氏之勢始替。自是以後。孟氏之權亞於季。而駕于叔矣。然則康公所言。叔孫位不若孟者。是明其權重。假位說之。非其實也。此文季孟之間。專是言位。

昭四年傳。季孫爲司徒。叔孫爲司馬。孟孫爲司空。司徒上卿也。司空下卿也。哀二年經。書季孫斯・叔孫州仇・仲孫何忌帥師伐邾。此正魯三卿之位次。但孟氏雖居下卿。而權重於叔氏。故當時多言季孟耳。○吾老矣不能用也。閻若璩謂。孔子在齊。當景公三十三年。距其薨于辛亥。尚相去二十五年。奈何輒自稱老耶。必其年當六十歲。禮六十曰老。故云耳。又曰。景公爲魯叔孫氏所出。當叔孫宣伯奔齊時。納女於齊靈。而生景公。實在成之十七八年。至襄二十五年。而景公立。則已二十七八歲矣。計之立後三十三年。則正當六十。吾老之言。此眞有據乎。毛奇齡曰。不然。孔子在齊。不知何年。據齊世家。齊景公三十一年。魯昭公奔齊。而孔子世家謂昭公奔齊後。魯亂。孔子適齊。未嘗定爲景公之三十三年也。且叔孫宣伯以成十六年奔齊。當是時。未嘗納其女于齊靈也。至襄二十五年立景公時。傳云叔孫氏還納女於靈公而嬖。乃生景公。則其還時實不知在何年。其納女靈公。亦不知在何月日。是則六十非六十也。毛亦泥矣。禮五十曰艾。鄭康成注。艾老也。則老亦五十以後之通稱。景公卽二十而立。時年已五十外也。安見六十曰老。而五十以外之不可稱老耶。

齊人歸女樂。季桓子受之。三日不朝。孔子行。

歸。如字。或作饋。朝。音潮。○季桓子。魯大夫。名斯。按史記。定公十四年。孔子爲魯司寇。攝行相事。齊人懼。歸女樂以沮之。尹氏曰。受女樂而怠於政事如此。其簡賢棄禮。不足與有爲可知矣。夫子所以行也。所謂見幾而作。不俟終日者與。○范氏曰。此篇記仁賢之出處。而折衷以聖人之行。所以明中庸之道也。

箋曰。齊人歸女樂。釋文。歸如字。鄭作饋。後漢蔡邕傳注。文選鄒陽上書注。並引作饋。用鄭本也。齊人歸之。固歸之於魯。而季桓子受之。季桓子不朝。見辭受之權。朝不朝之命。皆斷於季桓子。魯君垂拱受成而已。桓子威權之盛可想。○孟子言孔子於季桓子。有見行可之仕。世家亦言行乎季孫。三月不違。其任孔子甚專。至將死。命康子必反孔子。此不得謂不知孔子矣。乃受齊女樂。甘墮齊人術中。而迫孔子以不得不行。此當別有隱情。或卽惑於公伯繚之愬。以夫子爲彊公弱私。不利於己。故孔子於女樂之受。雖諫亦不聽也。書曰。孔子行。以明聖人見幾之速。而孟子又言遲遲去父母之國者。行之計已決。行之心仍遲遲。原兩不相背也。朱子以此章說得太匆遽。與孟子之言不合。當闕。不知其本不相碍也。吳英曰。魯世家曰。定公十二年。使仲由墮三桓城。孟氏不肎墮成。伐之不克而止。季桓子受齊女樂。孔子去魯。年表曰。定公十二年。齊來歸女樂。季桓子受之。孔子行。據此知齊人歸女樂。在定公十二年周十二月建亥之月也。春秋圍成在十二月。而史記受女樂于伐成後。則受饋在十二月也。未歸女樂之前。孔子已有去意。而不忍去也。至于受女樂而三日不朝。是道之將廢之兆也。故必行之志。于此而決焉。論語謂孔子行者。非于此受饋之月卽行也。特于此時決定必行之志也。至來年正月。乃驅車長往矣。孔子欲行其道于天下。而可望與有爲。莫如魯國。故孔子仕魯。雖不大用而不去位。而魯又父母之邦也。自定公十年春。至十二年冬。週三年。然後欲去矣。而猶未行也。至于桓子受女樂。然後將行矣。而猶曰遲遲我行也。至于十三年春。膰肉不至。于是不稅冕而行矣。父母之邦。情之所難恝也。而孔子之所尤不忍輕去者。知天下無邦。惟魯猶可以一變而至道。孔子嘗曰。我舍魯何適矣。故孔子仕魯。在其位。謀其政。謀之而不見聽從。義當去而不遽去者。思與魯君臣久處而化也。乃久處而不能化。夫然後去之。故孟子曰。可以久而久。孔子聖之時者也。故受女樂在十二年十二月。去魯在十三年正月也。秦穆公亦嘗以女樂二八遺戎王。以奪其志。爾外惟鄭人以遺晉君。此豈春秋時恒事乎。況君臣至于三日不朝。則必非尋常晉受鄭人之物矣。齊人之歸之。爲沮之可知也。然而其所以沮之者。以齊昔嘗用孔子而不果。終爲魯自用之。景公固知孔子之有爲于是慚已之不能用。而又忌人之能用。故爲沮之也。

楚狂接輿歌而過孔子。曰。鳳兮鳳兮。何德之衰。往者不可諫。來者猶可追。已而已而。今之從政者殆而。接輿楚人。佯狂避世。夫子時將適楚。故接輿歌而過其車前也。鳳有道則見。無道則隱。接輿以比孔子。而譏其不能隱。爲德衰也。來者可追。言及今尙可隱去。已。止也。而。語助辭。殆。危也。接輿蓋知尊夫子。而趨不同者也。

孔子下。欲與之言。趨而辟之。不得與之言。辟去聲。○孔子下車。蓋欲告之以出處之意。接輿自以爲是。故不欲聞而辟之也。

箋曰。楚狂。楚之狂士也。秦策范睢曰。箕子。接輿漆身而爲厲。被髮而陽狂。無益於殷楚。史記鄒陽傳上書曰。箕子佯狂。接輿避世。楚辭涉江云。接輿髡首。漆身髡首。

皆佯狂之行。故舊注言接輿佯狂也。莊子逍遙游・應帝王篇。荀子堯問。法言淵騫篇。蜀志秦宓傳。亦皆稱接輿。接是其姓。輿是其名。史記齊稷下辯士有接子。亦可證古有接姓也。皇甫謐高士傳陸通字接輿。妄撰姓名。殊不足據。韓詩外傳二稱。楚狂接輿躬耕以食。楚王使使者齎金百鎰願請治河南。接輿笑而不應。乃與其妻偕隱。變易姓字。莫知所之。觀此則接輿乃其未隱時所傳之姓字。○歌而過孔子。石經・足利古本・宋板注疏本・及菅氏本・正平本。倶孔子下有之門二字。故康成以下爲下堂。詳玩孔注來歌二字。其本蓋亦有之門二字。唯下堂出門。故接輿得趨而避之。若是下車。卽與接輿相接。接輿恐不得趨避。○鳳兮鳳兮者。鳳正所以尊夫子也。何德之衰者。出非其時。故曰衰。辟如大野之麟。人或以爲不祥。鳳必如卷阿之雝雝喈喈。而後爲協矣。此歌非譏也。子曰周公其衰矣。豈譏周公者乎。漢石經。何下有而字。何而德之衰下有也字。莊子人間世引。而作如。句末亦有也字。而如。古字通。唐石經及皇本正平本作何德之衰也。○往者不可諫來者猶可追者。諫正也。言禍亂相尋。已往不可正之。來者之治猶可追邪。明不可追也。衰追已殆皆韻。諫下追下。漢石經及皇本正平本並有也字。今本衰諫追三字下缺三也字。三也字・兩而字。皆歌辭之助聲也。蓋後儒因其無關于義。去之。而不知楚人如屈宋之辭。每多語助。曰兮曰只曰些者。皆楚聲也。若接輿歌無也字。豈復成楚聲乎。○孔子下欲與之言。說者誤解爲下車。遂謂楚狂與夫子之輿相接而歌。如其說。只曰楚狂接輿歌足矣。何必曰過孔子。過謂過孔子之館。其人欲諷孔子。故特過孔子而歌之。下者。下堂也。前篇下而飲。拜下。左傳下拜。皆不言堂。與此同。○不得與之言。記者惜之之詞。楚狂非直高士。亦知士。其曰已而已而。今之從政者殆而。此非滔滔皆是語。爲其時子西言也。楚狂蓋逆知有白公之亂。其歌而過孔子者。唯恐夫子時方適楚。或未之知也。孔子下者。蓋孔子已心焉喩之。故欲與之言。其趨而辟之者。以其意已盡歌中。無事多言。亦未可多言。故飄然去也。非自以爲是之謂也。特書曰不得與之言。黃鶴一去不復返。白雲千載空悠悠。記者之神。抑與俱遠矣。而夫子亦自楚反乎蔡矣。歌詞婉而莊。微而顯。多少含蓄。莊子人間世衍以數語。却失當時本色。皇本正平本。辟作避。章末言下。皇本有也字。吳英曰。孔子世家曰。吳伐陳。楚救陳。軍于城父。聞孔子在陳蔡之間。楚使人聘孔子。其秋楚昭王卒于城父。楚狂接輿歌而過孔子。孔子自楚反乎衛。此說非也。接輿之歌。在孔子應聘適楚之日。而非不見用于楚而去之日也。鳳兮之歌。見孔子登車攬轡。有悲憫天下之意。故諫其不止。苟既不得意而反。而乃于事後。譏其德衰。危其從政。何其不智乎。且孔子自蔡反陳。而楚王來聘。必在魯哀之五年也。若哀六年。是年春吳伐陳。楚昭王救陳。軍于城父。秋八月卒于城父。前乎是年者。孔子在陳既久矣。檀弓謂。將之荆。蓋先之以子夏。又申之以冉有。則孔子有意于楚。而楚亦相聞也久矣。豈有數年不聘。乃于是年自春徂秋。身在行間。而偏來聘孔子者乎。楚昭既不可令孔子來城父。而秋已卒于城父。若然則楚昭于孔子。無一朝會面之期也。孔子之適楚。不眞無謂耶。然則昭王之聘。必在魯哀之五年。可知也。蓋楚昭之救陳。誠爲大義。然不必自將也。昭王方用孔子。而出門救陳。與定公用孔子而圍成正同。豈非因當國者之妬賢嫉能哉。孟子知之於賢者也。集注曰。晏嬰之智。而不知仲尼。論語問子西。集注謂。昭王欲用孔子。又沮止之。竊以爲晏子智足以知孔子。子西固非知孔子者。史記謂。景公獵魯界。因入魯。于是晏子交孔子。孔子仕齊。晏子薦之也。晏子事靈莊景。至景公自謂吾老。必其時晏子已歿也。若子西方昭王時。正用事。孔子以楚昭之賢。深有意焉。而不見用。昭王卒。子西自在。何令孔子反陳。子西之娼嫉實甚也。此楚狂之所以諷孔子不如已也。且不惟妒賢也。歌謂今之從政者殆而。白公事在孔子後。而楚狂于此已知子西之召亂矣。天下滔滔。聖人悲憫斯人。欲與變易。齊魯晉衛。既無可望。聖人之情愈殷。而棲棲之轍跡。愈遲留矣。隱士蚤于見幾。與聖人之知其不可而爲之。正相反爾。

長沮桀溺耦而耕。孔子過之。使子路問津焉。 沮。七余反。溺。乃歷反。○二人。隱者。耦。並耕也。時孔子自楚反乎蔡。津。濟渡處。

長沮曰。夫執輿者爲誰。子路曰。爲孔丘。曰。是魯孔丘與。曰。是也。曰。是知津矣。 夫。音扶。與。平聲。○執輿。執轡在車也。蓋本子路御而執轡。今下問津。故夫子代之也。知津。言數周流。自知津處。

問於桀溺。桀溺曰。子爲誰。曰。爲仲由。曰。是魯孔丘之徒與。對曰。然。曰。滔滔者天下皆是也。而誰以易之。且而與其從辟人之士也。豈若從辟世之士哉。耰而不輟。 徒與之與。平聲。滔。吐刀反。辟。去聲。耰。音憂。○滔滔。流而不反之意。以。猶與也。言天下皆亂。將誰與變易之。

而汝也。辟人。謂孔子。辟世。桀溺自謂。耰。覆種也。亦不告以津處。

子路行以告。夫子憮然曰。鳥獸不可與同羣。吾非斯人之徒與。而誰與。天下有道。丘不與易也。

憮。音武。與。如字。○憮然。猶悵然。惜其不喩己意也。言所當與同群者。斯人而已。豈可絕人逃世以爲潔哉。天下若已平治。則我無用變易之。正爲天下無道。故欲以道易之耳。○程子曰。聖人不敢有忘天下之心。故其言如此也。張子曰。聖人之仁。不以無道必天下而棄之也。

箋曰。長桀俱姓。張鼎思引高氏傳。漢襄城侯桀龍。長姓下出。古賀煜曰。仁山金氏曰。古之隱者。不以姓名自見。論語所載若荷蕢・晨門・荷蓧丈人。皆以其物與事名。不得姓名之眞也。獨長沮桀溺。若得其姓氏者。然長與桀。古無此姓氏。而名又皆從水。夫子使子路問津而不告。則一時何自而識其姓名。計亦以其物色名之。蓋二人耦耕於田。其一長而沮洳。其一桀然高大而塗足。故因以其物色名之。猶荷蓧丈人之云爾。案金氏不過因古無長桀姓氏。而創此怪誕之說。然古之希姓何限。矧長則古書間見。孟子有長息。莊子有長梧子。可以爲證。非古無此姓。則桀亦安斷其必於古無有乎。隱者之顯晦。本自所遇使然。如嚴光・管寧之倫。身愈潛而名愈彰。如澤畔漁父・四皓・漢陰老父。則其名了不可識。然四皓姓名。已炳載陳留耆舊傳。則此猶在疑似之間。烏可以一端槪之。且後世如秦政之無道。東漢宦官之酷虐。賢者蜚遯。惟恐入山之不深。浮海之不遠。則爾時隱士。固多名姓不可識認者。春秋之際。禁網亦何至於晦影絕跡。全埋沒名姓。宜其姓字可辨者多也。至云物色名之。以荷蕢荷蓧爲比。尤覺其不類。荷蕢荷蓧。其義一覽瞭然。至長沮桀溺。則名目僻澁。烏有物色名之。而如是之拙者乎。金以爲其一長而沮洳。其一桀然高大而塗足。沮洳濕地也。二人耦耕。其爲沮洳塗足則同。何故判爲二乎。○耦而耕者。考工記匠人云。耜廣五寸。二耜爲耦。一耦之伐。廣尺深尺。謂之甽。此言二人各執一耜並發一尺之土。鄭君論語注據之。明耦耕之所由名耳。三蒼云。耜。耒頭鐵也。耜之長。自本至末。尺有一寸。其本廣五寸。本有銎。以受耒者也。五寸則不成伐。故二人並耕。兩耜並得廣一尺。一尺則成伐。故云二耜爲耦也。地官里宰之職。以歲時合耦于鋤。言農事最重。必於先年季冬之月。合耦于里宰治處。合耦者。察其體材。齊其年力。比而選之。使能彼此佐助。以耦耕也。周頌曰。亦服爾耕。十千維耦。又曰。其耕澤澤。千耦其耘。言耕者必言耦。耦之爲言並也。共事並行之謂耦。里宰合耦。卽此義也。此經使子路問津於長沮。長沮不對。又問桀溺。若並發一尺內之土。不應別問桀溺。下文云耰而不輟。耰摩土使平也。不必耦。亦與長沮並呼之。曰耦而耕。以是知呼農夫相助治田。並可曰耦。並可曰耦耕也。○使子路問津焉。說文。津。水渡也。孔子使問津。自是迷津常事。非知其爲隱者。有意而故問也。○夫執輿者爲誰。夫猶彼也。皇疏云。執輿。猶執轡也。子路初在車上。卽爲御。御者執轡。今既下車而往問津渡。則廢轡與孔子。孔子時執轡。少儀云。執君之乘車則坐。執車。謂守之。漢石經輿作車。然則執輿卽執車。執車卽守車也。執秩・執紙・執燭・執炙等之執。皆以守解之。可見執輿者子路下車。孔子在輿守之也。漢石經誰下有子字。皇本。誰下有乎字。○曰是魯孔丘與。是嘗聞知名聲之辭。○曰是也。曰是知津矣。記者多解是字爲是非之是。未必然。是只從彼是之是爲長。曰是也。猶云是

卽孔丘也。曰是知津矣。猶云果是孔丘。定知津矣。是知之是。承上文是也。而言。卽
指孔子也。與是魯之是。稍不同。長沮桀溺二人。皆知魯孔丘。亦非不知聖人者。然
亦以高蹈遠引自處。故不足孔子之周流。是知津一語。隱然含譏諷。桀溺不問夫
子問子路。以旣聞長沮答問也。漢石經。是下無也字。又無下曰字。皇本。上曰字上
有對字。正平本同。○曰是魯孔丘之徒與。桀溺亦聞知子路之名聲矣。○滔滔者
天下皆是也。滔滔。漲漫之貌。與蕩蕩・浩浩同。又壞亂貌。文選幽通賦。溺招路以從
已兮。謂孔氏猶未可安。慆慆而不萉兮。卒隕身乎世禍。注。鄧展曰。慆慆。亂貌。萉。避
也。師古曰。論語稱慆慆者天下皆是也。此皆引論語作慆。亦由所見本異耳。滔慆
古相通用。說者或謂天下皆是字。卽指滔滔之水。此時桀溺蓋因水在面前。遂
作當境指點。此與解荷蕢深則厲淺則揭。爲指眼前河水而言同一附會之說耳。
○楚辭。滔滔孟夏。漢人曰。天下滔滔。皆爲利往。滔滔豈專指水乎。是也。猶言如此也。
○誰以易之。以字本義自通。朱子蓋據下文丘不與易語。改從與字義。然以易・與
易。義各可通。不必混同。誰字泛指。施化者而不可指定之辭。言滔滔大壞之俗。舉
天下皆是。雖聖者或難施教。果有誰人而能一變易之乎。極言其不可下手也。孟
子曰。夷子思以易天下。可以證易字義。誰以易之。言人無以能變易天下之弊俗一
也。○且而與其從辟人之士也二句。而訓汝者。而爾疊韻。而汝雙聲也。辟人之人。
指人君。漢石經。辟世之辟作避。辟人句闕。皇本。兩辟字並作避。正平本同。○耰而
不輟。說文。耰。摩田器。是耰本器名。所以碎土平之。似椎而長柄。故凡平土皆謂之
耰。耰有二義。孟子。播種而耰之。說文徐注謂。耰爲摩田器。布種以此器摩之。使土
開發處。復合覆種。蓋播種之後。以土覆是摩而平之。使種入土。鳥不能啄也。是一

義也。此處之耰。卽齊語。深耕而疾耰之。以待時雨。韋注云。耰。摩平也。時雨至。當種之也。莊子則陽篇。深其耕而熟耰之。注。耰。耡也。史記龜筴傳。耕之耰之。耡之耨之。其事皆與耕相連。在布種之前。亦一義也。要之。耕者所以起堅也。既起之土。不可不擊而碎之平復於故處。其用耰用耒。皆弗論焉。碎土而平復之。卽是耰矣。漢石經。耰作櫌。無而字。說文引亦作櫌。類篇耒部耰字。木部櫌字。並引此句。○子路行以告。漢石經及史記世家。並無行字。今皇邢本皆有行字。蓋因丈人章誤衍。○夫子憮然。漢石經無夫字。憮然。思念之貌。孟子憮然爲間。同。中井氏曰。凡思念之深。有傷悼者。有玩味者。有熟慮計較者。其事不同。而其憮然則一也。此憮然是傷悼之意。故與悵然相近。然亦傷世之感已。非傷彼之不喩。○鳥獸不可與同羣者。山林是鳥獸所居。人隱居山林。是與鳥獸同羣也。皇本。羣下有也字。正平本同。○丘不與易也。與易。泛指天下之人。鳥獸二語。應滔滔二句。天下有道。應辟人二句。其仁愛惻怛之意。流溢于言外。呂晩村曰。聖人易天下之心。卽天心也。直立在用舍行藏之外。不在時勢。不在一身出處。亦不在做得成做不成上。發意當時沮溺一流。總不見得此理。不能有得此心。遂成一種議論。流爲後世二氏心膓學術。聖人此言。正所以破沮溺見識之差。後唯孔明不逆睹成敗利鈍。而以漢賊不兩立王業不偏安。必盡死爲之。猶得洙泗心傳。程子所以稱有儒者氣象也。○吳英曰。孔子此時自楚之都郡。而路經楚之下邑新蔡。蓋將復反于陳也。左哀二年。蔡懼楚。自請遷于州來。爲下蔡。蔡國故地新蔡爲楚國之地矣。蔡亦楚地。而集注謂自楚者。以國中言之也。知非自陳適新蔡時者。適新蔡時。爲孔子始至楚地之日。猶不得謂知津也。蓋前乎此。曾將適楚。而不果適楚矣。惟其後自陳適蔡。自蔡反陳。又自陳適楚。經新蔡。自楚反陳經新蔡。故沮溺以知津避人爲諷也。則其非自陳初適楚邑新蔡。就見葉公時也。孔子世家曰。去葉反于蔡。長沮桀溺耦而耕。此說非也。孔子去楚反陳。而迷津于新蔡爾。惟自楚之國中。以至于陳。路遠。故不能記憶其故道。若葉與新蔡。其地甚近。發軔之時既已問道所由矣。自必能記。何至忘之。

子路從而後。遇丈人以杖荷蓧。子路問曰。子見夫子乎。丈人曰。四體不勤。五穀不分。孰爲夫子。植其杖而芸。蓧。徒弔反。植。音値。○丈人。亦隱者。蓧。竹器。分。辨也。五穀不分。猶言不辨菽麥爾。責其不事農業而從師遠遊也。植。立之也。芸。去草也。子路拱而立。知其隱者。敬之也。止子路宿。殺雞爲黍而食之。見其二子焉。食。音嗣。見。賢遍反。明日子路行以告。子曰。隱者也。使子路反見之。至則行矣。孔子使子路反見之。蓋欲告之以君臣之義。而丈人意子路必將復來。故先去之以滅其跡。亦接輿之意也。子路曰。不仕無義。長幼之節。不可廢也。君臣之義。如之何其廢之。欲潔其身。而亂大倫。君子之仕也。行其義也。道之不行已知之矣。長。上聲。○子路述夫子之意如此。蓋丈人之接子路甚倨。而子路益恭。丈人因見其二子焉。則於長幼之節。固知其不可廢矣。故因其所明以曉之。倫。序也。人之大倫有五。父子有親。君臣有義。夫婦有別。長幼有序。朋友有信。是也。仕。所以行君臣之義。故雖知道之不行而不可廢。然謂之義。則事之可否。身之去就。亦自有不可苟者。是以雖不潔身以亂倫。亦非忘義以徇祿也。福州有國初時寫本路下有反子二字。以此爲子路反。而夫子言之也。未知是否。○范氏曰。隱者爲高。故往而不返。仕者爲通。故溺而不止。不與鳥獸同群。則決性命之情以饕富貴。此二者皆惑也。是以依乎中庸者爲難。惟聖人不廢君臣之義。而必以其正。所以或出或處。而終不離於道也。

箋曰。從而後者。謂從夫子行而在後也。○丈人。劉寶楠曰。包氏曰。老者也。淮南脩務訓注。丈人。長老之稱。與包注合。至道應訓注。以爲老而杖於人。故稱丈人。不免附會。易師。丈人吉。鄭注。丈之言長。能以法度長於人。彼稱丈人爲位尊者。與此荷蓧丈人爲齒尊異也。以杖荷蓧。中井履軒曰。今山間之民所用。有山棒。如擔棒而剡兩端銳其末。凡束薪芻及笨圈。並以銳末刺穿而擔焉。甚便。見丈人以杖荷蓧。及植杖而芸。此杖甚似山棒。決非扶老之杖。史記孔子世家引包氏注。蓧。草器名也。字當從艸無疑。今包注作竹器。竹乃艸字之訛。皇本竟改从竹作篠。誤矣。○子見夫子乎。猶曰看過貴人之行列過之乎否。○四體不勤。孟子趙注。體者四枝。股肱也。○五穀不分。包氏曰。不分殖五穀。是也。鄭注。分猶理。謂理治之也。王制。百畝之分。鄭注。分或爲糞。此讀如草人糞種之糞。必先糞種。而後五穀可治。於義亦通。

不分。只是不爲農務。朱子謂猶言不辨菽麥。夫丈人有德而隱者。故孔子稱之爲
隱者。使子路反見之。若忽遇路人罵之以不辨菽麥。恐非有德者之言。而孔子亦
奚取之哉。丈人將芸。故以不勤不分。譏切子路耳。五穀者黍稷稻粱麥也。月令。春
食麥。夏食菽。秋食麻。冬食黍。中央食稷。此五行家以性分之。而爲五時之宜食也。
周禮疾醫注同此也。職方豫州宜五種注。易麻以稻。月令出五種注。孟子五穀注。
史記藝五種。皆用此說。此農家以種之多者擧之而言五種也。稻者黏穀也。七月
詩。十月獲稻。爲此春酒。內則·禮記皆言稻醴。是嫥以黏者名稻。通言之則秫亦稱
稻也。稷今之高粱也。以其高大似蘆。謂之蘆稷。南人承北音呼稷爲穄。又謂之蘆
穄。月令首種不入注云。首種爲稷。今以北方諸穀播種先後攷之。高粱最先。說文。
稷齋也。齋稷也。稷爲穀長。而得粢名。以其首種故也。黍者粱米之一種也。粱則今
之小米也。說文。黍禾屬而黏者也。粱爲禾米。卽今小米。黍乃其屬。禾穗下垂如椎
而粒聚。黍穗略如稻而舒散也。麻枲實也。非油麻也。金鶚曰。五穀自古無定論。鶚
謂。五穀者以其爲飯者而言也。飯爲食之主。軀命攸關。故孟子謂五穀熟而民人
育也。然則五穀可得而定矣。曰黍稷稻粱麥。何以知之。周官膳夫。王食用六穀。食
醫會膳食之宜。牛宜稌。羊宜黍。豕宜稷。犬宜粱。鴈宜麥。魚宜苽。可知六穀爲稌黍
稷粱麥苽也。內則言飯黍稷稻粱。下又言麥食苽食。可知六者皆可爲飯矣。六穀
以稻粱爲美。古人貴者老者食稻粱。賤者少者食黍稷。黍稷稻粱爲常食。麥苽則
暫食之。秦風每食四簋。毛傳云。四簋黍稷稻粱。玉藻注謂諸侯日食粱稻各一簋。
內則疏謂。諸侯朔食四簋。黍稷稻粱。天子則加以麥苽。可知常食者黍稷稻粱也。
觀內則言飯。只列黍稷稻粱。而于麥苽則別擧于後。可見矣。苽爲雕胡。其米所出

頗少。惟天子諸侯得暫食。而麥則貴賤皆食之。職方氏。青州宜麥。董子謂。春秋麥禾不成則書之。可見聖人於五穀最重麥禾。然則六穀去一而爲五穀。當存麥而去菰矣。故知五穀爲黍稷稻粱麥也。若菽與麻。古人用爲籩實。以佐飯。不以爲飯也。惟極貧之家。大饑之歲。或以菽爲飯。檀弓所謂啜菽。漢書所謂民食半菽者也。麻飯不見經傳。惟仙家有胡麻飯。非常人所食。是則五穀不當數麻菽矣。稻粱爲最美之穀。日食所需。而諸家數五穀。反或逸之。不亦謬乎。○植其杖而芸。漢石經作置其杖而芸。商頌那詩。置我鞉鼓。箋云。置讀曰植。正義云。金縢云。植璧秉圭。鄭注云。植古置字。然則古者置植字同。依詩箋。植置本二字。金縢注謂植古置字者。謂古以植爲置。叚借之義也。植謂立其杖于田中。而以手去艸。使不害苗。以茠盛之。將以爲糞者也。說文解字第四曰。𦓤除苗間穢也。从耒員聲。又曰。耘𦓤或从芸。孟子盡心篇。人病舍其田而芸人之田。亦作芸。不作耘。然說文云。芸艸也。則芸當爲耘字之省借。小雅毛傳曰。耘除草也。芸之爲言。專爲有苗之田也。佐藤坦曰。立其杖而芸。是記者語。與丈人語不勤不分字爲韻協。見古文有天然節奏。○子路拱而立。說文。拱斂手也。皇疏。拱沓手也。凡沓手男尚左手。右手在內。左手在外。檀弓所言尚左尚右之禮。則此拱可知也。曰拱而立者。拜則拱手至地。立則第以拱手爲敬也。遭先生於道。正立拱手。子路聞丈人言。知其賢者。以此敬丈人。待其卒事。蓋是時天已日之夕矣。○殺雞爲黍食之。爲黍者。治黍爲飯也。黍禾屬而黏者。其不黏者別名穄。穄用以作飯。蓋食之貴者。所以敬禮客也。丈人之待子路。前倨後恭。是欲勤子路。而不知隱然爲子路所勤也。○見其二子焉。爲下文記之。○至則行矣。言子路反至其家。遇丈人出行不在也。非去以滅其迹也。丈人既欲自滅其跡。則不當止子路宿於其家而又見其二子也。且子路乃路行過客。既已辭去。安能知其必復來也。〇子路曰。不仕無義。此一節卽是孔子之言。使子路告丈人者。子路以丈人不在。故留語其二子。令俟其父還而述之。須與上見其二子句照看。注引福本有反子二字。不足爲據。古文簡潔。與後人之詳悉者不同。今經云子路曰。則固必有所對之人。決非獨語。上文至則行矣。亦惟丈人出行不在耳。前日所見之二子則在焉。此亦考文勢而自見者也。子路就長幼之節言。尤可見其對二子而言。此節不仕一句提起。下皆明此句意。長幼之節五句。就丈人身上說。是責其忘世之非。君子之仕四句。就君子身上說。是明其用世之志。通節重一義字。〇長幼之節不可廢也者。特以見二子而言。長幼之名。與老少幼不同。二子並見。則長者上而幼者在下。自可知也。此雖丈人亦不能廢焉。因使知君臣之義不可廢。亦復如此也。孟子曉許行。因其以粟易械器。使知勞心勞力之爲通義。亦此意爾。〇君臣之義如之何其廢之者。中井積德曰。君臣之義。承上文不仕無義句。專在出仕一偏。下文行其義亦然。與所謂君臣有義異。不可相混同。注事之可否。身之去就。亦自有不可苟者。非忘義徇祿等。並非經旨所及。不必講。漢石經義作禮。廢之下有也字。皇本正平本作如之何其可廢也。伊藤長胤曰。君臣之義。本具二義。君臣有義。則就相交上立言。出處進退之義。固在其中矣。此所云君臣之義者。承上所謂不仕無義。言臣之事君。當然之義理也。猶言天地之常經。古今之通義也。集注并二意做解。曰仕所以行君臣之義。則固可矣。然謂之義以下四句。做出處進退之義說。豈有慮於人之昵利祿而發乎。然此章夫子之言。本爲荷蓧丈人之辟世而發。唯當從一義。出處進退之宜。亦當別論。〇欲潔其身而亂大倫。漢石經潔作絜。邢本亦作絜。大倫謂父子君臣夫婦長幼朋友之等也。如親義別序信。是五典耳。此所未言及。亂大倫。謂廢君臣也。如仕者之淑慝。固未遑乎言也。凡偏旁從侖。皆爲二物相交之義。故從言爲論。從糸爲綸。從水爲淪。從車爲輪。五倫亦然。君臣父子夫婦昆弟朋友。兩兩相配。名之爲倫也。亂之爲言。猶廢也。○君子之仕也。行其義也。道之不行。已知之矣。皇本正平本。行下有也字。釋文已音紀。一音以。音以爲是。義者宜也。君子成己所以成物。故士必宜仕。仕卽是義。亦卽是道。不仕則無君臣之義。是爲亂倫。夫子栖栖不已。知其不可而猶爲之。亦是冀行其道而已。道行而君臣之倫以盡。道不行而君臣之倫終未嘗一日敢廢。故孟子言。孔子三月無君。皇皇如也。明雖知道不行。猶不敢忘仕也。孟子云。義之於君臣命也。有性焉。君子不謂命。與此章意相合。顧涇陽曰。天下有一毫不可爲。豪傑不肯犯手。天下有一毫可爲。聖賢不肯放手。○丈人與接輿沮溺同是辟世一流。而微有區別。接輿歌鳳。下欲與言者。何其殷。趨避不得與言者。何其決。意盡於歌中也。丈人身分較高。其責子路以賢者食力之事。是一向偏於肥遯。自以爲與世無爭者。與沮溺之憤世而逃者不同。不勤四體。不分五穀。固係以責爲諷。植杖而芸。自畢其事耳。及感拱立之敬。遂肫然止宿。人世間邂逅交際之情生矣。雞黍見子。風高而意自摯。是夕所與言者。豈猶有不盡之衷曲。惜乎其不傳。而亦未始不可想見也。明日子路行以告。當備述及此。孔子之美爲賢而隱也亦宜。使子路反見之。其契慕爲何如。此念蓋較之下欲與言。爲倍殷矣。丈人既留子路。何以不傳姓字。蓋終未言姓字。記者亦因而丈人之。
始終刻劃一隱者行徑也。

逸民。伯夷・叔齊・虞仲・夷逸・朱張・柳下惠・少連。少、去聲。下同。○逸、遺逸。民者、無位之稱。虞仲、即仲雍。與泰伯同竄荊蠻者。夷逸・朱張、不見經傳。少連、東夷人。

子曰。不降其志、不辱其身。伯夷・叔齊與。謂柳下惠・少連、降志辱身矣。言中倫、行中慮。其斯而已矣。與、平聲。中、去聲。下同。○柳下惠事見上。倫、義理之次第也。慮、思慮也。中慮、言有意義合人心。少連事不可考。然記稱其善居喪、三日不怠、三月不解、期悲哀、三年憂。則行之中慮、亦可見矣。

謂虞仲・夷逸、隱居放言。身中清、廢中權。仲雍居吳、斷髮文身、裸以爲飾。隱居獨善、合乎道之清。放言自廢、合乎道之權。

我則異於是。無可無不可。孟子曰、孔子可以仕則仕、可以止則止、可以久則久、可以速則速。所謂無可無不可也。○謝氏曰、七人隱遯不汚則同。其立心造行則異。伯夷・叔齊、天子不得臣、諸侯不得友。蓋已遯世離羣矣。下聖人一等。此其最高與。柳下惠・少連、雖降志而不枉己、雖辱身而不求合。其心有不屑也。故言能中倫、行能中慮。虞仲・夷逸、隱居放言、則言不合先王之法者多矣。然清而不汚也、權而適宜也。與方外之士害義傷教而亂大倫者殊科。是以均謂之逸民。尹氏曰、七人各守其一節、而孔子則無可無不可。此所以常適其可、而異於逸民之徒也。揚雄曰、觀乎聖人、則見賢人。是以孟子語夷惠、亦必以孔子斷之。

箋曰。逸民。何晏以爲節行超逸。包咸云。此七人皆逸民之賢者。若以爲超逸。必不言賢者。則其意謂遺逸之民也。包說得之。後篇興滅國。繼絕世。擧逸民。朱注。逸。遺逸。亦用包注。逸民乃記者所品目。此記者因引夫子之言。而列其姓名也。○吳英曰。左僖五年傳曰。太伯虞仲。太王之昭也。虢仲虢叔。王季之穆也。注曰。太伯虞仲。皆太王之子。仲雍支子。別封西吳。虞公其後也。王季者。太伯虞仲之母弟。虢仲虢叔。王季之子。文王之母弟也。史記周世家曰。古公有長子曰太伯。次曰虞仲。吳世家曰。太伯卒。無子。弟仲雍立。是爲吳仲雍。仲雍卒。子季簡立。季簡卒。子叔達立。叔達卒。子周章立。是時周武王克殷。求太伯仲雍之後。得周章。周章已居吳。因而封之。乃封周章弟虞仲於周之北。故夏虛。是爲虞仲。列爲諸侯。據此則可以知周有兩虞仲也。左傳注。及周世家所謂虞仲。前虞仲也。仲雍也。吳世家之所謂虞仲。後虞仲也。周章之弟也。仲雍之追封於虞。在三世之後。而後人乃亦稱之爲虞仲者。猶虢叔死於文王之世。其封國在武王時。而後人皆以虢稱之。君奭篇謂有若虢叔。國語謂。文王諮于二虢。然則虢叔稱虢。仲雍稱虞。仲皆無國而以國稱可知矣。左傳文。下云虢仲虢叔。王季之穆。則上云太伯虞仲。太王之昭。卽指仲雍可知矣。若夫吳世家之虞仲。既爲周章之弟。序次在仲。而又實有封國。故一則曰封周章弟仲。再則曰是爲虞仲。則周章弟亦有虞仲之稱可知矣。左莊二十一年傳曰。虢叔自北門入。是虢叔數十世之後。又有虢叔。不嫌有二虢叔也。虞仲有兩虞仲。亦宜。集注曰。虞仲卽仲雍。與泰伯同竄荆蠻者。此說非也。孔子既有隱居放言身中清廢中權之論。可還以證虞仲爲後虞仲。而非前虞仲也。蓋曰吳之與岐周。相去萬里。人絕地殊。無庸謂隱。若其在吳。上有至德之泰伯以爲君。且以爲兄。何得隱居。泰伯端委以治周禮。國有道其言足以興矣。何得放言。若後虞仲則既不得生於泰伯之世。而生於四世之後。豈其見仲雍以來。不克如泰伯之治吳。而爲是隱居放言。以自廢。黃震曰。仲雍嘗治吳爲君。不可言逸民。仲雍生伯夷叔齊之前。使虞仲果仲雍也。亦何爲反序於夷齊之後。此說是也。後虞仲雖亦嘗君虞。然其有國。一朝出於意外。所謂始願不及此者。由前言之。固逸民耳。吳又曰。其初泰伯有吳國。祇有一吳耳。其後武王封周章之弟仲於北。故夏虛謂之北吳。於是吳始分爲二矣。然猶未有虞之名也。又其後。以其爲二吳也。而吳又有虞音也。遂以北吳別之爲虞。於是泰伯之國曰吳。章弟仲之國曰虞。而有一吳一虞矣。既有虞則章弟仲稱虞仲矣。然虞不以仲爲始祖。而以仲雍爲始祖也。武王分封之意。不在章弟仲。而在仲雍也。仲雍實追尊爲虞之始祖者也。於是後人稱仲雍者。必稱之曰虞仲。而有兩虞仲矣。祖孫同號。古人豈以爲嫌耶。抑武王之封章弟仲。實以仲雍雖嘗嗣泰伯而君吳。然五世之後。親盡則祧。不得爲百世不遷之祖。而仲雍從泰伯偕行。以成泰伯之至德。則仲雍之德。亦當血食萬禩。不宜四世而止。所以必封其曾孫於虞。以奉仲雍爲始祖。於是周之後人。稱仲雍爲虞仲也。○夷逸朱張者。夷逸事見尸子。曰夷逸者。夷詭諸之裔。或勸其仕。曰吾譬則牛。寧服軛以耕於野。不忍被繡入廟而爲犧。朱張則無所見。鄭作侏張。蓋以孔子不評朱張之行。謂非姓名。讀爲侏張。爲幻之義。柳下惠之事。互見於論語孟子左傳。而雜記載孔子稱少連大連善居喪。三日不怠。三月不解。期悲哀。三年憂之言。此亦言行中倫。則二人斷非侏張爲幻之人也。上文擧七人之名。從時世先後。下分評其行。七人之中遺朱張者。記者次之虞仲夷逸。則其趣亦與仲逸同。夫子先評夷齊二人。既而評惠連二人。一言一默。咨嗟沈吟。復評起虞仲夷逸二人。朱張適見遺者。志行與仲逸同。而兩兩對舉。故略之耳。〇不降其志。不辱其身者。志以立心言。身以制行言。而辱身又重於降志。所謂天子不得臣。諸侯不得友者也。皇本正平本。其身下有者字。〇謂柳下惠少連。柳下惠仕有官祿之人。然屢出屢黜。歸于遺佚不用。故入于逸民之選也。只三黜不去。便見降志辱身處。〇言中倫。行中慮。蓋其所言不失倫理。則未嘗有所自辱也。行中其所慮。則未始有所失其志也。倫。詩小雅正月篇。維號斯言。有倫有脊之倫。大學曰。安而后能慮。朱注。慮謂處事精詳。左傳襄二十五年。子產曰。政如農功。日夜思之。思其始而成其終。朝夕而行之。行無越思。如農之有畔。其過鮮矣。行無越思。卽行中慮也。朱注合人心。是謂合人之慮。殊覺荒唐。二句只要說其不流。不重在和上。其斯而已矣。其所執專在於此也。〇隱居放言。後漢孔融傳。跌蕩放言。李賢注。放。縱也。又荀韓鍾陳傳論。漢自中世以下。閹豎擅恣。故俗遂以遁身矯潔放言爲高。李賢注。放肆其言。不拘節制也。此解是也。隱居而其言放縱。自是逸民常態。然其所謂放言。亦不必解爲莊周輩猖狂自恣之言。但任意吐露。無所顧忌。便是放言。如荷蕢所云莫己知也。斯己而已矣。深則厲淺則揭。桀溺所云滔滔者天下皆是也。而誰以易之。皆放言也。非謂其言不合先王之法言也。〇身中清廢中權者。淸。子張問陳文子。子曰清矣。脫然利害之際。無怨悔之累之謂也。權。可與立。未可與權之權也。清與權。是聖人從隱放內看出。廢。釋文引鄭作發。後漢隗囂傳。方望曰。動有功。發中權。此謂行事所發見也。皇疏引江熙曰。晦明以遠害。發動中權也。二文並作發。與鄭本同。論語有齊魯古三家。今所傳者魯論也。而注家亦多據齊古文改之。身中權。廢中權。廢。魯論作發。今作廢從古論。馬融治古論者也。注曰。清。純潔也。遭亂世。自廢弃目免患。合于權也。鄭康成治魯論者也。陸氏釋文云。廢。鄭作發。云動貌。案。季長從廢爲說者非是。未嘗興也。何有于廢。雍乃仲子。本非生而宜有國者也。逮後儼然南面。則直宜謂之興。何反云廢乎。身中清句。卽承隱居爲義。發中權句。卽承放言爲義。身固可言隱居。蓋發謂發言。乃與放之義本相應也。但清權二句。講須斟酌。只在他逸處摸寫。便是講太好。是時中了。○無可無不可者。可不可。在其人處心制行上言。不就仕隱上說。無可無不可。卽是無適無莫之意矣。尹注此所以常適其可可字不貼本文。張南軒曰。無可者。不以可爲主也。無不可者。不以不可爲主也。夫子之心。當可則可。當不可則不可。其曰無者。言其不存乎心也。若夷齊之心。則未免有不可。下惠少連則未免有可也。古賀煜曰。可不可。各就其人所歸趨而立言。猶之論語所云好仁者惡不仁者。顏子明道好仁之意多。便謂之好仁者。孟子伊川惡不仁之意多。便謂之惡不仁者。究而論之。好仁者未必不惡不仁。惡不仁者未嘗不好仁。但此是推論一層。以至失本文正意。且既就其好仁惡不仁之意多處定其品第。則不可漫然混合好仁者惡不仁者也。可不可之稱亦然。伯夷非其君不事。非其民不使。不立於惡人之朝。不與惡人言。非所謂不可歟。柳下惠不羞汙君。不卑小官。遺佚而不怨。阨窮而不憫。非所謂可歟。夷齊未必無可。惠連仲逸未必無不可。但就其所重。立之品目。故以夷齊爲不可。以惠連仲逸爲可。魯男子嘗云。將以己之不可。學柳下惠之可。後世又目人之寬容無所違忤者。爲旁通多可。亦可以爲左證。南軒之說。自不可易。又曰。無可無不可。固以心言。亦以事言。不可謂心無可不可。事有可不可也。魯既受女樂。決然思去。決然遂行。是心之無可亦事之無可也。魯能却女樂。幡然思還。幡然遂還。是心之無不可。亦事之無不可也。如使惠連在魯受女樂之日。或云其過失尚可恕。既不且止。遂不敢去。是心之可。亦事之可也。使夷齊在魯却女樂之時。必曰其過大。雖却女樂。其心未必改。直欲去之。遂不復還。是心之不可。亦事之不可也。倘菴得其大旨。說者或看我則異於是。便似有貶抑逸民之意。亦似有自揚己志之意。語意便不渾成。此特夫子自叙其趨嚮。與逸民不同耳。而由後人觀之。則自然有以見其道大。足以裁正逸民之過不及耳。

大師摯適齊。大。音泰。○大師。魯樂官之長。摯。其名也。**亞飯干適楚。三飯繚適蔡。四飯缺適秦。**飯。扶晚反。繚。音了。○亞飯以下。以樂侑食之官。干・繚・缺。皆名也。**鼓方叔入于河。**鼓。擊鼓者。方叔。名。河。河內。**播鼗武入于漢。**鼗。徒刀反。○播。搖也。鼗。小鼓。兩旁有耳。持其柄而搖之。則旁耳還自擊。武。名也。漢。漢中。**少師陽・擊磬襄入于海。**少。去聲。○少師。樂官之佐。陽・襄。二人名。襄。卽孔子所從學琴者。海。海島也。○此記賢人之隱遁。以附前章。然未必夫子之言也。末章放此。張子曰。周衰樂廢。夫子自衛反魯。一嘗治之。其後伶人賤工。識樂之正。及魯益衰。三桓僭妄。自大師以下。皆知散之四方。逾河蹈海以去亂。聖人俄頃之助。功化如此。如有用我。期月而可。豈虛語哉。

箋曰。中井積德曰。此記魯衰亂。雅樂再廢壞之事也。非謂樂工皆有賢德而隱。夫子嘗正樂矣。至于此復壞。前功澌滅。豈不可惜哉。此記者之意也。若張氏所言。俄頌之功化。蓋傳會之義。不當采入。○亞飯干者。亞次也。以樂侑食者。侑者勸食也。亞飯以下。蓋初飯不用勸侑。故樂師無初飯也。亞飯三飯等。未知奏何樂。包以爲樂章名。恐非。○鼓方叔入於河云云。入於河。謂往居于河傍之地。漢亦漢傍之地。海亦海傍之地。注曰内。曰中。曰島。並泥。皇本正平本。發武作鞀武。南宗本同。蔡啓盛曰。周禮膳夫。凡王之稍事。設薦脯醢。鄭司農云。稍事謂非日中大學時而間食。謂之稍事。膳夫主設薦脯醢。疏曰。先鄭意。旦起日中食牲牢。日中後空食脯醢。又脯醢者。是飲酒肴羞。非是食饌。案。先鄭未及夕食。疏殊強牽。且先鄭非言日中後視旦食遞減。但以爲此非日中大學。故略損耳。白虎通曰。王者平旦食。晝食。脯食。暮食。晝卽日中。與旦暮並爲常食。則此稍事。正謂脯食矣。蓋食數亦踵事漸增。上古一日不再食。其食在日中時。後變爲朝饔夕飧。旋增爲三飯。欲存日中而食之遺意。故大學仍在日中。及周又增至四飯。因于日中後之間食。略減損而止設脯醢。尤可見損益之具有深意。疏謂脯醢非是食饌。此卽本于鄭志云脯非食殽。然何以解于内則君燕食之蝸醢脯羹。及鹿豕麋麕脯乎。彼正義云。脯非食殽。謂食不專用脯以爲食殽。若有餘饌兼之則得有脯。斯爲能會通矣。劉恭冕曰。史記禮書云。仲尼沒後。受業之徒。沈淪而不擧。或適齊楚。或入河海。說者以子語魯太師樂。亞飯諸職。卽其所屬之官。當時親聞樂於夫子。故皆爲受業之徒。與孔氏哀公時之說。相爲影響。不知禮書所云齊楚河海。乃假論語以爲文。而非謂太師諸人皆孔子弟子也。史公作弟子列傳。詳載諸賢。而不及師摯諸人。此可證矣。又或據孔子世家。孔子學琴師襄子。以爲卽擊磬襄。閻氏若璩釋地說。夫子在衛學琴師襄子。則襄子自爲衛人。與論語曰襄者自別。又且一琴一磬。各爲樂師。不得妄有牽合。○佐藤坦曰。以下三章。亦偶在弟子記載中。編者錄之。

周公謂魯公曰。君子不施其親。不使大臣怨乎不以。故舊無大故。則不棄也。無求備於一人。

施。陸氏本作弛。皇本同。○魯公。周公子伯禽也。弛。遺棄也。以。用也。大臣非其人則去之。在其位則不可不用。大故。謂惡逆。李氏曰。四者。皆君子之事。忠厚之至也。○胡氏曰。此伯禽受封之國。周公訓戒之辭。魯人傳誦。久而不忘也。其或夫子嘗與門弟子言之歟。

箋曰。周公封魯。卽爲魯公。祇以周公身仕王朝。未得就封。故猶以王官稱之。而曰周公。至伯禽始得稱魯公耳。魯頌閟宮篇云。乃命魯公。俾侯于東。箋謂策命伯禽。則魯公者伯禽也。正平本南宗本。謂作語。○君子不施其親。劉寶楠曰。不施。漢石經同。釋文作不弛。弛施二字。古多通用。周官遂人注。施讀爲弛。可證也。此文不施。卽不弛叚借。鄭注坊記云。弛。棄忘也。以訓此文最當。泰伯篇。君子篤於親。篤者厚也。卽不弛之義。南宗本。施作絕。不使大臣怨乎不以者。大臣。卿佐也。以。用也。中庸曰。敬大臣則不惑。言任用不貳也。蓋既用爲大臣。當非不賢之人。而以小臣間之。則大臣必以不用爲怨矣。○故舊無大故則不棄也。故舊者。周官大宗伯。以賓射之禮。親故舊朋友。注云。王之故舊朋友。爲世子時。共在學者。王制言大學之制云。王太子。王子。羣后之太子。卿大夫元士之適子。國之俊選皆造焉。此文故舊。卽謂魯公共學之人。苟非有大故。當存錄。擇用之。不得遺棄使失所也。泰伯篇曰。故舊不遺。則民不渝。困勉錄云。故舊多恬恃觖望之病。最易開釁。未必皆棄之者之過。然君子自當持其平。○無求備於一人者。人才知各有所宜。小知者不可大受。大受者不必小知。因器而使。故無求備也。漢書東方朔傳顏師古注。士有百行。功過相除。不可求備。亦此義也。正平本。無作毋。○左傳言。命以伯禽封於少皞之墟。伯禽之命。古書無之。周公之誡。非魯論亦不傳。蓋古書之闕逸者多矣。郝敬曰。四語本於人情易簡眞切者。而言立政之本。是以魯公治魯。尊賢而親親。子孫式微。歷三十四傳。同時大國。齊滅于田氏。晉分于六卿。衛亡于狄。楚齧于吳。少得免者。而魯世世晏如也。周公以忠厚傳家。亦以治天下。故周雖東而綿祀八百。其亡也得禍亦輕。皆仁厚之遺澤也。聖門以仁爲教。以禮爲治。五達九經所以爲周公仲尼之道。而異于刑名功利者也。

周有八士。伯達・伯适。仲突・仲忽。叔夜・叔夏。季隨・季騧。烏騧。瓜反。○或曰。成王時人。或曰。宣王時人。蓋一母四乳而生八子也。然不可考矣。○張子曰。記善人之多也。○愚按。此篇孔子於三仁・逸民・師摯・八士。旣皆稱贊而品列之。於接輿・沮溺・丈人。又每有惓惓接引之意。皆衰世之志也。其所感者深矣。在陳之嘆。蓋亦如此。三仁則無間然矣。其餘數君子者。亦皆一世之高士。若使得聞聖人之道。以裁其所過。而勉其所不及。則其所立。豈止於此而已哉。

箋曰。周字見氣運之隆。周室人才不止此。此則萃於一家者。尤見其爲盛矣。書周有者。猶之舜有五人。武有十人。殷有三仁之類。言如八士者。始可謂之有也。古賀煜曰。一乳二子。既屬異產。一乳二子而皆賢。可稱怪事。至四乳皆雙生。而八子皆賢。則怪之又怪矣。然其說之所由起。不過因伯仲叔季各有二。而臆測立說。不知此本無足奇。李岱雲曰。八士之名。必是成立之後。始序而名之。故首乳皆以伯稱。次乳皆以仲稱。三乳皆以叔稱。四乳皆以季稱。若初生時。安必其有四乳。而伯仲卽耦序之耶。此解是也。然古人或有十二子。亦當有以伯仲叔季各稱三人者。亦將疑其四乳。每乳必三子耶。拘亦甚矣。但古人雖待成立之後。而序名之。其伯仲叔季之多少。則又有隨意所欲者。如周武王兄弟極多。而其兄獨稱伯。少弟獨稱季。其他則叔旦以下五六人。皆稱叔。必是以武王爲仲。故不敢並稱。則多少固不必一定。然如集注所云。伯仲叔季之稱同。則斷爲一乳而生。然則武王之弟。將一乳而生六七子耶。其可通乎。張子曰。記善人之多也。此言極簡而當。蓋國家氣運之盛。其生於一家者。賢才如此之多。其朝廷百官之多賢可知。奚必以四乳八子爲美。而贊嘆之乎。此說是也。叔夜。宣和博古圖。周叔液鼎銘二十三字。以爲叔夜其人。薛氏鐘鼎款識。載叔夜鼎銘云。叔夜鑄其饙鼎。以征以行。用鬻用蘄眉壽無疆。定爲周八士叔夜之器。較博古圖爲可據矣。說文。突不順忽出也。易曰。突如其來如。以忽訓突。是突忽同義。八士命名。皆以類從。達适。其部同也。突忽。其義同也。夜夏其爲時同也。惟隨與騧爲不類。說文。騧黃馬黑喙。易繫辭傳云。服牛乘馬。引重致遠。以利天下。蓋取諸隨。是隨本有乘馬之義。季隨當爲隨卦之隨。故季隨之弟。卽以馬名之騧名之也。或謂。伏羲氏秖畫八卦。文王始演爲六十四。賈唐以八士為文王時人。則未有隨卦。此不然。周官大卜掌三易之法。一曰連山。二曰歸藏。三曰周易。其經卦皆八。別皆六十有四。淮南要略訓云。八卦可以識吉凶。知禍福矣。然而伏羲為之六十四變。則為重之者伏羲。鄭君以為神農。孫盛以為夏禹。總之夏時已有六十四卦。大卜之文可據。況繫辭言取諸。則必先有其象。而後可言取。故九家易以類萬物之情注云。以此知庖犧重為六十四卦。是八士以前。實先有隨卦。季隨季騧之取義於此。確然無疑。聖賢羣輔錄云。周八士見論語。賈逵以為文王時。漢書古今人表載周八士在中上列成叔武・霍叔處之前。二人皆文王子。則班固亦以為文王時。釋文引鄭云成王時。劉向馬融皆以為宣王時者。轉無所據矣。又八士皆雙生。止見於春秋繁露郊祭篇。而古注因之。至謂八士為南宮氏。則因逸周書克殷解。因以書之南宮适合之。遂以八士為南宮氏。此不足據也。國語亦止言詢於八虞。不言其何氏。〇孫詒仲曰。此篇十一章。止是嘆夫子之道之不行。三仁殷之衰。見周之衰同於殷也。柳下惠章言直道不行也。齊景公以下。至逸民章。夫子轍環不遇。而自附於逸民也。大師三章。則賢人隱遁。而追思盛時。忠厚立國。人材衆多。以見今之不然。傷今思古之意也。然於接輿語人示以當仕之義。而論逸民曰無可無不可。則所謂記仁賢之出處。而折衷以聖人之行。以明中庸之道者。此篇亦自有此意。但嘆道之窮意居多。此章總注單以夫子欲裁成諸人為說。而不及慨道不行意。殊失此篇編次之旨。若非慨道不行。傷今思古。則太師以下三章。是何意思。周公八士二章。於裁成意不相涉也。且注云三仁則無間然矣。其餘數君子者。皆一時之高士云云。注所謂數君子。若單指接輿沮溺丈人言。則可也。然云三仁則無間。是三仁之外。逸民八士皆在其餘數君子內。謂

夫子欲古之逸士而裁之可哉。八

論語會箋卷第十八終

論語會箋卷第十九

竹添光鴻會箋

子張第十九

此篇皆記弟子之言。而子夏爲多。子貢次之。蓋孔門自顏子以下。穎悟莫若子貢。自曾子以下。篤實無若子夏。故特記之詳焉。凡二十五章。

箋曰。中井積德曰。才德踰人者。嘉言多於人。自然之符也。然記之多少。亦偶然已。注鑿不可從。且是篇。曾子之言唯二章。而顏子無一言。其謂之何。安井衡曰。此篇所載。皆弟子之言。詳味其意。孔子沒後。述遺敎以誘其門人。及朋友相切磨之言。以其能發明聖意。編者輯以爲一篇。置之聖語之後。無顏淵子路等之語者。以其先孔子而沒也。

子張曰。士見危致命。見得思義。祭思敬。喪思哀。其可已矣。

致命。謂委致其命。猶言授命也。四者立身之大節。一有不至。則餘無足觀。故言士能如此。則庶乎其可矣。

箋曰。首句是有奮不顧身之意。與下文思義思敬思哀句法自異。非道理不同也。又上兩句本現成兩語。今之成人者章。只改一致字作授字。改一得字作利字耳。下兩思字。是心注於此之謂。非事至而審之謂。與思義之思稍別。眞德秀曰。致命獨不言思者。死生之際。惟義是徇。有不待思而決也。其言似是而非。人之一生。無時而事而不容思。觀於君子有九思可見矣。夫死生固大事。然奚可不思。不思而妄行。安保無徒死。夫士既事君。便致身於君。奚待乎言。然而國勢事體萬變不窮。其主幼國疑。不可不生存以濟危。寇賊蔓延。不可不脫免以期平殄。則有臨危而不死。方爲大忠者。豈可漫無思慮。而以一死塞責耶。若乃世之庸人凡夫。不出於義理之正。而客氣用事者。一有涉思慮。乃不能畏懦捐生者。然待士以庸人凡夫。亦幾乎不知人矣。故死生最重。故不可不最深思。但以死對思。則死爲重。故不言思耳。非不可思也。○其可已矣。可字緊承上士字。猶言可謂士矣。已字是語助辭。不作止字。此評論他人之辭。非語學者工夫。乃是見成人物。能如此可以爲士矣。子曰。見利思義。見危授命。答子路問成人也。然則此士亦可謂成人矣。蓋子張以忠孝論士也。上二句人臣之大節也。下二句孝經所謂喪則致其哀。祭則致其嚴者。孟子以死事爲人子之大事。子張之論士。有見於本。可不謂昌言乎。○困勉錄云。西山以致命不待思。次崖謂不思恐傷勇。二說皆是也。大抵四者皆有不待思處。皆有不可不思處。然或言思。或不言思者。各以其所重者言也。

子張曰。執德不弘。信道不篤。焉能爲有。焉能爲亡。焉。於虔反。

亡。讀作無。下同。○有所得而守之太狹。則德孤。有所聞而信之不篤。則道廢。焉能爲有亡。猶言不足爲輕重。

箋曰。執。猶守也。弘者。謂養而大之。修而崇之也。執德不弘者。執守小德以自是也。不弘。是所執之德。偏小不中用耳。非謂執守之狹。注守之太狹。未是。又德孤。失欵。○信道不篤。皇疏。篤。厚也。依朱子說。篤宜訓固。言既信此道。而志不固也。凡物以厚而固。一義之引伸耳。子張書諸紳。其信道之篤也。○焉能爲有。自不弘不篤而言。焉能爲亡。自執德信道而言。其實執德也。信道也。而不弘不篤。則未足以爲有執有信也。甚言不弘不篤之失耳。雖有無並言。然所主在爲有上。爲亡句對說已。○張彥陵曰。既云有所執。有所信矣。其於學問。儘有得力處。然而不弘之病。即乘於所執。不篤之病。即中於所信。道德外之情識易祛。道德中之偏見難融也。連執與信都差了。

子夏之門人問交於子張。子張曰。子夏云何。對曰。子夏曰。可者與之。其不可者拒之。子張曰。異乎吾所聞。君子尊賢而容衆。嘉善而矜不能。我之大賢與。於人何所不容。我之不賢與。人將拒我。如之何其拒人也。賢與之與。平聲。○子夏之

言迫狹。子張譏之是也。但其所言亦有過高之弊。蓋大賢雖無所不容。然
大故亦所當絕。不賢固不可以拒人。然損友亦所當遠。學者不可不察。

箋曰。其不可者拒之。皇本拒作距。下同。漢石經亦作距。釋文云。距本今作拒。則是
舊本作距也。少牢饋食禮俎距注。距讀爲介距之距。是古拒與距同。漢石經。可者
下者距上凡闕四字。今此間有五字。疑漢本無其字。可者謂可與交者。不可者。謂
不可與交者。不可與交者。非不肯而何。豈得不拒乎。○異乎吾所聞。正平本南宗
本。聞下有也字。○嘉善而矜不能者。賢是成德之稱。衆對賢言。只是平常。善與不
能對。謂善其事也。不能與善對。則有短處。皆以才能而言。尊是敬禮加隆。嘉特稱
許之耳。容是泛泛包涵。矜則有憐恤之義。人品不同。所以待之亦異。矜當作矜。憐
也。字从矛令。說詳於下孟氏使陽膚爲士師章。○我之大賢者。我字泛指人。非子
張以大賢自居。正平本南宗本。二我下皆有之字。子夏蓋非不知成人之交。其答
門人。不過就小子分上語之。至子張所答。則夫子之嘗就子張分上語之者。與子
夏門人問別。○二子之言。皆本於聖語。子夏守無友不如己者之語。子張主汎愛
衆而親仁之意。各從其性所近而奉之。非互訾也。包注云。友交當如子夏。汎交當
如子張。鄭注云。子夏所云。倫黨之交也。子張所云。尊卑之交也。尊卑亦是汎交。倫
黨則與爲同類。是友交矣。程伯子以初學成德別之。叔子以成人小子之交。實爲
有所見。如是則二子之言。並行而不相悖。俱可以爲教。輯論語者。意亦應如此。如
集注所云。則二子之言胥有病。難以教人。必待後人補理。然後方完。恐不然。○李
九我曰。門人問交於子張。亦是彼此
相質正之意。未必是不足於師說。

子夏曰。雖小道必有可觀者焉。致遠恐泥。是以君子不爲也。

泥。去聲。小道。如農圃醫卜之屬。泥。不通也。○楊氏曰。百家衆技。猶耳目鼻口。皆有所明。而不能相通。非無可觀也。致遠則泥矣。故君子不爲也。

箋曰。致遠恐泥者。遠字從道字生。包曰。泥難不通。劉寶楠曰。泥難二字連讀。鄭注云。泥謂滯陷不通。與包義同。漢書五行志中之上。震遂泥。注引李奇曰。泥者泥溺於水。不能自拔。爾雅釋獸。威夷長脊而泥。郭注。泥少才力。亦滯難之義。○中井積德曰。夫技藝者流。凝思積慮。明解於其術者。往往遂及外事。勢所必至。庖丁之牛。輪扁之輪。醫和之醫。及田弋竽瑟種樹。皆推及政理。所謂小道之可觀也。今擊劍之夫。點茶之豎。俗樂之伶。往往以其術論道理。談政治。亦可以推古矣。○漢書藝文志。東平王思傳引。注並以爲孔子語。後漢書蔡邕封事亦云。小能小善。雖有可觀。孔子以爲致遠則泥。邕所書石經。自爲子夏。一人當無兩據。蓋弟子之語。本出於孔子。故諸引論語弟子之語者。率以爲孔子之言也。○陳鋐堂曰。此重經世之學。小道不止農圃醫卜。凡百家衆技。擅一曲之長。應一節之用者。皆是。可觀根道字言。亦道之所散見處也。兼理之所寓。用之所資說。此當與君子不器參看。○物茂卿曰。小道。何晏以爲異端。仁齋因之。以爲諸子百家之屬。然諸子百家。子夏之時所無。雖然。當今之世。諸子百家應作如是觀。雖佛老。必有可觀者焉。

子夏曰。日知其所亡。月無忘其所能。可謂好學也已矣。

亡。讀作無。好。去聲。○亡。無也。謂己之所未有。○尹氏曰。好學者。日新而不失。

箋曰。亡。所未知也。能。所已知也。子曰。學如不及。猶恐失之言求之汲汲也。子夏之意。蓋述其義也。日月互文。以見日就月將之意矣。○安井衡曰。此與溫故而知新別。溫故知新。溫故以知新也。此謂聞所未聞耳。孔子之門。羣賢咸萃焉。故稱不遷怒・不貳過爲好學。子夏所教。則率多常人。故稱常人所能爲好學。非故貶其道以就人。勢不得不爾。譬諸草木之區以別。亦此意也。○後漢書列女傳注。引此爲孔子語。又日上有君子二字。中論治學篇引子夏曰。日習則學不忘。蓋約擧兩句之義。○呂晩村曰。時說多以知能分上下界。非也。知字與無忘對。所亡與所能對。未有者爲所亡。既有者爲所能。所亡中亦有知有能。所能中亦兼知兼能。故知字非知行之知。能字亦非知能分說之能也。○吳因之曰。此與敏事章好學。須說得有別。此節就日知無忘上。見他精神意念。無頃刻不在學。所謂須臾不可離者。曾子一息尚存。此志不容少懈。便是這個工夫。故曰好。至敏事愼言章。則言其精神意念。專在一學上。眞見其旨趣之雋永。意味之深長。天下無復可加於此。所謂好之而無以尚者。顏子欲罷不能。便是這個意念。故曰好。

子夏曰。博學而篤志。切問而近思。仁在其中矣。 四者皆學問思辨之事耳。未及乎力行而爲仁也。然從事於此。則心不外馳。而所存自熟。故曰仁在其中矣。○程子曰。博學而篤志。切問而近思。何以言仁在其中矣。學者要思得之。了此便則是徹上徹下之道。又曰。學不博則不能守約。志不篤則不能力行。切問近思在己者。則仁在其中矣。又曰。近思者以類而推。蘇氏曰。博學而志不篤。則大而無成。泛問遠思。則勞而無功。

箋曰。後漢書章帝紀正經義詔。引作孔子語。○篤志者。就所學之理。潛心深造。以求必得。謂之篤志。困勉錄云。篤志。是勿以見異而遷。勿以得半而怠。切問。是問之審詳矣。中庸博學之審問之。意正同。非切乎己之問。古注朱注皆與汎問反說。此亦切也。或云。切如切磋之切。苟有所未喩。則以言語左右逼切以觀其意嚮所在。此亦切也。○近思者。反身而愼思也。乃切乎己之思矣。注以類而推者。程子敎示人近思工夫。非釋近思語。朱子詳說肫肫。亦惟推衍程子之旨耳。近思是切近己而思。如程子所謂鞭辟近裏著己之意。仁者天地萬物爲我一體。固無遠近之別。在學者則次序秩然不紊。凡格致誠正修齊治平之業。爲己則近。爲人則遠。不愆其序則近。躐其等則遠。必也用力於程朱以類而推之敎。然後盡近思之義。但以此直解經文則不是。○履軒曰。學問之功在外面。志思之實在裏面。○困勉錄云。在其中有二意。當從此去漸見效。是乃力行之本者。是以後日言也。自有得夫操存涵養之效者。是以目下言也。注心不外馳而所存自熟。皆是以目下言。○聶鎬敏曰。子夏此言。切字與博字對。近字與篤字對。故俱用而字一紐。若如常說。竟作博學而篤志切問近思。次句而字直可抹去。於子夏語氣不順。於理尤不順矣。蓋仁人心也。志思二端。心所發用之二端也。仁之爲道。至篤至近。故篤志近思。爲仁在其中之所從來也。學問者求仁之事也。乾文言中明君德。以學聚問辨列於寬居仁行之先。君德者何。體仁足以長人之德也。庸言之信。庸行之謹。閑邪存其誠。卽篤志近思。仁在其中之宗旨也。而非學問無由入學以聚。故不得不博學。問以辨。故不得不切問。學與問相輔而行。學廣博者其鑒洞。所以植德博而化之基。問急切者其懷虛。所以宏善世不伐之量。龍德正中。雖神聖猶不廢學問。何況愚蒙。學博而不隘。問切而不緩。中庸所謂有弗學。學之弗能弗措。有弗問。問之弗知弗措。董子所謂彊勉學問。皆是也。博學而歸之於篤志。則學之神凝。切問而納之於近思。則問之益集。博學切問。卽大學格物致知之事。篤志近思。卽大學誠意之事。隨時學問。隨時力行。有次第而無界盡。五事發見。五倫晉接。好惡有眞。孝弟慈有本。所以爲人者不外是。實所以爲仁者不外是。篤志近思。乃其力行時之常惺惺者。仁存於心。斯仁備於身。斯仁及家國天下。仁在其中。大學正修齊治平之道在其中。至善在其中也。

子夏曰。百工居肆以成其事。君子學以致其道。肆。謂官府造作之處。致。極也。工不居肆。則遷於異物而業不精。君子不學。則奪於外誘而志不篤。尹氏曰。學所以致其道也。百工居肆。必務成其事。君子之於學。可不知所務哉。愚按。二說相須。其義始備。

箋曰。說文云。肆。極陳也。凡陳物必有所居之處。故市廛爲貨物所居。亦通名肆。俞樾曰。肆者。市中陳物之處。故周官有肆長。以肆爲官府造作之處。於古未聞。周易說卦傳。巽爲工。李鼎祚集解引虞翻曰。爲近利市三倍。故爲工。子夏曰。工居肆。然則此肆字。卽市肆之肆。市中百物倶集。工居於此。則物之良苦。民之好惡。無不知之。故能成其事。以譬君子學於古訓。則言之是非。事之得失。無不知之。故能成其道也。○學以致其道。致。如致知致曲之致。致者極也。盡也。大學曰。大學之道在明明德。在親民。在止於至善。止至善則致其道之謂。故大學又言。君子無所不用其極。極致義同。○此章借百工以引起。主意在百工不可不居肆。君子不可不學也。

○既曰百工。則事字自是現成。不有其事。如何謂之百工。既曰君子。則道字自是現成。不志於道。如何稱爲君子。故百工未有不欲成其事者。必須居肆以成之。君子未有不欲致其道者。必須學以致之。如此重兩字。則兩其字亦有徵。會曰。其事卽百工之事也。曰其道卽君子之道也。非別有一事而我去成之。別有一道而我去致之也。尹說是餘意。生於玩味者。經文未必有是意也。

子夏曰。小人之過也必文。

文。去聲。○文。飾之也。小人憚於改過。而不憚於自欺。故必文以重其過。

箋曰。皇本必下有則字。今從邢本。菅氏本正平本。並與邢本同。○文字去聲。此中有一番才辨在。注語重字亦去聲。此中有一種罪惡在。蓋無過者聖人也。改過者君子也。有時自諱其過。有時不掩其過者。衆人也。惟小人則自知其爲過。所以必文。自恃其能文。所以多過。將一生之精神學問聰明。專向此中用去。○東涯曰。不曰小人過則必文。而曰小人之過也。可知對君子之過而言。蓋君子不免有過。過則改焉。小人則必文之。

子夏曰。君子有三變。望之儼然。即之也溫。聽其言也厲。

儼然者。貌之莊。溫者。色之和。厲者。辭之確。○程子曰。他人儼然則不溫。溫則不厲。惟孔子全之。謝氏曰。此非有意於變。蓋並行而不相悖也。如良玉溫潤而栗然。

箋曰。君子有三變。言盛德君子如此。莫指孔子。然孔子必如此。三變次第而出。故謂之變。皇本儼作嚴。○鄭注。厲。嚴正也。解爲嚴正。方與上溫相反。故曰變。並舉儼溫厲之相反者。始見其德周全無闕。若果確也。子溫而確可乎。一說。厲者決斷。若金之斬割。謂居官則告諭可以當鞭扑。行師則誓戒可以當甲兵。是之謂聽其言也厲。○呂用晦曰。聖人豈嘗有變哉。然必如此作意剖析。看來活畫出一箇聖人全相。

子夏曰。君子信而後勞其民。未信則以爲厲己也。信而後諫。未信則以爲謗己也。

信謂誠意惻怛而人信之也。厲。猶病也。事上使下。皆必誠意交孚。而後可以有爲。

箋曰。君子指士大夫言。上有君。下有民。○中井積德曰。信字屬彼。謂爲彼所信也。若探其本。則在我而已。然此不可以在我者作訓詁。且誠意惻怛。亦落一偏。若夫廉者。人皆信其不盜。剛者。人皆信其不屈。信者。人皆信其不欺。仁者。人皆信其不虐。皆是。夫不信大國之盟。而必要一人之諾。豈特展禽季路二人哉。莫世無之。是章主意。在平素言行宜愼修。有以取信於人。則臨事何難之有。苟平素無以取信於人。則臨事人不之信。縱有惻怛之意。忠懇之心。反以爲厲爲謗。終不行也。此是客。○信而後諫。固是。然亦有雖不信而不容不諫者。箕子比干是也。又如羅應奎彈李賢一章。雖不見信。而有補於綱常。亦非無益之諫也。信而後勞。亦有不如此者。如子產爲政。初間民或有欲殺之者。子產亦不恤也。○困勉錄云。信非在旁所能作合。在旁作合者。以一人之言見信。亦可以一人之言見疑。此韓非所以死於說難。君子不出也。信非空言所能感動也。空言感動者。有時因言而得信。亦有時因言而得疑。此眉山所以終於擯斥。君子不出也。又曰。勞民者勿輕。曰大功不謀衆。大德不和俗。

子夏曰。大德不踰閑。小德出入可也。 大德・小德。猶言大節・小節。閑。闌也。所以止物之出入。言人能先立乎其大者。則小節雖或未盡合理。亦無害也。○吳氏曰。此章之言。不能無弊。學者詳之。

箋曰。說文。閑。闌也。闌。門遮也。中井積德曰。譬如身在欄內。全然不出矣。衽端帶垂。時或迸溢乎欄外。亦無妨也。出入兩字。亦由閑而生焉。○孔注出入可也連讀。失之。可也二字一句。統貫上兩句。言大節能不踰閑。小節有出旋入。其人固足嘉也。荀子王制篇。孔子曰。大節是也。小節是也。上君也。大節是也。小節一出焉一入焉。中君也。大節非也。小節雖是也。吾無觀其餘矣。語意正同。此謂待人之法。非論自處之道。且可也與可矣。可已矣不同。吳氏皆經不善於讀經也。○子夏篤信自守。大節固不虧。小節亦未嘗於倒。此特示人以大節之尤當愼守。不可混看輕重耳。如孔光胡廣輩。曲謹小廉。靡微瑕可摘。而大節已虧。則其人不足比數。學者亦可

以知用力之地。○物茂卿曰。蓋古者。以德爲教。事父曰孝。事兄曰弟之類
大德也。如色容厲肅。視容清明。是小德也。皆以在己者爲教。是所謂德也。

子游曰。子夏之門人小子。當洒掃應對進退。則可矣。抑末也。本之則無。如之何。

洒。色賣反。掃。素報反。○子游譏子夏弟子。於
威儀容節之間則可矣。然此小學之末耳。推
其本。如大學正心
誠意之事。則無有。

子夏聞之曰。噫。言游過矣。君子之道。孰先傳焉。孰後倦焉。譬諸艸木區以別矣。君子之道。焉可誣也。有始有卒者。其惟聖人乎。

別。彼列反。焉。於虔反。○倦。如誨人不
倦之倦。區。猶類也。言君子之道。非以
其末爲先而傳之。非以其本爲後而倦教。但學者所至。自有淺深。如草木之有大小。
其類固有別矣。若不量其淺深。不問其生熟。而槩以高且遠者。強而語之。則是誣之
而已。君子之道。豈可如此。若夫始終本末。一以貫之。則惟聖人爲然。豈可責之門人
小子乎。○程子曰。君子教人有序。先傳以小者近者。而後教以大者遠者。非先傳以
近小。而後不教以遠大也。又曰。洒掃應對。便是形而上者。理無大小故也。故君子只
在謹獨。又曰。聖人之道。更無精粗。從洒掃應對。與精義入神。貫通只一理。雖洒掃應
對。只看所以然。如何。又曰。凡物有本末。不可分本末爲兩段事。洒掃應對是其然。必
有所以然。又曰。自洒掃應對上。便可到聖人事。愚按。程子第一條。說此章文意。最爲

詳盡。其後四條。皆以明精粗本末。其分雖殊。而理則一。學者當循序而漸進。不可厭末而求本。蓋與第一條之意。實相表裏。非謂末卽是本。但學其末而本便在此也。

箋曰。子游。漢石經游作斿。古游斿字通。周禮大宰九貢。八曰斿貢。注。讀如囿游之游。漢武班碑。以斿爲游。○門人小子者。小子卽門人。今於門人下又加小子二字者。其門人中幼者則可矣。子游所譏。在子夏之門。不分長幼。悉以此爲務也。○洒埽者。吳英曰。周禮隸僕。掌埽除糞洒。先鄭以爲洒當爲灑。後鄭據古文論語。定爲洒。洒埽與灑掃。埽掃字異。而同爲糞除之義。洒灑字異。而用亦不同。灑者。以水揮地。令不揚塵。然後埽也。故少儀曰。汛埽曰埽。說文解字第十一曰。汛。灑也。息晉切。灑。汛也。山豉切。是汛埽卽灑埽也。謂曰埽者。灑埽總謂之埽也。若洒者洗濯也。說文解字曰。洒。滌也。先禮切。滌。洒也。徒歷切。大雅曰。滌滌山川。與孟子謂牛山人見其濯濯也同意。則滌卽濯也。孟子謂願比死者一洒之。春秋傳洒濯其心。壹以待人。則洒卽滌濯也。論語及經傳洒字。乃洗滌之義。當在旣埽之後。又爲一事也。埽祇在地及墻堦。洒則在門戶楹牖之屬。先埽後洒。而曰洒埽者。洒事在上。埽事在下。言之倫也。若僅灑水埽地。何以伐木篇言於粲洒埽。○應對散文無別。對文則應是唯諾。不必有言。與對專主答辭異也。○本之則無者。本之謂推本於本也。所謂本謂之高亦可。謂之遠亦可。謂之大亦可。如大學誠意正心。其理則一矣。但是等文字。此不宜露出。○子游只說子夏門人有末無本。其意是要本末並進。旣謂之末。便又有重本輕末之意。○孰先傳焉。孰後倦焉。先後互文。猶曰孰先傳焉。孰後傳焉。孰先倦焉。孰後倦焉。譬道而行。忘身之老。俛焉日有孶孶。死而後已。是後倦者也。二句是意中商量之詞。言道有大小本末。而學之者有長短淺深。教之之法。

當計其器所受而授之。故意中商量衆門人曰。誰應先傳此事。誰應傳此道。而後
倦。才性之不同。猶艸木區區以別。若不問其人材何如。一槩教之以大者深者。則
以不能爲能。是誣之也。而可乎。○安井衡曰。毛奇齡云。倦卽古劵字。傳與劵皆古
印契。傳信之物。以傳與劵。彼此授受。一如教者之與學人。兩相印契。故借其名曰
傳曰劵。劵卽傳也。說文徐注曰。今用傳字。無復作劵。可驗也。周禮考工記。輈人左
不劵。後鄭注謂。劵字卽今倦字。可驗也。然鄭以劵爲倦古文耳。未嘗訓倦爲劵也。
且考工記从力作劵。故鄭云倦古文。其劵契之字則从刀作劵。毛混而一之。遂轉
倦爲劵契。可謂强說矣。○區以別矣。竹與竹相苞。松與松相茂。是區也。若乃松竹
雜植。亦自有區。不必以分區樹藝成說。○有始有卒者其惟聖人乎者。言若夫原
始而要終。誘化如神者。唯聖人之爲然。豈吾儕之所能當哉。漢石經卒作卆。
○惟作唯。漢書董仲舒傳。亦作唯。皇本正平本同。論語有唯無惟。皇本正平本不誤。
程注。形而上所以然。無大小無精粗等語。別立一按則可矣。不可以爲此章之
解。本文子游以爲末。子夏以爲始。皆謂洒埽應對之爲近小。而施教之方。稍有異
同耳。分明判大小精粗爲兩事矣。如之何以無大小無精粗之說。作之解哉。○先
後二句。對上文抑末也二句說。緊接艸木兩句言。非有心於以末爲先而傳之。有
心於以本爲後而不教也。但學者所至有淺深。如艸木之有大小耳。始卒二字。替
他本末二字。便見有工夫次第。其惟字乎字。不重贊聖人。只重小子不能上要見
學有先後。非可躐等而進焉。○集註程氏曰云云。又曰云云。又曰云云。毛奇齡曰。
此章灑埽應對。童子之學也。末也。誠意正心忠恕一貫。大學之道也。本也。子夏門
人中之小子。只須事灑埽應對之末。而子游責以誠正之本。則躐矣。故子夏告以

先後區別。不可誣罔。自非聖人。未有本末兼到者。其言極淺近。極明白。其所云本。則祇大學之始事也。大學所謂物有本末。是也。所云末。則又童學中始事也。鄭康成少儀註所謂。小學之支流餘裔。是也。故以大學言之。則誠正是本。治平是末。祇以學言之。則誠正是本。灑埽是末。朱子依囘遷就。強坐灑埽應對爲小學。謂古人自小學中。于灑埽應對時。已涵養持守。其在灑埽時。卽純熟堅定。故入大學時。便能窮理盡性。作格物功夫。則不特涵養純熟。持守堅定。孩豎小子。過于有始有卒之聖人。此必無之事。而且末卽是本。在子游抑末也本之則亡。固不通。而始卽是卒。將子夏之或先或後。教學區別。諸諄諄皆多事矣。乃程氏數說。則又與朱子之說有異。朱子尚云。灑埽應對須用涵養。須用持守。而程氏則直云。灑埽應對。卽是形上。卽是精義入神。卽是聖人之事。無精粗。無本末。無大小。則祇一灑埽應對而明德新民。治平絜矩。中和位育。至誠至聖。皆具焉。夫所謂一貫者。非謂灑埽可貫誠正也。所謂不分兩段事者。非謂小子之事。不分聖人之事也。若灑埽應對。則明明與大學中事。絕流斷港。安得一串。又安得不分兩段。況立言須有著落。謂灑埽應對卽是形而上者。夫形而上者謂之道。形而下者謂之器。語出易繫。然其所爲埽形者。卽物也。灑埽不是物。固非形下之器。然亦安所爲形上。安所爲道。若應對則并形亦無之。何有上下。然且直進之爲精義入神。吾不知執箕汎帚。有何神義。卽灑而埽之。其得進于義之精。而神之入端。是何故。據云事有其然。有所以然。其然者事也。所以然者理也。今事在灑埽。則其理不過糞地而已。事在應對進退。則其然理不過侍賓長執役使而已。而謂有精義得聖人之事。實未之聞。○東涯曰。程子諸說。皆以事理而言。蓋洒掃應對是事。所以洒掃應對是理。事卽理。理卽事。事有大小。而理無精粗。須先習其事。而後明其理。子游以洒掃應對爲末。而先教其本。是欲略乎事。而直明乎理。不知教人之有序。故子夏告之以教人之有序。不可不先傳近小。而遠告以遠大也。畢竟其說出乎小學大學之節。而加之以事理不二之說。最使人難曉。蓋聖人之道。專在事實上。而向其上面。更無一語。故有子以孝弟爲仁之本。孟子以守身爲守之本。皆在行事上。而分其本末。然則子游所云本者。亦豈以洒掃應對爲末。而以所以洒掃應對爲本乎哉。蓋德脩於中。則應事接物。自不失其則。此其本也。故曰。動容周旋中禮。盛德之至也。豈子夏之門人小子其識未至。故但教之以洒掃應對之事。而未告道德之蘊乎。

子夏曰。仕而優則學。學而優則仕。

優。有餘力也。仕與學。理同而事異。故當其事者。必先有以盡其事。而後可及其餘。然仕而學。則所以資其仕者益深。學而仕。則所以驗其學者益廣。

箋曰。佐藤坦曰。優。謂事熟而有暇裕。不必做暇日。○鄭小谷曰。韓慕廬文云。或苦其纖悉。而獨高其簡素。或闇於事變。而曲守其遺經。受人家國之重。而唯坐鎭以從容吟咏之習。以示度量。而喪其功名。使國家謂仕之一途。必非學士大夫之所能。而往往於不學者授之事。孰階之厲乎。見既仕則宜專論仕。仕易有優之日乎哉。又云。閱歷不深。或以人國爲倖。意氣過銳。輒引時事爲憂。素無深沈之積。而輕慷慨於世事。憂患之間。志郎無他。而術已不善。使國家謂學之一途。必非行義欲仕者之所能。而往往於不仕者。而厚其招。孰貽之恥乎。見得既向學則專論學。學易有優之日乎哉。兩句則字。都用緩讀。優字都用重讀。正合注中前一說本義。○

春秋時。多仕而不學者。又多不學而仕者。子夏並擧二者而言。固各有所規切。非局于一方。其先學仕而優者。仕者任重。未仕者任輕。故重責任重者。而輕責任輕者。且據見在之任。以遡未仕之始。故學而優者在後。○檀弓載曾子責子夏之言曰。吾與爾事夫子於洙泗之間。退而老於西河之上。使西河之民疑女於夫子。爾之罪一也。其教育之盛可想矣。此篇載弟子之言。而子夏最多。豈以其教育之盛與。○學而優。卽漆雕開之所謂信。

子游曰。喪致乎哀而止。

致極其哀。不尚文飾也。楊氏曰。喪與其易也寧戚。不若禮不足而哀有餘之意。愚按。而止二字。亦微有過於高遠。而簡略細微之弊。學者詳之。

箋曰。佐藤坦曰。喪禮以哀爲本。自本而推之。則許多節文。亦只屬致字內事。而止字。未必見簡略細微。○崔子鍾曰。致乎哀而止。言無所不用其情。而後已也。是故慟悼。哀之發於心者也。羸黑擗踊。哀之發于容體者也。粥與水。哀之發於飲食者也。齊斬。哀之發于衣服者也。苫塊。哀之發于居處者也。致云者。推而極之也。

子游曰。吾友張也。爲難能也。然而未仁。

子張行過高。而少誠實惻怛之意。

箋曰。子游所言。有然而一轉。則當分作兩截。一服其才量之宏大。一病其心德之未純。非爲難。卽未仁也。○此是直心相規。非反唇相訾。方是聖賢友道。過作譏刺。便失經旨。○管登之曰。未之爲言。亦謂在若有若無之間。而非以爲不仁也。諸子皆稱日月至焉。而獨以不仁料子張者。蓋仰其才高。而有責備之意。

曾子曰。堂堂乎張也。難與並爲仁矣。堂堂。容貌之盛。言其務外自高。不可輔而爲仁。亦不能有以輔人之仁也。○范氏曰。子張外有餘而内不足。故門人皆不與其爲仁。子曰。剛毅木訥近仁。寧外不足而内有餘。庶可以爲仁矣。

箋曰。魏武兵書。無擊堂堂之陳。越絕書。此邦堂堂披山帶河。漢書。堂堂乎張。後漢隗囂傳。區區兩郡。以禦堂堂之鋒。皆以相對難近爲言。○大戴禮衛將軍文子篇曰。業功不伐。貴位不善。不侮可侮。不佚可佚。不敖無告。是顓孫之行也。孔子言之曰。其不伐則猶可能也。其不敝百姓者則仁也。詩云。愷悌君子。民之父母。夫子以其仁爲大也。據此顓孫氏之仁。夫子許之。然則此亦言其規模開廓。有難及者。見曾子所畏不啻子路也。

曾子曰。吾聞諸夫子。人未有自致者也。必也親喪乎。致。盡其極也。蓋人之眞情。所不能自已者。○尹氏曰。親喪固所自盡也。於此不用其誠。惡乎用其誠。

箋曰。漢石經。作吾聞諸子。人未有自致也者。自致。謂性能極之。卽自然而盡其情也。凡百善行。必學然後成。唯親喪人人自能致之。孟子所謂自盡。一意也。此聖人指以示人情之同至。使人自識其良心。非爲喪禮發也。正平本。者也作也者。○尹說不中經旨。

曾子曰。吾聞諸夫子。孟莊子之孝也。其他可能也。其不改父之臣與父之政。是難能也。孟莊子。魯大夫。名速。其父獻子。名蔑。獻子有賢德。而莊子能用其臣守其政。故其他孝行雖有可稱。而皆不若此事之爲難。

箋曰。父既爲獻子。則臣之不惡。政之不逆可知。此嘉孟莊子之善守前軌也。皇本正平本南宗本難下無能字。○此章與三年無改章不同。彼是在所當改而不遽改。見其不忍忘親。此是在所不當改。而眞能不改。見其善於體親。○刁蒙吉曰。白沙云。宣王承厲王之烈。改之而周室中興。紹聖沿熙豐之法。不改而宋轅北矣。此又論孝者所當知。○翼注云。要見人情多喜新進。而厭老成。喜紛更而厭鎭靜。非眞見先德之可師者。未免奪於浮習。所以爲難。

孟氏使陽膚爲士師。問於曾子。曾子曰。上失其道。民散久矣。如得其情。則哀矜而勿喜。陽膚。曾子弟子。民散。謂情義乖離。不相維繫。謝氏曰。民之散也。以使之無道。教之無素。故其犯法也。非迫於不得已。則陷於不知也。故得其情。則哀矜而勿喜。

箋曰。問於曾子者。陽膚問也。○上失其道。道者制民產。重禮教。尙德緩刑。絕惡於未萌之類。周官八統九兩。皆在裏面。○民散久矣。樂記云。流辟邪散。荀子勸學篇注。散。謂不自檢束。○如得其情。情者實也。謂民所犯罪之實也。中井積德曰。夫姦慝謀計之秘。情實可憎者。故有司廉察而得之。莫不喜躍。以喜躍之心。治可憎之姦慝。其刑必嚴重。故誡之以勿喜也。抑欺上騙人。誣良善。陷愚蒙。奪人專利。巧規避征役之類。可憎之尤者。如無可哀矜者。然此等皆上失道之所致。顧念至于此。豈得不哀矜乎哉。此實仁人之言矣。若以不得已與不知作解。是章嚼蠟。○哀矜而勿喜。菅氏本正平本俱作哀矜。今從之。臧庸曰。唐慧苑華嚴經音義。特垂矜念。毛詩傳。矜憐也。謂偏獨憂憐也。案說文字統。矜怜也。皆從矛令。若從今者。音巨斤反。矛柄也。案玉篇二字皆從矛令。無從矛今者也。以上皆慧苑書 爾雅釋訓。矜憐撫掩之也。矜憐爲疊韻。詩鴻雁。爰及矜人。傳。矜憐也。箋云。王曰當及此可憐之人。謂貧窮者。欲賙餼之。及說文字統。訓矜爲憐。皆取聲韻相同也。又云。據慧苑所引知唐本說文矛部矜下。有憐也一訓。而今本惟有矛柄之義。後世字書韻學混淆。致改玉篇誤從今。唐以來字書。遂無有作矜者矣。猶幸慧苑書引毛詩傳及說文字統玉篇。皆可藉以考正。而慧苑又分矜矜二字。當由習見作矜。故強爲區別耳。王引之云。矜之從令。令聲。證以三百篇用韻。至確矣。安井衡曰。文選枚乘曰。蔓草芳苓。李善謂。苓古蓮字。漢書丁零羌。讀如顛連。凡字從令者。率與從連辨者同聲。聲同則義通。故假矜爲怜。怜乃憐俗字也。○物茂卿曰。情謂獄情也。喜者喜得其情也。獄情難得。故得之則喜。是聽訟者之常也。

子貢曰。紂之不善。不如是之甚也。是以君子惡居下流。天下之惡皆歸焉。

惡居之惡。去聲。○下流。地形卑下之處。衆流之所歸。喻人身有汙賤之實。亦惡名之所聚也。子貢言此。欲人常自警省。不可一置其身於不善之地。非謂紂本無罪。而虛被惡名也。

箋曰。漢石經。貢作贛。下凡貢字皆同。贛。賜也。子貢名賜。古人名字相配。○紂之不善。紂名受德。書立政。其在受德暋。逸周書克殷解。殷末孫受德。呂不韋仲冬紀。其次受德。書疏。或言受。或言受德。呼有單複爾。又稱帝辛者。廟主之號也。其謂之紂者。天下惡其惡。呼受爲紂。史記是謂帝辛。天下謂之紂。注引謚法曰。殘義損善曰紂。紂。殷無謚。注引之者。見天下惡之。以紂名之也。或以紂爲謚。非也。周以前。禮制簡質。有名而無字。又無謚。至周始有字與謚。凡古書所載。若伊尹・伯夷・叔齊。往往擧其字與謚。皆妄也。皇本。善下有也字。正平本南宗本同。不如是之甚也。甚者謂數之多也。當時擧亡國之主。必以紂爲首。紂之酒池肉林。脯鬼侯。醢鄂侯。剖賢人心。囚奴箕子。三尺童子知之。故今止云紂之不善。不如是之甚。則見其惡爲衆人所共指斥。不復煩縷擧。說者云。子貢當日必指一兩事。未必然也。書云。毋如丹朱傲。又云。無如殷王受之迷亂。酗于酒德哉。夫云勿傲。云無酗于酒。而義自明徹。奚必引丹朱紂以爲戒。蓋泛然論惡之不當爲。不如擧眼前凶人衆所共知者。以爲證之確切。子貢之引紂。意亦如此。漢石經之甚作其甚。○惡非惡人。乃自警自戒之意。○天下之惡皆歸焉。惡字自下流來。此辭之巧也。成六年左傳。土薄水淺。其惡易覯。又曰。土厚水深。居之不疾。有汾澮以流其惡。杜注。惡。垢穢。○君子以位而言。此蓋曉當時君大夫之語。非寬紂之惡。乃以下流傲之。君子惡居下流。是本意而特借紂以形起之耳。○論衡語增篇。齊世篇。引此章爲孔子語。

子貢曰。君子之過也。如日月之食焉。過也人皆見之。更也人皆仰之。更。去聲。

箋曰。如日月之食焉。皇本。食焉作蝕也。正平本同。釋名釋天。日月虧曰食。稍稍侵虧。如蟲食草木葉也。淩曙典故覈曰。日月之行於天。日居上。月居下。日爲月所揜。故日食。月在天上。日乃在地下。地球居中隔之。日光爲地球所掩。不能耀月。故月食。○此言君子無文過之私。如日月之食。有改過之勇。如日月之復。蓋子夏論小人之過。子貢論君子之過。語氣彼此相對。若謂只重改過一層。不對文過一層。則第言人皆仰之可矣。又言人皆見之何邪。○日月才食。必復其明。君子才過。必更其失。過也更也。明貼君子。而皆見皆仰。略帶日月意。仰字有欽崇喜躍之意。

衛公孫朝問於子貢曰。仲尼焉學。朝。音潮。焉。於虔反。○公孫朝。衛大夫。子貢曰。文武之道。未墜於地。在人。賢者識其大者。不賢者識其小者。莫不有文武之道焉。夫子焉不學。而亦何常師之有。識。音志。下焉字。於虔反。○文武之道。謂文王武王之謨訓功烈。與凡周之禮樂文章。皆是也。在人。言人有能記之者。識。記也。

箋曰。衛公孫朝者。春秋時魯有成大夫公孫朝。見昭二十六年傳。楚武城尹公孫朝。見哀十七年傳。鄭子產兄公孫朝。見列子楊朱篇。及此凡四人。故論語稱衛以別之。與公子荊書法同。諸侯之子稱公子。公子之子稱公孫。○仲尼焉學。檀弓魯哀公誄孔子。注云。尼父因其字以爲之諡。疏云。尼則諡也。合中庸孝經之稱謂觀。則尼爲孔子諡。無可疑矣。後人謂弟子孫。皆可呼其師與父祖之字。殆未深考耳。○文武之道未墜於地在人者。堯舜禹湯文武。其道一也。夫子周人。故特以文武言之。中庸。仲尼祖述堯舜。憲章文武。此章文武之道。亦此意。道字雖廣。然謨訓功烈禮樂文章。即道之實處。若漫說道。則空虛恍惚。無所可據。孫詒仲云。道字若不以謨訓功烈禮樂文章言。而看作性道之道。不惟未墜在人。識大識小說不去。且性道之道。人所同具。不必單屬文武矣。此說得之。未墜於地。自文武體魄歸土而言。漢石經。墜作隧。荀子儒效篇。至共頭而山隧。漢西狹頌。有顚覆實隧之患。前漢王莽傳。不隧如髮。並與墜同。此節重人字。爲後師字伏脈。賢不賢即人。識大識小。即在人。莫不有。莫者誰。賢不賢也。人也。道無人而不在。夫子無人而不學。所以無常師也。朝之問曰。焉學。言何所從學也。賜之答曰。焉不學。言何所不從學也。兩句雖未露師字。已指定師字。故直接云。而亦何常師之有。○賢者識其大者二句。吳英曰。蔡邕石經。識作志。述而篇。多見而識之。白虎通引作志。鄭元注周禮保章氏云。志。古文識。春秋僖二十四年傳云。以志吾過。昭四年傳云。且曰志之。十三年傳云。歲聘以志業。皆古文識。論語左傳皆出孔壁中。故多古文。賈公彥曰。古之文字少。志意之志。與記識之識。後代自有記識之字。不復以志爲識。何晏晉人。改志爲識。而古文遂不可考。據此知識當作志也。漢書天文地理律歷河渠等志。皆作志。而後人用誌記者亦作志。則猶存古意也。大雅皇矣篇。不識不知。識入聲。謂識見。後儒借識爲識記之志去聲。則志與識反覺淆爾。○刁蒙吉曰。賢者記其大綱領。從講究來。不賢者。行不著習不察之人。記其小節目。從聞見來。如太廟祝史之屬是也。○莫不有文武之道焉者。賢不賢所識。皆有文武之道也。四書鏡曰。常人師人。故有常。夫子師道。故無常。

叔孫武叔語大夫於朝曰。子貢賢於仲尼。語。去聲。朝。音潮。武叔。魯大夫。名州仇。子服景伯以告子貢。子貢曰。譬之宮牆。賜之牆也及肩。窺見室家之好。牆卑。室淺。夫子之牆數仞。不得其門而入。不見宗廟之美。百官之富。七尺曰仞。不入其門。則不見其中之所有。言牆高而宮廣也。得其門者或寡矣。夫子之云。不亦宜乎。此夫子。指武叔。

箋曰。子貢賢於仲尼者。子貢晚見用於魯。拒吳之强大。曉嚭而舍衛侯伐齊之謀。請陳成子而反其侵地。如夫差之賜劍鈹。微子貢之敏。州仇殆窘。凡此類。州仇之所賢也。○子服景伯以告者。此時景伯與子貢同用事於國。見左傳。○譬之宮牆。漢石經作辟。諸宮牆。皇本之作諸。正平本同。正平本。牆下有也字。宮牆猶言圍牆。

爾雅釋山。大山宮小山霍。注云。宮謂圍繞之。喪大記。父母之喪居倚廬。君爲廬宮之。注云。宮謂圍障之。儒行云。儒有一畝之宮。注云。宮謂牆垣也。周禮天子宮縣諸侯軒縣。宮亦周圍之義也。未央一宮中。有三十六殿。可見宮是統名。非居室之名也。周禮內宰六宮注。婦人稱寢爲宮。宮者隱蔽之言。婦人所處。每寢築周牆而隱蔽之。故稱六宮。腐刑曰宮。亦刑之隱蔽之地也。劉寶楠曰。宮牆者。室四周有牆。凡寢廟皆居其中。牆南面有門。以通出入。此制上下當同。但高卑廣狹必有差別。今無文以明之。金鶚謂士庶人垣牆不周。未必然也。〇賜之牆也及肩。漢石經。賜之牆下窺見上闕二字。今此間有三字。疑漢本無也字。〇窺見室家之好。皇本正平本。窺作闚。釋文同。說文。窺小視也。闚閃也。義別而音近。故二字通用。好美好也。與下美字照。詩序。秦仲始大。有車馬禮樂侍御之好焉。〇夫子之牆數仞。皇本夫子上有夫字。正平本南宗本。牆下有也字。釋文。仞一作刄。魏李仲璇孔子廟碑。汲縣太公碑用此文。並作刄。當時傳本用叚字也。說文仞字下云。伸臂一尋八尺。趙岐孟子注。亦以八尺爲仞。王肅・王逸・顏師古・鮑彪諸人並同。夫尋仞果同。則說文旣以一尋訓仞。何必復言八尺。故段玉裁疑說文此語爲後人所竄。非許之舊。說文尺字下云。周制尺・寸・咫・尋・常・仞・諸度量。皆以人之體爲法。假令尋仞同物。許氏不當兩擧之矣。鄭君注儀禮。高誘注呂氏春秋。王逸注大招招魂。郭璞注司馬相如賦。陸德明莊子釋文。則皆以七尺爲仞。程瑤田曰。言七尺者是也。揚雄方言云。度廣曰尋。杜預左傳仞溝洫注。度深曰仞。二書皆言人伸兩手以度物之名。而尋爲八尺。仞必七尺者何也。同一伸手度物。而廣深用之。其勢自不得不異。人長八尺。伸兩手亦八尺。用以度廣。其勢全伸而不屈。故尋爲八尺。而用之以度深。則必上下其左右手。而側其身焉。身側則胸與所度之物。不能相摩。於是兩手不能全伸。而成弧之形。弧而求其弦以爲仞。必不能八尺。故七尺曰仞。亦其勢然也。此說甚精。考工記。廣二尋・深二仞。謂之澮。倘其度同八尺。則何不皆曰二尋。如上廣二尺深尺之例乎。祭義曰。築宮仞有三尺。夫牆高一丈。而成辭如此。則度幅員曰尋。度高深曰仞。益可以徵焉。而度幅員者。伸左右手。又加胸廣。故尋爲八尺。度高深者。上下其手。短於尋一胸廣。故仞爲七尺。可以無疑矣。○不得其門而入。皇本入下有者字。正平本同。○宗廟之美百官之富。美是光輝意。富是充實意。○不得其門而入。只就夫子之牆設言之。尚未屬人。亦不說到難入處。得其門者或寡。雖槩指天下人。已隱隱道著武叔。○夫子之云不亦宜乎。一章二夫子。前後異人。夫及肩之牆。是士庶人。故以室家爲言。數仞之牆。指天子諸侯。故有宗廟百官。此其美富。惟得其門而入者見之。武叔未親聖教。本在門外。而但自宮牆窺之。故於士庶人室家之好能見之。於天子諸侯宗廟百官。則不得見焉。今但擧所見者稱之。則謂子貢賢於夫子。固其宜矣。皇本作夫子云。無之字。○鄭小谷曰。此章說宮牆說宗廟說百官。說入門。一派寓言。人但知爲淺人說法。只好就淺處指點。不知此專從語大夫於朝句發脈。下面宗廟之美。從朝字開示。百官之富。從大夫開示。蓋吾魯備三門之制度。具四代之服官。叔孫氏身之所得入。目之所得見。口之所得云。只有此一種境界耳。子貢以爲。彼在朝中議論。吾卽借朝中指示。曰。欲向明言夫子之道之廣。而人不知。子試詢於朝曰。諸大夫見魯宮之服器官乎。則皆應之曰見之。吾夫子作如是觀。向欲極言夫子之道高且廣。而人不知。子再詢於朝曰。諸大夫何以克見魯宮之服器官乎。則皆應之曰得其門而入。故見之。吾夫子又作如是觀。何也。夫子之墻數仞。不得其門而入。不見宗廟之美。百官之富也。如此措詞。方有著落。○陶方琦曰。古者法度。皆起于人身。而中人之身長八尺。說文夫字下云。周制八寸爲尺。人長八尺謂之丈夫。又尺字下云。周制寸尺咫尋常仞諸度量。皆以人之體爲法。咫字下云。中婦人手長八寸。謂之咫。周尺也。蓋古以十寸爲尺。周以八寸爲尺。是減其二。漢尺又減其一。許君所用周尺也。故主八尺之說。鄭君所用漢尺也。故主七尺之說。漢書食貨志應劭注謂。五尺六寸曰仞。似漢末之尺。又減其七之二。鄉射禮記注。中人張臂八尺。蓋人長八尺。凡人伸臂長與身等。則人長八尺。正合一仞之度。諸家言仞皆同。所不同者。用尺之制耳。用周尺者說。多是八尺。用漢尺者說。多是七尺。則八尺七尺之分。不過遞減其制之異。許君說文解字。明言用周制八尺之說。觀於淮南原道八尺曰仞之注。而後知說文所云。眞爲許義。段氏必謂八尺義不合古。譏爲淺人竄附。亦是一曲之見。○黃以周曰。攷古經傳。未有以仞度廣者。秦漢以後。度廣亦謂之仞。於是仞尋之義不分。攷工記曰。廣二尋・深二仞。謂之澮。此以度廣度深之異名而別言之。非謂廣二八尺・深二七尺也。古者畎一尺。遂二尺。溝四尺。洫八尺。其制皆廣深相等。亦廣深各倍於其前。何得於澮獨異其制乎。左氏昭三十二年傳。仞溝洫。洫深一仞。溝深半仞。若以七尺之仞言。則溝不得言仞矣。是度深用八尺之徵也。應劭亦主七尺曰仞說。其注漢書云。五尺六寸爲仞。以漢尺言。漢尺較周每長二寸也。

叔孫武叔毀仲尼。子貢曰。無以爲也。仲尼不可毀也。他

人之賢者。丘陵也。猶可踰也。仲尼。日月也。無得而踰焉。人雖欲自絶。其何傷於日月乎。多見其不知量也。量去聲。○無以爲。猶言無用爲此。土高曰丘。大阜曰陵。日月喩其至高。自絶。謂以謗毀自絶於孔子。多。與祇同。適也。不知量。謂不自知其分量。

箋曰。無以爲也者。言無用爲此毀。仲尼不可毀也。此句。兼無損於仲尼。有損於己說。他人之賢者丘陵也四句。說文。丘。土之高也。非人所爲也。陵。大阜也。猶可踰者。言於丘陵可過之也。仲尼日月者。日月至高。非人所得踰之也。皇本正平本南宗本。日月上有如字。後漢書孔融傳・列女傳二注。引此文。並有如字。○他人亦不可看得低了。如伯夷・伊尹之類是也。人雖欲自絶。自絶當亦以日月言。未可露孔子二字。以是比喩中語故也。皇本絶下有也字。正平本同。○多見其不知量也。依何注。見。形甸反。露也。言足自顯露已不知分量也。集注訓多爲適。實本何注。然襄二十九年左傳。公曰。欲之而言叛。多見疏也。服虔本作祇見疏。晉宋杜本皆作多。論語疏引之。以證多之爲祇。然多作祇。亦惟以其音近也。非曰多祇同字也。多如字自通。不必改作祇。中井積德曰。多猶贏也。如商賈之贏利。今詩語有贏得言。謗毀欲自絶於日月。而無加損於彼也。而其所多剩者。見其不知量一醜事而已。大雅。多將熇熇。與此同。

陳子禽謂子貢曰。子爲恭也。仲尼豈賢於子乎。爲恭。謂爲恭敬。推遜其師也。子貢曰。君子一言以爲知。一言以爲不知。言不可不愼也。知。去聲。○責子禽不謹言。夫子之不可及也。猶天之不可階而升也。階。梯也。大可爲也。化不可爲也。故曰不可階而升也。夫子得邦家者。所謂立之斯立。道之斯行。綏之斯來。動之斯和。其生也榮。其死也哀。如之何其可及也。道。去聲。○立之。謂植其生也。道。引也。謂敎之也。行。從也。綏。安也。來。歸附也。動。謂鼓舞之也。和。所謂於變時雍。言其感應之妙。神速如此。榮。謂莫不尊親。哀則如喪考妣。程子曰。此聖人之神化。上下與天地同流者也。○謝氏曰。觀子貢稱聖人語。乃知晩年進德。蓋極於高遠也。夫子之得邦家者。其鼓舞羣動。捷於桴鼓影響。人雖見其變化。而莫窺其所以變化也。蓋不離於聖。而有不可知者存焉。聖而進於不可知之之神矣。此殆難以思勉及也。

箋曰。皇本正平本。知作智。正平本。及下無也字。皇本正平本。道作導。○陳亢在孔門。不當云仲尼不能賢於子貢。故皇疏以爲別是一子禽。然孔門諸賢盛德光輝。超絕一時。孔子既沒。則益見不可及。不唯西河之人疑子夏於孔子。乃如子夏子游之賢。欲以所事孔子事有若。況於陳子禽乎。則此子禽當定爲陳亢矣。○仲尼豈賢於子乎者。實則仲尼賢矣。豈賢於子乎。只尊子貢。不貶仲尼口氣。○君子一言以爲知三句。此語責子禽不謹言。則當主言者。說爲知爲不知。猶所謂乾爲馬。坤爲牛。不悅於親。不可以爲人。不順乎親。不可以爲子之爲。非就人而言。以字不要著力。只一言便爲知。一言便爲不知。非一言出。人以他爲知。人以他爲不知也。○猶天之不可階而升也者。堂階爲階。步梯亦爲階。階有級可循者也。陶石簣曰。子貢說天。不在形體之高上。蓋天原是一個太虛之氣。無安梯處。故不可升。夫子之德。妙入無形。渾然無迹。所以如天之不可階而升。不可階三字可玩。本文無大化之別。注不必言。○夫子之得邦家者。邦家活看。天下亦是。邢疏云。得邦謂爲諸侯。得家謂爲卿大夫。太拘。○所謂立之斯立云云。所謂已下六句。蓋古贊聖人之成語。稱其德廣大。化行如神之妙也。今子貢引而證之。故曰所謂。立行只以坐起進退爲言。猶狙公之調狙也。是比喩耳。不當以生植敎導等實語作解。道。皇本作導。古字通用。行如字。此與立對。起立與步行而已。此數語本言聖人之於邦家。鼓舞自在。如心所欲也。先立之。而道之。而綏之。而動之。此言之敘也。辟之人物。必先立而後行。行而後來。來萃而後和。故曰斯立斯行。斯來斯和。亦言之敘也。來謂進至也。和謂懷服無乖戾也。斯來斯和。漸入實解。○李卓吾曰。生榮死哀。是說聖人關係一世之象。聖人生而天下皆立皆行。皆來皆和。眞如太陽一出。而萬物欣欣。都有生色。豈不足榮。聖人死而天下皆不立不行。不來不和。眞如太陽一沒。天地慘闇。萬物俱有愁苦之狀。豈不是哀。○本文揣摩夫子之功業而言。且擧成語而擬議者也。夫德至者業必盛。業大者德必宏。稱德則見業。贊業則知德。德業自相爲表裏。無可分析。故云文王之德之純。則其新民新天命之業可想。云伊尹格于皇天。巫咸乂王家。則其修己型家之德可想。但古人多稱業以見德者。以德之高妙難可憑據。而業之赫奕有可捉摸也。蓋究而論之。業亦德之發耳。此章夫子之得邦家一節。固抽出功業言之。然與上文只是一意。上節是統論不可及。此節是切言不可及之故。上曰不可及。下曰如之何其可及。緊相照應。明郭洙源曰。如之何其可及。正打轉猶天之不可階而升來。勿作兩樣看。此解得之。馮陸謂。陳亢下愚淺識。雖說聖德之妙。必不能了。故指其功業可見者以示之。判上下二節淺深敻然懸隔。大失經旨。卽不可及。如何可及。上下緊應語。又必解爲德已不可及。功業可見者又如何可及。破碎割裂。安可通。且陳亢固庸下矣。然子貢之論。非因庸下而出于此。卽遇聰明倍蓰子禽者。亦未必不出乎此。何者以稱業卽是稱德也。如二子之說。則經傳言業以見德者皆廢矣。〇胡炳文云。子禽之問凡三。所見者每降益下。子夏之稱夫子亦三。其所見每進而益高。胡說未免乎拘。論語之書。往往以類編次。故不可以編次之前後。斷其事之早晚。如子貢之晚年進德。只當就生平明敏聰穎上識察。不可屑屑就子禽問於子貢章與此章。比較參稽也。子貢之稱夫子凡三。一人之言而編在一處。或可見其進而益高。然亦安知非以夫子之得邦家一節。概孔子終身。故置之于最末耶。子禽之三問。必以編次之序斥其每下。則武斷而已。子禽雖庸下。其學未必無漸進。奚可以論語所記之前後。必其人之日究乎污下。且所學之三問。鈞是卑陋。何分高下於其間耶。前云鯉也死。有棺而無椁。而後云嘗獨立。鯉趨而過庭。前之顏淵死子哭之慟。顏淵死門人厚葬之。而後云顏淵問治邦。論語一書。不可以編錄之先後。判事之早晚也。蓋如此。〇長胤曰。子貢之所以稱夫子者。專以及物之化而言。與書稱堯之德曰光被四表。

格于上下者一般。未嘗就一身上而言。蓋聖人之道。以仁爲大。而安天下。仁之極也。故古者稱聖人。必以其功化而言之。觀其所以稱聖人。而仁之所以爲仁。亦可知矣。○黄幹曰。天之德不可形容。卽其生物。而見其造化之妙。聖人之德。不可形容。卽其感人。而見其神化之速。天下之理。實大則聲宏。本深則末茂。感動之淺深遲速。未有不視其德之所至者。聖人道全德備。高明博厚。則其感於物者如此。因其感於物。以反觀聖人德。豈不曉然而易見哉。○崔述曰。子張篇子貢之推尊孔子至矣。則孔子之道所以昌明於世者。大率由於子貢。朱子云。曾子本是魯拙。後既有所得。故守得夫子規矩定。其敎人有法。所以有傳。若子貢則甚敏。見得易。往往敎人。亦不似曾子守定規矩。故其後無傳。余按。史記所載弟子年歲。雖不足盡信。然大要不甚遠。今以論語春秋傳戴記之文考之。康子之問。先由而賜。而求。武伯之問。先由而求。而赤。春秋傳多載子路冉有子貢之事。而子貢尤多。曾子游夏皆無聞焉。戴記則多記孔子沒後曾子游夏子張之言。而冉有子貢罕所論著。蓋聖門中子路最長。閔子仲弓冉有子貢。則其年若相班者。孔子在時。既爲日月之明所掩。孔子沒後。爲時亦未必甚久。而子貢當孔子世已顯名於諸侯。仕宦之日既多。講學之日必少。是以不爲後學所宗耳。若游夏子張曾子。則視諸子爲後起。事孔子之日短。敎學者之日長。是以孔子在時。無所表見。而名言緒論。多見於孔子沒後也。不然閔子具體而微。仲弓可使南面。何以門人皆無聞焉。反不如得一體者。猶能傳經於後世乎。由是言之。羽翼聖道於當時者。顏閔子貢由求之力。而子貢爲尤著。流傳聖道於後世者。游夏曾子子張之功。而曾子爲尤純。時勢不同。功業亦異。未可謂子貢之不如曾子也。

終

論語會箋卷第二十

竹添光鴻會箋

堯曰第二十 凡三章

箋曰。漢書藝文志。論語古二十一篇。出孔子壁中。兩子張。何晏等序亦云。古論分堯曰下章子張問。以爲一篇。有兩子張。兩子張者。前第十九篇是子張。此子張問從政。又爲子張。故云兩也。毛奇齡云。未有一章可爲一篇者。是必別有子張一篇。未必是從政章。此說非也。蓋論語自微子篇。說夫子之言已訖。故子張篇皆記弟子之言。至此更搜集夫子遺語。綴於冊末。以爲終篇。而又有子張問一篇者。蓋於書成後續得附篇。更待裒錄。而未有所得。故子張止二章也。此眞孔壁之舊。其合併爲一篇。則齊魯家學者爲之矣。

凡三章 古論語分此一篇爲二。則堯曰凡一章。子張凡二章。魯論無不知命章。則堯曰凡二章。

堯曰。咨爾舜。天之曆數在爾躬。允執其中。四海困窮。天祿永終。此堯命舜而禪以帝位之辭。咨。嗟歎聲。曆數。帝王相繼之次第。猶歲時節氣之先後也。允。信也。中者。無過不及之名。四海之人困窮。則君祿亦永絕矣。戒之也。舜亦以命禹。舜後遜位於禹。亦以此辭命之。今見於虞書大禹謨。比此加詳。曰。予小子履。敢用玄牡。敢昭告于皇皇后帝。有罪不敢赦。帝臣不蔽。簡在帝心。朕躬有罪。無以萬方。萬方有罪。罪在朕躬。此引商書湯誥之辭。蓋湯既放桀而告諸侯也。與書文大同小異。曰上當有湯字。履。蓋湯名。用玄牡。夏尚黑。未變其禮也。簡。閱也。言桀有罪。己不敢赦。而天下賢人。皆上帝之臣。己不敢蔽。簡在帝心。惟帝所命。此述其初請命而伐桀之詞也。又言君有罪。非民所致。民有罪。實君所爲。見其厚於責己薄於責人之意。此其告諸侯之辭也。周有大賚。善人是富。賚。來代反。○此以下。述武王事。賚。予也。武王克商。大賚于四海。見周書武成篇。此言其所富者皆善人也。詩序云。賚所以錫予善人。蓋本於此。雖有周親。不如仁人。百姓有過。在予一人。此周書泰誓之辭。孔氏曰。周。至也。言紂至親雖多。不如周家之多仁人。謹權量。審法度。修廢官。四方之政行焉。權。稱錘也。量。斗斛也。法度。禮樂制度皆是也。興滅國。繼絕世。舉逸民。

天下之民歸心焉。興滅繼絕。謂封黃帝堯舜夏商之後。擧逸民。謂釋箕子之囚。復商容之位。三者皆人心之所欲也。所重民。食喪祭。武成曰。重民五教。惟食喪祭。寬則得衆。信則民任焉。敏則有功。公則民說。說音悅。○此於武王之事無所見。恐或泛言帝王之道也。○楊氏曰。論語之書。皆聖人微言。而其徒傳守之。以明斯道者也。故於終篇。具載堯舜咨命之言。湯武誓師之意。與夫施諸政事者。以明聖學之所傳者。一於是而已。所以著明二十篇之大旨也。孟子於終篇。亦歷叙堯舜湯文孔子相承之次。皆此意也。

箋曰。此章記堯舜湯武之事。蓋皆夫子所嘗誦述。而門弟子記之。○○咨爾舜者。詩文王。咨汝殷商。毛傳。咨嗟也。堯有所重誡於舜。故嗟嘆而後言也。○天之歷數在爾躬者。歷數。猶曰運數。大誥曰。洪惟我幼冲人。嗣無疆大歷服。大歷。卽歷數也。說文無從日厤聲之字。蓋卽歷之異文。月令。命宰歷卿大夫至于庶民土田之數。鄭注。歷。猶次也。與此文天之歷數。其義正同。彼所歷者。卿大夫至于庶民之數。此所歷者帝王之數。大小不同。其爲歷次一也。集注以歷爲曆日之曆。做假借詞解。失之。在爾躬。猶當汝身也。言帝王歷代相繼之命在舜。但天命則單就一人言。歷數則總古來帝王而言。以下四句押韻。○允執其中者。中字在政事上看。執字與守字不同。守便死煞。執者隨時隨物。而執其中也。不徒曰執。而曰允執。蓋必隨時處中。圓融不滯。方是信能執中。中者無過不及之名。卽事物當然之理。是就用上說。

然其實原于心。所謂不偏不倚。大本之中。亦自在其中。佐藤坦曰。大本之中。湯誥謂之衷。洪範謂之極。一也。惟精惟一。致察於危微者。乃其功夫。而無過不及之中。亦自此而出也。人君之中。與天下爲感應。用其中於民。民皆由之。因以皞皞矣。郎所謂克綏厥猷惟后。所謂會其有極。歸其有極。是執中之效也。夫聖人之設教施法也。使其民厚其生。得其情。不失其性而已。民之得其性也。在於聖人化育之中。而民亦不復知之矣。是謂驩虞之民也。中庸曰。唯天下至誠。爲能盡其性。能盡其性。則能盡人之性。能盡人之性。則能盡物之性。能盡物之性。則可以贊天地之化育。可以贊天地之化育。則可以與天地參矣。聖人之設教制法也。皆順民性。就人情而立之制者也。所謂民心無中。惟爾之中。謂盡其性盡人性。以設教。而使民不失其性也。○天祿永終者。終字是絕字。與召誥遐終大邦殷之命之終同。永終。郎遐終也。咨爾至永終。疑堯典之脫文。或當在舜讓于德弗嗣之下。○曰予小子履。曰上無湯字者。上蒙堯曰文。下有小子履。其爲湯曰可知。故不言湯。非脫字也。稱小子者。王者父天母地。爲天之子。湯告天。故謙言小子也。大戴禮稱商履代興。竹書稱天乙履。是履爲湯名也。世本謂湯名天乙。至爲王改名履。白虎通則謂殷家質。故直以生日名子。湯生於夏世。故本名履。後乃更名乙。爲子孫法。變名從質。此皆牽强附會之說。無足信者。湯之先代。有報丙報壬之屬。是當夏世而有甲乙之稱。非變名從質矣。紂名受。或曰辛。微子名啓。竹書紀年。太甲名至。沃丁名絇。商人自別有名。又非因爲王而改名履矣。其以十幹紀名者。猶秦之稱二世三世。今人之有行耳。商自立國以來。君各有號。有天下而不改。天乙者號也。履者名也。非湯有兩名審矣。○敢用玄牡者。佐藤坦曰。玄牡湯一時所用之牲。色偶玄耳。不必因其色。以求其義。若謂未變夏禮。則魯頌白牡騂剛。將爲何解邪。○敢昭告于皇皇后帝者。詩大明。昭事上帝。箋云。昭。明也。言明告上帝。不敢有所隱飾也。說文。皇。大也。詩楚茨。先祖是皇。傳亦云。皇。大也。爾雅釋詁。后。君也。天帝稱后者。尊之故君之也。孔注。大大君帝。謂天帝也。○有罪不敢赦云云。罪在朕躬者。簡在帝心。言天簡閱其善惡也。周官小宰。二曰聽師田以簡稽。鄭司農注。遂大夫簡稼器注。並云。簡。閱也。是簡有閱訓。帝臣爲善有罪爲惡。簡在帝心。承上二句。爾雅釋詁。朕。我也。郭注。古者貴賤皆自稱朕。至秦世始爲天子尊稱。此告天亦稱朕。是朕未爲尊稱也。安井衡曰。三有罪字。上下相呼。若以有罪不敢赦。爲桀有罪。己不敢赦。則下二有罪字。絕不相涉。故朱子據僞書湯誥。爲既伐桀之後。告諸侯之言。然上以曰字起之。必是同日之言。且內史過之時。尙書未焚。過不引湯誥。而引湯誓。今本湯誥豈足據哉。若依墨子爲桑林禱雨之言。則三有罪字。上下相呼。極爲允當。今試解之。有罪不敢赦者。言凡有罪者。己不敢赦也。帝臣不蔽者。言凡有善者。己不敢蔽也。是二者簡閱在帝心。帝必熟悉之。謂之帝臣者。天工人其代之。故凡居官者。皆可稱帝臣也。朕躬有罪。無以萬方者。言大旱七年。萬方盡病。若我身有罪。當直罰我身。無徒苦萬方爲也。萬方有罪。在朕躬者。言若萬方有罪。降大旱以病之。萬方之罪。卽我教化不至之所致。其罪亦在我。當罪我。而無以大旱病萬方也。味朕躬有罪。無以萬方二句。其爲禱雨之辭甚明。其文不與墨子所引同者。古人引書。取其意而不泥其文。呂氏春秋亦引此文。云湯克夏而天大旱。湯以身禱於桑林。曰余一人有罪。無及萬夫。萬夫有罪。在余一人。無以一人之不敏。使上帝鬼神傷民之命。同是一事。而其文不同如此。可以見古人檃括之法矣。故愚以此章爲孔子所嘗爲門人語也。石經無以無作毋。○崔述曰。按此文與湯誓立政相表裏。非聖人不能爲此言也。蓋聖人之伐國。非以辟土地創大業也。聖人之用賢。非以示己恩希厚報也。凡皆奉天以行事耳。聖人無所容心於其間也。且其人曰帝臣。明不敢私以爲己臣也。舉而用之謂之不蔽。明此爵祿乃賢人所固有。己但不沮抑之。非分己所有以予之也。其於所舉之人猶如是。況天下之民。天下之土地乎。然則聖人之心。一天也。聖人之心之光明。一日月也。嗚呼此湯之所以繼堯舜而得列於聞知者也。夏本紀云。桀召湯而囚之夏臺。已而釋之。湯修德。諸侯皆歸湯。湯遂伐桀。桀走鳴條。遂放而死。曰吾悔不殺湯於夏臺。使至此。余按說者皆悞以湯爲桀之臣。其實不然。湯誓曰。今爾其曰夏罪其如台。是桀固無如湯何也。使桀果嘗囚湯。商民安得曰夏罪其如台乎。湯誓曰。夏王率遏衆力。率割夏邑。是桀之政不行於諸侯也。使桀猶爲天下共主。則當云割萬方。豈得但云割夏邑而已乎。湯誓曰。今爾有衆。女曰我后不恤我衆。舍我穡事。而割正夏。是湯之伐桀。民亦有竊議之者也。使桀與湯有君臣之分。商民何故不以大義責之。而反但言舍穡之細事乎。商頌曰。受小球大球。爲下國綴旒。是湯未伐桀時。已受諸侯之朝覲矣。若湯果臣於桀。安得晏然受之。以桀之暴。雖無罪猶囚之。況受諸侯之朝。而安能容之哉。商頌曰。韋顧既伐。昆吾夏桀。是湯未伐桀時。已滅數大國矣。若桀果爲天下共主。則湯安得擅滅之。桀既力能囚湯。豈有聽其坐大而不問。乃束手以待其伐己者乎。由詩書之言觀之。則湯與桀之事。固不如世所傳云云也。蓋三代封建之制。與後世郡縣之法異。而夏當家天下之始。其事又與商周不同。昔者禹有聖德。天下歸之。啓能繼禹之道。則又歸之。禹初未嘗傳之子也。大康既失德。則民之視之。猶虞夏之視朱均耳。羿浞迭起。后相遠逃。天下之無主。已數世矣。少康能布其德以收夏衆。然後祀夏配天。不失舊物。當是時。人以繼爲適。然非以繼爲必然也。孔甲旣衰。諸侯復叛。韋顧昆吾迭起。夏之在天下。若一大國。然但一二小弱諸侯。畏其威力耳。是以湯之受球受共。伐韋伐顧。安然而無所疑。桀亦聽之。而不復怪。何者。諸侯本不臣屬於桀也。桀安能召湯而囚之夏臺哉。天下者天下之天下也。非一姓之天下也。故舜繼堯。禹繼舜。人以爲固然也。適會禹有賢子。間兩世而又得少康。姓后杼之孫。天下附於夏者數世。由是遂以傳子爲常。猶齊之伯僅一世。而晉之伯遂至於數世也。然一姓之子孫。必不能歷千百世而皆賢。不賢則民受其殃。必更歸於有德。而後民安。而旣已傳子。又必不能復傳之賢。則其勢必出於征誅而可。故揖讓之不能不變而爲征誅者天也。聖人之所不能違也。雖堯舜當之。亦若後是而已矣。聖人之道猶水也。淸而不汚。柔而能受。潤物而使遂其生者。水之德也。紂徐滎洄。一瀉千里者。水所遭之勢也。水非有心於紂徐滎洄與一瀉千里也。水不能違地故也。以一瀉千里之水。爲有異於紂徐滎洄之水。而優劣之者。誣水者也。以征誅之聖人。爲有異於揖讓之聖人。而優劣之者。誣聖人者也。曰然則齊宣何以謂之臣弑其君也。曰其所謂君臣云者。亦但就天子諸侯之名分言之。非以爲食其祿而治其事之君臣也。故孟子曰。殘賊之人謂之一夫。聞誅一夫。未聞弑君也。正謂夏商失道。政不行於天下。故不得謂之共主。非謂湯武親立桀紂之朝。而其君不仁。遂可不謂之君也。但孟子之意。在於警人主。故以仁暴大義斷之。而未暇詳申其說耳。後儒不察。遂疑孟子之言不可爲訓。誤矣。○周有大賚善人是富云云。在予一人。此六句必是一時之言。以周字起。以予一人結。其爲武王曰可知故省耳。古注云。周家受天大賜。富於善人。有亂臣十人。是也。此善人亦以經綸才言之。所謂才難者。周室人才之盛。與唐虞並稱。乃平治天下之大本也。集注以散巨橋之粟。鹿臺之財。爲大賚。此固雖盛德之事。中主或能爲之。未足以稱聖王也。且謂之散。必周施之萬民。未必專賜善人也。雖有周親二句。言亂臣十人之多助。加於至親也。周家上親。故殊曰周親不如。以著十亂之大可恃也。予一人。猶諸侯之稱寡人也。白虎通號謚篇云。尚書或稱一人。王者自謂一人者。謙也。○謹權量云云四方之政行焉。謹權量三節。根百姓有過在予一人來。總是武王以天下爲己責之實。漢書律歷志。公羊昭三十二年傳注。引謹權量節文。公羊宣十七年注・漢書外戚侯表注・文選逸民傳論・兩都賦序各注。引興滅國節文。漢書藝文志引所重民食喪祭。皆以爲孔子之言。陳後王之法也。朱子則以寬則得衆一節。爲通論帝王之事也。皇疏得之。此經所言。專罪己・務用賢・順民心三者。錯擧言之。此帝王之所同。百世莫能易也。權者所以稱物知輕重也。包注。權秤也。說文無秤字。漢稱下云。銓也。謂銓量多少也。稱所以平物。故俗作秤。廣韻。秤。昌孕切。俗稱字。是也。漢志云。權重也。衡所以任權而均物。平輕重也。又云。權者銖兩斤鈞石也。權衡皆統名稱。故包以秤釋權也。漢志引劉歆曰。權本起于黃鍾之重。一龠容千二百黍。重十二銖。兩之爲兩。二十四銖爲兩。十六兩爲斤。三十斤爲鈞。四鈞爲石。而五權謹矣。五權如今天平上法馬。但有孔繫之。不盤盛耳。縋一鍾往來推移以取平。起于後世。事詳玉海及文獻通考。孟子朱注云。權稱錘也。稱物輕重而往來以取中者也。北溪字義。在衡有星兩之不齊。權便移來移去。隨物以取平。此二者後世之法也。不可以說古經。量者所以量多少也。劉歆又曰。量本起于黃鍾之龠。用度數審其容。以子穀秬黍中者千有二百實其龠。以井水準其概。十龠爲合。十合爲升。十升爲斗。十斗爲斛。而五量嘉矣。然斗斛起于周末秦漢。非古法也。五量。左傳所云升豆區釜鍾是也。古帝王之於權量。其於天下。則五歲巡狩而一正之。虞書同律度量衡是也。其於國中。則每歲而再正之。禮記月令。日夜分則同度量鈞衡石。角斗甬。正權概。是也。此似小事。而古人以爲大政。蓋上之所以取於民。與下之所以交於市。非謹之。則薄稅斂之政。平市價之政。杜爭競之政。皆不可得而行也。漢書律厤志引經審法度。注云。法度。丈尺也。此以度爲尺度之度也。五度爲度。引伸之。凡制之有限節者。皆謂之法度。天生人而有度。布指知寸。布手知尺。舒肘知尋。聖人因此分短長大小而制之爲法度。法度者禮儀之總名也。邢疏。法度謂車服旌旂之禮儀也。審之使貴賤有別。無僭偪也。此爲得之。權量。政之要。一四方者也。法度。政之綱。齊四方者也。百官。政之輔。理四方者也。四方之政行。言四方之政次第擧行。不作效說。夫朝廷者起化之地。非化所究之地也。施之四方。而以爲宜。斯莫不宜矣。君相者。立法之人。非法所行之人也。考之四方。而以爲可受。斯莫不受矣。而政之所至。萬物無所角其材能。政之所加。列國不自爲其風氣。如此說去。四方字。行字。方有聲勢。皇本。行焉作行矣。〇興滅國。繼絕世。擧逸民。天下之民歸心焉。絕世與滅國同義。但謂卿大夫以下之家。故稱世以別於諸侯耳。章雲李從民。心中。寫當興當繼當擧之情來。曰民自少時。見父老相謂。食我者某之幾世祖。衣我者某之幾世孫。他日過其都。噫墟已。訪其氏。噫死已。及身衣食天下。而今日者。尚有操一黍一羹。過其墓下者乎。天下所以潛然出涕於弗祀之主也。民自少時。謂此皤髮者。我鄉望人也。此咏歌者。里之聞人也。他日過其廬。噫憊矣。入其谷。噫老矣。德可富壽天下。而今日者。有束帛安居。下而式其人者乎。天下所以睠焉顧之於播棄之主也。只寫足背面。則拍醒正面。自然字字有情。○逸民。仁賢之不在位者。焦漪園曰。謹權量等項。紀綱何等嚴肅。森然是一統規模。興滅國等項。恩澤何等浩大。藹然是太和氣象。○所重民食喪祭者。民食聯讀。民之食及喪祭也。集解以民食喪祭爲四事。於文不順。食貨厚生也。喪祭正德也。書洪範八政。一曰食。伏生傳。食者萬物之始。人事之所本。故八政先食。周官大宰以九職任萬民。一曰。三農。生九穀。二曰。園圃。毓草木。大司徒辨十有二壤之物。而知其種。以敎稼穡樹藝。又云。頒職事十有二于邦國都鄙。使以登萬民。一曰稼穡。二曰樹藝。是食爲民命。當重之也。喪以哀爲主。祭以敬爲主。喪祭者所以敎民反本追孝也。禮記經解云。喪祭之禮廢。則臣子之恩薄。臣子之恩薄。則背死忘生者衆矣。○寬則得衆。寬者。在上第一之德。故先擧之。皐陶九德。寬爲第一。子曰。居上不寬。吾何以觀之哉。○信則民任焉。漢石經無此句。皇本足利本正平本南宗本亦無。疑因陽貨篇子張問仁章。誤增入耳。○敏則有功。詩云。農夫克敏。書曰。務時敏。子曰。敏於事。皆敏疾汲汲之意。又肇敏戎功。又股肱之敏。皆不啻才敏。功者民功也。君奭曰。成文王功于弗怠。雖有寬信之德。不昧旦丕顯。以勤勞民功。無以遠其德也。故曰亹亹文王。又曰。勉勉我王。○公則民悅。唐石經邢本無民字。皇本正平本南宗本皆有。蓋石經邢本衍信則民任焉一句。覺兩民相礙。故刪此民字耳。今從皇本。書曰。以公滅私。民其允懷。此言武王之不外殷侯殷民於周人也。荀子修身篇曰。無有作好。遵王之道。無有作惡。遵王之路。此言君子之能以公義勝私欲也。呂氏春秋貴公篇。昔先聖王之治天下也。必先公。公則天下平矣。平得於公。嘗試觀於上志。其得之以公。其失之必以偏。故鴻範曰。無偏無黨。王道蕩蕩。無偏無頗。遵王之義。無或作好。遵王之道。無或作惡。遵王之路。天下非一人之天下也。天下之天下也。陰陽之和。不長一類。甘露時雨。不私一物。萬民之主。不阿一人。是言政教宜公平也。公平則舉措刑賞。皆得其宜。民服於上。故說也。○叔向稱文王之德曰。中於信寬。柳下惠曰。湯以寬治民。而除其邪。文王以昭武王。去民之穢。國語夫帝王之開國非寬仁大度。何以得天下之衆乎。非忠信篤厚。何以得億兆之任乎。此二者。叔向之所謂信寬是也。又加之以終日乾乾之敏。而治功成矣。文王日中昃不暇食。而武王不暇寐。出於本紀其日乾夕惕。甚於文王之亹亹勉勉可知矣。至於公。則武王新造邦。而視三州之人。猶六州之民。改正朔。更服色。天下自有不改舊新者。此所以萬姓悅服。垂拱而治也。○寬信敏公四者。是言治法。非言心法也。然治法不在心法之外。○熊伯甘曰。周末賞濫而民不勸。聖賢預知事勢相推。必有韓非商鞅之徒。變道易教。用慘酷之術。故以寬信敏公四字。分疏中字。雖賞罰無所不貫。而春溫之氣居多。萬古四海所以不永淪困窮者。實賴洙泗之斷斷。

子張問於孔子曰。何如斯可以從政矣。子曰。尊五美。屏四惡。斯可以從政矣。子張曰。何謂五美。子曰。君子惠而不費。勞而不怨。欲而不貪。泰而不驕。威而不猛。子張曰。

何謂惠而不費。子曰。因民之所利而利之。斯不亦惠而不費乎。擇可勞而勞之。又誰怨。欲仁而得仁。又焉貪。君子無衆寡。無小大。無敢慢。斯不亦泰而不驕乎。君子正其衣冠。尊其瞻視。儼然人望而畏之。斯不亦威而不猛乎。子張曰。何謂四惡。子曰。不教而殺謂之虐。不戒視成謂之暴。慢令致期謂之賊。猶之與人也。出納之吝。謂之有司。

費。芳味反。焉。於虔反。出。去聲。○虐。謂殘酷不仁。暴。謂卒遽無漸。致期。刻期也。賊者。切害之意。緩於前而急於後。以誤其民。而必刑之。是賊害之也。猶之。猶言均之也。均之以物與人。而於其出納之際。乃或吝而不果。則是有司之事。而非爲政之體。所與雖多。人亦不懷其惠矣。項羽使人。有功當封。刻印刓。忍弗能予。卒以取敗。亦其驗也。○尹氏曰。告問政者多矣。未有如此之備者也。故記之以繼帝王之治。則夫子之爲政可知也。

箋曰。子張問於孔子。皇本問下有政字。正平本南宗本同。下文云。何如斯可以從政矣。此不必言政。今從邢本。○尊五美。屛四惡。五美下一尊字。奉若神明。蓍蔡。必欲出乎身。四惡下一屛字。視如荼毒蛇蝎。必不使加乎民。困勉錄云。○仁齋曰。惠易費。勞易怨。欲易貪。泰易驕。威易猛。而今皆不然。故以爲美也。又曰。惠而不費。勞而不怨。二者治民之要。欲而不貪・泰而不驕・威而不猛三者。修身之要。修身卽治民之本。漢平都相蔣君碑。遵五迸四。後漢書祭遵傳。遵美屛惡。皆用論語文。而字正作遵。知尊乃遵字之省文。遵。率循也。方言。遵。行也。遵五美。言當遵行五美。非尊崇之謂。說文無迸字。大學迸諸四夷。釋文引皇云。迸猶屛也。迸屛異文同義。則當以此文作屛爲正。○君子惠而不費勞而不怨者。惠而不費。以養民言也。施惠於民。而不費己財。左傳襄二十九年曰。施而不費。取而不貪。說文。費。散財用也。廣雅釋言。費。耗也。費。損也。勞而不怨。以使民言也。凡人惠則必費。若惜費勢必無惠。惟君子又惠又不費。凡人勞則必怨。若懼怨勢必無勞。惟君子又勞又不怨。而不字中有一折。下文三句。可卽此爲例。○欲而不貪者。以正心言也。大禹謨。帝舜曰。俾予從欲以治。四方風動。惟乃之休。曲禮曰。欲不可從。唯聖人從欲。亦欲而不貪故也。汲黯謂漢武內多欲而外施仁義。汲黯所謂欲者。卽貪之謂。與此言欲不同。○泰而不驕者。以接物言也。心廣體胖。而無倨傲態。子路篇泰而不驕。是相近之意。此章一却是說泰易至於驕。最合。蓋以泰易驕立論。方與惠易費勞易怨欲易貪威易猛一例。○威而不猛者。以修身言也。大雅抑篇。抑抑威儀。維德之隅。鄭箋。內有繩直。則外有廉隅也。君陳恭儉惟德。呂刑德威惟威。夫如是何猛之有。虎狼之心唯虐。是以猛而不可邇已。○子曰因民所利而利之。皇本民下有之字。而疏中再述經文。皆無之字。疑後人妄增。益卦注・旅師疏。及文選洞簫賦注引此文。並作因民所利而利之。無之字。張彥陵曰。利雖民間所自有。然非人主爲之經畫。則利亦不能自興。故利之所在卽是惠。不費二字。全在因字看出。○呂晚村曰。後世人主。無非自私自利心腸。卽有限田勸農輕賦節用者。也只是喩於自利。未嘗眞實爲民起念。此便是漢唐與三代判然必不可合處。故因民之所利而利之。若先從因字著想。在民字前一層講作用。便落漢唐甲裏。須先將民之所利四字看得親切。直到三代聖人心事。因而利之四字。方是天開地闢功用。若民利稼穡。君子因而使群吏不奪農時。民利材木。君子因而使斧斤以時入山林。民利魚鼈。君子因而使數罟不入洿池。亦皆因而利之者也。○擇可勞而勞之。又誰怨。皇本正平本南宗本擇下有其字。子張之問。止於何謂惠而不費。夫子之答。乃全擧勞而不怨以下四條者。夫子旣羅列五美以告之。子張必欲一一聞之。只擧惠而不費一美。而實欲遂聞其他四美。故夫子承其意。不待問而悉答其餘者也。勞者。繇役之謂也。如役民不過三日。以農隙田狩。亦其一也。凡役民唯在擇可勞而已。子路治蒲。以暴雨將至。與民修溝洫以備之。可謂擇矣。子曰。其使民也義。亦言其擇而役民也。唯其擇而合於義。是爲難也。皇本擇下有其字。○欲仁而得仁。又焉貪。仁者心之德。欲仁則保合其心之德。是出政之本也。仁者愛之理。欲仁則推廣其愛之理。是行政之實也。仁字兼治己治人說方全。蓋欲則期於必得矣。而所欲唯仁。自堯舜以來。有一脈焉。蘊之爲立達之深情。布之卽安懷之世局。當造想之初。已覺痌瘝之盡解。及報成之日。而仍覺生意之旁皇。此非仁也耶。○君子無衆寡。無小大。無敢慢者。泰而不驕兩段。此須處處切定從政。不得泛泛說箇修身。無衆寡。所謂匹夫匹婦亦能勝予也。無小大。所謂一日二日萬幾也。凡物本無岐形也。吾處之者不能一念。而衆寡分矣。凡事本無殊勢也。吾應之者不能一心。而大小見矣。操存於此。以待天下之來。既無玩人。則人得而已亦得矣。既無慢事。則事安而心亦安矣。慢之驕也。無敢者。泰也。○君子正其衣冠。尊其瞻視。儼然人望而畏之。正衣冠尊瞻視。所謂莊以涖之也。夫規矩者束身之器也。盛服以飭之。而衣冠重矣。威儀者定命之符也。聲色以引之。而瞻視生矣。表正於此。以建天下之極。體統既肅。則莊涖而生。其共德隅既修。則誠形而至於動矣。儼然人望而畏之。與孟子介然用之而成路。文例差同。桀跖虎狼之威。以懾伏人爲心。所以猛也。暴君酷吏皆然。君子則不然。我儼吾容。而人則畏之而已。我非憚之也。○不教而殺謂之虐者。孟子所謂及陷於罪。然後而刑之。是罔民也。殺之雖當。亦謂之虐。○不戒視成謂之暴者。蓋以百官府言之也。上惰其戒勑。而唯責其成功也。周官宰夫之職。旬終正日成。月終正月要。歲終正歲會。以考其治。治不以時舉者。以告而誅之。上怠慢而不戒。及其違時令。失期會。則從而誅之。此暴也。戒者。說文。戒。警也。儀禮士冠禮。主人戒賓。注。戒。警也。告也。視成。視事之成就也。凡或典兵刑。或理錢穀。皆事也。使人爲此事。不先戒督之。而遽責其成功。是暴也。視成是不可少之事。惡在不戒上。暴仍是凶惡之義。與虐字賊字作對。可以見矣。暴主彊戾。賊主殘刻。若卒遽無漸。恐非正解。暴君及桀紂帥民以暴。皆暴惡之義。暴不必殺。稍輕於虐耳。○慢令致期謂之賊。蓋以萬民言之也。致期只是不寬假期程。凡稅斂之入有期。築作之役有期。期然不使有司日省而戒撿之。則民之愆期。固其所也。上慢其令。而致期於民。以誅罪之。此賊也。曰不教。曰不戒。曰慢令。並上之怠慢也。從政者不可不先之勞之。○出納之吝。釋文云。出。尺遂反。又如字。集注用前音。皇本納作內。正平本南宗本唐石經。亦作內。釋文云。內如字。又音納。本今作納。是舊本作內也。此自言出之吝耳。納則何吝之有。因出納爲人之恒言。故言出而幷及納。古人之辭如此。史記刺客傳。多人不能無生得失。言失而幷言得也。游俠傳曰。緩急人之所時有也。言急而幷言緩也。前篇小德出入可也。言出而幷及入。此言出納。亦猶是矣。○謂之有司。周官泉府職。與其有司辨而授之。鄭注曰。有司。其所屬吏也。儀禮士冠禮。有司如主人服。鄭注曰。有司。羣吏有事者。謂主人之吏。所自辟除府史以下也。今時卒史及假吏是也。然則古所謂有司者。至爲卑微。故以從政之君子而得有司之名。卽與謂之虐。謂之暴。謂之賊一律矣。曾子告孟敬子。亦曰籩豆之事則有司存。

子曰。不知命。無以爲君子也。 程子曰。知命者。知有命而信之也。人不知命。則見害必避。見利必趨。何以爲君子。 **不知禮。無以立也。** 不知禮。則耳目無所加。手足無所措。 **不知言。無以知人也。** 言之得失。可以知人之邪正。○尹氏曰。知斯三者。則君子之事備矣。弟子記此以終篇。得無意乎。學者少而讀之。老而不知一言爲可用。不幾於侮聖言者乎。夫子之罪人也。可不念哉。

箋曰。釋文本・皇邪本・唐石經。竝作孔子。唯集注本無孔字。當是誤脫。釋文云。魯論無此章。今從古。○漢書董仲舒傳對策曰。天命之謂命。人受命於天。固超然異於羣生。貴於物也。故曰天地之性人爲貴。明於天性。知自貴於物。然後知仁誼。重禮節。安處善。樂循理。謂之君子。故孔子曰。不知命無以爲君子。此之謂也。董子言德命。其義極精。然此章命字。主氣數說爲是。卽所謂吉凶禍福也。知命卽有居易以俟意。非全諉之氣數也。唯知命乃可以爲君子。蓋趨避之念銷。斯進脩之志決。圃翁曰。古人言居易以俟命。又言行法以俟命。人生禍福榮辱得喪。自有一定命數。確不可移。審此則利可趨而有不必趨之利。害宜避而有不能避之害。利害之見既除。而爲君子之道。始出。此爲字。甚有力。既知利害有一定。則落得做好人也。首篇不亦君子乎。是已到君子地位。此曰無以爲君子也。是方做君子脚跟。或以不知命做一頭言。非也。此章自是三段。若必標出君子二字。謂與學而篇之君子相應。紛紛牽紐。殊爲多事。○不知禮無以立也。紹聞編云。禮是扶策人底物。立字兼內外說。記曰。禮釋回。增美質。其在人也如竹箭之有筠也。如松柏之有心也。釋回謂消其非僻之心。惰慢之氣。增美質謂固其肌膚之會。筋骸之束。竹箭之堅在筠。禮之捍外誘也。如松柏之堅在心。禮之固內守也。如之。左傳。禮人之幹也。無禮無以立。○不知言無以知人也。劉寶楠曰。言者心聲。言有是非。故聽人而別之。則人之是非亦知也。易繫辭傳。將叛者其辭慙。中心疑者其辭枝。吉人之辭寡。躁人之辭多。誣善之人其辭游。失其守者其辭屈。此孔子知言卽知人之學。孟子自許知言云。詖辭知其所蔽。淫辭知其所陷。邪辭知其所離。遁辭知其所窮。亦謂知言卽可知人也。○三知字。並是眞知實見。注引尹氏。可削。君子當知之事。非止三者而已。知斯三者。豈可便以爲備乎。如尹氏之說。則三者不可相離。闕一則爲不備也。然其實各自爲用。未嘗不可相離也。夫子之言。亦止是泛擧學者之急務。非以三者總包君子之事也。又所謂弟子記之以終篇者。亦爲過論。論語一書。集記聖人之言。記盡則已。非如特作一篇文字。前有冒子。後有結尾也。

論語會箋卷第二十終